Heinz Lampert
Jörg Althammer

Lehrbuch der Sozialpolitik

Siebte, überarbeitete und vollständig aktualisierte Auflage
mit 5 Abbildungen, 12 Übersichten
und 41 Tabellen

Springer

Professor Dr. Heinz Lampert
Universität Augsburg
Christof-Döring-Str. 16
91207 Lauf a. d. Pegnitz
Heinz.Lampert@t-online.de

Professor Dr. Jörg Althammer
Lehrstuhl für Sozialpolitik
und Sozialökonomik
Ruhr-Universität Bochum
Universitätsstr. 150
44780 Bochum
Joerg.Althammer@ruhr-uni-bochum.de

ISBN 3-540-20840-2   7. Auflage
Springer-Verlag Berlin Heidelberg New York

ISBN 3-540-41337-5   6. Auflage Springer-Verlag Berlin Heidelberg New York

Bibliografische Information Der Deutschen Bibliothek
Die Deutsche Bibliothek verzeichnet diese Publikation in der Deutschen
Nationalbibliografie; detaillierte bibliografische Daten sind im Internet über
http://dnb.ddb.de abrufbar.

Springer-Verlag ist ein Unternehmen von Springer Science+Business Media
springer.de

© Springer-Verlag Berlin Heidelberg 1985, 1991, 1994, 1996, 1998, 2001, 2004
Printed in Germany

Einbandgestaltung: design & production GmbH, Heidelberg

SPIN 10982181   42/3130 – 5 4 3 2 1 0 – Gedruckt auf säurefreiem Papier

Vorwort

Das vorliegende Lehrbuch ist ein Ergebnis von vier Jahrzehnten wissenschaftlicher Beschäftigung mit der Sozialpolitik und ebenso langer Lehrtätigkeit auf diesem Gebiet. Es stellt - nach einer knapp gehaltenen wissenschaftstheoretischen, wissenschaftsprogrammatischen und wissenschaftssystematischen Grundlegung - im ersten Teil die Geschichte der neuzeitlichen deutschen staatlichen Sozialpolitik in ihren Grundzügen und im zweiten Teil ihre Entwicklungstendenzen, ihre Ergebnisse sowie die Grundzüge einer Theorie staatlicher Sozialpolitik dar. Im dritten Teil werden die Einzelbereiche staatlichen sozialpolitischen Handelns von der Arbeitnehmerschutzpolitik bis hin zur Vermögenspolitik nach Zielen, Instrumenten, Trägern, Wirkungen und aktuellen Problemen abgehandelt. Der vierte Teil enthält einen zusammenfassenden Überblick über das System der staatlichen Sozialpolitik und zielt auf eine kritische Bilanz, in der neben einer Darstellung ihrer Erfolge vor allem der Problemkomplex der Reformnotwendigkeiten, des Umbaues und der Konsolidierung des Sozialstaats behandelt wird.

Gegenüber der 2001 erschienenen sechsten Auflage haben wir die Darstellung der gesetzlichen Grundlagen der Sozialpolitik und die statistischen Daten vollständig aktualisiert. Wir konnten insbes. die zahlreichen Änderungen im Zusammenhang mit der Umsetzung der „Agenda 2010" berücksichtigen. Auf Anregung der Kollegen *Ralf Kreikebohm, Stefan Sell* und *Frank Schulz-Nieswandt* haben wir die Darstellung der Sozialpolitik in der Europäischen Union erweitert. Die neuere Literatur ist soweit berücksichtigt, wie es einerseits mit dem Charakter und den Aufgaben eines Lehrbuches verträglich ist, andererseits mit dem Ziel, für den Leser die Brücke zu der mittlerweile breiten Grundlagenliteratur (einschl. sozialgeschichtlicher und soziologischer Arbeiten) und zu solchen Veröffentlichungen zu schlagen, die sich mit den wichtigsten aktuellen sozialpolitischen Problemen auseinandersetzen.

Es war uns ein besonderes Anliegen, im Rahmen der „Bilanz der staatlichen Sozialpolitik" im XVII. Kapitel zu verdeutlichen, *dass es nicht gerechtfertigt und nicht notwendig ist, einen Abbau des Sozialstaates anzustreben, sondern einen Umbau. Ein solcher Umbau ist aufgrund der gravierenden Änderungen der Altersstruktur der Bevölkerung, veränderten Erwerbsverhaltens und veränderter Lebensformen sowie aufgrund erheblich veränderter weltwirtschaftlicher Bedingungen unvermeidbar. Die Kürzung bestimmter Leistungen ist unumgänglich. Jedoch sollte und kann die sozialstaatliche Kernsubstanz der Bundesrepublik erhalten bleiben.*

Wir bedanken uns bei den Mitarbeitern des Lehrstuhls für Sozialpolitik und Sozialökonomik an der Ruhr-Universität Bochum, den Herren *Hajo Romahn, Achim Henkel, Andreas Mayert* und *Elmar Nass* für ihre Assistenz bei der Überarbeitung dieses Lehrbuchs. Herrn *Safer Sabbagh*, Frau *Nadine Gonsior* und Frau *Mara Broszat* danken wir für die technische Hilfe bei der Anfertigung des Manuskripts. Frau *Marlene Lampert* gilt unser Dank für ihre wertvolle Hilfe bei den umfangreichen Kontroll- und Korrekturarbeiten.

Lauf a.d. Pegnitz und Bochum   Heinz Lampert
im Januar 2004   Jörg Althammer

Inhaltsübersicht

Analytisches Inhaltsverzeichnis

X

XIII

XVII

Tabellenverzeichnis

Abbildungsverzeichnis

Verzeichnis der Übersichten

Hinweise zur Benutzung

Zur Zitierweise der Literatur. Auf den Seiten 499 ff. befindet sich ein den bibliographischen Regeln entsprechendes Literaturverzeichnis. Daher kann die im Text, in Fußnoten und am Ende der Kapitel des systematischen Teils angegebene Literatur verkürzt zitiert werden, d.h. unter Angabe des Verfassernamens, des Jahres der Veröffentlichung und soweit erforderlich - der Seitenzahl. Bei den Trägern verbreiteter Familiennamen ist noch der abgekürzte Vorname angefügt. Wenn zwei oder mehrere in einem Jahr veröffentlichte Arbeiten eines Verfassers benutzt worden sind, sind sie durch Kleinbuchstaben kenntlich gemacht (z.B. Nell-Breuning, 1968a). Nur einmal zitierte, sehr spezielle Arbeiten wurden nicht in das Literaturverzeichnis aufgenommen und daher in den entsprechenden Fußnoten vollständig zitiert.

Zur Zitierweise der Gesetze. Die zitierten Gesetze sind bei der erstmaligen Nennung mit ihrem vollem Titel und dem Tag bzw. dem Jahr der Verabschiedung angegeben (z.B. Betriebsverfassungsgesetz 1972), bei weiteren Nennungen ist für die häufiger angesprochenen Gesetze die amtliche Abkürzung verwendet worden (z.B. BetrVG). Die Erläuterung der Abkürzungen findet sich im Abkürzungsverzeichnis S. XXV ff. Bei Gesetzen mit umständlichen Bezeichnungen sind die amtlichen Kurztitel verwendet worden (z.B. statt „Gesetz zur Dämpfung der Ausgabenentwicklung und zur Strukturverbesserung in der gesetzlichen Krankenversicherung": Krankenversicherungs-Kostendämpfungsgesetz). Zahlreiche Gesetze werden im Laufe der Jahre geändert. Auf den Nachweis solcher Änderungen wird bei Gesetzen mit vergleichsweise geringer Bedeutung verzichtet, weil sich der Leser die jeweils geltende neueste Fassung eines Gesetzes mit allen Änderungshinweisen durch Verwendung einschlägiger Gesetzessammlungen beschaffen kann (z.B. Luber, Deutsche Sozialgesetze, Loseblattsammlung). Die Entscheidungen des Bundesverfassungsgerichts, die in fortlaufend nummerierten Bänden veröffentlicht werden, werden wie in der rechtswissenschaftlichen Literatur üblich zitiert, z.B. „BVerfGE 35,79". Dabei gibt die erste Zahl die Bandnummer, die zweite Zahl die Seitenzahl an.

Zu den Literaturangaben. Die Literaturangaben am Ende der Kapitel des systematischen Teils sind nicht erschöpfend, sondern nennen nur die grundlegende, ergänzende oder weiterführende Literatur. Bei der Suche nach weiterer Literatur empfiehlt es sich, die in den einzelnen Kapiteln verwendete und zitierte Literatur mit Hilfe des Literaturverzeichnisses zu erfassen.

Zu den Tabellen. Eine größere Zahl von Tabellen soll langfristige Entwicklungen sichtbar machen. In der Mehrzahl der Fälle konnten aus Gründen der Platz- und Kosteneinsparung nicht alle Jahreswerte ausgewiesen werden. Daher wurden entweder nur Jahresdurchschnittswerte für 5-Jahres-Perioden oder nur Werte für jedes 5. bzw. 10. Jahr ausgewiesen. Die dadurch bedingten, keineswegs schwerwiegenden Ungenauigkeiten bzw. Unvollständigkeiten können jedoch - falls erforderlich - vom Leser beseitigt werden, da stets die einschlägigen Quellen für die Tabellen angegeben sind. Verständlicherweise kann das in den Tabellen enthaltene Zahlenmaterial nicht vollständig, sondern nur in Bezug auf seine wichtigsten Inhalte interpretiert werden, so dass die Vervollständigung der Interpretation dem Leser überlassen bleibt.

Zur Aktualisierung von Daten. Sozialleistungen (Anspruchsvoraussetzungen und Höhe der Leistungen) werden häufig geändert. Bestimmte Regelungen ändern sich jährlich (Versicherungspflichtgrenzen und Beitragsbemessungsgrenzen). Nicht wenige der in diesem Buch angeführte Daten - es sind Daten und Rechtsnormen nach dem Stand vom 01. Jan. 2004 - werden daher bald überholt sein, zumal die Entwicklung den Gesetzgeber im Zusammenhang mit dem unvermeidbaren Umbau des Sozialstaates auch in den nächsten Jahren zu einer Vielzahl von Gesetzesänderungen zwingt. Da aber für die behandelten Sozialleistungsarten die einschlägigen Rechtsquellen und zudem am Ende der Kapitel des systematischen Teils die laufend erscheinenden Materialquellen für die verschiedenen Bereiche angegeben sind, kann der Leser die Daten im Bedarfsfall selbst aktualisieren.

Zum Personenverzeichnis. Im Personenverzeichnis sind *nicht alle* im Buch erwähnten Personen, insbes. nicht alle Verfasser der zitierten Literatur enthalten, sondern nur Personen, die in einem bestimmten Aussagenzusammenhang als Akteure (z.B. Otto von Bismarck oder Ernst Abbé oder als Urheber eines bestimmten Gedankens (z.B. Hans Achinger oder Oswald von Nell-Breuning) eine Rolle spielen.

Abkürzungsverzeichnis

a.a.O.	am angegebenen Ort
Abb.	Abbildung
Abs.	Absatz
AFG	Arbeitsförderungsgesetz
AG	Aktiengesellschaft
Alv	Arbeitslosenversicherung
Anm.	Anmerkung
ArbZG	Arbeitszeitgesetz
Art.	Artikel
Aufl.	Auflage
Aug.	August
AZO	Arbeitszeitordnung
Bd(e).	Band (Bände)
BABl.	Bundesarbeitsblatt
BAföG	Bundesausbildungsförderungsgesetz
BetrVG	Betriebsverfassungsgesetz
BGB	Bürgerliches Gesetzbuch
BGBl.	Bundesgesetzblatt
BIP	Bruttoinlandsprodukt
BMA	Bundesminister(ium) für Arbeit und Sozialordnung
BMFG	Bundesministerium für Familie und Jugend
BMFuS	Bundesminister(ium) für Familie und Senioren
BMFSFJ	Bundesminister(ium) für Familie, Senioren, Frauen und Jugend
BMGS	Bundesministerium für Gesundheit und Soziale Sicherung
BMJFFG	Bundesminister(ium) für Jugend, Familie, Frauen und Gesundheit
BMJFG	Bundesministerium für Jugend, Familie und Gesundheit
BMWA	Bundesministerium für Wirtschaft und Arbeit
BRD	Bundesrepublik Deutschland
BSHG	Bundessozialhilfegesetz
BSP	Bruttosozialprodukt
BT Drs.	Bundestagsdrucksache
BVerfG	Bundesverfassungsgericht

BVerfGE	Bundesverfassungsgerichtsentscheidung
bzw.	beziehungsweise
ca.	cirka
dass.	dasselbe
DDR	Deutsche Demokratische Republik
ders.	derselbe
Dez.	Dezember
DGB	Deutscher Gewerkschaftsbund
d.h.	das heißt
dies.	dieselbe(n)
Diss.	Dissertation
DIW	Deutsches Institut für Wirtschaftsforschung (Berlin)
DM	Deutsche Mark
€	Euro
EG	Europäische Gemeinschaft(en)
ehem.	ehemalig
EStG	Einkommensteuergesetz
EStL	Evangelisches Staatslexikon
EU	Europäische Union
EVS	Einkommens- und Verbrauchsstichprobe
EWG	Europäische Wirtschaftgemeinschaft
EWU	Europäische Währungsunion
f.	und folgende Seite
FA	Finanzarchiv
Febr.	Februar
ff.	und mehrere folgende Seiten (bzw. Jahre)
FLA	Familienlastenausgleich
Fn.	Fußnote
GATT	General Agreement on Tariffs and Trade
GewO	Gewerbeordnung
GG	Grundgesetz
GKV	Gesetzliche Krankenversicherung
GRG	Gesundheitsreformgesetz
GRV	Gesetzliche Rentenversicherung
GSG	Gesundheitsstrukturgesetz
HdSW	Handwörterbuch der Sozialwissenschaften
HdStW	Handwörterbuch der Staatswissenschaften
HdWW	Handwörterbuch der Wirtschaftswissenschaft
HGB	Handelsgesetzbuch
Hg.	Herausgeber
hg.	herausgegeben

HJbWGP	Hamburger Jahrbuch für Wirtschafts- und Gesellschaftpolitik
i.d.F.	in der Fassung
i.e.S.	im engeren Sinn
IG	Industriegewerkschaft
i.J.	im Jahre
insbes.	insbesondere
i.w.S.	im weiteren Sinn
Jan.	Januar
JbNöSt	Jahrbücher für Nationalökonomie und Statistik
Jg.	Jahrgang
Jh.	Jahrhundert
Kap.	Kapitel
KnRV	Knappschafts(renten-)versicherung
KV	Krankenversicherung
Lit.	Literatur
Mio.	Million(en)
MitbestG	Mitbestimmungsgesetz
Mrd.	Milliarde(n)
mtl.	monatlich
NF	Neue Folge
Nov.	November
Nr.	Nummer
NSDAP	Nationalsozialistische Deutsche Arbeiterpartei
NSV	Nationalsozialistische Volkswohlfahrt
o.J.	ohne Jahr
Okt.	Oktober
o.O.	ohne Ort
rd.	rund
RGBl.	Reichsgesetzblatt
RM	Reichsmark
RRG	Rentenreformgesetz
RVO	Reichsversicherungsordnung
RV	Rentenversicherung
RVA	Rentenversicherung der Arbeiter
RVAng	Rentenversicherung der Angestellten
s.	siehe
S.	Seite

SED	Sozialistische Einheitspartei Deutschlands
Sept.	September
SGB	Sozialgesetzbuch
sog.	sogenannt
Sp.	Spalte
Stat. BA	Statistisches Bundesamt
Stat. Jb.	Statistisches Jahrbuch für die Bundesrepublik Deutschland
Stat. Tb.	Statistisches Taschenbuch
StL	Staatslexikon. Recht, Wirtschaft, Gesellschaft
SVSP	Schriften des Vereins für Socialpolitik
SVR	Sachverständigenrat (zur Begutachtung der gesamtwirtschaftlichen Entwicklung)
TVG	Tarifvertragsgesetz
u.a.	und andere/unter anderem
UV	Unfallversicherung
v.a.	vor allem
vgl.	vergleiche
v.H.	von Hundert
WSI	Wirtschafts- und Sozialwissenschaftliches Institut der Gewerkschaften
Z	Ziffer
z.B.	zum Beispiel
z.T.	zum Teil

Einführung

Wissenschaftstheoretische,
wissenschaftsprogrammatische
und wissenschaftssystematische Grundlegung

A. Begriff und Aufgaben der praktischen Sozialpolitik

Unter Sozialpolitik werden in erster Linie staatliche Maßnahmen verstanden, die der Sicherung des Einkommens von Arbeitnehmern und ihrer Familien im Falle einer Krankheit, der vorzeitigen Berufs- oder Erwerbsunfähigkeit durch Unfall oder Invalidität, im Alter, beim Tod des Ernährers oder im Falle der Arbeitslosigkeit dienen. Diese Sicherung der Existenz bei fehlenden Möglichkeiten oder Fähigkeiten zum Erwerb ausreichenden Arbeitseinkommens, die vor allem der Sozialversicherung obliegt, ist jedoch nur ein Teilbereich staatlicher Sozialpolitik, wenngleich - gemessen am Gewicht der Einkommensleistungen - der größte und von seinen Aufgaben her ein zentraler Bereich. Der staatlichen Sozialpolitik werden von den Autoren dieses Lehrbuches auch die Arbeitnehmerschutzpolitik, die Arbeitsmarktpolitik, die Ausgestaltung der Betriebs- und Unternehmensverfassung, die Wohnungs-, Familien- und Bildungspolitik, die Politik der Einkommens- und Vermögensumverteilung, die Jugendhilfe-, die Altenhilfe-, die Sozialhilfepolitik und die mittelstandsorientierte Sozialpolitik zugerechnet.[1]

Neben der staatlichen Sozialpolitik gibt es die internationale und supranationale Sozialpolitik (vgl. dazu S. 461) sowie die von den Unternehmungen getragene betriebliche Sozialpolitik.

Trotz zahlreicher, intensiver, seit Jahrzehnten anhaltender Bemühungen um eine Definition der praktischen Sozialpolitik und der Sozialpolitik als wissenschaftlicher Disziplin ist der Begriff umstritten geblieben.[2] Das wird aus zwei Gründen vermutlich so bleiben. Erstens wirken Definitionen von Begriffen, die Aussagen über Ziele, Prinzipien und Instrumente eines Bereichs politischer Gestaltung enthalten, unabhängig davon, dass ihnen nur beschreibende, ordnende und analytische Aufgaben zugedacht sind, normativ: für die politische Gestaltung macht es objektiv und vor allem auch subjektiv, d.h. nach dem (weltanschaulich bestimmten) Urteil einzelner und sozialer Gruppen, die von dieser politischen Gestaltung direkt oder indirekt betroffen sind, einen Unterschied, ob Sozialpolitik als Politik für die Arbeiter oder für alle wirtschaftlich Unselbständigen oder für wirtschaftlich Schwache definiert wird, ob sie als Politik zum Zwecke der Milderung und des Ausgleichs gruppenspezifischer wirtschaftlicher Schwäche (Sanmann 1975, S. 189) oder als eine auf die Verwirklichung von Freiheit und Gerechtigkeit für alle gerichtete Gesellschaftspolitik aufgefasst und betrieben wird (Achinger 1958, insbes. S. 161 ff.). Zweitens unterliegt die Sozialpolitik in Abhängigkeit vom Wandel sozialer Zustände, der nicht zuletzt durch die Sozialpolitik selbst mitbewirkt wird, geschichtlicher Veränderung (vgl. dazu Kapitel I bis III). Entsprechend diesem Wandel der Gruppen, auf die sich Sozialpolitik richtet, der Ziele, der Instrumente und der Träger der Sozialpolitik ändert sich der Inhalt des Begriffs.

Wegen des historischen Wandels haben Definitionen der Sozialpolitik, die aus der Sozialpolitik vergangener oder gegenwärtiger Gesellschaften abgeleitet sind und auf bestimmte soziale Gruppen, auf bestimmte Ziele, bestimmte Instrumente und be-

---

[1] Diese Bereiche sind, wie z.B. die Arbeitsmarkt-, die Wohnungs-, die Familien- und die Bildungspolitik, mehr als Sozialpolitik im Sinne der in diesem Abschnitt abgeleiteten Definition, aber doch politische Handlungsbereiche, die für die Stabilisierung und Verbesserung der wirtschaftlichen und sozialen Lage bestimmter Bevölkerungsgruppen große Bedeutung haben.

[2] Zur Interpretation dieser Diskussion und zur einschlägigen Lit. bis 1970 vgl. Kleinhenz 1970. Vgl. auch Frerich 1996, S. 3 ff.

stimmte Träger abstellen, nur eine räumlich und zeitlich begrenzte Gültigkeit. Fast alle auf die industrielle Arbeitswelt des 19. und des frühen 20. Jh. bezogenen Definitionen der Sozialpolitik sind auf entwickelte Industriegesellschaften nicht mehr anwendbar (Lampert 1980a, S. 5). Wenn man die Mängel geschichtsgebundener Sozialpolitikbegriffe vermeiden und eine Definition entwickeln will, die sowohl Allgemeingültigkeit beanspruchen kann, als auch frei von normativ wirkenden Inhalten ist, muss man - im Anschluss an *van der Borght* (1904, S. 1) und *Zwiedineck-Südenhorst* (1911, S. 38) - von konkreten Zielen, Grundsätzen, Objekten, Mitteln und Trägern der Sozialpolitik abstrahieren und von den *raum- und zeitunabhängigen* Zielrichtungen praktischer Sozialpolitik ausgehen. Es handelt sich um zwei Zielrichtungen, nämlich erstens um die Verbesserung der wirtschaftlichen Lage und der sozialen Stellung solcher Personenmehrheiten, die in einer Gesellschaft absolut oder relativ, d.h. im Vergleich zu anderen, als wirtschaftlich und/oder sozial schwach gelten, und zweitens um die Sicherung der wirtschaftlichen Lage und der sozialen Stellung für den Fall des Eintritts existenzgefährdender Risiken für solche Personenmehrheiten, die nicht in der Lage sind, auf sich gestellt für diese Risiken Vorsorge zu treffen. In diesem Sinne lässt sich praktische Sozialpolitik definieren als jenes politische Handeln, das darauf abzielt, erstens die wirtschaftliche und soziale Stellung von wirtschaftlich und/oder sozial absolut oder relativ schwachen Personenmehrheiten durch den Einsatz geeignet erscheinender Mittel im Sinne der in einer Gesellschaft verfolgten gesellschaftlichen und sozialen Grundziele (freie Entfaltung der Persönlichkeit, soziale Sicherheit, soziale Gerechtigkeit, Gleichbehandlung) zu verbessern und zweitens den Eintritt wirtschaftlicher und/oder sozialer Schwäche im Zusammenhang mit dem Auftreten existenzgefährdender Risiken zu verhindern.

Diese Definition kann - wenn es um die Sozialpolitik einer bestimmten Epoche oder einer bestimmten Gesellschaftsordnung geht - durch Konkretisierung der Ziele, der Grundsätze, der Objekte, der Träger und der Mittel der jeweiligen Sozialpolitik inhaltlich gefüllt werden.

B. Sozialpolitik als wissenschaftliche Disziplin

1. Die Aufgaben der Sozialpolitik als Wissenschaft

Die Aufgaben der Sozialpolitik als Wissenschaft werden - wie die Aufgaben jeder sozialwissenschaftlichen Disziplin - durch drei Determinanten bestimmt:

a) durch die gesellschaftspolitischen Voraussetzungen wissenschaftlicher Arbeit, d. h. durch den allgemeinen gesellschaftlichen Auftrag an die Wissenschaft;

b) durch die mit dem Erfahrungsobjekt einer wissenschaftlichen Disziplin verbundenen Probleme und Aufgaben;

c) durch die erkenntnistheoretischen Möglichkeiten und Grenzen der Erfüllung wissenschaftlicher Aufgaben.

Alle drei Determinanten des Aufgabenbereiches der Sozialpolitik verdienen wegen ihrer grundlegenden Bedeutung nähere Betrachtung.

a) Der gesellschaftliche Auftrag an die Wissenschaft als aufgabenbestimmende Determinante

In *allen* entwickelten Gesellschaftssystemen hat die Wissenschaft die Aufgabe, die Realität zu erklären, die komplexe Wirklichkeit durchschaubar zu machen und Lösungen für Probleme zu entwickeln. Dennoch unterscheidet sich der Auftrag an die Wissenschaft in verschiedenen Gesellschaftssystemen in Abhängigkeit von der Sozialphilosophie, auf der eine Gesellschaft beruht. Das Gesellschaftssystem der Bundesrepublik ist - wie die meisten westlichen Demokratien - orientiert an der Sozialphilosophie einer demokratischen, offenen, antiautoritären und aufgeklärten Gesellschaft (vgl. dazu Popper 1992). In solchen Systemen wird der gesellschaftliche Auftrag an die Wissenschaft durch folgende Thesen bestimmt:

1. Wissenschaftliche Erkenntnis soll auf die Ermittlung der Wahrheit gerichtet sein. Dieses Bemühen um allgemeingültige, objektive Erkenntnisse soll weder durch den Staat noch durch gesellschaftliche Gruppen in Bezug auf die Fragestellungen, die Methode oder den Inhalt gesteuert, also „fremdbestimmt" und dem Versuch der Einflussnahme ausgesetzt werden. Die Wissenschaft soll auch in ihren Aussagen und ihrer Kritik gegenüber staatlichen Einrichtungen frei sein.
2. Jegliche wissenschaftliche Erkenntnis gilt als prinzipiell unabgeschlossen, vorläufig, unvollkommen. Es ist nicht vorhersehbar, welche Methoden zum Ziel führen. Die Freiheit der Forschung nach Erkenntnisziel und Methode bringt daher höchstwahrscheinlich auf längere Sicht quantitativ und qualitativ optimale Ergebnisse.

Diesem Verständnis von den Aufgaben der Wissenschaft entsprechend garantiert Art. 5 Abs. 3 GG die Freiheit der Wissenschaft, Forschung und Lehre (vgl. dazu auch BVerfGE 35, 79 ff.). Aufgrund dieser Garantie hat ein Wissenschaftler das Recht, Erkenntnisgegenstand, Fragestellungen und Forschungsmethoden frei zu wählen. Er ist weder weltanschaulich noch politisch noch methodologisch gebunden. Der Grundsatz wissenschaftlicher Freiheit eröffnet auch die Möglichkeit der Kritik am eigenen gesellschaftlichen System und verhindert die Neigung zur Bildung geschlossener Überzeugungssysteme, die ex-cathedra-Immunisierung sowie die Dogmatisierung wissenschaftlicher Aussagen. Er hält außerdem den Weg für wissenschaftliche Neuentwicklungen offen (vgl. zu diesem Wissenschaftsverständnis v.a. Albert 1991).

Entsprechend diesem gesellschaftlichen Auftrag an die Wissenschaft haben die Wissenschaftler, die sich mit der Sozialpolitik auseinandersetzen, die Freiheit, die Aufgaben der Sozialpolitik als Wissenschaft nach eigener Entscheidung zu bestimmen und mit den für die Erkenntnisgewinnung für geeignet gehaltenen Methoden zu lösen.

Anders bestimmt ist die gesellschaftliche Aufgabe an die Wissenschaft in Gesellschaftssystemen, die auf einem weltanschaulichen Monismus basieren, wie etwa die fundamentalistischen islamischen Staaten oder die ehemaligen, an der Ideologie des Marxismus-Leninismus orientierten sozialistischen Staaten Osteuropas. In solchen Gesellschaften wird die wissenschaftliche Arbeit in Bezug auf die Wissenschaftsprogramme, die Forschungsmethoden und die Ergebnisse an die herrschende Ideologie gebunden.[3]

---

[3] Vgl. zur Wissenschaftsauffassung in der ehemaligen DDR Autorenkollektiv, Politische Ökonomie des Sozialismus und ihre Anwendung in der DDR, Berlin (Ost) 1969, S. 51 f. und Lampert 1980a, S. 10 ff.

b) Aufgaben und Probleme der praktischen Sozialpolitik als Determinanten der Aufgaben der wissenschaftlichen Sozialpolitik

Um die Hauptaufgaben der wissenschaftlichen Sozialpolitik abzuleiten, gehen wir von den Merkmalen (sozial-) politischen Handelns aus. Politisches Handeln lässt sich definieren (vgl. dazu Kleinhenz 1970, S. 61 ff.) als ein Handeln, das

1. auf Zweckmäßigkeitsüberlegungen beruht und bewusstes, planvolles, zielorientiertes Handeln ist;
2. getragen wird von Institutionen, die mit öffentlicher Verantwortung und dem Monopol der Anwendung legitimer physischer Gewalt sowie mit dem Recht ausgestattet sind, für die gesamte Gesellschaft verbindliche Entscheidungen hervorzubringen;
3. leitende Tätigkeit im Sinne freier Entscheidung zwischen Handlungsalternativen ist - im Gegensatz zu ausführendem Handeln.

Allgemein formuliert ist politisches Handeln darauf gerichtet, eine bestimmte Situation S_1 in eine Situation S_2 überzuführen. Eine solche Änderung setzt zunächst den Entschluss voraus, etwas zu tun oder - wenn zu erwarten ist, dass sich die gewünschte Situation in der gewünschten Zeit von selbst entwickelt - zu unterlassen. Dieser Entschluss wiederum muss, da politisches Handeln der Intention nach zweckgerichtetes, planvolles Handeln ist, auf der Gewissheit oder auf der begründeten Vermutung beruhen, dass eine erstrebte Situation S_2 einer tatsächlichen Situation S_1 vorzuziehen ist. Dieses Ergebnis bedingt eine genaue Kenntnis von S_1 und eine möglichst präzise Vorstellung vom erstrebenswerten Zustand S_2.

Von den Merkmalen und Phasen (sozial-) politischen Handelns ausgehend, kann man die Aufgaben der Wissenschaft von der (Sozial-) Politik in folgende Aufgabenbereiche untergliedern: Lageerfassung, Lagebewertung und Diagnose.

Lageerfassung, Lagebewertung und Diagnose

Ausgangspunkt politischen Handelns ist eine Lageerfassung (z.B. der Lebensumstände Obdachloser, bestimmter Rentnergruppen oder Arbeitsloser). Der Lageerfassung muss sich eine Lagebeurteilung anschließen, damit entschieden werden kann, ob die Lage verändert werden soll. Der Lagebeurteilung muss eine Ermittlung der Ursachen der als änderungsbedürftig eingeschätzten Situation folgen, um Ansatzpunkte für Maßnahmen zu ermitteln.

Entwicklungsprognose (vgl. dazu Streit 2000, S. 392)

Da sich bestimmte erstrebte Situationen möglicherweise aufgrund autonomer Entwicklungen ohne politische Eingriffe einstellen können (z.B. eine Verringerung der Arbeitslosigkeit durch steigende Auslandsnachfrage) und da zwischen dem Zeitpunkt der Entscheidung zum Handeln und dem Zeitpunkt des Wirksamwerdens von Instrumenten Zeit verstreicht, in der sich wiederum die Lage verändern kann, sind im Anschluss an Lagebewertungen Entwicklungsprognosen erforderlich. Erforderlich sind vor allem Prognosen der Bevölkerungsentwicklung, der Einkommensentwicklung, der Sozialstruktur und der Konjunktur.

Zielanalyse (vgl. dazu Streit 2000, S. 277 ff. und Altmann 2000, S. 38 ff.)

Da die Änderungsbedürftigkeit von Zuständen nur aufgrund von Wertnormen, von Zielen, festgestellt werden kann, ist die Erfassung und Kenntnis der Ziele der Sozialpolitik besonders bedeutsam.

Im Zusammenhang mit sozialpolitischen Zielen stellt sich eine Mehrzahl wissenschaftlicher Aufgaben, nämlich:
1. die Abklärung der Entstehung sozialpolitisch wirksamer Zielsetzungen;
2. die Interpretation von Zielen, die, soweit sie abstrakt, d.h. als totale oder partielle Leerformeln formuliert sind, inhaltlich gefüllt werden müssen. Beispiele für interpretationsbedürftige Ziele sind soziale Gerechtigkeit, soziale Sicherheit, sozialer Friede. Die Aufgabe besteht aber *nicht* darin, Ziele als Vorgabe für die Politik zu definieren, sondern darin, mögliche Zielinhalte aufzudecken und Definitions*vorschläge* zu machen;
3. die Operationalisierung und - nach Möglichkeit - Quantifizierung von Zielen;
4. die Analyse der zwischen sozialpolitischen Zielen und der zwischen sozialpolitischen und anderen, z.b. wirtschaftspolitischen, Zielen bestehenden Zielbeziehungen. Ziele können in einer Konflikt-, in einer Komplementaritäts-, aber auch in einer Neutralitätsbeziehung stehen;
5. die Herausarbeitung der in einer bestimmten Gesellschaft verfolgten Zielsysteme und die Überprüfung solcher Zielsysteme auf Konsistenz und Vollständigkeit.

Analyse von Trägersystemen (vgl. dazu Streit 2000, S. 333 ff. und Leipold 1988)

Wenngleich politisches Handeln letztlich staatliches oder staatlich sanktioniertes Handeln ist, müssen die Träger politischen Handelns nicht notwendig *staatliche Institutionen* sein. Entscheidend ist, dass Träger der Politik fähig sein müssen, ihren Willen notfalls auch gegen den Willen derjenigen durchzusetzen, die durch politische Maßnahmen benachteiligt werden. Einkommens- und Vermögensumverteilungen, die Erhebung von Steuern und Umweltschutzmaßnahmen beispielsweise wären ohne die Möglichkeit staatlicher Sanktionen nicht durchsetzbar.

Die Notwendigkeit der Absicherung politischer Maßnahmen durch die Möglichkeit des Einsatzes von legitimer Gewalt gilt auch für nichtstaatliche Träger der Sozialpolitik, soweit ihnen der Staat sozialpolitische Befugnisse delegiert hat, wie z.B. den Sozialpartnern und den Verbänden der freien Wohlfahrtspflege.

Die Analyse sozialpolitischer Trägersysteme, die in der Regel aus vielen Elementen bestehen, umfasst insbes. folgende Aufgaben:
1. die Untersuchung der Verteilung sozialpolitischer Entscheidungsbefugnisse auf die Träger politischer Verantwortung unter dem Aspekt der Beteiligung der Gesellschaftsmitglieder am Prozess der sozialpolitischen Willensbildung;
2. die Untersuchung der Rationalität der sozialpolitischen Aufgabenverteilung in Bezug auf die für ausgewogene Entscheidungen erforderlichen Informationen nach Umfang und Vollständigkeit, in Bezug auf die Informationsauswertung, die Qualität der Entscheidungen und die Durchführung der Maßnahmen sowie schließlich in Bezug auf die Kontrolle des Erfolgs sozialpolitischer Maßnahmen;
3. die Analyse von Möglichkeiten und Problemen der Kooperation zwischen Trägern der Sozialpolitik.

Instrumentenentwicklung und Instrumentenanalyse (vgl. dazu Streit 2000, S. 287 ff. und Altmann 2000, S. 283 ff.)

Die Zielerreichung setzt voraus, dass geeignete Instrumente verfügbar sind. Dabei ist es wichtig, im Sinne des Rationalprinzips Mittel einzusetzen, die es erlauben, das erstrebte Ziel soweit wie möglich, mit möglichst geringem Aufwand und unter Vermeidung negativer Nebenwirkungen zu erreichen. Daraus ergeben sich folgende Aufgaben:

1. die Entwicklung neuer und die Verbesserung bekannter sozialpolitischer Instrumente. Beispiele für neu entwickelte Instrumente sind die Schaffung der rechtlichen Grundlagen für Teileigentum an Grund und Boden im Rahmen des Wohnungseigentumsgesetzes von 1951, die 1957 eingeführte dynamische Rente und das 1974 eingeführte Konkursausfallgeld;
2. die Überprüfung von Instrumenten auf ihre Eignung zur Zielerreichung; diese Überprüfung erstreckt sich auf die Mitteleignung unter folgenden Aspekten: Zielkonformität und Nebenwirkungen; Wirkungslag zwischen Mitteleinsatz und Wirksamwerden; Dosierbarkeit und Veränderbarkeit des Instruments; Verträglichkeit mit dem Gesellschafts- und Wirtschaftssystem (Systemkonformität);
3. die Untersuchung der Kosten des Mitteleinsatzes.

Erfolgskontrolle (vgl. Streit 2000, S. 266 ff.)

Es ist ein Gebot der Rationalität, zu kontrollieren, in welchem Umfang, mit welchem Aufwand und mit welchen Nebenwirkungen der Einsatz von Instrumenten zum erstrebten Ziel geführt hat, einmal, um grundsätzlich festzustellen, ob ein Ziel erreicht worden ist, zum anderen aber auch, um zu prüfen, ob das eingesetzte Instrument bei künftigem Einsatz verbessert werden kann.

Systemanalysen (vgl. dazu Leipold 1988)

Die bisher herausgestellten Aufgaben der Sozialpolitik als Wissenschaft beziehen sich auf einzelne Phasen der Politik (Vorbereitungs-, Entscheidungs-, Durchführungs-, Kontrollphase) bzw. auf einzelne Elemente sozialpolitischer Systeme (Träger - Ziele - Mittel). Gegenstand wissenschaftlicher Untersuchungen können aber auch solche sozialpolitischen Systeme als zusammenhängender Träger-Ziele-Mittel-Komplex sein. In diesem Zusammenhang stellen sich folgende Aufgaben:

1. die Darstellung und Analyse realer Systeme (z.B. Darstellung des Systems der Sozialpolitik in der Bundesrepublik);
2. die Darstellung und Analyse von Leitbildern, d.h. von gedachten Systemen der Sozialpolitik (z.B. Darstellung der Sozialpolitik im Rahmen des Leitbildes einer Sozialen Marktwirtschaft);
3. der Vergleich realer sozialpolitischer Systeme (z.B. Vergleich der Sozialpolitik in der früheren Bundesrepublik mit der Sozialpolitik in der ehemaligen DDR);
4. der Vergleich sozialpolitischer Leitbilder;
5. der Vergleich eines realen sozialpolitischen Systems mit seinem Leitbild.

c) Grenzen objektiver Erkenntnis als aufgabenbestimmende Determinante

Die von der Wissenschaft erfüllbaren Aufgaben werden auch durch die Voraussetzungen und Grenzen der Gewinnung von Erkenntnissen bestimmt. Entsprechend dem in unserer Gesellschaft vorherrschenden Wissenschaftsverständnis ist es Aufgabe der Sozialwissenschaften, Erkenntnisse über die gesellschaftliche Wirklichkeit zu gewinnen, die allgemein gültig (im Sinne von objektiv) sind. Diese kognitiv-informative Zielsetzung setzt eine intersubjektive Überprüfbarkeit der wissenschaftlichen Aussagen voraus. Die intersubjektive Überprüfbarkeit ermöglicht es, wissenschaftliche Aussagen als allgemein gültig nachzuweisen, wenn - ausgehend von bestimmten Prämissen und bei Anwendung der Regeln logischen Denkens - die Überprüfung durch verschiedene Personen zu denselben Ergebnissen führt. Durch dieses Kriterium intersubjektiver Überprüfbarkeit werden sogenannte Werturteile oder normative Aussagen als unzulässig aus wissenschaftlichen Aussagenzusammenhängen ausgeschlossen. Denn Werturteile sind Aussagen, die bestimmte Gegebenheiten oder Verhaltensweisen von religiösen, ethischen, politischen oder sonstigen Standpunkten aus *positiv oder negativ bewerten.* Daher ist der Wahrheitsgehalt, die Gültigkeit solcher normativer Aussagen, nicht intersubjektiv nachprüfbar.

Werturteile könnten nur dann Allgemeingültigkeit erlangen, wenn sie von allen Individuen als verbindliche Normen akzeptiert werden würden. Aus dieser Einsicht folgt die Forderung nach werturteilsfreien wissenschaftlichen Aussagen.[4] Diese auf dem Prinzip der Werturteilsfreiheit und dem Kriterium intersubjektiver Überprüfbarkeit wissenschaftlicher Aussagen beruhende Wissenschaftsauffassung wird auch als „kritischer Rationalismus" bezeichnet (Popper 1989 und 1992).

Gegen diese auch von den Verfassern dieses Buches vertretene Wissenschaftsauffassung wurden und werden vier Einwände vorgebracht, die auf Fehlinterpretationen des Prinzips der Werturteilsfreiheit zurückgehen.

Ein *erster* Einwand macht geltend, eine werturteilsfreie Wissenschaft sei unmöglich, weil schon die Wahl eines Erkenntniszieles eine wertende Entscheidung darstellt. Tatsächlich ist unbestreitbar, dass im „Vorraum" wissenschaftlicher Arbeit, in der „Wertbasis", solche Wertungen schon deswegen unvermeidlich sind, weil wegen der Knappheit personeller und sachlicher Mittel nicht alle untersuchenswerten Probleme gleichzeitig untersucht werden können. Aber diese Wertungen widersprechen nicht dem Postulat nach Werturteilsfreiheit, weil die Wertmaßstäbe für die Auswahl der Erkenntnisziele nicht in die Beantwortung der aufgeworfenen Fragen eingehen.

Ein *zweiter* Einwand lautet, die Forderung nach werturteilsfreier Wissenschaft bedeute einen Verzicht auf Realitätsnähe und auf wissenschaftliche Unterstützung der Politik, weil im Erfahrungsobjekt der Sozialwissenschaften Werthaltungen, Wertungen und Werte eine große Rolle spielen. Dazu ist zu sagen, dass der kritische Rationalismus Analysen von Werthaltungen, Wertungen und Werten, insbesondere von politischen Zielen, keineswegs ausschließt. Aber auch solche Analysen von Werten setzen keine Werturteile innerhalb des wissenschaftlichen Aussagensystems voraus. Denn wenn normativ Gültiges, wenn Werte und Bewertungen Objekt empirischer Un-

---

[4] Vgl. dazu v. a. Max Weber, Die Objektivität sozialwissenschaftlicher und sozialpolitischer Erkenntnis (1904) und ders., Der Sinn der Wertfreiheit der soziologischen und ökonomischen Wissenschaften (1917), beide abgedruckt in Max Weber 1968. Vgl. auch Albert 1991. Eine übersichtliche Darstellung der Werturteilsproblematik findet sich bei Kleinhenz 1970, S. 17 - 27.

tersuchungen werden, verlieren sie für die Untersuchung ihren normativen Charakter. Das normativ Gültige wird nicht als „gültig", d.h. nicht als Handlungsanweisung oder als Forderung behandelt, sondern als „seiend" (Max Weber 1968, S. 531).

Ein *dritter*, gewichtiger Einwand stellt darauf ab, dass das Prinzip der Werturteilsfreiheit die Erkenntnismöglichkeiten stark beschneidet, weil vielfältig verursachte Erscheinungen, wie sie im ökonomischen und sozialen Bereich vorherrschen, nicht wertfrei analysiert werden können. Das gilt z.b. besonders für Diagnosen und Prognosen.[5] Die exakte Erklärung einer Situation setzt die Erfassung aller sie bewirkenden Ursachen und des Gewichtes dieser Ursachen voraus. Solche exakten und vollständigen Erklärungen sind oft aus Zeitgründen, aus Kostengründen und wegen nicht beschaffbarer (statistischer) Informationen über die Realität nicht möglich, so dass aus der Vielzahl denkbarer Bedingungen und Ursachen bestimmte Ursachen aufgrund von Vermutungen herausgehoben werden müssen. Damit aber beruhen solche Analysen auf Selektion und Wertung. Eine Lösung dieses Problems liegt im sogenannten „erweiterten" Wissenschaftsprogramm (Giersch 1960, S. 46 ff.). Es lässt *innerhalb* des wissenschaftlichen Aussagensystems Wertungen zu *unter der Voraussetzung*, dass diese Wertungen in Form von Hypothesen oder persönlichen Bekenntnissen eingeführt und deutlich erkennbar gemacht werden, so dass der Anschein objektiv gültiger Aussagen vermieden wird.

Ein *vierter* Einwand schließlich verweist auf die Gefahr, dass sich der am Prinzip maximaler Werturteilsfreiheit orientierende Wissenschaftler zum wertneutralen Werkzeug jeden politischen Systems machen lasse und seiner staatsbürgerlichen Verantwortung nicht gerecht werden könne. Auf diesen Einwand ist zu erwidern, dass der kritische Rationalismus erstens die freie Entscheidung eines Wissenschaftlers, einem bestimmten System zu dienen oder nicht, nicht in Frage stellt und zweitens keinem Wissenschaftler politisches Engagement verbietet; der kritische Rationalismus verlangt nur, die Rolle des Wissenschaftlers von der des politisch engagierten Staatsbürgers zu trennen, d.h., politisches Engagement nicht wissenschaftlich zu verbrämen, die Politik nicht mit dem Attribut der wissenschaftlichen Fundierung auszustatten, sie also nicht gegen Kritik zu immunisieren. Ein Sonderstatus der Wissenschaftler auf der Bühne politischer Entscheidungen ist sachlich nicht zu rechtfertigen, denn die politische Qualifikation von Wissenschaftlern ist nicht besser und nicht schlechter als die anderer mündiger Bürger. In einer demokratischen Gesellschaftsordnung sollte daher für politische Entscheidungen die Stimme des Wissenschaftlers nicht mehr Gewicht haben als die anderer Staatsbürger.

2. Definition der Sozialpolitik als Wissenschaft

Aufgrund der Überlegungen im vorhergehenden Abschnitt lässt sich die Sozialpolitik als Wissenschaft wie folgt definieren: Sozialpolitik ist die grundsätzlich wissenschaftsautonome, systematische, d.h. möglichst vollständige und nach sachlogischen Gesichtspunkten geordnete Darstellung und Analyse realer und gedachter Systeme, Systemelemente und Probleme der Sozialpolitik mit dem Ziel, mit Hilfe frei wählba-

---

[5] Vgl. dazu die ausführliche Problembehandlung bei H. Giersch/ K. Borchardt, Diagnose und Prognose als wirtschaftswissenschaftliche Methodenprobleme, SVSP, NF, Bd. 25, Berlin 1962 und E. v. Beckerath/ H. Giersch/H. Lampert, Probleme der normativen Ökonomik und der wirtschaftspolitischen Beratung, SVSP, NF, Bd. 29, Berlin 1963.

rer, geeignet erscheinender wissenschaftlicher Methoden objektive, d.h. intersubjektiver Überprüfung standhaltende Erkenntnisse über praktiziertes sozialpolitisches Handeln und über mögliche Handlungsalternativen zu gewinnen. Sozialpolitisches Handeln ist jenes Handeln, das darauf gerichtet ist,

1. die wirtschaftliche und soziale Stellung von wirtschaftlich und/oder sozial absolut oder relativ schwachen Personenmehrheiten im Sinne der in einer Gesellschaft verfolgten gesellschaftlichen und sozialen Grundziele zu verbessern und
2. die wirtschaftliche und soziale Stellung von wirtschaftlich und/oder sozial schwachen Personenmehrheiten für den Fall des Eintritts existenzgefährdender Risiken zu sichern.

3. Zur Stellung der Sozialpolitik im System wissenschaftlicher Disziplinen

Viele Wissenschaftler, v.a. Ökonomen, betrachten die Sozialpolitik als eine Teildisziplin der Wirtschaftswissenschaften, eine Spezialdisziplin der Wirtschaftspolitik. Andere sehen die Sozialpolitik in einer sehr engen Beziehung zur Soziologie. Das Problem der Einordnung der Sozialpolitik in die Sozialwissenschaften soll hier angesprochen werden, weil diese Einordnung auch Ausdruck von Einstellungen zu den Notwendigkeiten, Möglichkeiten und Ansatzpunkten sozialpolitischer Gestaltung ist und Auswirkungen auf diese Einstellungen haben kann.

Die Beziehungen zwischen Sozialpolitik und Wirtschaftspolitik sind besonders eng, weil die Entwicklung der neuzeitlichen Sozialpolitik mit der Industrialisierung zusammenfällt, weil die wissenschaftliche Sozialpolitik als „Tochter der Nationalökonomie" geboren wurde und weil zahlreiche Berührungspunkte und Überschneidungen im Bereich der wirtschaftspolitischen Ziele und Mittel und der sozialpolitischen Ziele und Mittel bestehen. Das Ziel der Verbesserung der Lebensbedingungen schwacher Personenmehrheiten ist in vielen Fällen durch eine Verbesserung der *wirtschaftlichen* Lebensbedingungen, diese wiederum durch eine Beeinflussung der Wirtschaftsordnung, des Wirtschaftsprozesses und der Wirtschaftsstruktur erreichbar. Eines der zentralen Ziele der Sozialpolitik, soziale Sicherheit, wird durch Vollbeschäftigungs-, Konjunkturstabilisierungs- und Wachstumspolitik erstrebt. Wirtschaftliches Wachstum sichert und erweitert die ökonomische Basis der Sozialpolitik. Die Erreichung eines anderen sozialpolitischen Hauptzieles, nämlich sozialer Gerechtigkeit, lässt sich durch eine Politik angemessenen und stetigen Wachstums sowie durch eine konsequente Wettbewerbspolitik offener Märkte und der Eliminierung von Nicht-Leistungsgewinnen nachhaltig fördern.

Zielsetzungen, die als gesellschafts- und wirtschaftspolitische Grundziele bezeichnet werden, wie soziale Sicherheit, soziale Gerechtigkeit und sozialer Friede, sind Hauptziele der Sozialpolitik.

Umgekehrt sind bestimmte Ziele der Sozialpolitik auch Ziele der Wirtschaftspolitik: der Schutz der Arbeitskraft der Jugendlichen und der Mütter, der Schutz der Arbeitskraft aller Arbeitnehmer, das Ziel der Erhaltung der Gesundheit, das Ziel der Verbesserung der beruflichen Qualifikation. Die Vermeidung von Arbeitslosigkeit und die Sicherung der wirtschaftlichen Existenz Arbeitsloser, die Vermeidung von Arbeitsunfällen und die wirtschaftliche Absicherung bei Eintritt von Arbeitsunfällen, beides Ziele der Sozialpolitik, können als Ziele der Vermeidung von Sozialkosten und damit als Ziele einer auf Gerechtigkeit bedachten Wirtschaftsordnungspolitik inter-

11

pretiert werden. Die auf die Sicherung und Verbesserung der Gesundheit und der Leistungsfähigkeit der Arbeitnehmer gerichtete Sozialpolitik ist gleichzeitig Wachstumspolitik, weil sie auf die Verbesserung der Struktur und der Qualität eines elementaren Wachstumsfaktors zielt.

Trotz dieser vielfältigen und engen Verflechtungen zwischen Wirtschaftspolitik und Sozialpolitik wäre es verfehlt, die praktische Sozialpolitik als Teilbereich der Wirtschaftspolitik und die Sozialpolitikwissenschaft als eine wirtschaftswissenschaftliche Disziplin aufzufassen. Denn erstens sind Wirtschafts- und Sozialpolitik nur partiell deckungsgleich und zweitens reichen die Methoden der Wirtschaftswissenschaften zu einer vollständigen Erfassung, Analyse und Lösung sozialpolitischer Probleme nicht aus (vgl. dazu Kleinhenz 1970, S. 46 ff.).

Eine nur partielle Deckungsgleichheit zwischen Wirtschaftspolitik und Sozialpolitik besteht sowohl in Bezug auf die Adressaten wie auch in Bezug auf die Ansatzpunkte der Politik. „Objekte" der Sozialpolitik sind wirtschaftlich und/oder sozial schwache Personenmehrheiten, also Teile der wirtschaftlich aktiven Bevölkerung, aber auch Teile der wirtschaftlich inaktiven Bevölkerung. Adressaten der Wirtschaftspolitik dagegen sind alle Träger wirtschaftlicher Entscheidungen (Erwerbstätige, Konsumenten usw.). Während die Wirtschaftspolitik auf die Beeinflussung wirtschaftlicher Größen zielt, ist die Sozialpolitik zwar auch, aber eben nicht nur auf die Beeinflussung der wirtschaftlichen Lebensbedingungen gerichtet. Die soziale Schwäche geistig oder/und körperlich Behinderter, Obdachloser und sozial labiler Menschen lässt sich überdies nicht mit wirtschaftspolitischen oder wirtschaftlichen Mitteln beheben.

Dass wirtschaftswissenschaftliche Methoden zu einer vollständigen Erfassung, Analyse und Lösung sozialpolitischer Probleme nicht ausreichen, sondern dass solche Probleme interdisziplinär angegangen werden müssen, zeigt sich an vielen Fragestellungen. Fragen der Arbeitszeitverkürzung z.B. sind wegen ihrer Produktivitäts-, Kosten- und Zeitaspekte ein ökonomisches Problem, ihrer gesundheitlichen Wirkungen wegen ein medizinisches, ihrer Wirkungen auf das Freizeitverhalten wegen ein soziologisches Problem. Die Bekämpfung der Obdachlosigkeit hat nicht nur ökonomische, sondern auch sozialpsychologische und sozialpädagogische Aspekte. Für die Familienpolitik sind Ökonomen, Soziologen, Psychologen und Pädagogen sachlich zuständig.

Wissenschaftliche Sozialpolitik braucht interdisziplinäre Zusammenarbeit. Es wäre verfehlt, sie ausschließlich oder überwiegend als wirtschaftswissenschaftliche Disziplin aufzufassen. Würde man Sozialpolitik primär als Wirtschaftspolitik auffassen, dann würde auch die Gefahr verstärkt, dass gerade die Nöte und Probleme der wirtschaftlich und sozial schwächsten Bevölkerungskreise, die in der Mehrzahl der Fälle nicht oder nur unzulänglich in das Wirtschaftsleben integriert sind, übersehen oder vernachlässigt werden.

Umgekehrt muss vor einer *Unter*schätzung der ökonomischen Komponente der Sozialpolitik gewarnt werden: Die Zahl der Fälle, in denen Sozialpolitik ohne Verursachung von Kosten, ohne Beanspruchung personeller, sachlicher und finanzieller Ressourcen betrieben werden kann, ist sehr begrenzt. Daher würde es sich, wenn in der Sozialpolitik das Wunschdenken nicht die Realität weit hinter sich lassen soll, empfehlen, der Tatsache Rechnung zu tragen, dass auch die entwickelten Gesellschaften nach wie vor mit der Knappheit von Mitteln, die für die Erreichung menschlicher Zwecke zur Verfügung stehen, konfrontiert sind.

12

C. Die Notwendigkeit staatlicher Sozialpolitik

Häufig ist die Auffassung anzutreffen, Sozialpolitik sei ein für kapitalistische Systeme charakteristischer Bereich der Politik, der das System für die breiten Massen erträglicher und dadurch überlebensfähig machen soll (Sozialpolitik als „Reparaturbetrieb", als „Lazarettstation" des Kapitalismus). Daher erscheint es gerechtfertigt, zunächst über Ursachen und Notwendigkeit staatlicher Sozialpolitik *allgemein* nachzudenken, zumal in diesem Buch ausführlich nur die *neuzeitliche* Sozialpolitik in nicht sozialistischen, entwickelten Gesellschaften dargestellt werden kann.

Die von nicht wenigen Wissenschaftlern[6] vertretene Auffassung, die staatliche Sozialpolitik beginne mit Maßnahmen zur Verbesserung der Lage der Industriearbeiterschaft in den sich industrialisierenden Gesellschaften zu Anfang des 19. Jh., ist nur zu rechtfertigen, wenn man einschränkend von der *neuzeitlichen* Sozialpolitik spricht. Denn soziale Spannungszustände, die Anlass für die Entstehung sozialer Bemühungen waren und staatliche sozialpolitische Programme entstehen ließen, gab es schon in vorchristlicher Zeit. Dass es staatliche Sozialpolitik lange vor der Entstehung des Kapitalismus gab, ist darauf zurückzuführen, dass eine solche Politik in allen Gesellschaften notwendig wird, in denen es eine „Soziale Frage" gibt. In Anlehnung an *Ferdinand Tönnies*[7] lässt sich eine soziale Frage definieren als die Existenz von Unterschieden in den politischen, persönlichen und/oder wirtschaftlichen Rechten sowie in den Verfügungsmöglichkeiten über wirtschaftliche Güter (Einkommen und Vermögen) zwischen sozialen Gruppen (Schichten, Ständen, Klassen), die als so groß empfunden werden, dass sie entweder den inneren Frieden und damit die Existenz der Gesellschaft bzw. des Staates bedrohen oder von den Trägern politischer Macht als nicht vertretbar angesehen werden.

Soziale Fragen und staatliche Sozialpolitik gab es bereits im antiken und im vorchristlichen Rom. Die sozialen Fragen dieser Staaten ergaben sich vor allem aus starken Klassengegensätzen, die teilweise so ausgeprägt waren, dass sie sich in Aufständen entluden.[8]

Auch im mittelalterlichen Europa gab es sowohl im landwirtschaftlichen als auch im gewerblichen Bereich soziale Probleme und zahlreiche Maßnahmen staatlicher Sozialpolitik. Nach *Friedrich-Wilhelm Henning*, der in seiner Geschichte des vorindustriellen Deutschland auch die sozialpolitischen Einrichtungen und die für bestimmte Perioden charakteristischen Konzepte darstellt, ist es überhaupt keine Frage, dass spätestens vom 15. Jh. an von einer staatlichen Sozialpolitik in Deutschland gesprochen werden kann.[9]

---

[6] Z. B. von Albrecht 1955, S. 17 ff.; Heyde 1966, S. 28 ff.; Preller 1970, 1. Halbbd., S. 1; Sanmann 1975, S. 193 f.

[7] Tönnies 1907, S. 7: „Die Frage des friedlichen Zusammenlebens und Zusammenwirkens der in ihren wirtschaftlichen Lebensbedingungen, Lebensgewohnheiten und Lebensanschauungen weit voneinander entfernten Schichten, Ständen, Klassen eines Volkes: das ist der allgemeine Inhalt der 'Sozialen Frage'."

[8] Vgl. dazu den Überblick bei Lampert 1980a, S. 26 ff. und die ausführlichen Darstellungen bei Pöhlmann 1925; Brunt 1971; Brockmeyer 1974; Alföldy 1984; Oertel 1975; Finley 1993; Austin/Vidal-Naquet 1984, Molitor 1990, de Martino 1991 sowie Frerich/Frey, Bd. 1, 1996.

[9] F. W. Henning 1994, insbes. S. 174, S. 229 ff. und S. 286 ff. Vgl. auch Lütge 1966, insbes. S. 218 ff.; Bosl 1972, Pohl 1991 und W. Fischer 1982. Vgl. ferner die Darstellung sozialer Spannungen und sozialpolitischer Maßnahmen in verschiedenen europäischen Ländern im Handbuch für europäische Wirtschafts- und Sozialgeschichte, Bd. 2 (Kellenbenz 1980, passim) und Bd. 3 (W. Fischer u. a. 1986, passim).

Besonders akut und groß wurde der Bedarf an staatlicher Sozialpolitik mit Beginn des Industriezeitalters. Diese Feststellung gilt unabhängig von der Art des Gesellschafts- und Wirtschaftssystems, d.h. für nicht sozialistische und für sozialistische Gesellschaften gleichermaßen.

Die Notwendigkeit zu staatlicher Sozialpolitik im Industriezeitalter ergab sich im Grunde aus der Lösung der sozialen Frage der vorindustriellen Gesellschaften im europäischen Kulturkreis. Diese soziale Frage hatte darin bestanden, dass die persönlichen Freiheitsrechte, die politischen Rechte, die Besitz-, Berufs- und Bildungsrechte zwischen den Klassen bzw. Ständen höchst ungleich verteilt waren und dass für die überwiegende Mehrheit der Bevölkerung einseitige soziale, wirtschaftliche und persönliche Abhängigkeitsverhältnisse bestanden. Diese soziale Frage wurde grundsätzlich gelöst, als im Zuge der allmählichen Verwirklichung der Ideen der Aufklärung und des Liberalismus die Zünfte, die Leibeigenschaft und die Hörigkeit aufgehoben und stattdessen allgemeine Vertragsfreiheit, Freizügigkeit, Koalitionsfreiheit, Freiheit der Berufs- und Arbeitsplatzwahl, freies, gleiches und geheimes Wahlrecht eingeführt wurden (vgl. dazu S. 29).

Die angeführten Maßnahmen, durch die eine jahrhundertlange politische, rechtliche und wirtschaftliche Abhängigkeit sozialer Gruppen beendet wurde, begünstigten im Zusammenwirken mit anderen Faktoren die Entstehung einer *neuen* sozialen Frage, der „Arbeiterfrage". Darunter versteht man die Tatsache, dass die schnell wachsende Schicht persönlich freier Menschen, die eigentums- und besitzlos war und daher zur Sicherung ihres Lebensunterhaltes auf die vertragliche Verwertung ihrer Arbeitskraft angewiesen war, unter menschenunwürdigen wirtschaftlichen und sozialen Bedingungen am Rande des physischen Existenzminimums lebte, gesellschaftlich nicht akzeptiert und (im 19. Jh.) politisch ohnmächtig war (vgl. dazu S. 19 ff.). Für die Arbeiterschaft war zunächst formale persönliche Freiheit mit materialer Unfreiheit[10] verknüpft. Die Existenz der besitz- und vermögenslosen Arbeiter und ihrer Familien war im Falle von Arbeitslosigkeit, Krankheit, Invalidität, Altersschwäche, Witwen- und Waisenschaft bedroht.

Die Notwendigkeit zu staatlicher Sozialpolitik ergab sich unmittelbar aus der Schutzlosigkeit der Arbeiter im Falle des Eintritts der oben genannten Risiken, ferner aus gesundheitsschädlichen, extrem langen Arbeitszeiten, aus gesundheitsgefährdenden Arbeitsplatzbedingungen, aus dem rücksichtslosen Arbeitseinsatz von Kindern, Jugendlichen und Frauen sowie aus dem Wohnungselend.

Die soziale Frage als Arbeiterfrage wurde in den letzten 170 Jahren durch den auf der Grundlage eines starken wirtschaftlichen Wachstums durchgeführten Auf- und Ausbau des Arbeitnehmerschutzes, der Sozialversicherung und der Arbeitsmarktpolitik weitgehend gelöst.

Die Notwendigkeit zu staatlicher Sozialpolitik in der Gegenwart ergibt sich aus vier Tatsachen.

Erstens: zahlreiche Gesellschaftsmitglieder sind überhaupt nicht oder nur sehr begrenzt in der Lage, ihre Existenz durch Arbeitsleistungen und den damit verbundenen Erwerb von Ansprüchen gegen das System sozialer Sicherung zu sichern; Beispiele für derartige sozial schwache Gruppen sind geistig und/oder körperlich Behinderte, chronisch Kranke und körperlich schwache Personen.

---

[10] Materiale Freiheit wird hier verstanden als das Vermögen, im Rahmen der durch Sitte und Gesetz gezogenen Grenzen selbst gesteckte Ziele zu verwirklichen. Vgl. dazu Giersch 1960, S. 73.

Zweitens: für die überwiegende Mehrheit der Bevölkerung ist das Arbeitseinkommen die wesentliche Existenzgrundlage. Diese Existenzgrundlage wäre bei Eintritt vorübergehender oder dauernder Erwerbsunfähigkeit oder bei Auftreten unplanmäßiger Ausgaben durch Krankheit, Arbeitslosigkeit, Unfall, Invalidität und Alter gefährdet, wenn nicht soziale staatliche Sicherungseinrichtungen bestünden.

Ein *dritter* Grund für die Notwendigkeit staatlicher Sozialpolitik *auch in hochentwickelten postindustriellen Gesellschaften* liegt in der Tatsache, dass wirtschaftliche Entwicklung - unabhängig vom Gesellschafts- und Wirtschaftssystem - gleichbedeutend ist mit einem Wandel wirtschaftlicher und sozialer Strukturen (der Produktions-, der Beschäftigten-, der Unternehmens- und der Betriebsgrößenstruktur, der räumlichen Struktur, der Preis-, der Einkommens- und der Vermögensstruktur, der Familienstruktur usw.). Industrielle Entwicklungsprozesse stellen - wie *Schumpeter* (1950, S. 134 ff.) treffend formuliert hat - Prozesse „schöpferischer Zerstörung" dar. Diese Prozesse sind mit Anpassungslasten verbunden, die sich aus der Entwertung von Sachkapital, dem Untergang von Unternehmen, der Entwertung von Humankapital, der Freisetzung von Arbeitskräften sowie den Kosten der räumlichen und beruflichen Mobilität ergeben.[11]

Diese Anpassungslasten treffen letztlich immer einzelne Gesellschaftsmitglieder und ihre Familien, wenn auch - je nach Vermögenslage, Einkommensverhältnissen, Bildungsstand und Qualifikationspotenzial sowie intellektueller und psychischer Anpassungsfähigkeit - in unterschiedlichem Ausmaß.

Aus der Existenz derartiger Entwicklungskosten bzw. Anpassungslasten ergeben sich als sozialpolitische Aufgaben:
1. die Schaffung der Voraussetzungen für eine prinzipielle soziale Akzeptanz der Anpassungslasten;
2. die Sicherung einer als gerecht angesehenen Verteilung der Anpassungslasten in der Gesellschaft;
3. die Kontrolle der Anpassungslasten im Sinne einer Minimierung der Vernichtung wirtschaftlicher Werte;
4. die Entwicklung ökonomisch und sozialpolitisch befriedigender sozialer Sicherungssysteme zur Verringerung der individuellen Anpassungslasten.

Sozialpolitik wird für komplexe Gesellschaften zu einer notwendigen Bedingung wirtschaftlicher Evolution, weil sie die Flexibilität und die Mobilität der Systemelemente erhöht, die soziale Akzeptanz der Entwicklungs- und Strukturwandlungsprozesse sichert und überdies beachtliche wirtschaftsgrundlagenpolitische und stabilitätspolitische Effekte hat (vgl. dazu S. 465 ff.).

Ein *vierter,* staatliche Sozialpolitik begründender Tatbestand liegt in der gesellschaftspolitischen Zielsetzung, durch eine gleichmäßigere Verteilung der Chancen für den Erwerb von Bildung, Einkommen und Vermögen sowie durch eine Verringerung sozialpolitisch unerwünschter, nicht leistungsgebundener Einkommens- und Vermögensunterschiede die Chancen zur Verwirklichung materialer Freiheit gleichmäßiger zu verteilen und mehr soziale Gerechtigkeit zu verwirklichen. Diese gesellschaftspolitische Zielsetzung hat in Staaten, die sich - wie die Bundesrepublik in Art. 20 und 28 GG - zum Sozialstaatsprinzip bekennen, hohes Gewicht. Das Sozialstaatsprinzip ermächtigt und verpflichtet den Staat, im Rahmen der verfassungsmäßigen Ordnung

---

[11] Vgl. zu dieser Problematik in marktwirtschaftlichen Systemen v.a. Heimann 1963, S. 122 und ders. 1980.

und des wirtschaftlich Möglichen für möglichst alle Gesellschaftsmitglieder über die formalrechtliche Grundrechtsgewährleistung hinaus in einem politisch zu bestimmenden Mindestumfang die materiellen Voraussetzungen für die Wahrnehmung der Grundrechte auf persönliche (materiale) Freiheit, freie Entfaltung der Persönlichkeit, Freiheit der Berufs- und der Arbeitsplatzwahl, Gleichberechtigung und Chancengleichheit zu schaffen (vgl. dazu Stern 1987 und Zacher 1989a). Die Orientierung der Sozialpolitik am Sozialstaatsprinzip bewirkt in Verbindung mit permanenten Änderungen der sozialen Verhältnisse „das immanente Gesetz, daß Sozialpolitik als eine letzte, integrale Konzeption unerfüllbar ist" und „daß eine durchgreifende Beruhigung der Sozialpolitik nicht eintreten kann" (Zacher 1977, S. 157 f.).

Letztlich liegt die Notwendigkeit zu staatlicher Sozialpolitik darin begründet, dass *jede* Gesellschafts- und Wirtschaftsordnung - sei sie eine feudalistische, eine ständestaatliche, eine liberalistische, eine sozialistische oder sonst wie geartete Ordnung - ein System einer bestimmten Verteilung von politischen, persönlichen und wirtschaftlichen Rechten, insbes. von wirtschaftspolitischen und wirtschaftlichen Dispositionsbefugnissen über wirtschaftliche Güter (Boden, Sachkapital, Geldkapital, Arbeitsvermögen, Konsumgüter bzw. Kaufkraft), ist und dass diese teils natürlich, teils rechtlich bedingten Unterschiede in den Dispositionsbefugnissen und Dispositionsmöglichkeiten Unterschiede in den Möglichkeiten zur freien Entfaltung der Persönlichkeit und in der materialen individuellen Freiheit bewirken, die entsprechend den in der Gesellschaft wirksamen Vorstellungen von sozialer Gerechtigkeit beeinflusst werden müssen.

Freiheit und Gerechtigkeit sind die beiden Ziele, die in jeder Gesellschaft als oberste Orientierungswerte politischer Gestaltung ausgegeben werden oder faktisch erstrebt werden. Dabei braucht uns an dieser Stelle der Leerformelcharakter dieser Ziele, das Problem ihrer Definition und ihrer Operationalisierbarkeit nicht zu beschäftigen[12]. Wesentlich ist hier, dass ohne politische Eingriffe Ungleichheiten auftreten, die den der Gesellschaft immanenten und den von ihr gesetzten Zielen widersprechen.

Auch in den in jüngster Zeit zusammengebrochenen und in den noch bestehenden sozialistischen Gesellschaften war und ist Sozialpolitik notwendig. Denn auch in ihnen gibt es viele Gesellschaftsmitglieder, z.B. Kinder, Kranke und Behinderte, die nicht in der Lage sind, ihre Existenz ohne staatliche Hilfe zu sichern. Außerdem ist das gesellschaftssystemunabhängige Streben nach maximaler wirtschaftlicher Effizienz eine potentielle Gefährdung für die Durchsetzung elementarer Interessen der arbeitenden Bevölkerung (an Freizeit, am Schutz der Gesundheit und der Arbeitskraft). Schließlich kann auch in sozialistischen Gesellschaften der technische, wirtschaftliche und soziale Wandel zu Beeinträchtigungen der Lebenslage bestimmter Gruppen führen.

---

[12] Vgl. zu den Begriffsinhalten Lampert 1990a und 1992a.

Erster Teil

Geschichte der deutschen staatlichen Sozialpolitik

I. Kapitel

Die Arbeiterfrage des 19. Jahrhunderts als auslösende Ursache neuzeitlicher staatlicher Sozialpolitik

Die Arbeiterfrage des 19. Jh. lässt sich vereinfacht umschreiben als *die* soziale und sozialpolitische Problematik, die sich aus den wirtschaftlichen, sozialen und gesellschaftlichen Lebensumständen der in Deutschland im 19. Jh. entstehenden Schicht der Industriearbeiter ergab. Mit den Bemühungen um die Milderung bzw. Lösung dieser Problematik begann die Entwicklung der neuzeitlichen staatlichen Sozialpolitik.

A. Die Lebensumstände der Arbeiterschaft im 19. Jahrhundert[1]

Der persönlich freie, anderen Klassen rechtlich gleichgestellte Arbeiterstand des kapitalistischen Zeitalters ist ein geschichtliches Novum. Es wurde durch die Verwirklichung des freiheitlichen Rechtsstaates (vgl. dazu S. 28 f.) geschaffen. Denn in der vorkapitalistischen Zeit hat es, wie *Ernst Michel* nachgewiesen hat, nur zwei Grundformen der Arbeitsverfassung gegeben: „Entweder war der arbeitende Mensch Eigentümer der Produktionsmittel - dann war er frei, oder der arbeitende Mensch war nicht Eigentümer der Produktionsmittel und produzierte für fremden Ertrag - dann war er unfrei" (Michel 1953, S. 116). Erst das kapitalistische System verknüpfte die Freiheit der Person mit dem Nichteigentum an Produktionsmitteln und der Nichtbeteiligung am Ertrag der Produktion. Damit trat nach *Götz Briefs* ein völlig neues Moment in die Geschichte, das er als *„Abenteuer des Kapitalismus"* bezeichnete. Dieses Abenteuer besteht darin, „daß eine im Eigentum nicht verwurzelte Schicht, die langsam zur Mehrheit der Erwerbstätigen anwächst, Freiheitsrechte im weitesten Umfang genießt... Die Lohnarbeiterschaft des kapitalistischen Zeitalters ist nachweisbar der erste Fall in der Geschichte, wo Freiheit und Eigentum für den größten Teil der erwerbstätigen Bevölkerung auseinanderklaffen. Das ist der Kern des kapitalistischen Abenteuers. Diese Kombination von persönlicher Freiheit und Nichteigentum hat in den Anfängen der kapitalistischen Entwicklung schwere Missstände mit sich gebracht. Die bürgerliche Freiheit war gewiss gegeben, aber umso härter lastete die wirtschaftliche Abhängigkeit."[2]

Die Geburt der freien Arbeiterschaft, des Industrieproletariats, vollzog sich „im Schatten des Elends und der Armut, unter Schmerzen und Tränen" (Weddigen 1957, S. 15 f.).

---

[1] Vgl. dazu Tennstedt 1981, S. 47 - 77 (für die erste Hälfte des Jh.), S. 113 - 125 (für die Jahrhundertmitte) und S. 151 - 164 (für das letzte Drittel des Jh.) und zur Veranschaulichung anhand ausgewählter zeitgeschichtlicher Dokumente Pöls 1988 und Ritter/Kocka 1974. Eine Übersicht über die einschlägige Lit. findet sich bei Wehler 1976.

[2] G. Briefs, Der Sündenfall in das Privateigentum, Frankfurter Allgemeine Zeitung vom 16.07.1960.

Wesentliches Merkmal des persönlich freien, mit dem Recht auf Freizügigkeit, freie Berufs- und Arbeitsplatzwahl sowie mit dem Recht auf Arbeitsvertragsfreiheit ausgestatteten Arbeiters, des Proletariers,[3] war seine *Eigentumslosigkeit,*[4] die ihn zwang, zur Sicherung seiner und seiner Familie Existenz seine Arbeitskraft fortlaufend zu veräußern. Die Eigentumslosigkeit war auch der Grund dafür, dass die Existenz der Arbeiter und ihrer Familien im Falle des vorübergehenden oder dauernden Verlustes der Arbeitsfähigkeit bzw. der Arbeitsgelegenheit bedroht war, weil soziale Sicherungseinrichtungen fehlten. Der durch die Eigentumslosigkeit bewirkte Zwang zur dauernden Reproduktion des Arbeitsverhältnisses - der das Wesen der Proletarität ausmacht - führte in Verbindung mit der Verfassung und der Lage auf den Arbeitsmärkten sowie in Verbindung mit dem Stand des Arbeitsrechts (vgl. S. 34 ff.) zu folgenden fünf Missständen:

1. Die Arbeitszeiten ließen keine volle Regeneration zu, waren gesundheitsschädlich und ließen keine oder nur sehr begrenzte Freizeit. Die wöchentliche Arbeitszeit betrug in der deutschen Industrie 1860/70 78 Stunden, 1885/90 72 Stunden und 1900/05 noch 60 Stunden (W. Hoffmann 1965, S. 213 f.). Der ausschlaggebende Grund für die Länge der täglichen und wöchentlichen Arbeitszeit ist im Arbeitsangebotsüberschuss zu suchen, der wegen der daraus resultierenden niedrigen Löhne und wegen der Konkurrenz um die knappen Arbeitsplätze die Arbeiter zu maximalen Arbeitszeiten zwang.

2. Nicht nur Männer, sondern auch Frauen und Kinder standen unter Arbeitsangebotszwang, weil das Arbeitseinkommen des Vaters zur Sicherung der Existenz der Familie nicht ausreichte oder weil der Vater arbeitslos oder arbeitsunfähig war. Frauenarbeit und Kinderarbeit sind zwar keine Produkte des Industrialismus, erhielten aber in dieser Zeit besondere Ausprägungen. Frauen und Mütter mussten nämlich mit der Entstehung des Fabriksystems zusätzlich zur Wahrnehmung ihrer Aufgaben als Hausfrau und Mutter der Erwerbsarbeit außerhalb des Hauses nachgehen, die vorgeschriebenen langen Arbeitszeiten auf sich nehmen und auch zur Nachtarbeit bereit sein. Das Neue an der Kinderarbeit war erstens, dass die Kinder nicht mehr im Schutze der Eltern, sondern unter Anleitung fremder Personen arbeiten mussten, zweitens, dass sie sich der strengen Disziplin der Fabrikarbeit unterwerfen mussten und drittens, dass für sie die gleichen Arbeitszeiten galten wie für die Erwachsenen.

   In der ersten Hälfte des 19. Jh. begannen Kinder gewöhnlich im 8. bis 9. Lebensjahr mit der Arbeit, teilweise aber auch schon früher. Kinder arbeiteten nicht nur in Textil- und anderen Verbrauchsgüterindustrien, sondern auch im Bergbau, wo sie unter Tage als Streckenhüter, aber auch zum Transport der Kohle-Karren eingesetzt wurden. In Preußen arbeiteten 1850 32 000 Kinder im Alter von 8 bis 10 Jahren täglich 10 bis 14 Stunden in Fabriken (Volkmann 1968, S. 54).

3. Die wirtschaftlich abhängigen Arbeitnehmer mussten die seinerzeit gegebenen Arbeitsumweltverhältnisse, die äußeren Arbeitsplatzbedingungen und die praktizierte Art und Weise der persönlichen Behandlung durch Arbeitgeber und Vorgesetzte akzeptieren, wenn sie ihre Existenzgrundlage nicht verlieren wollten. Die

---

[3] Vgl. zum Begriff „Proletarier" Lampert 1980a, S. 38.

[4] Zur Eigentumsverteilung als Ursache der Entstehung von Klassengesellschaften und als Ursache der Entstehung sozialer Fragen vgl. Schmoller 1918, passim. Ferner Briefs 1926, insbes. S. 146: „So gliedert die grundsätzliche Verfassung der freien Verkehrswirtschaft infolge der Tatsache, dass Besitz und Nichtbesitz sich gegenüberstehen, die Gesellschaft in zwei unterschiedliche Schichten, für deren jede die freie Verkehrswirtschaft einen ganz anderen wirtschaftlichen und sozialen Sinn und Inhalt hat."

Arbeitsplatzumweltverhältnisse (Licht- und Luftverhältnisse, Lärm, sanitäre Bedingungen) und Gesundheits- sowie Unfallschutzvorrichtungen am Arbeitsplatz ließen aufgrund fehlender bau-, gewerbe- und gesundheitspolitischer Vorschriften und aufgrund des Kapital- und Liquiditätsmangels elementare gesundheitliche Bedürfnisse der Arbeitnehmer in kaum vorstellbarer Weise außer Acht.[5] Die persönliche Behandlung der Arbeiter durch ihre Vorgesetzten verstieß häufig gegen die Menschenwürde und ließ die Arbeiter ihre wirtschaftliche Abhängigkeit und die Minderschätzung durch Vorgesetzte spüren (vgl. Ritter/Kocka 1974, S. 144 und S. 161 ff.).

4. Die Arbeitsverträge konnten jederzeit ohne Einhaltung von Kündigungsfristen gelöst werden. Die Arbeitnehmer hatten also nicht einmal von einem Tag zum anderen die Gewissheit, ihre Existenz sichern zu können.

5. Die meisten Arbeitseinkommen waren zunächst überwiegend Existenzminimumlöhne, wenngleich die Industrialisierung in der zweiten Hälfte des vorigen Jh. zu einem Anstieg der realen durchschnittlichen Arbeitseinkommen und damit zu Verbesserungen der materiellen Lebensbedingungen der Arbeitnehmerschaft führte. Nach den vorliegenden Quellen[6] stiegen die realen Arbeitseinkommen wie in Abb. 1 dargestellt.

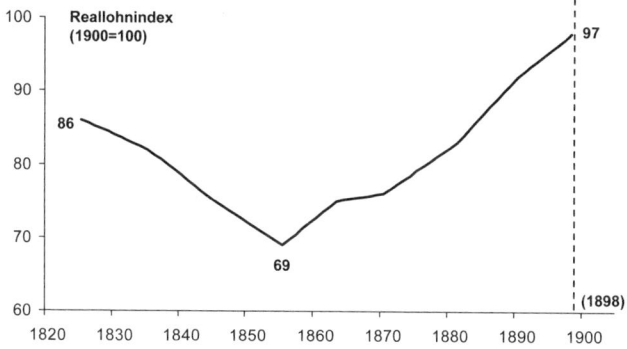

Abb. 1. Die Entwicklung der wöchentlichen Bruttoreallöhne in Industrie und Landwirtschaft in Deutschland 1820 bis 1900

Quelle: Kuczynski 1962, S. 302.

Trotz des Anstiegs der Reallöhne blieb „im ganzen das Einkommen der Arbeiter aus ihrer Arbeit in bescheidenen und nicht für alle Wechselfälle des auf sich selbst gestellten Arbeiters ausreichenden Grenzen" (v.d. Borght 1904, S. 18).

Die Frauenlöhne machten etwa 50 bis 66 % der Männerlöhne aus, „wobei fraglich ist, ob die geringere Leistung bei gleicher Art der Tätigkeit oder traditioneller Einfluss die Hauptursache ist; überwiegend ist doch wohl die Ursache, daß den Frauen eine leichtere Tätigkeit zugewiesen wird, sowie daß sie an vielen Stellen sich in größerer Zahl anbieten und außerdem sich dem Lohndruck weniger widersetzen" (Schmoller 1918, S. 268).

---

[5] Vgl. dazu Herkner 1922, Bd. 1, S. 23 f. und die dort angegebene Lit. sowie Kuczynski 1962, S. 368 ff.
[6] F. W. Henning 1995, S. 27 f.; Kuczynski 1962, S. 295 ff.; Schmoller 1918, S. 260 ff.; Bry 1960, S. 71 f.

21

Eine spezielle soziale Problematik ergab sich aus bestimmten *Lohnzahlungsformen*. Manche Arbeitgeber beglichen ihre Lohnschuld mit Zahlungsanweisungen, die die Empfänger selbst bei oft vom Wohnort entfernten Banken oder Handelshäusern einzuziehen hatten (Trucksystem). Nicht selten handelte es sich bei diesen Anweisungen um Forderungen des Arbeitgebers, die der Arbeiter dann einzutreiben versuchte. „Eine andere Gruppe prellender Arbeitgeber machte ihre Verbindlichkeiten in 'Waarenzahlungen' ab; sie gaben ihnen Anweisungen auf Spezerei-, Victualien- und andere Kleinhandlungen, in denen sich die Arbeiter statt baaren Geldes mit stickigem Mehl, angefaulten Kartoffeln, krätzigem Kaffee, abgelegenem Speck, ranziger Butter, schadhaften Schuhen und dergleichen mehr segnen mußten... Eine dritte Weise der Lohnzahlung bestand darin, daß der Fabrikant einen Teil seiner Zahlung in sogenannten, 'fehlerhaften Fabrikaten' abmachte, und in Waaren eigener Fabrik, die er nicht alle füglich mit seinem en gros auf die Märkte oder Messen oder auch nicht in Commissionssendungen ins Ausland bringen konnte. Der arme Arbeiter oder seine Frau lief dann damit aller Orten herum, um hier ein seidenes Tuch oder Kleid mit verschwommenem Druck, dort eine Weste oder einen Shawl mit schadhaften Fäden an den Mann zu bringen" (Körner 1865, S. 389).

Die wirtschaftliche und soziale Lage der Arbeitnehmer vor der Entfaltung staatlicher Sozialpolitik war nicht nur durch die Eigentumslosigkeit sowie durch den Arbeitsangebotszwang und die daraus resultierenden Folgen geprägt, sondern auch durch das *Fehlen von Sicherungseinrichtungen* im Falle vorübergehenden oder dauernden Arbeitseinkommensverlustes durch Arbeitslosigkeit, Krankheit, Unfall, vorzeitige Erwerbsunfähigkeit, Alter und Tod. Zwar gab es zahlreiche kleine, berufs- und branchengebundene lokale Unterstützungskassen zur Unterstützung von Kranken, Arbeitsunfähigen, Witwen und Waisen. Diese Kassen standen aber nur Mitgliedern mit relativ sicheren und hohen Wochenlöhnen offen. Fabrikarbeiter und Tagelöhner konnten die Beiträge nicht aufbringen (Tennstedt 1981, S. 35). Sie waren im Falle der Not auf kärgliche Armenunterstützung der Gemeinden angewiesen, soweit überhaupt Unterstützung gewährt wurde (Tennstedt 1981, S. 78 ff.). Lebens- und Existenzangst müssen ständige Begleiter der Arbeiterschaft gewesen sein.

Da im 19. und im beginnenden 20. Jh. Vermögen und/oder hohes Einkommen eine Voraussetzung für den Erwerb von Bildung und d.h. für beruflichen, wirtschaftlichen und sozialen Aufstieg waren, war Proletarität erblich. Daran konnte zunächst auch die Einführung der allgemeinen (Volks-) Schulpflicht in Verbindung mit der Unentgeltlichkeit des Schulbesuches und dem Kinderarbeitsverbot nichts ändern, wenngleich die Einführung der allgemeinen Schulpflicht (in Preußen im Jahre 1825) in ihrer Bedeutung kaum überschätzt werden kann: sie beseitigte das Analphabetentum, hob den allgemeinen Bildungsstand und war im Grunde genommen der Anfang vom Ende eines jahrhundertealten Vorrechts der Angehörigen der jeweils führenden Schichten auf Bildung und damit auf Herrschaft.

Ein weiteres Übel, im Wesentlichen Folge der wirtschaftlichen Schwäche der Arbeiterschaft, aber auch Folge des Massenaufbruches der mobil gewordenen Bevölkerung in die wachsenden Städte, war das *Wohnungselend*. Auch hier reicht unsere Phantasie kaum aus, sich die Verhältnisse realistisch vorzustellen.[7] Die Überbelegung

---

[7] Vgl. dazu Herkner 1922, Bd. 1, S. 49 ff.; van der Borght 1904, S. 386 ff.; Hirschberg 1897; Verein für Socialpolitik (Hg.), Die Wohnungsnot der ärmeren Klassen in deutschen Großstädten und Vorschläge

sanitär, hygienisch und in Bezug auf die Gesundheit ungenügend ausgestatteter Wohnungen zu ständig steigenden Mieten war an der Tagesordnung.[8]

Die Arbeiterschaft musste nicht nur mit den beschriebenen materiellen Lebensumständen zurechtkommen, sondern auch die Missachtung durch die bürgerliche Gesellschaft ertragen. Zwar brachte das 19. Jh. „den handarbeitenden Klassen die persönliche Freiheit, die Gleichstellung in bezug auf Ehe, Eigentum, Freizügigkeit, Berufswahl, Vertragsfreiheit mit den übrigen Klassen" und schuf „formell und rechtlich, definitiv und allgemein einen freien Arbeiterstand" (Schmoller 1918, S. 193). De facto aber wurden die Arbeitnehmer als Angehörige einer als minderwertig angesehenen Unterschicht behandelt. Das äußerte sich nicht nur in der Bevormundung der Arbeiter durch die Fabrikanten, die den Arbeitern vorschrieben, wie sie sich in Bezug auf Eheschließung, Kindererziehung, Wareneinkauf, Wirtshausbesuch, Lektüre, politische Betätigung und Vereinsleben zu verhalten hatten, sondern das fand seinen Niederschlag auch in zahlreichen Äußerungen der Angehörigen bürgerlicher Schichten.[9] Am deutlichsten kam die fehlende Bereitschaft führender Schichten, die Arbeiterschaft als politisch gleichberechtigte gesellschaftliche Gruppe in die Gesellschaft zu integrieren, zum Ausdruck *erstens* in der massiven und langanhaltenden Abwehr der wirtschaftlichen und politischen Bestrebungen der Arbeiterklasse durch die Arbeitgeber und deren Interessenverbände,[10] *zweitens* in der Bekämpfung der Selbsthilfebestrebungen der Arbeiterschaft von Seiten des Staates durch Koalitionsverbote (vgl. dazu S. 57 f.), *drittens* in der Bekämpfung der politisch-konstitutionellen Arbeiterbewegung durch den Staat (vgl. dazu S. 53 f.) und *viertens* in der Existenz des Dreiklassenwahlrechtes in Preußen bis zum Jahre 1919.

B. Die Entstehung und quantitative Bedeutung des Proletariats[11]

Keimzelle der ersten Generation der Industriearbeiterschaft sind die „Deklassierten und Enterbten der Ständeordnung" (W. Weddigen 1957, S. 13): entlassene Soldaten, abgedankte Offiziere, verarmte Kleinbauern, die Insassen von Armen- und Waisenhäusern, Landstreicher und Bettler.

Die genannten Unterschichtangehörigen, vor allem die arbeitsscheuen und arbeitsunwilligen Landstreicher und Bettler, die einen außerordentlich hohen Prozentsatz der Gesamtbevölkerung gebildet haben sollen und sich auf der Grundlage des Almosengebens der Kirchen und vieler Gläubiger ernähren konnten, wurden durch Polizeiverordnungen zur Arbeit in den in der zweiten Hälfte des 17. Jh. entstandenen Manufakturen gezwungen. Zweck war nicht nur die Erziehung von Unterschichtangehörigen zu nützlichen Gliedern der Gesellschaft durch Arbeit, sondern auch die

---

[8] In deutschen Großstädten mussten die Arbeiter 15 bis 30 % ihres Einkommens für die Miete aufwenden. Noch 1895 gab es in Berlin 27 471 Einzimmerwohnungen mit 6 und mehr Bewohnern, in Breslau 7 279, in Dresden 6 708, in Hamburg 5 843, in Leipzig 5 725. Im gleichen Jahr wurden in Berlin 79 435 Leute mit einer Schlafstelle gezählt, d. h. Leute, die nur über eine Schlafstelle in einer fremden Haushaltung verfügten. In Dresden gab es 19 836 Schlafleute, in Leipzig 19 101. Vgl. dazu Herkner 1922, Bd. 1, S. 50.

[9] Vgl. z. B. Krupp, „Ein Wort an meine Angehörigen" in: Schraepler 1996, S. 99 ff. sowie C. F. Freiherr v. Stumm-Halberg, Das System „Stumm", in: Schraepler 1996, S. 104 ff.

[10] Vgl. dazu Herkner 1922, Bd. 1, S. 427 bis 470.

[11] Vgl. dazu Briefs 1926, S. 182 ff.; W. Fischer 1972; Tennstedt 1981, S.25 ff.; Kocka 1983 und Bergier 1985.

Versorgung der wegen ihrer Betriebsweise und wegen der an die Arbeitskräfte gestellten Anforderungen unter Arbeitskräftemangel leidenden Manufakturen.[12] Zum Teil wurden Manufakturen in den Zucht-, Arbeits-, Armen- und Waisenhäusern betrieben (Michel 1953, S. 55 f.).

Eine zweite Quelle der Industriearbeiterschaft waren die Arbeiter der unter der Konkurrenz der Fabrikbetriebe zusammenbrechenden Betriebe der Hausindustrie und des Handwerks.

Dritte Quelle war die ländliche Überschussbevölkerung. Dieser aufgrund steigender Bevölkerungsdichte und aufgrund des Eigentums- bzw. des Erbrechtes vom Bodenbesitz ausgeschlossenen ländlichen Überschussbevölkerung blieb gar keine andere Wahl, als in der ländlichen Hausindustrie zu arbeiten oder in die Städte zum gewerblichen Proletariat abzuwandern. Die Abwanderung vom Land wurde durch Unzulänglichkeiten der Bauernbefreiung verstärkt (vgl. dazu S. 29 f.).

Die für die Entwicklung der Industriearbeiterschaft entscheidende Quelle war jedoch die explosive Bevölkerungsvermehrung (vgl. dazu S. 26 ff.).

Die Zahl der Industriearbeiter und ihr Anteil an der erwerbstätigen Bevölkerung waren Mitte des 19. Jh. noch vergleichsweise gering. Wie Tabelle 1 zeigt, belief sich zur Jahrhundertmitte der Anteil der in Industrie und Handwerk Beschäftigten bei einer Gesamtbeschäftigtenzahl von rd. 15 Mio. auf 25,2 %. Infolgedessen belief sich auch die Zahl der Industriearbeiter auf weniger als ein Viertel der Beschäftigten, also auf weniger als rd. 3,5 Mio. Dagegen waren rd. 50 % der Erwerbstätigen noch in der Landwirtschaft beschäftigt. Erst gegen Ende des Jahrhunderts stieg der Anteil der in Industrie und Handwerk Beschäftigten auf etwas mehr als ein Drittel aller Beschäftigten, nämlich auf rd. 8 Mio., an. Erst nach der Jahrhundertwende übertraf die Zahl der in der Industrie Beschäftigten die in der Landwirtschaft Beschäftigten.

Die soziale Struktur der Erwerbstätigen gegen Ende des vorigen Jahrhunderts lässt sich aus Tabelle 2 ablesen. Danach gehörten 1895 zwei Drittel aller Erwerbstätigen oder rd. 12,8 Mio. Menschen zur Arbeiterklasse, nur 3,3 % oder rd. 0,6 Mio. waren Angestellte, 28,9 % aller Erwerbstätigen oder 5,4 Mio. waren Selbständige.

Bei der Darstellung der Lebensumstände der Arbeiterschaft und bei der Darstellung der Herkunft des Proletariats sind wir bereits auf einige Ursachen der Arbeiterfrage gestoßen, wie z. B. die Verwirklichung des freiheitlichen Rechtsstaates, die Verfassung und Lage der Arbeitsmärkte und die Bevölkerungsentwicklung. Diese und andere Hauptursachen der sozialen Frage als Arbeiterfrage sollen im folgenden Abschnitt systematisch dargestellt und in ihrer Bedeutung skizziert werden.

---

[12] Im Gegensatz zur Hausindustrie (Verlagssystem), bei der die Produktion dezentralisiert in zahlreichen kleinen, getrennten Werkstätten, der Absatz aber großbetrieblich durch einen Unternehmer (Verleger) erfolgte, waren Manufakturen größere, unter Leitung eines Unternehmers stehende Produktionsstätten, in denen die Arbeit vornehmlich Handarbeit blieb, also im Gegensatz zur Fabrik die Maschinenarbeit noch nicht dominierte.

Tabelle 1.   Die Struktur der Gesamtbeschäftigung nach Wirtschaftsbereichen 1849 - 1925

Periode	Land- und Forst-wirtschaft, Fischerei	Bergbau und Salinen, Industrie und Handwerk	Dienstleistungen einschl. häusl. Dienste und Verteidigung	Beschäftigte insgesamt
	in %	in %	in %	in 1 000
(1)	(2)	(3)	(4)	(5)
1849/58	54,6	25,2	20,2	15 126
1861/71	50,9	27,6	21,5	16 450
1878/79	49,1	29,1	21,8	19 416
1880/84	48,2	29,8	22,0	19 992
1885/89	45,5	32,3	22,2	21 302
1890/94	42,6	34,2	23,2	22 651
1895/99	40,0	35,7	24,3	24 277
1900/04	38,0	36,8	25,2	26 043
1905/09	35,8	37,7	26,5	28 047
1910/13	35,1	37,9	27,0	30 243
1925	31,5	40,1	28,4	31 033

Quelle: W.G. Hoffmann 1965, S. 35.

Tabelle 2.   Die Erwerbstätigen (ohne häusliche Dienste, Verwaltung und freie Berufe) im Deutschen Reich nach Sektoren und der Stellung im Beruf im Jahre 1895

Sektor	Erwerbstätige in 1 000	Von den Erwerbstätigen waren		
		Selbständige	Angestellte	Arbeiter
		in Prozent		
(1)	(2)	(3)	(4)	(5)
Landwirtschaft, Forstwirtschaft, Fischerei	8 293	31,0	1,2	67,8
Industrie einschl. Bergbau, Bau-gewerbe und Handwerk	8 281	24,9	3,2	71,9
Handel und Verkehr einschl. Gaststätten	2 339	36,1	11,2	52,7
Zusammen	18 913	28,9	3,3	67,8

Quelle: Hohorst/Kocka/Ritter 1978, S. 66 und S. 69.

25

C. Die Ursachen der sozialen Frage im 19. Jahrhundert[13]

1. Die vorindustrielle Armut

Wenngleich die soziale Frage in ihrer spezifischen Ausprägung als Arbeiterfrage ein Produkt des industriellen Zeitalters ist, so darf doch nicht verkannt werden, dass die Lebenslage großer Teile der Bevölkerung im vorigen Jahrhundert „der letzte Ausläufer der alten, vorindustriellen Armut" ist und dass sich für die Jahrhundertwende vor der Industrialisierung eine derart weit verbreitete Armut nachweisen lässt, dass es verfehlt wäre, die soziale Frage des 19. Jh. allein oder ganz überwiegend als Ausfluss des industriellen und kapitalistischen Wirtschaftssystems zu sehen (W. Fischer 1982, S. 56). Vielmehr hat gerade die industrielle Produktionsweise die Voraussetzungen geschaffen, Armut als Massenerscheinung zum Verschwinden zu bringen und Wohlstand für (fast) alle zu ermöglichen. Allerdings gibt es auch - wie zu zeigen sein wird - wirtschaftssystemspezifische Bedingungen, die die soziale Frage als Arbeiterfrage verursachten und - zunächst - Armut und Not breiter Schichten verschärften.

2. Die Bevölkerungsentwicklung

Eine wesentliche Ursache für die Entstehung der Arbeiterfrage war die Entstehung einer „Überschuss"-Bevölkerung, wobei der „Überschuss" gemessen wird an den Möglichkeiten der Beschäftigung aller Erwerbsfähigen und Erwerbswilligen bei relativ stabilen Pro-Kopf-Einkommen.[14] Eine solche Überschussbevölkerung entstand in Europa[15] und im Deutschen Reich im 18. und 19. Jh.

Im Deutschen Reich wuchs die Bevölkerung von 24,8 Mio. 1816 auf 36,1 Mio. i.J. 1855, also um 45,6 %, und bis 1910 auf 64,5 Mio., also um 78,7 %.[16] Das Bevölkerungswachstum ist auf steigende Geburtenzahlen, mehr noch aber auf eine Verminderung der Sterblichkeit als Folge medizinischer Fortschritte zurückzuführen. Als ursächlich werden jedoch auch politische Maßnahmen, nämlich die Bauernbefreiung und die Aufhebung des Zunftzwanges, angesehen, denn beide Ereignisse führten zur Aufhebung von Ehehindernissen und damit zu früheren und zahlreicheren Eheschließungen. Vor der Bauernbefreiung war für die abhängigen Bauern die Zustimmung des Gutsherrn Voraussetzung für eine Verehelichung; für die Handwerker war in den Zunftordnungen vieler Städte der Nachweis eines den Familienunterhalt gewährleistenden Einkommens als Voraussetzung für eine Heirat zu erbringen. Aber auch die mit der bäuerlichen Befreiung erfolgende Entlassung der Landarbeiter aus der Sorge-

---

[13] Vgl. zum sozialgeschichtlichen Hintergrund der sozialen Frage in Deutschland die hervorragende synoptische Darstellung des politischen, wirtschaftlichen und sozialen Strukturwandels im 18. und 19. Jh. von Wehler 1987, zur einschlägigen Lit. Wehler 1976, S. 79 ff.

[14] Indiz für die Existenz einer Überschussbevölkerung in Deutschland ist die Tatsache, dass Deutschland, das bis in die Mitte der 70er Jahre des 19. Jh. Getreideexportland war, von da an Getreide importieren musste. Die Bevölkerungsentwicklung überholte sozusagen die landwirtschaftliche Produktion. Vgl. dazu Born 1966, S. 277.

[15] Die Bevölkerung Europas belief sich nach Schätzungen um 1750 auf etwa 150 Mio. Einwohner, um 1800 auf etwa 175, um 1850 auf etwa 265 und um 1900 auf etwa 400 Mio. (Albrecht 1955, S. 19). Wenn diese Schätzungen zutreffen, wuchs die Bevölkerung in der zweiten Hälfte des 18. Jh. um rd. 15 % und in der ersten sowie in der zweiten Hälfte des 19. Jh. um jeweils rd. 50 %.

[16] Stat. BA, Bevölkerung und Wirtschaft 1872 bis 1972, Stuttgart 1972, S. 90.

pflicht der Gutsherren mag zur Bevölkerungsvermehrung beigetragen haben, weil nach dem Wegfall der Alterssicherung im Rahmen der Leibeigenschaft die auf sich selbst gestellten Landarbeiter glaubten, zu ihrer Alterssicherung Kinder aufziehen zu sollen (Engels/Sablotny/Zickler 1974, S. 17).

Noch nicht ausreichend erforscht ist der Zusammenhang zwischen Bevölkerungswachstum und Industrialisierung. Ob und inwieweit die einsetzende wirtschaftliche Entwicklung das Bevölkerungswachstum mit verursachte und inwieweit die Bevölkerungsentwicklung die wirtschaftliche Entwicklung stimulierte, ist schwer zu sagen. Sicher ist nur, dass der Ende des 18. Jh. einsetzende Bevölkerungszuwachs ohne wirtschaftliches Wachstum nicht hätte anhalten können, weil erst die neuen Produktionsmethoden den neu zuwachsenden Millionen eine Lebensbasis gaben (Lütge 1966, S. 367). Auffallend ist auch, dass in vielen Ländern der Dritten Welt wirtschaftliche Anlaufperiode (die Phase des Take-off im Sinne der Phasentheorie von *W. W. Rostow*) und Bevölkerungsexpansion zusammenfallen.

Ursache für die Entstehung der sozialen Frage war nicht nur die Bevölkerungsexpansion, sondern auch die Änderung der Verteilung der Bevölkerung im Raum, anders ausgedrückt, die Binnenwanderung und die Verstädterung, die sowohl das städtische Wohnungselend als auch eine soziale und religiöse Entwurzelung breiter Bevölkerungskreise nach sich zogen.

Über die Verteilung der Bevölkerung nach Gemeindegrößenklassen und damit indirekt über die Binnenwanderung informiert Tabelle 3.

Tabelle 3. Die Verteilung der Bevölkerung im Deutschen Reich und in der Bundesrepublik Deutschland auf Gemeindegrößenklassen 1852 - 2000

Jahr	Von der Gesamtbevölkerung lebten in % in Gemeinden mit ... Einwohnern				
	weniger als 2 000 ländliche Bevölkerung	2 000 bis 5 000 Landstädte	5 000 bis 20 000 Kleinstädte	20 000 bis 100 000 Mittelstädte	100 000 u. mehr Großstädte
(1)	(2)	(3)	(4)	(5)	(6)
1852	67,3	13,1	11,0	6,0	2,6
1871	63,9	12,4	11,2	7,7	4,8
1900	46,2	11,5	13,4	11,8	17,1
1925	35,6	10,8	13,1	13,7	26,8
1950	28,9	13,6	16,0	14,2	27,3
1970	18,4	11,2	19,1	18,7	32,6
2000[a]	7,5	9,7	25,3	26,5	30,8

a Aufgrund von Gemeindegebietsreformen in einigen Bundesländern nach 1970 sind die Werte für 2000 nur bedingt mit denen der Vorjahre vergleichbar.
Quelle: W.G. Hoffmann 1965, S. 178; Stat. Jb. 1971, S. 69; Stat. Jb. 2002, S. 56.

Zwischen 1871 und 1925 änderte sich das Verhältnis zwischen Land- und Stadtbevölkerung grundlegend. 1871 lebten noch 3/4 der Bevölkerung in Landgemeinden und Landstädten (Städte bis zu 5 000 Einwohner), die städtische Bevölkerung machte nur 1/4 der Gesamtbevölkerung aus. Schon 1925 lebten weniger als die Hälfte der Bevölkerung in Landgemeinden, ein größerer Teil in der Stadt, wobei vor allem der

Anteil der Bevölkerung in Städten mit über 100 000 Einwohnern stieg. Dieser Verstädterungsprozess setzte sich - wie sich an der Tabelle ablesen lässt - bis in die Gegenwart fort, wobei aber seit 1950 vor allem der Anteil der Bevölkerung in Klein- und Mittelstädten wuchs.

Es ist leicht einzusehen, dass der Verstädterungsprozess den Wohnraumbedarf in den Städten außerordentlich steigerte und zu einem starken Anstieg der Mietpreise führen musste.

Der Verstädterungsprozess war gleichzeitig überwiegend ein Prozess der Binnenwanderung, die in den 70er Jahren des vorigen Jahrhunderts einsetzte. Bis zum Ersten Weltkrieg war diese Binnenwanderung im Wesentlichen eine Ost-West-Wanderung. Ost- und Westpreußen, Pommern, Schlesier und Polen wanderten in den Berliner Raum und in das Ruhrgebiet. Diese Wanderung war eindeutig ökonomisch, d. h. durch den Wunsch der Wandernden determiniert, die Existenz zu sichern oder zu verbessern, und wurde teilweise durch Anwerbungen von Unternehmungen, vor allem des Bergbaues, gefördert.

Neben dem Prozess der Binnenwanderung lief ein beachtlicher Auswanderungsprozess ab, der sich zu 90 % auf Nordamerika richtete. 1851 bis 1900 wanderten 4,4 Mio. Deutsche nach Übersee aus (Stolper/Häuser/Borchardt 1966, S. 26 f.).

Die skizzierten Wanderungsbewegungen setzten persönliche Freiheit und Freizügigkeit voraus. Beide heute selbstverständlichen Grundrechte wurden im Zuge der Durchsetzung des freiheitlichen Rechtsstaates verwirklicht.

3. Die Verwirklichung des freiheitlichen Rechtsstaates

Die Verwirklichung des freiheitlichen Rechtsstaates, in der nach *Franz Schnabel* die große historische Leistung des Liberalismus zu sehen ist (F. Schnabel 1964, Bd. 3, S. 138), ist eine Ursache der sozialen Frage des 19. Jh. geworden: erstens bedeutete diese durch die französische Revolution beschleunigte Entwicklung den endgültigen Zusammenbruch der jahrhundertealten Feudalordnung und des monarchistischen Ständestaates[17]; gleichzeitig mit der alten Ordnung zerbrachen auch ihre Arbeits- und Lebensformen sowie ihre sozialen Sicherungseinrichtungen; zweitens waren - wie noch zu zeigen sein wird - die Freiheit für jedermann und die Rechtsgleichheit für große Teile der Gesellschaft zunächst mit wirtschaftlicher Unfreiheit und sozialer Not verbunden.

Der *politische* Liberalismus führte zur Einführung von Freiheitsrechten und - gemäß der Lehre von *John Locke* (1632 - 1704) und *Charles de Montesquieu* (1689 - 1755) - zur Durchsetzung der Gewaltenteilung, d.h. zur Trennung zwischen gesetzgebender, verwaltender und richterlicher Gewalt. Der Grundrechtskatalog des Liberalismus, der „durch fast alle Verfassungen der Welt getragen worden ist, wo immer man einen Rechtsstaat errichten wollte" (F. Schnabel 1964, Bd. 3, S. 166), mit Ausnahme der Reichsverfassung *Otto von Bismarcks*, die auf einen Grundrechtskatalog verzichtete, umfasste: die Freiheit und Unverletzlichkeit der Person, Schutz vor willkürlicher Verhaftung, Sicherheit des Eigentums, Religions-, Vereins- Versammlungs-, Rede- und Pressefreiheit, Gleichheit der Staatsbürger vor dem Gesetz, Zugang zu al-

---

[17] Vgl. dazu die ausführliche Darstellung der Rolle der französischen Revolution für die Entwicklung des sozialen Rechtsstaats und der Sozialpolitik in Lampert 1989a.

len Ämtern nach Maßgabe der Befähigung, Petitionsrecht, Wahl- und Stimmrecht und Recht auf Widerstand gegen „ungerechte Bedrückung".

Der *wirtschaftliche* Liberalismus führte auch in Deutschland zur Durchsetzung von Freiheitsrechten. In Preußen wurde 1807 die Bauernbefreiung eingeleitet, 1808 erstmals ein fast allgemeines, gleiches, direktes und geheimes Männerwahlrecht und 1810 die Gewerbefreiheit eingeführt. 1842 wurde preußischen Staatsbürgern die nahezu uneingeschränkte Niederlassungsfreiheit eingeräumt. 1869 wurde das Koalitionsverbot aufgehoben.

Während für die Wahl zum preußischen Abgeordnetenhaus von 1849 bis 1918 das Dreiklassenwahlrecht galt, wurde 1871 für die Wahlen zum Reichstag das allgemeine, gleiche, direkte und geheime Wahlrecht eingeführt.

Trotz retardierender Momente,[18] die die Entwicklung Deutschlands zum freiheitlichen, sozialen, demokratischen Rechtsstaat verzögert und verwässert haben, bleibt festzuhalten, dass - wie im Einzelnen noch zu zeigen sein wird - die Entwicklung im 19. Jh. in den kapitalistischen Wirtschaftsgesellschaften erstmals in der Menschheitsgeschichte unabhängig von Stand und Besitz persönliche Freiheit für alle und Gleichheit aller vor dem Gesetz gebracht hat. Allerdings blieben die persönliche Freiheit – „verstanden als Recht jedes Einzelnen, seine Beziehungen zu seinen Mitmenschen auf der Basis freiwilliger und individueller Verträge zu regeln" (Lütge 1966, S. 415) - und die Rechtsgleichheit vielfach formale Rechte. Für die Mehrheit der Bevölkerung blieb zunächst persönliche Freiheit noch mit wirtschaftlicher Unfreiheit, die formale Gleichheit der Rechte mit gravierenden faktischen Ungleichheiten in den Möglichkeiten persönlicher wirtschaftlicher, beruflicher Entwicklung und Entfaltung verbunden. Befreiungswerke, wie z.B. die Bauernbefreiung, wurden halbherzig durchgeführt oder gar pervertiert.

Nachdem ein volles Jahrtausend lang im Leben der abendländischen Völker die Autorität der durch sich selbst bestehenden erblichen Herrschaften und dann die Autorität der Verwaltungstätigkeit der absoluten Monarchie geherrscht hatte, wurde im 19. Jh. „die Freiheit Grundnorm gesellschaftlichen Verhaltens", aber nicht die Freiheit einzelner bevorzugter Stände, sondern „die Freiheit des Individuums in Verbindung mit der Rechtsgleichheit" (F. Schnabel 1965, Bd. 6, S. 9 f.).

4. Die Bauernbefreiung[19]

Die in den deutschen Ländern zwischen 1765 und 1850 schrittweise vollzogene Bauernbefreiung hat die Lösung einer sozialen Frage gebracht, nämlich strenge wirtschaftliche, soziale und persönliche Abhängigkeiten unfreier und leibeigener Bauern aufgehoben.

Die Bindungen der Bauern vor der Bauernbefreiung waren rechtlicher und wirtschaftlicher Art. Die *personenrechtlichen* Bindungen bestanden
a) in persönlicher Unfreiheit bis hin zur Beschränkung der Freizügigkeit,
b) in Beschränkungen der Verfügungsgewalt der Bauern über den Boden und

---

[18] Vgl. zu den restaurativen Tendenzen nach den Freiheitskriegen der Jahre 1776 bis 1815 und zu konservativen Bewegungen F. Schnabel 1964, Bd. 3, S. 26 ff. und S. 34 ff. sowie Volkmann 1968, S. 37 ff.
[19] Zur Bauernbefreiung allgemein vgl. Lütge, in: HdSW 1956, Bd. 1, S. 658 ff. sowie Lütge 1966, S. 433 ff.; F. W. Henning 1994, S. 253 ff. und ders. 1995, S. 37 ff.; Bechtel 1956, S. 195 ff.; F. Schnabel 1964, Bd. 2, S. 89 ff. und ebenda 1964, Bd. 4, S. 106 ff.

c) in Hoheitsrechten, die - wie die Polizeigewalt und die Patrimonialgerichtsbarkeit - oft nicht vom Landesherrn, sondern von Inhabern grund- und leibherrlicher Rechte ausgeübt wurden.

Die *wirtschaftlichen* Verpflichtungen bestanden darin

a) Naturalleistungen (Getreide, tierische Produkte usw.) und
b) Hand-, Spann- und Baudienste zu erbringen und
c) Gesindezwangsdienst zu leisten, aufgrund dessen die Bauernkinder im herrschaftlichen Betrieb oder Haushalt zu arbeiten hatten.

Eine wesentliche Konsequenz dieses Feudalsystems war die gesellschaftliche Immobilität der Bauern. Diese Immobilität ergab sich aus der eingeschränkten Freizügigkeit, eingeschränkten Berufswahlmöglichkeiten, aus der für eine Heirat erforderlichen Genehmigung durch die Herrschaft, aus eingeschränkten Bildungsmöglichkeiten und aus der Einengung des bäuerlichen Einkommens aufgrund der umfangreichen Verpflichtungen zu Naturalabgaben und Dienstleistungen. Im Bereich der im Nordosten und Osten Deutschlands herrschenden Gutsherrschaft, bei der der Gutsherr auf seinem Territorium auch einen Teil landesherrlicher Hoheitsrechte ausüben konnte, entsprach „die Lage der erbuntertänigen Bauern faktisch (wenn auch nicht im Rechtssinn) der von Sklaven" (Borchardt 1972, S. 32).

Unter Bauernbefreiung versteht man die Summe derjenigen Maßnahmen, „die die Absicht verfolgten, alle überkommenen grund-, guts-, leib-, gerichts- und schutzherrlichen Bindungen sowie alle Beschränkungen der wirtschaftlichen und rechtlichen Verfügungsfreiheit herrschaftlicher Instanzen ... zu beseitigen" (Lütge 1956, S. 658). Die Bauernbefreiung vollendete die Auflösung des tausendjährigen Feudalsystems und einer tausendjährigen Agrarverfassung. Durch Unvollkommenheiten in der Durchführung und andere Ursachen bedingt, die zu einer Proletarisierung befreiter Bauern in großer Zahl führten, wurde die Bauernbefreiung zu einer der Ursachen der sozialen Frage als Arbeiterfrage.

Es waren nicht nur und wohl nicht in erster Linie die Ideen von der Freiheit der Person und der Rechtsgleichheit, die zur Bauernbefreiung führten, sondern auch Gründe politischer Rationalität: so die von *August Neidhardt von Gneisenau* und *Gerhard von Scharnhorst* betonte Notwendigkeit, für die Befreiungskämpfe ein Volksheer aufzustellen, dem Staatsbürger minderen Rechtes abträglich gewesen wären (Bechtel 1956, S. 196); dann die Erwartung, durch die Ablösungszahlungen der Bauern kurzfristig eine zusätzliche Einnahmequelle zur Beseitigung der hohen, im Zusammenhang mit den napoleonischen Kriegen entstandenen Verschuldung erschließen zu können und die Erwartung, durch die von dem Befreiungswerk erwartete Zunahme des allgemeinen Wohlstandes die Staatseinnahmen langfristig anheben zu können (F.W. Henning 1995, S. 41 f.).

Auf die einzelnen Schritte der Bauernbefreiung, auf ihren zeitlichen Ablauf und auf Unterschiede zwischen den deutschen Ländern einzugehen, ist hier nicht der Raum. Festgehalten sei nur, dass in Preußen der entscheidende Schritt zur Bauernbefreiung durch das Edikt vom 09. Okt. 1807 getan wurde, das die Untertänigkeit der bäuerlichen Bevölkerung unter die Gutsherren aufhob. Die Frage der Regulierung, d.h. der Form und des Inhalts der Auseinandersetzung zwischen Bauern und Gutsherrn bei der Umwandlung des beschränkten in freies Bauerneigentum, und die Frage der Entschädigung der Gutsherren für die wegfallenden Hand- und Spanndienste und für die entfallenden Naturalabgaben blieben zunächst offen und wurden nach Abschluss der Befreiungskriege nur unzureichend gelöst, so dass die Befreiung der Bauernschaft nur teilweise gelang. Viele der aus dem Herrschaftsverhältnis entlassenen Bauern mussten die gewonnene persönliche Freiheit mit wirtschaftlicher und sozialer Verelendung erkaufen. Nicht wenige der frei gewordenen Bauern, nicht an selbständiges Wirtschaften gewohnt, verschuldeten sich übermäßig. Da der für notwendig gehaltene und ursprünglich auch vorgesehene Bauernschutz nicht verwirklicht wurde und da es an einer Verschuldungsbegrenzung und an bäuerlichen Kreditorganisationen fehlte, da ferner die Auflösung der Allmenden den Kleinbauern einen wichtigen wirtschaftlichen Rückhalt entzog, konnten die ostelbischen Gutsbesitzer die Bauernbefreiung in das sogenannte „Bauernlegen" pervertieren, d.h. sie konnten die nicht konkurrenzfähigen, an selbständiges Wirtschaften ungewöhnten, verschuldeten Bauern zum Verkauf ihres Grundes veranlassen, zumal die Agrarkrise der zwanziger Jahre viele Bauern in Bedrängnis brachte.[20]

Die aus ihren traditionellen Bindungen und Ordnungen geworfene Bevölkerung war mit der Entlassung aus dem Herrschaftsverhältnis, aus dem persönlichen Abhängigkeitsverhältnis, auch aus der Sorgepflicht des Dienstherrn entlassen worden. Die Sorgepflicht war auf sie selbst übergegangen. Die einzige Voraussetzung, über die die befreiten und „gelegten" Bauern zur Erfüllung dieser Sorgepflicht verfügten, war ihre für industrielle Zwecke ungeübte Arbeitskraft.

Dass auch Zeitgenossen im Gegensatz zu neueren sozialpolitischen Autoren diese Problematik als die eigentliche soziale Frage jener Zeit ansahen, zeigt u.a. der Inhalt eines Vortrages des Vorsitzenden des sogenannten „Centralverein für das Wohl der arbeitenden Klassen" aus dem Jahre 1857. *Wilhelm Lette* bezeichnete in diesem Vortrag als Volksklassen, die sich ohne einen ihre Existenz vollständig sichernden Besitz hauptsächlich durch die Anwendung ihrer körperlichen Kräfte ernähren, in erster Linie die Landarbeiter, in zweiter Linie die gewerblichen Arbeiter, worunter er Dienstboten, Wäscherinnen, Näherinnen, Handwerksgehilfen verstand, und erst in dritter Linie die eigentlichen Fabrikarbeiter, die sich nach Lette überall im Aufstieg befinden und höheren Verdienst bei geringerer Arbeitszeit als früher erreichen.[21]

Als Auswirkungen der Bauernbefreiung sind - abgesehen von den bereits erwähnten - festzuhalten:

- die Schaffung der Voraussetzungen für eine Ausdehnung der landwirtschaftlichen Produktion,
- eine starke Differenzierung der bäuerlichen Gruppen, die auf die unterschiedliche Ausgangsbasis und auf unterschiedliches Leistungsvermögen der Bauern zurückzuführen ist, und schließlich
- die Freisetzung zahlreicher Arbeitskräfte durch die Entstehung bzw. Vergrößerung der ländlichen Arbeiterschaft.

Aus den Reihen dieser freigesetzten Arbeitskräfte rekrutierte sich die Fabrikarbeiterschaft, v.a. die Gruppe der ungelernten Arbeiter.

---

[20] Vgl. zu diesen negativen Folgen der Bauernbefreiung F. Schnabel 1964, Bd. 4, S. 106 ff.; Bechtel 1956, S. 198; Lütge 1966, S. 439 ff. und Rüstow 1959, S. 12.
[21] Zitiert nach Achinger 1979, S. 11. Vgl. auch Herkner 1922, Bd. 1, S. 443 f.

5. Die Gewerbefreiheit[22]

Unter Gewerbefreiheit versteht man das für jedermann gegebene Recht, bei Erfüllung bestimmter sachlicher Voraussetzungen jeden Produktionszweig in jedem Umfang mit jeder Produktionstechnik eröffnen und betreiben zu können.

Wie die Bauernbefreiung, so war auch die Einführung der Gewerbefreiheit sowohl ein Ergebnis der Durchsetzung des Freiheitsgedankens als auch ein Produkt wirtschaftlicher Zweckmäßigkeitsüberlegungen, wie sich aus der Geschäftsinstruktion für die preußischen Provinzialregierungen vom 26. Dez. 1808 ergibt: „Es ist dem Staate und seinen einzelnen Gliedern immer am zuträglichsten, die Gewerbe jedesmal ihrem natürlichen Gang zu überlassen, d.h.: keine derselben vorzugsweise durch besondere Unterstützung zu begünstigen und zu heben, aber auch keine in ihrem Entstehen, ihrem Betriebe und Ausbreiten zu beschränken, insofern das Rechtsprinzip dabei nicht verletzt wird oder sie nicht gegen Religion, gute Sitten und Staatsverfassung anstoßen. Es ist unstaatswirtschaftlich, den Gewerben eine andere als die eben bemerkte Grenze anweisen und verlangen zu wollen, dass dieselben von einem gewissen Standpunkt ab in eine andere Hand übergehen oder nur von gewissen Klassen betrieben werden. Man gestatte daher einem jeden, solange er die vorbemerkte Grenzlinie hierin nicht verletzt, sein eigenes Interesse auf seinem eigenen Wege zu verfolgen und sowohl seinen Fleiß als sein Kapital in die freieste Konkurrenz mit dem Fleiße und Kapitale seiner Mitbürger zu bringen. Es ist falsch, das Gewerbe an einem Ort auf eine bestimmte Anzahl von Subjekten einschränken zu wollen; niemand wird dasselbe unternehmen, wenn er dabei nicht Vorteil zu finden glaubt; und findet er diesen, so ist es ein Beweis, daß das Publikum seiner noch bedarf; findet er ihn nicht, so wird er das Gewerbe von selbst aufgeben."

Den endgültigen Durchbruch der Gewerbefreiheit in Preußen brachte das Gewerbesteueredikt vom 28. Okt. 1810: das Recht der Ausübung jeden Gewerbes wurde lediglich an die Lösung eines Gewerbescheines gebunden, Zulassungsregelungen wurden nur für wenige Berufe (z.B. Ärzte, Apotheker, Gastwirte) beibehalten.

Die Bedeutung der Einführung mehr oder minder beschränkter Gewerbefreiheit liegt in der endgültigen Überwindung von Zunftordnungen und damit in der Eröffnung eines Weges zu wirtschaftlichem Wachstum. Die Sprengung des Zunftwesens, das die wirtschaftliche Entwicklung vom Mittelalter bis ins 19. Jh. beherrscht hatte, bedeutete im Einzelnen:

1. die Aufhebung von Beschränkungen der Zahl der Handwerksbetriebe, der Gesellen und der Lehrlinge und damit die Aufhebung von Produktionsbeschränkungen, die vorher bei gegebener stationärer Technik im Wege der Beschränkung der Einsatzmengen des Faktors Arbeit möglich waren;[23]

2. die Aufhebung der Bindung der Gewerbetreibenden an die von der Zunft genehmigten Produktionsmethoden und Produktionstechniken und damit die Ablösung traditioneller, für stationäre Gesellschaften charakteristischer Techniken durch rationelle, ergiebige, ertragsteigernde, ständig weiter entwickelte und verbesserte Techniken, die für dynamische Wirtschaftsgesellschaften charakteristisch sind;

---

[22] Vgl. dazu F. W. Henning 1995, S. 59 ff.; Lütge 1966, S. 445; Bechtel 1956, S. 214 ff.

[23] Die Politik der Zünfte produzierte im Übrigen auch Arbeitslosigkeit: „Die Zünfte, die immer schon geschlossene Kliquen darstellten, verwehrten der wachsenden Bevölkerung ein solides Unterkommen in einem großen Teile der Gewerbe". Adler 1898, S. 922.

3. die Aufhebung der Beschränkungen hinsichtlich des Rohstoffbezuges, der Absatzwege und der Absatzmethoden, so dass sich auch im Beschaffungs- und Absatzwesen Rationalität, Wettbewerb und neue Ideen durchsetzen konnten;
4. die Herstellung gleicher formaler wirtschaftlicher Rechte für alle.

Mit dem Abbau zünftlerischer Beschränkungen war auch eine Mobilisierung wirtschaftlicher Fähigkeiten, Talente und Begabungen möglich. Diese unter dem Gesichtspunkt der Versorgung einer schnell wachsenden Bevölkerung mit wirtschaftlichen Gütern, d.h. unter Wachstumsaspekten, positiven Wirkungen waren begleitet von negativen Wirkungen. Zahlreiche Gesellen nutzten die Chance, sich wirtschaftlich zu verselbständigen. Die Zunahme der Klein- und Alleinmeister führte in einigen Gewerben zu einer „Übersetzung" und einer Proletarisierung von Handwerksmeistern. Betroffen waren vor allem das Schumacher- und Schneiderhandwerk sowie die Wollweber. Von einer „Übersetzung" und Proletarisierung des gesamten Handwerks als Folge der Einführung der Gewerbefreiheit kann jedoch nicht die Rede sein.[24]

Die Wettbewerbslage von Teilen des Handwerks verschlechterte sich, als mit der ab 1870 beschleunigten Industrialisierung die Überlegenheit der Großbetriebe aufgrund der neuen Produktionstechniken und der Massenfertigung in Verbindung mit veränderten Verbrauchsgewohnheiten mehr und mehr zur Geltung kam. Größere Teile der Handwerksmeister und Handwerksgesellen wurden gezwungen oder zogen es vor, Industriearbeiter zu werden. Während die abgewanderten Bauernsöhne und Landarbeiter das Hauptkontingent der ungelernten Industriearbeiter stellten, rekrutierte sich aus dem Handwerk die Facharbeiterschaft der Industrie.

6. Die Trennung von Kapital und Arbeit

Für ein kapitalistisches System ist charakteristisch, dass die Eigentumsrechte an den Produktionsmitteln, am Sachkapital, bei privaten Eigentümern liegen und dass diese durch Arbeitsverträge Arbeitskräfte in ihren Dienst stellen. Den Kapitaleignern oder ihren Vertretern steht nicht nur die Dispositionsbefugnis über das Kapital und (im Rahmen der Arbeitsverträge) über die Arbeitskräfte zu, sondern auch das Verfügungsrecht über die Arbeitsprodukte und den damit erzielten Ertrag. Diese Trennung von Kapital und Arbeit erwies sich als eine Miturache der sozialen Frage, weil der Arbeitnehmer zwar formal freier und gleichberechtigter Verhandlungspartner des Arbeitgebers war und die Freiheit der Berufs- und Arbeitsplatzwahl sowie die Arbeitsvertragsfreiheit hatte, de facto aber auf den Arbeitsmärkten des 19. Jh. der eindeutig schwächere Partner war. Er hatte das Recht, „jeden Preis für seine Arbeitskraft zu verlangen, den er im freien Spiel von Angebot und Nachfrage am Arbeitsmarkt durchsetzen konnte. Er besaß", wie *Walter Weddigen* (1957, S. 14) treffend formuliert, „alle nur erdenklichen Freiheiten, einschließlich derjenigen, zu hungern und zu verhungern, wenn er seine Arbeitskraft am Arbeitsmarkt nicht oder nur zu unzureichenden Preisen absetzen konnte, oder wenn ihm (diese) seine Arbeitskraft infolge von Alter oder Krankheit verloren ging."

---

[24] Borchardt 1972, S. 51. Vgl. auch die ausführlichen Darstellungen der Expansions- und Schrumpfungstendenzen in einzelnen Gewerbezweigen bei Bechtel 1956, S. 216 bis 230.

Die Tatsache, dass das Kapital in den ersten Jahrzehnten der industriellen Entwicklung der Engpassfaktor war, die Arbeit der Überflussfaktor, bewirkte im Zusammenhang mit der Trennung von Kapital und Arbeit, dass im ersten Jahrhundert der Industrialisierung primär Kapitalinteressen berücksichtigt, Arbeitnehmerinteressen aber - wie z.B. das Interesse an erträglichen Arbeitszeiten, an nicht gesundheitsgefährdenden Arbeitsplatzbedingungen, an existenzsichernden Löhnen, an menschenwürdiger Behandlung - vernachlässigt wurden. Diese Interessen wurden erst in dem Maße durchsetzbar, in dem die politischen Organisationen der Arbeitnehmer die gesetzlichen Grundlagen wirtschaftlicher Tätigkeit in den Parlamenten mit beeinflussen konnten und in dem diese Gesetzgebung wirtschaftlich durch Wachstum abgesichert werden konnte. So ist die bürgerliche Rechtsordnung des 19. Jh. in Verbindung mit der Arbeitsmarktverfassung und Arbeitsmarktlage jener Zeit eine wesentliche Ursache für die Entstehung der Arbeiterfrage.

7. Arbeitsmarktverfassung und Arbeitsmarktlage

Die Arbeitsmärkte waren bis zur Einführung staatlicher Arbeitsmarktpolitik, durch die die Märkte transparenter und die Arbeitskräfte mobiler gemacht wurden, und bis zur Zulassung von Gewerkschaften als Träger der Lohnpolitik hochgradig unvollkommen und unorganisiert (vgl. zur Arbeitsmarktverfassung Kleinhenz 1979a).

Die in den Anfangsphasen der Industrialisierung in Deutschland, d.h. bis 1870/1880 gezahlten niedrigen Löhne[25], die bei extrem langen, über 60 Wochenstunden liegenden Arbeitszeiten erarbeitet werden mussten, sind zurückzuführen:

1. auf die Tatsache, dass auf zahlreichen Arbeitsmärkten die Nachfrage nach Arbeit weniger wuchs als das Arbeitsangebot, dass also der Faktor Arbeit im Vergleich zum Sachkapital noch kein Engpassfaktor war. Verlässliche Quellen über die Arbeitslosigkeit vor 1895 existieren zwar nicht[26]. Das Wachstum der Beschäftigtenzahlen im Vergleich zum Bevölkerungswachstum sowie die bis 1860 stark steigenden, bis 1890 hohen Zahlen der Auswanderung sowie statistische Angaben über Beschäftigung und Arbeitslosigkeit in einzelnen Wirtschaftszweigen deuten jedoch auf Arbeitsangebotsüberschüsse hin.[27]

2. Der zunehmende Einsatz von Maschinen setzte zunächst Arbeitskräfte frei, die nur begrenzt Arbeit finden konnten: einmal wegen mangelnder Kenntnisse und Fähigkeiten und zum anderen wegen des hohen Imports ausländischer, vor allem engli-

---

[25] Die Beschäftigung zu existenzminimalen Löhnen betraf die Mehrzahl der ungelernten Arbeitskräfte. Für *Facharbeiter* wird für das vorige Jahrhundert allerdings Angebotsknappheit festgestellt (F. Schnabel 1965, Bd. 6, S. 69 ff.). Diese wird auch dadurch belegt, dass zahlreiche Industriebetriebe ausländische Ingenieure, Meister, Vorarbeiter und Facharbeiter eingestellt hatten und die erforderlichen Fachkräfte im Betrieb ausbildeten. Daher waren die Facharbeiterlöhne - verglichen mit den Löhnen der angelernten und ungelernten Industriearbeiter, der Tagelöhner und der Landarbeiter – „enorm hoch" (Herkner 1922, Bd. 1, S. 443 f.).

[26] Vgl. zur Arbeitslosigkeit in der 2. Hälfte des vorigen Jh. Kuczynski 1962, S. 253 bis 266; Borchardt 1976, S. 248 f. sowie S. 270 f.; Adler 1898, S. 925.

[27] Die Zahl der Beschäftigten nahm 1850 bis 1871 um 0,65% jahresdurchschnittlich zu (W. G. Hoffmann 1965, S. 91), während das Bevölkerungswachstum in den Jahren 1820 bis 1850, das das Arbeitsangebot für die Periode 1850 bis 1871 mitbestimmte, jahresdurchschnittlich zwischen 0,9 und 1,4% lag (errechnet nach Stat. BA, Bevölkerung und Wirtschaft 1872 bis 1972, Stuttgart 1972, S. 90).

scher, aber auch belgischer und französischer Investitionsgüter und wegen des Einsatzes ausländischer Facharbeiter in der Investitionsgüterindustrie.

3. Eine weitere Ursache der niedrigen Löhne lag in der anomalen Reaktion des Arbeitsangebotes auf unorganisierten Arbeitsmärkten: Im Gegensatz zu Gütermärkten, auf denen eine Verringerung des Preises einen Angebotsrückgang induziert, reagiert das Arbeitsangebot auf niedrige Löhne mit einer Zunahme des Angebotes.

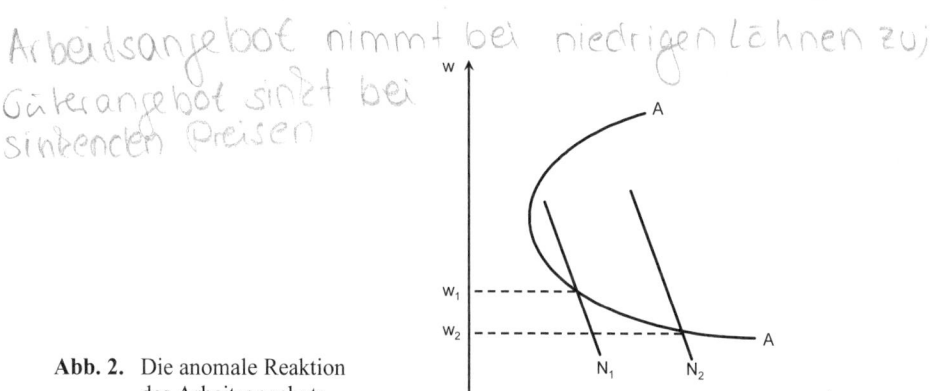

Arbeitsangebot nimmt bei niedrigen Löhnen zu;
- Güterangebot sinkt bei sinkenden Preisen

Abb. 2. Die anomale Reaktion des Arbeitsangebots

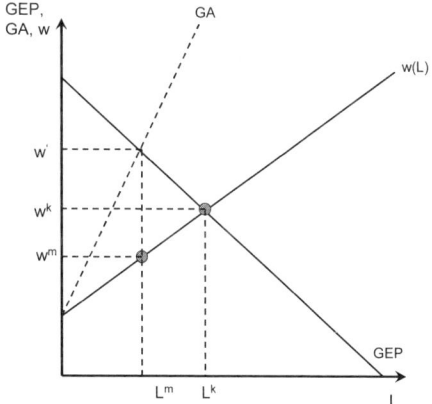

Abb. 3. Das Monopson am Arbeitsmarkt

Bei einem Lohnsatz in der Nähe des Existenzminimums, bei dem die Existenz der Familie nicht mehr durch die Arbeit des Familienvaters allein gesichert werden kann, bieten Frauen und Kinder Arbeit an.

Grafisch lässt sich die Lage wie in Abb. 2 darstellen. Wenn w_1 ein die Existenz einer Kleinfamilie sichernder Lohnsatz ist und die Nachfrage nach Arbeit steigt, wie es die Kurvenverschiebung von N_1 nach N_2 zum Ausdruck bringt, dann steigt auf unorganisierten Märkten der Lohnsatz nicht, sondern die anomale Angebots-

35

reaktion führt zu einem Mehrangebot an Arbeit und zu einem niedrigeren Lohnsatz.

4. Da die Arbeitsmärkte unorganisiert waren - gewerkschaftliche Organisation war das ganze 19. Jh. hindurch verboten und bekämpft worden - konkurrierte das atomisierte Arbeitsangebot die Löhne auf den nach den Angebots-Nachfrageverhältnissen niedrigstmöglichen Stand herunter. Demgegenüber war die Zahl der Nachfrager nach Arbeitsleistungen auf lokalen Märkten begrenzt, so dass die sogenannte monopsonistische Ausbeutung der Arbeit Platz greifen konnte.

Unter einem Monopson versteht man allgemein eine Marktsituation, bei der sich der einzelne Nachfrager einer mit dem Preis steigenden Angebotskurve gegenüber sieht. Der Preis (am Arbeitsmarkt: der Lohnsatz) ist also für den Nachfrager kein Datum, sondern eine Funktion der nachgefragten Menge (vgl. Abb. 3). Ein im Lohnsatz steigendes Arbeitsangebot kann sich ergeben, wenn ein Unternehmen als Alleinnachfrager einer bestimmten Qualifikation von Arbeit auftritt bzw. wenn mehrere Unternehmen einer Branche ein Kollektivmonopson bilden. Weitere Gründe sind die Existenz von Mobilitätskosten und von Suchprozessen am Arbeitsmarkt. Das Unternehmen wird in diesem Fall seine Arbeitsnachfrage so lange ausdehnen, bis die Grenzausgaben des Faktors Arbeit (GA) dem Grenzerlösprodukt (GEP) entsprechen.

Die Differenz zwischen Grenzerlösprodukt und Marktlohn wird als „monopsonistische Ausbeutung" bezeichnet. Sie gibt an, welcher Teil des wirtschaftlichen Ertrags dem Arbeitnehmer aufgrund der monopsonistischen Marktverfassung vorenthalten wird. Das Ausmaß der monopsonistischen Ausbeutung ist abhängig von der Elastizität des Arbeitsangebots: je unelastischer das Arbeitsangebot auf Lohnsatzänderungen reagiert, desto höher fällt die monopsonistische Ausbeutung aus.

Im Vergleich zur kompetitiven Lösung (w^k, L^k) zeichnet sich die Allokation im Monopson (w^m, L^m) dadurch aus, dass ein geringerer Marktlohn gezahlt und weniger Arbeitskräfte beschäftigt werden. Der Arbeitsmarkt ist dennoch „geräumt", d.h. jeder Arbeitnehmer, der bereit ist, zum herrschenden Marktlohnsatz seine Arbeitskraft anzubieten, findet auch eine Beschäftigung. Es liegt also keine unfreiwillige Arbeitslosigkeit vor. Ein monopsonistisch verfasster Arbeitsmarkt bietet dennoch die Möglichkeit zu effizienzsteigernden Interventionen. So führt bspw. ein Mindestlohn, der zwischen dem monopsonistischen Marktlohn und dem Wettbewerbslohn festgesetzt wird, dazu, dass die Entlohnung des Faktors Arbeit steigt und gleichzeitig die Nachfrage nach Arbeit zunimmt, da die Unternehmen ihr Nachfrageverhalten unter diesen Bedingungen am konstanten Mindestlohn ausrichten[28].

Gegen Ende des 19. Jahrhunderts scheint sich die Arbeitsmarktlage gebessert zu haben. In den 25 Jahren zwischen 1890 und 1914 gab es bei den gewerkschaftlich organisierten Arbeitnehmern 3 bis 3,5 % Arbeitslose mit einer durchschnittlichen Dauer der Arbeitslosigkeit von etwa 14 Tagen. Darüber hinaus waren seinerzeit im Deutschen Reich 2,5 Mio. Ausländer beschäftigt. Praktisch herrschte also Vollbeschäftigung (Furtwängler 1956, S. 37 f.). Die Reallöhne haben sich von 1871 bis 1913 verdoppelt, die meisten Menschen haben also eine fühlbare Wohlstandssteigerung erlebt, wenngleich Armut und Ausbeutung noch immer fühlbar waren (Borchardt 1972, S. 66 f.).

---

[28] Zur Analyse monopsonistisch verfasster Arbeitsmärkte vgl. Robinson (1969), Boal/Ransom (1997) sowie Dickens u.a. (1999).

36

8. Neue Arbeits- und Lebensformen

Mit dem Fabriksystem entstanden neue Arbeits- und Lebensformen, die den Widerstand einer in ihrer ganzen Lebensstimmung noch vorkapitalistischen Menschenart hervorriefen.[29] Die Mehrzahl der Handwerker und der hausindustriellen Kleinmeister wehrte sich gegen eine Produktionsweise, „die alle hergebrachten und durch Jahrhunderte bewährten Erzeugungsmethoden außer Kraft zu setzen drohte"; daher „rekrutierte sich die erste Generation von Fabrikarbeitern fast ausschließlich aus den am wenigsten angesehenen sozialen Elementen: verarmten Kleinbauern, entlassenen Soldaten, Insassen von Armen- und Waisenhäusern" (Jantke 1955, S. 21). Die große Mehrzahl der Arbeitskräfte war zur Arbeit in der Fabrik weder bereit noch fähig (F. Schnabel 1965, Bd. 6, S. 84). Die Fabrikarbeiter der ersten Epoche waren für ihre Arbeit gänzlich unvorbereitet, nicht an regelmäßige Arbeit, an Arbeitsdisziplin, an die Arbeit an der Maschine gewöhnt (Michel 1953, S. 80), störrisch, indolent, dem Neuen in Technik und Wirtschaft abgeneigt; sie arbeiteten vielfach nur so lange, wie es zur Fristung einer genügsamen Existenz erforderlich war.[30] Für viele war die Fabrikarbeit Nebenbeschäftigung, während eine Tätigkeit in der Landwirtschaft die Hauptbeschäftigung war (F. Schnabel 1965, Bd. 6, S. 71). Daher setzte sich bei den Unternehmern die Auffassung durch, durch hohe Lebensmittelpreise und niedrige Löhne müsse ein Druck zur Arbeit ausgeübt werden.[31]
Neu im Bereich der Arbeits- und Lebensformen waren:
1. die Trennung von Arbeits- und Lebensraum;
2. die industriellen Produktionstechniken und die damit verbundenen neuen Arbeitsorganisationen;
3. das Fehlen neuzeitlicher sozialer Verbände und ausreichender sozialer Sicherungseinrichtungen;
4. die aus Arbeitnehmersicht negativen Ausprägungen früh- und hochkapitalistischer freier Arbeitsverträge.

Während in der bäuerlich-handwerklichen Welt Arbeits- und Lebensraum identisch waren und die Familie eine auch lokal konzentrierte wirtschaftliche Gemeinschaft bildete, wurde durch das Fabriksystem der Arbeitsraum vom Lebensraum getrennt und die Familie lokal und beruflich auseinandergerissen. Damit begann ein Prozess der Zerstörung jahrhundertealter Wirtschafts- und Lebensformen, ein Prozess sozialer Desintegration. Die Arbeit in einer Lebensgemeinschaft, in der der Einzelne geborgen war, wurde durch die Arbeit in einem Zweckverband abgelöst, der vertraglich begründet, rein wirtschaftlich bestimmt, unpersönlich und stets von der Auflösung durch Kündigung bedroht war (Geck 1931).
Anpassungsprobleme entstanden auch aufgrund der Arbeitszerlegung, die mit der Ablösung abwechslungsreicher Arbeit an einem, häufig unter Einsatz persönlicher,

---

[29] Jantke 1955, S. 3; Michel 1953, S. 60. Vgl. auch S. Pollard, Die Fabrikdisziplin in der industriellen Revolution, in: W. Fischer/G. Bajor (Hg.) 1967, S. 159 ff.
[30] Schmoller 1918, S. 201; F. Schnabel 1965, Bd. 6, S. 71; Michel 1953, S. 92: „Der Arbeiter war... durchschnittlich so veranlagt, daß er nicht mehr arbeitete, als zur Befriedigung seiner gewohnheitsmäßigen Lebensweise nötig war. Verdiente er in vier Tagen so viel, daß er damit seine überlieferte Lebenshaltung aufrecht erhalten konnte, dann versuchte er, an den übrigen Tagen zu feiern."
[31] Michel 1953, S. 92; Jantke 1955, S. 4; Schmoller 1918, S. 201.

handwerklicher Fähigkeiten erzeugten Produkt durch eintönig-gleichmäßige Arbeit an Produktteilen verbunden war.[32]

Industrielle Produktionstechnik, Großbetrieb und kapitalistischer Wettbewerb bedingten eine technische, rechenhafte, rationale Arbeitsorganisation und verlangten eine strenge Unterordnung unter die technisch-organisatorischen Anforderungen des Werkvollzugs. Betriebsdisziplin und eine streng hierarchische Gliederung des Betriebes führten zu einer zunächst als fremd empfundenen Entpersönlichung des Arbeitsvollzugs. Diese Entpersönlichung zeigte sich auch darin, dass sich zwischen den anordnenden, dispositiven Faktor und die ausführende Arbeitskraft der Arbeitszettel, die schriftliche Anweisung, die Kontrolluhr schoben und Disziplin erzwangen. Die Unternehmensleitung bestimmte über den Einsatz der Arbeitskräfte. Diese Fremdbestimmung der Arbeit und die entpersönlichten Beziehungen im Betrieb wirkten auf die Haltung der Arbeitenden zurück, zumal sich die Organisation des Betriebs von der Spitze der Hierarchie bis zum Werkmeister nach militärischem Vorbild vollzog, wie *Götz Briefs* gezeigt hat. „Der streng liberale Eigentumsbegriff, der den Betrieb als das erweiterte Haus ansah und die Betriebsbelegschaft nach dem Gesichtspunkt des Herrn-im-Haus dirigierte, verband sich vielfach mit der militärischen Führungs- und Begriffsideologie zu einem zwar sachlich wirkungsvollen, aber Protesthaltung und seelische Widerstände entfesselnden Betriebsmilitarismus".[33]

Zu diesen Belastungen kamen als weitere Belastung die der Bauernbefreiung und der Auflösung der Zünfte folgende Zerstörung sozialer Verbände und sozialer Sicherungseinrichtungen sowie soziale Umschichtungen, deren Problematik *Arnold Gehlen* wie folgt formuliert: „Die seit Jahrhunderten steigende und mit der Industrialisierung großartig weitergetriebene Komplizierung des sozialen Aufbaues und Gefüges hat eine sehr große Zahl von Menschen nicht nur von der Urproduktion abgeschichtet und zu Städtern gemacht, sie hat sie darüber hinaus in so hochgradig indirekte, verwickelte und überspezialisierte Funktionen hineingenötigt, daß die moralische und geistige Anpassung an diese Situation, man möchte sagen: daß die Erhaltung des sozialen Gleichgewichtes im einzelnen zu einer schwer lösbaren Aufgabe geworden ist" (Gehlen 1957, S. 39).

Die durch die Freiheit der Berufs- und Arbeitsplatzwahl, durch die regionale Freizügigkeit und die Notwendigkeit der Existenzsicherung ausgelöste Binnenwanderung zerriss für viele die Bindungen an Heimat und Verwandte, an Tradition und Glauben. Der damit verbundene Verlust an sozialer, geistiger und religiöser Orientierung wog um so schwerer, als das an den Zielpunkten der Wanderung, nämlich in den Städten, ansässige Proletariat selbst noch keine neuen Lebensformen entwickelt, noch keine Neuorientierung und noch keinen Ersatz für die verlorenen Einrichtungen sozialer Sicherheit gefunden hatte.

Zu den neuen, von den Arbeitern negativ empfundenen Arbeits- und Lebensformen gehörte auch der freie Arbeitsvertrag, durch den die Sachkapitaleigentümer die Arbeitskräfte in ihren Dienst stellten. Im 19. Jh. war er ein unentwickeltes Rechtsinstitut,

---

[32] Vgl. dazu auch Abbé 1921, S. 27 ff., der als Folge der neuen Produktionsform die Verkümmerung der Freude an der Arbeit, den Verlust der Möglichkeit zu eigener Initiative, vorzeitige Ermüdung durch Eintönigkeit und geistige Abstumpfung beklagt.

[33] Briefs 1934, S. 120 f. Zur kapitalistischen Arbeitsorganisation vgl. auch Michel 1953, S. 117 ff. sowie Ritter/ Kocka 1974, S. 140 ff. und die dort auf den Seiten 144 ff. abgedruckten zeitgenössischen Dokumente.

das in Verbindung mit der seinerzeitigen Arbeitsmarktlage (vgl. dazu S. 34 ff.) die soziale Lage der Arbeiter verschlechterte.

Im Mittelpunkt des bürgerlichen Rechts des 19. Jh. stand der Schutz des Eigentums an Sachen, während das wichtigste Eigentum des Arbeiters, seine Arbeitskraft, rechtlich kaum geschützt war, so dass der Arbeitsvertrag einseitig zugunsten der Arbeitgeber gestaltet werden konnte. Da es noch keine kollektiven Arbeitsverträge gab, konnten die Unternehmer die Individualverträge an den Minimalforderungen des Grenzanbieters ausrichten. Der Grundsatz der sozial gerechtfertigten Kündigung war noch nicht entwickelt, das Arbeitsverhältnis jederzeit kündbar. Die Arbeitnehmer waren daher von ständiger Unsicherheit bedroht.

Die absolute Vertragsfreiheit ermöglichte den Unternehmern auch die Anwendung des *Trucksystems* (vgl. dazu S. 22). Aufgrund des Überangebotes an Arbeit konnten sich die Unternehmer jeder über die Zahlung von Arbeitsentgelt hinausgehenden sozialen Verpflichtung entziehen.

D. Die sozialpolitischen Aufgaben

Die mit der Arbeiterfrage gestellten sozialpolitischen Aufgaben ergaben sich unmittelbar aus den im Abschnitt A. dieses Kapitels beschriebenen Lebensumständen der Arbeiter. Im Einzelnen stellten sich folgende Aufgaben (ohne Bewertung ihrer Dringlichkeit):

1. die Schaffung der Voraussetzungen für die Erhaltung und Sicherung der Existenz der eigentumslosen, unter Angebotszwang stehenden Arbeitskräfte durch
   a) Abschaffung gesundheits- und entwicklungsgefährdender Arbeitsbedingungen, insbes. für Kinder, Jugendliche und Frauen,
   b) Verringerung der Unfall- und Gesundheitsgefahren in den Betrieben,
   c) Sicherung pünktlicher und korrekter Lohnzahlung,
   d) Schaffung von Arbeitsmarktbedingungen, die mindestens ein zur Fristung der Existenz ausreichendes Arbeitseinkommen ermöglichen,
   e) die Schaffung von Sicherungseinrichtungen gegen die wirtschaftlichen Risiken von Unfall, Krankheit, vorzeitiger Berufs- und Erwerbsunfähigkeit, altersbedingter Erwerbsunfähigkeit und des Verlustes des Ernährers,
   f) die Schaffung von Sicherungseinrichtungen für den Fall des Eintritts von Arbeitslosigkeit;
2. die Schaffung von Arbeits- und Betriebsverfassungen, die der Würde des Menschen entsprechen und die Berücksichtigung elementarer Interessen der Arbeitnehmer (an der Erhaltung der Gesundheit, an gerechter Behandlung, an der Sicherung des Arbeitsplatzes, an der Sicherung ausreichender Erholungszeiten) gegenüber den Kapitalinteressen gewährleisten;
3. die Schaffung ausreichenden und sanitären sowie gesundheitlichen Mindestbedingungen genügenden Wohnraumes zu tragbaren Mieten;
4. die soziale und politische Integration der neu entstandenen Schicht der Arbeiter in die Gesellschaft.

Die Dringlichkeit der Lösung dieser Aufgaben wurde von verschiedenen gesellschaftlichen Gruppierungen unterschiedlich eingeschätzt. Führende Kreise verschärften die soziale Frage und verzögerten ihre Lösung durch ihre Einstellung zu diesem Problem.

E. Die Einstellung führender Kreise zur Arbeiterfrage

Zahlreiche zeitgenössische Dokumente belegen, dass nicht wenige Staatsmänner, Parlamentarier, Verwaltungsbeamte, Unternehmer und Angehörige des Adels und der Geistlichkeit die in der Arbeiterfrage enthaltene soziale Problematik ignorierten oder ihre Bedeutung unterschätzten oder von vorneherein nur unzulängliche Lösungen befürworteten.

Mehr noch als die Klasse der Unternehmer, die ebenfalls einen langen und hartnäckigen Kampf um die rechtliche und gesellschaftliche Anerkennung in Staat und Gesellschaft hatten ausfechten müssen, musste sich die Arbeiterschaft „in den meisten Staaten lange Zeit hindurch gegen Anschauungen wehren..., die ihre Wurzel in rechtlich und wirtschaftlich längst verflossenen Zuständen besaßen... Und die Staatsgewalt, auf welche die Arbeiter anfangs keinerlei Einfluss besaßen, streckte nur zu oft vor dem Spruche der Gesellschaft die Waffen."[34]

Zum Teil war die Einstellung herrschender Gruppen gegenüber der Arbeiterschaft durch die Auffassung geprägt, die Arbeiterschaft sei eine geistig und politisch unreife, erziehungsbedürftige Klasse, die dem „Brotherrn" für die Arbeitsgelegenheit zu Dank und über die Arbeit hinaus zu Gehorsam verpflichtet sei,[35] die Teilnahme an politischen Entscheidungen aber Sachverständigeren überlassen solle.

Zwei gravierenden sozialen Problemen jener Zeit wurde von Aristokraten und Bürgern erzieherische Funktion zugeschrieben: Lange Arbeitszeiten hätten erzieherischen Wert, weil sie die Arbeiter von Müßiggang und Laster fernhalten. Niedrige Löhne seien ein Mittel zur Stärkung des Arbeitswillens und geeignet, Trunksucht und Trägheit hintanzuhalten.[36]

Diese Auffassung geht zum Teil darauf zurück, dass sich in den Anfängen der Industrialisierung die Arbeitskräfte auch aus Landstreichern und Bettlern rekrutierten und der Armutsalkoholismus weit verbreitet war.

Große Teile der führenden gesellschaftlichen Schichten, vor allem die preußische Aristokratie und das Bildungsbürgertum lehnten eine staatliche Sozialpolitik weitgehend ab.[37] Sie wurde von vielen nur als notwendiges Übel betrachtet, das dem Schutz der bestehenden Staats- und Gesellschaftsordnung dienen sollte. Daher war die Sozialpolitik der 50er Jahre des 19. Jh. „nach ihrer inneren Begründung Interessenpolitik der Arrivierten zum Schutze der bestehenden Ordnung vor den Ansprüchen der von unten nachdrängenden Bevölkerungsschichten. Sie wirkte sich zwar materiell zu deren Gunsten aus, findet aber qualitativ und quantitativ ihre Grenze im Schutzbedürfnis der etablierten Ordnungskräfte" (Volkmann 1968, S. 93 f.). Diese Motivation großer Teile staatlicher Sozialpolitik zeigt sich auch an der Tatsache, dass nicht die Anregung des preußischen Kultusministers *Karl von Altenstein* i. J. 1818, ein Kinder-

---

[34] Herkner 1922, Bd. 1, S. 115. Schmoller schrieb 1874 (wiedergegeben in Schraepler 1996, S. 68): „Die öffentliche Meinung ist der Arbeiterfrage bei uns noch sehr wenig gerecht geworden. Hauptsächlich von der Seite her, welcher die soziale Bewegung zunächst Unannehmlichkeiten für den ruhigen beharrlichen Gang des Geschäftslebens machte, ist sie überwiegend voreingenommen gegen den Arbeiterstand."

[35] Vgl. dazu Abbé 1921, S. 40 ff.; Herkner 1922, Bd. 1, S. 14 ff. und S. 427 ff.

[36] Michel 1953, S. 60 und S. 92; Jantke 1955, S.4; Syrup/ Neuloh 1957, S. 53.

[37] Von Schönberg, in Schraepler 1996, S. 58 ff.; Volkmann 1968, S. 26 f.; Briefs 1926, S. 154: „Das Bürgertum hat zeitweise das hier liegende Problem nicht einmal erkannt, viel weniger mit geeigneten Mitteln es zu lösen erstrebt."

schutzgesetz zu erlassen, zur Einleitung gesetzgeberischer Initiativen zur Regelung der Kinderarbeit führte, sondern erst ein Bericht des Generalleutnants *August Wilhelm von Horn* i. J. 1828, der als Folge der Kinderarbeit in den Industriebezirken einen Rückgang der Militärtauglichkeit konstatiert hatte.

Wie es in Deutschland erst militärischer Argumentation bedurft hatte, um das Problem der Kinderarbeit einer gesetzlichen Regelung zuzuführen, so ist es auch ein Makel der vielfach bewunderten Sozialpolitik *Bismarcks*, dass sie primär staatspolitisch motiviert und nur Ergänzung einer gegenüber der Arbeiterschaft repressiven Innenpolitik war (vgl. dazu ausführlich S. 53 und S. 57 f.). Die deutsche Sozialpolitik trat „als wohlfahrtsstaatlicher Kontrapunkt zur polizeistaatlichen Unterdrückung ins Leben;... gewiß hatte sie Wohlfahrt zum Zweck; aber sozusagen nur beiläufig um der Betroffenen, ursächlich und bestimmend nur der konservativen Ordnung des Reiches willen..." (Hentschel 1983, S. 9 f.).

Die Umstände, unter denen die deutsche staatliche Sozialpolitik entstand, haben das sozialpolitische Klima auf Jahrzehnte hinaus verschlechtert.[38] Denn die breite Masse der Arbeiterschaft musste den Kampf der führenden Kreise gegen Sozialdemokratie und Gewerkschaften als Klassenkampf empfinden, der von oben gegen sie geführt wurde (Rüstow 1959, S. 13) und dazu dienen sollte, ihnen die politische Gleichstellung, politischen Einfluss, autonome Interessenvertretung, gesellschaftliche Aufwertung zu versagen. Für sie war die sozialpolitische Gesetzgebung das Zuckerbrot zur Peitsche.

Dass es auch ganz anders geartete Einstellungen zur sozialen Frage und den Möglichkeiten ihrer Lösung gab, wird das nächste Kapitel zeigen.

---

[38] Vgl. dazu Rüstow 1959, S. 15: „Dieser Mißbrauch der Sozialpolitik durch Bismarck zu sehr hintergründigen und taktischen Zwecken hat die ganze Einstellung der Arbeiterschaft zur Sozialpolitik vergiftet und wirkt bis heute teils bewußt, teils unbewußt höchst verhängnisvoll nach, nicht zuletzt auch in der klassenkämpferischen Tradition der Gewerkschaften... Es ist ein Ruhmestitel der deutschen Arbeiterschaft und ein Beweis ihres Mutes, ihrer Mannhaftigkeit, ihrer Opferbereitschaft, daß sie darauf nicht hereinfiel, daß sie ihren Gewerkschaften, ihrer Partei treu blieb, was sich dann darin zeigte, daß nach der endlichen Aufhebung des Zuchthausgesetzes im Jahre 1890 der steile Aufschwung der SPD und der Gewerkschaftsbewegung begann."

II. Kapitel

Triebkräfte der sozialen und sozialpolitischen Entwicklung

Die folgende Darstellung der zahlreichen Triebkräfte sozialer und sozialpolitischer Entwicklung gibt einen Überblick, welche Kräfte die deutche Sozialpolitik anregten, beeinflussten und entwickelten und welche Konzepte, Ideen und Zielsetzungen eine Rolle spielten. Natürlich muss im Rahmen eines Lehrbuches eine solche Darstellung unvollständig bleiben. Eine exakte und abgesicherte Beurteilung des Gewichts einzelner Triebkräfte ist unmöglich.

Die Triebkräfte der sozialen und sozialpolitischen Entwicklung lassen sich in Persönlichkeiten und soziale Bewegungen unterteilen. Diese Untergliederung negiert nicht den engen Zusammenhang zwischen Persönlichkeiten - wie z.B. *Kolping*, *Schulze-Delitzsch*, *Marx* - und sozialen Bewegungen.

Einen Überblick über die im Folgenden dargestellten Triebkräfte gibt Übersicht 1.

Übersicht 1. Triebkräfte der sozialpolitischen Entwicklung im 19. Jh.

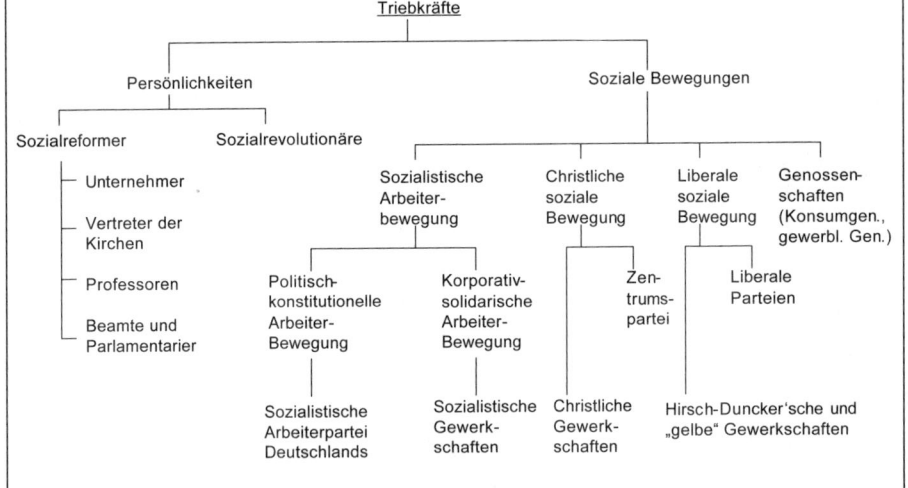

A. Sozialreformer und Sozialrevolutionäre

Unter Sozialreformern werden Persönlichkeiten verstanden, die soziale Änderungen durch Modifikationen der gegebenen Gesellschaftsordnung erstrebten, unter Sozialrevolutionären dagegen Persönlichkeiten, die die gegebene Ordnung als untauglich ansahen, die soziale Frage zu lösen und die daher die Ordnung von Grund auf ändern wollten.

1. Sozialreformer

Die Sozialreformer lassen sich den Gruppen Unternehmer - Vertreter der Kirchen - Hochschullehrer - Beamte und Parlamentarier zuordnen.

a) *Unternehmer*

In der ersten Hälfte des 19. Jh. mussten die Unternehmer gegenüber Adel, Handwerk, Landwirtschaft, Beamtenschaft und Bürgertum um gesellschaftliche Anerkennung ringen. Sie waren ohne Tradition, ihrer Herkunft nach Verleger (Unternehmer, die in Heimarbeit produzieren ließen) oder mit bescheidenem Kapital ausgerüstete Kleinmeister, persönlich anspruchslos, rücksichtslos gegen sich und andere und anerkannten überwiegend ihren Arbeitern gegenüber keine andere Verpflichtung als die zur Lohnzahlung (Jantke 1955, S. 21). Scharfer Konkurrenzkampf, Kapitalmangel, Liquiditätsmangel und Absatzschwierigkeiten waren Hemmnisse für die Entwicklung sozialer Einstellungen. Angesichts der vergleichsweise guten Lage der Industriearbeiter gegenüber den Landarbeitern und den Tagelöhnern schien zahlreichen Unternehmern Sozialpolitik überflüssig (Herkner 1922, Bd. 1, S. 443). Dennoch ist die deutsche Sozialgeschichte nicht arm an Persönlichkeiten, die sich sehr bald nach einsetzender Industrialisierung mit betrieblichen und außerbetrieblichen sozialen Problemen beschäftigten, Vorschläge unterbreiteten und sozialpolitische Programme verwirklichten (Puppke 1966, S. 82 ff.). „Es wird ... kaum eine soziale Reform entdeckt werden können, an deren Zustandekommen nicht auch Arbeitgeber ... beteiligt gewesen wären" (Herkner 1922, Bd. 1, S. 454).

Einen guten Einblick in die sozialpolitischen Aktivitäten von Unternehmern vermitteln die Biographien über *Ernst Abbé*[1], *Robert Bosch*[2], *Heinrich Freese*[3], *Wilhelm*

---

[1] (1840 - 1905), Spinnereiarbeitersohn, habilitierter Physiker, begründete mit Schott die Jenaer Glaswerke zur Herstellung optischen Glases und wurde 1875 stiller Gesellschafter der Firma Carl Zeiß. Nach dem Tode von Zeiß errichtete er 1889 die Carl-Zeiß-Stiftung. Er beschäftigte sich u. a. ausführlich mit Problemen des Arbeiterschutzes, der Gewinnbeteiligung der Arbeiter, den Möglichkeiten der Verkürzung des Arbeitstages, den Aufgaben von Arbeiterausschüssen. Vgl. zu Ernst Abbé: F. Auerbach, Ernst Abbé, Leipzig 1918; v. Rohr, Ernst Abbé. Sein Leben und Wirken, Jena 1940 sowie Abbé, 1921.

[2] (1861 - 1942), Ingenieur und Begründer der Bosch GmbH, führte für seine Arbeiter schon 1906 den Acht- Stunden-Tag und 1908 den freien Samstagnachmittag ein. Vgl. dazu Th.Heuß, Robert Bosch. Leben und Leistung, Stuttgart 1946.

[3] (1853 - 1944), Holzpflaster- und Jalousiefabrikant, führte in seiner Fabrik 1888 eine Gewinnbeteiligung der Arbeitnehmer und schon 1892 den 8-Stunden-Tag ein. Vgl. auch Freeses sozialpolitische Schriften: Die Gewinnbeteiligung der Angestellten, 1904; Die konstitutionelle Fabrik, 1909; Nationale Bodenreform, 1926.

von Funcke[4], Franz Haniel[5], Friedrich Harkort[6], Freiherr von Heyl[7], Alfred Krupp[8], Wilhelm Oechelhäuser[9], Richard Roesicke[10], Johannes Schuchard[11] und *Freiherr Carl Ferdinand von Stumm-Halberg[12].*

Die sozialpolitischen Konzeptionen der Unternehmer bewegten sich zwischen zwei Polen, die durch *Alfred Krupp* und *Freiherr von Stumm-Halberg* einerseits und *Ernst Abbé* andererseits repräsentiert wurden.

Krupp und *v. Stumm-Halberg* waren Vertreter eines patriarchalischen, antidemokratisch-autoritären, sozial-feudalistischen Unternehmertums. Sie anerkannten einerseits soziale Verpflichtungen gegenüber der Belegschaft und schufen großzügige soziale Einrichtungen. Andererseits vertraten sie in feudaladeliger Manier einen rigorosen Herrn-im-Haus-Standpunkt, verlangten Disziplin und Gehorsam, glaubten das Recht zu haben, ihre „Angehörigen" auch außerhalb des Betriebes gängeln und

---

[4] (1820 - 1896), Mitinhaber der Schraubenfabrik Funcke und Hueck in Hagen, richtete eine Arbeiterunterstützungskasse mit vielseitigen Leistungen ein und baute Belegschaftswohnungen. Vgl. dazu W. Köllmann, Bernhard Wilhelm Funcke, in: Neue deutsche Biographie, Bd. 5, Berlin 1960.

[5] (1779 - 1868), Pionier des Ruhrbergbaues, entwickelte das Unterstützungswesen der Gutehoffnungshütte. Vgl. dazu H. Spethmann, Franz Haniel., Sein Leben und seine Werke, Duisburg 1956.

[6] (1793 - 1880), Begründer der mechanischen Werkstätte Harkort & Co., die u.a. die ersten in Deutschland konstruierten Dampfmaschinen herstellte (das Unternehmen war ein Vorläufer der DEMAG). Seit 1830 war er Mitglied des Westfälischen Provinziallandtages. Er forderte ein Kinderarbeitsverbot, die Festlegung maximaler Arbeitszeiten, den Bau von Arbeitersiedlungen, die Gründung von Kranken- und Invaliditätsversicherungen, die Verbesserung des Schulsystems und die Gründung von Konsumvereinen. Vgl. zu Friedrich Harkort: L. Berger, Der alte Harkort, 5. Aufl., Leipzig 1926; Th. Heuß, Friedrich Harkort, in: H. Heimpel/Th. Heuß/B. Reifenberg (Hg.), Die großen Deutschen, Bd. 4, Berlin, o. J., S. 415 ff.

[7] (1792 - 1858), Lederindustrieller in Worms, führte in seiner Firma eine durch die Firma unterstützte Arbeiterkrankenkasse sowie 1858 einen Pensionsfonds für arbeitsunfähig gewordene Werksangehörige ein. Vgl. dazu Neue deutsche Biographie, Bd. 9, Berlin 1972.

[8] (1812 - 1887), begründete schon 1836 in seinem Werk eine Betriebskrankenkasse, 1858 eine Arbeiterpensionskasse. 1868 gründete er zur Verbilligung der Lebenshaltung der Arbeiter eine firmeneigene Konsumanstalt. In den Jahren 1863 - 1874, also in nur 11 Jahren, ließ er 3 277 Werkswohnungen für 16 700 Menschen bauen. Die Werkswohnungen blieben im Eigentum des Unternehmens, sie wurden erheblich unter den ortsüblichen Sätzen an verheiratete Arbeitnehmer vermietet. Für unverheiratete Arbeitnehmer wurden Logier- und Kosthäuser gebaut. In Verbindung mit dem Wohnungsbau wurden eine Reihe von Volksschulgebäuden errichtet und der Gemeinde überlassen. Krupp war bemüht, hohe Löhne zu zahlen und Entlassungen nach Möglichkeit zu vermeiden. Vgl. zu Alfred Krupp: W. Berdrow, Alfred Krupp, 2 Bde., Berlin 1927; F. Hauenstein, Alfred Krupp, in: H. Heimpel/ Th. Heuß/B. Reifenberg (Hg.): Die großen Deutschen, Bd. 3, Berlin 1956.

[9] (1820 - 1902), Großindustrieller in Dessau, gründete den Verein der Anhaltlichen Arbeitgeber, der Sozialleistungen über den gesetzlichen Rahmen hinaus anstrebte. Seit 1888 gab er die „Deutsche Arbeiterzeitung" heraus. Vgl. dazu W.v. Geldern, W. v. Oechelhäuser, München 1971.

[10] (1845 - 1903), Linksliberaler im Reichstag und Brauereiindustrieller in Dessau, formulierte als seine sozialpolitischen Grundsätze: „Energische Opposition gegen jede Verschlechterung der Lebenshaltung der minder wohlhabenden Klassen, zielbewußte Fortführung der Sozialreform, volle Gleichberechtigung aller Stände und Klassen, Entlastung der schwächeren und Belastung der stärkeren Schultern auf dem Gebiet des Steuerwesens." Vgl. dazu Jaeger 1967, S. 277.

[11] (1782 - 1855), Bonner Textilunternehmer, der für ein Kinderarbeitsverbot und gegen das Trucksystem auftrat. Brachte 1837 als Abgeordneter des Rheinischen Provinziallandtages einen Antrag zum Verbot der Kinderarbeit ein, der angenommen wurde. Vgl. dazu W. Köllmann, Johannes Schuchard, in: Wuppertaler Biographien, 1. Folge, Wuppertal 1958.

[12] (1836 - 1901), saarländischer Industrieller und freikonservativer Reichstagsabgeordneter. Im norddeutschen Reichstag brachte er 1869 einen Antrag auf Einführung einer allgemeinen Alters- und Invalidenversicherung ein. Im Deutschen Reichstag stellte er die Frage des Arbeiterschutzes, die Arbeiterfrage überhaupt, immer wieder zur Diskussion. Er beeinflusste maßgebende Regierungsmitglieder und Kaiser Wilhelm II. im Sinne seiner sozialpolitischen Vorstellungen. Vgl. dazu F. Hellwig, Ferdinand Freiherr von Stumm-Halberg, Heidelberg/Saarbrücken 1936.

bevormunden zu können und verwehrten den Arbeitnehmern nicht nur betriebliche Mitspracherechte, sondern wollten sie politisch unmündig halten. Um das gewünschte Verhalten zu erzwingen, scheuten sie vor Drohungen und Repressalien, wie z.b. Entlassungen, nicht zurück. Sie bekämpften die Bildung von Arbeitervereinen, die Gewerkschaften und die Arbeiterparteien.[13]

Demgegenüber war *Ernst Abbé* - seiner Zeit vorauseilend - Repräsentant einer demokratischen, gemeinschaftsbezogenen, an der Idee des sozialen Rechtsstaates ausgerichteten sozialpolitischen Konzeption. Selbstbestimmungsrechte auch für Arbeiter, Wahrung der Menschenwürde, das Recht auf politische Betätigung der Arbeiter, betriebliche Mitbestimmungsrechte und das Recht auf Gewinnbeteiligung waren für ihn Selbstverständlichkeiten. Entsprechend gestaltete er die Zeiß-Stiftung aus.[14]

b) Vertreter der Kirchen und christliche Sozialreformer

Dass sich Vertreter der christlichen Kirchen mit der sozialen Frage auseinander setzten und sozialreformerische Programme entwickelten, ist naheliegend. Erstens forderten das Gebot der Nächstenliebe und die für christliches Denken ebenfalls zentrale Idee der Gerechtigkeit das Engagement der Kirchen. Zweitens waren die Kirchen aus ihrer Aufgabe der Seelsorge heraus aufgerufen, sich mit den Wirkungen der industriellen Revolution und des sozialen Elends auf Lebensgewohnheiten, Familie, Sitte, Moral und Glauben auseinander zu setzen. Schließlich gebot der Selbsterhaltungstrieb den Kirchen sozialpolitische Aktivität: Die der Industrialisierung parallel laufende Ausbreitung antireligiöser sozialistischer Ideen, die Gefahr revolutionärer Entwicklungen und die einsetzende Entfremdung zwischen Arbeiterschaft und Kirchen bedeuteten eine Gefährdung der Existenz der Kirchen als Institution.[15]

Vor allem die evangelische Kirche war Staatskirche und nach Auffassung und Interessen den staatstragenden Schichten eng verbunden. „Jeder Angriff von irgendeiner Seite auf den bestehenden Staat und die bestehende Gesellschaft mußte von der Kirche als Angriff auf sie selbst empfunden werden. Und in der Tat sah der größte Teil der Theologen und Staatsmänner der ersten Jahrhunderthälfte Staat und Kirche, Gesellschaft und Kirche in einem Schicksalsbündnis vereinigt."[16] Gegenüber den revolutionären Ideen der Aufklärung und des Liberalismus entwickelten Theologen und Juristen in der Zeit der Restauration der Jahre 1815 bis 1860 eine christlich konservative Staatslehre, nach der Revolution von Grund auf böse, Ausdruck des Unglaubens und Ungehorsams, Emanzipation von Gott und daher Sünde ist, während der geschichtlich gewachsene, bewährte, organisch aufgebaute und von einem Fürsten von Gottes Gnaden geleitete Ständestaat gottgefällig ist.[17]

Vertreter der evangelischen Kirche appellierten zwar an die Besitzenden, ihren sozialen Verpflichtungen gerecht zu werden und verzehrten sich - wie z. B. *Johann Hinrich Wichern* - im Dienste des Aufbaues kirchlicher Hilfswerke, waren aber durch ih-

---

[13] Vgl. dazu Schraepler 1996, S. 99 ff. und S. 104 ff. sowie Herkner 1922, Bd. 1, S. 428.

[14] Vgl. dazu das bei Abbé 1921, S. 262 ff. abgedruckte Stiftungs-Statut.

[15] Das Gewicht dieses Motivs ist für die sozialpolitischen Aktivitäten der Kirchen als Institution und für die Entstehung christlich-sozialer Bewegungen sehr hoch einzuschätzen. Vgl. dazu Bredendiek 1953, S. 22 sowie Brakelmann 1971, S. 111 ff.

[16] Ebenda, S. 111.

[17] Ebenda, S. 112 f.

re Bindung an die kirchliche Gesellschaftslehre der Möglichkeit beraubt, die soziale Lage unvoreingenommen zu diagnostizieren und eine staatliche Sozialpolitik als Therapie zur sozialen Frage zu fordern.

Diese Feststellung gilt auch für die sozialpolitisch wohl bedeutendste Persönlichkeit der evangelischen Kirche, *Johann Hinrich Wichern* (1808 bis 1881),[18] den Begründer der „Inneren Mission", die Krippen, Kleinkinderbewahranstalten, Sonntagsschulen, Herbergen, Heime für verwahrloste Kinder, Vereine zur Betreuung Strafentlassener, Lesesäle, Armenvereine, Krankenanstalten, Altersheime, Heime für Taubstumme, Blinde und geistig Behinderte umfasste. Entsprechend der Auffassung, Hauptursache der sozialen Frage sei die Abkehr vom Christentum, erwartete er deren Lösung von einer sittlichen Erneuerung des Volkes, der Missionierung des Inneren.[19]

Kein Vertreter der Kirche, aber christlicher Sozialreformer war *Victor Aimé Huber* (1800 - 1869),[20] der durch seine Darlegung der Notwendigkeit einer Gesellschaftsreform für die evangelisch-soziale Bewegung den Schritt in die Sozialpolitik vollzog (Brakelmann 1971, S. 150). Lange vor *Hermann Schulze-Delitzsch* und *Friedrich Wilhelm Raiffeisen*, nämlich schon 1849, propagierte *Huber* die Idee der genossenschaftlichen Selbsthilfe sowohl als Instrument zur Verbesserung der ökonomischen Lage der Arbeiterschaft wie auch als Mittel sozialer Integration. 1865 forderte er eine Gewinnbeteiligung der Arbeitnehmer.[21] Er hielt starr am absoluten Königtum fest. Die politisch-demokratische Arbeiterbewegung lehnte er ab.

Herausragende Triebkraft sozialpolitischer Entwicklung im Bereich der katholischen Kirche[22] war *Wilhelm Emmanuel Freiherr von Ketteler* (1811 - 1877), Bischof von Mainz.[23] Er gilt als sozialer Erwecker der deutschen Katholiken[24] und als geistiger Vater zahlreicher christlich-sozialer Vereine (Weddigen 1957, S. 22). In einer

---

[18] Vgl. zu Wichern: M. Gerhardt, Johann Hinrich Wichern. Ein Lebensbild, 3 Bde., Hamburg 1927 sowie Brakelmann 1971, S. 119 - 141; Bredendiek 1953, S. 143 - 211 und F. Schnabel 1965, Bd. 8, S. 191- 210.

[19] Vgl. dazu Schraepler 1964, S. 33 und S. 134 ff. sowie die Denkschrift Wicherns: „Die Innere Mission der deutschen evangelischen Kirche, eine Denkschrift an die Deutsche Nation, verfaßt von J. H. Wichern,‚‚ vollständig wiedergegeben in: F. Mahling (Hg.), Johann Hinrich Wicherns gesammelte Schriften, Bd. 3, Hamburg 1902.

[20] Vgl. zu Huber: I. Paulsen, Victor Aimé Huber als Sozialpolitiker, Berlin 1956; Bredendiek 1953, S. 69 - 141; Brakelmann 1971, S. 141 - 150; H. Faust, Victor Aimé Huber, ein Bahnbrecher der Genossenschaftsidee, Hamburg 1952 sowie K. Mundig, V. A. Hubers ausgewählte Schriften über Sozialreform und Genossenschaftswesen, Berlin 1894.

[21] Der Kern seiner Begründung lautet: „Es verbinden sich zwei Faktoren, einerseits Kapital mit Inbegriff der Unternehmung und Leitung, andererseits die Arbeit zu einer gemeinsamen Produktion, wozu jeder der beiden gleich unentbehrlich ist; und nachdem das Produkt fertig wird, wird der Arbeiter mit seinem Lohn ein für allemal abgefunden, während der Kapitalist nicht bloß die Zinsen seines Kapitals, sondern, wenn er zugleich der leitende Unternehmer ist, auch den ausschließlichen Besitz des ganzen Produktes und den Gewinn seiner Verwertung davonträgt. Man braucht nur einmal die Rechtfertigung dieses Verfahrens ernstlich zu versuchen, um sich zu überzeugen, daß darin keine Spur sittlicher und verständiger Berechtigung oder Billigkeit ist. Diese fordert unbedingt und selbstverständlich, daß erstlich dem Kapital seine Zinsen, zweitens jeder Arbeit ihr Lohn nach ihrem ehrlichen Marktpreise und ihrer praktischen Bedeutung, drittens jeder Arbeit wie dem Kapital ein verhältnismäßiger Anteil an dem gemeinschaftlichen Erzeugnis und seiner Verwertung zugemessen werde." (Zitiert nach Brakelmann 1971, S. 147).

[22] Zum Einfluss katholischer Persönlichkeiten und des Katholizismus auf die Sozialpolitik vgl. Rauscher 1981, Heitzer 1991 und Hürten 1991.

[23] Zu Ketteler vgl. Bredendiek 1953, S. 213 - 283; P. Jostock, Wilhelm Emmanuel von Ketteler, der Arbeiterbischof, in: Seiters (Hg.) 1965, S. 41 - 60; E. Deuerlein (Hg.), Wilhelm Emmanuel Freiherr von Ketteler. Die großen sozialen Fragen der Gegenwart, Mainz 1948, sowie Wilhelm Emmanuel Freiherr von Ketteler, Die Arbeiterfrage und das Christentum, 1. Aufl., 1864.

[24] P. Jostock, Die katholisch-soziale Bewegung der letzten hundert Jahre in Deutschland, Köln o.J., S. 41.

großen Rede anlässlich des Deutschen Katholikentages in Mainz im Jahre 1848, in sechs im Mainzer Dom im gleichen Jahr gehaltenen Predigten zu den „großen sozialen Fragen der Gegenwart" und in seiner 1864 erschienenen Schrift „Die Arbeiterfrage und das Christentum" fanden seine sozialen und sozialpolitischen Auffassungen ihren Niederschlag. Als praktisches Mittel zur Hilfe für den Arbeiterstand empfahl *Ketteler* christliche Krankenhäuser, Armenhäuser und Invalidenanstalten. Er trat für Lohnerhöhungen, Gewinnbeteiligung, Verkürzung der Arbeitszeit, die Gewährung von Ruhetagen, ein Verbot der Fabrikarbeit schulpflichtiger Kinder und eine Abschaffung der Fabrikarbeit der Mütter und Mädchen ein. In der Gründung von Produktivgenossenschaften, d.h. von Unternehmungen, deren Geschäftsanteile in jeweils gleicher Höhe von den in der Unternehmensführung gleichberechtigten Arbeitern gezeichnet werden, sah er ein Instrument der Verbesserung der Lage des Arbeiterstandes. Er betonte das Koalitionsrecht der Arbeiter und die Pflicht des Staates zur sozialpolitischen Intervention, insbes. die Notwendigkeit einer Arbeiterschutzgesetzgebung, wie auch die Notwendigkeit einer auf dem Subsidiaritätsprinzip beruhenden Selbsthilfe der Arbeiter. *Ketteler* gab der Zentrumspartei maßgebliche Impulse für ihre im Reichstag vertretene Sozialpolitik. Die deutsche Sozialgesetzgebung der 80er Jahre erfolgte unter starker Beteiligung seiner Schüler *Georg Freiherr von Hertling, Franz Hitze* und anderer Zentrumsmitglieder (Bredendiek 1953, S. 233 f.). Durch seine Neuformulierung der katholischen Soziallehre gewann er Bedeutung für die katholisch-soziale Bewegung jener Zeit in ganz Europa. Nicht zuletzt gab er Anregungen, die in die 1891 erschienene Enzyklika „Rerum novarum" von *Leo XIII.* eingegangen sind. Mit dieser ersten Sozialenzyklika wurde eine Vielzahl von Stellungnahmen der römischen Kurie zur sozialen Frage eröffnet, aus der die Enzykliken „Quadragesimo anno" *Pius XI.* (1931), „Mater et magistra" *Johannes XXIII.* (1961), „Populorum progressio" *Paul VI.* (1967) und „Laborem exercens" (1981) sowie „Solicitudo rei socialis" (1987) und „Centesimus annus" (1991) *Johannes Paul II.* herausragen (vgl. zu den Enzykliken Rauscher 1983). Auch *Ketteler* verkannte die sozialpolitische Bedeutung des Staates. Zur Lösung der sozialen Frage gebe es nur den Weg, die Arbeiter mit Hilfe der Kirche in den Stand zu versetzen, sich durch Selbsthilfe aus ihrer Lage zu befreien. Die soziale Frage sei „Arbeiterernährungsfrage" (Schraepler 1964, S. 21) und die Lage der Arbeiter eine Folge des Abfalles vom Christentum.[25]

Als bedeutende Vertreter der katholischen Kirche verdienen Erwähnung *Adolf Kolping* (1813 - 1865),[26] Kaplan und Begründer der Gesellenvereine - sie sollten jungen, unverheirateten Handwerksgesellen in der Kolping-Familie ein Heim öffnen und ihnen moralischen Halt, aber auch die Möglichkeit zu beruflicher und persönlicher Weiterbildung geben -, und *Franz Hitze* (1851 - 1921),[27] zunächst Kaplan und Begründer

---

[25] „Die von uns bisher besprochenen Ursachen der dermaligen Lage der Arbeiter sowie die Bösartigkeit der aus diesen Ursachen hervorgegangenen Wirkungen und Folgen haben ihren wesentlichen und tiefsten Grund im Abfall vom Geiste des Christentums, der in den letzten Jahrhunderten stattgefunden hat." Ketteler, Die Arbeiterfrage und das Christentum, 3. Aufl., Mainz 1864, S. 104.

[26] Zu Kolping vgl. A. Franz, Adolf Kolping der Gesellenvater, 3. Aufl., Mönchen-Gladbach 1922 sowie F. Schnabel 1965, Bd. 7, S. 256 ff. und Kolping 1849.

[27] Vgl. zu Hitze: F. Mueller, Franz Hitze und sein Werk, Hamburg 1928; F. Mueller, Franz Hitze, Altmeister der deutschen Sozialpolitik, in: Seiters (Hg.) 1965, S. 86 ff. sowie folgende Schriften von Hitze: Die soziale Frage und die Bestrebungen zu ihrer Lösung, Paderborn 1877; Kapital und Arbeit und die Reorganisation der Gesellschaft, Paderborn 1880; Die Arbeiterfrage und die Bestrebungen zu ihrer Lösung, Mönchen-Gladbach 1905; Zur Würdigung der deutschen Arbeiter-Sozialpolitik, Mönchen-Gladbach 1913.

des Verbands „Arbeiterwohl" (1880), der ersten praktisch-sozialen Organisation der deutschen Katholiken, später (1884 - 1921) Mitglied der Zentrumsfraktion des Deutschen Reichstages und Professor für christliche Gesellschaftslehre in Münster, der zahlreiche sozialpolitische Aktivitäten entfaltete.

c) Universitätslehrer

Noch ehe sich die soziale Frage in Gestalt der Arbeiterfrage erkennbar als ein Massenproblem darstellte, nämlich bereits 1835 und 1837, machten zwei der katholischen Kirche nahestehende Gelehrte auf die aufziehende soziale Problematik aufmerksam: *Franz Xaver von Baader* und *Franz Joseph Ritter von Buß.*

Franz Xaver von Baader (1765 - 1841),[28] seit 1826 Philosophieprofessor, empfahl, den Proletariern das Recht der Repräsentation in den Ständeversammlungen durch von Priestern wahrgenommene Advokatien einzuräumen.

Ein Sozialreformer, der die soziale Frage als erster vor einem öffentlichen Forum, nämlich 1837 in der Badischen Zweiten Kammer, zur Diskussion gestellt hatte, war der Freiburger Jurist *Franz Joseph Ritter von Buß* (1803 - 1878).[29] Er kam aus ärmlichen Verhältnissen und wurde 1863 geadelt. Er forderte Hilfskassen mit Arbeitgeberbeiträgen für Kranke und Unfallgeschädigte, ein Truckverbot, eine vierteljährliche Kündigungsfrist, eine Beschränkung der Arbeitszeit der Kinder, ein Verbot der Kinderarbeit bis zu einem bestimmten Alter, ein Verbot der Nachtarbeit sowie der Sonn- und Feiertagsarbeit, eine Beschränkung der Arbeitszeit Erwachsener auf 14 Stunden täglich, eine Fabrikaufsicht, Unfallverhütungsvorschriften, die Einsetzung von Fabrikinspektoren, eine fachlich bessere Schulung der Arbeiter und die Einrichtung eines eigenen Arbeits- oder Wirtschaftsministeriums. *Buß*, Präsident des ersten Deutschen Katholikentages 1848, hat den Klerus zu sozialer Aktivität aufgerufen. Er sah den Fabrikarbeiter als Leibeigenen des Fabrikherrn und der Maschine, dessen politische Stellung „trostlos" war.

Es ist in diesem Überblick nicht möglich, die Diagnosen und die Therapievorschläge auch nur der bedeutendsten Wissenschaftler wiederzugeben, die sich - wie *Johann Carl Rodbertus-Jagetzow* (1805 - 1875),[30] *Lorenz von Stein* (1815 - 1890)[31] und *Albert Schäffle* (1831 - 1905)[32] intensiv, ausführlich, überwiegend als Wissenschaftler, aber auch engagiert, mit der sozialen Frage und ihren Lösungsmöglichkeiten auseinander setzten.

Eine bedeutende Triebkraft der staatlichen Sozialpolitik wurde der 1872 gegründete „Verein für Socialpolitik", der unter anderen von *Lujo Brentano* (1844 - 1931),[33] *Wil-*

---

[28] Vgl. zu Baader: J. Sauter, Franz von Baaders Schriften zur Gesellschaftsphilosophie, Jena 1925, mit einer Würdigung Baaders durch Sauter sowie F. Schnabel 1965, S. 250 ff. und Jantke 1955, S. 56 ff.

[29] Vgl. dazu J. Dornein, Der badische Politiker Franz Joseph Buß, Freiburg 1921; R. Lange, Franz Joseph Ritter von Buß und die soziale Frage seiner Zeit, Freiburg 1955; F. Schnabel 1965, Bd. 7, S. 252 - 254.

[30] Vgl. dazu S. Wendt, Johann Carl Rodbertus-Jagetzow, in: HdSW 1956, Bd. 9, S. 21 ff. und die dort angegebene Lit. sowie Jantke 1955, S. 81 - 85; Th. Ramm (Hg.), Johann Carl Rodbertus-Jagetzow: Gesammelte Werke und Briefe, 2 Bde. zur sozialen Frage und Politik, Osnabrück 1972.

[31] Vgl. dazu E. v. Beckerath/N. Kloten, Lorenz von Stein, in: HdSW 1959, Bd. 10, S. 89 ff. und die dort angegebene Lit. sowie Jantke 1955, S. 76 - 81.

[32] Vgl. dazu F. K. Mann, Albert Schäffle, in: HdSW 1956, Bd. 9, S. 103 f. und die dort angegebene Lit. sowie - zur Bedeutung und den sozialpolitischen Schriften Schäffles - Herkner 1922, Bd. 2, S. 173.

[33] Vgl. dazu C. Brinkmann, L. Brentano, in: HdSW 1959, Bd. 2, S. 410 f. und die dort angegebene Lit.

helm Roscher (1817 - 1894),[34] *Gustav Schmoller* (1838 - 1917),[35] *Gustav Friedrich von Schönberg* (1839 - 1908)[36] und *Adolph Wagner* (1835 - 1917)[37] gegründet worden war. Mit seinen Anregungen und jährlichen Kongressen, Enquêten und Veröffentlichungen hat dieser Verein die deutsche Sozialpolitik der Folgezeit wesentlich beeinflusst.[38] *Gustav Schmoller* z.b. kritisierte 1874 in seinem Aufsatz „Die soziale Frage und der Preußische Staat" in den Preußischen Jahrbüchern die Einstellung der leitenden parlamentarischen und der Regierungskreise gegenüber der sozialen Frage, die Politik für die Besitzenden und gegen die Besitzlosen, den Einfluss des Kapitals auf Gesetzgebung und Verwaltung. Er meinte: „... den Gefahren der sozialen Zukunft kann nur durch ein Mittel die Spitze abgebrochen werden: dadurch, daß das König- und Beamtentum, daß diese berufensten Vertreter des Staatsgedankens, diese einzig neutralen Elemente im sozialen Klassenkampf, versöhnt mit dem Gedanken des liberalen Staates, ergänzt durch die besten Elemente des Parlamentarismus, entschlossen und sicher die Initiative zu einer großen sozialen Reformgesetzgebung ergreifen und an diesem Gedanken ein oder zwei Menschenalter hindurch unverrückt festhalten..." (Schraepler 1996, S. 70 f.).

Welche sozialpolitische Triebkraft das von *Schmoller* als berufenster Vertreter des Staatsgedankens apostrophierte Beamtentum darstellte, wurde bereits angesprochen. Die Mehrzahl der Beamten und der Parlamentarier stand der sozialen Frage verständnislos gegenüber und sperrte sich gegen soziale Reformen. Dennoch gab es einige, die - als Ausnahmen die Regel bestätigend - die Zeichen der Zeit erkannten und Reformvorschläge unterbreiteten.

d) Beamte und Parlamentarier

Der erste preußische Beamte, der scharfe Kritik an den sozialen Verhältnissen übte und einen bahnbrechenden Vorschlag machte, dürfte der - allerdings einflusslose - Regierungssekretär *Ludwig Gall* (1794 - 1863)[39] gewesen sein. Bereits 1825 veröffentlichte er die Grundgedanken einer Vollbeschäftigungspolitik durch kreditfinanzierte Infrastrukturinvestitionen. Auch im höheren Beamtentum sind verdienstvolle Sozialreformer zu finden, so z.B. der preußische Kultusminister *Karl Freiherr von Altenstein* (1770 - 1840),[40] der sich ebenso wie der preußische Handelsminister

---

[34] Vgl. dazu C. Brinkmann, Wilhelm Roscher, in: HdSW 1956, Bd. 9, S. 41 ff. und die dort angegebene Lit.

[35] Vgl. dazu C. Brinkmann, Gustav Schmoller, in: HdSW 1956, Bd. 9, S. 135 ff. und die dort angegebene Lit.

[36] Zu Brentano, Roscher, Schmoller und Schönberg vgl. Müssiggang 1968.

[37] Vgl. dazu R. Stucken, Adolph Wagner, in: HdSW 1961, Bd. 11, S. 470 ff. und die dort angegebene Lit.

[38] Boese 1939, S. 3. Zur Wirksamkeit des Vereins vgl. auch E. Conrad, Der Verein für Socialpolitik und seine Wirksamkeit auf dem Gebiete der gewerblichen Arbeiterfrage, Jena 1906. Bis 1921 gab der Verein 159 Bände sozialwissenschaftlicher Arbeiten heraus.

[39] Vgl. R. Singer, Ludwig Gall, in: Zeitschrift für Volkswirtschaft, Sozialpolitik und Verwaltung, Wien 1894, S. 147 ff. und K. G. Zinn, Staatstätigkeit und Multiplikator in den Schriften Ludwig Galls, in: Kyklos 1969, S. 719 ff. sowie die Auszüge aus den Schriften Galls bei Schraepler 1964, S. 49 ff.

[40] Vgl. dazu E. Kuhl, Der erste preußische Kultusminister K. v. Altenstein, Diss., Köln 1924. *Altenstein* war 1808 - 1810 preußischer Finanzminister, 1817 - 1838 Kultusminister. Er hat neben der Gründung der Universität Bonn und dem Ausbau der Universitäten Berlin, Breslau und Halle das Verdienst, die Schulpflicht 1825 auf das gesamte Staatsgebiet ausgedehnt und das Volksschulwesen ausgebaut zu haben.

August Freiherr von der Heydt (1801 - 1874)[41] um die Kinderschutzgesetzgebung und ebenso wie der spätere Handels- und Gewerbeminister *Hans Hermann Freiherr von Berlepsch* (1843 - 1926)[42] um den Arbeiterschutz verdient gemacht hat. *Berlepsch* begründete auch die „Gesellschaft für Sozialreform", um sich gegen die Bestrebungen einflussreicher Unternehmer zu wenden, die die sozialpolitische Reformarbeit zum Stillstand bringen wollten.

Otto Fürst von Bismarck (1815 - 1898)[43] und einer Reihe seiner Mitarbeiter in den Ministerien, die ihn gegen viele Widerstände unterstützten, kommt das Verdienst zu, mit dem Unfallversicherungsgesetz, dem Krankenversicherungsgesetz sowie dem Invaliditäts- und Altersversicherungsgesetz eine systematische staatliche Sozialpolitik eingeleitet zu haben.

Warum sich größere Teile der etablierten Schichten, nämlich des Adels, des Bürgertums, der Beamtenschaft, lange Zeit gegen eine staatliche Sozialpolitik sträubten, wird durch die folgenden Abschnitte deutlich, die zeigen, dass die Furcht vor der Begünstigung sozialrevolutionärer Konzepte den Willen und den Mut zu Sozialreformen lähmte.

2. Sozialrevolutionäre

Die maßgeblichen Persönlichkeiten, die in Deutschland wirksam werdende sozialrevolutionäre Konzepte entwickelten, sind *Karl Marx* und *Friedrich Engels*. Vorläufer waren *Wilhelm Weitling* (1808 - 1871),[44] der bedeutendste Vertreter des deutschen Frühsozialismus, und *Moses Heß* (1812 - 1875).[45]

Friedrich Engels (1820 - 1895),[46] der eine der eindrucksvollsten Schilderungen der Lage der arbeitenden Klasse im vorigen Jahrhundert verfasst hat[47], und *Karl Marx* (1818 - 1883)[48] wurden zu Begründern des wissenschaftlichen Sozialismus, zu Agitatoren und Organisatoren eines klassenbewussten Proletariats. Sie gewannen mit der schon im kommunistischen Manifest des Jahres 1848 enthaltenen Ideologie großen Einfluss auf die soziale und sozialpolitische Entwicklung.

Das Manifest forderte zum Umsturz der Gesellschaft auf: „Das Proletariat, die unterste Schicht der jetzigen Gesellschaft, kann sich nicht erheben, nicht aufrichten, ohne daß der ganze Überbau der Schichten, die die offizielle Gesellschaft bilden, in die

---

[41]   Vgl. dazu A. Bergengrün, Staatsminister August Freiherr von der Heydt, Leipzig 1908. *Von der Heydt* war 1849 - 1862 Minister für Handel, Gewerbe und öffentliche Arbeiten.

[42]   Vgl. dazu W. Trappe, Hans Hermann Freiherr von Berlepsch als Sozialpolitiker, Diss., Köln 1934. Berlepsch war 1890 - 1896 preußischer Minister für Handel und Gewerbe.

[43]   Vgl. zu Bismarck aus den zahlreichen Biographien: E. Eyck, Bismarck. Leben und Werk, 3 Bde., Erlenbach - Zürich 1941 - 1944; W. Mommsen, Bismarck. Ein politisches Lebensbild, München 1959 sowie H. Rothfels, Prinzipienfragen der Bismarck'schen Sozialpolitik, Königsberg 1929.

[44]   Vgl. dazu Th. Ramm, Wilhelm Weitling, in: HdSW 1961, Bd. 11, S. 603 f. und die dort angegebene Lit. sowie Brakelmann 1971, S. 53 ff.

[45]   Vgl. dazu Th. Zlocisti, Moses Heß. Der Vorkämpfer des Sozialismus und Zionismus, 1812 - 1875, 2. Aufl., Berlin 1921 sowie Brakelmann 1971, S. 55.

[46]   Vgl. dazu G. Stavenhagen, Friedrich Engels, in: HdSW 1961, Bd. 3, S. 223 und die dort angegebene Lit.

[47]   Die erstmals 1845 in Leipzig veröffentlichte Ausgabe liegt auch als dtv-Taschenbuchtext vor: F. Engels, Die Lage der arbeitenden Klassen in England, hg. von W. Kumpmann, München 1973.

[48]   Vgl. dazu F. Engels/I. Fetscher/H.Peter, Marx, in: HdSW 1961, Bd. 7, S. 185 ff. und die dort angegebene Lit.

Luft gesprengt wird." „Der nächste Zweck der Kommunisten ist derselbe wie der aller übrigen proletarischen Parteien: Bildung des Proletariats zur Klasse, Sturz der Bourgeoisie-Herrschaft, Eroberung der politischen Macht durch das Proletariat." Daher war der erste Satz des kommunistischen Manifests „Ein Gespenst geht um in Europa - das Gespenst des Kommunismus" für die Bodenbesitzer, die Unternehmer, den Adel, das Bürgertum, die Kirchen keine leere Drohung. In allen Gruppierungen, die etwas von der Marx'schen Ideologie übernommen hatten oder auch nur diesen Verdacht erweckten, wurden Kristallisationskerne einer marxistischen, revolutionären Arbeiterbewegung gesehen.

Im Manifest kündigte *Marx* nicht nur die Abschaffung des bürgerlichen Eigentums an, er prognostizierte auch, dass Deutschland im Mittelpunkt der Revolution stehen werde. „Auf Deutschland richten die Kommunisten ihre Hauptaufmerksamkeit, weil Deutschland am Vorabend einer bürgerlichen Revolution steht... Die Kommunisten verschmähen es, ihre Einsichten und Absichten zu verheimlichen. Sie erklären es offen, daß ihre Zwecke nur erreicht werden können durch den gewaltsamen Umsturz aller bisherigen Gesellschaftsordnungen. Mögen die herrschenden Klassen vor einer kommunistischen Revolution zittern. Die Proletarier haben nichts in ihr zu verlieren als ihre Ketten. Sie haben eine Welt zu gewinnen."

In dieser revolutionären Ideologie liegt wohl der Hauptgrund dafür, dass in Deutschland lange Zeit versucht wurde, alle Arbeiterbewegungen zu unterdrücken, dass auch die sozialdemokratische Partei mit dem Sozialistengesetz (vgl. dazu S. 53 f.) bekämpft wurde und dass man den Arbeitern die politische Mündigkeit so lange abstritt. Dennoch ist gerade die Arbeiterbewegung die ausschlaggebende Triebkraft der sozialpolitischen Gesetzgebung geworden.

B. Soziale Bewegungen

1. Überblick[49]

Zur ausschlaggebenden Triebkraft der sozialen und sozialpolitischen Entwicklung in der zweiten Hälfte des vorigen Jahrhunderts wurde die Arbeiterbewegung. Sie bestand aus zwei Strömungen:
1. aus der *politisch-konstitutionellen* Arbeiterbewegung, zu deren bedeutendster Organisation die Sozialdemokratische Partei Deutschlands wurde; politisch-konstitutionelle Arbeiterbewegungen zielen primär auf die Erringung politischer Rechte und politischer Mitwirkungsmöglichkeiten;
2. aus den *korporativ-solidarischen* Zusammenschlüssen der Arbeiter zu Gewerkschaften sowie zu Produktiv- und Konsumgenossenschaften; korporativ-solidarische Zusammenschlüsse zielen primär auf die Verbesserung der wirtschaftlichen Lage der Mitglieder.

Während die Organisationen der *Sozialistischen* Bewegung - die Sozialdemokratische Arbeiterpartei Deutschlands und die sozialistischen, die sogenannten „freien" Gewerkschaften - reine Arbeiterbewegungen waren, waren andere Triebkräfte der so-

---

[49] Vgl. zu den sozialen Bewegungen in Deutschland die Überblicksdarstellungen bei Herkner 1922, Bd. 2 sowie W. Hofmann 1979, Heimann 1980, S. 139 ff., Kocka 1983 und Herzig 1988.

zialpolitischen Entwicklung auch, aber nicht nur Arbeiterbewegungen. Insbesondere die *christliche soziale* Bewegung, die die christlichen Arbeitervereine und die christlichen Gewerkschaften hervorbrachte, fand organisatorischen und finanziellen Rückhalt auch bei anderen sozialen Gruppen, nämlich in der Beamtenschaft, bei Angehörigen des selbständigen Mittelstandes, aber auch bei gläubigen industriellen Arbeitgebern und bei den Kirchen. Die *liberale soziale* Bewegung - zu denken ist vor allem an die von *Friedrich Naumann* begründete nationalsoziale Bewegung und an die Gesellschaft für Sozialreform - ist ebenso wenig wie die landwirtschaftliche und gewerbliche Genossenschaftsbewegung Arbeiterbewegung, leistete aber beachtliche Beiträge zur sozialpolitischen Entwicklung.

2. Sozialistische, christliche und liberale Bewegungen und Parteien

Da in den deutschen Bundesstaaten bis 1848 die Bildung politischer Vereine und die Koalitionsbildung verboten waren, konnte sich bis zu diesem Zeitpunkt auf deutschem Boden keine politische Arbeiterbewegung entwickeln. Die seit den 30er Jahren teils unter dem Einfluss liberaler fortschrittlicher Kreise, teils auf Initiative von Gesellen und Arbeitern entstandenen Arbeitervereine, die katholischen Gesellenvereine und die evangelischen Arbeitervereine waren auf die Vermittlung von Bildung, auf solidarische Selbsthilfe und die Pflege der Geselligkeit ausgerichtet. Sie wurden teilweise zu Vorläufern von Arbeiterparteien und Gewerkschaften.[50]

Der erste, von *Stephan Born* (1824 - 1898) 1848 unternommene Versuch, durch Zusammenfassung lokaler Arbeitervereine in der „Allgemeinen Deutschen Arbeiterverbrüderung" eine eigenständige politische Arbeiterbewegung zu initiieren, scheiterte. Die „Arbeiterverbrüderung" wurde 1854 durch Bundesgesetz verboten. Nur unpolitische und konfessionelle Arbeitervereine konnten bestehen bleiben.

Der Weg zur Gründung von Arbeiterparteien wurde erst frei, als 1861 in Sachsen und 1869 durch die Gewerbeordnung des Norddeutschen Bundes das Koalitionsverbot aufgehoben wurde.

a) Die Sozialistische Arbeiterpartei Deutschlands

Die 1875 gegründete Sozialistische Arbeiterpartei war von diesem Zeitpunkt an im 19. Jh. die einzige deutsche Arbeiterpartei. Sie geht auf den 1863 unter Führung von *Ferdinand Lassalle* (1825 - 1864) gegründeten „Allgemeinen Deutschen Arbeiterverein" - und auf die 1869 von *August Bebel* (1840 -1913) und *Wilhelm Liebknecht* (1826 - 1900) gegründete „Sozialdemokratische Arbeiterpartei" zurück.[51] Das sog. Gothaer Programm erstrebte die Demokratisierung von Staat und Gesellschaft durch Aufklärungsarbeit und durch Eroberung der Mehrheit im Parlament mit den Mitteln der bürgerlichen Demokratie. Es war daher nicht revolutionär-marxistisch. Sowohl die beiden deutschen Arbeiterparteien als auch ihre Vereinigung kamen überhaupt fast ohne jede Mitwirkung von *Marx* und *Engels* zustande (Grebing 1981, S. 65).

Die Partei wuchs so stark - sie erreichte bei der Reichstagswahl des Jahres 1877 mit fast 500 000 Stimmen 12 Mandate -, dass *Bismarck* meinte, die Entwicklung der Par-

---

[50] Vgl. dazu Grebing 1981, S. 40 ff.; Brakelmann 1971, S. 84 ff. und S. 186 ff.
[51] Vgl. zur Geschichte der SPD Grebing 1981.

tei durch das *„Gesetz zur Abwehr der gemeingefährlichen Bestrebungen der Sozialdemokratie"* (Sozialistengesetz) bremsen zu sollen. Das vom Reichstag 1878 verabschiedete und mehrmals verlängerte Gesetz blieb bis 1890 in Kraft. „Das Gesetz und insbes. seine Handhabung schossen über das berechtigte Ziel der Unterdrückung gemeingefährlicher Ausschreitungen weit hinaus. Es wurden einfach alle selbständigen Arbeiterorganisationen, politische sowohl wie wirtschaftliche, zerstört, die Presse unterdrückt, das Versammlungsrecht aufs Äußerste beschränkt. Wo der kleine Belagerungszustand eingeführt wurde, wies man die leitenden Persönlichkeiten der Partei aus; zuweilen mit ausgesuchter Härte" (Herkner 1922, Bd. 2, S. 365). Während der Geltungsdauer des Gesetzes sollen etwa 1 500 Personen zu Gefängnis- und Zuchthausstrafen verurteilt, 900 Personen ausgewiesen und zahlreiche andere zur Emigration gezwungen worden sein. Es wurde das Erscheinen von 155 periodischen und 1 200 nicht periodischen Druckschriften verhindert (Herkner 1922, Bd. 2, S. 366).

Das *Sozialistengesetz* musste bei den Sozialisten eine Enttäuschung hervorrufen, aus der - wie *Bebel* selbst bekennt – „von Haß und Erbitterung erfüllte Staatsfeindschaft" wuchs (Grebing 1981, S. 91). Die ihm zugedachte Aufgabe erfüllte es nicht. Tabelle 4 zeigt, dass der Stimmenzuwachs der Arbeiterpartei nur bei den Wahlen der Jahre 1878 und 1881 verzögert werden konnte. Ein Vergleich von Stimmenanteil und Mandatsanteil zeigt übrigens, dass in jeder der Wahlperioden der Mandatsanteil - zum Teil ganz erheblich - unter dem Stimmenanteil lag. Diese Benachteiligung der SPD war - wie andererseits die Begünstigung der Deutsch-Konservativen und des Zentrums - sowohl eine Folge des Wahlrechtes als auch eine Folge der Wahlkreiseinteilung in Verbindung mit dem Bevölkerungswachstum und der Verstädterung (vgl. dazu Vogel/Nohlen/Schultze 1971).

Die Diskrepanz zwischen Stimmenanteil und Mandatsanteil hatte zur Folge, dass die SPD, die - an den Wählerstimmen gemessen - bereits 1890 die stärkste Partei war, erst 1912 auch zur stärksten Fraktion des Reichstages wurde.

Obwohl die Partei von ihrer wachsenden parlamentarischen Macht vor 1914 nur unzulänglich Gebrauch machte - sie fürchtete, „durch 'Kompromisseln' den 'prinzipiellen Standpunkt' zu verwässern" (Grebing 1981, S. 105) und durchbrach erstmals 1912 durch eine Koalitionsbildung ihren parlamentarisch-politischen Immobilismus -, war sie doch allein durch ihre Existenz und ihr Wachstum zu einer Triebkraft der Entwicklung geworden. *Bismarck* selbst hat die politische Bedeutung der Arbeiterpartei bestätigt, als er am 26. Nov. 1884 im Reichstag erklärte: „...wenn es keine Sozialdemokratie gäbe, und wenn nicht eine Menge Leute sich vor ihr fürchteten, würden die mäßigen Fortschritte, die wir überhaupt in der Sozialreform bisher gemacht haben, auch noch nicht existieren und insofern ist die Furcht vor der Sozialdemokratie in bezug auf denjenigen, der sonst kein Herz für seine armen Mitbürger hat, ein ganz nützliches Element" (Herkner 1922, Bd. 2, S. 107).

Die SPD setzte sich als politische Kraft nicht nur im Reich, sondern auch in den Landtagen durch (Grebing 1981, S. 105) - mit Ausnahme Preußens, in dem bis 1919 nach dem sogenannten *Dreiklassenwahlrecht*[52] gewählt wurde, dem Prototyp für ein

---

[52] Nach diesem Wahlrecht wurden die „Urwähler" innerhalb des Urwahlbezirks nach ihren direkten Staats-, Gemeinde-, Kreis-, Bezirks- und Provinzialsteuern in drei Klassen so eingeteilt, dass jede Klasse ein Drittel der Gesamtsumme dieser Steuern, und zwar die erste die Höchst-, die letzte die Geringst- und die gar nicht Besteuerten umfasst. Die in nicht geheimer (!) Wahl zu wählenden Wahlmänner wurden gleichmäßig auf die drei Klassen verteilt. 1849 waren die 3 260 703 Urwähler in Preußen wie folgt

plutokratisches Wahlrecht, das der direkten Umsetzung sozialökonomischer Macht in politische Macht diente und insbesondere den Grundbesitzern die parlamentarische Überrepräsentation sicherte.

Tabelle 4. Stimmenanteile und Abgeordnetenmandate der SPD im Deutschen Reichstag 1871 - 1912

Jahr	Stimmen		Mandate		Differenz in
	in 1 000	in %	absolut	in %	Prozentpunkten
(1)	(2)	(3)	(4)	(5)	(6)
1871	125	3,0	2	0,5	- 2,5
1874	352	6,8	9	2,3	- 4,5
1877	493	9,1	12	3,0	- 6,1
1878[a]	437	7,6	9	2,3	- 5,3
1881	312	6,1	12	3,0	- 3,1
1884	550	9,7	24	6,0	- 3,7
1887	763	10,1	11	2,8	- 7,3
1890	1 427	19,7	35	8,8	- 10,9
1893	1 787	23,3	44	11,1	- 12,2
1898[b]	2 107	27,2	56	14,0	- 13,2
1903	3 011	31,7	81	20,3	- 11,4
1907	3 259	28,9	43	10,8	- 18,1
1912	4 250	34,8	110	27,7	- 7,1

a Auflösung des Reichstages nach dem Attentat von Dr. Nobiling auf den Kaiser, die in der Erwartung erfolgte, ein neu gewähltes Parlament werde ein Ausnahmegesetz für die Sozialdemokratie annehmen, nachdem eine erste Vorlage der Reichsregierung, unter anderem wegen juristischer Unzulänglichkeiten, mit 251 gegen 57 Stimmen abgelehnt worden war.
b Verlängerung der Wahlperiode von 3 auf 5 Jahre.
Quelle: Vogel/Nohlen/Schultze 1971, S. 290 ff.

Das Wachstum der Mandate der Sozialdemokratischen Arbeiterpartei, das eine Veränderung der sozialen Struktur der Parlamente bewirkte, hatte - in Verbindung mit Änderungen der sozialen Struktur der führenden Persönlichkeiten auch der anderen Parteien[53] - weitreichende Konsequenzen für die sozialpolitische Gesetzgebung.

---

aufgeteilt: zur ersten Klasse gehörten 153 808 = 4,72 % der Wähler, zur zweiten Klasse 409 945 = 12,57 %, zur dritten Klasse 2 691 950 = 82,56 % der Wähler; vgl. dazu Furtwängler 1956, S. 47. 1903 konnte die SPD mit 18,79 % der Stimmen keinen Kandidaten ins Abgeordnetenhaus bringen, die Konservativen erreichten mit 19,39 % der Stimmen 32,28 % der Sitze; vgl. dazu Grebing 1981, S. 106.

53 In den beiden letzten Jahrzehnten des 19. Jh. wurden die überwiegend aus (häufig adeligen) Grundbesitzern und Beamten bestehenden Fraktionen im Reichstag und in den Landtagen durch Unternehmer ergänzt. In den Legislaturperioden 1890 bis 1906 lag der Anteil der Unternehmer an den Reichstagsmandaten zwischen 22,8 % (= 90 Mandate) und 27 % (= 107 Mandate). Nach der Jahrhundertwende ging der Unternehmeranteil im Reichstag, in den Landtagen und in den Gemeindeparlamenten stark zurück. 1912 - 1918 belief sich der Unternehmeranteil im Reichstag nur noch auf 17,1 % (= 68 Mandate). Vgl. dazu Jaeger 1967 (1. Kap.: „Unternehmer im Parlament").

b) Christliche soziale Bewegungen und Parteien

ba) Die katholisch-soziale Bewegung[54] und das Zentrum

Ihre entscheidende geistige Prägung erhielt die katholisch-soziale Bewegung von Männern wie *Bischof Ketteler, Franz Brandts, Franz Hitze*[55], *Ludwig Windthorst* (1812 - 1891)[56] und *Georg Freiherr von Hertling* (1843 - 1919).[57] Sie brachte die Gesellenvereine *Kolpings*, die christlichen Arbeitervereine, die christlichen Gewerkschaften (vgl. dazu S. 58 f.), die Zentrumspartei, den „Volksverein für das katholische Deutschland" und die Caritas (vgl. dazu S. 457) hervor.

Die Arbeitervereine sollten - ähnlich wie die Gesellenvereine - weder gewerkschaftliche noch politische Aufgaben wahrnehmen, sondern die Mitglieder religiös betreuen und sie - entsprechend den Ordnungsvorstellungen der früheren hierarchisch-patriarchalischen katholischen Soziallehre[58] – „von der Klasse zum Stand" erziehen. Eine Hauptaufgabe der von Geistlichen geführten Vereine war die Immunisierung der Mitglieder gegen das Gedankengut des Sozialismus und die Bekämpfung des Sozialismus, der ja seinerseits dem Christentum den Kampf angesagt hatte.

Die Zentrumspartei,[59] die zwischen 1874 und 1912 Mandatsanteile in Höhe von 22,9 bis 26,7 % erreichte, entfaltete beachtliche sozialpolitische Aktivitäten (vgl. dazu Beckel 1965, S. 9 ff. und E. Ritter 1954, S. 109 ff.). Erwähnung verdient, dass das Zentrum das Sozialistengesetz abgelehnt hat (E. Ritter 1954, S. 116).

bb) Die evangelisch-soziale Bewegung

Maßgebliche Träger der evangelisch-sozialen Bewegung waren *Johann Hinrich Wichern, Victor Aimé Huber, Rudolf Todt* (1839 - 1887) und *Adolf Stöcker* (1835 - 1909).[60]

Niederschlag gefunden hat die evangelisch-soziale Bewegung in der Inneren Mission (vgl. dazu S. 46), in evangelischen Arbeitervereinen und im „Evangelisch-sozialen Kongreß".

Heinrich Herkner sieht eines der großen Verdienste der evangelisch-sozialen Bewegung darin, den konservativen Kreisen in Deutschland die Bismarck'schen Reformen annehmbar gemacht zu haben (Herkner 1922, Bd. 2, S. 111). Die Bewegung, die soziale Reformen auf der Grundlage der bestehenden Gesellschaftsordnung erstrebte, eine eigene politische Interessenvertretung der Arbeiterschaft ablehnte, Treue gegenüber Kaiser und Reich forderte, die Pflege eines freundschaftlichen Verhältnisses zwischen Arbeitgebern und Arbeitnehmern auf ihre Fahnen geschrieben hatte und

---

[54] Vgl. dazu E. Ritter 1954, Rauscher/Roos 1977 und Heitzer 1991.
[55] Vgl. zu Ketteler und Hitze S. 46 f.
[56] Vgl. dazu Seiters 1965, S. 61 ff.
[57] *Hertling*, seit 1882 Professor für Staatswissenschaften in München, war ab 1876 Referent der Zentrumspartei für die soziale Frage im Reichstag, 1909 - 1912 Fraktionsvorsitzender des Zentrums, 1912 - 1917 Bayerischer Ministerpräsident und 1917 - 1918 Reichskanzler und Preußischer Ministerpräsident. Er war außerdem Mitbegründer und erster Präsident der „Görres-Gesellschaft zur Pflege der katholischen Wissenschaft". Vgl. dazu W. Becker (Hg.), Georg von Hertling 1843 - 1919, Paderborn u.a. 1993.
[58] Vgl. zur katholischen Soziallehre v. Nell-Breuning 1985 und Rauscher 1988a.
[59] Vgl. dazu Grebing 1981, S. 76 ff. und E. Ritter 1954, S. 108 ff.
[60] Vgl. zu Wichern und Huber S. 46, zu Todt Brakelmann 1971, S. 250 ff., zu Stöcker ebenfalls Brakelmann 1971, S. 162 ff.

darüber hinaus den katholischen und sozialdemokratischen Einfluss auf die Arbeiter und Handwerker abwehren sollte (Grebing 1981, S. 86), fand bei den Arbeitern nicht viel Anklang.

Noch weniger Anklang bei den Arbeitern fand die von *Adolf Stöcker*, Hofprediger von Kaiser *Wilhelm I.*, 1878 gegründete „Christlich-soziale Arbeiterpartei".[61] Größeren Erfolg hatte *Stöcker* mit dem 1890 gegründeten „Evangelisch-sozialen Kongreß", der zwischen 1890 und 1941 auf seinen Versammlungen zentrale und aktuelle sozialpolitische Fragen behandelte, zu einem Forum des Gespräches zwischen Theologen, Volkswirten, Juristen, Soziologen und Sozialpolitikern wurde und wesentliche sozialpolitische Anregungen gab.[62]

c) Die liberale soziale Bewegung

Der Sozial-Liberalismus, wissenschaftlich in England durch *John St. Mill*, in Deutschland durch viele Mitglieder des Vereins für Socialpolitik, wie z.B. *Lujo Brentano, Wilhelm Lexis, Karl Bücher* und *Gustav Schmoller* vertreten, fand seinen politisch profiliertesten Vertreter auf deutschem Boden vor dem ersten Weltkrieg in *Friedrich Naumann* (1860 - 1919).[63] *Naumann* trat konsequent für die Belange der Arbeiter ein. Er erkannte, dass die Arbeiter nicht Objekt der sozialen Bemühungen sein wollten, sondern handelndes Subjekt, und verlor die Überzeugung, dass Kirche und Christentum einen entscheidenden Beitrag zur Lösung der sozialen Frage leisten könnten. Unter dem Einfluss *Max Webers* kam er zu der Auffassung, dass nationale Macht nach außen eine Voraussetzung für soziale Reformen ist. Industrialisierung und eine vom Kaisertum geführte Machtpolitik sollten mit sozialen Reformen einhergehen. Er meinte: „Wir brauchen einen Sozialismus, der sich dadurch regierungsfähig erweist, daß er dem Vaterland ein starkes Heer und eine große Schlachtflotte gewährt" (Herkner 1922, Bd. 2, S. 185). „Wer innere Politik treiben will, muß erst Volk, Vaterland und Grenzen sichern, der muß für nationale Macht sorgen" (Brakelmann 1971, S. 184).

Als der von *Naumann* 1896 begründete National-soziale Verein bei den Reichstagswahlen 1903 nur einen einzigen Kandidaten in den Reichstag brachte, löste sich die Partei auf und schloss sich der „Freisinnigen Vereinigung" an.

Trotz geringer Bedeutung als Triebkraft der sozialen Entwicklung verdient die Gruppe der sozial-liberalen Bodenreformer als Element der liberalen sozialen Bewegung Erwähnung, weil sie sich auf ein bedeutendes konstitutives Merkmal der Proletarität und auf ein zentrales Problem sozialer Gerechtigkeit konzentrierte: auf die

---

[61] Die Gründe dafür machen die Einleitungssätze des Parteiprogramms erkennbar: „Die christlich-soziale Arbeiterpartei steht auf dem Boden des christlichen Glaubens und der Liebe zu König und Vaterland. Sie verwirft die gegenwärtige Sozialdemokratie als unpraktisch, unchristlich und unpatriotisch. Sie erstrebt eine friedliche Organisation der Arbeiter, um in Gemeinschaft mit den anderen Faktoren des Staatslebens die notwendigen praktischen Erfolge anzubahnen. Sie verfolgt als Ziel die Verringerung der Kluft zwischen reich und arm und die Herbeiführung einer größeren ökonomischen Sicherheit". Zitiert nach Brakelmann 1971, S. 167.

[62] Vgl. dazu Kretschmar 1972. Teilnehmer an den Kongressen waren u. a. Hans Freiherr von Berlepsch, Bernhard Harms, Arthur Graf von Posadowsky. Eine führende Rolle im Kongress spielten u.a. Adolf Damaschke, Theodor Heuß, Ludwig Heyde, Hans Luther, Friedrich Naumann, Gustav Schmoller, Ernst Troeltsch, Adolph Wagner, Max Weber und Leopold von Wiese.

[63] Vgl. zu Naumann Brakelmann 1971, S. 175 ff. und Th. Heuß, Friedrich Naumann. Der Mann, das Werk, die Zeit, Berlin 1937.

Eigentumslosigkeit breiter Schichten bzw. die Ungleichverteilung von Grund und Boden.

Während *Franz Oppenheimer* (1864 - 1943) in seiner Klassenmonopoltheorie der Verteilung die verteilungspolitische Bedeutung des Bodenmonopols herausgestellt hatte,[64] wurde *Adolf Damaschke* (1865 - 1935) durch die Wiederbegründung des „Bundes deutscher Bodenreformer" und durch sein Eintreten für eine Verbesserung der Wohnverhältnisse, für die Erhaltung und Erweiterung des Gemeindegrundbesitzes, für die Einführung von Bodenwertzuwachssteuern, für eine zweckmäßige Ausgestaltung der Bauordnungen und für eine planmäßige Kolonisation zur führenden Gestalt der deutschen Bodenreformbewegung (vgl. dazu A. Damaschke, Die Bodenreform, Jena 1900).

3. Die Gewerkschaften[65]

Neben der Arbeiterpartei wurden die freien und die christlichen Gewerkschaften zum zweiten bedeutenden Element der Arbeiterbewegung und zu einer nicht minder wirksamen Triebkraft der Entwicklung.

Gewerkschaften werden von *Götz Briefs* zutreffend definiert als „die freie, der Absicht nach dauernde, im Innenverhältnis solidarische, nach außen kartellarische Interessenverbindung auf abhängiges Einkommen gestellter Sozialgruppen" (Briefs 1965, S. 545).

Auf deutschem Boden entstanden vier weltanschaulich unterschiedliche gewerkschaftliche Gruppierungen, nämlich die sozialistischen oder freien Gewerkschaften, die christlichen Gewerkschaften, die Hirsch-Duncker'schen und die sogenannten „gelben" Gewerkschaften.

Die Entstehungsbedingungen der Gewerkschaften waren im Deutschen Reich kaum günstiger als die der Arbeiterparteien. Bis 1869 waren fast in allen deutschen Staaten Verabredungen der Arbeiter mit dem Ziel eines gemeinsamen Vorgehens beim Abschluss von Arbeitsverträgen mit schweren Freiheitsstrafen bedroht worden. Erst nachdem 1861 in Sachsen, 1867 im Norddeutschen Bund und 1869 in der Gewerbeordnung, die 1872 Reichsrecht wurde, das Koalitionsverbot aufgehoben[66] und eine halbherzige Anerkennung der Koalitionsfreiheit Gesetz geworden war,[67] waren die rechtlichen Voraussetzungen für die Entstehung von Gewerkschaften geschaffen.[68]

---

[64] Vgl. dazu F. Oppenheimer, Großgrundeigentum und soziale Frage, Jena 1898 sowie E. Preiser, Oppenheimer, Franz, in: HdSW, Bd. 8, S. 102 ff.

[65] Vgl. zu den Gewerkschaften Limmer 1996; Borsdorf 1987; Niedenhoff/Pege 1997; Hemmer/Schmitz 1990.

[66] § 152 GewO lautete: „Alle Verbote und Strafbestimmungen gegen Gewerbtreibende, gewerbliche Gehilfen, Gesellen oder Fabrikarbeiter wegen Verabredungen und Vereinigungen zum Behufe der Erlangung günstiger Lohn- und Arbeitsbedingungen, insbes. mittels Einstellung der Arbeit oder Entlassung der Arbeiter, werden aufgehoben. Jedem Teilnehmer steht der Rücktritt von solchen Vereinigungen und Verabredungen frei, und es findet aus letzterem weder Klage noch Einrede statt."

[67] Halbherzig war die Anerkennung, weil § 153 GewO zwar eine Strafe für den Fall vorsah, dass jemand einen anderen nötigte, sich einer Koalition anzuschließen oder ihn hindern wollte, von einer Koalition zurückzutreten, nicht aber andererseits auch die Verhinderung des Beitritts zu einer Koalition oder die Nötigung, aus einer Koalition auszutreten, unter Strafe stellte. § 153 lautete: „Wer andere durch Anwendung körperlichen Zwanges, durch Drohungen, durch Ehrenverletzung oder durch Verrufserklärung bestimmt oder zu bestimmen versucht, an solchen Verabredungen (§ 152) teilzunehmen, oder ihnen Folge zu leisten, oder andere durch gleiche Mittel hindert oder zu hindern versucht, von solchen

Über die Periode des *Sozialistengesetzes*[69] (1878 - 1890) retteten sich die Gewerkschaften durch die Gründung von Ortsvereinen und durch die Beschränkung auf die Erörterung beruflicher Fragen (Bechtel 1956, S. 314). Nachdem die Gewerkschaften trotz der rechtlichen Garantie der Koalitionsfreiheit weiter um ihre Anerkennung kämpfen mussten,[70] brachte die Ablösung der Monarchie durch die Weimarer Republik die endgültige Anerkennung der Gewerkschaften. 1918 waren in einem Abkommen zwischen Arbeitgebern und Gewerkschaften[71] die Gewerkschaften von den Arbeitgebern „als berufene Vertreter der Arbeiterschaft" und als Tarifvertragspartei anerkannt worden. Volle Anerkennung als legitimierte Vertreter der Arbeitnehmerschaft sowie eine Festigung ihrer Stellung in Staat und Wirtschaft erreichten die Gewerkschaften durch die Art. 159 und 169 der Weimarer Verfassung, die *Tarifvertragsordnung* vom 23. Dez. 1918, die *Schlichtungsverordnung* vom 23. Dez. 1918 und das *Betriebsrätegesetz* vom 4. Febr. 1920.

Die Mitgliederentwicklung der Gewerkschaften ist in Tabelle 5 dargestellt.

Wenngleich die *sozialistischen* Gewerkschaften - programmatisch - marxistisch-klassenkämpferisch eingestellt waren und die gleiche ideologische Basis hatten wie die sozialdemokratische Arbeiterpartei, so waren die Gewerkschaften doch betont auf ihre Unabhängigkeit bedacht, lehnten jede Bevormundung durch die Partei ab und schätzten die Erringung der vollen Anerkennung als Tarifvertragspartei höher ein als das Festhalten am Klassenkampfgedanken (Furtwängler 1956, S. 35 und Bechtel 1956, S. 314).

Die *christlichen* Gewerkschaften verstanden sich als antisozialistische Verbände. Sie lehnten den Klassenkampfgedanken ab, betonten die Partnerschaft zwischen Arbeitgebern und Arbeitnehmern und wollten den Streik nur als letztes Mittel der Auseinandersetzung einsetzen. Trotz ihrer antisozialistischen Einstellung wurden aber auch die christlichen Gewerkschaften von den Unternehmern so schroff abgelehnt wie die freien Gewerkschaften (Bechtel 1956, S. 315).

Verabredungen zurückzutreten, wird mit Gefängnis bis zu drei Monaten bestraft, sofern nach dem Allgemeinen Strafgesetz nicht eine härtere Strafe eintritt."

[68] Vgl. zur Entwicklung der Koalitionsfreiheit Hueck/Nipperdey 1967; Ritscher 1917; Volkmann 1968, S. 142 - 177; Hentschel 1983, S. 31 - 42.

[69] Das Sozialistengesetz galt zwar nicht unmittelbar für Gewerkschaften, aber das preußische Obertribunalgericht hatte Gewerkschaften in die Kategorie politischer Vereine eingeordnet. Die Zentralverbände wurden daher aufgelöst, ihre Zeitungen verboten. Vgl. dazu Furtwängler 1956, S. 15. Dass die sozialistischen Gewerkschaften durch das Sozialistengesetz betroffen wurden, war allein schon eine Folge der Tatsache, dass viele Führungspersönlichkeiten der Partei auch Gewerkschaftsmitglieder mit führenden Funktionen waren.

[70] Vgl. dazu Brakelmann 1971, S. 100 sowie den Versuch, die gewerkschaftliche Wirksamkeit durch die sogenannte „Zuchthausvorlage" zu beschneiden. Ein Gesetzentwurf der Reichsregierung vom 26. Mai 1899 hatte den von *Wilhelm II.* angekündigten Zweck, jeden, „er möge sein, was er will und heißen, wie er will, der einen deutschen Arbeiter, der willig wäre, seine Arbeit zu vollführen, daran zu verhindern versucht oder gar zu einem Streik anreizt", mit Zuchthaus bis zu drei Jahren, im Falle der Rädelsführerschaft sogar mit Zuchthaus bis zu fünf Jahren zu bestrafen. Der Reichstag hat die Vorlage abgelehnt. Vgl. dazu Herkner 1922, Bd. 2, S. 228 f.

[71] In der turbulenten Umbruchzeit des Jahres 1918 schlossen die Spitzenverbände der Arbeitgeber und der Gewerkschaften am 15. Nov. 1918 ein Abkommen, in dem sie sich zu einer „Zentralarbeitsgemeinschaft" zusammenschlossen. Dieser Zentralarbeitsgemeinschaft und damit auch den Gewerkschaften ist es zu verdanken, dass die Revolution im Deutschen Reich die Grundlagen der Wirtschaft und die Grundlagen der weiteren wirtschaftlichen Entwicklung nicht zerstörte.

Tabelle 5. Die Mitgliederentwicklung der Gewerkschaften 1869 - 1919

Jahr	Freie Gewerkschaften	Christliche Gewerkschaften	Hirsch-Duncker'sche Gewerkschaften
(1)	(2)	(3)	(4)
1869	47 192		30 000
1872	19 695		18 803
1878	56 275		16 525
1887	95 106		53 691
1890	294 551		62 643
1895	255 521	5500[a]	66 759
1900	680 427	76 744	91 661
1905	1 344 803	191 690	116 143
1910	2 017 298	316 115	122 571
1913	2 548 763	341 735	106 618
1918	2 866 012	538 559	113 792
1919	7 337 477	1 000 770	189 831

a 1894 gegründet.
Quelle: Hohorst/Kocka/Ritter 1978, S. 135 f.

Qualitativ und quantitativ eine ganz andere Rolle als die freien und die christlichen Gewerkschaften spielten die *liberalen* Gewerkschaften, zu denen die Hirsch-Dunker'schen und die „gelben" Gewerkschaften zu zählen sind. Die Hirsch-Dunker'schen Gewerkschaften verzichteten auf den Streik, waren auf die Harmonie der Interessen des Kapitals und der Arbeit bedacht und wollten zu allmählicher friedlicher Verbesserung der Lebenshaltung der Arbeiter beitragen. Die gelben oder wirtschaftsfriedlichen Gewerkschaften waren im Einvernehmen mit den Arbeitgebern gegründete betriebsgebundene Gewerkvereine. Ihre Bedeutung war noch geringer als die der Hirsch-Dunker'schen Gewerkschaften.

Die sozialistischen und die christlichen Gewerkschaften wirkten in dreifacher Weise als Triebkraft der sozialen und sozialpolitischen Entwicklung:
1. durch ihre *Organisations- und Integrationsleistung*, die darin bestand, dem geistig und politisch orientierungs- und führungslosem Proletariat die Grundlage zur Solidarisierung, zur Selbsthilfe und zur Artikulation sowie zur Durchsetzung seines wirtschafts- und sozialpolitischen Wollens geschaffen zu haben;
2. durch *zahlreiche Selbsthilfemaßnahmen*, die letztlich sozial und politisch stabilisierend wirkten und Vorbild für staatliche sozialpolitische Maßnahmen wurden;[72]

---

[72] Die Selbsthilfemaßnahmen der Gewerkschaften umfassten vor allem folgende Leistungen für ihre Mitglieder:
1. die Zahlung von Reisegeld und Umzugsunterstützung, wenn eine Reise oder Übersiedlung durch Arbeitslosigkeit, Streik oder Maßregelung von Arbeitnehmern durch den Arbeitgeber verursacht war;
2. die Zahlung von Erwerbslosenunterstützung, die in der Regel vom achten Tag der Arbeitslosigkeit an unter der Voraussetzung der Arbeitswilligkeit gewährt wurde;
3. die Zahlung von Krankenbeihilfen und von Sterbegeld;

3. durch *arbeitsmarktpolitische und allgemeinpolitische Aktivitäten.* Die arbeits-
marktpolitisch bedeutsamste Leistung der Gewerkschaften liegt in der Durchsetzung ihrer Anerkennung als Tarifvertragspartei und damit in der Ergänzung und
Abstützung des individuellen Arbeitsvertragsrechtes durch das kollektive Arbeitsvertragsrecht (vgl. dazu S. 202 ff.) sowie in der Transformation der Arbeitsmärkte
(vgl. dazu S. 187 f.).

4. Die Genossenschaften[73]

Zu einem bedeutenden Instrument der solidarischen Selbsthilfe und zu einem wirksamen Teil der sozialen Bewegung wurden auch die neuzeitlichen Genossenschaften,
die in Deutschland um die Mitte des vorigen Jahrhunderts entstanden und sich in der
zweiten Jahrhunderthälfte entfalteten. Vor allem die Konsumgenossenschaften, weniger dagegen die Produktivgenossenschaften und die Wohnungsbaugenossenschaften, wurden neben der politischen und der gewerkschaftlichen Organisationsform zur
dritten Form proletarischer Massenorganisationen. Sie waren aber nicht nur Instrument solidarischer Selbsthilfe für die Arbeiter, sondern in Gestalt gewerblicher
und ländlicher Waren- und Kreditgenossenschaften auch Mittel zur Verbesserung der
durch den kapitalistischen Wettbewerb, industrielle Produktionsweisen und Strukturwandel beeinträchtigten wirtschaftlichen Lage von Handwerkern, Händlern und
Landwirten.

In Deutschland wurden *Hermann Schulze-Delitzsch* (1808 -1883)[74] als Begründer
der gewerblichen Genossenschaften und der Kreditgenossenschaften, *Friedrich Wilhelm Raiffeisen* (1818 - 1888)[75], *Victor Aimé Huber* (vgl. dazu S. 46) und zahlreiche
andere Persönlichkeiten Träger der Genossenschaftsbewegung.

Genossenschaften lassen sich definieren als freiwillig zustandegekommene, offene
Personenvereinigungen, die durch personelle, auf dem Gleichheitsgrundsatz[76] und auf

---

4. Unterstützung bei von den Gewerkschaften anerkannten Arbeitsniederlegungen und bei Aussperrungen sowie Bezahlung von Gemaßregelten-Unterstützung;
5. die Gewährung von unentgeltlichem Rechtsschutz;
6. die unentgeltliche Gewährung von Bildungsmitteln und Bildungsmöglichkeiten.

[73] Vgl. dazu die folgende allgemeinere Genossenschaftsliteratur: G. Albrecht, Die soziale Funktion des
Genossenschaftswesens, Berlin 1965; R. Deumer, Das deutsche Genossenschaftswesen, 2 Bde.,
2. Aufl., Berlin/Leipzig 1926/27; H. Faust, Geschichte der Genossenschaftsbewegung, 2. Aufl., Frank-
furt/M. 1965; ders., Genossenschaftswesen, Stuttgart/Düsseldorf 1969; H. Fleissner, Genossenschaften
und Arbeiterbewegung, 2. Aufl., Jena 1924; E. Grünfeld/K. Hildebrand, Genossenschaftswesen. Seine
Geschichte, volkswirtschaftliche Bedeutung und Betriebswirtschaftslehre, Berlin/Wien 1929;
R. Schultz/J. Zerche, Genossenschaftslehre, 2. Aufl., Berlin 1982; W. Wygodzinski/V. F. Totomianz,
Genossenschaftswesen, Tübingen 1927.

[74] *Schulze-Delitzsch* hatte sich als Abgeordneter der Preußischen Nationalversammlung seit 1848 auf
Handwerker- und Arbeiterfragen spezialisiert. Er gründete 1849 in Delitzsch außer einer Kranken- und
Sterbekasse eine Assoziation der Schuhmacher und der Tischler als Rohstoffbezugs-"Assoziationen"
und 1856 einen „Vorschußverein", die erste Kreditgenossenschaft auf deutschem Boden. Vgl. zu Schul-
ze-Delitzsch: Th. Heuß, Schulze-Delitzsch, Leistung und Vermächtnis, Wiesbaden 1948 sowie ders.,
Schulze-Delitzsch, in: HdSW 1956, Bd. 9, S. 149 f.

[75] *Raiffeisen* ist der Begründer der deutschen landwirtschaftlichen Genossenschaften und hat, ähnlich wie
Schulze-Delitzsch, Kreditgenossenschaften initiiert. Vgl. zu Raiffeisen: Th. Sonnemann, Raiffeisen,
Friedrich Wilhelm, in: HdSW 1964, Bd. 8, S. 668 ff.

[76] In der Generalversammlung der eingetragenen Genossenschaft gilt das Prinzip „Ein Mann - Eine Stimme", d. h. dass ein Mitglied unabhängig von der wirtschaftlichen Größe seines Betriebes eine Stimme
hat.

dem Grundsatz solidarischer Selbsthilfe beruhende Kooperation durch die Errichtung und den Betrieb eines gemeinsamen Geschäftsbetriebes das Ziel verfolgen, die Mitglieder vor allem wirtschaftlich zu fördern. Da dieses Ziel, die wirtschaftliche und soziale Lage wirtschaftlich abhängiger und bedrohter Schichten im Rahmen der bestehenden Wirtschafts- und Sozialgesetzgebung zu verbessern, auch ein von der staatlichen Sozialpolitik verfolgtes Ziel ist, sind Genossenschaften Träger sozialpolitischer Aktivitäten.

Konsumgenossenschaften, an denen sich in erster Linie Arbeiter beteiligten, entstanden erst in den 80er Jahren des vorigen Jahrhunderts. 1903 waren im Hamburger Zentralverband deutscher Konsumvereine 666 Genossenschaften mit 1 597 Verteilungsstellen und 573 000 Mitgliedern zusammengeschlossen. 1928 waren in dem genannten Verband 1 024 Genossenschaften mit 9 605 Verteilungsstellen und 2 870 000 Mitgliedern verbunden. Dazu kamen noch 276 Genossenschaften mit 2 212 Verteilungsstellen und 790 000 Mitgliedern, die im Kölner Reichsverband deutscher Konsumvereine zusammengeschlossen waren (Albrecht 1955, S. 53 f.).

Ziele der Konsumgenossenschaften waren seinerzeit neben a) der Erhöhung der Realeinkommen der Arbeiter durch das aufgrund des Großeinkaufs preiswerte Gütersortiment, b) der Schutz der Arbeiter vor qualitativ und preislich unzulänglichen Einzelhandelsangeboten, c) die Erziehung der Mitglieder zu wirtschaftlicher Haushaltsführung durch strikte Einhaltung des Prinzips der Barzahlung und d) die Vermeidung von Ausbeutung der Arbeiter durch Einzelhändler, die die aus der Zahlungsunfähigkeit der Arbeiter resultierende Notwendigkeit zum Kauf auf Kredit oft ausnützten und hohe Zinsen verlangten.[77]

Die *Produktivgenossenschaften* haben in Deutschland kaum Bedeutung erlangen können, weil sie „innere" Widersprüche nicht überwinden konnten. Produktivgenossenschaften sind Genossenschaften, in denen die Arbeitskräfte in Personalunion Arbeiter und Unternehmer sind. In dieser Identität von Mitgliedern als Eigenkapitalgeber und Unternehmer einerseits und Arbeitskraft andererseits liegt die zentrale essentielle Schwäche dieses Genossenschaftstyps.[78]

Erfolgreicher als die Produktivgenossenschaften entwickelten sich die Anfang der 70er Jahre entstandenen Arbeiter-*Wohnungsgenossenschaften*, die das Ziel hatten, die Wohnungsnot (vgl. dazu S. 22 f.) zu mildern. Mit Hilfe der von den Arbeitern erworbenen genossenschaftlichen Geschäftsanteile bauten die Wohnungsgenossenschaften Häuser, die im Eigentum der Genossenschaft blieben und zu günstigen Mieten an die Mitglieder vermietet wurden. Der Erfolg der Baugenossenschaften wurde dadurch gefördert, dass nach der Verabschiedung des Alters- und Invalidenversicherungsgesetzes i. J. 1889 Mittel der Alters- und Invalidenversicherung im genossenschaftlichen Wohnungsbau angelegt werden konnten und angelegt wurden. Nicht zuletzt deswegen stieg die Zahl der Wohnungsgenossenschaften von 60 i. J. 1890 auf 361 i. J. 1900 und auf 764 i. J. 1908.

---

[77] Vgl. zu den Konsumgenossenschaften R. Wilbrandt, Konsumgenossenschaften, Stuttgart 1922 und O. Totomianz, Theorie, Geschichte und Praxis der Konsumentenorganisation, Berlin 1914.

[78] Vgl. dazu die Kritik der Produktivgenossenschaft durch F. Oppenheimer, Theorie der reinen und politischen Ökonomie, 2 Halbbde., 5. Aufl., Jena 1924, S. 953 f. sowie Fr. W. König, Die gewerblichen Produktivgenossenschaften in Deutschland, Gießen 1924.

1833	Gründung des Rauen Hauses in Hamburg-Horn durch Johann Hinrich Wichern
1845	Friedrich Engels veröffentlicht „Die Lage der arbeitenden Klassen in England"
1845	Kolping gründet katholische Gesellenvereine
1847	Kolping wird Präses des Gesellenvereins in Elberfeld (1850 „Rheinischer Gesellenbund")
1848	Wichern: Gründung der „Inneren Mission"
1848	Karl Marx veröffentlicht das „Kommunistische Manifest"
1848	Wilhelm Emanuel von Kettelers Predigten in Mainz über soziale Fragen
1849	Adolf Kolping gründet in Köln katholischen Gesellenverein
1849	Schulze- Delitzsch gründet Genossenschaften
1860 ff.	Gründung christlich-sozialer Arbeitervereine (katholisch)
1863	Gründung des Allgemeinen Deutschen Arbeitervereins unter maßgeblicher Mitwirkung von August Bebel und Karl Liebknecht in Eisenach (Eisenacher)
1870	Gründung des Zentrums; in ihm wirkten als katholische Sozialpolitiker Georg von Hertling und Franz Hitze
1872	Gründung des Vereins für Socialpolitik (Kathedersozialisten)
1873	Abschluss des 1. Tarifvertrages (Buchdruckertarif)
1875	Vereinigung der „Lassalleaner" und „Eisenacher" zur Sozialistischen Arbeiterpartei Deutschlands in Gotha (Gothaer Programm)
1877	Gründung des „Zentralvereins für Sozialreform" durch Rudolf Todt, Rudolf Meyer, Adolf Stöcker und Adolph Wagner
1878	Gründung der Christlich- Sozialen Arbeiterpartei durch Adolf Stöcker in Berlin
1884	Papst Leo XIII. empfiehlt Gründung katholischer Arbeitervereine
1890	Gründung des „Gesamtverbandes Evangelischer Arbeitervereine Deutschlands" in Berlin
1890	Gründung des Katholischen Volksvereins in Mönchen-Gladbach
1891	Sozialenzyklika Leos XIII. „Rerum novarum"
1893	Gründung des Deutschnationalen Handlungsgehilfenverbandes (DHV)
1894	Gründung der Christlichen Gewerkschaften
1896	National-sozialer Verein (Friedrich Naumann)
1899	Gründung der evangelischen Frauenhilfe und des deutsch-evangelischen Frauenbundes
1899	Gründung eines Gesamtverbandes christlicher Gewerkschaften
1901	Gründung der „Gesellschaft für Sozialreform" durch christliche Sozialpolitiker
1918	Zentralarbeitsgemeinschaft zwischen Unternehmern und Arbeitnehmern

III. Kapitel

Geschichte der sozialpolitischen Gesetzgebung in Deutschland[1]

Die folgende Darstellung der Grundzüge sozialpolitischer Gesetzgebung soll erstens Einblick in die sozialen Zustände vermitteln, die sozialpolitisch verändert oder beseitigt werden sollten, zweitens Entwicklungslinien und Konzeptionen der Sozialpolitik erkennen lassen und drittens durch die Vermittlung von Einblicken in wesentliche Ziele, Bereiche und Instrumente der Sozialpolitik eine systematische Darstellung der Bereiche sozialpolitischen Handelns vorbereiten. In einer solchen Darstellung sind nicht nur Sozialgesetze, sondern auch sozialpolitisch relevante Gesetze zu berücksichtigen, die - wie z.B. das Gesetz gegen Wettbewerbsbeschränkungen - zwar nicht primär die Lösung sozialpolitischer Probleme zum Ziele haben, aber doch ihrer sozialpolitischen Wirkungen wegen bedeutsam sind.

Eine Geschichte der sozialpolitischen Gesetzgebung, die Wert auf Geschlossenheit und Vollständigkeit legt, müsste für die Zeit vor 1871 auf die sozialpolitische Gesetzgebung der deutschen Länder (u.a. Preußen, Bayern, Sachsen, Baden, Württemberg, Hessen) eingehen. Da aber die Entwicklung in diesen Ländern hinsichtlich der wesentlichen Inhalte übereinstimmend verlief, kann das bis zur Reichsgründung in der Sozialgesetzgebung besonders aktive Preußen als repräsentativer Teil Deutschlands behandelt werden.

Die deutsche Geschichte der Sozialpolitik lässt sich in folgende Epochen einteilen, die durch markante Ereignisse voneinander abgrenzbar sind und deren Sozialpolitik charakteristische Merkmale aufweist[2]:
1. die Zeit von den Anfängen staatlicher Sozialpolitik bis zur Entlassung *Bismarcks* (1839 - 1890);
2. die Zeit von der Entlassung *Bismarcks* bis zum Ende des Ersten Weltkriegs (1890 - 1918);
3. die Zeit der Weimarer Republik (1919 - 1932);
4. die Zeit des Dritten Reiches (1933 - 1945);
5. die Zeit seit Bestehen der Bundesrepublik Deutschland.

Für jede dieser Perioden werden im Folgenden zunächst die wirtschaftlichen und politischen Bedingungen verdeutlicht, die die Sozialpolitik beeinflussten, dann wird

---

[1] Vgl. dazu Erdmann 1957; Syrup/Neuloh 1957; Köllermann 1971; H. Henning 1976; Gladen 1974; Tennstedt 1981; Hentschel 1983 und die einschlägigen Kapitel aus der ausgezeichneten „Deutsche(n) Gesellschaftsgeschichte" von Wehler, Dritter Band (1849 – 1914) und Vierter Band (1914 – 1949), 2003. Vgl. zur Geschichte der Sozialpolitik in Deutschland insbes. auch Bd. 1 (Von der vorindustriellen Zeit bis zum Ende des Dritten Reiches), Bd. 3 (Bundesrepublik bis zur Herstellung der Deutschen Einheit) und Bd. 2 (Deutsche Demokratische Republik) von Frerich/Frey 1996. Ähnlich wie in diesem Lehrbuch werden in der ausführlicheren und detaillierteren Darstellung von Frerich/ Frey das jeweilige politisch-administrative System sowie die jeweiligen gesamtwirtschaftlichen und gesamtgesellschaftlichen Zusammenhänge berücksichtigt. Vgl. zur Geschichte der deutschen Sozialpolitik von 1867 - 1914 auch die Quellensammlung von Born/ Henning/ Tennstedt 1966 ff.

[2] Vgl. dazu auch Hockerts (Hg.) 1998.

die Sozialgesetzgebung beschrieben und anschließend werden die Merkmale herausgestellt, die die Sozialpolitik charakterisierten.

A. Die Anfänge der Sozialgesetzgebung bis zur Entlassung Bismarcks (1839 -1890)

1. Wirtschaftlicher und politischer Hintergrund

Das halbe Jahrhundert zwischen 1839 und 1890 umfasst die von *Friedrich-Wilhelm Henning* (1995, S. 111 und S. 203) in die Jahre 1835 bis 1873 gelegte „erste Industrialisierungsphase" und einen Teil der bis 1914 reichenden Phase des „Ausbaues der Industrie". Dieses halbe Jahrhundert ist gekennzeichnet durch:
1. den Übergang von der handarbeitsorientierten zur maschinenorientierten Tätigkeit und den Ausbau des Eisenbahnwesens, des Straßennetzes und der Binnenschifffahrtsstraßen. Dies schlug sich in Nettoinvestitionsquoten nieder, die zwischen 6,7 und 11,8 % und nach 1870 gut über 10 % lagen (Tabelle 6, Sp. 4);
2. die Zunahme der Beschäftigten von rd. 15 Mio. auf rd. 21 Mio. bei gleichzeitigem Wandel der Beschäftigtenstruktur, nämlich einer Abnahme der in der Landwirtschaft Beschäftigten und einer Zunahme der in der Industrie Beschäftigten (Tabelle 6, Sp. 9 und 10);
3. Wachstumsraten des realen Sozialproduktes, die für Fünfjahresdurchschnitte zwischen 0,8 und 4,1 % lagen (Tabelle 6, Sp. 3) und zu einer Erhöhung des realen Sozialproduktes im Gesamtzeitraum auf das Zweifache führten (Tabelle 6, Sp. 2).
Die wirtschaftlichen Voraussetzungen für Sozialpolitik waren also nicht ungünstig.

Vor der Reichsgründung gab es trotz der 1848 erfolgenden Entstehung politischer Parteien bis zum Jahre 1863 keine Arbeiterpartei. In den Parlamenten bzw. den Ständevertretungen der Länder dominierten noch die Adeligen, die Großgrundbesitzer und die Beamten. Selbst Kaufleute, Gewerbetreibende und Industrielle waren schwach vertreten (Jaeger 1967, S. 26 ff.). Die institutionellen Voraussetzungen für die staatliche Sozialpolitik waren also ungünstig.

2. Die Sozialgesetzgebung

Während der ersten Industrialisierungsphase lässt sich eine eindeutige Konzentration der sozialpolitischen Aktivität des Staates auf Maßnahmen des *Arbeitnehmerschutzes* feststellen. In weitgehender Entsprechung zu der in den Jahren 1802 bis 1847 in England entwickelten Arbeiterschutzgesetzgebung begann auch die deutsche Sozialpolitik mit einem Arbeitnehmerschutzgesetz, nämlich mit dem am 09. März 1839 erlassenen preußischen *Regulativ über die Beschäftigung jugendlicher Arbeiter in Fabriken*.[3] Es

---

[3] Das für alle Bergwerke, Fabriken, Poch- und Hüttenwerke geltende Gesetz verbot die Beschäftigung von Kindern unter 9 Jahren, verlangte für beschäftigte Jugendliche den Nachweis einer dreijährigen Schulausbildung, begrenzte die Arbeitszeit Jugendlicher unter 16 Jahren auf 10 Stunden täglich unter Einschluss einer 1½ stündigen Pause und verbot die Beschäftigung Jugendlicher zwischen 21 Uhr und 5 Uhr sowie an Sonn- und Feiertagen.

Tabelle 6. Reales Nettosozialprodukt, Nettoinvestitionsquote, Wertschöpfungs- und Beschäftigtenstruktur im Deutschen Reich 1850 bis 1913 (Jahresdurchschnittswerte)

Periode	Nettosozial-produkt in Preisen von 1913 in Mio. RM	Jahresdurch-schnittliche Wachstums-rate	Nettoinvesti-tionsquote	Anteil einzelner Sektoren am Nettosozialprodukt			Beschäftigte		
				Primärer Sektor	Sekundärer Sektor[a]	Tertiärer Sektor[b]	absolut in 1 000	davon in	
								Primärer Sektor	Sekundärer Sektor
(1)	(2)	(3)	(4)	(5)	(6)	(7)	(8)	(9)	(10)
1850/54	10 762	-	7,9	45,2	21,2	33,6	} 15 126	} 54,6	} 25,2
1855/59	11 597	1,6	6,7	44,3	22,7	33,0	-	-	-
1860/64	13 931	4,0	11,0	44,9	23,8	31,3	-	-	-
1865/69	15 508	2,3	9,5	42,4	26,8	30,8	-	-	-
1870/74	18 676	4,1	10,9	37,9	31,7	30,4	-	-	-
1875/79	21 132	2,6	11,1	36,7	32,8	30,5	19 416[c]	49,1	29,1
1880/84	21 958	0,8	10,3	36,2	32,5	31,3	19 992	48,2	29,8
1885/89	25 661	3,4	11,8	35,3	34,1	30,6	21 302	45,5	32,3
1890/94	29 596	3,1	12,7	32,2	36,8	31,0	22 651	42,6	34,2
1895/99	35 895	4,3	15,0	30,8	38,5	30,7	24 277	40,0	35,7
1900/04	39 070	1,8	13,5	29,0	39,8	31,2	26 043	38,0	36,8
1905/09	45 495	3,3	15,0	26,0	41,9	32,1	28 047	35,8	37,7
1910/13	50 215	2,1	15,5	23,4	44,6	32,0	30 243	35,1	37,9

a Bergbau und Salinen, Industrie und Handwerk.
b Verkehr, Handel, Banken, Versicherungen, Gaststätten, häusliche Dienste, sonstige Dienstleistungen, Verteidigung, Wohnungen.
c 1878/79.

Quelle: W.G. Hoffmann 1965, S. 105, S. 104, S. 35 und S. 33.

wurde 1853 verbessert.[4] Wie schon erwähnt (vgl. S. 40 f.), lag ein wesentlicher Anstoß zu diesem ersten deutschen sozialpolitischen Gesetz im Rückgang der Wehrtauglichkeit der aufgrund der Fabrikarbeit gesundheitsgeschädigten Jugendlichen.

Eine sachliche Ausweitung des auf den Kinder- und Jugendlichenschutz beschränkten Arbeitnehmerschutzes hin zum Schutz der Arbeitnehmer vor Gefahren, die aus der Arbeitsausübung erwachsen, brachte die *Preußische allgemeine Gewerbeordnung* vom 17. Jan. 1845. Sie verpflichtete die Gewerbetreibenden zur Rücksichtnahme auf Gesundheit und Sittlichkeit der Beschäftigten. Mit der Ergänzung der Gewerbeordnung durch ein Truck-Verbot für Fabrikarbeiter, d.h. ein Verbot der Entlohnung der Arbeiter durch Waren anstelle von Barlöhnen, begann 1849 der *Lohnschutz*.[5]

Die wesentlichen Vorschriften der von den deutschen Ländern entwickelten Arbeitsschutzgesetzgebung wurden in die *Gewerbeordnung für den Norddeutschen Bund* vom 21. Juni 1869 aufgenommen und später Reichsrecht. Die Novellierung dieser Gewerbeordnung[6] brachte erstmals einen besonderen Arbeitsschutz für Frauen, der die Beschäftigung von Frauen in Bergwerken und an Arbeitsplätzen mit schwersten Arbeitsbedingungen verbot und einen bescheidenen Mutterschutz enthielt.

Hinter der Arbeitsschutzgesetzgebung traten bis 1880 sozialpolitische Ansätze zurück, die im Bereich des Armenwesens und im Bereich der Sicherung der Arbeiter vor Krankheitsfolgen zu finden sind.

Vor der Industrialisierung und in der ersten Industrialisierungsphase wurde eine Sicherung der dringlichsten Lebensbedürfnisse der Gemeinde- bzw. Staatsbürger im Wege der Armenpolitik versucht.[7] Armenpolitik wurde für diejenigen gemacht, die keinen Arbeitsvertrag, kein Eigentum und keine Familie hatten. Die Unterstützungen waren so niedrig, „daß die Bevölkerung in ihrem Bestreben, für sich selbst zu sorgen, nicht lässig wird. Von diesem Gesichtspunkte aus darf die Lage des Unterstützten nicht über das Niveau des ärmsten selbständigen Arbeiters erhoben werden" (Tennstedt 1981, S. 87 f.). Die Leistungen der Armenpflege, für die die Gemeinden zuständig waren, waren aber nicht nur aus sozialpädagogischen Überlegungen gering gehalten, sondern vor allem, weil die Gemeinden finanziell überfordert waren. Das *Gesetz über die Verpflichtung zur Armenpflege* vom 31. Dez. 1842, das in Verbindung mit dem *Gesetz über die Aufnahme neu anziehender Personen* vom gleichen Tag eine Versorgungspflicht der Ortsarmenverbände nicht mehr erst nach Ablauf einer mehrjährigen Wartefrist vom Zeitpunkt des Zuzuges an, sondern schon unmittelbar mit der Begründung eines neuen Wohnsitzes eintreten ließ, musste wegen der eingetretenen Überforderungen der Gemeinden wieder eingeschränkt werden. Daher wurde 1855 die öffentliche Pflicht zur Armenpflege von einem einjährigen Aufenthalt am neuen Wohnort abhängig gemacht (Volkmann 1968, S. 80 ff.).

---

[4]   Das Gesetz, betreffend einige Abänderungen des Regulativs vom 09. März 1839 über die Beschäftigung jugendlicher Arbeiter in den Fabriken (Gesetz über Fabrikinspektoren) vom 16. Mai 1853 erhöhte das Mindestalter für Kinderarbeit von 9 auf 12 Jahre, setzte die Arbeitszeit von Kindern zwischen 12 und 14 Jahren auf täglich 6 Stunden fest und sah - entsprechend der Erfahrung, dass ohne Gewerbeaufsicht die Durchführung des Arbeiterschutzes unzulänglich bleiben musste - eine fakultative staatliche Gewerbeaufsicht vor, die 1878 durch das Gesetz zur Abänderung der Gewerbeordnung vom 17. Juli 1878 obligatorisch gemacht wurde.

[5]   Verordnung, betreffend die Errichtung von Gewerberäthen und verschiedene Abänderungen der Allgemeinen Gewerbeordnung vom 09. Febr. 1849.

[6]   Gesetz zur Abänderung der Gewerbeordnung vom 17. Juli 1878.

[7]   Vgl. zur Armenpolitik im 19. Jh. die ausführliche Darstellung bei Tennstedt 1981, S. 78 ff.

Eine Sicherung der Arbeiter vor den wirtschaftlichen Folgen einer Krankheit hatte man in der Gewerbeordnung von 1845 dadurch zu erreichen versucht, dass die Gemeinden durch ein Statut jeden am Ort beschäftigten Handwerksgesellen oder –gehilfen zum Eintritt in eine bestehende Ortskasse zwingen und beitragspflichtig machen konnten (Classen 1962, S. 68 ff.). Damit war der Anfang für die neuzeitliche Zwangsversicherung gemacht. Fabrikarbeiter konnten diesen Hilfskassen beitreten. Eine entscheidende Neuerung brachte die *Verordnung vom 09. Febr. 1849 zur Änderung der - Gewerbeordnung.* Diese Neuerung, „die in diesem Punkt die gesamte europäische Sozialgesetzgebung hinter sich ließ, lag in der Möglichkeit, durch Ortsstatuten auch die Arbeitgeber zu Zuschüssen bis zur halben Höhe der Arbeitnehmerbeiträge zu verpflichten" (Volkmann 1968, S. 42). Die den Gemeinden eröffneten Möglichkeiten wurden kaum genutzt. Auch die Verbesserung der gesetzlichen Grundlagen für die Bildung von Hilfskassen führte zu keiner nennenswerten Sicherung der Arbeiter gegen Notfälle (Peters 1978, S. 46).

Als *sozialpolitisch relevante* Gesetzesnormen ragen in der bis in die 70er Jahre reichenden industriellen Aufbauphase hervor: der in der preußischen Gewerbeordnung von 1845 verankerte Grundsatz der Gewerbefreiheit, die Einführung der Niederlassungsfreiheit in Preußen 1842 und die Einführung des allgemeinen, direkten und geheimen Wahlrechts durch Bismarck in die Verfassung des Norddeutschen Bundes von 1867, das dann in die Reichsverfassung übernommen wurde.

Die Bedeutung der Einführung des allgemeinen, direkten und geheimen Wahlrechtes für die Entwicklung der Sozialpolitik ist kaum zu überschätzen. Denn damit war nicht nur eine erste Anerkennung demokratischer Prinzipien auch in Deutschland verbunden, „sondern das neue Wahlrecht eröffnete auch den sozialistischen Parteien die Möglichkeit, ihre sozialpolitischen Ziele auf parlamentarischem Weg zu verfolgen und sie durch die Sozialgesetzgebung schrittweise zu verwirklichen" (Erdmann 1957, S. 7).

Die Erstarkung der Arbeiterbewegung war auch einer der Hauptgründe für den Aufbau von Sozialversicherungseinrichtungen in den 80er Jahren - neben der gewachsenen Einsicht in die Notwendigkeit der Verbesserung der sozialen Lage der Arbeiter. Die Sozialversicherungsgesetzgebung war in der „Kaiserlichen Botschaft" von Kaiser *Wilhelm I.* vom 17. Nov. 1881 angekündigt worden. Sie ging aus von der Überzeugung, „daß die Heilung der sozialen Schäden nicht ausschließlich im Wege der Repression sozialdemokratischer Ausschreitungen, sondern gleichmäßig auf dem der positiven Förderung des Wohles der Arbeiter zu suchen sein werde".

Den inneren Zusammenhang zwischen der Sozialversicherungsgesetzgebung und dem *Gesetz gegen die gemeingefährlichen Bestrebungen der Sozialdemokratie* aus dem Jahre 1878 bestätigt nicht nur die Kaiserliche Botschaft von 1881, sondern auch die Reichstagsrede *Bismarcks* vom 15. März 1884: „Bei Einbringung des Sozialistengesetzes hat die Regierung Versprechungen gegeben dahin, daß als Korollär dieses Sozialistengesetzes die ernsthafte Bemühung für eine Besserung des Schicksals der Arbeiter Hand in Hand mit demselben gehen sollte. Das ist meines Erachtens das Komplement für das Sozialistengesetz."

Die drei Säulen der Sozialversicherung wurden geschaffen durch:
1. das Gesetz, betreffend die Krankenversicherung der Arbeiter vom 15. Juni 1883;
2. das Unfallversicherungsgesetz vom 06. Juli 1884;

3. das Gesetz, betreffend die Invaliditäts- und Alterssicherung vom 22. Juli 1889.[8]

Das *Krankenversicherungsgesetz* unterwarf die gegen Lohn und Gehalt beschäftigten Personen in Industrie, Handwerk, Handel, Binnenschifffahrt und bestimmten Dienstleistungsbetrieben bis zu einer bestimmten Einkommensgrenze einer Versicherungspflicht. Die Beiträge - maximal auf 6 % des Arbeitsverdienstes beschränkt - wurden zu 2/3 von den Arbeitern, zu 1/3 von den Arbeitgebern aufgebracht. Als Mindestleistungen waren freie ärztliche Behandlung, unentgeltliche Versorgung mit Arzneimitteln, Krankengeld vom dritten Tag der Erkrankung an in Höhe von mindestens 50 % des beitragspflichtigen Lohnes bis zu maximal 13 Wochen und Wöchnerinnenunterstützung während mindestens 4 Wochen nach der Niederkunft vorgesehen. Die Einbeziehung Familienangehöriger war nicht obligatorisch, durch Statut der einzelnen Kassen aber möglich.

Das *Unfallversicherungsgesetz*, im Wesentlichen zunächst auf Industriebetriebe beschränkt, führte ebenfalls eine Versicherungspflicht ein. Es zwang die Unternehmer, auf ihre Kosten ihre Arbeiter und die Angestellten mit weniger als 2 000 Mark Jahreseinkommen in selbstverwalteten Berufsgenossenschaften gegen Unfälle zu versichern. Die für einzelne Gewerbezweige zuständigen Berufsgenossenschaften hatten den im Betrieb verunglückten Versicherten oder ihren Hinterbliebenen nach Ablauf der gesetzlichen Krankenfürsorge eine verdienstbezogene Rente zu gewähren. Die Berufsgenossenschaften erhielten die Befugnis, Vorschriften zur Verhütung von Unfällen zu erlassen.

Das *Invaliditäts- und Alterssicherungsgesetz* machte alle Arbeiter vom 16. Lebensjahr an versicherungspflichtig. Die Mittel der Versicherung wurden durch einen Reichszuschuss und durch gleich hohe Beiträge der Arbeitgeber und der Versicherten aufgebracht. Ein Rentenanspruch entstand entweder, wenn der Versicherte erwerbsunfähig wurde[9] und fünf Beitragsjahre zurückgelegt hatte oder wenn er das 70. Lebensjahr vollendet und dreißig Beitragsjahre zurückgelegt hatte. Witwen- und Waisenrenten gab es seinerzeit noch nicht.

Die Leistungen der Kranken-, Invaliditäts- und Alterssicherung waren zwar - gemessen an den vorhergehenden Zuständen - ein bedeutender Fortschritt, aber in vielen Fällen zur Existenzsicherung bei weitem nicht ausreichend (vgl. dazu Hentschel 1983, S. 21 ff.).

3. Charakteristische Merkmale der staatlichen Sozialpolitik

Die staatliche Sozialpolitik der Jahre 1839 - 1890 trägt folgende fünf charakteristische Merkmale: sie war erstens quantitativ bescheiden und zweitens prioritätengerecht, drittens Arbeiterpolitik, viertens Schutzpolitik und fünftens repressiv-staatsautoritär.

Quantitativ bescheiden war sie, weil sie nur geringe Teile der Unselbständigen erfasste, z. B. der Arbeitnehmerschutz und die Sozialversicherung nicht alle Schutzbedürftigen, sondern nur die Arbeiter, und weil die Geldleistungen gering waren (Hentschel 1983, S. 12).

---

[8] Vgl. zum sozialgeschichtlichen Hintergrund dieser Sozialversicherungsgesetzgebung Tennstedt 1981, S. 169 - 187 und Wehler 1995, S. 700 ff.

[9] Als erwerbsunfähig galt ein Arbeitnehmer, wenn er nicht mehr als 1/6 dessen verdienen konnte, was ein vergleichbarer Arbeitnehmer verdiente.

Als *prioritätengerecht* kann sie bezeichnet werden, weil die Arbeitnehmerschutzpolitik auf den Schutz der wichtigsten Existenzgrundlage des Arbeiters, seine Arbeitskraft, gerichtet war und erst in zweiter Linie nach Erreichung eines bestimmten Niveaus des Schutzes den Arbeitskräften Verluste von Einkommensteilen bei vorübergehendem oder dauerndem Verlust der Arbeitskraft zum Teil ersetzte. Der Arbeitnehmerschutz war zunächst auf den Schutz der Kinder und Jugendlichen konzentriert.

Arbeiterpolitik war sie, weil sie nicht auf die Hebung der Lebenslage der wirtschaftlich und sozial schwächsten Schichten gerichtet war, sondern auf „Berg-, Hütten- und Fabrikarbeiter, d. h. die gehobenen Arbeiterschichten oder, um einen Ausdruck der Zeit zu gebrauchen, ihre 'privilegierten Klassen' ... Die eigentliche Schicht der Proletaroiden bleibt ohne jede Unterstützung allein auf die Armenpflege angewiesen" (Volkmann 1968, S. 96 und Tennstedt 1981, S. 87 f.).

Schutzpolitik war sie in einem zweifachen Sinn, nämlich einmal im Sinne des Existenzschutzes sozial Schwacher, zum anderen aber im Sinne des prophylaktischen Schutzes der Gesellschaftsordnung durch eine Politik sozialer Befriedung.[10]

Repressiv-staatsautoritär war die Sozialpolitik dieser Zeit, weil sie „wohlfahrtstaatlicher Kontrapunkt zur polizeistaatlichen Unterdrückung" der Arbeiterschaft (Hentschel 1983, S. 9 f.), „Komplement für das Sozialistengesetz"[11] war. Der maßgeblich von *Bismarck* konzipierten Sozialversicherungspolitik, die weltweite Anerkennung, Bewunderung und Nachahmung fand, war neben ihrer Funktion der Sicherung der Existenz der Arbeiter im Falle von Krankheit, Unfall, Invalidität und Alter die Funktion der Erhaltung der Gesellschafts- und Staatsordnung durch die Integration der Arbeiterschaft in Staat und Gesellschaft bei gleichzeitiger Bekämpfung der Bestrebungen der Arbeiterschaft zur Organisation in Selbsthilfeeinrichtungen und in politischen Parteien zugedacht. Daher war für die Arbeiterschaft die Sozialversicherung das „Zuckerbrot zur Peitsche" (A. Rüstow 1959, S. 11 ff.). Nach *Alexander Rüstow* (1959, S. 14) war die Förderung des Wohles der Arbeiter zwar ernst gemeint, „aber in jenem patriarchalischen, paternalistischen Sinn, in dem sich auch der ostelbische Gutsherr für das Wohl seiner Kätner verantwortlich fühlte, unter der selbstverständlichen Voraussetzung, daß diese in gottgewollter Weise seine Autorität untertänig und dankbar anerkannten. Gerade gegen diese Zumutung, sich demütig in die Rolle der überlagerten und beherrschten Unterschicht zu finden - gerade dagegen revoltierte der mannhafte Stolz und das Selbstbewußtsein der deutschen Arbeiterschaft."

---

[10] „Die Sozialpolitik der 50er Jahre ist eine Politik der Furcht, 'die nicht aus dem Bestreben hervorgeht, den Armen zu helfen, sondern sie von sich abzuhalten, sich gegen die Anforderungen der Armen möglichst zu schützen und sich von der Gefahr zu befreien, die uns durch das Anwachsen des Proletariats in den Städten mehr und mehr entgegentritt'. Sie ist nach ihrer inneren Begründung Interessenpolitik der Arrivierten zum Schutze der bestehenden Ordnung vor den Ansprüchen der von unten nachdrängenden Bevölkerungsschichten. Sie wirkt sich zwar materiell zu deren Gunsten aus, findet aber qualitativ und quantitativ ihre Grenze im Schutzbedürfnis der etablierten Ordnungskräfte." Volkmann 1968, S. 94 f.

[11] *Bismarck* in seiner Reichstagsrede vom 15. März 1884.

B. Die Sozialgesetzgebung unter Wilhelm II. (1890 - 1918)

1. Wirtschaftlicher und politischer Hintergrund

In den 25 Jahren zwischen dem Regierungsantritt *Wilhelm II.* 1888 und dem Beginn des Ersten Weltkrieges wurde der industrielle Aufbau fortgesetzt. Die Nettoinvestitionsquote erreichte mit Werten zwischen 12,7 und 15,5 % ein höheres Niveau als je zuvor (vgl. Tabelle 6, Sp. 4). Aufgrund jahresdurchschnittlicher Wachstumsraten des realen Sozialprodukts von 2,9 % stieg das reale Nettosozialprodukt von rd. 29 auf rd. 50 Mrd. RM (Tabelle 6, Sp. 2 und 3). Die Zahl der Beschäftigten stieg von rd. 22,6 Mio. auf rd. 30,2 Mio. Der Rückgang des landwirtschaftlichen Sektors und die Zunahme des industriellen Sektors setzten sich fort. Bei einer jährlichen Wachstumsrate der Beschäftigten von 1,38 % zwischen 1879 und 1913 waren die Arbeitseinkommen insgesamt um 3,48 % pro Jahr gewachsen, das durchschnittliche Arbeitseinkommen um jährlich 2,05 % (W. G. Hoffmann 1965, S. 91).

Alles in allem waren damit sehr günstige ökonomische Voraussetzungen für die Entwicklung der Sozialpolitik gegeben.

Die politische Landschaft hat sich zwischen 1890 und 1918 gründlich verändert. Das *Sozialistengesetz* lief nach 12jähriger Geltungsdauer am 01. Okt. 1890 aus. Die Sozialdemokratische Partei erreichte bei den Reichstagswahlen 1890 19,7 % aller Stimmen, 1912 34,8 % aller Stimmen und 27,7 % aller Reichstagsmandate. Sie war damit nach Stimmen- und Mandatszahl stärkste Partei geworden (vgl. Tabelle 4). Der Einfluss der vor 1890 führenden Nationalliberalen Partei und der Konservativen Parteien ging zurück. 1890 ging *Bismarcks* Reichstagsmehrheit verloren.

Die Spitzenverbände der freien und der christlichen Gewerkschaften, die 1895 zusammen nur 261 021 Mitglieder aufwiesen, verbuchten 1913 2 890 498 Mitglieder (vgl. Tabelle 5). In diesen Zahlen deutet sich an, dass die politische Emanzipation der Arbeiterschaft letztlich nicht mehr aufzuhalten war, wenngleich es auch in den Jahren nach 1890 nicht an Versuchen fehlte, der Arbeiterschaft auf dem Weg zur selbstverantwortlichen, gleichberechtigten Sozialpartei Steine in den Weg zu legen (vgl. dazu S. 73 f.), und wenngleich in der Arbeiterenzyklika „Rerum novarum" vom 15. Mai 1891, mit der sich erstmals ein Papst in die soziale Auseinandersetzung eingeschaltet hat, die Vereinigungsfreiheit als Naturrecht interpretiert wurde.

2. Die Sozialgesetzgebung

Wilhelm II., der im Gegensatz zu *Wilhelm I.* eine mit der Unterdrückung der Arbeiterschaft gekoppelte Sozialpolitik für verfehlt hielt, den Arbeitern Beweise guten Willens geben und ihr Vertrauen zur Monarchie zurückgewinnen wollte, richtete sein Augenmerk auf die Weiterentwicklung des Arbeitnehmerschutzes, der in der Phase der Entwicklung der Sozialversicherungsgesetze vernachlässigt worden war. Bismarck, enttäuscht vom politischen Ergebnis seiner sozialpolitischen Arbeit und überzeugt, dass weitere finanzielle Belastungen der Industrie durch die Sozialpolitik gefährlich seien,[12] stemmte sich - erfolglos - gegen die neue Politik. Die sozialpoli-

---

[12] *Bismarck* kleidete das Problem in die bis in die Gegenwart immer wieder gestellte, wenn auch jeweils anders formulierte Frage: „Wo ist die Grenzlinie, bis an welche man die Industrie belasten kann, ohne

tischen Gegensätze zwischen Kaiser und Kanzler waren nicht der entscheidende, aber ein mitbestimmender Grund für die Entlassung *Bismarcks* im Jahre 1890.

Die Absichten *Wilhelm II.* finden sich in zwei programmatischen Erlassen vom 04. Febr. 1890 (abgedruckt bei Erdmann 1957, S. 11 ff.).

Im ersten Erlass wurde - ausgehend von der Gefahr einer Beeinträchtigung der internationalen Konkurrenzfähigkeit der deutschen Wirtschaft durch die mit Arbeitsschutzmaßnahmen verbundene Kostenbelastung - die Einberufung einer internationalen Arbeitsschutzkonferenz angekündigt, die die Arbeitnehmerschutzpolitik Deutschlands, Frankreichs, Englands, Belgiens und der Schweiz koordinieren sollte. Die im März 1890 abgehaltene Konferenz blieb ohne konkretes Ergebnis.

Im zweiten Erlass wurde neben dem Ausbau der Arbeiterversicherungsgesetzgebung der Ausbau des Arbeitnehmerschutzes und die Einführung von bestimmten Mitspracherechten der Arbeiter in den Betrieben angekündigt. Die dem Erlass folgende Novellierung der *GewO*[13] brachte folgende Regelungen:

1. die Verpflichtung der Gewerbetreibenden, für die Einrichtungen und Regelungen zu sorgen, die erforderlich sind, um Gefahren für Leben, Gesundheit und Sittlichkeit von den Arbeitern fernzuhalten;
2. Vollmachten für den Bundesrat zum Erlass von Vorschriften über Gesundheitsschutz und Arbeitszeiten in besonders gesundheitsgefährdenden Betrieben;
3. eine Erweiterung der Befugnisse der Gewerbeaufsichtsbeamten und die Ausweitung der staatlichen Fabrikaufsicht zur Gewerbeaufsicht;
4. eine 24-stündige Sonntagsruhe für die Industrie;
5. ein volles Beschäftigungsverbot für schulpflichtige Kinder, den 10-Stunden-Arbeitstag für jugendliche Arbeiter und den 11-stündigen Arbeitstag für Frauen;
6. ein Verbot der Nachtarbeit für Jugendliche und für Frauen;
7. eine Verschärfung des Truck-Verbotes;
8. einen Wöchnerinnenschutz;
9. eine Verpflichtung der Betriebe zum Erlass von Arbeitsordnungen;
10. die *Möglichkeit*, in Fabrikbetrieben Arbeiterausschüsse zu bilden, die bei der Festsetzung der Arbeitsbedingungen gehört werden sollten.

Im Jahre 1900 wurde die *GewO* erneut novelliert,[14] vor allem zugunsten der Handlungsgehilfen durch Festlegung des Ladenschlusses auf 19.00 Uhr.

Ein *Kinderschutzgesetz*[15] verbot 1903 die Kinderarbeit in einigen Gewerben gänzlich und begrenzte sie in anderen zeitlich. Eine erneute Novellierung der Gewerbeordnung[16] begrenzte die tägliche Arbeitszeit für Frauen auf 10 Stunden und verbesserte den Arbeitszeitschutz für Jugendliche. Der Arbeitnehmerschutz für Heimarbeiter wurde mit dem *Hausarbeitsgesetz* vom 20. Dez. 1911 eingeleitet.

Auch im Bereich der Sozialversicherung wurden weitere Verbesserungen erreicht. Neben der Zusammenfassung der einzelnen Versicherungsgesetze zu einem einheitlichen Gesetzeswerk in der *Reichsversicherungsordnung* vom 19. Juli 1911 ist vor allem die Schaffung einer Sozialversicherung für Angestellte[17] gegen Alter, Berufs-

---

dem Arbeiter die Henne zu schlachten, die ihm die goldenen Eier legte?" Zitiert nach Syrup/Neuloh 1957, S. 80.

[13] *Gesetz, betreffend Abänderung der GewO* (Arbeiterschutzgesetz) vom 01. Juni 1891.
[14] Gesetz, betreffend Abänderung der GewO vom 30. Juni 1900.
[15] Gesetz, betreffend Kinderarbeit in gewerblichen Betrieben vom 30. März 1903.
[16] Gesetz, betreffend die Abänderung der GewO vom 18. Dez. 1908.
[17] Versicherungsgesetz für Angestellte vom 20. Dez. 1911.

unfähigkeit und Witwen- sowie Waisenschaft zu erwähnen. In ihr wurden Angestellte mit einem Jahresgehalt zwischen 2 000 und 5 000 Mark pflichtversichert. Durch die Einführung der Angestelltenversicherung wurde offenkundig, dass außer der Arbeiterschaft eine weitere große schutzbedürftige Gruppe der Bevölkerung zum Schutzobjekt der staatlichen Sozialpolitik geworden war.

Im Gegensatz zu den Angestelltenwitwen erhielten Arbeiterwitwen die 1911 als neue Leistung eingeführte Witwenrente nur, wenn sie erwerbsunfähig waren. 1916 wurden - eine Folge des Krieges - die Hinterbliebenenrenten erhöht, die Altersrentenbezugsgrenze wurde auf 65 Jahre herabgesetzt.

Die Einbeziehung der Angestellten in den Wirkungsbereich der Sozialpolitik deutete sich bereits an, als dem *Gesetz, betreffend die Gewerbegerichte* vom 29. Juni 1890, das für Streitigkeiten zwischen Arbeitgebern und Arbeitnehmern eine besondere, verbilligte, formfreie Gerichtsbarkeit unter paritätischer Besetzung mit Arbeitgeber- und Arbeitervertretern schuf, im Jahre 1904 ein entsprechendes *Kaufmannsgerichtsgesetz* folgte.[18]

Schon vorher war der Kodifikation des *BGB* i. J. 1896, das den Arbeitsvertrag neu regelte und die wesentliche Quelle für das Recht der Arbeitsverträge wurde, 1897 das *Handelsgesetzbuch* mit entsprechenden arbeitsvertragsrechtlichen Regelungen für Angestellte gefolgt.

Für die Weiterentwicklung der Sozialpolitik einschneidende Bedeutung gewann das sogenannte *Hilfsdienstgesetz*[19] aus dem Jahre 1916, das für alle männlichen Deutschen vom 17. bis zum 60. Lebensjahr eine Hilfsdienstpflicht vorsah. Mit dem *Hilfsdienstgesetz* wurden zwei Bereiche staatlicher sozialpolitischer Aktivität erschlossen: die gesetzliche Ausgestaltung der Betriebsverfassung im Sinne sozialpolitischer Ziele und die Ausgestaltung des Arbeitsvertragsrechtes. Während nämlich die Novelle der *GewO* i. J. 1891 Arbeiterausschüsse *fakultativ* eingeführt hatte und 1900 bzw. 1905 Arbeiterausschüsse nur für Bergbaubetriebe *zwangsweise* eingeführt wurden (Classen 1962, S. 176), wurden durch das *Hilfsdienstgesetz* Arbeiter- und Angestelltenausschüsse in *allen* Hilfsdienstbetrieben mit mindestens 50 Beschäftigten *obligatorisch* gemacht. Diese Ausschüsse hatten für gutes Einvernehmen zwischen Arbeitgebern und Arbeitnehmern zu sorgen und dem Unternehmer Anträge, Wünsche und Beschwerden in Bezug auf Betriebseinrichtungen, Lohn- und Arbeitsfragen zu unterbreiten.

In Bezug auf die Ausgestaltung des Arbeitsvertragsrechts brachte das Hilfsdienstgesetz einen entscheidenden Durchbruch: es enthielt nicht nur eine Anerkennung der Koalitionsfreiheit, sondern eine gewandelte Einstellung des Gesetzgebers zu den Organisationen der Arbeitgeber und der Gewerkschaften. Es sah nämlich vor, dass Arbeitgeber und Arbeitnehmer paritätisch vertreten sein sollten:

1. in den Ausschüssen, die über die Frage der Kriegswichtigkeit eines Berufes oder Betriebes zu entscheiden hatten;
2. in der beim Kriegsamt errichteten Zentralstelle, bei der Beschwerden gegen die unter 1. genannten Ausschüsse vorzubringen waren;
3. in den Ausschüssen, die Hilfsdienstpflichtige zum Hilfsdienst heranziehen konnten;

---

[18] Gesetz, betreffend die Kaufmannsgerichte vom 06. Juli 1904.
[19] Gesetz über den vaterländischen Hilfsdienst vom 05. Dez. 1916.

4. in den Ausschüssen, die bei Verweigerung der Zustimmung zum Austritt aus einer kriegswichtigen Arbeitsstelle durch den Arbeitgeber diese Zustimmung erteilen konnten.

Diese Anerkennung der Arbeitgeber- und Arbeitnehmerorganisationen trug einer Entwicklung Rechnung, die sich nach Aufhebung des Sozialistengesetzes beschleunigt vollzogen hatte. Die stürmische Entwicklung der Gewerkschaften (vgl. dazu S. 59) beantworteten die Arbeitgeber mit der Bildung von Arbeitgeberverbänden, die sich 1913 in der „Vereinigung der Deutschen Arbeitgeberverbände" zusammenschlossen. Die endgültige Anerkennung der Gewerkschaften als eine den Arbeitgebern gleichberechtigte, vollwertige Arbeitsmarktpartei bahnte sich dann an, als Arbeitgebervereinigungen und Gewerkschaften i. J. 1918 eine „Zentralarbeitsgemeinschaft" ins Leben riefen. Diese „Magna Charta über die neue Stellung der Arbeiterschaft im Wirtschaftsleben" (Heyde 1966, S. 54) enthielt Vereinbarungen über die Anerkennung der Gewerkschaften und über den Abschluss von Tarifverträgen, die Gewährleistung der Koalitionsfreiheit, Vereinbarungen über die Schlichtung von Arbeitsstreitigkeiten, über die paritätische Verwaltung der Arbeitsvermittlung, über die Errichtung von Arbeiterausschüssen und über die Wiedereingliederung der Kriegsheimkehrer.[20]

3. Charakteristische Merkmale der staatlichen Sozialpolitik

Zur Charakterisierung der Sozialpolitik unter Kaiser *Wilhelm II.* trennt man zweckmäßigerweise zwischen der Zeit vor dem Weltkrieg und den Jahren des Krieges. Für die Jahre 1890 - 1913 lassen sich vier Schwergewichte staatlicher Aktivität erkennen:
1. der Ausbau der Arbeitnehmerschutzpolitik;
2. der Ausbau der Sozialversicherung für Arbeiter und die Einbeziehung der Angestellten in die Sozialversicherung;
3. die Schaffung der Ansätze für eine Arbeitsgerichtsbarkeit;
4. die Schaffung der rechtlichen Voraussetzungen für die freiwillige Bildung von Arbeitnehmerausschüssen.

In den Jahrzehnten vor dem Ersten Weltkrieg reichte der Einfluss industrieller und konservativer monarchistischer Kreise noch aus, um den Gesetzgeber vor Eingriffen in die Betriebsverfassung und von der Herstellung uneingeschränkter Koalitionsfreiheit abzuhalten. Noch gegen Ende des Jahrhunderts wurde versucht, durch die sogenannte Umsturzvorlage von 1894,[21] durch die Preußische Vereinsnovelle von 1897[22]

---

[20] Zur Bewertung der Zentralarbeitsgemeinschaft vgl. auch H. Henning 1976, S. 101, der meint, dass diese Arbeitsgemeinschaft, bis 09. Nov. 1918 eine Konzession der Unternehmer, nach dem Zusammenbruch der Monarchie eine Konzession der Gewerkschaften wurde, weil die Unternehmer dadurch keine Eingriffe in ihr Eigentum zu fürchten hatten.

[21] Nach dieser Umsturzvorlage sollte mit Zuchthaus bis zu fünf Jahren bestraft werden, wer durch Androhung eines Verbrechens den öffentlichen Frieden störte in der Absicht, einen gewaltsamen Umsturz herbeizuführen oder wer auf einen Umsturz gerichtete Bestrebungen förderte. Dieselbe Strafe sollte denjenigen treffen, der in einer den öffentlichen Frieden gefährdenden Weise die Religion, die Monarchie, die Ehe, die Familie oder das Eigentum durch beschimpfende Äußerungen öffentlich angriff. Der Reichstag lehnte die Vorlage am 11. Mai 1895 ab.

[22] Die Preußische Vereinsnovelle, auch als „Kleines Sozialistengesetz", bezeichnet, wurde 1897 im Preußischen Abgeordnetenhaus eingebracht. Nach ihr sollte die Polizei das Recht erhalten, Vereine und Versammlungen aufzulösen, wenn in ihnen „anarchistische oder sozialdemokratische, auf den Umsturz der bestehenden Staats- oder Gesellschaftsordnung gerichtete Bestrebungen in einer die öffentliche Si-

und durch die Zuchthausvorlage von 1899[23] die Entwicklung der Gewerkschaften zu wirksamen Vertretungen der Interessen einer politisch mündigen Arbeiterschaft abzustoppen und der Arbeiterschaft die wirtschaftliche und soziale Gleichberechtigung vorzuenthalten. „In einer Politik der 'inneren Reichsgründung' mit stark repressiven Zügen werden die 'vaterlandslosen Gesellen' unter Aufrechterhaltung politischer und sozialer Ungleichheit negativ integriert, die Härten des den 'Volkswohlstand' hervorbringenden kapitalistischen Systems abgemildert und die Existenz dieses kapitalistischen Systems und der bürgerlichen Gesellschaft stabilisiert" (Tennstedt 1981, S. 137).

Diese repressive Sozialpolitik wurde durch den Ersten Weltkrieg, den „großen Schrittmacher der Sozialpolitik" (Preller 1978, S. 85), beendet: Die Sicherung der kriegswichtigen Produktion und der Funktionsfähigkeit einer leistungsfähigen Volkswirtschaft während des Krieges schienen nur möglich, wenn den Arbeitnehmern obligatorische betriebliche Mitspracherechte eingeräumt und wenn die Gewerkschaften als Arbeitnehmervertretungen voll anerkannt wurden. Mit dieser Entwicklung wurde am Ende dieser Periode deutscher Sozialpolitik der Weg zu einer sozialpolitisch orientierten Ausgestaltung der Betriebsverfassung und zur betrieblichen, von Arbeitgebern und Arbeitnehmern mitgetragenen Sozialpolitik frei. Mit der Anerkennung der Gewerkschaften als der neben den Arbeitgebern gleichberechtigten Organisation der Arbeitnehmer wurde das Primat der staatlichen Sozialpolitik gebrochen und die Demokratisierung der Sozialpolitik vorbereitet, die in der Weimarer Republik konsequent fortgesetzt wurde.

C. Die Sozialgesetzgebung in der Weimarer Republik (1918 - 1933)

1. Wirtschaftlicher[24] und politischer Hintergrund

Ökonomisch lässt sich die Zeit der Weimarer Republik in drei Phasen unterteilen: in die unmittelbare Nachkriegsperiode von 1919 - 1923, in die „Goldenen 20er Jahre" 1924 - 1928 und in die Zeit der Weltwirtschaftskrise von 1929 - 1933.

Die Jahre 1919 - 1923 waren durch eine fortschreitende galoppierende Inflation, durch ein hohes Niveau der Arbeitslosigkeit und durch eine nur allmähliche Erholung der deutschen Wirtschaft von den Kriegsfolgen geprägt. Die Arbeitslosigkeit war eine Folge des Rückstromes deutscher Soldaten auf die Arbeitsmärkte, des Wegfalles der

---

cherheit, insbesondere die Sicherheit des Staates gefährdenden Weise" zutage traten. Die Vorlage wurde vom Abgeordnetenhaus abgelehnt.

[23] Der „Gesetzentwurf zum Schutz des gewerblichen Arbeitsverhältnisses„ sah für „Agitatoren von Streiks, die eine Gefährdung der Sicherheit des Reiches oder eine Gefahr für Menschenleben oder für das Eigentum mit sich brachten,„, Zuchthausstrafen vor. Die Vorlage wurde am 20. Nov. 1899 im Reichstag abgelehnt. Vgl. zur Zuchthausvorlage auch S. 58.

[24] Vgl. dazu F. W. Henning 1997, S. 51 ff.; H. Henning 1976; Hardach 1993, S. 23 ff.; Bechtel 1956, S. 381 ff.; Lütge 1966, S. 533 ff.; Preller 1978 und Wehler 2003, S. 239 ff. Vgl. auch den Abschnitt „Strukturbedingungen und Entwicklungsprozesse sozialer Ungleichheit" in Wehler 2003, S. 284 ff.

Tabelle 7. Wirtschaftliche Kennziffern 1913 bis 1938

Jahr	mittlere Bevölkerung in 1000	Beschäftigte ohne Verteidigung in 1000	Arbeitslose in 1000	Nettosozialprodukt zu Preisen von 1913 in Mio. RM	Wachstumsrate des Nettosozialprodukts in %	Netto investitionsquote	Durchschn. jährl. Arbeitseinkommen in Industrie u. Handwerk in RM	Preisindex für den privaten Verbrauch	Reales durchschnittl. jährl. Arbeitseinkommen in RM
(1)	(2)	(3)	(4)	(5)	(6)	(7)	(8)	(9)	(10)
1913	66 978	30 104		52 440		15,6	1 210	100,0	1 210
1922	61 900								
1923	62 307								
1924	62 697		910						
1925	63 166	30 891	650	46 897		11,5	1 393	140,7	1 247
1926	63 630	29 709	2 010	46 587	- 0,7	7,1	1 754	140,5	1 274
1927	64 023	31 820	1 350	53 108	14,0	15,2	1 790	148,0	1 310
1928	64 393	32 387	1 353	53 950	1,6	12,8	1 939	151,1	1 385
1929	64 739	32 121	1 892	51 694	- 4,2	6,9	2 093	151,9	1 467
1930	65 084	30 338	3 076	49 289	- 4,7	5,7	2 229	144,9	1 524
1931	65 423	27 969	4 520	43 913	- 10,9	- 3,1	2 208	131,0	1 525
1932	65 716	25 967	5 575	41 760	- 4,9	- 1,6	1 998	117,7	1 425
1933	66 027	26 540	4 804	47 375	13,4	4,9	1 677	115,4	1 381
1934	66 409	28 684	2 718	52 102	10,0	6,2	1 594	117,6	1 427
1935	66 871	29 939	2 151	58 658	12,6	9,9	1 678	119,8	1 445
				60 361[a]	-		1 731		
1936	67 349	31 262	1 593	66 434[a]	10,1		1 782	120,9	1 474
1937	67 831	32 592	912	74 053[a]	11,5		1 845	121,6	1 517
1938	68 558	33 734	430	82 078[a]	10,8		1 917	123,7	1 550

a Volkseinkommen in Kaufkraft von 1938; vgl. dazu Statistisches Handbuch von Deutschland 1928-1944, München 1949, S. 600.

Quellen: Spalten (2), (3), (5), (7), (8) und (9): W.G. Hoffmann 1965, S. 174, S. 205 f., S. 828, S. 471 und S. 601.
Spalte (4): Kroll 1958, S. 33 und S. 109, sowie für die Jahre ab 1933 Statistisches Handbuch von Deutschland 1928-1944, 1949, S.484.
Spalte (6): errechnet aus Spalte (5).
Spalte (10): errechnet aus den Werten der Spalten (8) und (9).

Rüstungsproduktion, des Zeitbedarfes der Umstellung der Produktionsstruktur auf eine Friedenswirtschaft und eines nur geringen Wirtschaftswachstums. Die zunächst auf 226 Mrd. Goldmark festgelegten Reparationslasten und andere Auflagen des Versailler Vertrages, z.B. die Abtretung Elsaß-Lothringens, der Saar und Oberschlesiens,[25] sowie die Abtretung von 90 % der deutschen Handelsflotte und andere Sachleistungen lähmten die wirtschaftliche Initiative ebenso wie der fortschreitende Währungsverfall. Die an der Entwicklung der Lebenshaltungskosten gemessene Geldentwertung betrug gegenüber dem jeweiligen Vorjahr 1919 = 70, 1920 = 244, 1921 = 65, 1922 = 2420 und 1923 = 1,8 Mio. Prozent.

Eine der gravierendsten sozialen Folgen der Inflation war die Enteignung der Geldvermögensbesitzer, vor allem der Inhaber von staatlichen Schuldtiteln, der eine Begünstigung der Sachwertbesitzer und der Schuldner gegenüberstand. Größter Inflationsgewinner war der Staat, der sich seiner Schuldenlast billig entledigen konnte.

Nach der Stabilisierung der Reichsmark im Oktober 1923 setzte ein von relativ hohen Investitionsquoten getragenes Wachstum ein, das die Arbeitslosigkeit gegenüber den unmittelbaren Nachkriegsjahren zurückgehen und die realen durchschnittlichen Arbeitseinkommen bis 1930 stetig ansteigen ließ (vgl. dazu Tabelle 7).

Die wirtschaftliche Erholung hielt nicht lange an: in der Zeit der Weltwirtschaftskrise von 1929 - 1932/33 stieg die Arbeitslosigkeit von Jahr zu Jahr. Das reale Nettosozialprodukt und die realen jährlichen Arbeitseinkommen sanken beträchtlich (vgl. Tabelle 7, Sp. 4, 5 und 10).

Betrachtet man die Gesamtperiode, dann kann man feststellen, dass die ökonomischen Voraussetzungen für eine Weiterentwicklung der staatlichen Sozialpolitik denkbar ungünstig waren. Denn das Niveau der wirtschaftlichen Aktivität des Jahres 1913 wurde nur in den Jahren 1927 und 1928 leicht übertroffen, in allen anderen Jahren lag es - zum Teil beachtlich - darunter.

Ungünstig waren auch die politischen Begleitumstände der Sozialpolitik: die Novemberrevolution des Jahres 1918, Generalstreiks, Annexionsversuche Polens und Estlands, ein vom Spartakusbund 1919 entfachter Aufstand, der Kapp-Putsch des Jahres 1920, kommunistische Aufstände im gleichen Jahr im Ruhrgebiet, in Bayern, in Sachsen und in Thüringen, die Besetzung Düsseldorfs, Duisburgs und von Ruhrort durch die Franzosen im März 1921, die Besetzung des Ruhrgebietes durch Frankreich im Januar 1923 und erneute kommunistische Aufstände in Sachsen, Thüringen und Hamburg im November 1923 sowie *Hitlers* Marsch auf die Feldherrnhalle erschütterten die Republik.

Eine starke Parteienvielfalt mit Gruppierungen, von denen keine stark genug war, um sichere Mehrheiten zu bilden, verhinderte partei- und regierungspolitische Stabilität: in den 14 Jahren von 1919 bis 1933 lösten sich 14 Kabinette ab (vgl. dazu Rößler 1961, S. 592 f. und v.a. Bracher 1978).

Während die wirtschaftliche, die außenpolitische und die innenpolitische Konstellation kein günstiger Boden für die Weiterentwicklung der Sozialpolitik waren, gab es einen für eine Neuorientierung der staatlichen Sozialpolitik entscheidenden Faktor: den Zusammenbruch der Monarchie und ihre Ersetzung durch die parlamentarische

---

[25] Diese Gebietsabtretungen waren gleichbedeutend mit dem Verlust von 13 % des Vorkriegsterritoriums, 10 % der Bevölkerung, 15 % des Ackerlandes, 75 % der Eisenerzvorkommen, 44 % der Produktionskapazität von Roheisen, 38 % der Produktionskapazität von Stahl und 26 % der Produktionskapazität der Kohle.

Demokratie. Diese Ersetzung einer autoritär-aristokratischen durch eine demokratisch-republikanische Staatsverfassung brachte einen grundlegenden gesellschaftlichen Wandel (vgl. Lütge 1966, S. 533 ff.). Die politisch-gesellschaftliche Spitze mit Kaiser und Fürsten verschwand; Adel und Offizierkorps büßten ihre führende Stellung ein; die maßgeblichen Führungspersönlichkeiten der Parteien, Funktionäre der Gewerkschaften, der Arbeitgeberschaft und anderer großer Verbände sowie Großindustrielle gewannen Einfluss auf die Gesetzgebung. Die im 19. Jh. dominierenden Parteien (die Konservativen, die Nationalliberalen und das Zentrum) verloren an Gewicht.

2. Die Sozialgesetzgebung

Nach dem Rücktritt von Kaiser und Kanzler am 09. Nov. 1918 und vor Verabschiedung der Weimarer Verfassung am 11. Aug. 1919 lag die Staatsgewalt in Händen eines „Rat(es) der Volksbeauftragten". Dieser Rat setzte alle durch Verordnungen während des Krieges eingeschränkten Arbeiterschutzgesetze wieder in Kraft,[26] leitete mit einer *Verordnung über Erwerbslosenfürsorge* vom 13. Nov. die Übertragung der Arbeitslosenfürsorge von den Gemeinden auf das Reich ein, ordnete die Einführung des Acht-Stunden-Arbeitstages[27] an, baute den öffentlichen Nachweis von Arbeitsgelegenheiten aus[28] und sicherte durch Verordnung[29] nicht nur die gesetzliche Anerkennung der Tarifautonomie der Sozialpartner, sondern machte die vereinbarten Tarife „unabdingbar" und ermöglichte eine Allgemeinverbindlicherklärung von Tarifverträgen. Weitere Aktivitäten brachten eine Ausdehnung des Arbeitnehmerschutzes für besondere Gruppen, nämlich für Schwerbeschädigte,[30] stellten die Landarbeiter rechtlich den übrigen Arbeitnehmern gleich[31] und stellten im Handel die totale Sonntagsruhe her.[32]

Die *Weimarer Verfassung* vom 11. Aug. 1919 leitete mit ihren gesellschafts- und sozialpolitischen Leitsätzen eine Ära sozialstaatlicher und demokratischer Sozialpolitik ein.

In Art. 109 wurde die Gleichheit aller vor dem Gesetz deklariert, öffentlich-rechtliche Vorrechte der Geburt oder Nachteile der Geburt und des Standes wurden aufgehoben, Adelsbezeichnungen wurde nur noch der Rang von Namensteilen zuerkannt. In Art. 151 wurde der Grundsatz der sozialen Gerechtigkeit und der Gewährleistung der Menschenwürde proklamiert.[33] Durch Art. 157 wurde der Arbeitnehmerschutz als besondere Aufgabe des Reiches gekennzeichnet, durch Art. 159 die Koalitionsfreiheit gesichert. Darüber hinausgehend wurde das Prinzip der gleichberech-

---

[26] Verordnung über Arbeiterschutz vom 12. Nov. 1918.
[27] Anordnung über die Regelung der Arbeitszeit gewerblicher Arbeiter vom 23. Nov. 1918.
[28] Anordnung über Arbeitsnachweise vom 09. Dez. 1918.
[29] Verordnung über Tarifverträge, Arbeiter- und Angestelltenausschüsse und Schlichtung von Arbeitsstreitigkeiten vom 23. Dez. 1918.
[30] Verordnung über Beschäftigung Schwerbeschädigter vom 09. Jan. 1919 und weitere auf die Schwerbeschädigten bezogene Verordnungen.
[31] Verordnung, betreffend eine vorläufige Landarbeitsordnung vom 24. Jan. 1919.
[32] Verordnung über Sonntagsruhe im Handelsgewerbe und in Apotheken vom 05. Febr. 1919.
[33] Art. 151 lautet: „Die Ordnung des Wirtschaftslebens muß den Grundsätzen der Gerechtigkeit mit dem Ziele der Gewährleistung eines menschenwürdigen Daseins für alle entsprechen. In diesen Grenzen ist die wirtschaftliche Freiheit des einzelnen zu sichern."

tigten wirtschaftlichen Mitbestimmung in Art. 165 verankert.[34] Als besondere sozial-politische Aufgaben wurden die Erhaltung der Gesundheit und der Arbeitsfähigkeit, der Mutterschutz (Art. 119), der Jugendschutz (Art. 122) und die Schaffung eines umfassenden Versicherungswesens „unter maßgebender Mitwirkung der Versicherten" (Art. 161) sowie die Förderung und der Schutz des selbständigen Mittelstandes (Art. 164), der durch die Kriegs- und Inflationsfolgen zu einer wirtschaftlich und sozial gefährdeten Schicht geworden war, herausgehoben. Weitere besondere sozialpolitische Anliegen waren die Gleichstellung unehelicher mit ehelichen Kindern (Art. 121) und die Beseitigung finanzieller Bildungsbarrieren für Minderbemittelte (Art. 146).

Die tatsächlichen Aktivitäten des Gesetzgebers waren an der Verfassungsprogrammmatik orientiert.

Der Arbeitnehmerschutz wurde - abgesehen von der Einführung des Acht-Stunden-Arbeitstages 1918 - durch den Schutz Schwerbeschädigter,[35] durch zahlreiche Schutzverordnungen für besonders gefährdete Arbeitnehmer wie etwa Pressluftarbeiter[36] oder Arbeiter in Glashütten und in Glasschleifereien,[37] durch die Weiterentwicklung des Mutterschutzes[38] in Form eines Beschäftigungsverbotes sechs Wochen vor und sechs Wochen nach der Niederkunft und in Form eines besonderen Kündigungsschutzes in dieser Zeit, durch ein Kündigungsschutzgesetz für Angestellte[39] und schließlich durch die Einführung von Mitwirkungsrechten der Betriebsräte bei Kündigungen[40] ausgebaut.

Im Bereich der Sozialversicherung ist die Schaffung einer reichseinheitlichen Sozialversicherung für Bergleute anstelle von 110 Knappschaftsvereinen durch das *Reichsknappschaftsgesetz* vom 23. Juni 1923 zu nennen. Die Knappschaftsversicherung (KnV) ist die Invaliden-, Alters- und Krankenversicherung für Bergleute. Da einerseits die Vermögensbestände und Betriebsmittel der Rentenversicherungen (RV), der Unfallversicherung (UV) und der Krankenversicherung (KV) durch die Inflation in Nichts zerronnen waren, andererseits durch die Kriegs- und Nachkriegszeit die Ansprüche gestiegen waren, konnte die Sozialversicherung diesen Ansprüchen zunächst nur auf niedrigstem Niveau und nur mit Hilfe von Reichszuschüssen genügen. Erst ab 1924 konnte „das stehengebliebene, rechtlich-institutionelle Gebäude allmählich wieder mit seinen hergebrachten Prinzipien" erfüllt werden (Hentschel 1983, S. 119). Mit der Weltwirtschaftskrise geriet das System erneut in größte finanzielle Bedrängnis. Daher blieb für eine Weiterentwicklung der sozialen Substanz des Systems sozialer Sicherung kein Raum.[41] Nur die relativ ungefährdete UV wurde 1925 gründlich um-

---

[34] Art. 165 lautet: „Die Arbeiter und Angestellten sind dazu berufen, gleichberechtigt in Gemeinschaft mit den Unternehmern an der Regelung der Lohn- und Arbeitsbedingungen sowie an der gesamten Entwicklung der produktiven Kräfte mitzuwirken. Die beiderseitigen Organisationen und ihre Vereinbarungen werden anerkannt."

[35] Das *Gesetz über die Beschäftigung Schwerbeschädigter* vom 12. Jan. 1923 versuchte vor allem Arbeitsplätze für Schwerbeschädigte sicherzustellen.

[36] Verordnung zum Schutze der Preßluftarbeiter vom 28. Juni 1920.

[37] Verordnung, betreffend die Beschäftigung von Arbeiterinnen und jugendlichen Arbeitern in Glashütten, Glasschleifereien und Glasbeizereien sowie Sandbläsereien vom 20. April 1922.

[38] Gesetz über die Beschäftigung vor und nach der Niederkunft vom 16. Juni 1927 und Gesetz zur Abänderung des Gesetzes über die Beschäftigung vor und nach der Niederkunft vom 29. Okt. 1927.

[39] Gesetz über den Kündigungsschutz für Angestellte vom 09. Juli 1926.

[40] *Betriebsrätegesetz* vom 04. Febr. 1920.

[41] Vgl. zur sozialen Sicherung 1919 - 1932 die ausführlichen Darstellungen bei Preller 1978, passim und Hentschel 1983, S. 119 ff.

gestaltet, nachdem kurz vorher der Versicherungsschutz auf gewerbliche Berufs-krankheiten und Wegeunfälle ausgedehnt worden war.[42]

Neu erschlossen und konsequent entwickelt wurde die Arbeitsmarktpolitik. Die durch die Zentralarbeitsgemeinschaft der Arbeitgeberverbände und der Gewerk-schaften bejahte, durch Verordnung vom 23. Nov. 1918 erfolgte gesetzliche Aner-kennung der Tarifautonomie machte kollektivvertragliche Vereinbarungen zur Grund-lage für die Gestaltung der Arbeitsverhältnisse und delegierte die Zuständigkeit für die Lohnpolitik an die Tarifvertragsparteien des Arbeitsmarktes. Gleichzeitig wurde das öffentliche Arbeitsnachweiswesen ausgebaut,[43] ein Reichsamt für Arbeitsvermitt-lung errichtet[44] und im *Arbeitsnachweisgesetz* vom 22. Juli 1922 auch die Berufsbera-tung zur staatlichen Aufgabe gemacht. 1927 wurden die Aufgaben der Berufsbera-tung, der Arbeitsvermittlung und der Arbeitslosenversicherung (Alv) im *Gesetz über Arbeitsvermittlung und Arbeitslosenversicherung* vom 16. Juli 1927 zusammengefasst und der „Reichsanstalt für Arbeit" übertragen. Damit war die Umwandlung des Ar-beitsmarktes vom freien, unorganisierten Arbeitsmarkt monopsonistischer bzw. oli-gopsonistischer Prägung in den durch Staat und Gewerkschaften gebundenen, organi-sierten Arbeitsmarkt in der Form des bilateralen Monopols bzw. Oligopols vollzogen (vgl. dazu S. 187 f.).

Als problematisch erwies sich die Möglichkeit der Allgemeinverbindlichkeit von Tarifverträgen[45] in Verbindung mit der Schlichtungsverordnung vom 30. Okt. 1923, die als Übergangsmaßnahme gedacht war. Da sie im Falle der Nicht-Einigung der Ta-rifpartner eine staatliche Zwangsschlichtung vorsah und diese Einigung immer häufi-ger nicht erzielt wurde, waren 1928 und 1929 mehr als die Hälfte aller Industriearbei-terlöhne durch Schiedssprüche fixiert worden (vgl. zu dieser Problematik Hentschel 1983, S. 71 ff.).

1926 wurde durch das *Arbeitsgerichtsgesetz* vom 23. Dez. 1926 für Arbeitsstrei-tigkeiten eine eigene, dreistufige Gerichtsbarkeit (Arbeitsgerichte - Landesarbeits-gerichte - Reichsarbeitsgericht) geschaffen.

Auch in der Betriebsverfassungspolitik erzielte die Weimarer Republik Durch-brüche. Entsprechend dem Auftrag des Art. 165 der Verfassung wurde am 04. Febr. 1920 das *Betriebsrätegesetz* verkündet, nach dem in Betrieben mit mindestens 20 Ar-beitnehmern Betriebsräte zu errichten waren, die die Aufgabe hatten, „die ge-meinsamen wirtschaftlichen Interessen der Arbeitnehmer dem Arbeitgeber gegenüber wahrzunehmen" und „den Arbeitgeber in der Erfüllung der Betriebszwecke zu unter-stützen". Im einzelnen hatte der Betriebsrat u.a. auf die Abstellung von Beschwerden des Arbeiter- und Angestelltenrates hinzuwirken, an der Bekämpfung der Unfall- und Gesundheitsgefahren im Betrieb, bei der Verwaltung betrieblicher Wohlfahrtseinrich-tungen, bei der Festsetzung der Lohnsätze, der Einführung neuer Entlohnungsmetho-den und bei Kündigungen mitzuwirken.

---

[42] *Zweites Gesetz über Änderungen in der Unfallversicherung* vom 14. Juli 1925 sowie Verordnung über Ausdehnung der Unfallversicherung auf gewerbliche Berufskrankheiten vom 12. Mai 1925.

[43] Anordnung über Arbeitsnachweise vom 09. Dez. 1918 und Verordnung über die Pflicht der Arbeitgeber zur Anmeldung eines Bedarfs an Arbeitskräften vom 17. Febr. 1919.

[44] Verordnung über die Errichtung eines Reichsamtes für Arbeitsvermittlung vom 05. Mai 1920.

[45] Gesetz über die Erklärung der allgemeinen Verbindlichkeit von Tarifverträgen vom 23. Jan. 1923.

In Bezug auf die Mitbestimmung der Arbeitnehmer in *allgemeinen wirtschaftlichen und sozialen Angelegenheiten* waren geringere Fortschritte erzielt worden.[46]

Neben der Arbeitsmarktpolitik und der Betriebsverfassungspolitik wurde als weiteres sozialpolitisches Handlungsfeld entsprechend Art. 155 der Weimarer Verfassung[47] die Wohnungspolitik erschlossen. „Reich, Länder und Gemeinden errichteten moderne Wohnbauten, die das Aussehen der deutschen Städte veränderten" (Stolper/Häuser/Borchardt 1966, S. 120). Der Staat stellte neben den billigen ersten Hypotheken der Bausparkassen, Versicherungsanstalten und staatlichen Hypothekenbanken beträchtliche zweite Hypotheken zu sehr niedrigen Zinssätzen zur Verfügung.[48]

Im Zuge der Zentralisierung sozialpolitischer Aktivitäten von den Gemeinden und den Ländern auf den Zentralstaat, die sich schon in der Vereinheitlichung des Versicherungswesens, des Arbeitsnachweiswesens und der Erwerbslosenfürsorge gezeigt hatte, wurde auch die Armenpflege zu einer einheitlichen sozialen Fürsorge ausgebaut; es wurden Grundsätze über Voraussetzungen, Art und Maß der öffentlichen Fürsorge entwickelt.[49] Dem Bereich der Fürsorge zuzurechnen ist auch das 1922 verabschiedete *Reichsjugendwohlfahrtsgesetz*,[50] das die Jugendhilfe begründete, d.h. alle planmäßigen sozialpädagogischen Hilfen für Kinder und Jugendliche (Erziehungshilfe, Jugendförderung, Jugendschutz, Jugendgerichtshilfe) (vgl. dazu Jordan/Sengling 1992).

Die Weltwirtschaftskrise der Jahre 1929 - 1933 brachte die Einrichtungen der sozialen Sicherung in eine schwer zu bewältigende Krise. Erschwerungen der Anspruchsvoraussetzungen, zeitliche und quantitative Leistungskürzungen bis hin zur Wiedereinführung des Bedürftigkeitsprinzips waren nicht vermeidbar.[51]

Die Weltwirtschaftskrise ließ die fundamentale Bedeutung der ökonomischen Absicherung von Sozialleistungsansprüchen, die sozialpolitische Bedeutung wirtschaftlichen Wachstums und das politische Gewicht einer geordneten wirtschaftlichen Entwicklung erkennen. Wenngleich die wirtschaftliche Entwicklung nur eine von mehreren Determinanten der politischen Entwicklung ist, so ist doch der Zusammenhang zwischen der Weltwirtschaftskrise und dem Nationalsozialismus unübersehbar.[52] Bei Beginn der Krise 1928 hatten die Nationalsozialisten 12 Reichstagsmandate, 1930

---

[46] Aufgrund einer Verordnung über den vorläufigen Reichswirtschaftsrat vom 04. Mai 1920 wurde ein Reichswirtschaftsrat gebildet. Er bestand aus 326 Mitgliedern, in der Mehrzahl Arbeitgeber- und Arbeitnehmervertreter. 30 Mitglieder waren Vertreter der Verbraucher, 12 waren Wirtschaftssachverständige und weitere 12 waren von der Reichsregierung zu benennende Personen. Der Rat hatte sozial- und wirtschaftspolitische Gesetzentwürfe zu begutachten und ein Recht der Vorlage sozial- und wirtschaftspolitischer Gesetzentwürfe. Der (1934 aufgelöste) Reichswirtschaftsrat blieb allerdings bedeutungslos.

[47] Art. 155 lautet: „Die Verteilung und Nutzung des Bodens wird von Staats wegen in einer Weise überwacht, die Mißbrauch verhütet und dem Ziele zustrebt, jedem Deutschen eine gesunde Wohnung und allen deutschen Familien, besonders den kinderreichen, eine ihren Bedürfnissen entsprechende Wohn- und Wirtschaftsheimstätte zu sichern."

[48] Vgl. zur Wohnungsbauleistung 1925 -1939 Lampert 1980a, S. 146.

[49] Verordnung über die Fürsorgepflicht vom 13. Febr. 1924 und Grundsätze über Voraussetzung, Art und Maß öffentlicher Fürsorgeleistungen vom 04. Dez. 1924.

[50] Reichsgesetz für Jugendwohlfahrt vom 09. Juli 1922.

[51] Vgl. zu Einzelheiten Hentschel 1983, S. 130 ff., Preller 1978, passim und Berringer 1999. Zur Alv vgl. Lampert 1963b.

[52] Vgl. zur Bedeutung der Weltwirtschaftskrise für die politische Entwicklung, insbes. Mason 1978, S. 89 ff. sowie Bracher 1978, der S. 262 ff. zeigt, dass auch gegensätzliche sozialpolitische Auffassungen über die Krisenbewältigung zur politischen Krise der Weimarer Republik beitrugen. Ebenso Teppe 1977, S. 203 ff.

waren es 107, im Juli 1932 bereits 230. Analysen der Ergebnisse der letzten Reichstagswahlen zeigen, dass sich die Wählerschaft der NSDAP aus Teilen des konservativ und national ausgerichteten Bürgertums, aus Teilen des ehemals liberal orientierten Bürgertums, der selbständigen Landwirte und des sonstigen selbständigen Mittelstandes, aus Teilen des unselbständigen Mittelstandes und aus jenen Teilen der Arbeiterschaft rekrutierte, die unter der Arbeitslosigkeit besonders zu leiden hatten, wie Jugendliche und Dauerarbeitslose (vgl. dazu F. W. Henning 1997, S. 135 und H. Henning 1976, S. 105).

3. Charakteristische Merkmale der staatlichen Sozialpolitik

Die staatliche Sozialpolitik in der Weimarer Republik ist zum einen charakterisiert durch den in der Verfassung angekündigten Ausbau der „klassischen" Bereiche staatlicher Sozialpolitik: Der Arbeitnehmerschutz wird nach seiner Art (Mutterschutz, Schwerbeschädigtenschutz, Kündigungsschutz) und nach seinem Umfang, vor allem in Bezug auf die Arbeitszeit, weiterentwickelt, das System der sozialen Sicherung wurde durch eine Ausweitung des Unfallschutzes, durch die KnRV und durch die Einführung der Alv ergänzt.

Zum anderen wurden neue Bereiche der Sozialpolitik erschlossen: erstens die Arbeitsmarktpolitik, zweitens die Betriebsverfassungspolitik und drittens die Wohnungspolitik. Die Arbeitsmarktpolitik ist durch die „gesetzlich-institutionelle Grundlegung des modernen Arbeitsrechts" (Hentschel 1983, S. 55) und die Aufwertung der Sozialpartner zu Trägern der Arbeitsmarkt- und der betrieblichen Sozialpolitik geprägt. Damit wird nicht nur das Prinzip staatlicher patriarchalischer Fürsorge verdrängt und das staatsautoritäre Prinzip durch das Prinzip der Selbstverwaltung sozialer Angelegenheiten ergänzt, vielmehr vollzieht sich in der Weimarer Republik „der Aufstieg der deutschen Arbeiterklasse vom Objekt sozialpolitischer Fürsorge zur selbstverantwortlichen Sozialpartei" (Weddigen 1957, S. 29). Die staatliche Sozialpolitik wurde in Bezug auf ihre Inhalte und in Bezug auf das System der Träger und der Organe der Sozialpolitik demokratisiert.

D. Die Sozialgesetzgebung im Dritten Reich (1933 - 1945)[53]

1. Politischer und wirtschaftlicher Hintergrund[54]

Die politischen Grundlagen der Sozialpolitik des Dritten Reiches wurden durch die Übernahme der politischen Macht durch die Nationalsozialisten, die Überwindung der Weltwirtschaftskrise und die Ersetzung der parlamentarischen Demokratie durch den totalitären Einparteien- und Führerstaat geprägt.

Am 30. Jan. 1933 war *Adolf Hitler* zum Reichskanzler berufen worden. Schon am 24. März wurde vom Reichstag das sogenannte *Gesetz zur Behebung der Not von Volk und Reich*, das Ermächtigungsgesetz, verabschiedet. Nach diesem verfassungs-

---

[53] Vgl. dazu Hardach 1993, S. 65 ff.; Mason 1978; Scheur 1967; Recker 1985 und Wehler 2003, S. 600 ff. sowie die stark ideologische, aber hochinformative Arbeit des damaligen Reichsarbeitsministers Seldte 1939. Vgl. auch Lampert 1980b.

[54] Vgl. dazu insbes. Erbe 1958; Korsch 1981; Bracher u. a. 1983; Zollitsch 1990.

ändernden Gesetz konnte die Reichsregierung Gesetze außerhalb des in der Verfassung vorgesehenen Gesetzgebungsverfahrens verabschieden und Gesetze mit einem von der Verfassung abweichenden Inhalt erlassen. Jede Einflussnahme des Parlaments auf die Gesetzgebung war damit ausgeschlossen. Der Weg zum autoritären, totalitären Führerstaat war bereitet.

Entscheidend für die Zustimmung breiter Kreise zur nationalsozialistischen Politik und für die wirtschaftlichen Erfolge war die Überwindung der Weltwirtschaftskrise. Aus der Tatsache, dass es unter dem neuen Regime gelang, die Zahl von sechs Mio. Arbeitslosen im Jan. 1933 um zwei Mio. auf vier Mio. im Dez. 1933 zu verringern und von Jahr zu Jahr weiter zu senken, sowie aus der Tatsache, dass die Arbeitslosenquote i. J. 1938 in Deutschland 1,3 % betrug, in den USA aber 18,9 %, in Kanada 11,4 %, in den Niederlanden 9,9 %, in Belgien 8,7 % und in Großbritannien 8,1 % (Hardach 1993, S. 69 und S. 73 f.), erklärt sich zu einem guten Teil die Zustimmung breiter Volkskreise zum Dritten Reich und seinem Führer. Man mag eine besondere Ironie der Geschichte darin sehen, dass die Nationalsozialisten wirtschaftspolitische Früchte jener Republik ernteten, der sie das Grab bereitet hatten. Denn das geistige Rüstzeug und die Instrumente zur Krisenüberwindung durch Beschäftigungspolitik waren noch in der Weimarer Republik geschaffen worden.[55] Während in den Arbeitsbeschaffungsprogrammen i. J. 1933 die Ausgaben für zivile Zwecke gegenüber den Militärausgaben noch im Vordergrund standen, überstiegen 1934 die Militärausgaben bereits die zivilen Arbeitsbeschaffungsausgaben. Für die Gesamtperiode 1932 bis Sept. 1939 wurden für zivile Arbeitsbeschaffungsmaßnahmen etwa 7 bis 8 Mrd. RM aufgewendet (Eisenbahnen 1 Mrd., Wohnungsbau 2,5 Mrd., Autobahnbau 2,5 bis 3 Mrd., landeskulturelle Maßnahmen 1,5 Mrd. RM), für militärische Zwecke allein zwischen dem 1. April und dem 31. Aug. 1939 rd. 60 Mrd. RM, also mehr als das Siebenfache (F. W. Henning 1997, S. 153).

Durch die schnelle Überwindung der Krise hatte das Dritte Reich eine für die Entwicklung der staatlichen Sozialpolitik günstige Ausgangsposition. Der ständige Rückgang der Arbeitslosigkeit war mit Wachstumsraten des realen Sozialproduktes verbunden, die über 10 % lagen (vgl. dazu Tabelle 7).

Von 1935 bis 1938 stieg das Nettosozialprodukt real um 36 % auf 82 Mrd. RM an. Obwohl die Finanzierung der Arbeitsbeschaffungsmaßnahmen und der Rüstungsausgaben durch Geldschöpfung nach Erreichen des Vollbeschäftigungsniveaus 1936 inflatorisch hätte wirken müssen, stiegen die durchschnittlichen Arbeitseinkommen nicht nur nominal, sondern auch real im Gesamtzeitraum 1933 - 1938 um 12 % an, weil im Nov. 1936 ein allgemeiner Preisstopp verfügt worden war, der die Vergrößerung des Geldvolumens nicht sichtbar werden ließ.

---

[55] Vgl. dazu die ausführlichen Darstellungen bei Kroll 1958, Korsch 1981 sowie die übersichtliche Sammlung einschlägiger Originaldokumente der Krisenüberwindungsvorschläge bei Bombach u. a. 1976. Kompakte Überblicke finden sich bei Lampert 1980b und 1985.

2. Die Sozialgesetzgebung

Die nationalsozialistische Sozialpolitik wurde in allen Teilen konsequent auf das politische System und seine Zielsetzungen ausgerichtet.

Die *Sozialversicherung*[56] wurde schon 1934 umgestaltet.[57] Im Zuge einer Reform, die unter anderem das Ziel der Beseitigung der Nachteile der Zersplitterung des Versicherungssystems verfolgte, wurde die Selbstverwaltung erheblich eingeschränkt bzw. aufgelöst und das „Führerprinzip" eingeführt: Die Versicherungseinrichtungen erhielten nunmehr einen von der Staatsführung bestimmten Leiter. Das Versicherungsprinzip wurde aufgeweicht, Mittel der Sozialversicherungen wurden zweckentfremdet und später sogar dem Wehraufbau zugeführt. Selbst das Ausnahmerecht der Nationalsozialisten gegen Minderheiten und Andersgläubige sowie die Vorschriften über die Rassengesetzgebung fanden Eingang in das Sozialversicherungssystem. Die Leistungen der Sozialversicherung wurden an gesundheitspolitischen und bevölkerungspolitischen Zielen orientiert und in einigen Punkten verbessert. In allen Versicherungszweigen wurden gesundheitspolitische Maßnahmen verstärkt und die Ausgaben für Gesundheitsfürsorge und Unfallverhütung beträchtlich erhöht. Bevölkerungspolitisch orientiert waren wesentliche Verbesserungen in der Wochenhilfe[58] und eine Abstufung der Versicherungsleistungen im Rahmen der Familienhilfe nach der Kinderzahl.

Eine neue Entwicklung wurde dadurch eingeleitet, dass die Versicherungspflicht auch auf bestimmte Selbständige ausgedehnt wurde (Artisten, Hausgewerbetreibende, selbständige Lehrer und Erzieher), das Recht zur freiwilligen Versicherung in der Invaliden- und Angestelltenversicherung auf alle nichtversicherungspflichtigen Deutschen unter 40 Jahre im In- und Ausland ausgedehnt und 1938 eine eigene Versicherung für selbständige Handwerker gegen die Risiken des Alters, der Invalidität und der Witwen- und Waisenschaft geschaffen wurde.[59]

Der *Arbeitnehmerschutz* wurde durch Verordnungen zum Gesundheitsschutz,[60] durch die Entwicklung von Unfallverhütungsvorschriften, durch das *Gesetz über Lohnschutz in der Heimarbeit* vom 08. Juni 1933 und durch das *Heimarbeitgesetz* von 1934, das die Sicherung des Entgelts der Heimarbeit zum Ziele hatte,[61] und durch das *Jugendschutzgesetz*,[62] das die Schutzvorschriften für Jugendliche auf das 15. bis 18. Lebensjahr ausdehnte, erweitert.

Die gravierendsten, für das totalitäre System typischsten Änderungen erfolgten im Bereich der Arbeitsmärkte und der *Arbeitsmarktpolitik*, für den sich eine totale Demontage aller demokratischen Einrichtungen feststellen lässt. Schon am 02. Mai 1933 wurden die Gewerkschaftshäuser des Allgemeinen Freien Deutschen Gewerkschafts-

---

[56] Vgl. zur Sozialversicherung im Dritten Reich die systematische und präzise Darstellung von Teppe 1977. Vgl. ferner Scheur 1967, S. 84 ff. und H. Peters 1978.

[57] Gesetz über den Aufbau der Sozialversicherung vom 05. Juli 1934.

[58] Gesetz über Wochenhilfe und Genesendenfürsorge in der Krankenversicherung vom 28. Juni 1935.

[59] Gesetz über die Altersversorgung für das Handwerk vom 21. Dez. 1938.

[60] Vgl. dazu *Gesetz über die Unterkunft bei Bauten* vom 23. Dez. 1934, Verordnung über den Schutz der jugendlichen Arbeiter und Arbeiterinnen im Steinkohlenbergbau, in Walz- und Hammerwerken und in der Glasindustrie vom 12. März 1935 oder Verordnung für Arbeiten in Druckluft vom 29. Mai 1935.

[61] Gesetz über die Heimarbeit vom 23. März 1934.

[62] Gesetz über Kinderarbeit und über die Arbeitszeit der Jugendlichen (Jugendschutzgesetz) vom 30. April 1938.

bundes durch die Nationalsozialistische Betriebszellen-Organisation (NSBO) besetzt, die Gewerkschaften als freie Arbeitnehmerorganisationen aufgelöst und ihr Vermögen beschlagnahmt. An die Stelle der Gewerkschaften und der Arbeitgeberverbände trat die „Deutsche Arbeitsfront".[63] Mit einer Reihe von Gesetzen,[64] vor allem aber mit dem *Gesetz zur Ordnung der nationalen Arbeit* vom 20. Jan. 1934, wurden die Koalitionsfreiheit, die Tarifautonomie, das Streikrecht und das *Betriebsrätegesetz* von 1920 abgeschafft. Die Lohn- und Arbeitsbedingungen wurden durch sogenannte „Reichstreuhänder der Arbeit", die ihre Weisungen vom Reichsarbeitsminister erhielten, in rechtsverbindlichen „Tarifordnungen" festgesetzt. Grundlegende Rechte der Arbeitnehmer wurden nicht nur außerhalb der Betriebe, sondern auch in den Betrieben abgebaut. Den Reichstreuhändern wurde auch die Aufgabe übertragen, „für die Erhaltung des Arbeitsfriedens zu sorgen" und die Bildung sowie die Geschäftsführung der sogenannten „Vertrauensräte" zu überwachen. Diese Vertrauensräte - sie bestanden aus dem „Betriebsführer" und „Vertrauensmännern" aus der „Gefolgschaft" - kamen nicht durch Wahl, sondern durch Ernennung von Seiten der Deutschen Arbeitsfront zustande. Sie konnten Entscheidungen des „Betriebsführers" aufheben und in Streitfällen Entscheidungen treffen. Ihre Hauptaufgabe bestand darin, „das gegenseitige Vertrauen innerhalb der Belegschaft zu vertiefen", auf den Arbeitsfrieden hinzuwirken und Maßnahmen zur Verbesserung der Arbeitsleistung und zur Durchführung des Arbeitsschutzes zu beraten (vgl. Mason 1978, S. 117 f.).

Der außerbetriebliche Abbau von Arbeitnehmergrundrechten - nämlich der Freiheit der Arbeitsplatzwahl und der Freizügigkeit - wurde mit dem *Gesetz zur Regelung des Arbeitseinsatzes* vom 15. Mai 1934 fortgesetzt und konsequent bis zur vollen Dienstverpflichtung in der Verordnung über den Arbeitseinsatz vom 25. März 1939 fortgeführt.[65]

Damit hatte sich der Staat die Möglichkeit totaler staatlicher Planung des Arbeitskräftepotenzials geschaffen. Die völlige Aufhebung der Freizügigkeit brachte dann die Verordnung über die Beschränkung des Arbeitsplatzwechsels vom 01. Sept. 1939. Es machte die Lösung und Begründung von Arbeitsverhältnissen von der Zustimmung des Arbeitsamtes abhängig.

---

[63] Zur Geschichte und zu den Aufgaben der Deutschen Arbeitsfront (DAF) sowie ihrer Freizeitorganisation „Kraft durch Freude (KdF)" vgl. Mason 1978, S. 100 ff. und S. 174 ff.

[64] *Gesetz über Treuhänder der Arbeit* vom 19. Mai 1933, Gesetz über die Übertragung von Restaufgaben der Schlichter auf die Treuhänder der Arbeit vom 20. Juli 1933, *Gesetz zur Änderung des Gesetzes über Betriebsvertretungen und über wirtschaftliche Vereinigungen* vom 25. Sept. 1933.

[65] Etappen auf diesem Weg waren folgende Gesetze bzw. Verordnungen: Das erwähnte *Gesetz zur Regelung des Arbeitseinsatzes* vom 15. Mai 1934, das die Abwanderung aus der Landwirtschaft verbot; die Verordnung über die Verteilung von Arbeitskräften vom 10. Aug. 1934, die der Reichsanstalt für Arbeitsvermittlung und Arbeitslosenversicherung Befugnisse zur Verteilung von Arbeitskräften in Mangelberufen übertrug; die Anordnung über den Einsatz gelernter Metallarbeiter vom 29. Dez. 1934, die die Abwerbung von Facharbeitern innerhalb der Metallindustrie verbot; das *Gesetz über die Einführung des Arbeitsbuches* vom 26. Febr. 1935, das der „zweckentsprechenden Verteilung der Arbeitskräfte in der deutschen Wirtschaft" dienen sollte; das *Gesetz über Arbeitsvermittlung, Berufsberatung und Lehrstellenvermittlung* vom 05. Nov. 1935, das der Reichsanstalt das Monopol für die Arbeitsvermittlung übertrug; die Verordnung zur Durchführung des Vierjahresplanes vom 18. Okt. 1936; die Verordnung zur Sicherstellung des Kräftebedarfs für Aufgaben von besonderer staatspolitischer Bedeutung vom 22. Juni 1938, die im Zusammenhang mit dem Bau des Westwalles die Möglichkeit schuf, Arbeitskräfte für 6 Monate an jedem beliebigen Ort des Reiches zu verpflichten.

Besonders aussagekräftig in Bezug auf Charakter und Funktion der Sozialpolitik des Dritten Reiches sind die Entwicklung der Wohlfahrtspflege und der Familienpolitik.

Entsprechend nationalsozialistischer Weltanschauung war Fürsorge des Staates nur am Platze, wenn die Hilfe der Familie versagte und wenn der Hilfsbedürftige der Hilfe *würdig* war, d.h. sich für die „Volksgemeinschaft" einsetzte und ein wertvolles und nützliches Glied der Volksgemeinschaft darstellte (vgl. Scheur 1967, S. 176 f.). Rassenhygienische, bevölkerungspolitische und staatspolitische Gesichtspunkte bestimmten Art und Umfang der Fürsorgeleistungen, die auf niedrigem Niveau gehalten wurden.

In der freien Wohlfahrtspflege spielte die nationalsozialistische Volkswohlfahrt (NSV) die Rolle der zuständigen obersten Stelle der NSDAP für alle Fragen der Wohlfahrt und der Fürsorge. Sie sollte den Hilfeempfänger „über die materielle Hilfe hinaus in seinem inneren seelischen Verhalten beeinflussen und unter Benutzung nationalsozialistischer Motive... aus ihm ein nützliches, leistungswilliges Glied des Volksganzen machen" (Althaus 1935, S. 53). Schon im Juli 1934 wurde das Deutsche Rote Kreuz, die Caritas, die Innere Mission und die NSV zu einer „Reichsarbeitsgemeinschaft der freien Wohlfahrtspflege Deutschlands (zusammengeschlossen) mit dem Ziel, die gesamte Wohlfahrtspflege durch die NSV im Sinne des Nationalsozialismus kontrollieren zu können". Die Wohlfahrtsarbeit der konfessionellen Verbände wurde erschwert, die Sammlungsmöglichkeiten des Roten Kreuzes, der Caritas und der Inneren Mission wurden zugunsten eines Sammlungsmonopols der NSV und des Mütterhilfswerkes durch das *Sammlungsgesetz* vom 05. Nov. 1934 rigoros beschränkt (Scheur 1967, S. 204 f.).

Entsprechend der Dominanz der rassistisch orientierten Bevölkerungspolitik im Nationalsozialismus war der Familienpolitik eine besondere Rolle zugeteilt. Sie umfasste u.a. folgende Maßnahmen:[66]
1. erheblich größere Steuerermäßigungen als vorher entsprechend der Kinderzahl;[67]
2. Beihilfen, und zwar
   a) einmalige Kinderbeihilfen an Familien mit vier und mehr Kindern unter 16 Jahren in Höhe von 100 RM pro Kind bei Bedürftigkeit;[68]
   b) laufende Kinderbeihilfen an Familien mit fünf und mehr Kindern unter 16 Jahren in Höhe von monatlich 10 RM pro Kind;[69] diese laufenden Beihilfen wurden im Laufe der Jahre nach Höhe und Anspruchsvoraussetzungen mehrmals verbessert;
   c) Ausstattungsbeihilfen für Hausgehilfinnen in kinderreichen Familien.[70]

---

[66] Vgl. zur Konzeption und Realität der nationalsozialistischen Familienpolitik besonders Mühlfeld/Schönweiss 1989.
[67] Einkommensteuergesetz vom 16. Okt. 1934.
[68] Verordnung über die Gewährung von Kinderbeihilfen an kinderreiche Familien vom 15. Sept. 1935.
[69] Dritte Durchführungsbestimmung zur Verordnung über die Gewährung von Kinderbeihilfen an kinderreiche Familien vom 24. März 1936.
[70] Verordnung über eine Ausstattungsbeihilfe für Hausgehilfinnen vom 12. Mai 1941.

3. Charakteristische Merkmale der staatlichen Sozialpolitik

Vor dem Dritten Reich gab es keine Periode deutscher Geschichte, in der die staatliche Sozialpolitik so konsequent konform zum weltanschaulichen und staatspolitischen System entwickelt wurde wie im Nationalsozialismus. Diese hohe Systemkonformität wird weniger ausgeprägt sichtbar im Bereich des Arbeitnehmerschutzes, der generell, insbesondere aber in Bezug auf Jugendliche und Mütter, weiter ausgebaut wurde. Bereits deutlicher wird die Systemkonformität in der Sozialversicherung, die zu einem Instrument der Systemstabilisierung, der Abschöpfung von Massenkaufkraft und der Mobilisierung des Arbeitskräftepotenzials gemacht wurde (Teppe 1977, S. 249 f.).

Ganz klar tritt die Ausgestaltung der Sozialpolitik entsprechend nationalsozialistischer Ideologie in der Arbeitsordnung und in der Arbeitsmarktpolitik, in der Betriebsverfassungspolitik, in der Familienpolitik und im Bereich der Wohlfahrtsfürsorge hervor.

Das Arbeitsvertragsrecht und das Koalitionsrecht wurden grundlegend umgestaltet. Durch die Auflösung der Gewerkschaften, die Aufhebung der Koalitionsfreiheit und des Streikrechtes sowie durch die Einführung der staatlichen Festsetzung von Arbeitsbedingungen durch die Treuhänder der Arbeit wurden im Grunde „die patriarchalischen Verhältnisse einer längst vergangenen Epoche" (Erdmann 1957, S. 30) restauriert, nur dass jetzt die Autorität der Unternehmer und einer kaiserlichen Reichsregierung durch die diktatorische Anordnung des nationalsozialistischen Staates und durch das nationalsozialistische Führerprinzip ersetzt war. Die individuellen Grundrechte der Freiheit der Arbeitsplatzwahl, der Freizügigkeit und der Niederlassungsfreiheit wurden beseitigt, die Reichsanstalt wurde zu einer staatlich gelenkten Arbeitseinsatzverwaltung umfunktioniert. Die politische Entmündigung der Arbeiterschaft auf dem Arbeitsmarkt wurde durch eine politische Entmündigung in den Betrieben ergänzt. Entsprechend der Führer-Gefolgschaftsideologie wurden die von der Belegschaft gewählten freien Betriebsräte durch ernannte, der nationalsozialistischen Partei verpflichtete „Vertrauensräte" ersetzt, für betriebsdemokratische Grundideen blieb kein Raum.

Die humanitäre, auf dem Gedanken der Barmherzigkeit, der christlichen Nächstenliebe, der ethisch motivierten Hilfsbereitschaft für den Mitmenschen beruhende Motivation der Wohlfahrtspflege wurde durch rassistische, aristokratisch-elitäre, staatspolitisch orientierte Zweckrationalität ersetzt: „Wir gehen nicht von dem einzelnen Menschen aus, wir vertreten nicht die Anschauung, man muß die Hungernden speisen, die Durstigen tränken und die Nackten bekleiden - das sind für uns keine Motive. Unsere Motive sind ganz anderer Art. Sie lassen sich am lapidarsten in dem Satz zusammenfassen: Wir müssen ein gesundes Volk besitzen, um uns in der Welt durchsetzen zu können" (*Joseph Goebbels*, zitiert nach Scheur 1967, S. 191).

Im Dritten Reich wurde die Sozialpolitik entfremdet, missbraucht und enthumanisiert. Sie diente nicht mehr primär den Schwachen. Sie wurde auf „Volksgenossen" beschränkt und zum Erziehungs- und Disziplinierungsinstrument gemacht.

E. Die Sozialgesetzgebung in der Bundesrepublik Deutschland (1949 - 2003)[71]

1. Politischer und wirtschaftlicher Hintergrund[72]

Das vergangene Jahrhundert staatlicher Sozialpolitik in der Bundesrepublik ist durch gleich lange, inhaltlich sehr unterschiedliche Perioden geprägt. Im Vierteljahrhundert von 1949 - 1975 wurden die Wirtschaft, das Arbeitsrecht und das System Sozialer Sicherung wieder aufgebaut. Auf der Grundlage einer weltweit als „Wirtschaftswunder" bezeichneten Entwicklung wurde ein Sozialstaat auf hohem Niveau entwickelt. Das folgende Vierteljahrhundert von 1976 bis zur Gegenwart ist geprägt durch eine im Zeitverlauf auf ein jeweils höheres Niveau steigende Massenarbeitslosigkeit und dadurch bedingte steigende Ausgaben zur Bekämpfung der Arbeitslosigkeit und für die Finanzierung steigender Sozialleistungen. Die Finanzierbarkeit des Renten- und des Gesundheitssystems wurde nicht nur durch Folgekosten der Arbeitslosigkeit bedroht, sondern auch durch sozialpolitische Wiedervereinigungslasten, die – statt über Steuern – über steigende Sozialversicherungsbeiträge aufgebracht wurden.

Die politischen und wirtschaftlichen Voraussetzungen der ersten Nachkriegsjahre waren für eine Entwicklung der Sozialpolitik - vor allem gemessen an den sozialpolitischen Aufgaben der unmittelbaren Nachkriegszeit - unvorstellbar ungünstig. Nach der Besiegelung der größten militärischen, politischen, wirtschaftlichen und sozialen Katastrophe Deutschlands durch die bedingungslose Kapitulation der deutschen Wehrmacht am 08. Mai 1945 verfolgten die alliierten Siegermächte, die alle gesetzgebende, richterliche und exekutive Gewalt übernommen hatten, im viergeteilten Deutschland zunächst eine Politik der Vergeltung, der Zerschlagung des deutschen Wirtschaftspotenzials und der permanenten militärischen, politischen und wirtschaftlichen Paralysierung Deutschlands.

Die wirtschaftliche Ausgangslage erschien trostlos: etwa 20 % der gewerblichen Bauten und des gewerblichen Inventars, 20 bis 25 % der Wohnungen, 40 % der Verkehrsanlagen waren durch Kriegszerstörungen verlorengegangen; 25 % der Reichsfläche von 1937 mussten abgetreten werden. Deutschland hatte dreieinhalb Mio. Kriegstote zu beklagen, 40 % der Bevölkerung gehörten als Witwen oder Waisen, als Kriegsbeschädigte, Totalbombengeschädigte, Flüchtlinge oder Vertriebene zu den unmittelbaren Kriegsopfern. Mit dieser Ausgangslage waren auch die dringendsten sozialpolitischen Aufgaben gegeben: die Versorgung der Kriegshinterbliebenen und der Kriegsbeschädigten, die Lösung der Wohnungsnot, die Beseitigung des Elends der Flüchtlinge und der Heimatvertriebenen. Bis 1947 waren 10 Mio. Flüchtlinge und Vertriebene in das Gebiet der späteren Bundesrepublik eingeströmt. Zu alledem kam eine weit verbreitete Unterernährung. 1946 betrug das Sozialprodukt etwa 40 % des Sozialproduktes von 1938 bei einer etwa gleich großen Bevölkerung.

---

[71] Vgl. dazu die ausführliche Darstellung von Hentschel 1983 sowie Kleinhenz/Lampert 1972, Hockerts 1980, Alber 1989 und Zacher 1989a.

[72] Vgl. dazu Hardach 1993, passim; F. W. Henning 1997, S. 185 ff.; Stolper/Häuser/Borchardt 1966, S. 253 ff.; Lampert 1996a und Wehler 2003, S. 941 ff. Eine eindrucksvolle Schilderung der deutschen Nachkriegssituation findet sich bei G. Stolper, Die deutsche Wirklichkeit, Hamburg 1949.

Tabelle 8. Indikatoren der wirtschaftlichen Entwicklung in der Bundesrepublik Deutschland 1951 bis 2001

Jahr bzw. Periode	BSP real in Mrd. DM in Preisen von 1991 bzw. 1995 (ab 1991)	Wachstumsrate des BSP real in %[a]	Anlageinvestitionsquote in % des realen BIP	Wohnbevölkerung in 1 000 (Jahresdurchschnitt)	Erwerbstätige Inländer in 1 000	Arbeitslose in 1 000 (Jahresdurchschnitt)	Arbeitslosenquote in %	Nettorealverdienste[d] je Arbeitnehmer in DM
(1)	(2)	(3)	(4)	(5)	(6)	(7)	(8)	(9)
1950	378,1			49 989	20 376	1 869		7 730
1951-55	471,9	9,1	23,6			1 468	8,3	
1955	584,7			52 382	23 230	1 074		10 405
1956-60	708,3	6,8	25,6			641	3,1	
1960	980,8			55 433	26 247	271		13 038
1961-65[b]	1 000,0	4,7	26,1			167	0,8	
1965	1 259,0			58 619	26 887	147		16 965
1966-70	1 392,1	4,2	25,7			254	1,2	
1970	1527,4			60 651	26 665	149		20 990
1971-75	1 545,1	2,2	24,6			472	2,1	
1975	1 691,4			61 847	26 110	1 074		29 572
1976-80	1 721,1	3,3	22,4			969	4,2	
1980	2 025,5			61 538	27 059	889		28 397
1981-85	2 066,6	1,2	20,5			1 986	8,1	
1985	2 149,3			60 975	26 593	2 304		30 219
1986-90	2 340,1	3,4	20,3			2 124	8,3	
1990	2 543,9			63 254	28 486	1 883		34 038
1991-95[c]	3 432,6	1,0	22,9			3 262	9,3	
1996	3 535,7			81 896	36 091	3 965		31 285
1996-00	3 663,8	1,8	21,6			4 123	11,8	
2001	3 858,3			82 335	38 703	3 852		30 282

a   Bis 1970 in Preisen von 1985, ab 1971 in Preisen von 1995.
b   Ab 1960 einschließl. Saarland und Berlin.
c   Ab 1991 Gesamtdeutschland.
d   Bis 1964 in Preisen von 1985, ab 1965 in Preisen von 1995.

Quellen: BMA, Stat. Tb. 1950 - 1990 und 2002, Tab. 1.1, 1.4, 1.15, 2.1, 2.4 A und 2.10.

Wie Tabelle 8 zeigt, wuchs das reale Bruttosozialprodukt bis 1970 mit außergewöhnlich hohen, wenn auch trendmäßig sinkenden Wachstumsraten. Es stieg von
1950 - 1960 um 127 % und von 1960 - 1970 um 53 % an. Die Nettorealverdienste der
Arbeitnehmer sind 1950 - 1970 auf das 2,7-fache gestiegen. Nach Überwindung der
Nachkriegsarbeitslosigkeit herrschte ab 1957 Vollbeschäftigung. Die ökonomischen
Voraussetzungen für die Sozialpolitik waren also sehr günstig.[73] Dagegen verschlech-
terten sich die ökonomischen Grundlagen der Sozialpolitik ab 1974, als sich aufgrund
einer Vielzahl von teils simultan und teils nacheinander wirkenden Ursachen das
wirtschaftliche Wachstum abschwächte und eine hohe Arbeitslosigkeit entstand.[74]
Diese Arbeitslosigkeit hielt auch in den 80er Jahren an und stieg nach der Wiedervereinigung Deutschlands aufgrund des Zusammenbruchs des sozialistischen Wirtschaftssystems der DDR, aber auch bedingt durch die weltwirtschaftliche Entwicklung, auf über vier Mio. in den Jahren 1996/2000 an, obwohl das Bruttosozialprodukt
wuchs. Die Nettorealverdienste der Arbeitnehmer sanken zwischen 1994 und 1997
und blieben dann nahezu konstant.[75] Sie lagen 2002 mit 30 403 DM unter dem Niveau
des Jahres 1996. Die durch diese Entwicklung bedingte Erhöhung der Sozialausgaben
ließ in Verbindung mit einer durch den Beschäftigungsrückgang und die steigende
Altersquote verursachten Gefährdung der Rentenfinanzierung, einem starken Anstieg
der Gesundheitsausgaben und einer stark gestiegenen Staatsverschuldung die Forderung nach einer „Wende" in der Sozialpolitik und die Warnung vor einem weiteren
Ausbau des Sozialstaates entstehen.[76]

Die im Gegensatz zur Weimarer Republik in der Gesamtperiode hohe partei- und
regierungspolitische Stabilität der Bundesrepublik ist auch der staatlichen Sozialpolitik zugute gekommen.

2. Die Sozialgesetzgebung[77]

Im Gegensatz zur Weimarer Verfassung enthält das *Grundgesetz* vom 08. Mai 1949
wenig Normen zur Wirtschafts- und Sozialordnung, an denen sich der Bundesgesetzgeber bei der Erfüllung seiner sozialpolitischen Aufgaben im Einzelnen hätte orientieren können. Ausdrücklich sind nur allgemein sozialpolitisch relevante Grundrechte enthalten, nämlich das Recht auf Schutz der Menschenwürde (Art. 1), das
Recht auf freie Entfaltung der Persönlichkeit (Art. 2), der allgemeine Gleichheitsgrundsatz (Art. 3 Abs. 1), der Grundsatz der Gleichberechtigung von Mann und
Frau (Art. 3 Abs. 2) und das Gleichbehandlungsgebot (Art. 3 Abs. 3), das Recht auf
Versammlungsfreiheit (Art. 8) und auf Koalitionsfreiheit (Art. 9), das Recht auf Freizügigkeit (Art. 11) und das Recht der freien Berufs- und Arbeitsplatzwahl (Art. 12).

---

[73] Vgl. zur wirtschaftlichen Entwicklung auch Glastetter u. a. 1991.
[74] Die wichtigsten dieser Ursachen waren ungewöhnlich hohe, durch das Kartell erdölexportierender Länder in Kraft gesetzte Ölpreissteigerungen Ende 1973 und 1978/79, ungewöhnlich starke Lohnerhöhungen 1969 bis 1974, der verstärkte Einsatz neuer, kurz- und mittelfristig arbeitskräftesparender
Technologien, eine Verringerung der Investitionsquote und eine kräftige Zunahme des Arbeitskräftepotenzials. Vgl. auch die Darstellung S. 209 f.
[75] Quelle wie Quelle von Tabelle 8.
[76] Vgl. zu dieser Periode struktureller Umbrüche Lampert 1988, S. 10 f. sowie XVII. Kap. B.
[77] Vgl. zur Entwicklung in der Bundesrepublik auch K. Voy u.a. (Hg.), Beiträge zur Wirtschafts- und Gesellschaftsgeschichte der Bundesrepublik Deutschland (1949 – 1989), Teil 1: Marktwirtschaft und politische Regulierung, Marburg 1991, Teil II: Gesellschaftliche Transformationsprozesse und materielle
Lebensweise, 2. Aufl., Marburg 1993.

Daneben findet sich nur noch die in den Art. 20 und 28 enthaltene sozialstaatliche Zentralnorm.[78]

Angesichts der wirtschaftlichen Ausgangslage und angesichts der Tatsache, dass wirtschaftliche und soziale Not in den ersten Nachkriegsjahren eine Massenerscheinung waren, räumte die erste deutsche Bundesregierung dem Wiederaufbau der Wirtschaft Priorität ein, ohne jedoch mit der Verabschiedung sozialpolitischer Gesetze zu zögern. Nachdem noch vor Gründung der Bundesrepublik unter weitgehendem Rückgriff auf die Gesetzgebung der Weimarer Republik die Sozialversicherungen - RV, UV, KV - und die Kriegsopferversorgung notdürftig wieder aufgebaut waren und durch ein *Soforthilfegesetz*[79] erste Lastenausgleichsleistungen in Form von Lebensunterhaltshilfe an die Flüchtlinge, an die Vertriebenen und an die durch die Währungsreform Geschädigten gewährt worden waren, wurde mit Hilfe von Exportförderung, Investitionsförderung und Arbeitsbeschaffungsmaßnahmen[80] eine Vollbeschäftigungspolitik betrieben, die gleichzeitig wachstums- und sozialpolitische Effekte hatte.

Die rasche Verbesserung der wirtschaftlichen Lage und des allgemeinen Versorgungsniveaus auf der Grundlage schnell steigender Beschäftigung wurden die Grundlage für eine nach Umfang und Qualität bewunderungswürdige gesetzgeberische Aktivität des ersten Deutschen Bundestages, der von 1949 bis 1953 amtierte.

Durch das *Bundesversorgungsgesetz* von 1950[81] war eine neue Basis für eine am Konzept des Schadensausgleiches ausgerichtete Versorgung der Kriegshinterbliebenen und der Kriegsbeschädigten geschaffen worden. Das 1952 verabschiedete *Lastenausgleichsgesetz*[82] begründete einen neuartigen sozialpolitischen Maßnahmenkomplex, mit dessen Hilfe die durch Krieg und Kriegsfolgen unterschiedlich verteilten Lasten zwischen den Bürgern ausgeglichen und nicht zuletzt die Flüchtlinge und Vertriebenen durch den teilweisen Ersatz von Vermögensverlusten und durch die Gewährung von Aufbaudarlehen in die Bundesrepublik eingegliedert werden sollten.

Neben diesem großen Aufgabenkomplex der Bewältigung der Kriegsschäden und Kriegsfolgen stand der erste Deutsche Bundestag in Bezug auf die Sozialversicherungspolitik, die Arbeitsmarktpolitik und die Betriebsverfassungspolitik vor einer Reihe ordnungspolitischer Entscheidungen, da das Naziregime eine totalitäre Sozialordnung hinterlassen hatte, die den Verfassungsgrundsätzen des Grundgesetzes widersprach.

Nach der Sicherung des Wertes der Ansprüche an die Sozialversicherung im Rahmen der Währungsreform durch die Umstellung der Reichsmarkansprüche auf DM-Ansprüche im Verhältnis von 1:1 entgegen der allgemeinen Umstellungsrate im Verhältnis von 10:1[83] und nach Anpassungen der Sozialversicherungsrenten an die Lohn-

---

[78] Art. 20 Abs. 1: „Die Bundesrepublik ist ein demokratischer und sozialer Bundesstaat"; Art. 28 Abs. 1: „Die verfassungsmäßige Ordnung in den Ländern muss den Grundsätzen des republikanischen, demokratischen und sozialen Rechtsstaates im Sinne dieses Grundgesetzes entsprechen..."

[79] Gesetz zur Milderung dringender sozialer Notstände (Soforthilfegesetz) vom 08. Aug. 1949.

[80] Gesetz über steuerliche Maßnahmen zur Förderung der Ausfuhr vom 28. Juni 1951, Gesetz über die Investitionshilfe der gewerblichen Wirtschaft vom 07. Jan. 1952 sowie Gesetz über die Finanzierung eines Sofortprogrammes zur Arbeitsbeschaffung im Rechnungsjahr 1951 vom 27. Dez. 1951.

[81] Gesetz über die Versorgung der Opfer des Krieges (Bundesversorgungsgesetz) vom 20. Dez. 1950.

[82] *Gesetz über den Lastenausgleich* (Lastenausgleichsgesetz) vom 14. Aug. 1952.

[83] Drittes Gesetz zur Neuordnung des Geldwesens (Umstellungsgesetz) vom 20. Juni 1948.

und Preisentwicklung[84] wurde 1950 die paritätisch von Arbeitnehmer- und Arbeitgebervertretern ausgeübte Selbstverwaltung in der Sozialversicherung wieder hergestellt.[85] Die Gesetzgebung im Bereich der Sozialversicherung knüpfte im Wesentlichen an die Regelungen und Einrichtungen der Weimarer Zeit an.

Eine (Teil-)Renaissance erlebten auch die Arbeitsordnung und das Arbeitsvertragsrecht: Schon 1949[86] hatte die Verwaltung des Vereinigten Wirtschaftsgebietes die Gewerkschaften und die Arbeitgeberverbände in ihre Autonomierechte wieder eingesetzt. Der Bund bestätigte die Tarifautonomie und das Arbeitskampfrecht der Sozialpartner.[87]

Neue Ordnungen wurden auch im Bereich der Betriebs- und Unternehmensverfassung schon in den ersten Jahren der Bundesrepublik begründet: 1951 räumte der Gesetzgeber den Arbeitnehmervertretungen unternehmerische Mitbestimmungsrechte in den Aufsichtsräten und Vorständen der Unternehmen des Bergbaues und der Eisen und Stahl erzeugenden Industrie ein.[88] 1952 führte er durch das *Betriebsverfassungsgesetz* (BetrVG) vom 11. Okt. 1952 die Mitbestimmung der Arbeitnehmervertreter in persönlichen, wirtschaftlichen und sozialen Angelegenheiten in den Betrieben der Privatwirtschaft ein, 1955 übertrug der Bundesgesetzgeber im Rahmen des *Personalvertretungsgesetzes* vom 05. Aug. 1955 und in Ergänzung der Personalvertretungsgesetze der Bundesländer vergleichbare Rechte auf die Arbeitnehmer im öffentlichen Dienst. 1972 wurde das *BetrVG*, 1974 das *Personalvertretungsgesetz*[89] im Sinne einer Erweiterung der Mitbestimmungsrechte novelliert.[90] 1976 wurde die Mitbestimmung im Unternehmen auf alle Großunternehmen (Unternehmungen mit in der Regel mehr als 2 000 Beschäftigten) ausgedehnt.[91]

Angesichts der durch Kriegszerstörungen und den Bevölkerungszustrom bedingten Wohnungsnot spielte in der Bundesrepublik von Anfang an die Wohnungsbau- und die Wohnungspolitik eine besondere Rolle. Mit einem 1950 verabschiedeten *Wohnungsbaugesetz*[92] begann ein Wohnungsbauprogramm, das in seiner Vielfalt und in dem realisierten Umfang vorher unbekannt war und bis 1953 zum Bau von über zwei Mio. neuen Wohnungen führte. Von Anfang an wurde mit der Wohnungsbaupolitik das Ziel der Förderung individueller Vermögensbildung verfolgt.[93]

Im Bereich des Arbeitnehmerschutzes wurde vom ersten Deutschen Bundestag der allgemeine Kündigungsschutz[94] ebenso weiterentwickelt wie die Maßnahmen zum Schutz bestimmter Arbeitsverhältnisse und bestimmter Personengruppen durch das

---

[84] Gesetz über die Anpassung von Leistungen der Sozialversicherung an das veränderte Lohn- und Preisgefüge und über ihre finanzielle Sicherstellung (Sozialversicherungsanpassungsgesetz) vom 17. Juni 1949.

[85] Gesetz über die Selbstverwaltung und über Änderungen von Vorschriften auf dem Gebiet der Sozialversicherung vom 22. Febr. 1951.

[86] *Tarifvertragsgesetz* i. d. F. vom 09. April 1949.

[87] Gesetz zur Änderung des Tarifvertragsgesetzes vom 11. Jan. 1952; Gesetz über die Festsetzung von Mindestarbeitsbedingungen vom 11. Jan. 1952.

[88] Gesetz über die Mitbestimmung der Arbeitnehmer in den Aufsichtsräten und Vorständen der Unternehmen des Bergbaues und der Eisen und Stahl erzeugenden Industrie vom 21. Mai 1951.

[89] Betriebsverfassungsgesetz vom 15. Jan. 1972.

[90] Bundespersonalvertretungsgesetz vom 20. März 1974.

[91] Gesetz über die Mitbestimmung der Arbeitnehmer (Mitbestimmungsgesetz) vom 04. Mai 1976.

[92] Erstes Wohnungsbaugesetz vom 24. April 1950.

[93] Gesetz über Wohnungseigentum und das Dauerwohnrecht vom 15. März 1951 und Gesetz über die Gewährung von Prämien für Wohnbausparer vom 17. März 1952.

[94] Kündigungsschutzgesetz vom 10. Aug. 1951.

Heimarbeitsgesetz vom 14. März 1951, das *Mutterschutzgesetz* von 1952[95] und das *Schwerbeschädigtengesetz* vom 16. Juni 1953. Einen Schutz der Arbeitnehmer vor einem Ausfall des Lohnes bei Zahlungsunfähigkeit des Arbeitgebers brachte das *Gesetz über die Einführung eines Konkursausfallgeldes* vom 20. Juli 1974.

Der erste Deutsche Bundestag griff zum Teil aus pragmatischen Gründen, d.h. wegen der Notwendigkeit schneller Verfügbarkeit brauchbarer gesetzgeberischer Regelungen und funktionsfähiger sozialer Einrichtungen, auf Einrichtungen und Normen der Weimarer Republik zurück, zum Teil aber auch wegen weitgehender Übereinstimmung mit Weimar in Bezug auf die sozialpolitischen Zielsetzungen freiheitlicher, pluralistischer, den Gedanken des sozialen Rechtsstaates verpflichteter Mehrparteiendemokratien (Prinzip sozialer Selbstverwaltung, Koalitionsfreiheit, Tarifautonomie, Arbeitskampfrecht, betriebsdemokratisches Mitbestimmungsrecht). Für die Jahre nach 1953 dagegen ist eine bemerkenswerte Weiterentwicklung der staatlichen Sozialpolitik festzustellen. Hervorhebenswert sind in diesem Überblick - abgesehen von dem Ausbau des Jugendschutzes,[96] des Mutterschutzes[97] und der Einführung von Mindesturlaubsregelungen[98] - Regelungen im Rahmen der Sozialversicherung, der Arbeitsmarktpolitik, der Vermögenspolitik, der Bildungspolitik und - in den 80er Jahren - der Familienpolitik.

Aus der Gesetzgebung zur Sozialversicherung ragen die Dynamisierung der Rentenleistungen in der Alters-, Invaliditäts- und Unfallversicherung[99] sowie in der Kriegsopferversorgung,[100] die Schaffung einer gesetzlichen Alterssicherung für die Landwirte,[101] die Ersetzung der starren Altersgrenze in der RV durch eine flexible Altergrenze,[102] die Neuordnung der Alterssicherung für das Handwerk,[103] die Einbeziehung von Schülern, Studenten und Kindergartenkindern in die UV[104] und die schrittweise Verbesserung der wirtschaftlichen Sicherung der Arbeiter im Krankheitsfalle heraus, die schließlich zur Gleichstellung der Arbeiter mit den Angestellten, d.h. zur vollen Lohnfortzahlung für die ersten sechs Wochen nach Eintritt einer Erkrankung, führte.[105] Erwähnung verdient auch die weitgehende Harmonisierung der Leistungen der medizinischen und beruflichen Rehabilitation der verschiedenen zuständigen Versicherungsträger.[106]

In der Arbeitsmarktpolitik wurde mit dem *Arbeitsförderungsgesetz* (AFG) vom 25. Juni 1969 ein neuzeitliches Instrumentarium zur institutionellen und individuellen

---

[95] Gesetz zum Schutz der erwerbstätigen Mutter (Mutterschutzgesetz) vom 24. Jan. 1952.
[96] Gesetz zum Schutz der arbeitenden Jugend vom 09. Aug. 1960.
[97] Gesetz zur Änderung des Mutterschutzgesetzes und der Reichsversicherungsordnung vom 24. Aug. 1965.
[98] *Bundesurlaubsgesetz* vom 08. Jan. 1963.
[99] Arbeiterrentenversicherung - Neuregelungsgesetz vom 23. Febr. 1957; Angestelltenversicherung-Neuregelungsgesetz vom 23. Febr. 1957; Gesetz zur Neuregelung der knappschaftlichen Rentenversicherung vom 21. Mai 1957; Gesetz zur Neuregelung des Rechts der gesetzlichen Unfallversicherung (Unfallversicherung-Neuregelungsgesetz) vom 30. April 1963.
[100] Gesetz über die Anpassung der Leistungen des Bundesversorgungsgesetzes vom 26. Jan. 1970.
[101] Gesetz über eine Altershilfe für Landwirte vom 27. Juli 1957.
[102] *Rentenreformgesetz* vom 16. Okt. 1972.
[103] *Gesetz über eine Rentenversicherung der Handwerker* (Handwerkerversicherungsgesetz) vom 08. Sept. 1960.
[104] Gesetz über Unfallversicherung für Schüler und Studenten sowie Kinder in Kindergärten vom 18. März 1971.
[105] Gesetz über die Fortzahlung des Arbeitsentgelts im Krankheitsfalle und über Änderungen des Rechts der gesetzlichen Krankenversicherung vom 27. Juli 1969.
[106] Gesetz über die Angleichung der Leistungen zur Rehabilitation vom 07. Aug. 1974.

Förderung der beruflichen Ausbildung, Fortbildung und Umschulung bereitgestellt. Die schon vorher eingeführten Regelungen zur Förderung der ganzjährigen Beschäftigung in der Bauwirtschaft wurden im AFG verankert.[107]

Die in Ansätzen bereits im *Wohnungsbauprämiengesetz* des Jahres 1952 erkennbare Vermögensförderungspolitik, die das Bausparen durch staatliche Prämien und - auf der Grundlage des Einkommensteuergesetzes - auch durch Steuervergünstigungen förderte, wurde durch verschiedene Gesetze fortgeführt.[108]

Aus den bildungspolitischen Maßnahmen ragen neben dem AFG, das auch der Förderung der beruflichen Bildung dient, das *Berufsbildungsgesetz* vom 14. Aug. 1969 und das *Bundesausbildungsförderungsgesetz*[109] von 1971 hervor, das 1983 und erneut 1990 novelliert wurde (vgl. S. 367 f.).

Grundlegend neu gestaltet wurde das Fürsorgewesen, insbes. durch das *Bundessozialhilfesetz* (BSHG) vom 30. Juni 1961 und durch das *Gesetz für Jugendwohlfahrt* vom 11. Aug. 1961. Beide Gesetze räumen nunmehr einen Rechtsanspruch auf eine Hilfe ein, die nach Art und Umfang die Führung eines der Menschenwürde entsprechenden Lebens ermöglicht und den Hilfeempfänger zur Selbsthilfe befähigen soll. Den freien Trägern sozialer Hilfe und den Trägern öffentlicher Fürsorge wurde gegenüber den staatlichen Trägern der Sozialpolitik im Bereich der Sozialhilfe ein Primat zuerkannt. Eine grundlegende Reform des Jugendhilferechts brachte nach 30 Jahre dauernder Diskussion das *Gesetz zur Neuordnung des Kinder- und Jugendhilferechts* vom 26. Juni 1990, das eine präventive und therapeutisch umfassende, familienunterstützende Förderung der Kinder und Jugendlichen vorsieht.

Eine weitere Aufgabe, nämlich die eines Ausgleiches der finanziellen Lasten von Familien mit Kindern gegenüber kinderlosen Familien, wurde mit dem *Kindergeldgesetz* von 1954[110] in Angriff genommen. Das Gesetz räumte allen Arbeitnehmern und allen Selbständigen, die drei oder mehr Kinder hatten, Anspruch auf Kindergeld ein. Mittlerweile wird für jedes Kind Kindergeld gewährt (vgl. S. 359 ff.).

Mit dem 1974 einsetzenden Wachstumseinbruch und der damit zusammenhängenden Beschäftigungskrise begann sich die auf die Sozialpolitik einwirkende Bedingungskonstellation zu verändern. Als die Ausgaben für Zwecke der Arbeitsmarktpolitik und der Arbeitslosenunterstützung enorm anstiegen (vgl. S. 198), die Zuwachsraten der Gesundheitsausgaben nicht unter Kontrolle gebracht werden konnten (vgl. S. 250), die Rentenversicherung in immer neue Finanzierungsengpässe kam, durch die Wiedervereinigung in den 90er Jahren als Folge der Integration der Bewohner der ehemaligen DDR in das westdeutsche Sozialleistungssystem ein außergewöhnlich hoher Sozialleistungsbedarf gedeckt werden musste und die Finanzierungsengpässe in den öffentlichen Haushalten immer spürbarer wurden, wurde die Forderung nach einer „Wende" in der Sozialpolitik laut. Einer solchen Wende waren und sind jedoch - soweit sie auf Leistungsreduzierungen abstellen will - aus ordnungspolitischen, sozialen und konjunkturellen Gründen enge Grenzen gezogen (vgl. dazu die ausführliche

---

[107] Gesetz über Maßnahmen zur Förderung der ganzjährigen Beschäftigung in der Bauwirtschaft und weitere Änderungen und Ergänzungen des Gesetzes über Arbeitsvermittlung und Arbeitslosenversicherung vom 07. Dez. 1959.

[108] Zu nennen sind das *Sparprämiengesetz* vom 05. Mai 1959, welches das Sparen durch Prämien begünstigte und das *Gesetz zur Förderung der Vermögensbildung der Arbeitnehmer* vom 12. Juli 1961, das Vermögensanlagen der Arbeitgeber zugunsten der Arbeitnehmer begünstigte.

[109] Bundesgesetz über individuelle Förderung der Ausbildung vom 26. Aug. 1971.

[110] Gesetz über die Gewährung von Kindergeld und über die Errichtung von Familienausgleichskassen (Kindergeldgesetz) vom 13. Nov. 1954.

Darstellung bei Lampert 1984a). Tatsächlich sind auch in den Jahren stark verlangsamtem Wachstums die Sozialleistungen stark gestiegen und zwar von 346 Mrd. DM im Jahre 1975 auf 490 Mrd. DM 1980, auf 740 Mrd. DM 1990 (ohne die Leistungen für Ostdeutschland) und auf 1 364 Mrd. DM im Jahr 2000. In der Periode von 1975 bis 2000 bewegte sich – mit Ausnahme der Jahre 1990 und 1991 – die Sozialleistungsquote mit Werten zwischen 30,1 und 34,1 % auf einem hohen Niveau. Die Zunahme des Ausgabenvolumens war v.a. durch steigende Ausgaben für die Arbeitsmarktpolitik, für die (vorgezogenen) Altersrenten, für die Krankenversicherung und für Verbesserungen im Rahmen des Familienlastenausgleichs verursacht. Die Bekämpfung der Arbeitslosigkeit, die finanzielle Konsolidierung der Renten- und der Krankenversicherung und die Familienpolitik waren auch die Schwerpunkte der sozialpolitischen Aktivitäten in den 80er und 90er Jahren.

Die Bundesregierungen reagierten auf die steigenden Belastungen der sozialen Sicherungssysteme, der Bürger und der Unternehmen und auf die Massenarbeitslosigkeit teils mit Maßnahmenkatalogen übergreifender Natur, teils mit Maßnahmen, die auf die Reform einzelner Elemente des Sicherungssystems gerichtet waren.

Als allgemeine Maßnahmenkomplexe sind zu erwähnen das sog. *Spar-, Konsolidierungs- und Wachstumsprogramm* des Jahres 1992 und das *Programm für mehr Wachstum und Beschäftigung* des Jahres 1996.

Das Spar-, Konsolidierungs- und Wachstumsprogramm fand seinen Niederschlag im *Mißbrauchsbekämpfungs- und Steuerbereinigungsgesetz* vom 21. Dez. 1993, im Standortsicherungsgesetz vom 13. Sept. 1993 und *im Ersten und Zweiten Gesetz zur Umsetzung des Spar-, Konsolidierungs- und Wachstumsprogramms* vom 21. Dez. 1993. Durch diese Gesetze wurden u.a. gekürzt:

- das Arbeitslosengeld, das Kurzarbeitergeld und das Schlechtwettergeld für Arbeitnehmer mit Kindern von 68 auf 67 %, für Arbeitnehmer ohne Kinder von 63 auf 60 % des vorher erzielten Nettoeinkommens;
- die Arbeitslosenhilfe für Arbeitnehmer und die Eingliederungshilfe für Spätaussiedler mit Kindern von 58 auf 57 %, für Bezugsberechtigte ohne Kinder von 56 auf 53 %;
- das im Falle von Berufsförderungsmaßnahmen für Verletzte zu zahlende Übergangsgeld für Rehabilitanden mit Kindern von 80 auf 75 %, für Rehabilitanden ohne Kinder von 70 auf 68 %;
- das Unterhaltsgeld (für Teilnehmer an beruflichen Fortbildungs- und Umschulungsmaßnahmen) für Bezugsberechtigte mit Kindern von 73 auf 67 %, für Arbeitnehmer ohne Kinder von 65 auf 60 %.

In den folgenden Jahren wurden folgende Leistungen modifiziert bzw. gekürzt:

- das Arbeitslosengeld, die Arbeitslosenhilfe und das Unterhaltsgeld; diese Leistungen werden nicht mehr nach dem in den letzten drei, sondern in den letzten sechs Monaten verdienten Arbeitsentgelt berechnet; als Arbeitsentgelt wird der Berechnung das in der tariflichen Arbeitszeit erzielte, pauschalierte Nettoarbeitsentgelt (= das sich unter Berücksichtigung der bei Arbeitnehmern anfallenden gesetzlichen Abzüge ergebende Arbeitsentgelt) zugrunde gelegt;
- das Unterhaltsgeld; es wurde von einer Muss- zu einer Kann-Leistung gemacht;
- das Schlechtwettergeld; es wurde durch eine für die Bundesagentur vermeintlich billigere Lösung ersetzt (vgl. S. 194).
- das Erziehungsgeld; es wird für Kinder, die ab 01. Jan. 1994 geboren sind, statt vom siebten Monat bereits vom ersten Monat nach der Geburt einkommensabhän-

gig gekürzt; es wurde für Verheiratete mit einem Jahreseinkommen in Höhe ab 100 000 DM und ab 75 000 DM für Alleinerziehende auch in den ersten sechs Monaten nach der Geburt gestrichen;
- das Kindergeld für ein Kind, das eine Ausbildungsvergütung von mehr als 1 000 DM bezieht, entfällt.

Die zahlreichen, seit Anfang der 80er Jahre vorgenommenen Leistungskürzungen und Reformmaßnahmen[111] reichten nicht aus bzw. waren ungeeignet, Wachstum und Beschäftigung zu beleben und die Arbeitslosigkeit zu verringern. Daher verabschiedeten die Koalitionsparteien des Deutschen Bundestages am 25. April 1996 ein *Programm für mehr Wachstum und Beschäftigung*. Es gab den Anstoß für die Verabschiedung folgender Gesetze: *Gesetz zur Reform des Sozialhilferechts* vom 23. Juli 1996, *Gesetz zur Förderung des gleitenden Übergangs in den Ruhestand* vom 29. Juli 1996[112], *Arbeitsrechtliches Gesetz zur Förderung von Wachstum und Beschäftigung* vom 07. Sept. 1996[113], *Arbeitsförderungs-Reformgesetz* vom 24. März 1997[114], *Gesetz zur Neuordnung der gesetzlichen Krankenversicherung* vom 23. Juni 1997 und *Rentenreformgesetz 1999* vom 16. Dez. 1997.

Die auf einzelne Bereiche des Systems sozialer Sicherung gerichteten Reformmaßnahmen begannen bereits 1984/85. Sie waren auf die Bekämpfung der Arbeitslosigkeit sowie die Reform des Gesundheitssystems und der Rentenversicherung gerichtet.

Die **Arbeitslosigkeit** wurde mit Hilfe massiver Erhöhungen der Mittel für Arbeitsbeschaffungsmaßnahmen und für die Berufsbildung, insbes. die Umschulung, sowie durch das *Beschäftigungsförderungsgesetz* vom 26. April 1985 und durch das *Gesetz zur Erleichterung des Übergangs vom Arbeitsleben in den Ruhestand* vom 13. April 1984 zu bekämpfen versucht. Das *Beschäftigungsförderungsgesetz* sollte durch eine Flexibilisierung individueller Arbeitsverträge, insbes. durch den Abbau von Kündigungshemmnissen, das Arbeitsplatzangebot erhöhen (vgl. S. 211). Das Vorruhestandsgesetz sollte Arbeitnehmer veranlassen, vorzeitig in den Ruhestand zu gehen und Arbeitsplätze für Jüngere freizumachen. Anfang 2002 trat das sog. *„Job-AQTIV-Gesetz"* vom 10. Dez. 2001 in Kraft (dabei stehen A für aktivieren, Q für qualifizieren, T für trainieren, I für Investitionen und V für vermitteln). Das Gesetz sollte ohne Wartefristen und abgestellt auf den Individualbedarf der von Arbeitslosigkeit Bedrohten und der Arbeitsuchenden den optimalen Einsatz der verfügbaren Mittel ermöglichen (vgl. dazu S. 190), nicht zuletzt auch durch eine Verbesserung der Vermittlungspraxis der Arbeitsverwaltung. Eine Kommission „Moderne Dienstleistungen am Arbeitsmarkt" unter Vorsitz des VW-Personalverstands *Dr. Peter Hartz* legte Ende

---

[111] Abgesehen von den Maßnahmen im Rahmen des Spar-, Konsolidierungs- und Wachstumsprogramms und des Programms für mehr Wachstum und Beschäftigung sind vorhergehende Leistungsmodifikationen kodifiziert im *Haushaltsbegleitgesetz* vom 16. Dez. 1982, im *Haushaltsbegleitgesetz* vom 22. Dez. 1983 und in den *Rentenanpassungsgesetzen* 1977 (20. RAGes.) und 1978 (21. RAGes.).

[112] Es fördert statt einer seit 1984 im *Gesetz zur Erleichterung des Übergangs vom Arbeitsleben in den Ruhestand* geförderten arbeitsmarktbedingten Frühverrentung, die die Arbeitslosen- und die Rentenversicherung außerordentlich belastet hatte, die Altersteilzeit.

[113] Es schränkte u.a. den Geltungsbereich des Kündigungsschutzes dadurch ein, dass dieses Gesetz nicht mehr für Betriebe mit mehr als 5, sondern mit mehr als 10 Arbeitnehmern gilt und setzte die Höhe der Lohnfortzahlung im Krankheitsfall von 100 auf 80 % herab.

[114] Es fror die Lohnersatzleistungen für ein Jahr ein, wandelte den Rechtsanspruch von Behinderten auf berufliche Rehabilitation in eine Kann-Leistung um und sieht verschärfte Kontrollen sowie die konsequente Eintreibung zu Unrecht bezogener Leistungen Arbeitsloser vor.

2002 Vorschläge zur Reform der Arbeitsmarktpolitik und des Arbeitsrechts vor, die zu einer spürbaren Verringerung der Arbeitslosigkeit führen sollen (vgl. dazu S. 190). Der **Ausgabenentwicklung in der gesetzlichen Krankenversicherung** sollte mit dem *Gesetz zur Strukturreform im Gesundheitswesen* vom 20. Dez. 1988 begegnet werden. Bereits am 21. Dez. 1992 jedoch mussten das *Gesetz zur Sicherung und Strukturverbesserung der gesetzlichen Krankenversicherung* und am 23. Juni 1997 das *Erste und zweite Gesetz zur Neuordnung von Selbstverwaltung und Selbstverantwortung in der gesetzlichen Krankenversicherung* nachgeschoben werden (vgl. S. 261). Eine grundlegende Reform des Gesundheitssystems ist bis 2003 nicht gelungen. Einzelmaßnahmen wie eine Erschwerung des Wechsels von einer gesetzlichen zu einer privaten Krankenkasse, die Halbierung des Sterbegeldes, das Einfrieren der Ausgaben für Ärzte und Krankenhäuser auf dem Stand von 2002, Rabattgewährungen der Pharmafirmen, der Arzneimittel-Großhändler und der Apotheker sowie ein Verbot von Beitragssatzerhöhungen erwiesen sich als nicht ausreichend.

Der finanziellen **Absicherung der Rentenversicherung** diente das am 18. Dez. 1989 verabschiedete *Gesetz zur Reform der gesetzlichen Rentenversicherung* (Rentenreformgesetz 1992). Es hatte v.a. die Aufgabe, das starke Wachstum der Ausgaben in der Rentenversicherung abzubremsen (vgl. S. 285 ff.). Als sich mehr und mehr die Erkenntnis verbreitete, dass die Finanzierbarkeit der gesetzlichen Rentenversicherung ab etwa 2020 durch die Schrumpfung und Alterung der Bevölkerung gefährdet ist, wurde nach langen Diskussionen am 26. Jan. 2001 das *Altersvermögens-Ergänzungsgesetz* und am 11. Mai 2001 das *Altersvermögensgesetz* verabschiedet. Das am 01. Jan. 2002 in Kraft getretene Gesetz soll den Beitragssatz in der GRV stabilisieren sowie zu einer verstärkten betrieblichen und privaten Altersvorssorge anregen. Dadurch wird die umlagefinanzierte GRV durch eine kapitalstockgedeckte private Rentenversicherung ergänzt (vgl. dazu S. 290 ff.). Durch das *Gesetz über eine bedarfsorientierte Grundsicherung im Alter und bei Erwerbsminderung* vom 26. Juni 2001 wurde ab 2003 im Rahmen der Rentenversicherung eine *„Grundsicherung"* eingeführt. Auf sie haben die Rentenversicherten Anspruch, deren Rente zur Deckung des Existenzminimums nicht ausreicht. Die Grundsicherung ist eine neue, eigenständige soziale Leistung, die aus Steuermitteln finanziert wird (vgl. zu weiteren Einzelheiten Kap. X).

Im Gegensatz zum System Sozialer Sicherung, in dem es darum ging, den Ausgabenanstieg zu bremsen, wurden in der Familienpolitik auch in den 80er und 90er Jahren noch Fortschritte erzielt, vor allem aufgrund einschlägiger Urteile des BVerfG. 1985 war der Gesetzgeber mit dem *Gesetz zur Neuordnung der Hinterbliebenenrenten sowie zur Anerkennung von Kindererziehungszeiten in der gesetzlichen Rentenversicherung* vom 11. Juli der Aufforderung des BVerfG aus dem Jahre 1974 nachgekommen, die Ungleichbehandlung von Mann und Frau in der Hinterbliebenenversorgung zu beseitigen. Gleichzeitig führte er ein *Erziehungsjahr* für kindererziehende Mütter bzw. Väter ein, das zur Begründung von Rentenansprüchen beiträgt und rentenerhöhend wirkt. Diese sozialpolitische Innovation wurde im gleichen Jahr durch die Einführung eines *Erziehungsurlaubs* und die Zahlung von *Erziehungsgeld* (vgl. S. 363 f.) ergänzt. Durch das am 18. Dez. 1989 verabschiedete *Gesetz zur Reform der gesetzlichen Rentenversicherung* (Rentenreformgesetz 1992) wurde die Zahl der Kindererziehungsjahre auf drei erhöht. Im *Gesetz zur Familienförderung* vom 22. Dez. 1999 wurde das Kindergeld für das erste und zweite Kind von 220 DM auf 250 DM angehoben. Ab 01. Jan. 2000 wurde das Kindergeld für das erste und das zweite Kind als Reaktion des Gesetzgebers auf Beschlüsse des BVerfG vom November 1998[115] erneut um 20 DM und ab 2002 noch einmal um 31,20 DM erhöht. In diesen Beschlüssen war dem Gesetzgeber auferlegt worden, in ehelicher Gemeinschaft lebende Eltern nicht länger von dem für Alleinerziehende gewährten Abzug der Kinderbetreuungskosten und eines Kindererziehungsfreibetrages auszuschließen.[116] Daher wurde ab dem Jahr 2000 der Kinderfreibetrag einschließlich des Kinderbetreuungsfreibetrages für Kinder bis zum vollendeten 16. Lebensjahr von 6 912 DM auf 9 936 DM und ab 2002 auf 11 137 DM erhöht (vgl. zu Einzelheiten S. 360 f.). Die Regierungskoalition aus SPD und Bündnis 90/Die Grünen, die im Herbst 1998 die Regierungsverantwortung übernahm, setzte mit Wirkung vom 01. Jan. 1999 den mit dem RRG 1999 eingeführten demographischen Faktor in der Rentenanpassungsformel, der das Nettorentenniveau auf 64 % zurückgeführt hätte, für die Jahre 1999 und 2000 ebenso aus wie die Verschlechterungen bei den Berufs- und Erwerbsunfähigkeitsrenten sowie die Heraufsetzung der flexiblen Altersrente für Schwerbehinderte von 60 auf 63 Jahre (vgl. dazu *Gesetz zur Korrektur in der Sozialversicherung und zur Sicherung der Arbeitnehmerrechte* vom 19.Dez.1998).

Die 1996 vorgenommenen Einschnitte in Arbeitnehmerschutzrechte, insbesondere in den Kündigungsschutz, und die Absenkung der Entgeltfortzahlung im Krankheitsfall auf 80 % wurde durch die Aufhebung des *Arbeitsrechtlichen Beschäftigungsförderungsgesetzes* aus dem Jahr 1996, durch das *Gesetz zur Korrektur in der Sozialversicherung und zur Sicherung der Arbeitnehmerrechte* 1998 rückgängig gemacht.

In diesem Gesetz wurden auch „Scheinselbständige" zur besseren Erfassung in der Sozialversicherung neu definiert.

Zurückgenommen hat die rot-grüne Koalition im *Gesetz zur Stärkung der Solidarität in der Gesetzlichen Krankenversicherung* vom 19. Dez.1998 auch die Erhöhung der Zuzahlungen zu Arznei-, Verbands- und Hilfsmitteln; chronisch Kranke wurden von Zuzahlungen zu den Fahrtkosten sowie zu Arznei-, Verbands- und Hilfsmitteln freigestellt, wenn sie 1 % ihrer Jahresbruttoeinkommen aufgewendet haben. Die Zahnersatzleistungen, die für Kinder und Jugendliche, die nach 1973 geboren sind, 1996 aus dem Leistungskatalog der Gesetzlichen Krankenversicherung herausgenommen worden waren, wurden wieder eingeführt.

Ab 01. Jan. 1999 wurden im Rahmen der ersten Stufe einer dreistufig geplanten Steuerreform die Grundfreibeträge zur Sicherung des Existenzminimums angehoben *(Steuerentlastungsgesetz 1999/2000/2002)*, der Eingangssteuersatz von 23,9 % auf 22,9 %, der Spitzensteuersatz für Privateinkünfte von 53 % auf 51 % und der Höchststeuersatz für gewerbliche Einkünfte von 45 % auf 43 % abgesenkt. Der Sparerfreibetrag wurde für Verheiratete von 12 000 auf 6 000 DM und für Alleinstehende von 6 000 auf 3 000 DM verringert. Zum 01. Januar 2004 wurde der Eingangssteuersatz auf 16%, der Spitzensteuersatz auf 45% abgesenkt, der Grundfreibetrag wurde auf 7 664€ erhöht. Im Frühjahr 2003 stellte der Bundeskanzler der Öffentlichkeit eine „Agenda 2010" vor, die u.a. folgende Programmpunkte enthielt:
- eine Novellierung der Handwerksordnung im Sinne einer Lockerung der Zulassungsbestimmungen;

---

[115] Beschlüsse des Zweiten Senats vom 10. November 1998 (2 BvR 1057/91, 2 BvR 1226/91, 2 BvR 980/91).
[116] Um die Bezieher niedriger Einkommen, die durch die Erhöhung des Betreuungsfreibetrages nur geringer entlastet worden wären als die Bezieher hoher Einkommen, hat der Gesetzgeber das Kindergeld angehoben.

- eine Neuregelung der Abgabevorschriften für Mini-Jobs;
- eine Auflockerung des Kündigungsschutzes;
- einen Bürokratieabbau;
- eine Reform des Gesundheitssystems zur Stabilisierung der finanziellen Lage der Krankenkassen und zur Beitragssenkung;
- eine steuerliche Entlastung des Mittelstandes;
- einen Subventionsabbau;
- eine Verbesserung der Vereinbarkeit von Familie und Beruf;
- eine nachhaltige Sicherung der Renten;
- verstärkte Investitionen in Bildung und Forschung;
- eine Neuregelung der Arbeitslosenversicherung und der Arbeitsförderung im Sinne einer Verbesserung der Förderung, aber auch im Sinne einer Erhöhung der Anforderungen an die Arbeitslosen.

Die Konkretisierung der Agenda 2010 wurde durch zwei Kommissionen gefördert, nämlich eine Kommission „Moderne Dienstleistungen am Arbeitsmarkt" (Hartz-Kommission) und eine „Kommission für die Nachhaltigkeit in der Finanzierung der Sozialen Sicherungssysteme" (Rürup-Kommission), die Reformvorschläge für die Renten-, die Kranken- und die Pflegeversicherung erarbeitet hat.

Der Bundestag verabschiedete im Dezember 2003 eine Reihe von Gesetzen. Die wichtigsten sozialpolitischen Regelungen werden in den einschlägigen Kapiteln im Dritten Teil des Lehrbuchs dargestellt.

3. Charakteristische Merkmale der staatlichen Sozialpolitik

Obwohl die außergewöhnliche und akute, weit verbreitete Not der ersten Nachkriegsjahre eine Vielzahl von sozialpolitischen Aufgaben stellte, war die staatliche Sozialpolitik der jungen Republik nicht primär pragmatisch ausgerichtet, sondern auf die gesellschaftspolitischen Grundentscheidungen des Grundgesetzes abgestellt, insbes. auf seine Persönlichkeitsrechte und auf sein Sozialstaatsprinzip.

In den ersten Nachkriegsjahren wurden aus der Sozialgesetzgebung die nach ihrer Substanz nationalsozialistischen Elemente der Sozialpolitik eines totalitären Führerstaates ausgemerzt. Mit der Einführung der Koalitionsfreiheit, der Tarifautonomie, des Prinzips der Selbstverwaltung sozialer Angelegenheiten, betriebsdemokratischer Mitbestimmungsregelungen und mit der Wiedereinführung von Wirkungsmöglichkeiten der Verbände der freien Wohlfahrtspflege wurden die Grundlagen für die Sozialpolitik eines demokratisch verfassten sozialen Rechtsstaates gelegt.

Der erste Deutsche Bundestag vollbrachte eine quantitativ und qualitativ erstaunliche sozialgesetzgeberische Leistung. Die Erfolgsbilanz umfasst die Bekämpfung der dringendsten Notlagen der Kriegshinterbliebenen, Kriegsbeschädigten, Ausgebombten, Flüchtlinge und Heimkehrer, die Herstellung der Funktionsfähigkeit des Systems sozialer Sicherung auf demokratischer Grundlage, die Schaffung der Rechtsgrundlagen für eine freiheitliche Arbeitsmarkt- und Lohnpolitik, eine erfolgreiche Arbeitsbeschaffungspolitik, den Ausbau des Arbeitnehmerschutzes, Maßnahmen des Schadensausgleichs, eine im Ansatz schon eigentumspolitisch orientierte Wohnungsbaupolitik, die Neuregelung der Betriebsverfassung und den Aufbau einer unabhängigen Arbeits- und Sozialgerichtsbarkeit.

Die Entwicklung von 1953 bis Anfang der 70er Jahre ist gekennzeichnet durch die Weiterentwicklung der Sozialversicherung, vor allem durch die Rentendynamisierung, die Lohnfortzahlung für Arbeiter im Krankheitsfall, die Verstärkung prophylaktischer Maßnahmen und die Verstärkung der Rehabilitation, durch den weiteren Ausbau der Arbeitsmarktpolitik, durch eine über zwei Jahrzehnte konsequent betriebene Wohnungsbaupolitik, durch zahlreiche Ansätze zur breiteren Streuung des Vermögens (vor allem in den Jahren 1957 bis 1965) und nicht zuletzt durch die vorwiegend ab 1965 betriebene Entwicklung der Bildungspolitik im Sinne der Herstellung materialer Chancengleichheit auch für Angehörige wirtschaftlich und sozial schwacher Schichten. In den 70er und 80er Jahren setzte sich trotz veränderter wirtschaftlicher Rahmenbedingungen und der Forderung nach einer sozialpolitischen Wende und trotz hoher Belastungen des Sozialhaushalts durch die Folgen der Massenarbeitslosigkeit die Ausweitung des sozialpolitischen Schutzes nach dem Personenkreis, der Art der abgesicherten Risiken und der Höhe der Leistungen fort. Bemerkenswert sind dabei vor allem die Ausdehnung der Mitbestimmung im Unternehmen über die Montanindustrie hinaus im Jahre 1976 und die Verstärkung der Familienpolitik. Wenngleich es nicht gelang, einen Anstieg der Sozialleistungen zu verhindern, so gelang es in den 80er Jahren doch, die Sozialleistungsquote bis zur Vereinigung Deutschlands zu stabilisieren.

Der Wirtschafts- und Sozialpolitik der Bundesrepublik ist es gelungen, eine freiheitliche, überwiegend marktwirtschaftlich gesteuerte Wirtschaftsordnung mit einem hohen Gehalt an sozialer Gerechtigkeit zu schaffen (vgl. dazu Lampert 1990a). Allerdings droht die Gefahr, dass die sozialstaatliche Substanz der Bundesrepublik merklich beeinträchtigt wird (vgl. dazu S. 483 ff.).

Dies zeigt sich nicht nur an den seit Anfang der 80er Jahre vorgenommenen „Reformen" zahlreicher Sozialleistungen, die überwiegend Kürzungen darstellen und nur zu einem kleinen Teil Umbaumaßnahmen im Sinne einer Berücksichtigung des wirtschaftlichen und sozialen Strukturwandels im Sozialleistungssystem sind. Es zeigt sich auch an den in Wissenschaft und Politik mehrheitlich akzeptierten, z.T. fragwürdigen, weil unvollständigen und einseitig auf Umfang und Höhe der Sozialleistungen abstellenden Diagnosen der Massenarbeitslosigkeit und der Krise des Sozialstaates. Aus diesen einseitigen Diagnosen ergibt sich die Gefahr unzureichender und falscher Therapien.[117] Gefahr für den Sozialstaat signalisieren auch die zahlreichen, permanent vorgetragenen Forderungen nach einem rigorosen Abbau des Sozialstaates von Seiten der Arbeitgeber- und Unternehmerverbände.

---

[117] Vgl. dazu Lampert 1997, 2001 und die dort zitierte Literatur sowie Bäcker 1995, Döring/Hauser 1995 und Krupp 1997. Vgl. auch die Darstellung S. 484.

Übersicht 3. Zeittafel sozialpolitischer Gesetze und Verordnungen

---

Erste Periode: 1839 bis 1890

09. März 1839	Regulativ über die Beschäftigung jugendlicher Arbeiter in Fabriken
31. Dez. 1842	Gesetz über die Verpflichtung zur Armenpflege
31. Dez. 1842	Gesetz über die Aufnahme neu anziehender Personen
17. Jan. 1845	Allgemeine Gewerbeordnung
09. Febr. 1849	Verordnung, betreffend die Errichtung von Gewerberäten und verschiedene Abänderungen der Allgemeinen Gewerbeordnung
16. Mai 1853	Gesetz, betreffend einige Abänderungen des Regulativs vom 9. März 1839 über die Beschäftigung jugendlicher Arbeiter in Fabriken (Gesetz über Fabrikinspektoren)
3. April 1854	Gesetz, betreffend die gewerblichen Unterstützungskassen
01. Nov. 1867	Freizügigkeitsgesetz
21. Juni 1869	Gewerbeordnung für den Norddeutschen Bund
07. April 1876	Gesetz über die eingeschriebenen Hilfskassen
17. Juli 1878	Gesetz zur Abänderung der Gewerbeordnung
15. Juni 1883	Gesetz, betreffend die Krankenversicherung der Arbeiter
06. Juli 1884	Unfallversicherungsgesetz
28. Mai 1885	Gesetz über die Ausdehnung der Unfall- und Krankenversicherung
22. Juli 1889	Gesetz, betreffend die Invaliditäts- und Altersversicherung

Zweite Periode: 1890 bis 1918

29. Juni 1890	Gesetz, betreffend die Gewerbegerichte
01. Juni 1891	Gesetz, betreffend Abänderung der Gewerbeordnung (Arbeiterschutzgesetz)
30. Juni 1900	Gesetz, betreffend Abänderung der Gewerbeordnung
30. März 1903	Gesetz, betreffend Kinderarbeit in gewerblichen Betrieben
06. Juli 1904	Gesetz, betreffend die Kaufmannsgerichte
18. Dez. 1908	Gesetz, betreffend die Abänderung der Gewerbeordnung
19. Juli 1911	Reichsversicherungsordnung
20. Dez. 1911	Versicherungsgesetz für Angestellte
20. Dez. 1911	Hausarbeitsgesetz
14. Juni 1916	Verordnung über Arbeitsnachweis
05. Dez. 1916	Gesetz über den vaterländischen Hilfsdienst
04. Okt. 1918	Allerhöchster Erlass über die Errichtung des Reichsarbeitsamtes

Dritte Periode: 1918 bis 1933

12. Nov. 1918	Verordnung über Arbeiterschutz
13. Nov. 1918	Verordnung über Erwerbslosenfürsorge
23. Nov. 1918	Anordnung über die Regelung der Arbeitszeit gewerblicher Arbeiter
09. Dez. 1918	Anordnung über Arbeitsnachweise
23. Dez. 1918	Verordnung über Tarifverträge, Arbeiter- und Angestelltenausschüsse und Schlichtung von Arbeitsstreitigkeiten
09. Jan. 1919	Verordnung über Beschäftigung Schwerbeschädigter
05. Febr. 1919	Verordnung über Sonntagsruhe im Handelsgewerbe und in Apotheken
08. Febr. 1919	Verordnung über die soziale Kriegsbeschädigten- und Kriegshinterbliebenenfürsorge
17. Febr. 1919	Verordnung über die Pflicht der Arbeitgeber zur Anmeldung eines Bedarfs an Arbeitskräften
14. Juni 1919	Verordnung, betreffend Abänderung der Verordnung über Beschäftigung Schwerbeschädigter vom 9. Jan., 1. Febr., 11. März und 10. April 1919
04. Febr. 1920	Betriebsrätegesetz
04. Mai 1920	Verordnung über den vorläufigen Reichswirtschaftsrat
05. Mai 1920	Verordnung über die Errichtung eines Reichsamts für Arbeitsvermittlung
12. Mai 1920	Gesetz über die Versorgung der Militärpersonen und ihrer Hinterbliebenen bei Dienstbeschädigung (Reichsversorgungsgesetz)
15. Febr. 1922	Gesetz über die Entsendung von Betriebsratsmitgliedern in den Aufsichtsrat
09. Juli 1922	Reichsgesetz für Jugendwohlfahrt
22. Juli 1922	Arbeitsnachweisgesetz
12. Jan. 1923	Gesetz über die Beschäftigung Schwerbeschädigter
23. Jan. 1923	Gesetz über die Erklärung der allgemeinen Verbindlichkeit von Tarifverträgen
23. Juni 1923	Reichsknappschaftsgesetz

30. Okt. 1923	Verordnung über das Schlichtungswesen
21. Dez. 1923	Verordnung über die Arbeitszeit
13. Febr. 1924	Verordnung über die Fürsorgepflicht
04. Dez. 1924	Grundsätze über Voraussetzung, Art und Maß öffentlicher Fürsorgeleistungen
12. Mai 1925	Verordnung über Ausdehnung der Unfallversicherung auf gewerbliche Berufskrankheiten
09. Juli 1926	Gesetz über die Fristen für die Kündigung von Angestellten
23. Dez. 1926	Arbeitsgerichtsgesetz
16. Juli 1927	Gesetz über die Beschäftigung vor und nach der Niederkunft
16. Juli 1927	Gesetz über Arbeitsvermittlung und Arbeitslosenversicherung
29. Okt. 1927	Gesetz zur Abänderung des Gesetzes über die Beschäftigung vor und nach der Niederkunft
23. Juli 1931	Verordnung über die Förderung des freiwilligen Arbeitsdienstes
08. Dez. 1931	Vierte Verordnung des Reichspräsidenten zur Sicherung von Wirtschaft und Finanzen und zum Schutz des inneren Friedens
14. Juni 1932	Verordnung des Reichspräsidenten über Maßnahmen zur Erhaltung der Arbeitslosenhilfe und der Sozialversicherung sowie zur Erleichterung der Wohlfahrtslasten der Gemeinden
10. Aug. 1932	Verordnung zur Sicherung der Rentenzahlung in der Invalidenversicherung
06. Jan. 1933	Durchführungsbestimmungen zur Arbeitsbeschaffung

Vierte Periode: 1933 bis 1945

19. Mai 1933	Gesetz über Treuhänder der Arbeit
01. Juni 1933	Gesetz zur Verminderung der Arbeitslosigkeit
08. Juni 1933	Gesetz über Lohnschutz in der Heimarbeit
21. Sept. 1933	Zweites Gesetz zur Verminderung der Arbeitslosigkeit
20. Jan. 1934	Gesetz zur Ordnung der nationalen Arbeit
23. März 1934	Gesetz über die Heimarbeit
15. Mai 1934	Gesetz zur Regelung des Arbeitseinsatzes
05. Juli 1934	Gesetz über den Aufbau der Sozialversicherung
10. Aug. 1934	Verordnung über die Verteilung von Arbeitskräften
26. Febr. 1935	Gesetz über die Einführung des Arbeitsbuches
28. Juni 1935	Gesetz über Wochenhilfe und Genesendenfürsorge in der Krankenversicherung
15. Sept. 1935	Verordnung über die Gewährung von Kinderbeihilfen an kinderreiche Familien
05. Nov. 1935	Gesetz über Arbeitsvermittlung, Berufsberatung und Lehrstellenvermittlung
24. März 1936	Dritte Durchführungsbestimmung zur Verordnung über die Gewährung von Kinderbeihilfen an kinderreiche Familien
18. Okt. 1936	Verordnung zur Durchführung des Vierjahresplans
14. April 1938	Verordnung über die Anlegung des Vermögens der Träger der Reichsversicherung
30. April 1938	Gesetz über Kinderarbeit und über die Arbeitszeit der Jugendlichen (Jugendschutzgesetz)
22. Juni 1938	Verordnung zur Sicherstellung des Kräftebedarfs für Aufgaben von besonderer staatspolitischer Bedeutung
21. Dez. 1938	Gesetz über die Altersversorgung für das Deutsche Handwerk
25. März 1939	Verordnung über den Arbeitseinsatz
01. Sept. 1939	Verordnung über die Beschränkung des Arbeitsplatzwechsels

Fünfte Periode: 1948 bis 2003

20. Juni 1948	Drittes Gesetz zur Neuordnung des Geldwesens (Umstellungsgesetz)
09. April 1949	Tarifvertragsgesetz
08. Mai 1949	Grundgesetz der Bundesrepublik Deutschland
17. Juni 1949	Gesetz über die Anpassung von Leistungen der Sozialversicherung an das veränderte Lohn- und Preisgefüge und über ihre finanzielle Sicherstellung
08. Aug. 1949	Gesetz zur Milderung dringender sozialer Notstände (Soforthilfegesetz)
24. April 1950	Erstes Wohnungsbaugesetz
19. Juni 1950	Gesetz über Hilfsmaßnahmen für Heimkehrer
20. Dez. 1950	Gesetz über die Versorgung der Opfer des Krieges (Bundesversorgungsgesetz)
22. Febr. 1951	Gesetz über die Selbstverwaltung und über Änderungen von Vorschriften auf dem Gebiet der Sozialversicherung
14. März 1951	Heimarbeitsgesetz

15. März 1951	Gesetz über Wohnungseigentum und das Dauerwohnrecht
21. März 1951	Gesetz über die Mitbestimmung der Arbeitnehmer in den Aufsichtsräten und Vorständen der Unternehmen des Bergbaus und der Eisen und Stahl erzeugenden Industrie
10. Okt. 1951	Kündigungsschutzgesetz
27. Dez. 1951	Gesetz über die Finanzierung eines Sofortprogramms zur Arbeitsbeschaffung im Rechnungsjahr 1951
11. Jan. 1952	Gesetz zur Änderung des Tarifvertragsgesetzes
11. Jan. 1952	Gesetz über die Festsetzung von Mindestarbeitsbedingungen
24. Jan. 1952	Gesetz zum Schutz der erwerbstätigen Mutter (Mutterschutzgesetz)
17. März 1952	Gesetz über die Gewährung von Prämien für Wohnbausparer
14. Aug. 1952	Gesetz über den Lastenausgleich (Lastenausgleichsgesetz - LAG)
11. Okt. 1952	Betriebsverfassungsgesetz
19. Mai 1953	Bundesvertriebenengesetz
16. Juni 1953	Schwerbeschädigtengesetz
14. Juli 1953	Bundesevakuiertengesetz
03. Sept. 1953	Sozialgerichtsgesetz
07. Sept. 1953	Arbeitsgerichtsgesetz
13. Nov. 1954	Gesetz über die Gewährung von Kindergeld und über die Errichtung von Familienausgleichskassen (Kindergeldgesetz)
05. Aug. 1955	Personalvertretungsgesetz
23. Febr. 1957	Arbeiterrentenversicherung-Neuregelungsgesetz
23. Febr. 1957	Angestelltenversicherung-Neuregelungsgesetz
21. Mai 1957	Gesetz zur Neuregelung der knappschaftlichen Rentenversicherung
27. Juli 1957	Gesetz über eine Altershilfe für Landwirte
05. Mai 1959	Sparprämiengesetz
07. Dez. 1959	Gesetz über Maßnahmen zur Förderung der ganzjährigen Beschäftigung in der Bauwirtschaft und weitere Änderungen und Ergänzungen des Gesetzes über Arbeitsvermittlung und Arbeitslosenversicherung
09. Aug. 1960	Gesetz zum Schutz der arbeitenden Jugend
08. Sept. 1960	Gesetz über eine Rentenversicherung der Handwerker
30. Juni 1961	Bundessozialhilfegesetz
12. Juli 1961	Gesetz zur Förderung der Vermögensbildung der Arbeitnehmer
11. Aug. 1961	Gesetz für Jugendwohlfahrt
08. Jan. 1963	Bundesurlaubsgesetz
30. April 1963	Gesetz zur Neuregelung des Rechts der gesetzlichen Unfallversicherung (Unfallversicherungs-Neuregelungsgesetz)
29. Juli 1963	Gesetz über Wohnbeihilfen
14. April 1964	Bundeskindergeldgesetz
24. Aug. 1965	Gesetz zur Änderung des Mutterschutzgesetzes und der RVO
25. Juni 1969	Arbeitsförderungsgesetz (AFG)
27. Juli 1969	Gesetz über die Fortzahlung des Arbeitsentgelts im Krankheitsfalle und über Änderungen des Rechts der gesetzlichen Krankenversicherung
14. Aug. 1969	Berufsbildungsgesetz
27. Juni 1970	Drittes Vermögensbildungsgesetz (624-DM-Gesetz)
18. März 1971	Gesetz über Unfallversicherung für Schüler und Studenten sowie Kinder in Kindergärten
26. Aug. 1971	Bundesgesetz über individuelle Förderung der Ausbildung
02. Sept. 1971	Graduiertenförderungsgesetz
15. Jan. 1972	Betriebsverfassungsgesetz
16. Okt. 1972	Rentenreformgesetz (Einführung der flexiblen Altersgrenze u.a.)
12. Dez. 1973	Gesetz über Betriebsärzte, Sicherheitsingenieure und andere Fachkräfte für Arbeitssicherheit (Arbeitssicherheitsgesetz)
29. April 1974	Gesetz zur Sicherung der Eingliederung Schwerbehinderter in Arbeit, Beruf und Gesellschaft (Schwerbehindertengesetz)
07. Juli 1974	Gesetz über Konkursausfallgeld
07. Aug. 1974	Gesetz über die Angleichung der Leistungen zur Rehabilitation
19. Dez. 1974	Gesetz zur Verbesserung der betrieblichen Altersversorgung
31. Jan. 1975	Neufassung des Bundeskindergeldgesetzes

20. März 1975	Arbeitsstättenverordnung
11. Dez. 1975	Sozialgesetzbuch (SGB) - Allgemeiner Teil
12. April 1976	Jugendarbeitsschutzgesetz
04. Mai 1976	Gesetz über die Mitbestimmung der Arbeitnehmer (Mitbestimmungsgesetz)
27. Juni 1977	Gesetz zur Dämpfung der Ausgabenentwicklung und zur Strukturverbesserung in der gesetzlichen Krankenversicherung
06. Nov. 1978	Gesetz zur Herabsetzung der flexiblen Altersgrenze in der gesetzlichen Rentenversicherung für Schwerbehinderte
25. Juni 1979	Gesetz zur Einführung des Mutterschaftsurlaubs
13. Aug. 1980	Gesetz über die Gleichbehandlung von Männern und Frauen am Arbeitsplatz und über die Erhaltung von Ansprüchen bei Betriebsübergang
27. Juli 1981	Künstlersozialversicherungsgesetz
22. Dez. 1981	Gesetz zur Konsolidierung der Arbeitsförderung
22. Dez. 1983	Gesetz zur Förderung der Vermögensbildung der Arbeitnehmer durch Kapitalbeteiligungen
13. April 1984	Gesetz zur Erleichterung des Übergangs vom Arbeitsleben in den Ruhestand
20. Dez. 1984	Gesetz zur Neuordnung der Krankenhausfinanzierung
26. April 1985	Beschäftigungsförderungsgesetz
11. Juli 1985	Gesetz zur Neuordnung der Hinterbliebenenrenten sowie zur Anerkennung von Kindererziehungszeiten in der gesetzlichen Rentenversicherung
06. Dez. 1985	Gesetz über die Gewährung von Erziehungsgeld und Erziehungsurlaub
19. Febr. 1987	Fünftes Vermögensbildungsgesetz
20. Dez. 1988	Gesundheitsreformgesetz
18. Dez. 1989	Rentenreformgesetz 1992
18. Mai 1990	Staatsvertrag zur Währungs-, Wirtschafts- und Sozialunion
26. Juni 1990	Gesetz zur Neuordnung des Kinder- und Jugendhilferechts
06. Sept. 1990	Vertrag über die Herstellung der Einheit Deutschlands
21. Dez. 1992	Gesundheitsstrukturgesetz
30. Juni 1993	Gesetz zur Neuregelung der Leistungen an Asylbewerber (Asylbewerberleistungsgesetz)
26. Mai 1994	Pflegeversicherungsgesetz
06. Juni 1994	Arbeitszeitrechtsgesetz
08. Juli 1994	Beschäftigungsförderungsgesetz 1994
15. Dez. 1995	Eigenheimzulagengesetz
26. Febr. 1996	Arbeitnehmer-Entsendegesetz
23. Juli 1996	Gesetz zur Reform des Sozialhilferechts
29. Juli 1996	Gesetz zur Förderung eines gleitenden Übergangs in den Ruhestand
07. Sept. 1996	Wachstums- und Beschäftigungsförderungsgesetz in den Bereichen der Rentenversicherung und der Arbeitsförderung
07. Sept. 1996	Arbeitsrechtliches Gesetz zur Förderung von Wachstum und Beschäftigung
24. März 1997	Arbeitsförderungs-Reformgesetz
23. Juni 1997	Erstes und Zweites Gesetz zur Neuordnung der Selbstverwaltung und Eigenverantwortung in der Gesetzlichen Krankenversicherung
16. Dez. 1997	Rentenreformgesetz 1999
19. Dez. 1998	Gesetz zur Korrektur in der Sozialversicherung und zur Sicherung der Arbeitnehmerrechte
19. Dez. 1998	Gesetz zur Stärkung der Solidarität in der Gesetzlichen Krankenversicherung
12. Nov. 1999	Familienfördergesetz
21. Dez 2000	Gesetz über Teilzeitarbeit und befristete Arbeitsverträge
26. Jan. 2001	Altersvermögensergänzungsgesetz
26. Jan. 2001	Gesetz über eine bedarfsorientierte Grundsicherung
11. Mai 2001	Altersvermögensgesetz
10. Dez. 2001	Job-AQTIV-Gesetz
23. Dez. 2002	Erstes und zweites Gesetz für moderne Dienstleistungen am Arbeitsmarkt
14. Nov. 2003	Gesetz zur Modernisierung der gesetzlichen Krankenversicherung
23. Dez. 2003	Drittes Gesetz für moderne Dienstleistungen am Arbeitsmarkt
24. Dez. 2003	Viertes Gesetz für moderne Dienstleistungen am Arbeitsmarkt Gesetz zu Reformen am Arbeitsmarkt

F. Grundzüge der Sozialpolitik in der Deutschen Demokratischen Republik[118]

1. Die wissenschaftliche Sozialpolitik

Obwohl in der DDR von Anfang an praktische Sozialpolitik betrieben wurde, weil - wie in der Bundesrepublik - die Sozialversicherung wieder funktionsfähig gemacht werden und ein Arbeitsrecht aufgebaut werden musste, wurden bis Mitte der 60er Jahre die Notwendigkeit und die Existenz einer Sozialpolitik im Sozialismus geleugnet. Nach der in den 50er Jahren herrschenden Lehre der Politischen Ökonomie des Marxismus-Leninismus bedurfte die sozialistische Gesellschaft keiner Sozialpolitik, weil diese Gesellschaft ihrer Natur nach die gerechteste und sozialste aller denkbaren Ordnungen sei. Der Grundwiderspruch des Kapitalismus - die private Aneignung der Produktionsergebnisse trotz gesellschaftlicher Produktion - sei überwunden. Die Aufhebung des Privateigentums an Produktionsmitteln habe eine Identität von Produktionsmittelbesitzern und Produzenten geschaffen, die ihrerseits die Entfremdung und die Ausbeutung des Menschen durch den Menschen beseitigt habe. Arbeit sei keine Last mehr, sie entwickle sich vielmehr zum wahren Lebensbedürfnis und sei im Sozialismus aller entwürdigenden und schädigenden Attribute entkleidet. Dem Prinzip der Sorge um den Menschen komme in der sozialistischen Gesellschaft zentrale Bedeutung zu. Aus diesen Gründen sei Sozialpolitik „dem Sozialismus wesensfremd". Sozialpolitik sei eine spezifische, nur an den Symptomen kurierende Therapie, sei die Lazarettstation des Kapitalismus; sie diene nur der Systemerhaltung und solle die Arbeiterklasse von ihren wahren, revolutionären Interessen ablenken.

Die Notwendigkeit einer Sozialpolitik wurde erst in der zweiten Hälfte der 60er Jahre anerkannt. Sie wurde damit begründet, dass
1. vom Kapitalismus hinterlassene Mängel beseitigt werden mussten,
2. schicksalhaft oder natürlich verursachte wirtschaftliche und soziale Schwächen abgemildert bzw. beseitigt werden mussten und
3. aufgrund der gerade für sozialistische Gesellschaften charakteristischen Veränderungen, z. B. der Produktionsstruktur und der Produktionstechnik, ständig neue, Sozialpolitik erfordernde Anpassungsprobleme entstehen.

Die systematische Entwicklung der wissenschaftlichen Sozialpolitik begann erst Ende der 60er Jahre. Seit der Anerkennung der Notwendigkeit sozialistischer Sozialpolitik wurde im einschlägigen Schrifttum größter Wert darauf gelegt, die „sozialistische" von der „kapitalistischen" Sozialpolitik abzuheben. „Echte" Sozialpolitik könne es nur in sozialistischen Staaten geben. Denn nur in ihnen sei die Politik an den Interessen der Werktätigen ausgerichtet. Zwar nutze auch die sozialistische Gesellschaft die Sozialpolitik im Interesse der Sicherung der Staatsordnung, aber - so meinte *Helga Ulbricht* 1965 (S. 56) - sie bediene sich ihrer nicht als „Tarnmittel bei der Unterdrückung der Werktätigen" und sei kein Instrument zur Sicherung einer Aus-

---

[118] Vgl. dazu die ausführlichen Darstellungen von Lampert 1973, Lampert/Schubert 1977, Lampert 1981b, Molitor 1982, Manz/Winkler 1988, Winkler 1989 und Frerich/Frey, Bd. 2, 1996. Vgl. ferner Bundesminister für innerdeutsche Beziehungen (Hg.) 1974, Kap. IV sowie ders. 1987, Teil B: Vergleichende Darstellung der wirtschaftlichen und sozialen Entwicklung der Bundesrepublik und der DDR seit 1970. Vgl. zu diesem Abschnitt auch die Darstellung des gesellschaftlichen und wirtschaftlichen Hintergrunds in der DDR bei F.-W. Henning 1997, S. 279 ff.

beuterordnung. Die „Grundforderungen sozialer Sicherheit", nämlich die Verwirklichung des Rechts auf Arbeit, der Krisenfestigkeit der Wirtschaft und der Stabilität der Währung könnten in der kapitalistischen Ordnung wegen des in ihr bestehenden „Grundwiderspruchs" zwischen gesellschaftlicher Produktion und privatkapitalistischer Aneignung nicht garantiert werden. Dagegen seien das Recht auf Arbeit, die Krisenfestigkeit der Wirtschaft und die Stabilität der Währung „integrierender Bestandteil der sozialistischen Gesellschaftsordnung". „Kapitalistische und sozialistische Sozialpolitik unterscheiden sich demnach sowohl in den Motiven als auch im sachlichen Umfang, der Aufgabenstellung überhaupt sowie der Intensität und Wirksamkeit nach grundlegend" (Ulbricht 1965, S. 57 f.).

2. Grundzüge der praktischen Sozialpolitik

Die Sozialpolitik der DDR hatte als spezifischer politischer Teilbereich mit spezifischen Mitteln im Kern dieselbe Zielsetzung zu verfolgen wie die Gesamtpolitik, nämlich die Entwicklung und Befriedigung der Bedürfnisse und Interessen der Menschen „nach Maßstab des gesellschaftlichen Gesamtinteresses in der sozialistischen Gemeinschaft". Als Hauptaufgabe der Politik galt unverändert seit den 60er Jahren „der vollständige und umfassende Aufbau des Sozialismus", der drei Zielkomplexe umfasste, nämlich:
1. die Stärkung der sozialistischen Ordnung,
2. die ständig bessere Befriedigung der gesellschaftlich anerkannten materiellen und kulturellen Bedürfnisse der Bürger und
3. die Erziehung und Herausbildung des sogenannten allseitig entwickelten sozialistischen Menschen.

Die Erreichung des zweiten Ziels, die ständig bessere Bedürfnisbefriedigung, setzte die Entwicklung des ökonomischen Systems und diese Entwicklung wiederum die Anwendung und Beherrschung der ökonomischen Gesetze des Sozialismus voraus. Diese „Gesetze", die nichts anderes waren als wirtschaftspolitische und wirtschaftliche Zielvorgaben und Handlungsanweisungen zentral geleiteter Wirtschaftssysteme, verlangten:
1. die ständige Erweiterung, Vervollkommnung und Intensivierung der sozialistischen Produktion und Reproduktion, also stetiges Wachstum;
2. die Erreichung des wissenschaftlich-technischen Höchststandes, also technischen Fortschritt;
3. die Steigerung der Arbeitsproduktivität als der wesentlichen Grundlage wirtschaftlichen Wachstums.

Diese Ziele determinierten die Aufgaben der Sozialpolitik maßgeblich, allerdings - in Abhängigkeit vom ökonomischen Entwicklungsstand - mit unterschiedlichem Gewicht. Nach unserer Einschätzung kann man zwei sozialpolitisch unterschiedliche Perioden erkennen: die bis etwa 1965/70 reichende Phase der Grundlegung des sozialistischen Systems und die folgende Phase der Systementwicklung.

a) Die Sozialpolitik von 1949 - 1965/70

Aus den ersten drei genannten Zielen leitete sich das außerordentlich starke Gewicht ab, das die DDR dem Ausbau des Bildungssystems zumaß. Daher spielte der Aufbau eines Systems sozialistischer Bildung, angefangen von Einrichtungen vorschulischer Erziehung über die polytechnischen Oberschulen bis zur Hochschule bis 1972/73 eine vorrangige Rolle (vgl. dazu Tabelle 9 und Tabelle 10). Dabei ging es nicht nur um die Erziehung der Menschen zu fachlich hoch qualifizierten Führungskadern, sondern vor allem auch um die Schaffung „sozialistischer Persönlichkeiten".

Diese Persönlichkeiten sollten gekennzeichnet sein durch feste sozialistische Überzeugungen, gründliche Kenntnisse des Marxismus-Leninismus, durch Einsatz- und Leistungsbereitschaft, durch Orientierung an den formal den zehn Geboten nachgebildeten „Grundsätzen der sozialistischen Ethik und Moral", durch Liebe zur DDR und durch Stolz auf ihre Errungenschaften, durch Liebe zur Arbeit sowie durch die Fähigkeit und Bereitschaft, die historischen Aufgaben unserer Zeit zu erfüllen.

Die Bildungspolitik schuf durch den forcierten Ausbau von Einrichtungen vorschulischer Erziehung und von Kinderkrippen sowohl eine Voraussetzung für eine frühzeitig beginnende systemkonforme ideologische Erziehung als auch eine Voraussetzung für die Erhöhung der Frauenerwerbsquote, also für die erweiterte Reproduktion (vgl. Tabelle 10).

Aus der Notwendigkeit, durch eine erweiterte Reproduktion der Arbeit eine wesentliche Wachstumsvoraussetzung zu schaffen, ergab sich neben der Bildungspolitik die zweite bedeutende Stoßrichtung der Sozialpolitik, die Sicherung und Vergrößerung des Arbeitskräftepotenzials. Diese Reproduktion der Arbeit war zum einen auf die Sicherung der einfachen Reproduktion durch prophylaktische und therapeutische Gesundheitspolitik und Arbeitsschutzpolitik, durch Rehabilitation und durch Unterstützung berufstätiger Mütter gerichtet, zum anderen auf die Förderung der erweiterten Reproduktion im Wege der Erhöhung der Erwerbsquote mit Hilfe von Frauen, Müttern und Rentnern. Unfallschutz, Arbeitsschutz, der Ausbau der Kinderbetreuungseinrichtungen sowie eine zur Erwerbsarbeit anreizende, um nicht zu sagen zwingende Ausgestaltung des Sozialrechtes standen daher zusammen mit der Gesundheitspolitik im Vordergrund der sozialpolitischen Aktivitäten. In der Gesundheitspolitik (vgl. Tabelle 9 und Tabelle 10) spielten die Ziele der Senkung der Säuglings- und Müttersterblichkeit ebenso wie der Ausbau des betrieblichen Gesundheitswesens, der Polikliniken und der Ambulatorien eine besondere Rolle.

In der Politik der Reproduktion der Arbeitskraft und beim Aufbau der gesundheits- und bildungspolitischen Infrastruktur erzielte die DDR beachtliche Erfolge. Dagegen war es ihr nicht möglich, für nicht Erwerbsfähige und nicht mehr Erwerbstätige sowie generell im Bereich der monetären Sozialtransfers Art. 36 der Verfassung folgend jedem Bürger eine steigende materielle Versorgung zu gewährleisten (vgl. Tabelle 10). Die lange Zeit anhaltende Vernachlässigung der nicht und der nicht mehr Erwerbstätigen war eine Folge der Auffassung, dass die Arbeit Grundlage der Entwicklung der Gesellschaft, der Existenz des Einzelnen und der Entfaltung der Persönlichkeit ist. Daher stand zunächst neben der Bildungs- und der Gesundheitspolitik die Ausgestaltung der Arbeitsbedingungen an zentraler Stelle. Die Arbeitsleistung und die Leistung für die sozialistische Gesellschaft sollten daher Grundlage für die Höhe des Lohnes und der Sozialleistungen sein, solange die Arbeit die unmittelbar entscheidende Grundlage des gesellschaftlichen Reichtums blieb.

Tabelle 9. Die Entwicklung der Ausgaben für das Bildungswesen, das Gesundheitswesen und die Sozialversicherung in der DDR 1955 - 1987 (Jahresdurchschnittswerte)

Ausgaben für	1955/59	1960/64	1965/69	1970/74	1975/79	1980/84	1985/87
(1)	(2)	(3)	(4)	(5)	(6)	(7)	(8)
Bildungswesen in Mio. Mark	2 840	3 822	4 809	6 825	9 134	10 871	12 902
1970/74 = 100	42	56	70	100	134	159	189
in % der Gesamtausgaben	23,4	22,7	23,6	24,5	23,9	22,9	23,2
Gesundheitswesen in Mio. Mark	2 767	4 477	5 203	6 573	8 592	10 768	13 544
1970/74 = 100	42	68	79	100	131	164	206
in % der Gesamtausgaben	22,8	26,6	25,6	23,5	22,5	22,8	24,4
Sozialversicherung in Mio. Mark	6 552	8 553	10 358	14 505	20 430	25 642	29 019
1970/74 = 100	45	59	71	100	141	177	200
in % der Gesamtausgaben	54,2	50,8	50,8	51,9	53,5	54,2	52,3
Summe in Mio. Mark	12 160	16 853	21 070	27 903	38 156	47 281	55 465

Quelle: Stat. Jb. der DDR, verschiedene Jahrgänge.

Mitte der 60er Jahre wurde eine Verbesserung der wirtschaftlichen Lage erreicht, die es zuließ, zur 5-Tage-Woche überzugehen, den Mindestlohn von 220 Mark auf 300 Mark zu erhöhen, das Kindergeld bescheiden anzuheben, das Rentenrecht durch Erhöhung der Mindestrenten, die Einführung einer neuen Rentenberechnung und einer freiwilligen Zusatzversorgung - gemessen an DDR-Maßstäben - beträchtlich zu verbessern und das Krankengeld für Werktätige mit zwei und mehr Kindern von 65 auf 90 % ansteigend anzuheben.[119]

Zusammenfassend zu der skizzierten Sozialpolitik bis 1965/70 lässt sich festhalten: Die Sozialpolitik war ausgeprägt am Ziel des Wachstums orientiert. Mit Vorrang wurden verfolgt: der Aufbau eines sozialistischen Bildungssystems, des Gesundheitssystems und die Sicherung des Arbeitskräftepotenzials. Infolgedessen lag das größte Gewicht auf der Bildungs-, der Gesundheits-, der Arbeitsschutz- und der Frauenpolitik. Dementsprechend konzentrierte man sich bis Mitte der 60er Jahre auf den Ausbau der Sozialinvestitionen und der Sachleistungen. Die Sozialtransfers bewegten sich auf dem Existenzminimumniveau und fielen gegenüber den Arbeitseinkommen deutlich ab. Erst Ende der 60er Jahre wurden einige monetäre Sozialleistungen angehoben.

---

[119] Bundesministerium für gesamtdeutsche Fragen (Hg.), Fünfter Tätigkeitsbericht des Forschungsbeirats für Fragen der Wiedervereinigung Deutschlands 1965/ 69, S. 148 ff.

Tabelle 10. Ausgewählte Daten zur sozialen Infrastruktur und zu den Sozialleistungen in der DDR 1950 – 1987

(1)	1950 (2)	1955 (3)	1960 (4)	1965 (5)	1970 (6)	1975 (7)	1980 (8)	1987 (9)
Frauenanteil an den Berufs-tätigen in %	40,0	44,0	45,0	46,7	48,3	49,6	49,9	49,0
Kinderkrippenplätze je 1 000 Kinder im Kinder-krippenalter	-	91	143	187	291	508	612	806
Kindergartenplätze je 1 000 Kinder im Kinder-gartenalter	-	345	461	528	645	846	922	936
Schüler je vollbesch. Lehrkraft	-	24,9	23,8	20,0	19,3	17,0	13,7	12,2
Fachschulstudenten je 1 000 der Bevölkerung	-	-	73,1	66,7	97,9	93,0	102,6	95,3
Hochschüler je 1 000 der Bevölkerung	-	42,1	58,1	65,5	83,9	81,4	77,6	79,6
Krankenhausbetten je 1 000 der Bevölkerung	102	113	119	121	111	108	103	101
Ärzte je 1 000 der Bevölkerung	-	7,7	8,5	11,5	16,5	18,9	20,3	24,3
Zahnärzte je 1 000 der Bevölkerung	-	4,1	3,7	3,6	4,3	4,7	5,8	7,5
Altersrenten des FDBG in % des mtl. Arbeitsein-kommens[a]	-	-	26,8	26,4	28,7	31,5	32,4	31,9
Fertiggestellte Wohnungen in 1 000	41,3	54,0	75,2	57,8	73,9	107,0	122,5	118,0
Modernisierte Wohnungen in 1 000[a]	-	-	18,8	13,4	34,9	49,9	66,6	96,0
Lebendgeborene je 1 000 der Bevölkerung[a]	-	16,5	16,3	17,0	16,5	10,8	14,6	13,6

a Jeweils arithmetischer Durchschnitt für die Jahre 1950/54, 1955/59, 1960/64, 1965/69, 1970/74, 1975/79, 1980/84, 1985/87

Quelle: Stat. Jb. der DDR, verschiedene Jahrgänge; Deutsches Institut für Wirtschaftsforschung, Wochen-bericht 5 (1974).

b) Die Sozialpolitik von 1965/70 - 1989

Der VIII. Parteitag der SED, der kurz nach der Übernahme der Regierungsmacht durch *Erich Honecker* 1971 stattfand, brachte eine Modifikation der praktischen Sozialpolitik. Auf diesem Parteitag wurde das „Prinzip der Einheit von Wirtschafts- und Sozialpolitik" verkündet. Es wurde damit begründet, dass ökonomische, technische und soziale Entwicklung eine dialektische Einheit bilden. Die soziale Entwicklung wurde als Bedingung für die stetige Erhöhung der wirtschaftlichen Leistungsfähigkeit angesehen, die wirtschaftliche Leistungsfähigkeit wiederum als Voraussetzung sozialer Entwicklung.

Hinter der Verkündung dieses Prinzips stand die Einsicht, dass die schon seinerzeit erheblichen ökonomischen Probleme der DDR nur mit Hilfe einer höheren Arbeitsproduktivität gelöst werden konnten und dass diese Produktivitätserhöhung wiederum von einer Verbesserung der Arbeits- und Lebensbedingungen abhing.

Einen zweiten Impuls gab der VIII. Parteitag der Sozialpolitik dadurch, dass er die Familien- und Bevölkerungsentwicklung zu einer „Sache der ganzen Bevölkerung" erklärte und damit die Familienpolitik stimulierte.

Als Folge des Parteitages wurden die Transferleistungen und die Lebensbedingungen außerhalb der „gesellschaftlichen Konsumtion", also im Privatbereich verbessert. Es wurden schon zu Beginn der 70er Jahre die Mindestlöhne (1971 auf 350 Mark, 1976 auf 400 Mark) und die Mindestrenten nach langer Stagnation erhöht und die Mindestrenten sowie die Renten allgemein nach Arbeitsjahren gestaffelt und in mehrjährigen Abständen mehrmals erhöht.[120] Renten alten Rechts wurden 1972 in Abhängigkeit von der Zahl der Arbeitsjahre um 10 bis 30 %, die Ehegattenzuschläge auf 75 Mark erhöht[121] sowie eine freiwillige Zusatzrentenversicherung eingeführt (1971). 1975 wurde der Mindesturlaub auf 18 Tage erhöht und 1979 um weitere drei Tage verlängert. Zum anderen aber wurden qualitativ neue Akzente gesetzt. Sie bestanden in Folgendem:

1. In der Modifikation der Rentenpolitik, und zwar sowohl im Sinne einer Differenzierung der Mindestrenten und der darüber liegenden Renten nach der Dauer des Arbeitslebens als auch im Sinne einer Verringerung des Abstandes zwischen den Arbeitseinkommen und den Renten.

2. In der Akzentuierung der Wohnungspolitik: Aufgrund der Vernachlässigung des Wohnungsbaues stammten noch 1971 nur 21 % des Wohnungsbestandes aus der Zeit nach 1945. Daher beschloss das Zentralkomitee der SED 1973, bis 1990 2,8 bis 3 Mio. Wohnungen zu bauen oder zu modernisieren (Winkler 1989, S. 166). Tatsächlich auch wurde die Jahresleistung des Wohnungsneubaues von rd. 80 000 im Jahre 1973 auf rund 103 000 im Jahre 1976 und 1980 weiter auf 120 000 angehoben und in etwa auf diesem Niveau gehalten. Daher wurden von 1974 bis 1986 1,476 Mio. Wohnungen gebaut, in der gleichen Zeit wurden - bei steigendem Trend der Jahresleistung – rd. 820 000 Wohnungen modernisiert (vgl. Tabelle 10).

3. Ein weiterer neuer Akzent lag in der Forcierung der bevölkerungspolitisch orientierten Familienpolitik, die schon der VII. Parteitag 1967 eingeleitet hatte, nachdem auch in der DDR seit 1965 die Fruchtbarkeitsrate gesunken war (vgl. Tabelle 10).[122] In den Jahren 1972 -1977 wurden eine Vielzahl familienpolitischer Maßnahmen beschlossen, die bei einer Förderung der Eheschließung durch Kredite, der Gewährung von Grundstipendien für verheiratete Studenten und der Verweigerung der Gleichstellung nichtehelicher Lebensgemeinschaften mit ehelichen begannen. Sie umfassten einen Schwangerschaftsurlaub von 6 und einen Mutterschaftsurlaub von 20 Wochen bei Zahlung von Wochengeld in Höhe des Nettoverdienstes, den Anspruch auf Freistellung bis zur Vollendung des ersten Lebensjahres des Kindes in Verbindung mit Unterstützungszahlungen, die Verlängerung des Jahresurlaubs für Mütter, die Sicherstellung der Kinderbetreuung in

---

[120] Die Mindestrente wurde erhöht am 01.03.1971 auf 160 - 170 Mark, am 1.9.1972 auf 200 - 240, am 01.12.1976 auf 230 - 300, am 01.12.1979 auf 270 - 300 und am 01.12.1984 auf 300 - 370 Mark (Bundesminister für innerdeutsche Beziehungen 1987, S. 577).

[121] Bundesministerium für innerdeutsche Beziehungen 1974, S. 454.

[122] Vgl. zur Familienpolitik in der DDR auch Lampert 1981b.

Krippen und Kindergärten, Freistellungen zur Pflege erkrankter Kinder, einen ausgebauten Kündigungsschutz, die Förderung der Aus- und Weiterbildung von Frauen und Müttern, Geburtenprämien und Kindergeld, Einkommenshilfen in besonderen Lebenslagen, z.B. für Mütter, die in einem Lehrverhältnis stehen oder die studieren, familien- und kinderzahl-orientierte Sozialleistungen, steuerliche Entlastungen und Preisermäßigungen. Sie endeten bei nicht-monetären Förderungsmaßnahmen wie Erziehungshilfen, Sozialbetreuung durch den Betrieb und eine besondere strafrechtliche Ahndung von „Straftaten gegen Jugend und Familie". In besonderer Weise wurden Familien mit drei oder mehr Kindern gefördert.

Die Familienpolitik der DDR war sowohl bevölkerungspolitisch als auch am Ziel orientiert, die Vereinbarkeit von Familientätigkeit und Erwerbstätigkeit zu erhöhen. Für sie galt:

1. dass sie - ungeachtet ihrer im Vergleich zur Bundesrepublik zum Teil anderen Zielsetzungen - umfassender und differenzierter ausgebaut war und in der Summe sowie gemessen an der ökonomischen Leistungsfähigkeit der DDR positiver zu bewerten ist als die Familienpolitik der Bundesrepublik;[123]

2. dass sie auch hinsichtlich ihrer bevölkerungspolitischen Zielsetzung gewisse Erfolge aufweisen konnte, weil die Fruchtbarkeitsrate seit 1975 wieder anstieg und trotz eines leichten Rückgangs auf einem höheren Niveau blieb als in der Ausgangslage unmittelbar nach 1965 (vgl. Tabelle 10);

3. dass sie ein Paradebeispiel für eine multizieladäquate Ausgestaltung von Instrumenten im Sinne des Prinzips der Einheit von Wirtschafts- und Sozialpolitik war. Um ein Beispiel anzuführen: Einerseits wurden Frauen kinderbedingte Unterbrechungen der Erwerbstätigkeit seit 1968 rentenanspruchsbegründend und rentenerhöhend angerechnet,[124] gleichzeitig jedoch erhöhte sich andererseits die Zahl der anrechenbaren Jahre zusätzlich um ein Jahr für jeweils fünf Jahre versicherungspflichtiger Tätigkeit, die über einer versicherungspflichtigen Tätigkeit von zwanzig Jahren lagen. Man versuchte also, Frauen zu möglichst langer Erwerbstätigkeit anzuregen.

3. Charakteristische Merkmale der staatlichen Sozialpolitik

Die Sozialpolitik der DDR war konzeptionell und in ihrer konkreten Ausgestaltung absolut ideologie- und systemkonform. Sie konzentrierte sich bis Mitte der 60er Jahre auf Maßnahmen zum Schutz und zur Erweiterung des Arbeitskräftepotenzials, auf die Verwirklichung des in der Verfassung verankerten Rechts auf Arbeit im Rahmen der Volkswirtschaftsplanung, auf den Auf- und Ausbau des Gesundheitssystems und auf die Bildungspolitik. Sie war ganz überwiegend sozialinvestive Politik mit eindeutigen wachstumspolitischen Akzenten. Die Wirtschaftspolitik hatte eindeutige Priorität. Ab

---

[123] Bundesministerium für innerdeutsche Beziehungen 1987, S. 594.

[124] Zeiten des Schwangerschafts- und Mutterschaftsurlaubs und der Freistellung zur Pflege erkrankter Kinder wurden als versicherungspflichtige Tätigkeit angerechnet. Für Frauen, die mehr als zwei Kinder geboren haben, verringerte sich die geforderte versicherungspflichtige Tätigkeit um je ein Jahr für das dritte und jedes weitere Kind. Frauen, die fünf und mehr Kinder geboren haben, erhielten eine Mindestrente, auch wenn kein Anspruch aus versicherungspflichtiger Tätigkeit bestand. Rentenerhöhend wirkte sich bei jeder Frau die Geburt eines Kindes dadurch aus, dass bei der Altersrentenberechnung ein Jahr für jedes Kind angerechnet wurde.

Mitte der 60er Jahre wurde diese Politik zwar fortgeführt, aber durch die Verbesserung der Mindestlöhne und der Sozialtransfers verschiedener Art ergänzt. Nach dem VIII. Parteitag 1971 gewannen die Sozialtransfers noch mehr an Gewicht. Die 70er Jahre brachten die umfassendsten sozialpolitischen Maßnahmen in der Geschichte der DDR. Im Mittelpunkt stand der Ausbau der Rentenpolitik im Sinne einer Erhöhung des Niveaus der Leistungen bei gleichzeitiger Differenzierung nach der Arbeitsleistung, die Verbesserung der Wohnungsversorgung und nicht zuletzt eine bevölkerungspolitisch orientierte, umfassend entwickelte Familienpolitik. Die eingesetzten Instrumente waren ziel- und systemkonform ausgestaltet.

G. Der sozialpolitische Handlungsbedarf nach der Vereinigung der Bundesrepublik und der Deutschen Demokratischen Republik

Der durch die Vereinigung der beiden deutschen Staaten entstandene sozialpolitische Handlungsbedarf ergab sich zum einen aus den dem Beitritt der Länder der DDR zur Bundesrepublik vorausgehenden vertraglichen Vereinbarungen und zum anderen aus der zum Zeitpunkt der Wiedervereinigung bestehenden sozialpolitischen Lage in der DDR in Verbindung mit den Erwartungen der Bevölkerung.

Im Vertrag über die Schaffung einer Währungs-, Wirtschafts- und Sozialunion vom 18. Mai 1990 haben sich die beiden Vertragsparteien „zur freiheitlichen, föderativen, rechtsstaatlichen und sozialen Grundordnung" bekannt und in den Bestimmungen über die Sozialunion festgelegt, dass in der (zum Zeitpunkt des Vertragsabschlusses noch bestehenden) DDR gelten bzw. eingeführt werden sollten:

1. die Grundsätze der Arbeitsrechtsordnung der Bundesrepublik (Koalitionsfreiheit, Tarifautonomie, Arbeitskampfrecht, Betriebsverfassungsrecht, Unternehmensmitbestimmung und Kündigungsschutz);
2. die Grundsätze der Sozialversicherung der Bundesrepublik (Selbstverwaltung, überwiegend Beitragsfinanzierung und Lohnbezogenheit der Leistungen);
3. die Regelungen des AFG;
4. ein dem BSHG entsprechendes Sozialhilfesystem.

Durch die Schaffung der Sozialunion sind die wesentlichen Ziele, Prinzipien, Institutionen und Instrumente der Sozialpolitik der Bundesrepublik auf die neuen Bundesländer übertragen worden. Freilich waren, da ein Sozialsystem nicht übergangslos durch ein anderes ersetzt werden kann, Übergangsbestimmungen erforderlich (vgl. dazu Frerich/Frey 1996, Bd. 3, S. 557 ff.). Mittlerweile ist der Anpassungsprozess sowohl bei den Sozialleistungen als auch bei den Beitragsverpflichtungen weit fortgeschritten (vgl. dazu die Tabellen 14, 17 und 33).

Die Zusammenführung zweier unterschiedlicher Wirtschafts- und Sozialsysteme mit unterschiedlichem wirtschaftlichen und sozialpolitischen Leistungsvermögen hat drei Arten von Handlungsbedarf entstehen lassen, nämlich:

1. durch die Systemtransformation bedingten Handlungsbedarf. Unabhängig von ihrem sozialpolitischen Wert oder Unwert mussten jene Regelungen der Arbeits- und Sozialordnung sowie des Sozialleistungssystems der DDR eliminiert werden, die Ergebnis oder Begleiterscheinung charakteristischer Lenkungselemente des Wirtschaftssystems waren, wie z.B. die Arbeitskräftelenkung, die staatliche Lohn-

festsetzung und die starke Subventionierung von Grundnahrungsmitteln, Verkehrs- und Energiepreisen sowie von Mieten. Andererseits mussten die für eine soziale und freiheitliche Wirtschafts- und Sozialordnung charakteristischen Prinzipien und Einrichtungen der Sozialpolitik etabliert werden;

2. durch Übergangsschwierigkeiten bedingten Handlungsbedarf. Dazu gehören vor allem die Substitution der Preissubventionen durch Einkommenssubventionen und Erhöhungen der Arbeits- und Sozialeinkommen, um Realeinkommensverluste zu vermeiden,[125] sowie die Bekämpfung der Arbeitslosigkeit. Die in den neuen Bundesländern entstandene Arbeitslosigkeit war unvermeidlich, weil die sektoralen und die Branchenstrukturen der ehemaligen DDR und ihre Technologie grundlegend umgestellt werden mussten und weil durch die Systemauflösung die früher verdeckte Arbeitslosigkeit zu einer offenen Arbeitslosigkeit wurde;

3. durch die Unterschiede im wirtschaftlichen und sozialpolitischen Leistungsniveau bedingten Handlungsbedarf. Er soll im Folgenden skizziert werden.

Im *Arbeitszeitschutz* stimmten zwar die Zielsetzungen weitgehend überein. Es gab jedoch erhebliche Abweichungen im Zielerreichungsgrad. So war die wöchentliche Arbeitszeit in der DDR um etwa 15 % länger, der Jahresurlaub um etwa ein Drittel kürzer als in der Bundesrepublik. Der Frauenarbeitsschutz war in der DDR weniger entwickelt. Dagegen waren die bezahlten Freistellungen für kinderbetreuende Mütter großzügiger geregelt (vgl. dazu Lampert 1991a).

Im Bereich des *technischen Arbeitsschutzes* stimmten die Zielsetzungen und die Rechtsnormen im Prinzip ebenfalls weitgehend überein. Die Organisation und die Kontrolle des Gefahrenschutzes sind jedoch in der Bundesrepublik wirksamer als sie es in der DDR waren, die überdies nicht in der Lage war, einen ausreichenden Gefahrenschutz zu finanzieren. Besondere Gefährdungen der Arbeitskräfte ergeben sich aus den technisch unzulänglichen und überwiegend längst überholten Arbeitsplatzausstattungen.

Einen besonderen Problembereich stellte der *Kündigungsschutz* dar, der in der DDR rechtlich und tatsächlich stärker ausgebaut war als in der Bundesrepublik, weil die Durchsetzung des „Rechts auf Arbeit" ungeachtet der Kosten mit Vorrang verfolgt wurde. Dieser starke Kündigungsschutz musste aufgegeben werden, weil er eine der wichtigsten Ursachen für die wirtschaftliche Ineffizienz des gesamten Systems war. Die von der Bevölkerung verständlicherweise hoch bewertete Beschäftigungsgarantie wurde von der gesamten Gesellschaft durch permanent auftretende Wohlfahrtsverluste in Höhe von mehreren Milliarden jährlich erkauft und war eine wesentliche Mitursache für den desolaten Zustand des Wirtschaftssystems, des Gesundheitssystems, für die geringe Leistungsfähigkeit der Rentenversicherung und für die unzureichende wirtschaftliche und soziale Infrastruktur.

Im Bereich der *sozialen Sicherung im engeren Sinn* war die sozialpolitische Überlegenheit der BRD am deutlichsten ausgeprägt (vgl. zu Einzelheiten Lampert 1990c). In der *Unfallversicherung* stimmten zwar die Leistungsvoraussetzungen weitgehend überein, die Leistungshöhe im Falle einer Beeinträchtigung der Erwerbsfähigkeit unterschied sich jedoch eklatant.

Nicht so stark ausgeprägt, aber doch bemerkenswert groß waren auch die Leistungsunterschiede in der *Rentenversicherung*. Die Renten in der DDR stellten, so-

---

[125] Rund 30 % der Ausgaben der DDR-Haushalte entfielen auf Güter und Dienstleistungen, die 1988 mit fast 50 Mrd. Mark subventioniert wurden (ohne die Mietsubventionen).

weit es sich nicht um die vom System privilegierten Personengruppen handelte, nur eine Grundversorgung sicher. Sie lagen im Durchschnitt knapp über den Mindestrenten. Im Dezember 1987 erreichten die Altersrenten einschließlich der Zusatzrenten aus der freiwilligen Zusatzversicherung die Höhe von 476 Mark monatlich. In der DDR betrug das durchschnittliche Nettoeinkommen von Rentner-Haushalten etwa 1/3 des Nettoeinkommens von Arbeitnehmer-Haushalten, in der Bundesrepublik 2/3. Die Anspruchsvoraussetzungen für Hinterbliebenenrenten waren in der DDR ungünstiger als in der Bundesrepublik.

Weniger gravierend als in der Rentenversicherung waren die Unterschiede in den Geldleistungen der *Krankenversicherung*. Die DDR kannte keine Lohnfortzahlung, das Krankengeld belief sich auf 70 bis 90 % des Nettoarbeitsentgeltes. Allerdings gab es in der DDR in Bezug auf die medikamentöse Versorgung sowie die medizinische Versorgung in den Ambulatorien, Polikliniken und Krankenhäusern erhebliche Defizite.

Die *Sozialhilfe*, in der DDR als Sozialfürsorge bezeichnet, spielte in der DDR eine geringere Rolle, weil der Zwang zur Erwerbstätigkeit und die betriebene Politik der Arbeitsplatzsicherung einen geringeren Hilfsbedarf entstehen ließen.

Auch in der *Wohnungspolitik* hatte die DDR gegenüber der Bundesrepublik erhebliche Defizite aufzuweisen. Zwar wurden die extrem niedrigen, staatlich subventionierten Mieten als „sozialistische Errungenschaft" gefeiert. Ein Vergleich der Wohnungsversorgung fällt jedoch eindeutig zugunsten der früheren Bundesrepublik aus. In ihr waren die Zahl der Wohnungen je 1 000 Einwohner und die Durchschnittsgröße der Wohnungen merklich höher, die Ausstattung der Wohnungen deutlich besser und die Altersstruktur der Wohnungen wesentlich günstiger.

Während in den bisher angesprochenen Bereichen mehr oder minder große Leistungsvorsprünge der Bundesrepublik zu konstatieren waren, stellte sich die Lage in der *Familienpolitik* anders dar. Aus verschiedenen Gründen, zu denen produktions- und bevölkerungspolitische Gründe zählen, wurden vor allem seit 1972 zahlreiche familienpolitische Instrumente eingesetzt bzw. verbessert. Dazu gehörten z.B. Ehestandskredite, Arbeitszeiterleichterungen für Mütter bzw. Väter, der Mutterschaftsurlaub, die Sicherung der Betreuung der Kinder in Krippen und Kindergärten, Geburtenprämien, stark familien- und kinderzahlorientierte Sozialleistungen und Kindergeld. Bei einem Vergleich der Familienpolitik in beiden Staaten ergibt sich, dass in der DDR die Freistellungen für Mütter großzügiger geregelt waren, dass die Ausstattung mit Kinderbetreuungsplätzen quantitativ besser war, dass die Familienpolitik stärker auf Familien mit drei und mehr Kindern ausgerichtet war, dass jedoch der Zwang der Mütter zur Erwerbsarbeit in der DDR größer war als in der Bundesrepublik.[126]

Zusammenfassend zum sozialpolitischen Handlungsbedarf lässt sich festhalten:
1. Das hohe Gewicht der Ziele soziale Sicherheit und soziale Gerechtigkeit im Rahmen der ordnungspolitischen Konzeption der Bundesrepublik sowie die hohe Leistungsfähigkeit der Sozialordnung und des Sozialleistungssystems nach Breite, Vielfalt und Leistungsniveau ließ es als sinnvoll erscheinen, die gesamtdeutsche Sozialpolitik ganz überwiegend an den in der Bundesrepublik geltenden Regelungen auszurichten.

---

[126] Vgl. zur Familienpolitik in der DDR Lampert 1981b und 1991a.

2. Ein Vergleich der sozialpolitischen Ziel-, Mittel- und Trägersysteme ergibt ganz überwiegend eine zum Teil eklatant, in den meisten Fällen mindestens bemerkenswert höhere Leistungsfähigkeit des sozialpolitischen Systems der Bundesrepublik. Auch dies spricht für die Richtigkeit der Entscheidung, die Sozialpolitik eines vereinigten Deutschland an den sozialstaatlichen Regelungen der Bundesrepublik zu orientieren.

3. In einigen sozialpolitischen Bereichen hätten frühere DDR-Regelungen Anlass für eine Verbesserung des Gesamtsystems sein können. Zu erwähnen sind in diesem Zusammenhang:
   a) die Gleichbehandlung von Arbeitern und Angestellten im Kündigungsschutz;[127]
   b) die Zahlung von Mindestinvalidenrenten an Gesellschaftsmitglieder, die wegen Invalidität eine Berufstätigkeit überhaupt nicht aufnehmen können;[128]
   c) die Erweiterung von Freistellungszeiten für kindererziehende und kinderversorgende Eltern zur Erhöhung der Vereinbarkeit von Erwerbstätigkeit und Familientätigkeit;
   d) die Erhöhung des Ausstattungsgrades unterversorgter Regionen mit Kindergartenplätzen.

H. Sozialpolitische Probleme der Systemtransformation in den Neuen Bundesländern[129]

Bekanntlich waren mit dem Prozess der Umgestaltung des Wirtschafts- und Sozialsystems der DDR wesentlich mehr und gravierendere Probleme verbunden als die meisten Politiker und auch nicht wenige Wirtschaftswissenschaftler erwarteten, die geglaubt hatten, die Übertragung der Sozialen Marktwirtschaft der Bundesrepublik auf die neuen Bundesländer werde in Kürze ein Wirtschaftswunder hervorbringen, wie es sich nach dem Krieg in Westdeutschland ereignet hatte. Bei dieser Beurteilung wurde verkannt, dass sich die Situation in den neuen Bundesländern 1990 von der der Bundesrepublik 1948 in vielen Punkten grundlegend unterschied. Insbesondere war die Wirtschaft der Bundesrepublik - im Gegensatz zu der der DDR 1990 - trotz staatlicher Regulierungen noch weithin privatwirtschaftlich geprägt; die Bevölkerung war noch mit der Funktionsweise freier Märkte vertraut; es existierte eine breite Schicht selbstständiger Unternehmer; ein weltweit verbreiteter Protektionismus hatte die westdeutsche Wirtschaft von der internationalen Konkurrenz abgeschirmt.

Es sollte auch nicht übersehen werden, dass in den neuen Bundesländern noch folgende *grundsätzliche* Probleme einer Systemtransformation bestehen:
1. Die Bevölkerung wurde vier Jahrzehnte lang in den Kindergärten, in den Schulen, durch die Medien, durch die Gewerkschaften und durch die sozialistische Ein-

---

[127] Diese Gleichbehandlung wurde mit dem Gesetz zur Vereinheitlichung der Kündigungsfristen von Arbeitern und Angestellten vom 07. Okt. 1993 herbeigeführt.

[128] Eine derartige Mindestsicherung ist durch das *Gesetz über eine bedarfsorientierte Grundsicherung im Alter und bei Erwerbsminderung* vom 26. Juni 2001 geschaffen worden. Vgl. zu den Einzelheiten Kap. X).

[129] Vgl. zu diesem Abschnitt H. Bertram u.a. (Hg.), 1996 mit zahlreichen Beiträgen zum Transformationsprozess und zur Entwicklung und Verteilung von Lebenslagen.

heitspartei Deutschlands systematisch, permanent und perfektionistisch im Sinne des Marxismus-Leninismus erzogen und programmiert. Sie musste sich kurzfristig geistig und psychisch auf ein System umstellen, das ihr fremd war und das vielfach andere Verhaltensweisen und andere Eigenschaften voraussetzt als das alte System. Selbst bei hoher Bereitschaft der Bevölkerung zur Umstellung und Anpassung an das neue System, seine Funktionsweise und seine Anforderungen sind Friktionen und Umstellungsschwierigkeiten unvermeidbar. Es wird Jahre dauern, bis in ausreichender Zahl Führungskräfte herangebildet sind, die marktwirtschaftlich denken und handeln können. Es wird lange dauern, bis die Zahl risikobereiter, auf die Eigeninitiative und auf die Selbstverantwortung setzende Bürger die Zahl jener Gesellschaftsmitglieder übertrifft, die auf einen paternalistischen Staat setzen und auf seine Führung vertrauen.

2. Die Bevölkerung wurde nicht nur mit Änderungen von System*teilen* konfrontiert, vielmehr hat sich das gesamte Rechtssystem (Zivilrecht, Prozessrecht, Familienrecht, Strafrecht usw.), das *gesamte Wirtschaftssystem* und das *gesamte Sozialleistungssystem* verändert. Die Bevölkerung musste sich auf ein anderes System der politischen und der Sozialverwaltung mit neuen Zuständigkeitsregelungen und mit neuen Verwaltungsverfahren einstellen. Diese Notwendigkeit, gleichzeitig in mehreren Lebensbereichen umzulernen, erhöht den Zeitbedarf für die Anpassung an das neue System.

3. Das Funktionieren der neuen Ordnung war zum einen von einer leistungsfähigen öffentlichen Verwaltung, insbesondere im Bereich der Rechtsprechung und in der Wirtschaftsverwaltung, und zum anderen von einem leistungsfähigen System von Verbänden verschiedener Art, wie z. B. Arbeitgebervereinigungen, freien Gewerkschaften, Industrie- und Handelskammern, Handwerkskammern und Verbänden der Wohlfahrtspflege abhängig. Der Aufbau der staatlichen Wirtschaftsverwaltung und der Verbände kostete nicht nur Zeit, sondern hing auch davon ab, dass mit dem neuen Rechts-, Wirtschafts- und Sozialsystem vertraute Mitarbeiter verfügbar waren. Dieser Bedarf an Fachkräften ging für die neuen Bundesländer in die Hunderttausende. Er konnte nicht innerhalb weniger Jahre gedeckt werden, zumal die Aufgaben und die Verfahrensweisen der Verwaltung eines demokratischen Staates sich von den Aufgaben und Verfahrensweisen der Verwaltung eines totalitären Staates grundlegend unterscheiden.

Als das zweifellos größte Problem stellt sich in Ostdeutschland die Arbeitslosigkeit dar. Die Zahl der versicherungspflichtig Beschäftigten im Beitrittsgebiet ging von 9,8 Mio. im Herbst 1989 auf 5,8 Mio. Personen 1992 zurück. Bis 1999 war diese Zahl auf 5,0 Mio. gesunken. Im Durchschnitt des Jahres 2002 wurden 1,2 Mio. Arbeitslose gezählt. Nimmt man die Personen dazu, die als Kurzarbeiter beschäftigt, im Rahmen von Arbeitsbeschaffungsmaßnahmen tätig und Teilnehmer an Fort- und Umschulungsmaßnahmen waren, dann betrug die Gesamtzahl der Arbeitslosen i. w. S. in Ostdeutschland 1,6 Mio. Erwerbspersonen (DIW-Wochenbericht 25/02).

Nicht wenige Betroffene lasten diese Entwicklung dem neuen System an. Diese Arbeitslosigkeit ist jedoch verursacht *erstens* durch die mit der Abschaffung des alten Systems in eine offene Arbeitslosigkeit verwandelte verdeckte Arbeitslosigkeit, *zweitens* durch den mit der Systemtransformation unvermeidlichen Zusammenbruch der alten, auf die sozialistischen Systeme Mittel- und Osteuropas zugeschnittenen Produktionsstruktur, *drittens* durch den mit dem Zusammenbruch der sozialistischen Systeme verbundenen Zusammenbruch von Absatzmärkten und *viertens* durch eine weithin fehlende Wettbewerbsfähigkeit ostdeutscher Unternehmungen, die wiederum durch fehlendes Know-how, qualitativ rückständige Produkte und nicht zuletzt durch eine verfehlte Lohnpolitik verursacht ist (vgl. dazu v.a. G. Sinn/ H.-W. Sinn 1992). Der Lebensstandard der ostdeutschen Bevölkerung ist schnell gestiegen. 1998 betrug das Nettoeinkommen der Arbeiterhaushalte 82,7 % des westdeutschen Nettoeinkommens, das der Angestelltenhaushalte 81,9 % und das der Beamtenhaushalte 85,0 %.[130] 1991 hatte das verfügbare Einkommen der privaten Haushalte in den neuen Bundesländern noch bei 57 % des westdeutschen Wertes gelegen.

Der schnelle Anstieg der realen Arbeitnehmereinkommen in den neuen Bundesländern und die damit verbundene deutliche Verbesserung des Lebensstandards musste jedoch mit Massenentlassungen und einer wachstumshemmenden Beeinträchtigung der Investitionsbereitschaft erkauft werden, weil die Lohnerhöhungen durch die Produktivitätsentwicklung nicht fundiert waren. Während die Entgelte je Arbeitnehmer zwischen 1991 und 2001 von 49 % der westdeutschen Entgelte auf 78 % stiegen, erhöhte sich im gleichen Zeitraum die Produktivität, gemessen als reales Bruttoinlandsprodukt je Erwerbstätigen, nur von 42 % des westdeutschen Niveaus auf 70 %.[131]

Zu den durch die Wiedervereinigung am meisten begünstigten Gruppen in den neuen Bundesländern gehören ohne Zweifel die Rentner. Mitte 1990 lagen die Renten je nach dem Zugangsjahr zwischen 470 und 602 Mark. Das waren 29 - 37 % der Rente eines westdeutschen Rentners, der ein durchschnittliches Arbeitseinkommen bezogen und 45 Versicherungsjahre aufzuweisen hatte. Durch die Übertragung des westdeutschen Rentenrechts und einen zügig gestalteten Anpassungsprozess stiegen die Renten in den neuen Bundesländern bis zum Jahre 2000 auf westdeutsches Niveau. Begünstigt wurden v.a. die Rentnerinnen in Ostdeutschland, da sie im Vergleich zu den westdeutschen Frauen überwiegend längere Versicherungszeiten aufzuweisen haben. Während sich der durchschnittliche Rentenzahlbetrag für Frauen in den alten Bundesländern Ende 2001 auf 496 € mtl. belief, betrug er in den neuen Bundesländern 606 €. Der durchschnittliche Rentenzahlbetrag für Männer lag in den alten Bundesländern bei 934 €, in den neuen Bundesländern bei 948 €.[132] Da die derzeitige Rentnergeneration am längsten in einem ökonomisch nicht leistungsfähigen und politisch unfreien System leben musste, zu den ökonomisch am meisten benachteiligten Gruppen gehörte und eine geringere Lebenserwartung hat als die jüngeren Generationen, war es eine sozialpolitisch sehr positiv zu bewertende Entscheidung, die Einkommenssituation der Rentner sofort nach der Vereinigung nachhaltig zu verbessern.

Da die Beitragseinnahmen der ostdeutschen Rentenversicherungsträger nicht ausreichen, um die Rentenansprüche abzudecken, werden jährlich erhebliche Summen von den westdeutschen Versicherungsträgern an die ostdeutschen transferiert (DIW-Wochenbericht 45/99). Die kumulierten Defizite der ostdeutschen Rentenversicherungsträger beliefen sich zwischen 1991 und 2002 auf 44 Mrd. Euro (86,2 Mrd. DM) (Verband Deutscher Rentenversicherungsträger, Statistik – Zeitreihen, unter http://www.vdr.de).

Da auch im fünfzehnten Jahr nach der Wiedervereinigung in den neuen Bundesländern noch kein sich selbst tragender Aufschwung in Gang gekommen ist, sind nach

---

[130] Stat. BA, Einkommen und Ausgabenstruktur der privaten Haushalte in Deutschland im ersten Halbjahr 1998, S. 34.

[131] Institut der Deutschen Wirtschaft, Deutschland in Zahlen 2002, Tab. 11.9.

[132] Verband Deutscher Rentenversicherungsträger, Rentenversicherung in Zahlen 2002, S. 34 f.

116

wie vor jährliche Transferleistungen von rund 90 bis 100 Mrd. € für Maßnahmen der Wirtschaftsförderung, die Arbeitslosenunterstützungen und die Arbeitsmarktpolitik sowie für andere Sozialleistungen erforderlich. Insgesamt wurden von 1991 bis 1999 von den öffentlichen Haushalten einschl. der Haushalte der Renten- und der Arbeitslosenversicherung für den Aufbau in den neuen Bundesländern netto 1,39 Billionen DM zur Verfügung gestellt.[133]

Die Bruttowertschöpfung je Erwerbstätigen in Ostdeutschland belief sich 1991 mit 28 138 DM auf 31 % der westdeutschen Wirtschaftskraft; bis 2001 ist sie auf 61 % gestiegen.[134]

Die Sachvermögensbildung, d.h. die Nettoinvestitionen in Sachanlagen und Vorräte stiegen von 21,5 Mrd. DM 1990 auf 140,7 Mrd. DM 1994 und beliefen sich insgesamt in diesem Zeitraum auf 426,4 Mrd. DM.[135]

Die Vermögensverteilung in den neuen Bundesländern hat sich aus folgenden Gründen zu einem beachtlichen sozialpolitischen Problem entwickelt. In den neuen Bundesländern bestand ein außerordentlich hoher Bedarf an Produktionsstätten, Ausrüstungsinvestitionen, Infrastruktureinrichtungen und Wohnungen. Wenn man, um die Größenordnungen grob abzuschätzen, davon ausgeht, dass in den neuen Bundesländern nach einer Aufbauphase von etwa 10 Jahren die Kapitalausstattung pro Kopf der Bevölkerung so groß hätte sein sollen wie in den alten Bundesländern zum Zeitpunkt der Herstellung der Einheit Deutschlands, dann hätte der Kapitalstock um das Jahr 2000 einen Wert von rund 1 500 Mrd. DM haben müssen. Unterstellt man optimistischerweise, dass der vorhandene Kapitalstock 1990 rund 500 Mrd. DM wert war, dann errechnet sich als Zielgröße ein Nettoinvestitionsvolumen, d.h. eine Realvermögensbildung, in Höhe von 1 Billion Mark (vgl. dazu G. Sinn/H.-W. Sinn 1992, S. 45 f.). Der durch die Sanierung und das Wachstum der Wirtschaft der neuen Bundesländer eingetretene Bodenwertzuwachs ist dabei noch gar nicht berücksichtigt. Der Bodenwert dürfte sich - ähnlich wie in der Bundesrepublik im Jahrzehnt 1950 bis 1960 - bis zum Jahre 2000 wenigstens verfünffacht haben.

Für die wirtschaftliche, soziale und demokratische Qualität der Bundesrepublik und zur Vermeidung großer verteilungspolitischer Ungleichheiten zwischen West- und Ostdeutschland war es von großer Bedeutung, wer an diesem Vermögensbildungsprozess beteiligt war. Gemessen an den Erfahrungen im ersten Jahrzehnt des wirtschaftlichen Wiederaufbaues in der Bundesrepublik war zu erwarten, dass ohne eine Politik breiter Vermögensstreuung die Aufbauphase in den neuen Bundesländern zu einem Prozess der Konzentration des Vermögens, insbesondere des Produktivvermögens, führen musste, da in erster Linie bereits bestehende Unternehmungen aus Westdeutschland, die Bezieher hoher Einkommen sowie die Eigentümer von Geldvermögen in der Lage waren, Realkapital zu bilden, Grund und Boden zu erwerben und die dazu erforderlichen Finanzierungsmittel aufzubringen.[136] Ohne gezielte Maßnahmen

[133] Institut der deutschen Wirtschaft (Hg.), iw-trends 3/2000, S. 44.

[135] Institut der deutschen Wirtschaft, Deutschland in Zahlen 2002, Tab. 11.9.

[135] Gutachten des Sachverständigenrates 1997/98, S. 331. Aufgrund der Außerkraftsetzung der Vermögensbesteuerung seit 1995 und damit auch der entsprechenden statistischen Erhebungen stehen keine neueren Zahlen zur Verfügung

[136] Vgl. dazu auch die Feststellung von G. Sinn/ H.-W. Sinn 1992, S. 90, dass die Fortsetzung des „Ausverkaufs der ostdeutschen Wirtschaft" durch die Treuhandanstalt die Trennung der deutschen Bevölkerung in vermögende Kapitalbesitzer im Westen und mittellose Lohnbezieher im Osten vervollkommnen würde. Nicht zuletzt deswegen schlugen sie a.a.O., S. 133 ff. ein Privatisierungskonzept vor, das es er-

musste sich daher beim wirtschaftlichen Aufbau in den neuen Bundesländern wiederholen, was nach *Carl Föhl* in den 50er Jahren für die Bundesrepublik galt: „Wer hat, dem wird gegeben" (C. Föhl 1964, S. 40).

Eine besondere, zusätzliche soziale Problematik ergibt sich daraus, dass dieser Vermögensbildungsprozess zu großen Teilen massiv durch öffentliche Mittel gefördert wird. Die kumulierte Inanspruchnahme der geltenden Investitionsprämien und Steuererleichterungen machte es möglich, eine Gesamtentlastung bis zu 50 % der Investitionssumme zu erreichen (vgl. dazu Sachverständigenrat 1991/92, Z 81/83). Gleichzeitig wurden andererseits durch die Finanzierung der für die neuen Bundesländer erforderlichen Transfers mit Hilfe der Beitragseinnahmen der Bundesanstalt, der gesetzlichen Rentenversicherung und einer Anhebung des Mehrwertsteuersatzes die verfügbaren Einkommen und die Sparfähigkeit schlechter Verdienender und kinderreicher Familien, d.h. ihre Vermögensbildungsmöglichkeiten, eingeschränkt (vgl. dazu R. Neubäumer 1991, S. 239 ff.) und die Lohnnebenkosten durch eine Erhöhung der Beitragssätze zur Sozialversicherung von 35,6 % im Jahr 1991 auf 40,9 % im Jahr 2001 angehoben.[137] Diese Art der Finanzierung der Folgekosten der Wiedervereinigung hat tendenziell Arbeitslosigkeit erzeugt.

Neben dem Ziel, in den neuen Bundesländern einen Prozess massiv mit öffentlichen Mitteln geförderter Vermögensbildung bei gleichzeitig hohem Konzentrationsgrad der Vermögensverteilung zu verhindern, sprechen drei weitere Gründe für eine Politik breiter Streuung des Vermögens. Der *erste* Grund: Durch den Umtausch des über einem bestimmten Grundbetrag liegenden Geldvermögens der Sparer im Verhältnis von 2 Mark der DDR zu 1 DM erlitten viele DDR-Bürger bei der Währungsreform reale Umtauschverluste. Dementsprechend sind nach Art. 25 des Einigungsvertrages vom 31. Aug. 1990 „Möglichkeiten vorzusehen, daß den Sparern zu einem späteren Zeitpunkt für den bei der Umstellung 2 : 1 reduzierten Betrag ein verbrieftes Anteilrecht am volkseigenen Vermögen eingeräumt werden kann." Der *zweite* Grund: Die Bevölkerung der DDR ist durch Partei und Staat - u.a. durch eine Lohnpolitik, die die Lohnzuwächse systematisch unter der Wachstumsrate der Arbeitsproduktivität hielt, um die staatliche Vermögensakkumulation zu finanzieren - rigoros ausgebeutet worden (vgl. dazu auch G. Sinn/H.-W. Sinn 1992, S. 88 - 91). Daraus ergibt sich ein sozialethisch begründeter Anspruch auf Beteiligung der Bevölkerung am Prozess der Umverteilung und der Neubildung des Volksvermögens in Ostdeutschland - umso mehr, als das nach 1945 aufgebaute Volksvermögen der DDR seit 1990 mit Hilfe der Treuhandanstalt privatisiert wurde. Der *dritte* Grund: In marktwirtschaftlichen Ordnungen sind - wie in Kapitel XIV zu zeigen sein wird - die Unternehmensgewinne die entscheidende Quelle der Vermögensbildung. Nicht-Unternehmer haben dagegen - wenn nicht politisch gegengesteuert wird - wesentlich geringere Chancen zur Vermögensbildung als Unternehmer und Unternehmungen.

Zu den bisher bestehenden vermögenspolitischen Defiziten der Vereinigungspolitik schreiben *Gerlinde* und *Hans-Werner Sinn* mit wünschenswerter Deutlichkeit: „Über das 'volkseigene Vermögen' wurde in den Staatsverträgen in einer Weise disponiert, die dem 'Volk' der Ex-DDR keine nennenswerten Ansprüche zuerkannte (1992, S. 72) ... Zum anderen ist zu bedenken, dass das Vermögen einer Bevölkerungsgruppe ver-

---

laubt, die Arbeitnehmer und die nicht erwerbstätige Bevölkerung an dieser Art der Vermögensbildung zu beteiligen.

[137] Institut der deutschen Wirtschaft, Deutschland in Zahlen 2002, Tab. 7.11.

118

teilt wird, die mit dem Verbleib in der sowjetischen Besatzungszone ein schlechtes Los gezogen hatte, die mit der Umstellung auf die Marktwirtschaft erhebliche Teile des erworbenen Humankapitals abschreiben musste und die durch die Währungsumstellung und die Restitutionsregel schon starke Vermögensnachteile hatte hinnehmen müssen. Schon diese Aspekte verbieten es, den ohnehin wenig erfolgversprechenden Versuch zu unternehmen, den Aufschwung auf dem Wege des Ausverkaufs der ostdeutschen Bevölkerung zu erzwingen. Der Ausverkauf würde die Trennung der Bevölkerung in vermögende Kapitalbesitzer im Westen und mittellose Lohnbezieher im Osten vervollkommnen und wäre weder mit dem Gleichheitspostulat des Grundgesetzes noch mit dem Erfordernis vereinbar, eine tragfähige Startbasis für eine gemeinsame Zukunft der beiden Landesteile zu errichten" (S. 90).

Aus den genannten drei Gründen ist es geboten, insbes. für die neuen Bundesländer eine Politik breiter Streuung des Vermögens zu konzipieren und zu realisieren. Die Instrumente einer Politik breiter Vermögensstreuung werden in Kapitel XIV dargestellt.

Zweiter Teil

Theoretische Grundlegung der staatlichen Sozialpolitik

Die Darstellung der Ursachen der Sozialpolitik, der Triebkräfte der Entwicklung und der Geschichte der sozialpolitischen Gesetzgebung hat bereits Entwicklungstendenzen und Ergebnisse der Sozialpolitik sichtbar werden lassen. Diese Entwicklungstendenzen und Hauptergebnisse sollen im folgenden Kapitel zusammenfassend dargestellt werden. Wenn man die Entwicklung der Sozialpolitik, die Reihenfolge der Entstehung sozialpolitischer Handlungsbereiche, die treibenden Kräfte der Entwicklung, deren Zielsetzungen und den Ausbau der Sozialpolitik kennengelernt hat, drängt sich eine Reihe von Fragen auf, z.B. die Frage, wodurch die Reihenfolge der Lösung sozialpolitischer Probleme bestimmt worden ist oder die Frage, warum die einzelnen sozialpolitischen Bereiche, etwa die Sozialversicherung oder die Arbeitsmarktpolitik, in einer ganz bestimmten Weise und nach bestimmten Prinzipien ausgestaltet worden sind. Die Beantwortung dieser und ähnlicher Fragen ist Aufgabe einer Theorie der Sozialpolitik. Die Grundzüge einer solchen Theorie sollen im übernächsten Kapitel (V) dargestellt werden.

IV. Kapitel

Entwicklungstendenzen und Hauptergebnisse staatlicher Sozialpolitik

A. Entwicklungstendenzen

1. Von der staatsautoritären, repressiven, schichtspezifischen Schutzpolitik zur Gesellschaftspolitik des demokratischen und sozialen Rechtsstaates

Um deutlich zu machen, welche außerordentlichen politischen, wirtschaftlichen und sozialen Wandlungen die staatliche Sozialpolitik mitbewirkt hat, ist es sinnvoll, sich zu verdeutlichen, dass diese Politik ursprünglich die Lösung der Arbeiterfrage zum Ziele hatte. Wie im vorhergehenden Kapitel ersichtlich wurde, war die Sozialpolitik von 1839 bis 1880 *personell* vor allem eine auf Frauen und Kinder und *sachlich* eine auf den Arbeitszeitschutz, den Lohnschutz und den Gefahren- und Unfallschutz gerichtete Arbeiternehmerschutzpolitik. Wegen ihrer Begrenzung auf bestimmte Arbeitnehmergruppen war sie nur eine partielle und wegen ihrer Beschränkung auf den Schutz der Erwerbsfähigkeit nur eine *indirekte Unterhaltssicherungspolitik*. Mit der Einführung der Kranken-, Unfall-, Invaliditäts- und Altersversicherung in den 80er Jahren des vorigen Jahrhunderts und dem Ausbau dieser Versicherungseinrichtungen sowie mit dem Ausbau des Arbeitnehmerschutzes in Bezug auf die geschützten Personen und die Art des Schutzes in den Jahren 1890 bis 1918 begann die Sozialpolitik Unterhaltssicherungspolitik in einem umfassenderen Sinn zu werden: neben die indirekte Unterhaltssicherungspolitik trat die *Unterhaltssicherungspolitik durch Sozialtransfers*. Andere sozialpolitische Handlungsfelder nennenswerten Umfangs gab es nicht (vgl. dazu Übersicht 4 S. 125 f.). Diese ihrer Substanz nach staatsautoritäre Politik war gleichzeitig eine mit der Bekämpfung der Arbeiterbewegung verbundene, repressive Sozialpolitik. Bemerkenswert an dieser bis zum ersten Weltkrieg unveränderten Politik ist auch, dass sie sich auf die „gehobenen" Arbeiterschichten konzentrierte und die eigentliche Schicht der Proletaroiden auf die Armenpflege angewiesen blieb.

Festgehalten zu werden verdient auch, dass diese Sozialpolitik bis 1914 auch *Schutzpolitik im übertragenen Sinn* war: Politik zum Schutz der bestehenden Ordnung und der wohlhabenderen, Güter, Vermögen und Vorrechte besitzenden Schicht vor den Ansprüchen der von unten nachdrängenden Schichten (Volkmann 1968, S. 93 f.).

Der Zusammenbruch der ständestaatlichen Monarchie und die Errichtung der Weimarer Republik machte dann den Weg frei zu einer sozialpolitisch orientierten Ausgestaltung der Betriebsverfassung, zur betrieblichen, von Arbeitgebern und Arbeitnehmern getragenen Sozialpolitik und zur Anerkennung der Gewerkschaften. In dieser Phase erfolgten sozialpolitisch entscheidende Durchbrüche: Neben der Weiter-

Übersicht 4. Periodisierte Zeittafel grundlegender sozialpolitischer Gesetze

Sozialpolitischer Bereich	1839 - 1890	1890 - 1918	1918 - 1933	1933 - 1945	1949 - 2002
Arbeitnehmerschutz	1839: Regulativ über die Beschäftigung jugendl. Arbeiter in den Fabriken 1845: Preußische allgemeine GewO 1849: Truckverbot 1853: Gesetz über Fabrikinspektoren	1891: Arbeiterschutzgesetz	1918: Anordnung über die Regelung der Arbeitszeit gewerblicher Arbeiter 1926: Kündigungsschutzgesetz für Angestellte 1927: Gesetz über die Beschäftigung vor und nach der Niederkunft	1935: Gesetz über Wochenhilfe 1938: Jugendschutzgesetz	1951: Kündigungsschutzgesetz 1952: Mutterschutzgesetz 1960: Gesetz zum Schutz der arbeitenden Jugend 1963: Bundesurlaubsgesetz 1994: Arbeitszeitgesetz
Sozialversicherung	1883: Gesetz, betr. die Krankenversicherung der Arbeiter 1884: Unfallversicherungsgesetz 1889: Gesetz, betr. die Invaliditäts- und Altersversicherung	1911: Reichsversicherungsordnung	1923: Reichsknappschaftsgesetz 1925: Zweites Gesetz über Änderungen in der Unfallversicherung 1927: Gesetz über Arbeitsvermittlung und Arbeitslosenversicherung	1934: Gesetz über den Aufbau der Sozialversicherung 1938: Gesetz über die Altersversorgung für das deutsche Handwerk	1957: Neuregelungsgesetze der Rentenversicherung 1957: Altershilfe für Landwirte 1971: Schüler-, Studenten- und Kindergartenkinderunfallversicherung 1981: Künstlersozialversicherungsgesetz 1985: Anerkennung von Erziehungsjahren 1994: Pflegeversicherungsgesetz 1996: Gesetz zur Förderung eines gleitenden Übergangs in den Ruhestand 2002: Altersvermögens- und Altersvermögensergänzungsgesetz
Arbeitsmarktpolitik			1918: Verordnung über Tarifverträge 1920: Verordnung über die Errichtung eines Reichsamts für Arbeitsvermittlung 1922: Arbeitsnachweisgesetz 1923: Verordnung über das Schlichtungswesen	1933: Gesetz über Treuhänder der Arbeit 1934: Gesetz zur Ordnung der nationalen Arbeit 1934: Gesetz zur Regelung des Arbeitseinsatzes	1949: Tarifvertragsgesetz 1952: Gesetz über die Festsetzung von Mindestarbeitsbedingungen 1969: Arbeitsförderungsgesetz

125

Übersicht 4. (Fortsetzung)

Sozialpolitischer Bereich	1839 - 1890	1890 - 1918	1918 - 1933	1933 - 1945	1949 - 2002
Betriebs- und Unternehmens-verfassungspolitik		1916: Hilfsdienstgesetz	1920: Betriebsrätegesetz 1922: Gesetz über die Entsendung von Betriebsratsmitgliedern in den Aufsichtsrat		1951: Montanmitbestimmungsgesetz 1952: Betriebsverfassungsgesetz 1955: Personalvertretungsgesetz 1976: Mitbestimmungsgesetz
Fürsorge- und Sozialhilfepolitik			1922: Jugendwohlfahrtsgesetz 1924: Grundsätze über öffentliche Fürsorgeleistungen		1961: Bundessozialhilfegesetz 1961: Gesetz für Jugendwohlfahrt 1993: Asylbewerberleistungsgesetz 2001: Gesetz über eine bedarfsorientierte Grundsicherung
Wohnungspolitik			1923: Einführung einer Hauszinssteuer zur Wohnungsbauförderung		1950: 1. Wohnungsbaugesetz 1952: Wohnungsbauprämiengesetz 1994: Wohnungsbauförderungsgesetz
Familienpolitik				1935: Verordnung über die Gewährung von Kinderbeihilfen an kinderreiche Familien	1954: Kindergeldgesetz 1979: Mutterschaftsurlaubsgesetz 1985: Erziehungsgeld- und Erziehungsurlaubsgesetz 1999: Familienfördergesetz
Vermögenspolitik					1952: Lastenausgleichsgesetz 1959: Sparprämiengesetz 1961: Erstes Gesetz zur Förderung der Vermögensbildung 2002: Altersvermögensgesetz und Altersvermögensergänzungsgesetz
Bildungspolitik					1969: Berufsbildungsgesetz 1971: Bundesausbildungsförderungsgesetz

entwicklung der klassischen Bereiche der Sozialpolitik, nämlich des Arbeitnehmerschutzes und der Sozialversicherung, im Sinne einer Verbreiterung der geschützten Personenkreise und der Verbesserung der Leistungen nach Art und Höhe, vollzog sich durch die den Arbeitnehmern eingeräumten betrieblichen Mitbestimmungsrechte und durch die Anerkennung der Gewerkschaften und der Arbeitgebervereinigungen als autonome Tarifvertragsparteien und Träger der Selbstverwaltung der Sozialversicherung der Aufstieg der deutschen Arbeiterschaft zur selbstverantwortlichen Sozialpartei. Außerdem wurde das Prinzip staatlicher patriarchalischer Fürsorge durch das Prinzip einer durch demokratische Willensbildungsprozesse unter Mitwirkung der Betroffenen zustandekommenden Sozialgesetzgebung abgelöst. Schließlich wurde ein für die Lebenslage der Arbeitnehmer entscheidender Bereich zu einem zentralen politischen Aktionsfeld ausgebaut: die Arbeitsmarktpolitik. Auch die Wohnungsbaupolitik wurde als sozialpolitisches Handlungsfeld entwickelt.

Der Nationalsozialismus hat die Demokratisierung der staatlichen Sozialpolitik rückgängig gemacht. Aus dieser Zeit ist festzuhalten, dass mit den Handwerkern eine große Gruppe Selbständiger in die Sozialversicherung einbezogen wurde. Besonderes Augenmerk widmeten die Nationalsozialisten ihrer bevölkerungspolitischen Zielsetzungen wegen einem bisher kaum entwickelten Bereich: der Familienpolitik.

Die Sozialpolitik der Bundesrepublik knüpfte in vielem an die konzeptionellen, institutionellen und gesetzgeberischen Grundlagen der Sozialpolitik der Weimarer Republik an, setzte die von den Nationalsozialisten entmündigten Arbeitnehmer wieder in ihre Rechte ein und demokratisierte die Betriebsverfassung und die Sozialpolitik. Neben dem Wiederaufbau und der Weiterentwicklung der klassischen Bereiche und der Wiedereinführung einer demokratischen Betriebsverfassung sowie der Wiederaufnahme einer freiheitlichen Arbeitsmarktpolitik wurden die Wohnungsbaupolitik, die Vermögenspolitik und die Bildungspolitik zu Hauptaktionsfeldern.

Verfolgt man die Entwicklung der staatlichen Sozialpolitik von 1839 bis zur Gegenwart, dann fällt zunächst als Entwicklungstendenz eine zwar zögernd einsetzende, sich aber dann vor allem nach dem Ersten Weltkrieg beschleunigende Entwicklung auf, in der einzelne Bereiche der Sozialpolitik in einer bestimmten Reihenfolge schrittweise erschlossen wurden: Der Entwicklung des Arbeitnehmerschutzes in der Vor-Bismarck-Ära folgte die Entwicklung der Sozialversicherung in den 80er Jahren des vorigen Jahrhunderts. Nach dem Ausbau beider Bereiche unter *Wilhelm I.* wurden in der Weimarer Republik - ohne dass die klassischen Bereiche vernachlässigt wurden - die Betriebsverfassungspolitik, die Arbeitsmarktpolitik und die Wohnungsbaupolitik entwickelt. In der Zeit des Nationalsozialismus wurde zusätzlich und verstärkt Familienpolitik betrieben. Die Sozialpolitik der Bundesrepublik schließlich ist dadurch gekennzeichnet, dass nach Lösung der dringendsten sozialen Probleme der unmittelbaren Nachkriegszeit, nach der Wiederherstellung der institutionellen Grundlagen sozialer Sicherung und nach dem zügigen Ausbau des Arbeitnehmerschutzes, der Sozialversicherungspolitik und der Wohnungsbaupolitik die sozialpolitischen Akzente seit den 60er Jahren auf die Bildungspolitik und auf die Vermögenspolitik gelegt werden.

Ähnliche Entwicklungslinien lassen sich für fast alle industrialisierten Volkswirtschaften Europas und viele außereuropäische Industriegesellschaften feststellen. Trotz zum Teil großer zeitlicher Unterschiede in der Entwicklung der Sozialpolitik allgemein und bestimmter Bereiche der Sozialpolitik gilt, dass sich ein ähnlicher Umfang sozialpolitischer Intervention in nahezu allen industrialisierten Ländern zeigt. Es ist nachweisbar, dass wohlfahrtsstaatliche Entwicklungen eine unvermeidbare Begleiterscheinung der Industrialisierung sind.[1] In allen Ländern wurde zuerst der Arbeitnehmerschutz entwickelt (Winterstein 1977, S. 301). Dann wurden in den großen europäischen Industrieländern (Großbritannien, Frankreich, Italien, Deutsches Reich) in den Jahren 1884 - 1906 Unfallversicherungssysteme, zwischen 1883 und 1930 Krankenversicherungssysteme, zwischen 1889 und 1910 Rentenversicherungssysteme und 1914 - 1927 Arbeitslosenversicherungen begründet, wobei die UV in allen genannten Ländern - mit Ausnahme des Deutschen Reiches - zuerst, die Alv zuletzt eingeführt wurde (vgl. dazu Flora/Heidenheimer 1984, S. 59 sowie Alber 1982, S. 48 ff.).

Es drängt sich die Frage auf, welche Faktoren die Entstehung und Entwicklung von Systemen staatlicher Sozialpolitik bestimmen. Diese Frage soll im folgenden Kapitel zu beantworten versucht werden.

Die skizzierte Entwicklungstendenz der Sozialpolitik von der schichtspezifischen Schutzpolitik zur wohlfahrtsstaatlichen Gesellschaftspolitik besteht im einzelnen aus einer Ausweitung des Schutzes nach der Art, nach dem Umfang und nach Personengruppen.

Die *Ausweitung des Schutzes nach der Art* zeigt sich sehr deutlich im Arbeitnehmerschutz und in der Sozialversicherung. Im Arbeitnehmerschutz folgt dem Arbeitszeitschutz und dem Lohnschutz der Gefahrenschutz und der Schutz des Arbeitsverhältnisses. In der Sozialversicherung folgt der Kranken- und der Unfallversicherung die Alters- und Invalidenversicherung, später folgen die Hinterbliebenen- und die Arbeitslosenversicherung. Auch innerhalb einzelner Maßnahmenkomplexe lässt sich dieselbe Tendenz der Ausweitung des Schutzes nach der Art in zahlreichen Fällen feststellen. Z.B. wurden in der GKV die Familienhilfe 1930 als Regelleistung eingeführt, Früherkennungsuntersuchungen von Krankheiten 1970 in den Leistungskatalog aufgenommen und ab 1974 die Haushaltshilfe[2] sowie Krankengeldzahlung bei Freistellung von der Arbeit zur Betreuung eines kranken Kindes gewährt. Für die RV, die UV und die Alv sind ähnliche Entwicklungen feststellbar. Im Rahmen dieser Ausweitung der Leistungen nach ihrer Art innerhalb einzelner sozialpolitischer Bereiche ragen die Ergänzung therapeutischer Maßnahmen durch prophylaktische und die Verstärkung von Maßnahmen zur Wiedereingliederung Kranker oder Behinderter in das Wirtschaftsleben heraus.

Beispiele für prophylaktische Maßnahmen sind der vorbeugende Unfallschutz, der gesundheitserhaltende und gesundheitsfördernde Arbeitszeit- und Urlaubsschutz, gewerbe- und baupolizeiliche Vorschriften, Maßnahmen zur Früherkennung von Krankheiten, Vorsorgekuren und berufliche Fortbildungsmaßnahmen. Die Durchsetzung des Grundsatzes „Vorsorgen ist besser als Heilen" hat zur Folge, dass vielen Einzelnen Beeinträchtigungen ihres Wohlbefindens und schwere Schicksale, wie Unfall, Berufskrankheiten, Arbeitslosigkeit sie darstellen können, erspart bleiben. Außerdem ist in der Regel eine prophylaktische Sozialpolitik volkswirtschaftlich gesehen billiger als eine therapeutische. Zwar können - kurzfristig betrachtet - die Kosten einer prophylaktischen Sozialpolitik höher sein. Man denke etwa an die Aufwendungen für unfallverhütende, gesundheitserhaltende Bau- und Maschineninvestitionen, an die Produktionsausfälle und Verdienstausfälle durch Arbeitszeitverkürzungen und Urlaubs-

---

[1] So auch Barr 1992, S. 758.
[2] Haushaltshilfe wird bei Krankenhausaufenthalt gewährt, wenn anders die Haushaltsführung in Haushalten mit Kindern unter 12 Jahren oder mit einem behinderten Kind nicht gewährleistet werden kann.

verlängerung, an die Kosten der Sozialversicherungen für vorbeugende Krankheitsbehandlung, für Kuren und für berufliche Umschulung. Langfristig gesehen aber bedeutet eine prophylaktische Sozialpolitik die Erhaltung und Förderung eines möglichst großen, gesunden, leistungsfähigen Arbeitskräftepotenzials oder mit anderen Worten die Vermeidung bzw. die Minimierung bestimmter Arten der sogenannten Sozialkosten.[3]

Sozial und ökonomisch ähnlich positiv wie die prophylaktische Sozialpolitik ist die auf Eingliederung und Wiedereingliederung behinderter, kranker, in ihrer Berufsfähigkeit beeinträchtigter Personen gerichtete Rehabilitationspolitik zu beurteilen. Der humane Gehalt der Rehabilitationspolitik liegt darin, dass sie sozial schwächeren Personen durch Förderungsmaßnahmen Chancen gibt, im Wirtschafts- und damit auch im Sozialleben eine aktive Rolle zu übernehmen, selbst Einkommen zu erwerben, berufliche und soziale Kontakte zu unterhalten. Gleichzeitig ist die Rehabilitationspolitik bei hohem Beschäftigungsgrad auch die ökonomischere Art der Sozialpolitik, weil sie die Erwerbsquote erhöht und nach erfolgreicher Eingliederung bzw. Wiedereingliederung den Fortfall von Sozialeinkommen bewirkt.

Die Tendenz der *Ausweitung des sozialpolitischen Schutzes nach dem Umfang* ist ebenfalls an zahlreichen Änderungen des Systems sozialer Leistungen feststellbar. Im Laufe der Entwicklung wurden nahezu alle Sachleistungen - z.B. die Arzneimittelversorgung, die Krankenhausbehandlung nach Dauer und Art, die Versorgung mit apparativen medizinischen Leistungen, die Versorgung mit Rehabilitationsleistungen - und die Geldleistungen - wie z.B. das Krankengeld, die Wochenhilfe, die Arbeitslosenunterstützung, die Renten - schrittweise fortlaufend erhöht; es wurden die Bezugsbedingungen verbessert - z.B. durch Herabsetzung des Rentenbezugsalters vom 70. auf das 65. Lebensjahr und durch die Einführung der flexiblen Altersgrenze; es wurde die Bezugsdauer für Leistungen verlängert - z.B. die Zeitdauer der unentgeltlichen Krankenhausbehandlung, die Bezugsdauer von Krankengeld und von Wöchnerinnenhilfe usw. Dabei gewann mehr und mehr der Grundsatz an Bedeutung, im Bereich der Geldleistungen nicht nur Minimumstandards zu sichern, sondern die Leistungen entsprechend der allgemeinen Entwicklung der Einkommen und des Lebensstandards anzuheben, also das Minimumstandardprinzip durch das Lebensstandardprinzip zu ersetzen.

Die wesentliche Komponente der Entwicklung der Sozialpolitik von der schichtspezifischen Schutzpolitik zur Gesellschaftspolitik ist die *Ausweitung des Schutzes nach Personengruppen*. Der ursprünglich auf den Schutz der Kinder, der Jugendlichen und der Frauen in Fabrikbetrieben beschränkte Arbeitnehmerschutz beispielsweise wurde auf alle Arbeitnehmer in allen Wirtschaftszweigen einschließlich der Heimarbeiter ausgedehnt. Die ursprünglich auf die Arbeiter in Industrie und Gewerbe beschränkte Unfallversicherung wurde (1885 bis 1888) auf die Arbeiter in Staatsbetrieben, im Baugewerbe, in der Land- und Forstwirtschaft und auf Seeleute ausgedehnt; in die Sozialversicherung wurden 1911 die Angestellten bis zu einer bestimmten, im Laufe der Zeit immer wieder erhöhten Einkommensgrenze einbezogen (vgl. Lampert 1980a,), 1938 wurden die Handwerker, 1957 die selbständigen Landwirte „Schutzobjekt" der Sozialversicherung. Das Verlangen nach sozialer Sicherung geht

---

[3] Sozialkosten sind Schäden und Verluste, die von dritten Personen oder der Gesamtheit getragen werden, wie z.B. die privaten und gesellschaftlichen Verluste, die durch Betriebsunfälle, Berufskrankheiten, Frauen- und Kinderarbeit, Arbeitslosigkeit und übermäßige Arbeitsbelastung entstehen.

bis in die Bereiche der Selbständigen, da auch hohe Einkommen und Vermögen heute keine individuelle Sicherung mehr gewährleisten können, wie zwei Kriege und zwei Inflationen gelehrt haben.

Das Gewicht dieser Ausweitung des sozialpolitischen Schutzes nach Personen lässt sich an folgenden Zahlen ablesen: in der GKV waren 1885 (jeweils ohne Familienangehörige) 4,29 Mio. Personen, d. h. 9,1 % der Bevölkerung, versichert, 2001 aber 50,9 Mio. Personen oder 61,9 % der Bevölkerung; die Zahl der beitragsfrei mitversicherten nicht erwerbstätigen Ehefrauen und der Kinder belief sich auf 22 Mio., sodass 88 % der Bevölkerung Leistungsansprüche gegen die GKV hatten. Die UV zählte 1886 3,8 Mio. Mitglieder oder 8,1 % der Bevölkerung, 2000 dagegen – ohne die unfallversicherten Schüler, Studenten und Kindergartenkinder in Höhe von 16,6 Mio. - 57,9 Mio.; das waren insgesamt 74,5 Mio., also 91,5 % der Bevölkerung. In der Alters- und Invaliditätsversicherung waren 1908 15,2 Mio. Personen oder 24,2 % der Bevölkerung versichert, 2000 dagegen 43,1 Mio. oder 52,5 % der Bevölkerung. In der erst 1996 eingeführten Pflegeversicherung waren 2001 70,0 Mio. Menschen, d.h. 85 % der Bevölkerung, versichert.[4]

Wegen dieser dargestellten Ausweitung des sozialpolitischen Schutzes nach Art, Umfang und geschützten Personengruppen kann man zutreffend von der Tendenz sprechen, „möglichst alle Risiken möglichst für alle" (Seidel 1956, S. 534) möglichst umfassend zu decken.

Die Entwicklung der Sozialpolitik ist darüber hinaus durch folgende Einzeltendenzen besonders geprägt:
1. die „Verdichtung" sozialpolitischer Akte, die Verrechtlichung, die Institutionalisierung und die Zentralisierung der Sozialpolitik;
2. eine gesellschaftliche Egalisierung;
3. die Konzentration der Sozialpolitik auf die im Erwerbsleben tätigen Personen.

2. „Verdichtung" sozialpolitischer Akte, Verrechtlichung, Institutionalisierung und Zentralisierung der Sozialpolitik

Die Darstellung der sozialpolitischen Gesetzgebung hat deutlich werden lassen, dass ein Trend zur „Verdichtung" sozialpolitischer Akte in dem Sinne zu konstatieren ist, dass die Zahl sozialpolitischer Maßnahmen pro Zeitperiode (bei mindestens durchschnittlich gleichbleibender Bedeutung der einzelnen Akte) steigt. Das gilt sicherlich für die Periode unter *Wilhelm II.* gegenüber der Vorperiode und für die Weimarer Republik gegenüber der Vorkriegsära. Auch für die Bundesrepublik lässt sich für die im Vergleich zu Weimar gleich lange Periode von 1948 bis 1963 eine solche Verdichtung feststellen.

Diese Verdichtung war begleitet von einer Verrechtlichung und Institutionalisierung (Achinger 1979, S. 79 f.). In dem Umfang, in dem staatliche Sozialpolitik an die Stelle karitativer und gemeindlicher Hilfe und Fürsorge trat, in dem der Staat durch den Erlass von Verboten und Geboten die Einhaltung von Mindestnormen sozialen Verhaltens erzwang und normierte Sozialleistungen die Regel wurden, setzte ein Prozess der Verrechtlichung ein, der sich im Arbeitnehmerschutzrecht, im Sozialversi-

---

[4] Quellen: Hohorst/Kocka/Ritter 1975, passim sowie Stat. Jb. 2002, S. 456 - 466.

cherungsrecht, im Arbeitsrecht, im Recht der Betriebs- und Unternehmensverfassung und in der Arbeits- und Sozialgerichtsbarkeit niedergeschlagen hat.

Dem großen Vorteil der Normierung der Leistungen und damit der Vorhersehbarkeit der im Risikofall nach Art und Umfang zu erwartenden Leistungen sowie dem Vorteil der Rechtssicherheit und der Gleichheit der Behandlung steht als Nachteil eine mit dieser Verrechtlichung verbundene „fortschreitende und immer erfolgreichere Entpersönlichung des Hilfsaktes" gegenüber (Achinger 1979, S. 120).

Parallel zur Verrechtlichung läuft ein Prozess der Institutionalisierung in Gestalt der Entwicklung von großen Sozialverwaltungen. Zu ihnen gehören die Gewerbeaufsichtsämter, die Verwaltungen der Sozialversicherungen, die Arbeitsverwaltung, die Arbeits- und Sozialgerichte, die gemeindlichen Sozialreferate, die Gesundheitsverwaltung, aber auch die zahlreichen Funktionäre und hauptberuflichen Mitarbeiter der Wohlfahrtsverbände, der Vereinigungen der Arbeitgeber und nicht zuletzt der Gewerkschaften. Der „private, ehrenamtliche Stil" der Sozialpolitik ist durch die professionelle Arbeit der Inhaber „sozialpolitischer Vollberufe", der sozialen Berufsarbeiter, ersetzt worden (Achinger 1979, S. 79).

Neben der Verrechtlichung und der Institutionalisierung der Sozialpolitik lässt sich ein Prozess der Zentralisierung erkennen, d.h. ein Prozess der Übertragung sozialpolitischer Aufgaben von den Gemeinden und von Verbänden auf den Zentralstaat. Diese Zentralisierung begann mit dem Aufbau einer reichseinheitlichen Sozialversicherung, sie zeigt sich u.a. in der Vereinheitlichung der KnRV von 1923, in der Errichtung des Reichsamtes für Arbeitsvermittlung im Zusammenhang mit der Zentralisierung des Arbeitsnachweiswesens, in der Zentralisierung der Erwerbslosenfürsorge und in der Entwicklung von reichseinheitlichen Grundsätzen über Voraussetzungen, Art und Maß der öffentlichen Fürsorge in den 20er Jahren. Diese Zentralisierung ist einerseits die notwendige Folge der Verrechtlichung, die den Gesetzgeber des Zentralstaats laufend beansprucht. Im Zusammenhang mit der Normierung von Leistungen, mit dem Gleichheitsgrundsatz und dem Ziel der Vereinheitlichung der Lebensverhältnisse ist diese Zentralisierung gewollt und zu begrüßen. Anderseits aber verhindert sie die weitgehende Anpassung sozialpolitischen Handelns an regionale, lokale, landsmannschaftliche und strukturelle Besonderheiten.

3. Die Tendenz gesellschaftlicher Egalisierung

Als eine Folge der „entfalteten" Sozialpolitik wird die Tendenz gesellschaftlicher Egalisierung angesehen, d.h. eine zunehmende Verringerung von Unterschieden im wirtschaftlichen und sozialen Status verschiedener sozialer Schichten. Diese Verringerung von Unterschieden im wirtschaftlichen Status lässt sich auch an der langfristig in westlichen industrialisierten Volkswirtschaften beobachtbaren Einkommensnivellierung ablesen. *Franz Kraus* hat (1984, S. 202 ff.) festgestellt:
1. Seit 1870 sanken die Anteile der Bezieher von Spitzeneinkommen am Gesamteinkommen besonders stark in Dänemark und Großbritannien, ebenfalls, wenn auch weniger stark, in den USA und in Deutschland.
2. Seit 1940 haben die Bezieher mittlerer Einkommen in Dänemark, Finnland, Deutschland, den Niederlanden, Schweden, Großbritannien und den USA ihre Anteile am Gesamteinkommen erhöhen können. Seit Mitte der 50er Jahre zeigt sich eine Anteilsstabilisierung.

3. Zwischen 1950 und 1960 sind in Deutschland die Anteile der unteren 6 Dezile am Gesamteinkommen auf Kosten der mittleren Dezile und seit 1965 auf Kosten der oberen 10 % der Spitzeneinkommen von 25 auf 30 % gestiegen. Allerdings zeigt eine Untersuchung von *Richard Hauser* und *Irene Becker* (1998), dass sich zwischen 1962 und 1988 in der Bundesrepublik die Verteilung der Nettoäquivalenzeinkommen nur sehr mäßig verändert hat und dass sich in den 80er Jahren der sich vorher abzeichnende Trend einer Verminderung der Ungleichverteilung wieder umgekehrt hat, v.a. zwischen 1990 und 1995 in West- und in Ostdeutschland. Diese Entwicklung hat sich zwischen 1988 und 1993 fortgesetzt (Becker 1998).

Ursachen für die langfristig konstatierbare Egalisierung sind vor allem die erfolgreiche Stabilisierung der Lebenslagen durch das System sozialer Sicherung und Umverteilungseffekte dieses Systems, die stärkeren Steuerbelastungen der Bezieher mittlerer und höherer Einkommen, Eigenschaften des kapitalistischen Systems, d.h. seine Orientierung an Massenproduktion und Massenabsatz, sowie die Institutionalisierung und Transformation der Arbeitsmärkte, die den Gewerkschaften eine nivellierende Lohn- und Gehaltspolitik ermöglicht haben. Eine große Rolle spielte auch die Durchsetzung des Rechtsstaates, insbes. des Gleichheits- und des Gleichbehandlungsgrundsatzes, die eine Angleichung der Startchancen der Gesellschaftsmitglieder durch die Bildungspolitik bewirkte.

4. Die Konzentration der Sozialpolitik auf die im Erwerbsleben tätigen Personen

Die Darstellung der Geschichte der Sozialpolitik hat erkennbar gemacht, dass die staatliche Sozialpolitik von Anbeginn an nicht auf die Verbesserung der Lebenslage der sozial und wirtschaftlich Schwächsten, sondern der Industriearbeiterschaft gerichtet war. Die Sozialgesetzgebung der 50er und 60er Jahre des 19. Jahrhunderts „erreichte nur Berg-, Hütten- und Fabrikarbeiter, d.h. die gehobenen Arbeiterschichten oder, um einen Ausdruck der Zeit zu gebrauchen, ihre 'privilegierten Klassen', die, mit festem Arbeitsplatz und relativ hohem Lohn, gegenüber der Masse der abhängig Arbeitenden bereits einen gewissen Grad sozialer Sicherheit erreicht haben" (Volkmann 1968, S. 96). Diese Ausrichtung auf die relativ gut gestellten „Normalbürger", die im Arbeitsleben stehen, bei gleichzeitiger Vernachlässigung sogenannter „Randgruppenangehöriger" hat die deutsche Sozialpolitik bis heute nicht verloren (vgl. dazu Kleinhenz 1971, S. 321).

Diese einseitige Ausrichtung besteht darin, dass viele soziale Leistungen an die Mitgliedschaft in den Einrichtungen der sozialen Sicherung gebunden und von der Erfüllung von Wartezeiten, von dem Erwerb der Anwartschaft und - in ihrer Höhe - von der Höhe des Arbeitseinkommens abhängig sind. Die Sozialleistungen sind um so höher, je höher das Arbeitseinkommen bzw. je länger die Versicherungszeit ist: Folglich ist die soziale Sicherheit des leistungsfähigen Arbeitnehmers mit relativ hohem Arbeitseinkommen relativ hoch, während die Mitglieder anderer sozialer Gruppen keine oder nur verringerte Chancen haben, durch Erwerbsarbeit Ansprüche gegen das System sozialer Sicherung zu erwerben. Zu denken ist dabei an geistig oder körperlich Behinderte, aber auch an sozial Labile, an Obdachlose und an Nichtsesshafte - nicht zu reden von den zahlreichen nicht oder nur zeitweise erwerbstätigen Hausfrauen und Müttern. Bei der Beantwortung der Frage nach den Ursachen stößt man auch auf das

Problem, dass die Angehörigen solcher Gruppen schwer organisierbar, zudem meist schweigende Minderheiten sind, die als nur kleines Wählerpotenzial keine Aufmerksamkeit auf sich ziehen (vgl. dazu Widmaier 1976, S. 74 ff.).

B. Hauptergebnisse der staatlichen Sozialpolitik

Die neuzeitliche staatliche Sozialpolitik hat eine Vielzahl von Wirkungen ausgelöst und beachtliche Ergebnisse gezeitigt, die in anderem Zusammenhang noch erläutert werden (vgl. S. 305 ff. und S. 463 ff.). Hier sollen nur zwei säkular bedeutende Ergebnisse skizziert werden: Die Lösung der Arbeiterfrage und die Verwirklichung des Sozialstaates.

Durch die neuzeitliche Sozialpolitik wurde die soziale Frage als Arbeiterfrage gelöst, so dass sie als Frage der Existenzsicherheit großer Bevölkerungsteile mittlerweile bedeutungslos geworden ist. Denn die Reallöhne sind in den letzten 130 Jahren auf das 6- bis 7fache gestiegen - bei einer Reduzierung der Arbeitszeit auf etwa die Hälfte. Die Arbeits- und Sozialeinkommen der neuzeitlichen Industriegesellschaft decken nicht nur den unmittelbaren Lebensbedarf. In den Verfügungsbereich der Arbeitnehmer sind Güter gerückt, die gestern Luxusgüter und privilegierten Schichten vorbehalten waren (vgl. dazu Schumpeter 1950, S. 113 f.). Das kapitalistische System hat aus Luxusgütern von gestern Massengebrauchsgüter von heute gemacht.

Auch für die aus dem Arbeitsprozess Ausgeschiedenen ist in der großen Mehrzahl der Fälle die Existenzsicherheit gewährleistet, da alle im Bereich der allgemeinen Sozialpolitik abdeckbaren Risiken so abgesichert sind, dass im ungünstigsten Fall das Existenzminimum gesichert und im günstigeren Fall die Aufrechterhaltung des bisherigen Lebensstandards entsprechend der Entwicklung des allgemeinen Lebensstandards möglich ist.

Ein umfassender Jugend-, Unfall-, Mutter- und Arbeitszeitschutz hat soziale Probleme der Kinderarbeit, der Frauenarbeit und der Arbeitszeit gelöst. Durch das BetrVG und die Arbeitsgerichtsbarkeit sowie durch die Verwirklichung der Grundrechte des Menschen ist im Vergleich zu den vergangenen Jahrzehnten eine wesentlich menschenwürdigere Behandlung der Arbeitnehmer sichergestellt. Die Arbeiterschaft ist in die moderne Massengesellschaft integriert. Gleichzeitig hat sich die gesellschaftliche Position der Arbeitnehmer gewandelt. Die politische Willensbildung und Entscheidung ist nicht mehr einer schmalen Führungsschicht vorbehalten, vielmehr hat das allgemeine, freie und gehcime Wahlrecht die Arbeitnehmer zu einer politischen Potenz werden lassen, an der keine Partei vorbeigehen kann.

Auch *Hans Achinger* verweist darauf, dass „die Koppelung von Arbeit und Armut, die seit dem Mittelalter gegolten hatte,... tatsächlich, nicht zum wenigsten durch die Milderungs- und Behelfsmittel der Sozialpolitik, gelöst worden" ist (Achinger 1979, S. 73).

Durch diese Entwicklung sind - nimmt man die neuzeitliche Bildungspolitik mit ihrem Abbau finanzieller Bildungsschranken hinzu - nahezu alle Proletaritätsmerkmale - einschließlich des Merkmals der Erblichkeit des Proletarierstatus - abgebaut. Lediglich der Abbau der Vermögenslosigkeit lässt - insbes. in Bezug auf die Beteiligung der Arbeitnehmer am Produktivvermögen - noch Wünsche offen (vgl. dazu S. 393 ff.).

Über die Lösung der Arbeiterfrage hinaus bewirkte die staatliche Sozialpolitik ein zweites Ergebnis: die Beseitigung sozialstaatlicher Defizite der Nationalstaaten des 19. und des frühen 20. Jh. Diese Defizite bestanden nicht nur in dem an anderer Stelle dargestellten Fehlen eines Schutzes der Arbeitskraft, eines Gesundheitsschutzes und von Einrichtungen zur Einkommenssicherung im Risikofall, sondern vor allem auch in Unzulänglichkeiten der gesellschaftspolitischen Leitbilder in Bezug auf zwei Grundziele der jungen Rechtsstaaten, nämlich in Bezug auf die Freiheit und die Gleichheit.[5]

Freiheit war im politischen und wirtschaftlichen Liberalismus und ist für manche Liberale auch heute noch die Möglichkeit, im Rahmen der gesetzlichen Schranken nach eigener Entscheidung etwas zu tun oder zu unterlassen.[6] Bedauerlicherweise setzt sich dieser Freiheitsbegriff auch in unserem Gesellschaftssystem wieder stärker durch. Dieses Verständnis von Freiheit, das auch als formale Freiheit bezeichnet wird, übersieht, dass die für alle gleiche formale Freiheit je nach der Lebenslage der Träger von Freiheitsrechten unterschiedliche Substanz hat. Für den Eigentümer eines größeren Vermögens und für den Bezieher hoher Einkommen ist formale Freiheit gleichbedeutend mit großer materialer Freiheit, d.h. mit der Fähigkeit, im Rahmen der Gesetze und der individuellen wirtschaftlichen Möglichkeiten selbstgesteckte Ziele zu verwirklichen. Demgegenüber haben vermögenslose Gesellschaftsmitglieder und Bezieher niedriger Einkommen bei gleicher formaler Freiheit engere Spielräume an materialer Freiheit. Gleiche formale Freiheit kann infolgedessen ebenso wie rechtliche Gleichheit mit tatsächlicher Ungleichheit verbunden sein. Daher sind, wenn für alle ein bestimmtes Minimum an materialer Freiheit gesichert werden und extreme Ungleichheiten in den Chancen zur freien Entfaltung der Persönlichkeit verhindert werden sollen, bestimmte Umverteilungen, insbesondere in einem System sozialer Sicherung, unverzichtbar. Freiheit und Sicherheit sowie Freiheit und Gleichheit sind - so gesehen - nicht, wie *Friedrich von Hayek* meint, konkurrierende, durch eine Konfliktbeziehung charakterisierte, sondern bis zur Erreichung bestimmter Lebensstandardminima für alle komplementäre Güter. Denn die Nutzung formaler, d.h. die materiale Freiheit für alle in einem Mindestumfang, ist gleichbedeutend mit der Verringerung materialer Ungleichheit und einem Mindestmaß an materieller Sicherheit für alle. Deswegen auch sichert der soziale Rechtsstaat der Gegenwart nicht nur rechtliche Freiheit und Gleichheit, sondern versucht, die materiellen Voraussetzungen dafür zu verbessern, dass der einzelne auch tatsächlich das tun kann, was er tun darf.

Inhalt und Wert der Freiheit unterscheiden sich aber nicht nur aufgrund unterschiedlicher Verfügungsmöglichkeiten über wirtschaftliche Güter, sondern auch entsprechend den sonstigen rechtlichen, wirtschaftlichen und sozialen Lebensbedingungen. Dies wurde kaum je so drastisch verdeutlicht wie an der Lage der Arbeiter im vorigen Jahrhundert. Die formalrechtlichen Errungenschaften des Liberalismus, vor allem die uneingeschränkte Arbeitsvertragsfreiheit und die an die persönliche Freiheit gebundene individuelle Selbstverantwortung, waren für die Arbeitnehmer zunächst zweifelhafte Fortschritte. Freiheit und Selbstverantwortung waren nämlich für sie verknüpft mit dem Zwang, zur Existenzsicherung Arbeitsleistungen zu verkaufen, waren verbunden mit einem Überangebot an Arbeitskräften, mit einer Konkurrenz um

---

[5] Vgl. dazu die ausführliche Darstellung bei Lampert 1989a.
[6] Vgl. zum Freiheitsbegriff die ausführliche Darstellung bei Lampert 1992a.

die Arbeitsplätze, die durch das gesetzliche Koalitionsverbot verschärft war, und verbunden mit sozialer Schutzlosigkeit bei Eintritt existenzbedrohender Risiken.

Es war die staatliche Sozialpolitik, die diese Bedingungen grundlegend verändert hat und die negativen Auswirkungen einer Freiheit beseitigte, die durch die rechtliche, wirtschaftliche und soziale Gesamtkonstellation beeinträchtigt war.

Ähnlich wie der Freiheitsbegriff war auch der Gleichheitsbegriff des Liberalismus aus sozialer Sicht unzureichend definiert. Denn von der Aufklärung bis zum Liberalismus der Nationalstaaten wurde Gleichheit verstanden als Gleichheit der Rechte, als Gleichheit der formalen Freiheit, als gleiches Wahlrecht, als Gewerbefreiheit für alle, als Freiheit der Berufswahl für alle. Offensichtlich ist diese Gleichheit der Rechte im Vergleich zu ständischen, auf rechtlichen Privilegien beruhenden Gesellschaften ein großer Fortschritt. Aus sozialstaatlicher Perspektive jedoch ist sie nur eine notwendige, aber keine hinreichende Bedingung für die Reduzierung von Ungleichheit. Denn wiederum hat auch dieses Recht unterschiedliche Substanz je nach den wirtschaftlichen und sozialen Startbedingungen der Gesellschaftsmitglieder. Von dem für alle gleichen Recht auf Gewerbefreiheit kann Gebrauch machen, wer das erforderliche Eigenkapital und Zugang zu Fremdkapital hat. Von dem für alle gleichen Recht auf Bildung kann derjenige Gebrauch machen, der selbst oder dessen Familie die Opportunitätskosten persönlicher Bildungsinvestitionen tragen kann. Auch diese Problematik ist durch die Sozialpolitik entschärft worden, denn die mittelstandsorientierte, mit Bürgschaften, Kreditverbilligungen und Beratungshilfen arbeitende, sozial orientierte Wirtschaftspolitik und die individuelle wie auch die institutionelle Förderung der akademischen und der beruflichen Bildung tragen dazu bei, formale Gleichheit dadurch zu einem für viele nutzbaren Recht zu machen, dass faktische Startungleichheiten verringert werden.

Sozialstaatliche Defizite treten in einer Gesellschaft jedoch selbst dann auf, wenn das Ziel der Freiheit über die formale Freiheit hinausgehend als Ziel materialer Freiheit in einem Mindestumfang für alle interpretiert wird und wenn das Ziel der Gleichheit über die formale Gleichheit hinausgehend aufgefasst wird als die Aufgabe der Verringerung faktischer Ungleichheiten. Die entscheidende Ursache für dieses Defizit ist weniger in der unterschiedlichen ökonomischen Grundausstattung der Gesellschaftsmitglieder zu sehen; sie liegt vielmehr in der unterschiedlichen „natürlichen" Grundausstattung der Individuen, d.h. in der höchst unterschiedlichen und ungleichen Verteilung von Begabungen, Talenten und Fähigkeiten, von Stärken und Schwächen jeder Art: handwerklichen, kaufmännischen, technischen, künstlerischen, intellektuellen, mentalen und psychischen. Diese ungleiche „natürliche" Grundausstattung wird verstärkt durch die damit gegebenen unterschiedlichen Möglichkeiten zum Erwerb erlernbarer Fähigkeiten und Kenntnisse. Mit diesen Unterschieden im - ökonomisch gesprochen - Arbeitsvermögen oder *human capital* als Quelle des Erwerbs von Arbeitseinkommen und Geldvermögen sind Unterschiede in Bezug auf die Möglichkeiten der Nutzung der Freiheitsrechte, des Rechtes auf freie Entfaltung der Persönlichkeit und des Rechtes auf Gleichbehandlung vorgeprägt. In diesen Unterschieden im Humanvermögen und in deren ökonomischen Konsequenzen in einer Gesellschaft, die die Einkommen nach dem ökonomischen Wert der Leistung zuteilt, liegt eine weitere Ursache staatlicher Sozialpolitik, ein weiterer Grund für die Notwendigkeit der Sozialpolitik - jedenfalls dann, wenn eine Gesellschaft im Sinne eines bestimmten Maßes an sozialer Gerechtigkeit allen Gesellschaftsmitgliedern den

Zugang zu materialer Freiheit und persönlicher Entfaltung sowie ein Mindestmaß an Partizipation im sozialen, kulturellen und politischen Leben ermöglichen will.

Auch zur Erreichung dieser Ziele hat die Sozialpolitik maßgeblich beigetragen. Erinnert sei an die Schaffung prinzipiell gleicher Sozialisationschancen von Kleinkindern durch die Bereitstellung ausreichender Plätze in Einrichtungen der vorschulischen Erziehung, an Erziehungsberatung, an Maßnahmen zur Förderung von lernschwachen und lernbehinderten Kindern und Jugendlichen, an die Berufs- und Arbeitsberatung, an Integrationshilfen für Schwerbehinderte und alte Menschen, an therapeutische Einrichtungen für psychisch Kranke und Labile, an die Öffnung der Bildungseinrichtungen für alle gemäß der Begabung und Leistung, an zahlreiche Maßnahmen zur Umverteilung von Lasten, z.B. im Rahmen des Familienlastenausgleiches, und an die Einkommensumverteilung von den wirtschaftlich Leistungsfähigeren zu den Leistungsschwächeren durch ein progressives Steuersystem und durch Sozialtransfers. Die Effekte dieser Maßnahmen bestehen - vorausgesetzt, die Maßnahmen sind zielkonform konzipiert - in einer gleichmäßigeren Verteilung der Spielräume an materialer Freiheit, in einer gleichmäßigeren Verteilung der Chancen zur Teilnahme am wirtschaftlichen, kulturellen, sportlichen und politischen Leben und in einer gleichmäßigeren Verteilung des wirtschaftlichen und sozialen Fortschritts in der Gesellschaft. In eben diesen Wirkungen liegt nach unserem Urteil das Verdienst der Sozialpolitik der letzten Jahrzehnte in zahlreichen europäischen Staaten, nicht zuletzt in der Bundesrepublik. Diese Politik ist seit langem dadurch gekennzeichnet, dass sie nicht mehr die Funktion hat, Lazarettstation des Kapitalismus zu sein und das kapitalistische System zu stabilisieren, sondern dass sie zur gesellschaftsgestaltenden Politik geworden ist.

Wir haben (S. 123) - bezogen auf die Entwicklung der deutschen staatlichen Sozialpolitik - die Frage aufgeworfen, welche Faktoren die Entstehung und Entwicklung von Systemen staatlicher Sozialpolitik bestimmen. Dies ist im Grunde die Frage nach einer Theorie der Sozialpolitik, die zu erklären vermag, warum und wie sich staatliche Sozialpolitik allgemein und in bestimmten Gesellschaften zu bestimmten Zeiten entwickelt. Die Grundzüge einer solchen Theorie sollen im folgenden Kapitel dargestellt werden.

V. Kapitel

Grundzüge einer Theorie staatlicher Sozialpolitik[1]

A. Zu den Aufgaben und zum Stand der Theorie der Sozialpolitik

In der Einführung wurden die Aufgaben der Wissenschaft von der Sozialpolitik bereits dargestellt. In diesem Kapitel sollen aus diesem Aufgabenkomplex zwei Fragestellungen herausgegriffen und mit Hilfe der theoretischen Analyse zu beantworten versucht werden:[2]

1. Wodurch wurde und wird Sozialpolitik notwendig (Theorie der Entstehungsbedingungen staatlicher Sozialpolitik)?
2. Wodurch wird die Entwicklung der Sozialpolitik in einer Gesellschaft bestimmt (Theorie der Entwicklungsbedingungen)?

Dieser Versuch erhält dadurch besonderes Gewicht, dass v.a. an neoklassischem Denken orientierte Ökonomen nicht nur die Auffassung vertreten, es gebe keine Theorie der Sozialpolitik, sondern auch die Entwicklung einer "ökonomischen Theorie der Sozialpolitik" fordern.[3]

Für die beiden ersten Jahrzehnte nach dem Zweiten Weltkrieg kann man zwar größere Theoriedefizite der Sozialpolitiklehre feststellen. Diese Lücken wurden jedoch, nicht zuletzt angeregt durch *Elisabeth Liefmann-Keils* „Ökonomische Theorie der Sozialpolitik" (1961), zu einem großen Teil geschlossen. Insbesondere Soziologen lieferten beachtliche empirische Beiträge.[4] Die Theorie der Sozialpolitik steht mittlerweile der Theorie der Wirtschaftspolitik, wenn überhaupt, dann nicht mehr viel nach.

Zur Forderung nach einer *ökonomischen* Theorie der Sozialpolitik sei hier nur angemerkt, dass sie dem multidisziplinären Charakter der Sozialpolitik nicht Rechnung trägt; Sozialpolitik lässt sich weder der Ökonomie noch der Soziologie noch der politischen Wissenschaft zuordnen. Die sozialstaatlichen und wohlfahrtsstaatlichen Gesellschaftssysteme sind außerdem nicht nur aus ökonomischen Gründen gefördert und entwickelt worden, sondern zur Sicherung des sozialen Friedens in der Gesellschaft und zur Verwirklichung menschlicher Grundrechte. Die kritisierte Forderung nach einer ökonomischen Theorie der Sozialpolitik stellt daher eine methodologisch

---

[1] Eine ausführliche Darstellung dieser Theorie findet sich bei Lampert 1990b, S. 9 ff.

[2] Zwei weitere zentrale Fragestellungen, nämlich die Frage nach den **Wirkungen** der Sozialpolitik und nach den **Grenzen** der Sozialpolitik werden an anderen Stellen aufgegriffen (S. 305 ff. und S. 463 ff. bzw. S. 473 ff.).

[3] Vgl. dazu und zur Widerlegung der Auffassung von der Theoriearmut der wissenschaftlichen Sozialpolitik die ausführlichere Darstellung bei Lampert/Bossert 1987 und Lampert 1990b, S. 14 ff. Zu den Leistungen und Grenzen einer „ökonomischen Theorie der Sozialpolitik" vgl. Lampert 1992d.

[4] Vgl. dazu den Nachweis bei Lampert/Bossert 1987, S. 117 ff. und Lampert 1990b, S. 43 ff.

unzulässige disziplinäre Einengung der Sozialpolitik und eine unzulässige Überbetonung ökonomischer Aspekte gegenüber nicht-ökonomischen Zielsetzungen dar.

Der Hinweis auf die Grenzen einer ökonomischen Theorie der Sozialpolitik schließt selbstverständlich ökonomische Rechtfertigungen eines Wohlfahrts- oder Sozialstaates nicht aus. Der mögliche Nachweis, dass Sozialpolitik die ökonomische Effizienz eines Wirtschaftssystems fördern kann, könnte auch zur Folge haben, dass („reine") Ökonomen, die nur die Kosten einer Sozialpolitik, nicht aber auch ihre ökonomischen und gesellschaftlichen Erträge im Auge haben, eine neue Perspektive zur Beurteilung der Sozialpolitik gewinnen. Bei der folgenden Entwicklung der Grundzüge der Sozialpolitik werden wir daher den ökonomischen Begründungen der Sozialpolitik besondere Aufmerksamkeit schenken.

Aus ökonomischer Perspektive wird Sozialpolitik v.a. notwendig, um die Folgen von Marktversagen in Gestalt unvollkommenen Wettbewerbs, unvollkommener Information, vor allem auf den Arbeits- und Versicherungsmärkten, positive externe Effekte der vor allem in Familien erfolgenden Humanvermögensbildung[5], negative externe Effekte sehr niedrigen Einkommens, die Notwendigkeit des Angebots an meritorischen Gütern und die Notwendigkeit, die Konsequenzen fehlender oder nur mit starker zeitlicher Verzögerung oder mit hohen sozialen Kosten wie Kapitalvernichtung und Arbeitslosigkeit zustandekommender Marktgleichgewichte[6] zu vermeiden oder abzumildern. „Such a welfare state is justified not simply by redistributive aims one may (or may not) have, but because it does things which private markets would either do inefficiently, or would not do at all."[7]

Neben dem Marktversagen stellt eine eigenständige Gruppe von Ursachen für staatliche Sozialpolitik dar, was man unter dem Begriff „soziales Wirtschaftssystem-Versagen" subsumieren kann. Gemeint ist die Tatsache, dass jedes nicht absichtlich entsprechend sozialen Zielen ausgestaltete Wirtschaftssystem sich nur in dem Maße an sozialen Normen orientiert, in dem die wirtschaftliche Funktionserfüllung durch diese Normen beeinflusst wird. Ihrer Ausrichtung am Prinzip ökonomischer Rationalität entsprechend sind politisch nicht an sozialen Zielen ausgerichtete Wirtschaftssysteme sozial indifferent (vgl. dazu den Abschnitt B.3.b in diesem Kapitel).

B. Grundzüge einer Theorie der Entstehungsbedingungen staatlicher Sozialpolitik

Eine Theorie der Entstehungsbedingungen staatlicher Sozialpolitik muss zunächst erklären können, wann staatliche Sozialpolitik notwendig wird. Wenn die Theorie allgemeingültig sein will, muss diese Erklärung raum- und zeitunabhängig sein. Zusätzlich ist es erforderlich, für bestimmte Gesellschaften in bestimmten historischen Epochen speziellere Theorien gleichsam als Unterfälle einer allgemeinen Theorie zu entwickeln, um Besonderheiten der Sozialpolitik, seien sie in der Qualität oder in der Quantität begründet, zu erklären.

---

[5] Vgl. dazu vor allem Bundesministerium für Familie, Senioren, Frauen und Jugend (Hg.), 2001.
[6] Vgl. dazu Barr 1992.
[7] Barr 1992, S. 754.

138

1. Eine raum- und zeitunabhängige Erklärung der Notwendigkeit staatlicher Sozialpolitik

Einen grundlegenden Beitrag zur Begründung der Notwendigkeit staatlicher Sozialpolitik hat 1911 *Otto von Zwiedineck-Südenhorst* geleistet, als er auf folgende Entstehungsbedingungen hinwies:

1. eine im Zuge wirtschaftlicher Entwicklung mit der Arbeitsteilung und der beruflichen Gliederung verbundene Vergesellschaftung, die
   a) die wirtschaftliche Autarkie bestimmter Sozialgebilde zerstört und gegenseitige Abhängigkeiten schafft (S. 2) und
   b) gleichzeitig in ihrem inneren Gefüge eine Schichtung aufweist, die durch Unterschiede im Besitz, im Einkommen, im Beruf und in der Rasse begründet sein kann (S. 9 - 11, S. 16 - 20);
2. eine unterschiedliche Teilhabe der unterschiedlichen gesellschaftlichen Schichten an den wirtschaftlichen Errungenschaften, die
   a) entweder das Fortbestehen der Gesellschaft durch eine Bedrohung des inneren Friedens gefährdet (S. 49) oder
   b) aufgrund der Überzeugung für korrekturbedürftig gehalten wird, dass jedes Individuum einen Anspruch auf ein menschenwürdiges Dasein und auf die für die Persönlichkeitsentfaltung notwendigen Bedingungen, also Anspruch auf eine bestimmte Grundsicherung, hat (S. 22);
3. die Existenz eines Bedarfs, der nur kollektiv bzw. politisch gedeckt werden kann. *Zwiedineck-Südenhorst* nennt v.a. die Einschränkung wirtschaftlicher Freiheit, soweit diese Freiheit die begründeten Interessen anderer verletzen kann, die Umgestaltung der Produktionsverfassung, die Erleichterung des sozialen Aufstiegs, die Verwirklichung des Rechts auf Bildung und die Einflussnahme auf die Einkommensgestaltung mit dem Ziel der Verringerung „scharfer" Einkommens- und Besitzunterschiede. *Zwiedineck-Südenhorst* spricht damit insbes. den aus starken Ungleichheiten resultierenden Bedarf an interpersoneller Umverteilung von Rechten, Chancen, Einkommen und Vermögen an.

Aus diesem Ansatz lässt sich auch eine auf Industriegesellschaften bezogene Theorie der Entstehungsbedingungen staatlicher Sozialpolitik ableiten.

2. Erklärung der Notwendigkeit staatlicher Sozialpolitik in entwickelten Wirtschaftssystemen

Zur Grundlegung einer Theorie der Entstehungsbedingungen staatlicher Sozialpolitik in entwickelten Wirtschaftssystemen haben v.a. Soziologen beigetragen, die - wie *Zwiedineck-Südenhorst* - herausgearbeitet haben, dass die mit Arbeitsteilung verbundene Industrialisierung, die Verstädterung und die Herausbildung der Bürokratie im Zuge der Entstehung der Nationalstaaten strukturell-funktionelle Differenzierungsprozesse mit sich brachten, die - vor allem in Verbindung mit der Entstehung des Lohnarbeitsverhältnisses - sozialpolitischen Bedarf in Bezug auf die Arbeitsbedingungen, die Arbeitsmarktverfassung, die soziale Sicherheit und die Versorgung mit öffentlichen Gütern[8] entstehen ließen.

---

[8] Vgl. dazu Flora/Alber 1984, S. 37 ff., insbes. S. 38, die in ihrer Theorie wohlfahrtsstaatlicher Entwicklung auf Durkheim zurückgreifen. In Europa lag nach *Wolfram Fischer* eine wirtschaftliche Grundbe-

Diese Ansätze lassen sich zu einer Theorie der Entstehungsbedingungen staatlicher Sozialpolitik ausbauen.[9]

Grundlage für diese Theorie ist die These, dass die Notwendigkeit zu staatlicher Sozialpolitik besteht, wenn kumulativ folgende Bedingungen gegeben sind:

1. es entsteht oder besteht die Notwendigkeit, die Lebenslage (= Existenzbedingungen) bestimmter gesellschaftlicher Gruppen zu beeinflussen, weil andernfalls entweder der soziale Friede und die Existenz der Gesellschaft bedroht ist oder weil gesellschaftliche Ziele, die von den Trägern politischer Entscheidung anerkannt und verfolgt werden, wie z.B. die Wahrung der Menschenwürde und der Schutz vor existenzbedrohenden Risiken, verletzt werden;

2. die für erforderlich gehaltene bzw. erwünschte Lebenslagebeeinflussung ist selbstverantwortlich oder mit Hilfe marktwirtschaftlicher Einrichtungen oder bisher bestehender nicht-staatlicher Einrichtungen nicht möglich.

Wenn beide Bedingungen erfüllt sind, existiert in einer Gesellschaft sozialpolitischer Bedarf verschiedener Art, der im folgenden Abschnitt systematisiert werden wird.

Beide Bedingungen können auch in nicht-industriellen Gesellschaften erfüllt sein (vgl. Partsch 1983), weil auch in diesen Gesellschaften die Lebenslagen der Menschen prinzipiell, wenn auch nicht so stark wie in der Industriegesellschaft, durch schwerwiegende Risiken (Krankheit, Alter, Unfall) bedroht und die Möglichkeiten individueller Risikovorsorge durch intertemporale Einkommensumverteilung sehr begrenzt sind, so dass überindividuelle, kollektive, wenngleich nicht-staatliche Sicherungseinrichtungen entstanden (in der archaischen Gesellschaft die verwandtschaftliche Gruppe, in der Feudalgesellschaft die Hausgemeinschaft, die Nachbarschaft und die Genossenschaft). Die mit der Industrialisierung verbundene Änderung der Arbeitsverfassung hat den Bedarf an Sozialpolitik im Vergleich zu vorindustriellen Gesellschaften potenziert.

Die Grundthese über die Entstehungsursachen sozialpolitischen Bedarfs lässt sich differenzieren, wenn man die sozialpolitischen Bedarfe einerseits und die denkbaren Möglichkeiten ihrer Deckung andererseits erfasst. Da die Notwendigkeit zu staatlicher Sozialpolitik noch nicht gleichbedeutend mit der Entstehung und Entwicklung staatlicher Sozialpolitik ist, weil dies die Möglichkeit der Verfügung über Instrumente voraussetzt, ist eine Antwort auf die Frage nach den Voraussetzungen für die Entstehung und Entwicklung staatlicher Sozialpolitik erforderlich.

Bevor diese Frage aufgegriffen wird, sollen die Grundzüge einer Theorie sozialpolitischer Bedarfe und der Möglichkeiten ihrer Deckung skizziert werden.

3. Theorie sozialpolitischer Bedarfe

Eine Theorie der Entstehung sozialpolitischer Bedürfnisse, die „die erste Säule einer Theorie der Sozialpolitik bilden soll", entwickelte *Hans Peter Widmaier* (1976, S. 47

---

dingung für die Entstehung der neuzeitlichen Sozialpolitik in der Ablösung der agrarisch-kleingewerblich-hausindustriellen Produktionsweise durch die industriell-großbetrieblich bestimmte Wirtschaft. W. Fischer 1979, S. 91 ff., insbes. S. 101.

[9] Ein Ausbau erscheint erforderlich, weil sowohl bei *Otto v. Zwiedineck-Südenhorst* als auch bei *Peter Flora* und *Jens Alber*, deren Analyse sich nur auf das System sozialer Sicherheit bezieht, die durch den entwicklungsbedingten gesellschaftlichen Strukturwandel verursachten sozialpolitischen Bedarfe nicht systematisch erfasst und beide Ansätze nur auf „kapitalistische" Gesellschaften bezogen sind.

bis 55). Diese Theorie, die auf die neuzeitlichen Wohlfahrtsstaaten, insbes. kapitalistischer Provenienz, bezogen ist, kann zu einer allgemeingültigeren Theorie sozialpolitischer Bedürfnisse oder sozialpolitischen Bedarfs[10] ausgebaut werden, wenn man zunächst unabhängig vom Entwicklungsstand einer Gesellschaft und unabhängig von der Ausprägung ihres Wirtschaftssystems von den überhaupt denkbaren sozialpolitischen Bedarfskategorien ausgeht. Eine solche allgemeine Systematik sozialpolitischen Bedarfes kann dann auch Grundlage für die Ableitung entwicklungs- und wirtschaftssystemspezifischer sozialpolitischer Bedarfe sein.

a) Allgemeine Systematik sozialpolitischer Bedarfe

Ausgehend von der Frage, in welchen Fällen es erforderlich werden kann, die Lebenslage bestimmter gesellschaftlicher Gruppen zu beeinflussen, stößt man auf die im Folgenden angeführten Bedarfsarten bzw. sie auslösende Ursachen:

1. *permanent vorhandener Grundbedarf.* Er ist seiner Qualität nach raum-, zeit- und wirtschaftssystemunabhängig, weil es in jedem sozialen Verband stets eine gewisse Zahl von Menschen gibt, die aufgrund geistiger, psychischer oder körperlicher Schwäche überhaupt nicht oder nur begrenzt in der Lage sind, ihre Existenz ohne Hilfe Dritter zu sichern; es gibt auch stets mehr oder minder große soziale Gruppen, die aufgrund mangelnden intellektuellen und wirtschaftlichen Vermögens keine ausreichende selbstverantwortliche Vorsorge gegen die Folgen von Standardrisiken treffen können; der Quantität nach wird der permanent vorhandene Grundbedarf nachhaltig durch die sozioökonomische Struktur der Bevölkerung (Altersstruktur, Berufsstruktur) beeinflusst, aber auch durch die Wert- und Zielvorstellungen in der Gesellschaft, die wiederum nicht unabhängig von den Bedarfsdeckungsmöglichkeiten sind;

2. *evolutions- oder entwicklungsbedingter Bedarf.* Er wird dadurch verursacht, dass im Gefolge gesellschaftlicher und wirtschaftlicher Entwicklung entweder durch strukturell-funktionelle Differenzierungsprozesse (Arbeitsteilung, soziale Desintegration, Verstädterung) die Möglichkeiten der Existenzsicherung und der Risikovorsorge für soziale Gruppen beeinträchtigt werden oder dass der mit wirtschaftlicher Entwicklung zwangsläufig verbundene wirtschaftliche Strukturwandel individuelle und familiale Lebenslagen beeinträchtigt (Arbeitslosigkeit, berufliche Dequalifizierung, Notwendigkeit zu sozialer und regionaler Mobilität) oder dass wirtschaftssystemspezifische Lebenslagebeeinträchtigungen auftreten, z.B. eine Ausbeutung auf der Grundlage einer bestimmten Produktions- bzw. Arbeitsverfassung; je größer die Rate des technischen Fortschritts ist und je mehr Lebens- und Wirtschaftsbereiche er durchdringt, desto größer wird der evolutionsbedingte Bedarf. Da sich der technische Fortschritt immer schneller vollzieht, liegt hier eine gewichtige Ursache sozialpolitischer Expansion;

3. *verteilungsbedingter Bedarf.* Er ist prinzipiell ebenfalls gesellschafts- und wirtschaftssystemunabhängig und beruht auf mehr oder minder ausgeprägten Ungleichheiten in der Verteilung von politischen, persönlichen und/oder wirtschaftlichen Rechten bzw. in den Verfügungsmöglichkeiten über wirtschaftliche

---

[10] Dass Widmaier den Terminus „Bedürfnis", nicht den Begriff „Bedarf" verwendet, sollte als im Grunde unerheblich betrachtet werden. Die Verfasser ziehen den Ausdruck „Bedarf" vor, weil er in höherem Maße die Notwendigkeit einer Deckung anzeigt als ein Bedürfnis.

Güter (Existenz einer „sozialen Frage"); verteilungsbedingter sozialpolitischer Bedarf wird nicht nur vor allem durch Ungleichheiten der Einkommens- und Vermögensverteilung verursacht, sondern auch durch die räumliche Verteilung der ökonomischen und sozialen Ressourcen und Infrastrukturen (Verkehrserschließung, Kommunikationsmöglichkeiten, Ausstattung des Raumes mit Kindergärten, Schulen, Krankenhäusern, Beratungseinrichtungen usw.);

4. *katastrophenbedingter* (Seuchen, Erdbeben, Überschwemmungen usw.) und *kriegsfolgenbedingter Bedarf.* Es ist unschwer einzusehen, dass alle diese Bedarfsarten in nicht-statischen, sich entwickelnden Gesellschaften wirtschaftssystemunabhängig auftreten können und auch tatsächlich auftreten.

5. Eine Bedarfskategorie, die entwicklungsstand- und wirtschaftssystemspezifisch ist, ist der *„geweckte" Bedarf.* Darunter ist zum einen zu verstehen ein Bedarf, der in verbändestaatlich organisierten Mehrparteiendemokratien durch die Träger der politischen Willensbildung (Parteien, Verbände) erzeugt wird oder auch bei einer bestimmten Ausgestaltung sozialer Sicherungssysteme durch die Anbieter sozialer Leistungen, z.B. die Ärzte, die Krankenhäuser, Versorgungsämter usw., produziert wird.[11] Es ist zu einem guten Teil dieser geweckte Bedarf, der den Sozialstaat an die Grenzen seiner Leistungsfähigkeit führt. Gewecktein Bedarf gibt es zum anderen in weniger entwickelten Ländern, auf die durch internationale Organisationen sozialpolitische Standards entwickelter Länder übertragen werden oder die von sich aus (entsprechend der Diffusionstheorie) sozialpolitische Ziele und Systeme anderer Länder zum Vorbild nehmen.

Zwischen den dargestellten Bedarfskategorien bestehen Zusammenhänge, die hier jedoch nicht vollständig erfasst, sondern nur an zwei Beispielen veranschaulicht werden sollen. Z.B. ist der entwicklungsbedingte Bedarf ceteris paribus um so größer, je größer der verteilungsbedingte Bedarf ist, weil verbreitete und starke Einkommens- und Vermögensungleichheiten gleichbedeutend sind mit eingeschränkten Möglichkeiten der Individuen und Familien, sich ohne staatliche Hilfe an den strukturellen Wandel anzupassen. Ein zweites Beispiel ist die Beziehung zwischen dem geweckten Bedarf und den anderen Bedarfskategorien. Je geringer in entwickelten Gesellschaften die ungedeckten Grund-, evolutions- und verteilungsbedingten Bedarfe sind, um so gewichtiger dürften die durch Politiker, Angehörige der Sozialverwaltung und Leistungsanbieter geweckten Bedarfe werden.

Auf der Grundlage dieser allgemeinen Systematik können die für bestimmte Stufen gesellschaftlicher und wirtschaftlicher Entwicklung und die für bestimmte Wirtschaftssysteme sowie für staats- und völkerrechtlich unterschiedlich organisierte Gesellschaften[12] spezifischen sozialpolitischen Bedarfe abgeleitet werden. Diese Spezifizierung der Bedarfe soll für marktwirtschaftliche Industrie- und Dienstleistungsgesellschaften im folgenden Abschnitt vorgenommen werden.

---

[11] Vgl. dazu auch Bethusy-Huc 1976, S. 287 f., die darauf verweist, dass die Funktionäre des sozialen Sicherungsapparates aus Gründen der Machtausweitung an zunehmender Befriedigung des Bedürfnisses der Primärgruppen nach Sicherheit und steigender Abhängigkeit ihrer Mitglieder von den Bindungen an diesen Apparat interessiert sind.

[12] Die skizzierte Theorie gilt nicht nur für Nationalstaaten mit **einem** Träger der Sozialpolitik, sondern auch für nationalstaatliche Teilgebilde (z. B. Länder und Gemeinden) und für Staatengemeinschaften, wie etwa die Europäische Gemeinschaft. In diesen Fällen existieren mehrere Träger sozialpolitischer Verantwortung. Für jeden dieser Träger ist eines der in Abschnitt C.3 dargestellten Determinantensysteme mit einer spezifischen Ausprägung wirksam.

b) Bereichsbezogene Ableitung sozialpolitischer Bedarfe für entwickelte marktwirtschaftliche Industrie- und Dienstleistungsgesellschaften

In der Literatur finden sich zahlreiche Beiträge zur Notwendigkeit der Deckung bereichsbezogener sozialpolitischer Bedarfe.[13] Die in den einschlägigen Arbeiten angeführten Argumente für die Notwendigkeit einer Arbeitnehmerschutz-, einer Sozialversicherungs-, einer Arbeitsmarkt-, einer Betriebs- und Unternehmensverfassungspolitik, einer Vermögens-, Familien-, Wohnungs- und Bildungspolitik lassen sich ausnahmslos ableiten, wenn man überprüft, wie in marktwirtschaftlichen Systemen ohne sozialpolitisch orientierte Ausgestaltung dieser Bereiche die Lebenslagen jeweils relevanter sozialer Gruppen beeinträchtigt werden würden.

Geordnet nach ausgewählten zentralen sozialpolitischen Handlungsfeldern[14] sind folgende Bedarfe zu decken:
- in der *Arbeitnehmerschutzpolitik* der Bedarf an Maßnahmen zum Schutz der Gesundheit, der Arbeitskraft, der Regenerationsmöglichkeiten und der Persönlichkeitsrechte der Arbeitnehmer; er ergibt sich aus der sozialen Bedürfnissen der Arbeitnehmer gegenüber indifferenten marktwirtschaftlichen Produktionsverfassung und aus externen Effekten der Produktion, die auf den Produktionsfaktor Arbeit wirken;[15]
- in der *Sozialversicherungspolitik* der Bedarf an Sicherung vor existenzbedrohenden Risiken, die die potentiell Gefährdeten nicht aus eigener wirtschaftlicher und geistiger Kraft oder Einsicht bewältigen können und für deren Absicherung zieladäquate nicht-staatliche Sicherungseinrichtungen nicht existieren;[16]
- in der *Arbeitsmarktpolitik* der Bedarf an Marktordnungspolitik, der angesichts der Marktformenungleichgewichte und der Marktunvollkommenheiten auf freien Arbeitsmärkten gedeckt werden muss, um den Ausgleich zwischen den Teilarbeitsmärkten zu sichern und anomale Reaktionen des Arbeitsangebotes sowie monopsonistische Ausbeutung zu verhindern;[17]
- in der *Betriebsverfassungspolitik* der Bedarf an Sicherung elementarer Arbeitnehmerinteressen (Gesundheitsschutz, Schutz der Arbeitskraft, Wahrung der Menschenwürde), die durch die für „kapitalistische" Unternehmen typische Zuordnung der Verfügungsrechte über den Betrieb, über den Produktionsfaktoreneinsatz, über die erzeugten Produkte und über den Produktionsertrag auf die Kapitaleigner bzw. ihre Beauftragten (die Unternehmer) gefährdet erscheinen;[18]
- in der *Familienpolitik* der Bedarf an Ausgleich zum Teil erheblich unterschiedlicher ökonomischer Lasten von Familien mit Kindern gegenüber Familien ohne Kinder;
- weitere sozialpolitische Handlungsnotwendigkeiten ergeben sich im Bereich der *Einkommensverteilungspolitik* und zwar zum einen daraus, dass die struktur-

---

13   Vgl. dazu Lampert/Bossert 1987, S. 117 ff. Vgl. auch den Überblick über ökonomische Begründungen für staatliche Sozialpolitik in Rolf/Spahn/Wagner 1988, S. 21 ff. sowie weitere Beiträge in diesem Sammelband.

14   Eine Auflistung sozialpolitischer Bedarfe unter dem Aspekt sozialer Sicherheit für verschiedene Generationen (ältere, mittlere, junge, ungeborene) findet sich bei Hauser 1988, S. 147 ff.

15   Vgl. dazu Winterstein 1977, S. 300 sowie Kapp 1958, S. 41 ff. und S. 141 ff.

16   Vgl. dazu Weisser 1956, S. 396 ff. sowie Schönbäck 1988, S. 45 ff.

17   Vgl. dazu Briefs 1926, S. 200 ff. und Kapp 1958, S. 141 ff.; Heimann 1980, S. 127 ff.; Kleinhenz 1979a, S. 8 ff.

18   Vgl. dazu Briefs 1926, S. 145 f.; v. Nell-Breuning 1968b; Schreiber 1961, S. 601.

wandlungsbedingten Anpassungslasten, die die Arbeitnehmer in Form einer Entwertung ihres Humankapitals, notwendiger Humankapitalreinvestitionen und als Fähigkeit sowie als Bereitschaft zu beruflicher und regionaler Mobilität zu tragen haben, gerecht verteilt werden müssen, zum andern daraus, dass in einem auf dem Prinzip der Leistungsgerechtigkeit beruhenden Wirtschaftssystem Nicht-Leistungsfähige von der Einkommensverteilung zunächst ausgeschlossen werden und begrenzt Leistungsfähigen kein unterhaltssicherndes Einkommen zufließt.

Wie oben erwähnt, lässt sich die Notwendigkeit staatlicher Sozialpolitik nicht allein aufgrund der Existenz von Lebenslagebeeinträchtigungen ableiten; vielmehr muss noch die Bedingung hinzukommen, dass die Behebung dieser Beeinträchtigungen in bestimmten Fällen nicht durch das marktwirtschaftliche System und nicht ohne Maßnahmen des Trägers der politischen Verantwortung möglich ist. Anders formuliert: nötig ist eine Begründung staatlicher Sozialpolitik als notwendige Folge des Versagens von Märkten. Diese Begründung findet sich im folgenden Abschnitt.

4. Marktversagen als Ursache staatlicher Sozialpolitik[19]

Die Notwendigkeit der Deckung sozialpolitischen Bedarfs durch den Staat kann als erwiesen gelten, wenn gezeigt werden kann, dass eine Verschlechterung von Lebenslagen weder durch die Betroffenen selbst mit Hilfe privatwirtschaftlicher Verträge noch durch nicht-staatliche Einrichtungen, z.B. durch marktwirtschaftliche Regelungen, wirksam beseitigt werden kann. Dann nämlich schließt die Gesellschaft die Lücke durch nicht marktliche Institutionen.[20]

Die zentralen Funktionsmängel marktwirtschaftlicher Ordnungen, die die Notwendigkeit sozialstaatlicher Interventionen aus ökonomischer Sicht begründen können, sind

a) die Existenz meritorischer Güter,
b) öffentliche Güter und externe Effekte,
c) Marktmacht,
d) privatwirtschaftlich nicht versicherbare Risiken sowie
e) Informationsasymmetrien.

a) Meritorische Güter

Sozialpolitische Eingriffe des Staates werden häufig damit begründet, dass die Individuen aufgrund von Informationsdefiziten bei privaten Entscheidungen gegen ihre eigenen (langfristigen) Interessen verstoßen. Es liegt also (Zeit-) Inkonsistenz der individuellen Präferenzordnungen vor (vgl. Tietzel / Müller 1998). So würden zukünftige Bedarfe oder Risiken, die eine geringe Risikoeintrittswahrscheinlichkeit aufweisen, systematisch unterschätzt. Ohne die Setzung staatlicher Mindestnormen würden also Versicherungsleistungen nicht in ausreichendem Umfang nachgefragt. Bei Eingriffen

---

[19] Vgl. dazu auch den Überblick über ökonomische Begründungen der Sozialpolitik, in: Rolf/Spahn/ Wagner 1988, Barr 1992, Barr 2001 und Ott 2003.

[20] Vgl. dazu K. Arrow, in: Uncertainty and the Welfare Economics of Medical Care, in: American Economic Review 1963, S. 947; "I propose here the view that, when the market fails to achieve an optimal state, society will, to some extent at least, recognize the gap, and nonmarket social institutions will arise attempting to bridge it … ".

aus meritorischen Gründen werden also die am Markt offenbarten Präferenzen der Konsumenten anhand einer politisch gesetzten Präferenzordnung korrigiert. Das Konzept meritorischer Bedarfe ist als normative Grundlage sozialstaatlichen Handelns in der Ökonomie jedoch äußerst umstritten, da es mit der Annahme bricht, dass nur der Einzelne in der Lage ist, die für ihn adäquaten Entscheidungen zu treffen (methodologischer Individualismus).

b) Öffentliche Güter und externe Effekte

Unter öffentlichen Gütern versteht man Güter oder Dienstleistungen, bei denen das Ausschlussprinzip nicht anwendbar ist bzw. mit prohibitiv hohen Durchsetzungskosten verbunden wäre. Da niemand vom Konsum dieser Güter ausgeschlossen werden kann, haben die potenziellen Konsumenten keinen Anreiz, ihre wahre Zahlungsbereitschaft für dieses Gut bzw. diese Dienstleistung zu offenbaren. Diese Güter bzw. Dienstleistungen werden deshalb auch nicht privat bereitgestellt, obwohl sie einen Nutzenzuwachs stiften, der die marginalen Produktionskosten übersteigt. Im Bereich der Sozialpolitik weisen verteilungspolitische Maßnahmen Merkmale eines öffentlichen Gutes auf. Wenn man realistischerweise unterstellt, dass alle Mitglieder einer Gesellschaft ein Interesse daran haben, dass in der Gesellschaft, in der sie leben, Armut und Not bekämpft wird, dann ist ein bestimmtes Maß an Umverteilung durchaus präferenzadäquat. Sofern nun der Staat die Sicherung eines soziokulturellen Existenzminimums gewährleistet, wird diesem Bedarf Rechnung getragen, und zwar unabhängig davon, ob der Einzelne seinen Beitrag zur Finanzierung der verteilungspolitischen Maßnahmen leistet oder nicht. Damit hat aber jeder Nettozahler einen Anreiz, sich seinen Zahlungsverpflichtungen zu entziehen.

Eng mit dem Problem öffentlicher Güter ist das Problem externer Effekte verbunden. Externalitäten liegen vor, wenn die Handlung einer Person oder Institution die Nutzen- oder Produktionssphäre einer anderen Person oder Institution tangiert, ohne dass hierfür eine Kompensation erfolgt. In diesem Fall führt die freie Marktallokation zu suboptimalen Ergebnissen. Bei positiven externen Effekten, d.h. sofern die Handlungen einen Zusatznutzen bei Dritten hervorrufen, wird zu wenig von diesem Gut oder dieser Dienstleistung bereitgestellt, während sich im Fall sozialer Zusatzkosten ein suboptimal hohes Angebot ergibt. Die Aufgabe der staatlichen Sozialpolitik ist es somit, externe Erträge und soziale Zusatzkosten nach dem Verursacherprinzip adäquat zuzurechnen, d.h. zu internalisieren. Ein in jüngster Zeit verstärkt diskutiertes Beispiel für die Existenz externer Erträge sind die Erziehungsleistungen, die die Familien erbringen. Diese Leistungen sind zwar teilweise privater Natur, stellen jedoch auch in erheblichem Umfang gesellschaftliche Erträge für die Allgemeinheit dar. In der gebotenen Kürze seien hier aus einem einschlägigen Gutachten des Wissenschaftlichen Beirats beim Familienministerium (2001, S. 192) folgende Leistungen zitiert:

- „In der Familie ... werden die Grundlagen sozialer und kooperativer Verhaltensweisen ... gelegt, ohne die soziale Systeme nicht bestehen können."
- „Familien schaffen mit der Erziehung und Sozialisation von Kindern die Basis für das Funktionieren demokratischer und marktwirtschaftlich orientierter Gesellschaften."
- „Eltern leisten mit ihren Erziehungs- und Bildungstätigkeiten einen erheblichen Beitrag zur Bildung des Human- und insbesondere des Arbeitsvermögens der Kindergeneration, das letztlich die gesamtwirtschaftliche Leistungsfähigkeit, das

langfristige Wachstum und die Entwicklungsmöglichkeiten der Gesellschaft beeinflusst."

- „Durch die Humanvermögensbildung der nächsten Generation tragen Eltern zur Sicherung der wirtschaftlichen Wertschöpfung der Zukunft bei, von der die Altersversorgung der eigenen Generation entscheidend abhängt. Da im Rahmen beitrags- und steuerfinanzierter kollektiver Sicherungssysteme, die nach dem Umlagesystem konzipiert sind – Rentenversicherung, Beamtenversorgung, aber auch Kranken- und Pflegeversorgung –, auch jene von der Wirtschaftskraft der nächsten Generation profitieren, die weder zur biologischen Reproduktion noch zur Humanvermögensbildung ... angemessen beigetragen haben, entstehen hier systembedingt externe Effekte von erheblichem Ausmaß."

- „Schließlich ergeben sich weitere externe Effekte. Da Familien trotz der Existenz sozialer Sicherungssysteme nach wie vor in gewissem Umfang eine Versicherungsfunktion wahrnehmen, tragen größere Familienverbände zu einer erheblichen Entlastung der sozialen Sicherungssysteme bei wie z.B. durch die Übernahme häuslicher und pflegerischer Leistungen für kranke und pflegebedürftige sowie für behinderte Familienmitglieder."[21]

c) Marktmacht

Die Allokation auf deregulierten Märkten führt nur dann zu einem paretooptimalen Ergebnis, wenn der Bedingungskatalog vollständiger Konkurrenz erfüllt ist. Dazu zählt u.a. die Annahme, dass kein Anbieter oder Nachfrager durch seine Mengenentscheidungen den Marktpreis beeinflussen kann, d.h. dass keine Marktmacht vorliegt. Diese Bedingung ist insbesondere auf den Arbeitsmärkten nicht erfüllt. Aufgrund spezifischer Gegebenheiten des Faktors Arbeit (vgl. dazu Kap. VII. B.) liegt zwischen Arbeitnehmern und Arbeitgebern ein Machtgefälle vor, das bei einer freien Aushandlung des Arbeitsvertrags zu ineffizienten und verteilungspolitisch unerwünschten Ergebnissen führt. In diesen Fällen ist der Sozialstaat gefordert, entweder durch das Setzen ordnungspolitischer Rahmenbedingungen oder durch direkte Interventionen, das Marktergebnis entsprechend zu korrigieren.

d) Privatwirtschaftlich nicht versicherbare Risiken

Damit ein existenzbedrohendes Risiko von privaten Versicherungen abgedeckt werden kann, müssen ebenfalls bestimmte Voraussetzungen erfüllt sein (Mugler 1980). So dürfen die Risikoeintrittswahrscheinlichkeit und die erwartete Schadenshöhe nicht prohibitiv hoch sein; diese Voraussetzungen sind bspw. verletzt, wenn das Risiko bereits eingetreten ist (Geburt eines behinderten Kindes) oder der Risikoeintritt mit hoher Wahrscheinlichkeit absehbar ist (Absicherung des Risikos der Pflegebedürftigkeit bei „pflegenahen" Jahrgängen). Weiterhin dürfen die individuellen Risiken untereinander nicht positiv korreliert sein. Eine Verletzung dieser Bedingung wird üblicherweise für das Risiko der Arbeitslosigkeit unterstellt. Denn in Rezessionsphasen steigt nicht nur die individuelle, sondern auch die aggregierte Wahrscheinlichkeit, arbeitslos zu werden. Sofern Nichtversicherbarkeit eines Risikos vorliegt, besteht zwar ein Be-

---

[21] Demgegenüber soll freilich nicht verkannt werden, dass mit misslungener Sozialisation und Erziehung (Alkohol- und Drogenkonsum, Kinder- und Jugendkriminalität) auch erhebliche soziale Kosten für die Gesellschaft entstehen können.

darf an Absicherung, aber kein privatwirtschaftliches Angebot. In diesen Fällen ist die staatliche Sozialpolitik gefordert, diesen Bedarf abzudecken.

e) Informationsasymmetrien

Ein weiterer Grund für das Versagen von Versicherungsmärkten kann darin bestehen, dass die Informationen über vertragsrelevante Merkmale ungleich zwischen Anbietern und Nachfragern von Versicherungsleistungen verteilt sind. In diesem Fall kann es zu Negativselektion (*adverse selection*) und zu opportunistischem Verhalten (*moral hazard*) kommen. Negativselektion ist auf Informationsasymmetrien vor Vertragsabschluss zurückzuführen. Sofern ein Versicherer keine oder nur unzureichende Informationen über die Verteilung der Schadenswahrscheinlichkeiten eines Versichertenbestandes besitzt, kann er den unterschiedlichen Risikoträgern nur eine einheitliche Durchschnittsprämie zuordnen. Damit findet eine ex-ante Umverteilung von den Versicherungsnehmern mit geringer individueller Schadenswahrscheinlichkeit (den sog. „guten" Risiken) zu jenen mit hoher Schadenswahrscheinlichkeit (den „schlechten" Risiken) statt. Da die kostendeckende Versicherungsprämie unter diesen Umständen die marginale Zahlungsbereitschaft der Träger guter Risiken übersteigt, haben diese einen Anreiz, die Versicherung zu verlassen. Dies kann bis zum Zusammenbruch einer Versicherung führen bzw. ursächlich dafür sein, dass für bestimmte Risiken keine Versicherungslösung zustande kommt. Das Problem der Negativselektion kann gelöst werden, indem der Staat für bestimmte Risiken eine Versicherungspflicht erlässt.

Opportunistisches Verhalten (moral hazard) bedeutet, dass ein Vertragspartner leistungsrelevante Vertragsinhalte nach Vertragsabschluss verändern kann, ohne dass dies durch die Vertragsgegenseite überprüfbar ist. Dadurch besteht für den Versicherten ein Anreiz, die Inanspruchnahme von Leistungen nach Art und Umfang auszudehnen. Beispiele für opportunistisches Verhalten sind der Überkonsum von Gesundheitsleistungen und der (versicherungsinduzierte) Verzicht auf präventive und prophylaktische Maßnahmen. Ein spezifisches moral hazard Problem ist die angebotsinduzierte Nachfrage nach ärztlichen Leistungen (vgl. dazu Kap. IX. D. 1.e). Opportunistisches Verhalten liegt ebenfalls vor, wenn Individuen bewusst auf den Abschluss von Versicherungen verzichten, da sie bei Eintritt eines Notfalls durch ein staatliches Mindestsicherungssystem abgesichert sind. Auch um diesen Fall auszuschließen kann es erforderlich sein, eine generelle Versicherungspflicht einzuführen.

Mit dem Nachweis der Existenz sozialpolitischen Bedarfs und der Notwendigkeit seiner Deckung mit Hilfe staatlicher Aktivitäten[22] ist die Notwendigkeit staatlicher Sozialpolitik nachgewiesen, noch nicht aber die Entstehung staatlicher Sozialpolitik. Diese Entstehung setzt die Möglichkeit der Bedarfsdeckung voraus. Auf sie soll im folgenden Abschnitt eingegangen werden.

---

[22] Die Formulierung „Deckung mit Hilfe staatlicher Aktivitäten" soll der Tatsache Rechnung tragen, dass die sozialpolitischen Güter und Dienstleistungen nicht in allen Fällen vom Staat produziert und verteilt werden müssen. Je nach der Wirtschaftsordnung, den Zielen der Sozialpolitik, den in einem System verfolgten Prinzipien der Sozialpolitik und der Funktionsfähigkeit marktwirtschaftlicher Systeme kann es auch genügen und sozialpolitisch effizient sein, wenn der Staat Aufgaben an halbstaatliche o-der/und nicht staatliche Träger delegiert und sich - z. B. im Bereich der sozialen Sicherung - mit der Schaffung von Rahmenbedingungen, z. B. mit der Festlegung einer Versicherungspflicht und der Definition von Mindestnormen der Sicherung (für Versicherte und Versicherer), begnügt.

5. Allgemeine Voraussetzungen für die Möglichkeiten der Deckung sozialpolitischen Bedarfs

Ein Blick in die Geschichte der Entstehung staatlicher Sicherungssysteme und staatlicher Sozialpolitik bestätigt, was auch logisch ableitbar ist, dass nämlich staatliche Sozialpolitik nur entstehen kann, wenn eine Gesellschaft nicht nur bereit, sondern auch in der Lage ist, die Aufwendungen für Sozialpolitik zu tragen.

Diese Aufwendungen bestehen nicht nur aus Sozialtransfers, sondern auch aus Rechtsnormen, deren Einhaltung verbindlich gemacht wird und die die wirtschaftlichen Bedingungskonstellationen wirtschaftender Personen bzw. Einrichtungen verändern. Z. B. wirkt sich eine Begrenzung der maximal zulässigen Arbeitszeit im Rahmen eines Arbeitnehmerschutzes nicht nur eindeutig positiv auf die Gesundheit der Arbeitnehmer aus, sondern verlangt ceteris paribus Einkommensverzichte. Durch Arbeitnehmerschutznormen, insbes. durch den Betriebsschutz und den Bestandsschutz der Arbeitsverhältnisse, werden die Produktionskosten erhöht. Unmittelbarer erkennbar als in der Arbeitnehmerschutz- und in der Betriebs- sowie Unternehmensverfassungspolitik sind die Kosten der Sozialpolitik im Falle der Einführung von Systemen sozialer Sicherung, anderer Sozialtransfers und beim Auf- bzw. Ausbau der sozialen Infrastruktur.

Wenngleich bisher empirisch keine Schwellenwerte der Industrialisierung oder Urbanisierung nachgewiesen werden konnten, nach deren Erreichung die Einführung von Systemen sozialer Sicherung notwendig und zugleich möglich wird (vgl. Alber 1979, S. 148), so zeigen doch internationale Vergleiche, dass nur industrialisierte und wirtschaftlich leistungsfähigere Länder über leistungsfähige Systeme sozialer Sicherung verfügen und dass eine positive Korrelation zwischen dem wirtschaftlichen Leistungsniveau und dem Anteil der Sozialausgaben am Sozialprodukt besteht (vgl. D. Zöllner 1963, Pryor 1968, Wilensky 1975).

Neben der ökonomischen Fundierung bzw. den Möglichkeiten der Finanzierung der Sozialpolitik ist eine weitere Voraussetzung für die Deckung sozialpolitischen Bedarfs, dass sich entsprechende Institutionen (insbes. Solidargemeinschaften) herausgebildet haben bzw. begründet werden. Diese Bedingung ist jedoch weit weniger bedeutend als die Finanzierung der Bedarfsdeckung.

Die hier skizzierte Theorie der Entstehung staatlicher Sozialpolitik konzentriert sich entsprechend der beabsichtigten Allgemeingültigkeit nur auf die wesentlichen Bestimmungsgründe, nämlich:

1. die Entstehung sozialpolitischen Bedarfs aufgrund der strukturell-funktionellen Differenzierung in sich wirtschaftlich entwickelnden Gesellschaften, der im Wesentlichen Bedarf an Beeinflussung individueller und familialer Lebenslagen ist;
2. die Unmöglichkeit, diesen Bedarf privatwirtschaftlich oder durch nicht-staatliche Institutionen zu decken;
3. die Finanzierbarkeit der Bedarfsdeckung mit Hilfe spezifischer staatlicher oder staatlich initiierter Institutionen.

Die Qualität und der Umfang einer entstehenden und sich entwickelnden staatlichen Sozialpolitik hängen von spezifischen Bestimmungsgründen ab. Sie sollen im Rahmen der Theorie der Entwicklungsbedingungen staatlicher Sozialpolitik aufgezeigt werden.

C. Theorie der Entwicklungsbedingungen staatlicher Sozialpolitik

Während es Aufgabe der Theorie der *Entstehungs*bedingungen ist, prinzipiell zu erklären, unter welchen Bedingungen staatliche Sozialpolitik entsteht, ist es Aufgabe der Theorie der *Entwicklungs*bedingungen, erstens zu erklären, wodurch zum Zeitpunkt der Entstehung staatlicher Sozialpolitik das Ausmaß und die Qualität der Deckung sozialpolitischen Bedarfs bestimmt werden und zweitens aufzudecken, welche Determinanten auf die Entwicklung der staatlichen Sozialpolitik einwirken.

In diesem Abschnitt soll eine solche Theorie in ihren Grundzügen dargestellt werden. Dabei wird zunächst der theoretische Ansatz dargestellt und anschließend das Determinantensystem der Sozialpolitik im Überblick präsentiert. Es folgt eine Skizze der Wirkungen alternativer Ausprägungen der Primärdeterminanten. Schließlich wird die Theorie im Lichte empirischer Analysen reflektiert.

1. Grundlagen einer Theorie der Entwicklungsbedingungen

Hypothesen über die Bestimmungsgründe der Entwicklung staatlicher Sozialpolitik lassen sich gewinnen, wenn man davon ausgeht, dass es auch in der Sozialpolitik für die Träger der hoheitlichen Gewalt darum geht, bestimmte Ziele mit knappen Ressourcen zu erreichen. Daraus folgt, dass primär drei Größen die Notwendigkeit und die Möglichkeiten der Sozialpolitik bestimmen, nämlich:
1. die *Problemlösungsdringlichkeit*. Damit ist zum einen gemeint die Dringlichkeit der Deckung sozialpolitischen Bedarfs im Vergleich zu *anderen* gesellschaftlichen und individuellen Bedarfen; zum anderen sind Unterschiede in der Dringlichkeit verschiedenartiger sozialpolitischer Bedarfe gemeint;
2. die *Problemlösungsfähigkeit*. Darunter wird verstanden die Möglichkeit, über wirtschaftliche Mittel für sozialpolitische Zwecke verfügen und geeignete Instrumente, insbes. auch Institutionen, einsetzen zu können;
3. die *Problemlösungsbereitschaft* der Träger der politischen Verantwortung. Sie spielt neben der Problemlösungsfähigkeit eine eigenständige Rolle, weil trotz eines bestimmten Grades an Problemlösungsdringlichkeit und des Vorhandenseins einsetzbarer Ressourcen Entscheidungsspielräume bestehen, ob, in welchem Umfang und wie gehandelt wird.

Verbindet man diese Hypothese über die drei Primärdeterminanten mit der keines Beweises bedürftigen Einsicht, dass diese Determinanten simultan wirksam sind, dann lassen sich Entwicklungsunterschiede der Sozialpolitik zwischen verschiedenen Gesellschaftssystemen und Veränderungen der Sozialpolitik innerhalb eines Systems durch unterschiedliche Kombinationen bestimmter qualitativer Ausprägungen dieser drei Determinanten und durch die Veränderung des Gewichtes der Determinanten erklären. Diese Theorie lässt sich zu einer anwendungsorientierten, wirklichkeitsnahen Theorie ausbauen, wenn man in einem weiteren Schritt jene Größen erfasst, die als sekundäre Determinanten die Primärdeterminanten nachhaltig beeinflussen und Interdependenzen innerhalb des Determinantensystems begründen. Praktische Sozialpolitik kann dann durch die Erfassung der Ausprägung und des Zusammenwirkens dieser primären und sekundären Bestimmungsgründe der Sozialpolitik erklärt werden.

Übersicht 5. Primäre und sekundäre Determinanten sozialpolitischer Entwicklung

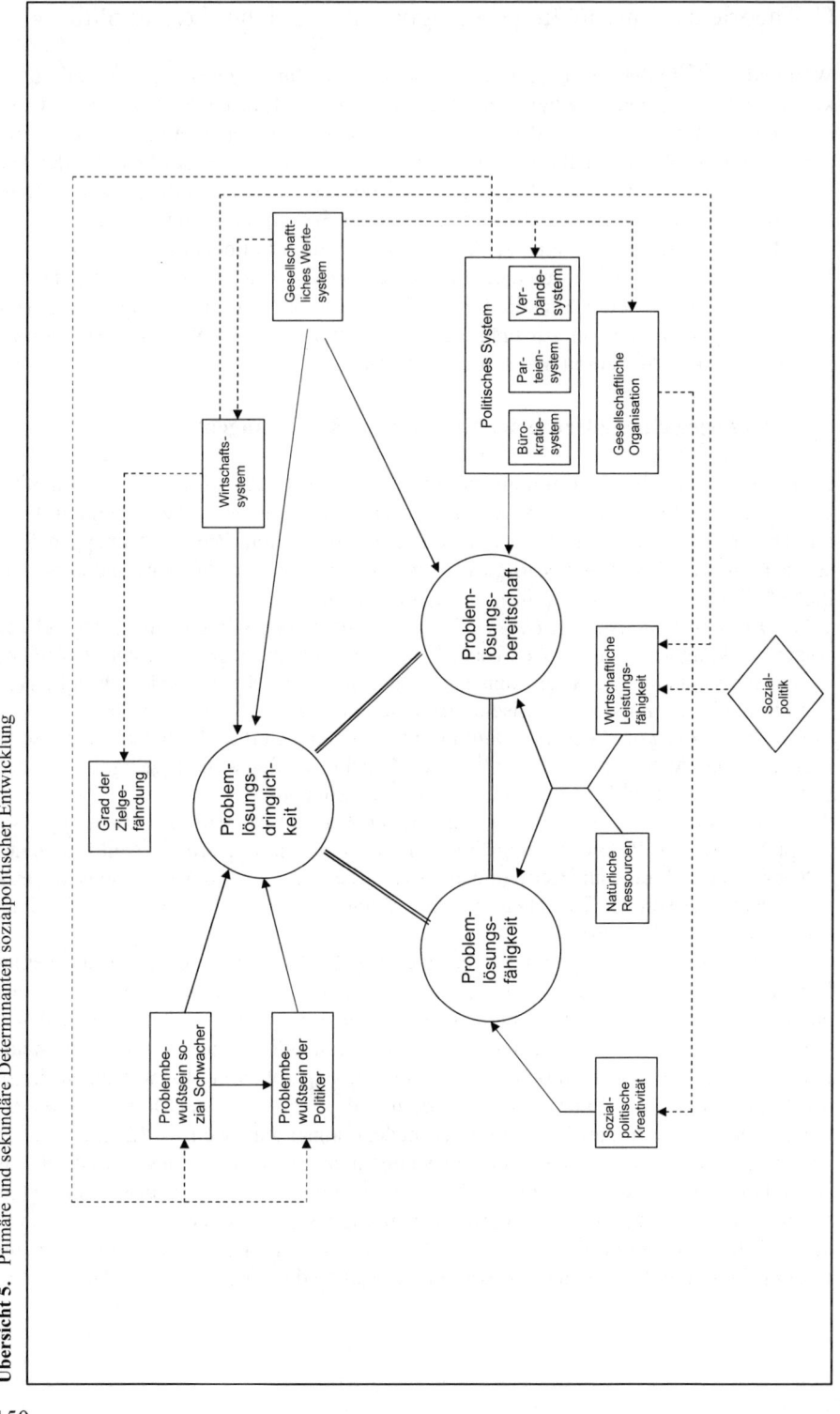

2. Das Determinantensystem staatlicher Sozialpolitik

In diesem Abschnitt sollen die Elemente des Determinantensystems und die zwischen ihnen bestehenden Beziehungen dargestellt werden (vgl. dazu Übersicht 5).[23] Wir beginnen dabei mit *der* Primärdeterminante, die als auslösende Ursache staatlicher Sozialpolitik angesehen werden kann, nämlich mit der Existenz sozialpolitischen Bedarfs bestimmter Art und bestimmten Umfangs, dessen Deckung im Vergleich zu anderen Bedarfen eine hohe Dringlichkeit aufweist.

Die Bedeutung der Problemlösungsdringlichkeit ist unmittelbar einsichtig. Unterstellt man zunächst eine bestimmte Problemlösungsbereitschaft, dann entspricht es rationalem Handeln, einen Teil der für politische Zwecke verfügbaren Mittel der Deckung sozialpolitischen Bedarfes zu widmen, wenn der gesellschaftliche Grenznutzen dieser Mittelverwendung größer ist als der einer anderen Mittelwidmung. Ein politisches System wird daher bei einer mehr oder minder großen Gefährdung sozialpolitisch relevanter Ziele, wie z.B. des sozialen Friedens, der Sicherung minimaler Existenzbedingungen für alle, der Erhaltung der Volksgesundheit und des Arbeitskräftepotenzials, sozialpolitische Maßnahmen ergreifen. Auch die Entscheidung, welche sozialpolitischen Bedarfe zunächst in bestimmtem Umfang gedeckt, welche sozialpolitischen Handlungsbereiche also zunächst oder verstärkt entwickelt werden, lässt sich mit Hilfe unterschiedlicher Problemlösungsdringlichkeiten der verschiedenen sozialpolitischen Bedarfe erklären; denn es ist ein Gebot der Rationalität, die verfügbaren knappen Mittel dort einzusetzen, wo sie nach dem Urteil der Träger politischer Macht und aus der Sicht des verfolgten Zielsystems den größten Nutzen stiften. Wenn dieses Prinzip angewendet wird, werden die Mittel, die für sozialpolitische Zwecke verfügbar gemacht werden, so eingesetzt, dass die Grenznutzen verschiedener sozialpolitischer Maßnahmen gleich werden (Grundsatz des Ausgleichs der gesellschaftlichen Grenznutzen sozialpolitischen Handelns).

Die Problemlösungsdringlichkeit ihrerseits wird durch folgende *sekundäre* Determinanten beeinflusst:

1. den Grad der Gefährdung der für die Sozialpolitik relevanten Ziele, der wiederum u.a. durch das Wirtschaftssystem beeinflusst wird, weil ein Wirtschaftssystem einen mehr oder minder hohen sozialen Grundgehalt aufweist, der z.B. durch die angewendeten Mechanismen gesamtwirtschaftlicher Koordinierung, durch die Verteilung der wirtschaftspolitischen und wirtschaftlichen Dispositionsbefugnisse in der Gesellschaft, durch die Eigentumsverfassung, die Produktionsverfassung und die Verfassung der Arbeitsmärkte geprägt wird (vgl. Lampert 1992e, S. 64 ff.). Für das Wirtschaftssystem der Sozialen Marktwirtschaft ist es charakteristisch, die Wirtschaftsordnung so auszugestalten, dass soziale Ziele a priori bei der Ausgestaltung der Wirtschaftsordnung berücksichtigt werden;
2. durch das einer Gesellschaft zugrunde liegende Wertesystem.[24] In einer Gesellschaft, in der die freie Entfaltung der Persönlichkeit, Humanität und die soziale Ge-

---

[23] In der Abbildung sind die durch Rechtecke gekennzeichneten sekundären Determinanten aus Gründen der Übersichtlichkeit nicht vollständig wiedergegeben.

[24] Dieses Wertesystem ist seinerseits wieder durch (tertiäre) Determinanten beeinflusst, wie z. B. Einzelpersönlichkeiten - man denke an den Einfluss von *Robert Owen, Ernst Abbé, Bischof Ketteler, Johann Hinrich von Wichern* und *Karl Marx* auf das sozialpolitisch relevante Wertesystem -, die Ideologie sozialer Gruppen und Verbände und - nicht zuletzt - normative Wissenschaft. Der Regress soll hier aber nicht weitergeführt werden.

rechtigkeit einen hohen Stellenwert haben, wird die Dringlichkeit der Reduzierung oder Beseitigung einer Überbeanspruchung der Gesellschaftsmitglieder durch lange Arbeitszeiten, ungünstige Arbeitsplatz- und Arbeitsplatzumweltbedingungen und eine ungerechte Verteilung wirtschaftlicher Risiken der Produktion auf die Produktionsfaktoreneigentümer höher eingeschätzt werden als in Gesellschaftssystemen, in denen die genannten Ziele geringere Bedeutung besitzen. Die Sozialpolitik wird quantitativ und qualitativ unterschiedlich entwickelt sein, je nachdem, ob sozialdarwinistische, kalvinistische, protestantische, katholische oder sozialistische Wertvorstellungen das Menschen- und Gesellschaftsbild prägen.[25] In der Abbildung der Determinanten sozialpolitischer Entwicklung ist unterstellt, dass das durch Religion, Weltanschauung, Ethik und Kultur geprägte Wertesystem nicht nur direkt, sondern auch über das Wirtschaftssystem und über das politische System auf die Problemlösungsdringlichkeit einwirkt;

3. das Problembewusstsein gesellschaftlicher Gruppen in Bezug auf die Änderungsbedürftigkeit und Änderungsmöglichkeit ihrer eigenen Lage. Die Bedeutung dieser Bestimmungsgröße ist daran ablesbar, dass in den Feudalgesellschaften der vorindustriellen Zeit die Angehörigen bestimmter Schichten über Generationen hinweg ihre soziale und wirtschaftliche Position, Hunger und Not, Ausbeutung und Demütigung ertragen haben, während andererseits die im 19. Jh. entstandenen Sozialbewegungen zu der wohl stärksten Triebkraft sozialpolitischer Entwicklung wurden, so dass die drohende Gefährdung des inneren Friedens Sozialpolitik erzwang.[26] Dieses Problembewusstsein wiederum und die Bereitschaft von Bevölkerungsgruppen, absolute oder relative wirtschaftliche und soziale Schwäche zu akzeptieren oder auch nicht, hängt sowohl von der herrschenden Weltanschauung ab, insbes. von religiösen Lehren und Einstellungen, als auch von der Einschätzung der politischen und wirtschaftlichen Möglichkeiten einer Änderung der Lage, d.h. von der vermuteten oder tatsächlich vorhandenen Problemlösungsfähigkeit;

4. das Problembewusstsein der Träger der Politik, das die Einschätzung der Problemlösungsdringlichkeit bestimmt. Dieses Problembewusstsein seinerseits ist zum einen abhängig vom Problembewusstsein sozial und wirtschaftlich schwacher Gruppen, weil von diesem Problembewusstsein sozialer Gruppen der Grad der Gefährdung des inneren Friedens beeinflusst wird, zum anderen vom politischen System, weil es zum einen von ihm abhängt, ob bei fehlendem Problembewusstsein der Träger der Politik und ausbleibenden sozialpolitischen Maßnahmen eine Beeinträchtigung oder ein Verlust der politischen Macht droht oder nicht. Zum anderen bestimmt die Qualität des politischen Systems darüber, welche gesellschaftlichen, sozialen und wirtschaftlichen Interessen sich in welchem Umfang durchsetzen können. Ohne Zweifel haben die Gesellschaftsmitglieder in verbändestaatlich organisierten Mehrparteiendemokratien größeren Einfluss auf die Entwicklung der Sozialpolitik als in Volksdemokratien oder in absolutistischen Monarchien - nicht zu reden von Diktaturen.[27] Die Stärke des Einflusses von Verbänden und sozialen

---

25 Vgl. dazu die Arbeit von Higgins 1981, Kap. 5 – 7. Zum ethischen Gehalt der Sozialen Marktwirtschaft vgl. Gutmann 1989.

26 Für die Entstehung der neuzeitlichen Sozialpolitik in Europa spielte - wie empirische Untersuchungen vielfältig belegen - die soziale Bewegung, vor allem die Arbeiterbewegung, eine herausragende Rolle. Vgl. dazu S. 51 ff. und die dort angegebene Lit.

27 Vgl. dazu Flora/Alber 1984, S. 43 f., Hockerts 1983, S. 141 ff., insbes. S. 153, Hockerts (Hg.) 1998 sowie Obinger/Kittel 2003 und die dort angeführte Literatur.

Gruppen auf die Träger politischer Verantwortung wiederum wird auch durch den Organisationsgrad und die Stärke von Verbänden beeinflusst.[28] Schließlich wird das Problembewusstsein der Politiker durch das gesellschaftliche Wertesystem beeinflusst, weil sie in ihrer Erziehung und Entwicklung durch dieses System geprägt worden sind und sich mehr oder minder an diesem Wertesystem orientieren.[29]

Als zweite Primärdeterminante soll die Problemlösungsfähigkeit interpretiert werden. Als notwendiger materieller Bedingung für das Zustandekommen staatlicher Sozialpolitik kommt ihr größeres Gewicht zu als der Problemlösungsbereitschaft. Die Problemlösungsfähigkeit wird durch folgende Sekundärdeterminanten beeinflusst:

1. den Reichtum an natürlichen Ressourcen;[30]
2. das Niveau wirtschaftlicher Leistungsfähigkeit, d. h. die Höhe des Sozialproduktes.
   Da für die überwiegende Mehrzahl sozialpolitischer Maßnahmen wirtschaftliche Mittel eingesetzt werden müssen und auch für den Staat kostenfreie sozialpolitische Maßnahmen, wie z.B. Gebote und Verbote an die Adresse von Wirtschaftssubjekten, vielfach mit ökonomischen Belastungen für diese Wirtschaftssubjekte verbunden sind, liegt es auf der Hand, dass der sozialpolitische Möglichkeitsbereich einer Gesellschaft - bei gegebener und gleicher Problemlösungsdringlichkeit - um so größer ist, je größer die wirtschaftliche Leistungsfähigkeit dieser Gesellschaft ist und je effizienter das sozialpolitische Instrumentarium ist, das für die Deckung sozialpolitischer Bedarfe zur Verfügung steht, weil dann die Ergiebigkeit der für Sozialpolitik verwendeten Mittel höher ist. Die positive Korrelation zwischen dem mit Hilfe des Indikators „Sozialleistungsquote" gemessenen Umfang staatlicher Sozialpolitik und der Höhe des Sozialprodukts pro Kopf der Bevölkerung ist vielfach belegt.[31] Dass damit noch nichts über die Qualität der Sozialpolitik ausgesagt ist, bedarf keiner Erläuterung.

Die wirtschaftliche Leistungsfähigkeit beeinflusst nicht einseitig die Möglichkeiten staatlicher Sozialpolitik, sondern die Sozialpolitik ihrerseits wirkt in vielfältiger Weise auf die wirtschaftliche Leistungsfähigkeit ein. Positiv beeinflusst die Sozialpolitik Sozialprodukt und Wirtschaftswachstum durch alle Maßnahmen, die

- den Umfang des Arbeitskräftepotenzials vergrößern und seine qualitative Struktur verbessern,
- negative externe Effekte und soziale Kosten der Produktion verhindern und vermindern,
- den Eintritt sozialer Risiken prophylaktisch verhindern und

---

28 Vgl. dazu Wilensky 1981, S. 185 ff., insbes. S. 189 ff., der die Wohlfahrtsstaaten nach korporatistischen Demokratien (z. B. Niederlande, Schweden, Bundesrepublik), Korporatismus ohne volle Partizipation der Arbeitnehmer (Japan, Frankreich) und Ländern mit schwach ausgeprägtem Korporatismus (USA, Canada) einteilt und mit abnehmender korporatischer Ausprägung abnehmenden sozialpolitischen Konsens konstatiert.

29 Z. B. stellten Flora/Alber 1984, S. 43 fest, dass Länder mit starken protestantischen Staatskirchen sich früher für die öffentliche Wohlfahrt verantwortlich fühlten als religiös gemischte und katholische Länder, in denen private Wohltätigkeit und das Subsidiaritätsprinzip Tradition haben.

30 Paradebeispiel für eine außerordentlich hohe sozialpolitische Problemlösungsfähigkeit aufgrund natürlicher Ressourcen sind die erdölfördernden arabischen Staaten in den 70er und 80er Jahren.

31 Vgl. dazu den Überblick über zahlreiche einschlägige empirische Untersuchungen bei Alber 1979, S. 123 ff., der zeigt, dass ein positiver Zusammenhang zwischen Sozialprodukt und Sozialleistungsquote besteht, wenngleich bei geringen Unterschieden im Entwicklungsniveau der Länder keine deutliche Tendenz besteht, dass reichere Länder einen größeren Teil des Sozialproduktes für soziale Zwecke aufwenden als weniger reiche. Aber angesichts der Vielzahl der die Sozialpolitik beeinflussenden Determinanten ist dies nicht überraschend, sondern zu erwarten.

- eingetretene Schäden durch Rehabilitation beheben, statt sie finanziell zu kompensieren.

Diese Einflüsse der Sozialpolitik auf die wirtschaftliche Leistungsfähigkeit und das Wachstum sind noch wenig untersucht.[32] Negativ kann die Sozialpolitik die Leistungsfähigkeit beeinflussen, wenn bestimmte Maßnahmen kontraproduktiv wirken, d.h. wenn sie die Leistungsbereitschaft der Wirtschaftssubjekte durch vergleichsweise hohe Lohnersatzleistungen oder andere Sozialtransfers oder auch durch hohe Sozialbeiträge und steuerliche Belastungen beeinträchtigen, oder wenn sie die Leistungsfähigkeit der Unternehmungen verringern, sei es durch hohe Abgabenbelastungen oder durch direkte oder indirekte merkliche Erschwerung der Ausübung unternehmerischer Dispositionsbefugnisse;

3. die sozialpolitische Kreativität der Gesellschaft, d.h. ihre Fähigkeit, sozialpolitische Konzeptionen, Einrichtungen und Instrumente zu entwickeln, die wirtschaftlich und sozial möglichst optimale Lösungen bestimmter Probleme erlauben. Diese Kreativität wiederum ist unter anderem vermutlich vor allem von der gesellschaftlichen Organisation abhängig, d.h. davon, welche Rolle in einer Gesellschaft der Wettbewerb als Instrument der Innovation spielt, welche Funktionen die Organisationen des intermediären Bereiches, die Verbände und sozialen Gruppen haben, welches Gewicht die staatliche Bürokratie hat, welche Aufgaben der Wissenschaft zugeteilt sind. In wettbewerblich organisierten Gesellschaftssystemen mit föderalistischem Staatsaufbau und selbstverwalteten Subsystemen ist der soziale und sozialpolitische Erfindungsreichtum größer als in zentralistisch verwalteten hierarchisch gesteuerten Gesellschaftssystemen.[33] Die gesellschaftliche Organisation ihrerseits ist abhängig vom gesellschaftlichen Wertesystem und vom politischen System, die beide Prinzipien für die gesellschaftliche Organisation enthalten (Prinzip der Gewaltenteilung, eines Mehrparteiensystems oder der Subsidiarität).

Wenn man die Problemlösungsdringlichkeit und die Problemlösungsfähigkeit als gegeben unterstellt, dann hängt die betriebene staatliche Sozialpolitik von der Problemlösungsbereitschaft der Träger der politischen Macht ab. Auf diese Problemlösungsbereitschaft wirken v.a. folgende drei *Sekundär*determinanten ein:

1. das politische System, das seinerseits durch das gesellschaftliche Wertesystem geprägt wird. Um hier nur die Extreme politischer Systeme vergleichend gegenüberzustellen: in einem autokratischen System können die Träger der politischen Macht relativ autonom über Umfang und Qualität der Sozialpolitik entscheiden, während sie in pluralistischen Mehrparteiendemokratien auf den Wählerwillen und die wahlrelevanten organisierten Gruppen Rücksicht nehmen werden, um ihr politisches Mandat zu erhalten.[34] Selbst innerhalb demokratischer Systeme lassen sich unterschiedliche Einflüsse auf die Sozialpolitik feststellen, je nachdem, welche Parteien in der Regierungsverantwortung stehen.[35] Die sozialpolitischen Konzepte bürgerlicher Parteien unterscheiden sich gewöhnlich erkennbar von denen sozialistischer Parteien. Wichtige Komponenten innerhalb des politischen Systems, die auf die Problemlösungsbereitschaft und die Sozialpolitik nach Umfang und Art im

---

[32] Vgl. dazu den Überblick über Wirkungen des Systems sozialer Sicherung S. 288 ff.

[33] Vgl. dazu Thiemeyer 1975b, S. 540 ff.; Hayek 1971, S. 46 f. und Lampert 1984c, S. 52 ff.

[34] Vgl. dazu die empirische Überprüfung der einschlägigen Theorie von *Stein Rokkan* bei Flora/Alber 1984, S. 37 ff. sowie Widmaier 1976, S. 66 ff.

[35] Vgl. dazu Flora/Alber 1984, S. 47 und Hockerts 1980, S. 153 f.

Rahmen des sozialpolitischen Willensbildungs- und Entscheidungsprozesses ein-wirken, sind die Bürokratie und das Verbändesystem (vgl. Widmaier 1990). Büro-kratien können - je nachdem, welche Typen von Bürokratien dominieren,[36] wie groß der auf dem Informationsmonopol und der Sachkenntnis der Bürokraten be-ruhende Einfluss der Bürokraten auf die Politiker ist, wie die Kompetenzen inner-halb der Ministerialbürokratie gegliedert sind und welchen Einfluss die Verbände auf die Bürokratie haben[37] - innovativ und reformerisch, aber auch retardierend und konservierend wirken;[38]

2. der Grad der Güterknappheit in der Gesellschaft. Bekanntlich lassen sich Umver-teilungen um so schwerer bewerkstelligen, je niedriger das Niveau wirtschaftlicher Leistungsfähigkeit und je geringer das wirtschaftliche Wachstum ist; denn in abso-lut oder relativ armen Gesellschaften treffen Umverteilungen von Rechten, Chan-cen, Einkommen und Vermögen die relativ Begünstigten spürbarer als in relativ oder absolut wohlhabenden Gesellschaften. Der Widerstand der besser gestellten sozialen Schichten wird in eine entsprechende, geringere oder größere Problemlö-sungsbereitschaft der Träger der politischen Macht transformiert - und zwar um so mehr, je größer die Identität zwischen besser gestellten Schichten und gesellschaft-lich sowie politisch führenden Schichten ist;

3. das Wertesystem der Gesellschaft als eigenständig wirksame Determinante, weil dieses Wertesystem mehr oder weniger ausgeprägt sozialpolitische Ziele enthält.[39] Wenn in einer Gesellschaft z.b. eine stark individualistisch geprägte Sozialethik dominiert, wie z.B. in den USA,[40] wird die staatliche Problemlösungsbereitschaft geringer sein als dann, wenn eine stärker solidarisch orientierte Sozialethik vor-herrscht. Das Wertesystem seinerseits wird beeinflusst durch religiöse und kirchli-che Wertvorstellungen.

Die drei erläuterten Primärdeterminanten sind - jeweils für sich genommen - not-wendige Bedingungen für staatliche Sozialpolitik, jedoch nur zusammengenommen hinreichend. Sie sind teilweise positiv miteinander korreliert. So kann man davon ausgehen, dass eine hohe Problemlösungsdringlichkeit die Problemlösungsbereit-schaft erhöht, weil eine durch eine starke oder zunehmende Zielverfehlung steigende Problemlösungsdringlichkeit den inneren Frieden und damit Stabilität und Entwick-lung der Gesellschaft bedroht. Auch die Problemlösungsfähigkeit dürfte die Pro-blemlösungsbereitschaft erhöhen, weil mit steigender Problemlösungsfähigkeit nicht nur der Möglichkeitsbereich der Sozialpolitik ausgeweitet wird, sondern auch die po-litischen Kosten und Risiken der Sozialpolitik geringer werden und die Sozialpolitik in Mehrparteiendemokratien sogar politische Erträge, sprich Wählerstimmen, bringt.

Bestimmte sekundäre Determinanten beeinflussen mehrere Primärdeterminanten und erhöhen oder verringern den Bedarf an Sozialpolitik durch *gleichgerichtete* Ef-fekte. Z. B. reduziert ein wirtschaftlich leistungsfähiges Wirtschaftssystem durch eine

---

[36] Vgl. dazu die Bürokratietypologie bei Downs 1968 sowie Jackson 1982; Leuenberg/Ruffmann 1977; Roppel 1979.

[37] Vgl. zu den Wirkungen der zuletzt genannten Bürokratieeigenschaften v. Bethusy-Huc 1976, S. 256 ff.

[38] Es gibt zahlreiche Beispiele aus der deutschen Sozialpolitikgeschichte, die belegen, dass die Ministe-rialbürokratie innovative Anstöße gab. Vgl. dazu S. 49 f. und die dort zitierte Literatur.

[39] Ein Beispiel für die Wirksamkeit dieser Determinante ist der Einfluss der wohlfahrtsstaatlich-patriar-chalischen Tradition des Absolutismus in Deutschland schon vor Einführung des sozialstaatlich ori-entierten Verfassungsstaates. Vgl. dazu Grimm 1983, S. 41 ff., insbes. S. 53.

[40] Vgl. dazu Bellah u. a. 1987, Döring/Hauser 1989, Barr 1992, S. 762 f. und Lampert 2001c.

geringere Gefährdung sozialpolitisch relevanter Ziele, etwa der Sicherung der wirtschaftlichen Existenzen der Gesellschaftsmitglieder, die Problemlösungsdringlichkeit und verstärkt gleichzeitig über seine wirtschaftliche Leistungsfähigkeit die sozialpolitische Problemlösungsfähigkeit. Weniger leistungsfähige Wirtschaftssysteme dagegen erzeugen bestimmte Arten sozialpolitischen Bedarfs und weisen überdies eine geringere Problemlösungsfähigkeit auf. Andere Determinanten können dagegen den Bedarf an Sozialpolitik in *entgegengesetzter* Richtung beeinflussen. Pluralistische Mehrparteiendemokratien z.B. weisen eine sehr hohe Problemlösungsbereitschaft auf, können aber durch die Kosten sozial- bzw. wohlfahrtsstaatlicher Expansion die Problemlösungsfähigkeit über die Beeinträchtigung der wirtschaftlichen Leistungsfähigkeit verringern. Schließlich können sich die Effekte sekundärer Determinanten auf die primären Determinanten auch kompensieren. Z.B. kann die ökonomische Effizienz eines Wirtschaftssystems die sozialpolitische Problemlösungsfähigkeit erhöhen, das politische System dagegen kann sie durch sozialpolitische Fehlentscheidungen beeinträchtigen, ohne dass aber eine absolute Effizienzminderung des Gesamtsystems erkennbar wird.

Unterschiede in der staatlichen Sozialpolitik müssen bereits dann auftreten, wenn sich Gesellschaftssysteme nur in Bezug auf die Ausprägung *einer* Bestimmungsgröße unterscheiden. Da das Determinantensystem relativ viele Variablen aufweist und infolgedessen zahlreiche Determinantenkonstellationen mit jeweils unterschiedlichen Ausprägungen der Variablen denkbar sind, sind von der Theorie her sehr verschiedenartige Entwicklungsbedingungen staatlicher Sozialpolitik zu erwarten.

Das dargestellte Determinantensystem kann wenigstens zweierlei leisten, nämlich:
1. deutlich unterschiedlich ausgeprägte Entwicklungen staatlicher Sozialpolitik erklären, wie sie in industrialisierten Mehrparteiendemokratien einerseits und in industrialisierten Einparteiengesellschaften andererseits beobachtbar sind oder auch in nicht-konstitutionellen Monarchien einerseits und Republiken andererseits und
2. Unterschiede in der Sozialpolitik zwischen Nationen erklären, die einem ganz bestimmten Gesellschaftstypus zuzurechnen sind, wie etwa Unterschiede zwischen der Sozialpolitik Großbritanniens und der der Bundesrepublik oder zwischen der Sozialpolitik der Sowjetunion und der der ehemaligen DDR.

Im Folgenden soll veranschaulicht werden, welche Erklärungsmöglichkeiten sich aus unterschiedlichen Kombinationen der Primärdeterminanten ergeben.

3. Die Wirkungen alternativer Ausprägungen der Primärdeterminanten

Im Folgenden werden für jede Primärdeterminante zwei mögliche Ausprägungen, nämlich eine starke und eine schwache, unterstellt. Eine gering ausgeprägte Problemlösungsfähigkeit wird vereinfachend als gleichbedeutend mit einem agrarischen Wirtschaftssystem oder mit einer wirtschaftlich ineffizienten Industriegesellschaft angesehen, eine starke bzw. hohe Problemlösungsfähigkeit als gleichbedeutend mit einem effizienten industriellen bzw. postindustriellen Wirtschaftssystem.

Übersicht 6. Determinantensysteme staatlicher Sozialpolitik

Variablen-kombination	Problem-lösungs-fähigkeit	Wirtschafts-stufe	Problem-lösungs-dringlich-keit	Grad d. strukturell-funktionellen Differenzierung	Problem-lösungs-bereit-schaft	Bedingungskonstellation ist/gilt für	Historische Beispiele
1	gering	Agrargesellschaften	niedrig	unbedeutend	gering	für Analyse nicht relevant	Statische Volkswirtschaften ohne industriellen Sektor
2	gering		niedrig		hoch		
3	gering	Entwicklungsländer bzw. ineffiziente Industriegesellschaften	hoch	relativ gering	gering	autokratische bis liberalistische Systeme	Deutsches Reich 1800-1870
4	gering		hoch		hoch	sozialistische Systeme	China
5	hoch	entwickelte Länder	niedrig	ausgeprägt	gering	inkonsistent	-
6	hoch		niedrig		hoch	parlamentarische Systeme mit sozial akzentuiertem Wertesystem	Bundesrepublik Deutschland
7	hoch		hoch		gering	parlamentarische Systeme mit individualistisch akzentuiertem Wertesystem bzw. begrenzt demokratische Systeme	USA, Deutschland 1870/1914
8	hoch		hoch		hoch	inkonsistent	-

Insgesamt ergeben sich 8 Variablenkombinationen, die in Übersicht 6 wiedergegeben sind. Von ihnen sind für die Zwecke dieser Analyse nur die Fälle 3, 4, 6 und 7 relevant.[41]

Die Fälle 3 und 4 mit ihrer Kombination von geringer Problemlösungsfähigkeit mit hohem sozialpolitischem Bedarf decken Länder ab, die sich im Übergang zu Industriegesellschaften befinden oder die bereits industrialisiert sind, jedoch wirtschaftlich ineffizient arbeiten.[42] Fall 3 trifft für sich industrialisierende Gesellschaften zu, die konstitutionelle Monarchien, ständestaatlich strukturiert oder begrenzt bürgerlich-demokratisch orientiert sind (z.b. Deutsches Reich zwischen 1800 und 1870).[43] Fall 4, vom Fall 3 durch eine hohe Problemlösungsbereitschaft unterschieden, trifft für sozialistische Industriegesellschaften mit vergleichsweise geringer wirtschaftlicher Leistungsfähigkeit zu (z. B. China).

Unter die Fälle 6 und 7 sind entwickelte Industriegesellschaften subsumierbar. Zur Fallgruppe 6 gehören Länder, die - wie die Bundesrepublik - als Mehrparteien-demokratien gleichzeitig ein gesellschaftliches Wertesystem haben, in dem Werte wie Solidarität, gesellschaftliche Verantwortung und paternalistische Elemente zu finden sind; sie weisen daher umfassende, obligatorische, auf Rechtsansprüchen beruhende Sicherungssysteme auf.[44] In die Fallgruppe 7 gehören Länder, die entweder Mehrpar-teiendemokratien sind, in ihren Wertesystemen jedoch der individuellen Verantwor-tung und Verantwortlichkeit großes Gewicht beimessen (vgl. z.B. die USA) oder die konstitutionelle Monarchien mit umfassendem Wahlrecht sind, jedoch der Sozialpoli-

---

[41] In den Fällen 1 und 2 handelt es sich aufgrund jeweils geringer Problemlösungsfähigkeit und niedriger Problemlösungsdringlichkeit um Gesellschaften ohne größere strukturell-funktionelle Differenzierung, also um vorindustrielle Gesellschaften mit nur geringem Bedarf an staatlicher Sozialpolitik. Die Kombination hoher Problemlösungsfähigkeit, also industrieller Effizienz, mit geringer Problemlösungs-bereitschaft bei gleichzeitiger niedriger Problemlösungsdringlichkeit (Fall 5) erscheint widersprüch-lich, weil bei großer wirtschaftlicher Leistungsfähigkeit geringer sozialpolitischer Bedarf relativ problemlos zu decken, also eine niedrige Problemlösungsbereitschaft nicht begründbar ist. Ähnlich in-konsistent ist die Kombination des Falles 8, weil bei hoher sozialpolitischer Handlungsbereitschaft und hoher Problemlösungsfähigkeit die Problemlösungsdringlichkeit nicht hoch sein kann.

[42] Diese Fälle decken theoretisch auch Agrargesellschaften mit hohem sozialpolitischem Bedarf ab. Da es aber in dieser Arbeit in erster Linie um die neuzeitliche staatliche Sozialpolitik geht, bleiben diese Fäl-le außer Betracht.

[43] Vgl. dazu auch die von Flora/Alber 1984, S. 47 formulierten Hypothesen 1 und 2 über den Einfluss po-litischer Systeme auf die Sozialpolitik. Hypothese 1 lautet: Konstitutionelle Monarchien mit be-grenztem Stimmrecht und ständestaatlicher Struktur neigen dazu, relativ undifferenzierte und lokali-sierte Systeme der Armenfürsorge in paternalistischer Tradition zu entwickeln. Die sozialen Hilfen beruhen auf Wohltätigkeit, nicht auf Rechtsansprüchen und werden gewöhnlich in nicht monetärer Form und beschränkt auf Arbeitsunfähige gewährt. Hypothese 2 besagt: Bürgerliche Demokratien mit einem nach Besitz, Steuerleistung oder sozialem Status begrenzten Stimmrecht neigen dazu, Interven-tionen allgemein und öffentliche Hilfen im Besonderen zu beschränken. Sie können Sozialausgaben trotz steigender sozialer Nöte reduzieren. Sie weisen eher undifferenzierte und lokalisierte Hilfssyste-me auf, die auf Arbeitsunfähige beschränkt werden. Sie lehnen Zwangsversicherungen ab, unterstüt-zen jedoch freiwillige Sicherungssysteme. Die Empfänger sozialer Leistungen werden als Bürger zweiter Klasse betrachtet.

[44] Diesem Fall entspricht die Hypothese 3 von Flora/Alber 1984, S. 47, die besagt: Massendemokratien entwickeln umfassende, differenzierte und zentralisierte Wohlfahrtssysteme, die auf sozialen Grund-rechten und Zwangsmitgliedschaften beruhen. Ursachen dafür sind die im Vergleich zu Monarchien und bürgerlichen Demokratien entwickelteren Arbeitnehmerorganisationen sowie der Wettbewerb der Parteien um Stimmen. Innerhalb der Massendemokratien können sich aufgrund unterschiedlicher Par-teiensysteme und aufgrund von Unterschieden in den Bürokratien beachtliche Unterschiede der Sozial-politik ergeben.

tik eher die Funktion der Abwehr weitergehender Partizipationsrechte der Arbeitnehmerschaft und der Sicherung des sozialen Friedens zuweisen als die Funktion der Erhöhung der Gesamtwohlfahrt.[45]

4. Die Theorie der Entwicklungsbedingungen staatlicher Sozialpolitik im Lichte empirischer Analysen

In den 60er und 70er Jahren wurden - überwiegend von Sozialhistorikern und Soziologen - empirische Untersuchungen vorgelegt, die das Ziel verfolgen, mit Hilfe von Korrelations- und Pfadanalysen die Entstehungs- und Entwicklungsbedingungen staatlicher Sozialpolitik zu eruieren und Hypothesen über Determinanten staatlicher Sozialpolitik zu testen.[46] Einen Überblick über diese Arbeiten und ihre wichtigsten Ergebnisse finden sich bei Lampert (1990b) und Obinger/Kittel (2003). Diese Arbeiten bestätigen ganz überwiegend die Wirksamkeit und das Gewicht der abgeleiteten Primär- und Sekundärdeterminanten.

Die Wirksamkeit der primären Bestimmungsgründe und die Brauchbarkeit der entwickelten Theorie lassen sich auch an der Entwicklung der Sozialpolitik in Deutschland erkennen.

Der Bedarf an Sozialpolitik im 19. Jh. wurde in Kap. I ausführlich dargestellt. Die Notwendigkeit, ihn zu decken, ergab sich aus der Gefährdung des sozialen Friedens.

Der Einfluss der Problemlösungs*bereitschaft*, die sehr eng mit der politischen Verfassung zusammenhängt, wird für die deutsche Sozialpolitik sichtbar, wenn man die Sozialpolitik im Kaiserreich, in der Weimarer Republik, im Dritten Reich und in der Bundesrepublik nach dem Umfang, v.a. aber nach dem durch ihre gesellschafts-, staats- und sozialpolitischen Zielsetzungen bestimmten Inhalt miteinander vergleicht: Die Sozialpolitik der Monarchie war eine patriarchalische, staatsautoritäre, teilweise repressive Sozialpolitik. Der entscheidende Durchbruch der Sozialpolitik von der reinen Schutzpolitik zu einer an verfassungsmäßig garantierten Grundrechten ausgerichteten, ausgleichenden Gesellschaftspolitik und die Demokratisierung der Sozialpolitik haben sich in der parlamentarischen Demokratie der Weimarer Republik vollzogen, d. h., als die Arbeiterschaft im obersten Gesetzgebungsorgan stark repräsentiert war. Die Vergewaltigung der Sozialpolitik und ihr Missbrauch entsprechend den Zielen eines totalitären, nach dem Führerprinzip organisierten Systems erfolgte in der Zeit des Nationalsozialismus, die Renaissance einer demokratischen, freiheitlichen, in ihren Intentionen wirklich sozialen Politik fand in der Bundesrepublik statt.

Dass Zielrichtung, Qualität und Umfang der Sozialpolitik nachhaltig durch die Problemlösungsfähigkeit beeinflusst werden, zeigt sich ebenfalls deutlich am Beispiel

---

[45] Diesem Fall entspricht die Hypothese 4 von Flora/Alber 1984, S. 47: Konstitutionelle Monarchien mit umfassendem Wahlrecht neigen eher zur Entwicklung umfassender, differenzierter und zentralisierter Wohlfahrtssysteme, die auf sozialen Grundrechten und Zwangsversicherung beruhen. Diese Systeme sind eine Folge stark paternalistischer und bürokratischer Traditionen. In ihnen gibt es einen relativ starken politischen Druck von Seiten der Arbeiterschaft, der zu Wohlfahrtseinrichtungen führt. Ziel der Sozialpolitik ist vorrangig die Abwehr weitergehender Partizipationsrechte und eine Erhöhung der Loyalität der Arbeiterklasse gegenüber dem autoritären Staat.

[47] Vgl. dazu D. Zöllner 1963, Cutright 1965, S. 537 ff., Pryor 1968, Rimlinger 1971, Kaim-Caudle 1973, Wilensky 1975, Alber 1979, Flora/Alber 1984, J. Higgins 1981, Köhler/Zacher 1981 und Barr 1992, S. 758 ff.

des Deutschen Reiches. Die Abhängigkeit der Funktionsfähigkeit sozialer Sicherungssysteme von der wirtschaftlichen Lage hat nicht nur die Weltwirtschaftskrise eindringlich vor Augen geführt. Die Geschichte der deutschen Sozialpolitik zeigt, dass die Entfaltung der Sozialpolitik nach Abschluss der Entwicklung zum Industrialismus in der Phase des Ausbaues der Industrie seit Gründung des Deutschen Reiches einsetzt und dass ihre Ausbauphasen weitgehend mit den Phasen wirtschaftlichen Wachstums und relativ stetiger wirtschaftlicher Entwicklung zusammenfallen. Unter dem Aspekt der Tatsache, dass die ökonomische Leistungsfähigkeit einer Volkswirtschaft ihre sozialpolitischen Entscheidungsspielräume begrenzt, erscheint die Erschließung des Arbeitnehmerschutzes vor dem Aufbau der Sozialversicherung ökonomisch „logisch", weil der Arbeitnehmerschutz wesentlich „billiger" ist, vor allem für den Staat. Kinderarbeitsverbote, Arbeitszeitbeschränkungen und ein Truckverbot kosten den Staat nicht nur nichts, sondern bringen mittel- und langfristig durch die Verhinderung von Gesundheitsschädigungen, durch die Erhaltung der Gesundheit und der Arbeitskraft volkswirtschaftliche Erträge. In ähnlicher Weise werden durch den Unfall- und Gefahrenschutz soziale Kosten dadurch vermieden, dass die Unternehmer als mögliche Verursacher von Schäden für die Schadensverhütung und für eintretende Schäden Kosten zu tragen haben und so an der Schadensvermeidung interessiert werden. Unter ökonomischen Aspekten könnten eine Entwicklung der Arbeitsmarktpolitik sowie Änderungen in den Betriebs- und Unternehmensverfassungen vor dem Aufbau von Sozialversicherungssystemen logischer erscheinen, weil Arbeitsmarktpolitik und Betriebsverfassungspolitik „billiger", d.h. vor allem mit weniger Kosten für den Staat verbunden sind. Möglicherweise hätte sich die Entwicklung auch in der angedeuteten Weise vollzogen, wenn nicht die Sozialpolitik der Monarchie an der Verhinderung der politischen Emanzipation der Arbeiterschaft interessiert gewesen wäre. Sieht man davon ab, dass die Sozialversicherung in Deutschland vor der Arbeitsmarktpolitik und der Betriebsverfassungspolitik entwickelt wurde, dann hat sich die weitere Entwicklung unter Berücksichtigung der ökonomischen Spielräume der Sozialpolitik wieder „logisch" vollzogen: Bereiche, die - wie die Familienpolitik, die Bildungspolitik und die Politik der Vermögensumverteilung - mit Umverteilungsprozessen, mit hohen finanziellen Aufwendungen und - wenn überhaupt - mit vergleichsweise niedrigen oder/und erst langfristig anfallenden volkswirtschaftlichen Erträgen verbunden sind, werden erst ausgebaut, wenn die „billigeren" Bereiche und jene Bereiche ausgebaut sind, die - wie z.B. die Kinderarbeit, die Ausbeutung der Arbeitskraft durch physische Überlastung oder das Wohnungselend - wegen der Dringlichkeit der zu lösenden Probleme relativ unabhängig von den Kosten in Angriff genommen werden müssen. Ehe wir diese Determinante der Problemlösungsdringlichkeit näher betrachten, soll die Bestimmungsgröße Problemlösungsfähigkeit sowie ihr Einfluss auf die Problemlösungsbereitschaft noch etwas näher beleuchtet werden.

Die Entwicklung im 19. und 20. Jh. lässt einen engen Zusammenhang zwischen dem wirtschaftlichen Leistungsvermögen einer Gesellschaft einerseits und der Verteilung von Rechten und Freiheiten andererseits deutlich werden. Solange das Leistungsvermögen und das wirtschaftliche Wachstum gering waren und daher eine Umverteilung von Rechten durch die Bauernbefreiung, durch die Aufhebung der Zunftordnung, durch die Einführung rechtlicher Gleichheit für alle, durch die Einführung des freien, gleichen und geheimen Wahlrechtes für alle und eine forcierte Sozialpolitik mit starken Beeinträchtigungen der Position der Bessergestellten, der Besitzenden und der Vermögenden verbunden war, wehrten sich diese Schichten gegen diese politische, rechtliche und soziale Entwicklung. Je mehr und je stärker die Leistungsfähigkeit der Gesellschaft stieg, um so geringer wurde der politische Widerstand gegen die soziale und sozialpolitische Entwicklung auch im Deutschen Reich. Die Umwälzung der gesellschaftlichen und politischen Verhältnisse durch den Ersten Weltkrieg mag ihren Teil zu dieser veränderten Einstellung beigetragen haben.

Das 19. Jh. konnte wahrscheinlich deshalb in Europa zum Jahrhundert des Rechtsstaates, zum Jahrhundert der Einführung persönlicher und politischer und zum Jahrhundert beginnender materialer Freiheit für die große Mehrzahl der Menschen werden, weil es gleichzeitig das Jahrhundert der wirtschaftlichen Entwicklung Mitteleuropas war, das Jahrhundert, in dem Wohlstand und das heißt so viel mehr an materialer Freiheit für die gesamte Gesellschaft produziert werden konnte, dass dieses Mehr auf alle, insbes. auf die wirtschaftlich schwächsten Schichten in Form sinkender Arbeitszeit, steigender Löhne, zunehmender politischer und sozialer Rechte umverteilt werden konnte.

Damit soll nicht gesagt sein, dass die Freiheit und das in einer Gesellschaft verwirklichte Maß an Gerechtigkeit nur eine Folge wirtschaftlicher Leistungsfähigkeit ist, dass sich nicht auch „arme" Gesellschaften mit Erfolg um mehr Freiheit, um mehr Rechte für alle bemühen können, sondern es soll damit gesagt sein: Die Geschichte lehrt, dass in einer Gesellschaft um so mehr materiale Freiheit und um so mehr Gerechtigkeit verwirklicht werden kann, je reicher sie ist, d.h. über je mehr Mittel zur Verwirklichung von Freiheit und Gerechtigkeit sie verfügt. Das gilt für kapitalistische Gesellschaften wie für sozialistische Gesellschaften.

Ähnlich argumentiert *Hans Achinger* (1979, S. 37), der darauf hinweist, dass Entwicklungsländer soziale Errungenschaften zunächst zurückstellen müssen und noch nicht „reif" für Sozialpolitik im europäischen Sinne sind, „weil der Industrialisierungsprozess noch nicht weit genug gediehen ist".

Die Determinante Problemlösungs*fähigkeit* ist neben ihrer langfristigen Relevanz auch kurzfristig von Bedeutung, weil auch hochentwickelte Staaten während bestimmter, zeitlich begrenzter konjunktureller und struktureller Krisen an Problemlösungsfähigkeit - gemessen an dem durch die erreichten sozialpolitischen normativen Regelungen und Erwartungen definierten Bedarf - verlieren. Beispiele sind die Weltwirtschaftskrise der Jahre 1929 - 1933 (vgl. dazu v.a. Preller 1978, S. 418 - 473) und die Jahre reduzierten Wachstums und hoher Arbeitslosigkeit nach 1974, die wegen der schwer finanzierbaren Sozialleistungen die Forderung nach einer „Wende" in der Sozialpolitik haben laut werden lassen (vgl. Lampert 1984a). Es ist ein nicht auflösbares Dilemma der Sozialpolitik, dass gerade dann, wenn die höchsten Ansprüche an sie gestellt werden - wenn nämlich für Arbeitslose existenzsichernde Transfers von entscheidender Bedeutung werden, wenn Arbeitslosigkeit bekämpft werden muss und wenn Sozialleistungen zur Stabilisierung der Konsumgüternachfrage besonders wichtig sind -, die Erfüllung dieser Ansprüche die Sozialhaushalte und die öffentlichen Haushalte auf das äußerste anspannt und eine Rücknahme von Leistungen unter bestimmten Umständen unausweichlich erscheinen kann. Leistungseinschränkungen des Systems sozialer Sicherung in der Krise können jedoch keinen Beitrag zur Krisenüberwindung leisten. Sie tragen vielmehr die Gefahr der Krisenverschärfung in sich (vgl. Schäfer 1983 und Lampert 1984a). Um so wichtiger erscheint es, dass sich der Staat Verschuldungsspielräume offenhält, um in Krisensituationen bestimmte Sozialleistungen über Kredite finanzieren und Kürzungen von Leistungen aus konjunkturellen Gründen vermeiden zu können.

Auch die Wirksamkeit der Problemlösungs*dringlichkeit* als Determinante sozialpolitischer Entwicklung ist an der Geschichte der deutschen Sozialpolitik ablesbar. Versetzt man sich - soweit das überhaupt möglich ist - in die Lage des Arbeitnehmers um die Mitte des vorigen Jahrhunderts, dann erscheint zunächst die Sicherung seiner Existenzgrundlage, nämlich seiner Arbeitskraft durch Gesundheits-, Gefahren-, Unfall- und Arbeitszeitschutz als das dringendste Gebot, weil er andernfalls überhaupt keine Chance der Existenzsicherung hat. Sicherung seiner Existenz im Falle vorübergehender oder dauernder Arbeitsunfähigkeit ist in der Dringlichkeit dem Bedürfnis nach dem Schutz der Arbeitskraft nachgeordnet und geht seinem Bedürfnis, betriebliche Mitbestimmungsrechte zu haben, wohl ebenso voraus, wie etwa dem Bedürfnis nach einem am Gerechtigkeitspostulat orientierten Ausgleich von Einkommens- und Vermögensunterschieden im Rahmen der Familienpolitik, der Steuerpolitik und der Vermögenspolitik. Auch der Bildungspolitik wird der Arbeiter seinerzeit geringere Dringlichkeit zugemessen haben. So gesehen scheint die tatsächliche Sozialpolitik die jeweils gravierendsten, dringendsten Probleme gelöst zu haben und sich damit orientiert zu haben am Grundsatz der Erzielung maximalen Nutzens, anders ausgedrückt, am Grundsatz des Ausgleichs des gesellschaftlichen Grenznutzens sozialpolitischen Handelns.

Dritter Teil

Systematische Darstellung
der Bereiche sozialpolitischen Handelns

Vorbemerkungen

Die staatliche Sozialpolitik umfasst die in Übersicht 7 dargestellten Bereiche. Mit Ausnahme der nicht eigentlich sozialpolitischen, jedoch sozialpolitisch relevanten Politikbereiche werden im Folgenden alle diese Bereiche systematisch dargestellt, d.h. diese Handlungsfelder werden definiert, ihre Ziele, Rechtsquellen, Instrumente, Wirkungen, Entwicklungstendenzen und Probleme behandelt. Dabei kann natürlich keine Vollständigkeit erreicht werden. Vielmehr müssen die Verfasser auswählen, was sie für wesentlich und wichtig halten. Für Leser, die in bestimmte Bereiche tiefer eindringen wollen, sind am Ende der Kapitel Überblicke über grundlegende Literatur und über laufende Materialquellen angegeben.

Übersicht 7. Bereiche der Sozialpolitik (SP)

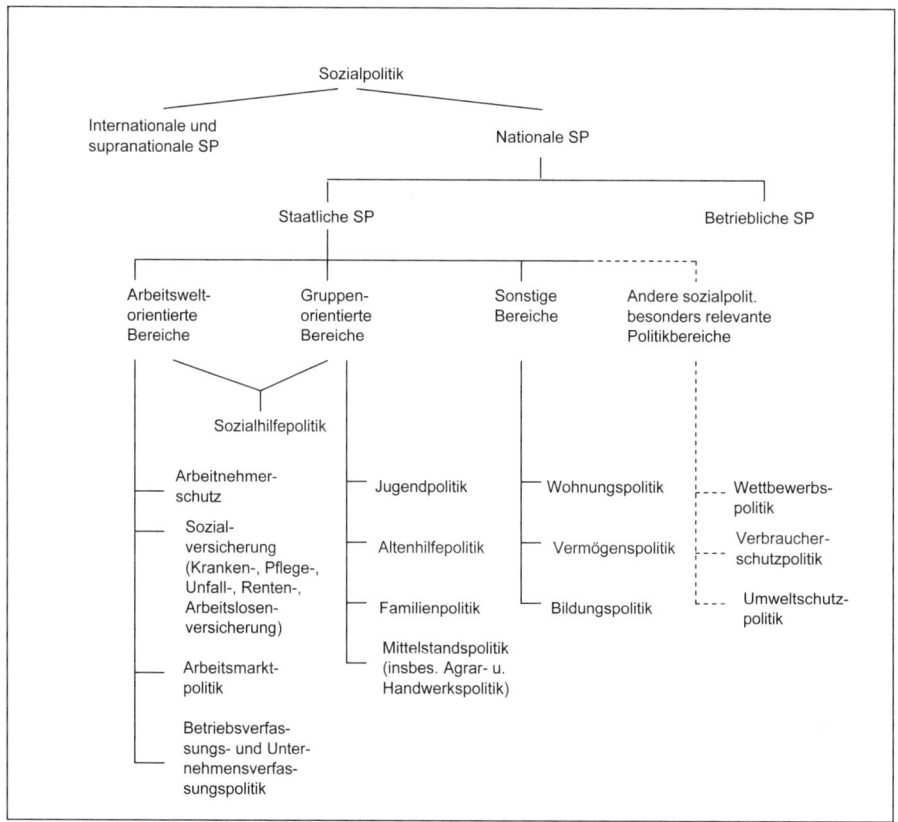

Die Darstellung beginnt mit dem für Industriegesellschaften historisch ältesten sozialpolitischen Bereich, dem Arbeitnehmerschutz, und behandelt anschließend die für die Gestaltung der Erwerbsarbeit komplementären Bereiche der Arbeitsmarktpolitik und der Mitbestimmung in den Betrieben und Unternehmungen. Sie wendet sich dann der Beschreibung und Analyse des Systems der sozialen Sicherung im engeren Sinne, der Sozialversicherung, und dem dieses System ergänzende System der sozialen Mindestsicherung zu, und gibt danach einen Überblick über die weniger zentralen, jedoch nicht unbedeutenden Bereiche der Wohnungs-, der Familien-, der Jugendhilfe- und der Altenhilfepolitik sowie über die mittelstandsorientierte Sozialpolitik und die Vermögenspolitik. In einem letzten Kapitel werden zusammenfassend die Ziele, die Prinzipien, die Ergebnisse, die Grenzen der Sozialpolitik sowie die Notwendigkeit, die Probleme und die Möglichkeiten einer Reform des Sozialstaates dargestellt.

VI. Kapitel

Arbeitnehmerschutz

A. Definition, Notwendigkeit und Ziele

Die Begriffe Arbeitsschutz, Arbeiterschutz und Arbeitnehmerschutz werden synonym verwendet. Da nicht die Arbeit und nicht nur die Arbeiter, sondern alle Arbeitnehmer geschützt werden, ist nur die Bezeichnung Arbeitnehmerschutz exakt.

Unter Arbeitnehmerschutz wird die Gesamtheit sozialpolitischer Maßnahmen zum Schutze der abhängig Arbeitenden gegen (materielle und immaterielle) Schädigungen und Gefahren verstanden, die aus der Arbeitsausübung und aus dem Abhängigkeitscharakter des Lohnarbeitsverhältnisses erwachsen.

Die Notwendigkeit zur Entwicklung eines Arbeitnehmerschutzrechts ergab sich aus den (S. 19 ff.) geschilderten schwerwiegenden Missständen wie Kinderarbeit, extrem lange Arbeitszeiten, gesundheitsgefährdende Arbeitsumwelt- und Arbeitsplatzbedingungen, insbes. für Frauen und Jugendliche, Unregelmäßigkeiten in der Lohnzahlung, die Entlohnung in Waren statt in Geld und die Möglichkeit uneingeschränkter Kündigung sie darstellten. Die technischen, wirtschaftlichen und sozialen Bedingungen der Industriearbeit im ungezügelten Kapitalismus gefährdeten oder/und beeinträchtigten die Gesundheit, die Möglichkeiten der Regeneration, die Leistungsfähigkeit und die Würde der arbeitenden Menschen. Diese Umstände, aber auch die durch die Frauenarbeit und die Kinderarbeit gegebene Gefährdung der Erziehung und Ausbildung der Kinder, die Beeinträchtigung der Gesundheit durch Kinderarbeit sowie die Gefährdung der Gesundheit und der ökonomischen Leistungsfähigkeit aller Arbeitskräfte durch überlange Arbeitszeiten verstießen gegen die Humanität. Auch das ökonomische Ziel der Erhaltung und Förderung eines leistungsfähigen Arbeitskräftepotenzials, einer der wesentlichen Wirtschaftsgrundlagen, wurde verletzt. Schließlich wurde gegen staatspolitische Ziele, nämlich gegen das Ziel der Sicherung der Volksgesundheit, gegen das Ziel der Sicherung des militärischen Potenzials und gegen das Ziel der Erhaltung des inneren Friedens verstoßen.

Aufgrund der noch darzustellenden Entwicklung des Arbeitnehmerschutzes haben bestimmte Ziele wie die Sicherung der Wehrtauglichkeit und die Sicherung der Erziehung und Ausbildung der Kinder keine nennenswerte aktuelle Bedeutung mehr. Dennoch ist eine Weiterentwicklung des Arbeitnehmerschutzes geboten, weil das Schutzbedürfnis fortbesteht: Angesichts der Fortschritte in der Produktionstechnik und organisatorischer Umstellungen ist der Unfallschutz eine permanente Aufgabe, angesichts laufend neu entwickelter synthetischer Roh-, Hilfs- und Betriebsstoffe, angesichts der Anwendung der Strahlen- und der Biotechnik in vielen Arbeitsbereichen und angesichts der Tatsache, dass die Mehrzahl aller Arten von Arbeit psychisch und/oder körperlich belasten, sind die Aufgaben der Sicherung der Gesundheit sowie der Vermeidung und Bekämpfung von Berufskrankheiten stets und erneut aktuell.

In den letzten Jahren wurde der Arbeitnehmerschutz in Deutschland vor allem durch die europäische Rechtsetzung fortentwickelt.[1]

Der Arbeitnehmerschutz lässt sich nach dem Inhalt seiner Regelungen in die Bereiche

1. Arbeitszeitschutz,
2. Betriebs- oder Gefahren- und Unfallschutz,
3. Lohnschutz und
4. Bestandsschutz des Arbeitsverhältnisses

untergliedern.

Nach dem geschützten Personenkreis kann man einteilen in

1. Kinder- und Jugendarbeitsschutz,
2. Frauen- und Mutterschutz,
3. Schwerbehindertenschutz und
4. Heimarbeiterschutz.

Das allgemeine Ziel des Arbeitnehmerschutzes ist es, die Arbeitnehmer vor Gefährdungen zu schützen, die aus dem Arbeitsverhältnis und aus der Arbeit im Betrieb erwachsen.

B. Einzelbereiche des Arbeitnehmerschutzes

1. Arbeitszeitschutz

a) Ziele, Rechtsquellen und Instrumente[2]

Ziele des Arbeitszeitschutzes sind erstens der Schutz der Arbeitnehmer vor physischer und psychischer Überforderung, zweitens die Sicherung einer die Gesundheit nicht gefährdenden und der wirtschaftlichen Leistungsfähigkeit der Arbeitnehmer nicht abträglichen jährlichen, wöchentlichen und täglichen Arbeitszeit und drittens die Sicherung ausreichender Freizeit zur Entfaltung der Persönlichkeit und zur Teilnahme am politischen, kulturellen und religiösen Leben. Der Arbeitszeitschutz dient damit gleichzeitig dem Schutz vor Ausbeutung der Arbeitskraft, dem Gesundheits- und Unfallschutz und dem Schutz der freien Entfaltung der Persönlichkeit.

Instrumente des Arbeitszeitschutzes sind öffentlich-rechtliche Verbote wie z. B. das Verbot der Sonn- und Feiertagsarbeit (§ 9 ArbZG) und das Verbot der Nachtarbeit von Jugendlichen (§ 14 Jugendarbeitsschutzgesetz) sowie öffentlich-rechtliche Gebote, wie insbes. die Festlegung von Höchstarbeitszeiten pro Tag (§ 3 ArbZG) sowie die

---

[1] Vgl. A. Bücker u.a., Vom Arbeitsschutz zur Arbeitsumwelt. Europäische Herausforderungen für das deutsche Arbeitsrecht, Neuwied 1994. Zur Sozialpolitik der Europäischen Union siehe auch Kap. XV.

[2] Rechtsquellen des Arbeitszeitschutzes sind in erster Linie das *Arbeitszeitgesetz* vom 06. Juni 1994, zuletzt geändert durch Gesetz vom 24. Dez. 2003; das *Jugendarbeitsschutzgesetz* vom 12. April 1976, zuletzt geändert durch Gesetz vom 21. Dez. 2000; das *Mutterschutzgesetz* vom 24. Jan. 1952 i.d.F. vom 20. Juni 2002; das *Ladenschlussgesetz* vom 28. Nov. 1956, zuletzt geändert durch Gesetz vom 01. Juni 2003 und das *Bundesurlaubsgesetz* vom 08. Jan. 1963, zuletzt geändert durch Gesetz vom 07. Mai 2002.

Festlegung von Mindestruhezeiten (§ 5 ArbZG) und von Mindestruhepausen (§ 4 ArbZG). Die Einhaltung dieser Verbote und Gebote wird durch Aufsicht, Zwang und Strafe bei Verstößen gesichert.

Die wichtigsten Arbeitszeitregelungen sind folgende:

1. Die regelmäßige werktägliche Arbeitszeit darf die Dauer von 8 Stunden nicht überschreiten; sie kann auf bis zu 10 Stunden verlängert werden, wenn innerhalb von 6 Monaten im Durchschnitt 8 Stunden werktäglich nicht überschritten werden (§ 3 ArbZG). Für Arbeitnehmer, die unter besonderen Gefahren für die Gesundheit arbeiten, kann die Arbeitszeit durch Rechtsverordnung der Bundesregierung mit Zustimmung des Bundesrats über § 3 hinaus beschränkt werden (§ 8 ArbZG).

2. Im Allgemeinen darf an Sonn- und Feiertagen nicht gearbeitet werden (§ 9 ArbZG); zahlreiche wirtschaftlich und technisch bedingte Ausnahmen - z.B. wenn Arbeiten im öffentlichen Interesse liegen, wenn Betriebsanlagen überwacht werden müssen, wenn aus technischen Gründen kontinuierlich produziert werden muss oder wenn durch die Genehmigung von Sonn- und Feiertagsarbeit die Beschäftigung gesichert werden kann - sind zugelassen (§ 10 ArbZG). Für die von Sonntagsarbeit betroffenen Arbeitnehmer müssen mindestens 15 Sonntage im Jahr arbeitsfrei bleiben und für jeden auf einen Sonntag fallenden Arbeitstag ist ein Ersatzruhetag zwingend vorgeschrieben (§ 11 ArbZG).

3. Verkaufsstellen dürfen - von wenigen Ausnahmen abgesehen - nur innerhalb der im Ladenschlussgesetz festgelegten Zeiten geöffnet sein. In den Jahren 1996 und 2003 wurde das bis dahin geltende, sehr rigide Ladenschlussgesetz geändert. Nach dem jetzt geltenden Gesetz können die Läden Montag bis Samstag von 6.00 bis 20.00 Uhr geöffnet sein (§ 3 Ladenschlussgesetz).

4. Sonderregelungen in Bezug auf die Arbeitszeiten bzw. die Ladenöffnungszeiten gelten insbes. für das Verkehrs- und das Gaststättengewerbe, für Energie- und Wasserversorgungsbetriebe, für Krankenpflegeanstalten und Apotheken, für die Schifffahrt, für die Landwirtschaft, den Verkauf von Zeitungen und Zeitschriften und für Verkaufstellen auf Bahnhöfen und Flughäfen.

5. Besondere Vorschriften bestehen über die Ruhezeiten, d.h. Zeiten, die zwischen zwei Arbeitsschichten liegen müssen, und über die Ruhepausen während der Arbeitszeit.

6. Die Beschäftigung von Kindern unter 15 Jahren und die Nacht-, Samstags-, Sonn- und Feiertagsarbeit Jugendlicher ist - abgesehen von eindeutig definierten Ausnahmen - verboten (§§ 5, 14, und 16 - 18 Jugendarbeitsschutzgesetz). Auch für werdende Mütter besteht ein Verbot der Mehrarbeit, der Nacht- und der Sonntagsarbeit (§ 8 Mutterschutzgesetz) sowie ein Verbot der Beschäftigung in den letzten 6 Wochen vor und in den ersten 8 Wochen nach der Geburt (§§ 3 und 6 Mutterschutzgesetz). Mütter wie Väter können Elternzeit von 3 Jahren nach der Geburt eines Kindes beanspruchen. Mit Zustimmung des Arbeitgebers kann ein Jahr davon zwischen dem 3. und 8. Geburtstag eines Kindes genommen werden (§ 15 Bundeserziehungsgeldgesetz vom 06. Dez. 1985 i.d.F. vom 07. Dez. 2001, zuletzt geändert durch Gesetz vom 20. Juni 2002).

Jedem erwachsenen Arbeitnehmer steht ein jährlicher bezahlter Mindesturlaub von 24 Werktagen zu (§ 3 Bundesurlaubsgesetz), jugendlichen Arbeitnehmern je nach Alter ein Mindesturlaub von 30 bis 25 Tagen (§ 19 Jugendarbeitsschutzgesetz).

b) Wirkungen

Der Arbeitszeitschutz beeinflusst die Gesundheit, die persönlichen Entfaltungsmöglichkeiten und die Rahmenbedingungen individueller wirtschaftlicher Aktivität. Diese Wirkungen sind nicht nur für die Arbeitnehmer und die Unternehmen, sondern auch für die Gesellschaft von Bedeutung.

Die Vermeidung arbeitszeitlicher Überbeanspruchungen bewirkt *erstens* für die geschützten Individuen die Einschränkung von gesundheitlichen Beeinträchtigungen, Frühinvalidität und Unfällen. Volkswirtschaftlich bedeutet dies die Vermeidung von Sozialkosten, d.h. die Vermeidung der Beeinträchtigung von Werten (Gesundheit und Arbeitskraft) durch die privatwirtschaftliche Produktion, die aber nicht der Schadensverursacher, nämlich der Produzent, zu tragen hat, sondern die Arbeitnehmer und/oder unbeteiligte Dritte, nämlich die Gemeinschaft - in unserem Falle in Gestalt von Schmerzen, Beeinträchtigung des Lebenswertes, Kosten der Wiederherstellung der Gesundheit und der Arbeitskraft, Unterhalt Kranker und Invalider. Arbeitszeitschutz sichert *zweitens* die Regenerationsmöglichkeiten der Arbeitskräfte und damit das individuelle Arbeitsvermögen sowie das betriebliche und volkswirtschaftliche Arbeitskräftepotenzial. *Drittens* führt er zu einer Verlängerung der Lebensdauer, weil die Lebensdauer durch unzuträglich lange tägliche, wöchentliche, Jahres- und Lebensarbeitszeiten beeinträchtigt werden kann. Dadurch wird tendenziell das Arbeitskräftepotenzial vergrößert und die Altersstruktur der Bevölkerung verändert.

Die Wirkungen auf die persönlichen Entfaltungsmöglichkeiten bestehen in Verbesserungen der Möglichkeiten der vorberuflichen Bildung und Sozialisation, in Verbesserungen der Weiterbildungsmöglichkeiten während des Erwerbslebens, in der Schaffung der zeitlichen Voraussetzungen für die Entfaltung des Familienlebens und für die Entfaltung der Persönlichkeit durch Teilnahme am politischen, religiösen und kulturellen Leben. Gesamtgesellschaftlich setzt sich dies in ein höheres Bildungsniveau und in verbesserte Möglichkeiten zur Wahrnehmung der elterlichen Erziehungsaufgabe um.

Die Beeinflussung der Rahmenbedingungen individueller wirtschaftlicher Aktivitäten hängt davon ab, ob die Reduzierung der Arbeitszeit mit oder ohne Einkommensausgleich erfolgt. In der Bundesrepublik sind Arbeitszeitverkürzungen mit partiellem Lohnausgleich die Regel. Die gesetzlichen Beschränkungen der Arbeitszeit - bei den sehr hohen Arbeitszeiten des Früh- und Hochkapitalismus überwiegend als notwendiger Schutz der Individuen und als Wohltat beurteilt - werden möglicherweise als Beschränkungen der wirtschaftlichen individuellen Entfaltungsmöglichkeiten empfunden, wenn die Arbeitszeitlimitierungen jenen Punkt überschreiten, von dem ab die marginalen Opportunitätskosten der Arbeitszeitverkürzung ihren Grenznutzen übersteigen. In diesem Fall nimmt der Arbeitszeitschutz den Charakter von Beeinträchtigungen der Erwerbschancen und der Möglichkeiten der Entfaltung der Persönlichkeit durch Arbeit an.

Gesamtwirtschaftlich ist die erwähnte Beeinflussung des Arbeitskräftepotenzials von herausragender Bedeutung. Kinderarbeitsverbote, Beschränkungen der Arbeitszeit für Jugendliche und Frauen und allgemeine Begrenzungen der maximal zulässigen täglichen, wöchentlichen und jährlichen Arbeitszeit beeinflussen Volumen und Struktur des Arbeitsangebotes: Das Verbot der Arbeit gegen Entgelt für bestimmte

Tabelle 11. Die Entwicklung der wöchentlichen und jährlichen Arbeitszeit im Deutschen Reich und in Westdeutschland 1860 bis 2000

| | Durchschnittlich bezahlte Wochenarbeitszeit | | | Durchschnittliche[a] jährliche Arbeitszeit | |
Jahr	in Std.	Index	Jahr	in Std.	Index
(1)	(2)	(3)	(4)	(5)	(6)
1860/70	78,0	100	1867	3 860	100
1900/05	60,0	77	1905	3 390	88
1919/23	48,0	62	1925	2 910	75
1939	48,5	62	1938	2 750	71
1950	48,1	62	1950	2 391	62
1960	44,6	57	1960	2 102	54
1970	41,5	53	1970	1 899	49
1980	40,1	51	1980	1 789	46
1990	38,4	49	1990	1 671	43
1995	37,7	48	1995	1 650	43
2000	37,6	48	2000	1 647	42

[a] Bis 1960 durchschnittliche effektive Jahresarbeitszeit; ab 1960 tarifliche Jahresarbeitszeit

Quelle: Bis 1939 nach W. G. Hoffmann 1965, S. 213 f. und S. 19; für 1950 BMA, Stat. Tb. 1992, Tab. 4.4 und ab 1960 Institut der deutschen Wirtschaft, Deutschland in Zahlen 2003, Tab. 1.14.

Personen zu bestimmten Zeiten verringert die Zahl der Arbeitskräfte, die Arbeitszeitbegrenzungen determinieren bei als gegeben unterstellter Zahl der Arbeitskräfte das maximale Arbeitsvolumen. Die „Herausnahme" bestimmter Arbeitnehmergruppen reduziert unter sonst gleichen Umständen das Arbeitskräftevolumen auf lange Sicht. Eine Herabsetzung der maximal zulässigen Arbeitszeiten verringert das Gesamtarbeitsangebot auch kurzfristig. Mittel- und langfristig jedoch wirkt dem angebotsreduzierenden Effekt der Arbeitszeitverringerung der Effekt der Vergrößerung des Arbeitskräftepotenzials durch die Vermeidung von Unfällen, Krankheiten und Frühinvalidität sowie durch die Verlängerung der durchschnittlichen Lebensdauer entgegen.

Angesichts der in Tabelle 11 dargestellten starken Reduktion der Arbeitszeit, der Vergrößerung der Zahl der Feiertage, der Verlängerung des Jahresurlaubs und der Anhebung des durchschnittlichen Berufseintrittsalters erscheint die Vermutung plausibel, dass der Arbeitnehmerschutz insgesamt eine Arbeitsangebotsverknappung bewirkt hat (vgl. dazu den Quantifizierungsversuch bei Lampert 1979b). Diese Verknappung des Arbeitsangebots führt *ceteris paribus* zu einem Anstieg der Arbeitsentgelte.

Wirtschaftlich bedeutsam sind auch die Wirkungen des Arbeitszeitschutzes auf die Produktionskosten. Eine Arbeitszeitverkürzung wird, wenn sie mit einer Reduzierung

171

der Betriebszeit verbunden ist, zunächst zu einer Erhöhung der Kapitalkosten pro Erzeugungseinheit führen, wenn nicht die Produktivität im Umfang der Betriebszeitenreduzierung steigt. Auch die von der Arbeitszeit weitgehend unabhängigen Lohnnebenkosten (Verwaltungskosten und bestimmte Sozialaufwendungen) pro Erzeugungseinheit steigen. Eine weitere Erhöhung der Stückkosten tritt ein, wenn die Arbeitszeitverkürzung mit Lohnausgleich durchgeführt wird. Ihre Höhe hängt davon ab, ob die Arbeitszeitreduzierung mit einer Produktivitätszunahme verbunden ist. Eine Erhöhung der Arbeitsproduktivität kann sich aus der Minderbelastung der Arbeitnehmer und der damit verbundenen Vermeidung von Ermüdungserscheinungen und von Ausschussproduktion, aus der Verbesserung des Gesundheitszustandes und aus der Erhöhung der Arbeitszufriedenheit und Leistungsbereitschaft sowie aus einer Reduzierung der Fehlzeiten ergeben. Arbeitszeitverkürzungen können vor allem dann ohne Änderung der Produktionstechnik zu Produktivitätserhöhungen führen, wenn die Arbeitszeiten unter oder bei dem Regenerationsminimum der Arbeitskräfte liegen. Wo unter bestimmten gegebenen Bedingungen das Optimum der täglichen und wöchentlichen Arbeitszeit liegt, lässt sich generell und ohne branchen- sowie betriebsbezogene empirische Untersuchungen nicht sagen.[3]

c) Probleme

Im Zusammenhang mit den gegenwärtigen Arbeitszeitregelungen gibt es nach Meinung der Verfasser zwei Probleme, nämlich das optimaler Arbeitszeiten und das Problem zu starrer Regelungen.

Unter Schutzaspekten ist allgemein die Frage zu stellen, ob nicht mittlerweile jährliche, wöchentliche und tägliche Arbeitszeiten erreicht worden sind, deren Unterschreitung keine weiteren gesundheitsfördernden, unfallverhütenden oder produktivitätssteigernden Effekte mehr hat. Diese Frage kann ebenso wie die Frage, ob Verkürzungen des Arbeitstages, der Arbeitswoche oder eine Verlängerung des Jahresurlaubs den Vorzug verdienen, letztlich nur mit Hilfe arbeitsmedizinischer und arbeitswissenschaftlicher Untersuchungen und unter Berücksichtigung der Präferenzen der Betroffenen zufriedenstellend gelöst werden. Dass bei Entscheidungen über Arbeitszeitverkürzungen die Wirkungen auf die Produktionskosten und damit auf die Beschäftigung berücksichtigt werden müssen, versteht sich von selbst.

Ein weiteres, über die Sozialpolitik hinausgreifendes Problem des Arbeitszeitschutzes bestand bis 1996 in der Starrheit bestehender Arbeitszeitregelungen. Damit ist gemeint, dass die Arbeitszeiten von Industrie, Handwerk einerseits und privaten Dienstleistungsunternehmen und Einzelhandel andererseits weitgehend synchron waren. Dies beeinträchtigte die Möglichkeiten der Nachfrager nach Konsumgütern, frei von Hast und mit Umsicht Qualitäts- und Preisvergleiche durchzuführen und ihre Rolle als produktionslenkende Verbraucher zu spielen. Die restriktiven Öffnungszeiten des Ladenschlussgesetzes aus dem Jahre 1956 beeinträchtigten die Wahrnehmung der Selektionsfunktion der Verbraucher und führten notwendigerweise zu einer Verringerung der Wettbewerbsintensität sowie zu einer daraus resultierenden Realein-

---

[3]   Zu den Wirkungen einer Arbeitszeitverkürzung vgl. W. Franz, Is less more? The current discussion about reduced working time in Western Germany: A survey of the debate, in: Zeitschrift für die gesamte Staatswissenschaft, Vol. 140 (1984), S. 626 – 654 sowie die dort angegebene Literatur.

kommensminderung. Mit der Novellierung des Ladenschlussgesetzes im Jahre 1996 wurden diese allzu starren Regelungen aufgelockert und damit das Hauptziel der Reform erreicht, das nicht - wie in der öffentlichen Diskussion häufig unterstellt - auf die Steigerung der Umsätze und die Erhöhung der Arbeitsplätze im Einzelhandel gerichtet war.

1994 haben Bundestag und Bundesrat die AZO aus dem Jahre 1938 durch ein neues Arbeitszeitgesetz abgelöst. Seine Vorzüge bestehen zum einen in der Gleichbehandlung der Frauen, vor allem in der Aufhebung des Nachtarbeitsverbots für Frauen, zum anderen in der Schaffung der Voraussetzungen für flexiblere Arbeitszeiten ohne Preisgabe der für Arbeitnehmer wesentlichen Schutzvorschriften in Bezug auf die Gesamtarbeitszeit, die Einhaltung von Ruhezeiten und die Einhaltung der Sonn- und Feiertagsruhe. Der Schutz der von Sonn- und Feiertagsarbeit betroffenen Arbeitnehmer wurde verbessert.

2. Betriebs- oder Gefahrenschutz

a) Ziele, Rechtsquellen und Instrumente[4]

Das dominierende Ziel des Betriebs- oder Gefahrenschutzes (auch als Technischer Arbeitsschutz bezeichnet) ist der Schutz des Arbeitnehmers vor den aus den Betriebsanlagen und der Produktionsweise durch Unfälle, Berufskrankheiten und körperliche sowie psychische Belastungen drohenden Gefahren für Leben und Gesundheit.

Diesem Ziel sucht § 3 des *Arbeitsschutzgesetzes* Rechnung zu tragen, der den sogenannten *allgemeinen* Betriebsschutz begründet.

§ 3 Arbeitsschutzgesetz lautet:

„Grundpflichten des Arbeitgebers. (1) Der Arbeitgeber ist verpflichtet, die erforderlichen Maßnahmen des Arbeitsschutzes unter Berücksichtigung der Umstände zu treffen, die Sicherheit und Gesundheit der Beschäftigten bei der Arbeit beeinflussen. Er hat die Maßnahmen auf ihre Wirksamkeit zu überprüfen und erforderlichenfalls sich ändernden Gegebenheiten anzupassen. Dabei hat er eine Verbesserung von Sicherheit und Gesundheitsschutz der Beschäftigten anzustreben.

(2) Zur Planung und Durchführung der Maßnahmen nach Absatz 1 hat der Arbeitgeber unter Berücksichtigung der Art der Tätigkeiten und der Zahl der Beschäftigten

1. für eine geeignete Organisation zu sorgen und die erforderlichen Mittel bereitzustellen sowie

2. Vorkehrungen zu treffen, dass die Maßnahmen erforderlichenfalls bei allen Tätigkeiten und eingebunden in die betrieblichen Führungsstrukturen beachtet werden und die Beschäftigten ihren Mitwirkungspflichten nachkommen können.

(3) Kosten für Maßnahmen nach diesem Gesetz darf der Arbeitgeber nicht den Beschäftigten auferlegen."

Daneben existieren zahlreiche weitere Rechtsquellen, die den Eigenheiten bestimmter Betriebsarten, wie z.B. von chemischen Betrieben, sowie spezifischen Schutzbe-

---

[4] Rechtsquellen des Arbeitnehmerschutzes sind in erster Linie das *Arbeitsschutzgesetz* vom 07. Aug. 1996, zuletzt geändert durch Gesetz vom 21. Juni 2002 und das *Arbeitssicherheitsgesetz* vom 12. Dez. 1973, zuletzt geändert durch Gesetz vom 24. Aug. 2002.

dürfnissen von Personengruppen, z.B. Jugendlichen, Rechnung tragen. Insofern kann hier von einem *besonderen* Betriebsschutz gesprochen werden.[5]

Zum Schutz der Beschäftigten und zum Schutz Dritter dürfen nach § 11 des *Gerätesicherheitsgesetzes* sogenannte überwachungsbedürftige Anlagen wie Dampfkesselanlagen und Druckbehälter nur mit behördlicher Erlaubnis betrieben werden und müssen regelmäßig durch amtliche oder amtlich anerkannte Sachverständige in Bezug auf die Einhaltung der technischen Mindestnormen überprüft werden.

Ein besonderes Gewicht kommt dem *Arbeitssicherheitsgesetz* zu. Es verpflichtet die Arbeitgeber, im Zusammenwirken mit den Betriebsräten Betriebsärzte und Fachkräfte für Arbeitssicherheit zu bestellen. Unfallverhütungsvorschriften der Unfallversicherungsträger, die vom BMA genehmigt werden müssen, legen die für einzelne Betriebsarten erforderliche Zahl von Ärzten und Fachkräften fest.

Zu den Rechtsquellen des Betriebsschutzes sind außerdem auch die von den Berufsgenossenschaften nach § 15 SGB VII zu erlassenden *Unfallverhütungsvorschriften* zu rechnen, die zum einen bestimmen, welche Einrichtungen, Anordnungen und Maßnahmen die Unternehmer zu treffen haben, um Arbeitsunfälle zu verhindern, und zum andern das von den versicherten Arbeitnehmern zur Verhütung von Unfällen erforderliche Verhalten festlegen.

Der Instrumentenkatalog des Gefahrenschutzes umfasst das Verbot gefährlicher Beschäftigungen für Jugendliche und Frauen, die Festlegung von Mindestnormen und von Schutzvorrichtungen in Bezug auf die betrieblichen Einrichtungen, die Überwachung der Einhaltung von technischen Auflagen, Schutzbestimmungen und Unfallverhütungsvorschriften durch die Gewerbeaufsichtsämter und durch die Berufsgenossenschaften, den Einsatz von Sicherheitsbeauftragten, Geldbußen bis zu 10 000 € bei vorsätzlichen oder fahrlässigen Verstößen gegen Vorschriften der UV und Beiträge zur UV, die sich an der Zahl, der Schwere und/oder den Kosten der Arbeitsunfälle orientieren und daher für die Arbeitgeber einen Anreiz zur Unfallverhütung darstellen.

1996 wurde ein neues *Arbeitsschutzgesetz* verabschiedet und die *Verordnung zur Umsetzung von EU-Einzelrichtlinien zur Rahmenrichtlinie Arbeitsschutz* erlassen. Deren Normen regeln entsprechend den für das nationale Recht verbindlichen EU-Richtlinien zur Benutzung persönlicher Schutzausrüstungen, zur manuellen Handhabung von Lasten, zur Arbeit an Bildschirmgeräten und zur Gestaltung von Arbeitsstätten die Grundpflichten im betrieblichen Arbeitsschutz einheitlich für alle Tätigkeitsbereiche und Beschäftigungsgruppen, schreiben aber nicht im Detail vor, welche Arbeitsschutzmaßnahmen in bestimmten Situationen zu ergreifen sind.

b) Wirkungen

Die Hauptwirkung des Gefahrenschutzes lässt sich an der Entwicklung der Zahl der Arbeitsunfälle ablesen. Wie Abbildung 4 zeigt,[6] hat die Zahl der meldepflichtigen Ar-

---

[5] Erwähnt seien hier das *Gesetz über technische Arbeitsmittel* (Gerätesicherheitsgesetz*),* das durch zahlreiche Verordnungen ergänzt wird, das *Gesetz zum Schutz vor gefährlichen Stoffen* (Chemikaliengesetz*),* das *Gesetz über die friedliche Verwendung der Kernenergie und den Schutz gegen ihre Gefahren* (Atomgesetz), das *Gesetz über explosionsgefährliche Stoffe* (Sprengstoffgesetz), das *Gesetz zur Regelung von Fragen der Gentechnik* (Gentechnikgesetz), das *Bundesberggesetz* und die *Arbeitsstättenverordnung,* die die an Räume, an Verkehrswege und an Einrichtungen in Gebäuden zu stellenden allgemeinen Anforderungen enthält, insbes. die für Arbeitsräume, Pausen-, Bereitschafts-, Liegeräume und Sanitätsräume geltenden Mindestvorschriften.

beitsunfälle in Westdeutschland seit 1962 deutlich abgenommen. Im gesamten Bundsgebiet wurden 2001 1,4 Mio. Arbeitsunfälle sowie 76 612 Fälle des Verdachts auf Berufskrankheiten angezeigt. Auch die aussagekräftigere Zahl der angezeigten Arbeitsunfälle je 1 000 Vollarbeiter ist kontinuierlich gesunken und lag 2001 mit 37 so niedrig wie noch nie.

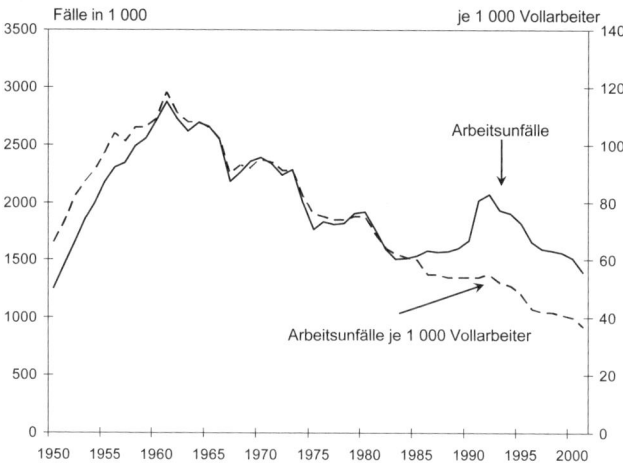

Abb. 4. Angezeigte Arbeitsunfälle absolut und je 1 000 Vollarbeiter 1950 bis 2001.

Quelle: Unfallverhütungsbericht der Bundesregierung (BT Drs. 15/279). Ab 1991 einschließlich der neuen Bundesländer.

Die Ausgaben der UV beliefen sich 2001 auf 12,4 Mrd. €. Die volkswirtschaftlichen Kosten (für den Produktions- und Freizeitausfall sowie die Verwaltungs- und Rechtsfolgekosten) belaufen sich auf ein Mehrfaches dieser Summe. Für 2001 wird die durch Arbeitsunfähigkeit ausgefallene Produktion auf 44,8 Mrd. € veranschlagt. Das macht deutlich, dass sich hohe Investitionen im Bereich des Gefahrenschutzes auch wirtschaftlich lohnen - abgesehen von der unbedingten humanitären Pflicht, die arbeitenden Menschen vor gesundheitlichen Gefährdungen zu schützen.

c) Probleme

Die günstige Entwicklung der Unfälle in der Bundesrepublik sollte nicht darüber hinwegtäuschen, dass Unfallschutz und -verhütung weiter ausbaubedürftig sind. 2001 gab es immerhin noch 1,39 Mio. meldepflichtige Arbeitsunfälle, darunter 1 107 tödliche.

Ein permanentes Problem stellen die Berufskrankheiten dar (vgl. Mehrtens/Valentin/Schönberger 1993). 2001 waren 76 612 Anzeigen auf Verdacht einer Berufskrankheit zu verzeichnen. Sie werden v.a. durch chemische Stoffe, durch physische Einwirkungen (Druckluft, Wärme, Strahlen), Infektionserreger und andere Ursachen hervor-

---

6   Quelle für die nicht in der Abb. enthaltenen Zahlen dieses Abschnitts Bundesregierung (Hg.), Sicherheit und Gesundheit bei der Arbeit 2001, Berlin 2003.

gerufen. Die Liste der anerkannten Berufskrankheiten erfasst nach der Verursachung (2001) 67 Arten von Berufskrankheiten. Die Entwicklung der Berufskrankheiten bedarf ständiger Beobachtung. Während nämlich bestimmte Berufskrankheiten, z.b. die Silikose, mit Erfolg bekämpft werden, entstehen neue Berufskrankheiten, wie z.b. Lärmtaubheit oder Hautkrankheiten. Die schweren Hautkrankheiten waren mit 28 % aller angezeigten Berufskrankheiten 2001 die häufigste Berufskrankheit, gefolgt von Lärmschwerhörigkeit mit 15,8 % und bandscheibenbedingten Erkrankungen der Lendenwirbelsäule mit 13,4 %.

Die Praxis der Anerkennung von Krankheiten als beruflich verursachte Schädigungen ist umstritten. So beträgt die Anerkennungquote bei Lendenwirbelsäulenerkrankungen 1,2 %, bei Hauterkrankungen 8,1 %, bei Lärmschwerhörigkeit hingegen 39,2 %. Des Weiteren kennt die Medizin eine Vielzahl von Krankheiten, die mit Sicherheit berufliche Ursachen haben, ohne dass sie in die Liste der Berufskrankheiten aufgenommen worden sind (vgl. Schimanski 1988).

3. Lohnschutz

Der Lohnschutz ist als Teil des Arbeitnehmerschutzes relativ unterentwickelt, weil er gleichzeitig Bestandteil des Arbeitsvertragsschutzes ist und weil der Arbeitsvertrag überwiegend durch das kollektive Arbeitsrecht geschützt wird.

Ziel des Lohnschutzes ist die Sicherung pünktlicher und korrekter Auszahlung der Arbeitsentgelte.

Zum Lohnschutz gehören das *Truckverbot* (§ 107 der GewO), die *Sicherung von Teilen des Arbeitseinkommens vor Pfändungen* (§§ 850 a und 850 b Zivilprozessordnung) und vor einer *Aufrechnung* durch den Arbeitgeber (§ 394 BGB) sowie der besondere Schutz von Lohnforderungen im Konkursfalle durch § 61 der Konkursordnung, nach dem die in den sechs Monaten vor der Konkurseröffnung entstandenen Lohnforderungen an erster Stelle der Rangfolge der Konkursforderungen stehen. Zu nennen ist ferner das seit 1974 eingeführte Konkursausfallgeld nach §§ 141 a ff. AFG, das mit dem Inkrafttreten der Insolvenzverordnung am 1. Jan. 1999 durch das sog. Insolvenzgeld abgelöst worden ist. Nach den §§ 183 und 184 SGB III haben Arbeitnehmer, die bei Eröffnung des Insolvenzverfahrens über das Vermögen ihrer Arbeitgeber für die letzten dem Insolvenzereignis vorausgehenden drei Monate des Arbeitsverhältnisses noch Anspruch auf Arbeitsentgelt haben, Anspruch auf Zahlung von Insolvenzgeld in Höhe des rückständigen Nettoverdienstes und auf die entsprechenden Sozialversicherungsbeiträge. Der Anspruch besteht gegen die Bundesagentur für Arbeit. Die Bundesagentur wiederum belastet mit den Kosten die Arbeitgeber.

4. Bestandsschutz des Arbeitsverhältnisses

a) Ziele, Rechtsquellen und Instrumente

Eine von den Arbeitnehmern als besonders hart empfundene Neuerung des kapitalistischen Arbeitsvertragsrechtes war die jederzeit und uneingeschränkt mögliche Kündbarkeit des Arbeitsverhältnisses. Ziel des Bestandsschutzes des Arbeitsverhältnisses ist es, den Arbeitnehmer vor einer ungerechtfertigten und kurzfristigen Auflösung des Arbeitsverhältnisses zu schützen.

Zentrale Rechtsgrundlage des Bestandsschutzes ist das *Kündigungsschutzgesetz* von 1951 i.d.F. vom 25. Aug. 1969 (zuletzt geändert durch Gesetz vom 24. Dez. 2003). Es gilt nicht für außerordentliche Kündigungen, d.h. für fristlose Kündigungen aus wichtigem Grund nach § 626 BGB.

Nach dem *Kündigungsschutzgesetz* ist das Kündigungsrecht der Arbeitgeber insbes. wie folgt eingeschränkt:

1. Die Kündigung des Arbeitsverhältnisses eines Arbeitnehmers, der in einem Betrieb mit mehr als 10 Arbeitnehmern ohne Unterbrechung länger als 6 Monate beschäftigt war, ist nur wirksam, wenn sie durch bestimmte Gründe sozial gerechtfertigt ist.Für Arbeitnehmer, die vor dem 01. Januar 2004 in Betrieben mit 6-10 Arbeitnehmern beschäftigt waren, gilt der Kündigungsschutz uneingeschränkt weiter. Eine Kündigung gilt nach § 1 als sozial nicht gerechtfertigt, wenn

   a) sie nicht durch Gründe bedingt ist, die in der Person des Arbeitnehmers liegen, wie z.B. Krankheit, mangelnde Eignung, Nachlassen der Arbeitsfähigkeit oder im Verhalten, z.B. in Pflichtverletzungen;

   b) sie nicht durch dringende betriebliche Erfordernisse bedingt ist, wie z.B. durch Auftragsmangel, Änderungen von Produktionsmethoden und Freisetzungen durch Rationalisierung. Bei der Auswahl der zu kündigenden Arbeitnehmer sind die Dauer der Betriebszugehörigkeit, das Lebensalter, die Unterhaltspflichten und eine Schwerbehinderung des Arbeitnehmers zu berücksichtigen (sog. „Sozialauswahl").

   Die Beweispflicht dafür, dass eine ordentliche Kündigung sozial gerechtfertigt ist, liegt beim Arbeitgeber.

2. Ein Arbeitnehmer, der eine Kündigung für sozial ungerechtfertigt hält, kann beim Betriebsrat Widerspruch einlegen, der dann versucht, eine Verständigung mit dem Arbeitgeber herbeizuführen (§ 3). Der Arbeitnehmer kann darüber hinaus das Arbeitsgericht anrufen (§ 4). Stellt das Gericht fest, dass das Arbeitsverhältnis durch die Kündigung nicht aufgelöst ist, dass dem Arbeitnehmer aber eine Fortsetzung des Arbeitsverhältnisses nicht zuzumuten ist, dann hat das Gericht das Arbeitsverhältnis auf Antrag des Arbeitnehmers aufzulösen und den Arbeitgeber zur Zahlung einer Abfindung zu verurteilen (§ 9).

3. Der Arbeitgeber ist verpflichtet, dem Arbeitsamt unter Beifügung der Stellungnahme des Betriebsrates schriftlich Anzeige zu erstatten, bevor er

   a) in Betrieben mit in der Regel mehr als 20 und weniger als 60 Arbeitnehmern mehr als 5 Arbeitnehmer,

   b) in Betrieben mit in der Regel mindestens 60 und weniger als 500 Arbeitnehmern 10 vom Hundert der im Betrieb regelmäßig beschäftigten Arbeitnehmer oder aber mehr als 25 Arbeitnehmer,

   c) in Betrieben mit in der Regel mindestens 500 Arbeitnehmern mindestens 30 Arbeitnehmer innerhalb von 30 Kalendertagen entlässt (§ 17).

   Solche „Massenkündigungen" werden vor Ablauf eines Monats nach Eingang der Anzeige nur mit Zustimmung des Arbeitsamtes rechtswirksam. Das Arbeitsamt kann bestimmen, dass die Entlassungen nicht vor Ablauf von längstens zwei Monaten nach Eingang der Anzeige wirksam werden (§ 18). Dadurch kann der Eintritt von Arbeitslosigkeit verlangsamt werden und das Arbeitsamt Zeit zur Vorbereitung von Maßnahmen gewinnen.

4. Die Kündigung eines Mitglieds eines Betriebsrates, einer Jugendvertretung oder einer Personalvertretung (in öffentlichen Unternehmen) ist unzulässig, wenn nicht Gründe vorliegen, die den Arbeitgeber ohne Einhaltung einer Kündigungsfrist zu einer Kündigung berechtigen würden, wie z.B. die Vornahme strafbarer Handlungen im Betrieb oder grobe Pflichtverletzungen (§ 15 Kündigungsschutzgesetz).

Während ihrer Amtszeit und bis zu einem Jahr nach deren Beendigung kann der genannten Personengruppe nicht ordentlich gekündigt werden. Mit diesen Rechtsvorschriften soll den Betriebs- und Personalräten die für die Ausübung ihres Amtes nötige Unabhängigkeit gesichert und ausgeschlossen werden, dass der Arbeitgeber ihm unbequem erscheinende Betriebsratsmitglieder entlässt.

5. Besondere Kündigungsschutzbestimmungen gelten auch für Schwerbehinderte (§§ 85 ff. SGB IX), für werdende Mütter, denen während der gesamten Schwangerschaft und bis zum Ablauf von 4 Monaten nach der Entbindung nicht gekündigt werden darf (§ 9 Mutterschutzgesetz) sowie für Erziehungspersonen, denen während der Elternzeit nicht gekündigt werden darf (§ 18 Bundeserziehungsgeldgesetz), für Wehrpflichtige, deren Arbeitsverhältnis während der Einberufung zum Grundwehrdienst oder zu einer Wehrübung nicht gekündigt werden darf (§ 2 Arbeitsplatzschutzgesetz), und für Zivildienstleistende (§ 78 Zivildienstgesetz).

Ein besonderer Schutz der Arbeitnehmer vor Entlassungen liegt darin, dass der Betriebsrat nach § 102 des BetrVG vor jeder Kündigung zu hören ist und in bestimmten Fällen der Kündigung widersprechen kann.

Die Fristen für ordentliche Kündigungen sind in § 622 BGB geregelt. Sie waren bis 1993 für Angestellte wesentlich günstiger als für Arbeiter unter vergleichbaren Umständen (vgl. dazu die 2. Auflage dieses Lehrbuchs S. 180). Das Bundesverfassungsgericht hat am 30. Mai 1990 entschieden, dass eine derart unterschiedliche Behandlung von Arbeitern und Angestellten verfassungswidrig ist. Mit dem *Gesetz zur Vereinheitlichung der Kündigungsfristen von Arbeitern und Angestellten* vom 07. Oktober 1993 wurden folgende Regelungen eingeführt:

a) Das Arbeitsverhältnis kann mit einer Frist von 4 Wochen zum Fünfzehnten eines Monats oder zum Monatsende gekündigt werden (Grundkündigungsfrist).[7] Innerhalb einer Probezeit von maximal 6 Monaten gilt eine auf 2 Wochen verkürzte Kündigungsfrist.

b) Bei Arbeitnehmern, die 2 Jahre oder länger in einem Betrieb oder Unternehmen beschäftigt waren, kann das Arbeitsverhältnis nur zum Monatsende gekündigt werden. In diesen Fällen werden die Kündigungsfristen folgendermaßen nach der Beschäftigungsdauer gestaffelt:

Beschäftigungsdauer	Kündigungsfrist	Beschäftigungsdauer	Kündigungsfrist
2 Jahre	1 Monat	12 Jahre	5 Monate
5 Jahre	2 Monate	15 Jahre	6 Monate
8 Jahre	3 Monate	20 Jahre	7 Monate
10 Jahre	4 Monate		

---

[7] Arbeitgeber, die regelmäßig nicht mehr als 20 Arbeitnehmer beschäftigen, können mit Einverständnis des Arbeitnehmers eine Kündigungsfrist von vier Wochen ohne Enddatum vereinbaren.

Dabei werden Beschäftigungszeiten, die vor der Vollendung des 25. Lebensjahres liegen, nicht berücksichtigt.

Diese Reform der Kündigungsfristen hat für die Arbeiter z.t. erhebliche Verbesserungen der Fristen gebracht, für die Angestellten z.t. Verschlechterungen.

Auf tarifvertraglicher Ebene können Regelungen getroffen werden, die von der in § 622 BGB getroffenen Regelung abweichen. Dabei wäre es unzulässig, Kündigungsfristen zu vereinbaren, die für die Arbeitnehmer länger sind als für die Arbeitgeber. Kürzere Kündigungsfristen können nur vereinbart werden, wenn

a) Arbeitnehmer nur zur Aushilfe nicht länger als 3 Monate beschäftigt werden oder

b) sich bei einem Arbeitgeber regelmäßig nicht mehr als 20 Arbeitnehmer ohne Auszubildende und geringfügig Beschäftigte in einem Arbeitsverhältnis befinden. In diesen Fällen darf eine Kündigungsfrist von 4 Wochen nicht unterschritten werden.

Daneben können in Tarifverträgen Vereinbarungen getroffen werden, die zugunsten der Arbeitnehmer von den gesetzlichen Kündigungsfristen abweichen.

b) Wirkungen

Es liegt auf der Hand, dass für die geschützten Arbeitnehmer die Hauptwirkung des Kündigungsschutzes im Schutz vor willkürlicher Entlassung und in der befristeten Erhöhung der Existenzsicherheit besteht.

Der Ausbau des Bestandsschutzes des Arbeitsverhältnisses hat für den Arbeitsmarkt bedeutende Konsequenzen, die sich weniger aus den Kündigungsfristen ergeben als vielmehr aus dem Recht der Mitbestimmung des Betriebsrates bei Kündigungen nach § 102 BetrVG, und zwar speziell aus dem Widerspruchsrecht des Betriebsrates gegen eine ordentliche Kündigung, wenn der zu kündigende Arbeitnehmer an einem anderen Arbeitsplatz im Betrieb oder in einem anderen Betrieb des Unternehmens weiterbeschäftigt werden kann oder wenn die Weiterbeschäftigung nach zumutbaren Umschulungs- und Fortbildungsmaßnahmen möglich ist (§ 102 Abs. 3 Z. 3 und 4 BetrVG), sowie aus dem Recht des Betriebsrates, zu verlangen, dass Arbeitsplätze, die besetzt werden sollen, vor ihrer Besetzung innerhalb des Betriebes ausgeschrieben werden (§ 93 BetrVG). Aus diesem starken Bestandsschutz können sich folgende Sekundärwirkungen ergeben:

1. Die optimale Allokation des Faktors Arbeit wird beeinträchtigt, wenn ein Beschäftigter nicht durch eine bessere, betriebsexterne Arbeitskraft ersetzt werden kann.

2. Die Herausbildung relativ isolierter betrieblicher Arbeitsmärkte, zu denen Zugang im Wesentlichen nur noch im Bereich ungelernter und angelernter Tätigkeiten besteht, wird gefördert, weil auf der Ebene qualifizierter Arbeitskräfte frei werdende Plätze zunächst auf Verlangen der Betriebsräte durch innerbetriebliche Ausschreibung besetzt werden müssen (Herausbildung „interner Arbeitsmärkte" auf der Ebene qualifizierter Kräfte).

Negative Effekte eines Bestandsschutzes des Arbeitsverhältnisses sind zu erwarten, wenn zwischen konkurrierenden Arbeitnehmergruppen verschiedener Qualifikation Unterschiede im Bestandsschutz existieren, die im Urteil der Arbeitgeber größer sind als es aufgrund der Unterschiede in der Produktivität der Arbeit gerechtfertigt erscheint. Wenn z. B. der Bestandsschutz der Arbeitsverhältnisse weiblicher Arbeitnehmer den Bestandsschutz der Arbeitsverhältnisse männlicher Arbeitnehmer wesentlich übersteigt, werden bei der Besetzung offener Stellen männliche Arbeitnehmer bevorzugt. Wenn die Entlassung älterer Arbeitnehmer im Vergleich zu jüngeren wesentlich erschwert wird, werden älter werdende Arbeitnehmer „rechtzeitig", d.h. früher, freigesetzt. Differenzierungen des Bestandsschutzes können auf diese Weise zu Diskriminierungen von Arbeitnehmergruppen führen.

c) Die Problematik eines „Rechts auf Arbeit"

Es ist keine Frage, dass angesichts der existenzsichernden Bedeutung der Möglichkeit ununterbrochenen Arbeitseinkommenserwerbs für die Mehrheit der Gesellschaftsmitglieder dem Bestandsschutz des Arbeitsverhältnisses eine zentrale sozialpolitische Bedeutung zukommt.[8] Es ist allerdings unmöglich, einen vollen Bestandsschutz im Sinne der Sicherung eines *bestimmten* Arbeitsverhältnisses in einem *bestimmten* Betrieb mit *bestimmten* beruflichen Funktionen zu verwirklichen, wenn in der Gesellschaft die wirtschaftlichen Entscheidungen auch bei maximaler Berücksichtigung sozialer Ziele rational in dem Sinn bleiben sollen, dass die wirtschaftlichen Lebensgrundlagen der Gesellschaft nicht gefährdet werden dürfen. Eine der wesentlichen Ursachen für die wirtschaftliche Schwäche der DDR und für das Scheitern ihres Wirtschaftssystems war der Versuch, ein Recht auf Arbeit zu verwirklichen. Die Vermeidung von offen ausgewiesener Arbeitslosigkeit wurde nicht nur mit erheblichen Wohlfahrtsverlusten für die gesamte Bevölkerung bezahlt, sondern auch mit der Inflexibilität des Wirtschaftssystems gegenüber Datenänderungen. Die bestmögliche Überwindung der Knappheit, d.h. anders ausgedrückt die von der wirtschaftlichen Basis her maximale Erreichung gesellschaftlicher Ziele, setzt eine optimale Allokation der Produktionsfaktoren Boden, Kapital *und Arbeit* voraus. Die Struktur der Beschäftigung muss daher sektoral, beruflich und regional so an die Veränderungen der Produktionsstruktur angepasst werden können, dass hohes Wachstum, hohe gesamtwirtschaftliche Produktivität und Vollbeschäftigung erreicht werden können.

Die Lösung der Problematik eines „Rechts auf Arbeit" kann vernünftigerweise nur in der Weise gesucht werden, dass die Träger der Wirtschafts- und Sozialpolitik

1. den Arbeitnehmern Kündigungsfristen sichern, die ausreichend erscheinen, um eine echte Chance zu bieten, dass die Arbeitnehmer sich wirtschaftlich auf die Auflösung des Arbeitsverhältnisses einstellen und die Arbeitsplatzsuche einleiten können;
2. im Falle der Arbeitslosigkeit einen bestimmten Teil des Arbeitseinkommensausfalls ersetzen. Um versicherungsbedingte freiwillige Arbeitslosigkeit (*moral hazard*) zu vermeiden könnte man daran denken, die Unterstützungssätze mit der Dauer der Arbeitslosigkeit stufenweise bis auf ein vertretbar erscheinendes Minimum zu verringern;[9]
3. arbeitslosen Arbeitnehmern Umschulungs- und Fortbildungsmöglichkeiten anbieten;
4. einen leistungsfähigen Beratungs- und Arbeitsvermittlungsdienst anbieten;

---

[8] So auch Zöllner/Loritz 1996, S. 274. Vgl. zu diesem Problemkreis und zur Geschichte des Rechts auf Arbeit auch Rath 1974 (mit Bibliographie) sowie Kleinhenz 1979b.

[9] Zur Reform der Arbeitslosenversicherung vgl. Kapitel IX, S. 295.

5. die Bereitschaft Arbeitsloser zu beruflicher und regionaler Mobilität fördern, durch finanzielle Kompensationen (Sozialisierung) der Mobilitätskosten diese Bereitschaft wecken und für die Fälle fehlender Bereitschaft zur Mobilität eine Reduzierung der Ansprüche der betreffenden Arbeitslosen gegenüber der Solidargemeinschaft vorsehen;
6. gezielte Maßnahmen zur Förderung der Beschäftigung für jene Arbeitnehmergruppen treffen, die - wie z.b. ältere Arbeitnehmer, Obdachlose und Behinderte - ungünstigere Arbeitsmarktchancen haben;
7. eine konsequente Vollbeschäftigungspolitik betreiben.

C. Sonderschutz für bestimmte Arbeitnehmer

Die Darstellung der Einzelbereiche des Arbeitnehmerschutzes hat bereits erkennen lassen, dass es vor allem im Bereich des Arbeitszeitschutzes und des Kündigungsschutzes Sonderregelungen für bestimmte Gruppen gibt, mit denen spezifischen Schutzbedürfnissen bestimmter Personengruppen Rechnung getragen wird. Die wichtigsten dieser Regelungen sind im Folgenden skizziert.
1. Kinder und Jugendliche unter 15 Jahren dürfen nicht beschäftigt werden. Für Jugendliche sind bestimmte, ihre Gesundheit gefährdende Arbeiten sowie Nacht- und Sonntagsarbeit verboten. Es gelten besondere Arbeitszeitregelungen (vgl. das Jugendarbeitsschutzgesetz).
2. Für Mütter sind bestimmte Arbeiten und Nachtarbeit verboten (§§ 4 und 8 Mutterschutzgesetz). Mütter dürfen sechs Wochen vor der Entbindung und acht Wochen nach der Entbindung nicht beschäftigt werden (§§ 3 und 6 Mutterschutzgesetz). Außerdem haben Kinder erziehende Mütter und Väter Anspruch auf Elternzeit bis zur Vollendung des dritten Lebensjahres des Kindes.[10] Während der Elternzeit ist eine Kündigung durch den Arbeitgeber unzulässig (§ 18 Erziehungsgeldgesetz).
3. Um Schwerbehinderten eine für ihre soziale Integration und für ihre Persönlichkeitsentfaltung wichtige Beschäftigungschance zu geben, hat der Gesetzgeber bereits im Jahr 1953 ein *Schwerbehindertengesetz* verabschiedet, dessen Regelungen inzwischen in das neunte Buch des SGB (Rehabilitation und Teilhabe behinderter Menschen) eingearbeitet worden sind. Danach ist privaten und öffentlichen Arbeitgebern die Verpflichtung auferlegt, 5 % der Arbeitsplätze – bei über den 01. Jan. 2004 anhaltend hoher Arbeitslosenquote der Schwerbehinderten 6 % - mit Schwerbehinderten[11] zu besetzen (§ 71 SGB IX) oder eine Ausgleichsabgabe zu entrichten (§ 77), die der Finanzierung von Rehabilitationsaufgaben zugeführt wird. Schwerbehinderte müssen nach ihren Fähigkeiten und Kenntnissen beschäftigt werden und ihre Arbeitsplätze sind mit den erforderlichen technischen Arbeitshilfen zu versehen (§ 81). Weitere Maßnahmen zu Gunsten Schwerbehinder-

---

[10] Mit Einverständnis des Arbeitgebers kann ein Jahr der Elternzeit zwischen dem 3. und 8. Geburtstag des Kindes genommen werden.
[11] Als Schwerbehinderte sind Personen zu verstehen, deren Leistungsfähigkeit nicht nur vorübergehend um wenigstens 50 % vom alterstypischen Zustand abweicht oder die - bei 30 %igem Behinderungsgrad – wegen Vermittlungsproblemen vom Arbeitsamt auf Antrag den Schwerbehinderten gleichgestellt werden.

ter sind das Erfordernis der Zustimmung des Integrationsamtes, falls dem Schwerbehinderten gekündigt werden soll (§ 85), besondere Kündigungsfristen (§§ 86 und 91) sowie ein Anspruch auf einen Zusatzurlaub von fünf Tagen (§ 125).
4. Einen besonderen Schutz gibt das Heimarbeitsgesetz vom 14. März 1951, zuletzt geändert durch Gesetz vom 16. Feb. 2001, Heimarbeitern.[12] Das Gesetz verpflichtet die Auftraggeber, die Vergabe von Heimarbeit anzuzeigen, Listen über die Beschäftigung zu führen und die Entgeltverzeichnisse sowie die Vertragsbedingungen auszulegen. Die Arbeitsstätten der Heimarbeiter müssen so beschaffen sein, dass keine Gefahren für Leben, Gesundheit oder Sittlichkeit der Heimarbeiter entstehen. Neben dem Gefahrenschutz enthält das Heimarbeitergesetz einen Entgeltschutz und einen Kündigungsschutz.

D. Träger und Organe

Neben den für die Arbeitnehmerschutzgesetzgebung zuständigen Trägern, nämlich Bundestag und Bundesrat, ist die Bundesregierung bzw. sind die Landesregierungen Träger des Arbeitnehmerschutzes, weil sie - bei einem Verzicht des BMA auf entsprechende Aktivitäten - besondere Vorschriften zur Durchführung des allgemeinen Gefahrenschutzes im Verordnungswege erlassen können (§ 120 e GewO).

Als staatliche Organe für die Überwachung der Einhaltung der gesetzlichen Vorschriften des allgemeinen Gefahrenschutzes, des Jugendarbeitsschutzes, des Mutterschutzes sowie des Arbeitszeitschutzes sind die Gewerbeaufsichtsbehörden zuständig. Die 1971 gegründete Bundesanstalt für Arbeitsschutz und Arbeitsmedizin in Dortmund hat u.a. die Aufgabe, die Unfallforschung zu fördern und zu koordinieren. Besonders unterstützt wird die staatliche Gewerbeaufsicht durch die Träger der gesetzlichen Unfallversicherung (Berufsgenossenschaften). Die Berufsgenossenschaften sind, da sie mit dem Recht ausgestattet sind, für ihre Gewerbebereiche Unfallverhütungsvorschriften zu erlassen, Träger des Gefahrenschutzes. Da sie auch Überwachungsaufgaben in Bezug auf die Einhaltung der Unfallverhütungsvorschriften haben und an der prophylaktischen Unfallverhütung mitwirken, sind sie auch Organe des Gefahrenschutzes.

Schließlich sind als bedeutende nichtstaatliche Organe des Arbeitnehmerschutzes die Betriebs- und Personalräte zu erwähnen. Den Betriebsräten obliegt nach § 80 Abs. 1 des BetrVG die Aufgabe, über die Durchführung der zugunsten der Arbeitnehmer geltenden Gesetze, Verordnungen und Unfallverhütungsvorschriften zu wachen; sie haben nach § 87 Mitbestimmungsrechte in Bezug auf Regelungen über die Verhütung von Arbeitsunfällen und Berufskrankheiten; Mitbestimmungsrechte haben sie ferner in Bezug auf Regelungen über den Gesundheitsschutz. Die Mitbestimmungsrechte bei Kündigungen nach § 102 BetrVG wurden bereits erwähnt. Organ des Arbeitnehmerschutzes sind nach dem Arbeitssicherheitsgesetz auch die nach diesem Gesetz zu bestellenden Sicherheitsfachkräfte; diese haben an der Durchfüh-

---

[12] Heimarbeiter, im Arbeitsrecht als „arbeitnehmerähnliche Personen" bezeichnet, nehmen Aufträge zur Herstellung oder Bearbeitung von Massenware im eigenen Heim an, entscheiden also selbständig über die Verwendung ihrer Arbeitskraft und über ihre Arbeitszeit, obwohl sie wirtschaftlich von ihren Auftraggebern abhängig sind. Als moderne Form der Heimarbeit kann auch die computergestützte sog. *Telearbeit* angesehen werden.

rung und Kontrolle betrieblicher Sicherheitsvorschriften und - verordnungen mitzuwirken.

E. Entwicklungstendenzen

Im Bereich des Arbeitnehmerschutzes lassen sich folgende Entwicklungstendenzen feststellen:

1. die Tendenz vom speziellen zum generellen Arbeitnehmerschutz in personeller und sachlicher Hinsicht: der zunächst auf spezielle Arbeitergruppen, insbes. Jugendliche und Frauen, beschränkte Schutz wurde auf alle Arbeiter und dann auf alle Arbeitnehmer ausgedehnt und vom Arbeitszeit- und Lohnschutz über den Gesundheitsschutz hin zum Schutz des Bestandes der Arbeitsverhältnisse ausgeweitet;
2. die Verkürzung des Arbeitslebens durch Heraufsetzung des Berufseintrittsalters und Herabsetzung des Rentenbezugsalters sowie durch die Erhöhung der Zahl der Feiertage und durch die Verlängerung des Jahresurlaubs;
3. die Verstärkung der Gesundheits- und Gefahrenprophylaxe.

Der sozialpolitisch motivierte Arbeitnehmerschutz ist durch seine Wirkungen auf das Arbeitskräftepotenzial zu einem wichtigen Sektor der Wirtschaftsgrundlagenpolitik geworden.

Literatur

1. Grundlegende Literatur

Albrecht 1955 (Lit. bis 1955) - BMA 2000 - Dütz 2003 - v. Hippel 1982 - Herz 1956 - Herschel 1956 - Preller 1970 (1. Halbbd.), S. 180 ff. - Winterstein 1977 - Zöllner/Loritz 1998

2. Laufende Materialquellen und Periodika

Angewandte Arbeitswissenschaft, Köln 1960 ff.
Arbeitsschutz, Fachbeilage des Bundesarbeitsblattes, Bonn 1951 ff. (ab 1979 Teil des Bundesarbeitsblatts)
Arbeit. Zeitschrift für Arbeitsforschung, Arbeitsgestaltung und Arbeitspolitik, Stuttgart 1992 ff.
Arbeitswissenschaft. Zeitschrift für Ergonomie, Wiesbaden 1962 ff.
Arbeit und Sozialrecht, Stuttgart 1952 ff.
Bundesarbeitsblatt, Bonn 1949 ff.
The Industrial Law Journal, London 1972 ff.
Personal, Mensch und Arbeit im Betrieb, München 1949 ff.

Recht der Arbeit. Zeitschrift für die Wissenschaft und Praxis des gesamten Arbeitsrechts, München 1948 ff.
Zeitschrift für Arbeitsrecht, Köln 1970 ff.
Zeitschrift für Arbeitsrecht und Sozialrecht, Wien 1966 ff.
Zeitschrift für Arbeitswissenschaft, Stuttgart 1947 ff. (bis 1974 unter dem Titel Arbeit und Leistung, Zentralblatt für Arbeitswissenschaft)
Zentralblatt für Arbeitsmedizin und Arbeitsschutz, Darmstadt 1950 ff.

VII. Kapitel

Arbeitsmarktpolitik

A. Definition, Notwendigkeit und Ziele

Die Arbeitsmarktpolitik umfasst die Arbeitsmarktausgleichspolitik, die Arbeitsmarktordnungspolitik und die Vollbeschäftigungspolitik.

Da einem hohen Beschäftigungsgrad im Sinne der prophylaktischen Verhinderung von Arbeitslosigkeit zentrale Bedeutung für die Arbeitsmarktpolitik zukommt, ist es sinnvoll, das Vollbeschäftigungsziel in einer Definition der Arbeitsmarktpolitik zu explizieren.

Die Arbeitsmarktpolitik lässt sich definieren als die Gesamtheit der Maßnahmen, die das Ziel haben, den Arbeitsmarkt als den für die Beschäftigungsmöglichkeiten und für die Beschäftigungsbedingungen der Arbeitnehmer entscheidenden Markt so zu beeinflussen, dass für alle Arbeitsfähigen und Arbeitswilligen eine ununterbrochene, ihren Neigungen und Fähigkeiten entsprechende Beschäftigung zu bestmöglichen Bedingungen, insbesondere in Bezug auf das Arbeitsentgelt und die Arbeitszeit, gesichert wird.

Die Notwendigkeit einer Arbeitsmarktpolitik ergibt sich aus der Tatsache, dass für die Existenz- und Arbeitsbedingungen der unter Arbeitsangebotszwang stehenden unselbständig Erwerbstätigen die gegebenen Bedingungen der marktmäßigen Verwertung der Arbeitskraft, nämlich Arbeitsmöglichkeiten, Arbeitszeit, Arbeitseinkommen und Arbeitsumweltverhältnisse, von ausschlaggebender Bedeutung sind.

Mit den Beschäftigungsmöglichkeiten und Beschäftigungsbedingungen wird entschieden:
- über die Höhe und Stetigkeit des Arbeitnehmereinkommens;
- über die Höhe und Regelmäßigkeit der Beitragsleistungen der Arbeitnehmer zum System der sozialen Sicherung, d.h. über das durch eigene Leistung erworbene Anspruchsvolumen gegenüber der Sozialversicherung;
- über die Beitragseinnahmen des Sozialhaushalts, d.h. über das ökonomische Fundament des Systems sozialer Sicherung;
- über den Umfang der Ausgaben für Arbeitslose, für ihre Familien und für die Bekämpfung der Arbeitslosigkeit;
- über die Höhe des Sozialproduktes und d.h. über jene Größe, die Grundlage für die realwirtschaftliche Absicherung jeder sozialpolitischen Maßnahme ist;
- über den realen Gehalt des Rechtes auf freie Arbeitsplatz- und Berufswahl, der in hohem Maße vom Beschäftigungsgrad abhängt;
- über die faktischen Möglichkeiten der Berufs- und Arbeitsausübung und damit über die Möglichkeiten der Entfaltung der Persönlichkeit durch Arbeit.

Deswegen kommt der Arbeitsmarktpolitik für Qualität und Quantität der staatlichen Sozialpolitik eine Schlüsselrolle zu.

Das bereits definierte oberste Ziel der Arbeitsmarktpolitik ist eine Konsequenz aus Art. 2 (Grundrecht der freien Entfaltung der Persönlichkeit), Art. 12 (Freiheit der Berufs- und Arbeitsplatzwahl), Art. 20 und Art. 28 (Sozialstaatsprinzip) des GG. Es ist aber auch im *Gesetz zur Förderung der Stabilität und des Wachstums der Wirtschaft* von 1967 (§ 1) und im *Arbeitsförderungsgesetz* (AFG) vom 25. Juni 1969 enthalten (§§ 1 und 2). Das AFG wurde durch das *Gesetz zur Reform des Arbeitsförderungsgesetzes* vom 24. März 1997 grundlegend reformiert. Das novellierte Gesetz wurde mit Wirkung vom 01. Jan. 1998 als drittes Buch in das SGB eingegliedert.[1]

Das Oberziel der Arbeitsmarktpolitik umfasst folgende Einzelziele bzw. folgende Aufgaben:[2]

1. Bei kurzfristig nach Umfang und Struktur als gegeben anzusehender Nachfrage nach Arbeitskräften und als gegeben anzusehendem Arbeitsangebot stellt sich die Aufgabe, die vorhandenen Arbeitsplätze unter Berücksichtigung der Neigungen der Arbeitskräfte mit den geeignetsten und leistungsfähigsten Kräften zu besetzen (optimale Allokation des Faktors Arbeit) und strukturelle Ungleichgewichte zu verringern. Bei einem auftretenden Arbeitskräftedefizit kann sich in bestimmten Sektoren die Notwendigkeit einer sozial verträglichen, arbeitsmarktorientierten Zuwanderungspolitik ergeben (Zimmermann 2002). Die Aufgaben der Verhinderung des Entstehens und der Beseitigung struktureller Ungleichgewichte obliegen in erster Linie der *Arbeitsmarktausgleichspolitik*;

2. bei konjunkturell bedingten Ungleichgewichten des Gesamtarbeitsmarktes ergibt sich die Notwendigkeit einer am Vollbeschäftigungsziel orientierten Stabilitätspolitik. Diese Aufgaben obliegen primär der *Vollbeschäftigungspolitik*;

3. die Arbeitsmarktpolitik soll zur Sicherung bestmöglicher Beschäftigungsbedingungen beitragen. Daher stellt sich die Aufgabe, Instrumente einzusetzen, die eine Annäherung an ein Optimum der Beschäftigungsbedingungen bei einem hohen Beschäftigungsgrad versprechen. Die Verwirklichung dieses Zieles ist vor allem Aufgabe des Lohnbildungsprozesses, der in freiheitlichen Wirtschaftssystemen im Wesentlichen Gegenstand der *Arbeitsmarktordnungspolitik* ist.

Die Notwendigkeit staatlicher Arbeitsmarktpolitik wird deutlich, wenn man sich die Merkmale der Verfassung und die Form der Arbeitsmärkte vor Augen führt, wie sie ohne staatliche Eingriffe und ohne gewerkschaftliche Organisation der Arbeitnehmer

---

[1] Im novellierten Gesetz wurden auch die Ziele der Arbeitsförderungspolitik entsprechend der faktischen Leistungsfähigkeit der Arbeitsmarktpolitik bescheidener formuliert als im alten AFG (vgl. zur beschäftigungspolitischen Leistungsfähigkeit der Arbeitsmarktpolitik Lampert 1982b). Bis 1997 hieß es in § 1 AFG: „Die Maßnahmen nach diesem Gesetz sind im Rahmen der Sozial- und Wirtschaftspolitik der Bundesregierung darauf auszurichten, dass ein hoher Beschäftigungsgrad erzielt und aufrechterhalten, die Beschäftigungsstruktur ständig verbessert und damit das Wachstum der Wirtschaft gefördert wird". Im neuen Gesetz sind die beschäftigungspolitische Zielsetzung und die beschäftigungspolitische Verantwortung der Regierung stark zurückgenommen. § 1 Abs. 2 SGB III lautet: „Die Leistungen der Arbeitsförderung sind so einzusetzen, dass sie der beschäftigungspolitischen Zielsetzung der Sozial-, Wirtschafts- und Finanzpolitik der Bundesregierung entsprechen sowie der besonderen Verantwortung der Arbeitgeber für Beschäftigungsmöglichkeiten und der Arbeitnehmer für ihre eigenen beruflichen Möglichkeiten Rechnung tragen und die Erhaltung und Schaffung von wettbewerbsfähigen Arbeitsplätzen nicht gefährden".

[2] Vgl. zu den Zielen der Arbeitsmarktpolitik auch Lampert 1981a sowie Mertens/Kühl 1977.

gegeben waren, und überlegt, wie sich im Laufe der Zeit Arbeitsmarktverfassung und Arbeitsmarktform durch die staatliche Arbeitsmarktpolitik verändert haben.

B. Die Transformation des freien, unvollkommenen Arbeitsmarktes in den institutionalisierten, organisierten Markt[3]

Der Gesamtarbeitsmarkt war und ist ein typisch unvollkommener Markt, d.h. er ist durch folgende Eigenheiten gekennzeichnet:

1. Er besteht aus einer Vielzahl von Märkten, die fachlich-beruflich, personell und räumlich differenziert sind. Die fachlich-berufliche Differenzierung wird durch Qualifikationsunterschiede der Arbeitskräfte innerhalb bestimmter Berufe und durch persönliche Unterschiede (Geschlecht, Alter, Familienstand der Arbeitskräfte) verstärkt. Die Segmentierung der Elementararbeitsmärkte, die durch die Heterogenität der Arbeitskräfte verursacht ist, wird noch dadurch verstärkt, dass der Arbeitsmarkt kein Punktmarkt ist, sondern in eine große Zahl regionaler und lokaler Arbeitsmärkte untergliedert ist, die - je nach den räumlichen Entfernungen zwischen den Märkten, den Kosten der Raumüberwindung und der regionalen Mobilitätsbereitschaft der Arbeitnehmer - mehr oder minder unverbunden nebeneinander stehen.

2. Die räumliche Unvollkommenheit der Arbeitsmärkte wird durch eine mangelhafte Transparenz ergänzt. Da und soweit Arbeitnehmern die Lage auf den für ihre Entscheidungen relevanten Arbeitsmärkten in Bezug auf Beschäftigungsgrad, Arbeitseinkommen, freiwillige Sozialleistungen, Arbeitsplatzausstattung, Aufstiegschancen, soziales Klima und andere entscheidungsrelevante Daten nicht oder nur unzulänglich bekannt ist, ist der prinzipiell zwischen Arbeitsmärkten durch Arbeitskräftewanderungen bestehende Zusammenhang stark gelockert.

Dieser hohe Grad an Unvollkommenheit, der die Entstehung von Ungleichgewichten auf einzelnen Arbeitsmärkten begünstigt und die Beseitigung solcher strukturellen Ungleichgewichte stark erschwert, war auf den freien und unorganisierten Arbeitsmärkten mit einer für die Arbeitnehmer nachteiligen Arbeitsmarktform verbunden: Eine hohe Zahl von Arbeitskräften (ein „atomisiertes" Arbeitsangebot) konkurrierte um die von einem oder von wenigen Arbeitgebern angebotenen Arbeitsplätze bzw. reagierte „anomal" (vgl. dazu S. 34 ff.).

Mit der Aufhebung der Koalitionsverbote für Arbeitnehmer und der Anerkennung der Gewerkschaften und der Arbeitgebervereinigungen als Tarifvertragsparteien begann die Transformation dieser freien, unvollkommenen Arbeitsmärkte in Märkte mit einer anderen Form und einer anderen Verfassung.

Die Anerkennung der Gewerkschaften war der erfolgreiche Versuch, „einen organisierten Willen und ein organisiertes Marktgewicht an die Stelle unverbundener Willen und isolierter Kräfte zu setzen. Insofern stellt gewerkschaftliche Organisation den Arbeitsmarkt tendenziell unter ein anderes Gesetz als das Gesetz von unverbundenem Angebot und unverbundener Nachfrage" (Briefs 1927, S. 1114).

---

[3] Vgl. zu diesem Abschnitt auch Kleinhenz 1979a und Brinkmann 1981 (Bd. 1), S. 225 ff.

Die Transformation der Arbeitsmärkte bestand aber nicht nur in dieser staatlich sanktionierten, von den Gewerkschaften und den Arbeitgeberverbänden realisierten *Marktformen*änderung, sondern auch in Verbesserungen der *Marktverfassung*: Mit der Zahlung von Arbeitslosenunterstützung, Reisegeld und Umzugsunterstützung für Mitglieder (Adolf Weber 1930, S. 234 ff.) und mit der Einrichtung von Arbeitsvermittlungsstellen als Konkurrenz zu gewerbsmäßigen, gebührenpflichtigen Stellenvermittlungen übernahmen die Gewerkschaften die Rolle von Vorläufern staatlicher Arbeitsmarktpolitik. Die Arbeitsmärkte wurden dann von Seiten des Staates durch die Einrichtung von Arbeitsämtern institutionalisiert. Die nach dem Ersten Weltkrieg aufgebaute reichseinheitliche Arbeitsverwaltung mit ihren zahlreichen Arbeitsämtern wurde zu einer Institution ausgebaut, die die Aufgaben der Erhöhung der Markttransparenz, der Berufsberatung, der Arbeitsvermittlung, der Förderung der räumlichen und der beruflichen Mobilität der Arbeitskräfte, kurz, die Aufgaben der Arbeitsmarktausgleichspolitik, zu erfüllen hatte.

Der hohe Grad an Unvollkommenheit der Arbeitsmärkte und die sich daraus für die Funktionsfähigkeit der Märkte ergebenden Probleme haben sich nicht nur in den Aufgaben niedergeschlagen, die in der folgenden Darstellung der Arbeitsmarktausgleichspolitik zu behandeln sind, sondern auch in der speziellen Aufgabe der 2004 in Bundesagentur für Arbeit umbenannten Bundesanstalt für Arbeit, Markttransparenz zu schaffen: „Die Bundesagentur hat Lage und Entwicklung der Beschäftigung und des Arbeitsmarktes im allgemeinen und nach Berufen, Wirtschaftszweigen und Regionen sowie die Wirkungen der aktiven Arbeitsförderung zu beobachten, zu untersuchen und auszuwerten, indem sie 1. Statistiken erstellt, 2. Arbeitsmarkt- und Berufsforschung treibt und 3. Bericht erstattet" (§ 280 SGB III).

Der Erfüllung dieser Aufgaben, insbes. des Auftrages der Bundesagentur, Arbeitsmarkt- und Berufsforschung zu betreiben, dient das Institut für Arbeitsmarkt- und Berufsforschung, das Teil der Bundesagentur ist, aber räumlich, organisatorisch und personell vom Verwaltungsbereich der Bundesagentur getrennt ist (§ 282 SGB III). Forschungsschwerpunkte sind langfristige Arbeitsmarktprognosen, Untersuchungen über die Entwicklung der Berufsstruktur, über die Zusammenhänge zwischen Bildungs- und Beschäftigungssystem, über die Beziehungen zwischen technischem Wandel und Arbeitsanforderungen, über konjunkturelle Bewegungen am Arbeitsmarkt, über die Mobilität der Arbeitskräfte, über spezifische Arbeitsmärkte und über die Humanisierung der Arbeitswelt.

C. Einzelbereiche der Arbeitsmarktpolitik[4]

1. Arbeitsmarktausgleichspolitik

Aus den dargestellten Eigenschaften der nicht institutionalisierten, unorganisierten Arbeitsmärkte ergibt sich, dass die optimale Funktionsfähigkeit der Arbeitsmärkte im Sinne möglichst weitgehender Erreichung des obersten Zieles der Arbeitsmarktpolitik

---

[4] Vgl. dazu auch Mertens/Kühl 1977 und Brinkmann 1981 (Bd. 2), S. 255 ff.

nicht ohne die Instrumente zur Förderung des Marktausgleiches zu erreichen ist. Dazu gehören die Instrumente
a) der Arbeitsvermittlung, der Arbeitsberatung und der Berufsberatung;
b) der Mobilitäts- und Ausbildungsförderung;
c) der Arbeitsplatzerhaltungs- und Arbeitsplatzbeschaffungspolitik;
d) der problemgruppenorientierten Arbeitsmarktpolitik.

a) Arbeitsvermittlung, Arbeitsberatung und Berufsberatung

Die Arbeitsvermittlung ist der klassische Kern des Arbeitsmarktausgleichs. Sie hat die Aufgabe, Arbeitssuchende mit Arbeit anbietenden Arbeitgebern zusammenzuführen (§ 35 SGB III). Ziel der Arbeitsvermittlung ist die Begründung von Arbeitsverhältnissen. Um Unzulänglichkeiten der gewerbsmäßigen, der gemeinnützigen und der kommunalen Stellenvermittlung sowie der Stellenvermittlung durch Arbeitgeberverbände und Gewerkschaften auszuschalten,[5] und um einen umfassenden, überall allen Interessierten zur Verfügung stehenden, rein sachlich und von eigenen Interessen unbeeinflusst arbeitenden Vermittlungsdienst zu gewährleisten, hatte der Gesetzgeber der Arbeitsvermittlung ursprünglich ein gesetzliches Monopol der Stellenvermittlung und der Berufsberatung eingeräumt.[6] Unter dem Eindruck lang anhaltender und strukturell verfestigter Arbeitslosigkeit und in der Erwartung einer höheren Effizienz gewerblicher Arbeitsvermittler wurde 1994 im Rahmen des *Beschäftigungsförderungsgesetzes* eine private entgeltliche Arbeitsvermittlung zugelassen. Allerdings war die gewerbliche Arbeitsvermittlung erlaubnispflichtig, Vermittlungsgebühren durften nur vom Arbeitgeber verlangt werden.

Die bisherigen Erfahrungen mit der privaten Arbeitsvermittlung blieben jedoch deutlich hinter den in sie gesetzten Erwartungen zurück. Ausgehend von einem sehr niedrigen Einschaltungsgrad privater Arbeitsvermittler Mitte der 90er Jahre (Walwei

---

[5] Die Unzulänglichkeit gewerbsmäßiger Stellenvermittlung liegt in der Entgeltpflichtigkeit und in dem primär auf Gelderwerb, nicht auf die bestmögliche Befriedigung der Interessen der Arbeitsuchenden gerichteten Interesse der Vermittler, die Unzulänglichkeit der gemeinnützigen und der kommunalen Stellenvermittlung in der lokalen bzw. regionalen Begrenztheit sowie in der schmalen Informationsbasis; die Unzulänglichkeit der Arbeitsnachweise der Gewerkschaften und der Arbeitgeber resultierte insbes. aus Konflikten zwischen den Interessen dieser Organisationen als Kampfverband und der Aufgabe neutraler Vermittlung: Die Arbeitgebervermittlungsstellen präferierten bei der Vermittlung „loyale", arbeitskampfunwillige Arbeitskräfte, die Gewerkschaften präferierten Gewerkschaftsmitglieder und beitragswillige Arbeitnehmer. Vgl. dazu Albrecht 1955, S. 178 ff. und Preller 1970 (1. Halbbd.), S. 40 f.

[6] Da nach einem Urteil des Bundesverfassungsgerichts vom 04. April 1967 die gewerbsmäßige Arbeitnehmerüberlassung nicht unter das Vermittlungsmonopol der Bundesanstalt fällt und da daraufhin die gewerbsmäßige Arbeitnehmerüberlassung sprunghaft anstieg, regelte der Gesetzgeber die gewerbsmäßige Arbeitnehmerüberlassung mit dem *Arbeitnehmerüberlassungsgesetz* vom 07. Aug. 1972 (AÜG, zuletzt geändert durch das *„Erste Gesetz für moderne Dienstleistungen am Arbeitsmarkt"* vom 23. Dezember 2002) neu. Nach diesem Gesetz ist die Arbeitnehmerüberlassung erlaubnispflichtig. Die Erlaubnis wird unter bestimmten Voraussetzungen von der Bundesagentur für Arbeit erteilt. Die Dauer der Überlassung durfte ursprünglich im Einzelfall 3 Monate nicht übersteigen. Wegen der hohen Arbeitslosigkeit ist nach dem *Beschäftigungsförderungsgesetz* vom 1984 bis zum 01. Jan. 1990 eine Überlassung bis zu 6 Monaten erlaubt worden. Mit dem *Beschäftigungsförderungsgesetz* vom 25. Sept. 1996 wurde eine Ausleihfrist bis zu 12 Monaten zugelassen. Durch das Job-AQTIV-Gesetz erfolgte zum 01. Jan. 2002 eine Verlängerung auf bis zu 24 Monate. Weitere Lockerungen erfolgten durch das das „Erste Gesetz für moderne Dienstleistungen am Arbeitsmarkt". Die 24-Monats-Grenze entfällt zum 01. Jan. 2004 gänzlich.

1998) stieg die Zahl der über gewerbliche Agenturen vermittelten Arbeitnehmer auf 158 000 in 2001 (Konle-Seidl 2002).

Trotz dieser eher verhaltenen Inanspruchnahme gewerblicher Arbeitsvermittler wurde im Zuge der jüngsten arbeitsmarktpolitischen Reformen (*Job-AQTIV-Gesetz* vom 10. Dez. 2001 und *„Erstes Gesetz für moderne Dienstleistungen am Arbeitsmarkt"* vom 23. Dez. 2002) die Einbeziehung privater Vermittler in die Arbeitsvermittlung ausgeweitet. Dies gilt insbesondere bei Arbeitslosen mit Vermittlungshemmnissen, denen nach sechsmonatiger Arbeitslosigkeit ein Anspruch auf Einschaltung eines privaten Vermittlers eingeräumt wird (§ 37 a SGB III). Mit dem *Gesetz zur Reform der Arbeitsverwaltung und der Arbeitsvermittlung* vom 27. März 2002 wurde die Erlaubnispflicht für private Arbeitsvermittler abgeschafft; überdies ist es nun zulässig, bei erfolgreicher Vermittlung vom Arbeitsuchenden ein Honorar zu verlangen. Arbeitslose, die Anspruch auf Arbeitslosengeld haben und die nach dreimonatiger Arbeitslosigkeit noch nicht vermittelt wurden, sowie Teilnehmer an Arbeitsbeschaffungs- oder Strukturanpassungsmaßnahmen haben das Recht auf einen sog. „Vermittlungsgutschein". Mit diesem Vermittlungsgutschein kann der Arbeitssuchende einen oder mehrere gewerbliche Arbeitsvermittler beauftragen, wobei der abzuschließende Vermittlungsvertrag keine Vergütung beinhalten darf, die den Wert des Gutscheins übersteigt. Dieser Wert ist nach der Dauer der Arbeitslosigkeit gestaffelt und liegt zwischen 1 000 € (bei bis zu sechsmonatiger Arbeitslosigkeit) und 2 500 € (bei einer Arbeitslosendauer von mehr als neun Monaten). Nach einer erfolgreichen Arbeitsvermittlung erhält der Vermittler den Gutschein in zwei Raten: die ersten 1 000 € unmittelbar nach Abschluss des Arbeitsvertrags, und den Restbetrag, sofern das Arbeitsverhältnis länger als sechs Monate besteht (§ 421g SGB III).

Bei der öffentlichen Arbeitsvermittlung sind folgende Grundsätze zu beachten:

1. die **Unentgeltlichkeit der Vermittlung**; allerdings kann das Arbeitsamt von Arbeitgebern für eine Vermittlung mit überdurchschnittlich hohen Aufwendungen und für die „kostenaufwändige" Vermittlung ausländischer Arbeitnehmer Gebühren erheben (§ 43 SGB III);

2. die **Unparteilichkeit**, d.h. u. a., dass Religions-, Partei- und Verbandszugehörigkeit nur in ganz besonderen Fällen erfragt werden dürfen (§ 42 SGB III);

3. die **Gesetzmäßigkeit der Vermittlung**: das Arbeitsamt darf nicht vermitteln, wenn ein Ausbildungs- oder Arbeitsverhältnis begründet werden soll, das gegen ein Gesetz oder die guten Sitten verstößt, und in einem durch einen Arbeitskampf unmittelbar betroffenen Bereich darf es nur dann vermitteln, wenn der Arbeitsuchende und der Arbeitgeber dies trotz eines Hinweises auf den Arbeitskampf verlangen (§ 36 SGB III).

Die Effizienz der Arbeitsvermittlung hängt natürlich ganz erheblich vom Einschaltungsgrad der Arbeitsämter ab, der wiederum durch die Meldung offener Stellen von Seiten der Arbeitgeber einerseits und durch die Beanspruchung der Leistungen der Arbeitsämter durch Arbeitsplatzsuchende andererseits bestimmt wird. Nach den Ergebnissen repräsentativer Betriebsbefragungen beträgt der Anteil der gemeldeten offenen Stellen, die unverzüglich zu besetzen sind, rund 40 % der tatsächlich offenen und unverzüglich zu besetzenden Stellen (Magvas 2001). Der Zahl der zwischenbetrieblichen Stellenwechsel, die in der früheren Bundesrepublik 6 bis 7 Mio. Fälle pro Jahr betrug, standen im Durchschnitt der Jahre 1975 bis 1993 2,15 Mio. amtlich ausgewiesene Stellenvermittlungen gegenüber (Amtliche Nachrichten der Bundesanstalt für Arbeit, 1976 bis 1994, passim). 1999 vermittelte die Arbeitsverwaltung 3,7 Mio. Arbeitslose in neue Stellen.[7] Diese Zahlen sind ein Indiz für einen niedrigen Einschaltungsgrad der Arbeitsämter von Seiten der Arbeitgeber.

Mit der Arbeitsvermittlung eng verbunden ist die Beratung. Zum Beratungsangebot gehört zum einen die Berufsberatung (§ 30 SGB III), die Auskunft und Rat zur Berufswahl, beruflichen Entwicklung und zum Berufswechsel, zur Lage und Entwicklung des Arbeitsmarktes und der Berufe, zu den Möglichkeiten der beruflichen Bildung, zur Ausbildungs- und Arbeitsplatzsuche und zu Leistungen der Arbeitsförderung umfasst, zum anderen die Arbeitsmarktberatung (§ 34 SGB III), die dazu beitragen soll, die Arbeitgeber bei der Besetzung von Ausbildungs- und Arbeitsstellen zu unterstützen.

Mit dem *Arbeitsförderungsreformgesetz* von 1997 wurde das Berufsberatungsmonopol der Arbeitsverwaltung aufgehoben. Die Arbeitsverwaltung hat jedoch einer Person oder Personengesellschaft, die Berufsberatung betreibt, die Ausübung dieser Tätigkeit ganz oder teilweise zu untersagen, sofern dies zum Schutz Ratsuchender erforderlich ist (§ 288a SGB III).

Die Bedeutung der Beratung, bei der die Lage auf dem Arbeitsmarkt und die Entwicklung in den Berufen zu berücksichtigen sind, liegt in der Erhöhung des Rationalitätsgrades von Bildungs-, Arbeitsplatz- und Berufsentscheidungen durch die Verbesserung des Informationsstandes und durch Hinweise auf entscheidungsrelevante Aspekte. Dabei muss die Arbeitsverwaltung entsprechend dem Verfassungsverbot der Berufs- und Arbeitskräftelenkung in der Rolle des Ratgebers bleiben.

Ein besonderes Problem der Beratung ergibt sich aus der Unsicherheit von Beschäftigungsprognosen. Sie nimmt mit der Länge des betrachteten Zeitraums zu (vgl. dazu Lampert/Englberger/Schüle 1991, Kap. II). Die Möglichkeiten und die Zuverlässigkeit von beruflicher Beratung werden in einer sich organisatorisch, strukturell und technisch schnell wandelnden Industriegesellschaft mit kurzfristigen Veränderungen der beruflichen Erfordernisse und Chancen eher geringer. Deswegen auch gilt Berufsberatung nicht mehr als eine einmalige Aufgabe am Scheideweg zwischen allgemeinem und beruflichem Bildungsweg, sondern als wiederkehrende, kontinuierlich den Bildungs- und Berufsweg begleitende Orientierungshilfe, die auch die Berufslaufbahn- und die Berufswechselberatung einschließt.

Mit den jüngsten gesetzlichen Reformen der Arbeitsmarktpolitik bemüht sich der Gesetzgeber insbesondere um die Intensivierung der Arbeitsvermittlung bei Arbeitslosigkeit und Ausbildungssuche sowie um eine intensivere, den Bedarfen und Problemlagen des Einzelfalls angepassten Beratung. Hierzu gehört die möglichst frühe Inanspruchnahme der Vermittlung bei Kündigung. Hierbei soll das Bewerberprofil des Arbeitslosen bzw. Ausbildungssuchenden festgestellt und im Rahmen einer Eingliederungsvereinbarung zwischen Arbeitsamt und dem Suchenden dessen Eigenbemühungen sowie die Vermittlungsbemühungen des Arbeitsamtes für einen zu bestimmenden Zeitraum festgelegt werden. Spätestens nach sechs Monaten erfolgt eine Überprüfung dieser Kriterien. Gleichzeitig sollen dann verstärkte Vermittlungsbemühungen greifen, gegebenenfalls auch die bereits oben angesprochene Inanspruchnahme Dritter bei der Vermittlung.

---

[7] Geschäftsbericht 1999 der Bundesanstalt für Arbeit, S. 30.

Als spezielles Instrument der Vermittlung, das sich übergreifend auch den weiteren Unterzielen der Arbeitsmarktausgleichpolitik zuordnen lässt, ist die Einrichtung von „Personal-Service-Agenturen" (PSA) zu nennen. Aufgabe dieser Personal-Service-Agenturen ist die vermittlungsorientierte Arbeitnehmerüberlassung. Jedes Arbeitsamt hat die Einrichtung (mindestens) einer PSA sicherzustellen, die Arbeitslose an Arbeitgeber mit dem Ziel einer möglichst schnellen Übernahme des Arbeitslosen in ein Dauerarbeitsverhältnis verleihen soll. Diesem Ziel dient auch die Betreuung, Qualifizierung und Weiterbildung des Arbeitslosen in verleihfreien Zeiten. PSA-Verträge werden mit (zugelassenen) Verleihern durch das Arbeitsamt geschlossen, wobei ein Honorar oder pauschalierte Leistungen vereinbart werden können (§§ 35-37c SGB III).

b) Ausbildungsförderung und Mobilitätsförderung[8]

Die Ausbildungsförderung, verstanden als Förderung der beruflichen Ausbildung (§§ 59 bis 76 SGB III) und der beruflichen Weiterbildung (§§ 77 bis 95 SGB III), folgt „zum einen aus der Überlegung, dass das gesamte Arbeitspotential im Zuge der technischen und sozialen Entwicklung generell einer steten Höherqualifizierung bedarf und andererseits aus der Überlegung, dass der Zusammenhang zwischen Wachstum und Strukturwandel es mit sich bringt, dass für die gesamte Aktivitätsdauer eines Berufstätigen nicht mehr mit der Werterhaltung einmal gewonnener formaler Qualifikation gerechnet werden kann" (Mertens/Kühl 1977, S. 287).

Da durch eine an den Änderungen der Berufsstruktur und der beruflichen Anforderungsprofile orientierte Ausbildungsförderung Arbeitsmarktungleichgewichte abgebaut werden und vor allem strukturelle und technologische Arbeitslosigkeit vermieden bzw. verringert werden können,[9] ist die Förderung der Ausbildung und der Weiterbildung unverzichtbar und wegen der sich beschleunigt vollziehenden technischen Wandlungen ein immer wichtiger werdender Teil einer Arbeitsmarktausgleichspolitik.

Auszubildende haben einen Anspruch auf Berufsausbildungshilfe, wenn sie außerhalb des Elternhauses wohnen oder die Ausbildungsstätte von der elterlichen Wohnung aus nicht in angemessener Zeit erreichen können, wenn die Bildungsmaßnahme zur Vorbereitung auf eine Berufsausbildung oder zur beruflichen Eingliederung erforderlich ist und wenn die Fähigkeiten des Auszubildenden erwarten lassen, dass er das Ziel der Maßnahme erreicht (§§ 59 bis 64 SGB III). Die Hilfe soll den Bedarf für den Lebensunterhalt, die Fahrkosten und die Lehrgangskosten abdecken (§§ 65 bis 69 SGB III), wobei das Einkommen des Auszubildenden, seines Ehegatten und seiner Eltern anzurechnen ist.

Die individuellen Förderungsmaßnahmen zur beruflichen Weiterbildung, die die berufliche Umschulung einschließt, sind Kann-Leistungen (§ 77 SGB III).[10] Die För-

---

[8] Die in den Abschnitten b) bis d) erwähnten bzw. beschriebenen Instrumente sind in Bezug auf die Voraussetzungen des Mitteleinsatzes, die Förderungshöhe und die Förderungsdauer z. T. derart komplex, dass sie nicht vollständig beschrieben werden können. Daher sind die einschlägigen Rechtsnormen angegeben, so dass sich der Leser vollständig informieren kann.

[9] Zu den verschiedenen Arten von Arbeitslosigkeit vgl. Maneval 1977.

[10] Voraussetzung ist, dass die Weiterbildung notwendig ist, a) um einen Arbeitslosen beruflich einzugliedern, eine einem Arbeitnehmer drohende Arbeitslosigkeit abzuwenden oder dass die Weiterbildung wegen fehlenden Berufsabschlusses als notwendig anerkannt ist, b) dass die zu fördernde Person eine be-

derungsleistungen umfassen die Lehrgangskosten, Fahrkosten, die Kosten für auswärtige Unterbringung und Verpflegung und die Kosten für die Betreuung von Kindern (§ 79 ff. SGB III).

Arbeitnehmer, die die Voraussetzungen erfüllen, erhalten vom Arbeitsamt einen „Bildungsgutschein", der zeitlich und regional sowie auf bestimmte Bildungsziele begrenzt sein kann. Der Arbeitnehmer kann den Gutschein bei einem zugelassenen Bildungsträger seiner Wahl einlösen. Die Bildungsträger müssen ein System der Qualitätssicherung anwenden und nachweisen. Das Arbeitsamt verfügt über umfangreiche Informations-, Kontroll- und Sanktionsrechte (§ 86 SGB III).

Neben den individuellen gibt es institutionelle Förderungsmaßnahmen. Sie bestehen in der Vergabe von Darlehen und Zuschüssen für den Aufbau, die Erweiterung und die Ausstattung von Einrichtungen der beruflichen Aus- oder Weiterbildung oder zur beruflichen Eingliederung Behinderter (§ 248 SGB III).

Die Ausbildungs- und Weiterbildungsförderung wird ergänzt durch Maßnahmen zur Förderung der Aufnahme einer Beschäftigung. Sie bestehen in Mobilitätshilfen für Arbeitslose, wenn diese Hilfen zur Aufnahme einer Beschäftigung notwendig sind und der Arbeitslose die erforderlichen Mittel nicht selbst aufbringen kann. Sie umfassen Leistungen für den Lebensunterhalt bis zur ersten Arbeitsentgeltzahlung (Übergangsbeihilfe), Leistungen für Arbeitskleidung und Arbeitsgerät, Fahrkostenbeihilfe, Trennungskostenbeihilfe und Umzugskostenbeihilfe (§ 53 f. SGB III).

Weiterhin können Arbeitgeber, die einem Arbeitnehmer die Teilnahme an einer Weiterbildung ermöglichen und für diese Zeit einen Arbeitslosen beschäftigen, für diesen Arbeitslosen Zuschüsse zum Arbeitsentgelt (mindestens 50%, in Ausnahmefällen bis zu 100% des berücksichtigungsfähigen Arbeitsentgelts) erhalten. Dies gilt auch, wenn die Vertretung über einen Verleiher gestellt wird, sofern dieser dafür einen Arbeitslosen einstellt (§ 229 ff. SGB III).

c) Arbeitsplatzerhaltungs- und Arbeitsplatzbeschaffungspolitik

Die Maßnahmen der Arbeitsplatzerhaltung und der Arbeitsplatzbeschaffung zielen darauf ab, strukturelle Arbeitsmarktungleichgewichte zu verhindern bzw. abzubauen.

Die wesentlichen Maßnahmen zur *Erhaltung von Arbeitsplätzen* sind die Zahlung von Kurzarbeitergeld (§ 169 ff. SGB III) und die Maßnahmen zur Förderung der ganzjährigen Beschäftigung in der Bauwirtschaft (§§ 209 ff. SGB III).

Kurzarbeitergeld wird bei vorübergehendem, erheblichem Arbeitsausfall gewährt, wenn zu erwarten ist, dass durch das Kurzarbeitergeld den Arbeitnehmern die Arbeitsplätze und den Betrieben die eingearbeiteten Arbeitskräfte erhalten werden können. Das Kurzarbeitergeld beträgt für Arbeitnehmer mit mindestens einem Kind 67 %, für die übrigen Arbeitnehmer 60 % des Nettoarbeitsentgeltes und wird im Normalfall bis zu maximal sechs Monaten für die Ausfallstunden gewährt. In außergewöhnlichen Fällen wird Kurzarbeitergeld bis zu zwölf Monaten gewährt (§ 177 SGB III). Voraussetzung ist, dass der Arbeitsausfall auf wirtschaftlichen Ursachen einschließlich betrieblicher Strukturveränderungen oder auf einem unabwendba-

---

stimmte Zeit versicherungspflichtig beschäftigt war, c) dass eine Beratung durch das Arbeitsamt erfolgt ist und das Arbeitsamt der Förderung zugestimmt hat und d) dass die Maßnahme für die Weiterbildungsförderung durch das Arbeitsamt anerkannt ist.

ren Ereignis beruht, dass der Arbeitsausfall unvermeidbar ist und dass er für mehr als vier Wochen mehr als 10 % der Arbeitszeit für mindestens ein Drittel der Belegschaft beträgt (§ 170 SGB III). Bei der Einführung von Kurzarbeit und der Zahlung von Kurzarbeitergeld handelt es sich um eine gleichmäßigere Verteilung von Arbeitsmangel auf die Belegschaft.

Die umfangreichen Regelungen zur *Förderung der ganzjährigen Beschäftigung in der Bauwirtschaft* (§§ 209 bis 216 SGB III) haben das Ziel, dazu beizutragen, dass Bauarbeiten auch bei witterungsbedingten Erschwernissen durchgeführt und die Beschäftigungsverhältnisse der Arbeitnehmer des Baugewerbes bei witterungsbedingten Unterbrechungen aufrechterhalten, die Bauarbeiter also nicht arbeitslos werden.

Zu den Förderinstrumenten gehört erstens die Zahlung von Winterausfallgeld bei witterungsbedingten Arbeitsausfällen ab der 121. Ausfallstunde aus Beiträgen der Bundesagentur für Arbeit (§ 211 SGB III) während der Schlechtwetterzeit zwischen dem 01. Nov. und dem 31. März. Diese Leistungen werden unter der Voraussetzung gewährt, dass eine auf den Ausgleich von 120 Ausfallstunden begrenzte tarifliche Regelung existiert. Ein weiteres Instrument ist die Zahlung von Winterausfallgeld zwischen der 51. und der 120. Ausfallstunde sowie die Erstattung von 50 % des Arbeitgeberbeitrags zur Kranken-, Pflege- und Rentenversicherung aus der Winterbauumlage (§ 354 ff. SGB III) unter der Voraussetzung, dass kein ausreichendes Arbeitszeitguthaben der Bauarbeiter vorhanden ist.

Der tarifvertraglich erforderliche Ausgleich von 120 Ausfallstunden besteht in der Ansparung eines Arbeitszeitguthabens zur Abdeckung von witterungsbedingten Arbeitsausfällen auf der Grundlage einer flexibilisierten Arbeitszeit und in der Verpflichtung der Bauwirtschaft, die ersten 50 witterungsbedingten Ausfallstunden durch Vor- und Nacharbeit abzudecken.

Durch die im *Gesetz zur Neuregelung der Förderung der ganzjährigen Beschäftigung in der Bauwirtschaft* vom 27. Okt. 1999 (§ 212 ff. SGB III) enthaltenen Förderinstrumente werden die Arbeitgeber im Baugewerbe für die ersten 100 witterungsbedingten Ausfallstunden von jedem Schlechtwetterrisiko entlastet, so dass sie keine Veranlassung haben, aus witterungsbedingten Gründen das Arbeitsverhältnis zu kündigen. Tun sie es doch, dann müssen sie die von der Bundesagentur dem Arbeitnehmer gewährten Leistungen erstatten. Die Arbeitnehmer, die für mindestens 30 Ausfallstunden Arbeitszeitguthaben einbringen müssen, haben zunächst Anspruch auf das Arbeitsentgelt und von der 31. bis zur 100. Ausfallstunde Anspruch auf Winterausfallgeld aus der Winterbauumlage der Arbeitgeber, denen aber die Aufwendungen für die Sozialversicherung voll von der Bundesagentur erstattet werden. Ab der 101. Ausfallstunde erhält der Arbeitnehmer von der Bundesagentur ein beitragsfinanziertes Wintergeld.

Das Winterausfallgeld beläuft sich auf 67 % des Nettolohnes für Versicherte mit mindestens einem Kind und auf 60 % für Versicherte ohne Kind (§ 214 SGB III).[11]

---

[11] Vor Einführung der jetzt geltenden Regelung waren 1995 Wintergeld, Winterausfallgeld und Winterausfallgeld-Vorausleistungen eingeführt worden. Sie lösten die 1959 eingeführten, bewährten Regelungen zur Förderung der ganzjährigen Beschäftigung in der Bauwirtschaft, insbes. das Schlechtwettergeld, ab. Die Bundesregierung glaubte, die Neuregelung seien billiger als die Zahlung von Schlechtwettergeld. Die Reform hat jedoch ihr Ziel verfehlt, weil die Neuregelung pro Ausfallstunde die Arbeitgeber mit 17 DM statt - wie die Schlechtwettergeldregelung - mit 7 DM belastete, so dass viele Arbeitgeber ihre Arbeiter während der Wintermonate entließen. 1996 verhandelten die Sozialpartner zur Vermeidung von Entlassungen über tarifvertragliche Neuregelungen unter der Voraussetzung, dass der Gesetz-

Die wesentlichen Maßnahmen zur *Arbeitsplatzbeschaffung* - früher als „produktive Erwerbslosenfürsorge", „wertschaffende Arbeitslosenhilfe" oder „Notstandsprogramm" bezeichnet - gehen von dem Gedanken aus, dass es ökonomisch sinnvoller ist, statt Arbeitslosenunterstützung Ausgaben zur Beschaffung von Arbeitsplätzen zu tätigen. Hauptinstrument der Arbeitsbeschaffung ist die Zahlung von Zuschüssen an die Träger von Arbeitsbeschaffungsmaßnahmen zum Arbeitsentgelt Beschäftigter in Höhe von 30 bis 75 % bezogen auf 80 % des Arbeitsentgeltes für ungeförderte Arbeit[12] für 12 Monate bzw. für 24 Monate, wenn eine Maßnahme bevorzugt zu fördern ist. Die Pauschalierung der Leistungen bis zu 1 300 € pro Monat ist möglich. Voraussetzung für die Leistung von Zuschüssen ist, dass es sich um Arbeiten handelt, die im öffentlichen Interesse liegen und ohne Förderung nicht, nicht in demselben Umfang oder erst zu einem späteren Zeitpunkt durchgeführt werden würden. Bevorzugt zu fördern sind Arbeiten, die geeignet sind, die Voraussetzungen für die Beschäftigung Arbeitsloser in Dauerarbeit und Arbeitsgelegenheit für langfristig arbeitslose Arbeitnehmer zu schaffen, strukturverbessernde Maßnahmen vorzubereiten, zu ermöglichen oder zu ergänzen sowie die soziale Infrastruktur zu verbessern oder der Erhaltung oder Verbesserung der Umwelt zu dienen (§ 260 f.). Zusätzlich zu den Zuschüssen können noch Darlehen oder Zinszuschüsse gewährt werden (§ 266 SGB III).

Um die Jugendarbeitslosigkeit abzubauen, beschloss die Regierung 1998 das Sofortprogramm „Jugend mit Perspektive" (JUMP) mit einem Volumen von 2 Mrd. DM (1,02 Mrd. €). Im Rahmen dieses Programms wurden Jugendliche, die eine Ausbildung oder Qualifizierungsangebote benötigen, durch Angebote zur Erstausbildung oder Nachqualifizierung, durch zeitlich befristete Lohnkostenzuschüsse und durch Arbeitsbeschaffungsmaßnahmen mit Qualifizierungsinhalten gefördert.[13] Auch im Jahresdurchschnitt 2002 waren 497 000 junge Menschen unter 25 Jahren arbeitslos (d.h. 9,7% der Arbeitnehmer dieser Gruppe). Die Bundesregierung fördert in Anschlussprogrammen die Eingliederung von jungen Arbeitnehmern unter 25 für die Jahre 2003 und 2004, allerdings mit deutlich geringeren Mitteln.

Im Rahmen der Förderung der Arbeitsaufnahme kann auch die Aufnahme einer selbständigen Tätigkeit gefördert werden. Bei der Aufnahme einer selbständigen Tätigkeit kann die Bundesagentur sechs Monate lang Überbrückungsgeld in Höhe des Betrages gewähren, den der Antragsteller als Arbeitslosengeld oder Arbeitslosenhilfe zuletzt bezogen hat oder hätte beziehen können (§ 57 SGB III). Diese Förderung der Gründung selbständiger Existenzen wird ergänzt durch Einstellungszuschüsse in Höhe von 50 % des tariflichen Arbeitsentgeltes für 12 Monate an Arbeitgeber, die vor nicht mehr als zwei Jahren eine selbständige Tätigkeit aufgenommen haben, wenn sie unbefristet einen arbeitslosen förderungswürdigen Arbeitnehmer beschäftigen (§ 225 ff. SGB III).

Durch das *Zweite Gesetz für moderne Dienstleistungen am Arbeitsmarkt* vom 23.12.2002 wurde mit dem Existenzgründungszuschuss (bei Gründung einer sog. „Ich-AG" bzw. „Familien-AG") eine Alternative zum Überbrückungsgeld geschaffen.

---

geber flankierende Maßnahmen übernimmt. Die einschlägigen Normen des Arbeitsförderungsgesetzes wurden durch das *Gesetz zur Förderung der ganzjährigen Beschäftigung im Baugewerbe* und dann erneut 1999 durch das *Gesetz zur Neuregelung der Förderung der ganzjährigen Beschäftigung in der Bauwirtschaft* novelliert.

[12] Der Zuschuss kann bis zu 90 % betragen für Arbeitnehmer, wenn deren Unterbringung auf dem Arbeitsmarkt erschwert ist.

[13] Vgl. zu Einzelheiten BMA (Hg.) Sozialpolitische Informationen vom 08.12.1998.

Vormalige Bezieher von Arbeitslosengeld und Arbeitslosenhilfe sowie Beschäftigte in Strukturanpassungs- und Arbeitsbeschaffungsmaßnahmen können für maximal drei Jahre einen degressiven monatlichen Zuschuss beantragen, wenn Sie eine selbständige Tätigkeit aufnehmen und ein Arbeitseinkommen (nach § 15 SGB IV) von voraussichtlich nicht mehr als 25 000 € im Jahr erzielen. Dieser Zuschuss beträgt monatlich 600 € im ersten, 360 € im zweiten und 240 € im letzten Jahr. Die jährliche Bewilligung ist an den Nachweis der Förderungsvoraussetzungen durch den Existenzgründer gebunden; der Bezug von Überbrückungsgeld schließt den Existenzgründungszuschuss aus (§ 421 Abs. 1 SGB III). Diese Maßnahme ist zunächst bis Ende 2005 befristet.

Die Arbeitsaufnahme wird auch dadurch gefördert, dass Arbeitslose bei Tätigkeiten und Maßnahmen, die zur Verbesserung ihrer Eingliederungsaussichten beitragen (Trainingsmaßnahmen), befristet Arbeitslosengeld oder Arbeitslosenhilfe und die Erstattung der Lehrgangskosten erhalten können (§ 48 ff. SGB III).

Die Wirksamkeit der Maßnahmen aktiver Arbeitsmarktpolitik ist nicht unumstritten.[14] Seit 1998 legt die Arbeitsverwaltung Eingliederungsbilanzen im Rahmen ihrer aktiven Arbeitsförderungspolitik vor. Die Bundesanstalt ermittelte für 2002 folgende „Verbleibsquoten"[15]: Überbrückungsgeld bei Aufnahme einer selbständigen Tätigkeit 88,0 %; berufliche Weiterbildung 70,0 %; Eingliederungszuschüsse 80,0 %; Strukturanpassungsmaßnahmen 65,0 %; Arbeitsbeschaffungsmaßnahmen 58,0 %.

d) Problemgruppenorientierte Arbeitsmarktpolitik

Der Arbeitsmarktausgleich wird besonders erschwert durch die so genannten Problemgruppen des Arbeitsmarktes (vgl. dazu Hardes 1979). Dazu zählen Behinderte und Schwerbeschädigte, die schwer zu vermitteln sind, für deren Lebenslage aber die Möglichkeit der Integration in die Arbeitswelt und damit in die Gesellschaft besonders bedeutsam ist, ferner ältere Arbeitnehmer, insbes. auch ältere Frauen, teilweise auch Jugendliche, insbes. Jugendliche ohne abgeschlossene Berufsausbildung, und schließlich sozial labile Menschen sowie straffällig Gewordene. Auf die Verbesserung der beruflichen Chancen dieser Gruppen ist eine ganze Reihe von Maßnahmen gerichtet. Zu nennen sind insbes.:

1. a) Berufsförderungsleistungen zur Rehabilitation von Behinderten; die Leistungen umfassen Maßnahmen der beruflichen Aus- und Weiterbildung sowie der Förderung der Arbeitsaufnahme oder der Aufnahme einer selbständigen Tätigkeit, aber auch die Übernahme der Kosten für Unterkunft und Verpflegung bei Unterbringung außerhalb des eigenen oder des elterlichen Haushaltes, die Zahlung von Übergangsgeld sowie der Beiträge zur gesetzlichen Kranken-, Unfall-, Renten- und Pflegeversicherung, die Übernahme der Fahr-, Verpflegungs- und Übernachtungskosten sowie sonstige Leistungen, die erforderlich sind, um das Rehabilitationsziel zu erreichen (§ 97 ff. SGB III);
   b) die Zahlung von Ausbildungszuschüssen an die Betriebe und die finanzielle Förderung von Werkstätten für Behinderte (§§ 236 und 237 SGB III);

---

[14] Vgl. zur Effizienz arbeitsmarktpolitischer Instrumente Lampert 1982b (Lit.) und 1989c, S. 180 f. (Lit.), Albeck 1982, Votteler 1984, Lampert/Englberger/Schüle 1991, Kap. I., Hagen/Steiner 2000

[15] Als „Verbleibsquote" ist der Anteil der Personen an Austritten definiert, der sechs Monate nach dem Austritt aus der Maßnahme eine Beschäftigung aufgenommen hat oder nicht mehr arbeitslos ist.

2. Eingliederungsbeihilfen an Arbeitgeber in Höhe von 30 bis 50 % des tariflichen Entgelts für in der Regel sechs (maximal 12) Monate als Zuschuss für die Eingliederung von Arbeitslosen, die sonst schwer unterzubringen sind, sowie für Arbeitslose unter 25 Jahren (§ 217 ff. SGB III);

3. eine Eingliederungshilfe stellt auch der Eingliederungsvertrag nach den §§ 231 bis 233 SGB III) dar. Er ermöglicht ein gegenseitiges einjähriges Kennenlernen von Arbeitgeber und Arbeitnehmer. Beide Parteien können auf der Grundlage des Vertrages den Vertrag innerhalb eines Jahres lösen. Dem Arbeitgeber werden durch Krankheit oder Urlaub entstandene Verluste von der Arbeitsverwaltung ersetzt. Der Eingliederungsvertrag soll v. a. die Eingliederung Langzeitarbeitsloser sowie älterer und behinderter Arbeitnehmer erleichtern;

4. die bevorzugte Förderung von Arbeitsbeschaffungsmaßnahmen bei Arbeiten, die geeignet sind, Arbeit für langfristig Arbeitslose zu schaffen (§ 263 SGB III);

5. die Zahlung von Zuschüssen zu den Lohnkosten älterer Arbeitnehmer, die mindestens 55 Jahre alt sind und zusätzlich eingestellt werden, in Höhe von in der Regel 30 bis 50 % (höchstens 70 %) des tariflichen Arbeitsentgeltes für - je nach Leistungsbeeinträchtigung - 6 bis 24 Monate (§ 218 ff. SGB III);

6. ein relativ neues Instrument der Arbeitsförderung, nämlich die Förderung von Strukturanpassungsmaßnahmen, wird seit 1993 in den neuen Bundesländern eingesetzt, seit 1994 auch in Arbeitsamtsbezirken der alten Bundesrepublik mit überdurchschnittlicher Arbeitslosigkeit. Es handelt sich um die Möglichkeit der Arbeitsverwaltung, bei Arbeiten in den Bereichen Umweltsanierung, soziale Dienste für andernfalls arbeitslose Arbeitnehmer, die in absehbarer Zeit nicht in eine andere Arbeit oder in eine andere Bildungsmaßnahme vermittelt werden können, pauschalierte Zuschüsse bis zu 1 075 € pro Monat für bis zu 60 Monate zu zahlen, wenn die mit den Beschäftigten vereinbarten Arbeitsentgelte vergleichbarer Arbeitnehmer in ungeförderten Beschäftigungen nicht übersteigen (§§ 272 bis 276 SGB III). Diese Regelung war ursprünglich bis Ende 2002 befristet und wurde bis zum 31. Dez. 2008 verlängert.

Über die finanziellen Aufwendungen der Bundesagentur für Arbeit für die Erfüllung ihrer Aufgaben im Rahmen der Arbeitsmarktausgleichspolitik informiert Tabelle 12.

Die Tabelle zeigt u. a.:

1. Seit dem mit dem Wachstumseinbruch 1974 einsetzenden Anstieg der Arbeitslosigkeit, die aus einer Reihe von Gründen bis zur Gegenwart auf einem hohen Niveau blieb, stiegen die Ausgaben der Bundesanstalt erheblich an, nämlich von 10,3 Mrd. DM 1974 auf 105,5 Mrd. DM 1996. 1999 beliefen sich die Ausgaben auf 101,1 Mio. DM. Soweit dieser Anstieg nicht steuer- und nicht beitragsfinanziert ist, stabilisiert er die Güternachfrage.

2. Ein hoher Anteil dieser Ausgaben entfiel auf das Arbeitslosengeld.

3. Obwohl die Anteile für die sog. „aktive Arbeitsmarktpolitik", d.h. für die Verhinderung und Verringerung der Arbeitslosigkeit (Nr. 1, 2, 3, 6 und 7 der Tab.) insgesamt dem Trend nach abnahmen, sind sie absolut wegen des wachsenden Mittelvolumens deutlich gestiegen.

Tabelle 12. *Ausgewählte* Leistungen der Bundesanstalt für Arbeit 1974 bis 2002 in Prozent der Gesamtausgaben

(1)	1974 (2)	1978 (3)	1982 (4)	1986 (5)	1990 (6)	1994 (7)	1998[a] (8)	2002 (9)
1. Individuelle Förderung der beruflichen Bildung								
a) Berufliche Ausbildung	2,0	1,9	1,3	1,8	2,1	2,0	1,1	1,8
b) Berufliche Fortbildung und Umschulung	3,4	3,0	3,4	6,7	5,3	6,4	5,3	5,6
c) Einarbeitungs- und Eingliederungszuschüsse	-	-	-	-	1,0	0,1	1,3	2,4
d) Unterhaltsgeld	14,4	4,2	6,6	7,2	8,2	8,6	7,9	7,1
2. Institutionelle Förderung der beruflichen Bildung	0,7	0,1	0,1	0,1	-	-	0,1	0,1
3. Förderung der Arbeitsaufnahme	1,2	3,4	0,9	1,6	0,5	0,4	0,1	0,2
4. Arbeits- und Berufsförderung Behinderter	3,8	3,2	5,7	6,7	7,2	4,0	1,6	2,5
5. Eingliederung der Aus- und Übersiedler	-	-	-	-	8,9	0,6	-	-
6. Leistungen zur Förderung der ganzjährigen Beschäftigung in der Bauwirtschaft								
a) Schlechtwettergeld	5,1	4,2	4,0	2,2	0,8	0,6	-	-
b) Wintergeld, Winterausfallgeld und Sozialversicherungszuschüsse	8,3	4,1	2,5	1,9	1,6	1,0	0,5	0,4
c) Mehrkostenzuschüsse	0,6	0,4	0,7	0,5	-	-	-	-
d) Sonstige Leistungen an Arbeitgeber u. Arbeitnehmer d. Baugewerbes	0,2	0,2	0,1	0,1	-	-	-	-
7. Maßnahmen zur Arbeitsbeschaffung	0,3	4,5	2,9	8,8	6,3	10,6	11,1[a]	6,1
8. Kurzarbeitergeld	6,5	3,4	6,6	2,8	3,2	2,0	0,7	1,1
9. Leistungen nach dem Vorruhestandsgesetz	-	-	-	0,9	0,9	8,9	0,1	1,2
10. Leistungen bei Arbeitslosigkeit und Zahlungsunfähigkeit des Arbeitgebers								
a) Arbeitslosengeld	34,2	35,6	53,9	44,0	40,2	45,7	53,4	47,8
b) Arbeitslosenhilfe (im Anschluss an den Bezug von Arbeitslosengeld)	2,1	8,0	-	-	-	-	-	0,8[b]
c) Konkursausfallgeld	0,7	1,3	1,7	1,7	0,6	1,2	2,1	3,4
11. Kosten der Durchführung der Fachaufgaben der. Bundesanstalt sowie der Auftrags-Angelegenheiten des Bundes und der Länder sowie der Verwaltung	16,1	3,8	9,7	12,9	11,3	7,6	8,6	8,5
12. Sonstige Ausgaben	0,8	8,9	0,4	0,5	2,1	0,3	6,4	11,1
13. Summe der Ausgaben in %	100	100	100	100	100	100	100	100
in Mio. €	5 293	8 959	17 059	16 291	22 792	51 059	50 542	56 508

a ab 1998 inkl. Strukturanpassungsmaßnahmen und Leistungen aus dem Europäischen Sozialfonds

b 2002: Anschlussunterhaltsgeld

Quelle: Bundesanstalt für Arbeit, Geschäftsberichte 1972–2002

Durch das *Arbeitsförderungsreformgesetz* von 1997 wurde die Entscheidung über den Einsatz der operativen Mittel der Bundesagentur dezentralisiert. Die Arbeitsämter erhalten seitdem einen ihnen aufgrund von Arbeitsmarktindikatoren zugewiesenen Haushalt, in dem die Mehrzahl der Instrumente der aktiven Arbeitsförderung enthalten ist. Sie können nunmehr selbst entscheiden, wie viele Mittel ihres Haushalts sie für welche Instrumente zur Verfügung stellen. Über 10 % der Mittel dieses Haushalts können sie frei entscheiden.

2. Arbeitsmarktordnungspolitik

a) Grundproblematik

Die Arbeitsmärkte bedürfen ordnungspolitischer Ausgestaltung, weil unter den Bedingungen individueller Arbeitsvertragsfreiheit Arbeitnehmer und Arbeitgeber zwar formal gleichgestellt, die unter Angebotszwang stehenden Arbeitnehmer aber den über die Produktionsmittel und über die Produktionserträge verfügenden Arbeitgebern material unterlegen sind.[16] Außerdem ist auf den Arbeitsmärkten Ordnungspolitik erforderlich, um ein spezifisches Problem zu lösen: das Problem der Verteilung des Produktionsertrages auf die an der Produktion beteiligten Produktionsfaktoren.

„Mit der Entstehung der Lohnarbeit als Massenerscheinung musste zwangsläufig eine Frage in den Vordergrund der Verteilungsdiskussion rücken, die so lange von minderer Bedeutung gewesen war: das Problem der ökonomischen Zurechnung des Produktionsertrages auf die bei der Produktion mitwirkenden Faktoren. Diese Frage spielt offensichtlich dort keine Rolle, wo der arbeitende Mensch im Eigenbesitz seiner Arbeitsmittel ist. Erst dort, wo Arbeitskraft und Arbeitsmittel auf zwei verschiedene Personenkreise entfallen, wird das Problem der 'ökonomischen Zurechnung' aktuell" (E. Arndt 1957, S. 11). *Erich Arndt* verdeutlicht auch, dass das Zurechnungsproblem nicht primär mit der *Wirtschaftsordnung*, sondern mit der *Produktionsweise* zusammenhängt: „Dass die Sozialisierung der Produktionsmittel die Ausbeutungsfrage nicht löst, lehrt uns die Geschichte der letzten Jahrzehnte mit aller Deutlichkeit, denn auch in einer Wirtschaftsordnung mit Gemeineigentum an den Produktionsmitteln besteht die Notwendigkeit, den Produktionsertrag auf die mitwirkenden Faktoren aufzuteilen, und damit auch die Möglichkeit der Ausbeutung eines Faktors, etwa der Arbeit" (S. 12).

Das Verteilungsproblem wird durch zwei Momente verschärft: erstens durch die verteilungspolitischen Konsequenzen hochgradig unvollkommener Arbeitsmärkte und zweitens dadurch, dass es nicht möglich ist, das Problem der Zurechnung des Produktionsertrags auf die beteiligten Produktionsfaktoren mit Hilfe objektiver Kriterien zu lösen.

Die wirtschaftsverfassungsbedingte Erschwerung der verteilungspolitischen Problematik entspringt aus der Tatsache, dass in einer Gesellschaftsordnung, in der den Eigentümern von sachlichen Produktionsmitteln, die diese Produktionsmittel mit dem durch Arbeitsverträge in den Dienst des Kapitals gestellten Faktor Arbeit kombinie-

---

[16] Vgl. dazu die Abschnitte „Trennung von Kapital und Arbeit", S. 33 und „Arbeitsmarktverfassung und Arbeitsmarktlage", S. 34 ff. sowie „Die Transformation des freien, unvollkommenen Arbeitsmarktes in den institutionalisierten, organisierten Markt", S. 187 f. Vgl. dazu und zum Folgenden auch Franz 2003, S. 255.

ren, auch das Recht der freien Verfügung über das erzeugte Produkt und über den Produktionsertrag zusteht, so dass die Kapitaleigentümer neben der Entlohnung des Faktors Sachkapital durch Kapitalzinsen im Falle wirtschaftlichen Erfolges Gewinneinkommen beziehen, von dem - rechtlich - andere an der Produktion beteiligte Faktoren, insbes. der Faktor Arbeit, ausgeschlossen sind (vgl. dazu Briefs 1926, S. 146). Rein rechtlich gesehen gilt die Leistung des Faktors Arbeit mit der Zahlung des vertraglich vereinbarten Entgeltes als abgegolten - unabhängig von dem erst später bei der wirtschaftlichen Verwertung des Arbeitsproduktes feststellbaren ökonomischen Wert der Arbeitsleistung. Der Anspruch des Faktors Kapital auf den ökonomischen Gewinn wird in der Regel damit begründet, dass die Kapitaleigentümer auch die Unternehmensrisiken zu tragen hätten. Allerdings sind in marktwirtschaftlichen Systemen auch die Arbeitnehmer als Risikoträger anzusehen, da sie im Fall des unternehmerischen Misserfolgs von Lohnsenkungen oder dem Verlust des Arbeitsplatzes bedroht sind (vgl. ausführlicher hierzu Kap. XIV. S. 414).

Um das Verteilungsproblem objektiv zu lösen, müsste eine empirisch gehaltvolle und realitätsnahe Theorie existieren, die den am Produktionsprozess beteiligten Faktoren Arbeit, Kapital und Unternehmerleistung ihren jeweiligen Anteil am Produktionsertrag, insbesondere am technischen Fortschritt, zurechnet. Diese Aufgabe kann die ökonomische Theorie jedoch nicht leisten. Mit einem sehr bedingten Anspruch auf Gültigkeit kann die Wissenschaft Grenzen herausarbeiten, deren Überschreitung mit großer Wahrscheinlichkeit negative wirtschaftliche oder soziale Folgen haben wird, und Aussagen darüber ableiten, welche Kosten-, Preis-, Beschäftigungs- und Verteilungswirkungen durch Lohnniveauerhöhungen bestimmten Ausmaßes und durch Lohnstrukturveränderungen bestimmter Art mit hoher Wahrscheinlichkeit eintreten werden. Eindeutige Antworten sind jedoch ausgeschlossen, denn Urteile über Lohnwirkungen sind immer Prognosen, die ihrer Natur nach mit Unsicherheit behaftet sind. Erschwerend kommt hinzu, dass die Prognosen von Lohnwirkungen wegen außerordentlich zahlreicher wirtschaftlicher Interdependenzen eine Vielzahl von reallohnbeeinflussenden Faktoren und eine Vielzahl von lohnbeeinflussten Faktoren zu berücksichtigen haben, und dass bestimmte wirtschaftliche Erscheinungen - etwa Preisniveauerhöhungen oder Beschäftigungsveränderungen - nicht eindeutig auf Lohnänderungen zurückführbar sind, weil sich ja zahlreiche Größen des ökonomischen Kosmos gleichzeitig und fast ständig verändern (vgl. dazu E. Arndt 1957 und H. Arndt 1969).

Für die Lösung der Verteilungsproblematik, die für die Lebenslage der Arbeitnehmer, für ihre Stellung in der Gesellschaft und für die Gesamtwirtschaft zentrale Bedeutung hat, stehen mehrere Konfliktlösungsmechanismen zur Verfügung, die im folgenden Abschnitt skizziert werden sollen.

b) Lösungsmöglichkeiten

Einer der gebräuchlichsten Mechanismen zur Entscheidung von Verteilungskonflikten, der Mechanismus freier Marktpreisbildung, ist auf dem Arbeitsmarkt nur bedingt einsetzbar, da auf dem Arbeitsmarkt eine freie Preisbildung aufgrund hoher Marktunvollkommenheiten für einzelne Arbeitnehmergruppen oder die Arbeitnehmer insgesamt zu nicht akzeptablen Unzulänglichkeiten führen muss. Daher kommen als Entscheidungsmechanismen grundsätzlich noch in Frage:

1. Verhandlungen und Vereinbarungen zwischen den am Konflikt unmittelbar Beteiligten, d.h. die Tarifautonomie;
2. Verhandlungen und Vereinbarungen zwischen den Konfliktbeteiligten unter Zuhilfenahme konfliktunbeteiligter Vermittler, jedoch mit freier Entscheidung der Konfliktbeteiligten über die Annahme des Vermittlungsvorschlages;
3. die Entscheidung des Konfliktes durch konfliktunbeteiligte Institutionen (Schlichter oder staatliche Institutionen) unter mehr oder minder starker Beteiligung der Konfliktgegner im Diskussionsprozess.

Die Eignung dieser Instrumente hängt erstens davon ab, inwieweit sie zu einem Interessenausgleich der Konfliktbeteiligten führen können und zweitens davon, inwieweit durch die Konfliktentscheidungsmechanismen die Interessen Dritter, am Konflikt Unbeteiligter, insbes. aber die gesamtgesellschaftlichen Interessen, berührt werden.

Entscheidungen durch konfliktunbeteiligte Institutionen sind gleichbedeutend mit einer autonomen staatlichen Lohnpolitik. Die verbindliche staatliche Festsetzung des Lohnniveaus, der Lohnquote und der Lohnstruktur, wie sie in Ländern ohne pluralistische Mehrparteiendemokratie, z.B. im Dritten Reich und in der Sowjetunion, praktiziert wurde, erleichtert zwar die Konzipierung und Durchsetzung einer bestimmten staatlichen Wirtschaftspolitik. Eine solche staatliche Lohnfestsetzung hat aber gravierende Nachteile:
1. Die Selbstverantwortung und das Selbstbestimmungsrecht der Arbeitsmarktparteien werden eingeschränkt bzw. aufgehoben, es tritt also ein Verlust an demokratischen Ordnungselementen auf.
2. Die Wahrscheinlichkeit, dass die Entscheidung die Interessen einer der Konfliktparteien verletzt und dass dadurch ein Verlust an sozialem Frieden eintritt, ist sehr hoch.
3. Es besteht die Gefahr, dass staatliche Entscheidungsorgane zum einen nicht in der Lage sind, die Interessen beider Parteien objektiv gegeneinander abzuwägen, weil die Entscheidungsträger an bestimmte Weltanschauungen und politische Auffassungen gebunden sind, und zum anderen jeweils eher zu einer sehr vorsichtigen Verbesserung der Arbeitsbedingungen neigen, um die Risiken gesamtwirtschaftlicher Fehlentwicklungen möglichst gering zu halten. Eine solche Lohnpolitik geht auf Kosten des Anteils der Arbeitnehmer am Volkseinkommen und auf Kosten des Reallohnniveaus.

Verhandlungen und Vereinbarungen zwischen den unmittelbar Konfliktbeteiligten ohne Einmischung und Mitspracherechte Dritter haben folgende Vorzüge:
1. Eine einvernehmliche Einigung bedeutet, dass nach Meinung der Vertragsparteien der Konflikt unter den gegebenen Umständen durch einen akzeptablen Kompromiss beigelegt ist. Das bedeutet gleichzeitig die Sicherung des sozialen Friedens.
2. Durch die autonome Konfliktbeilegung sind die Selbstbestimmungsrechte und die Selbstverantwortung der Arbeitsmarktparteien gewahrt. Das bedeutet nicht nur, dass große soziale Gruppen in die soziale Verantwortung gerufen sind, sondern dass gleichzeitig Entscheidungsbefugnisse im Sinne des Subsidiaritätsprinzips vom obersten Träger der Wirtschafts- und Sozialpolitik an untergeordnete Sozialgebilde delegiert, d.h., dass Machtbefugnisse dezentralisiert sind.
3. Der Entscheidungsprozess hat insofern eine rationale Basis, als er in die Hände jener gelegt ist, die die besten Kenntnisse über die wirtschaftlichen und sozialen

Verhältnisse in dem Bereich haben, für den Arbeitsverträge geschlossen werden sollen.

Allerdings kann bei autonomen Vereinbarungen nicht ausgeschlossen werden, dass die Interessen Dritter, insbes. das Interesse an einem hohen Beschäftigungsgrad, gefährdet werden. Daher können autonome Vereinbarungen gegenüber drittinstanzlichen Festlegungen der Arbeitsbedingungen nur unter der Voraussetzung eindeutig präferiert werden, dass es gelingt, der Lohnpolitik der Arbeitsmarktparteien durch die staatliche Ordnungspolitik und durch die Geld-, Kredit- und Währungspolitik einen Rahmen zu ziehen, der die gravierende und anhaltende Verletzung gesamtgesellschaftlicher Ziele ausschließt. Für eine solche Politik stehen eine Reihe, wenn auch unterschiedlich geeigneter Instrumente von politischen Appellen (*moral suasion*) bis zu verschiedenen Varianten einer Einkommenspolitik zur Verfügung (vgl. zur Einkommenspolitik S. 207 und 230).

Ob sich die Verhandlungslösung als Entscheidungsmechanismus eignet, steht und fällt natürlich mit der gegenseitigen Verhandlungs- und Konzessionsbereitschaft, mit dem Zustandekommen von Lösungen, die für beide Seiten akzeptabel sind. Dies kann nur gesichert werden, wenn die Verhandlungsmacht zwischen den Tarifvertragsparteien gleich verteilt ist. Streik und Aussperrung sind daher unverzichtbare Elemente der Tarifvertragsautonomie. Die Gefahr von Arbeitskämpfen und die durch Arbeitskämpfe ausgelösten Kosten für das Funktionieren der Tarifautonomie können reduziert werden, wenn zwischen das Instrument der Verhandlungen und das Instrument der Kampfmaßnahmen für den Fall des Scheiterns von Verhandlungen das Instrument der *freiwilligen* Schlichtung, d.h. der Entscheidungshilfe durch dritte Instanzen, geschoben wird, wobei die Wahl des Schlichtungsverfahrens und der Schlichtungsinstanz Gegenstand von Vereinbarungen zwischen den Arbeitsmarktparteien sein kann - bei grundsätzlicher Verpflichtung zum Abschluss frei gestalteter Schlichtungsvereinbarungen.

Die Chance, nach einem Scheitern von Verhandlungen durch Schlichtung dennoch zu einem Ergebnis zu kommen, liegt erstens in der Möglichkeit, die Parteien auf Faktoren hinzuweisen, die sie bisher nicht oder nicht ausreichend berücksichtigt haben, zweitens in dem möglicherweise erfolgreichen Versuch des Schlichters, in getrennten Gesprächen zu eruieren, ob ein Punkt oder eine Zone möglicher Einigung existiert und drittens darin, dass der Schlichterspruch von den Mitgliedern der Tarifverbände als objektives, d. h. nicht interessengeleitetes Ergebnis akzeptiert wird. (vgl. dazu auch Liefmann-Keil 1961, S. 249 ff.).

c) Tarifautonomie

Die Tarifautonomie lässt sich definieren als das Recht der Arbeitsmarktparteien, unbeeinflusst von Dritten, insbesondere vom Staat - eben autonom - Arbeitsvertragsbedingungen zu vereinbaren, die als Mindestarbeitsbedingungen für alle dem Vertrag unterliegenden Arbeitnehmer und Arbeitgeber zwingend sind. Die Tarifautonomie entspricht nicht nur den Zielen der Koalitionsfreiheit und der Selbstverwaltung sozialer Angelegenheiten, sondern auch dem Ziel, einen optimal erscheinenden Entscheidungsmechanismus zur Lösung des Konfliktes über die Verteilung des Produktionsertrages auf die an der Produktion beteiligten Faktoren Arbeit und Kapital und zur

Festlegung sonstiger Arbeitsbedingungen bereitzustellen. Als optimal wird hier ein Entscheidungsmechanismus bezeichnet, der

1. eine der Mehrheit gerecht erscheinende Verteilung des Produktionsertrages ermöglicht;
2. die Erreichung gesamtwirtschaftlicher Ziele (Wachstum, Vollbeschäftigung, Geldwertstabilität, außenwirtschaftliches Gleichgewicht) fördert bzw. im ungünstigsten Fall nicht gefährdet;
3. den sozialen Frieden fördert;
4. einer pluralistischen, freiheitlichen und sozialen Gesellschafts- und Wirtschaftsordnung adäquat ist.

Ihre wesentliche rechtliche Ausgestaltung hat die Tarifautonomie im *Tarifvertragsgesetz* vom 09. April 1949 (TVG) i.d.F. vom 25. Aug. 1969, zuletzt geändert durch den *Vereinigungsvertrag* vom 31. Aug. 1990, gefunden (vgl. zu diesem Rechtskomplex Däubler 2003, Kreutz 1977, Zöllner/Loritz 1996 und BMA 2000). Von grundsätzlicher Bedeutung für das Tarifvertragsrecht ist Art. 9 Abs. 3 des GG, der mit dem Grundrecht der Koalitionsfreiheit eine „Einrichtungsgarantie für das Tarifvertragssystem" enthält. Die Tarifautonomie ist also grundgesetzlich geschützt, ihre ersatzlose Aufhebung wäre verfassungswidrig.[17]

Tariffähige Parteien können nach § 2 TVG einerseits die Gewerkschaften und deren Spitzenorganisationen, andererseits die Arbeitgebervereinigungen und ihre Spitzenorganisationen, aber auch einzelne Arbeitgeber sein (sog. „Haustarifvertrag"). Tarifverträge bestehen aus einem normativen und einem schuldrechtlichen Teil.

Die zwischen den tariffähigen Parteien vereinbarten und im Tarifvertrag niedergelegten Normen gelten *unmittelbar* und *zwingend* für alle Arbeitnehmer, die unter den zeitlichen (Laufdauer), räumlichen (Gebiet), betrieblichen (Industriezweig), fachlichen (Beruf) und persönlichen (Arbeiter, Angestellte) Geltungsbereich eines Tarifvertrages fallen. Die unmittelbare Geltung bedeutet, dass die Normen die Arbeitsverhältnisse gesetzesgleich gestalten, ohne dass diese Normen in den individuellen Arbeitsverträgen rezipiert werden müssen. Die zwingende Geltung bedeutet, dass ungünstigere Regelungen in den individuellen Arbeitsverträgen unwirksam sind, es sei denn, der Tarifvertrag lässt den Abschluss ergänzender oder konkretisierender Vereinbarungen zu (sog. „Öffnungsklauseln"). Für die Arbeitnehmer günstigere Arbeitsbedingungen dürfen vereinbart werden. Bei der Beurteilung, ob bestimmte Regelungen für den Arbeitnehmer günstiger sind, ist nach ständiger Rechtsprechung des Bundesarbeitsgerichts allein auf den Inhalt der zu vergleichenden Normen abzustellen. So wäre es bspw. unzulässig, eine untertarifliche Entlohnung im Gegenzug zu einer Beschäftigungsgarantie zu vereinbaren. Diese Auslegung des Günstigkeitsprinzips wird von Ökonomen zunehmend kritisiert.

Der schuldrechtliche Teil eines Tarifvertrages enthält die Durchführungspflicht, die den Parteien gebietet, zur Vertragserfüllung auf ihre Mitglieder einzuwirken, und die so genannte Friedenspflicht, die es den Tarifvertragsparteien verbietet, während der Laufzeit des Vertrages im Hinblick auf eine im Vertrag normativ geregelte Angelegenheit einen Arbeitskampf vorzubereiten, einzuleiten oder durchzuführen (relative Friedenspflicht). Arbeitskämpfe, die sich nicht gegen den laufenden Tarifvertrag rich-

---

[17] Inwieweit der Gesetzgeber in Einzelbereiche tarifvertraglicher Regelungen eingreifen kann, ist in der Literatur umstritten; vgl. Däubler (2003), S. 50 ff.

ten, sind zugelassen, es sei denn, dass sie durch Tarifvertrag ausgeschlossen sind, dass also eine absolute Friedenspflicht vereinbart worden ist.

Die normativen Regelungen in Tarifverträgen können sich erstrecken auf:

1. **Inhaltsnormen**, also z.B. auf Normen über Löhne, Gratifikationen, Arbeitszeit, Urlaub, Urlaubsgeld, Lohnsysteme, die Einbehaltung der Gewerkschaftsbeiträge usw.;
2. **Abschlussnormen**, z.B. Gebote, Verbote und Formvorschriften über den Abschluss von Arbeitsverträgen;
3. **Beendigungsnormen**, die sich auf Form und Fristen von Kündigungen beziehen;
4. **Betriebsnormen**, die sich auf den betrieblichen Gefahren- und Gesundheitsschutz, auf betriebliche Wohlfahrtseinrichtungen und betriebsverfassungsrechtliche Fragen beziehen, die nicht im *Betriebsverfassungsgesetz* geregelt sind;
5. **Normen über gemeinsame Einrichtungen**, z.B. über Lohnausgleichs- oder Zusatzversorgungskassen.

Die Normsetzungsbefugnisse der Tarifvertragsparteien sind nicht unbegrenzt: Grundgesetzwidrige Normen sind ebenso nichtig wie Normen, die gegen zwingendes staatliches Recht verstoßen; Normen, die in die Privatsphäre von Arbeitnehmern und Arbeitgebern eingreifen, sind unwirksam; rechtlich (nicht notwendigerweise faktisch) unwirksam sind auch sog. „Effektivklauseln", durch die Tarifverbesserungen auf bisherige Effektivbedingungen aufgestockt werden sollen, und - nach der Rechtsprechung des Bundesarbeitsgerichts unzulässige - Differenzierungsklauseln, durch die Gewerkschaftsmitglieder bevorzugt behandelt werden sollen.

Insbesondere die Gewerkschaften haben Interesse an einer differenzierten Behandlung von gewerkschaftlich organisierten und nicht organisierten Arbeitnehmern, um das so genannte „Trittbrettfahrerproblem" zu lösen. Dieses *free rider*-Problem" ergibt sich daraus, dass bei einem Differenzierungsverbot nicht organisierte Arbeitnehmer in Bezug auf die Arbeitsbedingungen organisierten Arbeitnehmern gleichgestellt werden, ohne aber an den Kosten der Organisation und damit an den Kosten für die Herbeiführung tarifpolitischer Erfolge beteiligt zu sein. Ökonomisch gesehen tragen die Normen des Tarifvertrags also den Charakter eines öffentlichen Gutes.

Das Interesse der Gewerkschaften, die Mitgliedschaft in ihrer Organisation attraktiv zu machen, wird nicht zuletzt dadurch forciert, dass die Organisationsbereitschaft vieler Arbeitnehmer im wiedervereinigten Deutschland aus einer Reihe von Gründen, u. a. wegen der hohen Arbeitslosigkeit, eines schwindenden Solidaritätsbewusstseins, aber auch eines durch gewerkschaftliches Fehlverhalten geschwundenen Ansehens, zurückgegangen ist. 1991 betrug der Organisationsgrad, d.h. der Anteil der gewerkschaftlich organisierten Arbeitnehmer an den abhängig beschäftigten Inländern, noch 39 %. Bis 2002 sank er auf 23,9 % ab.[18]

Da die Wirkungen der Tarifautonomie durch „Außenseiter", d.h. durch nicht tarifgebundene Arbeitnehmer und Arbeitgeber, insbes. durch Lohnunterbietung von Seiten nicht organisierter Arbeitnehmer und durch Preisunterbietung von Seiten nicht tarifgebundener Unternehmen, beeinträchtigt werden könnten, hat der Gesetzgeber in der Bundesrepublik Deutschland die Möglichkeit einer Allgemeinverbindlicherklärung von Tarifverträgen geschaffen. Die Allgemeinverbindlicherklärung kann auf An-

---

[18] 1991 waren 13,7 Mio., 2002 9,2 Mio. Arbeitnehmer Mitglied des Deutschen Gewerkschaftsbundes, der Deutschen Angestelltengewerkschaft (nur bis 2000), des Christlichen Gewerkschaftsbundes oder des Beamtenbundes (Stat. Jb. 1994, S. 762, Funk 2003, S. 37).

trag einer Tarifvertragspartei und nach Zustimmung eines paritätisch aus Arbeit-nehmer- und Arbeitgebervertretern besetzten Tarifausschusses durch den Bundes-arbeitsminister erfolgen. Die Allgemeinverbindlicherklärung bedeutet, dass der Tarif-vertrag ganz oder teilweise auch auf nicht organisierte Arbeitgeber und Arbeitnehmer ausgedehnt wird, wenn diese unter den Geltungsbereich des Tarifvertrages fallen. Al-lerdings kommt der Allgemeinverbindlicherklärung in der Praxis nur eine unter-geordnete Bedeutung zu; nach dem Verzeichnis der für allgemein verbindlich erklär-ten Tarifverträge des Bundesministeriums für Wirtschaft und Arbeit wurden von den über 57 000 gültigen Tarifverträgen des Jahres 2003 nur 463 für allgemein verbind-lich erklärt.

Seit einigen Jahren sind die sog. Flächentarifverträge ohne Öffnungsklauseln, d.h. Tarifverträge, die für alle einem Tarifvertrag unterliegenden Arbeitgeber die Einhal-tung einheitlicher Arbeitsbedingungen fordern, obwohl bestimmte Arbeitgeber bei Einhaltung dieser Bedingungen in wirtschaftliche Bedrängnis geraten und Arbeitsver-hältnisse kündigen müssen, sehr umstritten. Daher wird die Flexibilisierung von Ta-rifverträgen in dem Sinn vorgeschlagen und gefordert, dass unter bestimmten Bedin-gungen vom Tarifvertrag abweichende Vereinbarungen auf Betriebsebene getroffen werden können, um Arbeitsplätze zu sichern oder neue zu schaffen und um Arbeitslo-sen, die Problemgruppen angehören, d.h. die schwer vermittelbar sind, durch abwei-chende Regelungen („Einstiegstarife") eine Chance der Reintegration in den Arbeits-markt zu bieten.[19] Mittlerweile lassen die Tarifvertragsparteien erkennen, dass auch sie eine Flexibilisierung der Flächentarifverträge für geboten halten.[20]

Die Tarifautonomie bedeutet im Grunde die *Festlegung von Mindestarbeitsbedin-gungen*, insbes. von Mindestlöhnen, durch die Sozialpartner. Sie macht, soweit Un-ternehmen als Tarifvertragsparteien oder durch Allgemeinverbindlicherklärung unter den Geltungsbereich von Tarifverträgen fallen, eine staatliche Mindestlohnpolitik ü-berflüssig. Dennoch existiert ein *Gesetz über die Festsetzung von Mindestarbeitsbe-dingungen* vom 11. Jan. 1952, zuletzt geändert durch VO vom 26. Feb. 1993 das in seinem § 1 den Vorrang der Tarifautonomie vor der staatlichen Festsetzung von Min-destarbeitsbedingungen hervorhebt und gleichzeitig die (sehr restriktiven) Vorausset-zungen formuliert, unter denen in der Bundesrepublik Arbeitsbedingungen staatlich festgesetzt werden können. Die praktische Bedeutung dieses Gesetzes ist sehr gering. Bisher wurde von diesem Gesetz noch nie Gebrauch gemacht.

Im Bundesgebiet werden jährlich mehrere Tausend Tarifverträge abgeschlossen. Trotz der Vielfalt der in Tarifverträgen niedergelegten Regelungen und trotz laufen-der Versuche zur Weiterentwicklung des Tarifvertragswesens von Seiten der Gewerk-schaften kommt das Hauptgewicht in den Tarifverträgen nach wie vor den finanziel-len Bedingungen zu (Löhne, Urlaubsgeld, Weihnachtsgeld, vermögenswirksame Leistungen, Sonderzahlungen). In den 80er Jahren spielten die Arbeitszeitverkürzung und die Flexibilisierung der Arbeitszeit eine besondere Rolle (vgl. dazu Lampert/ Englberger/Schüle 1991, Kap. III, Abschn. 3. 2.).

Die Wirkungen gewerkschaftlicher Tarifvertragspolitik auf die Arbeitseinkommen übertragen sich wegen der Bindung zahlreicher Geldleistungen im Rahmen der sozia-

---

[19] Vgl. dazu Lampert/Englberger/Schüle 1991, S. 130 ff. und die dort verarbeitete Lit. sowie Gutachten des Sachverständigenrates zur Begutachtung der gesamtwirtschaftlichen Entwicklung, Gutachten 1996/97, Z 323 ff.

[20] Vgl. dazu Sachverständigenratsgutachten 1997/98, Z 366 und Z 209.

len Sicherung an die Entwicklung der allgemeinen Bemessungsgrundlage auch auf die dynamisierten Sozialeinkommen.

Die Auffassungen über die Wirkungen der Tarifautonomie auf die Arbeitnehmereinkommen und die Gesamtwirtschaft sind geteilt. Das hängt teilweise mit dem Stand unserer Erkenntnisse zusammen, teilweise mit unterschiedlichen Beurteilungen der Ergebnisse gewerkschaftlichen Handelns. Unhaltbar ist u. E. die Auffassung von *Friedrich von Hayek* (1971, S. 344 und S. 355), die Gewerkschaften seien nicht in der Lage, die Reallöhne über das Niveau hinauszuheben, das sich auf einem freien Markt bilden würde. Denn die Gewerkschaften beeinflussen ja die Arbeitsangebotsmenge und damit notwendigerweise auch das Lohnniveau. Unbestreitbar und unumstritten sind folgende Wirkungen:

1. Da Tariflöhne Mindestlöhne sind und gegen Lohnsenkungen wie eine Sperrklinke wirken, schalten sie einen Unterbietungswettbewerb der Arbeitnehmer und die anomale Angebotsreaktion (vgl. S. 35 f.) aus und erlauben eine Reduzierung bzw. Eliminierung der monopsonistischen Ausbeutung (vgl. S. 36 f.).

2. Die Tarifautonomie ermöglicht es den Gewerkschaften, mit Hilfe ihrer verhandlungserfahrenen, sachlich kompetenten Berufsfunktionäre, denen durch die Verhandlungsmacht der Organisation und durch die Möglichkeit des Einsatzes des Streiks der Rücken gestärkt ist, die Arbeitsbedingungen real gesamtwirtschaftlich mindestens in dem Maß zu verbessern, in dem die gesamtwirtschaftliche Produktivität zunimmt. Anders ausgedrückt: die Tarifautonomie erlaubt in jedem Falle die Sicherung des Status quo der Verteilung.

3. Sie erlaubt es, bei der Lohnfestsetzung für die Arbeitnehmer verschiedener Regionen, verschiedener Branchen, verschiedenen Geschlechts und verschiedener Qualifikation in bestimmtem Umfang soziale Aspekte zur Geltung zu bringen, also die Lohn- und Gehaltsstruktur nach sozialen Gesichtspunkten zu modifizieren. Dadurch steigt aber auch die Gefahr lohnstrukturbedingter Arbeitslosigkeit.

Die zentrale, mit der Tarifautonomie verbundene Problematik, die eine Wirtschaft belasten kann, war aktuell, solange es den Gewerkschaften bis Ende der 80er Jahre gelang, entsprechend ihrer Auffassung, durch eine expansive Nominallohnpolitik den Anteil der Arbeitnehmer am Sozialprodukt erhöhen zu können, die Arbeitseinkommen über mehrere Jahre hinweg über den gesamtwirtschaftlichen Produktivitätszuwachs hinaus zu erhöhen.[21] Begünstigt wurde diese expansive Tariflohnpolitik durch eine das Beschäftigungsziel mit höchster Priorität ausstattende staatliche Vollbeschäftigungspolitik, durch ein Versagen der finanz- und/oder geldpolitischen Instrumente gesamtwirtschaftlicher Steuerung und durch eine übermächtig gewordene Verhandlungsmacht der Gewerkschaften (Sanmann 1977). Seit den Beschäftigungseinbrüchen der vergangenen zwei Jahrzehnte, der im langfristigen Trend zunehmenden Arbeitslosigkeit und dem rückläufigen Organisationsgrad der Arbeitnehmer, der Integration der osteuropäischen Volkswirtschaften in die internationale Arbeitsteilung und der Globalisierung (vgl. dazu S. 490 ff.) ist die Verhandlungsmacht der Gewerkschaften erheblich beeinträchtigt.[22]

---

[21] Vgl. zur Problematik und Funktionsweise der Tarifautonomie Külp 1972, Duvernell 1968, Eisold 1989, Lampert/Englberger/Schüle 1991, Kap. I, Abschn. 3.2.1. und Franz 2003, S. 237 ff., zu den Zielen gewerkschaftlicher Lohnpolitik Markmann 1977.
[22] Vgl. dazu Lampert 1997, S. 38 ff. und die dort angegebene Lit.

Nach allen vorliegenden theoretischen Einsichten und empirischen Erfahrungen ist es nicht möglich, die Lohnquote mit Hilfe der Nominallohnpolitik zu beeinflussen (zu den Voraussetzungen einer Lohnquotenerhöhung vgl. Külp 1981c, S. 149 ff. und die dort S. 172 ff. angegebene Lit.). Denn entweder werden, wenn die Geldpolitik eine monetäre Expansion nicht verhindern kann, die gestiegenen Lohnkosten bei unveränderter Konsumquote der Arbeitnehmer über die Preise auf die Konsumenten überwälzt, so dass aus der Nominallohnerhöhung bestenfalls im Maße des realen Sozialproduktwachstums Realeinkommenserhöhungen werden, oder es werden im Falle erfolgreicher restriktiver Geldpolitik zunächst zwar Gewinnrückgänge, also eine kurzfristige Erhöhung der Lohnquote, eintreten, dann aber konjunktur- und wachstumsgefährdende Investitions- und Beschäftigungsrückgänge auftreten, also Arbeitslosigkeit. Dann tritt - wie stets in Depressionsphasen - eine scheinbare Erhöhung der Lohnquote bei verlangsamtem Wachstum und absolut vergleichsweise geringerer Menge konsumierbarer Güter und Leistungen ein. Die Tatsache, dass Löhne auch - wie von Gewerkschaftsseite immer wieder betont wird - Kaufkraft sind, ändert nichts an diesem Zusammenhang, weil erstens die durch Lohnsteigerungen ausgelösten Kostenerhöhungen auch die Exportgüter treffen und auf die Konjunktur negativ zurückwirken können, weil zweitens die Kaufkraft nicht notwendig im Kreislauf bleiben muss, sondern gespart werden kann, und weil drittens eine Nachfrageerhöhung bei freien Kapazitäten nicht zu den für das Wachstum erforderlichen Investitionen anregt.

Die in zahlreichen Ländern nach dem Zweiten Weltkrieg praktizierte Einkommenspolitik war nichts anderes als der Versuch, nicht kostenniveauneutrale Lohnerhöhungen bzw. die negativen Konsequenzen zu starker Nominallohnerhöhungen zu verhindern (vgl. Gelting 1980, Rall 1975 und Hardes 1974).

Das Dilemma, nicht gleichzeitig eine gesamtwirtschaftliche und am Umverteilungsziel orientierte Lohnpolitik betreiben zu können, erscheint lösbar, wenn folgenden Tatsachen Rechnung getragen wird:

1. Durch Tariflohnpolitik ist eine nennenswerte Umverteilung nicht erreichbar.
2. Versuche, dies zu tun, führen zu Inflation oder/und Arbeitslosigkeit.
3. Die Forderung nach einer stabilitätskonformen Tariflohnpolitik läuft auf die Forderung hinaus, den Status quo der Verteilung aufrechtzuerhalten.
4. Eine solche Forderung ist sachlich nicht zu rechtfertigen und wissenschaftlich nicht zu begründen.
5. Ob eine bestimmte Lohnpolitik gesamtwirtschaftliche Ziele beeinträchtigt, ist erst ex post, d.h. nach Abschluss einer Wirtschaftsperiode, feststellbar.

Angesichts dieser Fakten erscheint eine Einkommensumverteilung dann erreichbar, wenn die Lohnpolitik gleichzeitig als „Ex-ante-Lohnpolitik" und als „Ex-post-Lohnpolitik" betrieben wird. Der Ex-ante-Lohnpolitik kommt die Aufgabe zu, zu Beginn der Wirtschaftsperiode das frei disponible, reale Arbeitseinkommen durch Lohnabschlüsse zu sichern, die durch eine zurückhaltende Orientierung an der voraussichtlichen Produktivitäts- und Lebenshaltungskostenentwicklung gekennzeichnet sind. Diese vorsichtige Lohnpolitik kann dann für die abgelaufene Wirtschaftsperiode entsprechend der wirtschaftlichen Entwicklung durch Ertragsbeteiligungen bei gleichzeitiger vermögenswirksamer Anlage der Gewinnanteile korrigiert werden. Eine solche Strategie würde die Arbeitsmarktparteien von dem Druck befreien, Lohnpolitik *uno actu* als gesamtwirtschaftlich orientierte Lohnpolitik und als Umverteilungspolitik konzipieren zu müssen. Sie würde die Beschäftigung und die Geldwertstabilität weit weniger gefährden als die bisher betriebene Lohnpolitik. Sie würde sehr wahrscheinlich die Finanzierung der für ein stetiges Wachstum erforderlichen Investitionsquote nicht beeinträchtigen und nicht nur die Einkommens-, sondern auch die Vermögensverteilung verbessern, ohne die Arbeitnehmer zu Konsumverzichten zu zwingen.[23]

Die skizzierte gesamtwirtschaftliche Problematik der Tarifautonomie ist nicht das einzige Problem. Vielmehr können sich unter bestimmten Bedingungen Arbeitnehmer in Wirtschaftszweigen mit starken Gewerkschaften Vorteile erkämpfen, die auf Kosten anderer Arbeitnehmergruppen gehen. Diese Wirkung kann auftreten, wenn starke Gewerkschaften Lohnerhöhungen durchsetzen, die gestiegenen Lohnkosten auf die Produktpreise überwälzt werden und die Produktnachfrager solche Arbeitnehmer sind, die im Vergleich zur Realeinkommensverringerung durch die Preiserhöhungen geringere Lohnzuwächse durchsetzen konnten als ihre Kollegen (Briefs 1968, S. 53 ff.).

Ein anderes Beispiel für negative Folgen gewerkschaftlicher Lohnpolitik für Arbeitnehmer sind Kündigungsschutzabkommen und Schutzbestimmungen für ältere Arbeitnehmer, die bewirken können, dass bei erforderlichen Beschäftigungseinschränkungen andere Arbeitnehmergruppen betroffen werden oder dass die durch die Kündigungsschutzabkommen geschützten Arbeitnehmer vor Erreichung der Altersgrenze entlassen werden, von der ab der Schutz wirksam wird (Soltwedel 1981, S. 84 f.).

Gravierender kann das Problem der Umverteilung innerhalb der Arbeitnehmerschaft werden, wenn es den Gewerkschaften gelingen sollte, im Rahmen von Abkommen gegen die Folgen technischen Fortschrittes die Kosten für die Anwendung neuer Techniken durch hohe soziale Ausgleichsleistungen so stark zu erhöhen, dass die Anwendung des technischen Fortschrittes stark verlangsamt wird. Das könnte die exportorientierte deutsche Volkswirtschaft wichtige internationale Wettbewerbs- und Preisvorsprünge kosten.

Die wesentlichen Instrumente der Tarifvertragspolitik sind die Verhandlungen, die Schlichtung und der Arbeitskampf. Sie können hier nicht dargestellt werden.[24]

---

[23] Vgl. dazu Lampert/Schönwitz 1987, übereinstimmend auch: B. Külp, Lohnpolitik im Zeichen der Stagflation, in: Landeszentrale für politische Bildung Baden-Württemberg (Hg.), Der Bürger im Staat, 1977, S. 183 ff.; U. Andersen, Mehr Gerechtigkeit durch Vermögenspolitik, in: Landeszentrale für politische Bildung Baden-Württemberg (Hg.), Der Bürger im Staat, 1977, S. 193 ff.; Kleps 1982, sowie Oberhauser 1985.

[24] Vgl. zu den kollektiven Vertragsverhandlungen Markmann 1977; Zerche/Schönig/Klingenberger 2000, S. 61 ff. und Külp 1981c, S. 93 ff. (Lit.); zur Schlichtung vgl. die Übersichtsdarstellungen bei Preller 1970 (1. Halbbd.), S. 124 ff.; Markmann 1977; Zöllner/Loritz 1998, S. 480 ff.; BMA 2000, S. 317 ff.; zum Arbeitskampf vgl. Lampert 1980a, S. 308 ff. (Lit.); Zöllner/Loritz 1998.

3. Vollbeschäftigungspolitik[25]

Seit der Weltwirtschaftskrise der Jahre 1929 bis 1932, die in den Vereinigten Staaten und in den europäischen Volkswirtschaften Millionen von Arbeitslosen erzeugt hat - im Deutschen Reich waren im Februar 1932 6,1 Mio. Menschen arbeitslos, das waren ein Drittel der Erwerbstätigen -, gehört das Ziel der Vollbeschäftigung zu den vorrangigsten wirtschaftspolitischen Zielen. Seinerzeit wurde deutlich:
1. dass es nur eine Sicherung gegen Arbeitslosigkeit geben kann, nämlich eine konsequente Vollbeschäftigungspolitik;
2. dass das soziale Sicherungsnetz bei anhaltender Massenarbeitslosigkeit reißt;
3. dass starke Beschäftigungseinbrüche politische Umbrüche einleiten (vgl. dazu Kroll 1958; Hardach 1993; Bracher 1978).

Die Massenarbeitslosigkeit der letzten Jahre hat erkennen lassen, dass einer Volkswirtschaft durch hohe Arbeitslosigkeit - abgesehen von den durch die Unterbeschäftigung von Produktionsfaktoren entstehenden Wohlfahrtsverlusten - enorme zusätzliche Kosten entstehen. 2001 entstanden durch die Ausgaben für Arbeitslosengeld, Renten-, Krankenversicherungs- und Pflegeversicherungsbeiträge für die Arbeitslosen, ergänzende Sozialhilfeleistungen und Wohngeld einerseits und die Mindereinnahmen an Steuern und Sozialversicherungsbeiträgen andererseits pro Arbeitslosen Kosten in Höhe von 18 300 €, insgesamt in Höhe von 70,4 Mrd. €.[26]

Die wichtigsten ökonomischen und sozialen Wirkungen einer erfolgreichen Vollbeschäftigungspolitik werden an anderer Stelle aufgezeigt (S. 185 f.).

In der Bundesrepublik hat das Vollbeschäftigungsziel in der Formulierung, dass ein „hoher Beschäftigungsstand" zu sichern sei, Eingang in § 1 des *Gesetzes zur Förderung der Stabilität und des Wachstums der Wirtschaft* aus dem Jahre 1967 und in § 1 des *AFG* aus dem Jahre 1969 gefunden. Im Rahmen der Reform des *Arbeitsförderungsgesetzes* 1997 wurde die Zielsetzung der Arbeitsförderungspolitik bemerkenswert verändert: die Arbeitsmarktpolitik wird nicht mehr ausdrücklich auf das Vollbeschäftigungsziel verpflichtet, sondern darauf, der beschäftigungspolitischen Zielsetzung der Sozial-, Wirtschafts- und Finanzpolitik der Bundesregierung zu entsprechen (§1 Abs. 2 SGB III).

Vollbeschäftigungspolitik zielt als die Summe aller Maßnahmen der Träger der Wirtschafts- und Sozialpolitik darauf ab, einen hohen Beschäftigungsstand zu sichern, d.h. alle Arbeitsfähigen und Arbeitswilligen zu beschäftigen. Als Nebenbedingungen sind dabei in marktwirtschaftlichen Systemen gesetzt:
1. das Ziel der gleichzeitigen Sicherung möglichst günstiger Beschäftigungsbedingungen, insbes. möglichst hoher Arbeitseinkommen,
2. das Ziel der Aufrechterhaltung der Freiheit der Berufs- und Arbeitsplatzwahl,
3. das Ziel vollwertiger bzw. der Vermeidung unterwertiger Beschäftigung, d.h. insbes., dass die Arbeitnehmer entsprechend ihren Qualifikationen beschäftigt werden und die Bedingungen des Arbeitsplatzes, der Arbeitsorganisation und der Arbeitsumwelt menschlichen Erfordernissen entsprechen sollen.

---

[25] Vgl. dazu folgende grundlegende Lit.: Graf 1977 (Lit.); H. K. Schneider 1977 (Lit.); Engelen-Kefer u.a. 1995; Görgens 1981 (Lit.); Bombach 1981 u. 1984; Sachverständigenrat zur Begutachtung der gesamtwirtschaftlichen Entwicklung, Jahresgutachten, 1964 ff.; Krupp/Rohwer/Rothschild (Hg.) 1987 und Scherf (Hg.) 1989.

[26] IAB (Hg.), Zahlenfibel, Tab. 7.1.

Die Instrumente der Vollbeschäftigungspolitik sind zahlreich und komplex. Daher kann hier nur ein grober Überblick gegeben werden. Zu den Mitteln der Vollbeschäftigungspolitik gehören Instrumente der Finanzpolitik, der Geldpolitik, der Währungs- und der Außenwirtschaftspolitik und der Strukturpolitik.[27]

Mit Mitteln der *Finanzpolitik*, und zwar der Ausgabenpolitik (Nachfrage des Staates und der Gebietskörperschaften nach Arbeitskräften und Investitionsgütern sowie Transferleistungen wie Sozialleistungen und Subventionen) wie auch der Einnahmepolitik (Steuersätze und staatliche Kreditaufnahme) wird über die Gestaltung der öffentlichen Haushalte die Absicht verfolgt, die Komponenten der gesamtwirtschaftlichen Nachfrage (privater Konsum, staatlicher Konsum, private Investitionen, staatliche Investitionen) so zu beeinflussen, dass Abweichungen der Nachfrage vom Vollbeschäftigungsniveau möglichst gering ausfallen. Die *Geldpolitik*, die die gesamtwirtschaftliche Nachfrage nicht direkt beeinflussen kann, ist ein Instrument der Vollbeschäftigungspolitik, das über eine Steuerung der Geldmenge, des Zinsniveaus und der Zinsstruktur den finanziellen Rahmen absteckt, innerhalb dessen die Wirtschaftssubjekte ihre beschäftigungsrelevanten Entscheidungen treffen. Die *Außenwirtschaftspolitik* hat im Rahmen der Vollbeschäftigungspolitik die Aufgabe, die Vollbeschäftigung währungspolitisch und durch Beeinflussung der Exportbedingungen abzusichern. Die *Strukturpolitik* schließlich soll den für die Sicherung wirtschaftlichen Wachstums bei Vollbeschäftigung erforderlichen technologischen, sektoralen und Arbeitskräftestrukturwandel fördern (vgl. dazu Rasmussen 1983, Meissner/ Fassing 1989).

Die in der Bundesrepublik praktizierten Instrumente der Beschäftigungspolitik müssen sich selbstverständlich im Rahmen der Wirtschaftsordnung halten. Sie sind daher im Wesentlichen Instrumente der Globalsteuerung, nicht Instrumente einzelwirtschaftlicher Steuerung.

Spätestens seit Eintritt in die Europäische Währungsunion haben sich die Spielräume für die nationale Beschäftigungspolitik in der Bundesrepublik im Rahmen Globalsteuerung insofern erheblich verengt, als eine autonome Geld- und Währungspolitik nicht mehr möglich ist – Entscheidungen hierüber werden durch die Europäische Zentralbank für den gesamten Währungsraum getroffen – und zudem die Regeln des europäischen Stabilitäts- und Wachstumspaktes auch der nationalen Finanzpolitik Grenzen setzen.

Da eine erfolgreiche Vollbeschäftigungspolitik das Arbeitsangebot verknappt und die Gewerkschaften dadurch in eine besonders günstige Verhandlungsposition kommen, sind Zeiten der Vollbeschäftigung Zeiten allgemein und beschleunigt steigender Arbeitseinkommen. Aus dieser Stärkung der gewerkschaftlichen Verhandlungsmacht ergibt sich eines der zentralen Probleme einer Vollbeschäftigungspolitik. Es stellt sich, wenn in der exportabhängigen, offenen Volkswirtschaft die gewerkschaftlichen Lohnforderungen nicht an der Entwicklung der gesamtwirtschaftlichen Produktivität orientiert werden, das Problem der Verletzung des Zieles der Preisniveaustabilität, des außenwirtschaftlichen Gleichgewichtes und des angemessenen, stetigen Wirtschaftswachstums.

---

[27] Vgl. zum Instrumentarium der Beschäftigungspolitik Schlesinger 1977; H. K. Schneider 1977; Görgens 1981, S. 113 ff.

Die Erreichung eines hohen Beschäftigungsgrades hängt nicht nur vom Einsatz der Instrumente der Globalsteuerung ab, sondern von den Beschäftigungs- und Arbeitsbedingungen i.e.s. Das lässt sich deutlich an zwei aktuellen Problemen der Arbeitsmarktpolitik ablesen, nämlich erstens an der *arbeitnehmerschutzinduzierten* und an der *abgabeninduzierten* Arbeitslosigkeit[28].

Arbeitnehmerschutzinduzierte Arbeitslosigkeit kann dadurch geschaffen werden, dass eine Beschäftigung von Arbeitnehmern unterbleibt, weil ihre Beschäftigung aufgrund von bestimmten Schutzvorschriften (z.B. starke zeitliche oder quantitative Beschäftigungseinschränkungen für Jugendliche, besonderer Kündigungsschutz für ältere Arbeitnehmer und für Mütter) oder aufgrund von Mindestlohnvorschriften (z.B. von Ausbildungsvergütungen oder von Tariflöhnen für weniger qualifizierte Kräfte) im Verhältnis zu anderen Arbeitnehmergruppen - bezogen auf die Unterschiede in der Arbeitsproduktivität - zu teuer wird (Soltwedel 1981). Die Arbeitsmarktsegmentierung wird dadurch verstärkt. Unter Arbeitsmarktsegmentierung versteht man das Bestehen von Arbeitsmärkten mit sehr geringen oder keinen Interdependenzen, v.a. das Bestehen von Märkten mit höher qualifizierten, besser bezahlten, relativ sicheren und mit Aufstiegsmöglichkeiten ausgestatteten Arbeitsplätzen einerseits und von Märkten mit weniger qualifizierten, schlechter bezahlten, unsicheren Arbeitsplätzen ohne Aufstiegschancen andererseits (vgl. zur Segmentierung auch Rothschild 1994).

Der Kündigungsschutz erhöht - ob er in langen Kündigungsfristen, in einer Erschwerung der Kündigungen oder in hohen Kosten einer Kündigung durch Auferlegung von Entschädigungen (Sozialpläne) besteht - generell die Beschäftigungskosten durch Reduzierung der Anpassungsflexibilität und reduziert die Einstellungsbereitschaft der Unternehmen. Er kann daher zu einer Mitursache von Unterbeschäftigung werden.[29] Im Prinzip erscheint ein Kündigungsschutz jedoch aus sozialen Gründen unverzichtbar und nicht eindeutig ineffizient (vgl. dazu Schellhaaß 1989, Buttler/Walwei 1990 und Büchtemann 1990).

Auf diesen Einsichten beruhte auch das bis zum 31. Dez. 2000 befristete *Beschäftigungsförderungsgesetz* vom 26. April 1985 und das dieses ablösende *Gesetz über Teilzeitarbeit und befristete Arbeitsverträge*[30]. Es erlaubt die Befristung eines Arbeitsvertrages bis zur Dauer von 2 Jahren ohne Vorliegen eines sachlichen Grundes[31] (§ 14 TzBfG), verbietet eine Diskriminierung und Benachteiligung teilzeitbeschäftigter und befristeter Arbeitnehmer gegenüber Vollzeitbeschäftigten und unbefristet Beschäftigten (§ 4 f. TzBfG) und verpflichtet den Arbeitgeber, den Arbeitnehmern den Wechsel in Teilzeitbeschäftigung und die Anpassung der Arbeitszeit an den Arbeitsanfall zu ermöglichen (§ 6 ff. TzBfG).

Als *abgabeninduziert* kann jene Arbeitslosigkeit im Sinne amtlich registrierter Arbeitslosigkeit gemäß der offiziellen Definition von Arbeitslosigkeit[32] bezeichnet werden, die zum einen dadurch bewirkt wird, dass Arbeitnehmer zur Vermeidung einer subjektiv als zu hoch beurteilten Belastung mit Steuern und Sozialabgaben „schwarz"

---

28 Vgl. zum Zusammenhang zwischen Arbeitslosigkeit einerseits und arbeits- und sozialrechtlichen Regelungen andererseits Kleinhenz 2000.
29 Vgl. zum Kündigungsschutz auch H. Siebert in Scherf 1989.
30 Vgl. Gesetz über Teilzeitarbeit und befristete Arbeitsverträge vom 21. Dez. 2000 , zuletzt geändert durch Art. 7 des Gesetzes vom 23. Dez. 2002
31 Bei Vorliegen eines sachlichen Grundes sind Befristungen jeglicher Dauer zulässig.
32 Arbeitslosigkeit liegt nach § 118 SGB III vor, wenn Arbeitnehmer nicht in einem Beschäftigungsverhältnis stehen oder nur eine Beschäftigung von nicht mehr als 15 Stunden wöchentlich ausüben.

arbeiten, also die entsprechenden Arbeitsleistungen legal Beschäftigter überflüssig machen, zum anderen dadurch, dass Arbeitgeber Arbeitnehmer illegal beschäftigen, um Sozialabgaben zu vermeiden. Über den Umfang der Schwarzarbeit und der illegalen Beschäftigung gibt es naturgemäß wie über den Umfang der so genannten Schattenwirtschaft nur Schätzungen. Immerhin wurde er schon Anfang der 80er Jahre als groß genug angesehen (vgl. Burgdorff 1983 sowie Weck/Pommerehne/Frey 1984), um das *Gesetz zur Bekämpfung der Schwarzarbeit* zu verschärfen und neu zu fassen (Neufassung vom 06. Febr. 1995, zuletzt geändert durch Artikel 9 des Gesetzes zur Erleichterung der Bekämpfung von illegaler Beschäftigung und Schwarzarbeit vom 23. Juli 2002) und am 15. Dez. 1981 ein *Gesetz zur Bekämpfung der illegalen Beschäftigung* zu verabschieden. Dem Ziel der Bekämpfung der Schwarzarbeit, der illegalen Beschäftigung und des Missbrauchs von Sozialversicherungsleistungen dient ferner das *Gesetz zur Einführung eines Sozialversicherungsausweises und zur Änderung anderer Sozialgesetze* vom 06. Okt. 1989, durch das zum 01. Juli 1991 ein Sozialversicherungsausweis eingeführt und die Meldepflicht des Arbeitgebers erweitert wurde, insbes. im Hinblick auf die Meldung geringfügig Beschäftigter. 1997 wurden die höchstzulässigen Bußgelder für Arbeitgeber bei illegaler Arbeitnehmerüberlassung oder illegaler Ausländerbeschäftigung von 100 000 auf 500 000 DM erhöht (§ 404 SGB III). Die für die Bekämpfung von Leistungsmissbrauch, Schwarzarbeit und illegaler Beschäftigung zuständige Arbeitsverwaltung registrierte 2002 über 185 000 Fälle von Leistungsmissbrauch und über 57 000 Fälle arbeitserlaubnisrechtlicher Verstöße. Sie verhängte 2002 Geldbußen und Verwarnungsgelder in Höhe von 122 Mio. €.[33]

Die Notwendigkeit der Bekämpfung der Schwarzarbeit, die zu erheblichen Ausfällen an Steuern und Sozialabgaben führt, ist daran ablesbar, dass nach Schätzungen des Instituts für angewandte Wirtschaftsforschung in Tübingen 1997 das Volumen der Schwarzarbeit in der Bundesrepublik mehr als 500 Mrd. DM, d.h. rd. 15 % des Bruttosozialprodukts betrug. Nach *Friedrich Schneider* lag der Anteil der Schattenwirtschaft in Deutschland zwischen 1990 und 1993 je nach Schätzmethode zwischen 10,5 und 12,5 % des Bruttosozialprodukts.[34]

In den letzten Jahren hat auch der Gesetzgeber auf diese Entwicklung reagiert. So ist mit dem *Gesetz zur Erleichterung der Bekämpfung von illegaler Beschäftigung und Schwarzarbeit* vom 01. Aug. 2002 im Baubereich die Haftung des Generalunternehmers für die Sozialversicherungsbeiträge der Arbeitnehmer der von ihm beauftragten Subunternehmer eingeführt worden. Unter anderem regelt das Gesetz auch die Anhebung von Bußgeldern bis zu 500 000 € und erweitert den Straftatbestand für die illegale Beschäftigung von Ausländern. Auf der anderen Seite sind die Regelungen des *Zweiten Gesetzes für moderne Dienstleistungen am Arbeitsmarkt* vom 23. Dez. 2002 zu den Mini- und Midi-Jobs zu nennen, durch die die erst 1999 in Kraft getretene Reform der geringfügigen Beschäftigungsverhältnisse (325 €-Jobs) teilweise revidiert wurde. Erste empirische Befunde zu den Beschäftigungswirkungen der seit dem 01. April 2003 geltenden Neuregelung lassen vermuten, dass der Zuwachs an Arbeitnehmern in Minijobs im ersten Monat nach Eintritt in die Neuregelung (ca. 1,3 Mio. Beschäftigungsverhältnisse) fast ausschließlich auf geringfügige Nebenbeschäftigun-

---

[33] Geschäftsbericht 2002 der Bundesanstalt für Arbeit, S. 47.
[34] F. Schneider 1999, S. 309.

gen zurückzuführen ist[35]. Die seit 1975 bestehende hohe Arbeitslosigkeit, die eine permanente Verfehlung des Vollbeschäftigungsziels darstellt, wird von der Mehrzahl der Ökonomen u.a. auf rechtliche Regelungen der Tarifautonomie, auf die gewerkschaftliche Lohnniveau- und Lohnstrukturpolitik, auf Kündigungsschutz- und Sozialplanregelungen und eine Politik rigider Arbeitszeitverkürzung zurückgeführt. Sie hat eine Diskussion über Möglichkeiten und Grenzen der Deregulierung auf den Arbeitsmärkten ausgelöst, auf die hier nicht näher eingegangen werden kann, auf die aber ihrer Bedeutung wegen doch hingewiesen werden muss.[36]

Selbst in der Summe reichen die genannten Gründe zur Erklärung der Arbeitslosigkeit nicht aus, die 1975 die Millionengrenze überschritt, 1983 über 2 Mio. kletterte und nach dem Zusammenbruch der Deutschen Demokratischen Republik in Gesamtdeutschland 1992 mehr als 3 Mio. Menschen umfasste. Im Durchschnitt 2002 waren bundesweit sogar 4,06 Mio. Menschen, d.h. 9,8 % der erwerbswilligen und -fähigen Bevölkerung, arbeitslos. Dabei sind diejenigen nicht mitgezählt, die sich resigniert in die stille Reserve zurückgezogen haben und auch nicht diejenigen, die an Umschulungs- und Fortbildungsmaßnahmen teilnahmen oder im Rahmen von Arbeitsbeschaffungsmaßnahmen tätig waren. Als weitere Gründe für die Arbeitslosigkeit werden angeführt: die Folgen zweier Ölpreis-Explosionen, die in allen ölimportierenden Ländern zu Wachstumseinbrüchen führten, die sich gegenseitig verstärkten und erhebliche Strukturanpassungen erzwangen, ferner ein anhaltend starker Anstieg des Erwerbspersonenpotenzials, also zusätzliche Nachfrage nach Arbeitsplätzen, und schließlich insbesondere die verstärkte Anwendung eines technischen Fortschritts, der seiner Tendenz nach im Zeitverlauf immer kapitalintensiver, d.h. in größer werdendem Umfang arbeitssparend wurde. In den letzten Jahren machte sich neben diesem verstärkten arbeitssparenden technischen Fortschritt als weitere Ursache die sog. „Globalisierung" der Märkte bemerkbar. Darunter versteht man die weltweite Liberalisierung der Güter-, Dienstleistungs-, Kapital- und Geldmärkte, die in Verbindung mit dem starken Wachstum asiatischer Volkswirtschaften und dem Zusammenbruch vieler sozialistischer Volkswirtschaften einen der Intensität nach erheblich verstärkten Wettbewerb bewirkte. Dieser Wettbewerb zeigte auch in nicht unerheblichem Umfang in der Bundesrepublik bestehende Managementmängel auf (vgl. dazu die ausführlichere Darstellung bei Lampert 1992e, S. 247 ff., 1995a und 1995b).

In den letzten Jahren ist v.a. in der Bauwirtschaft die Beschäftigung ausländischer Arbeitnehmer zu einer gewichtigen Ursache der Arbeitslosigkeit geworden. Die Zahl von Bauarbeitern aus EU-Staaten und aus ost- sowie südosteuropäischen Ländern, die bereit sind, zu weit unter den für deutsche Arbeitnehmer geltenden Tarifvertragsnormen zu arbeiten, ist von 80 000 i. J. 1993 auf 210 000 i. J. 1996 gestiegen. Um diese ruinöse Konkurrenz einzudämmen, wurde das *Arbeitnehmer-Entsendegesetz* vom 26. Febr. 1996, zuletzt geändert durch das Gesetz vom 23. Dez. 2002, konzipiert. Es macht die tarifvertraglichen Normen über Entgelt und Urlaub, *soweit sie allgemeinverbindlich sind und sich auf die unterste Lohngruppe beziehen,* auch für ausländische Arbeitgeber und ihre in Deutschland beschäftigten Arbeitnehmer verbindlich.

---

[35] Vgl. Bundesknappschaft, Minijob-Zentrale, Die Neuregelungen für geringfügige Beschäftigungen und ihre Auswirkungen am Arbeitsmarkt, Ausgabe 1/2003 – Juli 2003.
[36] Vgl. zu dieser Problematik und ihrer Diskussion Buttler 1986, einschlägige Beiträge in Scherf 1989, Dragendorf/Heering/John 1988, Büchtemann/Neumann 1990, Lampert/Englberger/Schüle 1991, Kap. I Abschn. 3.2.1. und Kap. III Abschn. 2.2., 3.1. und 3.2.) und Franz 2003, S. 399 ff.

Seit dem 01. Sept. 2003 beträgt der Mindestlohn für ungelernte ausländische Arbeitskräfte in der Mindestlohnstufe I 10,36 € in West- und 8,95 € in Ostdeutschland, in der neu eingeführten Mindestlohnstufe II für gelernte Arbeitskräfte 12,47 € im West- und 10,01 € in Ostdeutschland. Diese Sätze liegen noch weit unter den Löhnen für deutsche Bauarbeiter. Das Gesetz fördert die Effizienz der Kontrolle der Einhaltung der Mindestlöhne durch eine Reihe formaler Erfordernisse, die an die Personalpapiere ausländischer Arbeitnehmer gestellt werden. Verstöße gegen das Gesetz können mit Geldbußen bis zu 500 000 € geahndet werden.

Angesichts der großen Bedeutung, die einem hohen Beschäftigungsgrad für den Wohlstand einer Gesellschaft und ihrer Mitglieder, für die Leistungsfähigkeit und Festigkeit des sozialen Sicherungssystems und für den sozialen Frieden zukommt, hätten die seit 1975 verantwortlichen Bundesregierungen Versuchen zur Lösung des Beschäftigungsproblems längst viel mehr und konsequentere, d.h. kontinuierlichere und ausdauerndere, Aufmerksamkeit widmen müssen. Mindestens dreierlei wäre wünschenswert gewesen: *erstens* die massive Förderung der Erforschung der Ursachen der Arbeitslosigkeit und der Möglichkeiten ihrer Bekämpfung durch ein unabhängiges „Bundesinstitut für Beschäftigungstheorie und Beschäftigungspolitik" oder durch einen breit angelegten Forschungsverbund von der Art eines Sonderforschungsbereichs,[37] *zweitens* der bis zum Gelingen permanente, ernsthafte und intensive Versuch, die wesentlichen Träger der Wirtschafts- und Sozialpolitik, insbesondere die Bundesregierung und die Tarifvertragsparteien, als die gemeinsam für den Beschäftigungsgrad verantwortlichen wirtschafts- bzw. sozial- bzw. lohnpolitischen Akteure zu einer den Zielen des *Gesetzes zur Förderung des Wachstums und der Stabilität der Wirtschaft* verpflichteten, vollbeschäftigungskonformen Wirtschafts- und Tariflohnpolitik zu veranlassen[38] und *drittens* der schrittweise Abbau der auf Dauer zum Scheitern verurteilten, mit Erhaltungssubventionen (vor allem für die Landwirtschaft, den Bergbau, die Stahlindustrie und andere Wirtschaftszweige) arbeitenden Strukturpolitik.[39] Wie bereits oben dargestellt, haben sich mit dem Übergang zur gemeinsamen europäischen Währung die Rahmenbedingungen für eine koordinierte Beschäftigungspolitik erheblich verändert. Schließlich würde ein gezielter Abbau der Subventionen zur Wachstumsförderung und zur Sicherung der sozialstaatlichen Qualität der Bundesrepublik per saldo und langfristig sicher mehr beitragen als der seit 1993 betriebene Abbau der Sozialleistungen nach der Rasenmähermethode.

---

[37] Im Gegensatz zu einer selbst bei Bundestagsabgeordneten verbreiteten Meinung ist das Institut für Arbeitsmarkt- und Berufsforschung der Bundesanstalt für Arbeit von seiner Aufgabendefinition und seiner Ausstattung her für die genannte Aufgabe nicht geeignet.

[38] Das von seiner Konzeption und Struktur hierzu geeignete „Bündnis für Arbeit" scheiterte daran, dass es nicht gelang, die für den Beschäftigungsgrad letztlich relevante Lohnpolitik zum Gegenstand der Bündnisverhandlungen zu machen.

[39] Das Institut für Arbeitsmarkt- und Berufsforschung hat 1998 eine „Agenda für mehr Beschäftigung" vorgelegt, zu der es sich „aus seiner Verantwortung als Forschungseinrichtung der Bundesanstalt für Arbeit" verpflichtet fühlte. Die Agenda umfasst ein Bündel von Maßnahmen, in dem ein „Pakt für mehr Beschäftigung" und eine durch Vermögensbeteiligung flankierte Lohnzurückhaltung eine wichtige Rolle spielen. Vgl. dazu IAB-Kurzbericht vom 28.09.1998.

D. Träger und Organe

Oberste Träger der Arbeitsmarktpolitik sind die Gesetzgebungsorgane des Bundes und der Länder und - im Rahmen der gesetzlich geregelten Zuständigkeiten - die Bundesregierung bzw. die Länderregierungen. Von ihrer Kompetenz machen die Gesetzgebungsorgane des Bundes v. a. im Bereich der Ordnungspolitik - durch die Ausgestaltung der Arbeitsmarktverfassung und der lohnpolitischen Zuständigkeiten im *TVG*, im *SGB III* und im *Gesetz über Mindestarbeitsbedingungen* Gebrauch. Vollzugsorgane, aber auch Träger von Entscheidungen im Bereich der Beschäftigungspolitik sind die Bundesregierung und die Gebietskörperschaften. Ein wesentlicher Träger war früher auch die Bundesbank mit ihrer Zuständigkeit für den Einsatz geld- und kreditpolitischer Instrumente zur Sicherung eines hohen Beschäftigungsstandes (vgl. dazu Schlesinger 1977). Heute legt die Europäische Zentralbank autonom die Bedingungen für die Geldpolitik im europäischen Währungsraum fest, wobei das Ziel der Stabilität des Binnenwerts der Währung absolute Priorität genießt und nur unter der Bedingung, dass die Währungsstabilität nicht negativ beeinflusst wird, durch die Geldpolitik der EZB auch beschäftigungs- und wachstumspolitische Zielsetzungen gefördert werden sollen (Vgl. ECB 2001)

Im Rahmen der Regierungszuständigkeit für die Arbeitsmarktpolitik spielen eine zentrale Rolle erstens das Bundesministerium für Wirtschaft und Arbeit, das für die Arbeitsmarktpolitik federführend ist und die Arbeitsmarktpolitik mit anderen Ressorts, z.B. den Arbeitsministerien der Bundesländer und den anderen Gebietskörperschaften abstimmt, und zweitens die Bundesagentur für Arbeit, die als Selbstverwaltungskörperschaft des öffentlichen Rechts unter der Rechtsaufsicht, aber ohne die fachliche Weisungsbefugnis des Bundesministeriums für Wirtschaft und Arbeit für den Vollzug des SGB III, d.h. im Wesentlichen für die Arbeitsförderungspolitik, zuständig ist. Die Bundesagentur für Arbeit umfasst neben der Hauptstelle 10 Landesarbeitsämter und 181 Arbeitsämter, die durch paritätisch mit Vertretern der Arbeitnehmer, der Arbeitgeber und der öffentlichen Körperschaften, insbes. der Gemeinden, besetzte Selbstverwaltungsorgane verwaltet werden. 2002 verfügte die Arbeitsverwaltung über 86 815 Planstellen.

Träger der Arbeitsmarktpolitik sind schließlich auch die Arbeitgebervereinigungen und die Gewerkschaften, die im Rahmen der Tarifautonomie durch ihre tarifvertraglichen Vereinbarungen, vor allem durch ihre lohn- und arbeitszeitpolitischen Entscheidungen, die Bedingungen auf den Arbeitsmärkten und damit Angebot und Nachfrage auf den Arbeitsmärkten maßgeblich beeinflussen.

Literatur

1. Monographien und Aufsätze

E. Arndt 1957 - BMA 2000 - Bolle 1976 - Däubler 2003 - Dütz 2003 - Engelen-Kefer u. a. 1995 - Franz 2003 – Görgens 1981 – Hagen/Steiner 2000 - Lampert 1979a und 1981 - Lampert/Englberger/Schüle1991 – Molitor 1988 – Schulin/Igl 2002 – Zerche/Schönig/Klingenberger 2000 – Zöllner/Loritz 1998.

2. Laufende Materialquellen und Periodika

Der Arbeitgeber, Köln 1949 ff.
Bundesagentur für Arbeit, Amtliche Nachrichten der Bundesanstalt für Arbeit, Nürnberg 1953 ff.
Gewerkschaftliche Monatshefte, Köln 1950 ff.
Institut für Arbeitsmarkt- und Berufsforschung der Bundesanstalt für Arbeit (IAB):Beiträge zur Arbeitsmarkt- und Berufsforschung; Forschungsdokumentation zur Arbeitsmarkt- und Berufsforschung; Materialien aus der Arbeitsmarkt- und Berufsforschung; Mitteilungen aus der Arbeitsmarkt- und Berufsforschung
International Labour Organisation, International Labour Review, Genf 1921 ff.
Sachverständigenrat zur Begutachtung der gesamtwirtschaftlichen Entwicklung, Jahresgutachten, Stuttgart/Mainz 1964 ff.
Stat. BA, Fachserie 1,Reihe 4.3:Streiks und Aussperrungen,
Stat. BA, Fachserie 16, Reihe 4:Tariflöhne und Tarifgehälter
U.S. Department of Labor, Monthly Labor Review, Washington 1915 ff.
WSI-Mitteilungen, Köln 1948 ff.

VIII. Kapitel

Die Mitbestimmung der Arbeitnehmer

A. Definition, Notwendigkeit und Ziele

Mitbestimmung bedeutet im allgemeinsten Wortsinn, dass bestimmte Entscheidungen nur durch die Mitwirkung von zwei oder mehr Personen oder Gruppen zustandekommen. In etwas engerem Sinne ist mit Mitbestimmung gemeint, dass die von bestimmten Entscheidungen *betroffenen* Personen oder Personengruppen an derartigen Entscheidungen mitwirken. Die wesentliche Bedeutung einer Mitbestimmung allgemein liegt darin, „daß Herrschafts- oder Leitungsbefugnisse (= Entscheidungsmacht) nicht streng einseitig ausgeübt werden, sondern nur unter Mitwirkung der Betroffenen" (Zöllner/Loritz 1996, S. 484).

Der Wesensgehalt, die Funktion einer Mitbestimmung der Arbeitnehmer, liegt in der Aufhebung einseitig ausgeübter Herrschafts- oder Leitungsbefugnisse durch die Beteiligung der von Entscheidungen Betroffenen mit dem Ziel, bei diesen Entscheidungen die Interessen der Betroffenen zu berücksichtigen, zumindest aber eine Verletzung dieser Interessen auszuschließen. Eine solche Mitbestimmung im Sinne der Mitwirkung an Entscheidungen, die die Arbeitnehmer in ihrer Rolle als Arbeitnehmer betreffen, wurde bisher auf der betrieblichen, der Unternehmens- und der gesamtwirtschaftlichen Ebene entwickelt.[1]

Die *betriebliche Mitbestimmung* ist das Recht der Arbeitnehmer eines Betriebes, an den sie betreffenden betrieblichen Entscheidungen, z.B. über die Betriebsordnung, das Lohnsystem, über Umstufungen, Versetzungen und Urlaubsregelungen, über Betriebsverlagerungen und Betriebsstilllegungen in bestimmter Weise beteiligt zu werden und diese Entscheidungen zu beeinflussen bzw. an ihnen mitzuwirken.

Die *Mitbestimmung im Unternehmen* ist das Recht der Arbeitnehmer bzw. ihrer Vertreter, an Entscheidungen der leitenden Unternehmensorgane mitzuwirken.[2]

Die *gesamtwirtschaftliche (überbetriebliche) Mitbestimmung* ist das Recht der Arbeitnehmer bzw. ihrer Vertreter, an wirtschaftlichen, sozialen sowie wirtschafts- und sozialpolitischen Entscheidungen mitzuwirken, die außerhalb von Betrieben und Unternehmungen getroffen werden, aber die Arbeitnehmer unmittelbar betreffen, wie z.B. Entscheidungen der Verwaltung der Sozialversicherungen, der Arbeitsverwaltung oder der arbeitsrechtlichen Rechtspflege.

Die Notwendigkeit einer Mitbestimmung im Betrieb und im Unternehmen ergibt sich aus spezifischen Merkmalen der Betriebe und der auf Privateigentum beruhenden

---

[1] Zur Geschichte der Mitbestimmung vgl. Potthoff 1957, Teuteberg 1961, Meinhold 1980, Lampert 1980a, passim.

[2] Unter einer „Unternehmung" versteht man eine einem oder mehreren Betrieben übergeordnete wirtschaftliche, finanzielle und rechtliche Einheit, unter „Betrieb" eine organisatorisch-technische Einheit zur Produktion von Gütern und Leistungen.

Unternehmen. Wie bereits (S. 37 f.) dargestellt, ist in den arbeitsteilig organisierten Betrieben eine Einordnung der Arbeitskräfte in die betriebliche Hierarchie, in die Arbeitsorganisation und -disziplin, in die Gesamtheit betrieblicher Regelungen nötig. Diese überwiegend von der Betriebsleitung getroffenen Regelungen berühren unmittelbar elementare Arbeitnehmerinteressen, z.B. das Interesse

– an der Erhaltung der wirtschaftlichen Leistungsfähigkeit und der Gesundheit, d.h. das Interesse an entsprechenden Arbeitszeiten, an ausreichenden Ruhe- und Erholungspausen, an akzeptablen Arbeitsgeschwindigkeiten sowie an Unfall- und Gesundheitsschutzmaßnahmen,
– an menschenwürdiger Behandlung, d.h. das Interesse an der Respektierung der Persönlichkeit durch die Vorgesetzten,
– an Gleichbehandlung im Vergleich zu Arbeitskollegen,
– an einer von Willkür freien Behandlung,
– an leistungsgerechter Entlohnung und
– an der Sicherheit des Arbeitsplatzes.

Da diese Interessen nur zum Teil durch den Arbeitnehmerschutz gewahrt werden können und Arbeitnehmerschutzmaßnahmen überdies den Nachteil haben, generelle Regeln zu sein, die betrieblichen Eigenheiten und Notwendigkeiten nicht ausreichend Rechnung tragen können, ist eine betriebliche Mitbestimmung unverzichtbar, wenn in einer Gesellschaft das Ziel sozialer Gerechtigkeit verfolgt wird.

Die Forderung nach Mitbestimmung der Arbeitnehmer in den Unternehmungen ist mit der Forderung nach betrieblicher Mitbestimmung auf das Engste verknüpft, weil zahlreiche unternehmerische Entscheidungen in den Betrieb hineinwirken und Arbeitnehmerinteressen unmittelbar berühren, so dass es konsequent erscheint, zur Wahrung dieser Interessen die Mitwirkungsrechte im Betrieb durch Mitwirkungsrechte im Unternehmen zu ergänzen.

Die Hauptbegründung für die Forderung nach Unternehmensmitbestimmung im Sinne institutioneller Teilhabe der Arbeitnehmer an den unternehmerischen Planungen und Entscheidungen durch die Entsendung von Vertretern in das für die Bestellung und Kontrolle der Unternehmensleitung entscheidende Organ (Aufsichtsrat) setzt an einer Kritik der auf Privateigentum an Produktionsmitteln beruhenden Unternehmensverfassung an. Diese Verfassung ist dadurch charakterisiert, dass den Kapitaleigentümern das Recht der Bestellung der Unternehmensleitung, das Recht der alleinigen Disposition über das Unternehmen und über den Einsatz der Produktionsfaktoren und auch das Recht der alleinigen Disposition über den Produktionsertrag zusteht. Diese Unternehmensverfassung, die die Berücksichtigung der Interessen der Arbeitnehmer in die Hände der Kapitaleigner und der Unternehmensleitung legt und damit das wirtschaftliche und soziale Schicksal der Arbeitnehmer den Kapitalinteressen unterordnet, ist ein Produkt der Rechtsordnung und keine Naturgegebenheit. Das hat vor allem *Oswald v. Nell-Breuning* (1968b, S. 54 f. und S. 137), vor ihm aber auch schon *Götz Briefs* (1926, S. 146 f.), herausgearbeitet.

Neben diesem wesentlichen Ziel der Unternehmensmitbestimmung, eine sozial orientierte Unternehmenspolitik abzusichern und zu fördern, wird zur Begründung der Mitbestimmung im Unternehmen darauf verwiesen, dass Kapital und Arbeit für das Unternehmen gleich unentbehrlich sind, so dass es ungerechtfertigt erscheint, den Kapitaleignern ungleich mehr Verfügungsrechte einzuräumen, zumal die Arbeitnehmer das Risiko des Arbeitsplatzverlustes zu tragen haben. Der Idee der rechtlichen und wirtschaftlichen Gleichberechtigung zwischen Anteilseignern und Arbeitnehmern entspricht eine paritätische oder nahezu paritätische Besetzung des Aufsichtsrates.

Neben diesen zentralen Zielen der institutionellen Absicherung einer sozial orientierten Unternehmenspolitik sowie der Herstellung der Gleichberechtigung und der Gleichrangigkeit der Kapitaleigner und der Arbeitnehmer in Bezug auf die Bestellung und Kontrolle der Unternehmensleitung werden als Ziele der Mitbestimmung im Unternehmen die Demokratisierung der Wirtschaft, die Kontrolle von Unternehmensmacht und die Sicherung der Würde der Person und ihrer freien Entfaltung genannt.

Das Ziel der Demokratisierung, verstanden als die Notwendigkeit der Legitimation der zur Machtausübung berechtigten Leitung von Großunternehmungen durch Mitwirkung der Arbeitnehmer bei der Bestellung, Abberufung und Kontrolle der Unternehmensleitung, ist im Grunde mit dem Ziel der Herstellung der Gleichberechtigung von Kapital und Arbeit identisch. Ob die Mitbestimmung im Unternehmen geeignet ist, einen Beitrag zur Wahrung der Menschenwürde und ihrer Entfaltung zu leisten und Unternehmensmacht zu kontrollieren, soll hier offen bleiben (vgl. zu diesen Fragen Hamm 1980b).

Die Notwendigkeit der überbetrieblichen Mitbestimmung wurde und wird damit begründet, dass den durch öffentlich-rechtliche Regelungen der Arbeitsbedingungen, insbes. des Arbeitnehmerschutzes, betroffenen Arbeitnehmern bei der Verabschiedung solcher Regelungen wenigstens Beratungsrechte eingeräumt werden sollten und dass angesichts der Bedeutung wirtschafts- und sozialpolitischer Entscheidungen der Parlamente für Beschäftigung und Einkommen, d.h. auch für die Lebenslage der Arbeitnehmerschaft, eine Beratung der Gesetzgebungsorgane sinnvoll erscheint.

B. Ausgestaltung der Betriebs- und Unternehmensverfassung

1. Die Ausgestaltung der Betriebsverfassung

1952 wurde das erste *Betriebsverfassungsgesetz* der Bundesrepublik verabschiedet, dem 1955 das für die Öffentliche Verwaltung des Bundes geltende *Personalvertretungsgesetz* folgte. Das BetrVG wurde 1972, das PersVG des Bundes 1974 neu kodifiziert. Für die Öffentliche Verwaltung der Länder gibt es eigene Personalvertretungsgesetze.

a) Grundzüge des Betriebsverfassungsgesetzes[3]

Nach dem *Betriebsverfassungsgesetz* i.d.F. vom 25. Sept. 2001 (zuletzt geändert durch Gesetz vom 23. Dez. 2003) sind in allen Privatbetrieben mit 5 und mehr ständigen wahlberechtigten Arbeitnehmern[4] in geheimer und unmittelbarer Wahl Betriebsräte zu wählen, deren Zahl mit der Betriebsgröße variiert. In Betrieben mit mindestens fünf Jugendlichen oder Auszubildenden werden von den jugendlichen Arbeitnehmern und Auszubildenden besondere Jugend- und Auszubildendenvertreter gewählt

---

[3] Vgl. dazu die Kommentare von Fitting u.a. 2002 sowie Fabricius u.a. 2002.
[4] Nicht als Arbeitnehmer im Sinne des BetrVG gelten leitende Angestellte.

(§ 60 ff.). Auf Tendenzbetriebe, die unmittelbar und überwiegend politischen, koalitionspolitischen, konfessionellen, karitativen, erzieherischen, wissenschaftlichen oder künstlerischen Bestimmungen oder Zwecken der Berichterstattung oder Meinungsäußerung (Presse, Rundfunk, Film) dienen, finden die Vorschriften des Gesetzes insoweit keine Anwendung, als die Eigenart des Betriebes dem entgegensteht (§ 118 Abs. 1).

Der Betriebsrat ist Repräsentationsorgan der Belegschaft und nimmt die Mitwirkungs- und Mitbestimmungsrechte in sozialen, personellen und wirtschaftlichen Angelegenheiten wahr. Um eine wirklich wirksame Vertretung der Arbeitnehmerinteressen zu ermöglichen, sind die Betriebsräte besonders geschützt: durch Arbeitsentgeltgarantien, durch das Recht auf Freistellung von der Arbeit zur Wahrnehmung ihrer Funktionen und zur Teilnahme an Bildungs- und Schulungsveranstaltungen (§ 37) sowie durch einen besonderen Kündigungsschutz (§ 103 BetrVG und § 15 Kündigungsschutzgesetz). Der Betriebsrat ist als ein prinzipiell von den Gewerkschaften unabhängiges Organ des Betriebes konzipiert[5] (§ 2 BetrVG Abs. 1). Er ist verpflichtet, die Interessen der Gesamtbelegschaft zu vertreten, und gehalten, darüber zu wachen, dass jede unterschiedliche Behandlung von Personen wegen ihrer Abstammung, Religion, Nationalität, Herkunft, politischen und gewerkschaftlichen Betätigung oder wegen ihres Geschlechts unterbleibt (§ 75).

Die Generalklausel des Gesetzes, nämlich § 2 Abs. 1, fordert: „Arbeitgeber und Betriebsrat arbeiten unter Beachtung der geltenden Tarifverträge vertrauensvoll und im Zusammenwirken mit den im Betrieb vertretenen Gewerkschaften und Arbeitgebervereinigungen zum Wohl der Arbeitnehmer und des Betriebes zusammen." Diese Generalklausel wird durch § 74 Abs. 1 ergänzt: „Arbeitgeber und Betriebsrat sollen mindestens einmal im Monat zu einer Besprechung zusammentreten. Sie haben über strittige Fragen mit dem ernsten Willen zur Einigung zu verhandeln und Vorschläge für die Beilegung von Meinungsverschiedenheiten zu machen". Dem Gedanken der auf Vertrauen beruhenden Betriebspartnerschaft entsprechen die Grundsätze der Friedenspflicht und des Arbeitskampfverbotes des § 74 Abs. 2: „Maßnahmen des Arbeitskampfes zwischen Arbeitgeber und Betriebsrat sind unzulässig; Arbeitskämpfe tariffähiger Parteien werden hierdurch nicht berührt. Arbeitgeber und Betriebsrat haben Betätigungen zu unterlassen, durch die der Arbeitsablauf oder der Frieden des Betriebes beeinträchtigt werden. Sie haben jede parteipolitische Betätigung im Betrieb zu unterlassen; die Behandlung von Angelegenheiten tarifpolitischer, sozialpolitischer, umweltpolitischer und wirtschaftlicher Art, die den Betrieb oder seine Arbeitnehmer unmittelbar betreffen, wird hierdurch nicht berührt".

Die in § 2 statuierte Eigenständigkeit des Betriebsrates als gewerkschaftsunabhängiges, betriebliches Organ findet eine sinnvolle Ergänzung in dem in § 2 Abs. 2 festgelegten Zugangsrecht der Gewerkschaften zu den Betrieben: „Zur Wahrnehmung der in diesem Gesetz genannten Aufgaben und Befugnisse der im Betrieb vertretenen Gewerkschaften ist deren Beauftragten nach Unterrichtung des Arbeitgebers oder seines Vertreters Zugang zum Betrieb zu gewähren, soweit dem nicht unumgängliche Notwendigkeiten des Betriebsablaufs, zwingende Sicherheitsvorschriften oder der Schutz von Betriebsgeheimnissen entgegenstehen."

---

[5] Allerdings bestehen zwischen Betriebsräten und Gewerkschaften enge personelle Verflechtungen: rund 80 % der Betriebsräte sind Gewerkschaftsmitglieder.

Von den im Gesetz enthaltenen Rechten der im Betrieb vertretenen Gewerkschaften (§§ 14 Abs. 5, 16 Abs. 2, 17 Abs. 2 und 3, 19 Abs. 2, 23 Abs. 1 und 3, 43 Abs. 4 und § 46) sind besonders bemerkenswert das Recht der Wahlanfechtung (§ 19 Abs. 2) und das Recht der Beantragung des Ausschlusses eines Betriebsratsmitgliedes bei grober Pflichtverletzung (§ 23 Abs. 1) durch das Arbeitsgericht.

Sowohl die Gewerkschaften als auch die Arbeitgebervereinigungen haben für den Betriebsrat bzw. den Arbeitgeber Hilfs- und Schutzfunktionen und daher bestimmte Teilnahmerechte an Betriebsversammlungen (§ 46) und an Betriebsratssitzungen (§ 29 Abs. 4 und § 31).

Die Rechte der Arbeitnehmer und ihrer Vertretungsorgane umfassen

1. Rechte des einzelnen Arbeitnehmers;
2. Mitwirkungs- und Mitbestimmungsrechte des Betriebsrates bei der Berufsbildung;
3. Mitbestimmungsrechte des Betriebsrates
   a) in sozialen,
   b) in personellen,
   c) in wirtschaftlichen Angelegenheiten.

Im BetrVG sind sechs verschiedene Qualitäten von Mitbestimmungsrechten enthalten, nämlich:

I. Mitwirkungs- und Mitspracherechte, und zwar

1. Informationsrechte, die die Basis für die Wahrung der individuellen und der Mitspracherechte des Betriebsrates sind (z. B. §§ 80 Abs. 2, 90, 92, 99 Abs. 1, 106, 110 und 111);
2. Anhörungsrechte, die sicherstellen, dass der Arbeitgeber vor bestimmten Entscheidungen den Betriebsrat hört (z. B. § 102 Abs. 1);
3. Beratungsrechte, die den Arbeitgeber zwingen, von sich aus den Betriebsrat zur Beratung zuzuziehen und sich auf Einwendungen des Betriebsrates einzustellen (z. B. §§ 89, 90, 92, 96, 97 und 111);
4. Initiativ- und Vorschlagsrechte, die den Betriebsrat berechtigen, vom Arbeitgeber bestimmte Handlungen oder Unterlassungen zu verlangen (z. B. §§ 89, 91, 92 Abs.2, 93, 96, 98 und 104);

II. Mitbestimmungsrechte, und zwar

5. Einspruchsrechte, die den Arbeitgeber daran hindern, bestimmte Entscheidungen gegen den Willen des Betriebsrates zu treffen (z. B. §§ 98 Abs. 2, 99 Abs. 2 und 102 Abs. 3);
6. Zustimmungsrechte des Betriebsrates (z. B. § 77 Abs. 2, 87, 91, 94, 95, 98, 103 und 112).

Nach den §§ 81 bis 86 hat *jeder einzelne Arbeitnehmer* folgende (Mitwirkungs- und Beschwerde-) Rechte, zu deren Wahrnehmung er ein Mitglied des Betriebsrats beratend hinzuziehen kann:

– das Recht auf Unterrichtung durch den Arbeitgeber über seine Aufgabe und Verantwortung, über die Art seiner Tätigkeit, über Unfall- und Gesundheitsgefahren, über Maßnahmen und Einrichtungen zur Abwendung dieser Gefahren sowie über Veränderungen in seinem Arbeitsbereich und die damit verbundenen Ausbildungsmaßnahmen (§ 81);
– das Recht auf Anhörung in betrieblichen Angelegenheiten, die seine Person betreffen, das Recht auf Stellungnahme zu den betreffenden Maßnahmen des Ar-

beitgebers und das Recht, Vorschläge für die Gestaltung des Arbeitsplatzes und des Arbeitsablaufes zu machen (§ 82 Abs. 1);

– das Recht auf Erläuterung der Berechnung und Zusammensetzung seines Arbeitsentgeltes und auf Erörterung der Beurteilung seiner Leistungen sowie der Möglichkeiten seiner beruflichen Entwicklung im Betrieb (§ 82 Abs. 2);

– das Recht auf Einsicht in seine Personalakten (§ 83);

– das Recht auf Beschwerde, wenn er sich vom Arbeitgeber oder von Arbeitnehmern des Betriebes benachteiligt oder ungerecht behandelt oder in sonstiger Weise beeinträchtigt fühlt (§ 84).

Der Betriebsrat hat bei Beschwerden von Arbeitnehmern, die er für berechtigt erachtet, auf Abhilfe hinzuwirken und im Falle der Nichteinigung mit dem Arbeitgeber die sogenannte Einigungsstelle anzurufen. Der Spruch dieser Einigungsstelle, die paritätisch mit betriebsfremden Personen und einem neutralen Vorsitzenden besetzt ist (§ 76), ersetzt die Einigung zwischen Arbeitgeber und Betriebsrat (§ 85).

Der Wahrung der Rechte einzelner Arbeitnehmer dient auch § 90, nach dem der Arbeitgeber den Betriebsrat über die Planung von Neu-, Um- und Erweiterungsbauten, von technischen Anlagen, Arbeitsverfahren, Arbeitsabläufen und Arbeitsplätzen rechtzeitig zu unterrichten und mit ihm zu beraten hat. Kommt eine Einigung über angemessene Maßnahmen zur Abwendung, Milderung oder zum Ausgleich von Belastungen nicht zu Stande, so entscheidet wiederum die Einigungsstelle (§ 91).

In Bezug auf die *Berufsbildung* verpflichtet der Gesetzgeber den Arbeitgeber und den Betriebsrat, im Rahmen der betrieblichen Personalplanung die Berufsbildung der Arbeitnehmer zu fördern (§ 96). Vom Arbeitgeber wird verlangt, mit dem Betriebsrat über Einrichtungen zur Berufsbildung, über die Einführung betrieblicher Berufsbildungsmaßnahmen und über die Teilnahme von Belegschaftsmitgliedern an außerbetrieblichen Berufsbildungsmaßnahmen zu beraten (§ 97). Ferner werden dem Betriebsrat bei der Durchführung von betrieblichen Berufsbildungsmaßnahmen Mitbestimmungsrechte eingeräumt (§ 98), insbes. in Bezug auf die mit der Durchführung der Berufsbildung betrauten Personen (Widerspruchsrecht und Recht auf Verlangen der Abberufung) und in Bezug auf die Teilnehmer an Berufsbildungsmaßnahmen (Vorschlagsrecht).

Das Recht der *Mitbestimmung in sozialen Angelegenheiten* (§ 87) umfasst im Einzelnen:

a) Fragen der Betriebsordnung und des Verhaltens der Arbeitnehmer im Betrieb;

b) die Festlegung der täglichen Arbeitszeiten und der Pausen;

c) die Verteilung der Arbeitszeit auf die einzelnen Wochentage;

d) die vorübergehende Verkürzung oder Verlängerung der betriebsüblichen Arbeitszeit;

e) die Aufstellung allgemeiner Urlaubsgrundsätze sowie die Festlegung der zeitlichen Lage des Urlaubes;

f) die Einführung und Anwendung von technischen Einrichtungen, die dazu bestimmt sind, das Verhalten oder die Leistung der Arbeitnehmer zu überwachen;

g) Regelungen über die Verhütung von Arbeitsunfällen und Berufskrankheiten sowie über den Gesundheitsschutz;

h) die Form, die Ausgestaltung und die Verwaltung von sozialen Einrichtungen;

i) die Zuweisung und die Kündigung von Werkswohnungen;

j) die Festsetzung der Akkord- und Prämiensätze sowie vergleichbarer leistungsbezogener Entgelte;

k) die Aufstellung von Entlohnungsgrundsätzen und die Einführung neuer Entlohnungsmethoden;

l) Grundsätze über das betriebliche Vorschlagswesen,

m) Grundsätze über die Durchführung von Gruppenarbeit.

Die Vorschriften über die *Mitbestimmung in personellen Angelegenheiten* enthalten Bestimmungen über *allgemeine* personelle Angelegenheiten und über die Mitbestimmung bei *personellen Einzelmaßnahmen*.

Nach den Bestimmungen über *allgemeine personelle Angelegenheiten* (§§ 92 bis 98) hat der Betriebsrat in Bezug auf die Personalplanung, insbes. die sich daraus ergebenden personellen Maßnahmen, das Recht auf Information und das Recht auf Beratung mit dem Arbeitgeber über die erforderlichen Maßnahmen und über die Vermeidung von Härten. Hinsichtlich der Einführung einer Personalplanung und ihrer Durchführung hat der Betriebsrat ein Vorschlagsrecht. Er kann verlangen, dass zu besetzende Arbeitsplätze innerhalb des Betriebes ausgeschrieben werden. Durch diese Vorschrift werden aber die Chancen betriebsexterner Arbeitnehmer auf Einstellung erheblich verringert, d. h. die Arbeitsmarktsegmentierung wird verstärkt. Personalfragebogen bedürfen ebenso wie der Erlass von Richtlinien über die Personalauswahl bei Einstellungen, Versetzungen, Umgruppierungen und Kündigungen der Zustimmung des Betriebsrates.

Die *Mitbestimmungsrechte bei personellen Einzelmaßnahmen* (§§ 99 bis 103) gelten für Unternehmen mit mehr als 20 Arbeitnehmern. Der Arbeitgeber hat den Betriebsrat vor jeder Einstellung, Eingruppierung, Umgruppierung und Versetzung zu unterrichten, ihm die einschlägigen Unterlagen vorzulegen und die Zustimmung des Betriebsrates einzuholen. In bestimmten Fällen kann der Betriebsrat seine Zustimmung verweigern. Der Betriebsrat ist vor jeder Kündigung zu hören. Bei Vorliegen bestimmter Tatbestände kann der Betriebsrat einer ordentlichen Kündigung widersprechen. Ein solcher Widerspruch kann zwar eine Kündigung nicht verhindern; er ist jedoch für die Erfolgsaussichten eines Kündigungsschutzprozesses von Bedeutung (vgl. § 102 Abs. 4 und 5).

Die *Mitbestimmungsrechte in wirtschaftlichen Angelegenheiten* (§§ 106 bis 113) gelten für Unternehmen mit mehr als 100 Arbeitnehmern. In solchen Unternehmen ist vom Betriebsrat ein aus Betriebsangehörigen bestehender „Wirtschaftsausschuss" zu bilden, der vom Unternehmer rechtzeitig und umfassend über alle Vorgänge zu unterrichten ist, die die Interessen der Arbeitnehmer wesentlich berühren können. Hierzu zählen insbes. die wirtschaftliche und finanzielle Lage des Unternehmens, das Produktions- und Investitionsprogramm, die Produktions- und Absatzlage, Rationalisierungsvorhaben, Fabrikations- und Arbeitsmethoden, die Einschränkung oder Stilllegung von Betrieben oder Betriebsteilen, die Verlegung oder der Zusammenschluss von Betrieben sowie die Änderung der betrieblichen Organisation oder des Betriebszweckes.

Für den Fall von Betriebsänderungen - das sind Einschränkungen, Stilllegungen, Verlegungen und Zusammenschlüsse von Betrieben, Änderungen der Betriebsorganisation und die Einführung neuer Arbeitsmethoden und Fertigungsverfahren -, die wesentliche Nachteile für die Belegschaft zur Folge haben können, ist die Pflicht zur Unterrichtung des Betriebsrates und zur Beratung mit dem Betriebsrat besonders unterstrichen worden (§ 111). Der Gesetzgeber verlangt in den genannten Fällen die

Herbeiführung eines Interessenausgleichs und die Aufstellung eines Sozialplanes[6] (§ 112). Im Falle des Nichtzustandekommens eines Interessenausgleichs und einer Nichteinigung über einen Sozialplan können der Unternehmer oder der Betriebsrat den Präsidenten des Landesarbeitsamtes um Vermittlung ersuchen oder die „Einigungsstelle" anrufen (§ 112 Abs. 2 bis 4).[7] Die Einigungsstelle hat sich um die Herbeiführung einer gütlichen Einigung zu bemühen und muss, wenn eine Vermittlung misslingt, einen Sozialplan aufstellen, wobei sowohl die sozialen Belange der betroffenen Arbeitnehmer zu berücksichtigen sind als auch die Vertretbarkeit der Entscheidung für das Unternehmen zu beachten ist (§ 112 Abs. 5).

Das BetrVG aus dem Jahre 1952 wurde in den Jahren 1972 und 2001 neu gefasst. Die Neukodifikation des BetrVG aus dem Jahre 1972 brachte für die Arbeitnehmer *erheblich erweiterte* Mitwirkungs- und Mitbestimmungsrechte. Eine Reihe von individuellen Mitbestimmungsrechten wurden neu aufgenommen, die Mitbestimmungsrechte des Betriebsrates wurden vor allem im sozialen und personellen Bereich erheblich ausgebaut, der Schutz der Mitglieder des Betriebsrates wurde verstärkt, die Stellung der Gewerkschaft innerhalb der Betriebsverfassung wurde präzisiert. Durch die Novellierung des BetrVG im Jahre 2001 wurde die bis dahin bestehende Unterscheidung zwischen Arbeitern und Angestellten abgeschafft, in Betrieben mit mehr als 100 Arbeitnehmern die Möglichkeit zur Delegation von Beriebsratsaufgaben auf Arbeitsgruppen geschaffen (§ 28a BetrVG) sowie der Aufgabenkatalog des Betriebsrats um den betrieblichen Umweltschutz, die Beschäftigungssicherung und die Förderung der Vereinbarkeit von Familie und Erwerbstätigkeit erweitert (§ 80 BetrVG).

b) Die Personalvertretungsgesetze[8]

Das 1974 novellierte *Bundespersonalvertretungsgesetz* aus dem Jahre 1955, zuletzt geändert durch Gesetz vom 23. Dez. 2003, und die *Personalvertretungsgesetze* der Länder erfüllen für die Angehörigen der Dienststellen und der Betriebe des Bundes, der Länder und der Gemeinden die Funktionen, die das *BetrVG* für die Arbeitnehmer in Privatbetrieben erfüllt.

Die Notwendigkeit einer besonderen Regelung für die Betriebsverfassung im Bereich der Öffentlichen Dienste ergibt sich in erster Linie daraus, dass eine gleichberechtigte Mitbestimmung der Personalvertretung bei der Einstellung, Beförderung und Entlassung im Öffentlichen Dienst mit dem Prinzip des demokratischen Rechtsstaates und den hergebrachten Grundsätzen des Berufsbeamtentums nicht zu vereinbaren ist, da die Personalhoheit bezüglich der Beamten wesentlicher Teil der Regierungsgewalt ist und Personalentscheidungen über Beamtenverhältnisse der Regierung vorbehalten bleiben müssen. Ein weiterer Grund für die Sonderregelung ist in der Tatsache zu sehen, dass sich Mitwirkungsrechte in wirtschaftlichen Angelegenheiten für den Öffentlichen Dienst erübrigen, da die öffentliche Verwaltung - anders als Privatbetriebe - nicht Element von Märkten und nicht auf wirtschaftliche Zwecke ausgerichtet ist, sondern auf die Erfüllung öffentlicher Interessen.

---

[6] Vgl. zu den Funktionen und Wirkungen von Sozialplänen Schellhaaß 1989 (Lit.).

[7] Wenn eine geplante Betriebsänderung allein in der Entlassung von Arbeitnehmern besteht, kann die Einigungsstelle nur dann entscheiden, wenn die Entlassungen bestimmte Größenordnungen überschreiten (§ 112a Abs. 1) oder/und wenn ein Unternehmen mindestens vier Jahre bestanden hat (§ 112a Abs. 2).

[8] Vgl. dazu den Kommentar von Grabendorff u. a. 1999.

Da der Bund für die Landes- und Gemeindebeamten keine Gesetzgebungskompetenz hat, gilt das *Bundespersonalvertretungsgesetz* nur für die Dienststellen und Betriebe des Bundes sowie für die bundesunmittelbaren juristischen Personen des öffentlichen Rechts. Jedoch entsprechen die Personalvertretungsgesetze der Länder und Gemeinden nach Aufbau und materiellem Gehalt weitgehend den bundesrechtlichen Regelungen.

Das für die Mitbestimmung in der öffentlichen Verwaltung entscheidende Organ ist der Personalrat, der - wie die Betriebsräte - in geheimer und unmittelbarer Wahl gewählt wird. Nach Aufgaben und Rechtsstellung unterscheiden sich der Personalrat und seine Mitglieder nicht prinzipiell vom Betriebsrat. Auch die Personalräte haben - wenn es zur ordnungsgemäßen Durchführung ihrer Aufgaben erforderlich ist - Anspruch auf Befreiung von den Dienstgeschäften ohne Minderung der Dienstbezüge, sind für die Teilnahme an Schulungs- und Bildungsveranstaltungen freizustellen und genießen einen besonderen Kündigungsschutz.

Die Gruppen der Beamten, der Angestellten und der Arbeiter sind ihrem Anteil an der Belegschaft entsprechend im Personalrat vertreten und werden daher jeweils nur von den Angehörigen ihrer Gruppe gewählt. In Angelegenheiten, die nur die Angehörigen einer Gruppe betreffen, beschließen nur die Vertreter dieser Gruppe im Personalrat.

Die Mitwirkungs- und Mitbestimmungsrechte in sozialen und in personellen Angelegenheiten entsprechen im Grundsatz den entsprechenden Regelungen im *BetrVG* und sind lediglich aufgrund der Besonderheiten des Öffentlichen Dienstes modifiziert. Insbesondere hinsichtlich der Beamten einerseits und der Arbeiter und Angestellten andererseits sind die Mitwirkungsmöglichkeiten des Personalrates unterschiedlich geregelt (vgl. dazu die §§ 75 f. des Bundespersonalvertretungsgesetzes).

Im Gegensatz zur Möglichkeit der Erweiterung der Beteiligungsrechte des Betriebsrates durch Tarifvertrag oder Betriebsvereinbarung (nach §§ 86 und 88 BetrVG) können die Beteiligungsrechte des Personalrates nicht erweitert werden.

2. Die Ausgestaltung der Unternehmensverfassung

a) Das Montanmitbestimmungsgesetz[9]

Das am 21. Mai 1951 verabschiedete Gesetz über die Mitbestimmung der Arbeitnehmer in den Aufsichtsräten und Vorständen der Unternehmen des Bergbaus und der Eisen und Stahl erzeugenden Industrie (zuletzt geändert durch Gesetz vom 23. Juli 2001) sieht für die Unternehmen des Bergbaus und der Eisen und Stahl erzeugenden Industrie, die in der Form einer Aktiengesellschaft, einer Gesellschaft mit beschränkter Haftung oder einer bergrechtlichen Gewerkschaft mit eigener Rechtspersönlichkeit betrieben werden und mehr als 1 000 Arbeitnehmer haben, eine paritätische Besetzung der Aufsichtsräte vor.

In diesen Unternehmen werden von den in der Regel 11 (im Ausnahmefall 15 oder 21) Aufsichtsratsmitgliedern 5 (bzw. 7 oder 10) von den Anteilseignern, 5 (bzw. 7 oder 10) von den Arbeitnehmern entsandt (§§ 1 und 4). Das 11. (bzw. 15. oder 21.) „neutrale" Mitglied muss der Hauptversammlung der Anteilseigner mit der Mehrheit

---

[9] Vgl. dazu den Kommentar von Fitting/Wlotzke/Wißmann 1995.

der Stimmen des Aufsichtsrats vorgeschlagen werden; dabei müssen je 3 Vertreter der Anteilseigner und der Arbeitnehmer ihre Zustimmung geben (§ 8). Unter den von den Arbeitnehmern in den Aufsichtsrat entsandten Vertretern müssen sich zwei Arbeitnehmer befinden, die in einem Betrieb des Unternehmens tätig sind. Die von den Arbeitnehmern entsandten Vertreter werden dem Wahlorgan durch die Betriebsräte der Betriebe des Unternehmens nach Beratung mit den im Betrieb vertretenen Gewerkschaften vorgeschlagen (§ 6). In den Vorstand des Unternehmens ist als gleichberechtigtes Mitglied ein „Arbeitsdirektor" zu entsenden, der nicht gegen die Stimmen der Vertreter der Arbeitnehmer im Aufsichtsrat bestellt oder abberufen werden kann (§ 13).

In Konzernunternehmungen, die ein der Montanmitbestimmung unterliegendes Unternehmen beherrschen, gilt nach dem Gesetz zur Ergänzung des Gesetzes über die Mitbestimmung der Arbeitnehmer in den Aufsichtsräten und Vorständen der Unternehmen des Bergbaus und der Eisen und Stahl erzeugenden Industrie vom 7. Aug. 1956, zuletzt geändert durch Gesetz vom 23. Juli 2001, die gleiche paritätische Besetzung des Aufsichtsrates, sofern entweder mindestens ein Fünftel des Konzernumsatzes im Montanbereich erzielt wird oder wenn im Montanbereich des Konzerns mindestens 2 000 Arbeitnehmer beschäftigt sind.

Durch dieses Mitbestimmungsgesetz partizipieren die Vertreter der Arbeitnehmer an allen Entscheidungs- und Kontrollrechten, die einem Aufsichtsrat zustehen. Dazu gehören insbes. die Bestellung der Vorstandsmitglieder (§ 84 Aktiengesetz), die Beratung und Überwachung der Geschäftsführung des Vorstandes, die mit umfassenden Einsichts- und Kontrollbefugnissen verbunden sind (§ 111 AktG), sowie die Prüfung des Jahresabschlusses, des Vorschlags für die Gewinnverteilung und des Geschäftsberichtes (§ 171 AktG).

b) Das Mitbestimmungsgesetz [10]

Das *Mitbestimmungsgesetz* vom 04. Mai 1976, zuletzt geändert durch Gesetz vom 23. März 2002, gilt für alle Unternehmen, die in der Rechtsform einer Aktiengesellschaft, einer Kommanditgesellschaft auf Aktien, einer Gesellschaft mit beschränkter Haftung, einer bergrechtlichen Gewerkschaft mit eigener Rechtspersönlichkeit und einer Genossenschaft betrieben werden und mehr als 2 000 Arbeitnehmer beschäftigen - mit Ausnahme der der Montanmitbestimmung unterliegenden Unternehmen und der sog. „Tendenzunternehmen" im Sinne von § 118 des BetrVG.

Die Aufsichtsräte der mitbestimmten Unternehmen werden paritätisch mit Vertretern der Anteilseigner und der Arbeitnehmer - je nach Unternehmensgröße je 6, 8 oder 10 Vertreter der jeweiligen Seite - besetzt. Je nach Größe des Aufsichtsrates müssen 4, 6 oder 7 Sitze mit Arbeitnehmern des Unternehmens besetzt sein (§ 7 MitbestG), wobei mindestens ein leitender Angestellter vertreten sein muss (§ 15 Abs. 1). Die restlichen Mitglieder der Arbeitnehmervertretung sind Vertreter der Gewerkschaften (§ 7 Abs.2).

Der Aufsichtsratsvorsitzende und sein Stellvertreter werden vom Aufsichtsrat mit Zweidrittelmehrheit gewählt. Wird bei der Wahl des Vorsitzenden oder seines Stellvertreters die erforderliche Mehrheit nicht erreicht, dann wählen die Vertreter der Anteilseigner den Aufsichtsratsvorsitzenden und die Vertreter der Arbeitnehmer den

---

[10] Vgl. dazu die Kommentare von Fitting/Wlotzke/Wißmann 1995 oder Hanau/Ulmer 1981.

Stellvertreter jeweils mit der Mehrheit der abgegebenen Stimmen (§ 27). Für den Fall, dass im Aufsichtsrat wegen Stimmengleichheit eine Abstimmung wiederholt wird und sich dabei erneut Stimmengleichheit ergibt, erhält der Aufsichtsratsvorsitzende zwei Stimmen (§ 29 Abs. 2).

Die Zusammensetzung der Aufsichtsräte und die Stimmrechtsregelung ist nicht voll paritätisch. Wahrscheinlich wird die Besetzung der „Arbeitnehmerbank" mit wenigstens einem leitenden Angestellten faktisch eine Stärkung der „Anteilseignerbank" bedeuten. Dieses faktische Ungleichgewicht wird durch ein leichtes rechtliches Übergewicht der Kapitaleigner ergänzt, das dadurch zu Stande kommt, dass die Anteilseigner den Aufsichtsratsvorsitzenden bestimmen können und nach Pattsituationen der Aufsichtsratsvorsitzende zwei Stimmen hat. Bei der Beurteilung dieser Konstruktion ist jedoch zu bedenken, dass es eine absolute Parität im Aufsichtsrat nicht geben kann, wenn nicht die Funktionsfähigkeit des Unternehmens gefährdet werden soll. Faktisch dürfte das rechtliche Übergewicht der Anteilseigner nicht so stark ins Gewicht fallen, weil nach aller Erfahrung die Einigung zwischen den beiden Blöcken von beiden Seiten erstrebt wird.[11]

Für den Vorstand wird als gleichberechtigtes Mitglied ein Arbeitsdirektor bestellt, der primär für Personal- und Sozialfragen zuständig ist. Im Gegensatz zum Montanmitbestimmungsgesetz haben die Vertreter der Arbeitnehmer im Aufsichtsrat bei der Bestellung des Arbeitsdirektors kein Vetorecht; die Annahme, dass der Aufsichtsrat einen Arbeitsdirektor nicht gegen den Willen der Arbeitnehmervertreter bestellt, ist jedoch - auch nach den Erfahrungen mit dem *Mitbestimmungsergänzungsgesetz* von 1956 - berechtigt.

c) Die Unternehmensmitbestimmung nach dem Betriebsverfassungsgesetz[12]

Vor Verabschiedung des Mitbestimmungsgesetzes von 1976 war die Unternehmensmitbestimmung außerhalb des Montanbereichs im BetrVG geregelt. Für Unternehmen und Konzerne mit weniger als 2 000, aber mehr als 500 Arbeitnehmern, die in der Form der Aktiengesellschaft, der Kommanditgesellschaft auf Aktien, der Gesellschaft mit beschränkter Haftung und der Genossenschaft betrieben werden, gelten die §§ 76 bis 77a dieses Gesetzes weiter, wonach der Aufsichtsrat der genannten Unternehmen zu einem Drittel mit Vertretern der Arbeitnehmer besetzt sein muss.

3. Erfahrungen und Kontroversen

Die Diskussion um die Mitbestimmung wird nach wie vor stark ideologiebeladen geführt. Kontrovers diskutiert werden erstens die Frage der Vereinbarkeit der Mitbestimmung mit der Eigentumsgarantie des Art. 14 GG, zweitens die Frage der Vereinbarkeit von Mitbestimmung und Tarifautonomie, drittens die Frage der Zusammensetzung der Arbeitnehmervertreter aus Mitarbeitern des Unternehmens und unternehmensfremden Gewerkschaftsvertretern sowie viertens die Wirkungen der Mitbestimmung auf die marktwirtschaftliche Ordnung.

---

[11] Vgl. dazu Sachverständigenkommission zur Mitbestimmung, 1970, Teil III, Ziff. 19.
[12] Vgl. dazu die Kommentare von Fitting u.a. 2002 oder Fabricius u.a. 2002.

Zu den beiden ersten Fragen hat das BVerfG bereits im Jahr 1978 Stellung genommen. Unternehmen und Arbeitgeberverbände hatten gegen das *MitbestG* von 1976 Klage eingereicht mit der Begründung, das Gesetz verletze Art. 14 Abs. 1 GG und Art. 9 Abs. 3 GG, weil die Präsenz der Arbeitnehmervertreter im Aufsichtsrat die Verfügungsrechte der Kapitaleigner erheblich einschränke und die Gegnerfreiheit und Gegnerunabhängigkeit der Arbeitgeberkoalition nicht mehr gewährleiste (vgl. BVerfGE 50, 290). Zum ersten Problem hat das BVerfG entschieden, dass das Gesetz nicht gegen die Eigentumsgarantie verstößt, weil sich die Begrenzung der Verfügungsrechte der Eigentümer in den Grenzen einer verfassungsrechtlich zulässigen Sozialbindung hält und das Gesetz den Arbeitnehmern *keine volle Parität* einräumt.

Zum zweiten Problem, dass nämlich die als konstitutive Elemente der Tarifautonomie angesehenen Prinzipien der Gegnerfreiheit, der Gegnerunabhängigkeit und der Waffengleichheit der Tarifparteien nicht mehr als gewährleistet gelten können, wenn Personen, die von den Gewerkschaften abhängig oder beeinflussbar sind, in den entscheidenden Unternehmensorganen vertreten sind, führte das Bundesverfassungsgericht aus, dass ein Einfluss der Arbeitnehmerseite oder der Gewerkschaften auf die Koalitionen der Arbeitgeber zwar nicht auszuschließen sei. Diese mögliche Einschränkung greife aber nicht in den Kernbereich von Art. 9 Abs. 3 ein, da die Angehörigen der Vertretungsorgane auf die Interessen der Unternehmen verpflichtet seien, etwaige persönliche oder Interessenkonflikte also zugunsten der Unternehmensinteressen entscheiden müssten. Nach den Einsichten der Sachverständigenkommission zur Mitbestimmung (1970, Teil III, Z 51 f.) wird das Problem auch erstens dadurch entschärft, dass die Arbeitnehmervertreter in den Aufsichtsräten sich im Bewusstsein des Konfliktes zwischen Mitbestimmung und tarifvertraglichen Regelungen der Arbeitsbedingungen bemühten, durch die klare Wahrung der Zuständigkeitsverteilung solche Konflikte zu vermeiden und zweitens dadurch, dass von den Gewerkschaften die den Arbeitsdirektoren durch ihre Mitgliedschaft in der Tarifkommission zugewiesene Rolle als Vertreter der Unternehmen voll anerkannt worden ist.

Der Problembereich negativer Wirkungen auf die marktwirtschaftliche Ordnung umfasst zwei Teilprobleme. Erstens besteht die Gefahr, dass die durch die Mitbestimmung aneinander gekoppelten Partner, nämlich Arbeitgebervereinigungen und Gewerkschaften, versucht sein könnten, Konflikte zwischen unternehmenspolitischen Zielen (langfristige Sicherung der wirtschaftlichen Existenzgrundlagen, Rentabilität, Anwendung arbeitssparenden technischen Fortschritts) und Arbeitnehmerinteressen (Arbeitsplatzsicherung, Maximierung der Realeinkommen) durch gemeinsame Forderungen nach einer konfliktentschärfenden Wirtschaftspolitik gegenüber den Trägern der Wirtschaftspolitik zu lösen (z. B. durch die Zulassung von Fusionen und Konzentrationsprozessen, durch Subventionen, durch die Milderung kostenverursachender Auflagen an die Unternehmen, z. B. in Bezug auf den Umweltschutz, durch preispolitische Interventionen) - auf Kosten der Wettbewerbsintensität, der Leistungsfähigkeit der gesamten Volkswirtschaft, auf Kosten der Verbraucher und der Steuerzahler (vgl. bereits v. Nell-Breuning 1970, S. 152 f.). Zweitens besteht die Gefahr, dass durch die Mitbestimmung der Arbeitnehmer die Anpassungsfähigkeit der Unternehmen an Änderungen der Marktverhältnisse, der Faktorpreisrelationen und der Technologie beeinträchtigt wird. Andererseits können Mitbestimmungsorgane aber auch produktivitätssteigernd wirken.[13] Im Sinne des *collective-voice*-Ansatzes haben Vertretungs-

---

[13] Vgl. hierzu Freeman / Lazear (1995).

organe die Aufgabe, Informationen über die Präferenzen der Beschäftigten zu bündeln und Unzufriedenheit über betriebliche Zustände zum Ausdruck bringen. Dadurch verbessern sich die Arbeitszufriedenheit und die Motivation der Beschäftigten. Zusätzlich verringert sich die Fluktuationsrate im Unternehmen, so dass Investitionen in betriebsspezifisches Humankapital rentabel werden. Allerdings fallen die empirischen Befunde zu den Produktivitätseffekten der betrieblichen Mitbestimmung uneinheitlich aus.[14]

Schließlich haben die Belegschaftsvertreter gerade in jüngster Zeit in zahlreichen Fällen sog. „Standortvereinbarungen zur Beschäftigungssicherung" zugestimmt bzw. diese nachhaltig mitgestaltet. Standortvereinbarungen werden von beiden Seiten freiwillig eingegangen und zählen nicht zum Katalog der erzwingbaren Mitbestimmungsrechte. Gegenstände dieser Vereinbarungen sind die Investitionspläne des Unternehmens, Anpassungen der Belegschaftsgröße und bestimmte Aspekte der Entlohnung. Allerdings beschränken sich Standortvereinbarungen zumeist auf passive Maßnahmen zur Sicherung bereits bestehender Beschäftigungsverhältnisse.

Es wäre u. E. verfehlt, die mit der Mitbestimmung verbundenen Probleme zu unterschätzen. Es wäre aber ebenso verfehlt, zu übersehen, dass sie sich als ein geeignetes Instrument erwiesen hat, das Extrem einer kapitalistischen bzw. einer ausschließlich am *shareholder value* orientierten Unternehmensverfassung zu meiden und in einer eigenständigen Unternehmenskultur aufzuheben. „Eine von der rechtlichen und wirtschaftlichen Gleichberechtigung zwischen Anteilseignern und Arbeitnehmern im Unternehmen ausgehende Ordnung verläßt den Gedankenkreis des Kapitalismus und schreitet zu einem neuen Gestaltungsprinzip fort, das... zwischen Kapitalismus und Sozialismus steht, wenn man so will, eine gegenüber beiden neutrale, dritte Alternative bildet" (Raiser 1973, S. 66).

C. Gesamtwirtschaftliche (überbetriebliche) Mitbestimmung

Forderungen nach überbetrieblicher Mitbestimmung und entsprechende Einrichtungen haben in Deutschland eine lange Geschichte.[15]

In der Bundesrepublik sind mehrere Formen überbetrieblicher Mitbestimmung verwirklicht, nämlich erstens in den Einrichtungen der sozialen Sicherung, zweitens in der Arbeits- und Sozialgerichtsbarkeit, drittens im Bereich der berufsständischen Selbstverwaltung und viertens im politischen Willensbildungsprozess.

Im Bereich der Einrichtungen der Sozialversicherung wirken die Arbeitnehmervertreter an der Selbstverwaltung der sozialen Einrichtungen durch ihre Vertretung in den Organen der Sozialversicherungsträger mit. Die Organe der Träger der RV, der KV und der UV setzen sich je zur Hälfte aus Vertretern der Arbeitnehmer und Vertretern der Arbeitgeber zusammen.[16] In den Organen der Bundesagentur für Arbeit, der

---

[14] Vgl. die Synopse der empirischen Evidenz bei Addison u.a. (1999).
[15] Vgl. dazu Napp-Zinn 1964; Meinhold 1980 (Lit.).
[16] Ausnahmen sind: Die Bundesbahn-Versicherungsanstalt und die Betriebskrankenkassen, in deren Organen nur ein Arbeitgebervertreter sitzt, der jedoch über 50 % aller Stimmen verfügt; die Bundesknappschaft, in deren Organen die Arbeitnehmer 2/3, die Arbeitgeber 1/3 der Mitglieder stellen; die Ersatz(kranken)kassen, die ausschließlich von Arbeitnehmervertretern verwaltet werden; die landwirt-

Landesarbeitsämter und der Arbeitsämter sind die Arbeitnehmer ebenfalls vertreten. Sie stellen dort neben den Arbeitgebern und den Vertretern öffentlicher Körperschaften 1/3 der Mitglieder. Die Arbeitnehmervertreter werden von den Gewerkschaften vorgeschlagen.

In der Arbeits- und Sozialgerichtsbarkeit haben die Arbeitgeber und die Arbeitnehmer Mitwirkungsrechte, weil die Beisitzer sowohl der Gerichte für Arbeitssachen auf allen Ebenen (Arbeitsgerichte - Landesarbeitsgerichte - Bundesarbeitsgericht)[17] als auch der Kammern für Angelegenheiten der Sozialversicherung und der Arbeitslosenversicherung bei den Sozialgerichten auf allen Ebenen (Sozialgerichte - Landessozialgerichte - Bundessozialgericht)[18] paritätisch aus Arbeitnehmern und Arbeitgebern zusammengesetzt sind. Bei der Benennung der Vorsitzenden der Arbeitsgerichte und der Berufsrichter der Sozialgerichte haben die Gewerkschaften das Recht der Teilnahme an der Beratung in einem drittelparitätisch aus Gewerkschaften, Arbeitgebervertretern und Vertretern der Gerichtsbarkeit zusammengesetzten Ausschuss.[19]

Auch in berufsständischen Selbstverwaltungsorganen sind Arbeitnehmer vertreten: Die Hauptversammlungen der Handwerkskammern sowie der Landwirtschaftskammern sind zu 1/3 mit Gesellen bzw. Landarbeitern besetzt. In den Berufsbildungsausschüssen der Industrie- und Handelskammern, die für die Lehrabschlussprüfungen zuständig sind, haben die Gewerkschaften als Arbeitnehmervertreter paritätisches Mitentscheidungsrecht.

Schließlich sind die Gewerkschaften und die Arbeitgeber neben weiteren gesellschaftlichen Gruppen auch in den Rundfunkräten der öffentlich-rechtlichen Rundfunk- und Fernsehanstalten vertreten.

Sonderformen berufsständischer Selbstverwaltung kennen der Stadtstaat Bremen und das Saarland. Dort gibt es selbständige, von den Gewerkschaften unabhängige Arbeitnehmerkammern, die die Aufgabe haben, die Interessen von Arbeitern und Angestellten durch die Erstellung von Gutachten zu vertreten.

Im politischen Willensbildungsprozess besteht zwar keine Mit*bestimmung* der Arbeitnehmer- und der Arbeitgebervereinigungen, aber eine verstärkte Möglichkeit der Mit*wirkung*. Denn die Vertreter der Arbeitnehmerschaft sowie der Arbeitgeber und Unternehmerschaft können nicht nur - wie auch andere Gruppen - mit Hilfe ihrer Verbände am Willensbildungsprozess teilnehmen, sondern sie werden auch vom Gesetzgeber regelmäßig im Zusammenhang mit Gesetzgebungsvorhaben gehört.

Spezifische Formen der überbetrieblichen Mitbestimmung stellten die „Konzertierte Aktion" und das „Bündnis für Arbeit, Ausbildung und Wettbewerbsfähigkeit" dar.

Die „konzertierte Aktion" wurde 1967 begründet und tagte mehrmals (in der Regel zweimal) jährlich unter der Federführung und Leitung des Bundeswirtschaftsministers. Neben dem Bundeswirtschaftsminister als Vorsitzendem, dem Bundesfinanzminister, einem Vertreter der Bundesbank und Mitgliedern des Sachverständigenrates nahmen v.a. 9 bis 10 Gewerkschaftsvertreter und eine etwa gleiche Zahl von Arbeitgeber- und Unternehmensvertretern teil. Ziel der Sitzungen war es, die beteiligten

---

schaftlichen Berufsgenossenschaften mit je 1/3 Arbeitnehmervertretern, Arbeitgebervertretern und Vertretern solcher Selbständigen, die keine fremden Arbeitskräfte beschäftigen.

[17] Vgl. die §§ 6, 16, 20, 23, 35, 41 und 45 des Arbeitsgerichtsgesetzes vom 03. Sept. 1953 , zuletzt geändert durch VO vom 25. Nov. 2003.

[18] Vgl. die §§ 3, 12, 14, 33, 38, 41 und 46 des Sozialgerichtsgesetzes vom 03. Sept. 1953, zuletzt geändert durch Gesetz vom 27. Dez. 2003.

[19] Vgl. §§ 18 und 36 Arbeitsgerichtsgesetz und § 11 Sozialgerichtsgesetz.

Verbandsvertreter für ein aufeinander abgestimmtes (konzertiertes) Verhalten zur makroökonomischen Nachfragesteuerung zu gewinnen. Aus Protest gegen die Arbeitgeberklage gegen das *MitbestG* nahmen die Gewerkschaften seit 1977 nicht mehr an der Aktion teil und brachten sie dadurch zum Scheitern. Sie war ein ordnungspolitisch sehr umstrittenes Instrument der Mitbestimmung und ein letztlich untaugliches Instrument der Einkommenspolitik.[20]

Trotz der insgesamt enttäuschenden Bilanz der konzertierten Aktion unternahm die Bundesregierung im Jahr 1998 mit dem „Bündnis für Arbeit, Ausbildung und Wettbewerbsfähigkeit" einen erneuten Anlauf, um die Wirtschafts- und Sozialpolitik zwischen Bundesregierung einerseits und den Tarifvertragsparteien andererseits zu koordinieren. Ziel des Bündnisses für Arbeit war es, mit Unterstützung aller gesellschaftlichen Gruppen Reform- und Beschäftigungspotenziale zu identifizieren, einen breiten Konsens für strukurelle Reformen herzustellen und die lang anhaltende und strukturell verfestigte Massenarbeitslosigkeit abzubauen. Unter Leitung des Kanzleramtes traten Vertreter der Fachministerien sowie von Wirtschaftsverbänden und Gewerkschaften in Spitzengesprächen zusammen, um gemeinsam wirtschafts-, arbeitsmarkt- und sozialpolitische Reformvorhaben konzeptionell auszuarbeiten und umzusetzen. Inhaltlich wurden diese Spitzengespräche durch insgesamt neun Arbeitsgruppen und eine Gruppe unabhängiger wisenschaftlicher Berater („Bench-marking-Gruppe") unterstützt. Auch dieser Versuch einer gesamtwirtschaftlich koordinierten Wirtschafts- und Sozialpolitik blieb letztlich erfolglos, da die wirtschaftspolitischen Vorstellungen der Beteiligten zu stark divergierten und die Tarifpolitik nicht Gegenstand der Konsensgespräche war.

Die überbetriebliche Mitbestimmung ist ordnungspolitisch unbedenklich, solange sie darauf abzielt, durch beratende, kontrollierende und mitentscheidende Mitwirkung von Vertretern bestimmter sozialer Gruppen in Organen der Wirtschafts- und Sozialpolitik und -verwaltung sicherzustellen, dass die allgemein anerkannten Interessen dieser Gruppe bei der Aufgabenwahrnehmung durch diese Organe gebührend und entsprechend den Absichten des Gesetzgebers berücksichtigt werden. In diesem Fall entspricht sie dem Grundsatz der möglichst weitgehenden Selbstverwaltung sozialer Angelegenheiten, bezieht soziale Gruppen in die soziale Verantwortung ein, sichert den sozialen Frieden und ist rational im Sinne der Dezentralisierung von Kontroll- und Entscheidungsbefugnissen und der Nutzung des überlegenen Informationsstandes, der Problemkenntnis und der Sachkenntnis der Delegierten mitbestimmender Gruppen. Kommt dazu, dass - wie in den Organen der Sozialversicherung, der Arbeitsverwaltung und der Arbeits- und Sozialgerichtsbarkeit - die Vertreter divergierender Interessen Mitbestimmungsrechte haben, so dass die Gefahr der Durchsetzung gruppenegoistischer Ziele auf Kosten des Gemeinwohls nicht besteht, und dass es sich um die Mitwirkung von Gruppenvertretern im Bereich der wirtschafts- und sozialpolitischen Exekutive handelt, dann ist überbetriebliche Mitbestimmung wirtschaftsordnungspolitisch nicht nur als unbedenklich, sondern - für pluralistische Mehrparteiendemokratien - als systemverbessernd anzusehen (vgl. zur Bedeutung und zum Gewicht der Selbstverwaltung Lampert 1984c).

Problematischer sind Formen der überbetrieblichen Mitbestimmung, wenn es sich nicht um die Mitbestimmung von sozialen oder/und beruflichen Gruppen auf der E-

---

[20] Vgl. zur Konzertierten Aktion Stern/Münch/Hansmeyer 1972, S. 166 und 179; Hardes 1974; Rall 1975 (Lit.); zur Kritik vgl. Hoppmann 1971.

bene des Vollzuges, sondern der Konzipierung und Entscheidung der Wirtschafts-
und Sozialpolitik handelt, also im legislativen Bereich. Diese Art überbetriebliche
Mitbestimmung birgt drei Problemkomplexe in sich:[21]

1. das im Grunde unlösbare Problem einer legitimen und funktionenadäquaten Zusammensetzung solcher Vertretungsorgane. Solche Organe müssten ja ein - mehr
oder minder getreues - Abbild der wirtschaftlichen und sozialen Struktur der Gesellschaft sein. Die Aufteilung der Sitze auf Arbeitnehmer und Arbeitgeber, auf
Vertreter der verschiedenen wirtschaftlichen Sektoren und auf Beamte, Konsumenten, noch nicht und nicht mehr am Wirtschaftsleben Beteiligte würde - wie
auch immer sie vorgenommen wird - bedeuten, dass - in völligem Gegensatz zu
Parlamenten, deren Vertreter in allgemeinen, freien, gleichen und geheimen Wahlen bestimmt werden - das Gewicht, mit dem bestimmte Interessen in diesem Organ zum Zuge kommen können, vorgegeben wird. Dies ist - im Sinne der plebiszi-
tären Demokratie, des Grundsatzes der Chancengleichheit, des Parteienstaates, der
Idee der Zuteilung politischer Macht auf Zeit und der Möglichkeit der Schaffung
von Mehrheiten im politischen Wettbewerb - undemokratisch.

2. Es besteht die Gefahr, dass sich in solchen Organen ganz überwiegend die Interessen bestimmter beruflicher oder sozialer Gruppen durchsetzen, dass sich also die
Entscheidungen eines solchen Organs nicht am gesamtgesellschaftlichen, am Ge-
meinwohl, sondern am Wohl der stärksten Gruppe orientieren.

3. Durch die Möglichkeit der institutionalisierten Einflussnahme auf die staatliche
Wirtschafts- und Sozialpolitik werden wirtschaftliche und soziale Machtgruppen
gefestigt. Wenn die Möglichkeit der Einflussnahme auf den Gesetzgebungspro-
zess durch quasi-parlamentarische Institutionen mit einem Mehrparteienparlament
kombiniert ist, dessen Vertreter sich mehrheitlich der Gruppe der Arbeitnehmer
verpflichtet wissen, wenn ferner die Arbeitnehmerrechte in Betrieb und Unternehmung weitgehend abgesichert sind, die Sozialpartner im Feld der Lohnpolitik
autonom sind, und wenn schließlich der Staat die Verantwortung für einen hohen
Beschäftigungsgrad übernimmt, stellt sich das Problem der Kumulierung und Po-
tenzierung gewerkschaftlicher Macht.[22]

Angesichts der mit der überbetrieblichen Mitbestimmung im Bereich der Legislative verbundenen Problematik ist es aus ordnungspolitischer Sicht dringend geboten,
die Tätigkeit dieser Organe auf beratende, begutachtende und allenfalls durchführen-
de Aufgaben zu beschränken.

---

[21] Vgl. dazu Meinhold 1980; Seraphim 1963, S. 224 ff.
[22] Vgl. dazu Institut der deutschen Wirtschaft (Hg.), Macht und Verantwortung der Gewerkschaften 1974;
dass., Auf dem Weg in den Gewerkschaftsstaat 1974; Sanmann 1977.

Literatur

1. Monographien und Aufsätze

BMA 2000 - Kunze/Christmann 1964 - v. Nell-Breuning 1968b - Sachverständigen-kommission zur Mitbestimmung 1970 - Raiser 1973 - Gaugler 1980 (Lit.) – Hamm 1980b (Lit.) - Meinhold 1980 (Lit.) - Bertelsmann Stiftung/ Hans-Böckler-Stiftung 1998 – Ilbertz/Widmaier 1999 - Dütz 2003

2. Laufende Materialquellen und Periodika

Arbeitsrecht im Betrieb – Zeitschrift für Betriebsratsmitglieder, Köln 1980 ff.
Die Mitbestimmung (vorm.: Das Mitbestimmungsgespräch), Düsseldorf 1955 ff.
Die Personalvertretung, Berlin, Berlin 1958 ff.

IX. Kapitel

Das System der sozialen Sicherung

A. Definition, Notwendigkeit und allgemeine Aufgabe

Unter dem System der sozialen Sicherung i.e.S. versteht man die Summe aller Einrichtungen und Maßnahmen, die das Ziel haben, die Bürger gegen *die* Risiken zu schützen, die verbunden sind
a) mit dem vorübergehenden oder dauernden, durch Krankheit, Unfall, Alter oder Arbeitslosigkeit bedingten Verlust von Arbeitseinkommen,
b) mit dem Tod des Ernährers (Ehepartner oder Eltern) und
c) mit unplanmäßigen Ausgaben im Falle von Krankheit, Mutterschaft, Unfall oder Tod.

Die Mehrzahl aller Systeme der sozialen Sicherung i.e.S. weist - von Land zu Land institutionell unterschiedlich organisiert - als Bestandteile auf:
- die Berufs- und Erwerbsunfähigkeitsversicherung,
- die Alters- und Hinterbliebenenversicherung,
- die Unfallversicherung,
- die Krankenversicherung und
- die Arbeitslosenversicherung.

Solche Systeme werden häufig auch als Sozial*versicherungs*systeme bezeichnet; diese Bezeichnung ist jedoch missverständlich, weil und soweit nicht alle Teile des Systems auf dem Versicherungsprinzip beruhen.

Zum System der sozialen Sicherung i.w.S. gehören neben den eben skizzierten Elementen noch die Kriegsopferversorgung, die Sozialhilfe und andere Sozialtransfers (im Rahmen der Wohnungspolitik, der Politik der Ausbildungsförderung und der Familienpolitik).

Die Notwendigkeit einer sozialen Sicherung gegen die Risiken des Unfalls, der Krankheit, des Alters und der Arbeitslosigkeit ergibt sich aus folgenden Tatsachen:
1. Die überwiegende Zahl der Mitglieder industrialisierter Volkswirtschaften ist zur Existenzsicherung auf die Verwertung ihrer Arbeitskraft angewiesen. Daher bedeutet ein vorübergehender oder dauernder Verlust ihrer Arbeitsfähigkeit in der arbeitsteilig organisierten, hochspezialisierten, nicht-agrarischen Gesellschaft[1] eine unmittelbare Bedrohung ihrer Existenz.
2. Die Zweigenerationenfamilie der industriellen Gesellschaft ist zu klein, um ihre Mitglieder gegen die genannten Risiken sichern zu können.
3. Aufgrund der großen Zahl Sicherungsbedürftiger sind kirchliche, verbandliche, städtische und gemeindliche Wohlfahrtseinrichtungen nicht in der Lage, ausreichenden Schutz zu bieten.

---

[1] Vgl. zur sozialen Sicherung in vorindustriellen Gesellschaften Partsch 1983, S. 53 ff.

4. Eine Risikovorsorge auf Privatversicherungsbasis ist für viele nicht möglich, weil sie aus ihren Einkommen Versicherungsprämien, die nach dem Äquivalenzprinzip kalkuliert sind, nicht aufbringen können.
5. Gegen bestimmte Risiken werden keine privaten Versicherungen angeboten, wie z.b. gegen das Risiko der Arbeitslosigkeit, der Inflation und gravierende medizinische Risiken; außerdem sind Versicherungsmärkte unvollkommen, so dass sie, z.b. wegen mangelnder Transparenz der Versicherungsnehmer über den Umfang, die Qualität und die Voraussetzungen der angebotenen Versicherungsleistungen, keinen effizienten Schutz bieten.[2]

Daher bleibt zur Deckung des Bedarfs an Risikovorsorge nur die Bildung von Kollektiven im Rahmen eines Sozialvertrages,[3] d.h. staatlicher Regelungen zur Milderung oder Beseitigung von Risiken, denen die Gesellschaftsmitglieder ausgesetzt sind. Solche auf staatlichen Regelungen beruhenden Kollektive machen es aufgrund ihrer Größe möglich, den Eintritt von Risiken zu kalkulieren und die erforderlichen Mittel durch die Verteilung auf viele Mitglieder aufzubringen.

B. Gestaltungsprinzipien und Strukturmerkmale von Systemen sozialer Sicherung

Im Zuge der wirtschaftlichen Entwicklung haben alle Industriegesellschaften Systeme sozialer Sicherung aufgebaut, die sich nach ihrer Organisation, den Gestaltungsprinzipien, der Qualität und dem Umfang der Leistungen sowie nach der Finanzierungsmethode mehr oder weniger unterscheiden.[4] Daher empfiehlt es sich, vor der Darstellung der Grundzüge sozialer Sicherung in der Bundesrepublik einen allgemeinen Überblick über Gestaltungsprinzipien und Strukturmerkmale von Systemen sozialer Sicherung zu geben (vgl. dazu auch Übersicht 8).

1. Kernprinzipien: Versicherung - Versorgung - Fürsorge

Systeme sozialer Sicherung können nach dem Versicherungs-, dem Versorgungs-, dem Fürsorgeprinzip oder nach Mischformen aus den drei Prinzipien aufgebaut werden. In den realisierten Sicherungssystemen dominieren die Mischformen (vgl. zu diesen Prinzipien in Theorie und Praxis D. Schäfer 1966, Kap. V und VI).

---

[2] Vgl. dazu Barr 1992, S. 749 ff.
[3] Vgl. dazu und zu den theoretischen Grundlagen staatlicher Versicherungssysteme Rolf/Spahn/ Wagner 1988 sowie Schmähl 1985.
[4] Vgl. dazu Kaim-Caudle 1973, der die Sicherungssysteme Australiens, der Bundesrepublik, Kanadas, Dänemarks, Irlands, der Niederlande, Neuseelands, Österreichs, des Vereinigten Königreiches und der USA darstellt, sowie Köhler/Zacher 1981, mit Darstellungen der Systeme Deutschlands, Frankreichs, Großbritanniens, Österreichs und der Schweiz. Vgl. ferner Kommission der Europäischen Gemeinschaft 1989, Flora/Heidenheimer 1984, Alber 1982, G. A. Ritter 1991 und BMA (Hrsg.), Euroatlas, Soziale Sicherheit im Vergleich, Bonn 1998.

Übersicht 8. Gestaltungsprinzipien und Finanzierungsformen der Risikovorsorge

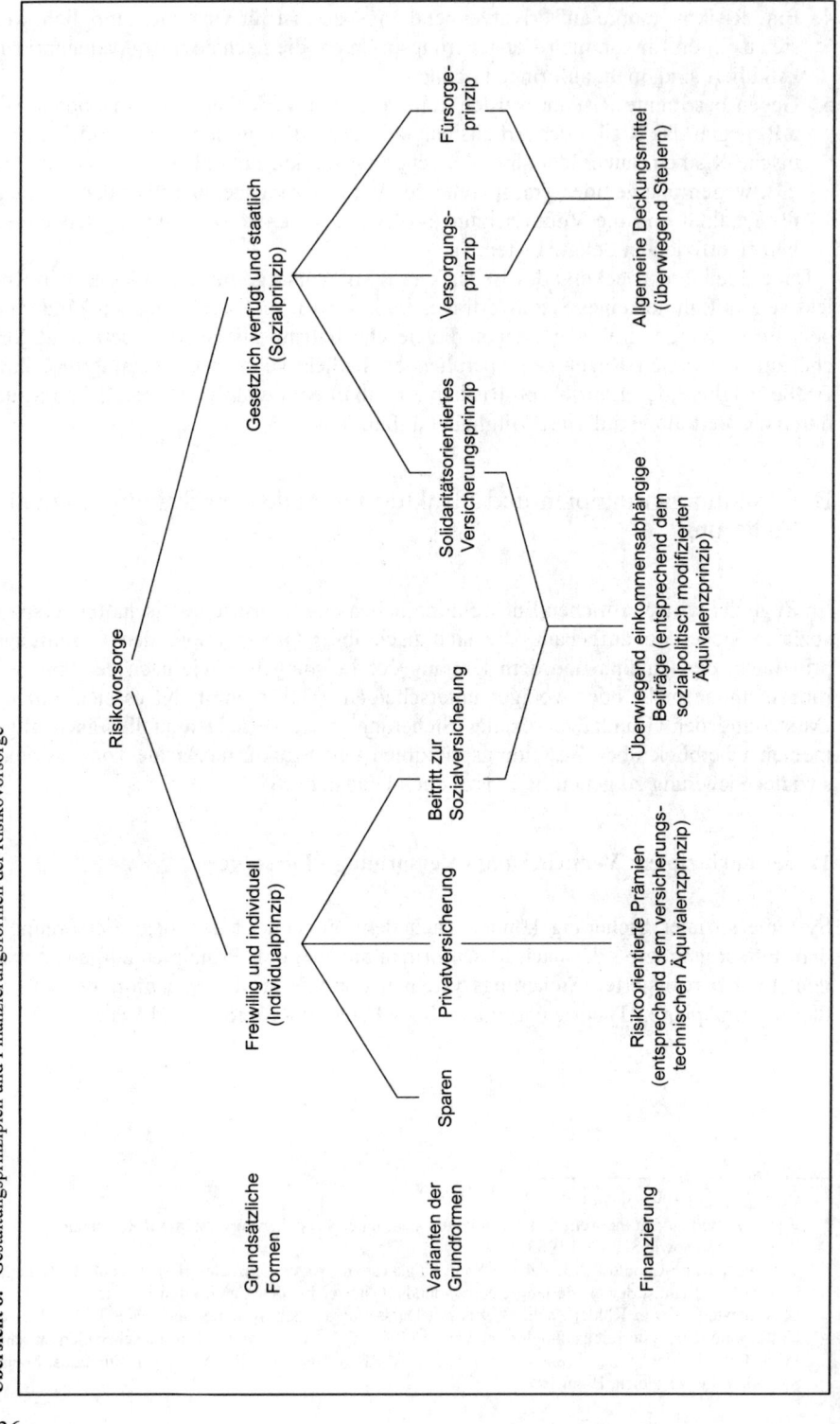

a) Das Versicherungsprinzip

Das Versicherungsprinzip beruht auf dem statistischen Gesetz der „großen Zahlen", d.h. dass der im Einzelfall nicht vorhersehbare Risikoeintritt und der nicht vorher bestimmbare Bedarf an Mitteln für eine größere Gesamtheit der von gleichartigen Risiken Betroffenen zu kalkulierbaren Größen werden.

Im Falle der *Privat*versicherung werden die Versicherungsprämien auf der Basis von Risikoausgleichskalkülen nach dem Prinzip der versicherungstechnischen Individualäquivalenz gestaltet, d.h. im Sinne einer strengen Orientierung der Prämienleistungen am Erwartungsschaden, also dem Produkt aus Risikoeintrittswahrscheinlichkeit und erwarteter Schadenshöhe. Trotz ihrer Orientierung am versicherungstechnischen Äquivalenzprinzip produzieren die Privatversicherungen sozialpolitisch positive Effekte. Denn durch die Vermeidung bzw. Reduzierung der negativen wirtschaftlichen Folgen des Eintritts bestimmter Risiken werden die Versicherten von Angst und Sorge befreit und ihre wirtschaftliche Lage vor Instabilitäten geschützt. Durch die freiwillige Bildung von Versichertengemeinschaften und durch die Verteilung der Kosten für die Abdeckung eingetretener Schäden auf die große Zahl der Versicherten entfällt für die Versicherten die Notwendigkeit, durch eine aufwendige individuelle Vermögensbildung Risikovorsorge zu treffen.

Das *Sozial*versicherungsprinzip ist ein in zweifacher Weise nach dem Grundsatz der Solidarität (vgl. dazu S. 450) modifiziertes Individualversicherungsprinzip: die Beiträge in der Sozialversicherung sind nicht an *individuellen* Risikowahrscheinlichkeiten orientiert (z.B. sind die Beiträge nicht alters- oder familienstandsabhängig; in der sozialen KV sind nicht erwerbstätige Familienmitglieder beitragsfrei mitversichert) und auch die Versicherungsleistungen sind nicht streng beitragsorientiert (z.B. sind die Sachleistungen in der Sozialversicherung beitragsunabhängig). Eine Folge des Solidaritätsprinzips ist es auch, dass die Sozialversicherung im Gegensatz zur Individual- oder Privatversicherung für die Pflichtversicherten weder Risikoausschlüsse noch Leistungsausschlüsse kennt, also auch die von besonderen Risiken und damit von wirtschaftlicher und sozialer Schwäche besonders bedrohten Menschen bedingungslos und ohne zusätzliche Beitragsleistungen versichert.

Neben der *relativen* Beitragsäquivalenz der Leistungen ist es ein weiteres Merkmal des Sozialversicherungsprinzips, dass die Leistungen auf einem Rechtsanspruch beruhen und nach Art und Höhe normiert sind.

b) Das Versorgungsprinzip

Bei Anwendung des Versorgungsprinzips entstehen Leistungsansprüche nicht aufgrund von Beitragszahlungen, sondern aufgrund anderer Voraussetzungen, insbes. Leistungen für den Staat (Dienstleistungen als Beamte, Wehrdienst). Auf Versorgungsleistungen besteht ein Rechtsanspruch. Sie sind nach Art und Höhe normiert. Finanzierungsquelle sind Steuereinnahmen.

Das Versorgungsprinzip ist unumstritten für Fälle, in denen Gesellschaftsmitgliedern besondere Opfer abverlangt wurden, wie im Falle von Kriegsschäden. Als Instrument zur Absicherung von „Normalrisiken" ist es in der Bundesrepublik und anderen Ländern nicht gebräuchlich, weil es entgegen den Prinzipien der Subsidiarität und der Selbstverantwortung auch diejenigen von Beiträgen zur Finanzierung der sozialen Sicherung freistellt, die fähig sind, eigene Beiträge zu leisten.[5]

c) Das Fürsorgeprinzip

Im Falle des Fürsorgeprinzips werden bei Eintritt eines Schadensfalles oder einer Notlage öffentliche Sach- oder/und Geldleistungen ohne vorherige Beitragsleistungen des Betroffenen nach einer Prüfung der Bedürftigkeit gewährt, wobei - in der Bundesrepublik - ein Rechtsanspruch „dem Grunde nach" besteht, nicht aber ein Anspruch auf Hilfe bestimmter Art und in bestimmter Höhe. Vielmehr werden die Leistungen nach Art und Höhe den Besonderheiten der Lage des Betroffenen entsprechend aufgrund von Entscheidungen zuständiger Behörden festgesetzt.

Für entwickelte Gesellschaften wird das Fürsorgeprinzip wegen der Unbestimmtheit der Leistungen, wegen der Notwendigkeit der Bedürftigkeitsprüfung und wegen des Fremdhilfecharakters der Leistungen überwiegend als ein unzulängliches Prinzip sozialer Sicherung angesehen.

2. Organisationsprinzipien sozialer Sicherung

a) Freiwillige Versicherung oder Pflichtversicherung

Auf Freiwilligkeit kann gebaut werden, wenn
1. privater Versicherungsschutz ohne Risikoausschlüsse angeboten wird,
2. die Risikobedrohten die Versicherungsprämien aufbringen können und
3. die Risikobedrohten eigeninitiativ ausreichende Versicherungsverträge abschließen.

Da eine oder mehrere dieser Bedingungen bei den Risiken Unfall, Krankheit, Alter, Tod und Arbeitslosigkeit nicht erfüllt sind, beruhen fast alle Systeme sozialer Sicherung auf der Versicherungs*pflicht* und auf der Ergänzung der Beitragsfinanzierung durch Beiträge Dritter oder durch Zuschüsse (Arbeitgeberbeiträge und Staatszuschüsse). Eine Versicherungspflicht, ergänzt um einen Kontrahierungszwang der Versicherer, ist außerdem immer dann nötig, wenn im System sozialer Sicherung horizontale und/oder vertikale Verteilungsziele verfolgt werden.

Mittlere Lösungen zwischen freiwilliger und Zwangsmitgliedschaft sind die Verpflichtung bestimmter Personenkreise zur Mitgliedschaft in Zwangsversicherungen bis zur Abdeckung eines bestimmten Mittelbedarfes oder die Verpflichtung bestimmter Personenkreise zum Abschluss einer Sozial- oder Privatversicherung eigener Wahl in bestimmter Höhe. Aus einer Vielzahl von Gründen erwiesen sich solche Lösungen bisher nur in ganz bestimmten Fällen als tragfähig.[6]

---

5 Auf dem Versorgungsprinzip basierende Systeme, die auch als Systeme vom „Beveridge-Typ" bezeichnet werden, finden sich in Skandinavien. Die in Kontinentaleuropa zu findenden, auf dem Versicherungsprinzip beruhenden Systeme werden dem „Bismarck-Typ" zugerechnet (Köhler/Zacher 1983, S. 485).

6 Solche Fälle sind die Alterssicherungen der freien Berufe in der Bundesrepublik Deutschland. Vgl. dazu BMGS 2003, S. 545 ff.

In der Sozialversicherung des Deutschen Reiches bzw. der Bundesrepublik gab es in der RV und in der Alv bis 1969 Versicherungspflichtgrenzen für Angestellte, weil der Gesetzgeber davon ausging, dass höher verdienende Angestellte bereit und in der Lage sind, sich gegen das Invaliditäts-, Alters- und Arbeitslosigkeitsrisiko selbst privat zu sichern (vgl. zur Entwicklung der Versicherungspflichtgrenzen seit 1891 Lampert 1980a, S. 226 f.). In der GKV gibt es nach wie vor Versicherungspflichtgrenzen für Angestellte und - neuerdings - auch für Arbeiter, die sich mit der Entwicklung des Durchschnittseinkommens der Versicherten ändern (vgl. dazu Tabelle 14).

b) Mehrgliedrige oder Einheitsversicherung

Mehrgliedrige Sicherungssysteme können - wie das der Bundesrepublik - nach Versicherungsarten und/oder nach sozialen Gruppen (berufsständisch) differenziert sein. Einheitsversicherungen - wie die der ehemaligen DDR - umfassen alle Arbeitnehmergruppen und decken alle Standardrisiken ab.

Nachteile mehrgliedriger Systeme können sein: die aus der Sicht der Versicherten lästige Zersplitterung und Überschneidung der Zuständigkeiten, die Unübersichtlichkeit des Systems und die Gefährdung ihrer Leistungsfähigkeit bei Änderungen der Beschäftigtenstruktur. Die Vorteile mehrgliedriger Systeme liegen in der Erleichterung der Selbstverwaltung durch die Versicherten und in den größeren Möglichkeiten unterschiedlicher Ausgestaltung der verschiedenen Einrichtungen entsprechend den unterschiedlichen Bedürfnissen sozialer Gruppen.

c) Wettbewerb der Versicherungen oder Versicherungsmonopole

Gestaltungsalternativen sind auch gegeben in Bezug auf die Zahl der Versicherungsträger eines Systems sozialer Sicherung. Der Vorteil eines Versicherungsmonopols liegt darin, dass Betriebsgrößeneffekte (*economies of scale*) ausgenutzt werden können (Farny 1977, S. 163). Mit solchen Monopolen sind aber wegen des fehlenden Wettbewerbs die Gefahr von Innovationsverlusten, des Fehlens von Rationalisierungsanreizen, die Gefahr von Bürokratisierung und die Gefahr unzulänglicher Behandlung und Beratung der Versicherten verbunden. In der Bundesrepublik existieren im Bereich der Renten- und Arbeitslosenversicherung Versicherungsmonopole, in der gesetzlichen Kranken- und Pflegeversicherung seit der Einführung der freien Kassenwahl 1996 Wettbewerb zwischen den gesetzlichen Versicherern.

d) Privatrechtliche, öffentlich-rechtliche oder staatliche Organisationen

Einrichtungen der sozialen Sicherung können - wie z.B. die Verbände der Angestelltenkrankenkassen oder die Verbände deutscher Rentenversicherungsträger - privatrechtliche oder - wie das Gesundheitswesen in Großbritannien - staatliche Organisationen sein.

Die international dominierende organisationsrechtliche Form ist jedoch die öffentlich-rechtliche Organisation, in der Bundesrepublik Deutschland die Körperschaft des öffentlichen Rechts. Diese Rechtsform eignet sich besonders, um die Erfüllung der diesen Organisationen gesetzlich übertragenen hoheitlichen Aufgaben mit dem Prinzip der Selbstverwaltung zu kombinieren, das es möglich macht, die Initiative, Sachkenntnis und Gestaltungskraft sozialer Gruppen sowie die Interessen dieser Gruppen zur Geltung zu bringen. Dass die Aufgaben im öffentlichen Interesse erfüllt werden, sichert die durch besondere Behörden erfolgende staatliche Aufsicht der Versicherungsträger (Versicherungsämter, Landesarbeitsministerien, Innenministerien, BMGS).

3. Arten und Ausgestaltung der Leistungen

a) Arten der Leistungen

Entsprechend der Tatsache, dass ein vorrangiges Ziel sozialer Sicherungssysteme der Ausgleich von Einkommensausfall ist (Lohnersatzfunktion von Sozialeinkommen) dominierten in den Jahren des Aufbaues des sozialen Sicherungssystems (auch in der KV) die Geldleistungen. Im Laufe der Zeit sind die Sachleistungen bedeutend gestiegen.[7]

Die Höhe der *Geldleistungen* ist in den meisten Sicherungssystemen von den Beitragsleistungen abhängig, so dass man, weil die Beiträge wiederum an der Einkommenshöhe orientiert sind, von einer Einkommens- und Beitragsbezogenheit der Geldleistungen sprechen kann.

Zu den *Sachleistungen* zählen alle Leistungen im Rahmen sozialer Sicherungssysteme, die nicht Geldleistungen sind, wie z.B. Maßnahmen der Unfallverhütung, der gesundheitlichen Aufklärung, Früherkennungsuntersuchungen, unentgeltliche ärztliche und zahnärztliche Untersuchung und Behandlung, unentgeltliche Versorgung mit Arzneimitteln, mit Hilfsmitteln (Brillen, Prothesen), mit Zahnersatz, unentgeltlicher Krankenhausaufenthalt und Krankenpflege, Maßnahmen zur Wiederherstellung der Berufs- und Erwerbsfähigkeit (Kuraufenthalte und Umschulungsmaßnahmen) usw. Zu den Sachleistungen - streng genommen müsste man von Sach- und Dienstleistungen sprechen - gehören auch Leistungen im Bereich der Erziehungs- und Sozialberatung, der Sozialpädagogik und der persönlichen Betreuung hilfsbedürftiger Jugendlicher, Kranker und älterer Menschen.

In Sicherungssystemen, die das Fürsorgeprinzip überwunden haben, dominieren die gesetzlich normierten oder „Regel"-Leistungen, auf die nach Art und Höhe ein Rechtsanspruch besteht. Bei Ermessens- oder „Kann"-Leistungen entscheiden die zuständigen Organe über die Leistungsgewährung.[8] Mehrleistungen schließlich sind gesetzlich zugelassene, aber nur selten vorkommende, satzungsmäßig verankerte Leistungen (Brück 1981, S. 97).

b) Ausgestaltung der Leistungen

In Bezug auf die Ausgestaltung der Geldleistungen kann man einerseits zwischen bedarfsorientierten und leistungsorientierten Leistungen und andererseits zwischen konstanten oder diskretionär angepassten und dynamisierten Leistungen unterscheiden.

---

[7] 2000 beliefen sich die sozialen Geldleistungen im vereinten Deutschland auf 976 Mrd. DM, die Sachleistungen auf 354 Mrd. DM; BMA, Stat. Tb. 2003 Tab. 7.1.

[8] „Kann"-Leistungen sind z. B. ergänzende Leistungen zur Rehabilitation wie etwa die Förderung von Behindertensport oder Kuren für Kinder.

Bedarfsorientierte Leistungen sind solche, die beitragsunabhängig am Bedarf ausgerichtet sind, wie z.B. eine existenzsichernde Mindestrente. Leistungsorientierte Geldleistungen sind an den entrichteten Beiträgen, also am beitragspflichtigen Arbeitseinkommen, anders ausgedrückt am Äquivalenzprinzip, ausgerichtet. Im Gegensatz zu konstanten oder diskretionär, d.h. unregelmäßig angepassten Leistungen werden dynamisierte Leistungen durch feste Anpassungsregeln an die Entwicklung des Preisniveaus oder/und der Arbeitseinkommen bzw. des Lebensstandards angepasst.

Ein speziell in der Bundesrepublik Deutschland aktuelles Problem der Leistungsgestaltung hängt mit der Organisation des Sicherungssystems zusammen. Wenn ein Sicherungssystem nach dem Kausalprinzip aufgebaut ist, also entsprechend seiner Organisation nach Schadensursachen eine Unfall-, eine Kranken-, eine Berufs-, Erwerbsunfähigkeits-, Alters- und Hinterbliebenenrentenversicherung und eine Kriegsopferversorgung kennt, sind die Leistungen in nicht wenigen Fällen bei völlig übereinstimmenden Lebenslagen der Betroffenen verschieden,[9] weil die einzelnen Sozialleistungsträger von unterschiedlichen gesetzlichen Grundlagen und von einer unterschiedlichen Rechtsprechung in Bezug auf die Leistungsgewährung auszugehen haben.[10] Demgegenüber hat ein am Finalprinzip orientiertes Sicherungssystem völlig unabhängig von der Schadensursache die bestmögliche Behebung des Schadens im Auge und orientiert daher die gewährten Leistungen ausschließlich an diesem sozialpolitischen Ziel.

4. Finanzierungsarten und Finanzierungsverfahren

a) Finanzierungsarten

Zur Finanzierung von Systemen sozialer Sicherung kommen in Frage die Finanzierung durch Beiträge der Versicherten bzw. der Arbeitgeber[11] oder die Finanzierung aus allgemeinen Haushaltsmitteln oder eine Kombination dieser beiden Finanzierungsarten.[12]

b) Finanzierungsverfahren[13]

Sofern durch das Sicherungssystem altersabhängige Risiken abgedeckt werden, kann die Finanzierung auf zwei Arten erfolgen: Im *Kapitaldeckungsverfahren* wird aus den

---

[9]   Vgl. dazu v. Bethusy-Huc 1976, S. 227 und Brück 1981, S. 59 f.
[10] Z.B. erhält die Witwe eines tödlich verunglückten Arbeitnehmers eine andere Rente als die Witwe eines „normal" verstorbenen Arbeitnehmers unter sonst völlig übereinstimmenden Umständen; ein erwerbsbeschränkter Arbeitnehmer erhält bei einem bestimmten Grad unfallbedingter Erwerbsbeschränkung andere Geldleistungen als ein im gleichen Grad erwerbsbeschränkter Kriegsversehrter.
[11] Die Unterscheidung zwischen Versicherten- und Arbeitgeberbeiträgen ist in einem die gesamte Arbeitnehmerschaft und damit auch alle Unternehmen einbeziehenden Sicherungssystem nur noch von formaler Bedeutung, da die Belastung aller Wirtschaftszweige und aller Unternehmen die Arbeitgeberbeiträge zu Kostenbestandteilen werden lässt.
[12] Die aus Beiträgen stammenden Mittel werden durch öffentliche Zuschüsse ergänzt, weil die Sozialversicherungsträger teils allgemeine Staatsaufgaben wahrnehmen, teils durch Kriegsfolgelasten besondere Aufwendungen haben und schließlich auch deswegen, weil der Staat in finanziellen Notlagen der Sozialversicherungsträger als Garant der Sozialleistungen fungiert (vgl. dazu S. 280).
[13] Vgl. dazu Brück 1981, S. 71 f.

Beiträgen ein Kapitalstock aufgebaut, dessen Höhe zuzüglich der Zinserträge die erwarteten Versicherungsansprüche abdeckt (sog. Anwartschaftsdeckungsverfahren). Eine Variante ist das Abschnittsdeckungsverfahren, das die Anwartschaftsdeckung für einen bestimmten Zeitraum vorsieht. Im *Umlageverfahren* werden die Beiträge demgegenüber nicht angespart, sondern in jeder Periode so bemessen, dass die Beitragseinnahmen ausreichen, die in dieser Periode fälligen Leistungsansprüche abzudecken. Damit ist das Umlageverfahren in hohem Maße von der demographischen Entwicklung einer Volkswirtschaft abhängig. Bedingt durch den demographischen Übergang, der für die Jahre ab 2030 einen deutlich steigenden Anteil Älterer an der Gesamtbevölkerung erwarten lässt, werden stark steigende Beitragssätze zum System sozialer Sicherung prognostiziert, und ein Umstieg vom derzeit praktizierten Umlageverfahren auf das Kapitaldeckungsverfahren empfohlen.[14]

Dieser Forderung wurde in der sozialpolitischen Literatur lange Zeit entgegen gehalten, dass das Kapitaldeckungsverfahren auf gesamtwirtschaftlicher Ebene überhaupt nicht realisierbar sei, da der laufende Sozialaufwand stets aus dem Sozialprodukt der jeweiligen Periode zu decken sei, Kapitaldeckungs- und Umlageverfahren realwirtschaftlich also äquivalent seien (sog. „Mackenroth-Theorem")[15]. Dies ist jedoch unrichtig; im Fall einer offenen Volkswirtschaft können sich die Spar- und Entsparprozesse über den internationalen Kapitalverkehr vollziehen, also durch einen Kapitalexport in der Aufbauphase des Kapitalstocks und durch Kapitalimport bei seinem Verzehr. In einer geschlossenen Volkswirtschaft erhöht sich im Kapitaldeckungsverfahren der gesamtwirtschaftliche Kapitalstock und damit das Volkseinkommen pro Kopf, so dass die Rentenansprüche mit einer geringeren Beitragsbelastung finanziert werden können. Dennoch sind einem vollständigen Wechsel des Finanzierungsverfahrens Grenzen gesetzt. Diese Grenzen ergeben sich zum einen aus den Problemen des Kapitaldeckungsverfahrens und zum anderen aus der Tatsache, dass bei einem Wechsel des Finanzierungsverfahrens weiterhin die im Umlageverfahren bereits erworbenen Ansprüche zu finanzieren sind.

Gegen eine ausschließliche Finanzierung durch das Kapitaldeckungsverfahren spricht zum einen seine Anfälligkeit gegen wirtschaftliche Risiken, insbesondere gegen das Risiko der nicht-antizipierten Inflation.[16] Des Weiteren ist auch das Kapitaldeckungsverfahren nicht immun gegen demographische Änderungen: bei einem Rückgang der Bevölkerung sinkt nämlich die Nachfrage nach Wertpapieren, so dass die Kapitalanteile mit einem Abschlag verkauft werden müssen; der Wert des Vermö-

---

[14] Allerdings variieren die prognostizierten Werte entsprechend der jeweils gesetzten Annahmen erheblich: so beläuft sich der Beitragssatz zur gesetzlichen Rentenversicherung in dem im Auftrag des VDR erstellten PROGNOS-Gutachtens im Jahr 2040 auf etwas über 24%, während der wissenschaftliche Beirat beim Bundesministerium für Wirtschaft einen Beitragssatz von 28% prognostiziert; vgl. Sinn/Thum (1999).

[15] Vgl. dazu Mackenroth 1952, S. 43: „Nun gilt der einfache und klare Satz, dass aller Sozialaufwand immer aus dem Volkseinkommen der laufenden Periode gedeckt werden muss. Es gibt keine andere Quelle und hat nie eine andere Quelle gegeben, aus der Sozialaufwand fließen könnte, es gibt keine Ansammlung von Fonds, keine Übertragung von Einkommensteilen von Periode zu Periode, kein „Sparen" im privatwirtschaftlichen Sinne – es gibt einfach gar nichts anderes als das laufende Volkseinkommen als Quelle für den Sozialaufwand". Zur Auseinandersetzung um das Mackenroth-Theorem vgl. Neumann 1986 sowie insbes. Homburg 1988, S. 66 ff.

[16] Die deutsche Rentenversicherung wurde ursprünglich durch das Kapitaldeckungsverfahren finanziert. Im Lauf der deutschen Geschichte wurde der Kapitalstock der Rentenversicherung zweimal – durch die Hyperinflation 1923 und die Währungsreform 1948 – fast vollständig vernichtet, und der Umstieg auf das Umlageverfahren notwendig. 1969 wurde dieser Umstieg auch formal vollzogen.

Tabelle 13. Die Leistungen des Systems sozialer Sicherung in Deutschland 2000

(1)	(2)	(3)	(4)	in Mrd. Euro (5)	in % des BIP (6)	in % d. Sozial-budgets (7)
1			**Soziale Sicherung**	**512,16**	**25,2**	**74,1**
	1.1		Allgemeine Systeme	457,57	22,5	66,2
		1.1.1	*Rentenversicherung*	231,95	11,4	33,5
			Arbeiterrentenversicherung	112,19	5,5	16,2
			Angestelltenrentenversicherung	105,37	5,2	15,2
			Knappschaftliche Rentenversicherung	14,39	0,7	2,1
		1.1.2	*Krankenversicherung*	132,82	6,5	19,2
		1.1.3	*Pflegeversicherung*	16,68	0,8	2,4
		1.1.4	*Unfallversicherung*	11,02	0,5	1,6
		1.1.5	*Arbeitsförderung*	65,10	3,2	9,4
			Arbeitslosengeld	23,61	1,2	3,4
	1.2		*Sondersysteme*	5,22	0,3	0,8
		1.2.1	Alterssicherung der Landwirte	3,28	0,2	0,5
		1.2.2	Versorgungswerke	1,94	0,1	0,3
	1.3		Leistungssysteme d. öff. Dienstes	49,37	2,4	7,1
		1.3.1	*Pensionen*	33,39	1,6	4,8
		1.3.2	Familienzuschläge und Beihilfen	15,98	0,8	2,3
2			**Arbeitgeberleistungen**	**54,20**	**2,7**	**7,8**
	2.1		Entgeltzahlung im Krankheitsfall	26,28	1,3	3,8
	2.2		Betriebliche Altersversorgung	14,21	0,7	2,1
	2.3		sonstige Arbeitgeberleistungen	5,78	0,3	0,8
	2.4		Zusatzversorgung im öffentl. Dienst	7,94	0,4	1,1
3			**Entschädigungen**	**6,78**	**0,3**	**1,0**
	3.2		Soziale Entschädigungen[b]	5,32	0,3	0,8
	3.3		sonstige (Lastenausgleich usw.)	1,46	0,1	0,2
4			**Förder- und Fürsorgesysteme**	**52,78**	**2,6**	**7,6**
	4.1		Sozialhilfe	25,72	1,3	3,7
	4.2		Jugendhilfe	16,78	0,8	2,4
	4.3		Kindergeld	0,12	0,0	0,0
	4.4		Erziehungsgeld	3,74	0,2	0,5
	4.5		Ausbildungsförderung	0,92	0,0	0,1
	4.6		Wohngeld	4,31	0,2	0,6
	4.7		Leistungen zur Vermögensbildung	1,19	0,1	0,2
5			**Indirekte Leistungen**	**70,94**	**3,5**	**10,2**
	5.1		Steuerliche Maßnahmen (ohne FLA)	39,29	1,9	5,6
	5.2		Familienleistungsausgleich (FLA)	31,65	1,6	4,5
			Sozialbudget	**696,86**	**34,3**	**100,0**

Leistungen[a] nach Institutionen

a   Konsolidiert.
b   Im Wesentlichen Kriegsopferversorgung.
Quelle: Stat. Jb. 2003, S. 470 f.

243

Tabelle 14. Versicherungspflichtgrenzen, Beitragsbemessungsgrenzen (DM bzw. ab 2002 € je Monat) und Beitragssätze in der Sozialversicherung seit 1970

Jahr	Gesetzliche Krankenversicherung		Pflegever-sicherung	Rentenversicherung der Arb. und Angestellten		Arbeitslosen-versicherung	
	Vers.pflichtgr.= (ab 1989 bis 2002) Bei-tragsbem.grenze	Beitrags-satz in % (Ø aller Kassen)		Beitragsbe-messungs-grenze	Beitrags-satz in %	Beitragsbe-messungs-grenze	Beitrags-satz in %
(1)	(2)	(3)	(4)	(5)	(6)	(7)	(8)
Früheres Bundesgebiet							
1970	1 200	8,2		1 800	17,0	1 800	1,3
1972	1 575	8,4		2 100	17,0	2 100	1,7
1974	1 875	9,5		2 500	18,0	2 500	1,7
1976	2 325	11,3	(Vers.pflicht-	3 100	18,0	3 100	3,0
1978	2 775	11,4	und Beitrags-	3 700	18,0	3 700	3,0
1980	3 150	11,4	bemessungs-	4 200	18.0	4 200	3,0
1982	3 525	12,0	grenze wie in	4 700	18,0	4 700	4,0
1984	3 900	11,4	der gesetz-	5 200	18,5	5 200	4,0
1986	4 200	12,2	lichen Kran-	5 600	19,2[a]	5 600	4,1[a]
1988	4 500	12,9	kenver-	6 000	18,7	6 000	4,3
1990	4 725	12,5	sicherung.)	6 300	18,7	6 300	4,3
1991	4 875	12,2		6 500	17,7[b]	6 500	6,8[b]
1992	5 100	12,8		6 800	17,7	6 800	6,3
1993	5 400	13,4	Beitragssatz	7 200	17,5	6 800	6,5
1994	5 700	13,2	in Prozent	7 600	19,2	7 600	6,5
1995	5 850	13,0	1,0	7 800	18,6	7 800	6,5
1996	6 000	13,6	1,7	8 000	19,2	8 000	6,5
1997	6 150	13,4	1,7	8 200	20,3	8 200	6,5
1998	6 300	13,6	1,7	8 400	20,3	8 400	6,5
1999	6 375	13,8	1,7	8 500	19,5	8 500	6,5
2000	6 450	13,8	1,7	8 600	19,3	8 600	6,5
2001	6 525	13,6	1,7	8 700	19,1	8 700	6,5
2002	3 375	13,8	1,7	4 500	19,1	4 500	6,5
2003	3 825 3 450[d]		1,7	5 100	19,5	5 100	6,5
Neue Bundesländer							
1991	2 250	12,8		3 000	17,7[b]	3 000	6,8[b]
1991[c]	2 550	12,8		3 400	17,7	3 400	6,8
1992	3 600	12,6		4 800	17,7	4 800	6,3
1993	3 975	12,6		5 300	17.5	5 300	6,5
1994	4 425	12,9		5 900	19,2	5 900	6,5
1995	4 800	12,8	1,0	6 400	18,6	6 400	6,5
1996	5 100	13,5	1,7	6 800	19,2	6 800	6,5
1997	5 325	14,0	1,7	7 100	20,3	7 100	6,5
1998	5 250	13,7	1,7	7 000	20,3	7 000	6,5
1999	5 400	14,0	1,7	7 200	19,5[b]	7 200	6,5
2000	5 325	13,9	1,7	7100	19,3	7 100	6,5
2001	6 525	13,8	1,7	7 300	19,1	7 300	6,5
2002	3 375	13,8	1,7	3 750	19,1	3 750	6,5
2003	3 825 3 450[d]		1,7	4 250	19,5	3 825	6,5

a Ab Juni; b Ab April; c Ab Juli.
d Ab 1.1.2003 fallen Versicherungspflichtgrenze und Beitragsbemessungsgrenze in der Gesetzlichen Krankenversicherung und in der Gesetzlichen Pflegeversicherung auseinander. Die neue Versicherungs-pflichtgrenze entspricht 75% der Beitragsbemessungsgrenze in der Rentenversicherung, die nach dem Beitragssicherungsgesetz ab dem 1.1.2003 deutlich angehoben wurde (1. Wert). Für Personenkreise, die vor dem 1.1.2003 die ursprüngliche Versicherungspflichtgrenze bereits überschritten hatten, gilt diese fort. Diese Grenze, jeweils angepasst an die wirtschaftliche Entwicklung, stellt auch die Beitragsbemes-sungsgrenze dar (2. Wert).

Quelle: BMA, Stat. Tb. 1997, Tab. 7.7 u. 7.8; Stat. Tb. 2002, Tab. 7.7 und 7.8.

gens sinkt also.[17] Schließlich bleibt als Unsicherheitsfaktor die Ungewissheit über die durch Kapitalanlage erzielbaren Erträge.

Ein weiteres Problem ergibt sich aus der Tatsache, dass die „Umstiegsgeneration" eine Doppelbelastung zu tragen hat: sie muss ihren Kapitalstock aufbauen und gleichzeitig für die laufenden Anwartschaften des Umlageverfahrens aufkommen. Wie die umfangreiche Literatur zu diesem Thema gezeigt hat, ist es zumindest in einem auf dem Äquivalenzprinzip basierenden System sozialer Sicherung nicht möglich, diese Doppelbelastung einer Generation zu vermeiden.[18]

C. Überblick über das System sozialer Sicherung in der Bundesrepublik

Die Elemente des Systems der sozialen Sicherung sind in Tabelle 13 als Bestandteile des Sozialbudgets[19] mit ihrem an den Ausgaben gemessenen Gewicht dargestellt. Die kursiv kenntlich gemachten Teile werden im Abschnitt D dargestellt: die Krankenversicherung (Ausgabenanteil am Sozialbudget 2000: 19,4 %), die Unfallversicherung (1,6 %), die Rentenversicherung (31,9 %), die Beamtenversorgung (= Leistungssysteme des öffentlichen Dienstes) (7,3 %), die Sondersysteme (0,8 %), die Arbeitslosenversicherung (9,5 %) und die Pflegeversicherung (2,4 %). Auf diese Systemteile entfallen einschließlich der Entgeltfortzahlung im Krankheitsfall (3,9 %) 76,8 % des Sozialbudgets.

D. Einzelbereiche sozialer Sicherung in der Bundesrepublik

1. Die gesetzliche Krankenversicherung[20] (GKV)

a) Kreis der Versicherten

In der GKV sind versicherungspflichtig:
1. Arbeitnehmer, deren regelmäßiges Arbeitsentgelt 75 % der Beitragsbemessungsgrenze in der RV der alten Bundesländer[21] nicht übersteigt. Diese Grenze beträgt derzeit (2004) 5 150 €, die Versicherungspflichtgrenze zur GKV liegt demnach bei 3 862,50 €;
2. zu ihrer Berufsausbildung gegen Entgelt Beschäftigte;
3. Rentner, wenn sie bestimmte Versicherungszeiten in der GRV als Arbeitnehmer zurückgelegt haben;

---

[17] Dieses Argument gilt streng genommen nur für geschlossene Volkswirtschaften. Da aber alle industrialisierten Volkswirtschaften mit ähnlichen Problemen im Bevölkerungsaufbau konfrontiert sind, ist diese Annahme realistisch.

[18] Vgl. Breyer 1989 sowie Fenge 1997.

[19] Das jährlich erstellte Sozialbudget stellt die Sozialleistungen nach Institutionen, Funktionen, Arten und Finanzierung dar.

[20] Gesetzliche Grundlage der GKV ist im Wesentlichen das *SGB V.*

[21] Bis 2000 betrug die Versicherungspflichtgrenze der GKV in den neuen Bundesländern 75 % der Beitragsbemessungsgrenze zur RV in den neuen Ländern. Durch das *Gesetz zur Rechtsangleichung in der gesetzlichen Krankenversicherung* vom 22. Dez. 1999 wurde dieser Wert auf 75 % der Beitragsbemessungsgrenze in den alten Ländern angehoben.

4. Studenten bis zum Abschluss des 14. Fachsemesters, längstens jedoch bis zum vollendeten 30. Lebensjahr;
5. Landwirte, ihre mitarbeitenden Familienangehörigen und Altenteiler;
6. Künstler und Publizisten;
7. Arbeitslose, die vor Eintritt der Arbeitslosigkeit versichert waren.

Ferner sind versicherungspflichtig in Jugendhilfe-, Behinderten- und Rehabilitationseinrichtungen zur Vermittlung beruflicher Fähigkeiten tätige Personen. Seit dem 01. Jan. 2004 sind Empfänger von laufender Hilfe zum Lebensunterhalt ebenfalls Mitglieder der GKV. Für zahlreiche Personengruppen, für die die Versicherungspflicht entfallen ist, besteht ein Recht auf Weiterversicherung.

2002 waren in der GKV 28,8 Mio. Arbeitnehmer und 16,2 Mio. Rentner pflichtversichert. 5,9 Mio. Personen waren freiwillig versichert. Unter Einbeziehung von rd. 19,8 Mio. mitversicherten Familienangehörigen waren das insgesamt 70,7 Mio. Personen (Stat. Jb. 2003, S. 472); dies entspricht etwa 90 % der Bevölkerung.

b) Aufgaben und Leistungen

Aufgaben und Leistungen der GKV, die den Versicherten und überwiegend auch ihren Familienangehörigen gewährt werden, umfassen:
1. Leistungen zur *Krankheitsverhütung* durch
   a) gruppenprophylaktische Verhütung von Zahnkrankheiten durch geeignete Maßnahmen in Kindergärten und Schulen;
   b) individualprophylaktische Verhütung von Zahnkrankheiten durch eine zahnärztliche Untersuchung pro Jahr für 6- bis 18jährige;
   c) ärztliche Behandlung und Versorgung mit Arznei-, Verband-, Heil- und Hilfsmitteln zur Beseitigung einer Schwächung der Gesundheit, zur Bekämpfung einer Gefährdung der gesundheitlichen Entwicklung von Kindern und zur Vermeidung von Pflegebedürftigkeit;
   d) Vorsorgekuren für Mütter.
   In die Gruppe der Leistungen zur Krankheitsverhütung hat der Gesetzgeber auch eingeordnet: ärztliche Beratung über Fragen der Empfängnisverhütung; die Versorgung mit empfängnisverhütenden Mitteln bis zum 20. Lebensjahr; Leistungen bei einer medizinisch notwendigen Sterilisation und bei einem nicht rechtswidrigen Schwangerschaftsabbruch.
2. Leistungen zur *Früherkennung von Krankheiten* durch Gesundheitsuntersuchungen zur Früherkennung, insbes. von Herz-, Kreislauf- und Nierenerkrankungen, der Zuckerkrankheit und von Krebserkrankungen, jeweils nach Erreichung bestimmter Altersgrenzen. Kinder haben bis zur Vollendung des sechsten Lebensjahres und einmal nach Vollendung des zehnten Lebensjahres Anspruch auf Früherkennungsuntersuchungen.
3. Leistungen zur *Behandlung von Krankheiten*, und zwar
   a) weitgehend unentgeltliche Behandlung durch die zur Behandlung von GKV-Patienten zugelassenen Ärzte. Der Patient hat das Recht der freien Arztwahl. Die ärztliche Behandlung umfasst Beratungen, Besuche, Untersuchungen, Eingriffe, Operationen, Bestrahlungen, die Verordnung von Medikamenten und sonstige ärztliche Sachleistungen, die nach dem jeweiligen Stand der Medizin zweckmäßig und ausreichend erscheinen, jedoch keine Leistungen um-

fassen dürfen, die nicht notwendig oder unwirtschaftlich sind. Ab 01. Jan. 2004 ist beim erstmaligen Besuch eines Arztes eine „Praxisgebühr" in Höhe von 10 € zu entrichten. Minderjährige sind von der Praxisgebühr befreit[22];

b) weitgehend unentgeltliche zahnärztliche Behandlung, die die Behandlung aller Zahnkrankheiten, der Mund- und Kieferkrankheiten und die konservierende Zahnbehandlung umfasst. Für medizinisch notwendigen Zahnersatz leisten die Kassen gegen einen zusätzlichen Beitrag einen Zuschuss von 50 %, der sich bei Nachweis langjähriger Zahnpflege auf 65 % erhöhen kann;

c) eingeschränkt unentgeltliche Versorgung mit verschreibungspflichtigen Arzneimitteln sowie mit Verbands- und Hilfsmitteln,[23] wenn diese nicht durch Gesetz oder durch Rechtsverordnung zu unwirtschaftlichen Arzneimitteln erklärt worden sind.[24] Für Kinder bis zum Alter von 12 Jahren und bei besonders schwerwiegenden Erkrankungen können auch verschreibungsfreie Arzneimittel eingesetzt werden. Für Arznei-, Verbands- und Hilfsmittel müssen die Versicherten 10 %, mindestens 5 und höchstens 10 € zuzahlen. Sehhilfen werden überhaupt nicht mehr bezuschusst.[25] Für bestimmte Arzneimittelgruppen und Hilfsmittel sind durch die Spitzenverbände der Krankenkassen Festbeträge[26] festzusetzen. Versicherte, die ein Arznei-, Verband- oder Hilfsmittel wünschen, dessen Preis über dem Festbetrag liegt, müssen zusätzlich zum Zuzahlungsbetrag den Differenzbetrag selbst übernehmen.

d) weitgehend unentgeltliche Versorgung mit Heilmitteln (Krankengymnastik, Massagen u. ä.), soweit es sich nicht um Heilmittel von geringem oder umstrittenem therapeutischem Wert handelt. Die Versicherten haben eine Selbstbeteiligung von 10 % der Kosten zuzüglich 10 Euro je Verordnung zu tragen;

e) häusliche Krankenpflege bis zu vier Wochen je Krankheitsfall durch geeignete Pflegekräfte, wenn eine Krankenhausbehandlung geboten, aber nicht ausführbar ist, oder wenn eine Krankenhausbehandlung durch die häusliche Pflege verkürzt oder vermieden wird. Die Pflege schließt die hauswirtschaftliche Versorgung ein. Wenn die Krankenkasse keine Pflegekraft stellen kann, sind dem Versicherten die Kosten für eine selbst beschaffte Kraft in angemessener Höhe zu erstatten. Versicherte, die das 18. Lebensjahr vollendet haben, leisten als Zuzahlung einen Betrag von 10 % der Kosten zuzüglich 10 € je Verordnung;

---

[22] Für die Summe aller Zuzahlungen gelten einkommensabhängige Belastungsgrenzen, bei deren Überschreiten die Zuzahlungspflicht entfällt. Die Belastungsgrenze beträgt 2 % des um familienabhängige Freibeträge gekürzten Bruttoeinkommens. Für chronisch Kranke verringert sich diese Belastungsgrenze auf 1 % des Einkommens.

[23] Hilfsmittel sind Hörhilfen, Körperersatzstücke und orthopädische Hilfsmittel.

[24] Durch Gesetz sind derzeit von einer Kostenübernahme ausgeschlossen Arzneimittel zur Anwendung bei Erkältungskrankheiten und Grippeinfekten, Mund- und Rachentherapeutika, Abführmittel und Arzneimittel gegen Reisekrankheit.

[25] Im Fall einer künstlichen Befruchtung wird von den Kassen nur noch die Hälfte der Kosten übernommen.

[26] Festbeträge sind durch die Krankenkassen nach Stellungnahme von Sachverständigen der Medizin und Pharmazie für Gruppen von Arzneimitteln mit denselben Wirkstoffen, mit pharmakologisch-therapeutisch vergleichbaren Wirkstoffen oder mit vergleichbaren Wirkungen festzusetzen und zwar so, dass eine ausreichende, zweckmäßige und wirtschaftliche sowie qualitativ gesicherte Versorgung gewährleistet ist.

f) die Bereitstellung einer Haushaltshilfe, wenn Versicherten wegen einer Krankenhausbehandlung, einer ambulanten oder einer stationären Kur die Weiterführung des Haushalts nicht möglich ist und wenn im Haushalt ein behindertes oder noch nicht zwölf Jahre altes Kind lebt. Ersatzweise sind dem Versicherten die Kosten für eine selbst beschaffte Haushaltshilfe in angemessener Höhe zu erstatten (ausgenommen sind Verwandte und Verschwägerte bis zum zweiten Grad). Als Zuzahlung müssen je Kalendertag 10 % der Kosten, mindestens jedoch 5 €, höchstens 10 € gezahlt werden;

g) nahezu unentgeltliche ärztliche und medikamentöse Versorgung im Krankenhaus sowie unentgeltliche Unterbringung und Versorgung. Für den Krankenhausaufenthalt hat der Versicherte für längstens 28 Tage innerhalb eines Kalenderjahres pro Tag 10 € Selbstbeteiligung zu entrichten. Wenn Versicherte ein anderes als ein vom Arzt angegebenes Krankenhaus wählen, können ihnen die Mehrkosten ganz oder teilweise auferlegt werden;

h) medizinische und sonstige Leistungen zur Rehabilitation, um einer Behinderung vorzubeugen, sie zu beseitigen oder eine Verschlechterung zu verhüten oder um Pflegebedürftigkeit zu vermeiden oder zu mindern. Zu den Maßnahmen gehören auch ambulante und stationäre Rehabilitationskuren. Bei stationären Kuren haben die Versicherten pro Tag einen Eigenbeitrag von 10 € täglich für maximal 28 Tage zu leisten;

i) die Zahlung eines Zuschusses in Höhe von 6% der monatlichen Bezugsgröße täglich bei Unterbringung in einem Hospiz, wobei der Zuschuss die tatsächlichen Kosten nicht überschreiten darf.

4. *Einkommenshilfen* in Form von Krankengeld. Da der Arbeitgeber verpflichtet ist, bei einer unverschuldeten krankheitsbedingten Arbeitsunfähigkeit und bei bewilligten Kuren das Bruttoarbeitsentgelt bis zur Dauer von 6 Wochen in voller Höhe weiter zu zahlen, wird Krankengeld erst von der 7. Woche einer Krankheit an fällig. Es beträgt 70 % des regelmäßigen Entgeltes bis zur Beitragsbemessungsgrenze und wird wegen derselben Krankheit für höchstens 78 Wochen innerhalb von 3 Jahren gezahlt. Anspruch auf Krankengeld besteht auch für 10 Arbeitstage pro Jahr und pro Kind für jeden Ehegatten und für 20 Tage für allein Erziehende, wenn nach ärztlichem Zeugnis der Versicherte sein erkranktes Kind beaufsichtigen, betreuen oder pflegen muss und das Kind unter 12 Jahre alt ist. Bei mehreren Kindern besteht der Anspruch für 25 Tage, für Alleinerziehende für 50 Tage pro Jahr. Die Aufwendungen für das Krankengeld sollen ab 2006 in voller Höhe von den Arbeitnehmern entrichtet werden.

5. Mutterschaftshilfe und Mutterschaftsgeld. Die Mutterschaftshilfe für versicherte und mitversicherte Frauen umfasst volle ärztliche Betreuung und Beratung der werdenden und stillenden Mutter, ärztliche Hilfe bei der Entbindung, Behandlung im Krankenhaus, Arzneimittelversorgung und gegebenenfalls häusliche Pflege und Haushaltshilfe. Versicherte Frauen, die sechs Wochen vor bis acht Wochen nach der Geburt in einem Arbeitsverhältnis stehen, erhalten Mutterschaftsgeld für die Zeit sechs Wochen vor und acht Wochen nach der Geburt in Höhe des um die gesetzlichen Abzüge geminderten durchschnittlichen Arbeitsentgelts bis zu maximal 13 € täglich. Übersteigt das Arbeitsentgelt diesen Betrag, so wird dieser Differenzbetrag vom Arbeitgeber gezahlt. Mit dem Mutterschaftsgeld kann sich das Erziehungsgeld überschneiden, das nach dem Erziehungsgeldgesetz (vgl. dazu S. 363 f.) maximal für die ersten 24 Lebensmonate eines Kindes gezahlt wird,

wenn die Mutter (oder der Vater) weniger als 30 Stunden einer Erwerbsarbeit nachgeht. Es beträgt - wenn es nicht wegen Überschreitung bestimmter Einkommensgrenzen gemindert wird - mtl. bis zu 300 € für 24 Monate, bei der sogenannten „Budget-Regelung", bei der sich eine bezugsberechtigte Person für einen nur einjährigen Bezug entscheidet, bis zu 450 € für maximal 12 Monate. Mütter, die Mutterschaftsgeld erhalten, bekommen für diese Zeit Erziehungsgeld nur dann, wenn das Mutterschaftsgeld niedriger ist als das Erziehungsgeld. Das Mutterschaftsgeld wird dann auf die Anspruchshöhe des Erziehungsgeldes aufgestockt.

6. *Fahrkostenübernahme* bei Fahrten, die aus zwingenden medizinischen Gründen notwendig sind. Dies betrifft Krankenhausverlegungen, Rettungsfahrten zum Krankenhaus, Krankentransporte mit fachlicher Betreuung, Fahrten zu einer vor- und nachstationären oder zu einer ambulant-operativen Behandlung im Krankenhaus. Dabei ist eine Selbstbeteiligung von 10 %, mindestens 5, höchstens 10 € vorgesehen.

c) Organisation und Finanzierung

Träger der GKV sind (2003) 457 Ortskrankenkassen, Betriebskrankenkassen, Innungskrankenkassen, landwirtschaftliche Krankenkassen, Angestellten- und Arbeiterersatzkassen sowie die Seekrankenkasse und die Bundesknappschaft. Die Kassen sind finanziell und organisatorisch selbständig und für den Ausgleich von Einnahmen und Ausgaben selbst verantwortlich. Zur Wahrnehmung überregionaler und gemeinsamer Interessen gibt es Zusammenschlüsse der Kassen zu Verbänden auf Landes- und Bundesebene.

Ein bedeutendes organisatorisches Element des Krankenversicherungssystems sind die Kassenärztlichen Vereinigungen. In ihnen sind die zur Kassenpraxis zugelassenen Ärzte zusammengeschlossen. Die Krankenkassenverbände schließen mit den Kassenärztlichen Vereinigungen Verträge ab, in denen sich die Kassenärztlichen Vereinigungen verpflichten, eine gleichmäßige, ausreichende, zweckmäßige und wirtschaftliche Versorgung der Kassenmitglieder sicherzustellen. Als Gegenleistung zahlen die Krankenkassen den Kassenärztlichen Vereinigungen sogenannte Gesamtvergütungen, die die Kassenärztlichen Vereinigungen auf die Kassenärzte nach einem Schlüssel aufteilen, der mit den Verbänden der Krankenkassen vereinbart ist.

Die GKV finanziert sich im Wesentlichen

1. aus Beiträgen für Arbeitnehmer, die je zur Hälfte von Arbeitnehmern und Arbeitgebern aufgebracht werden müssen; Obergrenze für die Beitragsleistung eines Versicherten ist die Beitragsbemessungsgrenze, die bis 2002 mit der Versicherungspflichtgrenze identisch war. Nachdem 2003 die Beitragsbemessungsgrenze der RV zur Stabilisierung des Beitragssatzes stark erhöht wurde, hat man die Beitragsbemessungsgrenze der Krankenversicherung hiervon abgekoppelt. Sie wird weiterhin entsprechend der wirtschaftlichen Entwicklung festgesetzt;

2. aus Beiträgen der Rentner und der RV, der Studenten und sonstiger Versicherungsberechtigter;

3. aus Mitteln der Bundesagentur für Arbeit, die die Bezieher von Arbeitslosengeld I und II, Unterhaltsgeld und Eingliederungsgeld gegen Krankheit weiterversichert;

4. aus Mitteln, die die Träger der Sozialhilfe den Krankenkassen für die Leistungen entrichten, die von den Empfängern der laufenden Hilfe zum Lebensunterhalt in Anspruch genommen wurden.

Die Beitragssätze sind nicht gesetzlich geregelt, sondern von den Krankenkassen so zu bemessen, dass sie einschließlich der anderen Einnahmen ausreichen, um die zulässigen Ausgaben der jeweiligen Kasse abzudecken. Zum 01.01.2003 belief sich der Beitragssatz im Durchschnitt aller Kassen auf 14 %.

d) Die Ausgabenentwicklung als zentrales Problem

Die GKV gilt aus mehreren Gründen seit mehr als 30 Jahren als reformbedürftig.[27] Der wesentliche Grund ist die ständige starke Zunahme der Ausgaben.[28] Aus den Zahlen der Tabelle 15 ergibt sich, dass sich die Leistungsausgaben 1950 bis 1960 vervierfacht haben, von 1960 bis 1975 auf das Sechsfache und von 1975 bis 1990 (im alten Bundesgebiet) noch einmal auf das Zweieinhalbfache gestiegen sind. In Gesamtdeutschland sind sie zwischen 1991 und 2002 nochmals um 50 % gestiegen.

Tabelle 15. Die Leistungsausgaben der gesetzlichen Krankenversicherung 1950 bis 2002

Jahr	Leistungs-ausgaben insgesamt	Ausgabenin-dex 1970 = 100 1991 = 100	Von den Ausgaben entfielen in Prozent auf				
			Ärztliche Behand-lung	Zahnärzt-liche Be-handlung	Arzneien, Heilmittel, Zahnersatz	Kranken-Hausbe-handlung	Kranken-geld
(1)	(2)	(3)	(4)	(5)	(6)	(7)	(8)
1950	2 099	9	21,8	5,2	20,9	20.9	22,4
1955	4 074	17	23,9	5,6	20,3	17,4	23,0
1960	8 966	38	20,9	5,2	17,6	17,5	30,0
1965	14 913	62	21,4	6,4	18,7	19,8	24,8
1970	23 849	100	22,9	7,2	24,0	25,2	10,3
1975	58 170	244	19,4	7,1	26,9	30,1	8,0
1980	85 955	360	17,9	6,4	28,9	29,6	7,7
1985	108 703	456	18,1	6,0	28,4	32,2	5,9
1990	134 377	563	18,1	6,0	26,1	33,2	6,6
1991[a]	173 566	100	17,3	6,2	26,7	32,9	6,5
1995	228 815	132	16,8	6,0	24,3	34,8	8,0
2000	246 337	142	17,1	6,1	25,6	35,4	5,6
2001	254 982	147	16,8	6,1	26,7	34,5	5,9
2002	262 365	151	16,7	6,0	27,9	34,4	5,6

a   Ab 1991 Gesamtdeutschland.

Quelle: BMA, Stat. Tb. 1950 - 1990 und 2000, Tab. 8.2; BMGS, Übersicht über das Sozialrecht, 2003, S. 201.

---

[27] Vgl. zu dieser Reformdiskussion insbes. v. Bethusy-Huc 1976, S. 91 ff. sowie Preller 1970, 2. Halbbd., S. 387 ff.; Achinger/Höffner/Muthesius/Neundörfer 1955 (Denkschrift, auf Anregung des Bundeskanzlers erstattet); Auerbach u. a. 1957; Webber 1988, S. 185 ff.

[28] Dieses Ausgabenwachstum ist international zu beobachten und führt zu hohen Anteilen der Gesundheitsausgaben am Bruttoinlandsprodukt.

Diese Steigerungsraten gehen weit über die Lohnzuwächse hinaus. Der Anteil der Ausgaben für Arzneien, Heilmittel und Zahnersatz ist seit 1960 im langfristigen Trend gestiegen, noch größer war der Anstieg der Ausgaben für Krankenhausbehandlung. Der Rückgang des Ausgabenanteils für Krankengeld ist auf die schrittweise Einführung der Lohnfortzahlung für Arbeiter im Krankheitsfall zurückzuführen, die 1970 voll wirksam wurde. Relativ stabil blieben die Ausgabenanteile für ärztliche und zahnärztliche Leistungen.

Diese Ausgabenentwicklung konnte nur mit Hilfe steigender Beitragssätze in Verbindung mit steigenden Beitragsbemessungsgrenzen finanziert werden (vgl. Tabelle 14). 1961 betrug der Beitragssatz 9,4 %, die Beitragsbemessungsgrenze mtl. 660 DM; 1970 belief sich der Beitragssatz auf 8,2 %,[29] die Beitragsbemessungsgrenze auf 1 200 DM. Die Vergleichswerte für 2003 lauten 14 % und 3 450 €. Der Höchstbeitrag betrug 2003 mtl. 483 €.

Die Ausgabenexpansion geht auf zahlreiche Ursachen zurück, die man in exogene und endogene Ursachen untergliedern kann. Exogene Ursachen sind jene Gründe, die unabhängig von der konkreten Ausgestaltung des Systems der sozialen Krankenversicherung auftreten, während die endogenen Ursachen durch spezifische Organisationsmerkmale der GKV bedingt sind (sog. „Steuerungsmängel" im System der GKV).

Zu den systemexogenen Ursachen zählen
a) ein gestiegenes Gesundheitsbewusstsein breiter Bevölkerungsschichten und die Bereitschaft, bei steigenden Einkommen die Nachfrage nach Gesundheitsleistungen auszudehnen (Gesundheit als „superiores" Gut),
b) ein im Wesentlichen kostensteigernder medizinisch-technischer Fortschritt, der die Methoden der Diagnose und der Krankheitsbehandlung deutlich verbesserte, sowie
c) das Vordringen der Prophylaxe und die Zunahme der kostenaufwendigen Verschleißkrankheiten.

Hauptursache für die Ausgabenexpansion im Gesundheitswesen, die in zahlreichen Volkswirtschaften beobachtet wird, war bzw. ist jedoch nach Meinung vieler Gesundheitsökonomen das Fehlen wirksamer Steuerungsinstrumente für Nachfrage und Angebot.[30]

---

[29] Da durch das Lohnfortzahlungsgesetz ab 1970 die Krankenkassen für die ersten sechs Wochen nach Eintritt einer Erkrankung von der Krankengeldzahlung entlastet wurden, konnten die Beitragssätze vorübergehend abgesenkt werden.

[30] Vgl. nur Herder-Dorneich 1976; Knappe 1981 und Wissenschaftliche Arbeitsgruppe 1988. Vgl. auch als Insider-Analyse Michael de Ridder und Wolfgang Dissmann, Notfall Medizin, in: Süddeutsche Zeitung am Wochenende vom 27./28. Mai 2000. Sie beklagen weit überhöhte Ärztezahlen, überflüssige Krankenhausbetten und eine vielfach folgenlose, kostspielige und risikoreiche medizinische Diagnostik bei körperlich nicht fassbaren Befindlichkeitsstörungen, den Vorrang technologischer Behandlung, eine drastische Überversorgung mit Großgeräten, mangelhafte Prophylaxe und eine zu starke Orientierung von Behandlungsentscheidungen an Eigeninteressen und Gewinnmaximierung, einen Mangel an Professionalität, Glaubwürdigkeit und Orientierung in der Medizin und in der Gesundheitspolitik. Sie meinen, dass die Entwicklung im Gesundheitswesen ohne Qualitätsmanagement und Behandlungsrichtlinien nicht mehr steuerbar sein wird.

Tabelle 16. Die Entwicklung der Infrastruktur des Gesundheitswesens 1876 bis 2001 im Deutschen Reich und in der Bundesrepublik Deutschland

Jahresende bzw. Jahr	Ärzte		Zahnärzte einschl. Dentisten		Krankenschwestern und Pfleger in Krankenhäusern		Planmäßige Krankenhausbetten		Stationär behandelte Kranke	
	in 1 000	auf 10 000 Einwohner	in 1 000	auf 10 000 Einwohner	in 1 000	auf 10 000 Einwohner	in 1 000	auf 10 000 Einwohner	in 1 000	auf 10 000 Einwohner
(1)	(2)	(3)	(4)	(5)	(6)	(7)	(8)	(9)	(10)	(11)
1876/1877[+]	13,7	3,2	0,50	0,1	-	-	107,3[+]	24,6[+]	472,3[+]	108,3[+]
1886/1887[+]	15,8[+]	3,4	0,54[+]	0,1[+]	14,5[+]	3,1[+]	152,0	32,3	727,4	154,3
1896	23,9	4,5	1,15	0,2	-	-	224,5	42,5	1 132,0	214,6
1909/1910[+]	30,6	4,8	11,21	1,8	68,8	10,8	407,6[+]	63,1[+]	2 419,7[+]	374,7[+]
1930	47,5	7,4	27,16	4,2	110,5	17,1	591,9	90,0	4 273,5	656,6
1952/1954[+]	68,1	13,6	27,98	5,6	100,2	20,0	551,7[+]	107,9[+]	6 311,8[+]	1 240,0[+]
1960	92,0	16,5	32,50	5,9	105,1	19,0	583,5	105,3	7 350,1	1 326,0
1970	126,7	21,0	31,42	5,2	123,3	19,9	683,3	112,6	9 337,7	1 539,6
1980	173,3	28,1	34,63	5,6	182,7	30,1	707,7	114,9	11 595,6	1 883,4
1990	237,8	37,6	41,72	6,6	255,5[a]	31,7	514,4	81,3	11 332,6	1 791,6
1993[b]	259,9	32,0	58,19	7,2	301,5	37,1	628,6	77,4	14 385,0	1 771,9
1995	273,8	33,5	60,61	7,4	321,8	39,4	609,1	74,6	15 001,6	1 837,1
2000	294,7	35,9	63,00	7,7	326,9	39,8	560,0	68,1	16 486,7	2 006,0
2001	297,9	36,2	64,00	7,8	330,0	40,1	553,0	67,2	16 583,9	2 014,1

+ Die durch ein Kreuz gekennzeichneten Werte beziehen sich auf das entsprechend gekennzeichnete Jahr derselben Zeile.
a Werte für 1992 und früheres Bundesgebiet (Quelle: Stat. BA, Datenreport 1994, S. 185).
b Ab 1993 Gesamtdeutschland.

Quelle: Hohorst/Kocka/Ritter 1975, S. 150 f.; Stat. BA, Bevölkerung und Wirtschaft 1872 bis 1972, S. 124 f.;
Stat. Jb. 1984, S. 403 und 1992, S. 50 und 476 ff., Stat. Jb. 1995, S. 442 ff. Stat. Jb. 1997, S. 444 ff. und Stat. Jb. 1999, S. 429 ff. und Stat. Jb. 2003, S. 464 ff.

e) Das System der GKV und seine Steuerungsmängel

Die wesentlichen Steuerungsmängel, die durch die bisherige Gesundheitsreformgesetzgebung lediglich reduziert wurden, ergeben sich aus der Organisation des Krankenversicherungssystems, das in Übersicht 9 – auf das Wesentliche verkürzt – dargestellt ist.

In diesem System erwerben die Versicherten durch ihre Beitragsleistung an die Krankenkasse (1) einen Anspruch auf weitgehend unentgeltliche ärztliche und medikamentöse Versorgung, Krankenhausbehandlung, Leistungen für ihre Familienmitglieder und Barleistungen. Gegenüber dem Arzt wird dieser Anspruch durch die Versichertenkarte (2), gegenüber dem Krankenhaus durch einen Einweisungsschein, gegenüber der Apotheke durch das Rezept nachgewiesen (4). Die Nachfrage der Versicherten nach Gesundheitsgütern ist daher nicht durch Preise reguliert, d.h. weder durch ihre Zahlungsfähigkeit noch durch ihre Zahlungsbereitschaft. Der Verzicht auf die Nachfragesteuerung durch Unterschiede in der Zahlungsfähigkeit ist sozialpolitisch gewollt: niemand soll von den Leistungen des Gesundheitssystems wegen zu geringer Kaufkraft ausgeschlossen werden. Die Preisunabhängigkeit der Nachfrage hat aber zur Folge, dass die Patienten die bestmöglichen Leistungen in großem Umfang nachfragen.

Dieser erste Steuerungsmangel wird durch einen zweiten verstärkt. Er liegt darin, dass die Ärzte nicht nur das Leistungsangebot, sondern die Nachfrage bestimmen und dass sie dabei ebenfalls kaum auf die Ausgaben zu achten haben (sog. „angebotsinduzierte Nachfrage"). Da die Patienten ihr Bedürfnis, gesund zu bleiben oder zu werden, mangels fachlicher Kenntnisse nicht in Bedarf, in Nachfrage nach bestimmten Leistungen umsetzen können, müssen dies die Ärzte tun. Gesundheit lässt sich somit als „Vertrauensgut" charakterisieren, bei dem die Information über Art und Umfang der medizinisch notwendigen und wirtschaftlich vertretbaren Leistungen ausschließlich beim Leistungserbringer, also dem Arzt, liegt. Bei diesen Entscheidungen über persönliche ärztliche Dienstleistungen und Sachleistungen (3), die Verordnung von Medikamenten, Krankschreibungen, Krankenhauseinweisungen (4) usw. spielen Preise wiederum keine ausgabenkontrollierende Rolle – eher im Gegenteil: die Ärzte beeinflussen durch diese Entscheidungen ihr eigenes Einkommen.[31] Sofern – realistischerweise – unterstellt wird, dass die Ärzte auch eine Einkommenszielsetzung verfolgen, schlägt sich eine steigende Ärztedichte in einer Erhöhung der Gesundheitsausgaben nieder. Dieser Effekt ist empirisch relativ gut dokumentiert (vgl. Breyer 1984) und lässt sich folgendermaßen begründen:

Das Einkommen eines Arztes stellt sich dar als Differenz zwischen Umsatz und Kosten: $E = U - K$

Der Umsatz wird bestimmt durch:
1. die Zahl der Kassenpatienten k;
2. die durchschnittliche Zahl z der Besuche eines Patienten beim Arzt;
3. die Zahl der jedem Patienten pro Besuch erbrachten Leistungen l;
4. das Einzelleistungshonorar h.

Daher gilt: $U = k \cdot z \cdot l \cdot h$.

---

[31] „Die Entscheidung über Wahl und Art der Behandlung und der für sie anzuwendenden Mittel (Einzelleistungen) ist es, die dem Arzt ‚den Schlüssel zum Geldschrank der Kasse' in die Hand gibt" (Preller 1970, 2. Halbbd., S. 353).

k ist die Existenzgrundlage fast aller frei praktizierenden Ärzte, da 90% der Bevölkerung in der GKV versichert sind. k ist zum einen durch die Qualität der ärztlichen Leistung beeinflussbar; dieser Qualitätswettbewerb ist wirtschafts- und sozialpolitisch erwünscht und stellt ein wesentliches Argument für die freie Arztwahl dar. k kann jedoch auch durch die Erbringung medizinisch nicht notwendiger oder unwirtschaftlicher Leistungen, bspw. sog. „Gefälligkeitsleistungen", erhöht werden. Die Zahl der pro Patient und Besuch erbrachten Leistungen (l) lässt sich erhöhen, indem verstärkt Labor- sowie gerätemedizinische Leistungen eingesetzt werden, die auch von Hilfskräften erbracht werden können. Außer k und l kann der Arzt z beeinflussen, wenn er den Patienten häufiger einbestellt, also die Behandlung „stückelt".

Eine vom einzelnen Arzt nicht beeinflussbare Größe ist h, die Einzelleistungsvergütung. Sie hängt v.a. davon ab, wie die sog. „Gesamtvergütung", die zwischen den Kassenärztlichen Vereinigungen mit den Landesverbänden der Krankenkassen und den Verbänden der Ersatzkassen nach § 83 SGB V vereinbart werden, auf die einer Kassenärztlichen Vereinigung angehörenden Ärzte verteilt wird. Aufgrund dieser Gesamtvergütung (6) wird die Ärzteschaft verpflichtet, die Kassenmitglieder unentgeltlich, gleichmäßig, ausreichend, zweckmäßig und wirtschaftlich zu versorgen (5). Diese Gesamtvergütung wird von den Kassenärztlichen Vereinigungen entsprechend den zur Abrechnung vorgelegten Einzelleistungsnachweisen der Ärzte (7) auf die Ärzte verteilt.

Nach den gegenwärtig geltenden Normen des § 85 SGB V wird die Gesamtvergütung entsprechend der Zahl der der Kassenärztlichen Vereinigung angehörenden Vertragsärzte und entsprechend des fachgruppenspezifischen Praxisbudgets festgesetzt. Das Verhältnis verschiedener ärztlicher Einzelleistungen zueinander wird in Punkten ausgedrückt. Gleichzeitig wird pro Punktwert ein Geldwert festgesetzt. Die Vergütung des einzelnen Arztes ergibt sich dann als Produkt aus der Zahl seiner nachweisbaren Leistungspunkte und dem Wert eines einzelnen Leistungspunktes. Leistungen, die das Praxisbudget übersteigen, werden nicht vergütet. Praxisbudgets dienen der Mengensteuerung und damit der Ausgabenbegrenzung. Auf der Grundlage dieses Vergütungsverfahrens werden die Ärzte überwiegend das Ziel verfolgen, mindestens das Praxisbudget zu erreichen.

Die Verteilung der Gesamtvergütung innerhalb der Ärzteschaft kann nach § 85,II SGB V auf der Basis festgesetzter Punktwerte, als Festbetrag, nach einer Kopfpauschale, nach einer Fallpauschale oder nach einem aus diesen Entlohnungsformen gebildeten Mischsystem verteilt werden.[32] Für den Fall, dass Ärzte ein bestimmtes Regelleistungsvolumen übertreffen, kann im Vertrag über die Gesamtvergütung vorgesehen werden, dass der Punktwert mit zunehmender Leistungsmenge der einzelnen Praxis sinkt („Abstaffelung" nach § 87 SGB V).

Veränderungen der Gesamtvergütung sind unter Berücksichtigung der Praxiskosten, der Arbeitszeit der Ärzte sowie nach Art und Umfang der ärztlichen Leistungen zu vereinbaren. Außerdem ist der Grundsatz der Beitragssatzstabilität zu beachten (§ 85,III SGB V).

Ein *dritter* Steuerungsmangel des Systems, der eng mit dem zweiten verbunden ist, liegt im Arzneimittelbereich (11). Zwar wurde das frühere System der im Prinzip kostenfreien Abgabe von Arznei- und Hilfsmitteln durch ein Zuzahlungssystem ersetzt,

---

[32] Zu den Honorierungsverfahren und ihren Allokationswirkungen vgl. Breyer/Zweifel/Kifmann 2003, S. 353 ff.

Übersicht 9. Das System der ambulanten und stationären Gesundheitsversorgung in der Bundesrepublik Deutschland

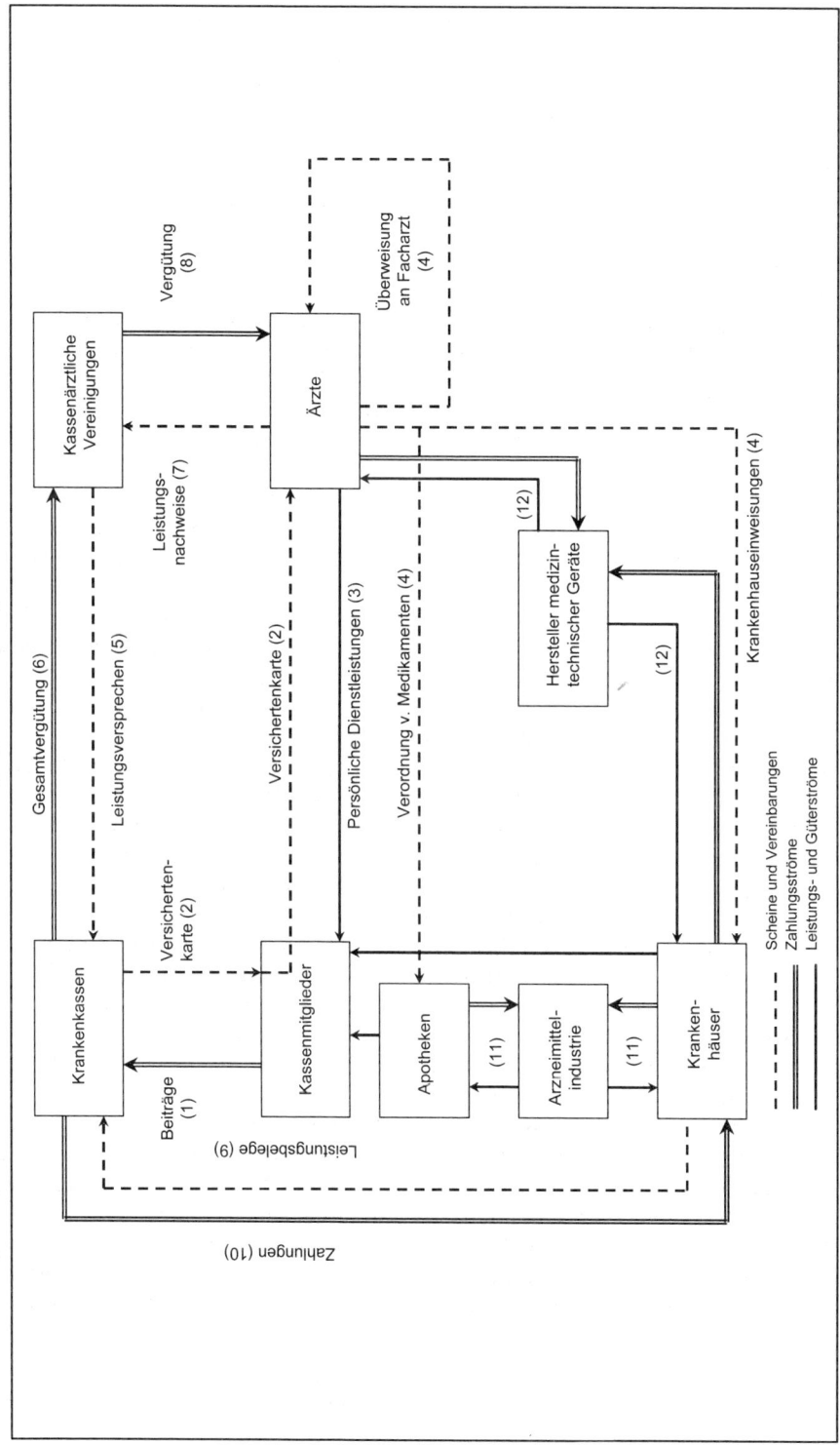

aufgrund dessen die Versicherten relativ hohe Kostenanteile selbst tragen müssen, so dass bei den Versicherten das Interesse an einer preisgünstigen Versorgung mit Arznei- und Hilfsmitteln gestärkt worden ist. Trotz dieser Neuregelung und trotz der zunehmenden Verordnung von (im Vergleich zu Originalarzneimitteln) billigeren Nachahmerprodukten (vgl. zu diesen Generika W. Huber 1988, S. 97 ff.) wirkt der Wettbewerb auf den Arzneimittelmärkten – wie übrigens auch auf den Märkten für die hochwertigen medizin-technischen Großgeräte (12) (vgl. dazu Lampert 1982a, insbes. S. 291 ff.) – aufgrund von Marktunvollkommenheiten, v.a. Produktheterogenität und Marktintransparenz, und aufgrund oligopolistischer Marktstrukturen wenig preisregulierend (vgl. dazu Oberender 1983).

Steuerungsdefizite sind bzw. waren auch im Krankenhausbereich zu finden, der – wie Tabelle 15 zeigt – seit 1970 stärker expandierte als der ambulante Bereich und mittlerweile den weitaus größten Anteil an den GKV-Ausgaben hat.[33] Das wesentliche Steuerungsdefizit lag in dem bis 1984 geltenden Finanzierungssystem und Bedarfsplanungsverfahren.[34] Das auf dem *Krankenhausfinanzierungsgesetz* vom 29. Juni 1972 beruhende Finanzierungssystem sah vor, dass die Investitionskosten, die sogenannten „Vorhaltekosten", vom Bund (1/3) und den Ländern (2/3) zu tragen waren, die laufenden Kosten dagegen von den Krankenkassen (duales Finanzierungssystem). Ein duales System sichert der öffentlichen Hand erheblichen Einfluss auf Größe und Struktur des Krankenhaussektors und determiniert über die geschaffenen Kapazitäten auch die laufenden Kosten für die ärztliche Versorgung und das Personal, für die die Versicherten aufzukommen haben. Die Krankenhäuser können nicht optimal über den Einsatz von personellen und sächlichen Ressourcen entscheiden. Die von den Kassen aufzubringenden Pflegesätze sollten die Betriebskosten (ärztliche Versorgung, Pflege, Unterbringung, Verpflegung) eines wirtschaftlich geführten Hauses decken und „sozial tragbar" sein. Sie wurden in einem komplizierten Verfahren zwischen Krankenhausträgern und Kassen vereinbart (vgl. dazu Thiemeyer 1975a). Im Falle der (häufigen) Nicht-Einigung wurden die Pflegesätze durch die Landesregierungen festgesetzt, die aber zugleich für die Krankenhausbedarfsplanung zuständig und daran interessiert waren, „plangerecht", zu finanzieren und die Folgekosten ihrer Planungen im Pflegesatz aufzufangen. Dieses Verfahren und der Kostendeckungsgrundsatz bewirkten, dass einmal entstandene Kosten in der Regel erstattet wurden und die Krankenhäuser kein Interesse an wirtschaftlichem Verhalten zeigten, zumal bei wirtschaftlicher Betriebsführung erzielte Überschüsse dazu führten, dass in der Folgeperiode diese Überschüsse zu einer Minderung der Pflegesätze führten, wirtschaftliches Verhalten also bestraft wurde. Ein weiteres Problem lag darin, dass der Pflegesatz kostendeckend, voll pauschaliert und tagesgleich war.

Ein *voll pauschalierter, kostendeckender* Pflegesatz bedeutet, dass die gesamten laufenden Kosten eines Krankenhauses für eine bestimmte Periode durch die Zahl der Krankenhaustage (= Bettenzahl · Belegtage) dividiert werden und dass dieser Pflegesatz für jeden Patienten pro Tag bezahlt wird, unabhängig davon, welche Leistungen für einen Patienten zu erbringen waren. *Tagesgleicher* Pflegesatz bedeutet, dass derselbe Pflegesatz für jeden Tag gezahlt wird, unabhängig davon, dass die Kosten in den ersten Tagen einer Behandlung, in denen diagnostiziert und intensiv therapiert

---

[33] Zu den Ausgabendeterminanten im Krankenhauswesen vgl. Wachtel 1984.
[34] Vgl. dazu Beratergruppe 1983, Wiemeyer 1984 und Kommission Krankenhausfinanzierung 1987, S. 85 ff.

wird, wesentlich höher sind als in der Nachbehandlungs- und Rekonvaleszenzphase. Diese Art Pflegesatz hat nicht nur keine positiven, sondern ökonomisch negative Steuerungswirkungen (vgl. dazu Beratergruppe 1983 S. 125 f.): er reizt zur Verlängerung der Verweildauer an, v.a. wenn – wie in der Bundesrepublik – ein Bettenüberhang besteht; Kostensenkungen lohnen sich nicht, weil sie nicht dem Krankenhaus, sondern den Kassen zugute kommen: die Leistungs- und Kostenstruktur wird nicht erkennbar und die Bildung von Kostenbewusstsein verhindert; das Krankenhaus wird ermutigt, nur solche Kosten zu verursachen, die als pflegesatzfähig anerkannt sind. Ein weiteres Problem war die sogenannte „Fehlbelegung" von Betten. Darunter versteht man die Nutzung von Krankenhausbetten, die der Heilung von Kranken dienen sollen, für die Pflege älterer Menschen.

Da die Entwicklung im Krankenhauswesen nicht mehr tragbar erschien, wurde am 20. Dez. 1984 das *Gesetz zur Neuordnung der Krankenhausfinanzierung* verabschiedet. Es hat in Verbindung mit der 1986 in Kraft getretenen Bundespflegesatzverordnung einige Verbesserungen gebracht. Das Gesetz machte es möglich, den pauschalierten Pflegesatz durch einen leistungsorientierten, differenzierten Pflegesatz zu ersetzen. Die Reform war aber halbherzig, weil sie am Prinzip der kostendeckenden Tagespauschale festhielt. Erst durch die Gesundheitsreform 2000 wurde die Vergütung des stationären Sektors zum 01. Jan. 2003 vollständig auf ein System von Fallpauschalen umgestellt.

Ein weiteres Problem stellte das Zuweisungsprinzip zu den gesetzlichen Krankenkassen dar. Bedingt durch das historisch gewachsene System der GKV hatten nur Angestellte und bestimmte Gruppen von Arbeitern die Möglichkeit der freien Kassenwahl; der Großteil der Arbeiter war in der jeweiligen Ortskrankenkasse pflichtversichert. Aufgrund unterschiedlicher Größe der Kassen und einer unterschiedlichen Mitgliederstruktur nach der durchschnittlichen Höhe der beitragspflichtigen Arbeitseinkommen, nach dem Alter, dem Geschlecht, dem Gesundheitszustand der Mitglieder und anderen Faktoren variierten die Beitragssätze der GKV-Kassen von 7,5 bis 15,6 % (1987), d.h.: manche Versicherte mussten bei gleich hohem Einkommen doppelt soviel Beitrag für die gleiche Leistung zahlen wie andere.[35]

Schließlich ist absehbar, dass die demographische Entwicklung die Finanzierung der GKV in den kommenden Jahrzehnten erheblich belasten wird. Der Anteil der über 60jährigen Personen an der Bevölkerung Deutschlands, der gegenwärtig 21 % beträgt, wird bis 2030 auf 30 bis 40 % steigen.[36] Da das Morbiditätsrisiko und die mit der Krankheitshäufigkeit und -dauer verbundenen Ausgaben mit höherem Lebensalter stark ansteigen, ist aufgrund der Alterung der Bevölkerung mit einem wachsenden Anteil kranker Personen an der Bevölkerung und mit einer vermehrten Inanspruchnahme von Gesundheitsleistungen zu rechnen. Felderer erwartet bis 2030 in der GKV eine demographisch bedingte Beitragssatzsteigerung um mindestens 3 %.[37]

---

[35] Vgl. zu dieser Problematik und ihren Ursachen Felkner/Stein/Stutzmüller 1990
[36] Deutscher Bundestag 1998, S. 131.
[37] Felderer 1983, S. 279.

f) Die Gesundheitsreformgesetzgebung seit 1988

Regierung und Gesetzgeber versuchten mehrmals erfolglos, die GKV zu reformieren. 1959/60 und 1962/63 unternommene Versuche scheiterten. Mehrere, 1977 bis 1982 verabschiedete Kostendämpfungsgesetze blieben ohne nachhaltigen Erfolg.

Eine der Effizienzsteigerung im Gesundheitswesen dienende Einrichtung ist die 1977 eingeführte, in §§ 141 f. SGB V verankerte „Konzertierte Aktion im Gesundheitswesen". Sie besteht in regelmäßigen Zusammenkünften von Vertretern der GKV, der privaten Krankenversicherung, der Ärzte und Zahnärzte, der Krankenhausträger, der Apotheker, der Pharmaindustrie, der Gewerkschaften, der Arbeitgeber, der Bundesländer, der kommunalen Spitzenverbände, des BMWA und des Bundesgesundheitsministeriums. Ihr Ziel ist es, gemeinsame Empfehlungen über die angemessen erscheinenden Veränderungsraten der Ausgaben für Arzthonorare, Arzneimittel und Krankenhäuser abzugeben, um auf diese Weise auf die Ziele und Verhaltensweisen der Leistungsanbieter und –nachfrager einzuwirken. Diese Empfehlungen sollen so gestaltet sein, dass Beitragssatzerhöhungen vermieden werden. Das Gesundheitsministerium beruft darüber hinaus einen Sachverständigenrat, der die Konzertierte Aktion bei der Erfüllung ihrer Aufgaben unterstützt. Sowohl in Bezug auf ihre Kostendämpfungswirkungen als auch ordnungspolitisch, d.h. unter dem Aspekt ihrer Konformität mit der Wirtschaftsordnung, ist die Konzertierte Aktion umstritten (vgl. dazu v.a. Hamm 1980a; Külp 1980; Wiesenthal 1981). Denn exogen vorgegebene Wachstumsraten für den Gesundheitssektor bzw. bestimmte Teilsektoren sind einerseits problematisch, weil zwischen dem Wachstum des Gesundheitswesens und anderer ökonomischer Größen, etwa dem Sozialprodukt, keine überzeugend begründbaren Zusammenhänge bestehen. Andererseits droht nach den Erfahrungen der letzten Jahrzehnte das Gesundheitssystem jedoch mit sehr hohen, im Vergleich zu anderen Sektoren weit überdurchschnittlichen Raten weiterzuwachsen, wenn nicht die Expansion von außen begrenzt wird. Für die Vorgabe von Wachstumsraten spricht weiterhin, dass innerhalb des Gesundheitssektors erhebliche Rationalisierungsreserven liegen dürften.[38] Mit dem Ziel, diese Effizienzreserven auszuschöpfen und den Anstieg des Beitragssatzes zu beschränken, wurden seit Ende der 80er Jahre mehrere Gesetze zur Reform des Gesundheitswesens erlassen. Die zahlreichen und in immer kürzeren zeitlichen Abständen erfolgenden Reformmaßnahmen lassen sich in nachfrageseitige, angebotsseitige und marktstrukturelle Reformen untergliedern. Nachfrageseitige Reformmaßnahmen zielen darauf ab, die Inanspruchnahme des Gesundheitswesens durch die Patienten auf das medizinisch notwendige Maß zu beschränken. Angebotseitige Reformen beabsichtigen eine Verbesserung der Leistungserstellung durch die Erbringer medizinischer Leistungen. Marktstrukturelle Änderungen beziehen sich auf die Verfassung der Märkte für Versicherungen und medizinische Güter und Dienstleistungen. Ein erster, nach langer und intensiver Diskussion[39] verabschiedeter Reformschritt war das *Gesetz zur Strukturreform im Gesundheitswesen* (Gesundheitsreformgesetz - GRG) vom 25. Nov. 1988.

---

[38] Vgl. dazu Wissenschaftliches Institut der Ortskrankenkassen (Hg.), Leistungssteigerungen im Gesundheitswesen bei Nullwachstum, Bonn 1981.

[39] Vgl. dazu nur Ferber 1985, Gäfgen 1986 und die von der Robert Bosch Stiftung herausgegebenen zahlreichen Bände „Beiträge zur Gesundheitsökonomie" (Gerlingen 1981 ff.).

Als Instrumente sah das GRG den Ausschluss der sog. „Bagatellarzneimittel" und des Sterbegelds aus dem Leistungskatalog vor. Ferner wurden höhere Selbstbeteiligungen bei den Kosten für Zahnersatz, Kurbehandlung und Fahrkosten eingeführt. Des Weiteren war im Gesetz der Grundsatz der Beitragsstabilität und die Verpflichtung der Krankenkassen und der Kassenärztlichen Vereinigungen verankert worden, „Richtgrößen" für das Volumen der zu verordnenden Arzneimittel zu vereinbaren.

Als neues Instrument wurde die Festsetzung von Festbeträgen für Arznei- und Hilfsmittel durch die Spitzenverbände der Krankenkassen eingeführt. Diese Festbeträge stellen eine Obergrenze für die Erstattung von Arzneimitteln dar; wird ein teureres Präparat gewählt, so ist die Differenz zwischen Festbetrag und Marktpreis vom Versicherten zuzuzahlen. Die Festbeträge sind so festzusetzen, dass sie eine ausreichende, zweckmäßige, wirtschaftliche und qualitativ einwandfreie Versorgung gewährleisten. Sie sollen die Arzneimittelhersteller veranlassen, ihre Preise auf das von den Kassen erstattete Festbetragsniveau abzusenken.

Die Instrumente des GRG setzen damit im Wesentlichen an den Steuerungsmängeln der Nachfrageseite an. Am GRG wurde kritisiert, dass es sein Stabilisierungsziel im Wesentlichen durch Leistungsausschlüsse und Zuzahlungen erreiche, also durch Entlastung der Kassen auf Kosten der Versicherten. An der Festbetragsregelung wurde kritisiert, dass die Hersteller die durch Festbeträge induzierten Preissenkungen durch Preiserhöhungen im festbetragsfreien Markt kompensieren könnten. Damit laufe die Festbetragsregelung lediglich auf eine Änderung der Preisstruktur der Arzneimittel hinaus. Schließlich wurden vom GRG zentrale Probleme wie das der Überkapazitäten im ambulanten und v.a. im stationären Sektor, des verzerrten Wettbewerbs zwischen den Kassen sowie der erheblichen Beitragssatzunterschiede zwischen den Kassen überhaupt nicht angegangen.

Schon bald wurde erkennbar, dass es nicht gelang, den Ausgabenanstieg zu verhindern (vgl. Tabelle 15). Der geringe Zielerreichungsgrad des GRG machte einen neuen Reformanlauf erforderlich. Daher wurde am 21. Dez. 1992 das *Gesetz zur Sicherung und Strukturverbesserung der gesetzlichen Krankenversicherung* (Gesundheitsstrukturgesetz – GSG) verabschiedet, das stärker an der Angebotsseite und der Marktstruktur ansetzte. Das Gesetz übernahm weitgehend die im GRG eingeführten Instrumente, v.a. die Festbetragsregelung, die Leistungsausschlüsse und die Selbstbeteiligungen, die teilweise erhöht wurden. Wesentliche Unterschiede zum GRG liegen in der Einführung einer *Budgetierung der Ausgaben in allen Leistungsbereichen,* in *strukturellen Veränderungen zum Abbau der Überkapazitäten* im ambulanten und im stationären Sektor sowie in der Einführung der freien Kassenwahl der Versicherten.

Zwischen den Verbänden der Krankenkassen und den Kassenärztlichen Vereinigungen ist nach bestimmten Grundsätzen eine Obergrenze für die von den Vertragsärzten veranlassten Ausgaben für Arznei-, Verband- und Heilmittel zu vereinbaren (§ 84 SGB V). Bei der Vereinbarung von Veränderungen der Gesamtvergütung muss der Grundsatz der Beitragssatzstabilität beachtet werden (§ 71 SGB V).

Gegen eine solche Budgetierung, die gleichbedeutend ist mit einer einnahmenorientierten Ausgabenpolitik, wird eingewendet, dass sie nicht aus gesundheitspolitischen Zielen und aus dem Bedarf an Leistungen abgeleitet ist. Sie verfestige die Angebots-, Leistungs- und Verteilungsstrukturen im GKV-System. Dagegen verweisen Befürworter des Budgetierungskonzepts darauf, dass auf eine solche Politik solange nicht verzichtet werden kann, bis Reformen der Ärztehonorierung, der Vergütung der Krankenhausleistungen sowie der Preisbildungsprozesse auf den Märkten gesundheitswirksamer Güter und Leistungen eine langfristig finanzierbare und mit anderen Zielen der Wirtschafts- und Sozialpolitik kompatible Ausgabenentwicklung gewährleisten (vgl. zu dieser Diskussion Henke 1991 und Oberender 1989).

Eine wichtige strukturelle Änderung besteht in der Einführung einer Marktzugangskontrolle für den ambulanten Sektor: seit 1999 erfolgt die Zulassung zur Kassenarztpraxis aufgrund gesetzlich festzulegender Verhältniszahlen, die wiederum an Bedarfsplänen orientiert werden. Diese werden von den Kassenärztlichen Vereinigungen im Einvernehmen mit den Kassenverbänden und den zuständigen Landesbehörden aufgestellt. Über die Zulassung haben auf der Basis einer vom Bundesgesundheitsminister mit Zustimmung des Bundesrates zu erlassenden Rechtsverordnung Zulassungsausschüsse zu entscheiden, die aus Vertretern der Ärzte und der Krankenkassen bestehen (§§ 96 bis 104 SGB V). Im Falle einer eingetretenen Überversorgung sind Zulassungsbeschränkungen anzuordnen. Mit diesen Bestimmungen ist es (endlich) möglich geworden, die Zahl der Leistungsanbieter und damit die Zahl derjenigen zu begrenzen, die ganz überwiegend die Nachfrage nach Gesundheitsgütern und -leistungen bestimmen (vgl. dazu S. 253 ff.).

Auch die Zahl der für eine Behandlung von Kassenpatienten verfügbaren Betten ist begrenzt worden. Die Krankenkassen dürfen Krankenhausbehandlungen nur durch Krankenhäuser erbringen lassen, die Hochschulkliniken oder im Krankenhausplan eines Landes aufgenommen sind. Kein Krankenhaus hat einen Anspruch auf Abschluss eines Versorgungsvertrages (§ 108 f. SGB V).

Durch das Gesundheitsstrukturgesetz wurden auch die Wettbewerbsbedingungen zwischen den gesetzlichen Krankenkassen nachhaltig verbessert. Dies geschah zum einen durch die Einführung der freien Kassenwahl der gesetzlich Versicherten, d.h., dass nunmehr auch Beschäftigte, für die bislang eine Orts-, Betriebs- oder Innungskrankenkasse zuständig war, das Recht haben, einer Ersatzkasse beizutreten (§ 173 SGB V). Weiterhin wurden alle Kassenarten der GKV den Regelungen des Kassenarztrechts unterworfen, so dass die bisherige Sonderstellung der Ersatzkassen beim Abschluss von Verträgen mit den Kassenärztlichen Vereinigungen entfiel. Dadurch wurde die seit 1911 bestehende Trennung zwischen Arbeiter- und Angestelltenversicherung aufgehoben. Dieses Recht auf freie Kassenwahl wurde durch einen kassenartenübergreifenden Risikostrukturausgleich (RSA) ergänzt (§ 266 f. SGB V). Durch diesen Risikostrukturausgleich werden Unterschiede zwischen den Kassen im beitragspflichtigen Einkommen der Mitglieder (Grundlohn), der Zahl der mitversicherten Familienmitglieder, alters- und geschlechtsbedingte Risikofaktoren sowie Invalidität ausgeglichen. Ausgabenunterschiede, die nicht auf diese Parameter zurückzuführen sind, sind nicht ausgleichsfähig.

Aufgrund der veränderten Wettbewerbsbedingungen hat sich die Zahl der Krankenkassen rapide verringert. Allerdings wurde davon abgesehen, den Kassen neue Wettbewerbsparameter, z.B. alternative Leistungsangebote oder Wahltarife, zu eröffnen, so dass ein echter Leistungswettbewerb zwischen den Kassen nicht ermöglicht wurde.

Auch mit dem GSG gelang es nicht, die Ausgabenerhöhung dauerhaft zu begrenzen. Daher wurde 1996 mit dem besonderen Ziel, zur Senkung der Lohnnebenkosten die Beiträge zur GKV zu reduzieren, das wiederum primär an der Nachfrageseite ansetzende *Beitragsentlastungsgesetz* vom 23. Dez. 1996 verabschiedet. Wesentliche Instrumente dieses Gesetzes waren Erhöhungen der Zuzahlungen, die Streichung der Zuschüsse bei Brillengestellen und zum Zahnersatz bei Versicherten ab dem Geburtsjahrgang 1979,[40] die Absenkung des Krankengeldes von 80 auf 70 % des Bruttoar-beitsentgelts, die Kürzung der Regeldauer von Kuren von 4 auf 3 Wochen und die Vergrößerung des zwischen zwei Kuren liegenden Mindestabstands auf 4 Jahre.

Im Juni 1997 verabschiedete der Gesetzgeber das *Erste* und *Zweite Gesetz zur Neu-ordnung von Selbstverwaltung und Eigenverantwortung in der gesetzlichen Kranken-versicherung (NOG)*. Dieses Gesetz enthielt eine Reihe von marktstrukturellen Ände-rungen, unter anderem

- die Möglichkeit der Kassen, im Gesetz vorgesehene Leistungen zu erweitern und kraft Gesetzes ausgeschlossene Leistungen als Satzungsleistungen anzubieten und zu finanzieren;
- die Möglichkeiten der Kassen, besondere Selbstbehalte, eine Beitragsrücker-stattung, besondere Zuzahlungen und Sonderbeiträge der Versicherten für zusätz-liche Leistungen einzuführen sowie
- die Möglichkeit der Kassen, anstelle des Sachleistungsprinzips das Kostener-stattungsprinzip einzuführen.

Weiterhin beinhaltete dieses Gesetz auch eine Neuregelung der ärztlichen Vergü-tung. Die Vergütung erfolgt über sog. „Praxisbudgets"; das sind arztgruppenspezifi-sche und fallzahlabhängige Obergrenzen für die insgesamt von einem Vertragsarzt abrechenbaren Leistungen (§ 85 Abs. 4 SGB V). Die Kassenärztlichen Vereinigungen haben die Möglichkeit, ein arztgruppenspezifisches „Regelleistungsvolumen" mit ei-nem vorab festgelegten Punktwert für die erbrachten Einzelleistungen zu vereinbaren. Durch den festen Punktwert soll vermieden werden, dass – wie vor Erlass des Geset-zes üblich – die Ärzte bei einem mit einer Leistungsausweitung verbundenen Absin-ken des Punktwertes versuchen, die Honorarausfälle durch weitere Mengenauswei-tungen zu kompensieren. Bei einer Überschreitung der Regelleistungsvergütung sollten die Vertragspartner eine „Vergütungsabstaffelung" vorsehen, um eine Men-genexpansion zu bremsen. Weiterhin sah das Gesetz deutlich höhere Zuzahlungen und eine Dynamisierung der Selbstbeteiligungen vor.

Allerdings hatten die meisten dieser Neuregelungen keinen Bestand: nach dem Re-gierungswechsel im Jahr 1998 wurde die Erhöhung der Zuzahlungen, die Einführung der Gestaltungsleistungen und die Möglichkeit, statt der Sachleistungen die Kostener-stattung zu wählen, durch das GKV-Solidaritätsstärkungsgesetz wieder rückgängig gemacht.[41] Im Anschluss an das Solidaritätsstärkungsgesetz wurden noch zahlreiche Einzelmaßnahmen beschlossen. Davon sind hervorzuheben:

1. die Beschränkung der freien Kassenwahl durch Einführung einer obligatorischen Mindestbindung von 18 Monaten an eine Kasse (*Gesetz zur Neuregelung der Kas-senwahlrechte* vom 27. Juli 2001);
2. die Ergänzung des Risikostrukturausgleichs zur Förderung der Versorgung chro-nisch Kranker durch sog. „Disease-Management-Programme". Der RSA soll bis 2007 in einen an direkten Morbiditätskriterien orientierten Risikostrukturausgleich weiterentwickelt werden;
3. die Vergütung voll- oder teilstationärer Leistungen durch diagnoseorientierte Fall-pauschalen (*Diagnosis Related Groups, sog. DRG's*) durch das *Fallpauschalen-gesetz* vom 23. April 2002 sowie

---

[40] Diese Streichung wurde mittlerweile wieder aufgehoben.
[41] Vgl. Gesetz zur Stärkung der Solidarität in der gesetzlichen Krankenversicherung vom 19. Dezember 1998, BGBl I, S. 3853 ff.

4. die Anhebung der Versicherungspflichtgrenze in der GKV durch das *Beitragssatzsicherungsgesetz* vom 23. Dez. 2002.[42]

Die jüngste Reformmaßnahme ist das Gesetz zur *Modernisierung der Gesetzlichen Krankenversicherung* (*GKV-Modernisierungsgesetz – GMG*) vom 14. Nov. 2003, das zum 01. Jan. 2004 in Kraft trat. Wesentliche Instrumente sind Leistungsausschlüsse und eine veränderte Zuzahlungsregelung. Nicht verschreibungspflichtige Arzneimittel wurden vollständig aus dem Leistungskatalog der GKV gestrichen; über medizinisch begründete Ausnahmen entscheidet ein Gremium von Ärzten und Krankenkassen. Weitere Leistungsausschlüsse betreffen die Leistungen für Zahnersatz, Brillen und die Erstattung von Fahrtkosten. Die Zuzahlungen betragen zehn Prozent der Kosten für Arznei-, Verbands- und Hilfsmittel, mindestens 5, höchstens 10 €. Pro Quartal wird eine Praxisgebühr von 10 € bei der ersten Inanspruchnahme eines Arztes fällig. Die Zuzahlung im stationären Sektor belaufen sich auf 10 € pro Tag für maximal 28 Tage, für Heilmittel und häusliche Krankenpflege auf 10 Prozent zuzüglich 10 €. Gemäß der *Überforderungsklausel* (§ 62 SGB V) sind max. 2 % des Einkommens, bei chronisch Kranken 1 %, als Zuzahlung zu leisten. Die vollständige Befreiung von der Zuzahlungspflicht für bestimmte Personengruppen wie z.b. Geringverdiener und Empfänger von Arbeitslosenhilfe oder Bafög (Härtefallklausel gem. bish. § 61 SGB V) entfällt ersatzlos. Auch die Empfänger von laufender Hilfe zum Lebensunterhalt im Rahmen der Sozialhilfe unterliegen diesen Zuzahlungsregelungen[43]. Weiterhin wurde den Kassen wieder die Möglichkeit eingeräumt, bestimmte Gestaltungsleistungen wie bspw. Boni für Hausarztmodelle oder die Teilnahme an Präventionsprogrammen anzubieten.

Auf der Angebotsseite sieht das Gesetz vor, den Versandhandel mit Medikamenten zuzulassen und das sog. „Mehrbesitzverbot" von Apotheken zu lockern. Weiterhin erhalten Apotheker für alle verschreibungspflichtigen Arzneimittel unabhängig von Verpackungsgröße und Preis den gleichen Zuschlag; dadurch soll der Anreiz für den Apotheker steigen, preisgünstigere Präparate zu empfehlen. Schließlich soll die Integration von ambulanter und stationärer Versorgung durch die Zuweisung eines festen Budgetanteils für integrierte Versorgungseinrichtungen gefördert werden.

Eine aktuelle Kontroverse betrifft die künftige Finanzierung der gesetzlichen Krankenversicherung. Um bei weiterhin steigenden Leistungsausgaben die Lohnnebenkosten nicht weiter ansteigen zulassen, werden die Einführung einer *Bürgerversicherung* und die Umstellung der lohnbezogenen Beiträge auf *einkommensunabhängige Kopfpauschalen* diskutiert.[44] In der Bürgerversicherung wären alle Personen versiche-

---

[42] Bis zu diesem Zeitpunkt betrugen die Versicherungspflicht- und Beitragsbemessungsgrenze in der GKV 75 % der Beitragsbemessungsgrenze der GRV in den alten Bundesländern. Mit dem Ziel, den Beitragssatz zur GRV zu stabilisieren und den Wechsel von der gesetzlichen in die private Krankenversicherung zu erschweren, wurden die Beitragsbemessungsgrenze der GRV und die Versicherungspflichtgrenze der GKV zum 01. Jan. 2003 deutlich angehoben; die Beitragsbemessungsgrenze in der GKV hingegen auf dem ursprünglichen Niveau belassen. 2004 beträgt die Versicherungspflichtgrenze in der GKV und der GPflV 46 350 €, die Beitragsbemessungsgrenze hingegen 41 850 €.

[43] Die Zuzahlungsregel für Sozialhilfeempfänger ist nachdrücklich zu kritisieren. Denn die Sozialhilfe ist so zu bemessen, dass sie ein soziokulturelles Existenzminimum gerade abdeckt. Die Zuzahlungsregelung für Sozialhilfeempfänger stellt damit einen Verstoß gegen das Sozialstaatsgebot dar.

[44] Vgl. zu dieser Diskussion Sachverständigenrat zur Begutachtung der gesamtwirtschaftlichen Entwicklung, Staatsfinanzen konsolidieren – Steuersystem reformieren, Stuttgart 2003/04, Tz. 306 ff., BMGS (Hrsg.), Nachhaltigkeit in der Finanzierung der sozialen Sicherungssysteme, Berlin 2003, S. 147 – 184, A. Pfaff u.a. (2003), Kopfpauschalen zur Finanzierung der Krankenversicherungsleistun-

rungspflichtig, die ihren gewöhnlichen Aufenthaltsort in der Bundesrepublik Deutschland haben, also auch Beamte, Selbständige und Arbeitnehmer mit einem Einkommen oberhalb der Versicherungspflichtgrenze. Weiterhin sollen alle Einkunftsarten der Versicherungspflicht unterworfen werden. Befürworter dieses Modells versprechen sich hiervor eine spürbare Absenkung des notwendigen Beitragssatzes und eine Stärkung des Ziels sozialer Gerechtigkeit, da der Solidarausgleich auf alle Personengruppen ausgeweitet wird. Kritiker weisen darauf hin, dass dieses Modell keine Lösung für die demographisch bedingten Herausforderungen bietet und die massive Einschränkung des Betätigungsfeldes für private Krankenversicherungsunternehmen verfassungsrechtlich höchst problematisch wäre.

Im Kopfpauschalenmodell hat jeder erwachsene Versicherungspflichtige unabhängig von seinem Einkommen eine pauschale Prämie zu entrichten, die auch eine Altersrückstellung beinhaltet. Der soziale Ausgleich innerhalb der GKV bezieht sich damit nicht mehr auf die Höhe des versicherungspflichtigen Einkommens, sondern beschränkt sich auf die Risikomerkmale Alter, Geschlecht und die Anzahl der minderjährigen Familienmitglieder. Der Einkommensausgleich soll über steuerfinanzierte Transfers erfolgen. Der Arbeitgeberbeitrag wird dem Arbeitnehmer als steuerpflichtiges Arbeitseinkommen ausbezahlt. Befürworter dieses Modells versprechen sich hiervon eine Stärkung des Versicherungsprinzips, eine Entlastung des Risikostrukturausgleichs, positive Beschäftigungseffekte, eine Abmilderung des demographisch bedingten Beitragsanstiegs und eine erhöhte Zielgenauigkeit der aus der GVK auszugliedernden Umverteilungskomponente. Kritiker halten dem entgegen, dass die erwarteten Beschäftigungseffekte höchst unsicher sind und dass ebenfalls nicht geklärt ist, ob die Subventionierung der Kopfpauschalen für Bezieher niedriger Einkommen an die zu erwartende Dynamik dieser Pauschale angepasst wird (vgl. Greß u.a. 2003).

Grundsätzlich ist festzuhalten, dass die Bürgerversicherung und die Kopfpauschale keine sich gegenseitig ausschließenden Alternativen sind. Durch Reformen auf der Einnahmenseite wird es aber nicht gelingen, den Anstieg des Beitragssatzes bzw. der Kopfpauschale nachhaltig abzusenken, wenn nicht gleichzeitig weitergehende Reformmaßahmen auf der Angebotsseite entschieden angegangen werden.

2. Die gesetzliche Unfallversicherung[45] (UV)

a) Kreis der Versicherten

In der gesetzlichen UV sind zahlreiche Personengruppen versichert. Dazu gehören v.a.:
1. alle aufgrund eines Arbeits-, Dienst- oder Lehrverhältnisses Beschäftigten ohne Rücksicht auf die Höhe ihres Arbeitseinkommens;
2. Heimarbeiter;

---

gen in Deutschland, Beitrag Nr. 246 des Instituts für Volkswirtschaftslehre der Universität Augsburg, Augsburg 2003.

[45] Gesetzliche Grundlagen sind: 1. das *SGB VII*; 2. das *Fremdrentengesetz* vom 25. Febr. 1960, zuletzt geändert durch das Rentenreformgesetz vom 16. Dez. 1997; 3. das *Gesetz über Betriebsärzte, Sicherheitsingenieure und andere Fachkräfte für Arbeitssicherheit* vom 12. Dez. 1973, zuletzt geändert durch Gesetz vom 25. Sept. 1996; 4. die *Berufskrankheiten-Verordnung* vom 20. Juni 1968, zuletzt geändert am 18. Dez. 1992.

3. Arbeitslose;
4. Hausgewerbetreibende, Schausteller, Artisten und landwirtschaftliche Unternehmer;
5. Kinder während des Besuchs von Kinderkrippen, Kindergärten, Kinderhorten und Kindertagesstätten, Schüler, Auszubildende und Studenten;
6. Personen, die im Interesse des Gemeinwohls tätig werden wie Zivilschutztätige, Lebensretter, Blutspender, für Bund, Länder oder Gemeinden ehrenamtlich Tätige und Personen, die sich bei der Verfolgung oder Festnahme einer strafbaren Handlung verdächtigen Person oder zum Schutz eines widerrechtlich Angegriffenen einsetzen.

Für Beamte gelten beamtenrechtliche Unfallfürsorgevorschriften.

2001 waren im vereinigten Deutschland in der gesetzlichen UV 75,5 Mio. Personen versichert, davon 17,4 Mio. Kinder, Schüler und Studenten (Stat. Jb. 2003 S. 473 f.).

b) Aufgaben und Leistungen

Aufgaben der UV sind:
1. die *Verhütung* von Arbeitsunfällen und Berufskrankheiten durch
   a) die Durchführung technischer Aufsicht und die Überwachung der Unfallsicherheit in den Unternehmen;
   b) Finanzierung und Organisation der Unfallursachenerforschung;
   c) den Erlass von Vorschriften darüber, welche Einrichtungen und Maßnahmen die Unternehmer zur Verhütung von Arbeitsunfällen zu treffen und wie sich die Versicherten zur Verhütung von Arbeitsunfällen zu verhalten haben;
2. die *Sicherstellung erster Hilfe* bei Arbeitsunfällen;
3. die *Wiederherstellung* der Erwerbsfähigkeit eines Verletzten und die Förderung seiner Wiedereingliederung in das Berufsleben;
4. die *Entschädigung* des Verletzten oder seiner Hinterbliebenen durch Geldleistungen. Die Rangordnung der Aufgaben lautet: Prophylaxe - Rehabilitation - Schadenersatz.

Abgesehen von den Maßnahmen zur Verhütung von Arbeitsunfällen im Rahmen des Gefahrenschutzes (vgl. dazu S. 173 ff.) und von der Sicherstellung erster Hilfe erbringt die UV folgende Leistungen:
1. Leistungen zur *Wiederherstellung der Erwerbsfähigkeit* (Rehabilitation), insbes.
   a) Heilbehandlung. Die Heilbehandlung umfasst ärztliche Behandlung, Versorgung mit Arzneien und Verbandmitteln sowie mit anderen Heilmitteln einschließlich Krankengymnastik, Bewegungstherapie, Sprachtherapie und Beschäftigungstherapie, Ausstattung mit Körperersatzstücken, mit orthopädischen und anderen Hilfsmitteln und die Arbeitstherapie;
   b) Gewährung von Pflege für hilflose Verletzte, die in Hauspflege, Anstaltspflege oder in der Zahlung von Pflegegeld bestehen kann;
2. Leistungen im Rahmen der *Berufshilfe*, d.h. berufsfördernde Maßnahmen zur Rehabilitation, insbes. Übernahme der Kosten für berufliche Anpassung, Fortbildung, Ausbildung und Umschulung.
3. Leistungen zur *sozialen Rehabilitation*.
4. *Entschädigungsleistungen* an Verletzte, die bestehen aus:

a) Ersatz des während der Heilbehandlung entfallenden Arbeitsentgelts (sog. Verletztengeld) nach Ablauf der Lohnzahlungspflicht des Arbeitgebers in Höhe von 80 % des Arbeitsentgelts (maximal in Höhe des Nettoarbeitsentgelts) bis maximal 78 Wochen (jedoch nicht vor Ende der stationären Behandlung);

b) während der Inanspruchnahme einer Berufshilfe erhält der Verletzte Übergangsgeld, wenn er arbeitsunfähig ist oder durch die Berufshilfemaßnahme gehindert ist, erwerbstätig zu sein. Es beträgt bei einem Verletzten mit wenigstens einem Kind oder mit einem ihn pflegenden und daher nicht erwerbstätigen Ehegatten 75 % des Arbeitsentgelts, andernfalls 68 %, maximal jedoch in Höhe des Nettoarbeitsentgelts;

c) Ausgleich der Beeinträchtigung eines Verletzten durch die Zahlung einer Verletztenrente, wenn die Erwerbsfähigkeit um mindestens 20 % über die 26. Woche nach dem Unfall hinaus gemindert ist. Bei vollem Verlust der Erwerbsfähigkeit beträgt die sog. „Vollrente" 2/3 des Jahresarbeitsverdienstes bis zu einem gesetzlich vorgegebenen Maximum in Höhe des Zweifachen der im Zeitpunkt des Versicherungsfalles maßgebenden „Bezugsgröße".[46] Durch Satzung der Berufsgenossenschaft kann ein höheres Maximum bestimmt werden. Das Minimum der Vollrente ist für Personen, die das 18. Lebensjahr vollendet haben, auf 60 %, für jüngere auf 40 % der Bezugsgröße festgesetzt, die im Zeitpunkt des Unfalls maßgebend ist. Bei eingeschränkter Erwerbsfähigkeit beläuft sich die Rente auf *den* Teil der Vollrente, der dem Grad der Erwerbsminderung entspricht. Die Renten sind dynamisiert, d.h. sie werden durch Verordnung an die Lohn- und Gehaltsentwicklung angepasst. Unter bestimmten Bedingungen kann ein Verletzter anstelle der Rente eine Kapitalabfindung erhalten.

5. Leistungen an *Hinterbliebene*, und zwar:

a) Sterbegeld in Höhe von 1/7 der Bezugsgröße;

b) Hinterbliebenenrente an den Ehegatten, den früheren Ehegatten, die Kinder oder Verwandte der aufsteigenden Linie. Die Witwen- bzw. Witwerrente beläuft sich auf 30 % des Jahresarbeitsverdienstes des bzw. der Verstorbenen und endet durch Wiederverheiratung oder zwei Jahre nach dem Tod des Versicherten, es sei denn die Witwe hat das 45. Lebensjahr vollendet oder erzieht mindestens ein waisenberechtigtes Kind oder sie ist berufs- oder erwerbsunfähig;[47] in diesem Fall beträgt die Rente 40 % des Jahresarbeitsverdienstes. Die Waisenrente beträgt bei Halbwaisen 20 %, bei Vollwaisen 30 % des Jahresarbeitsverdienstes.

6. Wenn der Verstorbene Eltern hinterlässt, die er wesentlich unterhalten hat, erhält ein Elternpaar eine Rente in Höhe von 30 % des Jahresarbeitsverdienstes des Verstorbenen, ein Elternteil eine Rente in Höhe von 20 %.

---

[46] Das ist das durchschnittliche Arbeitsentgelt aller Versicherten der gesetzlichen Rentenversicherung im vorvergangenen Kalenderjahr. Sie beträgt 2004 in Westdeutschland 28 980 € und in Ostdeutschland 24 360 €.

[47] Wenn eine Witwen- oder Witwerrente mit Erwerbseinkommen oder Renten aus der gesetzlichen RV oder der Beamtenversorgung zusammentrifft, ruht die Rente in Höhe von 40 % des Betrages, um den dieses andere Einkommen einen Freibetrag übersteigt. Dieser Freibetrag beträgt mtl. das 26,4-fache des aktuellen Rentenwerts zuzüglich des 5,6-fachen dieses Rentenwerts für jedes waisenrentenberechtigte Kind.

Der Versicherungsschutz erstreckt sich nicht nur auf Unfälle im Betrieb, sondern auch auf Unfälle auf dem sogenannten Betriebsweg (Wege zwischen Betriebswerkstätten und Weg zwischen Wohnung und Arbeitsstätte sowie der erste Weg zur Bank bei bargeldloser Lohn- oder Gehaltszahlung).

Berufskrankheiten werden wie Arbeitsunfälle behandelt.

Ein Anspruch auf Leistungen im Rahmen der UV besteht dann nicht, wenn ein Unfall absichtlich, vorsätzlich oder bei einer strafbaren Handlung herbeigeführt wurde.

c) Organisation und Finanzierung

Träger der UV sind 35 gewerbliche Berufsgenossenschaften, 10 landwirtschaftliche Berufsgenossenschaften und 34 Unfallversicherungträger der öffentlichen Hand (insbes. des Bundes, der Länder und der Gemeinden).

Die Finanzierung der UV unterscheidet sich von den übrigen Zweigen des Systems sozialer Sicherung in zweifacher Weise. Zum einen wird der Beitrag ausschließlich von den Arbeitgebern entrichtet, da die Gefährdung durch Unfälle und Berufskrankheiten von den Unternehmungen ausgeht. Die Beiträge sind dabei so zu bemessen, dass sie den Geschäftsaufwand des letzten Jahres decken. Zum anderen orientieren sich die Beiträge teilweise am versicherten Risiko. Bemessungsgrundlagen für die Beiträge sind:

1. die Entgelte der Versicherten und
2. die Unfallgefahrenklassen, in die die einzelnen Unternehmen nach der Zahl und der Schwere der in den einzelnen Gewerbezweigen vorkommenden Arbeitsunfälle eingeordnet werden. Die Berücksichtigung der Unfallquote der einzelnen Unternehmen soll der Tatsache Rechnung tragen, dass Unfälle häufig eine Folge unzureichender Sicherungsmaßnahmen sind.

3. Die gesetzliche Rentenversicherung der Arbeiter und der Angestellten (RV)[48]

Die RV ist mit 50,8 Mio. Pflichtmitgliedern, einem Rentenbestand von 23,1 Mio. und Rentenausgaben von 195,8 Mrd. € im Jahre 2001 der größte Sozialversicherungszweig in Deutschland (VdR, Rentenversicherung in Zeitreihen, 2003).

a) Kreis der Versicherten

Versicherungspflichtig sind Arbeitnehmer - ausgenommen Beamte -, wenn sie gegen Entgelt nicht nur geringfügig oder wenn sie als Lehrlinge beschäftigt werden. Versicherungspflichtig sind auch Studenten, wenn sie nicht nur geringfügig beschäftigt werden (§ 1 SGB VI). Als geringfügig beschäftigt gelten seit dem 01. April 2003 Personen, deren Arbeitsentgelt nicht höher liegt als 400 € mtl. (sog. „Mini-Jobs"). Für Beschäftigte mit einem Arbeitsentgelt zwischen 400 und 800 € (sog. „Midi-Jobs") erfolgt die Berechnung des beitragspflichtigen Arbeitseinkommens nach folgender

---

[48] Gesetzliche Grundlagen sind: 1. das *SGB VI*; 2. das *Fremdrentengesetz* vom 25. Febr. 1960, zuletzt geändert durch Gesetz vom 21. Juni 2002; 3. das *Künstlersozialversicherungsgesetz* vom 27. Juli 1981, zuletzt geändert durch Gesetz vom 21. Juni 2002; 4. das *Gesetz zur Förderung eines gleitenden Übergangs in den Ruhestand* vom 23. Juli 1996, *5*. das am 01. Juli 2001 in Kraft getretene *SGB IX* (Rehabilitation).

Formel: $F \times 400 + (2 - F) \times (AE - 400)$. AE ist das Arbeitsentgelt und F ist der Faktor, der sich ergibt, wenn der Wert 25 durch den durchschnittlichen Gesamtsozialversicherungsbeitrag dividiert wird. Innerhalb dieser „Gleitzone" steigt der Arbeitnehmeranteil von zunächst ca. 4 % linear auf den vollen Arbeitnehmeranteil an. Der Arbeitgeber zahlt den vollen Arbeitgeberanteil zur Sozialversicherung.[49]

Uneingeschränkt versicherungspflichtig sind Arbeitnehmer mit einem Arbeitsentgelt über 800 €. Die Höhe des 800 € übersteigenden Entgeltes spielt für die Versicherungspflicht der Arbeitnehmer in der Rentenversicherung keine Rolle, d.h. es gibt keine monetäre Versicherungspflichtgrenze.[50]

Versicherungspflichtig sind als selbständig Erwerbstätige Hausgewerbetreibende, Küstenschiffer, Lehrer, Erzieher, Musiker, Künstler, Kinder-, Säuglings-, Entbindungs- und Krankenpfleger sowie Handwerker. Mit dem Gesetz zur Förderung der Selbständigkeit vom 12. Sept. 1999 sind rückwirkend seit dem 01. Jan. 1999 auch solche Selbständige versicherungspflichtig, die im Rahmen ihrer Tätigkeit auf Dauer und im Wesentlichen nur für einen Auftraggeber tätig sind und keinen versicherungspflichtigen Arbeitnehmer beschäftigen. Sinn dieser Norm ist die Bekämpfung der sog. Scheinselbständigkeit, d.h. der Umgehung der Sozialversicherungsbeitragspflicht durch „Umwandlung" eines vormals abhängigen Beschäftigungsverhältnisses in eine selbständige Erwerbstätigkeit im Auftrag des vorherigen Arbeitgebers. Seit dem 01. Sept. 2003 sind Bezieher eines Existenzgründungsdarlehens (sog. „Ich-AG's") für die Dauer des Leistungsbezugs ebenfalls sozialversicherungspflichtig (§ 2 SGB VI). Als pflichtversichert gelten auch nicht erwerbstätige Mütter bzw. bei gemeinsamer Erklärung beider Elternteile kindererziehende Väter für die 36 Kalendermonate, die der Geburt eines Kindes folgen, das nach dem 01. Jan. 1992 geboren ist (§ 3 SGB VI).[51] Pflichtversichert sind auch nicht erwerbsmäßig tätige Pflegepersonen, wenn sie eine pflegebedürftige Person, die Anspruch auf Leistungen der Pflegeversicherung hat, wenigstens 14 Stunden wöchentlich in ihrer häuslichen Umgebung pflegen, ferner die Bezieher von Lohnersatzleistungen (Empfänger von Kranken-, Verletzten-, Versorgungs-, Übergangs-, Unterhalts- und Arbeitslosengeld sowie von Arbeitslosenhilfe) sowie Wehr- und Zivildienstleistende (§ 3 SGB VI).

Auf Antrag können Selbständige innerhalb von fünf Jahren nach Aufnahme der Selbständigentätigkeit sowie Entwicklungshelfer und außerhalb des Bundesgebietes beschäftigte Deutsche in die Versicherungspflicht einbezogen werden (§ 4 SGB VI).

Freiwillig versichern können sich alle nicht versicherungspflichtigen Personen, die in der Bundesrepublik Deutschland ihren Wohnsitz haben, und im Ausland lebende deutsche Staatsangehörige (§ 7 SGB VI).

---

[49] Gesetzliche Grundlage für geringfügige und niedrig entlohnte Beschäftigungsverhältnisse ist das zweite „Gesetz für moderne Dienstleistungen am Arbeitsmarkt" vom 23. Dez. 2002.

[50] Ursprünglich waren nur die Lohnarbeiter und untere Betriebsbeamte mit Jahreseinkommen bis zu 2 000 RM versicherungspflichtig. 1911 wurden Angestellte mit Jahreseinkommen bis zu 5 000 RM versicherungspflichtig. Diese Versicherungspflichtgrenze wurde dann in bestimmten Abständen erhöht. 1968 ist die Versicherungspflichtgrenze für Angestellte völlig entfallen. Die Handwerker waren 1938 versicherungspflichtig gemacht worden, die Landwirte 1957 und die Künstler und Publizisten 1981. Vgl. zur Geschichte der RV Nitzsche 1986.

[51] Für früher geborene Kinder beträgt die Kindererziehungszeit 12 Monate. Die Kindererziehungsjahre tragen für nicht erwerbstätige Mütter bzw. Väter zur Begründung eines Rentenanspruchs bei und bewirken für nicht erwerbstätige Mütter bzw. Väter sowie für jene versicherten Erwerbstätigen höhere Renten, die während der Kindererziehungsjahre erwerbstätig sind.

b) Aufgaben und Leistungen

Die RVen haben die im Folgenden dargestellten Aufgaben.

1. Die *Erhaltung, Besserung und Wiederherstellung der Erwerbsfähigkeit* der Versicherten im Falle vorzeitiger Verringerung oder vorzeitigen Verlustes der Erwerbsfähigkeit (§§ 9 bis 32 SGB VI und die Vorschriften des am 01. Juli 2001 in Kraft getretenen SGB IX). Voraussetzung für die Beanspruchung von Rehabilitationsleistungen ist eine Wartezeit (Mitgliedschaft in der Versicherung) von 15 Jahren. Während einer Rehabilitation wird als Einkommensersatz je nach dem Familienstatus ein Übergangsgeld in Höhe von 68 bis 75 % der maßgebenden Berechnungsgrundlage (= 80 % des zuletzt erzielten Bruttoarbeitsentgelts, jedoch höchstens des Nettoarbeitsentgelts) gezahlt, falls der Rehabilitand keinen Anspruch auf Lohnfortzahlung durch den Arbeitgeber hat. Die Rehabilitationsleistungen der RVen umfassen in erster Linie medizinische Rehabilitationsleistungen und berufsfördernde Leistungen der Rehabilitation. Die medizinischen Rehabilitationsleistungen werden in Form von ärztlicher und therapeutischer Betreuung in Kur- und Spezialeinrichtungen durchgeführt. Die berufsfördernden Rehabilitationsleistungen umfassen:
   a) Hilfen zur Erhaltung oder Erlangung eines Arbeitsplatzes;
   b) Berufsvorbereitung;
   c) berufliche Anpassung, Fortbildung und Ausbildung;
   d) sonstige Hilfen der Arbeits- und Berufsförderung.[52]

2. Die *Ersetzung ausgefallenen Arbeitseinkommens* durch die Gewährung von Renten (§§ 33 bis 105 SGB VI). Die Rentenleistungen werden erbracht, wenn die allgemeine Wartezeit (Mindestversicherungszeit) von fünf Jahren erfüllt ist bzw. wenn die für bestimmte Rentenarten, insbes. für die vorgezogenen Altersruhegelder, geltenden besonderen Wartezeiten und die für eine bestimmte Rentenart vorgegebenen rechtlichen und persönlichen Voraussetzungen erfüllt sind. Folgende Rentenarten sind zu unterscheiden:
   a) *Renten wegen* teilweiser oder voller *Erwerbsminderung*. Als teilweise erwerbsgemindert gilt ein Arbeitnehmer, der auf dem allgemeinen Arbeitsmarkt noch zwischen 3 und unter 6 Stunden täglich erwerbstätig sein kann. Er erhält eine halbe Erwerbsminderungsrente. Als vollerwerbsgemindert gilt ein Arbeitnehmer, der nur noch unter 3 Stunden täglich erwerbstätig sein kann. Er erhält eine volle Erwerbsminderungsrente (§ 43 SGB VI).[53] Renten wegen verminder-

---

[52] Im Zuge der 1996 ergriffenen Sparmaßnahmen wurden im Rehabilitationsbereich ab 01. Jan. 1997 folgende Kürzungen vorgenommen: 1. Begrenzung der Dauer stationärer medizinischer Leistungen von vier auf drei Wochen; 2. Erbringung medizinischer Leistungen nur noch alle vier statt alle drei Jahre; 3. Erhöhung der Zuzahlungen zu den stationären Leistungen. Die Zuzahlung beträgt 2003 je nach Einkommen des Rehabilitanden bis zu 9 € pro Tag. Die ebenfalls beschlossene Anrechnung von Zeiten stationärer Rehabilitation auf den Urlaubsanspruch des Rehabilitanden wurde mit In-Kraft-Treten des *Rentenkorrekturgesetzes* am 01. Jan. 1999 wieder rückgängig gemacht.

[53] Die Renten wegen teilweiser oder voller Erwerbsminderung wurden mit dem *Gesetz zur Reform der Renten wegen verminderter Erwerbsfähigkeit* zum 01. Jan. 2001 eingeführt. Sie lösten die bisherigen Berufsunfähigkeits- und Erwerbsunfähigkeitsrenten ab. Grund für die Abschaffung der Berufsunfähigkeitsrente war v.a. die Tatsache, dass aufgrund der Rechtsprechung des Bundessozialgerichts für die Zuerkennung einer Berufsunfähigkeitsrente nicht nur die gesundheitsbedingte Leistungseinschränkung maßgebend war, sondern dass dann, wenn dem noch teilzeitfähigen Arbeitnehmer aufgrund der ungünstigen Arbeitsmarktsituation kein geeigneter Teilzeitarbeitsplatz in seinem bislang ausgeübten Beruf o-

ter Erwerbsfähigkeit werden nur dann als Dauerrenten geleistet, wenn von vorneherein unwahrscheinlich ist, dass die Minderung der Erwerbsfähigkeit behoben werden kann. In allen anderen Fällen werden die Renten zeitlich befristet geleistet. Die Wartezeit für diese Rentenleistungen beträgt 5 Jahre. Zusätzlich muss die Bedingung erfüllt sein, dass in den letzten 5 Jahren vor Eintritt der Erwerbsminderung 3 Jahre mit Pflichtbeitragszeiten belegt sind;

b) *Altersruhegeld*; es wird für Männer und Frauen spätestens bei Erreichen des 65. Lebensjahres gezahlt.[54] Die Wartezeit dafür beträgt 60 Kalendermonate. Bestimmte Personengruppen können unter bestimmten Bedingungen *vorgezogene Altersrenten* erhalten. Vom Jahr 2012 an können eine vorzeitige Altersrente nur noch Personen beziehen, die 35 Jahre rentenrechtlich relevante Zeiten nachweisen können und das 62. Lebensjahr (Altersrente für langjährig Versicherte) bzw. das 60. Lebensjahr (Altersrente für Schwerbehinderte) vollendet haben.[55] Sie müssen allerdings einen versicherungsmathematischen Abschlag in Höhe von 0,3 % pro Monat vorgezogener Rente in Kauf nehmen. Dieser Abschlag trägt der Tatsache Rechnung, dass bei vorgezogener Rente die Beitragsleistung der Versicherten kürzer erbracht und die Rentenleistung länger beansprucht wird als bei der Standardrente. Ziel der durch das RRG 1992 und das RRG 1999 eingeführten Anhebung der Altersgrenzen ist es, die durch die Verschlechterung der Altersstruktur der Bevölkerung verursachte Verschlechterung des zahlenmäßigen Verhältnisses zwischen Rentnern und beitragszahlenden Erwerbstätigen zu verbessern, um die Rentenfinanzierung langfristig zu sichern und die Beitragszahler nicht übermäßig zu belasten.

---

der einem zumutbaren Beruf angeboten werden konnte, dem Berufsunfähigen die volle Erwerbsunfähigkeitsrente gewährt werden musste (sog. „konkrete Betrachtungsweise"). Nach dem *Gesetz zur Reform der Renten wegen verminderter Erwerbsfähigkeit* können zwar weiterhin gemäß der „konkreten Betrachtungsweise" arbeitsmarktbedingte Erwerbsminderungsrenten bezogen werden. Diese werden allerdings grundsätzlich nur noch auf Zeit gewährt und setzen eine aktive Arbeitssuche voraus. Zusätzlich wurde der „Berufsschutz" abgeschafft, d.h. die konkrete Betrachtungsweise greift jetzt nicht mehr, wenn der erwerbsgeminderte Arbeitnehmer sein Restleistungsvermögen in einem anderen als seinem bisherigen Beruf bzw. einem zumutbaren Beruf in Erwerbseinkommen umsetzen könnte. Für einen solchen teilweise erwerbsgeminderten Arbeitnehmer ohne Arbeitsplatz ist damit nicht mehr die Renten-, sondern die Arbeitslosenversicherung zuständig. Aus Gründen des Vertrauensschutzes können jedoch Arbeitnehmer, die vor dem 02. Jan. 1961 geboren wurden und die sonstigen Anspruchsvoraussetzungen erfüllen, weiterhin Berufsunfähigkeitsrenten nach altem Recht beziehen.

[54] Bis 1916 war die Altersgrenze für den Bezug von Altersruhegeld das vollendete 70. Lebensjahr.
[55] Für *langjährig Versicherte*, d.h. Versicherte, die eine Wartezeit von 35 Jahren erfüllt haben (und nach dem 01. Jan. 1942 geboren sind), wurde die Altersgrenze mit Wirkung vom 01. Jan. 2000 vom 63. schrittweise auf das 65. Lebensjahr heraufgesetzt (§§ 36 und 236 SGB VI). Die Altersgrenze für *Schwerbehinderte*, die nach dem 01. Jan. 1941 geboren sind, eine Erwerbsminderung von 50 % und mehr nachweisen können und eine Wartezeit von 35 Jahren erfüllt haben, wurde mit Wirkung vom 01. Jan. 2000 vom 60. auf das 63. Lebensjahr angehoben (§§ 37 und 236a SGB VI). Eine *Altersrente wegen Arbeitslosigkeit oder nach Altersteilzeitarbeit*, können nur noch vor dem 01.Jan. 1952 geborene Versicherte beziehen, wenn sie das 60. Lebensjahr vollendet, innerhalb der davor liegenden 18 Monate insgesamt 52 Wochen arbeitslos waren und eine Wartezeit von 15 Jahren erfüllen. Für später geborene Versicherte ist der Bezug einer Altersrente wegen Arbeitslosigkeit oder nach Altersteilzeitarbeit nicht mehr möglich. Gleiches gilt für Frauen der Jahrgänge nach 1951. Für sie entfällt die *Altersrente für Frauen*, die ab dem vollendeten 60. Lebensjahr bezogen werden konnte. Für Frauen der Geburtsjahrgänge zwischen 1940 und 1951 wird die Altersgrenze schrittweise bis Ende 2004 auf das 65. Lebensjahr heraufgesetzt (§ 237a SGB VI).

Mit dem Ziel, den gleitenden Übergang in den Ruhestand zu fördern, wurde 1996 das *Vorruhestandsgesetz* aus dem Jahre 1984, das weit weniger als erwartet in Anspruch genommen worden war, durch Art. 1 des *Gesetzes zur Förderung des gleitenden Übergangs in den Ruhestand* vom 23. Juli 1996 abgelöst.[56] Nach diesem Gesetz sind trotz der unter bestimmten Bedingungen möglichen Halbierung der Arbeitszeit älterer Arbeitnehmer Rentenversicherungsbeiträge abzuführen, die auf 90 % des Brutto*vollzeit*lohnes zu entrichten sind, so dass die Rentenansprüche eines Teilzeitarbeitnehmers durch die Arbeitszeitverkürzung nur geringfügig beeinträchtigt werden.

3. Die Gewährung von *Hinterbliebenen-, d.h. Witwer-, Witwen- und Waisenrenten.*[57] Sie werden gezahlt, wenn dem Verstorbenen zum Zeitpunkt seines Todes eine Versichertenrente zustand.

4. Die Zahlung von *Erziehungsrenten.* Sie werden an Versicherte, deren Ehe nach dem 30. Juni 1977 geschieden wurde, bis zur Vollendung des 65. Lebensjahres gezahlt, wenn der geschiedene Ehegatte verstorben ist und die versicherte Person ein eigenes Kind oder ein Kind des Verstorbenen erzieht, nicht wieder geheiratet hat und bis zum Tod des Ehegatten aus der eigenen Versicherung die allgemeine Wartezeit von fünf Jahren erfüllt hat.

5. Die Entrichtung von *Beiträgen zur GKV der Rentner.*

Die Höhe der Renten wurde mit dem Inkrafttreten des RRG 1992 am 01. Jan. 1992 nach einer neuen Formel berechnet (§§ 64 bis 68 SGB VI). Diese führte im Wesentlichen zum gleichen Ergebnis wie die seit 1957 angewandte Rentenformel.[58]

Der Monatsbetrag einer Zugangsrente (im Gegensatz zur Bestandsrente) ergab und ergibt sich nach wie vor als Produkt aus drei Faktoren:[59]

1. aus der Zahl der „persönlichen Entgeltpunkte" unter Berücksichtigung des „Zugangsfaktors";
2. aus dem „Rentenartfaktor" und
3. aus dem „aktuellen Rentenwert".

Der Zugangsfaktor hat die Funktion, bei vorzeitiger oder bei aufgeschobener Inanspruchnahme der Altersrente die im Vergleich zu einer „Normalrente" unterschiedliche Rentenbezugsdauer in der Rentenhöhe zu berücksichtigen. Er beträgt bei Renten, die keine Altersrenten sind, und bei Altersrenten, die von der Vollendung des

---

[56] Dieser Artikel umfasst das *Altersteilzeitgesetz* vom 23. Juli 1996, zuletzt geändert durch das Gesetz vom 23. Dez. 2002. Auf der Grundlage dieses Gesetzes werden für Arbeitnehmer, die das 55. Lebensjahr vollendet, ihre Arbeitszeit auf die Hälfte der tariflichen regelmäßigen Arbeitszeit vermindert und innerhalb der letzten fünf Jahre vor Beginn der Teilzeitarbeit 1 080 Kalendertage in einer versicherungspflichtigen Beschäftigung gestanden haben, von der Bundesagentur für Arbeit dem Arbcitgeber für längstens sechs Jahre erstattet: erstens der Differenzbetrag zwischen 50 % des Bruttogehalts und 70 % des Nettogehalts („Aufstockungsbetrag"), das dem Arbeitnehmer trotz der Arbeitszeitverkürzung um 50 % zusteht, und zweitens der Zusatzbeitrag zur Rentenversicherung, d.h. der Differenzbetrag zwischen dem auf 90 % des Bruttoarbeitslohnes bezogenen und dem auf 50 % des Bruttoarbeitslohnes bezogenen Rentenversicherungsbeitrag. Auf diese Leistungen der Bundesagentur haben jedoch nur Arbeitgeber Anspruch, die - bezogen auf zwei Altersteilzeitbeschäftigte - einen Arbeitslosen oder einen Arbeitnehmer nach Abschluss seiner Ausbildung einstellen. Eine Förderung der Altersteilzeit durch die Bundesagentur für Arbeit kann nur noch bis zum 31. Dez. 2009 in Anspruch genommen werden.

[57] Obligatorische Witwen- und Waisenrenten wurden erst mit Verabschiedung des RVO i.J. 1911 eingeführt.

[58] Vgl. zur Rentenberechnung nach der neuen Formel und zum Vergleich der alten mit der neuen Formel Ruland 1989a sowie Michaelis/Heller 1990.

[59] Für die Rentenberechnung in der knappschaftlichen RV gelten besondere Bestimmungen. Vgl. dazu §§ 79 bis 87 SGB VI.

65. Lebensjahres an bezogen werden, 1,0. Wird die Altersrente „vorgezogen", so vermindert sich der Zugangsfaktor pro Monat vorzeitiger Inanspruchnahme um 0,003; wird die Rente „aufgeschoben", so erhöht sich der Zugangsfaktor pro Monat um 0,005. Bei einem Jahr vorzeitigen Rentenbezugs verringert sich also die Rente um 3,6 % (Zugangsfaktor: 1,0 - 0,036 = 0,964), bei einem Jahr aufgeschobener Inanspruchnahme erhöht sie sich um 6 % (1,0 + 0,06 = 1,06).

Der Zugangsfaktor für Renten wegen verminderter Erwerbsfähigkeit und für Hinterbliebenenrenten ist für jeden Monat vor Vollendung des 63. Lebensjahres um 0,003 niedriger als 1, jedoch nicht kleiner als 0,892 (§ 77 SGB VI).

In stärkerem Maße als vom Zugangsfaktor wird die Rentenhöhe von den persönlichen Entgeltpunkten beeinflusst. Sie bewirken zusammen mit dem Zugangsfaktor im Wesentlichen die (Arbeits-) Leistungsbezogenheit der Rente, weil die Zahl der Entgeltpunkte nachhaltig von der Höhe der geleisteten Beiträge und der Zahl der Beitragsmonate bestimmt wird. Die Berücksichtigung der Beitragsleistung des Versicherten entspricht dem Prinzip der Teilhabeäquivalenz, d.h. dem Grundsatz einer Entsprechung von Beitragsleistung und Rentenleistung in dem Sinn, dass die Unterschiede in den Rentenleistungen für die Versicherten den Unterschieden in den früheren Beitragsleistungen der Proportion nach entsprechen.

Über den Faktor Entgeltpunkte gehen aber auch Solidarleistungen der Beitragszahler in die Rentenhöhe ein, weil bestimmten beitragsfreien Zeiten eines Versicherten Entgeltpunkte zugeordnet werden.

Die Summe der Entgeltpunkte ergibt sich bei allen Rentenarten aus den Entgeltpunkten des Versicherten - ausgenommen die Vollwaisenrenten, die aus der Summe der Entgeltpunkte der beiden verstorbenen Versicherten zuzüglich eines Zuschlags, der sich an den rentenrechtlichen Zeiten des Verstorbenen mit der höchsten Rente orientiert, gebildet werden.

Die Summe der Entgeltpunkte setzt sich zusammen aus
- der Summe der Entgeltpunkte für vollwertige Beitragszeiten,[60]
- der Summe der Entgeltpunkte für beitragsfreie Zeiten und
- der Summe der Entgeltpunkte für beitragsgeminderte Zeiten.

Die Entgeltpunkte für *vollwertige Beitragszeiten* ergeben sich durch Division des der Beitragsentrichtung zugrundeliegenden Betrages des Arbeitseinkommens (Beitragsbemessungsgrundlage) durch das Durchschnittsentgelt aller Versicherten. Wenn z.B. das Arbeitsentgelt eines Versicherten 2003 35 076 € betrug, dann ergeben sich für dieses Jahr bei einem durchschnittlichen Arbeitsentgelt von 29 230 € 1,2 Entgeltpunkte.[61] Es ist unschwer erkennbar, dass dadurch die Monatsrente eines Versicherten proportional umso höher wird als die Durchschnittsrente, je höher sein beitragspflichtiges Einkommen über dem durchschnittlichen beitragspflichtigen Einkommen lag. Der Beitragsbemessung darf jedoch maximal das Einkommen bis zur Beitragsbemessungsgrenze zugrundegelegt werden. Diese Bemessungsgrenze ist derzeit (2004) auf 5 150 € (in Ostdeutschland 4 350 €) festgesetzt. Sie wird jährlich entsprechend der

---

[60] Als „vollwertig" gilt ein Monat, wenn für den gesamten Monat ein Beitrag entrichtet wurde, als „beitragsgemindert" ein Monat, für den zwar ein Teilbeitrag vorliegt, aber auch eine Anrechnungszeit, eine Ersatzzeit oder eine Zurechnungszeit (vgl. zu diesen Zeiten S. 272), z.B. aufgrund des Beginns einer Schwangerschaft oder des Eintritts einer Erwerbsunfähigkeit.

[61] Für die Versicherten in den neuen Bundesländern gelten besondere Regelungen. Vgl. dazu Verband der Rentenversicherungsträger (Hg.), Rechengrößen in der gesetzlichen Rentenversicherung, Ausgabe 2003, 2. Halbjahr.

Bruttolohnentwicklung des Vorjahres im Vergleich zum vorvergangenen Jahr fortgeschrieben.

Für Versicherte, die mindestens 35 Jahre rentenrechtlicher Zeiten nachweisen können (langjährige Versicherte), wird die Summe der Entgeltpunkte für Pflichtbeitragszeiten bis Ende 1991 erhöht, wenn sich aus allen Kalendermonaten mit vollwertigen Pflichtbeiträgen ein Durchschnittswert von weniger als 0,0625 Entgeltpunkten ergibt (das entspräche einem Einkommen von weniger als 75 % des Durchschnittseinkommens). Sie erhalten dann - als Solidarleistung - eine Art „Rente nach Mindesteinkommen", denn die Entgeltpunkte werden für Monate mit vollen Pflichtbeiträgen auf das 1,5-fache des tatsächlichen Durchschnittswertes angehoben, jedoch höchstens auf 0,0625 Entgeltpunkte. Das bedeutet: es wird ein um 50 % höheres als das erzielte Arbeitseinkommen unterstellt, jedoch maximal 75 % des Durchschnittseinkommens der Versicherten. Pflichtbeitragszeiten nach 1992 werden für pflichtversicherte *Erziehungspersonen* mit mindestens 25 Jahren rentenrechtlicher Zeiten gemäß der Regelung des *Altersvermögensergänzungsgesetzes* vom 21. März 2001 nach Ablauf der Kindererziehungszeit von 3 Jahren bis zum 10. Lebensjahr des Kindes um das 1,5-fache aufgewertet, höchstens jedoch auf einen Entgeltpunkt pro Jahr. Sinn dieser Regelung ist der Ausgleich rentenrechtlicher Nachteile für den Elternteil, der sich hauptsächlich um die Erziehung eines Kindes kümmert und daher nur teilzeitbeschäftigt ist. Pflichtversicherte Erziehungspersonen, die gleichzeitig zwei oder mehr Kinder erziehen und keine Pflichtbeiträge zahlen – weil sie in dieser Zeit keine Erwerbstätigkeit ausüben – erhalten eine Gutschrift von 0,33 Entgeltpunkten pro Jahr.

Als Beitragszeiten gelten auch Kindererziehungs-, Pflege- und Berufsausbildungszeiten[62] sowie Zeiten des Wehr- und Zivildienstes. Kindererziehungszeiten wurden vor 1998 so bewertet, als habe die anspruchsberechtigte Person ein Arbeitseinkommen von mindestens 75 % des Durchschnittsentgelts aller Versicherten erzielt, d.h. mit monatlich 0,0625 Entgeltpunkten. Durch das RRG 1999 werden Kindererziehungszeiten ab 01. Juli 2000 mit 100 % bewertet, also mit 0,0833 Entgeltpunkten.[63] Im Falle der Erwerbstätigkeit einer anspruchsberechtigten Person werden die Kindererziehungszeiten *zusätzlich* zu den zeitgleichen Beitragszeiten angerechnet. Berufsausbildungszeiten werden mit 75 % des individuellen Gesamtleistungswerts, höchstens aber mit 75 % des Durchschnittsentgelts aller Versicherten, also mit 0,0625, bewertet. Seit dem 01. Mai 1995 werden für Pflegepersonen (Personen, die nicht erwerbsmäßig eine pflegebedürftige Person im Umfang von mindestens 14 Stunden pro Woche pflegen) Beiträge zur Rentenversicherung vom zuständigen Pflegeleistungsträger gezahlt. Die Höhe der Beiträge richtet sich nach dem Umfang der Pflegetätigkeit und der Pflegestufe. Wehr- und Zivildienstzeiten werden für die Zeit vom 01. Mai 1961 bis zum 31. Dez. 1981 mit 0,0833 Entgeltpunkten, für die Zeit vom 01. Jan. 1982 bis zum 31. Dez. 1991 mit 0,0625 Entgeltpunkten, für die Zeit vom 01. Jan. 1992 bis zum 31. Dez. 1999 mit 0,0666 Entgeltpunkten und seit dem 01. Jan. 2000 mit 0,05 Entgeltpunkten bewertet.

Beitragslose oder *beitragsfreie Zeiten* wirken z.T. rentenanspruchsbegründend, z.T. auch rentenerhöhend. Zeiten der Arbeitslosigkeit, der Krankheit und der Durchfüh-

---

[62] Berufsausbildungszeiten sind definiert als die ersten 36 Monate mit Pflichtbeiträgen für eine versicherte Beschäftigung oder selbständige Tätigkeit bis zum vollendeten 25. Lebensjahr.

[63] Diese Höherbewertung ist eine Folge der Urteile des BVerfG vom 07. Juli 1992 und vom 12. März 1996, in denen dem Gesetzgeber aufgegeben wurde, die Benachteiligung kindererziehender Mütter in der RV schrittweise zu vermindern.

rung von Rehabilitationsmaßnahmen *ohne Leistungsbezug* wirken nur anspruchsbegründend, dagegen wirken rentenanspruchsbegründend *und* rentenerhöhend Zeiten der Krankheit und der Rehabilitation *mit Leistungsbezug* sowie Zeiten des Bezugs von Arbeitslosengeld oder Arbeitslosenhilfe und Zeiten des Schul-, Fachschul- oder Hochschulbesuches nach dem vollendeten 16. Lebensjahr bis zu 3 Jahren. Als beitragsfreie Zeit gelten auch die Zurechnungszeit, d.h. die Zeit, die bei einer Rente wegen verminderter Erwerbsfähigkeit oder Todes der Versicherungszeit zugerechnet wird, wenn der Versicherte das 60. Lebensjahr noch nicht vollendet hat,[64] und Ersatzzeiten, d.h. Zeiten des Wehrdienstes in der früheren deutschen Wehrmacht und Zeiten der Internierung, der Gefangenschaft oder der Verschleppung.

Die Bewertung der beitragsfreien Zeiten erfolgt nach dem Prinzip der „Gesamtleistungsbewertung" (auch als „Beitragsdichtemodell" bezeichnet). Das bedeutet, dass beitragsfreie Zeiten entsprechend dem (monats-) durchschnittlichen Gesamtwert der Beiträge einschließlich freiwilliger Beiträge bewertet werden.[65] Die Bewertung beitragsfreier Zeiten wird daher umso höher, je höher die Zahl der Entgeltpunkte, d.h. je höher das Arbeitseinkommen und je höher die Zahl der Beitragsmonate, war. Durch dieses Element der Gesamtleistungsbewertung wird die Lohn- bzw. Beitragsbezogenheit der Rente verstärkt.

Um zu vermeiden, dass durch die Erziehung von Kindern bis zum vollendeten 10. Lebensjahr entstandene beitragsfreie Zeiten den Gesamtleistungswert eines Versicherten mindern, sind Zeiten der Kindererziehung als Berücksichtigungszeiten in die Gesamtleistungsbewertung einzubeziehen. Für die Berücksichtigungszeiten werden 0,0833 Entgeltpunkte angesetzt. Bestimmte beitragsfreie Zeiten werden nicht mit dem vollen Gesamtleistungswert bewertet (§ 74 SGB IV). In diesem Sinne werden Anrechnungszeiten wegen Krankheit und Arbeitslosigkeit ab 1998 nur mit 80 % des Gesamtleistungswertes bewertet. Die Bewertung von Zeiten des Besuchs einer Schule, Fachschule oder Hochschule wird auf 75 % begrenzt und darf überdies 0,0625 Entgeltpunkte nicht übersteigen.

Bei der Ermittlung des Gesamtleistungswertes ist neben dem „Grundbewertungsverfahren" (§ 72 SGB VI) noch eine „Vergleichsbewertung" (§ 73 SGB VI) durchzuführen, durch die sichergestellt werden soll, dass beitragsgeminderten Zeiten, für die ja - wenn auch in gemindertem zeitlichen Umfang - Beiträge gezahlt worden sind, mindestens der Wert beigemessen wird, den sie als beitragsfreie Zeiten hätten.

Wenn in der dargestellten Weise die um den Zugangsfaktor korrigierte Summe der persönlichen Entgeltpunkte ermittelt worden ist,[66] wird der *Rentenartfaktor* berücksichtigt. Den verschiedenen Rentenarten sind entsprechend ihrer unterschiedlichen Sicherungsfunktion folgende Rentenartfaktoren zugeordnet:

---

[64] Gemäß dem *Gesetz zur Reform der Renten wegen verminderter Erwerbsfähigkeit* vom 20. Dez. 2000 wird die Zurechnungszeit vom Eintritt des Versicherungsfalls bis zur Vollendung des 60. Lebensjahres voll angerechnet. Nach altem Recht wurde die Zurechnungszeit bis zum 55. Lebensjahr voll, anschließend bis zum vollendeten 60. Lebensjahr zu zwei Dritteln angerechnet.

[65] Der durchschnittliche Gesamtwert wird ermittelt durch Division der erworbenen persönlichen Entgeltpunkte aus Beitragszeiten und „Berücksichtigungszeiten" durch die Zahl der Kalendermonate des um die beitragsfreien Monate verminderten „belegungsfähigen" Zeitraumes. Dieser Zeitraum ist definiert als die Zeit vom vollendeten 16. Lebensjahr bis zum Eintritt des Versicherungsfalles.

[66] Für den bei Scheidungen geltenden Versorgungsausgleich und für die Waisenrenten gibt es Modifikationen der Entgeltpunktermittlung, die hier nicht dargestellt werden können. Vgl. dazu §§ 76 und 78 SGB VI.

Altersrenten
Renten wegen voller Erwerbsminderung
Erziehungsrenten ⎫
„kleine" u. „große" Witwer- und Witwenrenten bis zum ⎬ 1,0
Ende des 3. Monats nach dem Sterbemonat des Ehegatten ⎭

große Witwer- und Witwenrenten   0,6 oder 0,55[67]

Renten wegen teilweiser Erwerbsminderung   0,5

kleine Witwer- und Witwenrenten   0,25[68]

Vollwaisenrenten   0,2

Halbwaisenrenten   0,1

Für die Hinterbliebenenrenten sowie für die Erziehungsrenten gibt es Anrechnungsbestimmungen, auf die auf S. 275 eingegangen wird.

Die letzte Bestimmungsgröße der Zugangsrente ist der *aktuelle Rentenwert*. Sein Grundwert für den Zeitraum zwischen dem Inkrafttreten des *Altersvermögensergänzungsgesetzes* vom 21. März 2001 und dem 30. Juni 2001 war der Betrag, der einer Altersrente für den Dezember 2000 unter der Voraussetzung entsprach, dass der Anspruchsberechtigte für ein Jahr Beiträge auf der Grundlage des Durchschnittsentgelts aller Versicherten entrichtet hatte. Dieser aktuelle Rentenwert wird seit dem 01. Juli 2001 nach folgender Formel fortgeschrieben:

$$
aR_t = aR_{t-1} \cdot \frac{BE_{t-1}}{BE_{t-2}} \cdot \left(\frac{B - AVA_{t-1} - RVB_{t-1}}{B - AVA_{t-2} - RVB_{t-2}} \right).\ ^{[69]}
$$

---

[67] Nach Regelung des *Altersvermögensergänzungsgesetzes* vom 21. März 2001 beträgt seit dem 01. Jan. 2002 der Rentenartfaktor der großen Witwen- bzw. Witwerrente für hinterbliebene Ehegatten aus Ehen, die nach dem 31. Dez. 2001 geschlossen wurden und bei denen beide Ehegatten zu diesem Zeitpunkt das 40. Lebensjahr noch nicht vollendet hatten, nur noch 0,55. Gleichzeitig wurde für die von dieser Neuregelung betroffenen Ehegatten eine „*Kinderkomponente*" in die Witwen- bzw. Witwerrente eingeführt. Hinterbliebene Ehegatten, die Kinder erzogen haben, erhalten für das erste Kind einen Zuschlag von zwei Entgeltpunkten auf die abgeleitete Rente des verstorbenen Ehepartners. Für das zweite und jedes weitere Kind beträgt der Zuschlag einen Entgeltpunkt. Die Verringerung des Rentenartfaktors bei der großen Witwen- bzw. Witwerrente soll dem Umstand Rechnung tragen, dass Frauen, die in der Vergangenheit hauptsächlichen Empfänger von Hinterbliebenenrenten waren, heute in der Regel durch eigene Erwerbstätigkeit genügend selbständige Rentenanwartschaften aufbauen, so dass sie immer weniger auf die von ihren Ehemännern abgeleiteten Hinterbliebenrenten angewiesen sind. Die Kinderkomponente berücksichtigt dabei den Sachverhalt, dass jene Frauen, die einen großen Teil ihrer Zeit für Kindererziehung aufgewendet haben, nur in geringerem Maße zum Aufbau eigener Rentenanwartschaften in der Lage waren als kinderlose Frauen. Für hinterbliebene Ehegatten aus Ehen, die vor dem 01. Jan. 2002 geschlossen wurden oder bei denen ein Ehegatte zu diesem Zeitpunkt bereits älter als 40 Jahre war, gilt weiterhin das alte Recht ohne Kinderkomponente und mit einem Rentenartfaktor von 0,6.

[68] Die Bezugsdauer der kleinen Witwen- bzw. Witwerrente ist nach Regelung des *Altersvermögensergänzungsgesetzes* vom 21. März 2001 seit dem 01. Jan. 2002 auf zwei Jahre begrenzt. Unter bestimmten Bedingungen (siehe vorhergehende Fußnote) gilt jedoch weiterhin das alte Recht ohne eine Begrenzung der Bezugsdauer.

[69] Dabei ist

aR_{t-1} = Aktueller Rentenwert vom 1. Juli des Vorjahres bis zum 30. Juni des laufenden Jahres

BE_{t-1}, BE_{t-2} = Durchschnittliches Bruttoentgelt des vergangenen bzw. vorvergangenen Kalenderjahres

B = Basissatz

AVA_{t-1}, AVA_{t-2} = Altersvorsorgeanteil im vergangenen resp. vorvergangenen Jahr

RVB_{t-1}, RVB_{t-2} = Durchschnittlicher Beitragssatz in der Rentenversicherung der Arbeiter und Angestellten im vergangenen resp. vorvergangenen Jahr

Bis 30. Juni 2011 beträgt der Basissatz (B), zu dem die Beitragssatzänderungen bei der Anpassung des aktuellen Rentenwertes berücksichtigt werden, 100. Ab 01. Juli 2011 werden Änderungen des Beitragssatzes bei der Anpassung des aktuellen Rentenwertes in stärkerem Umfang berücksichtigt. Dies geschieht dadurch, dass der Basissatz, zu dem die Beitragssatzänderungen bei der Anpassung des aktuellen Rentenwertes berücksichtigt werden, von 100 auf 90 gesenkt wird.

Der aktuelle Rentenwert (aR) wird aus der Veränderung der durchschnittlichen Bruttolohn- und Gehaltssumme (BE) je durchschnittlich beschäftigten Arbeitnehmer, korrigiert entsprechend der Veränderung des Rentenversicherungsbeitrages (RVB) und des *Altersvorsorgeanteils* (AVA), ermittelt. Durch den Altersvorsorgeanteil wird der private Aufwand für die staatlich geförderte zusätzliche Altersvorsorge (siehe hierzu Tabelle 18 S. 292) bei der Fortschreibung des aktuellen Rentenwertes berücksichtigt. Dieser berücksichtigungsfähige Altersvorsorgeanteil betrug 2002 0,5 % des Bruttoarbeitseinkommens. Er steigt bis 2009 um jährlich 0,5 % und beläuft sich ab dann auf 4 % des Arbeitseinkommens. Der aktuelle Rentenwert für 2003/04 beträgt (ab 01. Juli 2003) in den alten Bundesländern 26,13 €, in den neuen Bundesländern 22,97 €. Die Anbindung der Zugangsrenten an das erreichte Niveau der Arbeitseinkommen, die sogenannte Dynamisierung der Renten, ist eine Errungenschaft der Rentenreform des Jahres 1957.

Für einen Arbeitnehmer, der 45 Versicherungsjahre und pro Jahr 1,0 Entgeltpunkte aufzuweisen hat, d.h. der jeweils soviel verdient hat wie der Durchschnitt aller Versicherten, wäre (in den alten Bundesländern) eine erstmals am 01. Juli 2003 fällig gewordene Altersrente nach Vollendung des 65. Lebensjahres wie folgt zu ermitteln gewesen:

Monatsrente = Summe aller Entgeltpunkte · Zugangsfaktor ·
aktueller Rentenwert · Rentenartfaktor
= 45 Entgeltpunkte · 1,0 · 26,13 €· 1,0
= 1 175,85 €.

Vergleicht man diese Monatsrente mit dem unmittelbar vor dem Ausscheiden aus dem Erwerbsleben annahmegemäß bezogenen Einkommen des Versicherten, nämlich dem Durchschnittseinkommen aller Versicherten in Höhe von 29 230 €, dann ergibt sich, dass die „Standard"-Rente 48,3 % des Bruttoarbeitseinkommens beträgt. Von den Bruttoeinkommen haben die Erwerbstätigen einen Arbeitnehmerbeitrag von 9,75 % zur Rentenversicherung, 7,0 % zur Krankenversicherung, 1,7 % zur Pflegeversicherung und 3,25 % zur Arbeitslosenversicherung abzuführen. Berücksichtigt man die durchschnittliche Steuerbelastung der Arbeitnehmereinkommen mit etwa 16,5 % sowie den Krankenversicherungsbeitrag aus der Rente in Höhe von 7,0 % und einen Pflegeversicherungsbeitrag von 1,7 %, so beläuft sich das Nettorentenniveau aktuell auf ca. 70 % des Nettoarbeitseinkommens.

Ergänzend zu den Hinterbliebenenrenten ist noch anzumerken, dass Arbeitseinkommen, Lohnersatzleistungen, Renten aus der Renten- und der Unfallversicherung, Renten öffentlich-rechtlicher Versorgungseinrichtungen und Beamtenpensionen auf die Hinterbliebenenrente zu 40 % der Summe angerechnet werden, um die dieses Einkommen bestimmte Freibeträge überschreitet, und dass seit dem 01. Jan. 2002 auch Vermögenseinkommen[70] zu 40 % der Summe angerechnet werden, um die dieses Einkommen bestimmte Freibeträge überschreitet.[71] Eine Witwenrente in Höhe von 500 € wäre demnach gekürzt worden, wenn (in der zweiten Hälfte des Jahres 2003) eine gleichzeitig bezogene Altersrente der Witwe ohne ein waisenrentenberechtigtes Kind 689,83 € (= 26,4 · 26,13 €) überstiegen hat. Bei einer Altersrente von 800 € wären 40 % von 110,17 € = 44,07 € von der Witwenrente abgezogen worden. Der Anspruch auf Bezug einer Witwen- bzw. Witwerrente entfällt bei Wiederverheiratung. In diesem Fall erhält die Witwe bzw. der Witwer eine Abfindung in Höhe von 24 Monatbeträgen der Hinterbliebenenrente.

Seit dem 01. Jan. 2002 besteht für Ehepaare, deren Ehe nach dem 31. Dez. 2001 geschlossen wurde oder bei denen mindestens ein Ehepartner zu diesem Zeitpunkt noch nicht älter als 40 Jahre war und bei denen beide Ehepartner 25 Jahre rentenrechtliche Zeiten zurückgelegt haben, ein Wahlrecht zwischen der Hinterbliebenversorgung nach oben beschriebenem Recht und der Durchführung des Rentensplittings. Notwendig zur Durchführung des Rentensplittings ist eine Erklärung beider Ehepartner, die gemeinsam in der sog. „Splittingzeit" erworbenen Anwartschaften partnerschaftlich aufzuteilen. Die Splittingzeit beginnt mit dem Monat der Eheschließung und endet am Ende des Monats, in dem der Anspruch auf Durchführung des Rentensplittings verwirklicht wird.[72] Das Rentensplitting wird auf der Grundlage von Entgeltpunkten durchgeführt, d.h.: die Hälfte des Unterschieds zwischen den von beiden Ehepartnern in der Splittingzeit erworbenen Anwartschaften wird vom Versicherungskonto des Ehepartners mit der höheren Rentenanwartschaft auf das Versicherungskonto des Ehepartners mit der geringeren Rentenanwartschaft übertragen. Vorteil der Durchführung eines Rentensplittings für einen überlebenden Ehepartner mit relativ geringen eigenen Rentenanwartschaften ist, dass auf die Splittingrente keine Einkommensanrechnung stattfindet und das Recht auf Bezug der Splittingrente auch bei Wiederheirat nicht erlischt.

Für die Bezieher von Altersrenten *vor* Vollendung des 65. Lebensjahres gibt es *Hinzuverdienstgrenzen*. Diese Grenze beträgt bei einer Vollaltersrente 1/7 der für die alten Bundesländer geltenden monatlichen Bezugsgröße (= i.J. 2004 345 €).

Zur Vermeidung einer Überversorgung im Falle des Zusammentreffens von Renten aus der RV und der UV wird bei einem Zusammentreffen solcher Renten die Rente aus der RV gekürzt, wenn beide Renten einen Grenzbetrag übersteigen.[73]

Zusätzlich zur Rente kann Kindergeld bezogen werden.[74]

Die in der dargestellten Weise berechneten Zugangsrenten, die im Jahr nach dem Zugang Bestandsrenten werden, werden an die Entwicklung der Arbeitseinkommen

---

[70] Für am 01. Jan. 2002 bereits verwitwete Personen und für Ehepaare, die am 01. Jan. 2002 bereits verheiratet waren oder bei denen ein Ehepartner zu diesem Zeitpunkt bereits 40 Jahre alt war, werden gemäß altem Recht nur Erwerbs- und Erwerbsersatzeinkommen auf die Hinterbliebenenrente angerechnet.

[71] Diese Freibeträge belaufen sich bei der Witwer-, Witwen- und Erziehungsrente sowie bei der Waisenrente an ein über 18 Jahre altes Kind auf das 26,4-fache des aktuellen Rentenwertes und bei Waisenrenten an ein unter 18 Jahre altes Kind auf das 17,6-fache des aktuellen Rentenwertes. Der Freibetrag erhöht sich für jedes Kind, das waisenrentenberechtigt ist, um das 5,6-fache des aktuellen Rentenwertes.

[72] Das ist regelmäßig der Zeitpunkt, zu dem beide Ehepartner einen Anspruch auf den Bezug einer Regelaltersrente haben.

[73] Zu den Anrechnungsbestimmungen vgl. § 93 SGB VI.

[74] Bis 1978 wurden Kinderzuschüsse in Höhe von 1/10 der jeweils geltenden allgemeinen Bemessungsgrundlage gewährt. Dann wurde ein Kinderzuschlag in Höhe von mtl. 152,90 DM gezahlt. Für Zugangsrenten nach dem 01. Jan. 1984 entfällt der Zuschuss.

angepasst, d.h. dynamisiert. Durch die schon 1957 eingeführte Dynamisierung der Bestandsrenten wurde die Altersversorgung nachhaltig verbessert, weil seither die Rentner an der allgemeinen Wohlstandsentwicklung teilhaben. Zwischen 1959 und 1991 wurden mit Ausnahme des Jahres 1978 die Bestandsrenten jährlich durch 29 Anpassungsgesetze mit Raten zwischen 1,31 und 11,35 %[75] an die Entwicklung der Arbeitseinkommen angepasst. Dadurch erhöhte sich die Rente eines Durchschnittsverdieners mit 45 Versicherungsjahren von 241 DM 1957 auf 1 781 DM 1990, also auf das 7,4-fache.

Ursprünglich erfolgte diese Anpassung gemäß dem Prinzip der Bruttolohnorientierung, d.h. die Rentensteigerungen entsprachen der Entwicklung der Bruttolöhne. Da aufgrund der steigenden Beitrags- und Steuerbelastung der Arbeitseinkommen die Abstände zwischen den Nettolöhnen und den Renten im Zeitablauf merklich geringer geworden waren, ging man mit dem RRG 1992 zur Nettoanpassung über. Für die Anpassung der Renten wurde neben der Veränderungsrate des Bruttoarbeitsentgelts der Versicherten auch die durchschnittliche Belastungsveränderung dieser Entgelte durch Steuern und Sozialversicherungsbeiträge sowie die Belastungsveränderungen bei den Renten berücksichtigt. Seit dem 01. Juli 2001 werden die Renten gemäß der sog. „modifizierten Bruttolohnanpassung" erhöht (vgl. Seite 274). Der Anpassungssatz leitet sich dabei zunächst aus der Veränderungsrate des Bruttoarbeitsentgeltes der Versicherten ab. Der sich so ergebende Anpassungswert wird seither jedoch nicht mehr um die gesamte Änderung der Steuer- und Abgabenlast korrigiert, sondern nur noch um jene Belastungen, die durch Aufwendungen zur Altersvorsorge in Form von Beiträgen zur Gesetzlichen Rentenversicherung und zur staatlich geförderten privaten Altersvorsorge entstehen.

Einen Überblick über die Unterschiede der Rentenhöhe nach der Art der Rente sowie über die Entwicklung der Rentenniveaus gibt Tabelle 17. Sie macht nicht nur die durch die Dynamisierung der Renten bedingten Rentensteigerungen sichtbar. Sie zeigt auch die Unterschiede zwischen den verschiedenen Rentenarten und zwischen den Renten für Männer und Frauen. Interessant ist auch, dass in den wenigen Jahren Rentenpolitik für Ostdeutschland seit 1990 das Rentenniveau in Ostdeutschland weitgehend an das in Westdeutschland angeglichen worden ist bzw. dieses sogar deutlich übertrifft. Die Regelaltersrente der Männer, die Witwer- und Witwenrente, die Berufsunfähigkeits-, die Erwerbsunfähigkeits- und die Regelaltersrenten für Frauen sowie die Rente wegen Alters für Frauen und die Halbwaisenrenten liegen in Ostdeutschland über den entsprechenden Renten in Westdeutschland. Bei den Renten für Frauen hängt dies mit den längeren Versicherungszeiten in den neuen Bundesländern zusammen.

Im Zusammenhang mit den Rentenarten und der Rentenhöhe sollen der Versorgungsausgleich, die Rentenbesteuerung und die Fremdrenten skizziert werden.

Seit 1977 wird im Zusammenhang mit Ehescheidungen ein *Versorgungsausgleich* durchgeführt, der eine gleichmäßige Aufteilung der in der Zeit der Ehe erworbenen Versorgungsrechte auf die Ehegatten bewirken soll. Der Ehegatte mit den während der Ehe erworbenen höheren Versorgungsanwartschaften muss die Hälfte des Unterschiedsbetrages zu den niedrigeren Versorgungsanwartschaften des anderen Ehepartners an diesen abgeben (vgl. dazu BMGS 2003, S. 283 ff.).

---

[75] Dabei sind Erhöhungen der Krankenversicherungsbeiträge der Rentner von den Wachstumsraten bereits abgezogen.

Renten unterliegen der *Besteuerung*. Da jedoch nur der sogenannte Ertragsanteil der Rente (im Sinne der Zinserträge, die aus dem durch die Beitragszahlung angesammelten Kapital fließen) besteuert wird, bleibt die ganz überwiegende Zahl der Renten steuerfrei. Der Ertragsanteil der Rente eines Arbeitnehmers, der 2003 mit 65 Jahren in Rente ging, lag bei 27 % des Rentenbetrages (§ 22 EStG).[76]

Fremdrenten werden an Flüchtlinge, Vertriebene, Aussiedler und Übersiedler aufgrund des Fremdrentengesetzes vom 25. Febr. 1960 geleistet. Diese Renten werden so bemessen, als hätten die Anspruchsberechtigten ihr Berufsleben in einem strukturschwachen Gebiet der Bundesrepublik verbracht (Eingliederungsprinzip). Mit der steigenden Zahl von Aussiedlern (1980 bis 2000: 2,9 Mio.) war eine steigende Zahl von Fällen einer Besserstellung Zugewanderter gegenüber einheimischen Versicherten verbunden. Dies zwang den Gesetzgeber, das Fremdrentengesetz zu ändern. Unter Beibehaltung des Eingliederungsprinzips wurden Besserstellungen von Aussiedlern eliminiert. Für Aussiedler, die erst nach dem 30. Juni 1990 in die Bundesrepublik kamen, wurden die Rentenberechnungswerte um 30 % gekürzt; bei Rentenzugängen nach dem 06. Mai 1996 wurde die Kürzungsquote auf 40 % erhöht, jedoch gilt für die nach 1990 Zugezogenen nach wie vor die 30 %ige Kürzung; die Renten der vor 1990 Zugezogenen werden nicht gekürzt. Aussiedler, die nach dem 06. Mai 1996 in die Bundesrepublik gekommen sind, erhalten außerdem höchstens noch 25 Entgeltpunkte gutgeschrieben. Das entspricht einer Rente von derzeit (2003) 653,25 €.

---

[76] Das BVerfG hat in seinem Urteil vom 06. Mai 2002 die bisherige Rentenbesteuerung für verfassungswidrig erklärt und den Gesetzgeber verpflichtet, bis spätestens 01. Jan. 2005 eine Neuregelung zu treffen. Grund für diese Entscheidung ist, dass die bislang ungleiche steuerliche Behandlung von Renten aus der Rentenversicherung und Beamtenpensionen gegen den verfassungsmäßigen Gleichheitsgrundsatz verstößt. Im Gespräch ist daher der sukzessive Übergang zur *nachgelagerten Besteuerung*, d.h. einer vollen Besteuerung der Renten bei gleichzeitiger Steuerfreistellung von Beiträgen zur Altersvorsorge.

Tabelle 17. Durchschnittliche Rentenhöhe 1965 bis 2003 in € / Monat[a] in der RVA, RVAng[b] und KnV[c]

Rentenart	1965	1975	1985	1995	2003 (West)	2003 (Ost)
(1)	(2)	(3)	(4)	(5)	(6)	(7)
Männer						
Renten wegen Berufsunfähigkeit	103	237	349	613	-	-
Renten wegen Erwerbsunfähig-keit	141	339	524	810	-	
Renten wegen verminderter Erwerbsfähigkeit[d]	-	-	-	-	833	732
Regelaltersrenten (65 J.)	174	476	673	873	832	1149
Renten wegen Alters (langjährig Versicherte)	-	569	886	1132	1169	1132
Witwerrente	79	185	278	170	212	245
Frauen						
Renten wegen Berufsunfähigkeit	43	91	209	376	-	-
Renten wegen Erwerbsunfähig-keit	62	115	204	525	-	-
Renten wegen verminderter Erwerbsfähigkeit[d]	-	-	-	-	645	657
Regelaltersrenten (65 J.)	78	185	242	351	364	602
Renten wegen Alters (langjährig Versicherte)	-	328	507	517	531	651
Witwenrenten	87	251	405	522	555	557
Waisenrenten						
Halbwaisenrenten	38	101	137	147	160	165
Vollwaisenrenten	51	134	231	289	321	315

a   Auf volle € auf- bzw. abgerundet.
b   Ab 1980 einschließl. Handwerkerversicherung.
c   Zahlen vor 1985 ohne Berücksichtigung der Knappschaft, da eine Geschlechtertrennung nicht möglich ist.
d   Beinhaltet Renten wegen Berufs- und Erwerbsunfähigkeit nach altem Recht sowie Renten wegen teilweiser bzw. voller Erwerbsunfähigkeit nach neuem Recht.
Quelle: Verband der Rentenversicherungsträger, Rentenversicherung in Zeitreihen 2003, S. 163 ff.

c) Organisation und Finanzierung

Träger der RVA sind 23 Landesversicherungsanstalten, die Bundesknappschaft, die Bundesbahnversicherungsanstalt und die Seekasse; Träger der RVAng ist die Bundesversicherungsanstalt für Angestellte.

Die Aufbringung der Mittel erfolgt

1. aus Beiträgen, die derzeit (2003) auf 19,5 % des Arbeitsentgelts festgesetzt und zur Hälfte von Arbeitgebern und Arbeitnehmern aufzubringen sind (vgl. zur Beitragsentwicklung, S. 244). Durch die Festlegung einer Beitragsbemessungsgrenze, die entsprechend der Bruttoentgeltentwicklung fortgeschrieben wird, ist ein Maximum definiert (2003 bei einer Beitragsbemessungsgrenze von mtl. 5 100 € in Westdeutschland und 4 250 € in Ostdeutschland ein Monatsbeitrag von 994,50 € bzw. 828,75 €).

2. aus Bundeszuschüssen. Staatliche Zuschüsse spielen seit Gründung der RV eine große Rolle. Die Reichszuschüsse beliefen sich ursprünglich auf 1/3 der Ausgaben der Versicherung. In der Bundesrepublik Deutschland lag der Bundeszuschuss meist unter 20 %. Durch die Anhebung der Mehrwertsteuer 1998 und die Einführung der Ökosteuer konnte dieser Zuschuss in den letzten Jahren spürbar auf 24,5 % (2002) angehoben werden.[77] Die Bundeszuschüsse gehen insbes. auf die sog. „versicherungsfremden Leistungen"[78] zurück. Unter versicherungsfremden Leistungen sind jene Leistungen zu verstehen, die zwar von der Rentenversicherung gewährt werden, aber keinen Bezug zum versicherten Risiko aufweisen, wie bspw. kriegsfolgebedingte Lasten[79], einheitsbedingte Lasten[80] und die Berücksichtigung beitragsfreier Zeiten.

3. aus Beiträgen der Träger von Lohnersatzleistungen (u.a. Bundesagentur für Arbeit, GKV, UV), die für die Empfänger von Lohnersatzleistungen (Kranken-, Übergangs-, Verletzten-, Unterhaltsgeld und Arbeitslosengeld I) die Rentenversicherungsbeiträge ganz oder zur Hälfte getragen haben.

Im Gegensatz zu dem früher üblichen Kapitaldeckungsverfahren gilt seit 1969 auch formal ein Umlageverfahren mit einer Liquiditätsreserve, d.h dass die Ausgaben eines Kalenderjahres durch die Einnahmen aus Beiträgen und dem Bundeszuschuss desselben Jahres und - wenn erforderlich - durch Entnahmen aus der Schwankungsreserve finanziert werden. Diese Schwankungsreserve darf den Betrag von 0,5 Monatsausgaben der RV nicht unter- bzw. von 0,7 Monatsausgaben nicht überschreiten.[81] Der Beitragssatz ist so festzusetzen, dass die Beitragseinnahmen unter Berücksichtigung der voraussichtlichen Entwicklung der Bruttolohn- und -gehaltssumme je beschäftigten Arbeitnehmer und der Zahl der Pflichtversicherten zusammen mit dem Bundeszuschuss und sonstigen Einnahmen sowie unter Berücksichtigung von Entnahmen aus der Schwankungsreserve ausreichen, um die voraussichtlichen Ausgaben des auf die Beitragsfestsetzung folgenden Jahres zu decken und sicherzustellen, dass die Mittel der Schwankungsreserve dem Betrag von 0,5 bis 0,7 Monatsausgaben der Versicherung entsprechen (§ 158 SGB VI).

Durch das RRG 1999 wurde zusätzlich zu dem regulären bzw. allgemeinen Bundeszuschuss der bisherigen Form ein zusätzlicher Bundeszuschuss eingeführt, der durch die Einnahmen der Mehrwertsteuererhöhung vom 01. April 1998 um einen

---

[77] VDR, Rentenversicherung in Zeitreihen, 2003, S. 222 und S. 230.

[78] Vgl. zur Problematik versicherungsfremder Leistungen v.a. Schmähl 1997, S. 421 ff.

[79] Kriegsfolgelasten sind die erhöhte Invalidität, die Anerkennung von Zeiten des Militärdienstes und der Kriegsgefangenschaft und die Anerkennung von Zeiten der Arbeitslosigkeit und Krankheit, die teilweise Folgen des Krieges waren. Außerdem wurden der RV während des Zweiten Weltkriegs 17 Mrd. RM entzogen, die ihr bei der Währungsreform des Jahres 1948 nicht zurückerstattet wurden.

[80] Es handelt sich dabei die Zahlung von „Auffüllbeträgen" und Rentenzuschlägen nach dem Rentenüberleitungsgesetz. Auffüllbeträge sind Leistungen an solche Personen in den neuen Bundesländern, deren Rentenanspruch zum 31. Dez. 1991 höher war als die nach bundesdeutschem Recht ab dem 01. Jan. 1992 ermittelte monatliche Rente. Aus der gleichen Motivation wurden für Renten, deren Beginn in den Jahren 1992 und 1993 lag, Rentenzuschläge geleistet.

[81] Der Sollbetrag der Schwankungsreserve war bis 2001 auf eine Monatsausgabe festgeschrieben. Durch das Gesetz zur Bestimmung der Schwankungsreserve in der Rentenversicherung der Arbeiter und der Angestellten vom 20. Dez. 2001 wurde der Betrag zum 01. Jan. 2002 zunächst auf 0,8 Monatsausgaben, durch das Beitragssicherungsgesetz vom 23. Dez. 2002 zum 01. Jan. 2003 schließlich auf 0,5 bis 0,7 Monatsausgaben abgesenkt. Der Bundestag hat am 06. Nov. 2003 im Rahmen des „Notpakets zur Stabilisierung der Rentenfinanzen" eine weitere Absenkung des Schwankungsreservebetrages auf 0,2 Monatsausgaben beschlossen.

Prozentpunkt von 15 % auf 16 % finanziert wurde.[82] Der allgemeine Bundeszuschuss wird gemäß der Bruttolohnentwicklung im vorvergangenen Jahr und der Veränderung des Beitragssatzes im laufenden Jahr fortgeschrieben. Der berücksichtigte Beitragssatz ist seitdem allerdings nicht mehr der tatsächliche, sondern jener „fiktive" Beitragssatz, der sich ergeben hätte, wenn keine Bundesmittel aus dem zusätzlichen Bundeszuschuss zur Rentenversicherung gezahlt worden wären.[83] Damit soll verhindert werden, dass die durch den zusätzlichen Bundeszuschuss erreichte Beitragssatzsenkung den allgemeinen Bundeszuschuss absenkt. Im Rahmen des Haushaltssanierungsgesetzes vom 22. Dez. 1999 wurde der Bundeszuschuss pauschal für die Jahre 1999 und 2000 um je 1,1 Mrd. DM und für die Jahre 2002 und 2003 um 665 Mio. € bzw. 102 Mio. € gekürzt. Gleichzeitig wurde festgelegt, dass der zusätzliche Bundeszuschuss an den Einnahmen des Bundes aus dem Gesetz zur Fortführung der ökologischen Steuerreform vom 16. Dez. 1999 beteiligt wird (sog. „Erhöhungsbetrag"). Der Erhöhungsbetrag wurde in den Jahren 2000 auf 2,6 Mrd. DM, 2001 auf 8,14 Mrd. DM, 2002 auf 6,8 Mrd. € und 2003 auf 9,5 Mrd. € festgelegt, so dass der gesamte Bundeszuschuss trotz der vorgenommenen Kürzungen des Haushaltssanierungsgesetzes insgesamt zunahm. Ab 2004 wird der Erhöhungsbetrag gemäß der Veränderung der Bruttolohn- und -gehaltssumme im vergangenen Jahr fortgeschrieben. Der sich so für ein Jahr ergebende Erhöhungsbetrag wird allerdings pauschal um jeweils 409 Mio. € gekürzt (§ 213 SGB VI). Durch die Mehrbeteiligung des Bundes konnte der Beitragssatz zur Rentenversicherung trotz steigender Ausgaben zum 01. April 1999 von 20,3 % auf 19,5 % und 2001 zwischenzeitlich auf 19,1 % gesenkt werden.[84]

Bundestag und Bundesrat sind jährlich durch einen Rentenversicherungsbericht über die voraussichtliche finanzielle Entwicklung der RV zu informieren. Mit diesem Bericht ist gleichzeitig eine Stellungnahme des Sozialbeirats vorzulegen. Dieser Rat besteht aus je vier Vertretern der Versicherten und der Arbeitgeber sowie einem Vertreter der Bundesbank und drei Vertretern der Wirtschafts- und Sozialwissenschaften.

d) Probleme

Das zentrale Problem der gesetzlichen Rentenversicherung besteht darin, dass in den nächsten Jahrzehnten die Rentnerquote, d.h. der Quotient aus der Zahl der Rentenempfänger und der Zahl der beitragszahlenden Versicherten, auf Grund des starken Absinkens der Nettoreproduktionsrate der Bevölkerung und des Anstiegs der Lebenserwartung und damit der Rentenbezugsdauer deutlich steigen wird. Der Rentnerquotient wird voraussichtlich von gegenwärtig 53 % bis 2030 auf 88 % steigen. Die Auswirkungen des demographischen Übergangs auf die Finanzierung der gesetzlichen

---

[82] Für die Jahre 1998 und 1999 wurde der zusätzliche Bundeszuschuss pauschal auf 9,6 Mrd. DM bzw. 15,6 Mrd. DM festgeschrieben. Seit dem Jahr 2000 erhöht er sich entsprechend der Veränderungsrate der Steuern vom Umsatz. Sein Umfang belief sich 2002 auf 7,7 Mrd. € und deckte damit ca. 4 % der Rentenausgaben.

[83] Der „fiktive" Beitragssatz betrug 2002 21,0 % und 2003 21,7 %.

[84] Die am 06. Nov. 2003 im Rahmen des „Notpakets zur Stabilisierung des Rentenfinanzen" im Bundestag beschlossenen Maßnahmen bestätigen den Trend, den steigenden Finanzierungsbedarf der Rentenversicherung nicht mehr über Beitragserhöhungen auszugleichen. Um ein Finanzierungsloch der Rentenversicherung von 8 Mrd. € zu schließen, wurde stattdessen die zum 01. Juli 2004 fällige Rentenerhöhung auf den 01. Jan. 2005 verschoben, die hälftige Zahlung der Beiträge für Rentner zur Pflegeversicherung durch die Rentenversicherung abgeschafft und die Schwankungsreserve verringert.

Rentenversicherung wird deutlich, wenn man berücksichtigt, dass im Umlageverfahren bei ausgeglichenem Rentenversicherungshaushalt die Beitragszahlungen in jeder Periode den Rentenzahlungen in dieser Periode entsprechen müssen, d.h. dass $E_t \cdot w_t \cdot b_t = R_t \cdot p_t$ [85] gelten muss. Für den notwendigen Beitragssatz zur Rentenversicherung ergibt sich also zu jedem Zeitpunkt t:

$$b_t = \frac{R_t}{E_t} \cdot \frac{p_t}{w_t} \, .$$

Eine steigende Rentnerquote (R_t/E_t) muss in einem umlagefinanzierten System entweder durch ein sinkendes Rentenniveau (p_t/w_t) oder/und durch steigende Beitragssätze (b_t) kompensiert werden.

Ein besonderes Problem der RV (und darüber hinaus des friedlichen Zusammenlebens in unserer Gesellschaft) besteht in der Gefahr der Zerstörung der Vertrauensbasis der RV und des gegenseitigen Vertrauens zwischen den älteren und den jüngeren Generationen. Unter Hinweis auf die langfristigen, demographisch verursachten Finanzierungsprobleme der RV wird behauptet, die Beibehaltung der Konstruktions- und Finanzierungsprinzipien der RV führe zu einem „ernsten" Konflikt zwischen den Generationen[86] und laufe auf eine „Ausbeutung" der jüngeren und der nachwachsenden Generationen hinaus, das Rentensystem stelle einen „Betrug an der Jugend" dar.[87] Auf der Basis von Prognosen, die allein schon wegen ihrer Langfristigkeit problematisch sind, werden extrem hohe Beitragsbelastungen der künftigen Erwerbstätigengenerationen errechnet.

Ohne für die Zukunft vergleichsweise höhere Alterssicherungsbeiträge bestreiten zu wollen und ohne die im Zusammenhang mit dem „Generationenkonflikt" häufig gleichzeitig angemahnte Problematik einer hohen Staatsverschuldung zu Lasten künftiger Generationen zu verkennen, muss nach Meinung der Verfasser auch bedacht werden, dass die Versicherten von morgen wegen des steigenden Wohlstands selbst bei im Vergleich zur Gegenwart höheren Rentenversicherungsbeiträgen keine niedrigeren Realeinkommen werden hinnehmen müssen. In einem Prognos-Gutachten[88] heißt es zu dieser Frage: „Als Fazit gilt, dass unter den getroffenen Annahmen zur demographischen und ökonomischen Entwicklung auf Arbeitnehmer und Arbeitgeber stark steigende Beitragssätze zukommen. Das gilt vor allem für die Beiträge zur gesetzlichen Rentenversicherung als auch zur gesetzlichen Krankenversicherung. Zusätzlich werden Arbeits- und Gewinneinkommen durch höhere Lohn- und Einkommensteuern belastet. Trotz des ausgeprägten Rückgangs der Nettoquote, also des Anteils der Bruttoentgelte, der den Arbeitnehmern letztlich für Konsum und Ersparnis verbleibt, liegt in beiden Szenarien das reale Nettoeinkommen je Beschäftigten im

---

[85] Dabei bedeuten
w = versicherungspflichtiges Arbeitseinkommen
b = Beitragssatz zur RV
E = Anzahl der beitragszahlenden Erwerbstätigen
p = durchschnittliche Rentenhöhe
R = Zahl der Rentner.

[86] Vgl. z.B. das Minderheitsvotum von *Reinhard Miegel* in BMA (Hg.), Vorschläge der Kommission „Fortentwicklung der Rentenversicherung", Bonn 1997, S. 45.

[87] Vgl. dazu „Die Zeit" vom 14. Nov. 1997, S. 9.

[88] Vgl. dazu Verband Deutscher Rentenversicherungsträger (Hg.), Prognos-Gutachten 1995. Perspektiven der GRV für Gesamtdeutschland vor dem Hintergrund veränderter politischer und ökonomischer Rahmenbedingungen, Bd. 4 der DRV-Schriften 1995, hier: S. 164.

Jahr 2040 noch deutlich über dem Niveau von 1992. Mit anderen Worten bedeutet dies, dass in Zukunft zwar der Nettoeinkommens*zuwachs* erheblich geschmälert, das Nettoeinkommens*niveau* selbst aber nicht angegriffen wird." (Hervorhebungen im Original).

Zu berücksichtigen ist im Zusammenhang mit der Beurteilung der Belastungen künftiger Generationen auch, dass noch zu keiner Zeit den nachwachsenden Generationen eine so umfassende, hochwertige wirtschaftliche und soziale Infrastruktur zur Verfügung stand und dass noch zu keiner Zeit ältere Generationen ein derart hohes privates Geldvermögen (Ende 2002 3,6 Bio €) und ein derart großes Haus- bzw. Grundvermögen (1998: Nettoanlagevermögen zu Wiederbeschaffungswerten 5,6 Billionen DM) als Hinterlassenschaft angespart haben wie das die Generationen getan haben, die den Wiederaufbau Deutschlands bewältigten.[89] Für eine zutreffende Beurteilung des Ausmaßes intergenerationaler Gerechtigkeit ist ein Vergleich zwischen den Generationen nötig, der die Gesamtheit der Bedingungen erfasst, die die Lebenslage und die Lebensqualität bestimmen wie insbes. Einkommen, Vermögen, Entfaltungschancen sowie die innere und die äußere Sicherheit.

Zu einer unausgewogenen Beurteilung der Leistungsfähigkeit der gesetzlichen Rentenversicherung trägt die Behauptung bei, die Renditen der privaten Lebensversicherung seien merklich höher als die der gesetzlichen Rentenversicherung. Abgesehen davon, dass private Versicherungsgesellschaften dazu neigen, mit optimistisch überschätzten Renditen zu werben (was ihnen mittlerweile gerichtlich untersagt worden ist[90]), halten die Renditen der gesetzlichen Rentenversicherung einem Vergleich mit den Renditen privater Lebensversicherungen durchaus stand.[91] Schließlich sollte bei der Beurteilung der Leistungsfähigkeit der Rentenversicherung nicht vergessen werden, dass die westdeutschen Rentenversicherungsträger von 1991 bis 1999 ein Defizit der Rentenversicherungen in den neuen Bundesländern in Höhe von 111,9 Mrd. DM finanzieren mussten. Diese Tatsache, dass die für die Finanzierung dieser Defizite erforderlichen Beitragssatzerhöhungen keine Folge mangelnder Leistungsfähigkeit des Umlageverfahrens sind, sondern ein großer Teil der Vereinigungslast, sollte nicht aus dem Blick geraten und nicht unerwähnt bleiben (vgl. dazu auch DIW-Wochenbericht 45/99).[92]

Neben der finanziellen Belastung durch die demographische Entwicklung bestehen in der gesetzlichen Rentenversicherung noch weitere Probleme. Dazu gehören eine Unterversorgung im Alter, eine noch zu geringe eigenständige Alterssicherung der Frauen, eine noch zu geringe Abstimmung zwischen den verschiedenen Alterssiche-

---

[89] Im Rahmen des sog. „Generational Accounting" werden diese Aktiva erstaunlicherweise nicht erfasst und bewertet. Die bisher üblichen Verfahren der intergenerationalen Umverteilung erfassen lediglich die intergenerationalen Wirkungen der *gegenwärtigen* Fiskalpolitik und vernachlässigen Zahlungen, die in der Vergangenheit erfolgten. Vgl. dazu Raffelhüschen/Walliser 1997. Vgl. zum Generational Accounting und den Grenzen seiner Aussagefähigkeit auch Deutsche Bundesbank, Monatsbericht vom Nov. 1997, „Die fiskalische Belastung zukünftiger Generationen - eine Analyse mit Hilfe des Generational Accounting."

[90] Vgl. „Lebensversicherungs-Renditen irreführend" in der Süddeutschen Zeitung vom 17. April 1997.

[91] Nach einer Stellungnahme der Bundesregierung vor dem Ausschuss für Arbeit und Sozialordnung liegt die Durchschnittsrendite der privaten Lebensversicherung bei 3,5 %, die der GRV zwischen 3,7 und 4,4 % (Presse- und Informationsamt der Bundesregierung, Sozialpolitische Umschau vom 20. 10. 1997).

[92] Auch die westdeutsche Arbeitslosenversicherung hatte erhebliche Transfers zu leisten. Sie beliefen sich für die Zeit zwischen 1991 und 1999 auf 158 Mrd. DM (DIW-Wochenbericht 45/99).

rungssystemen, eine Überversorgung bestimmter Rentnergruppen sowie die Gefahr des Schwindens der Vertrauensbasis der RV.

Das Problem der Unterversorgung im Alter besteht darin, dass für eine nicht geringe Zahl von Haushalten, vor allem Ein-Personen-Haushalten, die selbst erworbenen oder aus den Ansprüchen des verstorbenen Ehegatten abgeleiteten Ansprüche nicht zur Sicherung des Lebensunterhaltes ausreichen, d.h. unter den Sozialhilfesätzen für den laufenden Lebensunterhalt liegen, weil die Versicherungszeiten kurz und/oder die Beitragsleistungen wegen niedriger Arbeitseinkommen gering waren.

Die Problematik der Unterversorgung wird daran erkennbar, dass 2001 von den von der RVA und der RVAng an Frauen in den alten Bundesländern gezahlten Erwerbsunfähigkeits- und Altersrenten 13,9 % (= 0,9 Mio.) mtl. unter 150 € und 40 % (= 2,39 Mio.) unter 300 € lagen. Die Vergleichszahlen für die neuen Bundesländer lauten 0,7 % (= 15 873) und 6,4 % (= 136 598).[93] In den Fällen, in denen diese Renten das einzige Alterseinkommen waren, war dieses Einkommen sicherlich nicht existenzminimumsichernd. Häufig jedoch treffen Altersrenten und Witwen- bzw. Witwerrenten zusammen. 2001 waren in Gesamtdeutschland 29,2 % (=3,4 Mio.) der rentenbeziehenden Frauen Mehrfachrentenbezieherinnen.[94] Dass die Unterversorgungsproblematik in Ostdeutschland weit weniger ausgeprägt ist als in Westdeutschland, hängt mit den fast durchwegs längeren Versicherungszeiten der Frauen in den neuen Bundesländern, aber auch mit Zuschlägen zusammen, die für die Übergangszeit gezahlt und später wieder abgebaut werden.

Eine bedeutende Sicherungslücke für die nicht erwerbstätige Frau besteht auch im Bereich der Invaliditätssicherung, d.h. der Sicherung gegen eine vorzeitige Berufsbzw. Erwerbsunfähigkeit. Deshalb und wegen einer starken Zersplitterung der zuständigen Versicherungsträger sowie wegen ganz unterschiedlicher Leistungsvoraussetzungen und Leistungen gilt auch dieser Bereich als reformbedürftig (vgl. dazu Albers 1982a, S. 166 ff. und Schäfer 1979, insbes. S. 81 ff.). In der Tat erscheint es als ein Anachronismus, dass die im Rahmen der Erbringung ihrer gesellschaftlich gesehen hochwertigen Arbeitsleistungen gesundheits- und unfallgefährdeten, familienbetreuenden Frauen und Mütter gegen Bedrohungen ihrer Leistungsfähigkeit nicht sozialversichert sind.

Die skizzierte Problematik der Unterversorgung ist überwiegend auf das Fehlen einer eigenständigen sozialen Sicherung der Frau zurückzuführen, d.h. auf die Tatsache, dass zahlreiche Mütter, soweit sie mit Unterbrechungen oder nach der Geburt mehrerer Kinder überhaupt nicht mehr erwerbstätig waren, im Alter im Wesentlichen auf die Witwenrente angewiesen sind. Das Problem der Unterversorgung wurde in den letzten Jahren durch die Neuregelung der Kindererziehungszeiten, des Hinterbliebenenrechts und der Einführung des Rentensplittings angegangen. Der Bekämpfung der Altersarmut dient das am 01. Jan. 2003 in Kraft getretene Gesetz zur Grundsicherung im Alter und bei Erwerbsminderung (GSiG), das in Kap. X. behandelt wird.

Die Problematik der *Harmonisierung der Alterssicherungssysteme* ergibt sich daraus, dass es historisch bedingt unterschiedliche Alterssicherungssysteme gibt, die sich in Bezug auf Anspruchsvoraussetzungen, Höhe und Art der Leistungen und Finanzierungsmethoden unterscheiden (RVA und RVAng, knappschaftliche RV, Beamtenversorgung, landwirtschaftliche Alterssicherung, berufsständische Alterssicherungssys-

---

[93] Bundesregierung, Rentenversicherungsbericht 2002, S.43 und S.44.
[94] Ebenda. S.46.

teme) und dass ein Teil dieser unterschiedlichen Regelungen dem Gleichbehandlungsgrundsatz und dem Ziel sozialer Gerechtigkeit widerspricht. Eine vom BMA eingesetzte Sachverständigenkommission hat zur Frage der Harmonisierung bereits im Jahr 1983 ein Gutachten vorgelegt (vgl. BMA 1983). Der Vorschlag der Kommission, die Beamten schrittweise an der Finanzierung ihrer Alterssicherung zu beteiligen, wurde nicht aufgegriffen. Dagegen wurden einige andere Vorschläge berücksichtigt, nämlich die Angleichung der Altersgrenzen für Beamte an die der Rentenversicherten, die Berücksichtigung besonderer finanzieller Belastungen durch steigende RV-Beiträge bei der Anpassung der Ruhestandsgehälter, die Anrechnung von Erwerbseinkommen bei vorzeitiger Pensionierung und die Änderung der Steigerungssätze der Beamtenversorgung so, dass die Höchstversorgung nunmehr erst mit Vollendung des 65. Lebensjahres erreicht wird.

Eine Überversorgung im Alter[95] tritt bei Rentnern auf, die zu hohen Versichertenrenten relativ hohe zusätzliche betriebliche Altersrenten erhalten[96] und bei Versicherten mit relativ hoher eigener Altersrente und einer Hinterbliebenenrente. Da die Zahl der Versicherten mit eigenen hohen Altersrentenansprüchen wegen der Normalisierung der Lebensverhältnisse in den letzten Jahrzehnten in Zukunft steigen wird und da sich die Zahl der Bezieher von Hinterbliebenenrenten allein wegen der gestiegenen Erwerbstätigkeit der Frauen erhöhen wird, wird die Zahl der Bezieher von zwei Renten steigen. Auch hierfür stellt die Neuregelung der Hinterbliebenenrente und das Rentensplitting eine zweckmäßige Lösung dar.

e) Die Rentenreformpolitik seit 1989

Seit 1989 wurde die gesetzliche Rentenversicherung mehrfach z.T. nachhaltig reformiert. Die Notwendigkeit zu diesen Reformen ergibt sich zum einen aus der bereits angesprochenen demographischen Entwicklung. Die demographischen Verwerfungen werden die gesetzliche Rentenversicherung jedoch erst ab ca. 2020 belasten, wenn die „geburtenstarken Jahrgänge" in den Ruhestand treten. Die aktuellen Finanzierungsprobleme sind demgegenüber nicht demographisch bedingt, sondern werden durch die Massenarbeitslosigkeit und den Missbrauch der RV als Instrument zum „sozialverträglichen" Beschäftigungsabbau verursacht. Zum andern ergibt sich die Notwendigkeit zur Reform der Alterssicherung aus folgenden, für die Rentenversicherung relevanten Formen des sozialen Wandels:
- der zunehmenden Erwerbstätigkeit von Frauen, die einerseits zu einer eigenständigen sozialen Sicherung dieser Frauen und im Falle zusätzlicher Witwenrentenansprüche zu einer Überversorgung führen kann, d.h. zu Alterseinkünften, die weit über den Bedarf hinausgehen; andererseits wird es aus der Sicht dieser beitragzah-

---

[95] Als überversorgt gilt eine Person bzw. ein Haushalt, wenn das Sozialeinkommen über der angestrebten Relation zwischen Leistungseinkommen und Sozialeinkommen liegt. In der Bundesrepublik gelten 2/3 des letzten Bruttoarbeitseinkommens als erstrebte Norm für die Altersrente. Die Sachverständigenkommission Alterssicherungssysteme geht von einer Norm in Höhe von 70 - 90 % des Nettoarbeitseinkommens aus (BMA 1983, S. 141). Vgl. zur Problematik von Leistungskumulationen auch Weyers 1997.

[96] Nach Informationen des BMA hatten 1995 2,4 Mio. Bezieher von Betriebsrenten, d. h. etwa 30 % der Rentenbezieher der RV, eine Betriebsrente, die durchschnittlich 636 DM Betriebsrente je Rentner und Monat bzw. 318 DM je Rentnerin betrug (Presse- und Informationsamt der Bundesregierung, Sozialpolitische Umschau vom 20. 10. 1997).

lenden Frauen, wenn sie selbst keine Witwenrentenansprüche haben, zu einem Problem, dass sie die beitragsfreien Witwenrenten mitfinanzieren;
- im Wandel der Lebensformen (Rückgang der Heiratshäufigkeit, Zunahme der Scheidungshäufigkeit, Eingehen mehrerer ehelicher und/oder unehelicher Partnerschaften im Laufe eines Lebens, Zunahme von Teilzeitbeschäftigung vor allem von Frauen und Zunahme der Zahl und der Dauer der Erwerbstätigkeitsphasen auch von verheirateten und kindererziehenden Frauen [97]) der die Frage nach den Möglichkeiten einer dem Wandel der Lebensformen Rechnung tragenden Altersvorsorge aufkommen lässt;
- in der lange Zeit eklatanten Benachteiligung kindererziehender und -versorgender, nicht erwerbstätiger Frauen in Bezug auf die Altersvorsorge, die in dem Maße wuchs, in dem die Erwerbstätigkeit von Frauen und die Kinderlosigkeit von Frauen gleichzeitig zunahmen. Diese Benachteiligung liegt darin, dass erwerbstätige Frauen hohe eigenständige Alterssicherungsansprüche aufbauen und z.T. zusätzlich Witwenrentenansprüche haben, während die wegen der Geburt, der Erziehung und der Versorgung von Kindern nicht oder nur vergleichsweise kurze Zeit erwerbstätigen Frauen keine oder nur geringe eigenständige Altersrentenansprüche haben, obwohl sie in großem Umfang die Aufwendungen für die langfristige Sicherung der RV wichtigste Voraussetzung tragen: die Kosten für die nachwachsende Generation, die als später erwerbstätige Generation die Güter und Leistungen produziert und durch Konsumverzichte in Form ihrer Beitragsleistungen bereitstellt, die realwirtschaftlich der Versorgung der Rentner dienen. Dieser reale Beitrag kindererziehender und -versorgender Eltern, der mit erheblichen unentgeltlichen Versorgungs- und Betreuungsleistungen verbunden ist,[98] wurde erstmals 1985 mit der Einführung eines Kindererziehungsjahres anerkannt. 1992 hat das BVerfG in einer viel beachteten Entscheidung festgestellt (BVerfGE 87,1), dass selbst die seit 1992 geltenden drei Erziehungsjahre die Benachteiligung kindererziehender Mütter in der RV nicht angemessen ausgleichen (vgl. dazu auch S. 372 f.).

Neben diesen Reformanlässen gab es noch eine Reihe kleinerer Probleme,[99] auf deren Lösung bzw. Entschärfung das RRG 1992 zielt (vgl. dazu auch Kolb 1989 und Ruland 1989a).

Schließlich wurde die Finanzierungsproblematik noch dadurch verstärkt, dass der RV beachtliche politische Lasten aufgebürdet worden sind, die Jahr für Jahr hohe Milliardeneinnahmen binden. Zu nennen sind:[100]

---

[97] Vgl. dazu u. a. Lüscher/Schultheis/Wehrspaun 1987, D. Schäfer 1988, Wagner/Ott/Hoffmann-Nowotny 1989, Kaufmann 1995.

[98] Vgl. zu den Opportunitätskosten der Kinderbetreuung, -erziehung und -versorgung Lampert 1993c, zur Grundproblematik der Behandlung von Eltern in der RV v. Nell-Breuning 1980, Krause 1986, BMJFG 1984, S. 237 ff. und S. 274 ff.

[99] Dazu gehörten: 1. das Fehlen versicherungsmathematischer Abschläge bei der flexiblen Altersrente, das auf eine Umverteilung von wirtschaftlich schwächeren Versicherten zu den besser gestellten Versicherten hinauslief (vgl. dazu Helberger 1982, S. 116); 2. die Zurechnung von Ausbildungszeiten in der Rentenformel, die ebenfalls sozial und wirtschaftlich besser Gestellte, v.a. Akademiker, begünstigte (vgl. dazu Helberger 1982, S. 117); 3. die Entwicklung der Berufs- und Erwerbsunfähigkeitsrenten, die aufgrund der Rechtsprechung des Bundessozialgerichts sehr stark gestiegen sind, weil bis vor wenigen Jahren nach dieser seit 1969 entwickelten Rechtsprechung für den Rentenanspruch nicht allein der Grad der Erwerbsminderung entscheidend war, sondern die Frage, ob zumutbare Arbeitsplätze zur Verfügung stehen. Wenn nicht, wurde eine Rente zuerkannt (vgl. dazu Die Rentenversicherung 1981, S. 201 ff. sowie Girardi 1990).

1. Beitragsabsenkungen in der RV zugunsten einer Anhebung der Beitragssätze in der Alv (1991 - 1993), die gleichzeitig eine Absenkung der an den Beitragssatz gebundenen Bundeszuschüsse nach sich zogen;
2. die Finanzierung der Leistungen für Kindererziehungsjahre;[101]
3. die Finanzierung des Aufbaues des in die neuen Bundesländer übertragenen westdeutschen RV-Systems;[102]
4. die Finanzierung von Folgen der Arbeitslosigkeit durch „vorgezogene Altersrenten wegen Arbeitslosigkeit"[103] und die Belastung der RV durch Anrechnungszeiten, die durch Arbeitslosigkeit bedingt sind;
5. die Zahlung von Erwerbsunfähigkeitsrenten an Berufsunfähige, denen keine geeigneten Arbeitsplätze zur Verfügung gestellt werden können.[104]

Der Verband deutscher Rentenversicherungsträger hat für 1995 als Summe der versicherungsfremden Leistungen 102,2 Mrd. DM errechnet (ohne die West-Ost-Transfers in Höhe von 15,89 Mrd. DM). Zieht man davon den Bundeszuschuss zur RV in Höhe von 59,5 Mrd. DM ab, so verblieben 42,7 Mrd. DM ungedeckter versicherungsfremder Leistungen.[105]

Ein erster Schritt in Richtung einer nachhaltigen Reform der RV war das im Jahr 1989 vom Bundestag verabschiedete *Rentenreformgesetz (RRG) 1992*. Hauptziele des RRG 1992 waren:
1. die Stärkung der Beitragsgerechtigkeit unter Beibehaltung der Lohn- und Beitragsbezogenheit der Rente. Diese Zielsetzung wurde durch die Einführung der Gesamtleistungsbewertung und des Rentenzugangsfaktors erreicht. Auch eine merkliche Kürzung der Zahl anerkennungsfähiger Ausbildungsjahre hat die Beitragsgerechtigkeit erhöht;
2. eine gerechte Verteilung der Finanzierungslasten auf Rentner, Beitragszahler und den Bund. Sie wurde durch Einführung der Nettolohnorientierung der Rentenanpassung und den oben dargestellten Selbstregulierungsmechanismus zu erreichen versucht. Der Grad der erreichten Verteilungsgerechtigkeit ist - vor allem in Bezug auf die Angemessenheit des Bundesanteils und die Finanzierung der Kindererziehungsjahre - umstritten (vgl. Kolb 1989, S. 349 f.);
3. der Ausbau familienbezogener Elemente, der durch die Verlängerung der Kindererziehungszeit auf drei Jahre für Kinder, die nach 1991 geboren sind, sowie durch die Anerkennung von Berücksichtigungszeiten für Kindererziehung und für nicht erwerbsmäßige Pflege erfolgte.

---

[100] Vgl. zur Belastung der Sozialversicherung durch die Finanzierung allgemein politische Aufgaben die Hinweise des Sachverständigenrates zur Begutachtung der gesamtwirtschaftlichen Entwicklung in mehreren seiner Gutachten (Gutachten 1990 Z 369; 1992 Z 358; 1993 Z 386; 1994 Z 459). Vgl. zur Belastung der RV F. Ruland, Verschiebebahnhof, in: Soziale Sicherung 1993, S. 178 ff. und die dort angegebene Lit.

[101] Die Ausgaben beliefen sich 1995 auf 6,3 Mrd. DM. Quelle: Husmann 1996, S. 49.

[102] 1995 belief sich der West-Ost-Transfer der RV auf 15,89 Mrd. DM. In den Jahren vorher und nachher dürften ähnliche Summen transferiert worden sein. Quelle: Husmann 1996, S. 49. Zwischen 1991 und 1997 entfielen auf die RV und die Alv West-Ost-Transfers in Höhe von 283 Mrd. DM (Presse- und Informationsamt der Bundesregierung, Sozialpolitische Umschau vom 23. März 1998).

[103] Für 1995 wurden die dadurch verursachten Ausgaben vom Verband der Rentenversicherungsträger mit 18,6 Mrd. DM angegeben. Die Zahl dieser Renten stieg vom 54 000 i. J. 1992 auf 295 000 i.J. 1995. Quelle: Husmann 1996, S. 49.

[104] Für 1995 wurden die durch die Zahlung voller Berufs- und Erwerbsunfähigkeitsrenten an Teilerwerbsfähige verursachten Ausgaben mit 5,3 Mrd. DM angegeben. Quelle: Husmann 1996, S. 49.

[105] Husmann 1996, S. 21 ff., insbes. S. 49.

Die Reformmaßnahmen der Jahre 1996/97, die im Gesetz zur Förderung eines gleitenden Übergangs in den Ruhestand vom 23. Juli 1996, im Wachstums- und Beschäftigungsförderungsgesetz vom 27. Sept. 1996 und im RRG 1999 vom 16. Dez. 1997 kodifiziert worden sind, umfassten u.a. folgende Maßnahmen:
- Einsparungen im Rehabilitationsbereich;
- Anhebung der abschlagsfreien Altersgrenze für die Renten wegen Arbeitslosigkeit auf das 65. Lebensjahr;
- Verkürzung der beitragsfreien angerechneten Ausbildungszeiten von 7 auf 3 Jahre und Absenkung ihrer Bewertung;
- Abschaffung der rentensteigernden Wirkungen von Zeiten der Arbeitslosigkeit ohne Bezug von Arbeitslosengeld und Arbeitslosenhilfe;
- Beschränkungen der Leistungen an Aussiedler;
- Anhebung der Altersgrenze für Frauen und für langjährig Versicherte ab 2000;
- Ersetzung der Berufs- und der Erwerbsunfähigkeitsrenten durch eine Erwerbsminderungsrente neuer Art (vgl. hierzu S. 268).

Zentrales Element des RRG 1999 war die Absenkung des Rentenniveaus durch die Einführung eines „Demographie-Faktors" in die Rentenformel. Durch diesen demographischen Faktor sollten die Belastungen, die aufgrund der gestiegenen ferneren Lebenserwartung resultieren, hälftig auf die Rentenanpassung angerechnet werden.

Nach dem Regierungswechsel 1998 wurde der Demographie-Faktor außer Kraft gesetzt. Um den Beitragssatzes zur RV langfristig zu stabilisieren, wurde die Formel für die Rentenanpassung geändert und der Aufbau einer zusätzlichen kapitalgedeckten Altersvorsorge gefördert („Riester-Rente"). Darüber hinaus soll die Rentenformel ab 2005 durch einen sog. „Nachhaltigkeitsfaktor" ergänzt werden.[106] Dieser Faktor ist wie folgt definiert:

$$NF = \left(1 - \frac{RQ_{t-1}}{RQ_{t-2}}\right) \cdot \alpha + 1 .$$

Dabei ist RQ der Rentnerquotient, also die Zahl der Rentner bezogen auf die Zahl der Erwerbspersonen. Der Faktor α liegt zwischen Null und eins und gibt an, mit welchem Gewicht eine Änderung des Rentnerquotienten bei der Anpassung der Renten berücksichtigt wird. Der Gesetzentwurf sieht einen α-Faktor von 0,25 vor.

Im Zuge der Reformdiskussion sind noch weitere Vorschläge eingebracht worden, die auf eine strukturelle Umgestaltung der RV in Bezug auf die Leistungen und die Finanzierung abzielten.[107] Hervorhebung verdienen Konzepte zur Einführung einer Mindestsicherung im Alter im Sinn einer Grundrente (vgl. dazu Miegel/Wahl 1985), zur Ergänzung bzw. Ersetzung der lohnabhängigen Beitragsfinanzierung durch einen „Wertschöpfungsbeitrag" (= Maschinensteuer) (vgl. dazu Schmähl/Henke/Schellhaaß 1984) und zur langfristigen Ablösung der Umlagefinanzierung durch ein Kapitaldeckungsverfahren (vgl. dazu Börsch-Supan 2000).

---

[106] Zum Demographie- und Nachhaltigkeitsfaktor sowie weiteren Modifikationen der Rentenanpassungsformel vgl. Börsch-Supan u.a. 2003.
[107] Vgl. dazu Schmähl 1974 und 1988a (Lit.), BMA 1979 und 1983, Krupp 1982, Albers 1982a, Klanberg/Prinz 1988. Vgl. zu den Reformvorschlägen für die RV und ihrer Beurteilung auch BMA (Hg.) 1997c.

Vorschläge, das Alterssicherungssystem auf steuer- oder beitragsfinanzierte Staatsbürger-Grundrenten umzustellen,[108] die zur Vermeidung von Armut im Alter ein Mindestsicherungsniveau für jedermann gewährleisten, werden u.a. vom Sozialbeirat, von der CDU/CSU und von der SPD abgelehnt, weil steuerfinanzierte Grundrentensysteme den Zusammenhang zwischen Arbeitsleistung und Altersversorgungsniveau auflösen, die Entstehung einer Versorgungsmentalität fördern, die durch die Überalterung der Bevölkerung in Zukunft entstehenden Finanzierungsprobleme nicht wesentlich entschärfen würden und zu einer starken Differenzierung der Altersrenten führen, weil sich nur Wohlhabende über die private Vermögensbildung und/oder eine private Rentenversicherung hohe Renten leisten könnten. Zahlreiche ausländische Grundrentensysteme sind mittlerweile durch zusätzliche Sozialversicherungssysteme ergänzt worden, um das Ziel der Lebensstandardsicherung im Alter zu erreichen.[109]

Die zentrale Problematik der Einführung eines Wertschöpfungsbeitrags liegt in der Beeinträchtigung der Investitionsbereitschaft, die besonders in Zeiten schwachen Wachstums groß ist.

Die Forderung nach einem vollständigen Übergang zum kapitalstockfundierten Finanzierungssystem wurde im politischen Raum vor allem deshalb nicht aufgegriffen, weil eine solche Systemumstellung nicht finanzierbar ist. Denn für eine Jahrzehnte dauernde Übergangsperiode müssten sowohl die bisher erworbenen Ansprüche eingelöst als auch zusätzlich ein gigantischer Kapitalstock aufgebaut werden (vgl. dazu Schmähl 1990).[110] Wird dieser Kapitalstock von einem Parafiskus verwaltet, so besteht die Gefahr, dass die Politik diesen Vermögensfonds als zusätzliche finanzielle Manövriermasse zur Erreichung politischer Ziele missbraucht. Sofern die Anlage der Mittel bei privaten Kapitalgesellschaften erfolgt, stellen sich ordnungspolitische Probleme der Anlage großer Kapitalstöcke. Die Verwaltung großer Vermögensfonds schafft ökonomische Macht, die wettbewerbswidrig eingesetzt und missbraucht werden kann. Von den Befürwortern eines kapitaldeckungsfinanzierten Alterssicherungssystems wird außerdem übersehen, dass eine Umlagefinanzierung flexiblere Anpassungen an wechselnde Erfordernisse, insbes. in Zeiten politischer und wirtschaftlicher Instabilität und in Krisensituationen, zulässt als Kapitalfonds (vgl. z.B. die Übertragung des westdeutschen Rentensystems auf die neuen Bundesländer nach der Wiedervereinigung und die Finanzierung der Ostrenten durch Transfers). Außerdem sollte nicht übersehen werden, dass im Gegensatz zur Meinung der Befürworter einer Kapitaldeckung für die Alterssicherung rentable und gleichzeitig sichere Anlagemöglichkeiten für das Kapital weder im Inland noch im Ausland gewährleistet sind.[111] Wenn große Kapitalfonds im Ausland angelegt werden, können die Erträge und die Kapital-

---

[108] Vgl. zur Geschichte, den Ausgestaltungsmöglichkeiten und den Problemen von Grundrenten Schmähl 1988d, Klanberg/Prinz 1988 sowie Krupp/Weber 1997.

[109] Vgl. zur Tatsache der Ergänzung von Mindestsicherungssystemen durch obligatorische Ergänzungssysteme Schmähl 1997, S. 417 ff.

[110] Vgl. zum Kapitalbedarf auch Grohmann in Felderer 1987, S. 68 ff.

[111] Vgl. dazu auch Krupp/Weber 1997, S. 45: „Schließlich sind angemessen rentable Anlagen auch in den anderen traditionellen Industrienationen nur schwerlich zu finden, da diese sich in einer vergleichbaren Situation, übrigens auch hinsichtlich der Demographie, befinden. Und der Weg in die heftig expandierenden Transformationsländer oder die lateinamerikanischen und südostasiatischen Schwellenländer ist risikoreich. Die Mexiko-Krise 1994/95, in der es erhebliche Engagements amerikanischer Pensionsfonds gab, hat gezeigt, dass das Risiko bei Anlagen in diesen Ländern immer noch nicht ausreichend berücksichtigt wird." Ähnliche Rentabilitäts- und Sicherungsprobleme zeigten sich 1997/98 im Zusammenhang mit der Wirtschaftskrise südostasiatischer Länder.

substanz in Krisenfällen erheblich beeinträchtigt werden. Schließlich ist noch zu bedenken, dass auch kapitalgedeckte Finanzierungsformen gegen starke demographische Schwankungen nicht immun sind.[112]

In der Diskussion um die Finanzierungsprobleme der Rentenversicherung wird außerdem vielfach übersehen, dass es durchaus möglich ist, die Anfälligkeit des Umlageverfahrens gegenüber demographischen Schwankungen abzumildern. Dies kann dadurch geschehen, dass Erziehungsleistungen stärker als bisher in den Rentenansprüchen berücksichtigt werden. Denn in dem Maße, in dem weniger Erziehungsleistungen erbracht, d.h. geringere Investitionen in Humankapital getätigt werden, sinken dann auch die Ansprüche gegen das umlagefinanzierte Alterssicherungssystem und damit die künftigen Rentenleistungen. Eine familienpolitische Reform der Alterssicherung ist aber nicht nur notwendig, um die finanzielle Situation der Rentenversicherung zu stabilisieren, sondern auch aus Gründen der intergenerationalen Verteilungsgerechtigkeit überfällig. Denn realwirtschaftlich beruht ein umlagefinanziertes Alterssicherungssystem immer darauf, dass jeder wirtschaftlich aktiven Generation eine nachwachsende Generation gegenüber steht, die die Rentenzahlungen ökonomisch trägt. Dadurch, dass diese intergenerationalen Wirkungen im derzeitigen System nur unzureichend berücksichtigt werden, profitieren letztlich kinderlose Versicherte von den Leistungen kindererziehender Eltern. Ein Ausgleich familienpolitischer Leistungen im System sozialer Sicherung ist deshalb auch ein Gebot sozialer Gerechtigkeit im Sinne von Leistungsgerechtigkeit. Entsprechende Reformvorschläge werden bereits seit längerem unter dem Stichwort der „Elternrentenmodelle" diskutiert; aktuelle Reformvorschläge wurden bspw. *von Gallon* u.a. (1994), *Lüdeke* (1995) und dem Präsidenten des ifo-Instituts, *Hans - Werner Sinn* (2003) vorgelegt. Eine ausführliche Diskussion über Notwendigkeit und Ziele einer familienpolitischen Reform des Systems sozialer Sicherung findet sich in dem 2001 veröffentlichten Gutachten „Gerechtigkeit für Familien" des wissenschaftlichen Beirats für Familienfragen (BMFSFJ 2001) und der einschlägigen Arbeit von *Martin Werding* (1998).

4. Staatlich geförderte zusätzliche private Altersvorsorge

Mit dem am 26. Jan. 2001 im Bundestag verabschiedeten Altersvermögensgesetz vollzog sich ein Paradigmenwechsel in der Altersvorsorge hin zu einem Einstieg in eine staatlich geförderte, kapitalgedeckte private Alterssicherung („Riester-Rente"). Der Grund für diesen Einstieg waren die mit dem am selben Tag im Bundestag verabschiedeten Altersvermögensergänzungsgesetz beschlossenen Reformen in der Rentenversicherung, die langfristig zu einem Rückgang des Netto-Rentenniveaus von derzeit ca. 70 % auf ca. 64 % im Jahr 2030 führen sollen. Um den gewohnten Lebensstandard im Alter aufrechterhalten zu können, wird deshalb der Abschluss einer privaten oder betrieblichen Altersvorsorge notwendig.

Staatlich gefördert werden sowohl die private als auch die betriebliche Altersvorsorge, wobei die Förderung je nach gewähltem System unterschiedlich ausfällt. För-

---

[112] Auf die Demographieabhängigkeit kapitalfundierter Alterssicherungssysteme wurde schon frühzeitig durch Mackenroth (1952) hingewiesen. Aktuell wird dieses Problem unter dem Stichwort der *asset melt down* - Hypothese diskutiert; vgl. Brooks (2000), Poterba (2001), Börsch-Supan (2001).

derberechtigt sind alle Pflichtmitglieder der gesetzlichen Rentenversicherung[113] und Beamte.[114]

Bei der *privaten Altersvorsorge* kann der Versicherte frei zwischen verschiedenen Altersvorsorgeprodukten[115] wählen. Es werden jedoch nur solche Produkte gefördert, die bestimmte Mindestanforderungen („Zertifizierungskonditionen"[116]) erfüllen. So müssen die Auszahlungen der zusätzlichen Altersvorsorge in Form einer Leibrente erfolgen und dürfen erst mit Beginn der Altersrente oder nach dem 60. Lebensjahr des Versicherten erfolgen. Damit wird sichergestellt, dass die zusätzliche Altersvorsorge im Gegensatz etwa zu einer Kapital-Lebensversicherung eine echte Alterssicherung ist und auch das Langlebigkeitsrisiko abdeckt. Um das „Ertragsrisiko" des Versicherten gering zu halten, muss der Anbieter dazu garantieren, dass in der Auszahlungsphase mindestens die eingezahlten Altersvorsorgebeiträge ausgezahlt werden. Die staatliche Förderung erfolgt entweder über eine Zulage oder über die Gewährung eines steuerlichen Sonderausgabenabzugs.[117] Bei der Zulage wird neben der Grundzulage des Versicherten eine zusätzliche Kinderzulage pro Kind gewährt. Mit der Kinderzulage wird dem Tatbestand Rechnung getragen, dass kindererziehende Haushalte finanziell zu einer zusätzlichen privaten Vorsorge im Durchschnitt weniger in der Lage sind als kinderlose Haushalte. Um die maximale Förderung zu erhalten, ist ein „Mindesteigenbeitrag" zu leisten, der sich am individuellen Vorjahreseinkommen ausrichtet. Die Zulage wird dem Mindesteigenbeitrag zugerechnet. Wird ein geringerer als der Mindesteigenbeitrag geleistet, verringert sich die Förderung proportional dazu. Ein höherer als der Mindesteigenbeitrag ist möglich, dieser wird jedoch nicht zusätzlich gefördert. Um auszuschließen, dass der gesamte Eigenbeitrag aus der staatlichen Zulage besteht, ist ein Sockelbetrag durch den Versicherten zu leisten. In Tabelle 18 sind die Konditionen der staatlichen Förderung dargestellt.

Im Jahr 2004 betragen z.B. für ein Ehepaar mit 2 Kindern und einem Vorjahreseinkommen von 30000 € der förderfähige Mindesteigenbeitrag 600 € und die Zulage 336 € (= 2 x 76 € + 2 x92 €). Somit kann mit einem Netto-Eigenbeitrag von 264 € eine Altersvorsorge von 600 € angespart werden.

Bei der privaten Altersvorsorge[118] besteht die im Rahmen des sog. „Entnahmemodells" die Möglichkeit, vor Rentenbeginn zwischen 10 000 € und 50 000 € aus dem angesparten Altersvermögen zu entnehmen, um den Erwerb oder die Herstellung einer selbst genutzten inländischen Immobilie zu finanzieren. Ab dem übernächsten Jahr nach der Entnahme muss das Kapital jedoch (unverzinst) in gleichen Raten bis spätestens zum 65. Lebensjahr zurückgezahlt werden, um als Altersvorsorge zur Verfügung zu stehen. Sinn dieser Regelung ist es, förderungsberechtigten Arbeitnehmern neben der kapitalgedeckten Altersvorsorge auch den Erwerb von Wohneigentum als

---

[113] Von der Förderung ausgeschlossen sind hingegen freiwillig Versicherte in der GRV, geringfügig Beschäftigte und Pflichtversicherte in berufsständischen Versorgungseinrichtungen.

[114] Auch Beamte müssen Einschnitte bei der Beamtenversorgung hinnehmen und werden in Zukunft zunehmend auf eine zusätzliche Altersvorsorge angewiesen sein.

[115] Im Wesentlichen sind dies Banksparpläne, Fondssparpläne und private Rentenversicherungen.

[116] Geregelt durch das Gesetz über die Zertifizierung von Altersvorsorgeverträgen vom 26. Juni 2001.

[117] Beim Sonderausgabenabzug kann der Versicherte seine Altersvorsorgebeiträge zuzüglich der staatlichen Zulagen steuerfrei geltend machen. Das Finanzamt prüft, ob die Förderung über Zulagen oder über den Sonderausgabenabzug günstiger ist („*Günstigerprüfung*"). Falls die Steuerminderung über den Sonderausgabenabzug für den Versicherten höher ist als die Zulage, erstattet ihm das Finanzamt den Differenzbetrag aus Steuerminderung und Zulage.

[118] Bei der betrieblichen Altersvorsorge existiert diese Möglichkeit nicht.

Altersvorsorge zu ermöglichen. Wird die erworbene oder hergestellte Immobilie nicht mehr selbst genutzt, muss das entnommene Kapital entweder in eine andere selbst genutzte Immobilie investiert werden oder innerhalb einer bestimmten Frist einem Altersvorsorgevertrag zugeführt werden, da ansonten eine sog. „schädliche Verwendung"[119] der staatlichen Förderung vorliegt und der erhaltene Förderbetrag zurückgezahlt werden muss.

Tabelle 18. Übersicht über die staatliche Förderung privater Altersvorsorge 2002-2008

	2002/03	2004	2005	2006/07	2008
Höchstbetrag Sonderausgabenabzug	525 €	1050 €	1050 €	1575 €	2100 €
Grundzulage	38 €	76 €	76 €	114 €	154 €
Kinderzulage je Kind	46 €	92 €	92 €	138 €	185 €
Mindesteigenbeitrag	1 %	2 %	2 %	3 %	4 %
Sockelbetrag - ohne Kinderzulage - mit einer Kinderzulage - mit zwei u. mehr Kinderzulagen	45 € 38 € 30 €	45 € 38 € 30 €	90 € 75 € 60 €	90 € 75 € 60 €	90 € 75 € 60 €

Quelle: BMGS (2003).

Im Rahmen der *betrieblichen Altersvorsorge* ist die Wahlmöglichkeit des Versicherten für ein bestimmtes Altersvorsorgeprodukt dadurch eingeschränkt, dass durch Beschluss des Arbeitgebers, durch eine Betriebsvereinbarung oder durch eine tarifvertragliche Regelung eine Vorentscheidung für ein Altersvorsorgeprodukt getroffen worden ist. Bietet der Arbeitgeber hingegen keine betriebliche Altersvorsorge an, kann der Arbeitnehmer vom Arbeitgeber den Abschluss einer Direktversicherung[120] verlangen. Dabei muss der Arbeitgeber im Rahmen der „Entgeltumwandlung" einen Teil des Einkommens des Arbeitnehmers für die Altersvorsorge verwenden. Neben der Direktversicherung kann der Arbeitgeber die betriebliche Altersvorsorge auch über eine Pensionskasse[121] oder einen Pensionsfonds[122] bewerkstelligen. Die Form der staatlichen Förderung hängt bei der betrieblichen Altersvorsorge vom gewählten Produkt und von einer Wahlentscheidung der Versicherten aus mehreren Förderungsopti-

---

[119] Eine „schädliche Verwendung" liegt dann vor, wenn das angesparte Altersvorsorgevermögen nicht in Form einer lebenslangen Leistung nach Renteneintritt bzw. nach Vollendung des 60. Lebensjahres verwendet wird. Eine „schädliche Verwendung" läge z.B. auch dann vor, wenn ein Versicherter seinen Altersvorsorge-Vertrag kündigt und sich das Geld als Einmalbetrag auszahlen lässt.

[120] Bei der Direktversicherung schließt der Arbeitgeber als Versicherungsnehmer eine Lebensversicherung als Gruppenversicherung für seine Arbeitnehmer ab. Die Beiträge zur Versicherung werden im Normalfall vom Einkommen des Arbeitnehmers abgezweigt.

[121] Eine Pensionskasse ist eine versicherungsähnliche Versorgungseinrichtung unter der Trägerschaft eines oder mehrerer Unternehmen. Im Gegensatz zur Direktversicherung ist in der Pensionskasse der Arbeitnehmer selbst Versicherungsnehmer. Pensionskassen dürfen höchstens 35 % der Anlagen in Aktien investieren, so dass sowohl Anlagerisiken als auch Gewinnmöglichkeiten begrenzt sind.

[122] Pensionsfonds sind rechtlich selbständige Einrichtungen, die gegen die Bezahlung von Beiträgen für einen Arbeitgeber die betriebliche Altersvorsorge durchführen. Versicherungsnehmer sind die Arbeitnehmer. Im Gegensatz zu den Pensionskassen können Pensionsfonds ihre Anlagen unbegrenzt in Aktien anlegen. Das Anlagerisiko der Versicherten wird dadurch begrenzt, dass der Arbeitgeber für die Versorgungszusage in Höhe der eingezahlten Beiträge haftet.

onen ab. Grundsätzlich kann der Arbeitnehmer eine Förderung durch Zulagen bzw. Sonderausgabenabzug wie bei der privaten Altersvorsorge in Anspruch nehmen. Bei der Pensionskasse kann er stattdessen aber auch die Optionen „Pauschalbesteuerung mit 20 % und gleichzeitige Sozialabgabenfreiheit"[123] oder „Steuer- und Sozialabgabenfreiheit"[124] wählen. Bei der Direktversicherung steht nur die erstgenannte, beim Pensionsfonds nur die zuletzt genannte Option zur Wahl. Je nach dem, welche Option gewählt wurde, unterscheidet sich die steuerliche Behandlung während der Rentenauszahlungsphase. Bei der Förderung über Zulagen bzw. Sonderausgaben und bei der Alternative „Steuer- und Sozialabgabenfreiheit" werden die Renten voll als Einkünfte erfasst und besteuert, da die Beiträge aus unversteuertem Einkommen erbracht wurden (nachgelagerte Besteuerung). Wird hingegen die Option „Pauschalbesteuerung" gewählt, so wird analog zur derzeit gültigen Besteuerung der Renten aus der GRV nur ein fiktiver Ertragsanteil besteuert, der sich am Lebensalter beim Rentenbeginn bemisst.

Bis Ende 2002 wurden insgesamt 5,1 Mio. Verträge im Rahmen der staatlich geförderten privaten Altersvorsorge abgeschlossen, davon entfielen 3,1 Mio. auf die private und 2 Mio. auf die betriebliche Altersvorsorge. Somit hatten ca. 16 % der förderfähigen Arbeitnehmer einen „Riester-Vertrag" abgeschlossen (Quelle: Deutsches Institut für Altersvorsorge, Aktuelles Rentenbarometer, Januar 2003).

5. Die Beamtenversorgung[125]

Die Beamten im Bund, in den Ländern und in den Gemeinden der Bundesrepublik Deutschland (2000 einschl. Soldaten 1,8 Mio. Vollzeitbeschäftigte und 0,28 Mio. Teilzeitbeschäftigte im unmittelbaren und mittelbaren öffentlichen Dienst) und ihre Angehörigen werden im Falle des Unfalls, des Alters und des Todes nach beamtenrechtlichen Vorschriften versorgt.

Unfallfürsorge wird gewährt, wenn ein Unfall in Ausübung oder infolge des Dienstes oder auf dem Wege zur und von der Dienststelle eingetreten ist. Sie erstattet Sachschäden und die Auslagen für Heilverfahren. Wenn der Verletzte dienstunfähig geworden ist, erhält er Unfallruhegeld, das auf mindestens 66 2/3 %, höchstens aber 75 % der ruhegehaltsfähigen Dienstbezüge festzusetzen ist. Im Falle des Todes erhalten die Hinterbliebenen Witwen- bzw. Witwergeld in Höhe von 60 % des Unfallruhegehaltes und Waisengeld in Höhe von 30 % des Unfallruhegehaltes für jedes Kind.

---

[123] Bei dieser Variante werden bis zu 1 752 € der zur Altersvorsorge gezahlten Beiträge pauschal mit 20 % Lohnsteuer zuzüglich Kirchensteuer und Solidaritätszuschlag besteuert. Zusätzlich sind die Beiträge sozialabgabenfrei, bei der Direktversicherung jedoch nur, wenn die Beiträge im Rahmen einer Entgeltumwandlung aus einer Einmalzahlung (z.B. Weihnachtsgeld) aufgebracht werden. Die Sozialabgabenfreiheit gilt allerdings nur bis zum 31. Dez. 2008.

[124] Bei dieser Alternative werden bis zu 2448 € (= 4 % der Beitragsbemessungsgrenze in der GRV im Jahre 2003) der zur Altersvorsorge gezahlten Beiträge steuerfrei gestellt. Gleichzeitig sind die gezahlten Beiträge sozialabgabenfrei.

[125] Gesetzliche Grundlagen der Beamtenversorgung sind: 1. das *Beamtenrechtsrahmengesetz* vom 01. Juli 1975 i.d.F. vom 31. März 1999, zuletzt geändert durch Gesetz vom 21. Aug. 2002; 2. das *Bundesbeamtengesetz* vom 14. Juli 1953 i. d. F. vom 31. März 1999, zuletzt geändert durch Gesetz vom 21. Aug. 2002; 3. das *Bundesbesoldungsgesetz* vom 23. Mai 1975 i.d.F. vom 06. Aug. 2002, zuletzt geändert durch Gesetz vom 10. Sep. 2003; 4. das *Beamtenversorgungsgesetz* vom 24. Aug. 1976 i.d.F. vom 16. März 1999, zuletzt geändert durch Gesetz vom 10. Sept. 2003 und 5. die Beamtengesetze der Bundesländer.

Ruhegehalt wird einem Beamten in der Regel mit Vollendung des 65. Lebensjahres gezahlt,[126] wenn er wenigstens 5 Jahre Beamter war. Beamte haben Anspruch auf ein Ruhegehalt von 35 % der ruhegehaltsfähigen Dienstbezüge (sie entsprechen im Wesentlichen dem sog. Grundgehalt); dieser Anspruch steigt mit jedem weiteren Dienstjahr um 1,79375 % bis insgesamt maximal 71,75 % der ruhegehaltsfähigen Dienstbezüge.

Das *Witwer-* und das *Witwengeld* beträgt 55 %, das Waisengeld für eine Halbwaise 12 %, für eine Vollwaise 20 % des Ruhegehalts, das der Verstorbene erhalten hat oder - im Todesfall - am Todestag erhalten hätte.

Die Versorgungsbezüge der Beamten und ihrer Hinterbliebenen werden erhöht, wenn die Dienstbezüge der Beamten erhöht werden.

Die Beamtenversorgung wird ausschließlich aus öffentlichen, d.h. Steuermitteln, finanziert. Diese Beitragsfreiheit der Pensionen ist immer wieder Anlass zu Kritik, zumal die Ausgaben für Pensionen sehr stark zunehmen. Die Ausgaben für Pensionszahlungen in Bund, Ländern und Gemeinden betrugen 2000 22 Mrd. €. Sie werden für 2010 auf 34,5 Mrd. € und für 2020 auf 54 Mrd. € geschätzt.[127] Die Sachverständigenkommission Alterssicherungssysteme empfahl bereits in ihrem 1983 vorgelegten Gutachten (BMA 1983, S. 144 ff.) mehrheitlich, die Beamten schrittweise an der Finanzierung ihrer Alterssicherung zu beteiligen. Diese Anregung ist bis heute nicht aufgegriffen worden.

6. Sonstige Alterssicherungen

Neben den skizzierten Alterssicherungen sind zu erwähnen:
1. die knappschaftliche RV,[128] in der alle Personen gegen Invalidität, Alter und Tod versichert sind, die gegen Entgelt in Betrieben beschäftigt sind, in denen Mineralien bergmännisch gewonnen werden, also im Wesentlichen Bergleute;
2. die RV der Landwirte,[129] in der alle hauptberuflich tätigen Landwirte ohne Rücksicht auf die Höhe des Einkommens und Betriebsgröße pflichtversichert sind;
3. Alterssicherungen der kammeOrfähigen freien Berufe;[130] freiberuflich tätige Ärzte, Steuerberater, Architekten, Rechtsanwälte und Apotheker sind, soweit sie aufgrund einer Zwangsmitgliedschaft einer öffentlich-rechtlichen (Ärzte-, Zahnärzte-, Tierärzte-, Apotheker-, Architekten-) Kammer angehören, in Versicherungs- und Versorgungswerken auf landesgesetzlicher Grundlage pflichtversichert. Soweit sie keiner Kammer angehören (Steuerberater, Architekten), haben sie die Möglichkeit der Versicherung in der RVA oder in der RVAng.

Alle genannten Versichcrungen decken das Risiko der Berufs- und der Erwerbsunfähigkeit, des Alters und des Todes ab. Die Versorgung entspricht weitgehend der Versorgung in der RV.

---

[126] Auf Antrag können Beamte unter Inkaufnahme eines Versorgungsabschlags von 3,6 % pro Jahr mit Vollendung des 63. Lebensjahres in den Ruhestand versetzt werden. Einzelne Beamtengruppen (Polizeibeamte und Soldaten) werden wesentlich früher in den Ruhestand versetzt.

[127] Presse- und Informationsamt der Bundesregierung, Sozialpolitische Umschau vom 18. 11. 1996.

[128] Die gesetzlichen Grundlagen sind im SGB VI enthalten. Die Regelungen stimmen weitgehend mit denen für die RVA überein. In Bezug auf die Höhe der Beiträge, der Bundeszuschüsse und der Rentenhöhe gelten für die knappschaftliche RV Sonderregelungen (vgl. §§ 79 bis 87, 168 und 215 SGB VI).

[129] Gesetzliche Grundlage ist das *Gesetz zur Reform der agrarsozialen Sicherung vom 29. Juli 1994*, geändert durch das Änderungsgesetz vom 15. Dez. 1995.

[130] Gesetzliche Grundlagen dieser Einrichtungen sind Ländergesetze, die wegen ihrer großen Zahl hier nicht aufgeführt werden können. Vgl. dazu BMA 1997b, S. 428 ff.

7. Die Arbeitslosenversicherung[131] (Alv)

a) Einführung

Der Verlust des Arbeitsplatzes und damit des Arbeitseinkommens ist ein Risiko, das den Arbeitnehmer nicht nur in ungebändigten kapitalistischen Wirtschaftssystemen, sondern auch in Wirtschaftssystemen mit hohem sozialpolitischem Niveau und mit einer am Vollbeschäftigungsziel orientierten Wirtschaftspolitik treffen kann. Die Jahre nach 1974, als in der Bundesrepublik die Zahl der Arbeitslosen die Millionengrenze überstieg - nachdem von 1959 bis 1974 ununterbrochen Vollbeschäftigung geherrscht hatte und die Arbeitslosenquote maximal 2,6 % betrug, in der Mehrzahl der Jahre aber unter 1 % lag -, haben uns belehrt, dass die wirtschafts- und sozialpolitischen Steuerungsinstrumente noch nicht ausreichen, um jederzeit und unter allen Umständen Vollbeschäftigung zu sichern.

Selbst wenn ein sehr hoher Beschäftigungsgrad herrscht, sind in Gesellschaften, die auf der allgemeinen Vertragsfreiheit, der Niederlassungsfreiheit und der Freiheit der Berufs- und Arbeitsplatzwahl beruhen, Arbeitsplatzverluste nicht vermeidbar, die durch Änderungen in der Produktionstechnologie und in der Nachfrage nach Produkten, durch das Ausscheiden von unrentablen Betrieben, durch Betriebsverlagerungen und durch Kündigungen aufgrund von Mängeln in der Erfüllung der Arbeitsverträge bewirkt werden. Schließlich kann Arbeitslosigkeit auch durch die Lösung von Arbeitsverträgen von Seiten der Arbeitnehmer eintreten, die von ihrem Recht der Freiheit der Arbeitsplatzwahl Gebrauch machen, sei es, weil sie mit den Arbeitsbedingungen unzufrieden sind oder sich einen aus ihrer Sicht besseren Arbeitsplatz suchen wollen. Auch in diesem Fall der „freiwilligen" Arbeitslosigkeit ist die Gefahr längerer Arbeitslosigkeit, sogenannter Sucharbeitslosigkeit, gegeben.

Es ist unbestritten, dass eine Sicherung vor Arbeitslosigkeit nur durch eine auf Vollbeschäftigung gerichtete prophylaktische Wirtschaftspolitik möglich ist, und dass zur Minimierung der Zahl der Arbeitslosen und der Dauer der Arbeitslosigkeit die Vollbeschäftigungspolitik durch eine Arbeitsmarktpolitik ergänzt werden muss, die auf eine möglichst effiziente Arbeits- und Berufsberatung, auf Arbeitsvermittlung, umfassende Förderung der beruflichen Ausbildung, der Fortbildung und der Umschulung sowie auf Maßnahmen zur Erhaltung und Schaffung von Arbeitsplätzen gerichtet ist (vgl. dazu Kap. VIII). So gesehen kann es keine „Versicherung" gegen den Eintritt von Arbeitslosigkeit geben. Die Arbeitslosenversicherung ist auch keine Versicherung in dem Sinn, dass die mit Arbeitslosigkeit verbundenen Risiken von Arbeitseinkommensverlusten versicherungsmäßig kalkuliert und abgedeckt werden können.

b) Kreis der Versicherten

Gegenüber der Bundesagentur für Arbeit beitragspflichtig sind grundsätzlich alle Personen, die gegen Entgelt oder zu ihrer Berufsausbildung beschäftigt sind - ohne Rücksicht auf die Höhe des erzielten Arbeitseinkommens (§ 25 SGB III). Versicherungspflichtig sind ferner: jugendliche Behinderte, die an einer Berufsförderungsmaßnahme

---

[131] Gesetzliche Grundlage der Alv ist das dritte Buch des Sozialgesetzbuchs (SGB III) vom 01. Jan. 1998, zuletzt geändert durch Gesetz vom 27. Dez. 2003.

teilnehmen; Personen, die länger als drei Tage Wehr- oder Zivildienst leisten; Gefangene, die Arbeitsentgelt erhalten und Personen in der Zeit, in der sie von einem Leistungsträger Krankengeld, Verletztengeld oder Übergangsgeld beziehen (§ 26 SGB III). Nicht beitragspflichtig sind Beamte, die ja nicht von Arbeitslosigkeit bedroht sind, ferner Schüler und Studenten sowie Arbeitnehmer, die weniger als 15 Stunden wöchentlich beschäftigt sind und weniger als 1/7 des durchschnittlichen Arbeitsentgelts aller Versicherten der RVA und der RVAng verdienen (§ 27 SGB III).

c) Leistungen

Leistungen an Arbeitslose sind Arbeitslosengeld I und Arbeitslosengeld II. Der Bezug von Arbeitslosengeld I setzt (nach §§ 117 bis 124 SGB III) voraus,
1. dass der Arbeitnehmer arbeitslos ist;
2. dass er sich beim Arbeitsamt arbeitslos gemeldet hat;
3. dass er der Arbeitsvermittlung zur Verfügung steht, d.h. arbeitsfähig und arbeitswillig ist, und wenigstens 15 Stunden pro Woche arbeiten kann; der Arbeitslose muss auch bereit sein, an zumutbaren Maßnahmen zur beruflichen Bildung und Umschulung teilzunehmen;
4. dass er die Anwartschaftszeit erfüllt. Die Anwartschaftszeit hat in der Regel erfüllt, wer in den letzten drei Jahren vor der Arbeitslosmeldung wenigstens 12 Monate in einem versicherungspflichtigen Beschäftigungsverhältnis gestanden hat.

Die Dauer des Anspruchs auf Arbeitslosengeld beträgt nach § 127 SGB III:

nach Versicherungspflicht-verhältnissen mit einer Dauer von insgesamt mindes-tens......Monaten	und nach Vollendung des.....Lebensjahres	......Monate
12		6
16		8
20		10
24		12
30	55.	15
36	55.	18

Mit der Verabschiedung des *Arbeitsförderungs-Reformgesetzes* von 1997 wurden die Zumutbarkeitsregelungen für die Annahme vom Arbeitsamt vermittelter Arbeitsplätze spürbar verschärft. Während vorher ein Berufsschutz galt, d.h. von einem Arbeitlosen erwartet wurde, dass er bereit ist, nach jeweils 6 Monaten Arbeitslosigkeit Arbeit der nächstniedrigen von insgesamt fünf Qualifikationsstufen anzunehmen, sind diese Stufen entfallen. Nunmehr wird von Arbeitslosen erwartet, dass sie nach jeweils drei Monaten der Arbeitslosigkeit Arbeit mit Lohnminderungen von bis zu 20 % und vom vierten bis sechsten Monat Arbeit mit Lohnabschlägen bis 30 % annehmen. Vom siebten Monat an sollen sie jede Arbeit annehmen, deren Entgelt höher ist als das Arbeitslosengeld. Die für zumutbar gehaltene Pendelzeit wurde von 2 ½ auf 3 Stunden täglich erhöht.

Im Zuge der genannten Reform wurden Pflegepersonen, die einen pflegebedürftigen Angehörigen wöchentlich bis zu 14 Stunden pflegen und Personen, die Kinder bis zum Alter von drei Jahren betreuen, erfreulicherweise dadurch besser gestellt, dass in die für die Erfüllung der Anwartschaft auf Arbeitslosengeld vorausgesetzte dreijährige Rahmenfrist die Zeiten der Pflege und der Kinderbetreuung nicht eingerechnet werden, so dass diese Personen den Versicherungsschutz durch die Unterbrechung einer Erwerbstätigkeit nicht mehr verlieren (§ 124 SGB III).

Das Arbeitslosengeld beträgt für Arbeitslose, die mindestens ein Kind haben, 67 % des pauschalierten Nettoentgeltes, das in den letzten 52 Wochen vor Entstehung des Anspruchs erzielt wurde, bis maximal 67 % der Beitragsbemessungsgrenze, die mit der Beitragsbemessungsgrenze in der RV identisch ist (2004: 5 150 € in West- und 4 350 € in Ostdeutschland). Für die übrigen Arbeitslosen gilt ein Satz von 60 % (§§ 129 bis 139 SGB III). Zusätzlich übernimmt die Bundesagentur die Beiträge zur GKV und RV (§§ 207 und 207a SGB III).

Wenn der Arbeitslose eine Entlassungsentschädigung erhalten hat, wird diese unter bestimmten Bedingungen auf die Hälfte des Arbeitslosengeldes angerechnet (§ 140 SGB III). Auch Nebeneinkommen aus einer weniger als 15 Stunden wöchentlich umfassenden Beschäftigung wird auf das Arbeitslosengeld in bestimmtem Umfang angerechnet (§ 141 SGB III).

Der Anspruch auf Arbeitslosengeld entfällt je nach Lage des Falles zwei bis zwölf Wochen, wenn gegen den Arbeitslosen eine Sperrzeit oder eine Säumniszeit verhängt wurde. Sperrzeiten werden verhängt wegen Arbeitsaufgabe, Ablehnung einer zumutbaren Beschäftigung, Ablehnung oder Abbruchs einer beruflichen Eingliederungsmaßnahme. Säumniszeiten werden verhängt wegen Verletzung der Pflicht, auf Aufforderung des Arbeitsamtes sich zu melden oder zu einem ärztlichen oder psychologischen Untersuchungstermin zu erscheinen (§§ 144 und 145 SGB III).

Da durch die Gewährung von Arbeitslosengeld nicht in Arbeitskämpfe eingegriffen werden darf, ruht für streikende oder ausgesperrte Arbeitnehmer der Anspruch auf Arbeitslosengeld (§ 146 SGB III). Ob im Einzelfall die Neutralitätspflicht der Bundesagentur verletzt werden würde, wenn sie Arbeitslosengeld an Arbeitnehmer zahlen würde, die durch einen Arbeitskampf, an dem sie nicht beteiligt sind, arbeitslos geworden sind, hat anhand der in § 146 SGB III enthaltenen Entscheidungskriterien der sogenannte Neutralitätsausschuss (§ 393 SGB III) zu prüfen. Er setzt sich aus den Vertretern der Arbeitnehmer und der Arbeitgeber im Vorstand der Bundesagentur sowie aus deren Präsidenten zusammen.

Der Anspruch auf Arbeitslosengeld ruht auch in der Zeit, in der dem Arbeitslosen bestimmte andere Sozialleistungen (z.B. Krankengeld) zustehen (§ 142 SGB III).

Nach Ausschöpfung des Anspruches auf Arbeitslosengeld I erhalten Arbeitslose Arbeitslosengeld II; die diesbezüglichen Regelungen werden in Kap. X (Grundsicherung für Arbeitsuchende) erläutert.

d) Organisation und Finanzierung

Träger der Alv ist die Bundesagentur für Arbeit mit ihrer Hauptstelle in Nürnberg, mit ihren Landesarbeitsämtern und zahlreichen örtlichen Arbeitsämtern (Job Centers), die im gesamten Bundesgebiet über 97 201 Personen (1996) beschäftigen. Der Bundesagentur angeschlossen ist das Institut für Arbeitsmarkt- und Berufsforschung.

Die Mittel für die Finanzierung des Arbeitslosengeldes werden durch Beiträge der beitragspflichtigen Arbeitnehmer und der Arbeitgeber aufgebracht. Die Bundesregierung ist ermächtigt, je nach Finanzlage der Bundesagentur die Beitragssätze niedriger festzusetzen (§ 352 SGB III). Derzeit (2004) beträgt der Beitragssatz 6,5 %. Wenn die Rücklagen der Bundesagentur aufgebraucht sind, ist der Bund verpflichtet, an die Bundesagentur Darlehen und Zuschüsse zu den Kosten der Alv zu leisten (§§ 364 und 365 SGB III). Die Kosten für die Arbeitslosenhilfe und für weitere Aufgaben, die die Bundesregierung der Bundesagentur übertragen hat, trägt (ohne die Verwaltungskosten) der Bund (§ 363 SGB III).

e) Die Arbeitslosenversicherungen als eingebauter Konjunkturstabilisator

Arbeitslosenversicherungen gelten nach herrschender Meinung als Konjunkturstabilisator, als „built-in-stabilizer", weil im Falle eines steigenden und hohen Beschäftigungsgrades durch die Beitragserhebung Kaufkraft abgeschöpft, also die Verbreiterung der nachfragewirksamen Geldströme gebremst wird, während im Falle eines sinkenden und niedrigen Beschäftigungsgrades der Schmälerung des Nachfragestromes durch die Zahlung von Unterstützungsgeldern entgegengewirkt wird.

Durch empirische[132] und theoretische[133] Analysen von Arbeitslosenversicherungen lässt sich zeigen, dass solche Versicherungen *dann nicht* als Konjunkturstabilisatoren wirken, wenn - wie das in der Alv des Deutschen Reiches der Fall war und zum Teil auch in der Bundesrepublik der Fall ist -
a) die Dauer des Unterstützungsbezuges begrenzt und kürzer ist als die Abschwungphase der Konjunktur, weil dann mit dem Wegfall der Unterstützung die kaufkraftstabilisierende Wirkung entfällt, ehe die konjunkturelle Talfahrt beendet ist,
b) die Unterstützungsleistungen pro Arbeitslosem mit zunehmender Zahl der Arbeitslosen aus finanziellen Gründen gekürzt werden,
c) die Beitragssätze angehoben werden, weil dann auch bei hoher Arbeitslosigkeit wieder Haushaltsüberschüsse auftreten können.

8. Die Pflegeversicherung

a) Notwendigkeit und Vorgeschichte

Die Notwendigkeit der Einführung einer Pflegeversicherung wurde seit Veröffentlichung des vom Kuratorium Deutsche Altershilfe herausgegebenen „Gutachten über die stationäre Behandlung von Krankheiten im Alter und über die Kostenübernahme durch die gesetzlichen Krankenkassen" (Köln 1974) mit zunehmender Intensität diskutiert. Aufgrund der mit der steigenden Lebenserwartung zunehmenden Zahl älterer Menschen ist die Zahl jener Pflegebedürftigen, die die sehr hohen Kosten der Pflege, insbes. in Pflegeheimen, nicht mehr aus eigenem Einkommen oder Vermögen finan-

---

[132] Vgl. für die Alv im Deutschen Reich Lampert 1963b, für die Bundesrepublik Albeck 1983.
[133] Vgl. dazu Lampert 1980a, S. 264 ff.

298

zieren können, immer größer geworden. Sie wird demographisch bedingt weiter anwachsen.

Der Anteil der über 60-jährigen an der Gesamtbevölkerung in der Bundesrepublik betrug 1950 15 %, er belief sich 1991 auf 20 % und 2001 auf 24,1 %; für 2050 wird dieser Anteil auf 36,7 % geschätzt. Während in der Bundesrepublik 1950 499 000 Menschen lebten, die 80 Jahre und älter waren, waren es 2001 in Gesamtdeutschland 3,21 Mio. Diese Entwicklung wird sich fortsetzen.

2001 waren in Deutschland ca. 2 Mio. Menschen pflegebedürftig, d.h. ohne fremde Hilfe nicht mehr fähig, die alltäglichen Verrichtungen selbständig zu erbringen. Von diesen Pflegebedürftigen wurden in privaten Haushalten 1,44 Mio. gepflegt, in Pflegeheimen 600 000. Das Risiko der Pflegebedürftigkeit steigt erkennbar mit zunehmendem Alter. So waren zum Jahresende 2001 0,5 % der unter 15-jährigen pflegebedürftig, in der Gruppe der 75-80-jährigen waren es 10% und in der Altersgruppe der 90-95-jährigen über 60 % (Stat. BA, Pflegestatistik 2001, Bonn 2003, S. 10).

Vor Einführung der Pflegeversicherung mussten viele Pflegebedürftige aufgrund der hohen Pflegekosten Sozialhilfe in Anspruch nehmen. 1991 z.B. erhielten 655 000 Menschen, d.h. rund 60 % der Pflegebedürftigen, von der Sozialhilfe „Hilfe zur Pflege", von den 450 000 in Heimen Gepflegten rund 70 %. Angesichts der Tatsache, dass sich die monatlichen Pflegekosten bei vollstationärer Pflege auf 1 650 bis 2 885 € belaufen, ist dies nicht erstaunlich. Dass Hunderttausende von Menschen wegen einer bis 1994 fehlenden Pflegeversicherung im hohen Alter zu Sozialhilfeempfängern wurden, war ein auf lange Sicht sozialstaatlich nicht akzeptabler Zustand. Auch die Tatsache, dass vor allem die Gemeinden als Träger der Sozialhilfeleistungen mit steigenden Ausgaben für die Hilfe zur Pflege belastet wurden, machte gesetzgeberisches Handeln dringlich (vgl. dazu S. 333). Durch die Einführung der gesetzlichen Pflegeversicherung sanken die Ausgaben der Sozialhilfe für die Hilfe zur Pflege von 12,9 Mrd. DM im Jahr 1994 auf 4,9 Mrd. DM in 1997 (Stat. BA, Sozialhilfe in Deutschland, Wiesbaden 2003, S. 53).

Der fast 20 Jahre andauernde wissenschaftliche und politische Streit ging vor allem um die Fragen, wer Träger der Pflegeversicherung sein und wie die Versicherung finanziert werden sollte[134]. Als mögliche Lösungen wurden diskutiert (vgl. zum Ablauf dieser Diskussion Frerich/Frey 1996, Bd. 3, S. 629 ff.):
1. eine private Pflegeversicherung;
2. ein Pflegeleistungsgesetz, dessen Leistungen steuerfinanziert sind;
3. eine Pflegeversicherung auf der Basis einer Sozialversicherung.

Eine *freiwillige private Versicherung* schied u.a. deswegen aus, weil diese selbst dann, wenn sie mit Steueranreizen versehen worden wäre, nicht zu einer umfassenden Sicherung geführt hätte; denn erfahrungsgemäß werden künftige Bedürfnisse unterschätzt, d.h. die von einem Risiko Bedrohten sichern sich aus Kurzsichtigkeit nicht ab oder vertrauen auf eine im Risikofall eintretende staatliche Hilfe.

Das Modell einer *privaten Pflichtversicherung* mit einer Versicherungspflicht für jeden 45- bis 65jährigen Bürger, staatlichen Prämienzuschüssen für Einkommensschwache und steuerlicher Abzugsfähigkeit der Prämienaufwendungen wurde von der

---

[134] Vgl. zu dieser Problematik G. Buttler u.a. 1985, Ferber 1985, S. 527 ff., Sachverständigenrat für die Konzertierte Aktion im Gesundheitswesen 1990, S. 102 ff., Stellungnahme des wissenschaftlichen Beirats beim Bundesministerium für Finanzen vom Dez. 1990, Sachverständigenrat zur Begutachtung der gesamtwirtschaftlichen Entwicklung, Z 357 ff. des Jahresgutachtens 1991/92 und Eisen 1992.

damaligen Bundesregierung mit den Argumenten verworfen, dass sie erstens keine Absicherung für die mindestens 1,5 Mio. bereits Pflegebedürftigen ermöglicht hätte, zweitens für Familien mit mehreren versicherungspflichtigen Personen z.T. nicht tragbare Beitragsbelastungen entstanden wären und drittens das zur Finanzierung vorgesehene Kapitaldeckungsverfahren als problematisch angesehen wurde (vgl. dazu Abschnitt d).

Ein *steuerfinanziertes Leistungsgesetz* hätte zum einen keine Lösung für die demographischen Probleme geboten und außerdem nicht zu dem auf Eigenverantwortung, Leistungsgerechtigkeit und Selbstverwaltung fußenden Sozialversicherungssystem gepasst.

1994 entschied sich der Gesetzgeber für die Verabschiedung des als Sozialgesetzbuch XI in das Sozialrecht eingeordneten *Gesetz(es) zur sozialen Absicherung des Risikos der Pflegebedürftigkeit* (Pflegeversicherungsgesetz - PflegeVG). Das Gesetz beruht im Wesentlichen auf einem Vorschlag von Bundesarbeitsminister *Norbert Blüm*. Es machte die Pflegeversicherung neben der Unfall-, der Kranken-, der Renten- und der Arbeitslosenversicherung zur fünften Säule des deutschen Sozialversicherungssystems, die weitgehend den für die ersten vier Säulen geltenden Konstruktionsprinzipien entspricht (vgl. dazu Abschnitt c).

In den Jahren vor Verabschiedung des Gesetzes war der in der GKV, der GRV und der Alv übliche, letztlich auch in der Pflegeversicherung durchgesetzte 50 %ige Finanzierungsanteil der Arbeitgeber zwischen Arbeitgeberverbänden, Wirtschaftsverbänden und F.D.P. einerseits und Gewerkschaften sowie den Arbeitnehmerflügeln von CDU und CSU andererseits ungewöhnlich hart umkämpft. Arbeitgeber, CDU-Wirtschaftsbeirat, die Mittelstandsvereinigung der CDU und die F.D.P. meinten, ein Arbeitgeberbeitrag zur Pflegeversicherung sei sachlich nicht zu begründen, weil es keine Beziehung zwischen dem Arbeitsverhältnis und der Pflegebedürftigkeit gebe und weil angesichts des erreichten Wohlstandsniveaus Eigenvorsorge möglich sei. Vom BMA wurde die Arbeitgeberbeteiligung mit der durch mehrere Bundesverfassungsgerichtsentscheidungen (z.B. BVerfGE 11, 105; 14, 312; 75, 108) bestätigten Fürsorgepflicht des Arbeitgebers für den Arbeitnehmer begründet, die aus dem Arbeitsverhältnis als wesentlicher Quelle für die Daseinsvorsorge der Arbeitnehmer erwächst. Grundsätzlich wurde jedoch auch vom BMA anerkannt, dass die Lohnnebenkosten nicht weiter erhöht werden sollten und deswegen eine Kompensation der Arbeitgeberbeiträge unverzichtbar sei. Als alternative Kompensationsmöglichkeiten wurden die Kürzung der Lohn- und Gehaltsfortzahlung an Feiertagen, der Verzicht auf einen bzw. zwei Urlaubstage, die Einführung von Karenztagen bei der Lohnfortzahlung im Krankheitsfall und die Abschaffung eines bzw. zweier kirchlicher oder weltlicher Feiertage diskutiert. Die Entscheidung fiel für die Streichung eines kirchlichen Feiertages, der stets auf einen Werktag fällt, wobei die Konkretisierung des Feiertages den Bundesländern überlassen wurde[135]. Die Streichung eines zweiten Feiertages, die als Eventualität für die Zeit nach Einführung der zweiten, kostenaufwendigen Versicherungsstufe, nämlich das in Kraft treten der Leistungen zur stationären Pflege am 01. Juli 1996, vorgesehen war, erwies sich bisher als nicht notwendig.

---

[135] In allen Bundesländern, mit Ausnahme von Sachsen, wurde der Buß- und Bettag als gesetzlicher Feiertag abgeschafft.

b) Kreis der Versicherten

Bereits vor Verabschiedung des *Pflegeversicherungsgesetzes* vom 26. Mai 1994 kannte das Sozialrecht Regelungen zur Absicherung der Pflegebedürftigkeit. Diese Regelungen sicherten jedoch entweder nur kleine Personenkreise ab oder sahen nach Art, Umfang und Zeitdauer eng begrenzte Leistungen vor. Zu nennen sind Leistungen der Unfallversicherung bei Schwerpflegebedürftigkeit, Leistungen des Bundesversorgungsgesetzes für die Pflegebedürftigen und die pflegenden Personen, Beihilfe-vorschriften für Schwerpflegebedürftige des öffentlichen Dienstes, die in Abschnitt 1 dieses Kapitels genannten Leistungen im Rahmen der GKV, die Pflegeberücksichtigungszeiten im Rahmen der RV, die Pauschbeträge im Steuerrecht für Pflegebedürftige und pflegende Personen sowie die im Rahmen des SHG vorgesehenen Hilfen zur Pflege.

Das *Pflegeversicherungsgesetz* vom 26. Mai 1994 verpflichtet die *gesamte* Bevölkerung, sich gegen das Risiko der Pflegebedürftigkeit zu versichern. In der *sozialen* Pflegeversicherung sind die GKV-Versicherten, d.h. 90 % der Bevölkerung, versicherungspflichtig, also alle Arbeitnehmer mit einem regelmäßigen Arbeitsentgelt unterhalb der Versicherungspflichtgrenze in der GKV (2004 bundeseinheitlich 3 862,50 €), ferner Arbeitslose, die Leistungen nach dem SGB III beziehen, Rentner, Rehabilitanden, Behinderte und Studenten (§ 20 f. SGB XI). Nicht erwerbstätige Ehegatten und Kinder sind beitragsfrei mitversichert (§ 25 SGB XI).

Privat Krankenversicherte und Beamte sind zum Nachweis einer nach Art und Umfang gleichwertigen *privaten* Pflegeversicherung verpflichtet (§ 23 SGB XI).[136]

Freiwillig Versicherte der GKV, die nach in Kraft treten des Gesetzes innerhalb von 6 Monaten die Möglichkeit hatten, anstelle der Absicherung in der sozialen Pflegeversicherung einen gleichwertigen privaten Versicherungsvertrag abzuschließen, sind dabei grundsätzlich ebenfalls in der sozialen Pflegeversicherung pflichtversichert (§ 23 Abs. 3 SGB XI). Sie können sich jedoch innerhalb von drei Monaten nach Beginn der Versicherungspflicht auf Antrag von der Versicherungspflicht befreien lassen, wenn sie nachweisen, dass sie selbst und ihre eventuell vorhandenen Angehörigen bei einem privaten Versicherungsunternehmen nach Art und Umfang gleichwertig gegen das Risiko der Pflegebedürftigkeit versichert sind (§ 22 SGB XI).

2003 waren ca. 70,6 Mio. Personen in der sozialen Pflegeversicherung und 8,6 Mio. Personen in der privaten Pflege-Pflichtversicherung versichert.

c) Aufgaben und Leistungen

Das *Pflegeversicherungsgesetz* wird durch folgende Grundsätze bestimmt:
1. Maßnahmen der Prävention und der Rehabilitation zur Vermeidung von Pflegebedürftigkeit haben Vorrang vor Pflegeleistungen (§ 5 SGB XI);
2. häusliche Pflege hat Vorrang vor stationärer Pflege (§3 SGB XI);
3. die Pflegebedürftigen haben freie Wahl zwischen ambulanter und stationärer Versorgung. Wenn jedoch eine stationäre Pflege nicht erforderlich ist, hat der Pflegebedürftige grundsätzlich nur Anspruch auf die ihm bei häuslicher Pflege zustehende Sachleistung (§ 42 Abs.1 SGB XI). Im stationären Bereich haben die Pflege-

---

[136] Damit ist nur der kleine Kreis derjenigen Personen, der überhaupt nicht gegen das Krankheitsrisiko abgesichert ist, von der Versicherungspflicht in der gesetzlichen Pflegeversicherung ausgenommen.

bedürftigen freie Wahl unter den zugelassenen Pflegeeinrichtungen (§ 2 Abs. 2 SGB XI);

4. die Pflegebedürftigen müssen in zumutbarem Umfang zu den Kosten der Pflege beitragen (z.b. durch Übernahme der Kosten der Verpflegung und der Unterbringung bei stationärer Pflege) (§ 4 Abs. 2 SGB XI);
5. der Pflegeberuf muss ideell und materiell aufgewertet werden (§ 8 Abs. 2 SGB XI);
6. Bestandteil des Pflegekonzepts soll auch die soziale Sicherung von Pflegepersonen sein, die wegen der Pflege Angehöriger auf eine Berufstätigkeit verzichten (§§ 44 SGB XI);
7. erforderlich ist ein pluralistisches, wettbewerblich organisiertes Angebot ineinandergreifender ambulanter Pflegedienste und stationärer sowie teilstationärer Pflegeeinrichtungen in freigemeinnütziger, privater und öffentlicher Trägerschaft.

Leistungsberechtigt sind versicherte pflegebedürftige Personen, d.h. Personen, die wegen einer Krankheit oder einer Behinderung für die gewöhnlichen und regelmäßig wiederkehrenden Verrichtungen im Ablauf des täglichen Lebens auf Dauer in erheblichem Maße der Hilfe bedürfen (§ 14 SGB XI). Die Pflegebedürftigen werden einer der folgenden drei Gruppen zugeordnet:
- Pflegestufe I, die erheblich Pflegebedürftige mit einmaligem täglichen Hilfebedarf umfasst;
- Pflegestufe II, in die Schwerpflegebedürftige mit dreimaligem täglichen Hilfebedarf eingeordnet sind;
- Pflegestufe III, zu der Schwerstpflegebedürftige mit einem Pflegebedarf „rund um die Uhr" gehören (§ 15 SGB XI).

Die Beurteilung der Pflegebedürftigkeit, der Pflegestufeneinordnung und der in Betracht kommenden Pflegeleistungen ist Aufgabe des Medizinischen Dienstes der Krankenkassen (§ 18 SGB XI). Die Leistungen der Versicherung sind davon abhängig, ob ambulante, teilstationäre oder vollstationäre Pflege erforderlich ist.

Bei *ambulanter Pflege* werden ein *Pflegegeld* in Höhe von 205/410/665 € monatlich je nach Pflegebedürftigkeitsstufe (§ 37 SGB XI) oder *Pflegesachleistungen* (Grundpflege und hauswirtschaftliche Versorgung) in Höhe von bis zu 384/921/1 432 € mtl. (§ 36 SGB XI) sowie eine Urlaubsvertretung für die Pflegeperson bis zu vier Wochen im Wert bis zu 1 432 € pro Jahr gewährt (§ 39 SGB XI). In Härtefällen kann die Sachleistung bis zu 1 918 € betragen. Eine Kombination von Teilen der Geld- und der Sachleistungen ist möglich (§ 38 SGB XI). Zu den Sachleistungen gehört auch die Bereitstellung erforderlicher Pflegehilfsmittel (Pflegebetten, Rollstühle, Hebegeräte usw.).

Seit in Kraft treten des *Pflegeleistungs-Ergänzungsgesetz* am 01. Jan. 2002 haben Pflegebedürftige in häuslicher Pflege mit erheblichem allgemeinen Betreuungsbedarf[137] einen zusätzlichen Anspruch in Höhe von 460 € jährlich. Dieser Betrag ist zweckgebunden zur Entlastung der pflegenden Angehörigen einzusetzen.

Im Falle *vollstationärer Pflege* werden die pflegebedingten Aufwendungen bis 1 432 € (in Härtefällen bis zu 1 688 €) mtl. als Sachleistung erbracht (§ 43 SGB XI).

Die Leistungen können im Rahmen der Entwicklung der Einnahmen angepasst werden (§ 30 SGB XI). 2001 erhielten in Deutschland insgesamt 2,04 Mio. pflegebe-

---

[137] Zielpersonen dieser Regelung sind v.a. demenzkranke Versicherte, die Tag und Nacht von den pflegenden Angehörigen beaufsichtigt werden müssen.

dürftige Personen Leistungen aus der gesetzlichen Pflegeversicherung. Davon wurden 70 %, also 1,43 Mio. Personen häuslich und 30 %, also 604 000 Personen, stationär betreut (vgl. Tabelle 19).

Tabelle 19. Pflegebedürftige nach Leistung und Art der Unterbringung in Deutschland 2001

	Häusliche Pflege		Stationäre Pflege
	Ausschließlich durch Angehörige	Pflegedienste	
Zahl der Personen davon (in Prozent) in	1 000 000	435 000	604 000
Pflegestufe I	57,4	48,2	32,5
Pflegestufe II	33,6	38,4	44,5
Pflegestufe III	9,0	13,4	21,2

Quelle: Stat. BA, Pflegestatistik 2001, Bonn 2003

Als weitere wichtige Leistungen sind zu nennen: die unentgeltliche Teilnahme von Angehörigen und ehrenamtlichen Pflegepersonen an Pflegekursen (§ 45 SGB XI) sowie (nach § 44 SGB XI) die Einbeziehung der häuslichen Pflegekräfte in die Rentenversicherung unter Übernahme der nach der Stufe der Pflegebedürftigkeit gestaffelten Beiträge durch die Pflegeversicherung und die Einbeziehung in die gesetzliche Unfallversicherung. Bei Pflegestufe III und mindestens 28 Std. Pflegetätigkeit werden z.b. 2004 in Westdeutschland monatlich als Rentenversicherungsbeitrag 376,74 €, bei Pflegestufe I und mindestens 14 Std. Pflegetätigkeit 125,58 € gezahlt[138]. In der Arbeitslosenversicherung werden Hilfen vorgesehen, um die Rückkehr der pflegenden Personen in das Erwerbsleben nach Beendigung einer häuslichen Pflege zu erleichtern.

Um die Leistungsfähigkeit des Pflegesektors zu sichern, haben die Pflegekassen einen Sicherstellungsauftrag erhalten (§ 69 SGB XI), d.h. den Auftrag, durch Versorgungsverträge und Vergütungsvereinbarungen mit Pflegeheimen, Sozialstationen und ambulanten Pflegediensten die pflegerische Versorgung der Versicherten zu gewährleisten. Zur Pflege dürfen nur Einrichtungen zugelassen werden, die die Gewähr für eine leistungsfähige und wirtschaftliche Versorgung der Pflegebedürftigen bieten. Die Pflegeeinrichtungen haben gegen die zuständige Pflegekasse einen Anspruch auf eine leistungsgerechte Vergütung ihrer Leistungen. Die Kosten für Unterkunft und Verpflegung jedoch sind vom Pflegebedürftigen zu tragen.

Die Pflegeversicherung soll nur eine im Regelfall ausreichende Grundversorgung sichern. Sie ist daher offen für eine Ergänzung durch private Vorsorge. Zu dieser privaten Vorsorge wird durch einen Sonderausgabenabzug im Rahmen der Vorsorgeaufwendungen in Höhe von 184 € pro Person und Jahr für eine freiwillige Pflege-Zusatzversicherung angeregt (§ 10 Abs. 3 Nr. 3 EStG).

d) Organisation und Finanzierung

Die Pflegeversicherung ist eine eigenständige soziale Sicherungseinrichtung. Träger sind die Pflegekassen, die unter dem Dach der gesetzlichen Krankenkassen unter Ü-

---

[138] Dies entspricht in ersterem Fall der Fiktion monatlicher beitragspflichtiger Einnahmen in Höhe von 80 %, in letzterem Fall von 26,67 % der für 2004 gültigen Bezugsgröße (§ 166 Abs. 2 SGB VI).

bernahme der Verwaltungskosten durch die Pflegeversicherung geführt werden (§ 46 SGB XI).

Die Finanzierung erfolgt durch Beiträge, die zur Hälfte von Arbeitnehmern und Arbeitgebern aufgebracht werden. Die Höhe des Beitrages beträgt seit dem 01. Juli 1996 1,7 % des Arbeitseinkommens bis zu der für die GKV geltenden Beitragsbemessungsgrenze[139]. Der Beitragssatz wird durch den Gesetzgeber festgelegt.

Nicht erwerbstätige Ehegatten und Kinder sind beitragsfrei mitversichert. Vom Beitragssatz für die Rentner wurden bis zum 31. März 2004 50 % von der RV übernommen. Seit dem 01. April 2004 müssen Rentner den vollen Beitragssatz zur Pflegeversicherung zahlen. Den gesamten Beitrag für die Bezieher von Arbeitslosengeld, Eingliederungshilfe, Unterhaltsgeld und Altersübergangsgeld leistet die Bundesagentur für Arbeit, die Beiträge für Rehabilitanden der Rehabilitationsträger, für Behinderte in Einrichtungen der Träger der Einrichtung und für Empfänger sonstiger Sozialleistungen zum Lebensunterhalt der zuständige Leistungsträger.

Die Finanzierung der Pflegeversicherung durch ein Umlageverfahren war äußerst umstritten. Mehrere wissenschaftliche Beratungsgremien[140] sowie zahlreiche Wirtschaftswissenschaftler sprachen sich für ein Kapitaldeckungsverfahren aus (vgl. dazu S. 241). Demgegenüber wurde von den Befürwortern des Umlageverfahrens darauf verwiesen, dass bei Anwendung des Kapitaldeckungsverfahrens die Versicherten durch die Beiträge zum Aufbau des Deckungsstockes für die eigene Sicherung und durch Abgaben zur Versorgung der bereits Pflegebedürftigen doppelt belastet werden würden und dass das Kapitaldeckungsverfahren einer privaten Pflegeversicherung nicht - wie von den Befürwortern dieses Verfahrens behauptet - vor steigenden Beitragsbelastungen schützt. Tatsächlich ist der künftige Pflegebedarf, der für Jahrzehnte vorhergesehen werden müsste, nicht zuverlässig kalkulierbar. Dieser Unsicherheit kann das Umlageverfahren wegen seiner größeren Flexibilität besser Rechnung tragen als das Kapitaldeckungsverfahren. Auch das Argument, der Beitragssatz werde bei einem Umlageverfahren wegen der zu erwartenden Entwicklung der Bevölkerungsstruktur, d.h. wegen des zunehmenden Anteils älterer und pflegebedürftiger Menschen an der Bevölkerung in zweistellige Höhen steigen und das System sozialer Sicherung sprengen, ist fragwürdig. Denn abgesehen davon, dass ein steigender Pflegebedarf auch gedeckt werden müsste, wenn man eine Pflegeversicherung mit Kapitaldeckungsverfahren einführen würde, werden in der Pflegeversicherung - im Gegensatz zur Alterssicherung - die Finanzierungslasten nicht nur von den Erwerbstätigen getragen, sondern auch von den nicht pflegebedürftigen Altersrentenbezieher.

---

[139] Das BVerfG hat es im Urteil („Pflegeversicherungsurteil") vom 03. April 2001 mit der Verfassung für unvereinbar erklärt, dass Kinderlose in der Pflegeversicherung den gleichen Beitragssatz zu zahlen haben wie Kindererziehende. Als Begründung führt das BVerfG an, dass nach dem (Finanzierungs-)Prinzip der sozialen Pflegeversicherung pflegebedürftige Versicherte auf die Unterstützung der nachfolgenden Generation angewiesen seien. Insofern würden kinderlose Versicherte von der Erziehungsleistung der kindererziehenden Versicherten profitieren, ohne dafür einen Ausgleich leisten zu müssen. Aus diesem Grunde hat den Gesetzgeber verpflichtet, bis spätestens zum 1. Jan. 2005 kindererziehende Versicherte auf der Beitragsseite zu entlasten. Geplant ist, dass der Beitragssatz zur sozialen Pflegeversicherung von 1,7 % in Zukunft nur noch für Kindererziehende gelten soll. Kinderlose sollen einen darüber hinausgehenden, einkommensabhängigen Zusatzbeitrag von maximal 3 € leisten.

[140] So der Sachverständigenrat zur Begutachtung der gesamtwirtschaftlichen Entwicklung im Gutachten 1991/92, Z 357 ff., der Sachverständigenrat für die Konzertierte Aktion im Gesundheitswesen in seinem Gutachten 1990, S. 102 ff. und der Wissenschaftliche Beirat beim Bundesministerium für Finanzen in einer Stellungnahme vom Dez. 1990.

Im Rahmen einer Pflegeversicherung ist es auch nötig, für die Finanzierung der im Pflegebereich erforderlichen Investitionen zu sorgen. Das Gesetz sieht vor, dass die Finanzierung dieser Investitionen den Ländern obliegt. Für die in den neuen Bundesländern dringend erforderlichen Investitionen in den Pflegeheimen wurden aus Steuermitteln von Bund und Ländern in den Jahren 1995 bis 2003 6,4 Mrd. DM aus Einsparungen im Bereich der Kriegsopferversorgung und Kriegsopferfürsorge bereitgestellt.

Ende 2001 legte das BMG den zweiten der in dreijährigen Abständen dem Bundestag und dem Bundesrat zu erstattenden Berichte über die Pflegeversicherung vor. Er stellt u.a. fest, dass
- die gesetzlich vorgesehenen Leistungen von 1,9 Mio. pflegebedürftigen Personen beansprucht wurden,
- das Ziel der Stärkung der häuslichen Pflege erreicht wurde,
- durch die Pflegeversicherung die Sozialhilfe um 12 Mrd. DM jährlich entlastet wird und dementsprechend auch die Abhängigkeit Pflegebedürftiger von der Sozialhilfe spürbar reduziert wird und
- die Pflegeinfrastruktur massiv verbessert wurde.

Ende 2002 war die gesetzlich vorgesehene Rücklage mit 4,93 Mrd. € mehr als doppelt so hoch als vorgesehen. Die Versicherung steht also auf einem soliden finanziellen Fundament.

E. Die Wirkungen des Systems sozialer Sicherung

Das System sozialer Sicherung erzeugt vielfältige ökonomische, soziale, gesundheitliche und politische Wirkungen. Die Ableitung und Analyse dieser Wirkungen verdient im Rahmen einer Theorie der Sozialpolitik aus folgenden Gründen besondere Aufmerksamkeit:
1. Ein Teil dieser Wirkungen ist unzureichend erforscht. Das gilt vor allem für die Wirkungen sozialpolitischer Maßnahmen auf die Lebensformen und die sozialen Verhaltensweisen der Individuen,[141] aber auch für wirtschaftliche Effekte, wie z.B. die Wirkungen des Sozialleistungssystems auf die Struktur der Nachfrage nach Gütern und Leistungen, auf das Güter- und Dienstleistungsangebot und das wirtschaftliche Wachstum.
2. Die Unvollständigkeit unserer Kenntnisse über die Wirkungen der Sozialpolitik führt dazu, dass die Bewertung sozialpolitischer Maßnahmen und Entwicklungen unvollständig, d.h. möglicherweise auch unzutreffend ist. Dies gilt verstärkt dann, wenn an sich bekannte sozialpolitische Wirkungen in aktuelle, vorwiegend von „reinen" Ökonomen geführte Diskussionen über wirtschafts- und sozialpolitische Fragen entweder nicht eingehen, weil für viele Ökonomen Sozialpolitik eher als Kosten verursachende Politik sozialer Hilfen und sozialen Schutzes für weniger Leistungsfähige und Leistungswillige gilt denn als entwicklungsstabilisierende, gesellschaftsgestaltende Politik, oder deswegen nicht, weil die meisten Ökonomen

---

[141] Beispiele für solche Wirkungen sind der Einfluss der Alterssicherung bestimmter Art auf die intrafamiliale Solidarität und die Familiengröße, der Einfluss des Fehlens einer eigenständigen sozialen Sicherung der nicht erwerbstätigen, kindererziehenden Frau auf das generative und auf das Erwerbsverhalten und der Einfluss der Altenhilfepolitik auf das Verhalten der jüngeren gegenüber der älteren Generation.

den wirtschaftlichen und den Kostenaspekten Vorrang vor sozialen Zielen einräumen.[142] Daher soll in diesem Abschnitt anhand von Übersicht 10 ein Überblick über diese Wirkungen gegeben werden.[143]

1. Wirkungen auf die Lebenslage und die Lebensformen[144] der Individuen und der Privathaushalte

Die wichtigsten Wirkungen des Systems sozialer Sicherung treten als ökonomische, gesundheitliche und soziale Wirkungen bei den Privathaushalten auf.

Die Hauptwirkung der Geldleistungen besteht in der *Vermeidung von existentieller Unsicherheit* durch Verstetigung des Einkommensstromes und Abdeckung planwidriger Ausgaben auf der Grundlage intertemporaler und interpersoneller Einkommensumverteilung, wobei - je nach Zielsetzung - ein Lebensstandardminimum (Beispiel: Sozialhilfe) oder ein erreichtes Einkommensniveau absolut oder relativ (Beispiel: Alterssicherung) gesichert wird. Die dadurch geschaffene ökonomische Sicherheit setzt sich um in *Freiheit vor Angst, Not und Sorge*, vergrößert die *persönliche Freiheit* im Sinne der Möglichkeit, im Rahmen technischer, gesetzlicher und sittlicher Grenzen selbst gesteckte Ziele nach eigener Wahl zu verwirklichen,[145] und schafft die wirtschaftliche Voraussetzung für eine nicht durch ökonomische Restriktionen und Existenzangst behinderte *freie Entfaltung der Persönlichkeit*.

Durch die Zahlung von Sozialeinkommen im Falle der Krankheit, der Minderung der Erwerbsfähigkeit und der Arbeitslosigkeit tritt eine *Verringerung des Arbeitsangebotszwangs* und *der Arbeitsangebotsdringlichkeit* ein, durch die im Falle der Krankheit eine Wiederherstellung der Gesundheit und der Arbeitsfähigkeit erleichtert wird. Im Falle der Arbeitslosigkeit wird die Notwendigkeit zur Annahme der nächstbesten Arbeitsgelegenheit beseitigt sowie die Suche nach dem den Neigungen und Fähigkeiten des Arbeitsuchenden entsprechenden Arbeitsplatz möglich gemacht. Auch diese Verringerung der Angebotsdringlichkeit vergrößert die persönliche Freiheit, weil dadurch die Voraussetzung geschaffen wird, Alternativen zu suchen. Der Transfer von Sozialeinkommen kann auch - je nach den Nutzenschätzungen der Empfänger gegenüber Einkommen und Freizeit - zu einer Reduzierung des individuellen Arbeitsangebotes führen (vgl. dazu Liefmann-Keil 1961, S. 200 f.). Diese veränderte ökonomische Lebenssituation und ihre physischen wie auch psychischen Konsequenzen bewirken ebenso wie das Gesundheitssystem eine Verringerung der Gesundheitsgefährdung, eine Verbesserung des Gesundheitszustandes und führen zu einer Verringerung der Sterblichkeit und zu einer Erhöhung des Lebensalters.[146]

---

[142] Ergänzend sei hinzugefügt, dass umgekehrt für Sozialpolitiker die Gefahr besteht, Kosten der Sozialpolitik und negative wirtschaftliche Effekte unterzubewerten. Vgl. zur Bewertung der Sozialpolitik aus ökonomischer Perspektive auch Kleinhenz 1989.

[143] Vgl. zu den positiven und negativen Wirkungen der Sozialpolitik auch Havemann 1988.

[144] Dass die Sozialpolitik nicht nur die wirtschaftliche und die soziale Lage, sondern die *Lebensformen* im Sinne der Lebensführung, der Lebensgewohnheiten und auch der Lebensinhalte nachhaltig verändert hat, hat *Hans Achinger* 1979, insbes. S. 59 ff., anschaulich und überzeugend dargestellt.

[145] Vgl. zu dieser Definition der Freiheit Giersch 1960, S. 72 ff.

[146] Von 100 000 männlichen Lebendgeborenen erreichten in Deutschland (Stat. Jb. 1997, S. 76 und 2001, S. 74):

	1871/80	1932/34	1967/69	1993/95	1997/99
das 50. Lebensjahr	41 228	76 322	88 145	92 579	93 557
das 60. Lebensjahr	31 124	66 293	77 808	84 511	86 372
das 70. Lebensjahr	17 750	47 059	54 191	66 680	70 000

Die Alterssicherung beseitigt im Alter den Arbeitsangebotszwang völlig und ermöglicht die Verkürzung der Lebensarbeitszeit.

Eine Folgewirkung der Einkommens- und der Sachleistungseffekte des Sicherungssystems ist die *soziale Integration* wirtschaftlich schwacher Gruppen: Arbeit und Armut, eine seit dem Mittelalter geltende Koppelung (vgl. dazu Achinger 1979, S. 73) sind nicht länger ein Zwillingspaar, der Arbeiter ist daher nicht mehr länger der an der Peripherie der Gesellschaft Lebende, sondern gleichberechtigter Staatsbürger. Ökonomisch und sozial negative Wirkungen können durch eine nach subjektiven Einschätzungen zu hohe Belastung mit Sozialversicherungsbeiträgen ausgelöst werden, weil diese Einschätzung eine Arbeitsangebotsreduzierung zur partiellen Vermeidung solcher Belastungen, die Substitution legaler Arbeit durch schattenwirtschaftliche Aktivitäten, insbesondere Schwarzarbeit, und die Entstehung einer die Funktionsfähigkeit der Sicherungssysteme beeinträchtigende Anspruchsmentalität nach sich ziehen kann.

Sozialtransfers, wie z.B. steuerliche Entlastungen für Ehepaare und Familien mit Kindern, Kindergeldzahlungen, Ausbildungsbeihilfen für Jugendliche, staatliche oder sozialversicherungsrechtlich abgesicherte Altersruhegelder, Sach- und Dienstleistungen in Heimen für ältere Menschen, Hilfen für die häusliche Pflege kranker und alter Menschen und Wohngelder wirken auf die Familiengröße, die Familienformen und die Verhaltensweisen der Familienmitglieder ein, wie z.B. auf die Verweildauer Jugendlicher in den Familien, das Erwerbsverhalten der Frauen, die Ehestabilität, die Scheidungshäufigkeit, die Bereitschaft und die Fähigkeit zur häuslichen Pflege kranker und älterer Familienmitglieder (vgl. dazu Kaufmann 1995, S. 82 ff., Nave-Herz/ Markofka 1989). Allerdings sind diese Einflüsse wegen der Vielzahl einstellungs- und verhaltensprägender Determinanten schwer nachweisbar.

2. Einzelwirtschaftliche Wirkungen auf die Unternehmen

Die einzelwirtschaftlichen Wirkungen des Systems sozialer Sicherung auf die Unternehmen können hier nicht systematisch analysiert werden (vgl. dazu Liefmann-Keil 1961, S. 162 ff.).

Als Haupteffekt wird meist die Erhöhung der Produktionskosten durch die Belastung der Unternehmen mit Arbeitgeberbeiträgen genannt. Ein Anstieg der Sozialabgaben führt jedoch nur dann zu einer Erhöhung der Produktionskosten, wenn er nicht durch die Direktentgelte kompensiert wird. In diesem Fall muss die Belastung zu einer Erhöhung der Kosten des Faktors Arbeit führen und damit eine Preiserhöhung, einen Absatzrückgang und einen Beschäftigungsrückgang nach sich ziehen; mittelfristig ist auch mit einer Substitution durch den Faktor Kapital zu rechnen. In jedem Fall haben letztlich die Arbeitnehmer die Belastung durch Sozialabgaben zu tragen, sei es durch geringere Direktentgelte oder einen reduzierten Beschäftigungsgrad. Ökonomisch betrachtet liegt damit zwar die *Zahl*last, nicht aber die *Trag*last des Arbeitgeberbeitrags beim Unternehmen.

Belastungseffekte, die in Bezug auf die Wettbewerbsfähigkeit inländischer Unternehmen mit ausländischen Anbietern auf den Inlands- und auf den Auslandsmärkten sowie in Bezug auf die Wettbewerbssituation zwischen inländischen Groß- und Kleinunternehmen, zwischen kapitalintensiv und arbeitsintensiv produzierenden Unternehmen sicherlich nicht vernachlässigt werden dürfen, sind jedoch nur eine Seite der Medaille. Denn auf der anderen Seite bewirken die mit Sozialabgaben und öffent-

Übersicht 10. Die Wirkungen des Systems sozialer Sicherung

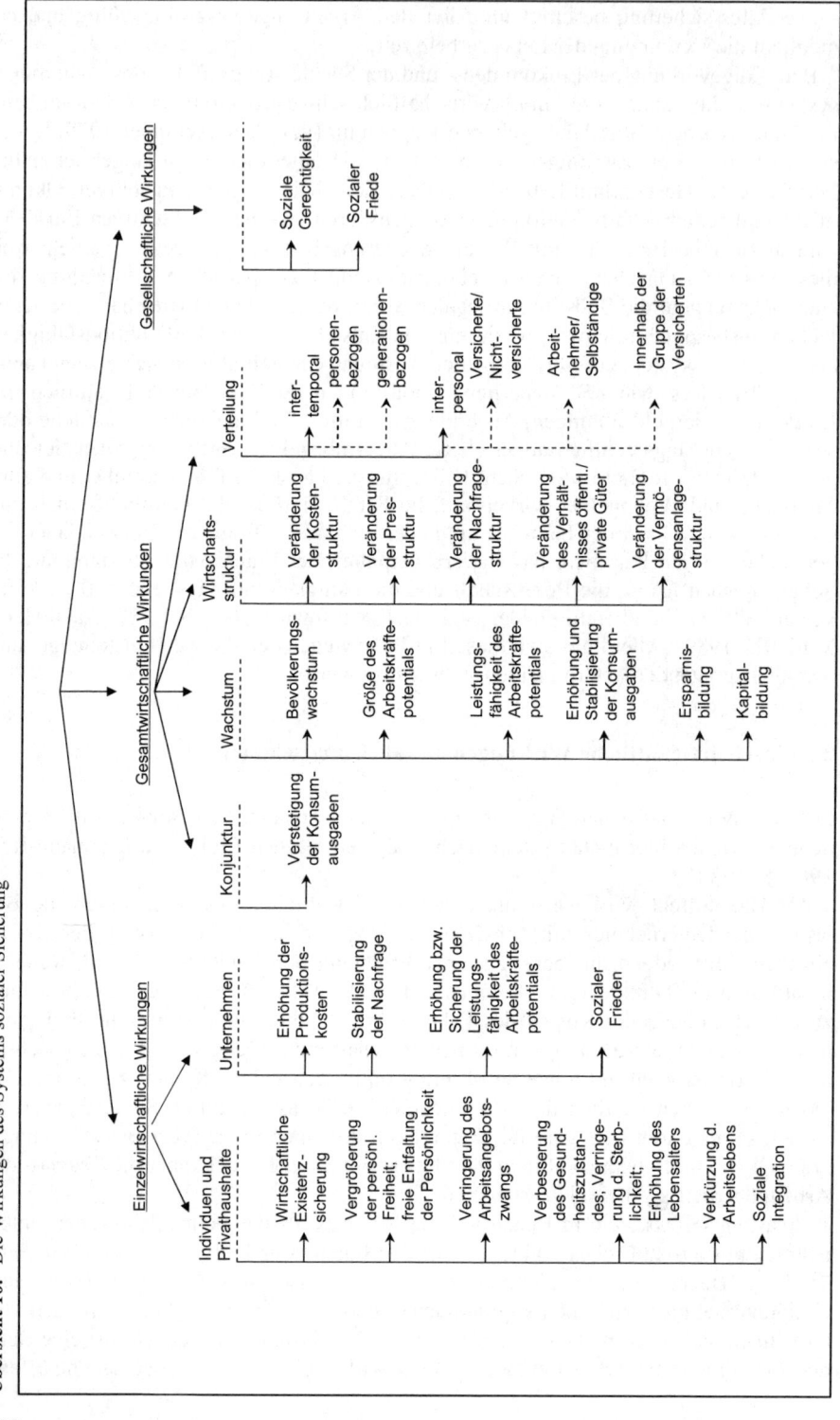

lichen Mitteln finanzierten Sozialleistungen:
1. eine Stabilisierung der Nachfrage und damit von Absatz und Beschäftigung;
2. ein leistungsfähiges Arbeitskräftepotenzial;
3. ein hohes Maß an sozialer Zufriedenheit und damit an sozialem Frieden innerhalb und außerhalb der Betriebe.

3. Gesamtwirtschaftliche Effekte

a) Kreislauf- und Konjunktureffekte

Dass das System sozialer Sicherung beachtliche Kreislauf- und Konjunktureffekte auslösen muss, wird durch einen Blick auf Tabelle 20 klar, die zeigt, wie sich die Sozialleistungsquote im Deutschen Reich bzw. in der Bundesrepublik entwickelt hat. Im Laufe des vergangenen Jahrhunderts ist die Sozialleistungsquote, definiert als der Anteil der Sozialtransfers und der Sachleistungen des Systems sozialer Sicherung am Sozialprodukt, von etwa 1 % in den Jahren 1871 bis 1874 auf rd. 33 % in der Gegenwart gestiegen. Mit 1 305 Mrd. DM hat das Sozialbudget im vereinigten Deutschland im Jahre 2000 ein Volumen erreicht, das größer war als das gesamte Bruttosozialprodukt der Bundesrepublik des Jahres 1978 (=1 289 Mrd. DM).

Diese Transfers aus bestimmten Sektoren der Wirtschaft in andere Sektoren und die Transfers innerhalb der Sektoren beeinflussen - wie einschlägige Untersuchungen zeigen[147] - Kreislauf und Konjunktur in doppelter Weise; erstens durch Abweichungen zwischen den Einnahmen und den Ausgaben des Sozialhaushalts, also durch Überschussbildung und Defizitfinanzierung, und zweitens durch die Änderungen in der Einkommensverwendung, die aus den Einkommensumverteilungseffekten dieser Transfers resultieren.

In dem Umfang, in dem das System sozialer Sicherung zu einer Umverteilung von Einkommen von den Beziehern höherer zu den Beziehern niedrigerer Einkommen führt, wird wegen der höheren durchschnittlichen und marginalen Konsumneigung der Bezieher niedriger Einkommen die gesamtwirtschaftliche Konsumquote erhöht und - wegen der zeitlichen Verstetigung der Haushaltseinkommen - die Entwicklung der Konsumausgaben im Konjunkturverlauf verstetigt. Da bei rezessiven konjunkturellen Tendenzen der Umfang der Sozialleistungen vor allem in der Alv und durch Maßnahmen der Arbeitsmarktausgleichspolitik steigt, wirkt das Sicherungssystem bei einer Leistungsfinanzierung durch staatliche Kreditaufnahme oder durch die Auflösung von Vermögen konjunkturstabilisierend. Mittelfristig pflegen die meisten Regierungen bei steigenden Sozialausgaben jedoch die Beitragssätze zu erhöhen, so dass bei anhaltender Rezession prozyklische Effekte auftreten. Die Kreislaufwirkungen des Systems hängen nicht nur davon ab, wie sich die Einnahmen und die Ausgaben der Sozialhaushalte in Abhängigkeit von konjunkturellen Veränderungen verhalten, sondern auch davon, wie die Leistungsempfänger und die Beitragszahler auf Änderungen im Konsum- und Sparverhalten reagieren.

---

[147] Vgl. dazu die Pionierarbeiten von Pfister 1936 und Hensen 1955, ferner S. Schultz 1969, D. Zöllner 1963, Liefmann-Keil 1961, S. 207 ff. und Henke/Zimmermann 1994, S. 331 ff.

b) Wachstumseffekte

Die Wirkungen des Systems sozialer Sicherung auf das Wirtschaftswachstum werden in jüngster Zeit verstärkt diskutiert, wobei jedoch überwiegend die Wirkungen auf die Sachkapitalbildung im Vordergrund stehen, während die Wirkungen auf die Humankapitalbildung noch kaum thematisiert wurden[148]. Die Humankapitaleffekte der sozialen Sicherung sind jedoch beachtlich. Denn die soziale Sicherung wirkt - insbes. mit ihren Einrichtungen zur Gesundheitsprophylaxe und zur Rehabilitation - auf die Gesundheit und damit auf die Leistungsfähigkeit sowie auf die Lebensdauer der Bevölkerung, also auch auf die Größe und Leistungsfähigkeit des Arbeitskräftepotenzials und d.h. auf eine bedeutende Bestimmungsgröße wirtschaftlichen Wachstums ein. Zusammen mit der Arbeitnehmerschutzpolitik ist die Politik der sozialen Sicherung gleichzeitig wachstumsfördernde Wirtschaftsgrundlagenpolitik par excellence (vgl. dazu insbes. Seraphim 1955, S. 288 ff.). Das System sozialer Sicherung wirkt auch über seinen Einfluss auf die Bevölkerungsentwicklung nach Größe und Struktur auf das Wirtschaftswachstum ein. Auch die durch das Sicherungssystem hervorgerufene langfristige Konsumstabilisierung dürfte über die Beeinflussung der Absatzerwartungen der Unternehmen wachstumsfördernde Effekte haben.

Wachstumsfördernd wirken die Sozialpolitik und vor allem das System der sozialen Sicherung auch durch die soziale Absicherung des bei Wachstum unvermeidlichen wirtschaftlichen und sozialen Strukturwandels. Dieser Strukturwandel ist mit Anpassungslasten - z.B. dem Konkurs von Unternehmen, der Entwertung von Sachkapital, der Entlassung von Arbeitskräften, finanziellen und sozialen Kosten der beruflichen und regionalen Mobilität - verbunden, die durch sozialpolitische Instrumente - z.B. durch Arbeitslosenunterstützung, Mobilitäts- und Berufsbildungsförderung sowie vorgezogene Altersruhegelder - gerechter verteilt und gleichsam akzeptabel gemacht werden. Dadurch werden Widerstände gegen den durch Wachstum verursachten Strukturwandel abgebaut.

Wachstumsgefährdungen könnten sich ergeben, wenn die mit einer Erhöhung der Sozialleistungsquote verbundenen Kostenbelastungen der Unternehmen zu größeren Beeinträchtigungen der Unternehmensgewinne führen, die auf die Investitionsquote zurückwirken.

Wachstumsrelevant ist schließlich auch der Einfluss des Systems sozialer Sicherung auf die private Sparquote und damit auf die Geldkapitalbildung wie auch auf die Sachkapitalbildung.

In einem Sicherungssystem, das - wie die deutsche RV in der Vergangenheit - mit einem Kapitaldeckungsverfahren arbeitet oder in dem zur Sicherung der Liquidität große Geldsummen bereitgehalten werden müssen, beeinflusst die Anlagepolitik der Sicherungseinrichtungen die Struktur der Kapitalanlagen, die Kapitalmärkte und die Geldmärkte.

So hat die RV von ihrer Gründung an das gebildete Vermögen als Darlehen für gemeinnützige Zwecke, insbes. für den Arbeiterwohnungsbau, für den Bau von Krankenhäusern, Gemeindepflegestationen, Volksbädern, Blindenheimen, Wasserleitungs- und Kanalisationsanlagen ausgelegt.

---

[148] Vgl. zu den Wachstumswirkungen S. Schultz 1969, Ellgering 1965 und Struwe 1989.

Tabelle 20. Die Sozialleistungsquote 1871 bis 2001

Jahr	Nettosozialprodukt zu Faktorkosten in Mio. Mark (jew. Preise)	Transferzahlungen in Mio. Mark[a]	Sozialleistungs- quote	Jahr	Bruttosozial- Produkt in Mio. DM bzw. €	Sozialleistungen[c] in Mio. DM bzw. €	Sozialleistungs- quote
(1)	(2)	(3)	(4)	(5)	(6)	(7)	(8)
1871/74	17 031	136	0,8	1950	98 600	16 754	17,1
1885/89	19 982	280	1,4	1955	180 500	29 498	16,3
1900/04	33 334	800	2,4	1960	303 000	63 730	21,1
1925/29	75 348	6 630	8,8	1965	458 200	103 260	22,5
1930/32	60 376	8 271	13,7	1970	675 700	169 230	25,1
	Bruttosozialprodukt in Mio Mark (jew. Preise)	Reinausgaben für öffentliche[b] Sozialleistungen in Mio Mark		1975	1 027 700	343 240	31,6
				1980	1 477 400	449 910	30,6
				1985	1 834 500	546 940	30,0
				1990	2 448 600	673 780	27,8
				1991	2 668 100	835 850	28,4
				1992[d]	3 170 694	946 570	30,0
1933	46 548	8 565	18,4	1994	3 380 515	1 040 280	30,6
1936	66 149	7 541	11,4	1996	3 570 720	1 149 470	32,1
1938	81 629	7 265	8,9	1998	3 746 236	1 187 010	31,5
				2000	3 952 439	1 264 510	31,8
				2001	4 020 776 = 2 055 790 €	1 303 450 = 666 443 €	32,2

a Die Transferzahlungen umfassen alle staatlichen Leistungen ohne Gegenleistung, also Pensionen der Beamten und der Soldaten, Ausgaben der Sozialversicherung, Kriegsopferleistungen, Ausgaben für die Förderung des Wohnungsbaues und Subventionen an die Wirtschaft. Als Sozialleistungsquote ist diese Quote, die ja auch Ausgaben für die Förderung des Wohnungsbaues und der Subventionen an die Wirtschaft enthält, im Vergleich zu den Sozialleistungsquoten ab 1933 überhöht.

b Ausgaben der Sozialversicherungszweige einschl. der Altershilfe für die Landwirte, Kindergeldzahlungen, Leistungen der Kriegsopferversorgung, Sozialhilfe und Lastenausgleich, aber ausschl. der Beamtenpensionen.

c Leistungen der Sozialversicherung, Sozialleistungen an Beamte, Kriegsopferleistungen, Lastenausgleich sowie Ausgaben für soziale Hilfen und soziale Dienste; ab 1975 in der Abgrenzung des Sozialbudgets (einschl. Ehegattensplitting).

d Werte für Gesamtdeutschland.

Quellen: 1871 bis 1932: Hohorst/Kocka/Ritter 1975, S. 148 f.; 1933 bis 1938: BMA (Hg.), Übersicht über die soziale Sicherung, 7. Aufl., Bonn 1967, S. 8, 1950 und 1955; ders. Sozialbericht 1971, S. 72 und S. 242 ff; ab 1960: BMA, Stat. Tb. 1950–1990 und 2003, versch. Tab. 1.1, 7.1 und 7.2.

Kontrovers wird vor allem der Einfluss des Systems sozialer Sicherung auf die private Ersparnisbildung diskutiert. Einerseits wird – insbes. unter Bezugnahme auf US-amerikanische Arbeiten – die These vertreten, die Zusicherung von Sozialleistungsansprüchen verdränge die private Vorsorge- und Sparbereitschaft. Weiterhin wird unterstellt, die Substitution privater Ersparnis durch die Akkumulation von Ansprüchen gegen die Sozialversicherung habe negative Effekte auf die Investitionstätigkeit, da im Umlageverfahren keine Kapitalbildung erfolgt (vgl. hierzu ausführlich Homburg, 1988). Diese These ist jedoch theoretisch wie empirisch fragwürdig. Denn zum einen kann gezeigt werden, dass die Sparneigung durch das Umlageverfahren unbeeinflusst bleibt, wenn die Wirtschaftssubjekte neben dem Vorsorgemotiv auch ein Vererbungsmotiv besitzen. Dafür spricht die Tatsache, dass die Rentnerhaushalte - entgegen den Aussagen der reinen Lebenszyklushypothese des Konsums - eine hohe Sparquote aufweisen. Zum anderen ist nicht sichergestellt, dass eine höhere Sparquote einen Anstieg der Investitionen in Sachkapital nach sich zieht. Schließlich können die für die Bundesrepublik Deutschland vorliegenden empirischen Untersuchungen die Vermutung eines ersparnismindernden Effekts der RV nicht bestätigen (Schmähl 1988c; vgl. auch Berthold / Külp 1987, S. 103 ff. und S. 144 ff.).

c) Struktureffekte

Strukturelle Effekte der Sozialleistungen ergeben sich erstens aus den durch die Sozialtransfers bewirkten Verwendungseffekten, zweitens aus den Sachleistungen und drittens aus der Anlagepolitik der Träger sozialer Sicherung.

Das Sozialleistungssystem wirkt sowohl indirekt als auch direkt auf die Struktur der Nachfrage nach Gütern ein. Die indirekten Effekte ergeben sich aus den durch die Abgabenbelastung der Unternehmen bewirkten Änderungen der Kosten- und damit der Preisstrukturen. Die direkten Effekte ergeben sich aus den durch die Sozialabgaben einerseits und die Sozialleistungen andererseits bewirkten Veränderungen der Höhe der Haushaltseinkommen. Wie das System sozialer Sicherung die Nachfragestruktur im Einzelnen beeinflusst, ist schwer zu sagen. Die Reaktionen auf steigende oder sinkende Abgabenlasten und auf steigende bzw. sinkende Sozialleistungen dürften sich je nach der Höhe des Haushaltseinkommens und des Haushaltsvermögens, der Schichtzugehörigkeit und individuellen Präferenzen unterscheiden und lassen sich nur empirisch feststellen.

Deutlicher als die Nachfragestruktureffekte der Geldleistungen sind die Struktureffekte der Sachleistungen zu sehen. In dem Maße, in dem die Mitglieder des Sicherungssystems Sachleistungen in Anspruch nehmen können, werden Ressourcen beansprucht und die Struktur der Gesamtnachfrage beeinflusst. Ein zum Sozialproduktwachstum überproportionales Wachstum der Nachfrage nach ärztlichen Leistungen, nach Medikamenten, nach gesundheitswirksamen Dienstleistungen z.B. verschiebt die Nachfragestruktur zugunsten dieser Leistungen und Güter und erzwingt über steigende Abgabenbelastungen ein entsprechend geringeres Wachstum der Nachfrage nach anderen Gütern, und zwar sowohl nach Gütern des privaten Konsums als auch nach Gütern, die durch öffentliche Haushalte bereitgestellt werden - es sei denn, dass ein relativer Rückgang des Angebotes an öffentlichen Gütern durch eine steigende Staatsquote vermieden werden kann.

d) Umverteilungseffekte[149]

Im Zusammenhang mit den Verteilungseffekten des Systems sozialer Sicherung unterscheidet man zweckmäßigerweise zwischen
1. *inter*temporaler Umverteilung, und zwar
   a) personen- bzw. haushaltsbezogen,
   b) generationenbezogen;
2. *intra*temporaler Umverteilung, und zwar
   a) zwischen Haushalten unterschiedlich hoher Einkommen,
   b) zwischen Trägern unterschiedlich hoher Risiken und
   c) zwischen Haushalten unterschiedlicher Größe.

Ein unrealistischer Grenzfall ist die rein intertemporale Einkommensumverteilung, bei der das Lebenseinkommen einer Person oder eines Haushalts weder vergrößert noch verkleinert, sondern nur in der Zeit umgeschichtet wird: von Zeiten der Erwerbstätigkeit in Zeiten der Krankheit, der Arbeitslosigkeit oder des Alters. In der Regel ist die intertemporale Umverteilung mit interpersoneller Umverteilung verbunden: der Leistungsempfänger kann - je nach der Betroffenheit durch Risiken und seiner Position in der Einkommenshierarchie - im Zusammenhang mit der intertemporalen Einkommensumschichtung mehr oder weniger erhalten als dem versicherungsäquivalenten Wert seiner Beitragsleistungen entspricht (z.B. in der Alv). Wenn eine solche Umverteilung nicht innerhalb einer bestimmten Generation, z.B. den Angehörigen des gleichen Geburtsjahrgangs, erfolgt, sondern zwischen verschiedenen Kohorten, ist die interpersonelle Umverteilung gleichzeitig eine Umverteilung zwischen Generationen (wie z.B. in der RV).

Umverteilungen zwischen den Generationen ergeben sich erstens, wenn eine bestimmte Generation verhältnismäßig mehr oder weniger an Sozialtransfers empfängt als ihren Barwert der Leistungen entspricht und zweitens, wenn die langfristige, von künftigen Generationen zu tilgende Staatsverschuldung – insbes. für nicht investive Zwecke - steigt.[150] Eine Umverteilung zwischen den Generationen im erstgenannten Sinn erfolgte durch die Einführung der dynamischen Rente 1957 in Verbindung mit den jährlichen Anpassungen der Bestandsrenten an die Einkommensentwicklung. Eine Umverteilung auf Kosten einer Generation wird eintreten, wenn wegen der Entwicklung der Rentnerquote in Zukunft Rentnergenerationen, die durch ihre Beiträge die Renten in der Vergangenheit finanziert haben, schlechter gestellt werden müssen als die Rentnergenerationen unmittelbar vor ihnen.

Horizontale Umverteilungswirkungen ergeben sich im System sozialer Sicherung, da hier die Beiträge nicht wie in der Privatversicherung nach standardisierten Risikomerkmalen wie Alter, Geschlecht, Vorerkrankungen u.ä. differieren, und da dieses System bestimmte familienpolitische Elemente wie bspw. die beitragsfreie Mitversicherung nichterwerbstätiger Familienmitglieder beinhaltet.

Vertikale Umverteilungseffekte ergeben sich bei beitragsfinanzierten Leistungen durch die bis zur Beitragsbemessungsgrenze einkommensabhängigen Beitragszahlungen, sofern hieraus entweder Sachleistungen begründet werden oder ein Anspruch auf

---

[149] Vgl. dazu auch Hanusch 1976, Schmähl 1977a, M. Schneider 1979, Transfer-Enquête-Kommission 1979 und 1981, Hauser/Engel 1985, Ruppe 1985, Ifo-Institut 1988, Bohnet 1994, Henke/Behrens 1989.
[150] Vgl. dazu O. Gandenberger, Staatsverschuldung und Gerechtigkeit zwischen Generationen, in: Rauscher (Hg.), 1995, S. 63 ff.

Geldleistungen besteht, die nicht beitragsäquivalent sind (bspw. die Rente nach Mindesteinkommen oder die Anrechnung beitragsfreier Zeiten in der RV).

Die personellen Umverteilungseffekte des Systems sozialer Sicherung sind komplex und empirisch nur unzureichend nachweisbar. Bereits die 1977 eingesetzte Transfer-Enquête-Kommission (vgl. dazu Transfer-Enquête-Kommission 1979 und 1981), die den Auftrag hatte, „alle Transfereffekte zwischen dem Sektor Staat (Gebietskörperschaften und Sozialversicherungen) und dem Sektor Private Haushalte darzustellen und die Auswirkungen auf das verfügbare Einkommen der privaten Haushalte zu ermitteln", kam u.a. zu folgenden Ergebnissen:

1. Die statistischen Informationen reichen für eine befriedigende Analyse des Transfer-Systems nicht aus (1981, S. 15).
2. Fundierte Aussagen über die Effizienz des Transfer-Systems sind beim heutigen Stand unseres Wissens nur eingeschränkt möglich (S. 16).
3. Insbes. eine zuverlässige Ermittlung der Realtransfers (z.B. Gesundheitsleistungen, Bildungsangebote) ist derzeit nicht möglich (S. 15).
4. Für den Bereich der Alterssicherung ist eine wirksame Umverteilung zwischen den Generationen feststellbar (S. 13).
5. Da sich das Gewicht der Finanzierung der Leistungen auf die direkten Steuern und die Sozialbeiträge verlagert hat, wurden die Arbeitnehmerhaushalte im unteren Einkommensbereich entlastet, im oberen jedoch stärker belastet (S. 15).

Die Umverteilungswirkungen eines Systems sozialer Sicherung hängen v.a. von der Art seiner Finanzierung und der Ausgestaltung der Belastung ab. Eindeutig feststellbar ist die Finanzierungsbelastung nur für private Haushalte, die durch direkte Steuern und Sozialbeiträge belastet sind. Die Zahler sind hier mit den Belasteten identisch. Dabei belasten die Sozialbeiträge wegen ihrer proportionalen Ausgestaltung die Bezieher niedriger Einkommen relativ stärker. Anders sieht es bei den Arbeitgeberbeiträgen zur Sozialversicherung und bei den indirekten Steuern aus. Die Arbeitgeberbeiträge sind als Kosten des Faktors Arbeit ökonomisch von den Arbeitnehmern zu tragen; Zahler und Belastete sind also nicht identisch. Dies gilt auch für die indirekten Steuern, die von den Produktkäufern getragen werden müssen. Auch ein Teil der direkten Steuern ist überwälzbar (vgl. Zimmermann/Henke 1994, S. 200 ff.), so dass die Umverteilungswirkungen solcher Sicherungssysteme besonders schwer zu ermitteln sind, die mit Staatszuschüssen finanziert werden. Die tatsächlichen Umverteilungsprozesse sind nicht nur wegen der hohen Anteile der Bundeszuschüsse und der Arbeitgeberanteile an den Gesamtausgaben des Systems sozialer Sicherung schwer zu ermitteln, sondern auch wegen fehlender Informationen über die Höhe der Sozialeinkommen verschiedener Arbeitnehmergruppen, die sich aus wenigstens 47 Arten von Sozialleistungen zusammensetzen, die wiederum bei einzelnen Haushalten in Zwei- und Mehrfachkombinationen auftreten können.[151]

Die Intransparenz der Verteilungsabläufe im System sozialer Sicherung und die regressive Wirkung einiger sozialpolitischer Instrumente wird teilweise als Beleg für die verteilungspolitische Ineffizienz des Sozialstaats genommen, der die Einkommen nicht von „reich" zu „arm", sondern nur von der „linken Tasche" in die „rechte Tasche" der Versicherten umverteile (vgl. z.B. Vaubel 1989). Diese Kritik übersieht

---

[151] Von den von der Sozial-Enquête-Kommission erfassten 46 Arten sozialer Geldleistungen in der BRD (vgl. dazu Achinger u.a. 1955, Anlagenband), aus denen sich bei einem Zweifachbezug dieser sozialen Leistungen 1035 Kombinationsmöglichkeiten ergeben, wurden in 465 Fällen die Leistungen stets nebeneinander gewährt. Vgl. auch Transfer-Enquête-Kommission 1981, S. 106 ff.

zum einen, dass der Sozialstaat nicht nur vertikale Umverteilungsziele verfolgt, sondern auch nach soziodemographischen Merkmalen (Alter, Geschlecht, Familienstand) umverteilt. Zum anderen weisen empirische Untersuchungen spürbare Umverteilungseffekte der staatlichen Sozialpolitik aus. Das Deutsche Institut für Wirtschaftsforschung (DIW) ermittelt seit längerem die Entwicklung der Einkommensverteilung auf der Grundlage des sozioökonomischen Panels; die wesentlichen Ergebnisse finden sich in den Tabellen 21 und 22. In diesen Tabellen wird nicht nur das durchschnittliche Einkommen nach der sozialen Stellung der Bezugsperson, sondern auch die Dispersion der Einkommen ausgewiesen. Indikatoren der personellen Einkommensverteilung sind der Gini-Koeffizient (G), die mittlere logarithmische Abweichung (MLD) und den Theil-Index (T).[152] Der Gini-Koeffizient lässt sich sehr anschaulich interpretieren, da er auf das Intervall zwischen Null (vollkommene Gleichverteilung) und Eins (vollkommene Ungleichverteilung) normiert ist. Allerdings reagiert er auf Änderungen an den oberen und unteren Rändern der Verteilung wenig sensitiv. Demgegenüber reagieren der Theil-Index und vor allem die mittlere logarithmische Abweichung sehr sensitiv auf Änderungen im unteren Bereich der Einkommensverteilung, sind aber in ihrem Wertebereich nicht eingeschränkt. zeigt, dass die Einkommensungleichheit in den letzten Jahren sowohl in den alten wie in den neuen Ländern etwas größer geworden ist. Nach wie vor ist die Verteilung der verfügbaren Einkommen deutlich gleichmäßiger als die der Markteinkommen (vgl. Tabelle 22). Auch Hauser (1999) und Schwarze (1999) ermitteln für das deutsche Sozialsystem deutlich armutsvermeidende Effekte.

4. Gesellschaftliche Wirkungen

Ein Teil der skizzierten ökonomischen Effekte des Sicherungssystems hat sich in gesellschaftliche Wirkungen umgesetzt. Die Integration der Arbeitnehmerschaft in die Gesellschaft wurde bereits erwähnt. Die Veränderung der Position der Arbeitnehmer im Sinne einer gleicheren Verteilung von Lebenslagen - d.h. einer gleichmäßigeren Verteilung von persönlichen und beruflichen Entfaltungsmöglichkeiten, persönlicher Freiheit, persönlicher Sicherheit, politischen Rechten, Möglichkeiten der Teilnahme am gesellschaftlichen Leben und gestiegener gesellschaftlicher Achtung – hat sicherlich zur *sozialen Befriedung* der Gesellschaft beigetragen. Die durch das System bewirkte Umverteilung hat das Ausmaß an sozialer Gerechtigkeit im Sinne gleichmäßigerer Verteilung der Einkommen erhöht, anders ausgedrückt, die Möglichkeiten der persönlichen Entfaltung gleichmäßiger verteilt. Die zentrale gesellschaftsgestaltende Wirkung neuzeitlicher staatlicher Sozialpolitik bestand darin, die nach der französischen Revolution in die Verfassungen der kontinentaleuropäischen Staaten aufgenommenen freiheitlichen und sozialen Rechtsnormen aus der Welt der geschriebenen Verfassung, aus formalen Rechten, in einem Jahrzehnte dauernden, aus vielen Einzelschritten bestehenden Prozess in Lebenswirklichkeit umgesetzt zu haben (vgl. Lampert 1989a).

---

[152] $G = \left[\frac{1}{2n^2\mu}\right]\sum_{i=1}^{n}\sum_{j=1}^{n}|y_i - y_j|$; $MLD = \left(\frac{1}{n}\right)\sum_{i=1}^{n}\log\left(\frac{\mu_i}{y_i}\right)$; $T = \left(\frac{1}{n}\right)\sum_{i=1}^{n}\left(\frac{y_i}{\mu}\right)\log\left(\frac{y_i}{\mu}\right)$;

G = Gini-Koeffizient, MLD = mittlere logarithmische Abweichung, T = Theil-Index, y = Einkommen, n = Anzahl der Beobachtungen, □ =Mittelwert der Einkommen; vgl. Shorrocks 1980.

Tabelle 21. Einkommensverteilung nach sozialen Haushaltsgruppen 1991 bis 1997 in DM

	Durchschnittlich verfügbares Einkommen							
	je Haushalt				je Haushaltsmitglied			
	1991		1997		1991		1997	
	Absolut	Index	Absolut	Index	Absolut	Index	Absolut	Index
Alle HH	4 330	100	5 140	100	1 920	100	2 350	100
Selbständige	12 140	280	14 820	288	4 190	218	5 410	230
Angestellte	4 850	112	5 720	111	2 000	104	2 470	105
Beamte	6 110	141	7 140	139	2 230	116	2 700	115
Arbeiter	4 020	93	4 690	91	1 440	75	1 710	73
Arbeitslose	2 640	61	3 050	59	1 120	58	1 306	56
Rentner	2 880	67	3 690	72	1 780	93	2 250	96
Pensionäre	4 510	104	5 890	115	2 760	144	3 560	152
Sozialhilfe-empfänger	1 940	45	2 430	47	860	45	1 010	43

Quelle: DIW-Wochenbericht Nr. 03 / 1999.

Tabelle 22. Markteinkommen und verfügbare Einkommen sowie deren Dispersion in Deutschland 1991 bis 1997 (äquivalenzgewichtet in DM)

		Markteinkommen			Verfügbares Einkommen		
		Deutsch-land	West	Ost	Deutsch-land	West	Ost
Absolutwerte	1991	35 594	38 258	24 665	32 203	34 202	23 998
	1997	41 311	43 389	32 320	37 459	38 534	32 808
Gini	1991	0,4363	0,4162	0,4013	0,2975	0,2783	0,2243
	1997	0,4565	0,4480	0,4787	0,2821	0,2869	0,2351
MLD	1991	0,8808	0,8541	0,8231	0,1539	0,1383	0,0865
	1997	1,0317	0,9940	1,1494	0,1474	0,1534	0,1042
Theil	1991	0,3453	0,3192	0,3022	0,1486	0,1320	0,0825
	1997	0,3801	0,3657	0,4120	0,1388	0,1433	0,0947

Quelle: DIW-Wochenbericht Nr. 19 / 2000.

F. Entwicklungstendenzen

Im Anschluss an den geschichtlichen Teil der Arbeit wurden bereits eine Reihe von Entwicklungstendenzen angesprochen (vgl. dazu S. 124 ff.): die Tendenz der Erweiterung des sozialpolitischen Schutzes nach Art, Umfang und geschütztem Personenkreis, die Tendenz der Verrechtlichung sozialer Leistungen und die Tendenz der Egalisierung.

Mit der sachlichen, finanziellen und personellen Expansion des Sicherungssystems ist die nach Meinung vieler Sozialpolitiker unausweichliche und wesentliche Tendenz angesprochen: Die Entwicklung zur Volksversicherung, die von *Gerhard Albrecht* (1955, S. 173 f.), *Viola v. Bethusy-Huc* (1976, S. 235), *Gerhard W. Brück* (1981, S. 191 f.), *Elisabeth Liefmann-Keil* (1961, S. 134), *Ludwig Preller* (1970, 2. Halbbd., S. 328), *Walter Weddigen* (1957, S. 171 ff.), *Detlef Zöllner* (1963, S. 73 ff.) u.a. konstatiert wird. Neben der Tatsache, dass der Kreis der Versicherungspflichtigen zur Deckung des durch Leistungsverbesserungen gestiegenen Finanzbedarfs immer wieder erweitert wurde, sind die entscheidenden Ursachen für diese Entwicklung darin zu sehen, dass - wie die Erfahrung gelehrt hat - selbst hohe Einkommen und Vermögen wegen ökonomischer Instabilitäten und Strukturwandlungen wie auch wegen politischer Instabilitäten eine individuelle oder privatversicherungsrechtliche Absicherung als ausschlaggebende Sicherungsbasis fragwürdig werden lassen, und dass die Politik der sozialen Sicherung sich nicht mehr daran orientiert und orientieren kann, ob die Versicherten „sozial bedürftig" sind, sondern ob in der Bevölkerung ein Sicherungsbedürfnis vorliegt. Die beschriebene Tendenz ist international zu beobachten, sie zeigt sich in Großbritannien, Schweden, Israel, Dänemark, Finnland, Australien und in Kanada (Savelsberg 1956, S. 608 ff., Alber 1987, G. A. Ritter 1991).

Mit der Entwicklung zu der nahezu alle Erwerbstätigen bzw. die Gesamtbevölkerung umfassenden sozialen Versicherung ist eine Ergänzung des Versicherungsprinzips durch das Versorgungsprinzip verbunden. Diese Entwicklung ist insofern konsequent, als in Deutschland dem System der Sozialversicherung im Laufe der Zeit mehr und mehr nicht versicherungsspezifische, sondern gesellschaftspolitische Aufgaben aufgebürdet wurden: Der GKV z.B. die Zahlung von Mutterschaftsgeld, die beitragsfreie Mitversicherung der Ehefrau und der Kinder, die eigentlich Aufgabe eines Familienlastenausgleiches ist, und die allgemein gesundheitspolitische Aufgabe der Vorsorgeuntersuchungen; die Rentenversicherung wurde mit den wirtschaftsgrundlagenpolitisch bedeutsamen Rehabilitationsleistungen belastet, mit der Finanzierung der Renten nach Mindesteinkommen und mit der Abdeckung beitragsloser, aber rentensteigernder Anrechnungs- und Ersatzzeiten.

Von den bereits an anderer Stelle (S. 124 ff.) angesprochenen Tendenzen seien hier noch einmal erwähnt: die Verstärkung prophylaktischer Maßnahmen, die Dynamisierung der Mehrzahl der Geldleistungen und Angleichungstendenzen im Leistungsbereich.[153]

---

[153] Hingewiesen sei auf die Gleichstellung der Arbeiter und der Angestellten im Krankheitsfall, auf die Gleichstellung der Witwen in der Arbeiterrentenversicherung und in der Angestelltenrentenversicherung, die Vereinheitlichung des Familienlastenausgleiches sowie die Abstimmung der Leistungsvor-

G. Hauptprobleme und Reformbedarf

Im Zusammenhang mit der GKV und den Rentenversicherungen wurden zentrale Probleme des Sicherungssystems bereits angesprochen (S. 253 ff. und S. 281 ff.). In diesem Abschnitt soll ein Überblick über jene Hauptprobleme gegeben werden, die das Gesamtsystem der sozialen Sicherung betreffen und mit Vorrang gelöst werden sollten.[154] Die Existenz dieser Probleme dürfte nach der Lektüre der vorhergehenden Abschnitte leicht einzusehen sein.

Ein Hauptproblem - vor allem aus der Sicht der Betroffenen, nämlich der anspruchsberechtigten Mitglieder des Systems - besteht in der fehlenden Transparenz über die Sozialleistungsarten und über die Zuständigkeiten der Einrichtungen der sozialen Sicherung. Die Zahl der relevanten Gesetzesvorschriften und der einschlägigen Gesetze des Sozialleistungssystems sind so zahlreich, „dass der Normalbürger kaum in der Lage sein dürfte, es auch nur annähernd zu übersehen und seine versicherungsmäßig oder anderweitig erworbenen Rechte abzuschätzen".[155] Angesichts der Bedeutung sozialer Leistungen für die Lebensbedingungen, die Lebensführung und die Lebensplanung ist dies ein gravierender Mangel.

Eng verbunden mit der Unübersichtlichkeit des Leistungsrechtes ist die Problematik, die sich aus der Trägervielfalt ergibt. Durch die Vielzahl möglicher zuständiger Träger und möglicher Kompetenzüberschneidungen[156] wird nicht nur die Unübersichtlichkeit des Systems für die Versicherten erhöht. Vielmehr wird auch die Stellung der Sachverständigen der praktischen Sozialpolitik im Willensbildungsprozess gestärkt: „Die Tatsache, dass nur relativ wenig Fachleute die bestehenden Zusammenhänge zwischen verschiedenen Leistungs- und Subventionsarten zu ein- und demselben Zweck wirklich übersehen, hat den beträchtlichen Nachteil, dass eine objektive Meinungsbildung innerhalb der Gremien, die sich mit der Gestaltung dieser Rechtsgebiete zu befassen haben, außerordentlich schwer, wenn nicht unmöglich ist" (v. Bethusy-Huc 1976, S. 249).

Die Trägervielfalt ist eine Konsequenz des in der Bundesrepublik noch dominierenden Kausalprinzips, das zu einer Ungleichbehandlung gleicher oder ähnlicher Tatbestände in Bezug auf die Leistungsvoraussetzungen, die Berechnungsverfahren und die Höhe der Leistungen führt.[157]

---

aussetzungen, der Berechnungsbestimmungen und der Anrechnungsbestimmungen für die Mehrzahl der Sozialversicherungszweige.

[154] Dabei stützen wir uns im Besonderen auf die einschlägige, umfassende Arbeit von *Viola v. Bethusy-Huc* 1976, die nach wie vor aktuell ist. Vgl. auch die in vielem übereinstimmenden Feststellungen von *Dieter Schäfer* 1972 und seine Reformvorschläge.

[155] Ebenda, S. 293.

[156] Im Falle des Eintritts vorzeitiger Erwerbsbehinderung durch Unfall sind zuständig: die Krankenversicherung, die von der 7. Woche an Krankengeld oder Hausgeld gewährt; die Rentenversicherung, die für Heilkuren zuständig ist; die gesetzliche Unfallversicherung, die den Schaden endgültig reguliert; die Bundesanstalt für Arbeit, die die berufliche Rehabilitation übernimmt, und die Kriegsopferversorgung schließlich, falls der Arbeitnehmer kriegsversehrt ist.

[157] Die Witwenrenten in der Kriegsopferversorgung unterscheiden sich von den Witwenrenten in den Rentenversicherungen; ein Armamputierter erhält unterschiedliche Leistungen, je nachdem, ob er den Arm durch Kriegseinwirkung (Entschädigung nach dem Bundesversorgungsgesetz), durch Unfall (Entschädigung durch die Unfallversicherung) oder durch Krankheit (Regulierung durch die Rentenversicherung) verloren hat.

Noch stärker fällt jedoch ins Gewicht, dass das Sozialleistungssystem der Bundesrepublik nach wie vor „schichten"-orientiert ist. Die Schichtenorientierung zeigt sich darin, dass das System in der Altersversorgung, in der Invaliditätsversorgung und in der Krankenversicherung sowohl auf der Beitragsseite als auch insbes. auf der Leistungsseite zwischen Beamten, Angestellten, Arbeitern in der gewerblichen Wirtschaft und Bergarbeitern, Handwerkern, Landwirten und anderen Selbständigen differenziert, während die Aufgaben sozialer Sicherung nicht mehr schichtenspezifisch, nicht einmal mehr arbeitnehmergebunden sind.

Als weiteres Problem wird die prinzipielle Gebundenheit von Sozialleistungsansprüchen an die Zahlung von Beiträgen aufgrund eines Arbeitsverhältnisses angesehen. In dieser „Verklammerung von Beschäftigungssystemen und sozialer Sicherung", der sog. „lohnarbeitszentrierten Sozialpolitik", wird ein Konstruktionsmangel des Systems sozialer Sicherung gesehen, der zur Ausgrenzung wirtschaftlich und sozial Schwacher, zur Benachteiligung der nicht erwerbstätigen Frauen, der nicht oder nur begrenzt Arbeitsfähigen und derjenigen führe, die bei Unterbeschäftigung keine Arbeit finden (vgl. dazu Heinze/Hombach/Scherf 1987 und Vobruba 1990). Diese Kritik wurde in jüngster Zeit durch die These von der „Erosion des Normalarbeitsverhältnisses" verstärkt. Darunter versteht man die Verdrängung der kontinuierlichen, abhängigen Vollzeitbeschäftigung durch neue Beschäftigungsformen, die durch Diskontinuitäten im Erwerbsverlauf, einen Wechsel zwischen Vollzeit- und Teilzeitbeschäftigung und zwischen selbständiger und abhängiger Beschäftigung gekennzeichnet sind (vgl. Kommission für Zukunftsfragen der Freistaaten Bayern und Sachsen, 1998).

Tatsächlich kann die prinzipielle Bindung sozialer Sicherung i.e.S. an ein Beschäftigungsverhältnis und an die Höhe des Arbeitseinkommens die Lebenslage bestimmter Personengruppen beeinträchtigen und bestimmte Gruppen aus der Sozialversicherung ausgrenzen (nicht oder nur begrenzt Erwerbstätige, Behinderte, chronisch Kranke, Leistungsschwache, Langzeitarbeitslose). Allerdings ist eine „Erosion des Normalarbeitsverhältnisses" empirisch nicht feststellbar; erkennbar ist lediglich eine trendmäßige Zunahme der Teilzeitbeschäftigung bei (annähernder) Konstanz der Vollzeitarbeitsplätze. Weiterhin ist zu berücksichtigen, dass nicht generell von einer „lohnarbeitszentrierten Sozialpolitik" (Vobruba 1990) die Rede sein kann: so sind bestimmte Maßnahmen der Sozialpolitik wie die Leistungen im Rahmen der Familienpolitik, der Wohnungspolitik, der Sozialhilfe, ein beachtlicher Teil der Leistungen der UV, der GKV, der Vermögenspolitik, eine Reihe von Leistungen der RV und der Alv nicht an ein Beschäftigungsverhältnis gebunden. Beachtung verdient auch, dass der Gesetzgeber in den letzten Jahren jedenfalls zum Teil auf die Unterversorgung bestimmter Gruppen, z.B. von Frauen, bereits reagiert hat.

Die im Zusammenhang mit der Orientierung bestimmter Sozialversicherungsleistungen am Arbeitsverhältnis auftretenden Probleme (u.a. eine Unterversorgung im Alter, eine unzureichende soziale Sicherung nicht oder nur eingeschränkt tätiger Frauen und die Verarmung von Langzeitarbeitlosen) bedürfen ohne Zweifel einer Lösung, nicht notwendig jedoch durch Reformen der Konstruktionsprinzipien der Sozialversicherung, sondern durch Verbesserungen des Systems (z.B. Abmilderung des Äquivalenz- und Verstärkung des Solidaritätsprinzips) und Ergänzungen der Sozialversicherung durch ein leistungsfähiges und auf sicheren finanziellen Grundlagen stehendes System sozialer Mindestsicherung (vgl. dazu S. 322).

Ein weiterer Kritikpunkt betrifft schließlich den Aufgabenkatalog der Sozialversicherung. In diesem Zusammenhang wird kritisiert, dass die Sozialversicherung nicht nur eine risikoabsichernde Funktion wahrnimmt, sondern auch vielfältige verteilungs- und familienpolitische Leistungen erbringt, die sachadäquat über das Steuer-Transfersystem zu regeln wären (vgl. z.B. Sachverständigenrat 2000). Eine vollständige Auslagerung aller verteilungs- und familienpolitischen Leistungen aus dem Katalog der Sozialversicherung würde jedoch bedeuten, die Sozialversicherung – ebenso wie eine Privatversicherung – nach dem Prinzip der Individualäquivalenz umzugestalten; die Sozialversicherung verlöre damit ihren spezifisch sozialpolitischen Charakter. Außerdem ist zu berücksichtigen, dass in diesem Fall verteilungs- und familienpolitische Leistungen aus dem Bereich der Sozialordnung ausgegliedert und der Kasuistik des Gesetzgebers unterworfen werden.[158]

Literatur

1. Monographien und Aufsätze

a) Allgemein, zu mehreren Elementen der Sozialversicherung

Albers 1982a - Andel 1998 (insbes. Teil III) - Berthold/Külp 1987 - v. Bethusy-Huc 1976 - Bohnet 1994 - Brück 1981 - BMGS 2003- Farny 1977 – Frerich 1996 – Gitter/Schmitt 2001 - Kleinhenz 1981a und 1981b – Külp 1981b - Liefmann-Keil 1961 - Preller1970 (2. Halbbd., Viertes Buch) – Schulin/Igl 2002 - Zerche/Gründger 1996 – Zweifel/Eisen 2000

b) Zur GKV

Breyer 2000a - Breyer/Zweifel/Kifmann 2003 - Ferber 1985 - Gäfgen 1986 und 1990 – Külp 1981a - Neubauer 1984 - Riege 1993 – von der Schulenburg/Greiner 2000 - Wissenschaftliche Arbeitsgruppe Krankenversicherung 1988 - Zerche 1988b

c) Zur UV

BMGS 2003 – Schulin/Igl 2002

d) Zur RV

BMGS 2003 - Breyer 1990 und 2000b - Nitzsche 1986 - Schmähl 1981, 1988a, 1990, 1997

e) Zur Alv

BMGS 2003 – Krüsselberg 1981

---

[158] Vgl. dazu die ausführliche Darstellung der Problematik von Lampert 1995c.

f) Zur Pflegeversicherung

BMGS 2003 - BMFuS 1992 - G. Buttler u.a. 1985 - Rückert 1989 - Schulz-Nieswandt 1990 - Thiede 1990 (Lit.)

2. Laufende Materialquellen und Periodika

a) Allgemein

Betriebliche Altersversorgung, Heidelberg 1955 ff.
Blätter für Steuerrecht, Sozialversicherung und Arbeitsrecht, Neuwied 1947 ff.
Bundesarbeitsblatt, Stuttgart 1950 ff.
Entscheidungen des Bundessozialgerichts, Köln und Berlin 1955 ff.
Die Rehabilitation, Zeitschrift für alle Fragen der medizinischen, schulisch-beruflichen und sozialen Eingliederung, Stuttgart 1961 ff.
Die Sozialversicherung der Gegenwart, Jahrbuch für die gesamte Sozialversicherung und Sozialgerichtsbarkeit, Berlin 1963
Soziale Sicherheit, Köln 1952 ff.
Stat. BA, Fachserie 14: Finanzen und Steuern, Reihe 3.5: Soziale Sicherung
Vierteljahresschrift für Sozialrecht, Köln u.a. 1973 ff.
Zeitschrift für das Versicherungswesen, Hamburg 1950 ff.
Zeitschrift für die gesamte Versicherungswissenschaft, Berlin 1901 ff.
Zentralblatt für Sozialversicherung, Sozialhilfe und Versorgung, Düsseldorf 1954 ff.

b) Zur GKV

Die Betriebskrankenkasse, Essen 1913 ff.
Die Ersatzkasse, Hamburg 1921 ff.
Das Krankenhaus, Stuttgart/Köln 1905 ff.
Die Krankenversicherung, Berlin 1949 ff.
Die Ortskrankenkasse, Bonn-Bad Godesberg 1919ff.
Stat. BA, Fachserie 12: Gesundheitswesen

c) Zur gesetzlichen UV

Die Berufsgenossenschaft, Berlin 1949 ff.

d) Zur RV

Die Angestelltenversicherung, Berlin 1954 ff.
Deutsche Rentenversicherung, Frankfurt/M. 1939 ff.

e) Zur Alv

ANBA - Amtliche Nachrichten der Bundesanstalt für Arbeit, Nürnberg 1953 ff.
Mitteilungen des Instituts für Arbeitsmarkt- und Berufsforschung, Nürnberg 1967 ff.

X. Kapitel

Soziale Mindestsicherung

A. Definition, Notwendigkeit und generelles Ziel

Unter sozialer Grund- oder Mindestsicherung versteht man Hilfeleistungen für Personen, die entweder nicht in der Lage sind, ihren Lebensunterhalt auf dem Niveau des soziokulturellen Existenzminimums aus eigenem Einkommen, Vermögen oder Ansprüchen gegen Dritte (insbes. gegen die Sozialversicherung) zu bestreiten, oder die nicht in der Lage sind, sich in besonderen Notlagen aus eigenen Mitteln und Kräften zu helfen. Mit dieser Definition wird bereits deutlich, dass die soziale Mindestsicherung *die* Lücken schließen soll, die das System der sozialen Sicherung i.e.S. nicht abdeckt, sei es, dass die einem Hilfebedürftigen zustehenden Leistungen der Sozialversicherung nicht zur Sicherung des Lebensunterhalts ausreichen, dass einer Person überhaupt kein Anspruch gegen die Sozialversicherung zusteht oder dass es sich um Lebenslagen handelt, deren Besserung oder Erleichterung nicht Aufgabe der Sozialversicherung ist, wie z. B. die Folgen einer angeborenen Behinderung.

Gesetzliche Grundlagen der sozialen Mindestsicherung sind das *Bundessozialhilfegesetz* (BSHG)[1] von 1961, das *Gesetz über eine bedarfsorientierte Grundsicherung im Alter und bei Erwerbsminderung (GSiG)*[2] von 2003 – beide Gesetze werden zum 1. Jan. 2005 in das zwölfte Buch des Sozialgesetzbuchs überführt -, das *Asylbewerberleistungsgesetz (AsylbLG)*[3] von 1993 sowie die *Grundsicherung für Arbeitsuchende* (SGB II), die zum 01. Jan. 2005 in Kraft treten soll.

Das generelle Ziel der sozialen Grundsicherung geht aus § 1 Abs SGB XII hervor. Danach zielt die Sozialhilfe darauf ab, „dem Empfänger der Hilfe die Führung eines Lebens zu ermöglichen, das der Würde des Menschen entspricht. Die Hilfe soll ihn so weit wie möglich befähigen, unabhängig von ihr zu leben; hierbei muss er nach seinen Kräften mitwirken".

Die Notwendigkeit einer sozialen Mindestsicherung liegt in wenigstens zwei Tatsachen begründet: erstens darin, dass es Personen gibt, die wegen körperlicher, geistiger oder seelischer Krankheiten und Behinderungen oder wegen atypischer Lebensläufe ihren Lebensunterhalt übergangsweise oder dauerhaft nicht durch regelmäßige Erwerbsarbeit verdienen können und daher auch keine oder keine ausreichenden Ansprüche gegen die Sozialversicherung erwerben können. Daher wird aus Gründen der Menschenwürde für derartige, nicht durch die Familie versorgte Personen Hilfe durch

---

[1] Bundessozialhilfegesetz vom 30. Juni 1961 i.d.F. vom 23. März 1994, zuletzt geändert durch Gesetz vom 23. Dez. 2003.

[2] Gesetz über eine bedarfsorientierte Grundsicherung im Alter und bei Erwerbsminderung vom 26. Juni 2001 i.d.F. vom 27. April 2002, in Kraft getreten zum 01. Jan. 2003.

[3] Aslybewerberleistungsgesetz vom 30. Juni 1993 i.d.F. 5. Aug. 1997, zuletzt geändert durch Gesetz vom 27. Dez. 2003.

Dritte nötig. Zweitens ergibt sich die Notwendigkeit der Sozialhilfe daraus, dass individuelle Not größeren Ausmaßes eine Gefährdung des sozialen Friedens darstellt und den Bestand der staatlichen Ordnung gefährden kann. Nicht zuletzt deshalb gehört die soziale Mindesticherung zu den klassischen Staatsaufgaben (Merten 1987, Sp. 3215).

Armut, die entweder als Unterschreitung eines bestimmten Prozentsatzes des Durchschnittseinkommens („relative Armut") oder als Unterschreitung eines bestimmten Existenzminimums („absolute Armut") definiert werden kann, gibt es auch im relativ gut ausgebauten Sozialstaat der Bundesrepublik Deutschland. Die These von der „Zwei-Drittel-Gesellschaft", nach der ein Drittel der Gesellschaft der Bundesrepublik absolut oder relativ arm und benachteiligt sei, kann jedoch statistisch widerlegt werden. Definiert man – wie in internationalen Untersuchungen üblich - jene Haushalte als arm, die über weniger als 50 %[4] des durchschnittlichen, gewichteten verfügbaren Einkommens aller Haushalte verfügen, dann ergibt sich unter Verwendung der Ergebnisse der Einkommens- und Verbrauchsstichproben, dass 1962 10,6 % aller Personen arm waren; bis 1998 stieg dieser Anteil in Westdeutschland auf 10,9 % an (vgl. Tabelle 23). Bezeichnet man diejenigen, die über weniger als 60 % des gewichteten Durchschnittseinkommens verfügen als „besonders armutsgefährdet", so waren 1998 20,0 % der westdeutschen Bevölkerung von „milder" relativer Einkommensarmut betroffen. 1969 lag dieser Anteil noch bei 17,1 %. Wie die Tabelle zeigt, hat die Armut in Westdeutschland nach diesem Konzept in den 60er und 70er Jahren abgenommen und ist in den 80er und 90er Jahren wieder erkennbar gestiegen.

Tabelle 23. Entwicklung alternativer Armutsindikatoren für Westdeutschland 1969 - 1998

	1969	1973	1978	1983	1988	1993	1998
Relative Einkommensarmut							
40 %-Grenze	2,0	1,7	1,8	2,9	3,4	3,9	4,3
50 %-Grenze	7,1	6,5	6,5	7,7	8,8	10,1	10,9
60 %-Grenze	17,1	16,0	16,0	16,9	17,1	19,6	20,0
Sozialhilfequote[a]	0,8	1,2	1,4	1,8	2,8	3,0	3,3

a) Anteil der Empfänger/-innen laufender Hilfe zum Lebensunterhalt außerhalb von Einrichtungen an der Bevölkerung, jeweils am Jahresende.

Quelle: Becker / Hauser (2003), Stat. BA (2003).

Alternativ zum Konzept der „relativen" Armut kann man davon ausgehen, dass die Empfänger von Hilfe zum Lebensunterhalt, die in Höhe des soziokulturellen Existenzminimums festgesetzt wird und damit das niedrigste Pro-Kopf-Einkommen in der Gesellschaft darstellt, ohne Sozialhilfeleistungen arm wären („bekämpfte Armut"). Berücksichtigt man weiterhin, dass es Bezugsberechtigte gibt, die ihre Ansprüche aus Unwissenheit oder Scham nicht geltend machen („verdeckte Armut"), deren Zahl nach Schätzungen in etwa halb so groß ist wie die der Hilfeempfänger, dann gab es in der Bundesrepublik 2002 2,76 Mio. + 1,38 Mio. = 4,14 Mio. potentiell und faktisch

---

[4] Weitere geläufige relative Armutsgrenzen sind das 40 %- und das 60 %-Niveau. Die Verwendung einer relativen Armutsgrenze ist jedoch nicht unumstritten, da sie in Volkswirtschaften mit hohem Durchschnittseinkommen und breiter Streuung höher ausfällt als in Volkswirtschaften mit niedrigem Durchschnittseinkommen bei geringer Einkommensstreuung.

Arme (Stat. BA 2003, S. 7). Die offizielle Sozialhilfequote, das ist der Anteil der Empfänger/-innen von laufender Hilfe zum Lebensunterhalt außerhalb von Einrichtungen an der Gesamtbevölkerung zum Jahresende, betrug 2002 3,3 %; rechnet man die Zahl der „verdeckt" Armen hinzu, so erhält man eine Armutsquote von ca. 5,0 % der Bevölkerung.

Im Übrigen ist es verfehlt, Änderungen der Zahl der Sozialhilfeempfänger bzw. der Sozialhilfequote als einen Indikator für Veränderungen der Armutssituation anzusehen. Denn die Höhe der Sozialhilfequote wird neben geänderten Bedarfslagen auch durch gesetzgeberische Maßnahmen in Bezug auf die Regelsatzhöhe und den anspruchsberechtigten Personenkreis beeinflusst. Vor Verabschiedung des *Asylbewerberleistungsgesetzes* im Jahr 1994 spielte auch der Zustrom von Asylbewerbern eine gewisse Rolle (vgl. Erbe/Erbe 1993).

Die soziale Mindestsicherung ist für diejenigen, die auf sie angewiesen sind, von existenzieller Bedeutung. Denn ohne staatliche Leistungen würde das Einkommen der Empfänger und Empfängerinnen der Hilfe unter das sozio-kulturelle Existenzminimum sinken, d.h. sie wären nicht in der Lage, ein Leben zu führen, das der Würde des Menschen entspricht.

B. Empfängergruppen, Prinzipien und Instrumente der sozialen Mindestsicherung

1. Sozialhilfe

Der quantitativ bedeutsamste Bereich der sozialen Mindestsicherung sind die Leistungen nach dem *Bundessozialhilfegesetz* (BSHG), deren Normen zum 1. Jan. 2005 weitgehend inhaltsgleich in das SGB XII übernommen werden. Der Begriff „Sozialhilfe" wurde im Jahr 1961 mit Verabschiedung des Sozialhilfegesetzes eingeführt. Er löste den an sich anschaulicheren, aber mit negativen Assoziationen behafteten Begriff der Sozialfürsorge und den bis zum Ersten Weltkrieg üblichen Begriff der Armenpflege ab.

Die Instrumente des SGB XII sind zugeschnitten erstens auf Personen, für die die Sozialhilfe fehlendes Einkommen völlig ersetzt oder vorhandenes Arbeitseinkommen oder Sozialeinkommen aus der Sozialversicherung ergänzt, um den Lebensunterhalt zu sichern, und zweitens auf Personen, die Hilfe in besonderen Lebenslagen benötigen; dementsprechend unterschied das Bundessozialhilfegesetz zwischen den Instrumentengruppen der „laufenden Hilfe zum Lebensunterhalt" einerseits und der „Hilfe in besonderen Lebenslagen".

2002 erhielten 2,76 Mio. Personen Hilfe zum Lebensunterhalt und 1,56 Mio. Hilfe in besonderen Lebenslagen (vgl. Tabelle 24). Die Zahl der Empfänger von Hilfe zum Lebensunterhalt stieg von der Periode 1965/69 zur Periode 1995/1999 ständig an.

An der Struktur der Empfänger von Hilfe zum Lebensunterhalt außerhalb von Einrichtungen ist bemerkenswert, dass der Anteil der weiblichen Bezieher bei 56,1 % (= 1,5 Mio. Personen) und der der Kinder und Jugendlichen unter 18 Jahren bei 38,1 % (= 1,02 Mio. Personen) liegt; die Sozialhilfequote der Frauen beträgt 3,7 %, die der Kinder 6,6 %. Der Ausländeranteil beläuft sich auf 22,2 % (= 0,6 Mio.); damit sind Ausländer mit einer Sozialhilfequote von 8,4 % deutlich stärker von Sozialhilfe abhängig als Deutsche (2,9 %). Von den 1,4 Mio. Empfängerhaushalten waren 42,3% (= 611 000) Ein-Personen-Haushalte, 27,8 % (= 340 000) waren Haushalte allein erziehender Frauen.

Aus der Statistik über die Ursachen der Hilfsbedürftigkeit ergibt sich,[5] dass Sozialhilfebedürftigkeit nicht mehr in erster Linie durch soziale Ausnahmesituationen entsteht, wie das bis Ende der 70er Jahre noch der Fall war, sondern durch den Erwerbsstatus, insbes. durch Arbeitslosigkeit. 2002 waren von den 1,7 Mio. 15 bis 64-jährigen Empfängern der Hilfe zum Lebensunterhalt
- 8,5 % erwerbstätig,
- 43,5 % arbeitslos und
- 48,0 % aus anderen Gründen nicht erwerbstätig und zwar
  - 16,5 % wegen häuslicher Bindung,
  - 9,1 % wegen Erkrankung,
  - 7,0 % wegen Ausbildung,
  - 1,7 % wegen Alters und
  - 13,7 % wegen (noch nicht ausreichend erfasster) „sonstiger Gründe".

Von den 2,76 Mio. Empfänger/-innen von Sozialhilfe i.e.S., die wegen einer besonderen sozialen Situation Sozialhilfe bezogen, entfielen 2002 mit 13,6 % fast die Hälfte aller Fälle auf „Trennung/ Scheidung", 7,0 % auf die „Geburt eines Kindes", 3,1 % fielen unter die Kategorie „ohne eigene Wohnung" und 2,1 % auf den „Tod eines Familienmitglieds". Auf die Kategorien „Suchtabhängigkeit", „stationäre Unterbringung", „Freiheitsentzug/Haftentlassung" und „Überschuldung" entfielen 3,1 % aller Fälle.

Damit erweisen sich die Arbeitslosigkeit sowie die Unvereinbarkeit von Erwerbstätigkeit und Familientätigkeit, d.h. v.a. Erziehung und Betreuung von Kindern im Falle allein Erziehender als die Hauptursachen der Hilfsbedürftigkeit. 2002 bezog jede vierte allein erziehende Frau Hilfe zum Lebensunterhalt; 29 % der Ausgaben für Hilfe zum Lebensunterhalt entfiel auf die Gruppe der allein erziehenden Frauen. In ihren Haushalten lebte fast die Hälfte der etwas über 1 Mio. Kinder und Jugendlichen unter 18 Jahren, die Sozialhilfe bezogen.

Etwa zwei Drittel der Empfänger der Hilfe zum Lebensunterhalt waren „Kurzzeitempfänger", d.h. sie bezogen die Hilfe für einen unter einem Jahr liegenden Zeitraum.

Die andere große Empfängergruppe der Sozialhilfe, die teilweise mit der Gruppe der Empfänger laufender Hilfe zum Lebensunterhalt identisch ist, umfasst Personen, die Hilfe in besonderen Lebenslagen brauchen. Tabelle 25 zeigt (für Gesamtdeutschland), dass im Rahmen der Hilfe in besonderen Lebenslagen sowohl nach dem Anteil der Hilfeempfänger als auch nach dem Anteil der Ausgaben 2001 dominierten: die Eingliederungshilfe für Behinderte (37,0 % der Hilfeempfänger, 68,4 % der Ausgaben), die Krankenhilfe (38,4 % der Hilfeempfänger, 9,0 % der Ausgaben) und die Hilfe zur Pflege (22,2 % der Hilfeempfänger, 20,4 % der Ausgaben).

Tabelle 25 macht außerdem deutlich, dass Hilfe in besonderen Lebenslagen v.a. behinderten und pflegebedürftigen Personen zuteil wird. Zu den Empfängern von Sozialhilfe gehören aber auch Empfängerkategorien, die die Sozialhilfestatistik nicht gesondert ausweist: Obdachlose, Nichtsesshafte, Drogen- und Alkoholabhängige und Strafentlassene.

---

[5] Vgl. Stat. BA, Sozialhilfe in Deutschland, Wiesbaden 2003, S. 16 ff.

Tabelle 24. Hilfeempfänger und Ausgaben der Sozialhilfe 1963 bis 2002 (Jahresendwerte; ab 1992 Gesamtdeutschland)

| Periode | Hilfeempfänger[a] in 1 000 | | | | Ausgaben in Mio. € | | | |
	insgesamt	laufende Hilfe zum Lebensunterhalt	Hilfe in besonderen Lebenslagen	(4) in % von (2)	insgesamt	Hilfe zum Lebensunterhalt[b]	Hilfe in besonderen Lebenslagen	(8) in % von (6)
(1)	(2)	(3)	(4)	(5)	(6)	(7)	(8)	(9)
1963/64	1 395	572	823	60,0	972	429	543	55,9
1965/69	1 441	527	914	63,4	1 414	518	895	63,3
1970/74	1 668	636	1 032	61,9	3 270	1 207	2 063	63,1
1975/79	2 000	893	1 107	55,4	6 002	1 978	4 024	67,0
1980/84	2 082	1 016	1 066	51,2	9 284	3 291	5 993	64,6
1985/89	2 817	1 555	1 262	44,8	14 261	5 822	8 439	59,2
1990/91	3 515	1 904	1 611	45,8	17 670	6 959	10 711	60,6
1992/94	3 746	2 049	1 697	45,3	24 074	8 639	15 434	64,1
1995/99	4 172	2 755	1 417	34,0	23 004	10 294	12 711	55,3
2000	4 136	2 677	1 459	35,3	23 319	9 777	13 542	57,9
2001	4 197	2 699	1 498	35,7	23 942	9 669	14 272	59,6
2002	4 316	2 757	1 559	36,1	24 652	9 828	14 824	60,1

a   Personen, die Hilfe verschiedener Art erhielten, wurden bei jeder Hilfeart gezählt.
b   Einschließlich einmaliger Hilfen (rd. 15 % der Gesamtsumme der Hilfe zum Lebensunterhalt).

Quelle: Stat. BA, Sozialhilfestatistik; eigene Berechnungen.

Tabelle 25. Hilfeempfänger und Ausgaben der Sozialhilfe am 31. 12. 2001 in Deutschland

| Hilfearten nach dem BSHG | Hilfeempfänger[a] | | Ausgaben | | Ausgaben |
	in 1000	in %	in Mio. €	in %	je Empf. in €
(1)	(2)	(3)	(4)	(5)	(6)
Laufende Hilfe zum Lebensunterhalt	2 715	-	9 669	-	3 561
Hilfe in besonderer Lebenslage	1 498	100	14 273	100	9 528
darunter:					
Hilfe zur Pflege	332	22,2	2 905	20,4	8 750
Eingliederungshilfe für Behinderte	555	37,0	9 764	68,4	17 593
Krankenhilfe	576	38,4	1 279	9,0	2 220
Sonstige Hilfen	35	2,3	325	2,3	9 286
Insgesamt	4 215[b]	-	23 942	-	5 680

a   Personen, die Hilfe verschiedener Art erhielten, wurden bei jeder Hilfeart gezählt.
b   Ohne Mehrfachzählung.

Quelle: Stat. BA, Stat. Jb. 2003, S. 486 ff.

Gestaltungsprinzipien der Sozialhilfe sind das Subsidiaritätsprinzip, das Bedarfs-deckungsprinzip und der Grundsatz der Individualisierung der Hilfe (vgl. dazu Roth-kegel 2000, S. 259 ff.). Subsidiarität bedeutet, dass Sozialhilfe erhält erstens, wer sich nicht selbst helfen kann, also bedürftig ist, und zweitens, wer die erforderliche Hilfe nicht von anderen, besonders von Angehörigen oder von Trägern anderer Sozialleistungen erhält (§ 2 SGB XII). Nach dem Bedarfsdeckungsprinzip soll die Sozialhilfe die Deckung eines soziokulturellen Existenzminimums ermöglichen („Ziel der Sozialhilfe ist es, dem Empfänger die Führung eines Lebens zu ermöglichen, das der Würde des Menschen entspricht" - § 1 SGB XII). Individualisierung der Hilfe bedeutet: „Art, Form und Maß der Sozialhilfe richten sich nach der Besonderheit des Einzelfalles, vor allem nach der Person des Hilfeempfängers, der Art seines Bedarfs und den örtlichen Verhältnissen" (§ 9 Abs. 1 SGB XII ehem. § 3 Abs. 1 BSHG).

Auf Sozialhilfe besteht für Hilfsbedürftige, die ihren gewöhnlichen Aufenthalt im Geltungsbereich des SGB XII haben - auch für Ausländer[6] - ohne Rücksicht auf eigenes Verschulden ein Rechtsanspruch dem Grunde nach, nicht der Art und der Höhe nach. Vielmehr ist über die Art der Hilfe von den Sozialhilfebehörden nach pflichtgemäßem Ermessen zu entscheiden (§ 17 Abs. 2 SGB XII, ehem. § 4 Abs. 2 BSHG).

Die Sozialhilfe kennt zwei große Instrumentengruppen: die Hilfe zum Lebensunterhalt und die Hilfe in besonderen Lebenslagen.

„Hilfe zum Lebensunterhalt ist dem zu gewähren, der seinen notwendigen Lebensunterhalt nicht oder nicht ausreichend aus eigenen Kräften und Mitteln, vor allem aus seinem Einkommen und Vermögen, beschaffen kann" (§ 19 SGB XII, ehem. § 11 Abs. 1 BSHG). Die Hilfe zum Lebensunterhalt umfasst die Kosten für den notwendigen Lebensunterhalt - zu ihm gehören Ernährung, Unterkunft, Kleidung, Körperpflege, Hausrat, Heizung und persönliche Bedürfnisse des täglichen Lebens wie z. B. auch die Teilnahme am kulturellen Leben. Seit 01. Jan. 2004 sind Empfänger von Sozialhilfe Mitglieder der gesetzlichen Krankenversicherung. Die Aufwendungen werden den Krankenkassen von den Sozialhilfeträgern erstattet. Die Gewährung der Hilfe zum Lebensunterhalt setzt den vollen Einsatz des Einkommens, des Vermögens und der Unterhaltsansprüche des Hilfesuchenden[7] voraus. Erwerbsfähige erhalten im Gegensatz zur Regelung des BSHG keine Leistungen nach dem SGB XII[8]. Bei unwirtschaftlichem Verhalten eines Hilfeempfängers kann die Hilfe „auf das zum Lebensunterhalt Unerlässliche" eingeschränkt werden (§ 26 Abs. 1 SGB XII, ehem. § 25 Abs. 2 BSHG).

Die laufenden Leistungen zum Lebensunterhalt werden nach sogenannten Regelsätzen gewährt. Für Personen, die das 65. Lebensjahr überschritten haben, für voll Erwerbsgeminderte und für werdende Mütter wird ein Mehrbedarf in Höhe von 17 % des Regelsatzes anerkannt. Mehrbedarfszuschläge werden auch anerkannt für Behinderte sowie für Alleinerziehende (§ 30 SGB XII, ehem. § 23 BSHG). Im Jahr 2003 betrug der durchschnittliche Regelsatz in den alten Bundesländern für den Haushaltsvorstand und Alleinstehende monatlich 296 €, in den neuen Bundesländern 285 €; für

---

[6] Die Hilfe für Ausländer ist in § 120 des BSHG geregelt. Sie ist gegenüber der Hilfe für deutsche Staatsbürger geringfügig begrenzt, es besteht aber auch für Ausländer ein Rechtsanspruch auf die wichtigsten Arten der Hilfe, insbes. auf Hilfe zum Lebensunterhalt.

[7] Angehörige, die dem Hilfeempfänger zum Unterhalt verpflichtet sind, das sind insbes. Eltern gegenüber Kindern und Kinder gegenüber den Eltern sowie Ehegatten, können nach den §§ 90 und 91 zur Rückzahlung von Sozialhilfeleistungen aufgefordert werden, wenn ihr Einkommen und ihr Vermögen bestimmte Grenzen überschreitet.

[8] Nach dem BSHG hatten Erwerbsfähige zwar einen Anspruch auf Sozialhilfe, sie waren jedoch verpflichtet, zur Beschaffung des Unterhaltes ihre Arbeitskraft einzusetzen. Verweigerte der Hilfeempfänger eine angebotene Arbeit, so war der Leistungsanspruch in der ersten Stufe um 25 % zu kürzen (§ 25 Abs. 1 BSHG).

Haushaltsmitglieder werden 50 % (Kinder bis 7 Jahre) bis 90 % (Jugendliche zwischen 15 und 19 Jahren) bzw. 80 % (Angehörige vom 19. Lebensjahr an) des Regelsatzes gezahlt. Zusätzlich werden die tatsächlichen Aufwendungen für die Wohnung und die Heizung übernommen.

Die Festsetzung der Regelsätze erfolgt nach dem sog. „Statistikmodell". Danach wird im Rahmen der in Fünfjahresabständen erfolgenden Einkommens- und Verbrauchsstichprobe das Verbrauchsverhalten von Haushalten in unteren Einkommensgruppen ermittelt. Die laufende Anpassung der Regelsätze soll ab 2004 entsprechend den Veränderungen des Nettoeinkommens, des Verbraucherverhaltens und der Lebenshaltungskosten erfolgen (§ 28 Abs. 3 SGB XII, ehem. § 22 Abs. 3 BSHG).[9] Bemerkenswert an diesem Verfahren ist, dass die Bedarfssätze - entgegen den Intentionen des Gesetzgebers, durch die Sozialhilfe ein menschenwürdiges Leben zu sichern - nicht nach dem zur Sicherung eines menschenwürdigen Lebens erforderlichen Bedarf festgesetzt werden, sondern nach dem tatsächlichen Lebensstandard der Referenzgruppe. Gleichzeitig ist ein im Gesetz genau definiertes Lohnabstandsgebot zu wahren (§ 28 Abs. 4 SGB XII, ehem. § 22 Abs. 4 BSHG).

Einmalige Leistungen zum Lebensunterhalt werden Empfängern von laufender Sozialhilfe für die Deckung solcher Bedürfnisse gewährt, die - wie z.B. Mehrbedarfe bei Schwangerschaft und Geburt eines Kindes oder die Teilnahme schulpflichtiger Kinder an Klassenfahrten - nicht mit dem Regelsatz abgedeckt sind (§ 31 SGB XII).

Die Hilfe in besonderen Lebenslagen ist davon abhängig, ob dem Hilfesuchenden und den ihm zum Unterhalt Verpflichteten aufgrund ihres Einkommens die Aufbringung der Mittel für die Bewältigung besonderer Lebenslagen zuzumuten ist. Die Zumutbarkeitskriterien sind in den § 85 ff. SGB XII (§§ 79 ff. BSHG) genau festgelegt.

Als Hilfen in besonderen Lebenslagen sind nach im SGB XII vorgesehen:

1. *Hilfen zur Gesundheit* nach §§ 47 – 52 SGB XII (ehem. *Hilfe bei Krankheit, vorbeugende und sonstige Hilfe* gem. §§ 36 ff. BSHG). Sie umfasst die Hilfe bei Krankheit gem. des Leistungskatalogs der gesetzlichen Krankenversicherung (SGB V), Hilfen zur Familienplanung, bei Schwangerschaft und Mutterschaft sowie bei medizinisch notwendiger Sterilisation;

2. *Eingliederungshilfe für behinderte Menschen* nach den §§ 53 - 60 SGB XII (ehem. §§ 39 bis 47 BSHG). Die Eingliederungshilfe hat das Ziel, eine drohende Behinderung zu verhüten oder eine vorhandene Behinderung oder deren Folgen zu beseitigen oder zu mildern und den Behinderten in die Gesellschaft einzugliedern. Für die Leistungen gelten die Vorschriften des SGB IX (Rehabilitation und Teilhabe behinderter Menschen);

3. *Hilfe zur Pflege* nach §§ 61 – 66 SGB XII (ehem. § 68 BSHG), die in Folge von Krankheit oder Behinderung hilflosen Personen gewährt wird und nach § 64 ff. SGB XII Pflegegeld und häusliche Pflege umfasst;

4. *Hilfe zur Überwindung besonderer sozialer Schwierigkeiten* nach §§ 67 – 70 SGB XII (ehem. § 72 BSHG), die Personen gewährt werden soll, bei denen - wie z.B. bei Obdachlosen, Nichtsesshaften, Strafgefangenen, Alkohol- und Drogenabhängigen - besondere soziale Schwierigkeiten der Teilnahme am Leben in der Gemeinschaft entgegenstehen und die aus eigener Kraft nicht zur Überwin-

---

[9] Seit 1997 wird eine Übergangsregelung praktiziert, nach der die Regelsätze jeweils zum 01. Juli eines Jahres um den Prozentsatz erhöht werden, um den sich die Renten aus der gesetzlichen Rentenversicherung der alten Bundesländer ohne Berücksichtigung der Belastung bei den Rentnern verändert haben.

dung dieser Schwierigkeiten fähig sind. Die Hilfe umfasst alle Maßnahmen, die notwendig sind, um die Schwierigkeiten abzuwenden, zu beseitigen, zu mildern oder ihre Verschlimmerung zu verhüten, vor allem Beratung und persönliche Betreuung des Hilfesuchenden und seiner Angehörigen. Soweit es sich um persönliche Hilfe handelt, wird sie ohne Rücksicht auf Einkommen und Vermögen des Hilfesuchenden erbracht. Bei der Hilfe zur Überwindung besonderer sozialer Schwierigkeiten sollen die Träger der Sozialhilfe mit solchen Vereinigungen, die sich die gleichen Ziele gesetzt haben, zusammenarbeiten;

5. *Hilfe in anderen Lebenslagen* gem. §§ 70 – 74 SGB XII. Diese Kategorie umfasst die *Hilfe zur Weiterführung des Haushalts* (§ 70 SGB XII, ehem. § 70 BSHG), die *Altenhilfe* (§ 71 SGB XII, ehem. § 75 BSHG), die *Blindenhilfe* (§ 72 SGB XII, ehem. § 67 BSHG) sowie die *Hilfe in sonstigen Lebenslagen* (§ 73 SGB XII).

2. Grundsicherung im Alter und bei Erwerbsminderung

Das am 01. Jan. 2003 in Kraft getretene *Grundsicherungsgesetz (GSiG)* regelt die bedarfsorientierte Grundsicherung im Alter und bei Erwerbsminderung. Hilfebedürftige Personen mit gewöhnlichem Aufenthalt in Deutschland, die das 65. Lebensjahr vollendet haben bzw. Personen, die das 18. Lebensjahr vollendet haben und dauerhaft voll erwerbsgemindert sind[10], haben einen Anspruch auf Leistungen nach dem Grundsicherungsgesetz. Ausländer, die unter § 1 des Asylbewerberleistungsgesetzes fallen, sind von diesen Leistungen ausgeschlossen. Die Leistungen der bedarfsorientierten Grundsicherung umfassen

- den für den Antragsteller maßgeblichen Regelsatz des SGB XII zuzüglich eines Mehrbedarfszuschlags von 17 % sowie
- angemessene Aufwendungen für Unterkunft und Heizung.

Leistungen der Grundsicherung sind gegenüber der Sozialhilfe vorrangig. Eigenes Einkommen und Vermögen des Antragstellers sowie des nicht dauerhaft getrennt lebenden Ehegatten oder des Partners einer eheähnlichen Lebensgemeinschaft sind auf den Leistungsanspruch vollständig anzurechnen. Auf unterhaltspflichtige Eltern oder Kinder wird hingegen nur zurückgegriffen, wenn deren jährliches Grundeinkommen 100 000 € übersteigt.

Zur Inanspruchnahme der Grundsicherung liegen noch keine statistischen Daten vor. Nach der Studie „Sozialhilfe in Deutschland" des Stat. BA ist für 2003 von ca. 250 000 Empfängern von Leistungen der Grundsicherung auszugehen. Davon entfallen 197 000 Personen auf die Grundsicherung im Alter und 53 000 Personen auf die Grundsicherung wegen Erwerbsminderung. Die Normen des GSiG werden zum 01. Jan. 2005 als viertes Kapitel in das SGB XII überführt.

3. Grundsicherung für Arbeitsuchende

Bedingt durch die lang anhaltende und strukturell verfestigte Arbeitslosigkeit wurde das Risiko dauerhafter Erwerbslosigkeit zu einer Hauptursache für Armutsgefähr-

---

[10] Als dauerhaft voll erwerbsgemindert gelten Personen, die außer Stande sind, eine Erwerbstätigkeit von mindestens drei Stunden täglich auszuüben (vgl. § 43 Abs. 2 Satz 2 SGB VI) und deren Erwerbsminderung voraussichtlich nicht behoben werden kann. Die Lage auf dem Arbeitsmarkt ist bei der Beurteilung der Erwerbsminderung unerheblich.

dung. So waren 2002 insgesamt 43,5 % aller Bezieher von Hilfe zum Lebensunterhalt (= 731 000 Personen) arbeitslos gemeldet, davon 34,0 % (= 249 000 Personen) mit Leistungen nach dem Arbeitsförderungsrecht und 66,0 % (= 483 000 Personen) ohne entsprechende Leistungen des SGB III[11].

Für die soziale Grundsicherung im Fall lang anhaltender Arbeitslosigkeit sind bislang die Arbeitslosen- und die Sozialhilfe zuständig. Arbeitslose, die einen Anspruch auf Arbeitslosengeld haben, deren Arbeitslosigkeit aber die § 127 SGB III festgelegten Zeiträume übersteigt (vgl. hierzu S. 296), konnten im Anschluss an das Arbeitslosengeld Arbeitslosenhilfe beziehen. Die Anspruchsdauer der Arbeitslosenhilfe war zeitlich unbegrenzt. Die Leistungshöhe betrug für Arbeitslose mit mindestens einem unterhaltsberechtigten Kind 57 % des vor Eintritt der Arbeitslosigkeit bezogenen pauschalierten Nettoarbeitseinkommens ("Leistungsentgelt") und 53 % für die übrigen Arbeitnehmer. Das der Bemessung der Arbeitslosenhilfe zugrunde liegende Arbeitsentgelt wurde jährlich um 3 % abgesenkt, durfte jedoch den Mindestbetrag in Höhe von 50 % der Bezugsgröße nicht unterschreiten (§ 200 Abs. 3 SGB III). Arbeitslosenhilfe wurde - im Gegensatz zum Arbeitslosengeld - nur bei Bedürftigkeit gewährt. Als bedürftig galt ein Arbeitsloser, sofern das zu berücksichtigende Einkommen oder Vermögen des Hilfeempfängers bzw. seines Ehe- oder Lebenspartners bestimmte, im Gesetz bzw. durch Rechtsverordnung geregelte Grenzen nicht übersteigt. Träger der Arbeitslosenhilfe war die Bundesagentur für Arbeit; sie übernahm für die Bezieher der Arbeitslosenhilfe auch die Beiträge für die gesetzliche Renten-, Kranken- und Pflegeversicherung. Die Finanzierung der Leistungsausgaben erfolgte durch Bundesmittel.

Der geringe Leistungsanspruch und die Absenkung des der Leistungsberechnung zu Grunde liegenden Einkommens hatten zur Folge, dass Empfänger von Arbeitslosenhilfe vielfach auf ergänzende Sozialhilfe angewiesen waren. So zeigt die Sozialhilfestatistik, dass die Zahl der Empfänger von Hilfe zum Lebensunterhalt und die Summen für diese Hilfe mit steigender Arbeitslosigkeit gestiegen sind und dass die Gewährung von Hilfe zum Lebensunterhalt in steigendem Maße durch Arbeitslosigkeit bedingt war (vgl. Riphahn 2001). Diese Ausgaben sind eine Folge der Verfehlung des Vollbeschäftigungsziels und müssten eigentlich durch den Bund gedeckt werden. Eine relative Entlastung der Sozialhilfe und eine Konzentration auf ihre eigentlichen Aufgaben erschien nur möglich, wenn ihr die Betreuung Arbeitsloser nicht länger aufgebürdet wird.

Deshalb wurden die bisherigen Regelungen der Arbeitslosenhilfe und der Sozialhilfe für erwerbsfähige Sozialhilfeempfänger durch das *vierte Gesetz für moderne Dienstleistungen* ("Hartz IV") vom 17. Okt. 2003 zu einer neuartigen "Grundsicherung für Arbeitsuchende" zusammengefasst. Diese Regelungen werden im *zweiten Buch des Sozialgesetzbuchs* gesetzlich normiert und sollen zum 01. Jan. 2005 in Kraft treten.

Leistungsberechtigt sind erwerbsfähige Hilfebedürftige zwischen 16 und 65 Jahren, die ihren gewöhnlichen Aufenthalt in der Bundesrepublik Deutschland haben. Bezieher von Leistungen nach dem Asylbewerberleistungsgesetz sind hiervon ausgenommen. Als erwerbsfähig gelten alle Personen, die nicht wegen Krankheit oder Behinderung außer Stande sind, unter den üblichen Bedingungen des allgemeinen Arbeits-

---

[11] Stat. BA 2003, S. 18.

markts mindestens drei Stunden täglich erwerbstätig zu sein. Der Hilfeempfänger hat jede zumutbare Arbeit anzunehmen; eine Arbeit ist u.a. unzumutbar, wenn durch die Ausübung der Arbeit die Kindererziehung gefährdet würde oder mit der Pflege eines Angehörigen nicht vereinbar wäre.

Als Leistungsarten sieht das SGB II sowohl Dienstleistungen als auch Geldleistungen vor. Die Dienstleistungen umfassen Information, Beratung und umfassende Unterstützung des Hilfebedürftigen mit dem Ziel, den Hilfebedürftigen in Arbeit einzugliedern. Zur Sicherung des Lebensunterhalts des Hilfebedürftigen und seiner Bedarfsgemeinschaft erhält der Leistungsbezieher Regelleistungen sowie einen befristeten Zuschlag („Arbeitslosengeld II"). Die Regelleistungen betragen (2005) 345 € in West- und 331 € in Ostdeutschland; zusätzlich werden angemessene Kosten für Unterkunft und Heizung übernommen. Für werdende Mütter, Alleinerziehende und Behinderte existieren Mehrbedarfszuschläge. Innerhalb der ersten zwei Jahre des Leistungsbezugs erhält der Hilfeempfänger einen Zuschlag zu den Regelleistungen. Dieser Zuschlag beträgt zwei Drittel des Unterschiedsbetrags zwischen dem zuletzt bezogenen Arbeitslosengeld (zzgl. Wohngeld) und dem Sozialgeld, maximal jedoch 160 € für Alleinstehende und 320 € für Verheiratete. Der Zuschlag erhöht sich um 60 € für jedes in der Bedarfsgemeinschaft lebende Kind. Im zweiten Jahr des Leistungsbezugs wird der Zuschlag um 50 % reduziert.

Lehnt der Hilfeempfänger eine zumutbare Arbeit oder eine Eingliederungsmaßnahme ab, so ist das Arbeitslosengeld II um 30 % zu kürzen; der Zuschlag entfällt.

Träger der Grundsicherung für Arbeitsuchende sind die Bundesagentur für Arbeit und die kreisfreien Städte und Kreise. Die Leistungsbezieher werden von der Bundesagentur für Arbeit renten-, kranken- und pflegeversichert.

Die gesetzliche Neuregelung zur sozialen Mindestsicherung von Langzeitarbeitslosen beseitigt den bisher existierenden Trägerdualismus von Arbeitslosen- und Sozialhilfe, entlastet die kommunalen Träger der Sozialhilfe finanziell und konzentriert die Sozialhilfe auf ihre originäre Klientel, nämlich die Bezieher von Hilfe in besonderen Lebenslagen und bestimmte Personengruppen, die Anspruch auf laufende Hilfe zum Lebensunterhalt geltend machen können. Für die bisherigen Bezieher von Arbeitslosenhilfe bedeutet diese Reform jedoch z.T. erhebliche Einschnitte, da sich der Leistungsanspruch künftig nicht mehr am letzten Nettoarbeitseinkommen orientiert, sondern sich auf die Regelsätze zur Sozialhilfe bezieht.[12] Darüber hinaus gilt künftig jede legale Arbeit unabhängig von der Höhe des Arbeitsentgelts als zumutbar.

4. Soziale Sicherung für Asylbewerber

Besondere Belastungen hatten die Länder und vor allem die Gemeinden in den letzten Jahren durch die Ausgaben für Asylbewerber zu tragen, die bis 1993 nach § 120 BSHG Anspruch auf Sozialhilfeleistungen geltend machen konnten. Diese Leistungen waren im Vergleich zu den Ansprüchen deutscher Staatsangehöriger nur unwesentlich eingeschränkt. Seit 01. Nov. 1993 gilt das *Asylbewerberleistungsgesetz* i.d.F. vom 01. Sept. 1998. Asylbewerber haben einen Rechtsanspruch auf Leistungen entsprechend diesem Gesetz (§ 1). Die Sicherung des Lebensunterhalts erfolgt in den ersten

---

[12] Vgl. Strengmann-Kuhn, W. (2003), Die geplante Zusammenlegung von Arbeitslosenhilfe und Sozialhilfe – finanzielle Auswirkungen für die Betroffenen und ein Gegenvorschlag, in: Sozialer Fortschritt, 52. Jg., Heft 11 / 12, S. 291 – 296.

drei Jahren vorrangig durch Sachleistungen, d.h. Unterkunft und Verpflegung (§ 3). Die Leistungen sind auf 184 € (360 DM) für den Haushaltsvorstand, 159 € (310 DM) für über 7 Jahre alte und 112 € (220 DM) für jüngere Haushaltsangehörige angesetzt. Das Taschengeld für Asylbewerber in Aufnahmeeinrichtungen beträgt bis zum 15. Lebensjahr im Monat 20 € (40 DM), für ältere Asylbewerber 41 € (80 DM). Diese Beträge sind nicht dynamisiert, sondern gelten unverändert seit 1993. Wenn Leistungsberechtigte außerhalb zentraler Aufnahmeeinrichtungen untergebracht sind und die besonderen Umstände es erforderlich machen, können die zuständigen Behörden die Leistungen in Form von Wertgutscheinen oder Geld erbringen (§ 3). Außerdem sind nach dem Gesetz zur Behandlung akuter Erkrankungen und von Schmerzzuständen die erforderlichen ärztlichen und zahnärztlichen Leistungen einschließlich der Versorgung mit Arznei- und Verbandmitteln zu erbringen. Werdenden Müttern und Wöchnerinnen sind alle erforderlichen ärztlichen und pflegerischen Hilfen zu gewähren (§ 4).

1998 beliefen sich die Leistungen nach dem *Asylbewerberleistungsgesetz* für 438 000 Personen noch auf 4,4 Mrd. DM (Stat. Jb. 2000, S. 464). Seither sind diese Aufwendungen – wie auch die Zahl der Asylbewerber - deutlich rückläufig; 2002 betrugen die Bruttoausgaben 1,6 Mrd. € und die Zahl der Leistungsempfänger 279 000 (Stat. BA 2003).

C. Träger

Träger der Sozialhilfe und der Grundsicherung im Alter und bei Erwerbsminderung sind als *öffentliche* Träger mit örtlicher Zuständigkeit die kreisfreien Städte und die Landkreise sowie mit überörtlicher Zuständigkeit die von den Bundesländern bestimmten Landeswohlfahrtsverbände bzw. Regierungsbezirke bzw. (für die Stadtstaaten) Senatsbehörden (§§ 96 bis 101 BSHG; § 4 Abs. 1 GSiG). Träger der Grundsicherung für Arbeitssuchende ist die Bundesagentur für Arbeit; auf Wunsch kann die Vermittlung von den Kommunen übernommen werden. Neben den öffentlichen Trägern spielen die Verbände der freien Wohlfahrtspflege als sogenannte *freie* Träger der Sozialhilfe eine außerordentliche Rolle.

Die öffentlichen Träger sind gehalten, erstens mit den Trägern der freien Wohlfahrtspflege, nämlich den Verbänden der freien Wohlfahrtspflege und den Kirchen, zusammenzuarbeiten, deren Selbständigkeit zu achten und sie finanziell angemessen zu unterstützen (§ 10 BSHG), zweitens vor allem bei der Hilfe zur Überwindung besonderer sozialer Schwierigkeiten mit den Vereinigungen, die sich die gleichen Aufgaben gestellt haben, zusammenzuarbeiten und darauf hinzuwirken, dass sich die Hilfen wirksam ergänzen, und drittens eigene Einrichtungen nicht neu zu schaffen, soweit geeignete Einrichtungen der Träger der freien Wohlfahrtspflege vorhanden sind oder ausgebaut oder geschaffen werden können.

Für die Finanzierung der Sozialhilfe und der Grundsicherung sind die Länder zuständig. Sie haben auch zu bestimmen, inwieweit die Mittel von den Gemeinden aufzubringen sind. Die Regelungen sind von Land zu Land verschieden. Der Bund beteiligt sich an den Aufwendungen für Zugewanderte und Flüchtlinge und für die Hilfe an Deutsche im Ausland. Die Finanzierung der sonstigen Grundsicherungsleistungen liegt gänzlich beim Bund.

D. Probleme

Als zentrale Probleme der Sozialhilfe gelten die Stigmatisierung beim Leistungsbezug, die zunehmende Sozialhilfebedürftigkeit von Familien sowie die Nachrangigkeit der Sozialhilfe im politischen Bereich. Als zentrales Problem der Grundsicherung für Arbeitsuchende gelten die negativen Auswirkungen der Hilfeleistung auf die Bereitschaft der Hilfeempfänger, niedrig entlohnte Tätigkeiten aufzunehmen,

Die Tatsache, für den eigenen Lebensunterhalt nicht selbst aufkommen zu können, sondern auf Fremdhilfe angewiesen zu sein, gilt für viele nach wie vor als stigmatisierend. Zwar wurde mit der Einführung des Bundessozialhilfegesetzes versucht, die Stigmatisierung der Hilfeempfänger dadurch zu verringern, dass der Begriff der „Fürsorge" durch den der „Sozialhilfe" ersetzt wurde, auf deren Leistungen ein Rechtsanspruch besteht. Merten (1987, Sp. 3214) weist jedoch darauf hin, dass man etwaige gesellschaftliche Diskriminierungen nicht durch den Wechsel der Terminologie vom „Fürsorgeempfänger" zum „Sozialhilfeempfänger" beseitigen kann, weil der Wechsel der Terminologie nicht die Ursache von Diskriminierungen beseitigt[13]. Als stigmatisierend werden weiterhin bestimmte Formen der Leistungsvergabe sowie die Tatsache empfunden, dass u.U. nahe Angehörige zum Unterhalt verpflichtet werden können. Aus diesem Grund und zur Bekämpfung „verschämter" Armut wurden die Einkommensgrenzen, ab denen Verwandte ersten Grades zur Unterhaltsleistung herangezogen werden können, im Grundsicherungsgesetz äußerst großzügig bemessen.

In den letzten Jahren zeichnet sich eine Änderung der Struktur der in Armut Lebenden bzw. der von ihr Bedrohten ab. Die Altersarmut ist aufgrund steigender Rentenleistungen und der Normalisierung der Rentenbiographien im Lauf der Jahre deutlich zurückgegangen. An ihre Stelle ist Armut aufgrund von Langzeitarbeitslosigkeit und Hilfsbedürftigkeit aufgrund von Pflegebedürftigkeit getreten (die mittlerweile durch die Einführung der Pflegeversicherung wieder rückläufig ist).

Seit den 70er Jahren steigen hingegen die Anteile allein erziehender Frauen mit Kindern an den Hilfeempfängern und die Anteile von Kindern an den Hilfeempfängern an. Die Zahl der unter 18jährigen Empfänger von laufender Hilfe zum Lebensunterhalt ist von 300 000 im Jahre 1980 auf rund 1 Mio. im Jahre 2002 gestiegen, so dass mittlerweile etwa 37 % der Sozialhilfeempfänger jünger als 18 Jahre sind. Fast die Hälfte dieser Kinder lebte bei allein erziehenden Frauen. Zwischen 1980 und 2001 ist der Anteil der Empfänger von Hilfe zum Lebensunterhalt an der Bevölkerung wie folgt gestiegen:

in der Altersgruppe unter 7 Jahren   von 4,2 % auf   8,4 %,
in der Altersgruppe von 7 bis 11 Jahren   von 4,5 % auf   6,4 %,
in der Altersgruppe von 11 bis 15 Jahren   von 4,1 % auf   5,3 % und
in der Altersgruppe von 15 bis 18 Jahren   von 3,1 % auf   4,5 %.[14]

Problematisch an dieser Entwicklung ist v.a., dass die Sozialisation von Kindern und Jugendlichen und ihre Integration in die Gesellschaft durch die Sozialhilfebedürftigkeit in vielen Fällen erheblich beeinträchtigt wird, weil die materiellen, aber auch die psychisch-sozialen Voraussetzungen der Sozialisation ungünstig sind.

Die steigende Sozialhilfebedürftigkeit der Haushalte mit Kindern ist - wie die im Zeitverlauf relativ stabilen Strukturdaten erkennen lassen - sowohl bei den Ehepaaren

---

[13]   Gleiches gilt für die geplante Umbenennung der Sozialhilfe in ein „Sozialgeld".
[14]   BTDrs. 13/3339 Anlage 8 und Stat. BA, Stat. JB 2003, S. 486.

mit Kindern als auch bei den allein erziehenden Frauen häufig durch Arbeitslosigkeit verursacht. 65 % der laufende Hilfe empfangenden Ehepaare mit Kindern und 22 % der rd. 309 000 (allein erziehenden) Frauen mit Kindern benannten Arbeitslosigkeit als Hauptursache der Hilfsbedürftigkeit. 27 % der Frauen mit Kindern gaben als Hauptursache „Ausfall des Ernährers", d.h. Scheidung oder Trennung, als Ursache ihrer Hilfsbedürftigkeit an. Es liegt auf der Hand, dass der Wegfall ausreichender Unterhaltszahlungen durch die Väter im Falle der Trennung oder der Scheidung in Verbindung mit den durch die Versorgung der Kinder eingeschränkten Erwerbsmöglichkeiten allein erziehender Mütter eine wachsende Sozialhilfeanfälligkeit verursacht.

Ein gravierendes Problem nicht nur, aber v.a. im Sozialhilfebereich ist der Leistungsmissbrauch. Um ihn einzudämmen, wurde durch eine am 01. Juli 1998 in Kraft getretene Verordnung die Möglichkeit geschaffen, die empfangenen Sozialhilfeleistungen mit Daten der Bundesagentur für Arbeit, der Unfall- und der Rentenversicherung und mit Daten anderer Sozialhilfeämter abzugleichen, um den Mehrfachbezug von Sozialleistungen zu verhindern.

Die stigmatisierende Wirkung der Sozialhilfe führt tendenziell zu einer Untererfassung des Kreises der Hilfebedürftigen. Andererseits wird der Sozialhilfe vorgeworfen, sie würde den Kreis der Bedürftigen ausweiten, indem sie die Empfänger der Hilfe davon abhalte, eine gering entlohnte Erwerbstätigkeit aufzunehmen. Die negative Anreizwirkung auf das Arbeitsangebot wird zum einen damit begründet, dass die Höhe des Regelsatzes zuzüglich der Mehrbedarfszuschläge und der von der Sozialhilfe übernommenen Wohnkosten die verfügbaren Haushaltseinkommen unterer Lohngruppen überschreitet. Aus diesem Grund wurde das sog. „Lohnabstandsgebot" in das BSHG eingeführt und inhaltsgleich in das SGB XII übernommen.[15] Empirische Untersuchungen kommen zu dem Ergebnis, dass das Lohnabstandsgebot mittlerweile eingehalten wird, sofern man als Referenzgröße die unteren Lohngruppen des produzierenden Gewerbes verwendet. Der Lohnabstand steigt mit sinkender Haushaltsgröße und ist bei allein lebenden Personen mit 53 % des verfügbaren Haushaltseinkommens in den alten bzw. 49 % in den neuen Bundesländern am größten (Breuer u.a. 1999, S. 27 f.).

Ein weiteres Problem ergibt sich aus der Tatsache, dass Arbeitseinkommen mit Ausnahme eines geringfügigen Freibetrags fast vollständig auf den Sozialhilfeanspruch angerechnet wird. Die marginale Transferentzugsrate liegt damit teilweise bei 100 %, so dass sich ein höheres Arbeitseinkommen nicht in einem höheren Einkommen nach Transfers niederschlägt. Auch von dieser Regelung wird vermutet, dass sie die Bereitschaft zur Arbeitsaufnahme erwerbsfähiger Sozialhilfeempfänger reduziert. Deshalb sieht die Grundsicherung für Arbeitsuchende vor, von den monatlichen Einkommen aus Erwerbstätigkeit folgende Freibeträge abzusetzen (§ 30 SGB II):

---

[15] § 28 Abs. 4 BSHG lautet: „Die Regelsatzbemessung gewährleistet, dass bei Haushaltsgemeinschaften von Ehepaaren mit drei Kindern die Regelsätze zusammen mit Durchschnittsbeträgen der Leistungen nach den §§ 29 und 31 und unter Berücksichtigung eines durchschnittlichen abzusetzenden Betrages nach § 82 Abs. 3 unter den erzielten monatlichen durchschnittlichen Nettoarbeitsentgelten unterer Lohn- und Gehaltsgruppen einschließlich anteiliger einmaliger Zahlungen zuzüglich Kindergeld und Wohngeld in einer entsprechenden Haushaltsgemeinschaft mit einer alleinverdienenden vollzeitbeschäftigten Person bleiben."

- 15 % bei einem Bruttolohn bis 400 €,
- zusätzlich 30 % des Teils des Bruttolohns, der 400 € übersteigt und nicht mehr als 900 € beträgt,
- zusätzlich 15 % bei dem Teil des Bruttolohns, der 900 € übersteigt und nicht mehr als 1 500 € beträgt.

Dadurch soll den Beziehern der Leistungen ein finanzieller Anreiz zur Arbeitsaufnahme gegeben werden.

Ein weiteres Problem der Sozialhilfe ergibt sich daraus, dass bei der Mittelzuweisung die Sozialhilfe nicht mit sehr hoher Priorität versehen wird, und dass die jeweils verfügbaren Mittel nicht dem eigentlichen Bedarf entsprechen. Sehr wahrscheinlich macht sich die Mittelknappheit der öffentlichen Haushalte weniger bei den laufenden Hilfen zum Lebensunterhalt bemerkbar, weil hier die Entscheidungs- und Ermessensspielräume der Sozialverwaltungen nicht groß sind. Stärker wird sich die Mittelknappheit jedoch auf das Angebot an Hilfen in besonderen Lebenslagen auswirken, auf Leistungen also, die die Verfügbarkeit von sozialen Einrichtungen (Alten- und Pflegeheimplätze, Heime und Werkstätten für Behinderte, Behindertenfahrzeuge, sozialtherapeutische und sozialpädagogische Institute) und ausgebaute soziale Dienste (Beratungs-, Betreuungs- und Behandlungspersonal) voraussetzen. Die von den Verbänden der freien Wohlfahrtspflege immer wieder geforderte Verstärkung der persönlichen Hilfen und der dazu erforderlichen personellen und institutionellen Ausstattung ist Ausdruck dieser Finanzierungslücke (vgl. dazu auch Frerich/Frey 1996, Bd. 3, S. 361 f.).

Die Forderung nach der Verstärkung der Hilfen in besonderen Lebenslagen rechtfertigt sich daraus, dass die Sozialhilfe die Aufgabe hat, individueller Not *so* abzuhelfen, dass die Hilfe überflüssig wird, und nicht primär die Aufgabe, den Lebensunterhalt langfristig oder auf Dauer für Menschen zu sichern, die aufgrund von Unzulänglichkeiten des Sozialleistungssystems oder aufgrund sozialpolitischer Zielverfehlungen hilfsbedürftig werden. Wie in Tabelle 25 dargestellt, wurden jedoch 2001 12 % aller Sozialhilfeausgaben für Hilfe zur Pflege ausgegeben. Die Sozialhilfe erbrachte somit zum Teil Leistungen, die eigentlich durch eine Pflegeversicherung hätten aufgebracht werden sollen.

Auf ein in jüngster Zeit aktuell gewordenes Problem hat *Jürgen Volkert* aufmerksam gemacht. Während die Expansion des Sozialbudgets zwischen 1972 und 1997 über das Wachstum des Sozialprodukts deutlich hinausging, sind die Sozialhilferegelsätze langfristig hinter dem entsprechenden durchschnittlichen Einkommensanstieg der Gesamtbevölkerung zurückgeblieben. Da die im Sozialhilfebereich auftretenden Sicherungsdefizite nicht nur das Ergebnis einer mangelnden Artikulationsfähigkeit der Sozialhilfeempfänger und der Vertreter ihrer Interessen im politischen Wettbewerb sind, sondern auch eine Folge der Stärke „dominierender Verbände", empfiehlt Volkert Weiterentwicklungen der amtlichen Statistik und Erhebungen der empirischen Sozialforschung durch eine unabhängige Institution, um auf diese Weise „die Existenzsicherung der wirtschaftlich Schwächsten zumindest teilweise zu entpolitisieren und – beispielsweise durch eine verlässliche Regelbindung – institutionell abzusichern".[16]

---

[16] Volkert 2000, S. 263.

Literatur

1. Monographien und Aufsätze

Bellebaum/Braun 1974 - BMGS 2003 - Becker/Hauser 2003 – Butterwegge 2002 – Butterwegge/Klundt 2003 - Döring/Hanesch/Huster 1992 - Eckhardt 1997 - Feist 2000 - - Hochmuth/Klee/Volkert 1995 - Huster 1996 - Kitterer 1990 - Rothkegel 2000 - Schäfer 1966 - Schellhorn/Jirasek/Seipp 1997 - Schulin / Igl 2002 - Schulz 1989.

2. Laufende Materialquellen und Periodika

Blätter der Wohlfahrtspflege, Stuttgart 1854 ff.
Nachrichtendienst des Deutschen Vereins für öffentliche und private Fürsorge, Frankfurt/M. 1969 ff.
Stat. BA, Fachserie 13, Reihe 2: Sozialhilfe
Zeitschrift für Sozialhilfe, München 1962 ff.

XI. Kapitel

Wohnungspolitik

A. Definition, Notwendigkeit und Ziele

Unter Wohnungspolitik versteht man alle Maßnahmen staatlicher Träger und Organe der Wirtschafts- und Sozialpolitik, mit denen das Ziel verfolgt wird, die Wohnungsversorgung der Bevölkerung zu beeinflussen. Wohnungspolitik umfasst die Wohnungs*bau*politik und die Wohnungs*bestands*politik. Während es Aufgabe der Wohnungsbaupolitik ist, einen den Zielen der Politik nach Umfang, Struktur, Qualität und Preis entsprechenden Wohnungsbau zu sichern, ist es Aufgabe der Wohnungsbestandspolitik, die Nutzung, Verteilung, Erhaltung und Bewirtschaftung des vorhandenen Wohnungsbestandes entsprechend den Zielen der Politik zu sichern. Da die Wohnungspreise in hohem Maße von den Bodenpreisen und die Wohnungsqualitäten in hohem Maße von der Wohnungsumwelt abhängen, weist die Wohnungspolitik starke Interdependenzen zur Bodenpolitik, zur Stadtentwicklungspolitik, zur Raumordnungspolitik und zur Umweltschutzpolitik auf.

Die Notwendigkeit einer Wohnungspolitik ergibt sich letztlich daraus, dass aufgrund der hohen Kosten der Herstellung, des Unterhaltes und der Nutzung des für die Lebenssicherung und die Lebensqualität entscheidenden Gutes Wohnung einerseits und der begrenzten Einkommen der überwiegenden Mehrheit der Bevölkerung andererseits ohne politische Eingriffe ein Wohnungsangebot, das qualitativ und quantitativ den Versorgungszielen entspricht, nicht zustandekommt.[1] Seit der mit Bevölkerungsexplosion und Verstädterung verbundenen Industrialisierung bestand bis in die 70er Jahre unseres Jh. ein Wohnungsdefizit. Trotz der Gefahren, die sich v.a. im vorigen Jh. aus der Überbelegung, aus sanitären, hygienischen und räumlichen Unzulänglichkeiten für die Sittlichkeit, für die Regenerationsmöglichkeit der Arbeitskräfte und für die Entfaltung der Persönlichkeit sowie für die Lebensbedingungen der Familien ergaben (vgl. dazu S. 22 f.), setzte in Deutschland eine Wohnungspolitik erst um die Jahrhundertwende ein, vermutlich, weil die Entwicklung und der Ausbau von Arbeitnehmerschutz und Sozialversicherung dringlicher erschienen und finanzielle Mittel zur Förderung des Wohnungsbaues nicht verfügbar gemacht werden konnten.

Die Notwendigkeit einer Wohnungspolitik ergibt sich nicht nur bei einem Ungleichgewicht des Gesamtmarktes, sondern auch aufgrund struktureller Ungleichgewichte, die sich aus der Verfassung der Wohnungsmärkte ergeben. Der Wohnungsmarkt ist ein typisch unvollkommener Markt, der aus zahlreichen lokalen und qualitativ heterogenen Märkten besteht. Die Wohnungsmärkte unterscheiden sich je nach Beschaffenheit der Wohnungen in Bezug auf Hausgröße und Hausart (Hoch-

---

[1] Vgl. dazu auch J. Zerche, Ökonomische und soziale Gedanken zu einer sozialen Wohnungspolitik, in: G. Kleinhenz (Hg.), 1995, S. 379 ff.

haus, Zweifamilienhaus, Einfamilienhaus, Flachbau), in Bezug auf die Eigentumsverhältnisse (Eigenheime, Eigentumswohnungen, Mietwohnungen), in Bezug auf die Wohnungsgröße und die Wohnungsqualität (Lichtverhältnisse, Luftverhältnisse, sanitäre Ausstattung) und in Bezug auf das Alter der Wohnungen. Angebotsinelastizitäten einerseits, geringe Markttransparenz, eine arbeitsplatzbedingte räumliche Unbeweglichkeit der Nachfrager nach Wohnungen und Grenzen der finanziellen Belastbarkeit breiter Bevölkerungskreise andererseits sind Ursachen partieller Ungleichgewichte. Überangebote an großen und teuren Wohnungen eignen sich nicht zur Deckung der Nachfrage der Bezieher mittlerer und niedriger Einkommen nach mittelgroßen und kleineren Wohnungen. In der Bundesrepublik fehlt es v.a. an preiswerten Wohnungen für Familien mit mehreren Kindern (BMFuS 1994, Kap. VI Abschn. 8.). Aus diesen Zusammenhängen ergibt sich die Notwendigkeit einer auf die Beeinflussung der Struktur des Wohnungsangebotes gerichteten Politik.

Das Hauptziel der Wohnungs*bau*politik besteht - wirtschaftssystemunabhängig - darin, möglichst alle Familien und Alleinstehenden mit Wohnungen zu versorgen, die nach Größe, Qualität, Verkehrslage und Preis eine möglichst weitgehende Befriedigung des Grundbedürfnisses „Wohnen" entsprechend den in einer Gesellschaft geltenden Wohnnormen erlauben. Natürlich verändern sich die Normen, die an ein befriedigendes, physiologisch und sozial „gesundes" Wohnen, an die Wohnungsgröße und an die Wohnungsausstattung gestellt werden, mit dem Stand der Technik, mit dem wirtschaftlichen Niveau und entsprechend den jeweils herrschenden städte- und wohnungsbaupolitischen Zielvorstellungen. Als besonders problematisch hat sich die unter dem Stichwort Urbanität in den 60er Jahren geforderte „Verdichtung" der Stadt erwiesen, die zu unwirtlichen, kinderfeindlichen, inhumanen Trabantenstädten aus Betonhochhäusern führte (vgl. dazu U. Schultz 1971 und Becker / Keim 1977). Angesichts der Wertorientierung wohnungs- und städtebaupolitischer Entscheidungen empfiehlt es sich erstens, wohnungsbaupolitische Leitbilder unter möglichst starker Beteiligung der Bürger und unter Berücksichtigung ihrer Präferenzen zu entwickeln und zweitens, den Bürgern ein möglichst breites Entscheidungsspektrum mit Alternativen vom Eigenheim über die Eigentumswohnung bis zur Mietwohnung im modernen Hochhaus zu eröffnen.

Da Zahl, Größe und Preise der Wohnungen weitgehend von den Bodenpreisen und von der Verfügbarkeit von Boden für Wohnungsbauzwecke abhängen, sind Probleme des Wohnungsbaues auch Probleme der Bodenordnung und der Bodenpreise (vgl. zur Bodenpolitik H. Möller 1967, Holzheu 1980, S. 47 ff. und Mühlhäuser, in Ude 1990, S. 168 ff.). Abbau und Kontrolle von Bodenmonopolen, die Verhinderung der Bodenspekulation und Verhinderung der Ausbeutung von Bodennutzern durch Bodeneigentümer sowie die Zuführung baureifen Bodens für Bauzwecke sind daher nicht nur bodenpolitische, sondern auch wohnungsbaupolitische Ziele.

Die Wohnungs*bestands*politik verfolgt eine doppelte Zielsetzung: Sie ist erstens auf die ökonomische Erhaltung, auf die Instandsetzung und die Verteilung des Wohnungsbestandes gerichtet und sie sucht zweitens den Mieter vor dem Verlust der Wohnung und vor Preisüberhöhungen zu schützen.

B. Grundzüge der Wohnungspolitik[2] in der Bundesrepublik[3]

In Deutschland war bis um die Jahrhundertwende keine nennenswerte staatliche wohnungspolitische Aktivität festzustellen. Um die Jahrhundertwende wurden in einzelnen Städten und Ländern des Reiches Wohnungspflege-, Wohnungsfürsorge- und Wohnungsförderungsgesetze verabschiedet, die im Wesentlichen enthielten: qualitative Anforderungen an Mietwohnungen in Bezug auf die Luft- und Lichtverhältnisse, sanitäre Einrichtungen, Wasserversorgung und Abfallbeseitigung, Anzeigepflichten für die Vermieter kleiner Wohnungen und die Vermieter von Schlafstellen, Aufsichtsrechte für die Gesundheits- und die Ortspolizeibehörden und Grundlagen für eine öffentliche Darlehensgewährung. In sehr begrenztem Umfang versuchten einzelne Kommunen den Wohnungsbau zu fördern.

Als während des Ersten Weltkrieges die Frauen Kriegsdienst leistender Soldaten aufgrund der niedrigen Unterstützungssätze Schwierigkeiten hatten, die Mieten aufzubringen, begann mit einer Verordnung vom 18. Aug. 1914 ein zunächst begrenzter, dann immer weiter ausgebauter preisregulierender und -kontrollierender Mieterschutz, der nicht nur während des Ersten Weltkrieges, sondern auch zwischen den Weltkriegen und während des Zweiten Weltkrieges bis 1960, dem Inkrafttreten des *Gesetzes über den Abbau der Wohnungszwangswirtschaft und ein soziales Miet- und Wohnrecht* vom 23. Juni 1960, anhielt, so dass auf dem Wohnungsmarkt in Deutschland über ein halbes Jahrhundert hinweg eine selbständige marktmäßige Mietpreisbildung verhindert und die Miete als angebots- und nachfragesteuernder Preis außer Funktion gesetzt war.

Die Wohnungsbauleistungen in der Weimarer Republik und im Dritten Reich (vgl. dazu Abb. 5) blieben unzulänglich, wenngleich es gelang - wie Tabelle 26 zeigt - den Wohnungsbestand pro 1 000 Einwohner von 1920 bis 1940 um 41,4 Einheiten zu erhöhen, während der Bestand von 1871 bis 1920 nur um 8,9 Einheiten pro 1 000 Einwohner angewachsen war. Durch die Folgen des Zweiten Weltkrieges (Zerstörung von Wohnungen und Zustrom Vertriebener und Flüchtlinge) entstand ein Defizit von rd. 5 Mio. Wohnungen. Das quantitative Versorgungsniveau entsprach 1950 dem des Jahres 1890 (Tabelle 26). Es konnte innerhalb von 10 Jahren über das 1940 erreichte maximale Versorgungsniveau angehoben und zwischen 1960 und 1980 so verbessert werden, dass die Zahl der Einwohner pro Wohnung von 4,67 i.J. 1950 auf 2,38 i.J. 1990 zurückgeführt werden konnte. Bis 2001 verbesserte sich die Versorgung weiter. Die Zahl der Einwohner je Wohnung sank auf 2,12 ab.

Die Wohnungsbauleistung in der Bundesrepublik ist als außerordentlich anzusehen. Mitte der 70er Jahre war das durch den Zweiten Weltkrieg und seine Folgen hervorgerufene Ungleichgewicht auf dem Wohnungsmarkt weitgehend beseitigt. Die Zahl der Erstwohnungen entsprach der Zahl der Haushalte. Ab 1985 zeigten sich jedoch erneut Engpässe. Sie waren verursacht durch
- eine beträchtliche Zunahme der Haushalte, v.a. der Ein-Personen-Haushalte, als Folge der Geburtenentwicklung in den 60er Jahren, der Zunahme der Zahl älterer allein lebender Menschen und veränderter Lebensformen, d.h. der vergleichsweise

---

[2] Vgl. dazu Blumenroth 1973, Preller 1978, passim.
[3] Vgl. dazu Degner 1982, Albers 1982b, K. H. Peters 1984 und Ude 1990, S. 13 ff.

frühen Ablösung der Jugendlichen aus den elterlichen Haushalten und der Zunahme der Zahl allein lebender Personen sowie Alleinerziehender;

- die aufgrund der gestiegenen Einkommen und veränderter Ansprüche gewachsene Nachfrage nach mehr Wohnraum pro Person;
- eine durch steigende Zahlen von Aussiedlern gewachsene Nachfrage;
- ein durch die Staatsverschuldung der Jahre 1975 bis 1982 in die Höhe getriebenes, den Wohnungsbau verteuerndes Zinsniveau;
- eine durch politische Blockaden der amtlichen Statistik verursachte Desinformation der Träger der Wohnungspolitik über den Wohnungsbestand (zwischen 1968 und 1987 hatte keine Wohnungszählung mehr stattgefunden).

Der Bundesverband freier Wohnungsunternehmen schätzte 1994 den Wohnungsfehlbestand auf 1,5 Mio. Einheiten (Süddeutsche Zeitung vom 7.Mai 1994).

Die Herausforderungen an die Wohnungspolitik wurden durch die Vereinigung der beiden deutschen Staaten erheblich vergrößert, da die Bevölkerung in den ostdeutschen Ländern quantitativ und v.a. qualitativ wesentlich schlechter mit Wohnungen versorgt war als in den alten Bundesländern (vgl. dazu Bundesministerium für innerdeutsche Beziehungen 1987, S. 533 ff. und BMFuS 1994, Kap. VI Abschn. 8.).

Die Wohnungsbaupolitik in der Bundesrepublik hat ihre gesetzliche Grundlage in folgenden acht Gesetzen[4]:

1. im *Wohnungseigentumsgesetz* vom 15. März 1951, zuletzt geändert durch Gesetz vom 23. Juli 2002; mit diesem Gesetz wurde die Grundlage für den Bau und den Verkauf von Eigentumswohnungen geschaffen;
2. im *Wohnungsbauprämiengesetz* vom 17. März 1952 i.d.F. vom 30. Juli 1992, zuletzt geändert durch Gesetz vom 29. Dez. 2003; durch dieses Gesetz werden Bausparbeiträge durch Prämien in Höhe von 10% begünstigt, sofern der Vertrag vor dem 01. Jan. 2004 abgeschlossen wurde; ab 2004 beträgt die Prämie 8,8%
3. im Vermögensbildungsgesetz vom 01. Juli 1965 i.d.F. vom 04. März 1994, zuletzt geändert durch Gesetz vom 15. Dez. 2003; hierdurch werden u.a. Geldleistungen, die der Arbeitgeber für den Arbeitnehmer in Bausparverträgen anlegt (sog. „vermögenswirksame Leistungen"), durch Prämien begünstigt;
4. in den gesetzlichen Regelungen des Mietrechts (§§ 535 – 580 BGB); § 573 BGB schließt die Kündigung eines Mietverhältnisses zum Zweck der Mieterhöhung aus, § 558 BGB begrenzt einseitige Erhöhungsverlangen des Vermieters auf das ortsübliche Mietniveau;
5. in dem am 8. Dez. 1986 novellierten *Baugesetzbuch* von 1960 i.d.F. vom 27. Aug. 1997, zuletzt geändert durch Gesetz vom 23. Juli 2002, das das Rechtsinstrumentarium der Gemeinden mit dem Ziel erweiterte, die Wohnungspolitik in die Stadtentwicklungspolitik zu integrieren;
6. im *Gesetz zur Neuregelung der steuerrechtlichen Wohneigentumsförderung* vom 15. Dez. 1995 (Eigenheimzulagengesetz), zuletzt geändert durch Gesetz vom 29. Dez. 2003; es ersetzte die steuerprogressionsabhängige Förderung nach § 10e EStG durch eine progressionsunabhängige, d.h. sozialere Eigenheimzulage;
7. durch das *Wohngeldgesetz* (WoGG) vom 14. Dez. 1970 i.d.F. vom 23. Jan. 2003, zuletzt geändert durch Gesetz vom 27. Dez. 2003;

---

[4] Frühere grundlegende Gesetze waren das *Erste Wohnungsbaugesetz* vom 24. April 1950, das *Zweite Wohnungsbaugesetz* vom 27. Juni 1956 und das *Gesetz über den Abbau der Wohnungszwangswirtschaft und über ein soziales Miet- und Wohnrecht* vom 23. Juni 1960.

8. im *Wohnraumförderungsgesetz* (WoFG) vom 13. Sept. 2001, zuletzt geändert durch Gesetz vom 19. Juli 2002.

Die Ziele der Wohnungspolitik wurden durch das Wohnraumförderungsgesetz, das das Zweite Wohnungsbaugesetz zum 01. Jan. 2002 abgelöst hat, grundlegend neu gefasst. Während das Zweite Wohnungsbaugesetz noch die Zielsetzung enthielt, „den Wohnungsmangel zu beseitigen", „eine ausreichende Wohnungsversorgung aller Bevölkerungsschichten" sicherzustellen und „für weite Kreise der Bevölkerung breitgestreutes Eigentum zu schaffen" (II. WohnBauG, § 1), verfolgt das WoFG nun die Zielsetzung, diejenigen Haushalte zu fördern, „die sich am Markt nicht angemessen mit Wohnraum versorgen können und auf Unterstützung angewiesen sind." (§ 1 Abs. 2 WoFG). Zielgruppen sind Bezieher niedriger Einkommen, Haushalte mit Kindern sowie am Wohnungsmarkt besonders benachteiligte Personengruppen (Alleinerziehende, ältere Menschen, Behinderte, Wohnungslose). Neben der Verbesserung der Versorgung mit Mietwohnraum wird auch die Bildung selbst genutzten Wohneigentums gefördert. Dies gilt insbesondere für Haushalte mit Kindern und für Behinderte in den Fällen, in denen das eigene Einkommen und die Eigenheimzulage als nicht ausreichend erscheinen.

Die Förderung erfolgt
- durch die Gewährung von Fördermitteln, die aus öffentlichen Haushalten als Darlehen zu Vorzugsbedingungen bereit gestellt werden,
- durch die Übernahme von Bürgschaften und sonstigen Gewährleistungen und
- durch die Bereitstellung von Bauland.

Die Förderung ist im Regelfall auf Haushalte begrenzt, deren Jahreseinkommen im Ein-Personen-Haushalt 12 000 € und im Zwei-Personen-Haushalt 18 000 € nicht übersteigt. Für jede weitere zum Haushalt gehörende Person erhöht sich die Einkommensgrenze und 4 100 € bzw. um 4 600 €, wenn es sich dabei um ein Kind handelt.

Durch das *Gesetz zur Neuregelung der steuerrechtlichen Wohnungsbauförderung* von 1995 (Eigenheimzulagengesetz, zuletzt geändert am 29. Dez. 2003[5]) wurde die Förderung nach § 10e EStG, die wegen der steuerlichen Abschreibungsmöglichkeiten die Begünstigten umso mehr förderte, je höher ihr steuerpflichtiges Einkommen war, durch eine steuerprogressionsunabhängige Eigenheimzulage ersetzt. Begünstigt werden Verheiratete, deren Gesamtbetrag der Einkünfte im Jahr der Anschaffung zuzüglich der Einkünfte des Vorjahres 140 000 € nicht übersteigt. Bei Ledigen gilt eine entsprechende Einkommensgrenze von 70 000 €. Die Einkommensgrenze erhöht sich für jedes Kind um 30 000 €. Die acht Jahre lang gewährte Zulage beträgt 1 % der Herstellungs- oder Anschaffungskosten einer Wohnung einschließlich Grundstückskosten, maximal jedoch 1 250 €. Die Eigenheimzulage wird durch eine Kinderzulage in Höhe von jährlich 800 € pro Kind ergänzt.

Bund, Länder, Gemeinden und Gemeindeverbände haben die Aufgabe, geeignete, ihnen gehörende Grundstücke als Bauland für den Wohnungsbau zu angemessenen Preisen zu Eigentum oder in Erbbaurecht zu überlassen (§ 4 WoFG). Städte und Gemeinden kommen dieser Aufgabe zum Teil nur unzulänglich nach. Vielmehr tritt durch eine zu geringe Nutzung der in den Flächennutzungsplänen ausgewiesenen Be-

---

5   Die im Dezember 2003 beschlossenen Änderungen bewirkten eine Reduzierung der Leistungen auf die Hälfte des Ausgangsniveaus.

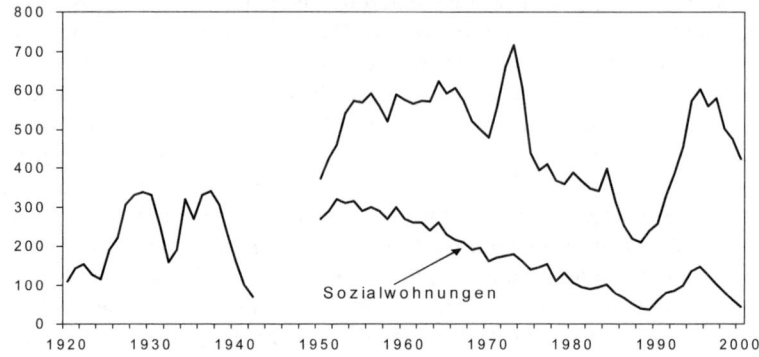

Abb. 5. Die fertiggestellten Wohnungen im Deutschen Reich und in der Bundesrepublik Deutschland 1920 bis 2000

Quellen: 1920-1932: Preller 1978, S. 484; 1933-1942 Stat. Jahrbuch f. d. Deutsche Reich 1941/42, S. 231; ab 1950 StatBA, 50 Jahre Wohnen in Deutschland, Stuttgart 2000, Tab. 8, S. 49.

Tabelle 26. Die Entwicklung des Wohnungsbestands im Deutschen Reich und im Bundesgebiet (ohne Saarland) 1871 bis 2001

	Wohnungen in 1000	auf 1 000 Einwohner Wohnungen	Einwohner pro Wohnung
(1)	(2)	(3)	(4)
1871	8 732	213,0	4,69
1890	10 618	215,6	4,64
1900	12 260	218,7	4,57
1910	14 347	222,2	4,50
1920	13 712	221,9	4,50
1930	15 829	243,2	4,11
1940	18 386	263,3	3,80
1950	10 082	214,2	4,67
1960	16 139	291,1	3,43
1970	20 807	338,3	2,95
1980	25 406	412,7	2,42
1990	26 839	421,0	2,38
1990[a]	33 856	425,0	2,34
2000	37 566	457,0	2,19
2001	38 681	469,7	2,12

[a] Ab 1990 Werte für Gesamtdeutschland.

Quellen: Stat. BA, Bevölkerung und Wirtschaft 1872-1972, Stuttgart 1972, S. 186 sowie dass., Stat. Jb. 1984, S. 52 und S. 233, Stat. Jb. 1999, S. 240 und Stat. Jb. 2003, S. 242.

342

bauungsmöglichkeiten und durch einen zu geringen Ausweis von Bauland eine künstliche Verknappung des Baulandes ein,[6] die die Gesamtaufwendungen für den Wohnungsbau stark erhöht. Während 1980 die Grundstückskosten erst 21 % der Gesamtaufwendungen für ein Haus ausmachten, waren es 1994 bereits 50 %.

Die erste wohnungsbaupolitische Maßnahme, die über eine steuerliche Begünstigung von Bausparverträgen hinaus mit materiellen Anreizen zur Vermögensbildung in Form der Bildung von Wohnungseigentum arbeitete, ist im *Wohnungsbauprämiengesetz* vom 17. März 1952 enthalten. Nach der geltenden Fassung können unbeschränkt einkommensteuerpflichtige Personen Prämien erhalten, wenn sie eine der folgenden Aufwendungen zur Förderung des Wohnungsbaues getätigt haben:

1. Beiträge an Bausparkassen zur Erlangung von Bauspardarlehen;
2. Aufwendungen für den Ersterwerb von Anteilen an Bau- und Wohnungsgenossenschaften;
3. Beiträge aufgrund von Sparverträgen, die auf die Dauer von mindestens drei Jahren abgeschlossen werden, wenn die Sparbeträge und die Prämien verwendet werden
4. zum Bau oder Erwerb eines Eigenheimes oder einer Eigentumswohnung oder
5. zum Erwerb eines Dauerwohnrechts oder von Wohnbesitz.

Die Prämie beträgt 8,8 % der prämienbegünstigten Aufwendungen bis zu 512 € bei Ledigen und bis zu 1 024 € bei Ehegatten pro Jahr. Voraussetzung ist, dass das Jahreseinkommen des Prämienberechtigten 25 600 € bzw. 51 200 € bei Ehegatten nicht übersteigt.

Neben der allgemeinen Wohnungsbauförderung gab und gibt es spezielle Programme, z.B. für Evakuierte, Spätheimkehrer, Bergarbeiter, Angehörige des öffentlichen Dienstes, Bewohner von Zonenrandgebieten, Aussiedler und andere.[7]

Die außerordentlichen quantitativen Erfolge der Wohnungsbaupolitik zeigen Abb. 5 und Tabelle 26. Die eingetretenen Qualitätsverbesserungen der Wohnungen werden daran erkennbar, dass von 1968 bis 1987 die Wohnfläche je Wohnung von 71,1 m^2 auf 85,6 m^2, der Anteil der Wohnungen mit Bad von 71,6 % auf 95,9 % und der Anteil der Wohnungen mit Sammelheizung von 29,8 % auf 73,3 % gestiegen sind (Wirtschaft und Statistik 1989, S. 490). In den neuen Bundesländern war der Qualitätsstandard weit niedriger (vgl. BMFuS 1994, Kap. VI).

Da seit 1957 jeweils über 40 % der jährlich fertiggestellten Wohnungen auf Ein- und Zweifamilienhäuser entfielen, überrascht es nicht, dass die Anteile auch der Arbeitnehmer-Haushalte, die über Hausbesitz verfügen, hoch sind: 1993 verfügten in Westdeutschland (Ostdeutschland) 48,8 (30,3) % aller Arbeiterhaushalte, 51,2 (30,4) % aller Angestelltenhaushalte, 63,9 (20,3) % aller Beamtenhaushalte, 71,2 (53,5) % aller Selbständigenhaushalte und 47,1 (23,2) % aller Nichterwerbstätigenhaushalte über Haus- und Grundbesitz (Stat. BA 1995, Fachserie 15, Wirtschaftsrechnungen, Einkommens- und Verbrauchsstichprobe 1993, Heft 2).

Einen Überblick über die Finanzhilfen des Bundes, die steuerlichen Begünstigungen und die Mittel für die Bausparförderung bis 2000 gibt Tabelle 27. Sie zeigt, dass in den 50er und 60er Jahren erhebliche öffentliche Mittel und Steuervergünstigungen

---

[6] Vgl. auch Oberhauser/Rüsch 1994, S. 82: „In Wirklichkeit ist Bauland jedoch keinesfalls knapp; denn nur ein kleiner Teil der Grundfläche der Bundesrepublik ist bebaut. Die Knappheit wird künstlich durch staatliche und speziell kommunale Maßnahmen herbeigeführt."

[7] Vgl. dazu BMA, Sozialberichte und Jahreswirtschaftsberichte der Bundesregierung.

zur Ankurbelung des Wohnungsbaus eingesetzt wurden, dass die Anteile der Fördermittel in den 70er und 80er Jahren kleiner wurden und in der ersten Hälfte der 90er Jahre der Anteil der Fördermittel weiter sank. Allerdings sind die Fördermittel, v.a. die Steuerbegünstigungen, absolut stark anstiegen.

Trotz der Erfolge der Wohnungsbaupolitik ist nicht zu verkennen, dass die angestrebten Ziele, z.B. das der Förderung des Baues selbstgenutzter Eigenheime und das der besonderen Förderung einkommensschwächerer Schichten sowie der Mehrkinderfamilien, nur unzulänglich erreicht wurden, weil die Förderungsmaßnahmen unübersichtlich und nicht ausreichend aufeinander abgestimmt und weil die Steuerabschreibungen die Bezieher hoher Einkommen bis 1996 ungleich stärker begünstigten als die Bezieher niedriger Einkommen (vgl. zur Kritik an der Wohnungsbauförderung v.a. Oberhauser/Rüsch 1994). 1996 wurde die Förderung selbstgenutzten Wohneigentums steuerprogressionsunabhängig gemacht (vgl. dazu S. 365 f.).

Der Wohnungs*bestands*politik blieb angesichts des gewaltigen Wohnungsdefizits zunächst keine andere Wahl als die Fortsetzung der Wohnungszwangswirtschaft. Das bedeutete v.a., dass der gesamte Wohnungsaltbestand durch die Wohnungsämter erfasst, Wohnraum durch die Wohnungsämter zugeteilt und der Mietstopp des Jahres 1936 aufrechterhalten wurde. „Die künstliche Erstarrung des Wohnungsmarktes wirkte sich... in einer ungerechten und willkürlichen Verteilung der Wohnungen aus. Die zufällige 'Alteingesessenheit' des Mieters verhinderte durch den starren Mieterschutz eine der Größe und Leistungsfähigkeit der Haushalte entsprechende Wohnbelegung. Ausweitung unerwünschter Untermietverhältnisse, Unterlassung notwendiger Instandsetzungsarbeiten, Verhinderung von Wohnungswechsel, Hortung von Wohnraum, negative Beeinflussung der Mietbereitschaft, Eindämmung der Privatinitiative, Vergrößerung des Wohnungsbedarfes waren ... Konsequenzen einer zwangswirtschaftlichen Wohnungsbestandspolitik" (Heuer 1965, S. 819 f.).

Mit der zunehmend besseren Wohnungsversorgung wagte es der Gesetzgeber 1960, durch das *Gesetz über den Abbau der Wohnungszwangswirtschaft und über ein soziales Miet- und Wohnrecht* die Wohnraumbewirtschaftung und die Mietenbindung schrittweise aufzuheben, nachdem schon vorher der frei finanzierte Wohnungsbau keinerlei Mietbindung unterlag und für steuerbegünstigte Wohnungen eine frei vereinbarte, sich jedoch an den Kosten orientierende Miete zugelassen worden war. Das „Abbaugesetz" hob das Mietniveau auch für Altbauten an und beseitigte die Wohnraumbewirtschaftung für alle Kreise, die einen Wohnungsfehlbestand von weniger als 3 % aufwiesen („weiße Kreise"). Der bisher geltende Mieterschutz wurde aufgehoben und die Wohnungsmarktordnung durch ein soziales Miet- und Wohnrecht abgesichert.

Die Wohnungen des sozialen Wohnungsbaues allerdings unterlagen weiterhin Miet- und Belegungsbindungen. Unterstützungsbedürftige Bevölkerungskreise erhalten nunmehr nach dem *Wohngeldgesetz* vom 14. Dez. 1970 i.d.F. vom 21. Jan. 2001, zuletzt geändert durch Gesetz vom 27. Dez. 2003, Wohngeld. Anspruch auf Wohngeld besteht, wenn bestimmte Einkommensgrenzen, die von der Familiengröße abhängen, nicht überschritten und bestimmte Wohnflächenzahlen eingehalten und bestimmte Wohnraumkosten überschritten werden. Im Durchschnitt werden die Haushalte um 30 % der Mietkosten entlastet.

Tabelle 27. Die finanzielle Förderung des Wohnungsbaues in der Bundesrepublik Deutschland[a] 1950 bis 2000 in Mrd. DM (Jahresdurchschnittswerte)

Zeitraum	Wohnungsbau-volumen	davon mit öff. Finanzhilfen des Bundes finanziert[b]	Steuerbegün-stigungen des Bundes und der Länder	Anteil der För-dermittel am Wohnungsbau-volumen	Bauspar-förderung des Bundes und der Länder
	in Mrd. DM	in Mrd. DM	in Mrd. DM	in Prozent	in Mrd. DM
(1)	(2)	(3)	(4)	(5)	(6)
1950-59	9,1	2,90	0,36	35,7	0,35
1960-69	25,9	4,29	1,17	21,1	1,60
1970-74[c]	69,4	4,45	1,97	9,3	3,54
1975-79	88,3	2,50	4,75	8,2	2,97
1980-84	119,9	3,32	7,36	8,9	2,26
1985-90	125,6	2,74	7,71	8,3	1,47
1991-95	256,1	3,84	10,28	4,0	1,15
1996-2000	299,2	4,10	17,60	14,28	0,57

a   Ab 1991 Gesamtdeutschland.
b   Die Finanzhilfen der Länder sind durchaus beachtlich, sie werden jedoch in den Subventionsberichten der Bundesregierung nicht ausgewiesen. 1975 bis 1979 betrugen die Finanzhilfen des Bundes im Jahresdurchschnitt 2,50 Mrd. DM, die der Länder 4,52 Mrd. DM (Institut der deutschen Wirtschaft, Zahlen zur wirtschaftlichen Entwicklung 1982).
c   Die Daten bis 1969 sind mit denen der darauffolgenden Jahrgänge nicht vergleichbar, da sich die Er-hebungsmethode geändert hat.
d   Prämien nach dem Wohnungsbauprämiengesetz und Sonderausgabenabzug gem. § 10 Abs. 1 EStG
Quellen: Bis 1969 Blumenroth 1973 und BMA 1982, S. 177 und 181; ab 1970: Institut der deutschen Wirt-schaft, Zahlen zur wirtschaftlichen Entwicklung der Bundesrepublik, 1982 ff. (Sp. 2 bis 4) und dritter bis achtzehnter Subventionsbericht der Bundesregierung (Sp. 6).

Mit der Einführung des Wohngeldes wurde die Objektförderung, d.h. die Förderung des Wohnungsbaues durch Kapital- und Zinssubventionen, durch eine Subjekt-förderung, d.h. eine Förderung der Mieter, ergänzt. Sie war notwendig geworden, um die Aufhebung des Mietenstopps in Altbauwohnungen für Einkommensschwache tragbar zu machen.

Die Subjektförderung ist der Objektförderung ihrer größeren Verteilungsgerechtig-keit und ihrer größeren Marktkonformität wegen überlegen. Da im Rahmen des sozia-len Wohnungsbaues die einkommensmäßigen Voraussetzungen für den Bezug solcher Wohnungen nur im Augenblick der Zuweisung geprüft wurden, trat als erstes gravie-rendes Verteilungsproblem die sogenannte Fehlbelegung auf (vgl. dazu v.a. Heuer 1985), d.h., dass große Teile des Bestandes an Sozialwohnungen (rd. 1,5 von 4,0 Mio. = 37,5 %) von nicht mehr Anspruchsberechtigten bewohnt werden. Dadurch werden billige Wohnungen für Bedürftige durch nicht mehr Bedürftige blockiert und ein un-echter Bedarf an Sozialwohnungen produziert (vgl. zu den Problemen im sozialen Wohnungsbau Behnken 1982 und Eekhoff 2002).

Erst seit dem Inkrafttreten des *Gesetzes über den Abbau der Fehlsubventionierung und der Mietverzerrung im Wohnungswesen* vom 22. Dez. 1981 in der Neufassung vom 19. Aug. 1994 müssen Inhaber öffentlich geförderter Wohnungen in den Bundesländern, die sich für eine solche Abgabe entschieden haben, eine geringfügige Ausgleichszahlung leisten (Fehlbelegungsabgabe), wenn ihr Einkommen die Einkommensgrenzen nach dem *Wohnraumfördergesetz* übersteigt (§§ 34 ff. WoFG).

Sie variiert je nach dem Prozentsatz der Überschreitung der Einkommensgrenze für die Bezugsberechtigung zwischen 0,25 und 2,25 € pro m^2. Die Erhebung der Fehlbelegungsabgabe liegt im Ermessen der Bundesländer.

Ein zweites Verteilungsproblem liegt darin, dass Sozialwohnungen unterschiedlichen Alters im Verhältnis zu den Altersunterschieden überproportionale Mietunterschiede aufweisen, so dass die Mieter älterer Wohnungen unter sonst gleichen Umständen stärker begünstigt sind.

Mit öffentlichen Mitteln geförderte Wohnungen unterliegen nach dem *Gesetz zur Sicherung der Zweckbestimmung von Sozialwohnungen* (WohnBindG) vom 24. Aug. 1965 i.d.F. vom 13. Sept. 2001 einer Belegungs- und Mietpreisbindung. Sie können deshalb nur an Wohnberechtigte zur Kostenmiete vermietet werden. Diese Kostenmiete kann nur erhöht werden, wenn sich die laufenden Aufwendungen des Vermieters erhöhen oder in begrenztem Umfang Modernisierungen durchgeführt werden.

C. Das System der Wohnungspolitik

1. Ziele und Instrumente der Wohnungsbaupolitik

Die Ziele der Wohnungsbaupolitik wurden bereits dargestellt (vgl. S. 337 f.).

Die Mittel, die in der Wohnungsbaupolitik angewendet werden, sind zahlreich und können im Einzelnen sehr differenziert ausgestaltet werden. Im Wesentlichen werden folgende Instrumente eingesetzt:

I. Instrumente zur Beeinflussung der Wohnungsqualitäten:
    1. Festsetzung von Mindestwohnnormen in Bezug auf die Luft- und Lichtverhältnisse, die sanitären Einrichtungen und die Feuersicherheit durch Bauordnungen, insbes. als Vorbedingung für die Wohnungsbauförderung mit öffentlichen Mitteln;
    2. Aufstellung von Bebauungsplänen, die die Qualität des Wohnumfeldes sichern;
    3. baupolizeiliche Kontrollen und Wohnungsaufsicht;
    4. Wohnungsberatung;
    5. Bau von Musterwohnungen und Demonstrativbauten;
    6. Förderung der Bautechnik und der Forschung auf diesem Gebiet;
    7. Förderung von Instandsetzungs- und Modernisierungsarbeiten an Altbauten;
II. Instrumente zur Baulandbeschaffung, Bodenpreis- und Mietpreisverbilligung:
    8. Ankauf von Boden durch die Gemeinden und Bereitstellung öffentlichen Baulandes

a) im Wege des Erbbaurechtes, d.h. der langfristigen, 69 bis 99 Jahre während Überlassung eines Grundstückes gegen niedrige Pachtgebühren;

b) im Wege des Verkaufs zu günstigen Preisen;

9. rechtzeitige Erschließung von Baugründen durch Erweiterung des städtischen Bodens und Bodenerschließung durch entsprechende Infrastrukturinvestitionen (Kanal- und Straßenbau, Sicherstellung der Energieversorgung);

10. Besteuerung des Bodens in Städten, um die Bodenspekulation und die Zurückhaltung bebauungsfähigen Bodens zu verhindern, durch Wegsteuerung der dem Eigentümer im Zuge der Besiedelung und der städtischen Entwicklung unverdient zuwachsenden Bodenwertsteigerung (Bodenwertzuwachssteuer);

11. Wohnungsbausubventionierung in Verbindung mit Mietpreisbindungen;

III. Instrumente zur Erleichterung der Wohnungsbaufinanzierung:

12. Förderung des Bausparens und des auf die Errichtung oder den Erwerb von Wohnungen gerichteten Zwecksparens durch Steuerbegünstigung oder durch Prämienvergabe;

13. Förderung von wohnungsbauorientierten Kapitalsammelstellen, insbes. der Bausparkassen;

14. Übernahme öffentlicher Bürgschaften zur Sicherung der Kreditfinanzierung;

15. Bereitstellung preisgünstiger Hypotheken und Kredite aus öffentlichen Mitteln;

16. Gewährung von Zinszuschüssen;

17. Entlastungen der Bauherren oder der Wohnungserwerber durch
- Gebührenerlass,
- Grunderwerbssteuer- und Grundsteuerermäßigung,
- die Möglichkeit des Absetzens der Schuldzinsen bei der Ermittlung des steuerpflichtigen Einkommens,
- die Möglichkeit der Abschreibung der Kosten des Wohnungsbaues oder -erwerbes bis zu einer bestimmten Höhe;

IV. Sonstige Instrumente der Wohnungsbaupolitik:

18. besondere rechtliche, insbes. steuerrechtliche Behandlung gemeinnütziger und genossenschaftlicher Bautätigkeit;

19. Errichtung staatlicher und kommunaler Wohnungen, die nicht nur, aber insbes. an staatliche bzw. städtische Bedienstete preisgünstig vermietet werden;

20. Maßnahmen zur Baukostensenkung durch Förderung der Bauforschung und des Winterbaues;

21. Subventionierung der Mieten für bestimmte soziale Schichten, um durch die Schaffung kaufkräftiger Nachfrage das Wohnungsangebot anzuregen;

22. Maßnahmen zur Verbesserung der Funktionsfähigkeit der Wohnungsmärkte wie Erhöhung der Markttransparenz durch Marktforschung, Information und Aufklärung.

Angesichts der Fülle wohnungsbaupolitischer Instrumente verbietet sich hier eine Analyse ihrer Wirkungsweise und ihrer Eignung in Bezug auf den Zielerreichungsgrad und die Wirtschaftssystemkonformität.

2. Ziele und Instrumente der Wohnungsbestandspolitik

Die Ziele der Wohnungsbestandspolitik wurden bereits (S. 338) dargestellt. Die eingesetzten Instrumente sind in hohem Maße abhängig vom Stand der erreichten Wohnraumversorgung. In Zeiten *großer* Wohnungsdefizite gibt es kaum zieladäquate Instrumente außer einer staatlichen Wohnraumbewirtschaftung für bestimmte Bestände, einer straffen Bindung der Mieten und einem aus der Sicht der Wohnungseigentümer rigorosen Mieterschutz. Eine solche Politik pflegt allerdings fast stets in einen circulus vitiosus zu führen: Die Mietreglementierung unterbindet nicht nur eine angemessene Kapitalverzinsung, sondern gefährdet sogar die Instandhaltung und die Instandsetzung des Wohnungsbestandes. Ein jahrzehntelanger Mietstopp führt - wie zahlreiche Beispiele in europäischen Ländern, nicht zuletzt in der früheren DDR, zeigen - zu einem Verfall der Städte. Fehlende Eigenkapitalverzinsung und eine fast völlig eingeschränkte Verfügungsfreiheit der Wohnungseigentümer über ihr Wohnungseigentum töten jeden privatwirtschaftlichen Anreiz zum Bau von Mietwohnungen ab. Das bei Einsatz von Bewirtschaftungsmaßnahmen und des Mietstopps geringe Wachstum des Wohnungsbestandes wiederum lässt keine Freigabe der Preisbildung auf dem Wohnungsmarkt zu. In solchen Situationen hilft nur eine forcierte Wohnungsbaupolitik, wie sie die Bundesrepublik Deutschland mit Erfolg praktiziert hat.

Je höher der Grad der Wohnraumversorgung ist, um so mehr können Bewirtschaftungsmaßnahmen und Mieterschutzbestimmungen aufgelockert, die Eigenwirtschaftlichkeit der Wohnungswirtschaft durch die Zulassung von mindestens die Kosten und eine angemessene Kapitalverzinsung sichernde Mieten gefördert und einkommensschwache Schichten durch Mietbeihilfen subventioniert werden.

3. Träger und Hilfsorgane

Träger der Wohnungsbaupolitik in der Bundesrepublik Deutschland sind der Bund, die Länder und die Gemeinden. Während der Bundesgesetzgeber für die gesetzlichen Grundlagen der Wohnungspolitik verantwortlich ist und erhebliche öffentliche Mittel bereitstellt, obliegt den Ländern die Durchführung der einschlägigen Gesetze. Die Länder haben aber ebenfalls wohnungsbaupolitische Gesetzgebungsbefugnisse und entfalten sowohl durch die Entwicklung und Durchführung von Wohnungsbauprogrammen wie auch durch den Einsatz eigener öffentlicher Mittel wohnungspolitische Aktivitäten. Bei den Gemeinden liegen - abgesehen vom kommunalen Wohnungsbau - vor allem die Aufgaben der Bauplanung, der Programmprojektierung, der Wohnungsfürsorge und der Wohnungsaufsicht. Das Deutsche Reich und die Bundesrepublik bedienten bzw. bedienen sich mit Erfolg der Träger des gemeinnützigen Wohnungsbaues und der Bausparkassen als Hilfsorgan,[8] um die Wohnungspolitik zu vollziehen.

Durch das *Gesetz zur Überführung der Wohnungsgemeinnützigkeit in den allgemeinen Wohnungsmarkt* vom 2. Aug. 1988 wurde mit Wirkung vom 01. Jan. 1990 das Recht der Gemeinnützigkeit im Wohnungswesen nach einer fast 50jährigen Geltungsdauer in der Bundesrepublik aufgehoben. Wesentlicher Anstoß dafür war der

---

[8] Da „Organ der staatlichen Wohnungspolitik" ein Rechtsbegriff ist, wird hier von Hilfsorganen gesprochen.

Missbrauch des Gemeinnützigkeitsprinzips durch die „Neue Heimat" (vgl. dazu Kusch 1987). Grundlage für die Entscheidung des Gesetzgebers war ein dem Bundesfinanzminister von einer unabhängigen Kommission 1985 erstatteter Untersuchungsbericht zur Rechtfertigung der steuerlichen Begünstigung gemeinnütziger Wohnungsunternehmen. Wesentliche Merkmale der gemeinnützigen Wohnungsunternehmen - das waren Wohnungsunternehmen, die nach dem *Wohnungsgemeinnützigkeitsgesetz* vom 29. Febr. 1940 als „gemeinnützig" anerkannt und an denen u.a. auch Bund, Länder, Gemeinden, Gewerkschaften und Sozialversicherungsträger beteiligt waren - sind:

1. ihre Verpflichtung, Wohnungen für die sozial schwachen Bevölkerungskreise zu bauen;
2. ihre Aufgabe, einen für angemessenes und menschenwürdiges Wohnen richtungsweisenden Standard durchzusetzen;
3. die Festsetzung der Miete nach den Selbstkosten;
4. staatliche Überwachung der Unternehmensführung;
5. Verzinsung des eingelegten Kapitals in Höhe von maximal 4 %;
6. die dauerhafte Bindung des gebildeten Vermögens an den sozialen Zweck des Unternehmens.

Die gemeinnützigen Wohnungsunternehmen (vgl. dazu Heuer 1985), unter denen die „Neue Heimat" eine hervorragende Rolle spielte, haben nach dem Zweiten Weltkrieg zeitweise zwei Fünftel und selbst in ihren „schlechtesten" Jahren etwa ein Viertel aller Neubauwohnungen erstellt.

Unter den gemeinnützigen Wohnungsunternehmen haben die rd. 1 200 Wohnungsaufbaugenossenschaften großes Gewicht.

Die Bausparkassen (vgl. dazu Lehmann 1977) sind Spezialinstitute zur Wohnungsbaufinanzierung, die ihren Sparern bei Fälligkeit des Sparvertrages unkündbare Tilgungsdarlehen zu möglichst günstigen Zins- und Tilgungsbedingungen gewähren.

Literatur

1. Monographien und Aufsätze

Albers 1982b - Behring/Kirchner/Ulbrich 1998 - Blumenroth 1973 – BMGS 2003 - Degner 1982 - Eekhoff 2002 - Heuer 1985 - Jenkis 1996 - Mayer 1998 – Oberhauser - Rüsch 1994 - Ude 1990.

2. Laufende Materialquellen und Periodika

Bundesbaublatt, Wiesbaden 1951 ff.
Deutsche Wohnungswirtschaft, Düsseldorf 1949 ff.
Stat. BA, Fachserie 5: Bautätigkeit und Wohnungen, Reihe 2: Bewilligungen im sozialen Wohnungsbau
Wohnungswirtschaftliches Jahrbuch, Hamburg 1974 ff.
Wohnungswirtschaft und Mietrecht, Köln 1976 ff.
Zeitschrift für das gemeinnützige Wohnungswesen in Bayern, München 1910 ff.
Zeitschrift für Miet- und Raumrecht, Düsseldorf 1948 ff.

XII. Kapitel

Familienpolitik, Jugendhilfe und Altenhilfe

A. Familienpolitik

1. Definition, Notwendigkeit und Ziele

Familienpolitik umfasst die Gesamtheit der Maßnahmen und Einrichtungen, mit denen die Träger der Politik das Ziel verfolgen, die Familie zu schützen und zu fördern, die für ihre Mitglieder und für die Gesellschaft unentbehrliche Funktionen erfüllt. Unter dem Begriff der Familie werden sehr unterschiedliche Sachverhalte verstanden. Daher muss entschieden werden, welcher Familienbegriff Grundlage für die Familienpolitik sein soll. In einer sehr weiten Bedeutung wird unter Familie eine Gruppe von Menschen verstanden, die miteinander verwandt, verschwägert oder verheiratet sind. In einem engeren Sinne ist mit Familie eine soziale Gruppe gemeint, die aus einem Elternpaar oder einem Elternteil und einem oder mehreren (auch adoptierten) Kindern besteht. Auf diese Familie im engeren Sinn („Kernfamilie") richtet sich die Familienpolitik in erster Linie. Innerhalb dieser Familie unterscheidet man begrifflich zwischen der vollständigen, aus einem verheirateten Elternpaar und ihren ledigen Kindern bestehenden Familie und der unvollständigen Familie, in der eine allein stehende ledige, verwitwete, getrennt lebende oder geschiedene Mutter bzw. ein Vater mit einem oder mehreren Kindern zusammenlebt.[1]

Notwendigkeit und Aufgaben einer Familienpolitik ergeben sich aus zwei Sachverhalten:
- erstens aus z.T. erheblichen Unterschieden der wirtschaftlichen und sozialen Lebenslage der Familienmitglieder, die durch die Zugehörigkeit zu Familien unterschiedlicher Größe, Struktur und Schichtenzugehörigkeit bedingt sind und die aufgrund politischer Zielsetzungen und Grundrechtsverbürgungen ausgleichs- bzw. abbaubedürftig sind;
- zweitens aus Beeinträchtigungen solcher Funktionen der Familie, die nach Meinung der Gesellschaft und der Träger der staatlichen Politik in der erwünschten Qualität vorwiegend durch die Familie erfüllt werden können.

---

[1] In der aktuellen familienpolitischen Rhetorik wird die Verwendung der Begriffe „unvollständige" und „vollständige" Familie gelegentlich als diskriminierend aufgefasst. Es lässt sich jedoch nicht übersehen, dass in den Familien allein Erziehender ein Elternteil fehlt, also gleichsam eine strukturelle Schwäche existiert, die sich auf das Familieneinkommen sowie die Versorgung, Betreuung und Erziehung der Kinder auswirkt.

Zu diesen Funktionen gehören (vgl. dazu Lampert 1996b):

1. die materielle Versorgung, die Betreuung und die Pflege der Familienmitglieder;
2. die Sicherung des Nachwuchses (Reproduktionsfunktion);
3. die durch die Erziehung und Ausbildung der Kinder erfüllte Funktion der Sozialisation der Kinder (Sozialisationsfunktion). Die Erfüllung der Reproduktions- und der Sozialisationsfunktion ist gleichbedeutend mit der Schaffung des Humanvermögens der Gesellschaft;
4. die Sicherung der für den Fortbestand der Gesellschaft notwendigen Solidarität zwischen den Generationen, die aus der gegenseitigen Zuwendung und Hilfe der Familienmitglieder erwächst (Solidaritätssicherungsfunktion);
5. die Regenerationsfunktion, die durch die Versorgung der Familienmitglieder und die in der Familie bestehenden Erholungsmöglichkeiten bewirkt wird. Diese Funktion hat aufgrund der Segmentierung der zwischenmenschlichen Beziehungen, der Fremdbestimmtheit der Arbeit, der Unüberschaubarkeit der entwickelten Gesellschaft und der Anforderungen des Wettbewerbsprinzips an die Erwerbstätigen an Bedeutung gewonnen.

Diese Funktionen der Familie ergeben sich aus Entscheidungen und Handlungen der Familienmitglieder, die der Absicht nach nur auf die Familie bezogen sind.[2] Die Entscheidungen und Handlungen der Familien haben jedoch *eo ipso* positive externe Effekte, die gesellschaftspolitisch erwünscht sind, weil sie die Existenz der Gesellschaft sichern und deren Qualität nachhaltig beeinflussen. Zu diesen externen Effekten[3] gehören:

1. Die für die physische Reproduktion der Gesellschaft unverzichtbare Geburt, materielle Versorgung und Pflege der Kinder. Diese Reproduktion ist ein Erfordernis für jede Gesellschaft, die das Ziel der Selbsterhaltung verfolgt.
2. Da die Versorgung, Betreuung und Erziehung der Kinder und der Jugendlichen die Fundierung der körperlichen, psychischen und mentalen Gesundheit der nachwachsenden Generationen bewirkt, eine Entwicklung und Förderung ihrer Begabungen und Talente darstellt, die Vermittlung und Einübung sozialen Verhaltens, insbes. von Selbstverantwortlichkeit und Solidarität, ermöglicht und Voraussetzungen für die personale Entfaltung der nachwachsenden Generationen erfüllt, tragen die Familien zur qualitativen gesellschaftlichen Reproduktion bei.
3. Die quantitative und qualitative gesellschaftliche Reproduktion sind gleichbedeutend mit der Schaffung des Humanvermögens der Gesellschaft,[4] das wiederum eine entscheidende Determinante des wirtschaftlichen, wissenschaftlichen, kulturellen und politischen Potenzials der Gesellschaft ist.
4. Die Leistungen, die die Familien für ihre erwachsenen Mitglieder erbringen, nämlich deren Versorgung, deren Pflege bei Krankheit, Behinderung oder im Alter sowie psychische und materielle Hilfe im Bedarfsfall stellen zum einen ebenfalls Beiträge zur Erhaltung des Humanvermögens, insbes. des Arbeitsvermögens, dar und entlasten zum anderen das System sozialer Sicherung.

---

[2] Die Analyse der institutionellen und vertragstheoretischen Grundlagen, Voraussetzungen, Wirkungen und Probleme dieser Entscheidungen erfolgt im Rahmen der (nicht nur, aber vor allem ökonomischen) Theorie der Familie und der Familienpolitik. Vgl. dazu G.S. Becker, 1981, Zimmermann 1985, Ott 1993, 1997 und 2000, Ribhegge 1997 und Althammer 2000.

[3] Vgl. dazu BMFSFJ (Hg.) 2001, insbes. Kapitel 4.

[4] Unter dem Humanvermögen versteht man die Gesamtheit der mit bestimmten körperlichen, psychischen und mentalen Fähigkeiten und Fertigkeiten ausgestatteten Bevölkerung.

Die Erfüllung dieser Funktionen der Familien ist in den letzten Jahrzehnten aufgrund folgender Veränderungen erschwert worden (vgl. dazu Kaufmann 1995, Hettlage 1998, Nave-Herz 1988, Fünfter Familienbericht (BMFuS 1994)):

1. Die Entkoppelung von Sexualität und Fortpflanzung, verursacht durch neue Methoden der Geburtenkontrolle und die sich verbreiternde Akzeptanz von Liebesbeziehungen ohne Legitimierung durch die Ehe, sowie die Entkoppelung von Ehe und Elternschaft, verursacht durch die moralische und rechtliche Gleichstellung von ehelichen und unehelichen Kindern und das Vordringen der Selbstverwirklichungsideologie. Beide Formen der Entkoppelung haben zu einer Schwächung des bürgerlichen Ehe- und Familienideals geführt. Die Zahl „unvollständiger" Familien ist stark gestiegen. Für 2000 weist das Stat. Jb. (2001, S. 64) 9,6 Mio. Ehepaare ohne Kinder und 1,4 Mio. nicht-eheliche Lebensgemeinschaften ohne Kinder aus. Von 9,26 Mio. Familien mit Kindern unter 18 Jahren waren 78,4 % vollständige Familien; in ihnen lebten 12,3 Mio. Kinder. 21,6 % waren unvollständige Familien; in ihnen lebten 2,8 Mio. Kinder. Die Zahl nichtehelicher Lebensgemeinschaften mit Kindern wurde mit 634 000 ausgewiesen. Diese Gemeinschaften scheinen überwiegend ein Durchgangsstadium zu sein, das in vielen Fällen - v.a. bei der Geburt von Kindern - in die Ehe mündet.

2. Mit dem Wandel der Auffassungen über die Rolle der Frau in Familie und Gesellschaft ist die Erwerbstätigkeit der Frauen stark angestiegen. Von 1950 bis 1990 ist in der Bundesrepublik die Erwerbsquote der Frauen von 31,3 % auf 39,2 % gestiegen. 2000 waren ohne vorübergehend Beurlaubte 53,6 % aller Frauen im Alter von 15 bis 64 Jahren ohne Kinder im Alter bis zu 15 Jahren erwerbstätig. Die Erwerbsquote der erwerbstätigen Mütter mit Kindern unter 15 Jahren war mit 59,4 % höher (BMFSFJ, Die Familie im Spiegel der Statistik 2003, S. 107). Die Entwicklung steigender Erwerbstätigkeit von Müttern hat sich bis in die Gegenwart fortgesetzt. Dass die Versorgung und Erziehung von Kindern die gleichzeitige Erwerbstätigkeit und umgekehrt die Erwerbstätigkeit die Versorgung und Erziehung der Kinder erschweren, lässt sich daran ablesen, dass die Erwerbsquote von Müttern, deren jüngstes Kind unter drei Jahre alt war, 30,5 % betrug, dagegen die von Müttern, deren jüngstes Kind zwischen 3 und 6 Jahre alt war, 55,4 % und die von Müttern, deren jüngstes Kind zwischen 6 und 15 Jahre alt war, 69,1 % (BMFSFJ, Die Familie im Spiegel der Statistik 2003, S. 197). Die Erwerbstätigkeit erschwert die Erziehung und Versorgung von Kindern mindestens in der frühkindlichen Phase, schafft also einen Konflikt zwischen Erwerbstätigkeit und Familientätigkeit, zwischen Beruf und Familie. Ihn zu entschärfen ist eine wichtige Aufgabe der Familienpolitik.

3. Die ökonomischen Nutzen und Lasten von Kindern haben sich sehr verändert. Während in der frühindustriellen Gesellschaft Kinder als Arbeitskräfte das Familieneinkommen sichern halfen und die Altersversorgung der Eltern sicherten, sind Kinder in den neuzeitlichen Gesellschaften in mehrfacher Hinsicht zu einem Kostenfaktor und einem zentralen Element sozialer Ungleichheit geworden (Kaufmann 1995, S. 138).

Diese Unterschiede in der Lebenslage zwischen Familien und Paaren oder Alleinstehenden ohne Kinder müssen verringert werden, um die Entwicklungschancen der Kinder zu sichern und die Aufwendungen für die gesellschafts-, wirtschafts- und sozialpolitisch erwünschte und notwendige Geburt, Versorgung, Betreuung und Erziehung der Kinder in einem bestimmten Umfang gerecht zu verteilen. Im Einzelnen entstehen durch Kinder folgende Belastungen:[5]

1. Familien haben im Vergleich zu allein stehenden Erwerbstätigen und zu Ein-Verdiener-Ehepaaren ohne Kinder bei gleich hohem Haushaltseinkommen ein umso niedrigeres Pro-Kopf-Einkommen, je größer die Zahl der Kinder ist.[6] Nach neueren Untersuchungen von *I. Becker* (2001) liegen in den westdeutschen Haushalten die Pro-Kopf-Einkommen der Paar-Haushalte mit einem und zwei Kindern um 28 bis 44 % und in den Haushalten mit drei und mehr Kindern um 40 bis 44 % unter den Pro-Kopf-Einkommen kinderloser Paar-Haushalte. Zu ähnlichen Ergebnissen kommt *E. Kirner* (1999).

2. Die ökonomische Position von Ehepaaren mit Kindern wird noch dadurch beeinträchtigt, dass die Mutter oder der Vater mindestens für eine begrenzte Zeit auf ein eigenes Erwerbseinkommen verzichten muss. Die Unterbrechung einer Erwerbstätigkeit wird um so länger dauern, je mehr Kinder eine Familie hat, weil dann die Versorgungs- und Betreuungsfunktion um so weniger auf Verwandte oder auf Betreuungseinrichtungen übertragen werden kann. Für die kindererziehenden und -versorgenden Familien führt dieser Verzicht auf ein zweites Erwerbseinkommen zu einer um so merklicheren Wohlstandseinbuße, je selbstverständlicher die Erwerbstätigkeit der Frauen und die Kinderlosigkeit bzw. die Kinderarmut wird. Nach *Heinz Galler* (1991) nimmt eine Hochschulabsolventin bei einer zehnjährigen Unterbrechung netto einen Lebenseinkommensverlust von rund 270 000 € in Kauf, eine Hauptschulabsolventin bei einer dreijährigen Unterbrechung einen Einkommensverlust von rund 55 000 €.

3. Mit der Unterbrechung bzw. Aufgabe der Erwerbstätigkeit ist trotz der Anerkennung von drei Kindererziehungsjahren pro Kind ein Verlust an Rentenansprüchen verbunden, wenn sich Mütter bzw. Väter für eine längere Unterbrechung der Erwerbstätigkeit entscheiden.

4. Für die Versorgung und Betreuung von Kindern werden von den Eltern beachtliche ökonomische Aufwendungen erbracht. Realitätsbezogene Modellrechnungen über die monetären Aufwendungen für Kinder und den ökonomischen Wert der Betreuungs- und Versorgungsleistung ergeben, dass der im Lauf von 18 Jahren für *ein* Kind erbrachte Versorgungs- und Betreuungsaufwand für Ehepaar-Haushalte mit zwei Kindern und dem Durchschnittseinkommen dieser Haushaltsgruppe bei etwa 262 000 DM = 134 214 € liegt und für Ehepaarhaushalte mit einem Kind und dem Durchschnittseinkommen dieser Gruppe 369 600 DM = 188 973 € beträgt (vgl. dazu Tabelle 28).[7]

In die Aufwandsermittlung sind einbezogen:
- die monetären Versorgungsaufwendungen oder Versorgungsausgaben für Ernährung, Kleidung, Mietanteil, Spielzeug usw., wie sie von der amtlichen Sta-

---

[5] Vgl. dazu u.a. Badelt (Hg.) 1994.

[6] Selbst unter Berücksichtigung von Kindergeldleistungen und steuerlichen Entlastungen betrug 1986 das durchschnittliche Pro-Kopf-Einkommen von Ehepaaren mit einem Kind je nach Einkommensklasse 74 bis 76 %, von Ehepaaren mit zwei Kindern 60 bis 64 % und von Ehepaaren mit drei Kindern 53 bis 59 % des Pro-Kopf-Einkommens kinderloser Ehepaare bei jeweils einem Erwerbseinkommen. Vgl. dazu Willeke/Onken 1990, S. 308.

[7] Vgl. zu weiteren Einzelheiten H. Lampert 2002c. Vgl. ferner als einschlägige Untersuchungen BMFSFJ (Hg.) 2001, S. 137 ff. und BMFuS 1994.

tistik erhoben werden bzw. wie sie anhand der Regelsätze der Sozialhilfe verfügbar sind[8];
- die Aufwendungen an Zeit für die Betreuung der Kinder, und zwar einmal für die direkte Betreuung (Körper- und Gesundheitspflege, Gespräche, Spielen) und zum anderen die indirekte Betreuung, d.h. die kinderbedingten Hausarbeiten (Kochen, Wäschepflege, Hausreinigung usw.)[9]. Der Wert dieser Hausarbeiten wird anhand von Zeitverwendungsdaten der amtlichen Statistik ermittelt.

Tabelle 28. Die Versorgungs- und Betreuungsaufwendungen von Familien für 1983 geborene Kinder in DM für die Erziehungsperiode 1983 bis 2003

	Monetärer Versorgungsaufwand	Bewerteter Aufwand für die Betreuung der Kinder und für kindbedingte Haushaltstätigkeiten	Versorgungs- und Betreuungsaufwand
(1)	(2)	(3)	(4) = (2)+(3)
Alleinerziehende mit *einem* Kind	127 827	207 243	335 070
Ehepaarhaushalt mit *einem* Kind und Sozialhilfeeinkommen	95 265	207 243	302 508
Ehepaarhaushalt mit *einem* Kind und Durchschnittseinkommen	162 360	207 243	369 603
Ehepaarhaushalt mit *zwei* Kindern und Durchschnittseinkommen (pro Kind)	115 603	146 983	262 586
Durchschnittswerte	125 264	192 178	317 442

Quelle: vgl. Text

Ein Teil dieser Aufwendungen wird durch Steuerfreibeträge für Kinder (soweit diese höher sind als die existenzminimalen Versorgungsaufwendungen für Kinder) oder durch Kindergeldzahlungen, ferner durch Erziehungsgeldleistungen, durch die Anerkennung von Erziehungsjahren der Rentenversicherung und durch Wohngeldzahlungen, soweit sie von der Kinderzahl abhängen, vom Staat übernommen. Diese Leistungen betragen jedoch nur einen Bruchteil der tatsächlichen Aufwendungen, nicht zuletzt, weil die Familien selbst durch die Zahlung von direkten und indirekten Steuern diese staatlichen Leistungen mitfinanzieren. Im Fünften Familienbericht wird dieser „Selbstfinanzierungsanteil" auf 32 %, also rund ein Drittel, geschätzt. Andere Autoren kommen zu höheren Selbstfinanzierungsanteilen. Auf der Grundlage der durchschnittlichen Aufwendungen der Familien für ihre Kinder lässt sich die makroökonomische Größenordnung dieser Leistungen für bestimmte Geburtsjahrgänge und für die erwerbsfähige Bevölkerung insgesamt ableiten. Wenn man für einen Altersjahrgang, etwa für die 1983 in

---

[8] Für 1998 wurden vom Stat. BA die privaten Konsumaufwendungen in der Bundesrepublik pro Kind mit 640 € ermittelt (Stat. BA 2003)

[9] Für 1998 wurde ein Zeitaufwand von 1 957 Stunden für Betreuung, Versorgung und Ausbildung eines Kindes ermittelt (Stat. BA 2003)

den westlichen Bundesländern Geborenen, der 1999 rund 694 000 Menschen umfasste, die Aufwendungen mit dem Mittelwert des Versorgungs- und Betreuungsaufwandes in Höhe von 317 000 DM bewertet, dann ergibt sich, dass die Eltern bis zum Jahr 2001 Leistungen im Wert von rund 220 Mrd. DM =112 Mrd. € aufgebracht haben und – unter der Annahme, dass die staatlichen Nettotransfers[10] 20 % dieses Aufwandes ausmachten – einen Nettoaufwand in Höhe von 176 Mrd. DM = 90 Mrd. €. Für das gesamte Erwerbspersonenpotenzial errechnen sich Aufwendungen, die in die Billionen gehen (für ein Erwerbspersonenpotenzial von 40 Mio. z.B. 12,7 Billionen DM = 6,5 Billionen €. netto)[11].

5. Die Einkommensvorteile Kinderloser werden ergänzt durch die gegenüber Eltern größere Disponibilität in Bezug auf die Arbeitszeit und die regionale Mobilität. Chancen zu beruflichem Aufstieg haben in erster Linie diejenigen, die ihre Arbeitskraft uneingeschränkt der Erwerbstätigkeit zuwenden können. Die Freiheit von Betreuungs- und Erziehungspflichten und das vergleichsweise höhere Einkommen ermöglichen im übrigen Kinderlosen auch die uneingeschränktere Nutzung der Freizeitangebote der Wohlstandsgesellschaft.

Das Problem der Verschlechterung der ökonomischen Lage von Familien verschärft sich mit steigender Kinderzahl. Das ist - abgesehen von dem sinkenden Pro-Kopf-Einkommen - erstens daran ablesbar, dass der Anteil der Kinder, die weiterführende Schulen besuchen, mit steigender Kinderzahl sinkt, wobei bei den „unvollständigen" Familien dieser Rückgang noch stärker ausgeprägt ist, zweitens daran, dass die Wohnungsversorgung von Mehrkinderfamilien merklich schlechter ist (vgl. dazu BMFuS 1994, S. 135 ff.) und drittens daran, dass unter den Obdachlosen und unter den Sozialhilfeempfängern Familien mit drei und mehr Kindern überrepräsentiert sind (Stat. BA, Fachserie 13, Reihe 2: Sozialhilfe, fortlaufend).

Die ökonomischen und sozialen Probleme von Familien mit Kindern verstärken sich noch, wenn die Eltern ein niedriges berufliches Qualifikationsniveau haben, wenn Kinder behindert sind, wenn in der Familie für chronisch kranke oder ältere Mitglieder Pflegeleistungen erbracht werden müssen oder wenn bei Familienmitgliedern Formen sozialer Schwäche - wie etwa soziale Labilität oder Alkoholismus - zusätzlich auftreten.

Es bedarf keiner besonderen Begründung, dass die ökonomische und soziale Lage der unvollständigen Familien in der Mehrzahl der Fälle besonders ungünstig ist, weil allein Erziehende aufgrund der begrenzten zeitlichen Möglichkeiten der Mütter zur Erwerbsarbeit vergleichsweise niedrigere Erwerbseinkommen haben, versuchen müssen, oft ohne Hilfe Verwandter, Einkommenserwerb und Kinderbetreuung miteinander zu vereinbaren und das Leben vielfach ohne Partner oder Verwandte bewältigen müssen (vgl. dazu E. Neubauer 1989).

Die Lebensbedingungen für Familien werden nicht nur durch die aufgezeigten ökonomischen Faktoren determiniert, sondern auch durch die Einschätzung des Wertes der Familientätigkeit in der Gesellschaft. Im Zusammenhang mit der gestiegenen und wohl weiter steigenden Erwerbstätigkeit der Frauen und der Umwertung der Rolle der Frau in Familie und Gesellschaft wird Müttern, die sich dafür entscheiden, „nur"

---

[10] Nettotransfers sind die Familienausgleichsleistungen, die um die auf den Steuerzahlungen der Familien beruhenden Selbstfinanzierungsanteile zum Familienlastenausgleich bereinigt sind.

[11] Das Stat. BA hat für 1998 unbezahlte Leistungen für Kinder im Privathaushalt im Wert von 145 Mrd. € ermittelt (Stat. BA 2003).

Hausfrau und Mutter zu sein, vielfach nur eingeschränkte gesellschaftliche Anerkennung zuteil, obwohl kaum ein Betätigungsfeld die Entwicklung und den Einsatz so vieler Kenntnisse und Fähigkeiten verlangt wie das der Mutter, die Grundkenntnisse in Ernährungslehre, Gesundheitslehre, Warenkunde, Erziehungslehre und Haushaltsführung braucht.

Angesichts des skizzierten sozialen Wandels und der ökonomischen Rahmenbedingungen für Familien mit Kindern erscheint das in zahlreichen wirtschaftlich hochentwickelten Ländern und insbes. auch in der früheren Bundesrepublik sowie in den neuen Bundesländern beobachtete Absinken der Zahl der Lebendgeborenen je 1 000 Frauen auf ein niedrigeres Niveau verständlich.[12] Dieser Geburtenrückgang wird zu einem Rückgang der inländischen Bevölkerung führen. Die sog. Nettoreproduktionsrate, d.h. die Zahl der pro Frau im gebärfähigen Alter geborenen Mädchen, lag in der Periode 1991 – 2000 mit Werten zwischen 0,56 und 0,65 auf einem der weltweit niedrigsten Niveaus (Deutscher Bundestag 2002, S. 43). Die Gesellschaft der Bundesrepublik reproduziert sich also derzeit nur zu zwei Dritteln. Da diese Entwicklung erhebliche Auswirkungen auf die verschiedenen Bereiche von Staat und Gesellschaft, insbes. auf die Alterssicherung, haben wird (vgl. dazu Deutscher Bundestag 1994, 1998 und 2002), wird vielfach eine bevölkerungspolitische Ausrichtung und Verstärkung der Familienpolitik gefordert. Ob die Beeinflussung des generativen Verhaltens der Bevölkerung Ziel der Familiepolitik sein soll, ist umstritten. Der Hauptgrund für die Ablehnung bevölkerungspolitischer Orientierung der Familienpolitik liegt in der Auffassung, der höchstpersönliche Charakter der menschlichen Fortpflanzung stehe einer staatlichen Bevölkerungspolitik entgegen.

Nach Meinung der Verfasser ist es keine Frage, dass die Familienpolitik auch bevölkerungspolitische Ziele verfolgen kann, *wenn die Mehrheit der Bevölkerung eine solche Ausrichtung der Familienpolitik akzeptiert.* Die für die Ausgestaltung der Familienpolitik essentiellen Ziele sind ihrer Meinung nach jedoch die Sicherung der Familie als einer für die personale Entfaltung und für die Qualität der Gesellschaft unverzichtbare Institution und soziale Gerechtigkeit gegenüber Familien mit Kindern – unabhängig davon, ob die Bevölkerung schrumpft, stagniert oder wächst.

Die Ziele der Familienpolitik differieren je nach den in einer Gesellschaft dominierenden familienpolitischen Auffassungen. Sie stimmen jedoch unabhängig von den konkreten Zielausprägungen in den europäischen Gesellschaftssystemen überein.

Die zentrale Zielsetzung besteht darin, die Familien durch geeignete Maßnahmen instand zusetzen, ihre Funktionen mit möglichst wenig Beeinträchtigungen zu erfüllen. Daraus ergeben sich als Unterziele, deren Gewicht je nach den Zielsetzungen einer Familienpolitik differiert:

1. die Förderung der Familiengründung durch Ehe- und Familienberatung sowie durch Starthilfen wie Ehestands- und Familiengründungsdarlehen;
2. die Verbesserung der Einkommenslage und der Chancen zur Vermögensbildung bei Familien mit Kindern
   a) durch einen weitgehenden, jedoch keineswegs vollen Ausgleich der durch Kinder entstehenden ökonomischen Belastungen;

---

[12] Vgl. dazu auch die ökonomischen Theorien der Familien von Gary Becker 1981 und - an Becker anschließend - Klaus Zimmermann 1985, die, wenn auch überpointiert und einseitig, so doch zutreffend herausarbeiten, dass die ökonomischen Rahmenbedingungen und ökonomisch orientiertes Kalkül die Entscheidung für die Ehe und die Gründung einer Familie nachhaltig beeinflussen.

b) durch eine Kompensation der Erziehungs- und Versorgungsleistung der Familie etwa in Form von „Erziehungsgeld" im Sinne einer teilweisen und zeitlich befristeten Entschädigung für den Entgang von Erwerbseinkommen und für die Beiträge der Familien zur Humanvermögensbildung, die sie durch ihre Versorgungs-, Betreuungs- und Erziehungsleistung erbringen;

c) die Schaffung von Teilzeitarbeitsplätzen, die es Eltern ermöglichen, erwerbstätig zu sein, gleichzeitig aber ihre Kinder zu erziehen;

3. die Förderung des Baues von Wohnungen, die nach Größe, Ausstattung, Wohnungsumfeld und Preis für Mehrkinderfamilien geeignet sind; die Bedeutung dieser Aufgabe ergibt sich daraus, dass die Wohnverhältnisse eine wesentliche Rahmenbedingung für die Sozialisationsleistung der Familie sind;

4. die Förderung der Sozialisationsfunktion der Familie

a) durch die befristete Freistellung von Müttern und Vätern für die Versorgungs- und Erziehungsarbeit in der frühkindlichen Phase (Erziehungs- bzw. Elternurlaub in Verbindung mit finanzieller Unterstützung in Form von Erziehungsgeld);

b) durch Hilfen für die Erzieher (Aufklärung, Beratung), insbes. Hilfen für die durch die Rolle als Hausfrau, Mutter und (oft) Mitverdienerin mehrfach belastete Frau in Gestalt von Gesundheitsvorsorge, sozialer Absicherung im Falle der Mutterschaft und Hilfen für den Fall einer beabsichtigten Rückkehr in das Erwerbsleben (vgl. zu diesen Hilfen Lampert 1993a);

c) durch die Bereitstellung preiswerter Erziehungsinstitutionen wie Kindergärten, Einrichtungen der vorschulischen Erziehung sowie durch die Förderung von Jugendverbänden;

d) durch finanzielle Ausbildungsförderung, um für alle Kinder und Jugendliche unabhängig von der sozialen Herkunft und der wirtschaftlichen Lage der Familie gleiche Chancen der (Berufs-)Bildung zu schaffen;

e) durch staatliche Erziehungshilfe im Bedarfsfall auf der Grundlage des Kinder- und Jugendhilfegesetzes (vgl. dazu Jordan/Sengling 1994);

5. die soziale Sicherung der Kinder und der nicht erwerbstätigen Mütter bzw. Väter, wobei besonderes Gewicht zukommt

a) der gesundheitlichen Betreuung der werdenden und stillenden Mütter und der Bekämpfung der Säuglingssterblichkeit;

b) der sozialen Sicherung der kindererziehenden, nicht erwerbstätigen Mutter im Falle der Krankheit, des Unfalls, der Invalidität und des Alters;

c) der zeitlich befristeten Freistellung der Mütter oder Väter von der Erwerbsarbeit ohne Einkommensverlust im Falle der Erkrankung von Kindern.

2. Ziele und Instrumente der Familienpolitik in der Bundesrepublik[13]

a) Ziele

Die Ziele der Familienpolitik in der Bundesrepublik sind aus Art. 6 Abs. 1 GG, der Ehe und Familie unter den besonderen Schutz der staatlichen Ordnung stellt, aus Art. 1 Abs. 1 GG, der die Menschenwürde schützt, Art. 2 Abs. 1 GG, der die freie

---

[13] Vgl. zur Geschichte der Familienpolitik in Deutschland Gerlach 1996 und Lampert 1996b.

Entfaltung der Persönlichkeit gewährleistet und aus der Sozialstaatsklausel der Art. 20 und 28 GG abgeleitet. Sie sind im zweiten Familienbericht (BMJFG 1975, S. VI f.) wie folgt formuliert:

1. Stützung und Förderung der Familie in der Erfüllung ihrer Aufgaben im Rahmen der rechtlichen und wirtschaftlichen Möglichkeiten durch materielle und sonstige Hilfen unter Wahrung der Autonomie der Familie;
2. Abbau schichtenspezifischer Benachteiligungen zur Sicherung der Chancengleichheit und gleicher Voraussetzungen der Inanspruchnahme der Rechte und Freiheiten des Grundgesetzes auch für die Familienmitglieder.

Aus diesen Zielsetzungen sind von der Bundesregierung folgende Handlungsfelder abgeleitet worden:

1. die Förderung der Sozialisationsaufgabe der Familie mit dem besonderen Ziel, allen Kindern ein Höchstmaß an Chancen für ihre emotionale, geistige und soziale Entwicklung unabhängig von der Schichtzugehörigkeit der Eltern zu sichern;
2. die Stärkung der Erziehungsfähigkeit der Eltern durch Maßnahmen der Elternbildung und Erziehungsberatung;
3. die materielle Sicherung der Familie.

Unabhängig davon, ob die Familienpolitik mit bevölkerungspolitischen Absichten verknüpft wird, ist mit demographischen Effekten zu rechnen, wenn die ökonomischen Bedingungen für die Geburt, Erziehung und Versorgung von Kindern verbessert werden und die Vereinbarkeit von Erwerbstätigkeit und Familientätigkeit erhöht wird. Diese Vereinbarkeit ist zu einem zentralen Ziel der Familienpolitik geworden, seit erkennbar geworden ist, dass das Leitbild der bürgerlichen Familie, in der der Vater für den Einkommenserwerb und die Mutter für Haushalt und Erziehung der Kinder zuständig war, durch das Leitbild einer Familie abgelöst worden ist, die auf der dem Gleichberechtigungsgrundsatz entsprechenden Ehe bzw. Partnerschaft beruht und in der sich Mann und Frau nach ihrer partnerschaftlich getroffenen Entscheidung die Erwerbs- und Familientätigkeit teilen. Unter Vereinbarkeit wird sowohl die Möglichkeit verstanden, dass die Erziehungs- und Versorgungsaufgabe wahlweise von der Mutter oder vom Vater für begrenzte Zeit voll, d.h. bei Unterbrechung bzw. weitgehender Einschränkung der Erwerbstätigkeit, wahrgenommen werden kann, ohne dass die Familie hohe Verluste an Erwerbseinkommen und sozialer Sicherung für den kinderversorgenden Partner hinnehmen muss (sukzessive Vereinbarkeit), als auch die Möglichkeit für die Eltern, nach Ablauf der Mutterschutzfrist gleichzeitig erwerbstätig zu sein und sich bei beidseitig leicht reduzierter Arbeitszeit oder mit Hilfe von Verwandten oder Kinderbetreuungseinrichtungen in die Familientätigkeit zu teilen (simultane Vereinbarkeit).

Neben dem Ziel der Förderung der Vereinbarkeit von Familientätigkeit und Erwerbstätigkeit gewinnt das Ziel der Förderung der Vereinbarkeit der Familientätigkeit und Ausbildung in dem Maße an Bedeutung, in dem die Zahl erwachsener Menschen wächst, die sich noch in der Aus- oder Weiterbildung befinden (vgl. dazu insbes. BMFuS 1994, IX. Kap.).

b) Instrumente

Normen des Ehe-, Familien-, Jugend- und Mutterschutzrechts[14]

Ein nicht unwesentlicher Bereich der Familienpolitik ist die Regelung der Rechtsbeziehungen zwischen den Familienmitgliedern. Das gilt insbesondere für das Eherecht, das Scheidungsrecht, das Unterhaltsrecht, das Elternrecht, das Kindschaftsrecht und das Erziehungsrecht.[15] Als ein Fortschritt ist der im Zuge der Reform des Ehe- und Familienrechts eingeführte sogenannte „Versorgungsausgleich" anzusehen, der im Falle der Scheidung die Ansprüche auf Altersversorgung und Rente bei Erwerbsunfähigkeit auf beide Partner aufteilt - also die Leistung der Frau für die Familie so bewertet wie den Beitrag des erwerbstätigen Mannes zum Familienunterhalt - und die ökonomische Abhängigkeit der Frau vom Mann reduziert. Ein hoch zu veranschlagender Fortschritt des Kindschaftsrechts ist auch darin zu sehen, dass ab 1. Juli 1998 für verheiratete, für geschiedene und für unverheiratete Eltern ein gemeinsames Elternrecht eingeführt wurde und im Falle der Scheidung das gemeinsame Sorgerecht fortbesteht, wenn nicht ein Elternteil etwas anderes beantragt.

Schutzfunktionen für die Familie, im Besonderen für Kinder und Jugendliche vor gesundheitlichen und sittlichen Gefährdungen, haben das *Jugendschutzgesetz* und das *Jugendarbeitsschutzgesetz* (vgl. zu diesen Gesetzen S. 375 ff.) sowie das *Gesetz zur Ächtung der Gewalt in der Erziehung,* dem das Leitbild gewaltfreier Erziehung zugrunde liegt.

Schutzfunktionen für die Familie hat schließlich auch der Frauen- und Mutterschutz (vgl. S. 181). Er schützt Mütter nicht nur durch ein Nachtarbeitsverbot, durch das Verbot, werdende und stillende Mütter mit bestimmten Arbeiten zu beschäftigen, durch Schutzfristen vor und nach der Entbindung, durch einen besonderen Kündigungsschutz und durch besondere Vorschriften in Bezug auf die Arbeitsplätze werdender und stillender Mütter, sondern auch durch finanzielle Hilfen in Form des Mutterschaftsgeldes (vgl. S. 248).

Familienlastenausgleich (FLA) und Familienleistungsausgleich

Zum FLA sind alle staatlichen Leistungen zu rechnen, die dazu dienen, die oben aufgezeigten Lebenslageunterschiede zwischen kinderlosen Alleinstehenden und kinderlosen Paaren einerseits und Alleinstehenden sowie Paaren mit Kindern andererseits mehr oder minder stark ausgleichen. Zum FLA i.e.S., der auch als dualer FLA bezeichnet wird, gehören Kindergeld und steuerliche Kinderfreibeträge. Er ist in § 6 SGB I verankert, der lautet: „Wer Kindern Unterhalt zu leisten hat oder leistet, hat ein Recht auf Minderung der dadurch entstehenden wirtschaftlichen Belastungen." Der FLA i.w.S. umfasst über den dualen FLA hinausgehend die in den folgenden Ab-

---

[14] Vgl. dazu den Überblick bei Bethusy-Huc 1987 und Lecheler 1989.
[15] Wesentliche Familienrechtsgesetze sind: 1. das Vierte Buch des BGB; 2. das Ehegesetz vom 20. Febr. 1946; 3. das Gleichberechtigungsgesetz vom 18. Juni 1957; 4. das Familienrechtsänderungsgesetz vom 11. Aug. 1961; 5. das Gesetz über die rechtliche Gleichstellung nicht-ehelicher Kinder vom 19. Aug. 1969; 6. das Adoptionsvermittlungsgesetz vom 2. Juli 1976 i. d. F. vom 27. Nov. 1989; 7. das Adoptionsgesetz vom 2. Juli 1976; 8. das Erste Eherechtsreformgesetz vom 14. Juni 1976; 9. das Gesetz zur Neuordnung der elterlichen Sorge vom 18. Juli 1979; 10. das Familiennamensrechtsgesetz vom 16. Dez. 1993; 11. das Gesetz zur Ächtung der Gewalt in der Erziehung vom 06. Juli 2000.

schnitten beschriebenen Instrumente Erziehungsgeld, Anerkennung von Erziehungsjahren in der Rentenversicherung und andere Leistungen im Rahmen der Sozialen Sicherung (insbes. Hinterbliebenenrenten und beitragsfreie Krankenversicherung nicht erwerbstätiger Familienmitglieder), familienorientierte wohnungspolitische Maßnahmen, Ausbildungsförderungshilfen und sonstige Maßnahmen.[16]

Vor einigen Jahren wurde im politischen Raum der Begriff „Familien*leistungs*ausgleich" geprägt. Er soll v.a. zum Ausdruck bringen, dass es nicht nur eine familienpolitische Aufgabe ist, für die Familien einen Teil der mit der Versorgung und Erziehung von Kindern verbundenen wirtschaftlichen Lasten zu mildern, sondern auch die von den Familien erbrachten Leistungen, die für die Gesellschaft von Bedeutung sind (Sicherung des Nachwuchses und gesellschaftskonforme Sozialisation der nachwachsenden Generation), finanziell anzuerkennen. Der Begriff ist jedoch nicht eindeutig definiert.[17]

Bis 1974 waren Kinderfreibeträge die Hauptsäule des FLA. Denn das 1955 eingeführte Kindergeld gab es bis 1961 erst vom dritten Kind an und das 1961 eingeführte Kindergeld für zweite Kinder war einkommensabhängig (vgl. Tabelle 29). 1975 wurden auf Initiative der SPD die Kinderfreibeträge abgeschafft, weil diese bei einem progressiven Steuertarif umso mehr Steuerentlastung bringen, je höher das Einkommen ist. Stattdessen wurde auch für das erste Kind Kindergeld eingeführt und das Kindergeld für Kinder höherer Ordnungszahl stark erhöht. Eine erneute Kursänderung leitete die christlich-liberale Koalition ein, als sie 1983 unter Beibehaltung der seinerzeitigen Kindergeldbeträge begann, in mehreren Stufen die Kinderfreibeträge zu erhöhen.[18]

Aufgrund der Rechtsprechung des Bundesverfassungsgerichts musste der Gesetzgeber die existenzminimalen Aufwendungen für die Erwachsenen *und* die Kinder steuerfrei stellen.[19] Im Zuge der Erfüllung dieser Auflage, eine verfassungswidrige Besteuerung der Familien abzustellen, erhöhte der Gesetzgeber im Jahressteuergesetz 1996 die Grundfreibeträge für Erwachsene und die Freibeträge für Kinder und verband mit diesen Änderungen eine Reform des FLA. Eines ihrer wesentlichen Merkmale besteht darin, dass ab 1997 die beiden Elemente des dualen FLA, der Kinderfreibetrag und das Kindergeld, nicht mehr gleichzeitig genutzt sondern nur noch alternativ bzw. bezogen werden können (sog. „Optionsmodell").

Für 1996 wurde der Kinderfreibetrag für verheiratete Eltern von 4 104 DM auf 6 262 DM, für 1997 und 1998 auf 6 912 DM und 2000 auf 9 936 DM erhöht.[20] Eine

---

[16] Vgl. dazu auch BMFSFJ 2001, Kapitel „Die Entwicklung des Familienlasten- und Familienleistungsausgleichs und seiner Leitbilder in der Bundesrepublik Deutschland".

[17] Vgl. zu diesem Begriff und seiner Problematik Lampert 1996b, S. 236 ff. Vgl. zum Familienleistungsausgleich vor allem BMFSFJ (Hg.) 2001 (Gutachten des Wissenschaftlichen Beirats für Familien zum Familienleistungsausgleich).

[18] 1990 wurden außerdem folgende steuerliche Entlastungen geschaffen: 1. die Anhebung des Haushaltsfreibetrages für allein Stehende mit Kindern auf 5 616 DM; 2. ein Pauschbetrag als Kinderbetreuungskostenabzug je Kind und die Möglichkeit des Steuerabzugs von Kinderbetreuungskosten für allein Stehende bis zu 4 000 DM für das erste und bis zu 2 000 für das zweite Kind gegen Nachweis; 3. ein steuerlicher Sonderausgabenabzug bis zu 12 000 DM für Aufwendungen für die Beschäftigung von Personen zur Betreuung von Pflegebedürftigen oder Kindern, wenn bei Alleinstehenden mindestens ein Kind, bei Verheirateten mindestens zwei Kinder bis zum 10. Lebensjahr zum Haushalt gehören.

[19] Entscheidungen vom 29. Mai 1990 und vom 12. Juni 1990, wiedergegeben in BVerfGE 82, 60 und 82, 198.

[20] Die Freibetragserhöhung ab 2000 und die Kindergelderhöhung des gleichen Jahres sind auf die Beschlüsse des BVerfG vom 10. Nov. 1998 zurückzuführen, nach denen nicht nur die existenzminimalen

weitere Erhöhung schloss sich 2002 an, als die Steuerfreibeträge für Kinder entsprechend der Vorgabe des Bundesverfassungsgerichts noch einmal auf 11 359 DM = 5 808 € angehoben wurden. Das BVerfG hatte mit Beschlüssen vom 10. Nov. 1998 festgestellt,[21] dass die Leistungsfähigkeit der Eltern über die Sicherung des für das Existenzminimum erforderlichen Sachbedarfs hinausgehend auch durch die Deckung des Betreuungsbedarfs[22] und durch die Deckung eines Minimums für den Erziehungsbedarf[23] beeinträchtigt wird. Der Gesetzgeber reagierte darauf mit dem *Familienfördergesetz* vom 22. Dez. 1999, durch das er die Freibeträge für Kinder und das Kindergeld erhöhte.

Das Kindergeld wurde 1996 sehr stark angehoben und 1997, 1999, 2000 und 2002 für Erst- und Zweitkinder noch einmal erhöht (vgl. Tab. 29), um im Rahmen des Optionsmodells die Begünstigung der Bezieher höherer Einkommen gegenüber den Kindergeldbeziehern nicht zu groß werden zu lassen.

Anspruch auf Kindergeld haben Arbeitnehmer der Privatwirtschaft sowie des öffentlichen Dienstes und Selbständige.

Das Kindergeld wird gezahlt bis zur Vollendung des 18. Lebensjahres bzw. des 21. Lebensjahres für Kinder, die keinen Ausbildungs- oder Arbeitsplatz haben, bzw. bis zum 27. Lebensjahr, wenn das Kind in Ausbildung steht, bzw. unbegrenzt, wenn sich ein Kind wegen einer Behinderung nicht selbst unterhalten kann. Die kindergeldunschädliche Einkommensgrenze für Kinder über 18 Jahre liegt bei einem eigenen Einkommen des Kindes in Höhe von 14 040 DM = 7 178 € jährlich. Bezugsberechtigt sind die Eltern; das Kindergeld ist steuerfrei.

Im Zuge der Realisierung der „Agenda 2010", die der Bundeskanzler im März 2003 als sozialstaatliches Reformprogramm verkündet hatte, soll – entsprechend wiederholten Vorschlägen des Wissenschaftlichen Beirats beim Bundesministerium für Familien[24] – ab 01. Jan. 2005 ein Kindergeldzuschlag von mtl. 140 € pro Kind eingeführt werden, der 36 Monate lang ausgezahlt werden soll. Ihn können Eltern beantragen, die nicht aus eigener Kraft in der Lage sind, die für die Sicherung des Existenzminimums ihrer Kinder erforderlichen Mittel selbst zu erwirtschaften.

Ein Fortschritt der FLA-Reform ist darin zu sehen, dass nicht nur das vergleichsweise hohe Kindergeld vom dritten Kind an erhöht wurde, sondern auch für das erste und das zweite Kind. Denn gerade mit der Geburt des ersten Kindes sind für viele Familien massive Einkommenseinbrüche und Ausgabenzuwächse verbunden.

Durch die neue Konzeption des FLA wurde die verfassungswidrige Besteuerung der Familien beseitigt. Die Bezieher niedriger Einkommen wurden sehr stark entlastet. Ein weiterer Vorteil liegt darin, dass die Entlastungsverläufe, die vor 1996 mit steigendem Einkommen auftretende, der Gerechtigkeit widersprechende Sprünge aufgewiesen hatten, verstetigt wurden.

Aufwendungen für die Versorgung der Kinder, sondern auch Betreuungs- und (ab 2002) Erziehungsaufwendungen in bestimmtem Umfang von der Besteuerung freigestellt werden müssen. Gemäß den genannten Beschlüssen des BVerfG wurde der 1990 eingeführte Haushaltsfreibetrag für allein Stehende auf 1 308 € zurückgeführt.

[21] BVerfGE 99, 216 und 246 ff.

[22] Der Betreuungsbedarf ist definiert als die für die Erfüllung der elterlichen Pflicht zur Erziehung und Betreuung erforderliche Zeit.

[23] Zum Erziehungsbedarf gehören Aufwendungen für die kulturelle, musische und sportliche Erziehung.

[24] Vgl. nur BFSFJ 2001, S.253.

Als Nachteil ist festzuhalten, dass die Bezieher mittlerer Einkommen, die keinen Kinderfreibetrag beanspruchen, weil das Kindergeld für sie höher ist als der monetäre Wert des Kinderfreibetrags, durch die aufgrund des Wegfalls des Freibetrags höhere steuerliche Belastung das Kindergeld selbst mitfinanzieren, und zwar umso mehr, je höher ihr Einkommen ist. Ein weiterer Nachteil besteht darin, dass diejenigen, für die

Tabelle 29. Die Entwicklung des Kindergeldes[1]

| Zeitraum[2] | Monatsbetrag in DM bzw. (ab 2002) in € für das | | | | |
| | 1. | 2. | 3. | 4. | 5. und jedes weitere |
			Kind		
01.01.1955 bis 30.09.1957	-	-	25	25	25
01.10.1957 bis 28.02.1959	-	-	30	30	30
01.03.1959 bis 30.03.1961	-	-	40	40	40
01.04.1961 bis 31.12.1963	-	25	40	40	40
01.01.1964 bis 31.08.1970	-	25	50	60	70
01.09.1970 bis 31.12.1974	-	25	60	60	70
01.01.1975 bis 31.12.1977	50	70	120	120	120
01.01.1978 bis 31.12.1978	50	80	150	150	150
01.01.1979 bis 30.06.1979	50	80	200	200	200
01.07.1979 bis 31.01.1981	50	100	200	200	200
01.02.1981 bis 31.12.1981	50	120	240	240	240
01.01.1982 bis 30.06.1990	50	100	220	240	240
01.07.1990 bis 31.12.1991	50	130	220	240	240
01.01.1992 bis 31.12.1995	70	130	220	240	240
01.01.1996 bis 31.12.1996[3]	200	200	300	350	350
01.01.1997 bis 31.12.1998	220	220	300	350	350
01.01.1999 bis 31.12.1999	250	250	300	350	350
01.01.2000 bis 31.12.2001	270	270	300	350	350
01.01.2002	154 € =301 DM	154 € = 301 DM	154 € = 301 DM	179 € =350 DM	179 € =350 DM

[1] Einkommensgrenzen für das Kindergeld für das 2. Kind: bis 31.12.1964 600, bis 31.08.1970 650, bis 31.12.1971 1.100, bis 31.12.1972 1.250, bis 31.12.1973 1.400, bis 31.12.1974 1.530 DM/Monat. Ab 01.01.1975 keine Einkommensgrenze mehr. Ab 01.01.1983 verminderten sich bei Überschreiten bestimmter Nettoeinkommensgrenzen stufenweise die Beträge für das 2. Kind auf 70 DM und für das 3. und weitere Kinder auf je 140 DM (Sockelbetrag). Vom 01.01.1994 bis 31.12.1995 wurde bei Familien mit drei und mehr Kindern der Sockelbetrag auf 70 DM halbiert, wenn das Jahreseinkommen 100 000 DM, bei Alleinstehenden 75 000 DM überstieg. Berechtigte, die den steuerlichen Kinderfreibetrag (bei Zusammenveranlagung) wegen ihres geringen Einkommens nicht oder nur teilweise nutzen konnten, erhielten in der Zeit zwischen dem 01.01.1986 und dem 31.12.1995 einen Zuschlag zum Kindergeld in Höhe von bis zu 65 DM.

[2] ab 1991 für Gesamtdeutschland.

[3] ab 1996 gilt die sog. Optionslösung (vgl. dazu S. 360).

Quelle: BMA, Stat. Tb. 1995, Tab. 8.18 und Stat. Tb. 2002, Tab. 8.17 A.

die Steuerfreibeträge günstiger sind, überhaupt keine FLA-Leistungen mehr erhalten, weil ja die Freibeträge, solange sie nicht höher sind als die existenzminimalen Aufwendungen, lediglich dem Gebot der Steuergerechtigkeit entsprechen und keine Leistung des FLA darstellen (vgl. zum Optionsmodell auch Althammer/Wenzler 1996). Zu den Wirkungen des FLA i.e.S. liegen mehrere empirische Untersuchungen vor.[25] Sie führten zu folgenden Ergebnissen:

1. für Ehepaare mit einem und zwei Kindern deckten die Leistungen des dualen FLA im günstigsten Fall knapp 25 % der existenzminimalen Aufwendungen für Kinder ab, bei der Mehrzahl der Familientypen lag die Transferquote nicht über 15 %;
2. die FLA-Leistungen waren durch starke Diskontinuität gekennzeichnet, d.h. die Leistungen waren nicht dynamisiert, so dass sie im Zeitverlauf relativ sanken. Sie wurden aber auch in wirtschaftlich kritischen Phasen absolut gekürzt;
3. im Rahmen der FLA-Leistungen werden die im Öffentlichen Dienst Tätigen gegenüber den in der Privatwirtschaft Beschäftigten merklich besser gestellt;
4. die Leistungen für die Familien sind durch ein Übergewicht der finanziellen Förderung der Ehe gegenüber der Förderung der Familien gekennzeichnet;
5. durch die Dominanz der Kinderfreibeträge im Rahmen des FLA während der Perioden, in denen christlich-liberale Regierungen die politische Verantwortung trugen, wurden Familien mit höheren Einkommen relativ und absolut besser gestellt als die einkommensschwächeren Familien.

Bei einer Bewertung von Deckungsquoten des FLA ist noch zu berücksichtigen, dass ein Teil der FLA-Leistungen durch die Steuerleistungen der Familien selbst finanziert wird. Nach Schätzungen im Fünften Familienbericht (BMFuS 1994) beläuft sich die Selbstfinanzierungsquote auf etwa ein Drittel der Leistungen des FLA.

Elternzeit (Erziehungsurlaub), Erziehungsgeld und Erziehungsjahre

1986 wurde ein Erziehungsgeld in Höhe von mtl. 600 DM eingeführt.[26] Es wurde gezahlt, wenn eine kindererziehende Mutter oder ein Vater weniger als 19 Stunden pro Woche erwerbstätig war. Es war zunächst auf eine Bezugszeit von 10 Monaten begrenzt. Für die ersten sechs Monate nach der Geburt eines Kindes wurde es einkommensunabhängig gewährt, vom siebten Monat an wurde es einkommensproportional gekürzt, wenn die Einkünfte des Ehepaares mit einem Kind 29 400 DM (das sind etwa 42 000 DM brutto) und die allein Stehender 23 700 DM überstiegen.

Mittlerweile wird das Erziehungsgeld für Kinder, die seit 1993 geboren werden, bis zum vollendeten 24. Lebensmonat des Kindes in Höhe von 300 € mtl. gezahlt. Wenn ein Erziehungsberechtigter das Erziehungsgeld nicht für 24, sondern nur für 12 Monate beantragt, wird es auf 450 € erhöht.

Es entfällt in den ersten sechs Monaten, wenn das Jahreseinkommen eines verheirateten Paares mehr als 22 086 € und das einer alleinerziehenden Person mehr als 19 086 € beträgt. Vom Beginn des siebten Monats an wird es gekürzt, wenn das Einkommen eines Ehepaares 16 500 € und das anderer Bezugsberechtigter 13 500 € ü-

---

[25] Vgl. dazu Willeke/Onken 1990, Lampert 1993c und den Literaturnachweis bei Lampert 1996b, 4. Kap.C.I.2. und C.II.

[26] Gesetzliche Grundlage ist das Bundeserziehungsgeldgesetz vom 06. Dez. 1985 i.d.F. vom 31. Jan. 1994, zuletzt geändert durch das Haushaltsbegleitgesetz 2004 vom 29. Dez. 2003.

bersteigt.[27] Für jedes weitere Kind erhöhen sich die genannten Einkommensgrenzen um 3 140 €

Das Erziehungsgeld ist steuerfrei. Das in den ersten acht Wochen nach der Geburt gezahlte Wochengeld wird angerechnet. In verschiedenen Bundesländern gibt es ergänzende Regelungen im Sinne verlängerter Erziehungsgeldleistungen. Neuerdings erfährt der Vorschlag der Einführung eines Erziehungsgehalts zunehmend Aufmerksamkeit.[28]

Gleichzeitig mit dem Erziehungsgeld wurde ein Erziehungsurlaub (jetzt: Elternzeit) für Arbeitnehmer eingeführt, die Anspruch auf Erziehungsgeld haben. Er wird bis zum vollendeten dritten Lebensjahr gewährt und stellt sicher, dass das Arbeitsverhältnis in dieser Zeit nicht gekündigt werden kann. Aufgrund des Dritten Gesetzes zur Änderung des Bundeserziehungsgeldgesetzes kann Elternzeit von jedem Elternteil beansprucht werden (insgesamt jedoch nicht mehr als drei Jahre). Ein Jahr der Elternzeit kann mit Zustimmung des Arbeitgebers bis zum vollendeten achten Lebensjahr des Kindes genommen werden. Die Eltern können während der Elternzeit je bis zu 30 Stunden einer Erwerbstätigkeit nachgehen.

Als dritte Maßnahme wurde 1986 ein Erziehungsjahr eingeführt, das im RRG 1992 für ein nach 1991 geborenes Kind auf drei Jahre erhöht worden ist. Jedes Erziehungsjahr trägt sowohl zur Erfüllung der Mindestversicherungszeit als auch zu einer Erhöhung der Rente bei. Im ersten Halbjahr 2003 bewirkte ein Erziehungsjahr eine Rentenerhöhung um mtl. 25,85 € in West- und um 22,69 € in Ostdeutschland. Die Erziehungsjahre werden unabhängig davon anerkannt, ob die bezugsberechtigte Person vor der Geburt des Kindes erwerbstätig war oder nicht. Seit 1. Juli 2000 werden die Kindererziehungsjahre statt mit 75 mit 100 % des Durchschnittsverdienstes aller Versicherten bewertet.

Mit diesen komplementären Instrumenten soll erstens für jedes Kind in der frühkindlichen Phase eine ständige Betreuungsperson gesichert werden, zweitens den Eltern durch die finanzielle Anerkennung der Familientätigkeit die Entscheidung für eine vorübergehende Unterbrechung der Erwerbstätigkeit erleichtert werden, drittens ein Teil der mit der Geburt und Versorgung von Kindern entstehenden Kosten ausgeglichen und viertens die Erziehungs- und Versorgungsleistung der Eltern durch Staat und Gesellschaft anerkannt werden. Dieses Maßnahmenbündel stellt eine sozialpolitische Innovation dar.

Familienpolitische Leistungen im Rahmen der Sozialen Sicherung

Das System der Sozialen Sicherung ist in vielfältiger Weise auf die Bedürfnisse der Familie abgestellt. Es enthält v.a. folgende familienpolitische Leistungen (vgl. zu Einzelheiten die einschlägigen Abschnitte in Kap. IX Abschnitt D):
1. Die Anrechnung von Kindererziehungszeiten in der RV;

---

[27] Es wird um 1/12 von 40 % des diese Grenze übersteigenden Einkommens gemindert
[28] Vgl. dazu O. Hatzold, Chr. Leipert, Erziehungsgehalt. Wirtschaftliche und soziale Wirkungen bezahlter Erziehungsarbeit der Eltern. Gutachten erstellt im Auftrag des deutschen Arbeitskreises für Familienhilfe e.V., Freiburg 1996 sowie H. Geisler, Diskussionspapier zum Modell eines Erziehungsgehalts, hrsg. vom Sächsischen Staatsministerium für Soziales, Gesundheit und Familie, 1998.

2. Hinterbliebenenrenten (einschl. Waisenrenten) der RV, der UV und der Beamtenversorgung;
3. Familienleistungen der GKV und der GPflV, die umfassen:
   - beitragsfreien vollen Versicherungsschutz für nicht erwerbstätige Familienangehörige;
   - Mutterschaftshilfe und Mutterschaftsgeld;
   - Haushaltshilfe;
   - Vorsorgeleistungen;
4. erhöhte Lohnersatzraten für Unterhaltsverpflichtete in der ALV;
5. Leistungen der Sozialhilfe nach dem SGB XII (vgl. zur Sozialhilfe S. 324.). Die Sozialhilfeleistungen haben besonders für einkommensschwache Mehrkinderfamilien Bedeutung;
6. die Zahlung einer „Erziehungsrente", die an einen überlebenden geschiedenen Ehegatten für die Erziehung mindestens eines waisenrentenberechtigten Kindes gezahlt wird, wenn er vor dem Tode des früheren Ehegatten eine Versicherungszeit von 60 Monaten zurückgelegt hat und eine Erwerbstätigkeit wegen der Kindererziehung nicht erwartet werden kann. Die Erziehungsrente wird in Höhe der Erwerbsunfähigkeitsrente gezahlt.

Familienpolitik im Bereich Wohnen

Entsprechend der großen Bedeutung der Wohnung und des Wohnumfeldes für die Erfüllung der Erziehungsfunktion und für die Entfaltung und Regeneration der Persönlichkeit werden im Bereich des Wohnens zahlreiche Instrumente eingesetzt. Hauptinstrumente sind das Wohngeld, die Förderung der Bildung von Wohnungseigentum, der soziale Wohnungsbau und der Mieterschutz.

Das Wohngeld, das auf der Grundlage des *Wohngeldgesetzes* vom 14. Dez. 1970 i.d.F. vom 23. Jan. 2002 gewährt wird, soll jeder Familie einen familiengerechten, angemessenen Wohnraum in einer Mietwohnung oder im eigenen Haus sicherstellen. Die Einkommensgrenzen, bis zu denen Wohngeld beansprucht werden kann, und die Höhe des Wohngeldes sind an der Familiengröße ausgerichtet.

Da das *Wohngeldgesetz* auch als Lastenzuschuss zu den Aufwendungen für den Wohnraum geleistet werden kann, ist das Wohngeld gleichzeitig ein Instrument zur Förderung der Bildung von Wohnungseigentum. Dieser Zielsetzung dienten auch die Familienzusatzdarlehen nach dem *Zweiten Wohnungsbaugesetz*, die zinslos gewährt wurden und für Bauherren mit einem Kind 2 000 DM, mit zwei Kindern 4 000 DM, mit drei Kindern 7 000 DM und für jedes weitere Kind zusätzlich 5 000 DM betrugen.

Der Gedanke einer Förderung des Wohnungsbaues für Familien lag auch dem bis 1995 geltenden § 10e EStG zugrunde. Er hatte die Möglichkeit gegeben, für eigengenutztes Wohnungseigentum in den ersten acht Jahren Abschreibungen in Höhe von jährlich 5 % der Herstellungs- und Anschaffungskosten vorzunehmen. Diese Förderung war jedoch verteilungspolitisch problematisch, weil die finanzielle Entlastung umso größer war, je höher das Einkommen der Begünstigten war. Junge Familien und kinderreiche Familien wurden durch diese Regelung kaum entlastet (vgl. dazu Oberhauser/Rüsch 1994).

Das Zweite Wohnungsbaugesetz wurde mit Wirkung vom 31. Dez. 2001 ebenso wie § 10e EstG (schon 1995) außer Kraft gesetzt. Die Funktion der Förderung des Wohnungsbaues für Familien ist dem *Eigenheimzulagengesetz* vom 15. Dez. 1995 und dem *Gesetz über die soziale Wohnraumförderung* vom 12. Sept. 2001 übertragen worden.

Nach dem Eigenheimzulagengesetz entsteht ein Rechtsanspruch auf eine Eigenheimzulage, wenn Wohneigentum geschaffen wird und der Gesamtbetrag der Einkünfte aus zwei Jahren bei Ehegatten 140 000 € und bei Alleinerziehenden 70 000 € nicht übersteigt. Für Neubauten, Ausbauten und die Erweiterung von Wohneigentum wird acht Jahre lang ein Grundförderbetrag in Höhe von 1 % der Anschaffungs- und Herstellungskosten einschließlich der Grundstückskosten - maximal jährlich 1 250 € - gewährt. Diese Einkommensgrenzen erhöhen sich für jedes Kind um 30 000 €. Zusätzlich wird je Kind acht Jahre lang eine Kinderzulage in Höhe von 800 € gezahlt.

Diese Neuregelung kommt v.a. den Beziehern niedriger Einkommen und kinderreichen Familien zugute. Die Förderung fällt umso mehr ins Gewicht, je niedriger das Einkommen und je größer die Kinderzahl ist.

Zielgruppe des Gesetzes über die soziale Wohnraumförderung sind „Haushalte, sich am Markt nicht angemessen mit Wohnraum versorgen können und auf Unterstützung angewiesen sind". Unter diesen Voraussetzungen werden insbes. Familien mit Kindern unterstützt. Gefördert werden der Wohnungsbau, die Modernisierung von Wohnraum, der Erwerb von Belegungsrechten an Wohnraum und der Erwerb von Wohnraum. Die Förderung erfolgt durch die Gewährung von Fördermitteln als Darlehen zu Vorzugsbedingungen oder als Zuschüsse, die Übernahme von Bürgschaften und die Bereitstellung von verbilligtem Bauland. Die Förderung ist begrenzt auf Einpersonen-Haushalte mit einem Einkommen bis zu 12 000 €, Zweipersonen-Haushalte mit einem Einkommen bis zu 18 000 € zuzüglich 4 100 € für jede weitere zum Haushalt zu rechnende Person. Handelt es sich bei diesen Personen um Kinder, so erhöht sich die Einkommensgrenze für jedes Kind um weitere 500 €.

Ein weiteres wichtiges familienpolitisches Instrument im Wohnungssektor ist der Kündigungsschutz für Mieter (vgl. S. 344), der für Familien mit Kindern eine besondere Schutzwirkung hat, weil sie am ehesten durch den Nachweis sozialer Härte der Kündigung eine Beendigung des Mietverhältnisses abwehren können.

Erziehungshilfen, insbes. Ausbildungsförderung

Die Erziehungshilfen teilt man zweckmäßigerweise in nicht-monetäre und monetäre Erziehungshilfen ein.

In den Bereich der nicht-monetären Erziehungshilfe gehören
- die Stärkung der Erziehungskraft und die Verbesserung der Erziehungsqualität der Familie durch Erziehungsberatung, durch Förderung von Maßnahmen der Elternbildung und die Setzung von Erziehungsnormen[29];

---

[29] Hier ist insbesondere das Gesetz zur Ächtung der Gewalt in der Erziehung und zur Änderung des Kindesunterhaltsrechts vom 2. Nov. 2000 zu nennen, durch das § 1631 Abs. 3 des BGB wie folgt gefasst wurde: „Kinder haben ein Recht auf gewaltfreie Erziehung. Körperliche Bestrafungen, seelische Verletzungen und andere entwürdigende Maßnahmen sind unzulässig."

- die Ergänzung der Familienerziehung und die Entlastung von Müttern durch ein mengenmäßig ausreichendes und qualitativ hochwertiges Angebot an Kinderkrippen und Kindergartenplätzen;
- Hilfe bei der Pflege erkrankter Kinder durch Freistellung von Eltern zur Pflege und durch die Gewährung von Haushaltshilfen (vgl. dazu S. 248.);
- Bereitstellung von Teilzeitarbeitsplätzen im Öffentlichen Dienst und in der Privatwirtschaft, um Müttern, die auf Einkommenserwerb angewiesen sind und die mit einem Teilarbeitsverhältnis auskommen könnten, sowie Müttern, die ihre Kinder überwiegend selbst erziehen, aber nicht ganz auf Berufstätigkeit und die damit verbundene gesellschaftliche Integration verzichten wollen, mehr Wahlmöglichkeiten einzuräumen.

Zentrales familienpolitisches Instrument im Bereich der monetären Erziehungshilfe ist - neben dem bereits dargestellten Erziehungsgeld - die *Ausbildungsförderung*. Sie hat unter mehrfachem Aspekt bedeutendes sozialpolitisches Gewicht: erstens nämlich erhöht sie die materiale Chancengleichheit der Kinder und Jugendlichen in Bezug auf den Erwerb von allgemeiner und beruflicher Bildung und macht damit das Recht auf Bildung für alle erst wirksam; zweitens stellt sie für Kinder und Jugendliche aus einkommens- und vermögensschwachen Familien eine Voraussetzung für die Wahrnehmung ihres Grundrechtes auf freie Entfaltung der Persönlichkeit dar; drittens macht sie aus dem Grundrecht auf freie Berufs- und Arbeitsplatzwahl ein material wirksames, tatsächlich nutzbares Recht; viertens erhöht sie die Fähigkeit der Individuen, durch die erworbene berufliche Qualifikation ihre eigene Existenz weitgehend zu sichern und fünftens verbessert sie durch ihren Beitrag zur Hebung des Niveaus der Bildung in der Gesellschaft die gesellschaftlichen und die wirtschaftlichen Entwicklungschancen.

Die allgemeinen Ausbildungsbeihilfen beruhen
1. auf den Normen der Berufsausbildungsförderung nach den §§ 59 ff. SGB III,
2. auf dem Bundesausbildungsförderungsgesetz,
3. auf Ausbildungsfreibeträgen.

Im Rahmen des *SGB III* haben Jugendliche Anspruch auf eine Förderung der beruflichen Ausbildung in Betrieben oder in überbetrieblichen Einrichtungen sowie auf eine Förderung der Teilnahme an Grundausbildungs- und Förderungslehrgängen, soweit sie die für eine solche Ausbildung erforderlichen Mittel nicht selbst aufbringen können und ihren Unterhaltsverpflichteten die Aufbringung der Mittel üblicherweise nicht zugemutet wird (§ 59 SGB III). Die Förderung, die an bestimmte Voraussetzungen gebunden ist, umfasst die Zahlung von Unterhaltsgeld und die Erstattung der Ausbildungskosten (§§ 66 bis 69 SGB III).

Das *Bundesgesetz über individuelle Förderung der Ausbildung* vom 26. Aug. 1971, zuletzt geändert durch Gesetz vom 15. Aug. 2003, verfolgt das Ziel, jedem Jugendlichen in der Bundesrepublik eine seiner Neigung, Eignung und Leistung entsprechende Ausbildung finanziell zu sichern, wenn dem Auszubildenden die für seinen Lebensunterhalt und seine Ausbildung erforderlichen Mittel anderweitig nicht zur Verfügung stehen. Gefördert wird der Besuch von 1. weiterführenden allgemeinbildenden Schulen (ab Klasse 10), Berufsfachschulen und Fachoberschulen, 2. Abendhauptschulen, Berufsaufbauschulen, Abendrealschulen, Abendgymnasien und Kollegs, 3. Berufsfachschulen (ab Klasse 10) und Fachschulen, 4. Höheren Fachschulen und Akademien, 5. Hochschulen jeweils vom Beginn der Ausbildung an. Gefördert werden nicht nur deutsche Staatsangehörige, sondern auch die Kinder von Angehörigen der EG-Staaten, die in der Bundesrepublik erwerbstätig sind oder erwerbstätig waren sowie anerkannten Flüchtlingen und Asylberechtigten. Voraussetzung für die Förderung ist, dass die Leistungen des Auszubildenden erwarten lassen, dass er das angestrebte Ausbildungsziel erreicht.

Die Ausbildungsförderung wird bei allen Förderungsarten für Schüler vollständig als *Zuschuss* geleistet, für Studierende, d.h. für den Besuch von Höheren Fachschulen, Akademien und Hochschulen dagegen als *zinsloses Darlehen und als Zuschuss* im Verhältnis 50 : 50. Der monatliche Förderungsbedarf (= Lebensunterhalt und Ausbildungskosten) wird in Form von Pauschbeträgen festgelegt, die ebenso wie die Freibeträge alle zwei Jahre zu überprüfen und gegebenenfalls neu festzusetzen sind. Der Förderungsbedarf ist – je nach Ausbildungsstätte und je nachdem, ob der Geförderte bei den Eltern wohnt oder auswärts - unterschiedlich hoch. Der Bedarf für Schüler ist (2003) auf 192 bis 417 € mtl. festgelegt, der Bedarf für Studierende auf 310 bis 466 € (§§ 12 und 13). Auf den Bedarf sind Einkommen und Vermögen des Auszubildenden, seines Ehegatten und seiner Eltern anzurechnen.[30] Die dabei anzurechnenden Freibeträge erhöhen sich nach Familienstand und Kinderzahl (§§ 23, 25, 29). Die Darlehen sind innerhalb von 20 Jahren mit monatlich 105 € zurückzuzahlen, wobei die Rückzahlung erst fünf Jahre nach dem Ende der Förderungszeit beginnt und eine Rückzahlungsverpflichtung nur besteht, wenn das Einkommen bei Ledigen 960 €, bei Ehepaaren ohne Kinder 1 440 € und für jedes Kind des Darlehensnehmers zusätzlich 435 € übersteigt (§ 18 a). Die Rückzahlung kann auf Antrag um 25 % erlassen werden, wenn der Darlehensnehmer zu den ersten 30 % der Geförderten gehört, die die Prüfung in demselben Jahr abgelegt haben. Die Rückzahlung vermindert sich um 2 560 €, wenn der Darlehensnehmer das Studium mindestens vier Monate vor der Höchstförderungsdauer erfolgreich abgeschlossen hat (§ 18 b).

Die steuerlichen *Ausbildungsfreibeträge* betragen für volljährige Kinder bei auswärtiger Unterbringung 924 €.

Sonstige familienpolitische Instrumente

Neben den dargestellten familienpolitischen Instrumenten gibt es noch eine Reihe von Mitteln, die sich schwer zuordnen lassen. Es handelt sich v.a. um steuerliche Entlastungen, die sich nicht in die bisher behandelten Maßnahmengruppen einordnen lassen, um Maßnahmen der Förderung der Familienerholung, um Preis- und Tarifermäßigungen und um soziale Hilfen für Sonderfälle.

Im Rahmen steuerlicher Entlastungen ist die Berücksichtigung von Kindern bei der Definition der Grenzen für die Anerkennung außergewöhnlicher Belastungen (z.B. durch Behinderung oder Pflegebedürftigkeit) nach § 33 EStG zu erwähnen. Anstelle einer Steuervergünstigung nach § 33 EStG können Behinderte, Hinterbliebene und Pflegepersonen Pauschbeträge geltend machen (§ 33 b EStG).

Ein für Betroffene wichtiges Instrument ist der Unterhaltsvorschuss. Ihn erhalten aufgrund des Gesetz zur Sicherung des Unterhalts allein stehender Mütter und Väter durch Unterhaltsvorschüsse oder –ausfallleistungen vom 23 Juli 1979 i.d.F. vom

---

[30] Einkommen und Vermögen der Eltern bleiben außer Betracht, wenn - wie z. B. nach Vollendung des 30. Lebensjahres - keine Unterhaltspflicht der Eltern besteht (§ 11, Abs. 3).

2. Jan. 2002 (Unterhaltsvorschussgesetz) alle Alleinerziehenden, die vom anderen Elternteil keinen Unterhalt für ihr Kind oder keinen Unterhalt in Höhe des Regelbedarfs bekommen, und zwar ohne gerichtliches Unterhaltsurteil und auch bei ungeklärter Vaterschaft. Der Unterhaltsvorschuss wird geleistet in Höhe des Regelsatzes der Regelbetragsverordnung in der jeweils geltenden Fassung für nicht eheliche Kinder, d.h. (2003) für Kinder bis 6 Jahre in Höhe von 188 € mtl. in den alten und 174 € in den neuen Ländern, für Kinder von 6 bis 12 Jahren in Höhe von 228 € bzw. 211 € abzüglich von Unterhaltszahlungen des anderen Elternteils. Die Leistungen werden längstens für 72 Monate und bis zum 12. Lebensjahr eines Kindes erbracht.

Von den Maßnahmen zur Förderung der Familienerholung sind die Förderung des Baues und der Errichtung von Familienferienstätten durch gemeinnützige Träger seitens der Bundesregierung sowie die finanzielle und ideelle Unterstützung des Deutschen Müttergenesungswerkes, das der Erholung von Müttern, vor allem aus Mehrkinderfamilien, dient, durch den Bund zu nennen.

Im Rahmen von Preis- und Tarifermäßigungen spielen vor allem die Fahrpreisermäßigungen der Deutschen Bundesbahn sowie die Familienermäßigungen anderer staatlicher und kommunaler Einrichtungen wie z.B. Museen, Theater, öffentliche Verkehrsmittel und Bäder eine Rolle.

Besondere Bedeutung kommt den sozialen Diensten für die Familie in besonderen Lebenslagen zu. Im Falle der Erkrankung von Kindern oder auch älteren Familienmitgliedern können bei Erwerbstätigkeit der Elterngeneration besondere Probleme der Versorgung und Pflege bedürftiger Personen auftreten. In solchen Fällen sind persönliche ambulante Kranken-, Alten- und Familienpflegedienste erforderlich, die von den Gemeinden und von den gemeinnützigen Trägern erbracht werden. Dabei haben sich die sog. Sozialstationen besonders bewährt. Es handelt sich um Einsatzzentralen, in denen die Kräfte der ambulanten Pflege zusammengefasst sind und der Einsatz dieser Kräfte zentral gesteuert wird. Erwähnung verdienen auch die Einrichtungen der Ehe- und Familien-, insbes. der Schwangerschaftsberatung.

Hilfen für „Problem"-Familien

Besonderen ökonomischen, aber auch physischen und psychischen, pflegebedingten Belastungen sind *Familien mit behinderten Kindern* ausgesetzt. Zur Unterstützung solcher Familien werden eingesetzt:
- Förderung der Rehabilitation Behinderter durch die gesetzliche UV, wenn die Behinderung unfallbedingt ist;
- Eingliederungshilfe im Rahmen des SGB XII, die unter anderem umfasst: ärztliche Maßnahmen, die Versorgung mit Körperersatzstücken, heilpädagogische Maßnahmen, Hilfe zur Ausbildung, Hilfe zur Fortbildung, Hilfe zur Erlangung eines geeigneten Platzes im Arbeitsleben, Hilfe bei der Beschaffung und Erhaltung einer Wohnung, die den besonderen Bedürfnissen des Behinderten entspricht, Hilfe zur Teilnahme am Leben in der Gemeinschaft;
- verstärkte steuerliche Entlastung der Eltern behinderter Kinder durch erhöhte, nach dem Grad der Minderung der Erwerbsfähigkeit gestaffelte Pauschbeträge;
- Befreiung von Rundfunk- und Fernsehgebühren sowie Ermäßigung der Telefongrund- und Anschließungsgebühr (bei 80%iger Erwerbsminderung).

Die Hilfen für *ausländische Familien* konzentrieren sich auf außerschulische Hilfen für Kinder ausländischer Arbeitnehmer (Hausaufgabenhilfen), auf Programme zur sozialen und beruflichen Eingliederung arbeitsloser ausländischer Jugendlicher, auf sprachliche Förderungsmaßnahmen und auf Beratungsdienste.

Hilfen für Familien, die wegen ihrer Lebensweise, ihres Verhaltens, ethnischer Besonderheiten und anderer sozialer Schwierigkeiten nicht in die Gesellschaft eingegliedert sind - wie z.B. Obdachlose, Nichtsesshafte, Landfahrer, entlassene Strafgefangene -, sind nach § 68 SGB XII möglich. Die Hilfe umfasst „alle Maßnahmen, die notwendig sind, um die Schwierigkeiten abzuwenden, zu beseitigen, zu mildern oder ihre Verschlimmerung zu verhüten, insbesondere Beratung und persönliche Betreuung für die Leistungsberechtigten und ihre Angehörigen, Hilfen zur Ausbildung, Erlangung und Sicherung eines Arbeitsplatzes sowie Maßnahmen bei der Beschaffung und Erhaltung einer Wohnung".

Das Gewicht familienpolitischer Leistungen

Einen Eindruck vom Gewicht familienpolitischer Leistungen vermittelt Tabelle 30. Sie zeigt, dass 2000 für die Förderung von Ehe und Familie unter Einbeziehung der Sachleistungen der GKV und der Kindererziehungszeiten 323,19 Mrd. DM oder 24,7 % des Sozialbudgets aufgewendet wurden. Allerdings ist bei der Bewertung dieser Größenordnungen zu bedenken, dass allein 44,07 Mrd. DM für das Ehegattensplitting, d.h. für die Förderung der Ehe, aufgewendet wurden und dass die Hinterbliebenenrenten streng genommen nur dann als Familienförderung interpretiert werden können, wenn sie an Haushalte gehen, in denen Kinder leben. Beachtlich hoch sind auch mit rund 63 Mrd. DM die beitragsfreien Leistungen der GKV für nicht erwerbstätige Familienmitglieder.

3. Probleme der Familienpolitik

Kaum ein Bereich der neueren Sozialpolitik dürfte so problembeladen sein wie die Familienpolitik. Das hängt einmal damit zusammen, dass es selbst innerhalb des Rahmens der die Gesellschaft der Bundesrepublik prägenden Sozialphilosophie sehr unterschiedliche familienpolitische Leitbilder gibt. Sie reichen vom konservativen Leitbild der bürgerlichen Familie, die auf der Ein-Verdiener-Ehe basiert und in der die Frau mindestens für die Zeit, in der die nicht erwachsenen Kinder im Hause sind, nicht erwerbstätig, sondern ausschließlich für Haushalt und Familie zuständig ist, bis zu einem Leitbild, in dem die Ehe nicht mehr als konstituierende Grundlage für das Zusammenleben Erwachsener mit Kindern angesehen wird, eine volle, länger anhaltende Konzentration eines der Partner auf Haushalt und Familie als Hindernis für die Selbstentfaltung betrachtet und die Erziehung der Kinder auch in der frühkindlichen Phase (d.h. bis zum Beginn des vierten Lebensjahres) durch familienfremde Betreuungspersonen oder durch Betreuungseinrichtungen der elterlichen Erziehung und Betreuung gleichgestellt wird. Zum anderen sind Probleme der Familienpolitik dadurch bedingt, dass in der praktischen Politik die Bedeutung der Familie und der Familienpolitik in der Regel erst erkannt werden, wenn Besorgnis erregende Entwicklungen der Bevölkerung Maßnahmen geboten erscheinen lassen, so dass die Familienpolitik wegen ihrer Instrumentalisierung für bevölkerungspolitische Ziele in Misskredit gerät und nicht primär an den Bedürfnissen der Familien orientiert wird. Diese Unterschätzung der Bedeutung der Familienpolitik ist schwer korrigierbar, weil es keine schlagkräftige familienpolitische Lobby gibt und weil die Stimmen der Kinder bei politischen Wahlen nicht ins Gewicht fallen. Daher gibt es in der Familienpolitik zahlreiche, noch zu benennende Defizite. Erschwert werden die Aufgaben der

Tabelle 30. Finanzielle Leistungen und Sachaufwendungen für Ehe und Familie 2000

Empfängergruppe bzw. Art der Leistung	Aufwendungen in Mrd. DM	
I. Im Sozialbudget für Ehe und Familie ausgewiesene Leistungen für		
1. Ehegatten[a]	53,36	
darunter: Ehegattensplitting		44,07
2. Mutterschaft[b]	8,74	
3. Kinder und Jugendliche[c]	127,35	
darunter: a) Erziehungsgeld		7,32
b) Kindergeld		0,22
c) Ausbildungsförderung		1,00
d) Jugendhilfe		32,81
Summe I	189,45	
II. Andere ehe- und familienorientierte Leistungen		
1. Kindererziehungsleistungen	2,13	
2. Hinterbliebenenrenten der GRV	67,87	
3. Sachleistungen der GKV für Familienangehörige	63,74	
Summe II	133,74	
Gesamtsumme	323,19	
in % des Sozialbudgets	24,70	

a   Ehegattensplitting, Familienzuschläge öffentlicher Arbeitgeber, Sozialhilfeleistungen an Ehegatten.
b   Entgeltfortzahlung bei Mutterschaft, Mutterschaftsgeld, Mutterschaftshilfe der GKV.
c   Enthält außer den ausgewiesenen Positionen noch Familienzuschläge öffentlicher Arbeitgeber sowie Sozialhilfeleistungen an Kinder und Jugendliche.

Quellen::   Zahlen unter I. BMA (Hg.), Sozialbericht 2001, S. 114; Zahlen unter II. 1. und 2. VDR, Rentenversicherung in Zahlen 2001, S. 14 und S. 32 ff.; Zahl unter II.3. errechnet aus der Zahl von 22,5 Mio. in der GKV mitversicherten *Familienmitgliedern*, multipliziert mit 80 % Ausgaben pro Mitglied (weil für Familienmitglieder einige Leistungseinschränkungen gelten) = 2 833 DM. Die GKV wendet also mehr als 63 Mrd. DM für Leistungen an beitragsfrei mitversicherte Familienmitglieder auf.

Familienpolitik auch dadurch, dass - wie im Überblick über die Instrumente der Familienpolitik gezeigt - Familienpolitik eine „Querschnittsdisziplin" ist, die nicht nur monetäre Transfers braucht, sondern auch soziale Infrastruktureinrichtungen (Kindergarten- und Kinderhortplätze, Beratungsstellen, Jugend- und Altenhilfeeinrichtungen). Sie muss darüber hinaus wohnungs- und bildungspolitische Anliegen aus der Sicht der Familien verfolgen und versuchen, die Umwelt der Familien einschließlich der Arbeitswelt familienfreundlich auszugestalten. Als die gravierendsten familienpolitischen Defizite sind nach dem Urteil der Verfasser das Ehegattensplitting, die unzulängliche Alterssicherung kindererziehender Frauen, Defizite an Kinderbetreuungsplätzen und die Rigidität der Arbeitswelt anzusprechen.

Beim Ehegattensplitting werden die Einkommen eines Ehepaares zunächst addiert, dann halbiert und nach der für dieses Einkommen ermittelten und verdoppelten Steuerschuld belastet. Dadurch wird die Progressionswirkung des Steuertarifs abgemildert. Ehepaare werden durch das Splitting umso mehr begünstigt, je größer die Unterschiede in den zu versteuernden Einkommen der Ehegatten sind. Es begünstigt zwar auch Ehepaare mit Kindern, jedoch in umso größerer Zahl kinderlose Ehepaare, je größer die Zahl der kinderlosen Paare wird. Da für das Splitting erhebliche Mittel eingesetzt werden - 2000 waren es 44,07 Mrd. DM oder 23,3 % aller Aufwendungen für Ehe und Familie ohne die Hinterbliebenenrenten, die Sachleistungen der GKV und die Kindererziehungsleistungen - wird eine Modifikation im Sinne eines Übergangs zu einem familienfreundlichen Steuersystem immer häufiger empfohlen.[31] Diskussionsbedürftig ist auch die Tatsache, dass 2000 die Leistungen für das Ehegattensplitting und für die Hinterbliebenenrenten, die ganz überwiegend Witwen- und Witwerrenten sind, mit zusammen 111,9 Mrd. DM nicht viel niedriger sind als die Leistungen für Kinder und Jugendliche in Höhe von 137,3 Mrd. DM.

Die Alterssicherung kindererziehender und befristet nicht erwerbstätiger Mütter und Väter wurde zwar durch das *Rentenreformgesetz 1992*, das drei Erziehungsjahre pro Kind als rentenanspruchsbegründende und rentenerhöhende Beitragszeiten in der RV anerkennt, gegenüber dem vorhergehenden Zustand merklich verbessert.[32] Eine weitere Verbesserung scheint dennoch, v.a. für Mütter mit zwei und mehr Kindern, geboten, weil mit steigender Kinderzahl die Erwerbsmöglichkeiten von Müttern überproportional eingeengt werden. Eine Mutter mit drei Kindern z.B. wird die Erwerbstätigkeit länger als neun Jahre unterbrechen müssen. Daher sollte erwogen werden, ob nicht für das erste Kind drei, für das zweite fünf und für das dritte sieben Erziehungsjahre anerkannt werden - unabhängig davon, dass langfristig eine eigenständige soziale Sicherung der Frau geschaffen werden muss.

Die Notwendigkeit der Verbesserung der Alterssicherung von Müttern hat auch das BVerfG in einem seiner zahlreichen bemerkenswerten Urteile zur Familienpolitik (vgl. dazu Lampert 1994), nämlich im sog. „Mütterurteil" vom 7. Juli 1992 (BVerfGE 87,1), festgestellt. Dort ist u.a. aufgeführt:

1. Das bestehende Alterssicherungssystem führt zu einer Benachteiligung von Personen, die sich der Kindererziehung widmen, gegenüber kinderlosen Personen, die durchgängig der Erwerbstätigkeit nachgehen können.
2. Die Kindererziehung hat für das System der Altersversorgung bestandssichernde Bedeutung.
3. Die Benachteiligung von Familien, in denen ein Elternteil sich der Kindererziehung widmet, wird weder durch staatliche Leistungen noch auf andere Weise ausgeglichen. Auch die verschiedenen Leistungen im Rahmen des FLA, nämlich

---

[31] Vgl. nur Zeidler 1983, S. 597; A. Pfaff 1985, S. 78 f.; Wingen 1987, S. 101; BMJFFG 1988, S. 14 ff. , Seidel/Teichmann/Thiede 1999 und Althammer 2003, der sich für ein Realsplitting ausspricht. Vgl. aber auch Scherf 1999, der das Splitting nicht als Steuervergünstigung betrachtet.

[32] Ein Kindererziehungsjahr ergab im ersten Halbjahr 2003 eine Erhöhung der Monatsrente um 25,85 € in West- und um 22,69 € in Ostdeutschland.

Kinderfreibeträge, Kindergeld, Erziehungsgeld und Ausbildungsförderungsleistungen machen die Einbußen, die Eltern gegenüber Kinderlosen in der Altersversicherung erleiden, nicht wett.

4. Daher ist der Gesetzgeber verpflichtet, die erhebliche Benachteiligung der Erzieher von Kindern in weiterem Umfang als bisher schrittweise abzubauen. Bisher ist er dieser Verpflichtung nur zögernd und in geringem Umfang nachgekommen.

Um das Ziel der Vereinbarkeit von Familientätigkeit und Erwerbstätigkeit mehr als bisher erreichen zu können, erscheint es notwendig, in unterversorgten Regionen die Zahl der Kindergartenplätze und der Kinderhortplätze zu erhöhen und die Öffnungszeiten an die betrieblichen Arbeitszeiten anzupassen. Das Ziel der Vereinbarkeit wird auch nicht erreichbar sein, wenn nicht die Arbeitswelt familienfreundlicher ausgestaltet wird. Daher sollten die Arbeitszeiten für kindererziehende Eltern flexibler über die Woche und die Tageszeit verteilt, Teilzeitarbeitsplätze ohne Benachteiligungen wirtschaftlicher und sozialer Art im Vergleich zu Vollzeitarbeitsplätzen geschaffen, die Wiedereingliederungschancen in die Arbeitswelt nach familienbedingter Unterbrechung erhöht und Maßnahmen ergriffen werden, um die beruflichen Aufstiegschancen für „Unterbrecher" möglichst wenig zu beeinträchtigen (vgl. Lampert 1993a und 1996, 5. Kap.).

Für die Entwicklung einer zielgerechten und wirksamen familienpolitischen Konzeption ist es erforderlich, über die ökonomische und soziale Lage der Familien und ihrer Mitglieder hinaus die gesellschaftspolitische Bedeutung der Familie und die für die Familie relevanten, in der Gesellschaft herrschenden Wertvorstellungen zu berücksichtigen. In diesem Sinn sind folgende Fakten zu beachten:

1. Eine demographische Stabilisierung, ausgewogene Generationsstrukturen und die Bildung von Humanvermögen[33] sind nur von den Familien zu erwarten. Daraus ist jedoch nicht zu folgern, dass die Familienpolitik bevölkerungspolitisch ausgerichtet werden sollte, sondern dass ökonomische und soziale Bedingungen geschaffen werden sollten, die es potentiellen Eltern ermöglichen, ihre Kinderwünsche ohne gravierende Wohlstandseinbußen und ohne Inkaufnahme großer sozialer Ungleichheiten zu verwirklichen;

2. die für die Gesellschaft unabdingbare Solidarität zwischen den Generationen kann nur durch die Familie gesichert werden;

3. die höchstmögliche Qualität der Versorgung, Pflege und Erziehung der Kinder ist in der Regel und überwiegend durch institutionalisierte Elternschaft erreichbar;

4. die Einbeziehung verheirateter Frauen und Mütter in die außerhäusliche Erwerbstätigkeit als realistische und wählbare Möglichkeit der Lebensgestaltung ist ein Gebot der Fairness und der Verwirklichung von Gleichberechtigung, aber auch ein Gebot rationaler Politik.[34] Aus der Anerkennung dieses Gebots folgt die Notwendigkeit verstärkter Beteiligung der Männer an der Produktion familialer Wohlfahrt. Denn „die Zukunft der Familie wird sich daran entscheiden, ob es gelingt,

---

[33] Schon 1871 formulierte *John St. Mill* in den Grundsätzen der Politischen Ökonomie (1. Buch, 2. Kap., § 7): „Für die Gesellschaft im Ganzen sind Arbeit und Kosten der Erziehung der Kinderwelt ein Teil der Auslagen, ohne die keine Produktion besteht, und welche mit einem Plus von dem künftigen Ertrag ihrer Arbeit ersetzt werden müssen." Vgl. zum Beitrag der Familien zur Humanvermögensbildung auch Lampert 1992b und 1993c.

[34] Vgl. in diesem Zusammenhang auch die Feststellung von Zeidler 1983, S. 605: „Die junge Frau steht bei ihrer Lebensplanung vor der Frage, ob sie als Familienfrau und Mutter die Rolle des Packesels im Sozialstaat übernehmen will."

dauerhafte Partnerschaftsbeziehungen auf der Basis nicht nur ideeller, sondern praktischer Gleichberechtigung in genügender Zahl und Dauer zu stabilisieren" (Kaufmann 1995, S. 158 f.);

5. Rund 90 % aller Kinder unter 18 Jahren wachsen trotz der Entwicklung „neuer" Familienformen (vgl. zu diesen Familienformen Sieder 1995 sowie Lüscher 1987) in vollständigen Familien auf. Dennoch hängen die Erfolge der Familienpolitik davon ab, dass diese Politik alle für die Familiengründung und für das Familienleben relevanten Determinanten rechtlicher, ökonomischer, sozialer Art berücksichtigt und ein ausgewogenes Bündel von Maßnahmen zur Beeinflussung dieser Determinanten entwickelt und einsetzt.

Aus dieser Ausgangslage ergeben sich für die künftige Familienpolitik folgende Aufgaben (vgl. dazu auch Lampert 1996b, 5. Kap.):
- der Abbau der steuerlichen Begünstigungen kinderloser Ehen;
- die Anpassung der von der Besteuerung freigestellten Mindestkinderkosten an die tatsächlichen Lebenshaltungskosten für Kinder und entsprechende Sozialtransfers für diejenigen Familien, die diesen den Existenzminimumkosten entsprechenden Freibetrag aus eigener Kraft nicht erreichen;[35]
- die finanzielle Erleichterung und sozialversicherungsrechtliche Absicherung der vorübergehenden Unterbrechung oder der Nicht-Aufnahme einer Erwerbstätigkeit zugunsten der Erziehung, Versorgung und Pflege von Kindern;
- die finanzielle Anerkennung der Erziehung und Versorgung von Kindern als Beitrag zur demographischen Stabilität, zur Intergenerationen-Solidarität und zur Humanvermögensbildung, d.h. als gesellschaftlich unverzichtbarer externer Effekte der Gründung von Familien, in Form eines politisch festzusetzenden Prozentsatzes der direkten und indirekten ökonomischen Aufwendungen für Kinder;
- die Dynamisierung der direkten Transfers an Familien (Erziehungsgeld, Kindergeld, Wohngeld) entsprechend der Veränderung der Lebenshaltungskosten.

Besondere Aufmerksamkeit verdienen junge Familien, die Familien Alleinerziehender und Familien mit Schwerpflegebedürftigen. Junge Familien stehen einerseits durch die Aufwendungen für die Wohnungsbeschaffung, die Wohnungsausstattung und die Erstausstattung für das erste Kind und andererseits durch den Wegfall des zweiten Einkommens in einer ökonomisch angespannten Situation.[36] Ausreichende Hilfen für junge Familien und für Alleinerziehende (vgl. dazu S. 355) sind neben der Schaffung einer breit akzeptierten Moral gegenüber dem ungeborenen Leben auch unverzichtbare Instrumente, um die Bereitschaft zum Schwangerschaftsabbruch zu verringern. Familien mit pflegebedürftigen älteren Mitgliedern werden angesichts des steigenden Altersquotienten immer zahlreicher werden. Allein aufgrund der sehr hohen Kosten der stationären Pflege älterer Menschen erscheint es dringend geboten, Familien, die alte Menschen pflegen und damit wichtige soziale Aufgaben wahrnehmen, steuerlich zu entlasten und ihnen die Hilfe ambulanter Versorgungs- und Pflegedienste zuteil werden zu lassen.

---

[35] Vgl. zu dieser Problematik der Armutsbekämpfung von Kindern das Modell eines einkommensabhängigen Kindergeldzuschlags von *Richard Hauser* in: Nachrichtendienst des Deutschen Vereins für öffentliche und private Fürsorge vom Mai 2003.

[36] Daher erscheint es auch nicht gerechtfertigt, das Kindergeld für das erste Kind wesentlich niedriger anzusetzen als für Kinder höherer Ordnungszahl.

B. Jugendhilfe

1. Definition, Notwendigkeit und Ziele

Unter Jugendhilfe versteht man alle planmäßigen sozialpädagogischen Hilfen, die Kindern und Jugendlichen außerhalb von Familie, Schule und Ausbildung zuteil werden sowie alle Rechtsnormen, die das Ziel haben, die Rechte der Kinder und Jugendlichen auf Erziehung, Menschenwürde, Sozialisation und Entfaltung der Persönlichkeit durchzusetzen und zu schützen.

Die Notwendigkeit sozialpolitischer Hilfe für Kinder und Jugendliche ergibt sich aus der Tatsache, dass die Lebenslage von Kindern und Jugendlichen, insbes. ihre Erziehungs-, Bildungs- und Entfaltungsmöglichkeiten, aber auch ihre materielle Lebenslage, entscheidend durch die Lebensumstände der Eltern sowie durch deren Erziehungsbereitschaft und -fähigkeit bestimmt werden (vgl. dazu v. Hippel 1982, S. 55 ff.). Bei Kindern oder Jugendlichen ohne Eltern, mit nur *einem* erziehenden und für sie sorgenden Elternteil, mit wirtschaftlich schwachen Eltern, mit pädagogisch und/oder sittlich sorgeunfähigen Eltern und bei Kindern und Jugendlichen, die wegen körperlicher, seelischer oder geistiger Behinderungen die Sorgekraft der eigenen Familie überfordern, können daher die persönliche Wohlfahrt und die körperliche, geistig-sittliche und soziale Entwicklung absolut beeinträchtigt oder gefährdet oder die Entwicklungschancen im Vergleich zu anderen Kindern und Jugendlichen so ungleich sein, dass eine besondere Schutzbedürftigkeit gegeben erscheint. Aus der starken Abhängigkeit der materiellen Wohlfahrt, der Entwicklungs- und der Sozialisationschancen Jugendlicher von der Größe, der Struktur und der Qualität ihrer Familie ergibt sich eine außerordentlich enge Beziehung zwischen Jugendpolitik und Familienpolitik.

2. Einzelbereiche

Die Jugendhilfe beruht auf dem am 15. März 1995 neu gefassten *Kinder- und Jugendhilfegesetz* vom 26. Juni 1990, zuletzt geändert durch Gesetz vom 20. Juni 2002, das im SGB VIII zu finden ist.[37] Es gewährleistet dem jungen Menschen „ein Recht auf Förderung seiner Entwicklung und auf Erziehung zu einer eigenverantwortlichen und gemeinschaftsfähigen Persönlichkeit", unterstreicht den Primat des Rechts und der Verantwortung der Eltern auf Pflege und Erziehung und definiert es als Hauptziele der Jugendhilfe, junge Menschen in ihrer Entwicklung zu fördern und dazu beizutragen, Benachteiligungen zu vermeiden oder abzubauen, Eltern und andere Erziehungsberechtigte zu beraten und zu unterstützen und - nicht zuletzt, aber doch subsidiär - Kinder und Jugendliche vor Gefahren für ihr Wohl zu schützen (§ 1 SGB VIII). Diese Ziele sollen vor allem durch prophylaktisch angelegte Maßnahmen der Jugendförderung, durch Förderung der Erziehung in der Familie in Form von Familienbildung, Beratung und Unterstützung der Eltern bei der Versorgung und Betreuung der Kinder sowie durch die Förderung von Kindern in Tageseinrichtungen und in Tagespflege erreicht werden. Hauptbereiche der Jugendhilfe sind die Jugend-

---

[37] Vgl. zur Entwicklung der Jugendhilfegesetzgebung Jordan/Sengling 2000 (Lit.).

förderung oder Jugendpflege, die Erziehungshilfe, der Jugendschutz und die Jugendgerichtshilfe.

a) Jugendförderung

Unter Jugendförderung versteht man alle Einrichtungen und Maßnahmen staatlicher und nicht staatlicher Träger und Organe der Jugendhilfe, die dazu dienen, Kinder und Jugendliche durch Jugendarbeit, Jugendsozialarbeit und erzieherischen Kinder- und Jugendschutz zu fördern. Schwerpunkte der Jugendarbeit sind die Jugendbildung jeder Art, die arbeits-, schul- und familienbezogene Bildungsarbeit, die Kinder- und Jugenderholung sowie die Jugendberatung. Ein wichtiges Hilfsmittel ist die Förderung von Jugendverbänden. Die Jugendsozialarbeit besteht im Wesentlichen aus sozialpädagogischen Hilfen. Durch den erzieherischen Kinder- und Jugendschutz sollen junge Menschen befähigt werden, sich selbst vor Gefährdungen zu schützen und die Erziehungsberechtigten dazu, die ihrer Obhut Anvertrauten vor gefährdenden Einflüssen zu bewahren.

b) Erziehungshilfe

Die Erziehungshilfe als Hilfe für Erziehungsberechtigte bei der Erziehung umfasst die Beratung von Kindern, Jugendlichen und Erziehungsberechtigten bei der Klärung und Bewältigung ihrer Probleme, die Bereitstellung eines Erziehungsbeistands oder Betreuungshelfers und sozialpädagogische Familienhilfe bis hin zur Erziehung in einer Tagesgruppe und in Kinder- bzw. Jugendheimen. Auf diese Erziehungshilfe besteht ein Anspruch der Personensorgeberechtigten, wenn eine dem Kindeswohl entsprechende Erziehung nicht gewährleistet ist (§ 27 SGB VIII). Ein gravierendes Instrument der Erziehungshilfe ist die sog. „Inobhutnahme" nach § 42 SGB VIII. Zu ihr ist das Jugendamt verpflichtet, wenn ein Kind oder ein Jugendlicher darum bittet oder wenn eine dringende Gefahr für das Wohl des Kindes oder Jugendlichen sie erfordert.

c) Kinder- und Jugendschutz

Aufgabe des Kinder- und Jugendschutzes i.w.S. ist es, Kinder und Jugendliche vor Gefährdungen zu schützen, die ihre Entwicklung beeinträchtigen könnten. Diesem Zweck dienen neben dem Kinder- und Jugendhilfegesetz das *Jugendschutzgesetz* vom 23. Juli 2002 - mit dessen Inkrafttreten das *Gesetz zum Schutz der Jugend in der Öffentlichkeit* aus dem Jahr 1985 und das *Gesetz über die Verbreitung jugendgefährdender Schriften* aus dem Jahr 1985 außer Kraft gesetzt wurden – und das *Jugendarbeitsschutzgesetz* vom 12. April 1976, zuletzt geändert durch Gesetz vom 09. Juni 1998.

Das für den Schutz von Kindern und Jugendlichen geltende *Jugendschutzgesetz* verfolgt das Ziel, von Kindern und Jugendlichen Gefahren für ihr körperliches, geistiges oder seelisches Wohl, die ihnen an bestimmten Orten drohen, abzuwenden. Es verbietet den Aufenthalt Minderjähriger an bestimmten Orten, den Verzehr und die

Abgabe von alkoholischen Getränken, die Teilnahme an Glücksspielen und das Rauchen. Besondere Aufmerksamkeit widmet das Gesetz dem Schutz der Jugend vor Gefährdungen, die im Bereich der Medien drohen. Geregelt sind der Besuch von Filmveranstaltungen und die Benutzung von Bildträgern. Das Gesetz verlangt, dass Schriften sowie Ton- und Bildträger, die geeignet sind, Kinder oder Jugendliche sittlich zu gefährden, insbes. verrohend wirkende, zu Gewalttätigkeiten, Verbrechen oder Rassenhass anreizende und den Krieg verherrlichende Schriften, in eine Liste aufzunehmen sind und Kindern oder Jugendlichen nicht angeboten oder überlassen werden.

Neben diesen Arten des Schutzes gibt es den im *Kinder- und Jugendhilfegesetz* kodifizierten Schutz von Kindern und Jugendlichen. Er reicht von der Notwendigkeit der Erteilung einer Pflegeerlaubnis für die Betreuung eines jungen Menschen außerhalb seiner Familie durch eine Pflegeperson oder Pflegeeinrichtung bis zu Prüfungen, ob die Voraussetzungen für eine erteilte Pflegeerlaubnis weiter bestehen. Als Schutzmaßnahme ist auch die Mitwirkung des Jugendamtes an Verfahren vor Vormundschafts- und Familiengerichten anzusehen. Dem Schutz von Kindern und Jugendlichen dient schließlich auch die Jugendgerichtshilfe.

d) Jugendgerichtshilfe

Rechtsgrundlage der Jugendgerichtshilfe ist das *Jugendgerichtsgesetz* vom 06. Aug. 1953 i.d.F. vom 11. Dez. 1974. Aufgabe der Jugendgerichtshilfe ist es, die „erzieherischen, sozialen und fürsorgerischen Gesichtspunkte im Verfahren vor den Jugendgerichten zur Geltung zu bringen", um den Jugendgerichten eine Rechtsprechung zu erleichtern, die der sittlichen und geistigen Entwicklung Jugendlicher Rechnung trägt. Mittel zur Erfüllung dieser Aufgabe sind das Recht und die Pflicht des Jugendamtes, sich zur Persönlichkeit, Entwicklung und Umwelt der Jugendlichen sowie zu den zu ergreifenden Maßnahmen zu äußern, während einer Bewährungszeit eng mit dem Bewährungshelfer zusammenzuarbeiten, während des Vollzugs mit dem Jugendlichen in Verbindung zu bleiben und sich seiner Wiedereingliederung in die Gemeinschaft anzunehmen (§ 38 Jugendgerichtsgesetz).

3. Träger und Organe

Abgesehen von den Gesetzgebungsorganen des Bundes und der Bundesländer gibt es vier Gruppen von öffentlichen Trägern: die Jugendämter, die Landesjugendämter, die obersten, für die Jugendhilfe zuständigen Landesbehörden und den Bund.

Die in jeder kreisfreien Stadt und in jedem Landkreis zu errichtenden Jugendämter, Mittelpunkte der Jugendhilfe auf lokaler Ebene, sind eine zweigliedrige, aus dem Jugendhilfeausschuss und aus der Verwaltung bestehende Behörde, deren Zuständigkeit im *Kinder- und Jugendhilfegesetz* definiert ist. Die Jugendhilfeausschüsse sind aus Mitgliedern der Vertretungskörperschaft (Stadtrat bzw. Kreisparlament) oder aus von der Vertretungskörperschaft gewählten, in der Jugendhilfe tätigen oder erfahrenen Bürgern und aus Mitgliedern der in der Jugendhilfe tätigen Verbände zusammengesetzt. Die Jugendämter arbeiten eng mit den Arbeitsämtern, den Jugendgesundheitsbehörden, den Gewerbeaufsichtsämtern, den Polizeidienststellen, den Vormundschaftsgerichten und den Jugendgerichten zusammen.

Die Landesjugendämter haben die Aufgabe, die Arbeit der Jugendämter zu unterstützen und zur Sicherung einer auf Landesebene gleichmäßigen Erfüllung der Jugendhilfeaufgaben beizutragen. Die Träger der öffentlichen Jugendhilfe sollen die freiwillige Tätigkeit auf dem Gebiet der Jugendpflege anregen und fördern.

Die Bundesregierung kann die Bestrebungen auf dem Gebiet der Jugendhilfe anregen und fördern, soweit sie überregional von Bedeutung sind. Sie hat dem Parlament in jeder Legislaturperiode einen Bericht über die Lage junger Menschen und über die Bestrebungen und die Leistungen der Jugendhilfe vorzulegen (Jugendbericht).

Zu den freien Trägern der Jugendhilfe gehören die Wohlfahrtsverbände, die Jugendverbände, juristische Personen und die Kirchen.

Die sechs großen Wohlfahrtsverbände in der Bundesrepublik (Arbeiterwohlfahrt, Caritas, Diakonisches Werk der evangelischen Kirche, Deutsches Rotes Kreuz, Deutscher Paritätischer Wohlfahrtsverband und Zentralwohlfahrtsstelle der Juden in Deutschland) sind die bedeutendsten freien Träger der Jugendhilfe. An zweiter Stelle sind die in Jugendringen auf Landes- und Bundesebene zusammengeschlossenen Jugendverbände zu nennen.

Die bedeutende Rolle der Verbände der Wohlfahrtspflege als Jugendhilfeträger wird daran erkennbar, dass mehr als die Hälfte der in der Jugendhilfe Beschäftigten bei diesen Verbänden tätig waren, dass die Träger der freien Jugendhilfe 2000 33 974 Plätze (= 44,1 % aller Plätze) in den Einrichtungen der Jugendhilfe (Kinder- und Säuglingsheime, Heime für Mutter und Kind, Jugend-, Erziehungs-, Schüler- und Studentenheime, Kindergärten, Sonderschulen u.a.) mit 1,8 Mio. Betten bzw. Plätzen (= 52,9 % aller Betten bzw. Plätze) bereitstellten und dass sie 256 732 (= 44,9 %) der in den Einrichtungen der Jugendhilfe tätigen 572 000 Personen beschäftigten (Stat. BA, Datenreport 2000, S. 212 f. und Gesamtstatistik der Einrichtungen und Dienste der freien Wohlfahrtspflege 2001, S. 21). Im Jahre 2000 wurden für Aufgaben der Jugendhilfe 32,8 Mrd. DM aufgewendet (Sozialbudget 2000).

C. Altenhilfe

1. Definition, Notwendigkeit und generelles Ziel

Unter Altenhilfe (vgl. dazu Blume 1977) versteht man die Gesamtheit aller Maßnahmen und Einrichtungen außerhalb der Sozialversicherung und der Versorgung zugunsten älterer Menschen, die das Ziel haben, jene wirtschaftlichen und sozialen Schwächen, die mit einem höheren Lebensalter verbunden sein können, soweit zu mildern bzw. auszugleichen, dass auch ältere Menschen die in unserer Gesellschaftsordnung verfolgten Lebenslageziele weitgehend erreichen können, insbes. das Ziel der Verwirklichung eines menschenwürdigen, wirtschaftlich gesicherten und eine Persönlichkeitsentfaltung in persönlicher, kultureller und sozialer Hinsicht ermöglichenden Lebens.

Die Notwendigkeit einer Altenhilfepolitik ergibt sich aus der für entwickelte Industriegesellschaften charakteristischen Form der Zweigenerationenfamilie in Verbindung mit altersspezifischen wirtschaftlichen, gesundheitlichen und sozialen Problemen. Viele Kleinfamilien sind nicht willens oder nicht fähig, für die ältere Generation innerhalb der Familie wirtschaftlich zu sorgen, sie zu verpflegen und sie gesundheitlich und sozial zu betreuen. Lebenslagemerkmale älterer Menschen, die je für sich, vor allem aber in Kombination, wirtschaftliche und soziale Schwäche bewirken, sind vor allem:

1. Nominaleinkommenseinbußen, wenn ältere Menschen wegen relativ kurzer Versicherungszeiten oder niedriger Arbeitseinkommen keine oder nur geringe Renten- oder Versorgungsansprüche erworben haben. Niedrige Alterseinkommen bewirken vor allem dann Sozialhilfebedürftigkeit, wenn ältere Menschen in Altenheimen oder Altenpflegeheimen hohe Mieten bzw. Pflegesätze zu zahlen haben;

2. Beeinträchtigungen der geistigen und körperlichen Konstitution, die ein Nachlassen der Energie und der Eigeninitiative, der geistigen und der körperlichen Beweglichkeit nach sich ziehen und

   a) die physische Lebensbewältigung (Hausarbeit, Körperpflege) erschweren,

   b) die Fähigkeit der Bewältigung lebensnotwendiger Umweltkontakte (Umgang mit Behörden, Briefwechsel, Bankverkehr usw.) reduzieren,

   c) die sozialen Kontakte bis zur völligen Isolierung reduzieren können;

3. das Fehlen von Bezugspersonen, die materielle und psychische Lebenshilfe geben können;

4. Schwierigkeiten des Überganges vom aufgabenbezogenen, aktivitätserfüllten Berufsleben in einen Lebens-„Abend" ohne berufliche Aufgaben, ohne die sozialen Kontakte des Berufslebens und ohne soziale Verantwortung.

Die Lebenslagemerkmale älterer Menschen und die Probleme des Alters sind in jüngster Zeit verstärkt erforscht worden.[38] Die zunehmende Aufmerksamkeit, die die Altenhilfepolitik in der Wissenschaft, v.a. aber auch in der sozialpolitischen Praxis erfährt, mag nicht zuletzt damit zusammenhängen, dass der Anteil älterer Menschen in den letzten Jahren stark angestiegen ist. Der Altenquotient, d.h. die Gruppe der über 59 Jährigen bezogen auf die Bevölkerung zwischen 20 und 59 Jahren ist von 28,8 % (= 11,0 Mio.) im Jahr 1955 auf 41,3 % (= 18,9 Mio.) im Jahr 2000 gestiegen (Stat. BA, Datenreport 2002, S. 35). Der Hochbetagtenquotient, d.h. die Gruppe der über 79 Jährigen bezogen auf die Gruppe der 20 bis 80 Jährigen betrug 1999 4,8 % (= 3,9 Mio.) (Deutscher Bundestag 2002, S. 55).

2. Maßnahmen

Die Maßnahmen der Altenhilfe ergeben sich konsequent aus dem generellen Ziel der Altenhilfe in Verbindung mit den für viele ältere Menschen altersspezifischen Lebenslagemerkmalen. Mit *Otto Blume* (1977, S. 218 ff.) kann man diese Maßnahmen einteilen in:

- grundlegende gesellschaftspolitische Maßnahmen;
- Maßnahmen zur Sicherung der wirtschaftlichen Lebensgrundlage;

---

[38] U. Lehr, Psychologie des Alterns, Heidelberg 2003, H. u. H. Reimann 1994, BT Drs. 10/2784 (Lebenssituation und Zukunftsperspektiven älterer Menschen), BMJFFG 1986, Deutsches Jugendinstitut 1987, BMFuS 1993 (Erster Altenbericht), Farny u.a. 1996, BMFSFJ 1998 (Zweiter Altenbericht) und BMFSFJ 2003 (Altensurvey 2002).

- Maßnahmen zur Erhaltung bzw. Stärkung einer selbständigen und unabhängigen Lebensführung;
- Maßnahmen zur Integration und
- Maßnahmen zur Hilfe und Betreuung im Falle der Pflegebedürftigkeit und der Hinfälligkeit.

Zu den *grundlegenden gesellschaftspolitischen Maßnahmen*, deren Ziel es ist, die Entstehung von Altersproblemen prophylaktisch zu verhindern bzw. ihre Ausprägung abzumildern, gehören die Vermeidung und der Abbau von Bildungsdefiziten, die die Lebensbewältigung vor allem im Alter erschweren, die Humanisierung der Arbeitswelt und der Ausbau der Gesundheitsvorsorge zur Erhaltung eines möglichst guten Gesundheitszustandes.

Im Mittelpunkt der *Maßnahmen zur Sicherung der wirtschaftlichen Lebensgrundlage* steht die Gewährung von Grundsicherung im Alter (vgl. S. 329 f.) für den Fall, dass die Rentenversicherungs- oder Versorgungsansprüche zur Sicherung der Lebensgrundlage nicht ausreichen.

Zu den *Maßnahmen zur Erhaltung bzw. Stärkung einer selbständigen und unabhängigen Lebensführung* gehören erstens ein Angebot an Wohnungen, die einerseits nach Anlage, Ausstattung und Einrichtung für ältere Menschen geeignet sind, andererseits jedoch auch in das allgemeine Wohnungsangebot eingestreut sind, um die älteren Menschen nicht von der aktiven und jüngeren Generation zu separieren, und zweitens ein ambulantes Angebot an häuslichen Diensten, das bei altersbedingt zunehmend geringer werdendem Leistungsvermögen schnell und wirksam eingesetzt werden kann. Zu diesen häuslichen Diensten, die - um effektiv sein zu können - als ein umfassendes System angeboten werden müssen, gehören Dienste, die älteren Menschen ein Leben in persönlicher und wirtschaftlicher Unabhängigkeit in ihrer gewohnten Umgebung ermöglichen, obwohl sie zu einer selbständigen Haushalts- und Lebensführung nicht mehr voll in der Lage sind. Bestandteile eines solchen Systems häuslicher Dienste sind:
- Hauspflege (z. B. im Falle der Krankheit),
- hauswirtschaftliche Hilfen,
- Hilfen bei der Körperpflege,

Mittagstische in Tagesstätten, Nachbarschaftsheimen und bei Verbänden der freien Wohlfahrtspflege sowie „fahrbare" Mittagstische („Essen auf Rädern").

Das Angebot an Hilfen im Rahmen der *Maßnahmen zur Integration*, zur Abwehr der Gefahr der Vereinsamung und der sozialen Isolation, das staatliche Institutionen, vor allem aber zahlreiche Kommunen mittlerweile entwickelt haben, reicht vom verbilligten Telefonanschluss für ältere Menschen bis zu Ferienheimen und schließt kulturelle und gesellige Veranstaltungen, Besucher- und Bücherdienste, Altentagesstätten und Altenurlaube ein.

Zu den Maßnahmen zur Hilfe und Betreuung im Falle der Hinfälligkeit schließlich gehören:
a) Altenwohnheime, d.h. die Zusammenfassung in sich abgeschlossener Wohnungen für Ältere in einem Heim, das für den Bedarfsfall auch Möglichkeiten der Versorgung und der Betreuung vorsieht;
b) Altenheime, d.h. Heime für ältere Menschen, die zu einer selbständigen Haushaltsführung nicht mehr in der Lage, jedoch noch nicht pflegebedürftig sind und daher durch das Heim voll versorgt werden;

c) Altenpflegeheime, d.h. Altenkrankenhäuser, die dauernd pflegebedürftige Menschen umfassend betreuen und versorgen.

Mit den seit 30 Jahren anhaltenden normalen Lebens- und Arbeitsverhältnissen in der Bundesrepublik wird der Anteil der *wirtschaftlich* hilfsbedürftigen älteren Menschen geringer, so dass gegenüber den Maßnahmen zur Sicherung der wirtschaftlichen Lebensgrundlage die Maßnahmen zur Erhaltung und Stärkung einer selbständigen Lebensführung und zur gesellschaftlichen Integration immer mehr an Bedeutung gewinnen. Dies gilt allerdings nur, soweit alte Menschen nicht in Pflegeheimen untergebracht werden müssen. Denn die Pflegekosten sind mittlerweile so hoch, dass sie mit den durchschnittlichen Altersrenten nicht mehr finanziert werden können (vgl. zu dieser Problematik S. 298).

3. Gesetzliche Grundlagen und Träger

Die die Altenhilfe maßgeblich bestimmenden gesetzlichen Grundlagen sind das *Grundsicherungsgesetz* vom 26. Juni 2001, zuletzt geändert durch Gesetz vom 27. April 2002, und das *SGB XII*.

Personen, die das 65. Lebensjahr vollendet haben und die keine oder keine zur Sicherung des Lebensunterhaltes ausreichende Sozialversicherungs- oder Versorgungsrente beziehen, haben Anspruch auf Leistungen nach dem Grundsicherungsgesetz. Die Leistungen umfassen den Sozialhilferegelsatz zuzüglich eines Mehrbedarfszuschlags von 15 % (§ 3 GSiG).

Neben dem Anspruch auf bedarfsorientierte Grundsicherung ist für ältere Menschen vor allem § 71 SGB XII („Altenhilfe") bedeutsam. Diese Altenhilfe soll dazu beitragen, „Schwierigkeiten, die durch das Alter entstehen, zu verhüten, zu überwinden oder zu mildern und alten Menschen die Möglichkeit zu erhalten, am Leben in der Gemeinschaft teilzunehmen." Als Maßnahmen dieser Hilfe führt § 71 Abs. 2 an:
1. Leistungen zu einer Betätigung und zum gesellschaftlichen Engagement,
2. Leistungen bei der Beschaffung und zur Erhaltung einer Wohnung, die den Bedürfnissen des alten Menschen entspricht,
3. Beratung und Unterstützung in allen Fragen der Aufnahme in eine Einrichtung, die der Betreuung alter Menschen dient, insbesondere bei der Beschaffung eines geeigneten Heimplatzes,
4. Beratung und Unterstützung in allen Fragen der Inanspruchnahme altersgerechter Dienste,
5. Leistungen zum Besuch von Veranstaltungen und der Einrichtungen, die der Geselligkeit, der Unterhaltung, der Bildung oder den kulturellen Bedürfnissen alter Menschen dienen,
6. Leistungen, die alten Menschen die Verbindung mit nahestehenden Personen ermöglicht,

Die Altenhilfe soll ohne Rücksicht auf vorhandenes Einkommen oder Vermögen gewährt werden, soweit im Einzelfall persönliche Hilfe erforderlich ist (§ 71 Abs. 4).

1999 nahmen in Deutschland 12 000 Menschen Altenhilfe in Anspruch. Dagegen belief sich (1999) die Zahl der über 65jährigen Empfänger von Hilfe zum Lebensunterhalt auf 94 000 (= 2,1 % aller Unterhaltshilfeempfänger); davon waren 79 % Frauen (Stat. Jb. 2001, S. 482).

Die Träger der Altenhilfe sind mit den Trägern der Sozialhilfe identisch und wurden daher an anderer Stelle dargestellt (S. 324.).

2000 gab es in Deutschland 8 448 Alteneinrichtungen (Altenwohnheime, Altenheime, Altenpflegeheime und mehrgliedrige Alteneinrichtungen) mit 716 984 Plätzen, von denen 10,1 % in öffentlichen, 55,1 % in freigemeinnützigen und 24,0 % in privatgewerblichen Einrichtungen angeboten wurden (Stat. Jb. 2001, S. 480).[39]

Literatur

1. Zur Familienpolitik

a) Monographien und Aufsätze

Badelt 1994 - BMGS 2003 - BMFuS (Hg.) 1994 (5. Familienbericht) – BMFSFJ 1998b, 2001 (Gutachten des wiss. Beirats für Familienfragen) - BMJFG 1968, 1971, 1975, 1979a, 1979b, 1980, 1984 (Familienberichte und Beiratsgutachten) - BMJFFG 1986, 1989 - Deutscher Bundestag 1994, 1998 und 2002 – Dienel 2000 - Gerlach 1996 - Heldmann 1986 – Hessische Staatskanzlei (Hg.) 2003 - Hettlage 1998 - Kaufmann 1995 - Konrad-Adenauer-Stiftung (Hg.) 1985 – Krüsselberg – Reichmann 2002 - Lampert 1996b - Lüscher (Hg.) 1979 - Nave-Herz/Markefka 1989 – Oberhauser 1980 - Sieder 1995 - Wingen 1986 und 1997 - Zacher 1989b - Zeidler 1983.

b) Laufende Materialquellen und Periodika

Zeitschrift für das gesamte Familienrecht, Bielefeld 1954 ff.

2. Zur Jugendhilfe

a) Monographien und Aufsätze

BT Drs. IV/3515, V/2453, VI/3170, 8/2110, 8/3685, 10/1007, 10/6730, 11/6576, 13/70 (Erster bis neunter Jugendbericht) - BMJFG 1979b - Gernert 2001 (Lit.) - v. Hippel 1982, S. 55 ff. - Jordan/Sengling 2000 (Lit.).

b) Laufende Materialquellen und Periodika

Forum Jugendhilfe, Bonn 1976 ff. (bis 1976 unter dem Titel AGJ-Mitteilungen, hg. v. d. Arbeitsgemeinschaft für Jugendhilfe)
Jugendschutz, Darmstadt 1956 ff.

---

[39] Da die Unterteilung der Träger für Niedersachsen fehlt, addieren sich die Anteile nicht zu 100 % auf.

Recht der Jugend und des Bildungswesens, Neuwied 1953 ff.

Stat. BA, Fachserie 13: Sozialleistungen, Reihe 2: Sozialhilfe, Reihe 6: Öffentliche Jugendhilfe und Reihe S 4: Personal in der Jugendhilfe

Unsere Jugend, Zeitschrift für Jugendhilfe in Wissenschaft und Praxis, München und Basel 1949 ff.

Zentralblatt für Jugendrecht und Jugendwohlfahrt, Köln 1914 ff.

3. Zur Altenhilfe

Blume 1977 (Lit.) - BMFuS 1993 (Hg.), Erster Altenbericht - BMFSFJ 1998a (Hg.), Zweiter Altenbericht – BMFSFJ (Hg.) 2003 Altensurvey - Deutsches Zentrum für Altersfragen (Hg.) 1982 - Gitschmann 1987- Helga und Horst Reimann (Hg.) 1994 - Schulte/Trenk-Hinterberger 1999.

XIII. Kapitel

Mittelstandsorientierte Sozialpolitik

A. Definition, Notwendigkeit und generelles Ziel

Als mittelstandsorientierte Sozialpolitik lässt sich jene Sozialpolitik definieren, die darauf abzielt, Angehörige des selbständigen Mittelstandes vor einer absoluten oder relativen Verschlechterung ihrer Lebenslage zu schützen. Zu den Angehörigen des selbständigen Mittelstandes, für die die staatliche Sozialpolitik Einrichtungen sozialer Sicherung bereithält und Sozialtransfers zur Gewährleistung sozialer Sicherheit vorsieht, gehören in erster Linie die Angehörigen freier Berufe, die selbständigen Landwirte und die selbständigen Handwerker.

Die Notwendigkeit eines Mittelstandsschutzes hatte sich schon vor dem Ersten Weltkrieg gezeigt, als großbetriebliche Formen im Handel die Existenz von Facheinzelhändlern und Industriebetriebe die Existenz von Handwerkern bedrohten. Dass auch der selbständige Mittelstand schutzbedürftig ist, zeigte sich spätestens nach dem Ersten Weltkrieg, als viele Selbständige durch die Inflation ihr Vermögen verloren hatten.

B. Soziale Sicherheit der Angehörigen freier Berufe[1]

Die Gruppe der Angehörigen freier Berufe, die sich von den übrigen Selbständigen durch das Fehlen eines größeren Betriebsvermögens und durch die kontinuierliche persönliche Arbeitsleistung als wesentlicher Grundlage des Erwerbseinkommens abhebt, lässt sich in sechs Gruppen unterteilen:
1. Die Gruppe der seit langem als schutzbedürftig angesehenen und seit langem im Rahmen der Sozialversicherung pflichtversicherten Selbständigen wie z.B. selbständige (Musik-, Sport-) Lehrer, selbständige Erzieher, Artisten, selbständige Hebammen und Hausgewerbetreibende. Angehörige der genannten Berufe sind in der RVA oder in der RVAng versicherungspflichtig und unterliegen auch der Krankenversicherungspflicht, soweit ihr Einkommen unterhalb der für Arbeitnehmer geltenden Versicherungspflichtgrenze liegt. Sie unterscheiden sich in ihren Rechten nicht von den versicherungspflichtigen Arbeitern und Angestellten.
2. Die Gruppe der „kammerfähigen" freien Berufe, deren Angehörige in öffentlich-rechtlichen Berufskammern durch Zwangsmitgliedschaft zusammengeschlossen sind und deren Einkommen im Regelfall durch staatliche Preisregulierungsmaß-

---

[1] Vgl. dazu BMGS 2003, S. 545 ff.

nahmen (insbes. Gebührenordnungen) beeinflusst werden, die also keinen arbeitnehmerähnlichen Status haben. Zu dieser Gruppe gehören Ärzte, Zahnärzte, Tierärzte, Apotheker, Architekten, Rechtsanwälte, Notare, Steuerberater und Steuerbevollmächtigte. Die berufsständischen Versorgungseinrichtungen umfassten 2000 rd. 599 000 Mitglieder (BMGS 2003, S. 551). Für sie bestehen auf landesgesetzlicher Basis beruhende Versicherungs- und Versorgungseinrichtungen. Diese Einrichtungen gewährleisten eine Versorgung der versicherten selbständigen und angestellten Angehörigen der freien Berufe und ihrer Angehörigen, die weitgehend der Versorgung in der GRV entspricht. Aufgrund der in den 90er Jahren einsetzenden Tendenz, berufsständische Versorgungswerke auch für Personengruppen zu gründen, die nicht Pflichtmitglieder in einer Berufskammer sind, wurde das Recht zur Befreiung von der Versicherungspflicht in der gesetzlichen Rentenversicherung mit Wirkung zum 01. Jan. 1996 eingeschränkt (§ 6 Abs. 1 SGB VI).

3. Die Gruppe der „sonstigen" freien Berufe, die keinen arbeitnehmerähnlichen Status haben, für die aber auch keine öffentlich-rechtlichen Berufskammern und daher auch keine landesgesetzlichen Versicherungs- und Versorgungswerke mit Versicherungspflicht bestehen. Die Angehörigen dieser Gruppe haben innerhalb von fünf Jahren nach Aufnahme der selbstständigen Erwerbstätigkeit die Möglichkeit, die Einbeziehung in die Versicherungspflicht bei der RVAng zu beantragen oder sich freiwillig zu versichern.

4. Künstler und Publizisten. Sie sind aufgrund des *Künstlersozialversicherungsgesetzes* vom 27. Juli 1981 in der RVAng und in der GKV pflichtversichert. Die Mittel stammen aus Beiträgen, deren eine Hälfte (in Höhe des von Angestellten zu tragenden Pflichtbeitrags) von den Versicherten und deren andere Hälfte zu gleichen Teilen durch eine Künstlersozialabgabe und einen Bundeszuschuss aufgebracht werden. Die Künstlersozialabgabe haben Unternehmen zu tragen, die künstlerische Produkte vertreiben (Verlage, Rundfunkanstalten, Galerien usw.).

5. Versicherungspflichtig in der GRV sind weiterhin sog. „arbeitnehmerähnliche Selbständige" (§ 2 Abs. 9 SGB VI). Als arbeitnehmerähnlich gelten Selbständige, die

- im Zusammenhang mit ihrer selbständigen Tätigkeit regelmäßig keinen versicherungspflichtigen Arbeitnehmer beschäftigen, dessen regelmäßiges Arbeitsentgelt 400 € monatlich übersteigt, und die
- auf Dauer und im Wesentlichen nur für einen Auftraggeber tätig werden.

6. Ebenfalls versicherungspflichtig in der GRV sind Personen für die Dauer des Bezugs eines Existenzgründungszuschusses nach § 421 l SGB III (sog. „Ich-AG's).

C. Sozialpolitik für selbständige Landwirte[2] - Agrarpolitik als Sozialpolitik

Die Sozialpolitik für selbständige Landwirte besteht aus zwei großen Leistungskategorien: Leistungen im Rahmen des Systems der sozialen Sicherung und Leistungen im Rahmen der Agrarpolitik, die nicht als sozialpolitische Leistungen deklariert, ihrer Zielsetzung und ihren Wirkungen nach jedoch eindeutig sozialpolitischer Natur sind.

---

[2] Vgl. dazu BMGS 2003, S. 591 ff.

Im Rahmen des Systems der sozialen Sicherung sind selbständige Landwirte nach dem *Zweiten Gesetz über die Krankenversicherung der Landwirte* vom 20. Dez. 1988 in der GKV pflichtversichert. Sie sind auch Pflichtmitglieder der gesetzlichen UV. Seit der Einführung der „Altershilfe für Landwirte" i.J. 1957 haben sie auch eine eigene, aus 11 landwirtschaftlichen Altenkassen bestehende RV, die mittlerweile nicht nur Alters-, Erwerbsunfähigkeits-, Witwen-, Witwer- und Waisenrenten zahlt, sondern auch Leistungen zur Erhaltung, Besserung und Wiederherstellung der Erwerbsfähigkeit erbringt. Hauptleistungen sind jedoch die Gewährung von Alters- und Hinterbliebenenrenten.

1994 wurde die Alterssicherung der Landwirte durch eine Agrarsozialreform an den tiefgreifenden Strukturwandel im Agrarsektor angepasst. Der Gesetzgeber mußte vor allem auf die Zunahme der außerlandwirtschaftlichen Tätigkeit von Landwirten, auf die Notwendigkeit einer eigenständigen sozialen Sicherung der Bäuerinnen und auf den Rückgang der Zahl der landwirtschaftlichen Betriebe sowie der Beitragszahler der Solidargemeinschaft reagieren. Die wesentlichste Neuerung besteht darin, dass die Bäuerinnen jetzt grundsätzlich versicherungs- und beitragspflichtig sind und einen eigenen Anspruch auf Alters- und Erwerbsunfähigkeitsrenten erwerben.

Aufgrund des *Gesetzes zur Reform der agrarsozialen Sicherung* vom 29. Juli 1994 sind Landwirte, die die Landwirtschaft nicht als Nebenerwerb betreiben, und ihre Ehegatten ohne Rücksicht auf die Höhe des Einkommens und die Unternehmensgröße in der RV für Landwirte pflichtversichert. Ein Landwirt erhält Altersrente, wenn er

1. das 65. Lebensjahr vollendet,
2. die Wartezeit von 15 Jahren erfüllt und
3. den Hof übergeben hat.

Die monatliche Altersrente ergibt sich als Produkt aus der „Steigerungszahl" und dem „allgemeinen Rentenwert". Die Steigerungszahl wiederum ergibt sich als Produkt aus den anrechenbaren Versicherungsmonaten und dem Faktor 0,0833. Der allgemeine Rentenwert betrug 2003 11,94 € in West- und 10,48 € in Ostdeutschland. Er wird jährlich um den gleichen Prozentsatz erhöht wie der allgemeine Rentenwert der RV der Arbeiter und der Angestellten. Sowohl die Altersrente als auch die anderen Rentenleistungen werden - wie die Leistungen der RV - jährlich an die wirtschaftliche Entwicklung angepasst.

Die Zugangsrente eines westdeutschen Landwirts mit 367 Versicherungsmonaten, die erstmals in der ersten Hälfte des Jahres 2003 zu zahlen war, errechnet sich damit wie folgt: Monatsrente $= 367 \cdot 0{,}0833 \cdot 11{,}94 € = 365{,}02 €$.

Da die Landwirte ebenso wie die rentenversicherungspflichtigen Arbeitnehmer von der Absenkung des gesetzlichen Rentenniveaus betroffen sind, zählen die in der Alterssicherung der Landwirte pflichtversicherten Personen zum Kreis der Begünstigten bei der verstärkten Förderung der privaten Altersvorsorge.

Im Todesfall eines Landwirts wird an hinterbliebene Kinder Waisenrente und - wenn der überlebende Ehegatte kein Landwirt ist - Witwen- bzw. Witwerrente gezahlt.

Eine Zielsetzung der Einführung der Alterssicherung für Landwirte, die in der Bedingung der Hofübergabe deutlich wird, ist eine frühzeitige Hofübergabe an jüngere, unternehmungsfreudigere Landwirte, die eine größere Bereitschaft zur Anpassung an die Änderung landwirtschaftlicher Arbeits- und Lebensbedingungen aufweisen. Die Altersrente soll somit den Landwirten auch die Hofübergabe erleichtern.

Vorzeitige Altersrente können Landwirte und ihre Ehegatten bis zu 10 Jahre vor Vollendung des 65. Lebensjahres beziehen. Sie müssen dann aber für jeden Monat des vorzeitigen Bezugs versicherungsmathematische Abschläge in Kauf nehmen.

Der Beitrag zur Alterssicherung für Landwirte wird durch Rechtsverordnung der Bundesregierung als einkommensunabhängiger Einheitsbetrag entsprechend der Beitragsentwicklung in der RV unter Berücksichtigung eines 10 %igen Abschlags festgesetzt; er betrug 2003 198 € mtl. in West- und 166 € in Ostdeutschland. Dazu werden je nach Einkommenslage Zuschüsse zwischen 7 € und 119 € gewährt. Darüber hinaus hat der Bund eine Defizitdeckung für die Alterssicherung der Landwirte übernommen, d. h. er übernimmt die Differenz zwischen Ausgaben und Einnahmen und trägt damit das agrarstrukturelle Risiko. Wegen des ungünstigen Verhältnisses zwischen Beitragszahlern und Rentenempfängern muss der Bund mittlerweile (2002) 2,3 Mrd. €, das sind 75 % der Gesamtausgaben, finanzieren.

Gewöhnlich nicht als Bestandteil der Sozialpolitik werden staatliche Maßnahmen behandelt, die als Maßnahmen der Landwirtschaftspolitik im Rahmen der „Grünen Pläne" in die exekutive Zuständigkeit des Landwirtschaftsministeriums fallen, zu ganz großen Teilen aber ihrer Zielsetzung und ihren Wirkungen nach unstreitig Sozialpolitik sind - wie übrigens auch große Teile der Landwirtschaftspolitik anderer entwickelter westlicher Industriegesellschaften.

§ 1 des *Landwirtschaftsgesetzes* vom 5. Sept. 1955, das die Grundlage der Landwirtschaftspolitik der Bundesrepublik Deutschland darstellt, bringt die sozialpolitische Intention der Agrarpolitik klar zum Ausdruck:

„Um der Landwirtschaft die Teilnahme an der fortschreitenden Entwicklung der deutschen Volkswirtschaft und um der Bevölkerung die bestmögliche Versorgung mit Ernährungsgütern zu sichern, ist die Landwirtschaft mit den Mitteln der allgemeinen Wirtschafts- und Agrarpolitik - insbesondere mit der Handels-, Steuer-, Kredit- und Preispolitik - in den Stand zu setzen, die für sie bestehenden naturbedingten und wirtschaftlichen Nachteile gegenüber anderen Wirtschaftsbereichen auszugleichen und ihre Produktivität zu steigern. Damit soll gleichzeitig die soziale Lage der in der Landwirtschaft tätigen Menschen an die vergleichbarer Berufsgruppen angeglichen werden."

Ebenso klar wird ein sozialpolitisches Ziel der Europäischen Gemeinschaft angesprochen, wenn es in Art. 33 des EG-Vertrages als Ziel der Europäischen Gemeinschaft u.a. angeführt wird, „die Produktivität der Landwirtschaft durch Förderung des technischen Fortschritts, Rationalisierung der landwirtschaftlichen Erzeugung und den bestmöglichen Einsatz der Produktionsfaktoren, insbesondere der Arbeitskräfte, zu steigern" und „auf diese Weise der landwirtschaftlichen Bevölkerung, insbesondere durch Erhöhung des Pro-Kopf-Einkommens der in der Landwirtschaft tätigen Personen, eine angemessene Lebenshaltung zu gewährleisten...".

Die Ausgaben für die Agrarsozialpolitik beliefen sich 2002 auf 4,1 Mrd. €; damit entfallen ca. 70 % der nationalen Agrarpolitik auf die Soziale Sicherung für Landwirte[3]. Über die Verteilung der Gesamtausgaben auf die einzelnen Maßnahmenbereiche informiert Tabelle 31:

---

[3] Quelle: Bundesregierung (Hrsg.), Ernährungs- und agrarpolitischer Bericht 2003 der Bundesregierung, Berlin 2003, Tz. 230.

Tabelle 31. Ausgaben des Bundes für die soziale Sicherung der Landwirte im Jahr 2002 (in Mio. €)

Landwirtschaftliche Sozialpolitik	4 103
davon: Alterssicherung	2 339
Unfallversicherung	256
Landabgaberente	87
Krankenversicherung	1 237
Zusatzaltersversorgung	12
Produktionsaufgaberente	171

Quelle: Bundesregierung (Hrsg.), Ernährungs- und agrarpolitischer Bericht 2003 der Bundesregierung, Berlin 2003, Tz. 231, Übersicht 27.

D. Sozialpolitik für selbständige Handwerker

Selbständige Handwerker wurden erstmals 1938 als Versicherungspflichtige in die RVAng einbezogen, soweit sie nicht einen privaten Lebensversicherungsvertrag abgeschlossen hatten und dafür gleich viel aufwendeten wie es den Beiträgen zur Angestelltenversicherung entsprach. Mit dieser Einbeziehung einer großen Gruppe Selbständiger in das System der sozialen Sicherung wurde der Erfahrung Rechnung getragen, dass im Zuge der wirtschaftlichen Strukturwandlungen bestimmte Handwerksberufe - z.B. Schuhmacher, Schneider, Sattler oder Korbflechter - in ihrer Existenz bedroht und daher nicht in der Lage waren, selbst für den Fall des Alters, der Erwerbsunfähigkeit oder des Todes wirtschaftliche Vorsorge zu treffen.

Nach geltendem Recht sind alle Handwerker, die in die Handwerksrolle eingetragen sind, ohne Rücksicht auf die Höhe ihres Einkommens in der RVA versicherungspflichtig (§ 2 SGB VI). Die Leistungen der RV für Handwerker entsprechen - von einigen Besonderheiten abgesehen - den Leistungen für Arbeiter und Angestellte. Der Beitragssatz ist für alle Handwerker unabhängig vom Einkommen einheitlich in Höhe des Beitrages für das Durchschnittsentgelt der Arbeitnehmer festgelegt (2003: 464 € mtl. in West- und 389 € in Ostdeutschland).

Eine Sozialpolitik für selbständige Handwerker, die mit der für selbständige Landwirte vergleichbar ist, gibt es nicht: die auf die Erhaltung selbständiger Existenzen im Handwerk gerichtete Mittelstandspolitik ist weit weniger umfangreich und weit weniger intensiv als die Agrarpolitik. Entsprechend der Zielsetzung der Förderung des selbständigen Mittelstandes werden Bundesmittel für die Förderung der Rationalisierung und Modernisierung des Handwerks, für den Ausbau des Betriebsberatungswesens sowie für die Aus- und Fortbildung von Führungskräften, Finanzierungshilfen für Existenzgründungen in Form von Bürgschaftsübernahmen und in Form der Förderung von Kreditgarantiegemeinschaften gewährt. Seit 1996 gibt es analog zur Ausbildungsförderung von Schülern und Studenten das „Meister-BAföG" für Fachkräfte aus Industrie und Handwerk, die sich zum Meister oder Techniker ausbilden lassen.[4] Die-

---

[4] Ledige Meisterschüler können einkommensabhängig bis zu 614 € mtl. erhalten, davon 230 € als Zuschuss, den Rest bis zur Gesamtsumme von 10 226 € als rückzahlbares, verzinsliches Darlehen; verheiratete Meisterschüler erhalten bis zu 829 € zzgl. 179 € je Kind.

388

se Instrumente wirken aber im Gegensatz zur Mehrzahl der agrarpolitischen Instrumente nur indirekt auf die Einkommenslage des Handwerks und haben ein wesentlich geringeres Volumen. Die Zuschüsse des Bundes zur Verbesserung der Leistungsfähigkeit des Handwerks beliefen sich im Durchschnitt der Jahre 1990 bis 2001 auf 188,3 Mio. DM (Bundesminister für Wirtschaft (Hg.), Wirtschaft in Zahlen 2001, S. 111).

Literatur

Abel 1967, § 9: Ländliche Sozialpolitik – BMGS 2003 - Bundesregierung, Landwirtschaftsberichte und Subventionsberichte - Heidhues 1977 - Scheule 1990 - Wernet 1952, Kapitel 9: Fragen der Sozialpolitik und Sozialversicherung

XIV. Kapitel

Vermögenspolitik

A. Definition

Nach *Wilhelm Krelle* und Mitarbeitern (Krelle/Schunck/Siebke 1968, S. 220 f.) versteht man unter dem Vermögen einer natürlichen oder juristischen Person die Wertsumme ihrer Aktiva zu einem Zeitpunkt, vermindert um den Wert ihrer Verpflichtungen. Zu den Aktiva gehören erstens alle Sachgüter (Sach- und Grundvermögen), zweitens alle in Geld ausdrückbaren, realisierbaren Forderungen (Finanzaktiva) und drittens die zur Einkommenserzielung nutzbaren Fähigkeiten einer Person (Arbeitsvermögen). Diese Vermögensarten lassen sich noch einmal wie in Übersicht 11 untergliedern. Im Mittelpunkt der vermögenspolitischen Diskussion steht einerseits die Verteilung des Vermögens auf öffentliche Institutionen und private Wirtschaftssubjekte, andererseits die Verteilung des produktiven Sach-, Finanz- und Bodenvermögens auf die privaten Wirtschaftssubjekte.

Zwei besonders schwer zu lösende Probleme ergeben sich im Zusammenhang mit der Erfassung des Vermögens. Das erste Problem ist das der Bewertung der Vermögensbestandteile,[1] das zweite Problem besteht in der Auskunftsarmut der amtlichen Vermögensstatistik.

Unter (praktischer) Vermögenspolitik ist die Summe der staatlichen Maßnahmen zu verstehen, die den Zweck haben, die Bildung und Verteilung des Vermögens in der Gesellschaft entsprechend bestimmten Zielsetzungen zu beeinflussen.

---

[1] Vgl. zu den möglichen Bewertungsprinzipien (Anschaffungswertprinzip bzw. Bewertung zu Herstellungskosten; Wiederbeschaffungsprinzip bzw. Bewertung zu Reproduktionskosten; Bewertung zum Veräußerungswert und Bewertung zum Ertragswert) und ihren Vor- und Nachteilen A. Stobbe, Volkswirtschaftliches Rechnungswesen, 8. Aufl., Berlin u. a. 1994, S. 48 ff.

Übersicht 11: Bestandteile des Vermögens

Vermögensart		Eigentümer	Beispiele
Sach- vermögen	Gebrauchsvermögen	Private	Hausrat, private Kraftfahrzeuge, selbstge- nutztes Wohneigentum
		Staat	Militärische Anlagen, Waffen
	Produktivvermögen *Nicht* erwerbswirt- schaftlich genutztes Sachvermögen	Private	Hobbywerkzeuge
		Staat	Amtsgebäude
	*Anlage*vermögen	Private	Transportmittel, Werkzeuge, Maschinen, Pro- duktionsanlagen, vermietete Häuser
		Staat	Wie vorstehend, nur staatlich
	*Vorrats*vermögen	Private	Roh-, Hilfs- und Betriebsstoffe, Lagerbestand an Waren
		Staat	Wie vorstehend, nur staatlich
+ Grundver- mögen	Erwerbswirtschaftlich genutzter Boden	Private	Vermietete Häuser und Produktionsanlagen
		Staat	Verpachteter staatlicher Grund
	Nicht erwerbswirt- schaftlich genutzter Boden	Private	Brachliegendes Land
		Staat	Brachliegendes Land
+ Finanz- vermögen		Private	Zentralbankgeldbestände, Bankguthaben, Wertpapiere, Ansprüche gegen Privatversi- cherungen
		Staat	Staatliche Kassenbestände, Guthaben, Forde- rungen an in- und ausländische Wirtschafts- subjekte
+ Arbeits- vermögen		Private	Berufsausbildung bestimmter Art
= Gesamtvermögen			

B. Vermögensbildung und Vermögensverteilung in der Bundesrepublik Deutschland

1. Vermögensverteilung und Vermögensbildung seit 1950

a) Entwicklung und Höhe des Volksvermögens

Über Entwicklung und Höhe des Volksvermögens in der Bundesrepublik informiert Tabelle 32. Erfasst sind das nicht reproduzierbare Vermögen an Grund und Boden, das durch Investitionen reproduzierbare Sachvermögen zu Wiederbeschaffungspreisen und in Preisen von 1991 sowie die Nettoforderungen gegenüber dem Ausland. Nicht eingeschlossen sind das Gebrauchsvermögen, Schmuck und Kunstgegenstände sowie Patente, Lizenzen und sonstige Rechte. Die Werte für das Vermögen an Grund und Boden wurden für die Jahre bis 1970 der Arbeit von *Engels/Sablotny/Zickler*

(1974) entnommen, die Werte für die 80er und 90er Jahre sind unter Verwendung des Preisindex für die Wohnungsnutzung fortgeschrieben worden. Die übrigen Daten entstammen der amtlichen Statistik.

Tabelle 32. Das Volksvermögen der Bundesrepublik 1950 bis 2000 in Mrd. DM

(1)	1950 (2)	1960 (3)	1970 (4)	1980 (5)	1990 (6)	2000[e] (7)
1. Nicht reproduzierbares Vermögen[a]	146,3	297,8	789,1	1 294,7	1 842,5	2 734,1
2. Reproduzierbares Sachvermögen (Bruttoanlagevermögen)						
2.1. zu Wiederbeschaffungspreisen	329,0	826,0	2 142,9	5 767,7	10 035,1	19 305,0
2.2 in Preisen von 1991[c]		3 729,2	6 584,8	9 892,2	12 735,0	19 352,5
davon						
Ausrüstungen in %		16,8	18,7	18,7	18,3	17,2
Hoch- u. Tiefbauten in %		36,5	37,0	38,2	39,3	36,9
Wohnungen in %		42,6	39,8	38,5	38,6	44,8
Vorräte in %		4,1	4,5	4,6	3,8	3,7
3. Nettoforderungen gegenüber dem Ausland[d]	- 4,7	23,3	59,3	65,0	192,6[e]	142,6
4. Gesamtvermögen	470,6	1 147,1	2 991,3	7 127,4	12 070,2	22 181,7

a 1950 bis 1970 Engels/Sablotny/Zickler 1974, S. 93 f.; die Werte für 1980 bis 2000 sind unter Verwendung des Preisindex für die Wohnungsnutzung hochgerechnet.
b Stat. Tb. der Versicherungswirtschaft 1996, Tab. 90 und 1999, Tab. 88.
c Stat. Jb. 1998, S. 676.   d Stat. Jb. 1999, S. 694.   e Gesamtdeutschland.

Der Wert des Gesamtvermögens ist von Jahrzehnt zu Jahrzehnt erheblich gewachsen. 1960 bis 2000 ist er auf mehr als das 19-fache gestiegen. Ein potenter Vermögensbesitzer ist der Staat. Dem Bund, den Ländern, den Gemeinden und sonstigen Körperschaften des öffentlichen Rechts gehörten (2001) von den Waldflächen, die 29,5 % der Gesamtfläche der Bundesrepublik ausmachten, 80 % (Stat. Jb. 2003, S. 148 und S. 176 f.). In den Städten verfügten die öffentlichen Hände über statistisch im Einzelnen nicht ausgewiesene, jedoch große Anteile an Grund und Boden. Am reproduzierbaren Sachvermögen dürfte der Staat mit wenigstens 20 % beteiligt sein.

Für die Vermögensbildung und die Vermögenspolitik von erstrangiger Bedeutung ist das Sachvermögen, weil es - wie Tabelle 32 zeigt - den Löwenanteil des Gesamtvermögens ausmacht und weil es aufgrund der Investitionstätigkeit von Jahr zu Jahr wächst. 1960 bis 2000 hat sich der Wert des Sachvermögens zu Wiederbeschaffungspreisen nominal auf das 23-fache, real auf das 5-fache erhöht. Die hohen Raten der Vergrößerung des Vermögensbestandes durch Sachvermögensbildung zeigen, dass eine Politik der Verteilung der Vermögenszuwächse zu einer beachtlichen Umverteilung des Vermögensbestandes führen könnte. Die Tabelle zeigt auch die Struktur des Sachvermögens. 2000 entfielen mehr als zwei Fünftel auf Wohnungen, nicht ganz ein Fünftel auf Ausrüstungsinvestitionen und fast zwei Fünftel auf Hoch- und Tiefbauten (ohne Wohnungen).

b) Die Vermögensbildung der privaten Haushalte im Überblick

Sozial- und vermögenspolitisch von besonderer Bedeutung ist die Beteiligung der privaten Haushalte am Vermögensbildungsprozess. Nach der Finanzierungsrechnung der Deutschen Bundesbank belief sich der Bruttovermögensbestand der privaten Haushalte im Jahr 2000 auf 8 147 Mrd. €; davon entfielen 47 % (3 809 Mrd. €) auf das Immobilienvermögen, 42 % (3 451 Mrd. €) auf das Geldvermögen und ca. 11 % (887 Mrd. €) auf das Gebrauchsvermögen. Nach Abzug der Verbindlichkeiten in Höhe von 1 964 Mrd. € verbleibt ein Nettogesamtvermögen von insgesamt 6 183 Mrd. €.

Einen aktuellen Überblick über die Verteilung des Haushaltsvermögens nach Haushaltsgruppen und Vermögensarten liefern der erste Armuts- und Reichtumsbericht der Bundesregierung (2001) sowie *Hauser / Stein* (2001). Die diesen Arbeiten entnommenen Angaben geben einen Überblick über das Gesamtvermögen, seine Aufteilung auf Vermögensarten und über die Verteilung des Vermögens in West- und Ostdeutschland. Von den zahlreichen Ergebnissen für das Jahr 1998 seien hier die folgenden herausgestellt:

1. Die Verteilung der Vermögensbestände, der Vermögenseinkommen und der Ersparnis steht in enger Beziehung zur Höhe des verfügbaren Einkommens. Auf die einkommensreichsten 20 % der Haushalte entfallen in Westdeutschland 41 % des verfügbaren Einkommens, 46 % des Nettovermögens, 49 % der Vermögenseinkommen und fast 70 % der Ersparnisse.

2. Die quantitativ bedeutsamste Vermögensform ist das Immobilienvermögen. Es betrug 1998 im Durchschnitt pro Haushalt 226 000 DM in Westdeutschland und 77 000 DM in Ostdeutschland; damit entfielen ca. 76 % des durchschnittlichen Bruttovermögens in den alten und etwa 71 % in den neuen Bundesländern auf diese Vermögensform (vgl. Tab. 33, Zeile 3 u. 4, Sp. 2 und 8).

3. Der Vermögensbestand ist zwischen Ost- und Westdeutschland und innerhalb der beiden Regionen deutlich ungleich verteilt. Das durchschnittliche Nettogesamtvermögen je Haushalt belief sich in Westdeutschland im Jahr 1998 auf 253 800 DM, in Ostdeutschland auf 88 400 DM (vgl. Tab. 33, Zeile 6, Sp. 2 u. 8). Innerhalb der westdeutschen Bevölkerung verfügten die vermögensstärksten 20 % der Haushalte über 63,4 % des Nettogesamtvermögens, 53,1 % des Bruttogeldvermögens und 61,7 % des Bruttoimmobilienvermögens. In den neuen Bundesländern beliefen sich diese Anteile auf 71,4 % beim Nettogesamtvermögen, 39,2 % Bruttogeldvermögen und 80,4 % beim Bruttoimmobilienvermögen. Der Ginikoeffizient der Ungleichverteilung liegt beim westdeutschen Nettogesamtvermögen bei 0,64, beim ostdeutschen Nettogesamtvermögen bei 0,68 (vgl. Hauser / Stein 2001, S. 124).

4. Das Nettogeldvermögen ist etwas gleichmäßiger verteilt als das Nettoimmobilienvermögen. Dies ist im Wesentlichen auf die größere Verbreitung des Geldvermögens zurückzuführen.

Weitere, z. T. auf spezifische Fragestellungen bezogene Untersuchungen lassen folgende Aussagen über den Stand der Vermögensverteilung zu:

Tabelle 33. Vermögensschichtung der privaten Haushalte 1998

		Westdeutsche Haushalte						Ostdeutsche Haushalte					
			Haushalte mit Vermögen						Haushalte mit Vermögen				
	Gesamt	sehr großem	großem	mittlerem	unter-durchschn.	geringem	Gesamt	sehr großem	großem	mittlerem	unter-durchschn.	geringem
(1)	(2)	(3)	(4)	(5)	(6)	(7)	(8)	(9)	(10)	(11)	(12)	(13)
				Durchschnitt je Haushalt in 1 000 €								
(1) Geldvermögen (ohne LV)	25,5	67,7	25,3	25,4	8,2	1,0	13,5	26,5	23,8	12,3	4,1	0,8
(2) Lebensversicherungen	10,8	28,5	12,0	9,7	3,5	0,6	2,8	5,1	4,2	2,9	1,5	0,5
(3) Immobilien	115,5	356,5	163,2	53,1	3,9	0,8	39,4	158,2	31,9	5,0	1,2	0,7
(4) Bruttovermögen	151,9	452,7	200,5	88,1	15,7	2,5	55,7	189,7	59,9	20,1	6,8	2,0
(5) Bau- und Konsumschulden	22,1	41,7	33,2	27,2	4,2	4,5	10,5	28,5	15,0	4,4	1,6	3,0
(6) Nettovermögen	129,7	411,1	167,3	61,0	11,4	-2,1	45,1	161,3	44,9	15,6	5,2	-1,0
				Anteile								
(7) Geldvermögen (ohne LV)	100	53,1	19,8	19,8	6,5	0,8	100	39,2	35,2	18,2	6,1	1,2
(8) Lebensversicherungen	100	52,6	22,1	17,9	6,5	1,1	100	36,0	29,8	20,4	10,9	3,6
(9) Immobilien	100	61,7	28,3	9,2	0,7	0,1	100	80,4	16,2	2,5	0,6	0,4
(10) Bruttovermögen	100	59,6	26,4	11,6	2,1	0,3	100	68,2	21,5	7,2	2,4	0,7
(11) Bau- und Konsumschulden	100	37,6	30,0	24,5	3,8	4,1	100	54,1	28,5	8,5	3,1	5,7
(12) Nettovermögen	100	63,4	25,8	9,4	1,8	-0,3	100	71,4	19,9	6,9	2,3	-0,5

Quelle: Bundesregierung (Hrsg.) 2001, S. 45, Tab. I. 10; eigene Berechnungen.

1. Die Beteiligung der Haushalte am Produktivkapital der Unternehmen scheint sich zwar etwas erhöht zu haben, das Betriebsvermögen ist aber nach wie vor sehr ungleich verteilt. *Bach / Bartholmai* (2001) kommen zu dem Ergebnis, dass 10 % der Unternehmer über 60 % des Produktivvermögens verfügen.
2. Eine quantitativ bedeutsame Vermögenskategorie ist das Humanvermögen.[2] Im Armuts- und Reichtumsbericht der Bundesregierung wird das Humanvermögen für das Jahr 1995 auf durchschnittlich 370 000 DM pro Person geschätzt; Männer weisen aufgrund ihrer konstanteren Erwerbsverläufe mit 422 000 DM ein höheres durchschnittliches Humanvermögen auf als Frauen mit 322 000 DM. Das Humanvermögen scheint auch deutlich gleichmäßiger verteilt zu sein als das Gesamtvermögen; der Ginikoeffizient beträgt hier etwa 0,37.
3. Eine quantitativ ebenfalls bedeutsame und relativ gleichmäßig verteilte Vermögenskategorie ist das Versorgungsvermögen, d.h. die Ansprüche an das System sozialer Sicherung (vgl. Hober 1981, Schöner 1989, Ring 2000). Denn durch die staatliche Verpflichtung zur Daseinsvorsorge erwerben insbes. Bezieher niedriger Einkommen einen höheren Versorgungsanspruch als dies ohne Versicherungspflicht der Fall wäre. Allerdings ist diese Vermögenskategorie – wie auch das Humanvermögen – nicht der amtlichen Statistik zu entnehmen, sondern muss geschätzt werden.

Die wichtigsten Tendenzen der Entwicklung des Vermögens der privaten Haushalte[3] und seine Struktur sollen in den folgenden Abschnitten skizziert werden.

c) Entwicklung, Höhe und Struktur des Geldvermögens der privaten Haushalte

Die Höhe, die Struktur und die Verteilung des Geldvermögens nach Anlagearten und Haushaltsgruppen haben sich in den letzten Jahrzehnten bemerkenswert verändert.

Während die Privathaushalte im Jahrzehnt 1950/59 an der *Geldvermögensbildung* von jahresdurchschnittlich 15,9 Mrd. € (31 Mrd. DM) nur mit 26 % beteiligt waren, die Unternehmen mit 41 % und der Staat mit 33 %, hat sich mit der Normalisierung der wirtschaftlichen Verhältnisse nach dem Zweiten Weltkrieg diese Struktur grundlegend gewandelt. Denn in der Periode 1980/84 entfiel auf die privaten Haushalte von der Geldvermögensbildung in Höhe von jahresdurchschnittlich 70,1 Mrd. € (137 Mrd. DM) ein Anteil von 83 %, auf den Unternehmenssektor 25 % und auf den in dieser Periode stark verschuldeten Staat - 8 %.[4] Die Geldvermögensbildung hat sich von Jahr zu Jahr erhöht. Während die Haushalte 1950/54 im Jahresdurchschnitt 2,4 Mrd. € (4,7 Mrd. DM) sparten, waren es 1960 3,1 Mrd. € (6,1 Mrd. DM), 1980 63,1 Mrd. € (123,4 Mrd. DM) und 2002 133,3 Mrd. €. Dieser Sparprozess führte zum Aufbau eines Nettogeldvermögens der west- und ostdeutschen Haushalte in Höhe von 3,7 Billionen € im Jahre 2002.

In diesen Zahlen schlug sich die stark gestiegene Fähigkeit der Privathaushalte zur Vermögensbildung nieder, die sich wiederum aus der in Tabelle 34 aufgezeigten,

---

[2] Unter Humanvermögen ist die Gesamtheit der körperlichen und geistigen Fähigkeiten und Fertigkeiten eines Menschen zu verstehen. Im Armuts- und Reichtumsbericht der Bundesregierung wird das Humanvermögen anhand der abdiskontierten erwarteten Arbeitseinkommen operationalisiert.

[3] Über Prozess und Umfang der Geld- und Sachvermögensbildung der privaten Haushalte seit 1970 vgl. Monatsbericht der Deutschen Bundesbank vom April 1992.

[4] Vgl. dazu Hornung-Draus 1989, S. 21.

durch steigende Einkommen verursachte Erhöhung der Sparquote ergab. Seit 1965 sind die nominalen *Netto*arbeitseinkommen auf das Vierfache gestiegen, die realen Nettoeinkommen haben sich bis 1990 um 58 % erhöht, sind jedoch seit 1991 rückläufig. Die Sparquote ist von 3,2 % 1950 auf 15,1 % 1975 gestiegen und lag seitdem zwischen 9,4 und 13,8 %.

Tabelle 34. Die Entwicklung der Nettolöhne und -gehälter und der Sparquote der privaten Haushalte seit 1950

| Jahr | Nettolohn und Gehalt je beschäftigtem Arbeitnehmer | | | | Sparquote der |
| | nominal | | real (in Preisen von 1995) | | Haushalte |
	in €	1965 = 100	in €	1965 = 100	in Prozent
(1)	(2)	(3)	(4)	(5)	(6)
1950	1 304	33	-	-	3,2
1955	1 931	49	-	-	6,6
1960	2 647	67	-	-	8,6
1965	3 955	100	11 018	100	12,2
1970	5 484	139	13 541	123	13,8
1975	8 240	208	15 120	137	15,1
1980	10 831	274	16 312	148	12,8
1985	12 392	313	15 451	140	11,4
1990	14 932	378	17 426	158	13,8
1991[a]	15 366	389	17 265	157	13,3
1991[b]	14 005	354	17 083	155	13,2
1995[c]	15 842	401	15 842	144	11,3
2000[c]	16 513	418	15 447	140	9,4
2002[c]	17 208	435	15 503	141	10,5

[a] Alte Bundesländer.
[b] Neue Bundesländer.
[c] Gesamtdeutschland.
Quelle: BMA, Stat. Tb. 1950 - 1990 und 2003, Tab. 1.14, 1.15, 1.18.

Für die Beurteilung der Vermögensverteilung und der Erfolgsaussichten der Vermögenspolitik sowie für die Ableitung zieladäquater Ansatzpunkte einer Politik breiterer Vermögensstreuung besonders aufschlussreich sind die Entwicklung des Geldvermögens nach Anlageformen und die Beteiligung der verschiedenen sozioökonomischen Gruppen an der Vermögensbildung. Tabelle 35 bis Tabelle 37 geben darüber Auskunft.

Aus Tabelle 35 lässt sich für die alten Bundesländer und Gesamtdeutschland ablesen:

1. Die Geldvermögensbestände sind sehr schnell gewachsen.
2. Da das Gesamtgeldvermögen sehr schnell gewachsen ist, sind *absolut* gesehen auch jene Anlageformen gewachsen, deren Anteile gesunken sind.

Tabelle 35. Das Geldvermögen der privaten Haushalte nach Anlagearten (Bestand jeweils am Jahresende) 1960 bis 2001

Geldanlageform	Westdeutschland				Ostdeutschland		Gesamtdeutschland					
	1960	1970	1980	1990	1990	1992	1992	1993	1995	1997	1999	2001
(1)	(2)	(3)	(4)	(5)	(6)	(7)	(8)	(9)	(10)	(11)	(12)	(13)
(1) Geldvermögen insgesamt in Mrd. €	71,0	252,5	747,8	1484,8	69,4	97,6	1816,4	2420,0	2701,0	3082,0	3571,0	3653,0
davon waren in % angelegt in:												
(2) kurzfristige Bankeinlagen	54,7	52,8	42,4	31,3	83,0	65,3	30,8	31,4	29,0	28,5	27,0	26,2
(3) langfristige Bankeinlagen	1,5	2,8	10,7	13,3	9,4	19,5	14,2	13,6	12,8	10,8	8,5	8,3
(4) Bausparkassen	6,6	8,0	7,4	4,3	0,7	4,3	3,9	4,1	3,9	4,0	3,5	3,8
(5) Versicherungen	16,4	15,8	16,8	22,4	4,9	3,6	21,4	19,8	21,2	22,2	22,5	25,5
(6) festverzinsliche Wertpapiere	4,1	9,1	12,9	17,9	2,0	7,4	18,9	12,7	13,5	11,7	10,2	9,8
(7) Investmentzertifikate	-	-	-	-	-	-	-	5,6	7,0	7,9	10,3	11,9
(8) Aktien	7,0	4,9	2,2	2,6	-	-	2,3	7,1	6,9	9,5	12,9	9,2
(9) Ansprüche gegen betriebliche Pensionsfonds und sonst. Forderungen	9,8	6,6	7,3	7,8	-	-	8,1	5,7	5,6	5,5	5,2	5,3

Quellen: Stat. Tb. Der Versicherungswirtschaft 1994, Tab. 105 und 1996, Tab. 98 und 2002, Tab. 97 sowie Deutsche Bundesbank Monatsbericht Okt. 1993 S.22 und Monatsbericht Juni 2003, S.42.

3. Die Struktur der Geldanlagen hat sich langfristig bemerkenswert verändert:
   a) der Anteil der kurzfristigen Anlageformen (Bargeld, Sicht- und Spareinlagen) ist kontinuierlich auf die Hälfte des Ausgangsanteils abgesunken (Zeile 2);
   b) auch das Bausparen hat nach 1970 deutlich an Gewicht verloren (Zeile 4)
   c) die Versicherungsguthaben sind im Gesamtzeitraum die gewichtigste Anlageform gewesen, ihr Anteil ist im betrachteten Zeitraum deutlich gestiegen (Zeile 5);
   d) die Anlagen in festverzinslichen Wertpapieren sind ebenfalls beachtlich gewachsen (Zeile 6);
   e) der Anteil der Aktien am Gesamtvermögen ist leicht gestiegen, insgesamt aber starken Schwankungen unterworfen (Zeile 8);
   f) die Ansprüche gegen betriebliche Pensionsfonds sind derzeit quantitativ noch wenig bedeutend, ihr Anteil ist im betrachteten Zeitraum sogar leicht rückläufig (Zeile 9).

Die aufgezeigten Änderungen in der Struktur der Geldanlagen nach Tabelle 35 belegen in Verbindung mit der Struktur der Vermögensanlagen nach Tabelle 33, dass es eine Hierarchie der Vermögensanlagebedürfnisse gibt, die die private Vermögensbildung bestimmt. Bei niedrigen Einkommen wird zunächst der Bedarf an Gebrauchsvermögen (Hausrat, Wohnungseinrichtung usw.) gedeckt, ehe Geldvermögen gebildet wird. Wenn für die Haushalte aufgrund der Einkommensentwicklung eine Geldvermögensbildung möglich wird, wird zunächst das Sicherheitsbedürfnis zum Teil befriedigt und für Konsumzwecke gespart, d.h. das Konten- und Bausparen in Verbindung mit dem Versicherungssparen gepflegt. Erst dann wird bei weiterer Vergrößerung des Vermögens die Anlage in Form von Wertpapieren und Beteiligungspapieren aktuell.[5]

Das Geldvermögen war 1998 in Deutschland sehr ungleich verteilt (vgl. Hauser / Stein 2001). Während sich das durchschnittliche Bruttogeldvermögen je Haushalt in Westdeutschland auf ca. 37 600 € belief, entfiel auf einen ostdeutschen Haushalt ein durchschnittlicher Geldvermögensbestand von etwa 20 810 €. Auch innerhalb der Regionen weist das Geldvermögen eine starke Streuung auf. So beläuft sich der durchschnittliche Nettogeldvermögensbestand der wohlhabendsten 10 % der westdeutschen Haushalte auf ca. 174 350 €, d.h. fast auf das Fünffache des westdeutschen Durchschnittshaushalts. Diese Gruppe vereinigt auf sich 48,3 % des gesamten westdeutschen Nettogeldvermögens. Die Verteilungssituation ist in Ostdeutschland ähnlich ungleich. Die vermögendsten 10 % der ostdeutschen Haushalte verfügen über 45 % des ostdeutschen Nettogeldvermögens; im Durchschnitt entfiel auf diese Gruppe ein Geldvermögensbestand, der das 4,5-fache des durchschnittlichen ostdeutschen Nettogeldvermögens ausmacht.

Die Verteilung ausgewählter Formen des Geldvermögens auf soziale Gruppen ist in Tabelle 36 dargestellt.[6]

Da die der Tabelle zugrundeliegende Einkommens- und Verbrauchsstichprobe Haushalte mit einem mtl. Nettoeinkommen über 17 895 € (35 000 DM) (und daher hohen Vermögen) und Ausländerhaushalte sowie Anstaltsbewohner (also Haushalte

---

[5] Vgl. dazu auch Schöner 1989, S. 216 ff.
[6] Vgl. zur Vermögensverteilung auf sozioökonomische Gruppen, u.a. auch auf Altersgruppen, Schlomann 1992.

Tabelle 36. Die Verteilung des Bruttogeldvermögens privater Haushalte am 31.Dez.1998 auf soziale Gruppen und Anlageformen (in DM je Haushalt)[a]

(1)	Bundesländer (2)	Haushalte, die nach der EVS 1998 über die im folgenden genannten Vermögensarten verfügten, hatten folgendes Durchschnittsvermögen in DM							Erfasstes Bruttogeldvermögen[b] aller Haushalte (10)
		Bausparverträge (3)	Sparkonten (4)	Rentenwerte (5)	Sonstige Anlagen bei Banken/Sparkassen (6)	Aktien (7)	Sonst. Wertpapiere/Vermögensbeteiligungen (8)	Lebensversicherungen[c] (9)	
Stichprobenanteile der Haushalte mit Vermögen	Alt	44,8%	78,5%	8,2%	34,9%	17,7%	20,2%	54,2%	92,2%
	Neu	37,6%	76,5%	6,7%	32,8%	11,1%	18,5%	53,6%	92,6%
Durchschnittliches Geldvermögen aller Haushalte	Alt	5 184	15 659	3 949	10 785	6 305	7 438	21 429	70 749
	Neu	3 071	10 679	1 575	6 110	1 429	3 268	5 585	31 717
Selbständige[d]	Alt	7 767	19 703	9 079	19 618	18 691	27 983	73 504	176 345
	Neu	4 187	12 238	(1 891)	7 986	(3 868)	(7 960)	15 752	53 882
Beamte	Alt	10 437	19 803	4 080	13 492	7 263	7 544	28 527	91 146
	Neu	6 267	12 543	(1 334)	6 695	2 811	4 462	9 108	43 220
Angestellte	Alt	6 894	14 706	3 472	9 489	6 536	6 633	26 042	73 772
	Neu	4 934	12 297	2 075	7 490	2 445	4 821	8 120	42 182
Arbeiter	Alt	6 362	11 357	855	6 142	1 914	2 630	20 518	49 778
	Neu	3 787	7 950	(684)	4 256	855	2 175	5 949	25 656
Arbeitslose	Alt	1 942	7 147	(2 636)	4 312	3 557	3 418	13 706	36 718
	Neu	1 925	5 576	(574)	3 360	(901)	1 635	4 125	18 096
Nichterwerbstätige	Alt	2 331	18 531	5 247	13 206	6 489	7 507	8 745	62 056
	Neu	1 138	11 976	1 933	6 542	731	2 474	2 328	27 122

a   Ohne Haushalte mit Einkommen über 35 000 DM netto mtl.; Zahlen in Klammern sind wegen niedriger Fallzahl nur begrenzt aussagefähig

b   Ohne Position „an Privatpersonen verliehenes Geld"

c   Umfasst Lebens-, Sterbegeld-, Ausbildungs- und Aussteuerversicherung

d   Gewerbetreibende, freiberuflich Tätige und Landwirte

Quelle: Stat. BA, Fachserie 15, Einkommens- und Verbrauchsstichprobe 1998, Heft 2, Geldvermögen und Konsumentenkreditschulden privater Haushalte, Wiesbaden 2001

mit niedrigen Vermögen) nicht erfasst, *lässt sie den Konzentrationsgrad der Verteilung niedriger erscheinen als er tatsächlich ist.*

Die Tabelle 36 zeigt:

1. Die verbreitetste Anlageform in West- und in Ostdeutschland sind die Sparkonten, gefolgt von den Lebensversicherungsguthaben. Beide Anlageformen haben in Ost- und Westdeutschland in etwa das gleiche Gewicht.
2. Die größte Diskrepanz in der Struktur der Anlagearten zeigt sich beim Versicherungssparen (Lebensversicherungen und Rentenwerte) und bei den Guthaben in Aktien. Dass im Westen das Kontensparen ein merklich geringeres Gewicht hat, dagegen das Versicherungs- und Wertpapiersparen ein viel stärkeres Gewicht, ist eine Konsequenz der besseren Vermögensausstattung.
3. Die Verteilung des Bruttogeldvermögens auf soziale Gruppen zeigt in West- und in Ostdeutschland das hinlänglich bekannte Gefälle: das Vermögen fällt in Westdeutschland (Ostdeutschland) mit 176 345 DM (53 882 DM) bei den Selbständigen über das der Beamten mit 91 146 DM (43 220 DM) und das der Angestellten mit 73 772 DM (42 182 DM) hin zu dem der Arbeiter mit 49 778 DM (25 656 DM) und dem der Arbeitslosen mit 36 718 DM (18 096 DM). Die Nicht-Erwerbstätigen, zu denen v.a. Pensionäre und Rentner gehören, nehmen mit 62 056 DM (27 122 DM) eine mittlere Position ein.
4. Die für die Verteilung des Vermögens genannte Reihenfolge gilt im Wesentlichen auch für die verschiedenen Anlageformen. Allerdings sind erstaunlicherweise das Aktien- und das sonstige Wertpapiervermögen bei den Arbeitslosen höher als bei den Arbeitern. Das mag damit zusammenhängen, dass die durchschnittlichen Werte einer bestimmten Vermögensform nicht aus dem Vermögen aller Haushalte gebildet sind, sondern nur aus dem Vermögen derjenigen Haushalte, die überhaupt Vermögen der erfassten Anlageform besitzen.
5. Dem Gefälle des Bruttovermögens nach sozialen Gruppen entsprach das Gefälle der *Einkommen aus Vermögen.* 1996 stellte sich das durchschnittliche Vermögenseinkommen je Haushalt bzw. die Summe des Einkommens der jeweiligen sozialen Gruppe wie folgt dar:

Tabelle 37. Verteilung der Vermögenseinkommen auf soziale Gruppen

Soziale Gruppe	Durchschnittliches Vermögenseinkommen in €	Summe des Vermögenseinkommens in Mrd. €
Selbständige	10 277	21,0
Landwirte	5 420	1,4
Pensionäre	3 732	3,6
Angestellte	2 812	24,2
Beamte	2 761	4,9
Rentner	2 454	27,2
Arbeiter	1 636	11,8
Arbeitslose	562	1,1

Quelle: DIW-Wochenbericht vom 31. Juli 1997, S. 546; eigene Berechnungen.

6. Auffallend ist, dass die Spannweite der durchschnittlichen Versicherungsvermögen und der Vermögensbeteiligungen sowohl im Westen wie im Osten am größten ist. Dies hängt v.a. damit zusammen, dass für die Selbständigen die Vorsorge gegen das Altersrisiko große Bedeutung hat und dass Selbständige mit Kapitalgesellschaften Wertpapiere ihrer Unternehmen in großem Umfang in ihrem Vermögensbestand halten.

d) Entwicklung, Höhe und Struktur des Haus- und Grundvermögens sowie des Aktienvermögens der privaten Haushalte

Aus sozial-, insbes. familien- und wohnungsbaupolitischer Perspektive verdient das *Haus- und Grundvermögen* der Haushalte besondere Aufmerksamkeit.

Während in Westdeutschland 1969 nur 39 % der privaten Haushalte (= 7,9 Mio.) über Grundvermögen verfügten, waren es 1993 50,5 % (= 14,6 Mio.). Der durchschnittliche Verkehrswert des Immobilienvermögens der westdeutschen Haushalte betrug 426 000 DM. 78,1 % dieser Haushalte hatten ein Ein- oder Zweifamilienhaus, 21,0 % eine Eigentumswohnung. In Ostdeutschland verfügten 1993 27,7 % der Haushalte (= 1,9 Mio.) über Grundvermögen mit einem durchschnittlichen Verkehrswert von 211 000 DM. 70,7 % dieser Haushalte hatten ein Ein- oder Zweifamilienhaus, 3,1 % eine Eigentumswohnung.[7]

Sowohl im Westen wie im Osten ist der Besitz von Grundvermögen eindeutig und stark mit der Höhe des Nettoeinkommens korreliert. Der Anteil der Haushalte mit Grundeigentum ist umso höher, je höher das Einkommen einer sozialen Gruppe ist.

Die Ungleichverteilung des Grundvermögens war - wenn man die Haushalte ohne Grundbesitz außer Betracht lässt - geringer als die des Geldvermögens. Dennoch sind deutliche Unterschiede im Grundvermögen nach sozialen Gruppen feststellbar. Die Anteile der Haushalte mit Haus- und Grundbesitz am Grundvermögen und die Höhe des durchschnittlichen Verkehrswerts dieses Besitzes für das Jahr 1993 zeigt Tabelle 38.

Tabelle 38. Umfang und Verteilung des Haus- und Grundvermögens der privaten Haushalte 1993

Soziale Stellung des Haushalts- vorstands	Westdeutschland		Ostdeutschland und Berlin-Ost	
	Anteil der Haushalte mit Haus- und Grundbesitz	Durchschnitt- licher Verkehrs- wert in €	Anteil der Haus- halte mit Haus- und Grundbesitz	Durchschnittli- cher Verkehrs- wert in €
Landwirt	88,3	315 200	84,6	-
Selbständiger	71,2	375 400	53,5	158 100
Angestellter	51,2	225 000	30,4	108 000
Beamter	63,9	222 800	20,3	-
Arbeiter	48,8	183 000	30,3	114 000
Nichterwerbstätiger	47,1	192 300	23,2	91 500

Quelle: DIW 1997, S. 106 und 109.

---

[7] BT Drs. 13/3885, S. 21 und Laue 1995, S. 20*f.

e) Vermögenspolitisch wichtige Ergebnisse der Analyse des Vermögensbildungs-
prozesses

Wie schon erwähnt, sind für die Beurteilung der Dringlichkeit und der Chancen einer Politik breiterer Vermögensstreuung Kenntnisse über die Beteiligung verschiedener sozioökonomischer Gruppen am Vermögensbildungsprozess aufschlussreich. Dazu liegen mittlerweile zahlreiche Untersuchungen vor.[8] Vermögenspolitisch erscheinen folgende Ergebnisse dieser Untersuchungen relevant:

1. Für die Periode 1960 bis 1990 kann für das *Gesamtvermögen* ein Prozess der De-konzentration konstatiert werden. Während 1960 1,7 % der Haushalte über 35 % des Gesamtvermögens verfügten, hatten sie 1973 noch einen Anteil von 24 %. 1987 besaßen 2 % aller Haushalte noch 19,7 % des Gesamtvermögens. Dagegen hat in den 90er Jahren die „beträchtliche Disparität in der Vermögensverteilung" tendenziell wieder zugenommen.[9]
2. Abgenommen hat der Konzentrationsgrad des *Sach-* und des *Grundvermögens*.
3. Nach wie vor sehr hoch ist der Grad der Konzentration des *Betriebs-* und des *Geld-vermögens*. Der Konzentrationsgrad des Geldvermögens hat seit 1973 sogar leicht zugenommen. 1993 besaßen in Westdeutschland 50 % aller Haushalte nur 9 % des gesamten Nettogeldvermögens.[10]
4. Die Arbeitnehmer waren aufgrund ihrer steigenden Sparfähigkeit in Verbindung mit den Sparförderungsmaßnahmen in der Lage, steigende Anteile des neu gebil-deten Vermögens in Form von Sparguthaben, Bausparguthaben, Hausbesitz und Grundbesitz und Versicherungsverträgen an sich zu ziehen.

2. Die Vermögenspolitik in der Bundesrepublik[11]

Die Vermögenspolitik in der Bundesrepublik bestand bzw. besteht aus folgenden Maßnahmenkomplexen: dem Lastenausgleich, der allgemeinen Sparförderung durch Steuerbegünstigung, der allgemeinen Sparförderung durch Prämien, der Wohnungs-bauförderung, der Reprivatisierung von staatlichem Vermögen und der Investitions-förderung.

a) Währungsreform und Lastenausgleich[12]

Dic Entwicklung der Vermögenspolitik nach dem Zweiten Weltkrieg begann in der Bundesrepublik mit den „wahrscheinlich größten friedlichen Vermögensumvertei-

---

[8] Genannt seien Föhl 1964; Krelle/Schunck/Siebke 1968; Willgerodt/Bartel/Schillert 1971; En-gels/Sablotny/Zickler 1974; BMA 1982; Miegel 1983; Hornung-Draus 1989; Schöner 1989; Schlo-mann/Hauser 1992, DIW 1997, Hauser / Stein 2001.

[9] DIW 1997, S. 19 ff.

[10] C. Schäfer, Soziale Polarisierung bei Einkommen und Vermögen. Zur Entwicklung der Verteilung 1994, in: WSI-Mitteilungen 1995, S. 605 ff., insbes. S. 626.

[11] Vgl. zu diesem Problemkomplex auch Willgerodt/Bartel/Schillert 1971, S. 249 ff.; Andersen 1976, S. 117 ff.; Gress 1983; Boettcher 1985, S. 153 ff.

[12] Vgl. zum Lastenausgleich H. v. Grass, Lastenausgleich, in: Enzyklopädisches Lexikon für das Geld-, Bank- und Börsenwesen, Frankfurt/M. 1958, S. 1107 ff. sowie Albers 1989.

lungsaktionen der Geschichte" (Engels/Sablotny/Zickler 1974, S. 23): der Währungsreform des Jahres 1948 und dem Lastenausgleich.

Im Zuge der noch von den Alliierten konzipierten, zur Wiederherstellung einer funktionsfähigen Geldordnung und damit zur Herstellung einer unverzichtbaren Voraussetzung wirtschaftlicher Entwicklung im Jahre 1948 durchgeführten Währungsreform wurden die bestehenden Forderungen teilweise im Verhältnis 10:1, teilweise im Verhältnis 10:0,65 von Reichsmark auf Deutsche Mark umgestellt, teilweise wurden sie - wie die Forderungen gegen das Deutsche Reich und gegen die NSDAP - vollständig annulliert. Der größte vermögenspolitische Verlierer der Währungsreform waren die Geldvermögensbesitzer, also der überwiegende Teil der Privathaushalte. Es gab zwei große Gewinner: den Staat, dessen Schuldenlast sich mit einem Schlag erheblich reduzierte, und die Eigentümer von Vermögen an Grund und Boden sowie die Eigentümer von Sachvermögen, obwohl diese Vermögen im Rahmen des Lastenausgleiches mit einer 50%igen Abgabe belastet wurden. Die Vermögenseigentümer hatten keine Schwierigkeiten, auf der Grundlage des - seinerzeit natürlich nicht voraussehbaren - „Wirtschaftswunders" ihren bis 1978 befristeten Abgabeverpflichtungen nachzukommen.

Die Vermögensbildung wurde in den ersten Jahren nach der Währungsreform nachhaltig durch die Steuerpolitik beeinflusst, die - um Produktionskapazität schnell aufbauen und die dafür erforderliche Kapitalbildung begünstigen zu können - die Anlage von Vermögen in Sachkapital durch hohe Abschreibungsvergünstigungen und andere Möglichkeiten der Steuerersparnis begünstigte (vgl. dazu Molitor 1965b, S. 82 ff.; Föhl 1964, S. 40 ff.; Andersen 1976, S. 117 ff.).

Das *Lastenausgleichsgesetz* vom 14. Aug. 1952 hatte die Aufgabe, die Kriegslasten gleichmäßiger auf die von diesen Lasten ungleichmäßig betroffene Bevölkerung zu verteilen. Zu diesem Zweck wurde ein Ausgleichsfonds des Bundes begründet, der sich aus fünf Quellen speiste:
1. aus einer Vermögensabgabe, durch die das nach steuerlichen Bewertungsvorschriften am 30. Juni 1948 erfasste Vermögen mit einer 50 %igen Abgabe belastet wurde; diese Vermögensabgabe war bis 1978 zu verzinsen und zu tilgen;
2. aus einer Hypothekengewinnabgabe, die die durch die Währungsumstellung begünstigten Hypothekenschuldner zu leisten hatten;
3. aus einer Kreditgewinnabgabe als einer Sonderabgabe auf währungsumstellungsbedingte Schuldnergewinne gewerblicher Betriebe;
4. aus Vermögensteuererträgen;
5. aus Einnahmen, die aus der Tilgung und Verzinsung ausgegebener Lastenausgleichsdarlehen flossen.

Aus dem Lastenausgleichsfonds wurden folgende Leistungen gewährt:
1. die Hauptentschädigung für Vertreibungs- und Kriegssachschäden;
2. Eingliederungsdarlehen für Vertriebene und Kriegssachgeschädigte zum Aufbau einer neuen Lebensgrundlage;
3. Kriegsschadenrenten;
4. Hausratentschädigung für den Verlust von Hausrat Vertriebener und Kriegssachgeschädigter;
5. die Bereitstellung von Mitteln zur Förderung der Berufsausbildung und der Umschulung Jugendlicher.

Da der Gesetzgeber den Lastenausgleich bewusst nicht als Umverteilung der Vermögens*substanz*, sondern als Umverteilung der Vermögens*erträge* konzipiert hat, hat der Lastenausgleich nur die Neuvermögensbildung in verhältnismäßig geringem Umfang beeinflusst: bis Ende 1988 wurden Ausgleichsleistungen in Höhe von 132,8 Mrd. DM gewährt. Diese Leistungen haben die Vermögensverteilung auch deswegen wenig beeinflusst, weil ein Großteil der Leistungen, nämlich die Kriegsschadenrenten, die Ausbildungsförderungsmaßnahmen und die Berufsumschulungsmaßnahmen als Einkommenshilfe konzipiert war. Vermögenspolitisch relevant waren indirekt die Hausratentschädigung, die die Bildung von Gebrauchsvermögen erleichterte, und direkt die Eingliederungs- und Aufbaudarlehen für Geschädigte aus Handwerk, Industrie, Handel und freien Berufen sowie die Aufbaudarlehen für den Wohnungsbau. Diese Darlehen haben eine breitere Streuung des Vermögens begünstigt (Oberhauser 1963, S. 191). Der Lastenausgleich hat auch wesentlich zur Eingliederung der Vertriebenen beigetragen.

b) Sparförderung durch Sonderausgabenregelungen

Bereits ab 1948 war in der Bundesrepublik - wie schon vor dem Krieg - die Möglichkeit der Abzugsfähigkeit von Versicherungsprämien und Bausparbeiträgen als Sonderausgaben vom steuerpflichtigen Einkommen (§ 10 EStG) wieder in Kraft gesetzt worden. Gleichzeitig wurden zur Belebung des Kapitalmarktes Ausgaben für sogenannte Kapitalansammlungsverträge, d.h. für drei Jahre festgelegte Sparleistungen, vom steuerpflichtigen Einkommen absetzbar. Diesen Maßnahmen werden beachtliche Wirkungen auf die Ersparnisbildung nachgesagt. Der Nettoeffekt dieser Förderungsmaßnahmen ist jedoch nicht zu ermitteln, weil nicht bekannt ist, wie weit es sich um zusätzliche, durch die Sparanreize bewirkte Ersparnisse handelt. Die vermögenspolitische Problematik dieser Art Sparförderung über steuerliche Begünstigungen nach § 10 EStG besteht jedoch darin, dass diese Begünstigungen in erster Linie den Beziehern mittlerer und höherer Einkommen zugute kommen, weil für die meisten Arbeitnehmer die steuerlich abzugsfähigen Vorsorgeaufwendungen bereits durch die Beiträge zu den Sozialversicherungen ausgeschöpft sind und weil die Steuerersparnis wegen des progressiven Steuertarifes mit steigendem Einkommen, d.h. mit steigender Steuerbelastung, wächst. Überdies können von steuerlichen Begünstigungen des Sparens diejenigen keinen Gebrauch machen, die aufgrund ihrer niedrigen Einkommen gar nicht *sparfähig* sind. Eine Vermögensbildung durch Abzüge von der Steuerbemessungsgrundlage begünstigt also die Ungleichverteilung des Vermögens (vgl. dazu auch Gress 1983).

c) Sparförderung durch Prämien

Diese Art der Sparförderung begann mit dem *Wohnungsbauprämiengesetz* vom 17. März 1952, das jetzt i.d.F. vom 30. Okt. 1997 vorliegt. Dieses Gesetz sieht die Zahlung einer staatlichen Bausparprämie vor. Die Ergänzung der Förderung der Ersparnisbildung im Wege der Steuerbegünstigung durch Prämienzahlungen machte es möglich, auch die Bezieher niedriger Einkommen zu begünstigen. Die Prämie - ursprünglich je nach Familienstand und Kinderzahl 25 bis 35 % der Einzahlungen, maximal jedoch pro Jahr 400 DM, wurde 1977 und erneut 1989 zugunsten einer verstärkten Förderung der Produktivkapitalbildung reduziert. Sie beträgt jetzt generell 8,8 %. Die Summe der begünstigungsfähigen Aufwendungen ist auf 512 € für Ledige und auf 1 024 € für Verheiratete begrenzt. Die Prämienbezugsberechtigung endet bei einem steuerpflichtigen Jahreseinkommen von 25 600 € für Ledige und 51 200 € für Verheiratete. In den 50er, v.a. aber in den 60er Jahren haben die Bausparprämien einen Bausparboom ausgelöst.

Durch die anfänglichen Erfolge ermutigt, wurde durch das *Sparprämiengesetz* vom 05. Mai 1959 eine Prämienbegünstigung des Sparens eingeführt, von der bis 1966 neben der Bausparbegünstigung Gebrauch gemacht werden konnte. Die Prämienbegünstigung setzte voraus, dass die Sparbeträge für sechs Jahre (bei allgemeinen Sparverträgen und Wertpapiersparverträgen) bzw. sieben Jahre (bei Ratensparverträgen und Wertpapiersparverträgen mit laufenden Sparbeträgen) festgelegt wurden. Diese Art Sparförderung wurde zugunsten der Förderung der Produktivkapitalbildung eingestellt.

Die Wirksamkeit des Wohnungsbauprämiengesetzes und des Sparprämiengesetzes lässt sich nicht annähernd genau beurteilen, weil man nicht feststellen kann, inwieweit durch die Prämienbegünstigung *zusätzliche* Ersparnisse bewirkt worden sind.

Auf dem Prinzip der Prämienbegünstigung beruhten bzw. beruhen auch das erste bis fünfte Vermögensbildungsgesetz. Das *Erste Vermögensbildungsgesetz* vom 12. Juli 1961 und das *Zweite Vermögensbildungsgesetz* vom 01. Juli 1965 sahen vor, dass vom Arbeitgeber an Arbeitnehmer gezahlte, der Vermögensbildung zugeführte Beträge bis zu 312 DM jährlich steuerlich begünstigt wurden. Zudem waren zahlreiche Anlagemöglichkeiten zugelassen, unter anderem eine Anlage nach dem Sparprämiengesetz oder dem Wohnungsbauprämiengesetz. Das *Erste Vermögensbildungsgesetz* blieb erfolglos, erst das *Zweite Vermögensbildungsgesetz*, das im Gegensatz zum ersten auch die Möglichkeit tarifvertraglicher Vereinbarungen vorsah und überdies für Arbeitnehmer die Möglichkeit schuf, vom Arbeitgeber aus ihrem Arbeitseinkommen vermögenswirksame Leistungen zu verlangen, brachte eine eindrucksvolle Zunahme der Sparverträge.[13]

Im *Dritten Vermögensbildungsgesetz* vom 27. Juni 1970 wurde die Steuerbegünstigung der Vermögensanlage, die in erster Linie wieder den Beziehern höherer Einkommen zugute gekommen war, durch eine Arbeitnehmer-Sparzulage ersetzt. Eine solche Sparzulage in Höhe vom 30 % der vermögenswirksamen Leistung bzw. von 40 % bei Familien mit mehr als zwei Kindern erhielten Arbeitnehmer für eine vermögenswirksame Leistung bis zu maximal 624 DM pro Jahr, wenn ihr steuerpflichtiges Einkommen 24 000 DM (Alleinstehende) bzw. 48 000 DM (Verheiratete) zuzüglich 1 800 DM für jedes Kind nicht überstieg. Im *Vierten Vermögensbildungsgesetz* i. d. F. vom 06. Febr. 1984 wurde die begünstigungsfähige Aufwendung auf 936 DM erhöht, die Sparzulage aber je nach Art der Anlage auf 16 bis 23 % bzw. 26 bis 33 % für Arbeitnehmer mit drei und mehr Kindern abgesenkt.

Das *Fünfte Vermögensbildungsgesetz* i.d.F. vom 01. Jan. 1999 begünstigt Arbeitnehmer, deren Einkommen 17 900 € (Ledige) bzw. 35 800 € (Verheiratete) nicht ü-

---

[13] Ende 1969 besaßen 5,7 Mio., 1976 15,6 Mio. Arbeitnehmer Vermögensanlagen nach dem Zweiten bzw. Dritten Vermögensbildungsgesetz. Der durchschnittlich pro Arbeitnehmer angelegte Betrag belief sich 1969 auf 280 DM, 1976 auf 615 DM (BMA 1982, S. 183).

bersteigt, durch eine Arbeitnehmersparzulage für Bausparverträge in Höhe von 9 % bis zu einer Höchstsparsumme von 480 € jährlich. Zusätzlich werden 400 € mit einer Sparzulage von 18 % gefördert, sofern sie in Beteiligungen angelegt werden[14]. Zu den Produktivvermögensanlagen zählen Sparverträge über Wertpapiere oder andere Vermögensbeteiligungen, Aufwendungen aufgrund eines Kaufvertrages zum Erwerb von Wertpapieren (auch an Sondervermögen, d.h. Investmentanteile), die Produktivvermögensanteile darstellen, und Aufwendungen aufgrund eines Beteiligungsvertrages. Die für Arbeitnehmer mit Kindern höheren Fördergrenzen und zusätzlichen Prämien wurden 1990 mit der unzutreffenden Begründung gestrichen, die Steuerreform der Jahre 1986 bis 1990 habe Familien mit Kindern besonders stark begünstigt.

Der Zielsetzung, die breitere Streuung von Produktivvermögen zu fördern, dient auch der 1984 eingeführte § 19a des EStG; er stellt die unentgeltliche oder verbilligte Überlassung von Vermögensbeteiligungen an Arbeitnehmer in Form von Sachbezügen bis zur Hälfte ihres Wertes, jedoch höchstens bis zu 154 € pro Kalenderjahr, steuer- und abgabenfrei.[15] Der geförderte Anlagenkatalog ist mit dem des *Fünften Vermögensbildungsgesetzes* identisch. Die Steuervergünstigung nach § 19a EStG und die Sparzulage nach dem *Fünften Vermögensbildungsgesetz* können nebeneinander in Anspruch genommen werden.

Ein Arbeitnehmer, der die steuerliche Begünstigung und die Zulagenbegünstigung des Beteiligungserwerbs voll nutzt, kann eine Förderungssumme von 130 € aus der Sparzulage und 71 € durch die Steuer- und Abgabenersparnis nach § 19a EStG (bei einem unterstellten Grenzsteuersatz von 26 %) und eine Vermögensbeteiligung von 1 041 € jährlich erreichen. Nach der sechsjährigen Sperrfrist kann der Arbeitnehmer bei 6 % Zins und Zinseszins über 1 400 € verfügen.

d) Die Förderung der Vermögensbildung im Wohnungsbau

Die gleichsam „klassische" Förderung der Eigentumsbildung im Wohnungsbau durch die steuerliche Abschreibungsmöglichkeit von Bausparbeiträgen und durch die institutionelle Förderung der Bausparkassen wurde - wie erwähnt - 1952 durch die Einführung von Prämien für Bausparleistungen ergänzt. Die Bedeutung dieser Anreize lässt sich nur zutreffend abschätzen, wenn man berücksichtigt, dass der Eigenheimbau durch eine Reihe der dargestellten wohnungspolitischen Maßnahmen gefördert wurde (vgl. S. 341 ff.). Zu nennen sind: zinsgünstige Baudarlehen, Zinszuschüsse, Grunderwerbsteuerbefreiungen, Grundsteuerermäßigungen, Abschreibungsvergünstigungen nach § 7b und § 10e EStG und die Bereitstellung von preisgünstigem Bauland von Seiten der öffentlichen Hand.

Die eindrucksvollen Ergebnisse der Wohnungsbaupolitik und der hohe Anteil der Arbeiter- und Angestelltenhaushalte, die über Hauseigentum verfügen, sind sicherlich ohne diese konzentrierte, mit zahlreichen Instrumenten arbeitende Politik nicht denkbar. Allerdings ist kritisch anzumerken, dass die Wohnungsbauförderung, die über-

---

[14] In den neuen Bundesländern beträgt der Zulagensatz 22%

[15] Nicht zuletzt aufgrund dieser Regelung, mit der die Absicht verfolgt wurde, Beteiligungsaktivitäten mittelständischer Unternehmen anzuregen, stieg die Zahl der durch Beteiligungsmodelle begünstigten Mitarbeiter zwischen 1976 und 1986 von 0,77 Mio. auf 1,1 Mio. an. 1986 praktizierten 1 353 Unternehmen Modelle der Mitarbeiterkapitalbeteiligung. Die beteiligten Mitarbeiter besaßen ein Kapital von 14,1 Mrd. DM. Quelle: Guski/Schneider 1986, S. 17 f.

wiegend auf Abschreibungsvergünstigungen beruhte, die Besserverdienenden gegenüber den Einkommensschwächeren begünstigt hat (vgl. dazu S. 341). Deswegen wurde 1996 durch das *Gesetz zur Neuregelung der steuerrechtlichen Wohneigentumsförderung* (*Eigenheimzulagengesetz*) vom 15. Dez. 1995 die Förderung des Erwerbs von selbstgenutztem Wohneigentum nach § 10e EStG abgelöst durch eine achtjährige Grundförderung in Höhe von 1 % der Anschaffungs- und Grundstückskosten, maximal jedoch von 2 556 €, zuzüglich einer Kinderzulage pro Kind und Jahr in Höhe von 800 €. Die Förderung ist an eine Einkommensgrenze in Höhe von 140 000 € für Verheiratete und von 70 000 € für Ledige gebunden; diese Einkommensgrenze erhöht sich für jedes Kind um 30 000 €. Durch eine Novellierung des Gesetzes am 19. Dez. 2003 wurden im Rahmen der Verwirklichung der sog. „Agenda 2010" die Einkommensgrenzen für Verheiratete auf 140 000 €, die für Alleinstehende auf 70 000 € abgesenkt, der maximale Förderbetrag wurde auf 1 250 € halbiert und die Kinderzulage auf 800 € angehoben.

Seit 1996 wird auch der Erwerb von Anteilen an Wohnungsbaugenossenschaften in Höhe von mindestens 5 113 € acht Jahre lang gefördert. Der Förderbetrag beläuft sich auf jährlich 3 % der Einlage, maximal 1 227 €. Er wird jedoch auf den Fördergrundbetrag für die Anschaffung oder Herstellung einer Wohnung angerechnet. Zusätzlich gibt es eine Kinderzulage von jährlich 256 €.

e)   Reprivatisierung öffentlicher Unternehmen

In den Jahren 1959 bis 1965 war die Privatisierung von öffentlichen Unternehmen durch die Ausgabe sogenannter „Volksaktien" ein wichtiger Bestandteil der Vermögenspolitik. 1959 wurde die Preußische Bergwerks- und Hütten AG (Preußag), 1961 das Volkswagenwerk und die Vereinigte Tanklager- und Transportmittel GmbH und 1965 die Vereinigte Elektrizitäts- und Bergwerks AG (VEBA) durch die Ausgabe von Aktien in Privateigentum überführt. In vielen Fällen blieben Minderheitsbeteiligungen der öffentlichen Hände erhalten.

Das Ersterwerbsrecht für solche Aktien wurde auf die Bezieher niedriger Einkommen beschränkt, die Aktien wurden kleingestückelt und zu einem „sozialen" Ausgabekurs verkauft. Durch Stimmrechtsbegrenzungen sind Stimmrechtskonzentrationen ausgeschlossen worden.

Die Resonanz dieser Aktionen war sehr groß, es hat aber auch nicht an zahlreichen kritischen Stimmen gegenüber diesen ersten größeren Versuchen zur Herbeiführung breiterer Streuung des Produktivvermögens gefehlt. Die Kritik richtete sich erstens darauf, dass nicht in erster Linie Arbeiter und die Bezieher niedriger Einkommen zu den Begünstigten gehörten und zweitens, dass die Privatisierung öffentlicher Unternehmen auf Einzelaktionen beschränkt bleiben muss.

Zwischen 1982 und 1990 hat sich der Bund von 676 seiner Unternehmensbeteiligungen getrennt. Ihr Verkauf erbrachte 9,4 Mrd. DM. Er diente jedoch nicht nur der Beschaffung von Haushaltsmitteln und dem Abbau staatlichen Wirtschaftsvermögens, sondern auch der breiteren Streuung des Aktienvermögens und der Förderung des Erwerbs von Belegschaftsaktien (vgl. dazu Knauss 1990).

Die seit 1990 durchgeführte Reprivatisierung des Volksvermögens der DDR hätte zu einem herausragenden vermögenspolitischen Erfolg werden und zu einer breiteren

Streuung des Produktivvermögens führen können, wenn Regierung und Parlament die Chance genutzt hätten, die Reprivatisierung mit dem Ziel breiterer Vermögensstreuung zu koppeln. Sie haben diese Chance jedoch nicht nur ungenutzt gelassen, sondern durch die Anwendung der Restitutionsregel bei der Entschädigung von enteigneten Sacheigentümern und durch den Einsatz von steuerlichen Abschreibungsmöglichkeiten als Instrument der Investitionsförderung Voraussetzungen für die Vermögensbenachteiligung der überwiegenden Mehrheit der Bevölkerung in den Gebieten der ehemaligen DDR geschaffen (vgl. dazu S. 117 ff.).

f) Die Investitionsförderung

Die im Folgenden darzustellenden Maßnahmen wurden nicht als vermögenspolitische Instrumente eingesetzt, sondern als Instrumente des Wiederaufbaues des durch den Krieg stark zerstörten Produktionspotenzials. Da aber diese Maßnahmen der Investitions- und der Wachstumsförderung erhebliche vermögenspolitische Nebenwirkungen hatten, sind sie hier kurz darzustellen. Es handelt sich im Wesentlichen um folgende Maßnahmen:

1. die Möglichkeit der Unternehmen, im Zuge der Währungsreform für den Währungsstichtag (21. Juni 1948) ihre Aktiva in der DM-Eröffnungsbilanz höher zu bewerten als sie zu Buche standen. Dadurch belasteten sich die Unternehmen zwar einerseits, weil sie von diesem Vermögen die Vermögensabgabe im Rahmen des Lastenausgleichs zu leisten hatten; andererseits jedoch erhöhten sich die Werte der abschreibungsfähigen Wirtschaftsgüter, infolgedessen auch die Abschreibungs- und damit die Steuerersparnismöglichkeiten;
2. Steuervergünstigungen nach den §§ 7a bis f EStG, insbes. Vergünstigungen für Vermögensanlagen im Wohnungsbau (§§ 7b und 7c) und im Schiffbau (§ 7d);
3. verringerte steuerliche Belastungen für nicht ausgeschüttete Gewinne im Rahmen des ehemaligen § 10a des EStG, durch die eine Selbstfinanzierung von Investitionen und damit die Vermögensbildung im Unternehmen erleichtert wurde;
4. die Möglichkeiten von Abschreibungen nach § 36 des Investitionshilfegesetzes;
5. die Möglichkeit steuerfreier Rücklagenbildung und der steuerlichen Absetzbarkeit nach § 3 und § 4 des Ausfuhrförderungsgesetzes.

Die Möglichkeit, diese Vergünstigungen in Anspruch zu nehmen, war - mit Ausnahme der Abschreibungen für Wohngebäude - den Unternehmen bzw. den Selbständigen und den Beziehern höherer Einkommen vorbehalten. Diese Maßnahmen haben daher zu einer Unternehmens- und Vermögenskonzentration beigetragen.[16] Verbilligte Investitionskredite, günstige Existenzgründungsdarlehen, Investitionszulagen, Investitionszuschüsse, erhebliche steuerliche Sonderabschreibungen und zinsverbilligende Kreditprogramme werden seit der Wiedervereinigung auch als Aufbauhilfen eingesetzt (vgl. dazu SVR-Gutachten 1991/92, Z 83). Neben ihren stimulierenden Effekten

---

[16] Oberhauser 1963, S. 160; Willgerodt/Bartel/Schillert 1971, S. 285; Molitor 1965b, S. 83 f.; M. Lohmann, Die westdeutschen Investitionen 1948-1957 und ihre soziale Problematik, in: HJbWGP, 1958, S. 32 ff.; K. Häuser, Die steuerliche Beeinflussung der Einkommens- und Vermögenskonzentration in der Bundesrepublik, in: H. Arndt (Hg.), Die Konzentration in der Wirtschaft, Bd. 2, Berlin 1960, S. 1097 ff.

stellen sie eo ipso eine Förderung der Vermögensbildung der Investoren mit verteilungspolitisch negativen Effekten dar.

g) Die Kosten der Vermögenspolitik

Über die Kosten der staatlichen Förderung der Vermögensbildung informiert Tabelle 39. Sie enthält die Prämienausgaben und Steuermindereinnahmen des Bundes und der Länder von 1970 bis 2002. Diese Tabelle zeigt insbes.:

1. Die Aufwendungen für die Förderung der Vermögensbildung sind von 1970 bis 1980 und anschließend ab 1995 erkennbar gestiegen. Auffallend ist das hohe Gewicht der steuerlichen Vergünstigungen im Vergleich zu den Prämienausgaben.
2. Die stärkste Förderung erfährt das selbst genutzte Wohneigentum. Die hohen Förderbeträge und der hohe Stellenwert, den das selbst genutzte Wohneigentum bei den privaten Haushalten genießt, schlagen sich in entsprechend hohen Prämienausgaben bzw. Steuermindereinnahmen nieder. Allein die Förderung nach dem Eigenheimzulagengesetz belief sich im Jahr 2002 auf 9,2 Mrd. €.
3. Eine ebenfalls bedeutsame Komponente ist die steuerliche Förderung von Beiträgen zur privaten Lebensversicherung (§ 10 Abs. 1 Nr. 3 EStG). Auch hier ist die verteilungspolitische Effizienz fraglich, zumal der Sonderausgabenhöchstbetrag bei Arbeitnehmerhaushalten bereits durch die Beiträge zur Sozialversicherung weitgehend ausgeschöpft ist.
4. Die Ausgaben zur Förderung der Produktivvermögensbildung fallen demgegenüber deutlich geringer aus. Dabei ist zu berücksichtigen, dass die Arbeitnehmersparzulage zu erheblichen Teilen auf Bausparverträge entfällt.

Die Ausgestaltung der Instrumente staatlicher Vermögenspolitik, insbesondere das Übergewicht der steuerlichen Begünstigung gegenüber der Prämienvergabe, führt dazu, dass insbes. die Bezieher mittlerer und höherer Einkommen in den Genuss dieser staatlichen Leistungen kommen. Dies widerspricht der Zielsetzung einer breiteren Streuung des Vermögens (vgl. dazu auch Gress 1983, S. 379 ff. sowie Färber 2002).

h) Zusammenfassung

Die Vermögenspolitik in der Bundesrepublik umfasst vier Phasen: erstens die auf die schnelle Wiederherstellung des Kapitalstocks gerichtete Phase der allgemeinen Vermögens*bildungs*politik, zweitens die etwa in der Mitte der 60er Jahre einsetzende Phase der allgemeinen Vermögens*verteilungs*politik, drittens die 1983 beginnende Phase der auf die Beteiligung von Arbeitnehmern am Kapital der Unternehmen gerichtete *speziellen* Vermögensverteilungspolitik und schließlich viertens die seit 2001 auf die Förderung der privaten Altersvorsorge gerichtete spezielle Vermögensbildungspolitik.

In der *ersten* Phase bewirkten die - nicht vermögenspolitisch orientierten - zahlreichen steuerlichen Vergünstigungen der Kapitalbildung und die steuerlichen Begünstigungen des Sparens eine Differenzierung der Vermögensverteilung (so auch Oberhauser 1963, S. 192 ff. und Andersen 1976, S. 133). Es überwogen eindeutig unternehmens- und vermögenskonzentrationsfördernde Wirkungen. Die steuerlichen Vergünstigungen im Rahmen der Investitions- und Wachstumspolitik liefen auf eine

Tabelle 39. Förderung der Vermögensbildung durch Prämienausgaben und Steuerminereinnahmen des Bundes und der Länder (jahredurchschnittlich in Mio. €)

	1970-1974	1975-1979	1980-1984	1985-1989	1990-1994	1995-1999	2000	2001
Prämienausgaben								
(1) Prämien nach dem Wohnungsbauprämiengesetz	626	565	404	440	280	212	451	486
(2) Prämien nach dem Sparprämiengesetz	516	1 254	834	256	-	-	-	-
(3) Arbeitnehmer-Sparzulage gem. Vermögensbildungsgesetz	1 164	1 452	1 015	842	476	158	337	194
(4) Grundförderung gem. § 9 Abs. 2 Eigenheimzulagengesetz	-	-	-	-	-	1 211	4 226	5 332
(5) Zusatzförderung für ökolog. Bauen gem. § 9 Abs. 3 u. 4 Eigenheimzul.G	-	-	-	-	-	38	49	97
(6) Kinderzulage gem. § 9 Abs. 5 Eigenheimzulagengesetz	-	-	-	-	-	583	2 186	2 621
(7) **Summe Prämienausgaben**	2 307	3 271	2 252	1 528	756	2 203	7 249	8 730
Steuervergünstigungen								
(8) Förderung gem. § 10e EStG	-	-	-	486	2 413	3 876	2 480	1 730
(9) Sonderausgabenabzug gem. § 10e Abs. 6a EStG	-	-	-	-	190	145	-	-
(10) Vorkostenabzug gem. § 10i EStG	-	-	-	-	-	298	-	-
(11) Baukindergeld gem. § 34 f. EStG	-	-	82	296	653	1 052	639	460
(12) Förderung v. Produktivvermögen gem. § 19a EStG	-	-	9	91	118	35	41	41
(13) Förderung gem. § 7b und § 54 EStG	576	1 549	2 393	1 943	481	-	-	-
(14) Förderung privater Lebensversicherung gem. § 10 Abs. 1 Nr. 2 EStG	1 487	2 424	1 800	1 437	1 593	1 872	2 200	2 300
(15) Förderung von Bausparbeiträgen gem. § 10 Abs. 1 Nr. 3 EStG	361	390	350	330	124	57	-	-
(16) Förderung gem. § 20 Abs. 4 EStG	-	163	199	325	129	-	-	-
(17) Förderung gem. § 8 KapErhStG	-	10	25	-	-	-	-	-
(18) Förderung gem. § 10a EStG und §§ 97-99 EStG ("Riester-Rente")	-	-	-	-	-	-	-	50
(20) **Summe Steuervergünstigungen**	2 424	4 536	4 857	4 907	5 701	7 335	5 360	4 581
(21) **Summe Vermögensbildung**	4 731	7 627	7 109	6 435	6 457	9 538	12 609	13 311

Quelle: Subventionsberichte der Bundesregierung, lfd. Jg.

Begünstigung der Selbstfinanzierung der Investitionen und auf eine Förderung der Vermögensbildung vermögender Schichten hinaus und die auf die Stärkung der *Sparneigung* ausgerichteten steuerlichen Förderungsmaßnahmen der Ersparnisbildung kamen v.a. den sparfähigen, d.h. den einkommensstarken Schichten zugute, die höchstwahrscheinlich auch ohne eine Vergünstigung gespart hätten.[17]

Die *zweite* Phase der Vermögenspolitik ist durch eine größere Zielkonformität eines Teils ihrer Maßnahmen gekennzeichnet: Der Übergang von der Steuerbegünstigung des Sparens zur Prämienbegünstigung und die Begrenzung der Prämienbegünstigung auf die unteren und mittleren Einkommen erhöhte die Vermögensbildungschancen der einkommensschwächeren Schichten. Diese Chancen jedoch sind nach wie vor verstärkt bei den Beziehern höherer Einkommen vorhanden, weil diese die bestehenden günstigeren steuerlichen Abschreibungsmöglichkeiten für Bausparbeiträge, Hauseigentum und Versicherungsbeiträge haben. Dadurch können sie ihr steuerpflichtiges Einkommen reduzieren und die Steuerersparnisse für die weitere Vermögensbildung einsetzen. In dieser zweiten Phase der Vermögenspolitik scheint insgesamt die Vermögenskonzentration etwas abgenommen zu haben.

Die 1983 beginnende *dritte* Phase der Vermögenspolitik ist durch die Verlagerung der Förderungsmaßnahmen vom Bereich der Geldvermögensbildung in den der Produktivvermögensbildung gekennzeichnet. Gefördert wurden nur noch das Bausparen, der Erwerb von Wohnungs- oder Hauseigentum und der Erwerb von direkten und indirekten Unternehmensbeteiligungen. Für diese dritte Phase war bis 1990 eine kräftige Erhöhung der vermögenswirksamen Leistungen festzustellen (Sozialbericht 1990, Z 206).

In diese Phase fällt auch der Prozess der Systemtransformation in den neuen Bundesländern. Hier wurde die historisch einmalige Chance verpasst, diesen Prozess der Transformation der Eigentumsordnung unter vermögensverteilungspolitischen Gesichtspunkten auszugestalten. Dies vermutlich nicht nur und nicht primär wegen der Schwierigkeiten, innerhalb kurzer Zeit im Rahmen des totalen Umbaues des Gesellschafts-, Wirtschafts- und Sozialsystems der DDR eines von vielen Teilproblemen lösen zu können, sondern auch aus zwei weiteren Gründen. Zum einen verkannte man die mit dem Untergang der DDR und der Wiedervereinigung verbundenen vermögenspolitischen Probleme, zum andern hat sich in der öffentlichen Diskussion die These durchgesetzt, der Sozialstaat sei über seine Grenzen hinausgeschossen und die mit tiefen Beschäftigungseinbrüchen verbundene Struktur- und Wachstumskrise sei wesentlich durch die sozialstaatliche Entwicklung mitverursacht, so dass der Sozialstaat nicht nur um-, sondern abgebaut werden müsse. Im Bereich der Vermögenspolitik wurden nicht nur bestimmte Anlageformen wie das Geld- und Versicherungssparen aus dem Katalog der förderungsfähigen Anlagen gestrichen, sondern auch die Prämiensätze und der Höchstbetrag der förderungsfähigen Kapitalbeteiligung reduziert. Vermögens- wie familienpolitisch problematisch ist, dass die bis 1989 bestehende Begünstigung von Familien mit Kindern in Form von Freibeträgen in Bezug auf die Einkommensgrenzen für die Förderung und in Bezug auf die Prämienhöhe ab-

---

[17] Vgl. zur Kritik an der Förderung der Vermögensbildung in der Bundesrepublik auch Althammer 1996 und 1997.

geschafft wurde. Die Reduzierung der Maßnahmen zur Förderung breiter Vermögensstreuung ist das zweite Charakteristikum dieser Phase der Vermögenspolitik. Die Verabschiedung des *Altersvermögensgesetzes* am 26. Juni 2001 markiert den Beginn der aktuellen, *vierten* Phase der Vermögenspolitik. Seither konzentrieren sich die vermögenspolitischen Maßnahmen auf das Versicherungssparen, sofern die Vorsorgeprodukte bestimmte, im Gesetz normierte Kriterien erfüllen (vgl. ausführlicher Kap. IX. D. 3). Zwar ist es derzeit noch nicht möglich, die Wirkungen dieses Gesetzes hinreichend zuverlässig abzuschätzen. Allerdings haben sich bisher die Erwartungen, die in den Aufbau einer staatlich geförderten privaten Altersvorsorge gesetzt wurden, nicht erfüllt. Außerdem lässt sich nicht zuverlässig ermitteln, ob es sich bei diesen Anlagen um zusätzliche Ersparnisse oder um eine bloße Umschichtung ohnehin getätigter Vorsorgeaufwendungen handelt. Da die Vorsorgeaufwendungen neben der Prämienvergünstigung zusätzlich steuerlich gefördert werden, ist davon auszugehen, dass sich die Verteilung des Vorsorgevermögens wieder ungleicher entwickeln wird.

Die Darstellung der Vermögenspolitik in der Bundesrepublik hat u.E. deutlich werden lassen, dass größere vermögenspolitische Erfolge voraussetzen, in Zukunft verstärkt an der Hauptquelle der Vermögensbildung anzusetzen, nämlich an den Gewinnen, sei es durch eine forcierte Investivlohnpolitik, sei es durch eine Politik betrieblicher Ertragsbeteiligung. Diese vermögenspolitischen Instrumente werden im Rahmen des nächsten Abschnittes darzustellen sein.

Ein zweiter wichtiger Ansatzpunkt für die künftige Vermögenspolitik könnte die Erbschaftsbesteuerung werden. Denn in den nächsten Jahren und Jahrzehnten werden die beachtlich großen Vermögen vererbt werden, die die älteren Generationen nach dem Zweiten Weltkrieg aufgebaut haben. *Hauser / Stein* (2001) schätzen die Summe der generationenübergreifenden Vererbungen bis 2010 in Westdeutschland auf 321 Mrd. € (634 Mrd. DM), für Ostdeutschland auf etwa 17 Mrd. € (34 Mrd. DM). In den Jahren 2011 bis 2020 werden sich diese Beträge fast verdreifachen. Eine vorsichtig dosierte Politik höherer Erbschaftsbesteuerung sollte daher nicht nur wegen des wachsenden Volumens jährlich vererbten Vermögens erwogen werden, sondern auch deswegen, weil sich durch eine staatliche Sparförderung allein das Ausmaß der Vermögenskonzentration nicht dauerhaft reduzieren lässt. Daher empfehlen *Schlomann/Hauser* (1992, S. 96) „eine kombinierte Strategie einer adäquaten Besteuerung der Vermögenseinnahmen oder der Vermögensbestände, z.B. im Erbfall, und einer finanziellen Förderung der Vermögensbildung für die unteren Einkommensschichten".

C. Notwendigkeit und Ziele staatlicher Vermögenspolitik

1. Die gesellschaftspolitisch zentrale Bedeutung der Vermögensverteilung

Die Vermögensverteilung hat aus folgenden fünf Gründen zentrale gesellschaftspolitische Bedeutung (vgl. dazu auch v. Nell-Breuning 1970, S. 61 ff., Küng 1964 und Issing/Leisner 1976):
1. Erwerbswirtschaftlich genutztes Vermögen ist die Quelle von Vermögenseinkommen (Pacht-, Zins-, Dividendenerträge). Wer über kein Vermögen verfügt oder

keine Chance hat, Vermögen zu erwerben, hat keine Chance, Vermögenseinkommen, d.h. Einkommen ohne laufende Arbeitsleistung, zu erzielen.

2. Vermögen erhöht die persönliche wirtschaftliche Wohlfahrt und die wirtschaftliche und soziale Sicherheit der Vermögensbesitzer. Diese Sicherungsfunktion ist ganz offensichtlich bei Forderungen gegen Privat- und Sozialversicherungen. Aber auch andere Vermögensarten (Grund und Boden, Wohnungseigentum, Wertpapiere) können als Sicherheit bei der Aufnahme von Darlehen zur Überbrückung von Notsituationen beitragen, bis andere finanzielle Hilfen (Versicherungsleistungen) wirksam werden.

3. Da der Vermögenseigentümer über sein Vermögen im Rahmen der Rechtsordnung Verfügungsmacht hat, erhöht Vermögen die Freiheitsspielräume und Entfaltungsmöglichkeiten des Vermögenseigentümers. Daher ist eine Politik der Vermögensdekonzentration gleichbedeutend mit einer Politik gleichmäßigerer Verteilung der materialen Freiheit und der Entfaltungsmöglichkeiten. Demgegenüber bedeuten eine Ungleichverteilung von Chancen des Vermögenserwerbes und eine ungleiche Verteilung des Vermögens notwendigerweise erstens ungleiche wirtschaftliche Startbedingungen, z.B. in Bezug auf die Möglichkeit der Unternehmensgründung oder des Ausbaues von Wettbewerbsvorteilen, und zweitens Ungleichheiten in der Verfügungsmacht über wirtschaftliche Güter, insbes. über Produktionsfaktoren. Diese Ungleichheiten in der Verfügungsmacht über Produktionsfaktoren können wiederum Vorzugsstellungen ermöglichen, die zu Ausbeutung führen können (vgl. v.a. Seraphim 1963, S. 111). Diese Ungleichheiten in der Verteilung können nicht nur dem Ziel sozialer Gerechtigkeit und der Stabilität der Gesellschaftsordnung widersprechen, sondern auch die demokratische Qualität der Gesellschaft verschlechtern; denn Vermögensmacht ist in wirtschaftliche Macht, wirtschaftliche Macht in politischen Einfluss umsetzbar. Vermögenskonzentration gefährdet daher demokratische Willensbildungs- und Entscheidungsprozesse (vgl. dazu Andersen 1976, S. 74 ff.).

4. Vermögenslosigkeit war bzw. ist ein wesentliches Merkmal der Proletarität. Es ist die Vermögenslosigkeit, die breite Schichten der Bevölkerung unter permanenten Arbeitsangebotszwang stellt und ihre Lebenslage entscheidend von den Verwertungsbedingungen abhängig macht, die sie auf den Arbeitsmärkten vorfinden. Im Falle breiterer Vermögensstreuung mindert sich die wirtschaftliche Abhängigkeit der Arbeitnehmer, u.a. weil durch Besitz die Elastizität des Arbeitsangebotes steigt (vgl. Weisser 1961, S. 168 und S. 177; Seraphim 1963, S. 112; Preiser 1957, S. 173 ff.).

5. Der Grad der Vermögenskonzentration ist für ein auf dem Wettbewerbsgedanken beruhendes Wirtschaftssystem von besonderer Bedeutung. In einer am Leistungsprinzip orientierten Wettbewerbsgesellschaft sollten die Startbedingungen nicht nur formal gleich sein, sondern auch material; Machtpositionen sind systemwidrig. Vermögenskonzentration beeinträchtigt die Funktionsfähigkeit des Wettbewerbs.[18]

---

[18] Vgl. zu diesem Problemkreis vor allem Monopolkommission, Hauptgutachten 1973/75 ff.; Kommission für wirtschaftlichen und sozialen Wandel (Hg.), Wirtschaftlicher und sozialer Wandel in der Bundesrepublik Deutschland, Göttingen 1977, S. 381 ff.; H. Arndt (Hg.), Die Konzentration in der Wirtschaft, SVSP, NF, Bd. 20, 2. Aufl., Berlin 1971; Bundeskartellamt, Jahresberichte 1958 ff.; H. O. Lenel, Konzentration, in: HdWW 1978, Bd. 4, S. 540 ff.

Sie beeinträchtigt über die Minderung des Wettbewerbs auch die Anspornfunktion und die „Entdeckungs"-funktion des Privateigentums an Produktionsmitteln, das ja die materielle Grundlage für die Erfindung neuer Produktionsverfahren darstellt und eine unentbehrliche Voraussetzung für den Wettbewerb als „Entdeckungs"-verfahren ist (Issing/Leisner 1976, S. 26 ff.).

Die zentrale gesellschaftspolitische Bedeutung der Vermögensverteilung zeigt sich auch darin, dass es die ungleiche Verteilung des Vermögens, insbes. des Produktivvermögens im Sinne von Verfügungsrechten über den Produktionsmitteleinsatz war, die die Gesellschaft in der vor- und frühindustrialisierten Phase in die Klasse der Besitzer des Grund und Bodens, des Sach- und des Finanzvermögens einerseits und in die Klasse der besitz- und vermögenslosen Arbeitnehmer andererseits aufgespalten hat. Diese klassengebundene, jahrzehntelang durch das politische System, die Rechtsordnung und das Bildungssystem perpetuierte Ungleichheit der Stellung im wirtschaftlichen und sozialen Gefüge war eine der entscheidenden Miturachen für die Entstehung der sozialistischen Ideologien und Wirtschaftsordnungen. Die geschichtliche Bedeutung der Vermögenspolitik im Sinne einer Politik der Dekonzentration, der breiteren Streuung des Vermögens und der gleichmäßigeren Verteilung der Chancen zum Vermögenserwerb liegt in der Möglichkeit, durch eine solche Politik die entscheidenden Qualitäten der mittel- und westeuropäischen Gesellschaften - ein hohes Maß an persönlicher, politischer und wirtschaftlicher Freiheit, ein hohes Maß an sozialer Sicherheit und sozialer Gerechtigkeit, ein hohes Maß an wirtschaftlichem und zivilisatorischem Fortschritt sowie ein demokratischer, pluralistischer, auf dem Mehrparteiensystem beruhender Willensbildungs- und Entscheidungsprozess - nicht nur zu erhalten, sondern noch zu verbessern.

2. Die Vermögensquellen und die Verteilung der Chancen zum Vermögenserwerb

Für die Beurteilung der Notwendigkeit einer Vermögenspolitik ist es wichtig zu wissen, aus welchen Quellen einer Person Vermögen zufließen kann und wie in der Gesellschaft die Chancen zum Vermögenserwerb verteilt sind.[19]

Gesetzlich bzw. gesellschaftlich anerkannte Möglichkeiten des Erwerbs von Vermögen waren bzw. sind (vgl. auch Willgerodt 1980, S. 175 ff.):

1. die Inbesitznahme freier Güter (Okkupation);
2. die Übertragung von Gütern und Rechten als Gegenleistung für die Erbringung von besonderen Dienstleistungen (Belehnung, Übertragung von Regalien und Privilegien);
3. die einseitige Übertragung von Gütern und Rechten, d. h. die Schenkung;
4. die Vererbung von Vermögen und Vermögensrechten;
5. der Erwerb von Vermögen aus Einkommen, und zwar
   - aus Arbeitseinkommen;
   - aus Gewinneinkommen, wobei die Gewinne entweder Leistungsgewinne im Sinne dynamischer unternehmerischer Pioniergewinne (Schumpeter 1964,

---

[19] Von besonderem Interesse und aufschlussreich ist es auch, die Entwicklung der Vermögensbildung und -verteilung für den europäischen Kulturkreis geschichtlich zu verfolgen. Dies ist hier jedoch nicht möglich (vgl. dazu Lampert 1980a, S. 424 ff.).

S. 207 ff. und 1950, S. 134 ff.) oder Knappheitsgewinne (Preiser 1957, S. 124 ff.) oder Marktformengewinne sein können, d.h. Gewinne aus Marktmachtstellungen, insbes. aus natürlichen, vom Staat verliehenen oder selbst aufgebauten Monopolen oder monopolartigen Positionen (Seraphim 1963, S. 168 ff.);

- aus Vermögenseinkommen, d.h. aus der Wiederanlage von Vermögenserträgen in Vermögenswerten.

Diese Vermögensquellen hatten zu unterschiedlichen Zeiten verschieden starkes Gewicht.

In der vorkapitalistischen Zeit kam wirtschafts- und sozialpolitisch dem Vermögen an Grund und Boden die dominierende Rolle zu. Als Quelle der Vermögensbildung herrschte die Okkupation freien Landes vor (vgl. dazu v.a. M. Weber 1958, S. 60 ff.). Als Instrumente der Verteilung waren die Belehnung, die Schenkung und die Vererbung gebräuchlich. Es entstanden - bedingt durch wirtschaftliche und politische Notwendigkeiten - große Grundeigentümer. Da im Wesentlichen nur die soziale Oberschicht, Adel, Geistlichkeit und andere Träger staatlicher Funktionen Zugang zu Bodeneigentum hatten und Boden nur diejenigen „erwerben" konnten, die von Geburt, Stand und ihren ökonomischen Fähigkeiten her in der Lage waren, dem Landesherren politische, militärische und verwaltungsmäßige Dienstleistungen zu erbringen, war die seinerzeitige Eigentumsordnung eine wesentliche Ursache für die soziale Klassenbildung (Schmoller 1918, S. 111 ff.).

Mit beginnender und sich fortsetzender Industrialisierung auf kapitalistischer Grundlage wuchs die Bedeutung des Gewinneinkommens als Quelle erwerbswirtschaftlich genutzten Vermögens. Die auf den Übergang von der handwerklichen zur industriellen Produktion bezogene These, der Besitz der Produktivvermögen sei im Wesentlichen das Ergebnis von Fleiß, Tüchtigkeit und Verbrauchseinschränkungen, ist - jedenfalls innerhalb der Wissenschaft - nicht mehr zu halten (Weisser 1961, S. 165). *Gustav Schmoller* meinte (1918, S. 119): „Wenn heute die großen Vermögen in erster Linie in den Händen glücklich operierender Händler und Großunternehmer, Bankiers und Gründer sich sammeln, so ist eben die Frage, ob ihre großen Gewinne mehr Folge außerordentlicher Talente und seltener Leistungen oder Folge von ererbtem Besitz, von Zufällen und Konjunkturen, von künstlichen oder tatsächlichen Monopolen oder gar von unredlichen Mitteln sind."

Oswald v. Nell-Breuning schrieb (1955a, S. 5) zum gleichen Problemkreis: „Mit Verdienst und Mißverdienst, mit Sparsamkeit oder Verschwendung des Eigentümers oder seiner Vorfahren hat die heutige Verteilung des Eigentums so gut wie nichts mehr zu tun; sie beruht auf Zufälligkeiten und, was noch viel schlimmer ist, auf Willkürlichkeiten."

Sicherlich sind nicht wenige große und größte Industrieunternehmen aus kleinen, handwerklichen Anfängen heraus gewachsen, sicherlich auch haben Unternehmerpersönlichkeiten und ihre Familien in den Aufbaujahren Konsumverzichte geleistet, um Produktivvermögen bilden und ausweiten zu können. Die für den Aufbau des Anlagevermögens der Industriegesellschaften erwirtschafteten Vermögen sind jedoch wesentlich nicht primär durch Konsumverzicht und durch Arbeitsleistung der Vermögen*seigentümer* entstanden. Sie haben vielmehr hauptsächlich vier eng miteinander zusammenhängende Quellen:

1. unternehmerische Leistungen;
2. die Finanzierung von Investitionen und d.h. die Realvermögensbildung durch Kreditfinanzierung;
3. die in einer wachsenden Wirtschaft aufgrund von Kreislaufzusammenhängen entstehenden dynamischen Unternehmergewinne;
4. die permanente Wiederanlage von Vermögenserträgen der Eigentümer erwerbswirtschaftlich genutzten Vermögens in Vermögenswerten.

Demgegenüber haben - ohne vermögenspolitische Eingriffe - Nichtunternehmer und Nichtvermögensbesitzer nur stark reduzierte Chancen des Erwerbs von erwerbswirtschaftlich genutztem Vermögen. Denn in den entwickelten industrialisierten Volkswirtschaften, in denen der Wert des Vermögens an Grund und Boden wegen der immer größer werdenden Bodenknappheit zwar steigt, das Grundvermögen insgesamt aber mengenmäßig nicht vermehrt werden kann, wird Vermögen realwirtschaftlich im Wesentlichen durch die Nettoinvestition, d.h. durch die Vergrößerung des Produktionsapparates und der Infrastruktur sowie des Bestandes an Wohngebäuden gebildet; monetär entspricht dieser gesamtwirtschaftlichen Realvermögensbildung die gesamtwirtschaftliche Ersparnis, d.h. der Nichtkonsum von Teilen des Volkseinkommens. Diese Ersparnis setzt sich zusammen aus der Ersparnis des Staates, der Ersparnis aus Gewinnen (Unternehmertätigkeit), aus Vermögenserträgen und aus Arbeitseinkommen. Bei den folgenden Überlegungen sehen wir von der Beteiligung des Staates an der Vermögensbildung ab, weil unser Hauptinteresse auf die Analyse des Vermögensbildungsprozesses im nicht-staatlichen Bereich gerichtet ist.

Die Chancen der Wirtschaftssubjekte, durch den Nichtverbrauch von Einkommensteilen an der gesamtwirtschaftlichen Vermögensbildung teilzunehmen, hängen offensichtlich von der Höhe des verfügbaren Einkommens der Wirtschaftssubjekte ab: Je höher das Einkommen eines Haushaltes aus Arbeitseinkommen, aus Vermögenserträgen und aus Gewinnen pro Haushaltsmitglied ist, um so größer ist seine Möglichkeit, Einkommensteile statt für Verbrauchszwecke für die Vermögensbildung zu verwenden.

Nach aller geschichtlichen Erfahrung war bis in die jüngste Vergangenheit die Fähigkeit der Arbeitnehmerhaushalte zur Vermögensbildung gering, zumal von den seit der Industrialisierung real ständig steigenden Arbeitseinkommen steigende Teile durch die Beiträge zur Sozialversicherung und durch Steuern absorbiert wurden. Die im Wesentlichen nur auf das Arbeitseinkommen angewiesenen, vermögenslosen Arbeitnehmer hatten daher zwar - wie zu zeigen sein wird - die Möglichkeit, Gebrauchsvermögen und Vermögen zum Zwecke besserer wirtschaftlicher Absicherung gegen Risiken sowie Vermögen an Haus- und Wohneigentum zu bilden, nicht aber erwerbswirtschaftlich nutzbares Grund-, Sach- und Finanzvermögen. Diese Möglichkeit war vielmehr bislang primär denjenigen Familien vorbehalten, die mittlere und größere Vermögen geerbt haben, also Vermögenseinkommen beziehen und/oder Eigentümer von Produktionsmitteln sind. Diese Ungleichverteilung der Chancen, Vermögen zu bilden, sowie die daraus resultierende Ungleichverteilung des Privatvermögens gehen auf zwei wesentliche Ursachen zurück:
1. auf die Tatsache, dass in der entwickelten Volkswirtschaft die unternehmerische Tätigkeit, genauer: der Unternehmergewinn oder Mehrwert als Differenz zwischen Unternehmererlös und Kosten die ausschlaggebende Quelle der Vermögensbildung ist und

2. die Tatsache, dass das Verfügungsrecht über den Unternehmensgewinn in marktwirtschaftlichen Ordnungen mit Privateigentum an Produktionsmitteln den Eigentümern dieser Produktionsmittel bzw. den Unternehmensleitungen, soweit die Unternehmenseigentümer dieses Dispositionsrecht der Unternehmensleitung übertragen haben, zusteht.

Insbes. *Joseph Alois Schumpeter* und *Erich Preiser* haben gezeigt, welche Rolle den Unternehmungen und den dynamischen Unternehmergewinnen für die Vermögensbildung zukommt.

Nach *Schumpeter* (1964, S. 88 ff.) besteht das Grundphänomen wirtschaftlicher Entwicklung - Entwicklung im Sinne endogen aus dem Wesen kapitalistischer Wirtschaft heraus erfolgender qualitativer und quantitativer Veränderungen des Kreislaufes, nicht im Sinne bloßen exogenen, z.B. durch die Bevölkerungsentwicklung, verursachten Wachstums - darin, dass - gleichsam unaufhörlich und systematisch - neue Kombinationen von Produktionsmitteln durchgesetzt werden, sei es von bestehenden oder von neuen Unternehmungen bzw. Unternehmern. Die neuen Produktionsmittelkombinationen sind in der Regel nur dadurch durchsetzbar, dass diejenigen, die diese neuen Kombinationen durchsetzen wollen, die „dynamischen" Unternehmer, über Produktionsmittel verfügen können. Diese Möglichkeit, über Produktionsmittel verfügen zu können, wird durch Kredite geschaffen, die aus Kreditschöpfung entstehen. Bei diesen Krediten „handelt es sich nicht um Transformation von Kaufkraft, die bei irgendwem schon vorher existiert hätte, sondern um die Schaffung von *neuer* aus *Nichts*... und *das* ist die Quelle, aus der die Durchsetzung neuer Kombinationen typisch finanziert wird..." (Schumpeter 1964, S. 109 und S. 153).

Der Zuteilung von Verfügungsrechten über volkswirtschaftliche Produktionsmittel durch die vom Bankensystem vorgenommene Kreditgewährung an Unternehmungen auf der Grundlage von Kreditschöpfung entspricht eine über Preisniveauerhöhungen bewirkte Verringerung der Kaufkraft der Nachfrager nach Produkten, seien es Produktionsmittelnachfrager oder Konsumenten.

Die wirtschaftliche Überlegenheit der neuen Produktionsmittelkombinationen über die alten führt zur Entstehung von Unternehmergewinnen oder Mehrwert (Schumpeter 1964, S. 207 ff.). „Ohne Entwicklung keine Unternehmergewinne, ohne Unternehmergewinne keine Entwicklung. Für die kapitalistische Wirtschaft ist noch hinzuzufügen, daß es ohne Unternehmergewinne auch keine Vermögensbildung gäbe" (S. 236).

Wie *Schumpeter* die dynamischen Pioniergewinne und den Prozess der wirtschaftlichen Entwicklung als Quelle der Vermögensbildung analysiert hat, so hat *Preiser* in seiner Theorie der dynamischen Unternehmergewinne (1957, S. 124 ff. und 1959, S. 620 ff.) gezeigt, dass in einer wachsenden Wirtschaft Marktlagengewinne (*windfall profits*) entstehen, die auf eine erzwungene Ersparnisbildung zurückgehen und Quelle der Vermögensbildung sind. In einer Wirtschaft mit elastischem Kreditsystem wird nämlich dann, wenn die Investoren bereit sind, sich zu verschulden und wenn die geplanten Investitionen über die freiwillige Ersparnis hinausgehen, über die durch die Mehrnachfrage nach Investitions- und im Anschluss daran auch nach Konsumgütern ausgelösten Preisniveausteigerungen eine unfreiwillige Ersparnis der Nachfrager bewirkt, die sich in Form von Knappheits- oder Q-Gewinnen im Unternehmenssektor niederschlägt.

417

Die Unternehmensgewinne, seien es Pioniergewinne, Marktlagengewinne oder auch Marktformen- (Monopol-) gewinne, sind also - volkswirtschaftlich gesehen - als Überschuss der Erträge über die Kosten „die weitaus wichtigste Quelle der Vermögensbildung..., aus der die meisten Vermögen entstanden sind" (Schumpeter 1964, S. 236).

Das Verfügungsrecht über die Unternehmensgewinne steht in Wirtschaftssystemen mit Privateigentum an Produktionsmitteln den Eigentümern dieser Produktionsmittel zu. Damit kommen wir zur *zweiten* entscheidenden Ursache für die ungleiche Vermögensverteilung. Nach den in marktwirtschaftlichen Systemen geltenden Eigentums- und Arbeitsverfassungen steht dem Eigentümer von Produktionsmitteln, sei er Eigentümer-Unternehmer, Gesellschafter oder Aktienbesitzer, nicht nur das Dispositions-recht über seine Produktionsmittel zu, sondern auch das volle Dispositionsrecht über das im Produktionsprozess mit Hilfe der Kombination von Kapital und Arbeit erzeugte Produkt und über den durch eine bestimmte Produktverwertung erzielten Produktionserlös, also im Falle erfolgreicher unternehmerischer Betätigung auch das Verfügungsrecht über den Gewinn. Dies ist keineswegs sachlich oder logisch zwingend, sondern Ergebnis geschichtlicher Entwicklung (vgl. dazu Briefs 1926, S. 146).

Das Verfügungsmonopol der Kapitaleigentümer über den Unternehmensgewinn wird häufig damit gerechtfertigt, dass den Gewinnchancen das Verlustrisiko gegenübersteht, und dass die Arbeitnehmer ja auch nicht an den Unternehmensverlusten beteiligt seien. Dem ist entgegenzuhalten:

1. Logisch sind der Verfügungsanspruch und das Verfügungsrecht der Kapitaleigentümer über Unternehmensgewinne überhaupt nicht zu rechtfertigen. Denn die Kapitaleigentümer haben als solche zur Entstehung des Unternehmensgewinnes nicht mehr beigetragen als die Arbeitnehmer: Jene stellen das für die Produktion erforderliche Sachkapital bzw. die Finanzierungsmittel bereit; daraus lässt sich ein Anspruch auf eine als „angemessen" anzusehende Verzinsung des eingesetzten Kapitals ableiten. Die Arbeitnehmer stellen ihre Arbeitsleistungen zur Verfügung und haben Anspruch auf ein als „angemessen" anzusehendes Arbeitsentgelt. „Anspruch" auf den Unternehmergewinn haben im Sinne einer leistungsbezogenen Zurechnung eigentlich nur die Unternehmer, diejenigen, die die Entscheidungen über neue Faktorkombinationen zu treffen haben. Diese Unternehmer sind jedoch in der Mehrzahl der Fälle, insbes. bei den Großunternehmungen, nicht gleichzeitig Unternehmenseigentümer, sondern Angestellte des Unternehmens.

2. Die Unternehmergewinne sind kein Risikoentgelt, denn „niemals ist der Unternehmer der Risikoträger" (Schumpeter 1964, S. 217). Risikoträger sind die Kapitaleigner, die das Risiko vergleichsweise niedriger Kapitalverzinsung, evtl. auch des Verlustes des eingesetzten Kapitals, eingehen. Risikoträger sind aber auch die Arbeitnehmer in dem Sinne, dass sie sich entweder mit vergleichsweise niedrigen Arbeitsentgelten oder mit einem Arbeitsplatzverlust abfinden müssen. Das Risiko der Kapitaleigentümer ist jedoch durch das immer weiter entwickelte Recht der Haftungsbeschränkungen stark reduziert worden.

3. Die staatliche Wirtschaftspolitik greift im Falle der Gefährdung von Großunternehmungen mit Stabilisierungsmaßnahmen ein, um Arbeitsplätze zu sichern. Damit verhindert sie aber auch Kapitalverluste.

4. Die Gefahr von Verlusten und Unternehmenskonkursen ist für *einzelne* Unternehmen gegeben. Gesamtwirtschaftlich ist der Gruppe der Kapitaleigentümer durch

die Wirksamkeit von Kreislaufzusammenhängen bei einer auf Wachstum gerichteten Wirtschaftspolitik eine bestimmte Gewinnquote gesichert.

Die Tatsache, dass nicht der Unternehmer das Verfügungsrecht über den Gewinn hat, sondern die Kapitaleigentümer - die das Verfügungsrecht allenfalls an die Manager delegieren können, aber nicht müssen, selbst dann aber die Wahrnehmung der Verfügungsrechte kontrollieren und korrigieren können -, entkräftet auch das im Zusammenhang mit Verteilungsproblemen oft angeführte Argument, eine andere Verteilung der Verfügungsrechte über die Unternehmensgewinne nehme den Unternehmern den Anreiz, ihre für die Gesellschaft und die Wirtschaft zentrale Unternehmerfunktionen, insbes. die Innovationsfunktion, wahrzunehmen.

Das Problem einer Beteiligung der Arbeitnehmer an den Unternehmensgewinnen als der bedeutendsten Quelle der Vermögensbildung, anders ausgedrückt, das Problem einer Modifikation der marktwirtschaftlichen Arbeitsverfassung, stellt sich umso dringlicher, als die Arbeitnehmer, die rechtlich von den Verfügungsmöglichkeiten am Gewinn ausgeschlossen sind, auch keine Möglichkeit haben, die Gewinne und die Gewinnquote über die Lohnpolitik teilweise an sich zu ziehen. Wie die Verteilungs- und die Kreislauftheorie zeigen, haben die Arbeitnehmer kaum eine Chance, die Aufteilung des Volkseinkommens in Arbeitseinkommen und Gewinneinkommen durch machtmäßig durchgesetzte, über den Produktivitätsfortschritt hinausgehende Nominallohnniveauerhöhungen zu ihren Gunsten zu verändern, so lange sie nicht gleichzeitig die über den Produktivitätszuwachs hinausgehenden Arbeitseinkommenszuwächse dem Konsum entziehen, also sparen. Denn bei konsumtiver Verwendung der über den Produktivitätszuwachs hinausgehenden Arbeitseinkommenszuwächse werden bei Vollbeschäftigung die Nominalerhöhungen wegen der durch die verstärkte Nachfrage auftretenden Preisniveauerhöhungen nicht zu Reallohnerhöhungen.[20]

3. Notwendigkeit und Hauptwirkungen einer Vermögenspolitik

Wenn man die Notwendigkeit einer Vermögenspolitik einfach behauptet, so ist das ein (wissenschaftlich unzulässiges) Werturteil. Wenn man jedoch davon ausgehen kann, dass in einer Gesellschaft die Ziele Freiheit, Sicherheit und soziale Gerechtigkeit verfolgt werden, dann ergibt sich die Notwendigkeit zu einer Vermögenspolitik als eine Konsequenz aus dem gesellschafts- und wirtschaftspolitischen Zielkatalog, falls die Möglichkeiten des Vermögenserwerbes und die tatsächliche Vermögensverteilung diesen Zielen nicht entsprechen bzw. widersprechen.[21] Ein solcher Widerspruch besteht bei hohem Konzentrationsgrad der Vermögensverteilung insbes. zwischen der Vermögensverteilung und der sozialen Gerechtigkeit, aber auch zwischen der Vermögensverteilung und den Zielen Sicherheit und Freiheit. Dies allein reicht zur Begründung der Notwendigkeit einer Vermögenspolitik aus. Im Einzelnen lässt sich eine Vermögenspolitik damit begründen, dass eine gleichmäßigere Verteilung

---

[20] Vgl. dazu aus der Fülle der Lit. Oberhauser 1959; Lampert/Schönwitz 1975; Sachverständigenrat zur Begutachtung der gesamtwirtschaftlichen Entwicklung, insbes. Jahresgutachten 1970/71, S. 71 ff., Gutachten 1972/73, S. 141 ff. und Gutachten 1974/75, S. 145 ff.

[21] Vgl. dazu auch W. Mückl, Erwerbsstruktur und Vermögensverteilung als Einflussfaktor der privaten Sekundärverteilung des Vermögens, in: G. Kleinhenz (Hg.), 1995, S. 105 ff.

des Vermögens bedeutet (vgl. dazu Weisser 1961; Preiser 1967a, S. 161 ff. und 1967b, S. 188 ff.; Willgerodt 1980 und v. Nell-Breuning 1970, S. 61 ff.):

– eine gleichmäßigere Verteilung des Einkommens aus Vermögenserträgen;
– eine gleichmäßigere Verteilung der Start- und Entwicklungschancen;
– eine gleichmäßigere Verteilung der Chancen zur Erhöhung der persönlichen wirtschaftlichen Sicherheit;
– eine gleichmäßigere Verteilung der Verfügungsrechte und damit eine Dekonzentration der Verfügungsmacht über Produktionsfaktoren;
– eine Verringerung der Unterschiede im Grad besitzbedingter persönlicher und wirtschaftlicher Abhängigkeit bzw. Unabhängigkeit.

Die angeführten Wirkungen gleichmäßigerer Verteilung der Chancen zum Vermögenserwerb und gleichmäßigerer Verteilung des Vermögens bewirken über die gleichmäßigere Verteilung der persönlichen Freiheitsspielräume nicht nur ein höheres Maß an Freiheit in einer Gesellschaft, sondern sie erhöhen auch die soziale Gerechtigkeit und tragen zu einer Stabilisierung der Gesellschafts- und Wirtschaftsordnung bei.

Die Notwendigkeit zu einer Vermögenspolitik im Sinne breiterer Streuung der Vermögensbildungschancen und der Vermögensverteilung ergibt sich in einer Gesellschafts- und Wirtschaftsordnung, die ganz entscheidend auf dem Leistungsdenken und dem Leistungswettbewerb beruht, insbes. auch daraus, dass die bestehende personale Vermögensverteilung nur zum geringeren Teil mit Unterschieden in der persönlichen Leistung und in den persönlichen Verdiensten der Gesellschaftsmitglieder erklärt werden kann. Diejenigen, die bereits über Vermögen verfügen, haben weitgehend unabhängig von ihren persönlichen Begabungen, Talenten, Fähigkeiten und Leistungen die Möglichkeit, aus Vermögen Vermögen zu machen. Es ist dieser Prozess kumulativer Vermögenskonzentration, den *Carl Föhl* mit der Formulierung „wer hat, dem wird gegeben" ansprach (Föhl 1964, S. 40).

Ein bedeutender Effekt einer Politik breiterer Streuung des Vermögens (mit Hilfe der Instrumente Investivlohnpolitik und Gewinnbeteiligung), aus dem sich zwar nicht die Notwendigkeit, aber die Zweckmäßigkeit einer Vermögenspolitik für eine Wirtschaftsordnung mit Tarifautonomie der Sozialpartner ableiten lässt, liegt in der Möglichkeit, durch eine Kombination von Einkommens- und Vermögenspolitik Umverteilungsziele ohne Gefährdung des Wachstums und der Stabilität der wirtschaftlichen Entwicklung zu erreichen (so auch v. Nell-Breuning 1970, S. 70 ff.). Wenn nämlich die Gewerkschaften ihre Lohnpolitik durch eine Investivlohnpolitik bzw. durch eine Partizipation der Arbeitnehmer an den Gewinnen ergänzen würden, könnten die den Arbeitnehmern zufließenden Einkommenszuwächse (Konsumlohn + Investivlohn) über den Produktivitätsfortschritt hinaus erhöht werden, wenn die den Produktivitätszuwachs übersteigenden Zuwächse gleichzeitig nicht dem Konsum, sondern der Finanzierung von Investitionen zugeführt werden würden. Das Ziel einer Veränderung der Einkommensverteilung einerseits und die Ziele stetiges und angemessenes Wachstum sowie Preisniveaustabilität andererseits würden kompatibel gemacht. *Bruno Molitor* spricht (1980, S. 282 ff.) in diesem Zusammenhang von einer Entlastungsfunktion der Vermögensverteilungspolitik für die Lohn- und Konjunkturpolitik. Besondere Aktualität und eine hohe Dringlichkeit erhält die Politik breiter Vermögensstreuung durch die Wiedervereinigung (vgl. dazu nur Sievert 1992). Die Begründung dafür findet sich in Kapitel III. H.

4. Ziele, Bedingungen und Erfolgschancen einer Vermögenspolitik

Ziele einer Vermögenspolitik im Sinne größerer Gleichverteilung der Chancen zum Vermögenserwerb und im Sinne einer Verringerung des Konzentrationsgrades der Vermögensverteilung sind - wie im vorhergehenden Abschnitt im Einzelnen dargelegt und begründet - die Vergrößerung sozialer Gerechtigkeit, die gleichmäßigere Verteilung der individuellen materialen Freiheits- und Entfaltungsspielräume, die Sicherung der Wettbewerbsordnung vor Gefährdungen durch Vermögenskonzentration und die Stabilisierung einer freiheitlichen pluralistischen Mehrparteiendemokratie. Als Nebenziele bzw. Randbedingungen einer Vermögenspolitik sind zu nennen:
– die Hinnahme eines bestimmten Umfanges an Ungleichverteilung des Vermögens;
– die Stabilisierung der wirtschaftlichen Entwicklung;
– die Beachtung des Prinzips der Ordnungskonformität der Vermögenspolitik (vgl. dazu Krüsselberg 1988);
– die Anerkennung des Prinzips der Vererbbarkeit von Vermögen (vgl. zur Begründung Molitor 1980, S. 284 f. und Andersen 1976, S. 105 ff.).

Die Erreichung des Ziels breiterer Streuung des Vermögens wird - wie *Bruno Molitor* (1965b, S. 28 ff.) gezeigt hat - durch folgende Fakten begünstigt:
1. die Lösung der Unternehmerfunktion vom Produktionsmittelbesitz durch das Vordringen angestellter Manager, die bewirkt, „daß Änderungen in der personellen Vermögensverteilung möglich werden, ohne daß die Qualität der Unternehmenspolitik in Mitleidenschaft gezogen würde" (Molitor 1965b, S. 31);
2. das Vordringen von Kapitalsammelstellen und institutionellen Kapitalanlegern wie Investmentgesellschaften, Versicherungen, Bausparkassen, Kleinpfandbriefemittenten sie darstellen, die auch für unerfahrene Anleger mit vergleichsweise hoher Liquiditätsvorliebe und hohem Sicherheitsbedürfnis geeignet sind. Für eine Beteiligung der Arbeitnehmer auch am Produktivvermögen stehen also geeignete Anlageformen zur Verfügung;
3. steigende Sparfähigkeit und Sparwilligkeit in der Wohlstandsgesellschaft;
4. eine auf soziale Reformen gerichtete Bewusstseinslage, die sich vor allem aus zwei Quellen speist: erstens ist die Konzentration der personellen Vermögen nur zu einem kleinen Teil mit Begabungs-, Leistungs- und (Spar-) Verhaltensunterschieden oder als für die wirtschaftliche Entwicklung notwendige Bedingung erklärbar und zweitens wird das Gerechtigkeitspostulat nicht mehr primär *formal* im Sinne der Notwendigkeit staatsbürgerlicher Gleichheit auf der rechtlichen und politischen Ebene interpretiert, sondern als Notwendigkeit der Angleichung der materiellen Bedingungen der Freiheit;
5. die politische Verwertbarkeit des Ziels breiterer Vermögensstreuung in der politischen Auseinandersetzung.

Den eine Vermögenspolitik fördernden Bedingungen und den Gründen für das Gewicht des Zieles breiterer Vermögensstreuung lässt sich noch ein weiterer Faktor hinzufügen: der Trend der Entwicklung der Sozialpolitik. Wie bereits oben dargestellt (S. 149 ff.), ergab sich aufgrund der Lebenslage der Arbeiterschaft und der Ausgestaltung ihrer Determinanten in den Anfangsjahren der staatlichen Sozialpolitik in Verbindung mit den Bedürfnissen der Arbeitnehmerschaft einerseits und aufgrund des durch die wirtschaftliche Leistungsfähigkeit der Gesellschaft andererseits bestimmten

Aktionsspielraums eine Art Entwicklungsgesetzmäßigkeit in Bezug auf Aufbau und Ausbau sozialpolitischer Handlungsfelder. Durch die in dieser Weise ablaufende sozialpolitische Entwicklung wurden nahezu alle Kernprobleme bzw. Hauptursachen für negative Lebenslagen der Arbeitnehmer gelöst - mit Ausnahme von zwei Problembereichen: dem der Mitbestimmung im Unternehmen, zu dessen Lösung jedoch mit dem Mitbestimmungsgesetz von 1976 ein bedeutender Beitrag geleistet worden ist, und dem der Vermögenslosigkeit der Arbeitnehmer. Gelänge es, dieses bedeutende Merkmal der Proletarität, nämlich die Vermögenslosigkeit, zu beseitigen, dann wäre dies die Krönung einer 160jährigen Entwicklung staatlicher Sozialpolitik. Im Übrigen gibt es seit langem eine - wenn auch nur sehr spezifische - Vermögenspolitik. Pointiert ausgedrückt betreibt der Staat seit Beginn der staatlichen Sozialpolitik in Deutschland im Jahre 1839 eine auf die Erhaltung und Verbesserung des Arbeitsvermögens gerichtete Politik. Alle Maßnahmen des Arbeitnehmerschutzes im Sinne einer Regulierung der Arbeitszeit nach Dauer und Einteilung, im Sinne des Unfallschutzes, im Sinne des Jugendlichen- und Mutterschutzes sind ebenso auf die Erhaltung des individuellen und damit auch des volkswirtschaftlichen Arbeitsvermögens gerichtet wie die Maßnahmen zur Erhaltung und Wiederherstellung der Gesundheit und der Arbeitskraft im Rahmen der RV, der GKV und der UV. Mit der Verstärkung der Rehabilitationsleistungen, insbes. aber mit der Politik der Förderung der beruflichen Bildung und der Umschulung im Rahmen des SGB III, und mit der Bildungsförderungspolitik wurde diese Arbeitsvermögenspolitik konsequent fortgesetzt.

D. Instrumente der Vermögenspolitik

Im Folgenden kann keine systematische Behandlung vermögenspolitischer Instrumente im Sinne einer genauen Beschreibung dieser Instrumente, der Analyse ihrer Haupt- und Nebenwirkungen und einer Beurteilung aller Aspekte der Mitteleignung gegeben werden. Es geht vielmehr darum, einen Überblick über diese Instrumente zu geben.

1. Instrumente zur Beeinflussung des Vermögensüberganges

Die dominierenden Instrumente zur Beeinflussung des Vermögensüberganges zwischen verschiedenen Eigentumsträgern sind die *Schenkung-* und die *Erbschaftsteuer.*[22] Vermögenspolitisch von Interesse und immer wieder als Mittel der Vermögensumverteilung diskutiert ist die Erbschaftsteuer, die in der Bundesrepublik in Form der Steuer auf den Erben erhoben wird und progressiv gestaltet ist: sie steigt mit dem steuerpflichtigen Vermögen und mit abnehmendem Verwandtschaftsgrad.

Vermögenspolitisch relevant ist die Erbschaftsteuer als Möglichkeit, den Erwerb von Vermögen ohne eigenes Verdienst zu beschränken und als Möglichkeit, durch Verringerung vererbten Vermögens einer Vermögenskonzentration entgegenzuwirken. Dabei ist jedoch zu beachten, dass erstens die Anerkennung der Vererblichkeit von Vermögen nicht gefährdet werden darf, die Erbschaftsteuersätze also nicht zu

---

[22] Vgl. dazu H. Ritschl, Erbschaftsteuer, in: HdSW 1961, Bd. 3, S. 273; R. A. und P. B. Musgrave/ L. Kullmer, Die öffentlichen Finanzen in Theorie und Praxis, Bd. 2, 5. Aufl., Tübingen 1993, S. 350 ff. sowie Oberhauser 1974, S. 147 ff.

hoch angesetzt werden dürfen, und zweitens, dass durch diese Steuer Personengesellschaften belastet werden, nicht aber Kapitalgesellschaften, weil letztere von der Generationenfolge des Gesellschaftskapitals unberührt bleiben. Die Möglichkeiten, die Erbschaftsteuer als vermögenspolitisches Instrument einzusetzen, werden mittlerweile verstärkt genutzt.[23]

2. Vermögenswirksame Zuwendungen der öffentlichen Hand

Als vermögenspolitisch einsetzbare vermögenswirksame Zuwendungen der öffentlichen Hand kommen in Frage: die Privatisierung von öffentlichem Vermögen, die Gewährung zinsgünstiger öffentlicher Kredite, die Erhöhung der Staatsverschuldung und die Steuer- bzw. Prämienbegünstigung der Vermögensbildung durch Sparen aus dem laufenden Einkommen.

a) Privatisierung öffentlichen Vermögens

Die Möglichkeiten der breiteren Streuung des Vermögens durch die Privatisierung öffentlichen Vermögens sind begrenzt, da praktisch nur das industriell genutzte öffentliche Vermögen des Staates - einmalig - für eine Privatisierung zur Verfügung steht. Prinzipiell jedoch erscheint die Privatisierung öffentlichen Vermögens durch die Ausgabe von Kleinaktien zu sozialpolitisch orientierten Ausgabekursen bei gleichzeitiger Begrenzung der Bezugsberechtigung auf die Bezieher niedriger Einkommen in Verbindung mit einer Stimmrechtsbegrenzung ein geeignetes Instrument der Vermögenspolitik zu sein.

Eine bedeutende Rolle spielt die Privatisierung öffentlichen Vermögens in Form preisgünstiger Verkäufe von baureifem Boden für die Bildung von Hauseigentum durch die Bezieher niedriger und mittlerer Einkommen. Sie ist für viele Arbeitnehmerfamilien angesichts der immer größer werdenden Knappheit städtischen Bodens die entscheidende Voraussetzung für die Bildung von Hauseigentum.

b) Gewährung zinsgünstiger öffentlicher Kredite

Zinsgünstige öffentliche Kredite spielen als Instrument der Vermögenspolitik sowohl im Wohnungsbau als auch bei der Förderung des Aufbaues und der Sicherung selbstständiger Existenzen eine Rolle. Sie haben sich als Mittel zur Förderung der Vermögensdekonzentration bewährt. Da die Einkommensgrenzen für die Begünstigung, das Ausmaß der Zinsermäßigung und der Maximalbetrag des Kredites variiert werden können, handelt es sich um ein sehr flexibles Instrument, das nicht nur vermögenspolitischen, sondern - soweit es als Instrument zur Förderung von Betriebsgründungen und von mittelständischen Unternehmen eingesetzt wird - gleichzeitig wettbewerbspolitischen und strukturpolitischen Zielen dient.

---

[23] Die Steuersätze der Erbschafts- und Schenkungssteuer variieren je nach Verwandschaftsgrad des Erben und Höhe des übertragenen Vermögens zwischen 7 % und 50 %; vgl. Erbschaftsteuergesetz § 19 Abs. 1.

c) Steuer- bzw. Prämienbegünstigung der Ersparnisbildung

Die in der Bundesrepublik als Hauptinstrument der Vermögensbildung genutzte Steuer- und Prämienbegünstigung wurde im vorhergehenden Abschnitt ausführlicher behandelt. Daher genügt es hier, folgende Gesichtspunkte hervorzuheben:

1. Die Steuerbegünstigung ist als *Instrument der Vermögensverteilungspolitik* ungeeignet, da die Bezieher höherer Einkommen vergleichsweise stärker begünstigt werden;
2. Sparprämien verdienen den Vorzug vor der Steuerbegünstigung, weil erstere auch Beziehern niedriger Einkommen zugute kommen.

Durch die Möglichkeit, die Einkommensgrenzen für die Förderung, das Maximum des begünstigten Sparbetrages, das Ausmaß der Steuerbegünstigung bzw. die Prämienhöhe und die begünstigten Anlageformen sowie die Bedingungen der Vermögensanlage (insbes. in Bezug auf die Sperrfrist) zu verändern, handelt es sich um ein sehr variables Instrument.

3. Instrumente zur Förderung der Vermögensbildung aus dem Einkommen

Die langjährige Diskussion um die Vermögensbildung sowie die Theorie der Vermögensbildung haben gezeigt, dass eine Vermögenspolitik, die sich mit der Förderung des Sparwillens, mit der Erhöhung der Sparneigung durch pädagogische Einwirkung, Appelle und selbst durch Steuer- und Prämienbegünstigung der Ersparnisbildung begnügt, keine größeren vermögenspolitischen Erfolge erreichen kann (vgl. dazu S. 420 f. und Preiser 1967b, S. 183, S. 199 f. und S. 205). Das zentrale Problem der Vermögenspolitik besteht vielmehr in der je nach Einkommen und Vermögen ungleichen Sparfähigkeit der Haushalte. Nach allem, was wir über den volkswirtschaftlichen Kreislauf, die tragenden endogenen Kräfte wirtschaftlicher Entwicklung und über die Verteilung von Einkommen und Vermögen wissen, kann eigentlich kein Zweifel mehr bestehen, dass der Weg zu einer gleichmäßigeren Verteilung der Chancen des Vermögenserwerbes und zur Verhinderung sowie zum Abbau von Vermögenskonzentration nur über die Vergrößerung der Sparfähigkeit der Bezieher kleiner und mittlerer Einkommen durch die Öffnung des Zuganges zu der für die Vermögensbildung entscheidenden Quelle, nämlich des Gewinnes, für die Arbeitnehmer führt. Dazu stehen zwei Instrumente zur Verfügung: der Investivlohn und die Ertragsbeteiligung.

a) Vermögensbildung durch Investivlohn

Der Investivlohn - definiert als der Teil des Lohnes bzw. Gehaltes, der direkt oder über Institutionen investiven Zwecken zugeführt und den Arbeitnehmern als Forderung übereignet wird - wird in der Bundesrepublik in einer Reihe von Varianten seit langem diskutiert und teilweise, nämlich seit Verabschiedung des *Dritten Vermögensbildungsgesetzes* im Jahr 1970, praktiziert.[24]

Es kann mittlerweile als gesicherte Erkenntnis gelten, dass es mit Hilfe des Investivlohnes möglich ist, die Löhne über die Zunahme der gesamtwirtschaftlichen Produktivität hinaus zu erhöhen, ohne dass die Gefahr einer Überwälzung der Lohnkosten auf die Produktpreise besteht. Die Überwälzung ist deswegen nicht möglich, weil die über den Produktivitätszuwachs hinausgehenden Zuwächse der Arbeitnehmerein-kommen nicht konsumtiv verwendet, also nicht kreislaufwirksam werden. Wenn der Investivlohn nicht nur in einigen Branchen eingeführt wird - er könnte dann zu Lasten der Realeinkommen der übrigen Arbeitnehmergruppen gehen -, sondern in allen Branchen, wird die Gewinnquote zugunsten der Arbeitnehmerquote am Volkseinkommen verringert und - bei unveränderter freiwilliger Ersparnis der Arbeitnehmer - die Sparquote der Arbeitnehmer erhöht. Dadurch wird eine Änderung der Einkommens- und der Vermögensverteilung zugunsten der Arbeitnehmer bewirkt. Der Investivlohn und Formen der im folgenden Abschnitt erläuterten investiven Gewinnbeteiligung werden vor allem für die neuen Bundesländer empfohlen (vgl. dazu Hujer/Lob 1992, Scherer 1993, Sievert 1992).

Die Probleme des Investivlohns liegen in seinen Wirkungen auf die Kosten des Faktors Arbeit und die Investitionsneigung der Unternehmen. Sofern der Investivlohn zusätzlich zur produktivitätsorientierten Barlohnerhöhung tritt (sog. additiver Investivlohn), führt dies zu einem Anstieg der Arbeitskosten und zu einem Beschäftigungsrückgang. Diese negativen Beschäftigungseffekte können nur vermieden werden, wenn der Investivlohn an die Stelle des produktivitätsorientierten Barlohns tritt (sog. alternativer Investivlohn). Negative Effekte auf die gesamtwirtschaftliche Ersparnis und Kapitalbildung können sich ergeben, wenn die Investivlohnanteile nach Ablauf der Sperrfrist nicht wieder angelegt werden und die gesamtwirtschaftliche Sparquote sinkt. Wenngleich sich zu dieser Beeinflussung der Investitionsneigung durch Investivlöhne keine sicheren Aussagen formulieren lassen, so spricht doch einiges für die Vermutung, dass die Gefahren des Investivlohnes für die Investitionstätigkeit überschätzt werden (vgl. dazu Andersen 1976, S. 143 f. und Preiser 1967b, S. 210). Allerdings ist die Wahrscheinlichkeit, vermögenspolitische Ziele ohne negative Beschäftigungseffekte erreichen zu können, bei Einführung einer Ertragsbeteiligung höher (vgl. Hujer/Lob 1992 und Althammer 1997).

b) Ertrags- oder Gewinnbeteiligung

Der Gedanke einer Ertrags- oder Gewinnbeteiligung der Arbeitnehmer ist keinesfalls so neu, wie es scheinen mag. Persönlichkeiten wie *Friedrich Harkort, Victor A. Huber*

---

[24] Vgl. dazu Oberhauser 1959; ders., Der Investivlohn als Mittel der Verteilungspolitik, in: H. Arndt (Hg.) 1969, S. 273 ff.; Winterstein 1961; G. Leber (Hg.): Vermögensbildung in Arbeitnehmerhand, Frankfurt/M., 1965, S. 61 ff.; v. Nell-Breuning 1955a; Sievert 1992.

und *Ernst Abbé* sind nur einige von zahlreichen Persönlichkeiten, die schon im 19. Jh. für eine Gewinnbeteiligung der Arbeiter eingetreten sind.

Nach dem Zweiten Weltkrieg haben zahlreiche Unternehmen ihre Arbeitnehmer freiwillig an den Erträgen beteiligt.[25] Ertrags- bzw. Gewinnbeteiligungsmodelle werden als betriebliche und überbetriebliche Beteiligung diskutiert.

Die *betriebliche* Ertragsbeteiligung, für die eine Vielzahl von Beteiligungsformen denkbar ist, hat den großen Vorzug, den Gegebenheiten einzelner Unternehmen angepasst werden zu können, die Bindung der Arbeitnehmer an „ihr" Unternehmen und die Leistungsbereitschaft zu stärken (was freilich aus anderer Perspektive auch als Nachteil angesehen werden kann) und keine zusätzlichen Probleme der Investitionsfinanzierung aufzuwerfen, wenn die Beteiligungen im Unternehmen angelegt werden (vgl. dazu Luig 1980). Als Nachteil wird angesehen, dass die am Betrieb beteiligten Arbeitnehmer zusätzlich zum Arbeitsplatzrisiko ein Vermögensrisiko tragen, dass die Mobilität der Arbeitnehmer durch die Beteiligung eingeschränkt werden könnte und - als Hauptnachteil - dass die betriebliche Ertragsbeteiligung zu einer ungleichen Verteilung innerhalb der Arbeitnehmerschaft führt, weil die Möglichkeiten der Beteiligung naturgemäß von Unternehmen zu Unternehmen differieren. Nach unserer Meinung sollte eine unterschiedliche Behandlung von Arbeitnehmern nicht als Nachteil bewertet werden, weil erstens Gleichstellung an sich kein Wert ist, zweitens die Ungleichbehandlung nicht zu Lasten der Nichtbeteiligten erfolgt und weil drittens durch die betriebliche Ertragsbeteiligung die verteilungspolitische Landschaft positiv verändert werden kann.

Die *überbetriebliche* Ertragsbeteiligung (vgl. dazu Luig 1980 und Schöner 1989), die grundsätzlich auf freiwilliger, aber auch auf gesetzlicher Basis eingeführt werden kann, vermeidet Nachteile der betrieblichen Ertragsbeteiligung, nämlich eine unterschiedliche Behandlung der Arbeitnehmer, die Bindung der Arbeitnehmer an einzelne Unternehmen und die Ergänzung des Arbeitsplatzrisikos durch ein Vermögensrisiko. Sie hat überdies den Vorzug, Gesellschaftsmitglieder in die Umverteilung einbeziehen zu können, die in nicht gewinnträchtigen Unternehmen, im Öffentlichen Dienst oder - wie Hausfrauen - überhaupt nicht erwerbswirtschaftlich beschäftigt sind. Sie ist jedoch mit dem Problem der Fondsbildung und der Fondsverwaltung belastet. Die Frage nach dem Grad der Zentralisierung oder Dezentralisierung solcher Fonds, nach den Mitspracherechten dieser Fonds in den Unternehmungen, nach der Anlagepolitik solcher Fonds, nach der Besetzung ihrer Leitungsorgane und nach den Leitungsbefugnissen der Organe ist naturgemäß sehr umstritten, v.a. zwischen Gewerkschaften und Arbeitgebern bzw. Unternehmern (vgl. dazu Andersen 1976, S. 155 ff., die dort zitierte Lit. und Schöner 1989, S. 320 ff.).

Den zahlreichen Modellen überbetrieblicher Gewinnbeteiligung (vgl. dazu den nächsten Abschn.) gemeinsam ist die Idee, Unternehmungen von einer bestimmten Größenordnung der Gewinne an unabhängig von ihrer Rechtsform zu verpflichten, progressiv mit den Unternehmensgewinnen steigende Prozentsätze des Gewinnes an überbetriebliche Institutionen abzuführen, sei es in Form von Geldzahlungen, Schuld-

---

[25] Vgl. dazu nur BMAS (Hg.), Praktisch erprobte betriebliche Vereinbarungen zur Kapitalbeteiligung der Arbeitnehmer – mögliche Modelle einer künftigen Mitarbeiterbeteiligung aufgrund tarifvertraglicher Rahmenbedingungen, Bonn 1997. Vgl. ferner F. Froemer (Hg.), Vermögensbildung in weiten Bevölkerungskreisen, 58 Modelle, Meinungen und Gesetze mit Einführung und einer Synopse, Opladen 1973; Guski/Schneider 1986.

verschreibungen oder Beteiligungswerten. An dem Gesamtwert der aufgebrachten, von Fonds verwalteten Mittel sollen bestimmte soziale Gruppen durch verzinsliche Beteiligungspapiere partizipieren. Ohne Zweifel sind in Bezug auf eine überbetriebliche Gewinnbeteiligung zahlreiche und komplexe Probleme zu lösen. Das Hauptproblem liegt - wie beim Investivlohn - in möglicherweise negativen Wirkungen auf die Investitionsneigung. Der Sachverständigenrat zur Begutachtung der gesamtwirtschaftlichen Entwicklung hat ein Modell vorgelegt, das diese Gefahr vermeidet.[26] Die mit einer überbetrieblichen Gewinnbeteiligung verbundenen komplexen Probleme sollten kein Grund sein, von einer Weiterentwicklung dieses Instrumentes zur Vermögensumverteilung abzusehen und es nicht anzuwenden, weil es letztlich keine andere, gleichermaßen erfolgversprechende Möglichkeit einer Vermögensumverteilung gibt.[27]

4. Übersicht über Vermögensbildungspläne

In den letzten 30 Jahren wurden zahlreiche Vermögensbildungspläne vorgelegt (vgl. dazu die Übersichten in: Institut für Städtebau, Wohnungswirtschaft und Bausparwesen 1965, 1968 und 1973). Zu den vermögenspolitischen Konzepten der CDU/CSU, der SPD, der F.D.P., der Deutschen Angestellten-Gewerkschaft und des Deutschen Gewerkschaftsbundes sowie der Bundesvereinigung der Deutschen Arbeitgeberverbände liegt eine Arbeit von *Wolfgang Mückl* (1973) vor.

Bemerkenswert ist, dass der Sachverständigenrat zur Begutachtung der gesamtwirtschaftlichen Entwicklung 1972 einen Vermögensbildungsplan vorgelegt hat (Jahresgutachten 1972/73, Z 501 ff.). Der Rat versucht in seinem Modell die beiden Gewinnbeteiligungsmodellen drohenden Gefahren, nämlich die der Überwälzung und die des Rückganges der Investitionsneigung, dadurch zu vermeiden, dass die Arbeitnehmer auch an der Haftung beteiligt werden sollen. 1976 legte der Rat die Grundgedanken seines Modells erneut dar (Jahresgutachten 1975/76, Z 370 ff.). Auch 1977 beschäftigte den Rat der Zusammenhang zwischen Gewinnbeteiligung und Vermögensbildung intensiv (Jahresgutachten 1976/77, Z 144 ff.). Der Sachverständigenrat hat auch in seinen späteren Gutachten immer wieder darauf hingewiesen, dass er in der Kombination von Einkommens- und Vermögenspolitik eine Möglichkeit sieht, die Ziele Wachstum und Stabilität mit dem Gerechtigkeitsziel in der Weise kompatibel zu machen, wie das an anderer Stelle (S. 207 f.) dargelegt worden ist.[28]

---

[26] Vgl. dazu Jahresgutachten des Sachverständigenrates 1972/73, Z 501 ff., Jahresgutachten 1975/76, Z 370 ff. und Jahresgutachten 1976/77, Z 144 ff.

[27] *Hujer/ Lob* haben 1992 ein Modell überbetrieblicher Gewinnbeteiligung in zwei Varianten (investive Wertschöpfungsbeteiligung einerseits und Investivlohn andererseits) entwickelt. Die Simulation ergibt, dass die Vermögensbeteiligungseffekte in beiden Varianten positiv sind, dass sich jedoch bei der ersten Modellvariante insgesamt auch positive, dagegen bei der zweiten Modellvariante negative Kreislaufeffekte ergeben.

[28] Vgl. dazu die Analyse dieser vermögenspolitischen Konzeption durch Althammer 1994.

Literatur

Andersen 1976 - Engels/Sablotny/Zickler 1974 - Gress 1983 - Guski/Schneider 1986 -Hornung-Draus 1989 - Kirchenamt der Evangelischen Kirche in Deutschland/Sekretariat der Deutschen Bischofskonferenz 1993 - Krelle/Schunck/Siebke 1968 – Molitor 1980 - v. Nell-Breuning 1955a – Preiser 1967b – Schlomann 1992 (Lit.) - Schöner 1989 (Lit.) - Siebke 1971 - Sievert 1992 - Weisser 1961 - Willgerodt/Bartel/Schillert 1971 - Hauser / Stein 2001 (Lit.)

XV. Kapitel

Die Sozialpolitik der Europäischen Union

A. Definition, Ziele und Prinzipien Europäischer Sozialpolitik

1. Definition und Ziele

Unter Europäischer Sozialpolitik werden in einem engeren Sinn alle sozialpolitischen Maßnahmen verstanden, die von den Organen der Europäischen Union[1] aufgrund supranationaler Normsetzungsbefugnis oder aufgrund der in supranationalen Organen gebündelten nationalen Richtlinienkompetenzen für die Mitgliedstaaten verbindlich festgelegt werden und damit für das nationale Arbeits- und Sozialrecht der Mitgliedstaaten unmittelbar rechtliche Relevanz besitzen.[2] In einem weiteren Verständnis umfasst die Europäische Sozialpolitik auch Maßnahmen, mit denen die Organe der EU beabsichtigen, mittelbar auf die Ausgestaltung der nationalen Sozialpolitik ihrer Mitglieder einzuwirken.

Bereits der Vertrag zur Gründung der Europäischen Wirtschaftsgemeinschaft von 1957 enthält in seiner Präambel Ziele, die nicht nur durch die Wirtschaftspolitik erreicht werden können, sondern ergänzender sozialpolitischer Maßnahmen bedürfen: wirtschaftlicher und sozialer Fortschritt, stetige Verbesserung der Lebens- und Beschäftigungsbedingungen und die Hebung der Lebenshaltung. Eine Konkretisierung der sozialpolitischen Ziele findet sich in Art. 136 des EG-Vertrags. Als sozialpolitische Ziele der Europäischen Gemeinschaft werden hier genannt:
1. die Förderung der Beschäftigung,
2. die Verbesserung und Angleichung der Lebens- und Arbeitsbedingungen,
3. ein angemessener sozialer Schutz,
4. der soziale Dialog,
5. die Entwicklung des Arbeitskräftepotenzials und
6. die Bekämpfung von Ausgrenzung.

Weitere sozialpolitisch relevante Artikel des EG-Vertrags sind die Art. 39 bis 42 über die Freizügigkeit der Arbeitnehmer und die soziale Sicherheit der Wanderarbeitnehmer, Art. 141 mit dem Verbot der Lohndiskriminierung nach Geschlecht und Art. 149 f. mit dem Ziel, eine europäische Dimension im Bildungswesen zu entwickeln.

---

[1] Zu den Institutionen der Europäischen Union vgl. Theurl/Meyer 2001, S. 43 – 195.
[2] Vgl. zum europäischen Arbeitsrecht Schiek 1997 und Krimphove 1996; zum europäischen Sozialrecht siehe Havekate/Huster 1999.

2. Prinzipen Europäischer Sozialpolitik

Grundlegendes Ordnungsprinzip der Europäischen Sozialpolitik ist das Prinzip der Subsidiarität. Für die Zuweisung sozialpolitischer Kompetenzen besagt das Subsidiaritätsprinzip, dass die Gemeinschaft nur tätig wird, sofern und soweit die sozialpolitischen Ziele auf der Ebene der Mitgliedstaaten nicht ausreichend erreicht werden können. Damit enthält der EG-Vertrag ein starkes Prärogativ zu Gunsten einer nationalstaatlichen Sozialpolitik und eines Wettbewerbs nationaler sozialpolitischer Systeme.

B. Instrumente, Träger und Organe Europäischer Sozialpolitik

1. Träger und Organe

Träger Europäischer Sozialpolitik ist zum einen der *Europäische Rat*; er besteht aus den Staats- und Regierungschefs der EU unter Beisein des Kommissionspräsidenten und eines weiteren Mitglieds der Europäischen Kommission (Art. 4 Abs. 2 EUV) und tritt zweimal im Jahr zusammen. Aufgabe des Europäischen Rats ist es, allgemeine Zielvorstellungen für die politische Entwicklung der EU festzulegen. Der Rat besitzt also keine originär supranationale Gesetzgebungskompetenz, sondern leitet seine Stellung aus der nationalen Richtlinienkompetenz seiner Mitglieder ab.

Ein primärrechtlich verankerter Träger Europäischer Sozialpolitik ist die *Europäische Kommission*. Die Kommission besteht aus 20 Mitgliedern, wobei jedes Mitgliedsland mindestens einen, maximal zwei Kommissare stellen darf. Ab 2005 soll jedes Mitgliedsland einen Kommissar stellen. Die Europäische Kommission ist ein politisch unabhängiges Organ, das die Interessen der gesamten EU vertritt und wahrt. Sie besitzt bei allen Rechtsakten der EU das Initiativmonopol, d.h. sie schlägt Rechtsvorschriften, politische Maßnahmen und Aktionsprogramme vor und ist für die Umsetzung der Beschlüsse des Rats der Europäischen Union und des Europäischen Parlaments verantwortlich.

Das wohl wichtigste Entscheidungsgremium der EU ist der *Rat der Europäischen Union (Ministerrat)*. In ihm sind die betreffenden Fachminister der Mitgliedsländer vertreten; für jedes Politikfeld existiert also eine eigenständige Zusammensetzung des Ministerrats. Da die Mitglieder des Ministerrats der Richtlinienkompetenz der Staats- und Regierungschefs unterliegen, ist über den Ministerrat eine Umsetzung der Beschlüsse des – formalrechtlich einflusslosen – Europäischen Rats möglich. Dem Ministerrat obliegt in fast allen Fällen die letztinstanzliche Annahme eines Rechtsakts. Er besitzt zwar kein Initiativrecht, kann aber die Kommission auffordern, entsprechende Vorschläge zu unterbreiten.

Ein weiterer, zunehmend an Bedeutung gewinnender Träger supranationaler Sozialpolitik ist das *Europäische Parlament (EP)*. Es vertritt die Bürger Europas und wird direkt von ihnen gewählt. Das EP teilt sich die gesetzgebende Gewalt und die Haushaltsbefugnis mit dem Ministerrat und übt eine demokratische Kontrolle über alle Organe der EU aus. Die Verteilung der Normsetzungsbefugnis zwischen Ministerrat und Europäischem Parlament hängt vom anzuwendenden Rechtssetzungsverfahren ab.

Beim Anhörungsverfahren (Konsultationsverfahren) nach Art. 250 EGV schlägt die Europäische Kommission dem Ministerrat Rechtsakte vor; der Ministerrat wiederum ersucht das Europäische Parlament und andere Institutionen wie den Europäischen Wirtschafts- und Sozialausschuss oder den Ausschuss der Regionen um Stellungnahmen. Das Europäische Parlament kann die Vorschläge der Kommission billigen, ablehnen oder Änderungen beantragen. Die Stellungnahme des Europäischen Parlaments ist jedoch weder für die Kommission noch für den Ministerrat formal bindend. Beim Mitentscheidungsverfahren (Kodezisionsverfahren) nach Art. 251 EGV legt die Kommission ihren Vorschlag dem Ministerrat *und* dem Europäischen Parlament vor; stößt der Vorschlag in beiden Gremien auf Zustimmung, kann der Rechtsakt vom Ministerrat mit qualifizierter Mehrheit erlassen werden. Im Fall der Nichteinigung ist ein paritätisch besetzter Vermittlungsausschuss einzuberufen. Scheitert die Vermittlung, gilt der Akt als nicht erlassen. In den sozialpolitisch relevanten Bereichen (soziale Sicherung der Wanderarbeitnehmer, Beschäftigung, Bekämpfung der sozialen Ausgrenzung und Beschlüsse in Bezug auf den Europäischen Sozialfonds) findet das Mitentscheidungsverfahren Anwendung.

Unter den Trägern Europäischer Sozialpolitik nimmt der *Europäische Gerichtshof (EuGH)* eine Sonderstellung ein. Primäre Aufgabe des EuGH ist es, die Einhaltung des Gemeinschaftsrechts zu sichern und dieses Recht auszulegen; seiner formalen Stellung nach zählt er damit eigentlich zu den Organen Europäischer Sozialpolitik. Da die europäischen Verträge aber aus Gründen der höheren Konsensfähigkeit in der Regel sehr allgemein gehalten und daher interpretationsbedürftig sind, besitzt der EuGH bei der Auslegung dieser Normen einen erheblichen Gestaltungsspielraum. Der EuGH hat diese Unvollständigkeiten immer wieder genutzt, um das Gemeinschaftsrecht dynamisch fortzuentwickeln. *Walter Hallstein* bezeichnete den EuGH deshalb bereits im Jahr 1965 als einen „Integrationsfaktor erster Ordnung" (Hallstein 1965, S. 9).

Wichtige *Organe* Europäischer Sozialpolitik sind der Wirtschafts- und Sozialausschuss und der Ausschuss der Regionen. Der *Wirtschafts- und Sozialausschuss* ist ein beratendes Organ, in dem Arbeitgeber, Gewerkschaften, Landwirte, Verbraucher und andere Interessengruppen vertreten sind. Bevor Beschlüsse zur Wirtschafts- und Sozialpolitik gefasst werden, ist seine Stellungnahme einzuholen. Ebenfalls beratende Funktion hat der *Ausschuss der Regionen*, der aus Vertretern der kommunalen und regionalen Gebietskörperschaften besteht. Dieser Ausschuss ist in allen Belangen anzuhören, die die kommunale und regionale Verwaltung betreffen. Weiterhin werden die Europäische Kommission, das Europäische Parlament und der Ministerrat durch zahlreiche Gremien und Sekretariate in ihrer Arbeit unterstützt.

2. Instrumente supranationaler Sozialpolitik

a) Verordnungen, Richtlinien und Entscheidungen

Im Rahmen der europäischen Sozialpolitik kommt der Regulierung durch Rechtsetzung eine erhebliche Bedeutung zu. Für die Ebene der Europäischen Gemeinschaft sind unterschiedliche Formen des Gemeinschaftsrechts, das als supranationales Recht dem nationalen Recht übergeordnet ist, zu unterscheiden.

Zum primären Gemeinschaftsrecht zählen die Römischen Verträge (EWG-Vertrag; Euratom-Vertrag), die Einheitliche Europäische Akte, die Verträge von Maastricht, Amsterdam und Nizza sowie Beitrittsverträge mit neuen Mitgliedern. Das primäre Gemeinschaftsrecht gilt entweder unmittelbar für die Bürger im Geltungsbereich bzw. verlangt die Umsetzung in nationales Recht, oder richtet sich an die Organe der Gemeinschaft.

Sekundäres Gemeinschaftsrecht leitet sich aus dem primären Gemeinschaftsrecht ab. Die Organe der EU können so rechtsverbindlich Verordnungen, Richtlinien und Entscheidungen erlassen. Darüber hinaus können Empfehlungen und Stellungnahmen abgegeben werden (Art. 249 EGV). Die *Verordnung* hat allgemeine Geltung. Sie ist in allen ihren Teilen verbindlich und gilt unmittelbar in jedem Mitgliedstaat, d.h. sie gilt für jeden Bürger und alle staatlichen Instanzen. Dennoch werden die Verordnungen meist zusätzlich in nationales Recht überführt. Die *Richtlinie* setzt inhaltlich für jeden Mitgliedsstaat verbindliche Ziele, die dann meist in bestimmter Frist in nationales Recht umzusetzen sind, wobei es den Mitgliedsstaaten überlassen bleibt, in welcher Form und mit welchen Mitteln sie das Ziel realisieren. Entscheidungen gelten für Einzelfälle und für die in der Entscheidung genannten Adressaten als rechtsverbindlich. Die Empfehlungen und Stellungnahmen sind dagegen nicht rechtsverbindlich.

Zwischen 1957 und 1995 wurden im Bereich Sozialpolitik 43 Verordnungen und Richtlinien erlassen, von denen sich je sechs auf die Verbesserung der Lebens- und Arbeitsbedingungen, eine auf den Kinder- und Jugendschutz, zwei auf das Gesundheitswesen und 28 auf den Gesundheitsschutz und die Sicherheit am Arbeitsplatz bezogen.[3] Von besonderer Bedeutung sind die Verordnungen Nr. 1612/68, Nr. 1408/71 und Nr. 574/72 zur sozialen Sicherung von Wanderarbeitnehmern (sog. „Freizügigkeits-Sozialrecht"). Diese Verordnungen stellen sicher, dass bei grenzüberschreitender Erwerbstätigkeit den Arbeitnehmern keine sozialen Ansprüche verloren gehen. Wichtige sozialpolitische Richtlinien sind die Richtlinien zum Arbeits- und Gesundheitsschutz, die überwiegend auf der Rahmenrichtlinie 89/391 EWG über die Durchführung von Maßnahmen zur Verbesserung der Sicherheit und des Gesundheitsschutzes der Arbeitnehmer bei der Arbeit basieren, die Richtlinie zur Einsetzung eines Europäischen Betriebsrats in gemeinschaftsweit operierenden Unternehmen (RL 94/45 EWG) und die Entsenderichtlinie (RL 96/71 EWG), durch die ausländische Arbeitgeber verpflichtet werden, ihren Arbeitnehmern jene Mindestarbeitsbedingungen zu gewähren, die am Arbeitsort gesetzlich normiert sind.

b) Der Europäische Sozialfonds

Der Europäische Sozialfonds ist in den Art. 146 bis 148 EGV verankert. Neben dem Europäischen Fonds für Regionale Entwicklung (EFRE), dem Europäischen Ausrichtungs- und Garantiefonds für die Landwirtschaft (EAGFL) und dem „Finanzinstrument" für die Ausrichtung der Fischerei (FIAF) zählt der Europäische Sozialfonds (ESF) zu den vier Strukturfonds der Europäischen Union.[4] Der ESF ist ein Finanzin-

---

[3]   Vgl. Heise, A. (1998): Europäische Sozialpolitik – Eine Einschätzung aus gewerkschaftlicher Sicht, Bonn S. 13.

[4]   Neben den vier Strukturfonds existiert noch der Kohäsionsfonds; dieser Kohäsionsfonds fördert Länder, deren Pro-Kopf-BSP weniger als 90% des EU-Durchschnitts beträgt.

strument, mit dem die EU ihre beschäftigungspolitischen Ziele verfolgt. Er bietet den nationalen Trägern der Arbeitsmarktpolitik Beihilfen für Programme, die die Beschäftigungsfähigkeit der Menschen entwickeln oder wiederherstellen. Gefördert werden daher Maßnahmen zur beruflichen Qualifizierung von Personen, insbesondere derjenigen, die Schwierigkeiten haben, einen Arbeitsplatz zu finden, im Arbeitsprozess zu verbleiben oder nach einer Unterbrechung in den Beruf zurückzukehren. Der Europäische Sozialfonds unterstützt außerdem die Mitgliedstaaten in ihren Bemühungen, neue aktive Politiken und Strategien zur Bekämpfung der Ursachen der Arbeitslosigkeit und zur Verbesserung der beruflichen Qualifikationen zu entwickeln und einzuführen. Die Unterstützung wird dabei auf die jeweiligen Bedürfnisse der Regionen mit spezifischen Problemen zugeschnitten.

Der Europäische Sozialfonds stellt ein Instrument der Einkommensumverteilung zwischen den Staaten der Gemeinschaft dar. Für die vier Strukturfonds stehen in der Periode 2000-2006 insgesamt 195 Mrd. € zur Verfügung, 12,3 % entfallen auf die Aufgaben, die über den Europäischen Sozialfonds wahrgenommen werden. Die Aufteilung der Mittel auf die Mitgliedstaaten erfolgt auf der Grundlage festgelegter Kriterien durch die Europäische Kommission. Deutschland erhält aus den Mitteln des gesamten Strukturfonds für die Periode 2000-2006 ca. 20 Mrd. € für die neuen Bundesländer und 10 Mrd. € für die alten Bundesländer. Zwar ist Deutschland damit (nach Spanien) der zweitgrößte Empfänger von Mitteln aus den Strukturfonds, es leistet allerdings einen nahezu doppelt so hohen Beitrag zur Finanzierung der Fonds.

c) Die „offene Methode" der Koordinierung

Die sog. „offene Methode der Koordinierung" wurde im Rahmen der Beschäftigungspolitik der EU in der 90er Jahren entwickelt und mit dem Ratsbeschluss von Lissabon im März 2000 als ergänzendes Instrument der Europäischen Union eingeführt. Das Instrument wurde über die durch den Vertrag von Nizza beschlossenen Änderungen des Art. 137 EGV für die Bereiche des Sozialschutzes und der sozialen Sicherung rechtlich verbindlich.

Die „offene Methode der Koordinierung" setzt auf dezentrale, weitgehend unverbindliche Formen der Koordinierung. Dadurch sollen den Mitgliedsstaaten Gestaltungsmöglichkeiten eingeräumt und so unterschiedlichen nationalen Gegebenheiten Rechnung getragen werden. Letztlich beruht die offene Methode der Koordinierung auf einem Erfahrungsaustausch und Lernprozess zwischen den Mitgliedstaaten der EU.

Die offene Methode der Koordinierung wird in folgenden Schritten umgesetzt:

Zunächst erfolgt die Festlegung von sozialpolitischen Zielen und die Erarbeitung von Leitlinien (guidelines) für die Mitgliedstaaten, wobei ein Zeitplan für die Realisierung der kurz-, mittel- und langfristigen Ziele erstellt wird.

In einem zweiten Schritt werden qualitative wie quantitative Indikatoren bestimmt, die einen Vergleich zwischen den Mitgliedstaaten ermöglichen und in einen Überprüfungsbericht der Kommission einfließen sollen; in diesem Bericht sollen der Entwicklungsstand der Mitgliedstaaten und bewährte Praktiken dargestellt werden (benchmarking).

In einem dritten Schritt sollen die europäischen Leitlinien in die nationale Politik umgesetzt werden, wobei die Entwicklung der entsprechenden Ziele und Maßnahmen den nationalen und gegebenenfalls regionalen Unterschieden Rechnung zu tragen hat. Diese Umsetzung soll in einem vierten Schritt regelmäßige kontrolliert, bewertet und evaluiert werden, wobei dies im Rahmen eines wechselseitigen Vergleichs (monitoring) und Erfahrungsaustauschs erfolgen soll.

Dieser Prozess soll zu einer Konvergenz der Sozialsysteme beitragen. Die offene Methode der Koordinierung „setzt gezielt auf eine europäische Transparenz- und Öffentlichkeitswirkung und wird durch die transnationalen Rechtfertigungszwänge den Korridor verengen, innerhalb dessen sich die nationale Politik bewegen kann." (Hauser 2002, S. 4).

Die offene Methode der Koordinierung stellt damit eine „weiche" Form der Koordination nationaler Sozialpolitiken dar. Ziel ist es, die Konvergenz der Politiken über den Prozess der Abstimmung von politischen Leitlinien, der Operationalisierung des Zielerreichungsgrades in den jeweiligen Mitgliedstaaten anhand eines gemeinsam abgestimmten Indikatorensystems und daraus resultierender Identifikation der am besten geeigneten Strategien und Maßnahmen zu erreichen. Diese prozessgesteuerte, dezentrale Methode ergänzt die klassischen Instrumente der Politik auf der Gemeinschaftsebene (Verordnungen, Richtlinien).

d) Sozialer Dialog und weitere Instrumente

Bereits im Weißbuch zur europäischen Sozialpolitik wurden Kollektivvereinbarungen zwischen den Sozialpartnern als Instrument der europäischen Sozialpolitik empfohlen. Mit der Einheitlichen Europäischen Akte wurde dieses Instrument als „Sozialer Dialog" rechtlich verankert. Darunter wird die Konzertierung zwischen den Sozialpartnern auf europäischer Ebene verstanden. Mit dem Sozialabkommen des Maastrichter Vertrages wurde die Rolle des Sozialen Dialogs noch gestärkt. Art. 139 EG-Vertrag verpflichtet die Kommission, ihn weiterzuentwickeln. Vorgeschrieben ist die Konsultation der Sozialpartner bei der Rechtsetzung im Bereich der Sozialpolitik auf EU-Ebene. Darüber hinaus werden gemeinsame Stellungnahmen der Sozialpartner im Rahmen des Sozialen Dialogs angestrebt. Der Soziale Dialog kann aber auch in Abkommen münden, die die Sozialpartner in autonomen Verhandlungen vorbereiten und deren Umsetzung auf Beschluss des Rates auf Vorschlag der Kommission erfolgt. Zwei solcher Abkommen – zum Elternurlaub und zur Teilzeitarbeit – wurden bislang geschlossen.

Als ein weiteres Instrument sind die Aktions- und Sonderprogramme zu nennen. Solche Programme können sich auf grundsätzliche sozialpolitische Ziele beziehen, wie z.B. das sozialpolitische Aktionsprogramm von 1974, das eine fortschrittliche Anpassung der Sozialleistungen als Ziel sozialpolitischer Harmonisierung propagierte, oder auch das „Aktionsprogramm zur Anwendung der Gemeinschaftscharta der sozialen Grundrechte der Arbeitnehmer", das formal die Sozialcharta ergänzt. Aktionsprogramme können aber auch nur bestimmte Teilbereiche der Sozialpolitik betreffen. Ein Beispiel hierfür sind die „Armutsprogramme" (seit Mitte der 70er Jahre vier Aktionsprogramme zu Armut und sozialer Ausgrenzung).

C. Historische Entwicklung der Europäischen Sozialpolitik

Die Entwicklung der Europäischen Sozialpolitik lässt sich grob in drei Phasen untergliedern: die Phase von der Gründung der EWG bis zur Verabschiedung der Einheitlichen Europäischen Akte (1957 – 1986), die Phase von der Einheitlichen Europäischen Akte bis zum Vertrag von Maastricht (1986 – 1991) und schließlich die Phase vom Maastrichter Vertrag bis zum Vertrag von Nizza (1991 – 2003).

1. 1957 – 1986: Vom EWG-Vertrag bis zur Einheitlichen Europäischen Akte

Die Präambel zu den Römischen Verträgen von 1957 (EWG-Vertrag) benennt als sozialpolitische Zielsetzungen einer Europäischen Wirtschaftsgemeinschaft die Sicherung des wirtschaftlichen und sozialen Fortschritts und die stetige Verbesserung der Lebens- und Beschäftigungsbedingungen in den Mitgliedstaten; damit wird die soziale Dimension der Gemeinschaft in eher allgemeinen Zügen umrissen. Konkrete sozialpolitische Bezüge beschränkten sich in dieser Phase auf die Forderung nach Freizügigkeit und sozialer Sicherung der Wanderarbeitnehmer, die Anwendung des Grundsatzes des gleichen Entgelts für Männer und Frauen und die Errichtung des Europäischen Sozialfonds.

Die Freizügigkeit der Arbeitnehmer und die Koordinierung der sozialen Sicherungssysteme für Wanderarbeitnehmer wurden nach mehreren Zwischenschritten durch die „Freizügigkeitsverordnung" (VO Nr. 1612/68) und die „Wanderarbeitnehmerverordnung" (VO Nr. 1408/71) erreicht.[5] Koordinierung der sozialen Sicherungssysteme bedeutet, dass die Leistungsansprüche von Wanderarbeitnehmern an das System der sozialen Sicherheit durch den Ortswechsel innerhalb der EG nicht beeinträchtigt werden. Die Koordinierung sozialpolitischer Leistungen ist unabdingbar, um dem formalen Recht auf Freizügigkeit innerhalb des Binnenmarktes auch materiale Geltung zu verschaffen; insofern sind hier wirtschafts- und sozialpolitische Ziele komplementär.[6] Der Europäische Sozialfonds wurde durch die *Verordnung über den Europäischen Sozialfonds* vom 25. Aug. 1960 errichtet.

Insgesamt lässt der EG-Vertrag von 1957 jedoch kein durchgängiges sozialpolitisches Konzept erkennen. Die Sozialpolitik stellte sich in der ersten Phase auf dieser Grundlage als Folge der Unterordnung unter die primären ökonomischen Zielsetzungen als „Geflecht unkoordinierter Einzelmaßnahmen" dar und war in ihren Mitteln eingeschränkt.[7]

Als weiterer europäischer Vertrag wurde 1961 die Europäische Sozialcharta des Europarates verabschiedet, die 1965 in Kraft trat. Diese Charta, die in 21 europäischen Staaten umgesetzt und von weiteren Staaten unterzeichnet wurde, wurde mit der Zielsetzung verabschiedet, soziale Belange in der Gemeinschaft zu fördern, indem sie für die europäischen Bürger allgemeine soziale Rechte festlegt. Die Europäische Sozial-

---

[5] Vgl. Verordnung über die Freizügigkeit der Arbeitnehmer innerhalb der Gemeinschaften vom 15. Okt. 1968 und Verordnung zur Anwendung der Systeme der sozialen Sicherheit auf Arbeitnehmer und deren Familien, die innerhalb der Gemeinschaft zu- und abwandern vom 14. Juni 1971.

[6] Vgl. Andel 2000 m.w.N.

[7] Vgl. Kowalsky 1999, S. 68

charta wurde durch drei Zusatzprotokolle (1988, 1991 und 1995) ergänzt und ersetzte in der revidierten Fassung, die am 01.07.1999 in Kraft trat, diejenige von 1961.

Von den nun 31 Artikeln (gegenüber 19 in der Fassung von 1965) sind im Folgenden die sog. „Kernbestimmungen" genannt, die auch fast ausnahmslos (bis auf Art. 7 und Art. 20) in der ersten Fassung vorhanden waren:
- das Recht auf Arbeit (Art. 1);
- die Vereinigungsfreiheit (Art. 5);
- das Recht auf Kollektivverhandlungen (Art. 6);
- Rechte der Kinder – Schutz von Jugendlichen (Art. 7);
- das Recht auf Soziale Sicherheit (Art. 12);
- das Recht auf Fürsorge (Art. 13);
- das Recht der Familie auf sozialen, gesetzlichen und wirtschaftlichen Schutz (Art. 16);
- das Recht der Wanderarbeitnehmer und ihrer Familien auf Schutz und Beistand (Art. 19);
- Recht auf Chancengleichheit und Gleichbehandlung in Beschäftigung und Beruf ohne Diskriminierung aufgrund des Geschlechts (Art. 20).

Staaten, die die Charta unterzeichnen, müssen erklären, welche der Bestimmungen sie annehmen, wobei mindestens sechs der neun Kernbestimmungen angenommen werden müssen. Die Vertragsstaaten verpflichten sich, nach der Ratifikation dem Generalsekretär des Europarats einen ersten Bericht und später regelmäßig weitere Berichte über die Umsetzung der angenommenen Bestimmungen vorzulegen. Der Rat prüft die Übereinstimmung mit der Charta und kann Warnungen und (weitergehende) Empfehlungen an die Staaten aussprechen. Aus diesem öffentlichkeitswirksamen Verfahren resultieren jedoch keine Rechtswirkungen. Gleichwohl wurden im Zuge der Umsetzung der Gemeinschaftscharta durch die Mitgliedstaaten und die Kommission Initiativen zur Verabschiedung einer Reihe von Richtlinien vorbereitet - vorwiegend zum Gesundheitsschutz von Arbeitnehmern.[8]

Eine Neuorientierung europäischer Sozialpolitik wurde durch den Europäischen Gipfel der Staats- und Regierungschefs in Den Haag 1969 und in Paris 1972 eingeleitet. In Den Haag beschloss der Europäische Rat eine weitgehende Abstimmung der Sozialpolitik innerhalb der EG und eine Reform des Sozialfonds im Sinne einer Erweiterung seiner Aktionsmöglichkeiten zur sozialverträglichen Bewältigung regional- und strukturpolitischer Anpassungsprozesse. In der Schlusserklärung der Pariser Gipfelkonferenz betonten die Staats- und Regierungschefs, „dass für sie energischen Maßnahmen im sozialen Bereich die gleiche Bedeutung zukommt wie der Verwirklichung der Wirtschafts- und Währungsunion" und beauftragten die Gemeinschaftsorgane, ein sozialpolitisches Aktionsprogramm auszuarbeiten. Dessen Hauptziele sollten sein: eine koordinierte Beschäftigungs- und Berufsausbildungspolitik, die Verbesserung der Arbeits- und Lebensbedingungen, die Gewährleistung der Mitwirkung der Arbeitnehmer in den Unternehmensorganen, die Förderung des Abschlusses europäischer Tarifverträge sowie die Stärkung und Koordinierung der Maßnahmen des Verbraucherschutzes.

Dieses sozialpolitische Aktionsprogramm wurde vom Rat der EG 1974 verabschiedet. Es sah zahlreiche Einzelmaßnahmen vor, die bis Ende 1976 umgesetzt wer-

---

[8]   Vgl. Europarat (Hrsg.) (2002): Die Europäische Sozialcharta. Ein Leitfaden, Berlin u.a.

den sollten. Konkrete Anstöße ergaben sich aus diesem Programm für die Angleichung arbeitsrechtlicher Bestimmungen innerhalb der EG in Bezug auf die Sicherung von Ansprüchen der Arbeitnehmer beim Wechsel des Unternehmenseigentümers, für den Fall der Zahlungsunfähigkeit des Arbeitgebers und in Bezug auf die Gleichbehandlung von Männern und Frauen, und zwar nicht nur im Bereich der Entgelte, sondern auch hinsichtlich des Zuganges zur Beschäftigung und zur Berufsausbildung.

In den Jahren zwischen 1972 und 1985 wurde das anspruchsvolle sozialpolitische Programm, das „das Gesicht der Sozialpolitik in der Gemeinschaft auf Jahre hinaus prägen sollte", nicht annähernd erfüllt. Die Kritik an der ersten Dekade der europäischen Sozialpolitik führte zwar zu einer programmatischen Neuorientierung, wobei jedoch die Verknüpfung mit dem Ziel der Schaffung einer Wirtschafts- und Währungsunion keine grundsätzliche Änderung der nachrangigen Stellung der Sozialpolitik erwarten ließ. In dieser Phase geriet der Einigungsprozess vielmehr in eine Krise, da die Mitgliedstaaten der Gemeinschaft dazu übergingen, die auftretenden Beschäftigungsprobleme im nationalen Alleingang zu lösen.

2. 1986 - 1991: Von der Einheitlichen Europäischen Akte bis zum Maastrichter Vertrag

Mitte der 80er Jahre erhielt die Sozialpolitik der EG durch die von der Kommission unter der Präsidentschaft von Jacques Delors ergriffene Initiative zur Vollendung des Binnenmarktes neue Impulse. Da insbesondere nach dem Beitritt Griechenlands (1981), Spaniens und Portugals (1986) die Befürchtung wuchs, dass die Schaffung des Binnenmarktes zu einer Bedrohung von Arbeitsplätzen in den Ländern mit hohen Lohn- und Sozialkosten durch die weniger entwickelten EG-Mitgliedstaaten führen würde, entwickelte sich eine intensive politische und wissenschaftliche Diskussion über die Möglichkeiten, Voraussetzungen und Wirkungen einer Harmonisierung der Sozialpolitik in der Gemeinschaft. Die vertiefte Beschäftigung mit den Zielen, den Voraussetzungen und den Wirkungen eines Binnenmarktes für 320 Mio. Menschen, die in Regionen unterschiedlicher wirtschaftlicher Leistungskraft mit unterschiedlichen institutionellen und gesetzlichen, wirtschaftlichen und sozialen Regelungen leben, ließ die Einsicht wachsen, dass die Verwirklichung des Binnenmarktes die soziale Dimension in wenigstens zweifacher Weise beeinflusst:
1. Die Verwirklichung des Binnenmarktes setzt bestimmte soziale Grundrechte voraus, z.B. die Freizügigkeit und die Freiheit von Diskriminierung.
2. Durch unterschiedliche Grade der Verwirklichung sozialer Grundrechte und durch unterschiedliche Arbeitsbedingungen sowie durch unterschiedliche Sozialleistungssysteme werden die Wettbewerbsbedingungen in den Ländern der Gemeinschaft beeinflusst. Diese Wettbewerbsbedingungen wirken auf die wirtschaftlichen Entwicklungschancen und v.a. auch auf den Beschäftigungsgrad in den Ländern zurück.

Im Jahr 1986 verabschiedete der Europäische Rat die *Einheitliche Europäische Akte* (EEA), die 1987 in Kraft trat. Diese umfassende Änderung der Gründungsverträge sah nicht nur die Vollendung des Binnenmarktes für Ende 1992 vor, sondern schuf mit Art. 118a EGV auch die Rechtsgrundlage zum Erlass von Mindeststandards im Bereich des Arbeitsschutzes mit qualifizierter Mehrheit.

Mitte 1988 stellte der Rat der EG in Hannover die Notwendigkeit heraus, gleichzeitig und gleichgewichtig mit der Vollendung des Binnenmarktes dessen „soziale Dimension" herzustellen. Nicht zuletzt die Aktivitäten der im Europäischen Gewerkschaftsbund zusammengeschlossenen Gewerkschaften, aber auch die Aktivitäten der Mehrzahl der Arbeitgeberverbände, führten in Verbindung mit den Impulsen der Hannoveraner Ratstagung zu dem Versuch, die Grundlagen der künftigen europäischen Sozialpolitik in einer Sozialcharta niederzulegen. Nach langwierigen Verhandlungen unterzeichneten die Staats- und Regierungschefs am 09. Dez. 1989 die *Gemeinschaftscharta der sozialen Grundrechte*. Nur Großbritannien stimmte der Charta nicht zu. Sie enthält folgende soziale Grundrechte, die für die Arbeitnehmer der Bundesrepublik längst zu einer Selbstverständlichkeit geworden sind:

- das Recht auf Freizügigkeit für Arbeitnehmer, Gleichbehandlung bei den Lebens- und Arbeitsbedingungen, Harmonisierung von Aufenthaltsbedingungen und Familienzusammenführung, Verbesserungen für Grenzarbeitnehmer, Gleichbehandlung beim Sozialversicherungsschutz;
- das Recht auf angemessene Bezahlung und ausreichenden Pfändungsschutz, freie Berufswahl und Berufsausübung und unentgeltliche Vermittlungsdienste;
- die Verbesserung der Lebens- und Arbeitsbedingungen durch Angleichung der Arbeitszeiten und der Arbeitsgestaltung; das Recht auf bezahlten Jahresurlaub und wöchentliche Ruhezeit;
- das Recht auf angemessenen sozialen Schutz und Sozialhilfe;
- das Recht auf Koalitionsfreiheit und Tarifverhandlungen einschl. Streik und Aussperrung;
- das Recht auf Berufsausbildung und gleichen Zugang zur Berufsausbildung für alle EG-Bürger, die Schaffung von Voraussetzungen für Weiterbildung einschl. Bildungsurlaub;
- das Recht auf Gleichbehandlung von Männern und Frauen, Verstärkung der Chancengleichheit, insbes. beim Arbeitsentgelt;
- das Recht auf Unterrichtung, Anhörung und Mitwirkung von Arbeitnehmern bei Entscheidungen über technologischen Wandel und Umstrukturierungen;
- das Recht auf Gesundheitsschutz und Sicherheit am Arbeitsplatz;
- die Sicherstellung von Kinder- und Jugendschutz, Kinderarbeitsverbot für Jugendliche unter 15 Jahren, gerechtes Arbeitsentgelt, Möglichkeiten für zusätzliche Berufsausbildung, Höchstarbeitszeit, Verbot der Nachtarbeit;
- die Garantie eines Mindesteinkommens und des sozialen Schutzes für ältere Menschen;
- die möglichst vollständige Eingliederung der Behinderten in das Erwerbsleben.

Für die Gewährleistung dieser Rechte und für die zu ihrer Verwirklichung erforderlichen sozialpolitischen Maßnahmen sind die Mitgliedstaaten zuständig. Es handelt sich also weder um einklagbare Rechte der Arbeitnehmer noch um die Setzung supranationalen Rechts durch die EG, sondern um Programmsätze, um ein langfristig anzustrebendes System arbeits- und sozialrechtlicher Ziele. Die der Europäischen Sozialcharta zugrunde liegende Zielsetzung, Grundlagen für die soziale Ausgestaltung des europäischen Wirtschaftsraumes zu schaffen, ist um so mehr zu begrüßen, als in den Jahrzehnten vorher etwas einseitig die wirtschaftliche Dimension der EG im Vordergrund stand. Die Formulierung einer sozialpolitischen Vision und eines langfristig als Leitlinie dienenden sozialpolitischen Zielsystems ist positiv zu bewerten. Dieses Urteil ist insbes. damit begründbar, dass erstens die Umsetzung der Charta den Ländern der Gemeinschaft vorbehalten bleibt und zweitens der politische Kompromiss letztlich nur auf die Festlegung von Mindestnormen zielt. In der Charta ist an verschiedenen Stellen ebenso wie in Art. 117 EWG-Vertrag außerdem davon die Rede, dass die Verbesserung der Lebens- und Arbeitsbedingungen „durch eine Angleichung dieser Bedingungen auf dem Wege des Fortschritts" erfolgen soll, d.h. dass diese Verbesserung als Folge ökonomischen Fortschritts verstanden wird. Dies wiederum bedeutet jedoch - wie die Geschichte der Sozialpolitik lehrt - nicht, dass sich der soziale Fortschritt von selbst als Folge wirtschaftlichen Fortschritts einstellt. Vielmehr ist politischer Druck nötig, um ökonomischen Fortschritt auch in sozialen Fortschritt umzusetzen.

Wie sich die Sozialcharta letztlich auswirken wird, hängt entscheidend vom künftigen Abstimmungsmodus in der Gemeinschaft und von der wirtschafts- und sozialordnungspolitischen Ausrichtung ab.[9] Für die Entscheidungen in Bezug auf die Verwirklichung des Binnenmarktes gilt seit 1987 die Abstimmung mit qualifizierter Mehrheit. In Bezug auf die Rechte der Arbeitnehmer ist die Einstimmigkeitsregel beibehalten worden (Art. 95 Abs. 2, ehem. 100a Abs. 2 EWG-Vertrag). Auf der Grundlage dieser Kompetenzen erlässt der Rat Richtlinien über sozialpolitische Mindestvorschriften in der EU, so z.B. bislang zum Arbeitnehmerschutz oder zur Einführung Europäischer Betriebsräte.

In dieser Phase wurden durch die Belebung des Binnenmarktprojektes sowie durch die Idee der Europäischen Währungsunion (befördert durch die aktive Rolle der Europäischen Kommission) auch Impulse für die soziale Integration gesetzt. Insbes. wurde durch die Mehrheitsentscheidungen bei Fragen der Arbeitsumwelt (Art. 118a EGV) eine starke Dynamik in diesem Bereich der Sozialpolitik erreicht.

3. 1992 - 2003: Vom Maastrichter Vertrag bis zum Vertrag von Nizza

Mit dem 1992 unterzeichneten Vertrag von Maastricht („Vertrag über die Schaffung einer Europäischen Union", in Kraft getreten am 01. Nov. 1993) trat die europäische Integration wiederum in eine neue Phase. Dies bezieht sich zunächst auf die politische und ökonomische Integration, insbesondere durch die Schaffung der Europäischen Union (bis dato: Europäische Gemeinschaften) und die im Vertrag festgeschriebenen Zielsetzungen der Wirtschafts- und Währungsunion, die 2002 in eine Gemeinschaftswährung mündete. Dies verlangt auch die stärkere Wahrnehmung wirtschaftspolitischer und regulativer Kompetenzen durch die Europäischen Gremien (positive Integration). Die zunächst angestrebte sozialpolitische Flankierung der Wirtschafts- und Währungsunion über die Umsetzung der Sozialcharta von 1989 *innerhalb* des Vertrages hätte nur realisiert werden können, wenn Großbritannien ausgeschlossen worden wäre („*opting out*"). Um dies zu verhindern und dennoch den Vertragsabschluss zu ermöglichen, wurde der Vorschlag Jacques Delors aufgegriffen, über eine Protokollnotiz und ein „Abkommen über die Sozialpolitik" die sieben Artikel zur Sozialpolitik aus dem Vertrag auszugliedern. Dies ermöglichte den Vertragsabschluss und die elf

---

[9] Vgl. zu dieser ordnungspolitischen Problematik Clapham 1997.

Mitglieder konnten trotz des Widerstands des zwölften auf dieser Grundlage mit qualifizierter Mehrheit über bestimmte sozialpolitische Regelungen entscheiden („*opting in*").

Das „Abkommen über die Sozialpolitik" strebt die Beschäftigungsförderung, die Verbesserung der Lebens- und Arbeitsbedingungen, einen angemessenen sozialen Schutz, den Ausgleich auf dem Arbeitsmarkt sowie die Bekämpfung von Ausgrenzung an. Das Abkommen legte außerdem fest, dass die EU in folgenden Bereichen Rechtsakte mit qualifizierter Mehrheit erlassen kann:
- Verbesserung der Arbeitsumwelt;
- Gesundheitsschutz;
- Arbeitsbedingungen;
- Gleichbehandlung für Männern und Frauen;
- berufliche Eingliederung ausgegrenzter Personen.

Die Einstimmigkeitsregel gilt weiterhin in sozialpolitisch „sensiblen" Bereichen wie der sozialen Sicherung und des sozialen Schutzes der Arbeitnehmer bei Kündigung, der Mitbestimmung und der kollektiven Wahrnehmung von Arbeitnehmer- und Arbeitgeberinteressen sowie bei Regelungen zur Beschäftigungsförderung und zu Beschäftigungsbedingungen von Staatsangehörigen von Drittländern. In den Bereichen, die in Deutschland durch die Tarifvertragsparteien geregelt werden (Tarifautonomie), erhält die Gemeinschaft keine Regelungskompetenz.

Als Fortschritt ist die (Wieder-)Belebung des „Sozialen Dialogs" zu werten, innerhalb dessen die wirtschaftlichen und sozialen Gruppen in Ausschüssen und beratenden Gremien innerhalb des Entscheidungsprozesses auf der Ebene der Gemeinschaft beteiligt werden. Im Sozialabkommen wurde zudem die Möglichkeit eingeräumt, dass die Sozialpartner auf europäischer Ebene untereinander Regelungen vereinbaren können, die dem Rat als Richtlinienvorschlag vorgelegt werden können (Art. 4).

In diesem Zusammenhang ist auf die Bestandsaufnahme sozialer Probleme durch die Kommission im „Grünbuch über die die europäische Sozialpolitik" (1993) und die daraus resultierenden Vorstellungen der Kommission für die Ausrichtung der Sozialpolitik zwischen 1995 und 1999 im Weißbuch „Europäische Sozialpolitik" (1994) hinzuweisen.[10] Die Problemanalyse betont im Wesentlichen die aus Arbeitslosigkeit und demographischem Wandel resultierenden Probleme der sozialen Sicherungssysteme und die daraus resultierende Armut und Ausgrenzung. In der Folge wurde 1995 das (nach 1994 und 1989) dritte sozialpolitische Aktionsprogramm der Kommission zur europäischen Sozialpolitik aufgelegt, das jedoch keine konkreten Vorschläge zur Umsetzung brachte.[11]

Ein deutlicher Fortschritt in Bezug auf die europäische Sozialpolitik vollzog sich mit dem Vertrag von Amsterdam, der im Juni 1997 unterzeichnet wurde (und am 01. Mai 1999 in Kraft trat). Die sozialpolitischen Regelungen des Protokolls von Maastricht wurden durch den Amsterdamer Vertrag fast wörtlich übernommen. Mit diesem Vertrag wurde auch die Anwendung des Mitentscheidungsverfahrens ausgeweitet.

---

[10] Vgl. Kommission der Europäischen Gemeinschaften (1993), Grünbuch über die europäische Sozialpolitik. Weichenstellung für die Europäische Union, (KOM (93) 551, Luxemburg; Dies. (1994), Europäische Sozialpolitik. Ein Zukunftsweisender Weg für die Union. Weißbuch (KOM) (94), 333, Luxemburg.

[11] Vgl. Kowalski 1999, S. 199 ff.

Folgende sozialpolitischen Ziele wurden festgelegt:
1. Förderung der Beschäftigung;
2. Verbesserung der Lebens- und Arbeitsbedingungen (Angleichung durch wirtschaftlichen Fortschritt);
3. angemessener sozialer Schutz;
4. sozialer Dialog;
5. Entwicklung des Arbeitskräftepotenzials in Hinblick auf ein dauerhaft hohes Beschäftigungsniveau;
6. Bekämpfung von sozialer Exklusion.

Hervorzuheben sind die Einführung des Subsidiaritätsprinzips als grundlegendes Ordnungsprinzip europäischer Sozialpolitik und die Einfügung eines gesonderten Beschäftigungskapitels, das auch die Entwicklung einer koordinierten Beschäftigungsstrategie auf der Gemeinschaftsebene vorsieht. Weiter wird das Ziel der Gleichbehandlung von Männern und Frauen höher gewichtet und der Vertrag enthält ein generelles Gebot der Nichtdiskriminierung

Einen weiteren wichtigen Impuls für die europäische Sozialpolitik gab das Gipfeltreffen des Europäischen Rates im März 2000 in Lissabon. Neben Wirtschaftswachstum und Beschäftigung wurde hier der Sozialpolitik die Rolle eines bedeutenden Elements im Rahmen der langfristigen Zielsetzung zugesprochen, die Europäische Union zum wettbewerbsfähigsten und dynamischsten wissensbasierten Wirtschaftsraum der Welt zu machen – so die Gipfelerklärung. Dahinter steht die bereits im Weißbuch zur Europäischen Sozialpolitik (1994) entwickelte Vorstellung, dass eine interdependente Beziehung zwischen Wirtschafts- und Währungspolitik, der Beschäftigungspolitik (als besonderer Teil der Wirtschaftspolitik) und der Sozialpolitik (insbes. der sozialen Sicherung) besteht. In der Gleichgewichtung dieser drei Politikfelder äußert sich ein Paradigmenwechsel in der Europäischen Sozialpolitik.

Mit dem Vertrag von Nizza im Jahr 2000, der nach Ratifizierung durch die Mitgliedstaaten am 01. Feb. 2003 in Kraft trat, wurde zwar die Beschlussfassung mit qualifizierter Mehrheit weiter ausgedehnt, für den Bereich der Sozialpolitik blieb der Status quo – die Einstimmigkeitsregel - jedoch im Kern erhalten. Zwar kann der Rat mit einstimmigem Beschluss das Mitentscheidungsverfahren für die Bereiche der Sozialpolitik einführen, die bis dato der Einstimmigkeit unterliegen. Explizit wird dies jedoch für den Bereich der sozialen Sicherheit und des sozialen Schutzes der Arbeitnehmer, des Schutzes der Arbeitnehmer bei Beendigung des Arbeitsvertrages sowie bei der Vertretung und kollektiven Wahrnehmung der Arbeitnehmer- und Arbeitgeberinteressen ausgeschlossen.

Der Vertrag legt weiter fest, dass zur Verwirklichung der sozialpolitischen Ziele (Artikel 136 EGV) die Europäische Gemeinschaft die Tätigkeit der Mitgliedstaaten auf verschiedenen Gebieten (soziale Sicherheit und sozialer Schutz der Arbeitnehmer, Bekämpfung der sozialen Ausgrenzung, Modernisierung der Systeme des sozialen Schutzes) unterstützen und ergänzen kann. „Unter Ausschluss jeglicher Harmonisierung der Rechts- und Verwaltungsvorschriften der Mitgliedstaaten" können dann Initiativen ergriffen werden, die der Verbesserung des Wissensstandes, des Austauschs von Informationen, der Förderung innovativer Ansätze und der Evaluation von Verfahren dienen. Hier wurde bereits die „offene Methode der Koordinierung" rechtlich verankert, wodurch auch die Mitgliedstaaten bei der Mitwirkung auf die Methode verpflichtet werden.

Für die langfristige Bedeutung der offenen Methode der Koordinierung für die Harmonisierung der Sozialpolitik in der Europäischen Union sprechen neben der Verankerung im EG-Vertrag im Übrigen auch die im Entwurf zum „Vertrag über eine Verfassung für Europa" (Amtsblatt Nr. C 169 vom 18. Juli 2003) aufgenommenen Artikel zur Sozialpolitik, (Artikel III-103 f.), die den Regelungen im Vertrag von Nizza substantiell entsprechen. Obwohl der Grundsatz der Subsidiarität in Bezug auf das Verhältnis zwischen europäischer Sozialpolitik und nationalen Politiken nicht in Frage gestellt wird, zeigt sich hierin die zunehmende Bedeutung einer eigenständigen Sozialpolitik auf supranationaler Ebene.

D. Zentrale Probleme einer gemeinsamen Sozialpolitik in der Europäischen Union[12]

Die Mitgliedstaaten der Europäischen Union unterscheiden sich hinsichtlich ihres Wohlstandsniveaus, der Beschäftigungs- und Arbeitsbedingungen, des Volumens des sozialen Schutzes und der institutionellen Ausgestaltung des Systems sozialer Sicherung. Die sozialen Sicherungssysteme ihrerseits divergieren hinsichtlich der Risikoabdeckung, des erfassten Personenkreises, der Organisation, Finanzierung und Leistungsgewährung. Diese wirtschaftliche und soziale Heterogenität innerhalb der EU wird sich durch die Osterweiterung noch erheblich vergrößern. Die Koordination derart unterschiedlicher sozialer Sicherungssysteme mit jeweils äußerst komplexen Einzelregelungen stellt bereits für sich genommen ein außerordentlich ambitioniertes Unterfangen dar. Hinzu kommt, dass weder in der praktischen noch in der wissenschaftlichen Sozialpolitik Einigkeit über die optimale Integrationstiefe und die zu verfolgende Integrationsstrategie besteht.

Die Koordinierung der nationalen Rechtssysteme kann sich auf zwei Arten vollziehen: durch einen Wettbewerb der Sozialsysteme, wobei sich nach Meinung der Befürworter des Wettbewerbkonzepts wirtschafts- und sozialpolitisch überlegene Lösungen langfristig durchsetzen werden (ex-post Harmonisierung) oder durch die politische Setzung eines einheitlichen europäischen Rechtssystems (ex-ante Harmonisierung). Der Systemwettbewerb versteht sich als Interaktionsprozess zwischen nationalen Regierungen einerseits und den von sozialstaatlichen Maßnahmen betroffenen Bürgern andererseits.[13] Dabei bieten die nationalen Gesetzgeber für ihre Jurisdiktion ein spezifisches Bündel an Regulierungen, öffentlichen Gütern und Steuern an, auf das die Bürger über den politischen Prozess (voice), durch Kaufkraftverlagerung oder Migration (exit) reagieren können. Um in diesem Wettbewerbsprozess zu bestehen, sind die nationalen Regierungen gezwungen, verbesserte institutionelle Rahmenbedingungen zu entwickeln oder erfolgreiche Institutionen anderer Jurisdiktionen zu übernehmen. Das Ergebnis dieses Prozesses muss keine vollständige Angleichung der nationalen Sozialpolitiken sein; bei unterschiedlichen kollektiven Präferenzen über Umfang und Ausgestaltung staatlicher Sozialpolitik können durchaus unterschiedliche

---

[12] Vgl. dazu auch Schmähl/Rische 1997.
[13] Zum Systemwettbewerb vgl. Oberender/Zerth (2001) sowie Streit (1996). Theoretisch stützt sich das Modell des Systemwettbewerbs auf die Theorie des fiskalischen Föderalismus nach Tiebout; vgl. hierzu Sinn (1997).

Sozialsysteme innerhalb eines einheitlichen Wirtschaftsraums nebeneinander existieren.

Allerdings haben sowohl die politische Praxis als auch theoretische Überlegungen gezeigt, dass das Wettbewerbsmodell nur begrenzt auf Fragen staatlicher Sozialpolitik übertragbar ist. So ist zum einen die faktische Möglichkeit, vom formalen Recht auf Freizügigkeit Gebrauch zu machen, abhängig davon, dass Ansprüche auf Leistungen nationaler sozialer Sicherungssysteme beim Wechsel der Jurisdiktion erhalten bleiben. Ein bestimmtes Maß an ex-ante Harmonisierung ist also eine notwendige Voraussetzung für die materiale Durchsetzung des formalen Rechts auf Freizügigkeit, damit aber auch eine notwendige Bedingung für einen funktionsfähigen Systemwettbewerb.

Zum anderen muss der Systemwettbewerb bei verteilungspolitischen Maßnahmen versagen. Denn Unterschiede in den nationalen Verteilungspolitiken lösen bei vollständiger Mobilität von Arbeit und Kapital Migrationsbewegungen aus, wobei Jurisdiktionen mit ausgebauten sozialen Sicherungssystemen Nettoempfänger[14] attrahieren, während die Nettozahler diesen Sozialraum verlassen. Unterschiedliche verteilungspolitische Arrangements induzieren also Migrationsexternalitäten, die die Umsetzung verteilungspolitischer Maßnahmen – selbst wenn sie von der Mehrheit der Bevölkerung gewünscht werden – erschweren bzw. unmöglich machen. Bei Abwesenheit von Migrationskosten ist also ein ruinöser sozialpolitischer Wettbewerb bzw. ein verteilungspolitischer „race to the bottom"[15] nicht auszuschließen. Daraus ergibt sich die Notwendigkeit einer ex-ante Harmonisierung im Sinne der supranationalen Setzung sozialpolitischer Mindeststandards.

Versucht man, unter Berücksichtigung des verfügbaren theoretischen Wissens und unserer Erfahrung ein ordnungspolitisches Konzept in seinen Grundzügen zu entwickeln, das im Integrationsprozess den ökonomischen und den sozialen Zielen sowie den faktischen Interdependenzen zwischen wirtschaftlicher und sozialer Dimension Rechnung trägt, führt das nach Meinung der Verfasser zu einem Konzept, das sich als das Konzept eines funktionsfähigen, insbes. sozialverträglichen Wettbewerbs bezeichnen lässt.

Funktionsfähiger Wettbewerb heißt, den Wettbewerb so zu ordnen, dass die ihm politisch gesetzten Ziele erreicht werden. Der Vertrag über die EG setzt vor allem zwei Ziele, die für die europäische Wettbewerbsordnung von Bedeutung sind: erstens die Sicherung des wirtschaftlichen und zweitens die Sicherung des sozialen Fortschritts der Mitgliedsländer.

Wirtschaftlicher und sozialer Fortschritt sind unbestreitbar an die Maximierung der ökonomischen Wohlfahrt gebunden. Nicht nur theoretische Analysen, sondern auch unsere gerade in jüngster Zeit erneut massiv bestätigten Erfahrungen zeigen, dass ein möglichst freier Wettbewerb, d.h. Produktionsfreiheit, freier Handel und freie Mobilität der Produktionsfaktoren die wichtigsten Voraussetzungen für wirtschaftliches Wachstum und ökonomische Wohlfahrt sind. Wie oben bereits angesprochen, setzt

---

[14] Unter „Nettoempfängern" sind jene Haushalte zu verstehen, die aufgrund ihrer soziodemographischen Merkmale höhere Ansprüche gegen den Sozialstaat geltend machen können, als dem Barwert ihrer Steuer- und Beitragszahlungen entspricht.

[15] In der sozialpolitischen Diskussion hat sich hierfür der Begriff des „Sozialdumping" eingebürgert. Dieser Begriff ist nicht nur semantisch unglücklich, sondern inhaltlich falsch. Tatsächlich geht es um einen ruinösen Unterbietungswettbewerb aufgrund des Kollektivgutcharakters staatlicher Verteilungspolitik.

die Mobilität des Faktors Arbeit bestimmte soziale Bedingungen voraus, nämlich die Sicherung der Freizügigkeit nicht nur in rechtlicher, sondern auch in faktischer Hinsicht. Im Rahmen des sog. „Freizügigkeits-Sozialrechts" hat die Gemeinschaft deshalb Verordnungen erlassen, die gewährleisten sollen, dass Personen beim Wechsel in ein anderes Mitgliedsland keine Nachteile in Bezug auf die Absicherung sozialer Risiken in Kauf nehmen müssen. Die faktische Freizügigkeit, wie die Sozialcharta sie enthält, ist daher eine wesentliche Voraussetzung für die Erzielung wirtschaftlichen und sozialen Fortschritts. Allgemeiner lässt sich formulieren: soweit die Sozialcharta Voraussetzungen für die Sicherung der Freizügigkeit schafft, hat die Sicherung dieser sozialen Rechte nicht nur Eigenwert, sondern ist gleichzeitig ein Instrument zur Erreichung des Wohlfahrtszieles. Es handelt sich also um Rechte, die die Funktionsfähigkeit des Wettbewerbsprozesses sichern.

Funktionsfähiger Wettbewerb innerhalb eines einheitlichen Wirtschaftsraumes setzt ferner voraus, dass die qualitativen Wettbewerbsbedingungen überall im Wirtschaftsgebiet gleich sind, d.h. dass die für die Ordnung bestimmter Märkte geltenden Regeln im Grundsatz überall die gleichen sein müssen. D.h. konkret: soweit Normen der Sozialcharta die Funktion haben, gleiche Qualitäten der Arbeitsmarktordnung und der Betriebsverfassung zu sichern, dienen sie nicht nur der Erreichung des sozialpolitischen Zielsystems, sondern auch der Erreichung des Ziels der Maximierung ökonomischer Wohlfahrt. Wettbewerbsordnungssichernde soziale Rechte sind vor allem die Koalitionsfreiheit und die Tarifautonomie, das Arbeitskampfrecht und betriebliche Mitwirkungsrechte.

Neben den eben angesprochenen zwei Kategorien sozialer Rechte, nämlich der Gruppe wettbewerbsprozesssichernder und der Gruppe wettbewerbsordnungssichernder Grundrechte, deren Verwirklichung keine Konflikte zwischen den wirtschaftlichen und sozialen Zielen der Gemeinschaft schaffen wird, gibt es drei weitere Kategorien sozialer Rechte, deren Verwirklichung wirtschaftliche und soziale Ziele der Gemeinschaft verletzen kann, wenn diese Verwirklichung nicht sorgfältig auf den Stand und das Tempo der wirtschaftlichen Entwicklung in den einzelnen Ländern der Gemeinschaft abgestimmt wird. Es handelt sich um folgende Kategorien:

1. die Gewährleistung des Schutzes der Gesundheit und der technischen Sicherheit in der Arbeitswelt, die Einführung von Mindestvorschriften des Kinder-, Jugend- und Behindertenschutzes sowie der Anspruch auf Ruhezeiten und einen Jahresurlaub; hier handelt es sich um Humankapital schützende und fördernde soziale Normen;
2. die Verwirklichung eines „angemessenen sozialen Schutzes" und von „Leistungen der sozialen Sicherheit in ausreichender Höhe"; hier handelt es sich um risikoabdeckende soziale Schutzvorschriften;
3. die Verbesserung der Lebens- und Arbeitsbedingungen; hier handelt es sich um lebensstandardverbessernde Normen.

Humankapital schützende und fördernde soziale Vorschriften haben unbezweifelbar neben ihren sozialen auch wirtschaftlich positive Effekte, weil es sich im Grunde um wirtschaftsgrundlagenpolitische Investitionen handelt. Zu beachten ist jedoch, dass die Mittel für diese Investitionen erst erwirtschaftet werden müssen und dass die Fähigkeit wirtschaftlicher Regionen und bestimmter Branchen, solche Investitionen zu tätigen, je nach dem erreichten Leistungsniveau und je nach den Produktivitätszuwächsen unterschiedlich ausgeprägt ist. Abgesehen davon, dass innerhalb ökonomisch gesetzter Grenzen aus humanitären Gründen versucht werden muss, den Gesundheitsschutz, den technischen Arbeitsschutz, den Kinderschutz und den Jugendlichenschutz zu maximieren, wäre es verfehlt, die Mindestschutznormen auf einem zu hohen Niveau festzusetzen, weil sonst in bestimmten Regionen und Branchen Arbeitsplätze gefährdet werden und der Nutzen des Schutzes der Arbeitnehmer durch Wohlfahrtsverluste überkompensiert werden könnte. Bei der Definition von Mindeststandards des Arbeitnehmerschutzes wird man daher auf das wirtschaftliche Leistungsvermögen der schwächeren Länder der Gemeinschaft Rücksicht nehmen, sie aber gleichzeitig so ansetzen müssen, dass unzumutbar erscheinende Arbeitsplatzbedingungen vermieden bzw. überwunden werden.

Zu einem ähnlichen Ergebnis, dass nämlich die Mindestnormen sozialen Schutzes nicht ohne Berücksichtigung der ökonomischen Grundlagen festgesetzt werden dürfen, wenn nicht der ökonomische Preis zu hoch werden soll, kommt man bei der Analyse der Voraussetzungen und der Möglichkeiten der Einführung bzw. der Verbesserung jener Schutzeinrichtungen, die die sog. sozialen Risiken (Unfall, Krankheit, Alter, Tod, Arbeitslosigkeit) abdecken. Wie bei den Humankapital schützenden und fördernden Sozialinvestitionen ist es wirtschaftlich unmöglich, kurz- und mittelfristig auf hohem Niveau eine Angleichung dieser Sozialleistungen im Sinne des Harmonisierungsmodelles zu erreichen.

Was für die risikoabdeckenden sozialen Schutzvorschriften gilt, gilt in noch höherem Maße für das generelle Ziel der Verbesserung der Lebens- und Arbeitsbedingungen. Abgesehen davon, dass der Begriff der Angemessenheit interpretationsbedürftig ist, kann die Zielsetzung der Verbesserung des Lebensstandards sowie der Arbeitsbedingungen nur im Sinne eines langfristig zu erstrebenden Zielsystems verfolgt werden, nicht aber im Wege der Festsetzung von Normen. Allenfalls das Ziel gerechter Arbeitsentgelte kann dadurch gefördert werden, dass Lohnermittlungs- und Lohnfestsetzungsverfahren vorgesehen werden, die eine maximale Annäherung an das Ziel gerechter Arbeitsbedingungen erlauben, nämlich die auf der Koalitionsfreiheit beruhende Tarifautonomie.

Literatur

Albeck 1995 - Berié 1993 (Lit.) und 1995 - Berthold 1993 - BMSG 2003 – Frerich/Frey 1996, S. 426 ff. - Kleinhenz 1973 und 1990 – Kolmar 1999 (Lit.) - Kommission der EG: Die Sozialpolitik der Europäischen Gemeinschaften, Luxemburg 1983 - Lampert 1991b – Schmähl/Rische (Hg.) 1997 – Schmähl (Hg.) 2001.

Vierter Teil

Das System der staatlichen Sozialpolitik –
Überblick und Bilanz

XVI. Kapitel

Finalziele, Prinzipien und Träger der staatlichen Sozialpolitik im Überblick

Nach der Darstellung der einzelnen Bereiche der Sozialpolitik erscheint es angebracht, die wesentlichen Ziele, Prinzipien und Träger der staatlichen Sozialpolitik in einem konzentrierten Überblick zusammenzufassen.

A. Finalziele

Wenn man die dargestellten Bereiche der staatlichen Sozialpolitik daraufhin analysiert, auf welche Finalziele - d.h. auf welche nicht mehr aus anderen Zwecken ableitbaren Grundziele - die eingesetzten Mittel ausgerichtet sind, stößt man auf folgende drei Finalziele:

1. Sicherung und Erhöhung der materialen Freiheit für alle durch Absicherung individueller Erwerbschancen und durch ein System sozialer Sicherheit;
2. Durchsetzung sozialer Gerechtigkeit (Startgerechtigkeit und Verteilungsgerechtigkeit);
3. Sicherung des inneren Friedens in der Gesellschaft.

Diesen abstrakten *Finalzielen* sind in den verschiedenen sozialpolitischen Handlungsfeldern bestimmte *Instrumentalziele* vorgelagert. Wesentliche Instrumentalziele sind (in Klammern die Sozialpolitikbereiche, in denen diese Ziele besonders verfolgt werden):

1. Schutz bzw. Wiederherstellung der Gesundheit (Arbeitnehmerschutz, Krankenversicherung);
2. Herstellung, Sicherung und Verbesserung der Berufs- und Erwerbsfähigkeit als Grundlage selbstverantwortlicher Existenzsicherung (Bildungspolitik, Arbeitsmarktpolitik, Arbeitnehmerschutz);
3. auf dem Gleichbehandlungsgrundsatz beruhende und der sozialen Gerechtigkeit verpflichtete Gewährleistung der Menschenwürde und der Voraussetzungen für eine freie Persönlichkeitsentfaltung inner- und außerhalb des Arbeitslebens (Arbeitnehmerschutz, Betriebsverfassungs- und Unternehmensverfassungspolitik, Wohnungspolitik, Jugendpolitik, Altenpolitik);
4. Schaffung sozialer Sicherheit durch Schaffung bestmöglicher persönlicher und arbeitsmarktmäßiger Voraussetzungen für den Erwerb von Individualeinkommen (Arbeitsmarktpolitik, Bildungspolitik) und durch ein System interpersoneller und intertemporaler Einkommensumverteilung für den Fall der Erwerbsunfähigkeit (System sozialer Sicherung, Sozialhilfe);
5. Ausgleich von Einkommens- und Vermögensunterschieden und von unterschiedlichen Lasten durch eine zielsystemadäquate Umverteilungspolitik (System sozia-

ler Sicherung, Bildungspolitik, Familienpolitik, Vermögenspolitik, Wohnungspolitik).

B. Prinzipien

Bei der Verfolgung sozialpolitischer Ziele sollen - nach dem in einschlägigen Gesetzen enthaltenen Mehrheitswillen - bestimmte Ordnungsprinzipien und Grundsätze eingehalten werden, nämlich das Solidaritätsprinzip, das Subsidiaritätsprinzip, das Sozialstaatsprinzip, das Prinzip der Selbstverantwortung, das Prinzip sozialer Selbstverwaltung und das Prinzip der Ordnungskonformität der Sozialpolitik.

1. Das Solidaritätsprinzip

Das *Solidaritätsprinzip* ist ein Gestaltungsprinzip für Staat, Gesellschaft und Wirtschaft. In der Arbeiterbewegung, im Genossenschaftswesen, im Verbändewesen und in der Sozialversicherung ist es ein ideologischer Eckpfeiler. Solidarität ist zu verstehen als wechselseitige Verbundenheit zwischen einzelnen und bestimmten sozialen Gruppen (Familie, Gemeinde, Versichertengemeinschaft, Staat) oder zwischen sozialen Gruppen (Gemeinden, Verbänden) im Sinne ethisch begründeter gegenseitiger Verantwortlichkeit, im Sinne eines unauflösbaren Aufeinander-Angewiesen-Seins (v. Nell-Breuning 1968a, S. 16 f.; vgl. auch Rauscher 1988b).

In der Sozialpolitik besagt das Solidaritätsprinzip, dass die aus Übereinstimmungen in den Lebenslagen und in den Lebensanschauungen bestimmter sozialer Gruppen resultierende, durch Zusammengehörigkeitsgefühl und Interessenkonvergenz verstärkte, gruppenbildende gegenseitige Verbundenheit ein Grundsatz zur Bildung von Solidargemeinschaften, v.a. von Versichertengemeinschaften, sein soll. Das Solidaritätsprinzip kann jedoch nicht starr angewendet werden. Dies zeigt sich daran, dass Solidargemeinschaften früherer Zeit, etwa der Knappen oder anderer Berufsstände, wegen der Wandlungen in der Sozial- und Beschäftigtenstruktur als Organisationseinheiten sozialer Sicherung nicht mehr leistungsfähig sind. Die Entwicklung der Solidargemeinschaften sozialer Sicherung zeigt aber auch, dass es vielen umso schwerer fällt, solidarisches, d.h. gemeinschaftsorientiertes Verhalten zu praktizieren, je größer und unüberschaubarer die Gruppe wird.

2. Das Subsidiaritätsprinzip

V.a. in der katholischen Soziallehre entwickelt wurde das *Subsidiaritätsprinzip* (vgl. v. Nell-Breuning 1968a und Rauscher 1989). Es verlangt einerseits, dass kein Sozialgebilde Aufgaben an sich ziehen soll, die der Einzelne oder kleinere Sozialgebilde aus eigener Kraft und Verantwortung mindestens gleich gut lösen können wie die größere Einheit; andererseits verlangt es, dass die größeren Sozialgebilde den kleineren *die* Hilfe und Förderung angedeihen lassen, die die kleineren Gebilde brauchen, um ihre Aufgaben erfüllen zu können. Nach diesem Prinzip verdient Selbsthilfe den Vorzug vor Fremdhilfe, sollte die Sorge der Kinder für die Eltern der Hilfe der Gesellschaft für die alten Menschen vorausgehen, sollten Gemeinden und Verbände der freien

Wohlfahrtspflege als Träger der Sozialpolitik nicht durch Länder und Zentralstaat ihrer Aufgaben beraubt werden. Das Subsidiaritätsprinzip soll die Entfaltung der personalen Kräfte ermöglichen, Selbstbestimmung und Selbstverantwortung des Menschen in den ihn umgebenden Sozialgebilden fördern. Dieser Forderung des Subsidiaritätsprinzips entspricht das Sozialstaatsprinzip.

Das Sozialstaatsprinzip berechtigt den Staat nicht nur zu sozial gestaltender, leistender und gewährender Tätigkeit, sondern verpflichtet ihn - wenn auch nicht unbegrenzt - dazu, die materiellen Voraussetzungen für die Inanspruchnahme menschlicher Grundrechte, insbes. für die Persönlichkeitsentfaltung, zu schaffen (vgl. dazu Stern 1987, mit Lit.).

3. Das Prinzip der Selbstverantwortung

Das Prinzip der *Selbstverantwortung* ist dem Sinngehalt des Subsidiaritätsprinzips eng verwandt. Es verlangt, dass Freiheit und Selbstverantwortung der Einzelnen möglichst wenig beschnitten werden. Es ist unverkennbar, dass die mit der Sozialpolitik einhergehende Auferlegung von Bindungen - z.B. Zwangsmitgliedschaft und Zwangsbeitrag - die materiale Freiheit der Mehrheit der Bevölkerung über Jahrzehnte hinweg durch die Bändigung von Elend, Not und Gefahr erhöht hat. Mittlerweile haben jedoch die Eingriffe der staatlichen Sozialpolitik einen Umfang erreicht, der die Frage nach der Gefährdung der persönlichen Freiheit und der Selbstverantwortung und damit auch nach den Grenzen des Sozialstaates deswegen aktuell werden lässt, weil in einer nivellierten Wohlstandsgesellschaft, in der persönliche Leistung und Selbstverantwortung für die Stellung der Individuen in der Gesellschaft kein oder nur geringes Gewicht haben, die Grundlagen der Wohlfahrt und der sozialen Sicherheit gefährdet werden (vgl. dazu Konrad-Adenauer-Stiftung [Hg.] 1981).

4. Die Interdependenz zwischen Solidarität, Subsidiarität und Selbstverantwortung

Zwischen Solidarität, Subsidiarität und Selbstverantwortung bestehen enge Interdependenzen: Solidarität als Bereitschaft, sich für andere mitverantwortlich zu fühlen und bestimmte Leistungen zu erbringen, ohne *äquivalente* Gegenleistungen zu erwarten, wird als Einstellung und praktiziertes Verhalten von den Mitgliedern einer Solidargemeinschaft nur durchgehalten werden können, wenn diese Solidarität nicht dadurch von Gruppenmitgliedern überbeansprucht wird, dass diese entweder nicht bereit sind, entsprechend dem Prinzip der Selbstverantwortung das in ihren Kräften Stehende zu tun, um die Gewährung von Leistungen durch die Gruppe zu vermeiden oder möglichst gering zu halten, oder dass sie Leistungen in Anspruch nehmen, um ihren individuellen Nutzen zu maximieren. Selbstverantwortung wiederum ist nur in dem Maße möglich, in dem der Einzelne oder die kleinere Gruppe de facto fähig ist, bestimmte Lebenslagen zu bewältigen; d.h. erstens, dass Selbstverantwortung nur bis zu einem bestimmten Grade möglich ist, also durch solidarische Hilfe ergänzt werden muss und zweitens, dass entsprechend dem Subsidiaritätsprinzip Individuen und soziale Gruppen instand gesetzt werden müssen, selbstverantwortlich zu handeln. Solidarität setzt also Selbstverantwortung voraus, Selbstverantwortung wiederum bedarf der Ergänzung durch Solidarität. Da Solidarität aber um so höhere Anforderungen an die Mitglieder einer Gruppe stellt, je größer die Gruppe ist, weil mit steigender Gruppengröße das Zusammengehörigkeitsgefühl und das Gefühl gegenseitiger Verantwortlichkeit sowie die Überschaubarkeit des Systems für die Gruppenmitglieder abnehmen, wird die Funktionsfähigkeit des Solidaritätsprinzips von der Anwendung des Subsidiaritätsprinzips beeinflusst. Das Subsidiaritätsprinzip wiederum wird weder dem Ziel sozialer Gerechtigkeit noch dem des sozialen Friedens dienen können, wenn dem Einzelnen oder bestimmten sozialen Gruppen zu große Eigenbelastungen, zu viel Selbstverantwortung zugemutet werden. Das Prinzip darf also nicht „überstrapaziert" werden und setzt Solidarität der größeren sozialen Einheiten mit den kleineren voraus.

5. Das Prinzip sozialer Selbstverwaltung

Aus den Grundwerten Solidarität, Subsidiarität und Selbstverantwortung folgt zwingend, dass das Prinzip *sozialer Selbstverwaltung* für unsere Sozialordnung, speziell aber für den Bereich der sozialen Sicherung, wesentliche Bedeutung hat. Denn soziale Selbstverwaltung bedeutet im materiellen Sinne im Rahmen gesetzlicher Zielvorgaben die selbstverantwortliche, dezentralisierte Erfüllung dieser Aufgaben entsprechend dem Subsidiaritätsprinzip durch Solidargemeinschaften. Das Subsidiaritätsprinzip ist Grundlage jeder Selbstverwaltung.

Eine wichtige Wirkung sozialer Selbstverwaltung ist die Entlastung des Staates. Ihm und seinen Entscheidungsorganen sind im Laufe der Entwicklung immer mehr Aufgaben zugewachsen. Diese gestiegene Belastung ist eine der Ursachen für die nicht immer maximale Qualität zahlreicher politischer Entscheidungen. Durch eine Vergrößerung der Selbstverwaltungsbereiche könnte der Staat entlastet und die Qualität staatlicher Tätigkeit verbessert werden.

6. Das Prinzip der Ordnungskonformität

Die Teilordnungen einer Gesellschaft - insbes. die Staatsordnung, die Wirtschafts- und die Sozialordnung - sowie die auf die Gestaltung dieser Teilordnungen gerichteten Politikbereiche, z.B. die Wirtschaftspolitik und die Sozialpolitik, sind interdependent, d.h. sie stehen in einem unauflösbaren Zusammenhang. Die Teilordnungen und die Politikbereiche müssen daher, um innere Widersprüche der Gesamtordnung und Beeinträchtigungen ihrer Funktionsfähigkeit zu vermeiden, aufeinander abgestimmt werden. Z.B. müssen in einer Gesellschaft, die individuelle Freiheit und ein hohes Maß an individueller Selbstverantwortung erstrebt, nicht nur die Rechtsordnung und die Wirtschaftsordnung diesen Zielen entsprechend ausgestaltet werden, sondern auch die Sozialordnung. Ein zweites Beispiel: wenn bei einer marktwirtschaftlichen Steuerung des Wirtschaftsprozesses bestimmte Arbeitnehmergruppen (Mütter, Schwerbehinderte) durch besondere Kündigungsschutzbestimmungen stärker geschützt werden als andere Gruppen und die Kosten dieses Schutzes den Unternehmungen auferlegt werden, wird das Schutzziel verfehlt, weil die Unternehmer die teureren Arbeitskräfte nicht beschäftigen werden („Bumerang-Effekt").

Unter Bezugnahme auf die Interdependenz der Ordnungen wird häufig - und im Prinzip zu Recht - die Forderung nach der System- oder Ordnungskonformität der

Sozialpolitik erhoben, allerdings meist einseitig in dem Sinn, dass die Sozialordnung und die Sozialpolitik auf die Wirtschaftsordnung und die Wirtschaftspolitik abgestimmt werden müssen. Diese Auffassung von Interdependenz ordnet die soziale Dimension der wirtschaftlichen und die Sozialordnung der Wirtschaftsordnung unter. Sie verkennt, dass die Wirtschaftsordnung und die Sozialordnung Subsysteme der Gesellschaftsordnung sind, die logisch auf derselben Ebene angesiedelt und sozusagen „gleichberechtigt" sind (vgl. dazu Lampert 1989d). Daher müssen - wie auch *Gernot Gutmann* 1986, S. 54 meint - die Sozialordnung und die Sozialpolitik zwar konform zum Leitbild der Wirtschaftsordnung ausgestaltet werden, aber auch umgekehrt die Wirtschaftsordnung und die Wirtschaftspolitik konform zum Leitbild der Sozialordnung. Die Substanz beider Ordnungsbereiche - die der Sozialordnung und die der Wirtschaftsordnung - muss auch den obersten Zielen und Prinzipien der Gesellschaftsordnung entsprechen.

Ordnungskonformität der Sozialpolitik bedeutet nicht nur, dass die Sozialpolitik soweit wie möglich gesellschafts- und wirtschaftsordnungskonform betrieben, also an deren Ordnungsprinzipien, Grundwerten und Grundzielen ausgerichtet werden soll, sondern dass die sozialpolitischen Einrichtungen und Maßnahmen den in der sozialpolitischen Konzeption enthaltenen Prinzipien und Grundwerten entsprechen. Das bedeutet z.B., dass das Träger-, Leistungs- und Finanzierungssystem der Sozialpolitik in der Bundesrepublik Deutschland ausgerichtet wird an den Zielen der Wahrung der Menschenwürde und der Förderung der freien Entfaltung der Persönlichkeit durch solidarische, möglichst weitgehend selbstverwaltete Einrichtungen, die gleichzeitig ein hohes Maß an Entscheidungsspielräumen und Selbstverantwortung zulassen. In diesem Sinne sollte Sozialpolitik immer auch verstanden werden als Ordnungspolitik (vgl. dazu Herder-Dorneich/Klages/Schlotter 1984, S. 8 f.). Zu beachten ist allerdings, dass soziale Ordnungspolitik im Rahmen einer Sozialen Marktwirtschaft nicht bedeuten kann, durchweg marktwirtschaftliche Lösungen zu suchen und zu präferieren, weil sie weder für alle Märkte geeignet sind - man denke z.B. an Versicherungen gegen Arbeitslosigkeit oder gegen angeborene Beeinträchtigungen - noch in allen Fällen prinzipiell möglicher marktwirtschaftlicher Organisation der Produktion sozial befriedigende Ergebnisse zeitigen, so dass es unvermeidlich werden kann, *marktinkonforme* Instrumente einzusetzen, wie z.B. auf den Arbeitsmärkten oder im Bereich der betrieblichen Mitbestimmung (vgl. dazu Lampert/Bossert 1987, S. 120 f.). Dass bei jeweils gleicher Eignung alternativer Instrumente das system- bzw. marktwirtschaftskonformere den Vorzug verdient, bedarf keiner weiteren Begründung. Für die Bundesrepublik z.B. würden in bestimmten Leistungsbereichen (Lohnfortzahlung im Krankheitsfall, Mutterschaftsleistungen) *versicherungs*rechtliche Lösungen den Vorzug vor *arbeits*rechtlichen Lösungen verdienen, weil erstere wettbewerbsneutral sind.

Eine systemkonforme Sozialpolitik bedeutet für eine Soziale Marktwirtschaft übrigens auch, Vermögensbeschädigungen und Beeinträchtigungen der Rechte Dritter zu vermeiden, d.h. z.B. Schadstoffemissionen mit negativen Sanktionen zu belegen und negative externe Effekte soweit wie möglich zu internalisieren. Letzteres gilt insbes. für die wirtschaftlichen und sozialen Schäden, die Arbeitnehmern aus Entlassungen aufgrund unternehmerischer Fehldispositionen erwachsen.[16]

---

[16] Für eine Soziale Marktwirtschaft sollte es selbstverständlich sein, nicht mehr allein die Kapitaleigner und die Unternehmen, sondern auch die Arbeitnehmer als Risikoträger anzusehen, die bei Unterbeschäftigung im Falle von Entlassungen mit Einkommensverlusten, fehlenden Verwertungsmöglich-

C. Träger und Organe

Die meisten Träger und Organe[17] der staatlichen Sozialpolitik wurden im Zusammenhang mit der Darstellung der Bereiche der Sozialpolitik bereits mit ihren wichtigsten Funktionen und Kompetenzen behandelt. Dennoch empfiehlt es sich, das Trägersystem im Überblick darzustellen (vgl. Übersicht 12[18]) und zu skizzieren.

1. Nationale Träger und Organe

Staatliche Träger der Sozialpolitik sind auf zentralstaatlicher Ebene die Bundesregierung, der Bundestag und der Bundesrat, auf Landesebene die Landesparlamente und die Landesregierungen. Auf regionaler bzw. lokaler Ebene kann man - mit Einschränkungen - die Bezirksregierungen bzw. die Landkreise, die Städte und die Gemeinden als Träger der Sozialpolitik bezeichnen.

Nach den Art. 70 bis 78 GG hat der Bundestag zusammen mit dem Bundesrat eine nahezu uneingeschränkte sozialpolitische Gesetzgebungskompetenz.

Im Sinne ihrer fast uneingeschränkten Zuständigkeit für die Sozialgesetzgebung werden Bundestag und Bundesrat in erster Linie im Bereich der Regelung der Wirtschafts- und Sozialordnung tätig. Das *Tarifvertragsgesetz*, das *Betriebsverfassungsgesetz*, die *Mitbestimmungsgesetze*, die *Arbeitszeitordnung*, die *Gewerbeordnung*, das *Jugendarbeitsschutzgesetz* und das *Mutterschutzgesetz* sind Beispiele für Gesetze, die die Sozialordnung der Bundesrepublik prägen. Bundestag und Bundesrat entscheiden aber auch über den Katalog prozesspolitischer und kontrollierender Instrumente, die anderen Trägern der Sozialpolitik, etwa der Bundesagentur für Arbeit und der Arbeitsverwaltung im *SGB III* (*Arbeitsförderungsgesetz*) zur Erfüllung ihrer Aufgaben zur Verfügung gestellt werden.

Die Bundesregierung ist als zweiter bedeutender Träger der Sozialpolitik auf zentralstaatlicher Ebene im Rahmen der Verfassung und der bestehenden Gesetze autonom. Sie ist v.a. für die Konzipierung der Beschäftigungs- und Arbeitsmarktpolitik, der Einkommenspolitik und der Gesundheitspolitik zuständig. Das Bundesministerium für Wirtschaft und Arbeit, das Bundesministerium für Familie, Senioren, Frauen und Jugend und das Bundesministerium für Gesundheit und Soziale Sicherung

---

keiten ihrer Arbeitskraft, Entwertung ihres Arbeitsvermögens, Kosten beruflicher und regionaler Mobilität sowie mit Einbußen an sozialer Sicherheit belastet sind.

[17] Als *Träger* der Sozialpolitik sind Einrichtungen definiert, die in der Entscheidungsphase der Sozialpolitik oder in der Durchführungsphase - dann jedoch mit beachtlichem Ermessensspielraum ausgestattet - tätig werden. Demgegenüber werden Einrichtungen, die nur in der Planungsphase oder in der Durchführungsphase der Sozialpolitik tätig werden und keinen oder nur geringen Ermessensspielraum in Bezug auf die Ausgestaltung politischen Handelns haben, als *Organe* der Sozialpolitik bezeichnet.

[18] Einrichtungen mit überwiegender Organfunktion sind durch gestrichelte Linien gekennzeichnet. Die durchbrochenen Verbindungslinien besagen, dass die nachgeordneten Institutionen auch Vollzugsorgane der übergeordneten Institutionen sind bzw. - bei den Gewerkschaften und Arbeitgeberverbänden -, dass sie in den Institutionen als Selbstverwaltungsorgane der sozialen Sicherung vertreten sind.

Übersicht 12. Träger und Organe der staatlichen Sozialpolitik

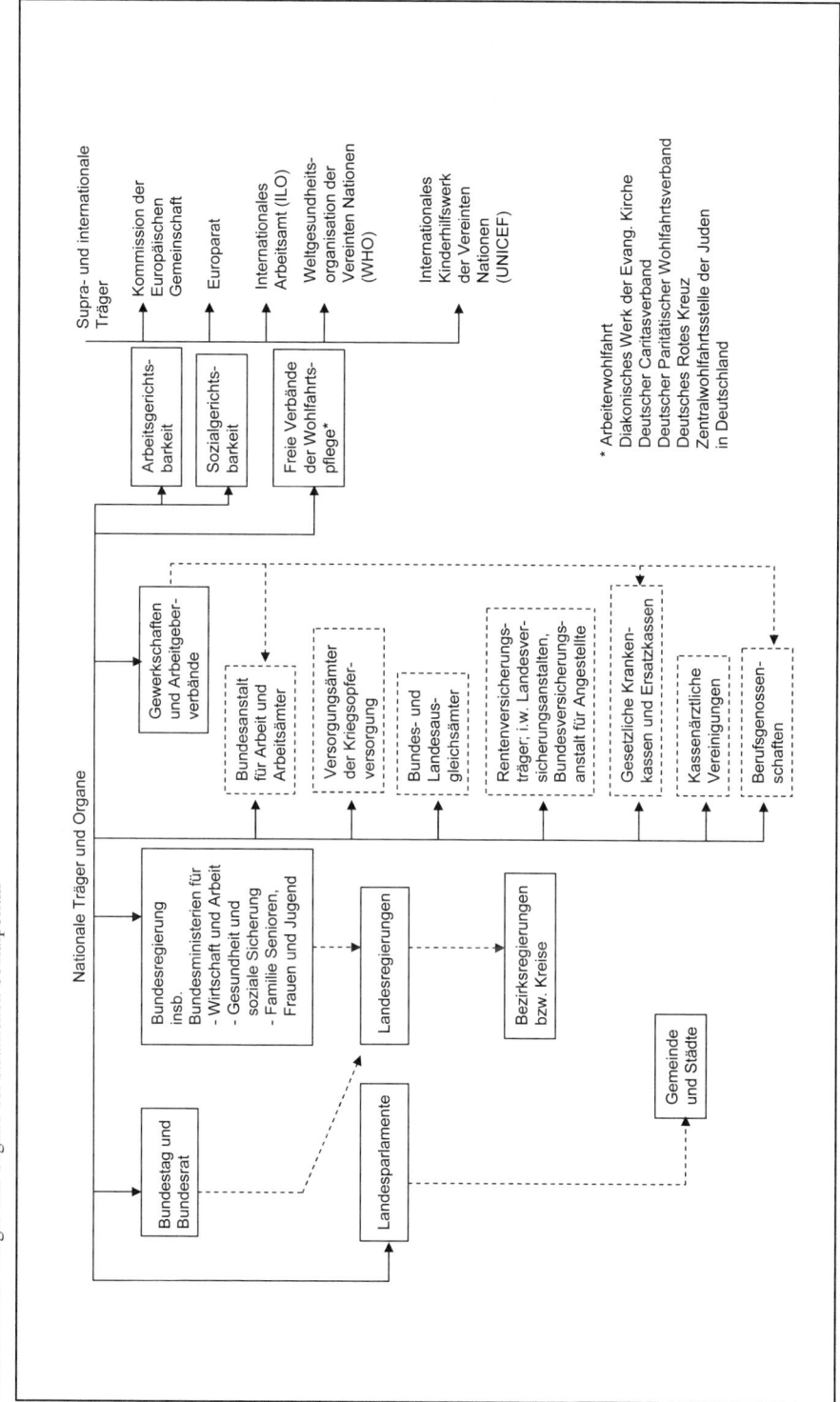

455

sind die zentral mit Sozialpolitik befassten Bundesministerien.[19]

Da die Bundesrepublik nach den Art. 28 Abs. 1, 28 Abs. 2 und 79 Abs. 3 GG ein demokratischer und sozialer, föderalistisch aufgebauter Bundesstaat ist, sind die Landesparlamente und die Landesregierungen sowie die Landkreise, die Städte und die Gemeinden Träger sozialpolitischer Entscheidungen, allerdings mit einem gegenüber dem Bund ganz erheblich verringerten Gewicht. Die Landesregierungen, die Landkreise und die Kommunen sind in höherem Maße Organe als Träger der staatlichen Sozialpolitik. Die Landesregierungen und ihre Verwaltungen haben den überwiegenden Teil der sozialpolitisch relevanten Bundesgesetze im Sinne der Art. 30 und 83 GG als eigene Angelegenheit oder im Auftrag des Bundes nach Art. 85 GG auszuführen. Die Landkreise und die Gemeinden ihrerseits haben sozialpolitische Bundes- und Landesgesetze auf regionaler und lokaler Ebene zu vollziehen, insbes. die wohnungspolitischen Gesetze und die Sozialhilfegesetzgebung.

Politische Gestaltungsmöglichkeiten haben die Länder noch in der (die Bundespolitik ergänzenden) Familien-, Gesundheits-, Bildungs-, Wohnungs- und Mittelstandsförderungspolitik.

In den eigenen Wirkungsbereich der Gemeinden fallen nach den Verfassungen der Länder meist Wohnungsbau und Wohnungsaufsicht, Wohlfahrtspflege, örtliches Gesundheitswesen sowie die Altenpflege. Das sehr geringe legislative Gewicht der Kommunen in der Sozialpolitik sollte nicht über die sozialpolitische Bedeutung der Kommunen hinwegtäuschen: Es sind letztlich die Gemeinden, die die sozialen Infrastruktureinrichtungen, insbes. die Krankenhäuser, die Altenheime, die Jugendheime, die Behindertenwerkstätten, die Jugendämter, die Gesundheitsämter und die Beratungsstellen - teilweise in Kooperation mit den Verbänden der freien Wohlfahrtspflege - zu planen, bereitzustellen und zum Teil zu finanzieren haben und die die sozialen Dienste (Sozialverwaltung, Gesundheitsdienst, Erziehungsberatung, Jugendämter) zu einem großen Teil - wiederum neben den Verbänden der freien Wohlfahrtspflege - personell abzusichern und zu finanzieren haben.

Als *halbstaatliche Träger* der Sozialpolitik werden Einrichtungen bezeichnet, die mit begrenzten hoheitlichen Befugnissen ausgestattet sind und autonom innerhalb bestimmter Bereiche sozialpolitische Entscheidungen treffen können. In erster Linie ist dabei an die Gewerkschaften und die Arbeitgebervereinigungen zu denken, die gleichzeitig auch halbstaatliche Organe der Sozialpolitik sind. Als halbstaatliche Organe lassen sich solche Einrichtungen definieren, die für den Vollzug staatlicher Sozialpolitik eine Rolle spielen und mit einem besonderen Status ausgestattet sind.

Gemeint sind neben den genannten Verbänden Genossenschaften und gemeinnützige Unternehmen, insbes. Bausparkassen (vgl. dazu Thiemeyer 1975c, S. 100 ff.).

Die Gewerkschaften und die Arbeitgeberverbände sind in mehrfacher Hinsicht Träger und Organe der staatlichen Sozialpolitik. Autonome Träger mit politischer Verantwortung und politischen Gestaltungsmöglichkeiten sind die genannten Verbände

---

[19] 2002 wurde von der rot-grünen Koalitionsregierung das Bundesministerium für Arbeit und Sozialordnung umorganisiert. Der Bereich der Sozialen Sicherheit wurde in das „Ministerium für Gesundheit und Soziale Sicherung" eingegliedert, der Bereich „Arbeit" in das „Ministerium für Wirtschaft und Arbeit". Die Problematik dieser Umorganisation wurde seinerzeit kaum diskutiert. Sie besteht darin, dass die Interessen der Wirtschaft und die der Arbeitnehmer nicht selten divergieren und nunmehr bei der Vorbereitung von arbeits- und sozialrechtlich relevanten Gesetzen und Verordnungen die Interessen der Arbeitnehmerschaft nicht ausreichend deutlich vertreten werden.

auf den Arbeitsmärkten in ihrer Eigenschaft als Tarifvertragsparteien, die autonom die Arbeitsbedingungen festlegen können. Träger bzw. Organe der Sozialpolitik sind - neben den Betriebsräten als Organen der Sozialpolitik - die Gewerkschaften auch als Organisationen, denen im Rahmen des Vollzuges des Betriebsverfassungsgesetzes, der Personalvertretungsgesetze des Bundes und der Länder und der Mitbestimmungsgesetze bestimmte Aufgaben zugewiesen worden sind. Begrenzte Trägerfunktionen schließlich üben die Vertreter der Arbeitnehmer und der Arbeitgeber, die in der Mehrzahl der Fälle Gewerkschafter oder Arbeitgeberverbandsvertreter sind, im Rahmen der sozialen Selbstverwaltung der Einrichtungen sozialer Sicherung aus (Bundesagentur für Arbeit, Rentenversicherungsträger, gesetzliche Krankenkassen und Ersatzkassen).

Als Organe der Sozialpolitik kann man Gewerkschaften und Arbeitgebervereinigungen auch deswegen bezeichnen, weil sie - in stärkerem Maße und mit größerem Gewicht als andere Verbände - in die Vorbereitungsphase der Wirtschafts- und Sozialpolitik als Informanten, Ratgeber und Vertreter der von der Sozialpolitik betroffenen Gruppen einbezogen werden.

Staatliche Organe der Sozialpolitik sind zahlreiche Einrichtungen der Sozialverwaltung, insbes. die Bundesagentur für Arbeit, die Landesversicherungsanstalten der RVA, die Bundesversicherungsanstalt für Angestellte, die Bundesknappschaft, die gewerblichen und landwirtschaftlichen Berufsgenossenschaften, die Orts-, Betriebs-, Innungs- und landwirtschaftlichen Krankenkassen sowie die Ersatzkassen und die kassenärztlichen Vereinigungen, die Versorgungsämter der Kriegsopferversorgung sowie das Bundesausgleichsamt und die Landesausgleichsämter.

Als Aufsichtsorgane sind zu erwähnen das Bundesversicherungsamt, das die Aufsicht über die Sozialversicherung zu führen hat, sowie die Gewerbeaufsichtsämter der Bundesländer, die die Aufgabe haben, die Einhaltung der Arbeitnehmerschutzvorschriften zu überwachen.

Einen Überblick über die Zahl der Beschäftigten in diesen Organen und Verwaltungen der Sozialpolitik vermittelt Tabelle 36.

Die *Arbeits- und Sozialgerichtsbarkeit* ist weder den Trägern noch den Organen der Sozialpolitik zurechenbar, weil die Arbeits- und Sozialgerichte nicht die Aufgabe haben, politische Entscheidungen zu treffen oder sie durchzuführen. Vielmehr haben sie die Aufgabe, bei Arbeits- und Sozialstreitigkeiten Recht zu sprechen. Da diese Aufgabe jedoch auf eine Kontrolle des Vollzugs von Sozialpolitik durch unabhängige Gerichte hinausläuft, verdient dieser Zweig der Gerichtsbarkeit Erwähnung.

Eine bedeutende Rolle spielen neben den staatlichen und halbstaatlichen Trägern und Organen die *freien Träger* staatlicher Sozialpolitik, nämlich die Verbände der Freien Wohlfahrtspflege.

Die sechs Spitzenverbände der Freien Wohlfahrtspflege, die in der Bundesarbeitsgemeinschaft der Freien Wohlfahrtspflege zusammengeschlossen sind und wissenschaftlich vom Deutschen Verein für öffentliche und private Fürsorge beraten werden, sind die Arbeiterwohlfahrt, der Deutsche Caritasverband, das Deutsche Rote Kreuz, das Diakonische Werk der evangelischen Kirche in Deutschland (Innere Mission), der Deutsche Paritätische Wohlfahrtsverband und die Zentralwohlfahrtsstelle der Juden in Deutschland.

Tabelle 40. Die Beschäftigten in der Sozialverwaltung in Deutschland 1998/ 2000

(1)	Vollzeitbe-schäftigte (2)	Teilzeit-beschäftigte (3)
A. Beschäftigte der Gebietskörperschaften am 30.6.1998 im Bereich		
- soziale Sicherung	150 169	53 775
- Gesundheit (einschl. Krankenhauspersonal), Sport, Erholung	335 365	124 013
- Wohnungswesen, Raumordnung, komm. Gemeinschaftsdienste	151 110	27 647
insgesamt	636 644	205 435
B. Beschäftigte im mittelbaren öffentlichen Dienst am 30.6.1999	367 758	89 325
davon bei		
- Sozialversicherungsträgern	205 996	51 110
- Bundesanstalt für Arbeit	73 897	18 521
A. + B.	1 004 402	294 760
C. Beschäftigte in Diensten und Einrichtungen der Freien Wohlfahrtspflege am 1.1.2000	686 676	477 653
Summe A. + B. + C.	1 691 078	772 413

Quellen: Stat. Jb. 2000, S. 516 und S. 518; Bundesarbeitsgemeinschaft der Freien Wohlfahrtspflege, Gesamtstatistik der Einrichtungen der Freien Wohlfahrtspflege 2000, S. 11.

Die Wohlfahrtsverbände sind v.a. in der Gesundheits-, der Jugend-, der Alten- und der Familienhilfe tätig. Sie unterhalten und betreiben - wie Tabelle 41 zeigt - zahlreiche Krankenhäuser, Krankenpflege- und Sozialstationen, Behindertenheime und Behindertenwerkstätten, Jugendheime, Kinderkrippen, -gärten und -horte, Müttergenesungsheime, Familienferienstätten sowie Erziehungs-, Ehe- und Familienberatungsstellen. Das BSHG anerkennt die Verbände der Freien Wohlfahrtspflege ausdrücklich als selbständige Träger der Wohlfahrtspflege. Beachtung verdient die Zunahme der Zahl der Einrichtungen, der Betten und der Beschäftigten seit 1970.

Die meisten aktuellen Probleme des Trägersystems sind Probleme der optimalen Verteilung der Aufgaben auf die verschiedenen Träger und der Koordinierung der Aktivitäten (vgl. die ausführliche Darstellung bei Lampert 1980a, S. 476 ff.). Folgende Probleme sind besonders aktuell:

1. Die Verlagerung von Funktionen von den unteren Ebenen auf den Zentralstaat. Unter den Aspekten der Normierung der Leistungen, der Sicherung von sozialen Minimumstandards und der Vermeidung sachlich ungerechtfertigter unterschiedlicher Behandlung von Staatsbürgern ist diese Zentralisierung ein Vorzug. Sie weist aber auch Nachteile auf, nämlich
   a) die wahltaktisch begründete Bevorzugung breit gestreuter monetärer und konsumierbarer Sozialtransfers gegenüber sozialinvestiven Leistungen und gegenüber einer Verstärkung der Sozialpolitik für die tatsächlich wirtschaftlich und sozial Schwachen,
   b) eine de facto-Verlagerung der Entscheidungskompetenz vom Parlament in die Regierung bzw. die Bürokratie und die Sozialverwaltung (vgl. v.a. Bethusy-Huc 1976, S. 288),
   c) eine unzureichende finanzielle Ausstattung der unteren Ebenen und
   d) eine Vernachlässigung spezifischen sozialpolitischen Bedarfs der Gemeinden.

Tabelle 41. Einrichtungen der Träger der Freien Wohlfahrtspflege in Deutschland 2000

	Einrich-tungen	Betten/ Plätze	hauptamtliche Vollzeit-beschäftigte	Teilzeit-beschäftigte
(1)	(2)	(3)	(4)	(5)
Krankenhäuser	1 227	220 507	213 774	103 742
Jugendhilfe (ohne Behindertenhilfe)	33 974	1 835 231	146 482	110 250
Familienhilfe	9 453	58 757	34 505	54 942
Altenhilfe	15 212	481 495	129 437	108 140
Behindertenhilfe	12 449	344 819	98 208	59 503
Sonstige Einrichtungen und Dienste	19 683	215 417	55 835	33 086
Ausbildungs-, Fort- und Weiter-bildungsstätten für soziale und pflegerische Berufe	1 568	114 310	8 435	7 990
Insgesamt im Jahr 2 000	93 566	3 270 536	686 676	477 653
Zum Vergleich im Jahr 1970	52 475	2 151 569	381 888	

Quelle: Bundesarbeitsgemeinschaft der Freien Wohlfahrtspflege, Gesamtstatistik der Einrichtungen der Freien Wohlfahrtspflege 2000, S. 11 und S. 15.

2. Das gestiegene Gewicht bestimmter Organe der Sozialpolitik, insbes. der Verwaltungen der Sozialversicherung. Wie insbes. *Friedrich v. Hayek* (1971, S. 367 ff.) und *Viola v. Bethusy-Huc* (1976, S. 256 ff. und S. 285 ff.) gezeigt haben, hat die Spezialisierung der Beamten und Angestellten der bürokratischen Sozialverwaltungen in Verbindung mit einer immer komplexer gewordenen Rechtsmaterie eine Autonomie dieser Verwaltungen begründet, die nicht nur zu einer Erstarrung des Systems der sozialen Sicherheit im Sinne einer Verfestigung der Kompetenzen der Verwaltungen, der Erhaltung der Kompliziertheit der Sozialrechtsmaterie, der Aufrechterhaltung der Überschneidungen zwischen den Organen der Sozialpolitik führt und eine mangelnde Anpassung sozialer Leistungen an die tatsächlichen Bedürfnisse bewirkt, sondern auch soziale Reformen erschwert.
3. Die optimale Aufgabenverteilung zwischen öffentlichen und privaten Trägern in der Wohlfahrtspflege und Sozialhilfe. Für den in der Bundesrepublik den freien Wohlfahrtsverbänden in § 10 BSHG eingeräumten „Vorrang" wird ins Feld geführt:
   a) die Notwendigkeit der Sicherung weltanschaulicher Pluralität sozialer Hilfe, insbes. dort, wo - wie in der Jugendhilfe - das weltanschauliche Fundament von Bedeutung ist;
   b) die Freiheit der Verbände von staatlichem Bürokratismus, ihre Möglichkeit, sich frei von Verwaltungsvorschriften und Richtlinien dem Einzelfall zuwenden zu können und ihre größere Möglichkeit, innovatorisch tätig zu werden;
   c) die im Vergleich zu den öffentlichen Trägern geringere Distanz zu den Klienten, die stärkeren Partizipationsmöglichkeiten der Klienten und ein Mehr an Kooperation zwischen Helfer und Klient;
   d) ein vergleichsweise stärkeres Engagement der Mitarbeiter der freien Verbände bei der Hilfeleistung.

Gegen diese Argumente wird geltend gemacht:

a) Die Verbände der Freien Wohlfahrtspflege seien kein Spiegelbild des tatsächlichen Weltanschauungspluralismus der Bevölkerung und es gebe zahlreiche Klienten, die zu keiner der etablierten Gruppen Vertrauen haben.

b) Die Trägervielfalt verhindere eine sinnvolle Planung, führe zu einem unkoordinierten Nebeneinander der Hilfe und erschwere eine fachliche und problemorientierte Spezialisierung sozialer Hilfe.

c) Die freien Träger seien selbst zu bürokratiegeleiteten und bürokratisch handelnden Großorganisationen erstarrt.

d) Auch kommunale Einrichtungen könnten sich mit Erfolg um größere Klientennähe bemühen.

e) Die freien Träger hätten Mühe, Mitarbeiter zu gewinnen, die ihren weltanschaulichen Einstellungen entsprechen.

Für die grundsätzliche Beibehaltung des Vorranges der Verbände der Freien Wohlfahrtspflege sprechen u.E. drei Aspekte:

a) Das große Ausmaß an Verrechtlichung und Entpersönlichung der sozialen Hilfe im Laufe der Zeit, der Trend zu „herzloser Sachgerechtigkeit" (v. Nell-Breuning) lässt es gerade im Sozialhilfebereich, in dem es häufig darauf ankommt, zu beraten, persönlich zu betreuen, Zuspruch, Trost und Ermunterung zu gewähren, geraten erscheinen, staatliche Institutionen erst dann zum Zuge kommen zu lassen, wenn die freien Träger, die in ihren Entscheidungen und Handlungsmöglichkeiten freier sind als staatliche Bürokratien, finanziell oder personell überfordert sind.

b) Die Verbände haben viel mehr als staatliche Träger die Möglichkeit, innovatorisch tätig zu sein und experimentell Aufgaben in der Sozialarbeit zu übernehmen, also Schrittmacherdienste zu leisten. Diese Funktion ist angesichts der Bürokratisierung und Institutionalisierung der Sozialpolitik besonders wichtig.

c) Die Verrechtlichung sozialer Tatbestände und ihrer Bekämpfung sowie die steigende Abdeckung sozialer Notlagen durch staatliche Hilfe reduzierten notwendigerweise mehr und mehr die Verantwortung, aber auch die Bereitschaft und die Möglichkeiten gesellschaftlicher Gruppen zur Hilfe für den Nächsten. Man sollte daher in den Bereichen, wo die zu verfolgenden Zielsetzungen es zulassen, für gesellschaftliche Gruppen und Verbände Handlungsspielräume erhalten und Alternativen zur Lebensgestaltung durch den Staat offen halten, um den Machtzuwachs des Staates und der Staatsverwaltung wenigstens relativ zu begrenzen, um so mehr, als diese Verwaltung - wie gezeigt - den sozialpolitischen Willensbildungs- und Entscheidungsprozeß zunehmend beeinflusst.

4. Ein weiteres Problem ist die Aushöhlung der Kompetenzen der sozialen Selbstverwaltung bei formaler Aufrechterhaltung ihrer Befugnisse. Die Selbstverwaltung besteht darin, dass die Organe der Sozialversicherungsträger, nämlich die Vertreterversammlung und die Vorstände, mit Vertretern der versicherten Arbeitnehmer und der (beitragzahlenden) Arbeitgeber - meist paritätisch - besetzt

sind und bestimmte Entscheidungsbefugnisse haben.[20] Durch die Verrechtlichung der Sozialpolitik, die Übertragung versicherungsfremder Lasten auf die Versichertengemeinschaften, eine zunehmende finanzpolitische Bevormundung und eine Ausweitung der mittelbaren Staatsaufsicht wurde die Selbstverwaltung stark eingeschränkt (vgl. dazu Lampert 1984c und Thiemeyer 1984). Dadurch wurde die Bedürfnisorientierung der Sozialpolitik reduziert, Mitverantwortung der Bürger abgebaut und die Solidarität geschwächt.

2. Internationale Organe und supranationale Träger[21]

a) Internationale Organe

Im Zuge der Entwicklung nationaler staatlicher Sozialpolitik hat sich gezeigt, dass nationale Sozialpolitik auf eng gezogene Grenzen stößt, wenn es nicht gelingt, zwischenstaatliche Vereinbarungen zu treffen. Z.B. fürchteten die europäischen Industrieländer vor der Jahrhundertwende, ohne internationale Abstimmung von Arbeitnehmerschutzmaßnahmen im internationalen wirtschaftlichen Wettbewerb in Rückstand zu geraten. Auch die steigende internationale Mobilität der Arbeitskräfte hat es erforderlich gemacht, die Freizügigkeit der Arbeitnehmer durch zwischenstaatliche Abkommen zu fördern.

Die Bemühungen zur Absicherung der nationalen Sozialpolitik durch zwischenstaatliche Abkommen wie auch die Bemühungen internationaler Organisationen, insbes. der Vereinten Nationen, sozialpolitische Mindeststandards weltweit durchzusetzen, haben die Entwicklung der Sozialpolitik nach dem Ersten Weltkrieg gefördert. Diese internationale Sozialpolitik ist definierbar als ein Komplex von internationalen Vereinbarungen, Einrichtungen und Bestrebungen zur Absicherung nationaler Sozialpolitik und zur möglichst weltweiten Durchsetzung sozialpolitischer Mindeststandards v.a. in den Bereichen Arbeitnehmerschutz, Soziale Sicherung, Gesundheitspolitik und Bildung. Das Kernproblem dieser Politik liegt darin, dass es ihr an einem durch staatliche Macht gesicherten, autonomen Träger mit Gesetzgebungsbefugnis fehlt, Sozialpolitik also nur durch Vereinbarungen zwischen den Staaten durchsetzbar ist. Daher ist es auch besser, nicht von Trägern, sondern von Organen internationaler Sozialpolitik zu sprechen.

Als bedeutende Organe in diesem Sinne sind in diesem Überblick Sonderorganisationen der Vereinten Nationen, deren 1948 beschlossene „Allgemeine Erklärung der

---

[20] Paritätisch besetzt sind die Organe der Rentenversicherungsträger mit Ausnahme der Organe der Bundesknappschaft, die zu 2/3 mit Arbeitnehmervertretern besetzt sind, und mit Ausnahme der Organe der landwirtschaftlichen Alterskassen, in denen Arbeitnehmervertreter nicht mitwirken. Paritätisch besetzt sind ferner die Organe der Träger der gesetzlichen Krankenversicherung, ausgenommen die schon vor Einführung der gesetzlichen Krankenversicherung als Selbsthilfe-Einrichtungen gegründeten Ersatzkassen, deren Organe nur mit Vertretern der Versicherten besetzt sind. Drittelparitätisch besetzt sind die Organe der Arbeitsverwaltung (Bundesanstalt für Arbeit, Landesarbeitsämter und Arbeitsämter): Neben Arbeitnehmervertretern und Arbeitgebervertretern wirken Repräsentanten der Öffentlichen Hände in der Selbstverwaltung dieser Einrichtungen mit. Vgl. zur Selbstverwaltung *Gesetz über die Selbstverwaltung und über Änderungen von Vorschriften auf dem Gebiet der Sozialversicherung* vom 22. Febr. 1951 sowie das *Gesetz zur Weiterentwicklung des Selbstverwaltungsrechtes und zur Vereinfachung des Wahlverfahrens* vom 7. Juni 1973.

[21] Vgl. dazu Kleinhenz 1982 und Vereinigung für internationale Zusammenarbeit (Hg.), Handbuch für internationale Zusammenarbeit, Loseblattsammlung, Teil III A.

Menschenrechte" der internationalen Sozialpolitik beachtliche Impulse gegeben hat, zu nennen. Diese Organisationen sollen durch internationale Koordinierung, Beratung von Regierungen, Organisation von Hilfen in besonderen Fällen und Aufklärungsarbeit die soziale Lage in den Mitgliedsländern der Vereinten Nationen verbessern.

Die schon 1919 gegründete Internationale Arbeitsorganisation (IAO, engl. ILO) verfolgt die Verbesserung der Arbeits- und Lebensbedingungen in ihren Mitgliedsländern durch internationale Abkommen und Empfehlungen sowie durch die Vermittlung von organisatorischem und technischem Wissen in den Entwicklungsländern. Die „Food and Agriculture Organization" (FAO) fördert die internationale Zusammenarbeit im Bereich der Berufsbildung, des Genossenschaftswesens und der Sozialpolitik in der Landwirtschaft. Die Weltgesundheitsorganisation (WHO) verfolgt das Ziel, für möglichst alle Völker ein möglichst hohes Gesundheitsniveau zu erreichen. Das internationale Kinderhilfswerk der Vereinten Nationen (UNICEF) ist bemüht, weltweit Spenden zur Finanzierung von Hilfsprogrammen für Kinder zu mobilisieren.

b) Supranationale Träger

Supranationale Träger der Sozialpolitik sind supranationale Institutionen, die über die Kompetenz verfügen, um in Nationalstaaten verbindliche sozialpolitische Regelungen durchzusetzen. Ein auch für die Bundesrepublik zuständiger supranationaler Träger sind die Europäischen Gemeinschaften (Montanunion, Europäische Wirtschaftsgemeinschaft, Europäische Atomgemeinschaft). Da die die Montanunion, die Europäische Wirtschaftsgemeinschaft und die Europäische Atomgemeinschaft umfassende Europäische Gemeinschaft (EG), seit 1994 als Europäische Union bezeichnet, als Träger der Sozialpolitik in den EG-Ländern zunehmend Bedeutung gewinnt, ist die Sozialpolitik der EG (EU) in einem eigenen Kapitel (XV) skizziert worden.[22]

Literatur zu Abschnitt C

v. Bethusy Huc 1976 - BMA 1997b, S. 635 ff. - Flamm 1980 - Kleinhenz 1982.

---

[22] Zur Verteilung der Kompetenzen innerhalb der Organe der EG vgl. Weber/Leienbach/Dohle 1991, S. 175 ff.

462

XVII. Kapitel

Bilanz der staatlichen Sozialpolitik

A. Erfolge

1. Gesellschafts- und sozialpolitische Erfolge

Die staatliche Sozialpolitik hat die Qualität der kapitalistischen Industriegesellschaft entscheidend verändert. Nach Meinung der Verfasser werden Leistungen und Ergebnisse der neuzeitlichen staatlichen Sozialpolitik unzureichend und in ihren qualitativen Wirkungen unzutreffend charakterisiert, wenn sie *überwiegend* und nicht nur für das 19., sondern auch für das 20. Jh. darin gesehen werden, das kapitalistische System funktionsfähig gemacht und stabilisiert zu haben.[1] Zwar hatten nachweislich bestimmte Träger politischer Verantwortung und bestimmte gesellschaftliche Gruppen mit der staatlichen Sozialpolitik die Absicht verbunden, das gegebene Gesellschafts- und Wirtschaftssystem ohne Veränderungen seiner tragenden Elemente und seiner Substanz zu sichern. Die Sozialpolitik hat jedoch - insbes. in Verbindung mit der Durchsetzung der parlamentarischen Demokratie - so viel Eigendynamik gewonnen, dass sie über die Funktion der Systemerhaltung längst hinausgewachsen und zu einer wirksamen gesellschaftsgestaltenden Kraft geworden ist.[2] Die Sozialgesetzgebung ist nicht nur etwas, „das der kapitalistischen Gesellschaft aufgezwungen wurde durch die .... Notwendigkeit, das ständig zunehmende Elend der Massen zu lindern", sondern „der kapitalistische Prozess - der Kraft seiner automatischen Wirkungen den Lebensstandard der Massen hob - hat außerdem noch die Mittel und den Willen für diese Gesetzgebung bereitgestellt" (Schumpeter 1950, S. 208).

Die zentrale Bedeutung der Sozialpolitik liegt in ihrem Beitrag zur Transformation der Rechtsnormen des freiheitlichen und sozialen Rechtsstaates aus der Welt der geschriebenen Verfassung, der zugesicherten formalen Rechte in die Lebenswirklichkeit, in tatsächlich nutzbare materiale Rechte und Möglichkeiten. Es ist zum großen Teil der Sozialgesetzgebung zu danken, dass der freiheitliche Sozialstaat mit seinen Zielen persönlicher Freiheit, sozialer Gerechtigkeit und sozialer Sicherheit für

---

[1] Vgl. als Vertreter dieser Auffassung u.a. *Hans Peter Widmaier* 1976, S. 48 ff. und S. 51 ff. sowie *Ulrich Rödel* und *Tim Guldimann*, Sozialpolitik als soziale Kontrolle, in: Max-Planck-Institut zur Erforschung der Lebensbedingungen der wissenschaftlich-technischen Welt, Starnberger Studien II, Frankfurt/M. 1978, S. 11 ff. und T. Guldimann, Die Entwicklung der Sozialpolitik in England, Frankreich und Schweden bis 1930, in: Max-Planck-Institut zur Erforschung der Lebensbedingungen der wissenschaftlich-technischen Welt, Starnberger Studien II, Frankfurt/M. 1978, S. 59 ff.

[2] Vgl. dazu v.a. Heimann 1980, S. 167 ff. und Achinger 1979, S. 54 ff. und S. 116 ff.

die überwiegende Mehrheit der Bevölkerung zu einer - freilich noch verbesserungsbedürftigen und verbesserungsfähigen - Wirklichkeit geworden ist.

Im 19. Jh. wurde die auf ständischen Privilegien und absolutistischer Staatsgewalt beruhende Feudalgesellschaft abgelöst, die politische Sphäre der Verfügungsmacht Privater entzogen und die politischen und rechtlichen Grundlagen des liberalen Verfassungs- und Rechtsstaates gelegt. Dies war der Anfang vom Ende einer jahrhundertelangen politischen, rechtlichen und wirtschaftlichen Abhängigkeit und Ungleichheit sozialer Gruppen. Aber eben nur der Anfang: die verfassungsmäßige Gewährleistung unveräußerlicher Grundrechte wie der Menschenwürde, der persönlichen Freiheit, der Gleichheit des staatsbürgerlichen Status, der wirtschaftlichen Freiheit und der Gleichheit der bildungsmäßigen, beruflichen und wirtschaftlichen Startchancen war nicht gleichbedeutend mit der Verwirklichung persönlicher materialer Freiheit für alle Staatsbürger, mit gleichen oder annähernd gleichen materialen Startchancen, mit der Sicherung der materiellen Voraussetzungen für die Wahrung der Menschenwürde und für die freie Entfaltung der Persönlichkeit. Es ist zu einem guten Teil die staatliche Sozialpolitik gewesen, die die Verwirklichung von Grundrechten der Bürger gefördert und ihre materiale persönliche Freiheit erhöht hat

- durch den Aufbau eines mittlerweile hochentwickelten Arbeitnehmerschutzes,
- durch Verkürzung der wöchentlichen, der jährlichen und der Lebensarbeitszeit,
- durch die Schaffung der arbeitsmarktpolitischen Voraussetzungen für permanent steigende Realeinkommen,
- durch die wirtschaftliche Absicherung im Falle des Eintritts der Standardrisiken,
- durch die Sicherung eines Existenzminimums für alle Bürger,
- durch die Rehabilitationspolitik,
- durch die Ausgestaltung der Betriebs- und Unternehmensverfassung,
- durch die Förderung der beruflichen und sozialen Mobilität,
- durch die Politik der Ausbildungsförderung,
- durch die (allerdings seit 1975 erfolglose) Vollbeschäftigungspolitik,
- durch den Ausgleich von Lebenslageunterschieden im Wege der Steuer-, der Lohn-, der Wohnungs-, der Familien- und der Vermögenspolitik.

Die mit steigendem wirtschaftlichem Wohlstand immer mehr entfaltete Sozialpolitik hat maßgeblich mitbewirkt:

- die Lösung der sozialen Frage als Arbeiterfrage, die sukzessive erfolgende volle Integration der Arbeiterschaft in die Gesellschaft und die weitgehende Verringerung von Schichten- und Klassenunterschieden;
- die Befreiung der überwiegenden Mehrheit der Bevölkerung von wirtschaftlicher Armut und von wirtschaftlich und/oder sozial bedingter Angst und Not;[3]
- die materielle Absicherung des Rechtes auf Gesundheit, Menschenwürde und freie Entfaltung der Persönlichkeit;
- die Öffnung der Gesellschaft durch material angenäherte Startchancen und leistungsorientierte Aufstiegschancen für alle;
- eine gleichmäßigere Verteilung der Spielräume materialer Freiheit durch die Politik des Einkommensausgleiches.

---

[3] Vgl. zum Abbau der Klassengesellschaft und zur Verhinderung von Massenarmut Fischer 1972, S. 256 f.

Die staatliche Sozialpolitik hat - das kann man ohne Übertreibung sagen - einen beachtlichen Beitrag zur Annäherung unserer Gesellschaft an die Ideale der Aufklärung, nämlich an die Ziele der Freiheit, der Gerechtigkeit und der Gleichheit, gebracht. Diese historisch bedeutende Leistung der staatlichen Sozialpolitik zur Gestaltung einer *humanen Gesellschaft* mit einer bisher noch nie und nirgends verwirklichten hohen sozialstaatlichen Substanz wird von vielen Kritikern des Sozialstaates und Befürwortern eines Abbaues des Sozialstaates sowohl im wissenschaftlichen Bereich als auch im politischen Raum verkannt und vernachlässigt. In vergleichbarer Weise werden von der Mehrzahl der Sozialstaatskritiker die im Folgenden dargestellten positiven wirtschaftlichen Effekte der Sozialpolitik übersehen oder nicht gewürdigt.

Der Beitrag der Sozialpolitik zur Entwicklung des freiheitlichen, demokratischen und sozialen Rechtsstaates beruht weitgehend auf dem durch die industrielle Entwicklung geschaffenen wirtschaftlichen Fundament. Der Sozialstaat kann zur Festigung dieses Fundaments beitragen.

2. Positive wirtschaftliche Effekte der Sozialpolitik[4]

Im vorhergehenden Abschnitt wurden nur die unter dem Aspekt der sozialen Sicherheit, der sozialen Gerechtigkeit und des sozialen Friedens positiv zu beurteilenden Wirkungen der Sozialpolitik dargestellt, nicht aber wirtschaftliche Wirkungen und Wirkungen auf das soziale Verhalten.[5] Die wichtigsten positiven wirtschaftlichen Effekte sollen in diesem Abschnitt skizziert werden (negative wirtschaftliche Effekte werden in Kap. XVII, B.2.e.) behandelt.[6]

Eine Vervollständigung unserer Kenntnisse über die Wirkungen der Sozialpolitik ist um so wichtiger, als Wissens- und Erkenntnislücken zu einer Fehleinschätzung sozialpolitischen Handelns führen können und zwar zu einer Unterschätzung sowohl positiver wie auch negativer Effekte.

a) Vermeidung von Sozialkosten und Sicherung des Arbeitskräftepotenzials

Eine wirtschaftliche Hauptwirkung des Arbeitnehmerschutzes (Arbeitszeit-, Unfall- und Gefahrenschutz) sowie der an Prophylaxe und Rehabilitation orientierten Ge-

---

4 Vgl. dazu auch IX. Kap., E.
5 Die Wirkungen der Sozialpolitik auf das Sozialverhalten einzelner und sozialer Gruppen sind trotz der Bedeutung von Änderungen des Sozialverhaltens und der menschlichen Lebensformen unzureichend bzw. zum Teil überhaupt nicht erforscht. Beispiele für solche Wirkungen sind der Einfluss der Alterssicherung auf die intrafamiliale Solidarität und die Familiengröße, das Fehlen einer ausreichenden eigenständigen sozialen Sicherung der nicht-erwerbstätigen, kindererziehenden Frau auf das generative und auf das Erwerbsverhalten und der Einfluss der Altenhilfepolitik auf das Verhalten der jüngeren gegenüber der älteren Generation.
6 Vgl. zu den positiven und negativen Wirkungen der Sozialpolitik auch Havemann 1988. *Robert Havemann* behandelt als positive Wirkungen: Die Reduktion von Unsicherheit, die Vermehrung des Humankapitals, die Verringerung der Einkommensunterschiede, die Vergrößerung ökonomischer Stabilität, die Erleichterung technologischer Änderungen und die Verstärkung des sozialen Zusammenhaltes; als Verluste behandelt er die Verringerung der Arbeitsbereitschaft, der privaten Ersparnis, des Produktivitätswachstums und der Freiheit der Konsumwahl sowie Erhöhungen der Verwaltungskosten und eine Vergrößerung der Schattenwirtschaft. Vgl. ferner Kleinhenz 1989, Schmähl 1998 und Barr 2001.

sundheits- und Rentenversicherungspolitik ist die gezielte Vermeidung von Sozialkosten und die Sicherung eines leistungsfähigen Arbeitskräftepotenzials, d.h. einer der Wirtschaftsgrundlagen der Volkswirtschaft. Erhebliche wirtschaftsgrundlagenpolitische, aus der Sicht der Unternehmen positive Effekte haben auch die allgemeine Bildungspolitik und die Berufsbildungspolitik einschließlich der Maßnahmen der beruflichen Umschulung, Fort- und Weiterbildung. Sowohl die Vermeidung von Sozialkosten wie auch die Förderung der Wirtschaftsgrundlagen mit ihren die Produktivität fördernden Effekten sind auch wachstumspolitisch positiv zu beurteilen.

b) Stabilisierung des volkswirtschaftlichen Kreislaufs und der Gesellschafts- und Wirtschaftsordnung

Die gesamtwirtschaftlichen Wirkungen der Politik sozialer Sicherung hängen von zahlreichen Faktoren ab - u.a. vom gesamtwirtschaftlichen Beschäftigungsgrad, von der Art der Finanzierung der Leistungen, von den Unterschieden in der Verbrauchsneigung der Steuer- und Beitragszahler einerseits und der Leistungsempfänger andererseits. Dennoch kann man davon ausgehen, dass das System der sozialen Sicherung insgesamt die konjunkturelle Entwicklung durch Stabilisierung der Konsumgüternachfrage stabilisiert,[7] insbes. in Zeiten niedrigen Beschäftigungsgrades,[8] wenngleich das System sozialer Sicherheit und seine Teile nur unter ganz bestimmten Bedingungen als eingebaute Stabilisatoren angesehen werden können.[9]

Die Stabilisierung des Wirtschaftsprozesses bewirkt in Verbindung mit den Wirkungen des Systems sozialer Sicherheit auf die Haushalte und einem (partiellen) Ausgleich von Lebenslageunterschieden gleichzeitig eine Stabilisierung der Gesellschafts- und Wirtschaftsordnung. Gesonderte Erwähnung verdient in diesem Zusammenhang die Bedeutung der Institutionalisierung des Arbeitsmarktes und der betrieblichen sowie überbetrieblichen Beziehungen zwischen Arbeitgebern und Arbeitnehmern für den sozialen Frieden.

c) Förderung und Absicherung des wirtschaftlichen und sozialen Strukturwandels

Wie an anderer Stelle dargestellt, ist die wirtschaftliche Entwicklung mit einem Wandel wirtschaftlicher und sozialer Strukturen und mit Anpassungskosten für die privaten Haushalte, die Anbieter von Faktorleistungen und die Unternehmungen verbunden. Sozialpolitische Leistungen, z.B. im Rahmen des *SGB III*, machen diese Anpassungslasten sozial akzeptabel und bauen Widerstände gegen den Strukturwandel ab. Die auf die Kontrolle der Anpassungslasten gerichtete Sozialpolitik kann aber gleichzeitig die strukturwandelbedingte Vernichtung wirtschaftlicher Werte zu minimieren suchen und gleichzeitig durch Förderung und Sicherung einer hohen Anpassungsflexibilität der Wirtschaftssubjekte den Strukturwandel erleichtern.

---

[7] Vgl. dazu Zimmermann/Henke1994, S. 331.

[8] Dabei ist unterstellt, dass in einer Rezession auf Beitragssatzerhöhungen verzichtet wird, also ein vorübergehendes deficit-spending in Kauf genommen wird.

[9] Vgl. dazu S. 298 und die dort angegebene Lit.

Durch Sozialpolitik werden aus individueller Sicht negative Wirkungen des Wettbewerbs sozial erträglich gemacht.

Ob die wirtschaftlichen Wirkungen sozialpolitischen Handelns ohne Einschränkungen positiv zu beurteilen sind, hängt weitgehend von der Ausgestaltung der Maßnahmen nach Anspruchsvoraussetzungen, Leistungshöhe, Leistungsdauer und Überprüfung der Anspruchsberechtigung ab (vgl. dazu Kap. XVII, B. 2.).

d) Förderung des wirtschaftlichen Wachstums

Die Wirkungen der Sozialpolitik auf das wirtschaftliche Wachstum sind bereits in Kapitel IX. (E.3.b.) dargestellt worden. Daher genügt hier der Hinweis, dass wachstumsfördernd wirken: die Humankapitaleffekte der sozialen Sicherung und des Arbeitnehmerschutzes sowie der Förderung der beruflichen Aus- und Weiterbildung, die soziale Absicherung des wirtschaftlichen und des sozialen Strukturwandels, der mit Wachstum untrennbar verbunden ist und die mit dem System sozialer Sicherung verbundene Nachfragestabilisierung, die die Stetigkeit des Wachstums fördert. Die Sozialpolitik kann aber auch wachstumshemmend wirken, wenn die Abgabenlast für die Unternehmen deren Wettbewerbsfähigkeit gegenüber ausländischen Konkurrenten beeinträchtigt oder wenn die Arbeitnehmerschutzgesetzgebung die Unternehmen überlastet.

B. Defizite und Fehlentwicklungen

Der Versuch, eine Bilanz neuzeitlicher staatlicher Sozialpolitik aufzustellen, wäre unvollständig, wenn man den Erfolgen nicht auch die Defizite, die Fehlentwicklungen und die ungelösten Aufgaben dieser Politik gegenüberstellen würde. Das Gewicht, das einzelnen Mängeln beizumessen ist, ist freilich davon abhängig, von welchem Zielsystem und von welchen Grundprinzipien der Sozialpolitik der Beobachter der praktischen Sozialpolitik ausgeht. Daher ist es selbstverständlich, dass dem folgenden Versuch einer Bewertung der Politikdefizite und Fehlentwicklungen die subjektiven Bewertungen der Verfasser zugrunde liegen. Die Mehrzahl der in der Literatur analysierten Mängel ist im Zusammenhang mit bestimmten Problemkreisen in dieser Arbeit bereits angesprochen und zum Teil ausführlicher behandelt worden, so dass hier nur noch die Aufgabe besteht, einen Überblick über die wesentlich erscheinenden Mängel der neuzeitlichen staatlichen Sozialpolitik zu geben.

1. Defizite

Unter Defizit werden im folgenden verstanden Verstöße gegen die Mindestanforderungen sozialstaatlichen Handelns. Als Kriterium für die Ableitung dieser Mindestanforderungen kann die Verpflichtung des Staates gelten, die Würde des Menschen zu schützen (Art. 1 Abs. 1 GG sowie § 1 BSHG). Auch durch das Grundrecht auf freie Entfaltung der Persönlichkeit (Art. 2 GG), durch das Gebot der Gleichbehandlung

(Art. 3 GG) und durch das Gebot, die Ehe und die Familie zu schützen (Art. 6 GG), werden der Sozialpolitik Mindestanforderungen vorgegeben.

Das *erste* und gravierendste Defizit liegt nach Meinung der Verfasser darin, dass sich die staatliche Sozialpolitik wie zu ihren Anfängen auf die im Arbeits- und Wirtschaftsleben Tätigen konzentriert, hart formuliert also Politik für die Etablierten, für die Normalbürger, ist, wenngleich auch ein Trend zur Verstärkung sozialpolitischer Hilfen für gleichsam „konstitutionell" wirtschaftlich und sozial Schwache - Kinder, geistig Behinderte, körperlich Behinderte, sozial Labile, physisch und psychisch Leistungsschwache, nicht erwerbstätige Mütter usw. - erkennbar ist. Nach wie vor aber gilt grundsätzlich die These von *Viola v. Bethusy-Huc* (1976, S. 224 f. und S. 230 f.), dass die staatliche Sozialpolitik im Bereich der sozialen Sicherung klassen- bzw. schichtenorientiert ist, und die Feststellung von *Gerhard Kleinhenz* (1971), dass sich die staatliche Sozialpolitik auf den wirtschaftlich aktiven und wirtschaftlich leistungsfähigen Normalbürger konzentriert. Die Sozialpolitik für das Kind, für die kinderreiche Familie, für die nicht erwerbstätige Mutter einer Familie ist unterentwickelt.

Ein *zweites* gewichtiges, bislang (2003) noch nicht ausreichend korrigiertes Defizit liegt in der vom Gesetzgeber noch nicht eingelösten, nach Feststellung des BVerfG im *Grundgesetz* verankerten Verpflichtung, jedem Gesellschaftsmitglied die Führung eines der Menschenwürde entsprechenden Lebens zu ermöglichen. Aus dieser Verpflichtung ergibt sich unmittelbar, dass der Staat nicht selbst Verursacher von Sozialhilfebedürftigkeit sein darf, d.h.: der Staat darf jene Teile des Einkommens, die erforderlich sind, um ein soziokulturelles Existenzminimum zu sichern, nicht besteuern, weil sonst Personen, deren Einkommen vor Steuern diese Höhe nicht oder gerade erreicht, durch die Besteuerung unter diese Existenzminimumschwelle absinken. Das BVerfG hat in mehreren Entscheidungen gerügt, dass der Gesetzgeber im Bereich der Familienbesteuerung gegen diesen Grundsatz verstoßen hat (vgl. BVerfGE 82, 60; 67, 290; 66, 214). Derzeit (2003) sind die tatsächlichen jährlichen Aufwendungen zur Sicherung des Existenzminimums und zur Betreuung und Erziehung der Kinder nämlich höher als die gewährten Steuerfreibeträge für Kinder in Höhe von 5694 €.

Ein *drittes* Defizit liegt darin, dass der Staat bisher noch nicht *die* Rahmenbedingungen geschaffen hat bzw. schaffen konnte, die sicherstellen, dass die Gesellschaftsmitglieder aus eigener Kraft ihr Existenzminimum sichern können. Die zentralste dieser Rahmenbedingungen, nämlich die Schaffung von Arbeitsplätzen für alle Arbeitsfähigen und Arbeitwilligen, verfehlen wir in der Bundesrepublik seit 1975. Daneben bestehen institutionelle Sicherungslücken, die auch bei „Normalbürgern" zur Sozialhilfebedürftigkeit führen können (vgl. dazu Transfer-Enquête-Kommission 1981, S. 158 ff.). Zu nennen sind: eine fehlende Absicherung von Berufsanfängern und von Personen, die nach einer Phase der Unterbrechung in den Beruf zurückkehren wollen, gegen das Risiko der Arbeitslosigkeit, und die fehlende Verpflichtung für die Bürger, sich während der fünfjährigen Wartezeit in der Rentenversicherung gegen das Risiko der Frühinvalidität durch Unfälle im häuslichen Bereich oder auch in der Freizeit abzusichern.

Ein *viertes* Defizit unseres Sozialstaates, das mit der angesprochenen Orientierung der sozialen Sicherung an der Erwerbstätigkeit zusammenhängt und das seit Mitte der 70er Jahre immer deutlicher erkennbar wird, ist die Unfähigkeit, die Zahl der Armen niedrig zu halten und ihren Anstieg zu vermeiden. Obwohl das System sozialer Sicherung die häufigsten Risiken auf hohem Niveau abdeckt, gibt es zunehmend mehr

Menschen, die arm oder von Armut bedroht sind; darunter befinden sich vor allem junge alleinstehende Arbeitslose, Familien mit mehreren Kindern und einem arbeitslosen Hauptverdiener, Langzeitarbeitslose, Alleinerziehende und Ausländer. Wenn man - worüber man streiten kann - Menschen als (relativ) arm definiert, die ein Einkommen von weniger als 50 % des Durchschnittseinkommens beziehen, waren 1998 in Westdeutschland 10,9 % der Bevölkerung arm, in Ostdeutschland 4,4 %. Das Ausmaß relativer Einkommensarmut nahm im früheren Bundesgebiet seit Beginn der 80er Jahre zu.[10] Nach *Otto/ Siedler* (2003) zeigt sich für Deutschland insgesamt ein Anstieg der Armutsquote von 10,5 % im Jahre 1992 auf 13 % im Jahr 2000. Die von der Caritas 1993 vorgelegte Armutsuntersuchung fordert daher u.a., dass die der Sozialhilfe vorgelagerten Sicherungssysteme für die durch sie prinzipiell gesicherten Personen „armutsfest" gemacht werden, dass Lücken zwischen den Teilsystemen, in die einzelne Personen geraten können, geschlossen werden, und dass - um eine Politik der Armutsprävention betreiben zu können -, eine diesbezügliche Dauerbeobachtung eingerichtet und alle drei Jahre ein offizieller Armutsbericht veröffentlicht wird (Hauser/Hübinger 1993, S. 38 f.).

Ein *fünftes* Defizit liegt darin, dass nicht nur unser Wissen über Umfang, Entwicklung, Ursachen und Ausprägung der Armut, sondern unser Wissen für mehrere Handlungsbereiche der Sozialpolitik lücken- und mangelhaft ist. Für die Feststellung, die Diagnose und die Prognose zahlreicher sozialpolitischer Probleme fehlt es an statistischen Daten über die soziale Wirklichkeit.[11] Mängel an statistischen Unterlagen zeigen sich v.a. in Bezug auf die Verteilung von Arbeits-, Vermögens- und Sozialeinkommen, das Vermögen der Haushalte sowie die Größe, Struktur und Lebenslage bestimmter, für die Sozialpolitik besonders relevanter Gruppen (z.B. Obdachlose, Süchtige, kinderreiche Familien, hilfsbedürftige ältere Menschen). Dabei fällt neben dem Mangel an objektiven Daten auch ins Gewicht, dass wir über die subjektiven Einschätzungen bestimmter sozialer Lagen und der zu ihrer Veränderung eingesetzten Instrumente durch die Betroffenen wenig wissen. Erhebliche Informationsdefizite bestehen dementsprechend auch über den Bedarf an Einkommenshilfen, Sozialinvestitionen, sozialen Sachleistungen und persönlichen sozialen Diensten.

Um in einer sich permanent mit zunehmender Geschwindigkeit ändernden Welt die jeweils am dringlichsten lösungsbedürftigen sozialen Probleme rechtzeitig erkennen und präventiv bekämpfen zu können, hat *Hans-Jürgen Krupp* schon 1975 eine „gesellschaftliche Dauerbeobachtung" mit Hilfe eines differenzierten Systems sozialer Indikatoren gefordert und durch die Anregung des DFG-Sonderforschungsbereichs 3 (Mikroanalytische Grundlagen der Gesellschaftspolitik), aus dem sich das Sozioökonomische Panel (SOEP) für die Bundesrepublik entwickelte, einen wichtigen Beitrag zur Schließung der statistischen Lücken geleistet.

---

[10] BMA 2001, Bericht S. 26 und S. 42.

[11] Vgl. zum Informationswert der amtlichen Sozialstatistik auch Transfer-Enquête-Kommission 1981, S. 18 („Die Kommission hat die Frage nicht abschließend klären können, in welchem Maße das Nebeneinander von nicht oder nicht genügend aufeinander abgestimmten Transfers zu unerwünschten Effekten führt") und S. 123 „Das ... gezeichnete empirische Bild des Transfersystems mußte lückenhaft bleiben, weil wichtige Daten nicht vorhanden oder nicht in ausreichendem Maße zugänglich sind." Es „muß darauf hingewiesen werden, daß die Arbeit der Kommission in vielfältiger Weise durch die unbefriedigende Datenversorgung behindert worden ist."

2. Fehlentwicklungen

Neben den im vorhergehenden Abschnitt beschriebenen Defiziten gibt es in der deutschen Sozialpolitik mehrere Fehlentwicklungen, die zum Teil bereits in verschiedenen wissenschaftlichen Gutachten und Stellungnahmen der 50er und 60er Jahre, insbes. im Sozial-Enquête-Gutachten von *Hans Achinger/Walter Bogs/Helmut Meinhold/ Ludwig Neundörfer/Wilfried Schreiber* aus dem Jahre 1966 angesprochen worden waren (vgl. zur einschlägigen Reformdiskussion 1945 - 1968 Bethusy-Huc 1976). Seinerzeit wurden als Fehlentwicklungen, die übrigens bis heute nicht korrigiert wurden, kritisiert: die Dominanz des Kausalprinzips gegenüber dem Finalprinzip, die Trägervielfalt, die Kompetenzzersplitterung und die fehlende Systemtransparenz. Weitere, im Folgenden anzusprechende Fehlentwicklungen sind zu sehen in einer verteilungspolitischen Schlagseite der Sozialpolitik, in der Anwendung suboptimaler Sicherungsprinzipien und in sozialpolitischem Fehlverhalten des Zentralstaates.

a) Kausalprinzip und organisatorische Zersplitterung als Konstruktionsmängel

Das Kausalprinzip hat aus der Sicht der Anspruchsberechtigten nicht nur den Nachteil der organisatorischen und der Kompetenzzersplitterung sowie der Kompetenzvielfalt, sondern führt - wichtiger noch - zu unterschiedlich hohen Sozialleistungen - z.B. der Höhe der Hinterbliebenen- oder der Entschädigungsrenten - unter sonst gleichen Umständen, je nachdem, welcher Versicherungszweig zuständig ist.[12] In ähnlicher Weise als problematisch erweisen sich die historisch verständlichen, in der Gegenwart aber nicht mehr zu rechtfertigenden Unterschiede in der sozialen Sicherung zwischen beamteten und nicht beamteten Arbeitnehmern. Bemerkenswert ist, dass die Sozial-Enquête-Kommission, die die Möglichkeiten der Neugestaltung des Sicherungssystems prüfen und die wissenschaftlichen Grundlagen für eine deutsche Sozialpolitik „aus einem Guss" erarbeiten sollte, zu dem Ergebnis kam, dass sich das historisch gewachsene und nicht nach einheitlichen Gesichtspunkten orientierte Sozialleistungssystem grundsätzlich bewährt habe und in seinen wesentlichen Bestandteilen trotz verschiedener Mängel und Ungereimtheiten nicht gravierend geändert werden solle.

Ähnlich bekannt und viel diskutiert wie die Probleme der Trägervielfalt, unterschiedlicher Behandlung wirtschaftlich und sozial gleicher Lebenslagen und der Intransparenz der Zuständigkeiten der Träger des Systems sozialer Sicherung sind die Steuerungsmängel in der GKV und die Verteilungsmängel in der gesetzlichen RV, die allerdings durch die Gesundheitsreformgesetze der Jahre 1988 und 1992 sowie durch die Rentenreformgesetze der Jahre 1989 und 1997 z.T. behoben worden sind. Nach wie vor bestehen aber in beiden Sicherungszweigen gravierende Probleme. Z.B. besteht in der gesetzlichen Krankenversicherung nach wie vor das Problem, dass bei einem erwerbstätigen Ehepaar beide Arbeitseinkommen bis zur Beitragsbemessungsgrenze beitragspflichtig sind, während bei einem kinderlosen Einverdienerpaar nur der erwerbstätige Partner einen Beitrag zu entrichten hat. Dass die nicht erwerbstätige Ehefrau auch dann, wenn sie keine Kinder zu versorgen hat, nicht nur beitragsfrei

---

[12] Vgl. zur Kompetenzzersplitterung und -vielfalt in Bezug auf das Invaliditätsrisiko auch Transfer-Enquête-Kommission 1981, S. 186 ff. Leistungen bei Invalidität erbringen die Renten-, die Unfall-, die Krankenversicherung und die Kriegsopferversorgung.

krankenversichert ist, sondern auch Anspruch auf eine beitragsfrei erworbene Witwenrente hat, erscheint ebenso wenig gerechtfertigt.

Ein Vorschlag zur Beseitigung der Leistungsvielfalt, der Intransparenz und der fehlenden Koordinierung der Sozialleistungen wird unter dem Stichwort „Bürgergeld" diskutiert. Der Grundgedanke besteht darin, die steuerfinanzierten Sozialleistungen (Kinder-, Erziehungs- und Wohngeld, Ausbildungsförderungsleistungen, Sozialhilfe usw.) - also nicht die Leistungen des Sozialversicherungssystems - zu einer Universalleistung zusammenzufassen, die nach individuellen Sozial- und Bedürftigkeitsmerkmalen zusammengefasst wird.[13] Durch die Höhe dieser Universalleistung werden auch die bei der Einkommensteuer abzuziehenden Freibeträge aller Steuerpflichtigen definiert. Das Bürgergeldkonzept wurde im Auftrag der Bundesregierung von einer wissenschaftlichen Kommission geprüft. Die Prüfung führte zum Ergebnis, dass das Konzept nicht realisierbar ist, weil es erstens zu unspezifisch ist, d.h. zu wenig auf die sozialpolitischen Bedarfe abstellen kann, und zweitens zu teuer ist, weil die Höhe des Bürgergeldes auch für die Freibeträge aller Steuerpflichtigen entscheidend ist (und damit auch besonders die Bezieher hoher Einkommen begünstigt, weil es die Steuerprogression verringert).[14]

b) *Überversorgung, Unterversorgung und Begünstigung wohlhabender Schichten*

Besonders analysebedürftig sind im Sozialleistungssystem der Bundesrepublik fragwürdige, weil unter dem Aspekt sozialer Gerechtigkeit nicht zu rechtfertigende Verteilungswirkungen.

Erwähnung verdient in erster Linie die Überversorgung von solchen Altersrentenbeziehern, die außer ihrer Altersrente Anspruch auf eine beitragsfreie Hinterbliebenenrente haben, während andererseits eine *ausreichende* versicherungsrechtliche Absicherung kindererziehender Mütter noch fehlt. Überversorgt sind auch Altersrentner der gesetzlichen Rentenversicherung, die gleichzeitig Hinterbliebenenrente und/oder eine eigene Betriebsrente und/oder Betriebsrentenansprüche als Hinterbliebene haben. Es wurde bereits erwähnt, dass die in das System sozialer Sicherung eingebauten beitragsfreien Leistungen für kinderlose, nicht erwerbstätige Ehefrauen, nämlich die beitragsfreie Kranken- und die beitragsfreie Hinterbliebenenversicherung, angesichts zahlreicher gewollt kinderlos bleibender Ehen nicht mehr gerechtfertigt erscheinen.

Von der Zielsetzung aus beurteilt widersinnige Verteilungswirkungen treten in all den Fällen auf, in denen - z.B. zur Förderung des Wohnungsbaues oder zur Förderung der beruflichen Ausbildung - bestimmte Beträge bzw. Aufwendungen vom steuerpflichtigen Einkommen in Abzug gebracht werden können, ohne dass eine Einschränkung der steuerlichen Leistungsfähigkeit vorliegt. Denn diese Art steuerlicher Erleichterung führt zu um so größeren Entlastungsbeträgen, je höher das steuerpflichtige Einkommen ist.[15]

---

[13] Vgl. dazu Mitschke 1985, Hüther 1990 und Pelzer 1994.
[14] Vgl. dazu Krause-Junk 1997 und Rothschild 1997.
[15] Vgl. dazu auch A. Oberhauser, Deutsches Steuerrecht und Steuergerechtigkeit, in: Rauscher (Hg.), 1995, S. 1 ff.

Weitere negative Verteilungseffekte liegen beim Wohngeld vor, das für bessergestellte Haushalte, die sich teurere Wohnungen leisten können, höher ist als für wirtschaftlich schwächere Haushalte (vgl. Vaubel 1990, S. 69 ff.); außerdem sind die Wohngeldzuwächse aufgrund zunehmender Kinderzahl vergleichsweise niedrig angesetzt. Negative Verteilungseffekte liegen auch vor im sozialen Wohnungsbau, in dem trotz der Fehlbelegungsabgabe Haushalte, deren Einkommen im Laufe der Jahre über die Einkommensgrenzen des sozialen Wohnungsbaues gestiegen sind, erhebliche Mietvorteile haben, während junge Familien mit niedrigeren Einkommen kaum Chancen haben, an eine preiswerte Sozialwohnung zu kommen (vgl. Bossert 1992, S. 59).

c) Anwendung suboptimaler Prinzipien sozialer Sicherung

Eine Vielzahl von Problemen des Sozialstaates wird durch die Anwendung suboptimaler Prinzipien für die Absicherung sozialer Risiken geschaffen. Dazu gehören zum einen arbeitsrechtliche Lösungen anstelle versicherungsrechtlicher und zum anderen das Prinzip nahezu vollen Einkommensersatzes, wie z.B. in Form der 100 %igen Lohnfortzahlung im Krankheitsfall. Derart volle oder sehr hohe Lohnersatzleistungen reizen, wie die Erfahrung zeigt, zu missbräuchlicher Inanspruchnahme an. Überdies stellt sich die Frage, ob es nicht ausreichend ist, im Risikofall einen hohen Prozentsatz des Einkommens in Höhe von etwa 2/3 zu ersetzen und die Sorge für eine höhere Lohnersatzleistung den Einzelnen zu überlassen.

Arbeitsrechtlich statt versicherungsrechtlich geregelt sind die Lohnfortzahlung im Krankheitsfall, die Zahlung der Differenz zwischen Nettolohn und Mutterschaftsgeld der Krankenkasse während der Mutterschutzfrist, die Erziehungszeit (Elternzeit) und die Tragung der Kosten für den Bestandsschutz von Arbeitsverhältnissen einschließlich der Sozialplankosten. Diese arbeitsrechtlichen Regelungen haben nicht nur den Nachteil, kleine und mittlere Unternehmungen relativ stärker zu belasten als größere; vielmehr verschlechtern sie auch die Wettbewerbschancen der Adressaten des sozialen Schutzes auf dem Arbeitsmarkt. Das Arbeitslosigkeitsrisiko für Krankheitsanfällige, für potenzielle Mütter und für Arbeitnehmer, die einen besonderen Kündigungsschutz genießen, wie Mütter, Schwerbehinderte und ältere Arbeitnehmer, ist daher größer als es bei versicherungsrechtlichen Lösungen wäre (arbeitnehmerschutzinduzierte Arbeitslosigkeit).

d) Fehlverhalten des Zentralstaates

Als Fehlentwicklungen sind schließlich auch staatliche Verhaltensweisen anzusprechen, die auf eine Missachtung sozialstaatlicher Grundsätze hinauslaufen. Eine gravierende Verletzung solcher Grundsätze stellt die Finanzierung staatspolitischer Aufgaben nicht durch Steuern, sondern durch Sozialversicherungsbeiträge dar. Vor allem nach dem Zweiten Weltkrieg wurden den Sozialversicherungen zahlreiche versicherungsfremde Lasten aufgebürdet, die nur partiell durch Staatszuschüsse erstattet wurden, wie z.B. die Zahlung des Mutterschaftsgeldes oder die auf der Anerkennung von Kindererziehungsjahren beruhenden Rentenleistungen (vgl. dazu Lampert 1984c,

S. 40 f. mit Lit.). Unter Missachtung des Prinzips der Selbstverwaltung sozialer Angelegenheiten hat der Bund auch häufig die Beitragssätze in einem Versicherungszweig angehoben oder gesenkt, um sie in einem anderen senken oder erhöhen zu können, wenn es ihm opportun erschien.[16] Seit der Wiedervereinigung werden die Pflichtversicherten mit bisher nicht praktizierter Schamlosigkeit zur Finanzierung versicherungsfremder Lasten, nämlich zur Finanzierung der deutschen Einheit, herangezogen.[17] Gleichzeitig wird - nicht zuletzt von den für diese Entwicklung Verantwortlichen - die Höhe der Lohnnebenkosten beklagt sowie ihre Reduzierung und zur Bewältigung der durch diese Politik entstandenen Finanzierungsprobleme eine Änderung des Rentenrechts zu Lasten der Rentner gefordert. Ähnlich skrupellos zog der Gesetzgeber Familien mit Kindern verfassungswidrig dadurch zur Finanzierung seiner Ausgaben heran, dass er die Freibeträge für Verheiratete, insbes. aber für Kinder, weit niedriger ansetzte, als es den zur Sicherung des soziokulturellen Existenzminimums erforderlichen Aufwendungen entsprach.[18] Dadurch wurden nicht nur Familien zu hoch besteuert, sondern auch Personen zu Sozialhilfeempfängern gemacht, deren Einkommen vor Steuern die Höhe des Existenzminimums erreichte oder geringfügig überschritt (vgl. Bossert 1992, S. 66 ff.). Ähnlich wie mit den Sozialversicherungspflichtigen und den Steuerzahlern ging der Zentralstaat mit den Ländern und den Gemeinden um, solange er den Ländern, Kreisen und Gemeinden nicht nur die Sozialhilfeleistungen für nicht mehr vermittelbare Langzeitarbeitslose, sondern (bis 1994) auch für die pflegebedürftigen älteren Menschen sowie für Asylbewerber übertrug, ohne sich angemessen an der Finanzierung dieser Aufgaben zu beteiligen, obwohl es sich um Aufgaben handelt, für deren Lösung die Verantwortung primär beim Bund liegt.

e) Überschreitung der Grenzen des Sozialstaates

Als die derzeit gravierendste Fehlentwicklung ist – nicht nur, vor allem aber für die Bundesrepublik – die Verletzung von Grenzen des Sozialstaates anzusehen. Das Gewicht dieses Problems lässt sich allein an der seit zwei Jahrzehnten anhaltenden, intensiven und sehr kontrovers geführten Diskussion um die Notwendigkeit und die Möglichkeiten einer Sozialstaatsreform ablesen. [19]

Die Entwicklung des Sozialstaates war in allen Industriegesellschaften der westlichen Welt mit steigenden Sozialleistungsquoten verbunden. In der Bundesrepublik kletterte diese Quote von 17,1 % 1950 auf 22,8 % 1960, auf 26,5 % 1970 und auf 32,6 % 1980. Bis 1987 verharrte sie in etwa auf diesem Niveau und sank bis 1990,

---

[16] Vgl. zur Verletzung der Selbstverwaltungsautonomie der Sozialversicherung und zum Missbrauch der Sozialversicherung als finanziellem Verschiebebahnhof Lampert 1984c. Vgl. auch Böckel 1986.

[17] Von 1991 bis 1999 wurden von der RV aus Beitragseinnahmen 111,9 Mrd. DM an die ostdeutschen RV-Träger transferiert. Von der Bundesanstalt für Arbeit wurden im gleichen Zeitraum aus Beitragsmitteln 158 Mrd. DM in die neuen Bundesländer transferiert (DIW-Wochenbericht 45/99).

[18] Vgl. zu dieser Problematik Th. Schnabel 1987, S. 21 ff. In zwei Urteilen des Jahres 1990 hat das BVerfG festgestellt, dass die Grundfreibeträge und die steuerlichen Äquivalente des Kindergeldes verfassungswidrig niedrig waren (BVerfGE 82, 60 und 82, 198).

[19] Vgl. dazu Krupp 1974; W. Albers 1977a; Rauscher (Hg.) 1977; Hamm 1981b; Koslowski/Kreuzer/Löw 1983; Walter-Raymond-Stiftung 1983; Lampert 1984a; Molitor 1984; Schlotter 1984; W. Engels 1985; Spieker 1986; Heinze/Hombach/Scherf 1987; Knappe 1995; Schönig/L'Hoest 1996, Grieswelle 1996, Sinn 2000.

dem Jahr der Wiedervereinigung, auf 29,5 % ab. Bis 1996 stieg sie auf 34,5 % an und lag bis 2000 etwas über 33,0 %.

Die Staatsquote als Anteil der Ausgaben von Bund, Ländern und Gemeinden unter Einschluss der Sozialleistungen am Bruttosozialprodukt stieg von 32,8 % 1965 auf 38,5 % 1975 und 39,1 % 1990. 1991 belief sich die Staatsquote in Gesamtdeutschland – definiert jetzt als Anteil der Steuern und der Sozialabgaben am Bruttoinlandsprodukt - auf 38,8 % und lag dann bis 2000 bei Werten zwischen 39,3 % und 40,9 % (Institut der deutschen Wirtschaft, Deutschland in Zahlen 2002, Tab. 7.1). Diese Ausgaben setzen entsprechende Staatseinnahmen, d.h. Steuer- und Abgabenbelastungen, voraus. 2003 belief sich allein die Bruttosozialabgabenquote des Arbeitseinkommens auf 41,3 % (Beitrag zur RV 19,5 %, zur KV 13,6 %, zur Bundesanstalt für Arbeit 6,5 %, zur Pflegeversicherung 1,7 %). Daher stellt sich die Frage nach den Grenzen des Sozialstaats immer dringlicher.

Die Frage nach den *quantitativen* Grenzen der Sozialpolitik ist fast so alt wie die neuzeitliche staatliche Sozialpolitik selbst. Schon *Otto v. Bismarck* hatte die Frage gestellt, bis zu welcher Grenze man beim Aufbau der Sozialversicherung und des Arbeitnehmerschutzes gehen kann, „ohne dem Arbeiter die Henne zu schlachten, die ihm die goldenen Eier legt". *Eduard Heimann* meinte dazu, dass es „Grenzen der Sozialpolitik, wie sie im Schrifttum so viel Mühe machen, grundsätzlich nicht gibt" (1980, S. 215). Neben quantitativen Grenzen existieren „qualitative" Grenzen im Sinne einer Beeinträchtigung der Qualität einer bestehenden oder erstrebten Wirtschafts- und Sozialordnung, d.h. im Sinne einer Beeinträchtigung gesellschaftlicher Grundwerte. Sie scheinen den Verfassern im Vergleich zu den quantitativen Grenzen bedeutender zu sein. Daher werden sie vor den quantitativen Grenzen dargestellt.

f) Verletzung gesellschaftlicher Grundwerte

Ziele und Mittel einer Sozialpolitik können zu grundlegenden gesellschaftspolitischen Zielen, insbes. zum Ziel möglichst großer individueller Freiheit und zum Ziel sozialer Gerechtigkeit, komplementär sein, aber auch in einen Widerspruch dazu geraten, also Grundwerte der Gesellschaft gefährden.[20] *Hans Achinger, Josef Höffner, Hans Muthesius* und *Ludwig Neundörfer* haben bereits 1955 in ihrer Denkschrift „Neuordnung der sozialen Leistungen" (S. 28 ff.) auf die bei Nichtbeachtung des Subsidiaritätsprinzips drohende Gefahr der Schwächung und Ausschaltung der Selbsthilfe und der Leistungskraft kleiner sozialer Einheiten und die daraus resultierende Gefährdung des Staates hingewiesen. Gesellschafts- und wirtschaftspolitische Grundziele, die durch den Umfang und durch bestimmte Konstruktionsmerkmale des Sozialstaates gefährdet werden können, sind insbes. die Rechtsstaatlichkeit bzw. die Freiheit, die soziale Gerechtigkeit, die Solidarität, die Selbstverantwortung und die Subsidiarität. Die eher wirtschaftspolitisch wichtigen Werte bzw. Ziele wie Leistungsbereitschaft, Anpassungswilligkeit und Anpassungsfähigkeit der Wirtschaftssubjekte sollen im Zusammenhang mit der Gefährdung der wirtschaftlichen Leistungsfähigkeit abgehandelt werden. Der Einfluss bestimmter Konstruktionsmerkmale des Sozialstaates, wie z.B. der Voraussetzungen für den Leistungsbezug, die den Missbrauch einschränken, aber

---

[20] Vgl. zu dieser Problematik Chr. Watrin 1977; v. Hayek 1971, insbes. Kap. XVIII und XIX; Winterstein 1969; Molitor 1984; v. Bethusy-Huc 1976, S. 232 f.

auch begünstigen können, oder das Verhältnis zwischen Arbeitseinkommen und Lohnersatzleistung oder auch die Dauer von Sozialleistungen werden ebenfalls später behandelt werden (vgl. S. 497 ff.).

Grundwerte, die durch eine Expansion der Sozialleistungen in der einschlägigen Literatur am häufigsten als gefährdet betrachtet werden, sind die persönliche Freiheit und die Selbstverantwortung. Eine Einschränkung der persönlichen Freiheit wird nicht nur mit dem Hinweis auf den Versicherungszwang, sondern auch damit begründet, dass der für den Sozialstaat charakteristische Versuch, mehr soziale Sicherheit und soziale Gerechtigkeit *durch Umverteilung* zu erreichen, aufgrund der dazu notwendigen Abgabenbelastungen die materiale Freiheit der Bürger einenge. Richtig an dieser Argumentation ist, dass der materiale Freiheitsspielraum der durch den Sozialstaat netto Belasteten eingeengt wird. Aber dieser Beschränkung steht eine Vergrößerung der materialen Freiheit bei den Begünstigten gegenüber, die bei einer in der Ausgangslage deutlichen Ungleichverteilung das gesellschaftliche Potenzial an Freiheit erhöht. Einkommensumverteilungen können daher, wenn sie mit Augenmaß vorgenommen werden, zu einer gleichmäßigeren Verteilung der individuellen Freiheitsspielräume in der Gesellschaft führen.[21] „Mit Augenmaß" soll erstens heißen, dass nach der Umverteilung die Unterschiede in den verfügbaren Einkommen und im privaten Vermögen noch die Unterschiede in den Leistungen der Individuen für die Gesellschaft widerspiegeln und zweitens, dass die Belastungen nicht zu einer Beeinträchtigung der Leistungsbereitschaft der Wirtschaftssubjekte und der Leistungsfähigkeit der Volkswirtschaft führen. Allerdings ist hinzuzufügen, dass sich über die Wahrscheinlichkeit oder die Tatsache einer Bedrohung der Freiheit als Grundwert in einer konkreten Gesellschaft nicht abstrakt, sondern nur anhand der Empirie einigermaßen zuverlässig urteilen lässt.

Das Ausmaß der in einer Gesellschaft herrschenden Abgabenbelastung und das Ausmaß der Umverteilung können einen weiteren Grundwert gefährden: die Solidarität. Sie wird von den Mitgliedern einer Solidargemeinschaft auf Dauer nur geübt werden, wenn diese Solidarität von anderen nicht dadurch überbeansprucht wird, dass diese sich weniger selbstverantwortlich verhalten als sie es könnten, oder dass sie sich als Nutzenmaximierer verhalten. Die Gefährdung der Solidarität ist aber nicht nur eine Frage individueller Belastungquoten, sondern auch abhängig von den Einstellungen und Werthaltungen sowie von der Grenzmoral (vgl. dazu Rauscher 1977), die wiederum durch Erziehung und Aufklärung beeinflusst werden können. Wenn in einer Gesellschaft ständig undifferenziert das Rationalprinzip als gemeinwohlförderliches Verhaltensprinzip gerühmt und seine Befolgung propagiert wird, wenn die positiven Wirkungen individueller Nutzenmaximierung generalisiert werden, sollte man sich allerdings nicht wundern, wenn bei vielen Menschen das Bewusstsein für die Bedeutung und die Notwendigkeit solidarischen Verhaltens schwindet.

Konflikte können im Sozialstaat nicht nur zwischen den Zielen Freiheit und Gerechtigkeit sowie zwischen Freiheitsbeschränkungen durch Abgabeverpflichtungen und Solidarität auftreten, sondern auch zwischen der Gerechtigkeit und der Selbstverantwortung. Denn je stärker und je mehr Bürger durch Steuern und Sozialabgaben belastet werden, um so mehr werden auch die Möglichkeiten dieser Bürger einge-

---

[21] Dass interpersonelle Nutzenvergleiche nicht durchführbar sind, ist kein Argument gegen diese Möglichkeit.

schränkt, im Sinne der Selbstverantwortung ganz oder teilweise gegen existenzbedrohende Risiken vorzusorgen. Und je stärker Bürger durch Sozialtransfers begünstigt werden, um so geringer werden der Anreiz und die Verpflichtung zu selbstverantwortlicher Vorsorge. Allerdings setzt das Prinzip der Selbstverantwortung zweierlei voraus: erstens müssen diejenigen, die selbstverantwortlich handeln sollen, über bestimmte intellektuelle und sozialethische Voraussetzungen verfügen, d.h. sie müssen die Notwendigkeit zu selbstverantwortlicher Entscheidung und zu selbstverantwortlichem Handeln einsehen, die Möglichkeiten zu einem solchen Handeln erkennen und diese Möglichkeiten beurteilen können; zweitens müssen diese Personen über die materiellen Mittel zu selbstverantwortlicher Existenzsicherung verfügen.

Die Abhängigkeit des möglichen Grades an Selbstverantwortung von der wirtschaftlichen Leistungsfähigkeit bedeutet, dass Individuen und soziale Gruppen entsprechend dem Subsidiaritätsprinzip instandgesetzt werden müssen, selbstverantwortlich zu handeln. Selbstverantwortung bedarf also der Ergänzung durch Solidarität und Subsidiarität.

Die letzten Überlegungen verweisen auf die Zusammenhänge zwischen den Grundwerten Freiheit, Gerechtigkeit, Selbstverantwortung, Solidarität und Subsidiarität (vgl. dazu S. 452). Aufgrund dieser Zusammenhänge ist es unzulässig, sozialstaatliche Forderungen unter Berufung auf einen dieser Grundwerte zu erheben oder auch die Forderungen nach einem sozialstaatlichen Umbau oder Abbau mit der Verletzung *eines* dieser Grundwerte zu begründen. Zu einem ausgewogenen Urteil im einen oder anderen Sinne kann man nur dann kommen, wenn man für bestimmte Expansions-, Umbau- oder Abbauforderungen sukzessive prüft, wie sich aufgrund bestimmter Maßnahmen die Summe dieser Grundwerte verändert.[22] Überdies ist es problematisch, wenn Behauptungen über die Verletzung bestimmter Grundwerte nicht konkret durch empirische Analysen belegt werden, obgleich es möglich wäre.

Von nicht minder großer Bedeutung wie die Vermeidung der Verletzung gesellschaftlicher Grundwerte durch eine Sozialpolitik ohne Augenmaß ist die Vermeidung einer Gefährdung der wirtschaftlichen Leistungsfähigkeit als Grundlage sozialstaatlicher Politik.

g) Gefährdung der wirtschaftlichen Leistungsfähigkeit

Zentraler Ausgangspunkt für die These von der Existenz quantitativer Grenzen der staatlichen Sozialpolitik ist die Hypothese, dass es bei den mit den Kosten sozialer Sicherheit durch Sozialbeiträge und Steuern belasteten Individuen eine Art breakingpoint der Belastbarkeit gibt, den man nicht überschreiten kann, wenn nicht das System der sozialen Sicherheit durch Leistungsverweigerung und Steuervermeidung ei-

---

[22] Den unauflösbaren Zusammenhang der Grundwerte hat *Oswald von Nell-Breuning* 1985, S. 115 wie folgt formuliert: „Alle in der Menschennatur und Menschenwürde gründenden Werte bilden ein Sinnganzes; darum kann jeder einzelne Wert nur im Zusammenhang mit allen anderen recht verstanden werden; man kann geradezu sagen, sie konstituieren und interpretieren sich gegenseitig; gerade da, wo sie in Widerspruch miteinander zu geraten scheinen, wird ihre innere Sinnbegrenzung am deutlichsten sichtbar."

nerseits und Überbeanspruchung der sich überfordert fühlenden Beitrags- und Steuerzahler andererseits funktionsunfähig werden soll.

In der Tat ist es eine in ihrer Bedeutung nicht zu verkennende Frage, wie weit die im Erwerbsleben Stehenden durch Steuern und Sozialabgaben belastbar sind, ohne durch ihr Verhalten das System zu beeinträchtigen. Geht man von einer durchschnittlichen Lohnsteuerbelastung eines verheirateten sozialversicherungspflichtigen Arbeitnehmers mit einem Kind in Höhe von 12,0 % aus und rechnet man rd. 42,0 % Sozialversicherungsbeiträge dazu (Werte für 2003), dann ergibt sich eine Gesamtbelastung des durchschnittlichen Arbeitnehmereinkommens durch *direkte* Abgaben in Höhe von 54,0 % bzw. - ausschließlich der Arbeitgeberbeiträge - in Höhe von 33,0 %.

Dass derartig hohe Belastungsquoten ein Anspruchsdenken begründen können, das sich nicht mehr am Grundsatz der Solidarität, sondern an dem der individuellen Nutzenmaximierung orientiert und die Kosten des Sicherungssystems expandieren lässt, ist anzunehmen. Es ist auch zu vermuten, dass die Leistungsbereitschaft der Arbeitnehmer durch die Belastungsquote beeinträchtigt wird. Daher ist der Kommission für wirtschaftlichen und sozialen Wandel zuzustimmen, die formulierte:[23] „Unter den Lebensbedingungen der modernen Industriegesellschaft bestehen zwischen dem Leistungsverhalten des einzelnen Bürgers und seiner sozialen Sicherheit vielschichtige, wichtige Zusammenhänge. Soziale Sicherung ist eine unerlässliche Voraussetzung für die Entwicklung des Leistungsstrebens. Der Einzelne kann durch Leistung seinen sozialen Status absichern und verbessern. Maßnahmen der sozialen Sicherung können diesen Leistungsanreiz jedoch abschwächen. Hierin ist ein grundlegendes Dilemma der Sozialpolitik zu sehen. Sie ist einerseits auf ein effizientes System der Leistungserstellung angewiesen, andererseits kann sie aber, indem sie ihren Sicherungsauftrag erfüllt, zum Abbau von Leistungsmotivation beitragen".

Bei der Beurteilung von Grenzen der Belastbarkeit kommt es wohl weniger auf die absolute Höhe der Belastung und auf die Belastungsquote an als darauf, wie sich im Zuge der Einkommensentwicklung Steuern und Sozialabgaben auf die Entwicklung des Nettoeinkommens auswirken. Wenn trotz steigender prozentualer Abgabenbelastung das absolute Nettoeinkommen mit einer fühlbaren Rate wächst, werden - jedenfalls bei gleichzeitig spürbarem bzw. erkennbarem Ausbau der sozialen Leistungen - von der Belastungsseite her bei marginalen Belastungserhöhungen Grenzen der Sozialpolitik kaum wirksam werden. Das heißt andererseits jedoch nicht, dass der Entwicklung der Sozialpolitik unter dem Belastungsaspekt keinerlei Grenzen gezogen sind; denn mit der steigenden Belastungsquote ist eine Änderung der Qualität der Gesellschafts-, Wirtschafts- und Sozialordnung verbunden: Die Entfaltungs- und Freiheitsspielräume der Gesellschaftsmitglieder sowie ihre Selbstverantwortung werden eingeengt, möglicherweise nach Meinung der Betroffenen über Gebühr, d.h. über einen als ausreichend angesehenen sozialen Schutz hinaus. Form, Höhe und Ausgestaltung der sozialen Leistungen beeinflussen den Willen und die finanziellen Möglichkeiten zur Selbsthilfe und zu selbstverantwortlichem Handeln. Mehr als eine Belastungsquote setzt also die mit einer steigenden Belastungsquote verbundene Verdrängung persönlicher Freiheit und persönlicher Verantwortung durch soziale Sicher-

---

[23] Kommission für wirtschaftlichen und sozialen Wandel, Wirtschaftlicher und sozialer Wandel in der Bundesrepublik Deutschland, Göttingen 1977, S. 450.

heit eine Grenze (so auch Bethusy-Huc 1976, S. 333; W. Albers 1977b, S. 939 und Winterstein 1969, S. 107 ff.).

So wenig wie die von der Finanzierungsseite der Sozialpolitik gezogenen Grenzen näher bestimmt werden können, so wenig sind *die* Grenzen bestimmbar, die sich für die Sozialpolitik aus dem möglichen, sicher auch tatsächlich vorkommenden, dem Umfang nach aber nicht feststellbaren Missbrauch von Sozialleistungen ergeben (W. Albers 1977b; Lampert 1979b, S. 293 ff.). Ein solcher Missbrauch wird immer dann anzutreffen sein, wenn - wie im Falle der Lohnfortzahlung und im Falle der Berufs- und Erwerbsunfähigkeitsrenten - das Vorliegen eines Risikos vorgetäuscht werden kann oder wenn - wie im Falle der Arbeitslosenversicherung - die Beendigung des die Sozialleistung auslösenden Tatbestandes durch den Leistungsbezieher verhindert werden kann. Ein fühlbares Zurückbleiben der monetären Sozialtransfers gegenüber dem Nettoarbeitseinkommen wird überdies die missbräuchliche Beanspruchung des Sozialleistungssystems reduzieren.

Zu beachten sind auch Grenzen, die sich aus der Belastbarkeit der Unternehmen mit Sozialabgaben und Schutznormen ergeben. Hohe Abgabenbelastungen können - v.a. innerhalb des EG-Binnenmarktes - die Wettbewerbsfähigkeit der Unternehmungen beeinträchtigen und zu einer verstärkten Substitution des Faktors Arbeit durch Kapital führen, also Arbeitslosigkeit induzieren. Stark ausgebaute Kündigungsschutzbestimmungen, die die Versetzung und die Freisetzung von Arbeitskräften innerhalb bestimmter Fristen erschweren oder die Lösung von Arbeitsverhältnissen mit hohen Abfindungszahlungen belasten, führen zu einer Beeinträchtigung der Anpassungsflexibilität der Unternehmungen an veränderte wirtschaftliche Rahmenbedingungen und können die Anpassungsflexibilität des gesamten Wirtschaftssystems gefährden. Derselbe Effekt kann auch durch unbefristet geleistete Subventionen, insbes. Erhaltungssubventionen, ausgelöst werden.

Man kann trotz der Unmöglichkeit, die Grenzen des Sozialstaates genau zu bestimmen, an verschiedenen Indikatoren (u.a. am Umfang des Leistungsmissbrauchs und an der Steuerhinterziehung, an der schattenwirtschaftlichen Tätigkeit und an der Überversorgung sozialer Gruppen im Alter sowie an der Sozialkostenbelastung, aber auch am erreichten Sicherungsniveau im Vergleich zum Ausland) ablesen, dass die Bundesrepublik Grenzen des Sozialstaates mindestens erreicht hat und daher eine Reform des Sozialstaates im Sinne eines *Um*baues geboten erscheint. Ein solcher Umbau schließt Kürzungen bestimmter, nach überwiegender Meinung und gemessen an bestimmten Kriterien überhöht erscheinender Leistungen nicht aus, wohl aber generelle und einschneidende Kürzungen, die zu einer Aushöhlung der sozialstaatlichen Kernsubstanz führen.

Ehe diese Probleme der Reform des Sozialstaates behandelt werden, soll ein Überblick über ungelöste Aufgaben der Sozialpolitik gegeben werden.

C. Ungelöste Aufgaben der Sozialpolitik im Überblick[24]

Wie die Darstellung der Defizite und der Fehlentwicklungen der Sozialpolitik gezeigt hat, erscheinen - zunächst noch abgesehen von den Aufgaben, die im Zusammenhang mit der Reform eines überzogenen Sozialstaates stehen - die folgenden Aufgaben als lösungsbedürftig:

1. die Verlagerung sozialpolitischer Aktivitäten aus dem Bereich der in ihrer überwiegenden Mehrzahl bereits auf hohem Niveau gesicherten erwerbstätigen „Normal"-bürger in den Bereich der Verringerung wirtschaftlicher und sozialer Schwäche stark benachteiligter Gruppen, insbes. der kinderreichen Familien, der nicht erwerbstätigen Mütter, der körperlich und der geistig Behinderten, der psychisch Kranken[25] und der Obdachlosen;

2. die Schließung „institutioneller" Sicherungslücken, d.h. die Schaffung einer Absicherung von a) Berufsanfängern gegen das Risiko der Arbeitslosigkeit und gegen das Risiko der Frühinvalidität während der Wartezeit in der Rentenversicherung, b) Familientätigkeit leistenden Nicht-Erwerbstätigen sowie c) die Verbesserung der sozialen Sicherung von Müttern und pflegenden Familienmitgliedern;

3. die Reduzierung der verteilungspolitischen Ungereimtheiten in der Alterssicherung (Unter- bzw. Überversorgung);

4. die Stärkung der sozialen Selbstverwaltung und der Verzicht des Zentralstaates auf den Missbrauch der Sozialversicherung(sbeiträge) zur Lösung versicherungsfremder politischer Aufgaben;

5. die Verbesserung der statistischen Grundlagen der Sozialpolitik;

6. schließlich ergibt sich aus der Dominanz des Kausalprinzips gegenüber dem Finalprinzip in der Sozialversicherung und aus der organisatorischen Zersplitterung des Systems der sozialen Sicherung die Aufgabe *einer Reform der Sozialversicherung*, wobei vor allem die Notwendigkeit besteht, das Sozialleistungssystem für die betroffenen Bürger transparenter zu machen.

Neben diesen aus erkennbaren Defiziten und Mängeln ableitbaren Gegenwarts- und Zukunftsaufgaben lassen sich weitere, sehr wahrscheinlich Priorität verlangende Zukunftsaufgaben aus der Diagnose des Zielerreichungsgrades in den verschiedenen Be-

---

[24] Die Aufgaben, die durch den Beitritt der ehemaligen DDR zur Bundesrepublik Deutschland entstanden sind (vgl. dazu Lampert 1990c und 1990d), werden nicht dargestellt, da sie konzeptionell, wenn auch noch nicht de facto, als gelöst gelten können. Nach dem Vertrag über die Schaffung einer Währungs-, Wirtschafts- und Sozialunion vom 18. Mai 1990 und nach dem Vertrag über die Herstellung der Einheit Deutschlands vom 31. Aug. 1990 wird das Arbeits- und Sozialrecht in den Gebieten der ehemaligen DDR weitgehend an das Recht der Bundesrepublik angeglichen. Soweit eine Angleichung noch nicht erfolgt ist, ist dies lediglich eine Frage der Zeit. Teilweise, z.B. im Betriebs- und Gefahrenschutz, bestehen allerdings noch erhebliche Diskrepanzen zwischen den Schutznormen und der Realität. Solche Lücken zwischen dem Normensystem und der Realität möglichst schnell zu schließen, ist als vordringliche Aufgabe zu betrachten.

[25] Für die psychisch Kranken hat der im Auftrag der Bundesregierung erstattete „Bericht über die Lage der Psychiatrie in der Bundesrepublik Deutschland - Zur psychiatrischen und psychotherapeutischen/psychosomatischen Versorgung der Bevölkerung - Psychiatrie-Enquête 1975" (BT Drs. 7/4200) erschreckende Zustände, Behandlungs- und Versorgungsdefizite aufgedeckt. In dem Bericht wird die Situation der rd. 200 000 in psychiatrischen Kliniken untergebrachten Patienten als teilweise menschenunwürdig und unmenschlich, die ärztliche und therapeutische Betreuung als besorgniserregend unzureichend bezeichnet. Vgl. auch die Stellungnahme der Bundesregierung zu diesem Bericht (BT Drs. 7/4201). Die Lage der Psychiatrie hat sich bis heute nicht nennenswert verbessert.

reichen sozialpolitischer Aktivität ableiten. Eine solche Diagnose ergibt, dass für sich betrachtet und im internationalen Vergleich als hochentwickelt gelten können: der Arbeitnehmerschutz mit seinen Teilbereichen des Arbeitszeitschutzes, des Gefahrenschutzes, des Lohnschutzes und des Bestandsschutzes des Arbeitsverhältnisses, die soziale Sicherung im engeren Sinne mit den Teilgebieten Krankenversicherung, Unfallversicherung, Invaliditäts- und Altersrentenversicherung sowie Arbeitslosenversicherung, die Arbeitsmarktpolitik mit ihren Teilbereichen der Arbeitsmarktsausgleichs- und der Arbeitsmarktordnungspolitik sowie die Betriebsverfassungspolitik. Verbesserungen der Qualität des sozialpolitischen Schutzes erscheinen in diesen Bereichen zwar noch notwendig, jedoch nur partiell. Demgegenüber ist der Grad der Erreichung der sozialpolitischen Ziele merklich geringer in der Vermögenspolitik, der Familienpolitik und der Wohnungspolitik. Daraus ergeben sich als Aufgaben:

1. eine konzentrierte und forcierte Weiterentwicklung der Vermögenspolitik, insbes. durch Fortführung der Maßnahmen zur Förderung der Eigentumsbildung im Wohnungsbau sowie durch den verstärkten Einsatz der Instrumente Investivlohn und investive Gewinnbeteiligung. Wie an anderer Stelle dargestellt (vgl. S. 118) , hat die Vermögenspolitik durch die deutsche Wiedervereinigung an Dringlichkeit gewonnen;

2. die Ausweitung der Familienpolitik im Sinne einer Stärkung der Funktionen der Familie als dem Grundbaustein einer freiheitlichen Gesellschaft durch verstärkte öffentliche Leistungen für die Familien mit Kindern in Form eines *partiellen Ausgleichs* der Aufwendungen für Kinder. Der Umfang dieses Ausgleichs sollte die beachtlich großen externen, gesellschaftspolitisch bedeutenden Effekte der Geburt, der Erziehung und der Versorgung von Kindern und die ökonomischen Verzichte würdigen, die nicht erwerbstätige kinderbetreuende Eltern und Familienmitglieder leisten, die Angehörige pflegen;

3. auch in der *Wohnungsbau-* und in der *Wohnungsbestandspolitik* bestehen Möglichkeiten, beachtliche Steigerungen der sozialpolitischen und der ökonomischen Effizienz zu erreichen. Zu nennen sind:

   a) eine weitere Substitution der Objektförderung durch eine Subjektförderung für einkommensschwache Schichten;

   b) eine konsequente Beseitigung der Fehlbelegung von Sozialwohnungen und die Konzentration der Vergabe von Sozialwohnungen auf einkommensschwache Haushalte unter besonderer Berücksichtigung von Mehrkinderfamilien;

   c) die Entwicklung von Modellen des Mietkaufs von Wohnungen in Verbindung mit Hilfen für den Erwerb selbstgenutzten Wohnungseigentums für junge Familien mit Kindern im Wege der Ersetzung steuerlicher Abschreibungen, die die Besserverdienenden begünstigen, durch einkommensorientierte Annuitätshilfen (vgl. dazu Oberhauser/Rüsch 1994);

   d) eine Reform des Bodenrechts mit dem Ziel der Abschaffung von unverdienten Bodenwertsteigerungsgewinnen, der Mobilisierung gehorteten Baulandes und des Abbaues der steuerlichen Bevorzugung des Grundbesitzes (vgl. dazu Holzheu 1980 und Mühlhäuser 1990)

   e) die Fortführung der Wohnungspolitik, um die Versorgungsdefizite von Mehrkinderfamilien und einkommensschwächeren Schichten beheben zu können.

Neben der Notwendigkeit, die im vorhergehenden aufgeführten Aufgaben zu bewältigen, erscheint es uns v.a. erforderlich, den Bedarf an Sozialpolitik als Schutzpolitik, als Politik der Korrektur von Wirtschaftsprozessergebnissen und als Ausgleichspolitik prophylaktisch dadurch zu verringern, dass alle relevanten Bereiche politischen Handelns, nämlich - um nur die wichtigsten zu nennen - die allgemeine Wirtschaftspolitik, die Wettbewerbspolitik und die Verbraucherpolitik, die Geld- und Währungspolitik, die Bildungspolitik, die Regional- und Stadtentwicklungspolitik sowie die Verkehrspolitik ohne Vernachlässigung der primär verfolgten Ziele an sozialpolitischen Zielsetzungen und am Ziel der prophylaktischen Vermeidung von Sozialkosten orientiert, also sozialordnungskonform ausgestaltet werden. Die Dringlichkeit einer sozialpolitischen Orientierung der primär nicht sozialpolitischen Handlungsfelder wird um so größer, je größere Bereiche von Wirtschaft und Gesellschaft durch den wirtschaftlichen und sozialen Wandel erfasst werden und je schneller sich dieser Wandel vollzieht, weil mit dem Ausmaß und der Geschwindigkeit dieses Wandels die Gefahr der Verletzung der Ziele sozialer Stabilität, sozialer Sicherheit und sozialen Friedens wächst. Eine sozialpolitische Ausrichtung der wirtschaftspolitischen Handlungsfelder des Bundes und der Länder - insbes. der Bildungs-, der Geld- und Währungs- sowie der Wettbewerbspolitik und der Kommunalpolitik (vgl. dazu ausführlicher Lampert 1980a) - kann erheblich dazu beitragen, durch die Vermeidung negativer sozialpolitischer Effekte den Bedarf an sozialpolitischen Korrekturen zu verringern. Die allgemeine Wirtschaftspolitik und die Vielzahl wirtschaftspolitischer Handlungsbereiche, nicht zuletzt die Bereiche der Stabilisierungspolitik, sind für die Sozialpolitik nicht nur von großer Bedeutung, weil sie sozialpolitisch positive und negative Effekte bewirken können, sondern weil „der wirtschaftliche Wert und Inhalt, der soziale und wirtschaftspolitische Gehalt des Systems der totalen Sozialpolitik vielfach mehr von der allgemeinen Wirtschaftspolitik abhängt, als von Erweiterungen und Verfeinerungen des gesetzlichen Rahmens dieser nun selbstverständlichen Sozialpolitik selbst" (Pfister 1936, S. 283).

Durch die zuletzt angestellten Überlegungen ist gleichzeitig deutlich geworden, dass die neuzeitliche staatliche Sozialpolitik nicht als ein Handlungsfeld definiert werden kann, das durch Korrekturen und Interventionen gekennzeichnet, an sozialpolitischen Zielen orientiert und primär auf wirtschaftliche und soziale Hilfe für wirtschaftlich und sozial schwache Bürger gerichtet ist, sondern dass eine rationale Sozialpolitik weit über den Bereich des sozialen Schutzes, der sozialen Sicherung und des sozialen Ausgleichs hinausgreifend auch verstanden werden muss als eine „soziale Politik" (Zwiedineck-Südenhorst 1911, S. IV) im Sinne einer Ausrichtung *aller* Politik, insbes. der Wirtschaftspolitik, an dem gesellschaftlich anerkannten sozialpolitischen Zielsystem.

Obwohl es nicht Aufgabe eines Lehrbuches sein kann, auf der Grundlage von Prognosen der künftigen wirtschaftlichen und sozialen Entwicklung den voraussichtlichen, langfristigen zusätzlichen sozialpolitischen Handlungsbedarf systematisch zu erfassen und Problemlösungsmöglichkeiten sowie Deckungsmöglichkeiten aufzuzeigen, sollen in diesem Abschnitt doch einige der vermutlich wichtigsten Aufgaben angesprochen werden, die sich aufgrund sich abzeichnender Entwicklungstrends ergeben werden.[26] Zu nennen sind folgende Entwicklungstrends und daraus resultierende sozialpolitische Aufgaben:

---

[26] Vgl. dazu auch die Dokumentation der DGB-Tagung über „Die Zukunft der Sozialpolitik" am 6. Mai 1993, in: Soziale Sicherheit 1993, S. 129 ff.

1. Der demographische Wandel, d.h. die Zunahme des Anteils älterer, nicht mehr erwerbsfähiger, der Tendenz nach immer älter werdenden Menschen. Aus diesem Wandel ergeben sich folgende Aufgaben:[27]
   - die Finanzierung der Versorgung der immer größer werdenden Zahl alter Menschen durch verhältnismäßig weniger werdende Erwerbstätige;
   - die Sicherung der gesundheitlichen und pflegerischen Versorgung der wachsenden Zahl älterer Menschen;
   - der Bau altengerechter Wohnungen;
   - die Verstärkung ambulanter sozialer Dienste, um möglichst vielen älteren Menschen eine selbständige Existenz zu ermöglichen;
   - der Bau und Betrieb von Altenwohnheimen und Altersheimen;
   - Maßnahmen zur gesellschaftlichen Integration älterer Menschen.
2. Eine anhaltende Zuwanderung in die Bundesrepublik wird mindestens vorübergehend für mehr oder weniger Zuwanderer Sozialhilfeleistungen erforderlich machen, ferner Förderleistungen im Rahmen der Sprachschulung, der beruflichen Umschulung und der beruflichen Fortbildung und Hilfen bei der Versorgung mit Wohnraum. An das Bildungssystem werden, wenn eine Integration der Zuwanderer gelingen soll, besondere und hohe Anforderungen gestellt werden.
3. Die Veränderung der Lebensformen, d.h. ein weiteres Anwachsen der Zahl der Ein-Personen-Haushalte und der sog. unvollständigen Familien wird wegen der größeren wirtschaftlichen und sozialen Verwundbarkeit dieser Lebensformen im Vergleich zur vollständigen, intakten Familie die Anforderungen an die Sozialhilfe (als Folge des erhöhten Risikos des Unterhaltsausfalls bei Alleinerziehenden) sowie die Anforderungen an die Krankenhaus- und die Pflegekapazitäten (wegen der abnehmenden Zahl von pflegefähigen Familienangehörigen) wachsen lassen.
4. Der Wandel des Prozesses wirtschaftlichen Wachstums und der wirtschaftlichen Struktur sind weitere Determinanten steigenden sozialpolitischen Handlungsbedarfs. Mit den Wachstumseinbrüchen seit Mitte der 70er Jahre stieg die Zahl der Arbeitslosen drastisch an. Das Arbeitsangebot wuchs stärker als die inländische Arbeitskräftenachfrage, dessen Wachstum durch mehrere Faktoren gebremst wird, insbes. durch eine nicht vollbeschäftigungskonforme Lohnpolitik, durch die Anwendung arbeitssparenden technischen Fortschritts in der Landwirtschaft und in der Industrie, aber auch in dem der Mechanisierung weniger zugänglichen Dienstleistungssektor sowie durch die Lohnkonkurrenz der Mitgliedsländer der Europäischen Union und der ehemals sozialistischen Volkswirtschaften. Die Arbeitslosigkeit und damit die Kosten für den Unterhalt Arbeitsloser werden eher steigen als sinken (vgl. zur Höhe dieser Kosten S. 198). Dies gilt auch für jene Ausgaben der Arbeitsmarktpolitik, die dazu dienen, den Anpassungsprozeß des Arbeitskräftepotenzials an den Wandel der Arbeitskräftenachfrage in branchenmäßiger, beruflicher und regionaler Hinsicht zu bewältigen. Denn dieser Strukturwandel wird sich wegen des beschleunigten technischen Fortschritts sehr wahrscheinlich ebenfalls beschleunigen und verstärken.

Den in Zukunft allein aufgrund der dargestellten Entwicklungstrends stark steigenden Sozialausgaben stehen auch Entlastungseffekte gegenüber. Z.B. wird der

---

[27] Vgl. zu den im Folgenden angeführten Aufgaben auch die einschlägigen Kapitel des systematischen Teils sowie Deutscher Bundestag (Hg.) 1994 und Deutscher Bundestag (Hg.) 1998.

Rückgang der Geburtenzahl *ceteris paribus* die Ausgaben für das Erziehungsgeld, das Kindergeld, die Ausbildungsförderung und die Jugendpflege verringern und den Arbeitsmarkt entlasten. Durch Zuwanderung kann, wenn die Einwanderer eine entsprechende Struktur aufweisen, die Altersstruktur verbessert und damit die Lösung der künftigen Finanzierungsprobleme in der Renten- und in der Krankenversicherung erleichtert werden. Es ist aber zu bedenken, dass es in solchen denkbaren „Einsparbereichen" zum Teil erhebliche Defizite zu beseitigen gilt, wie z.B. in der Familienpolitik. Alles in allem werden die zusätzlichen Belastungen durch den Wandel der Altersstruktur weit größer sein als die Entlastungen.

Es wird umso schwieriger sein, diese Nettobelastungen zu verkraften und gleichzeitig in absehbarer Zeit die anderen, gegenwärtig bereits bestehenden Defizite der Sozialpolitik abzubauen, als die finanziellen Spielräume der Bundesrepublik in den nächsten ein bis zwei Jahrzehnten stark eingeengt werden

- durch steigende Zins- und Tilgungsdienste für die außergewöhnlich gestiegene Staatsverschuldung;
- durch hohe Finanzierungsleistungen an die Europäische Union;
- durch die Transfers öffentlicher Mittel an die neuen Bundesländer und
- durch finanzielle Hilfeleistungen für die ost- und südosteuropäischen Staaten, insbes. die Länder der ehemaligen Sowjetunion.

Allein aufgrund dieses skizzierten Szenarios stellt sich die Frage nach den Möglichkeiten der Reform des Sozialstaates.

D. Reform, Umbau und Konsolidierung des Sozialstaates

1. Reformfähigkeit

Die bisherige Darstellung der Defizite, der Grenzen und der Fehlentwicklungen des in der Bundesrepublik realisierten Sozialstaates hat erkennen lassen, dass der Reformbedarf vielfältig und umfangreich ist. Tatsächlich ist er noch größer als bisher dargestellt. Daher soll vor der Behandlung der Reformziele, der Reformprinzipien und der Reformansätze das Problem der Reform*fähigkeit* aufgeworfen werden.

Wer sich mit dem Sozialstaat und den sozialpolitischen Handlungsfeldern, insbes. dem System sozialer Sicherung, näher befasst hat, weiß, dass es sich bei diesen sozialpolitischen Bereichen um zahlreiche, jeweils außerordentlich komplexe Systeme mit jeweils Hunderten von Normen und Regelungen handelt. Er weiß auch, unter welchen Schwierigkeiten die Gesundheitsreform des Jahres 1988 und die der Rentenreform des Jahres 1989 zustande kamen. Beiden Reformen gingen jahrelange intensive Diskussionen im wissenschaftlichen und im politischen Bereich voraus; die Zahl der im Zusammenhang mit diesen Reformen erschienenen Veröffentlichungen, die Kontroversen zwischen verschiedenen politischen Gruppierungen sowie zwischen Parteien und den durch die Reformvorhaben betroffenen Gruppen haben deutlich gemacht, wie viel analytischer Aufwand, wie viel Diskussionsaufwand und wie viel Problemlösungskapazität erforderlich war, um einige wenige Systemteile partiell zu ändern. Ähnlich ist es mit anderen Reformvorhaben. Der seit Jahrzehnten geforderte Subventionsabbau fand in nennenswertem Umfang bis heute nicht statt. Die Einführung einer

Pflegeversicherung wurde trotz ihrer hohen Dringlichkeit viele Jahre blockiert.[28] Die Erfahrungen zeigen, dass soziale Reformen nur Schritt für Schritt möglich sind. Mehr als marginale Änderungen wären nötig, wenn der Sozialstaat umgebaut und konsolidiert werden soll; sie werden von den Politikern erst dann gewagt, wenn die Lage bedrohlich und eine Reform unausweichlich geworden ist. In einer derartigen Engpasssituation steht die Zeit, die für ausgereifte, an einer Konzeption orientierte Reformen erforderlich ist, nicht mehr zur Verfügung.[29] Derart verantwortungslos, kurzatmig und im Stile eines „muddling through" („Durchwurstelns") durchgeführte „Reformen" sind auch in hohem Maße dadurch in ihrer Qualität bedroht, dass sie nicht gründlich genug auf ihre Verfassungsmäßigkeit hin überprüft werden können. Derartige Prüfungen wären besonders wichtig, weil bei Reformen des sozialen Sicherungssystems die Lebensgrundlagen vieler Menschen betroffen werden. Ohne gründliche und umfassende wissenschaftliche Vorbereitung werden nennenswerte Reformen nicht gelingen.

2. Grundlagen für eine Reform

Für die Therapie der ganz überwiegend nicht bestrittenen Sozialstaatskrise haben eine zutreffende Zustandbeschreibung der Krise und eine zutreffende Diagnose grundlegende Bedeutung. Nach unserer Einschätzung halten nicht wenige Zustandsbeschreibungen, z.b. die Behauptung, die Sozialleistungsquote steige seit Jahren an, und nicht wenige Diagnosen in Bezug auf die Art der vermuteten oder behaupteten Ursachen und ihrer Gewichtung kritischer Überprüfung nicht stand.[30]

Z.T. wird die Krise polemisch gekennzeichnet und überzeichnet, z.B. durch die Behauptung, der Sozialstaat habe sich überholt, er sei ein „Auslaufmodell", er stehe vor dem „Offenbarungseid", aber auch durch die in der Diskussion um die Qualität des „Wirtschaftsstandorts Deutschland" wesentlich weniger als die sozialstaatlichen Regelungen ins Visier genommenen und damit in ihrer Bedeutung herabgeminderten Probleme der Subventionspolitik und des Subventionsbetrugs, der Hinterziehung von Steuern und Sozialbeiträgen und der Korruption.[31]

Besonders unzulänglich ist die Analyse der Ursachen der Sozialstaatskrise. In manchen Diagnosen werden die Zusammenhänge auf den Kopf gestellt: die Entwicklung

---

[28] Erwähnung verdient in diesem Zusammenhang ein Artikel von *Jürgen Forster* in der Süddeutschen Zeitung vom 12. Mai 1993 unter dem Titel „Bonn im politischen Pflege-Notstand", in dem er u.a. schreibt: „Die Ablehnung des von den Betroffenen und ihren Betreuern dringlich herbeigesehnten Sozialgesetzes gipfelt in der für diesen Mittwoch angekündigten gemeinsamen Erklärung des Gemeinschaftsausschusses der deutschen Wirtschaft. Eine solidarische Pflegeversicherung, so die Zielrichtung, darf es in dieser Republik nicht geben. Es ist gleichermaßen unbegreiflich wie erschreckend, daß renommierte Verbände, die sich auf anderen Feldern durch betont nüchterne und abgewogene Analysen hervortun, sich derart in eine ideologische Gegnerschaft verrennen und sich nicht scheuen, ihre Thesen mit fingierten Rechenkunststücken zu stützen. Heute zu behaupten, die Pflegeversicherung müsse im nächsten Jahrhundert mit zweistelligen Beitragssätzen bezahlt werden, ist unseriös und pure Panikmache. Die Auseinandersetzung um die Pflegefinanzierung hat Maß und Ziel verloren, von Anstand, Verantwortung und Solidarität gar nicht erst zu reden. So offen wie bei der Abwehr der Pflegeversicherung haben Eigennutz und Ignoranz in der bundesdeutschen Sozialgeschichte bisher keine Diskussion bestimmt."

[29] Vgl. dazu die ausführliche Darstellung der Problematik bei Lampert 1995a.

[30] Vgl. zu dieser Problematik die Diskussionsbeiträge von Bäcker 1995, Rosenberg 1995, Hauser 1995b sowie Kaufmann 1997.

[31] Vgl. zur Kritik an der Sozialstaatskritik Lampert 1995b, Lampert 1999 und Lampert 2000.

der Sozialleistungen wird schwergewichtig als Ursache für die Beeinträchtigung der Standortqualität der Bundesrepublik und der Arbeitslosigkeit angesehen. Tatsächlich aber ist die Arbeitslosigkeit, die zu großen Teilen durch die nicht am Beschäftigungsgrad orientierte Lohnpolitik in Verbindung mit einem seit Jahren steigenden Arbeitsangebot, die Globalisierung der Märkte, den gleichzeitig beschleunigtem arbeitssparenden technischen Fortschritt und den Zusammenbruch der Wirtschaft in der ehemaligen DDR verursacht ist, der Hauptgrund für die Expansion der Sozialleistungen. Die Erörterung der durch die Wiedervereinigung Deutschlands, durch die Nettozahlungen an die Europäische Union und durch die Zuwanderung aus dem Ausland entstandene politische Überlast wird - jedenfalls in der politischen Auseinandersetzung - als antieuropäische und ausländerfeindliche Einstellung diffamiert.[32] Lange Zeit wurde der fundamentalen Bedeutung der Bekämpfung der seit 1975 bestehenden Massenarbeitslosigkeit nicht Rechnung getragen. Dass zwischen dem technologischen Rückfall der Bundesrepublik einerseits und der Qualität des Managements, der Konzentration in der Wirtschaft sowie der Bildungspolitik andererseits Zusammenhänge bestanden, wurde ignoriert. Dass es inkonsequent ist, wenn die Träger der politischen Verantwortung den sozialen Aufbau in Ostdeutschland mit Mitteln der Sozialversicherung finanzieren und dadurch die Sozialversicherungsbeiträge, also die Lohnnebenkosten erhöhen, und gleichzeitig „Einschnitte ins soziale Netz" mit der Begründung fordern, die Lohnnebenkosten seien zu hoch, wird in der Öffentlichkeit kaum wahrgenommen.

Der Bedarf an vorurteilsfreier, sachlicher Diskussion der Ursachen der Sozialstaatskrise und an diagnoseorientierten Therapievorschlägen ist daher ebenso groß wie umgekehrt die Weckung der Bereitschaft, die sozialpolitischen Prioritäten und Erwartungen entsprechend den veränderten sozioökonomischen Grundlagen der Sozialpolitik und entsprechend dem sozialen Wandel neu festzulegen.[33]

3. Reformziele

Die Reformziele sind nicht nur auf der Ebene höchster Abstraktion umstritten, d.h. in Bezug auf die gesellschafts- und wirtschaftspolitischen Grundziele, auf die hin Reformen erfolgen sollen, sondern auch auf den unteren Ebenen der sozialpolitischen Zielhierarchie, z.B. in Bezug auf die Einführung eines familienfreundlichen Steuersystems auf Kosten eines Ehegattensplittings oder in Bezug auf das erstrebenswert erscheinende Ausmaß der Substitution von Teilen sozialer Sicherung durch private Vorsorge. Solche Kontroversen müssen sowohl im wissenschaftlichen als auch im politischen Raum durch Konsensbildung zu überwinden versucht werden. Die Verfasser können hier nur das Grundproblem einer Leitbildorientierung, also der Entscheidung für bestimmte gesellschafts-, wirtschafts- und sozialpolitische Grundpositionen, ansprechen.

---

[32] Allein die Abdeckung der Defizite der ostdeutschen Rentenversicherung in den Jahren 1991 bis 1999 erforderte Transferleistungen der westdeutschen Rentenversicherungsträger in Höhe von 111,9 Mrd. DM. Die Defizite der ostdeutschen Arbeitslosenversicherung, die durch die westdeutschen Träger der Arbeitslosenversicherung gedeckt wurde, beliefen sich im gleichen Zeitraum auf 158 Mrd. DM.

[33] Vgl. als Beiträge zu einer ausgewogenen Gewichtung der sozialen und der wirtschaftlichen Dimension im Rahmen der Konzeption der Sozialen Marktwirtschaft auch *Kleinhenz* 1992 sowie 1997 und *Hauser* 1995b.

Manfred Spieker hat vier sozialphilosophische sozialstaatsrelevante Positionen bzw. Leitbilder herausgearbeitet (Spieker 1986). Das u.a. von *Friedrich v. Hayek* und *Robert Nozick*, aber auch von nicht wenigen neoklassisch orientierten Ökonomen vertretene *Leitbild des Minimalstaates* ist ausgeprägt orientiert an der individuellen Freiheit und erkennt Gesellschaft und Staat nur minimale soziale Sicherungs- und Eingriffsfunktionen zu. Nach diesem Leitbild ist der Sozialstaat freiheitszerstörend. Soziale Gerechtigkeit gilt als fata morgana. Individuelle Freiheit gilt als höchster, Solidarität als untergeordneter Wert. Soziale Sicherheit soll nur soweit erstrebt werden, dass der Einzelne der Gesellschaft nicht irgendwann zur Last fällt.[34] Das *Leitbild des souveränitätsorientierten Sozialstaates*, vertreten u.a. durch *Ernst Forsthoff* und *Horst Krüger*, hält den Sozialstaat für rechtfertigungsfähig und zur Erfüllung der Aufgaben der Daseinsvorsorge für notwendig. Der Sozialstaatlichkeit solle aber kein Verfassungsrang zukommen, damit die staatliche Souveränität nicht durch den Streit der organisierten Interessen untergraben werden kann. Nach dem *Leitbild des emanzipatorischen Sozialstaates* wird das Sozialstaatsprinzip als zentrales Verfassungsprinzip interpretiert. Der Staat habe die Aufgabe, die Gesellschaft zu verändern, die Wirtschaft zu demokratisieren und die Selbstentfaltung des Individuums zu gewährleisten. Das vierte Leitbild, das *Leitbild des subsidiären Sozialstaates,* ist das von zahlreichen Verfassungsrechtlern, Politikwissenschaftlern, Sozialethikern und Sozialpolitikern bevorzugte Leitbild.[35] Neben der Sicherung individueller Freiheit sind in diesem Leitbild soziale Sicherheit, soziale Gerechtigkeit und sozialer Friede gleichrangig zu verfolgende Ziele. Schutz der Bürger gegen die bekannten Einkommensrisiken, Schutz der Menschenwürde und Teilhabe aller am Wohlstand sollen unter Wahrung der Rechtsstaatlichkeit und des Subsidiaritätsprinzips erstrebt werden.

Nach Überzeugung der Verfasser sollten sich die Reformbemühungen am Leitbild des im wohlverstandenen Sinne subsidiären Sozialstaates orientieren.[36]

Natürlich können Leitbilder nur die Richtung angeben, in der man Lösungen sucht. Aus den Leitbildern müssen operationale Ziele abgeleitet werden. Denn, wie schon die Transfer-Enquête-Kommission bemerkte, „Formeln, wie Freiheit oder Sicherheit oder Freiheit oder Zwang (beschreiben) höchst unvollkommen die Alternativen, um die es geht. Sie helfen überdies bei der Kompromissfindung nicht weiter" (Transfer-Enquête-Kommission 1981, S. 298).

Möglicherweise wäre es hilfreich, in der wissenschaftlichen und politischen Diskussion zunächst *solche* Ziele herauszustellen und zu verfolgen, die am ehesten konsensfähig sind, wie z.B. das Ziel der Stabilisierung der Sozialleistungsquote, dem Mehrheiten aus der Einsicht heraus zustimmen könnten, dass wir uns in der Nähe so-

---

[34] Mit leichten Nuancierungen wird diese Leitbildvariante vertreten u.a. von *Norbert Berthold* (1988), *Eckhard Knappe* (1995), *Peter Oberender* (1995) und *Roland Vaubel* (1990). Man geht wohl nicht fehl mit der Einschätzung, dass in der gegenwärtigen wirtschaftswissenschaftlichen Lehre der Glaube an die nahezu uneingeschränkte Leistungsfähigkeit des Marktes als Instrument der Knappheitsüberwindung und der Lösung gesellschaftlicher Probleme sowie der Zweifel an der Notwendigkeit und Berechtigung des Staates, seiner Aktivitäten und seiner Institutionen dominieren.

[35] In die Gruppe der Sozialpolitiker wirtschaftswissenschaftlicher Provenienz, die diesem Leitbild zuneigen, kann man nach Meinung der Verfasser u.a. einordnen *Werner W. Engelhardt, Joachim Genosko, Richard Hauser, Gerhard Kleinhenz, Hans-Günter Krüsselberg, Alois Oberhauser, Anton Rauscher, Horst Sanmann, Dieter Schäfer, Winfried Schmähl, Hans-Peter Widmaier, Max Wingen, Jürgen Zerche.*

[36] Die Rede ist von „wohlverstanden", weil das Subsidiaritätsprinzip dazu missbraucht werden kann, die Menschen auf Selbsthilfe, Selbstverantwortung und Selbstvorsorge auch dann zu verweisen, wenn sie wirtschaftlich oder von ihren geistig-psychischen Voraussetzungen her dazu nicht in der Lage sind.

zialstaatlicher Finanzierungsgrenzen befinden, deren Überschreitung das ökonomische Fundament des Sozialstaates gefährdet, oder - um ein weiteres Beispiel zu nennen - das Ziel merklicher Eindämmung des Sozialleistungsmissbrauches.

Der Erfolg sozialpolitischer Reformen wird schließlich auch davon abhängen, dass Konsens über die wesentlichen Reformprinzipien erzielt wird.

4. Reformprinzipien

a) Das Kernprinzip: Ordnungskonformität

In der ökonomisch orientierten Literatur zum Sozialstaat und zur Sozialpolitik wird als Reformprinzip am häufigsten eine wirtschaftssystem- bzw. wirtschaftsordnungskonforme Sozialpolitik empfohlen. Damit ist eine Politik gemeint, die nicht nur an den gesellschaftlichen Grundwerten und den wirtschaftspolitischen Grundzielen ausgerichtet ist, sondern eine Politik, die darüber hinaus die wirtschaftliche Funktionsfähigkeit und die wirtschaftliche Leistungsfähigkeit nicht beeinträchtigt. Sozialordnung und Sozialpolitik werden in diesem Sinne fast ausnahmslos als Teilordnung der Wirtschaftsordnung aufgefasst. Diese Einordnung ist nach unserem Urteil methodisch fragwürdig und bewirkt eine Unterbewertung sozialer und sozialpolitischer Ziele gegenüber wirtschaftlichen und wirtschaftspolitischen Zielen. Es ist zwar ordnungspolitisch und prozesspolitisch gesehen rational, ein sozialpolitisches Ziel mit ordnungskonformen bzw. marktkonformen Mitteln zu verwirklichen, wenn es auf diesem Wege verwirklicht werden kann. Es gibt aber Probleme, die sich nicht mit marktkonformen Instrumenten lösen lassen, weil, wie *Oswald v. Nell-Breuning* (1955b, S. 33) es einmal formuliert hat, „der Markt herzlos ist wie eine Maschine". Der Einsatz nicht marktkonformer Instrumente ist z.B. unvermeidlich im Bereich der betrieblichen Ordnung oder auf den Arbeitsmärkten. Abgesehen davon ist es geboten, Sozialordnung und Wirtschaftsordnung als Teilordnungen der Gesellschaftsordnung zu verstehen, wobei Sozialordnung und Wirtschaftsordnung unterhalb der Gesellschaftsordnung auf derselben Ebene angesiedelt werden müssen. Der Logik und den zwischen verschiedenen Teilordnungen bestehenden Interdependenzen angemessen ist es daher, den prinzipiell anzuerkennenden Grundsatz der Wirtschaftsordnungskonformität der Sozialpolitik durch den Grundsatz der möglichst weitgehenden Sozialordnungskonformität der Wirtschaftspolitik zu ergänzen (dazu ausführlich Lampert 1992c).

b) Prinzipien ordnungskonformer Sozialpolitik

Wenngleich das Prinzip ordnungskonformer Sozialpolitik im Sinne wirtschaftsordnungskonformer Sozialpolitik nicht verabsolutiert werden darf, ist es doch ordnungspolitisch geboten und rational, es überall da zu praktizieren, wo sozialpolitische Ziele mit ordnungs- bzw. marktkonformen Mitteln ohne Abstriche an der sozialpolitischen Zielsubstanz erreicht werden können. In diesem Sinne verdienen folgende Prinzipien Beachtung, die die Verfasser wegen ihrer Bedeutung *Prinzipien erster Ordnung* nennen (vgl. dazu Lampert/Bossert 1992, S. 121 ff.).

1. Das *Prinzip maximaler Orientierung der Sozialpolitik an den Grundwerten der erstrebten Gesellschaftsordnung*, d.h.: Sozialpolitik soll die Erreichung der Freiheit, der Menschenwürde, der Selbstverantwortung, der Solidarität und der Subsidiarität fördern, sie jedenfalls nicht bzw. möglichst wenig einschränken.[37]
2. Das *Prinzip der Sicherung maximaler Wirtschaftssystemverträglichkeit der eingesetzten sozialpolitischen Mittel.* Sozialpolitik muss danach so konzipiert werden, dass die Funktionsfähigkeit des Wirtschaftssystems z.B. durch die Bildungspolitik und den Gefahrenschutz, gefördert, im weniger günstigen Fall nicht und im ungünstigsten Falle, z.B. bei unumgänglich erscheinenden Maßnahmen des Mutterschutzes und der Lohnfortzahlung, möglichst wenig beeinträchtigt wird, z.B. durch die Wahl versicherungsrechtlicher anstelle arbeitsrechtlicher Lösungen.
3. Das *Prinzip maximaler sozialpolitischer Ausrichtung der Wirtschaftsordnungspolitik.* Der Grundsatz sichert die Priorität ordnungspolitischer gegenüber prozesspolitischen Maßnahmen sowie die Priorität präventiver gegenüber therapeutischer Sozialpolitik. Beispiele sind eine Politik der Sicherung der Startgerechtigkeit durch offene Märkte sowie die Optimierung der Versorgung der Bevölkerung durch eine Politik der Wettbewerbsordnung.
4. Soweit sozialpolitische Ziele, wie etwa die Sicherung der Menschenwürde und die Vermeidung von Diskriminierung, nicht durch Wirtschaftsordnungspolitik erreicht werden können, sollte das *Prinzip des Vorranges der Sozialordnungspolitik,* wie es mit der Arbeitsmarktordnungspolitik oder dem Betriebsverfassungsgesetz praktiziert wird, *vor einer interventionistischen Sozialpolitik* befolgt werden.
5. Soweit Sozialpolitik als Prozesspolitik betrieben werden muss, sollte das *Prinzip maximaler wirtschaftlicher und sozialer Effizienz bzw. minimaler Eingriffsintensität der eingesetzten Mittel* beachtet werden. Beispiele für Sozialpolitik als Prozesspolitik sind die im Arbeitsförderungsgesetz vorgesehenen Maßnahmen, die Sozialhilfepolitik und die Wohnungsbaupolitik. Sie sollten möglichst marktkonform betrieben werden.
6. Das *Prinzip der Beachtung sozialstaatlicher Grenzen in mikro- und makroökonomischer Hinsicht.* Es bedeutet zum einen, dass die Sozialleistungen in Bezug auf die Anspruchsvoraussetzungen, den Leistungsumfang und die Art der Leistungsgewährung *so* konzipiert werden, dass ein Missbrauch möglichst weitgehend verhindert wird, und zum anderen, dass die Abgabenbelastung der Unternehmungen und damit alle daraus folgenden negativen Effekte auf Beschäftigung und Wachstum in Grenzen gehalten werden (so auch W. Albers 1977, S. 942 ff. und Stützel 1978, S. 33).
7. Das *Prinzip der Ausgewogenheit* des Umbaues des Sozialstaates, d.h. einer gerechten Verteilung der Umbaulasten entsprechend der Leistungsfähigkeit eines jeden Bürgers und das *Prinzip der Differenziertheit der Reformmaßnahmen*, d.h.

---

[37] Vgl. dazu auch Kleinhenz 1992, S. 52: „Die Ausgestaltung des Sozialstaates nach dem Subsidiaritätsprinzip bedeutet zunächst, daß auch die Sozialpolitik die Selbstverantwortlichkeit des Individuums grundsätzlich als vorrangig anerkennt und nicht ersetzt, sondern nur ergänzt. Sozialstaatliche Handlungskompetenz kommt nur insoweit zum Tragen, als einerseits Voraussetzungen für das selbstverantwortliche Handeln einzelner erst geschaffen werden müssen (Starthilfe, 'Hilfe zur Selbsthilfe'), andererseits die Möglichkeiten selbstverantwortlichen Handelns für die Erfüllung der gegebenen Ziele in Bezug auf die Lebenslagen einzelner (z.B. Sicherung des soziokulturellen Existenzminimums, Lebensstandardsicherung) oder in der Gesamtgesellschaft (z.B. Gleichwertigkeit der Lebensbedingungen) nicht ausreichend sind."

dass die Kürzung von Leistungen umso niedriger angesetzt werden soll, je schwächer eine bestimmte Gruppe wirtschaftlich und/oder sozial gesehen ist. Nur unter Beachtung dieser Prinzipien ist eine Reform unseres Wirtschafts- und Sozialsystems unter Wahrung des sozialen Friedens und ohne Verletzung der sozialen Gerechtigkeit erreichbar.

Neben diesen Prinzipien erster Ordnung sollten aus Gründen der Ordnungskonformität und der Rationalität der Sozialpolitik folgende *Prinzipien zweiter Ordnung* Anwendung finden:

1. Das *Prinzip finanzverfassungsgemäßer Finanzierung sozialer Aufgaben.* Dazu gehört vor allem die Finanzierung versicherungsfremder Leistungen aus Steuereinnahmen (und damit die Anbindung des Bundeszuschusses an das Niveau dieser Leistungen) und ein Verzicht des Staates auf die direkte oder indirekte Schließung von Finanzierungslücken in den öffentlichen Haushalten durch Sozialversicherungsbeiträge.
2. Die Respektierung der Autonomie der sozialen Selbstverwaltung gemäß dem Subsidiaritätsprinzip.
3. Die Förderung der Hilfe zur Selbsthilfe.
4. Die Präferierung versicherungsrechtlicher vor arbeitsrechtlichen Lösungen.

Die Anwendung dieser Prinzipien in Verbindung mit einer systematischen Mängelanalyse der sozialpolitischen Handlungsbereiche würde es erlauben, die Reformmöglichkeiten und Reformnotwendigkeiten systematisch und vollständig aufzudecken.[38] Selbstverständlich ist eine derartige Aufgabe nicht durch Einzelne lösbar. Eine Auswahl der nach Meinung der Verfasser bestehenden Reformansätze in verschiedenen Sozialpolitikbereichen soll abschließend skizziert werden.

5. Reformansätze[39]

a) Wesentliche Ausgangsbedingungen

Zur Entwicklung eines Reformkonzepts, das langfristig tragfähig ist, die Krise des Sozialstaats zu überwinden und die sozialstaatliche Kernsubstanz der Bundesrepublik zu erhalten erlaubt, genügt es nicht, nur - gleichsam isoliert - den sozialpolitischen Handlungsbereich ins Auge zu fassen und davon auszugehen, dass die Sozialstaatskrise schwergewichtig sozialsystemendogen verursacht ist, dass also der Sozialstaat durch sich selbst, d.h. durch Umfang, Höhe und Kosten der Sozialleistungen, durch den Missbrauch von Sozialleistungen und durch arbeitsrechtliche Regelungen, die die Arbeitsmärkte inflexibel gemacht haben, in eine den Sozialstaat grundsätzlich gefährdende Krise geraten sei. Vielmehr ist diese Krise auch und vor allem durch sozialsystem*externe* Ursachen bewirkt, d.h. durch Ursachen, die außerhalb des Sozialsystems liegen. Derartige systemexterne Ursachen sind
- der demographische Wandel;

---

[38] Vor einigen Jahren hat *Richard Hauser* (1995b) unabhängig vom Aspekt der Ordnungskonformität der Sozialpolitik „Prinzipien eines evolutorischen Umbaus des Sozialstaates" vorgeschlagen, die nach Einschätzung der Verfasser in die Entwicklung eines umfassenden Reformkonzepts einbezogen werden sollten.

[39] Vgl. dazu auch den Abschnitt „Perspektiven einer Sozialstaatsreform" bei Schmähl 1998.

- die Globalisierung;
- die wirtschaftlichen und sozialen Kosten der Wiedervereinigung Deutschlands;
- ein unlauterer innereuropäischer Wettbewerb.

Der seit langem beobachtbare *demographische Wandel* besteht zum einen in einem anhaltenden Rückgang der Geburten und zum andern in einem starken Anstieg der Lebenserwartung. Der Geburtenrückgang ist am Rückgang der Nettoreproduktionsziffer[40] ablesbar. Sie fiel in der Bundesrepublik von 0,93 im Jahre 1950 auf 0,66 im Jahr 1996. In den neuen Bundesländern fiel sie im gleichen Zeitraum von 1,13 auf 0,44. Die Lebenserwartung der 1949/51 geborenen Jungen beträgt 64,56 Jahre, die der 1997/99 geborenen 74,7; die Vergleichszahlen für Mädchen lauten 68,48 und 80,6 . Aufgrund dieser Entwicklung ist zu erwarten, dass das Verhältnis zwischen der Zahl der Rentner und der Zahl der Beitragszahler von gegenwärtig 1:2 bis 2030 auf 1:1 steigt. Dieser Wandel wirft erhebliche Probleme der Finanzierung der Renten und der Gesundheitsausgaben auf.[41]

Die zweite systemexterne Ursache der Sozialstaatskrise, die *Globalisierung,* ist ein nahezu weltweit ablaufender Prozess hoher und zunehmender Vernetzung von früher nationalen Güter-, Dienstleistungs-, Finanz- und Arbeitsmärkten sowie ein Prozess zunehmender Verdichtung des internationalen Wirtschaftsverkehrs. Sie ist zum einen Ergebnis der Politik der führenden westlichen Volkswirtschaften,[42] die über die letzten Jahrzehnte hinweg zielstrebig und systematisch auf die Beseitigung politischer und administrativer Barrieren für den grenzüberschreitenden Verkehr von Gütern, Dienstleistungen, Kapital und Menschen gerichtet war,[43] zum andern auf die Entwicklung der modernen Informations- und Kommunikationstechnologien. Beide Ursachenkomplexe haben die räumlichen und zeitlichen Barrieren für die internationale Mobilität von Informationen, Gütern, Leistungen, Kapital und Menschen erheblich abgesenkt, d.h. die Überwindung von Raum und Zeit beschleunigt und verbilligt.

Die *ökonomischen* Wirkungen der Globalisierung[44] bestehen in einer Intensivierung des internationalen Wettbewerbs sowie in einer Verstärkung der internationalen Arbeitsteilung und der weltwirtschaftlichen Verflechtung, also in Wirkungen, die einerseits zu einem Kaufkraftzuwachs, zu einer Erhöhung der Importfähigkeit, zu einer Verringerung der Arbeitslosigkeit in den weniger entwickelten Ländern und zu einer qualitativ und preislich besseren Versorgung der Bevölkerung der in den Globalisierungsprozess einbezogenen Länder führen. Andererseits wird aufgrund der Mobilität des Kapitals die Konkurrenz zwischen den sozialen Sicherungssystemen sowie die

---

[40] Die Nettoreproduktionsziffer gibt an, wie viele Mädchen von den gebärfähigen Frauen im Durchschnitt geboren werden. Eine Nettoreproduktionsziffer kleiner als 1 bewirkt eine Bevölkerungsschrumpfung.

[41] Vgl. dazu auch die Darstellung dieser Problematik S. 281.

[42] Erwähnt sei in diesem Zusammenhang die Abschaffung von Kapitalverkehrskontrollen durch die U.S.A., die Bundesrepublik, Kanada und die Schweiz 1970, durch Großbritannien 1979, durch Japan 1980 sowie durch Frankreich und Italien 1990. Vgl. dazu die ausführliche Darstellung dieser Politik bei Martin/ Schumann 1996, S. 71 ff.

[43] Vgl. dazu auch Martin/ Schumann 1996, S. 18: „Die globale wirtschaftliche Verflechtung ist keinesfalls ein Naturereignis, sondern wurde durch zielstrebige Politik bewußt herbeigeführt. Vertrag für Vertrag, Gesetz für Gesetz waren es immer Regierungen und Parlamente, deren Beschlüsse die Barrieren für den grenzüberschreitenden Verkehr von Kapital und Waren beseitigt haben. Von der Freigabe des Devisenhandels über den europäischen Binnenmarkt bis zur fortwährenden Ausdehnung des Welthandelsabkommens GATT haben Regierungspolitiker der westlichen Industrieländer jenen Zustand selbst heraufbeschworen, mit den sie nun nicht mehr fertig werden."

[44] Vgl. zu diesen Wirkungen Martin/Schumann 1996, Thurow 1996, Reich 1997 sowie Gruppe von Lissabon, o.O. und o.J.

Konkurrenz zwischen den nationalen Arbeitsmärkten intensiviert.[45] Die Entwicklung auf den Arbeitsmärkten, vor allem die Vergrößerung der Knappheit hochqualifizierter Leistungsträger bei gleichzeitiger Verringerung der Knappheit gering qualifizierter Arbeitnehmer und die damit einhergehende starke Vergrößerung der Ungleichverteilung der Einkommen[46] lässt *Lester C. Thurow* befürchten, dass eine Form des Kapitalismus wieder auflebt, in der wie früher das Recht des Stärkeren gilt.[47]

Noch mehr Beachtung als die wirtschaftlichen Folgen der Globalisierung verdienen die *politischen* Implikationen dieses Prozesses. Die Globalisierung löst die Bindung der Unternehmen an einen nationalen Standort. Daher gibt sie Unternehmensleitungen und Kapitaleignern die Möglichkeit, im Falle negativer Einschätzung der politischen, insbes. der wirtschafts- und sozialpolitischen Rahmenbedingungen, den nationalen Trägern der Regierungsverantwortung die Unterlassung von Investitionen oder/und die Verlagerung von Unternehmen oder Unternehmensteilen anzukündigen und den Verlust von Arbeitsplätzen und Steueraufkommen zu bewirken. Die Globalisierung schwächt daher die wirtschafts-, finanz- und sozialpolitische Autonomie nationaler Regierungen und supranationaler Verantwortungsträger (wie des Rates und der Kommission der EU) erheblich[48] und zwingt die sozialstaatlich entwickelten Volkswirtschaften zu Anpassungsprozessen. Sie beeinträchtigt darüber hinaus die Stabilität der Beziehungen zwischen den Sozialpartnern.[49]

Im Zusammenhang mit der Globalisierung muss ein weiteres Problem angesprochen werden. Es ergibt sich daraus, dass es im Gegensatz zur inländischen Kreditvergabe, die institutionalisierten Kontrollen unterliegt (Bundesaufsichtsamt für das Kreditwesen, Deutsche Bundesbank), um eine optimale Geld- und Kreditversorgung der Volkswirtschaft zu sichern und Zusammenbrüche von Finanzinstitutionen zu verhindern, die treuhänderisch das Vermögen ihrer Einleger verwalten, auf der internationalen Ebene derartige Einrichtungen nicht gibt. Daher besteht die Gefahr, dass der in-

---

[45] Vgl. dazu auch Thurow 1996, S. 72: „Das kapitalistische Angebot an qualifizierten Arbeitskräften ist durch diese Entwicklung weltweit dramatisch angestiegen, und dieses neue Angebot wird sich auf die Gehälter der Gebildeten in den alten kapitalistischen Ländern gravierend auswirken - ein Schock, der keineswegs hinter uns liegt, sondern uns ganz im Gegenteil noch bevorsteht". „Das Ende des Kommunismus beeinflußt die alte kapitalistische Welt und bietet ihr ein riesiges Angebot an billigen, gut ausgebildeten Arbeitskräften aus der Zweiten Welt und schafft indirekt durch die Zerstörung des Glaubens an die Import-Substitution und den Quasi-Sozialismus ein riesiges Reservoir an ungelernten Arbeitskräften aus der Dritten Welt, die nur sehr geringe Löhne verlangen. Durch die Migration drängen sehr viele clevere, energiegeladene, aber ungelernte Arbeitskräfte direkt auf den Arbeitsmarkt der Ersten Welt" (S. 270).

[46] Thurow 1996, S. 37 ff. und Reich 1997, S. 221 ff.

[47] Thurow 1996, S. 33.

[48] Vgl. dazu Thurow 1996, S. 186 bis 201. Mit Sorge beobachtet auch die „Gruppe von Lissabon" die zunehmende politische Ohnmacht der Nationalstaaten: „Es gibt eine tiefe Kluft zwischen dem mächtigen Prozeß wirtschaftlicher Globalisierung auf der Ebene der Finanzen und Unternehmen einerseits und abnehmenden Fähigkeit von nationalstaatlichen Institutionen andererseits, mit der explosiven Natur der meisten sozialen, wirtschaftlichen, ökologischen und politischen Probleme in vielen Ländern und Regionen der Welt fertig zu werden. Trotz der neuen Demokratisierungswelle stellt das Fehlen institutionalisierter Formen sozial verantwortlicher und demokratisch kontrollierter politischer Macht auf globaler Ebene die fundamentale Schwäche der heutigen Welt dar" (Gruppe von Lissabon, Grenzen des Wettbewerbs. Die Globalisierung der Wirtschaft und die Zukunft der Menschheit, o.O. und o.J.). Vgl. auch den Weltarbeitsbericht 1997/98 der Internationalen Arbeitsorganisation, Kaufmann 1997, S. 118 ff., Beck 1996, Reich 1997 und Gutachten 1997/98 des Sachverständigenrats zur Begutachtung der gesamtwirtschaftlichen Entwicklung, Z 306.

[49] Vgl. dazu den Weltarbeitsbericht 1997/98 der Internationalen Arbeitsorganisation.

ternational unbegrenzte und unkontrollierte kurzfristige Geld- und Kapitalverkehr Finanzkrisen und in deren Gefolge Wirtschaftskrisen auslöst - wie die Ereignisse in Indonesien, Thailand, Malaysia, Südkorea und Hongkong in den Jahren 1997/98 zeigten. Die Gefahr, dass durch solche Vorgänge weltweite Krisen auftreten, die auch die Anlagemöglichkeiten und die Renditeaussichten von Kapitalfonds, insbes. Altersrentenfonds, beeinträchtigen, besteht trotz der Möglichkeiten der Weltbank und des Internationalen Währungsfonds, als „Feuerwehr" einzugreifen. Daher treten selbst überzeugte Marktwirtschaftler wie *Paul Krugman* und der Vizepräsident der Weltbank, *Joseph Stiglitz*, für eine Regulierung kurzfristiger Kapitalströme ein.[50] Auch auf dem Weltwirtschaftsforum 1998 in Davos forderten Finanzexperten und Konzernchefs gleichermaßen als Konsequenz aus der Asienkrise eine bessere Kontrolle der internationalen Finanzmärkte.[51]

Wenn weltweit vermieden werden soll, dass die Volkswirtschaften unter Vernachlässigung sozialer Mindestnormen - gleichsam um jeden sozialen Preis - gegeneinander Wettbewerb betreiben, muss versucht werden, die Schwächen des vor allem von den USA , aber auch von internationalen Organisationen, wie der Weltbank, dem IWF und der OECD präferierten Leitbildes eines sozial und ordnungspolitisch ungezügelten Wirtschaftsliberalismus aufzuzeigen und die Vorzüge eines an sozialen Mindestzielen orientierten Ordoliberalismus zu verdeutlichen.[52] Da nicht wenige Ökonomen und Politiker die Auffassung vertreten, die USA könnten – insbes. in der Beschäftigungs- und in der Sozialpolitik – ein Vorbild für die in der Bundesrepublik anstehenden Sozialstaatsreformen sein, erscheint auch der Hinweis angebracht, dass dabei nicht nur grundlegende Unterschiede zwischen der nordamerikanischen und der europäischen Wirtschafts- und Sozialphilosophie verkannt, sondern auch aus europäischer Sicht unerträglich erscheinende soziale Missstände übersehen werden.[53]

Nicht ihrem Gewicht entsprechend behandelt wird in der aktuellen Diskussion eine dritte systemexterne Krisenursache, nämlich die *Kosten der Wiedervereinigung Deutschlands*. Durch die Wiedervereinigung entstanden für die alten Bundesländer erhebliche Transferverpflichtungen an die neuen Bundesländer.[54] Da diese Transfers, insbesondere die Sozialleistungen, nicht über Steuern, sondern durch eine Erhöhung der Sozialversicherungsbeiträge finanziert wurden, belasteten sie besonders die Arbeitskosten und beeinträchtigten die Höhe der Beschäftigung. Eine weitere erhebliche Belastung ergibt sich seit etwa Mitte der 90er Jahre daraus, dass die Bauwirtschaft in den neuen Bundesländern zu stark subventioniert wurde, so dass sie sehr bald – gemessen an der Nachfrage – massiv überdimenionsiert war. Eine Folge des Abbaus dieser Überkapazitäten ist ein Rückgang der gesamtdeutschen Baukapazitäten.

Schließlich ist als eine weitere sozialsystemexterne Ursache ein unlauterer Wettbewerb zwischen den Mitgliedern der EU anzusprechen. Dieser Wettbewerb wird mit

---

[50] Vgl. das Interview mit *Paul Krugman* in der Süddeutschen Zeitung vom 28. Nov. 1997 sowie *Joseph E. Stiglitz*, New Perspectives on the Rôle of the State, in: Akademische Reden und Kolloquien der Friedrich-Alexander-Universität Erlangen-Nürnberg Bd. 18, S. 31 ff.

[51] Vgl. Süddeutsche Zeitung vom 02. Febr.1998.

[52] Vgl. zu dieser Problematik v.a. H. Küng 1997, P. Ulrich 2001 und H. Lampert 2001c sowie 2002b.

[53] Vgl. dazu vor allem H. Lampert 2001c und 2002b.

[54] Von 1991 bis 1997 wurden West-Osttransfers in Höhe von netto 895 Mrd. DM geleistet. Presse- und Informationsamt der Bundesregierung, Sozialpolitische Umschau vom 23. März 1997. Auch in der zweiten Hälfte erreichten die West-Ost-Transfers mit einer Höhe von 4 % des Bruttoinlandsprodukts, d.h. in Höhe von jahresdurchschnittlich 150 Mrd. DM, beachtliche Höhen (Quelle: iw-trends 1/2003, S. 16).

Steuervergünstigungen, unentgeltlichen Leistungen für den Unternehmensaufbau (Verkehrsanbindung, Strom- und Wasserversorgung, Grundstückskosten) und Investitionszuschüssen geführt. Er trägt zur Erosion unseres nationalen Steuersystems bei.[55] Diese Art Standortwettbewerb zwingt der Bundesrepublik einen äußerst kostspieligen Subventions- und Steuerwettbewerb auf, der letztlich die Finanzierung unverzichtbarer Staatsaufgaben und von Sozialleistungen erschwert, den Anteil der Unternehmenssteuern am Steueraufkommen verringert und umgekehrt den der privaten Haushalte erhöht. In diesem Zusammenhang sind auch die im Rahmen der EU von der Bundesrepublik zu tragenden Nettozahlungen in Höhe von jährlich rd. 10 Mrd. € zu erwähnen.

Zu den Ausgangsbedingungen, denen sozialstaatliche Reformkonzepte Rechnung tragen müssen, gehört auch die Tatsache, dass die westeuropäischen Volkswirtschaften angesichts der eklatant hohen Unterschiede im Niveau der Löhne, des Arbeitsrechts und der Sozialleistungen im Vergleich zu den osteuropäischen, asiatischen und südamerikanischen Volkswirtschaften einen schwergewichtig mit den Löhnen und den sozialen Standards geführten Wettbewerb nicht durchhalten können. Eine derartige wirtschaftliche und soziale Rückentwicklung würde nicht nur das erreichte Wohlstands- und Zivilisationsniveau erheblich absenken und die erreichte Wirtschafts- und Sozialkultur zerstören, sondern den sozialen Frieden massiv gefährden. Allein deswegen sollte der Wettbewerb unsererseits primär im Feld organisatorischer, wirtschaftlicher, technischer und sozialer Innovationen[56] und durch Verbesserung des technisch und wirtschaftlich relevanten Bildungsniveaus aller Bevölkerungsschichten ausgetragen werden. Überdies ist eine Wettbewerbsstrategie, die auf die Produktion von Gütern und Dienstleistungen mit einem hohen Wertschöpfungs- und Humankapitalanteil auf der Basis überlegener Technik abstellt, einem schwerpunktmäßig mit den Kosten geführten Wettbewerb überlegen.

Ein Reformkonzept für den Sozialstaat muss selbstverständlich auch auf die Beeinflussung dieser externen Krisenursachen gerichtet sein.

b) Sozialsystemexogene Reformansätze

Als sozialsystemexogene Ansatzpunkte für Sozialreformen kommen in Betracht:
1. Eine Familienpolitik, die konsequent zu vermeiden sucht, dass die Gründung und Erhaltung einer Familie für die Eltern mit wirtschaftlichen und sozialen Nachteilen verbunden ist, die von vielen potenziellen Eltern im Vergleich zur Lebenslage kin-

---

[55] Z.B. werben Großbritannien, Irland, Frankreich, Belgien, Luxemburg und die Niederlande deutsche Unternehmen durch besonders günstige steuerliche Bedingungen an. Da in den Niederlanden multinationale Gesellschaften, die in mindestens vier Ländern oder zwei Kontinenten residieren, vier Fünftel ihres Gewinns unbefristet der Steuer entziehen können und das restliche Fünftel nur mit 35 % Körperschaftsteuer belastet wird, der Gesamtgewinn also mit nur 7 %, haben zahlreiche deutsche Industrieunternehmen die Abwicklung ihrer internationalen Geschäftsbeziehungen in den Niederlanden konzentriert. Mit vergleichbaren Vergünstigungen kann in Belgien gerechnet werden.

[56] Voraussetzung dafür ist eine Verbesserung der Leistungsfähigkeit von Unternehmensleitungen im Sinne höherer Innovationsbereitschaft und Innovationsfähigkeit. Vgl. zu den wirtschaftpolitischen Anforderungen zur Sicherung der internationalen Wettbewerbsfähigkeit auch J. Kromphardt, Direktinvestitionen - Zerstörer oder Erhalter von Arbeitsplätzen und internationaler Wettbewerbsfähigkeit in Zeiten der Globalisierung, in: Friedrich-Ebert-Stiftung (Hg.), Globalisierung - Ende nationaler Wirtschaftspolitik? Bonn 1997, S. 13 ff.

derloser Gesellschaftsmitglieder als erheblich angesehen werden. Internationale Vergleiche zeigen, dass die Geburtenziffern in Ländern mit einer spürbaren finanziellen Entlastung der Familien (z.B. Frankreich) und mit einer erfolgreichen Politik der Vereinbarkeit von Erwerbstätigkeit und Familientätigkeit (z.b. Schweden) höher sind als in Deutschland;[57]

2. die Entlastung der sozialen Sicherungssysteme von allgemeinpolitischen Lasten und die Vergrößerung der Autonomie der Sozialversicherungen;
3. der Abbau der finanziellen Überlast der Bundesrepublik in der Europäischen Union;[58]
4. eine die ungesteuerte Zuwanderung begrenzende Einwanderungspolitik;
5. die Schaffung eines wirtschafts- und wettbewerbspolitischen Verhaltenskodex innerhalb der Europäischen Union, um einen für Wirtschaft, Staat und Gesellschaft letztlich ruinösen Standortwettbewerb mit Steuern und Subventionen zu vermeiden;
6. die Schaffung einer neuen weltwirtschaftlichen Rahmenordnung für die internationalen Kapitalbewegungen. Weltbank und Internationaler Währungsfonds sind mit der Aufgabe, massive weltwirtschaftliche Störungen zu verhindern und Krisen zu bewältigen, überfordert. Es muss überdies versucht werden, einen internationalen Wettbewerb, der auf menschenunwürdigen Lebensbedingungen, Kinderarbeit, gesundheitsschädigenden Arbeitszeiten und hochgradiger sozialer Unsicherheit beruht, einzudämmen.

c) Sozialsystemendogene Reformansätze

Trotz der durch die weltwirtschaftlichen und binneneuropäischen Wettbewerbsbedingungen gegebenen Anpassungszwänge und der durch bestimmte Gefahren sozialstaatlicher Entwicklung (vgl. dazu S. 474 ff.) gegebenen Notwendigkeit eines Abbaues bestimmter Sozialleistungen sollte es ein wesentliches Reformprinzip sein, den Sozialstaat primär nicht *abzubauen, sondern ihn *umzubauen.

Eine präzise Verdeutlichung der Unterschiede zwischen Abbau und Umbau findet sich bei *Richard Hauser*: Abbau bedeutet „Zurückdrängung der sozialstaatlichen Regelungen, Rückverlagerung von sozialen Risiken auf den Einzelnen oder die Familie, Rückzug des Staates aus der Erstellung und kostenlosen oder verbilligten Abgabe von Grundbedarfsgütern und sozialen Leistungen und letztlich Reduzierung der Sozialleistungsquote ohne Rücksicht auf soziale Bedarfe. Ein solcher Abbau würde eine Verminderung des Gewichts gesellschafts- und sozialpolitischer Ziele implizieren und die in der Verfassung der Bundesrepublik garantierte Sozialstaatskomponente in Richtung auf ein Mindestmaß zurückdrängen." Dagegen würde ein Umbau bedeuten: „Schließung von Sicherungslücken, aber auch Abbau von Überversorgungserscheinungen; Vereinfachung der Organisationsstrukturen, aber auch Reduzierung leistungshemmender Effekte; Bemühungen, die Inanspruchnahme sozialer Rechte zu gewährleisten, aber auch verbesserte Missbrauchskontrolle; Reformen zur Anpassung des Systems der sozialen Sicherung an die sich verändernden ökonomischen, gesell-

---

[57] Vgl. dazu S. 356.
[58] Vgl. dazu auch W. Münster, Spendierlust des Kanzlers zu teuer, in: Süddeutsche Zeitung vom 22. Juli 1996.

schaftlichen und demographischen Rahmenbedingungen, aber auch Suche nach einer neuen Balance zwischen den Generationen. Ein solcher Umbau sollte zu einem neu austarierten Kompromiss zwischen gesellschaftspolitischen, sozialpolitischen und ökonomischen Zielen führen."[59]

Als sozialsystemendogene Ansatzpunkte für Reformen sind - ohne Anspruch auf Vollständigkeit - zu nennen:

1. Für die Therapie der Krise des Sozialleistungssystems, die ja zu einem guten Teil durch die hohen Kosten der Massenarbeitslosigkeit und die Kosten ihrer Bekämpfung verursacht ist, ist es unerlässlich, nicht nur das Sozialleistungssystem umzubauen, sondern eine Beschäftigungs- und Arbeitsmarktpolitik zu betreiben, die zu einer Verringerung der Arbeitslosigkeit als einer Kernursache der Krise führt. Dazu sollte nicht nur versucht werden, durch eine Wiederherstellung der in der Bundesrepublik lange Zeit funktionsfähigen sozialpartnerschaftlichen Kultur einen breiten Konsens zwischen den Trägern der Wirtschaftspolitik und den Sozialparteien herzustellen. Vielmehr sollte auch von der These abgegangen werden, die Arbeitslosigkeit könne durch längere Arbeitszeiten bei niedrigeren Löhnen überwunden werden. Flexibilisierung der Arbeitszeiten im Sinne einer verstärkten Lösung der Wochenarbeitszeiten von den Betriebsarbeitszeiten, im Sinne einer Verkürzung der individuellen Wochenarbeitszeiten (ohne einen der Verkürzung der Arbeitszeit entsprechenden Lohnausgleich) und im Sinne der Wahlmöglichkeiten der Arbeitszeit im Zeitkontinuum sind ein unverzichtbares Instrument, um in unserer hochentwickelten Volkswirtschaft technologisch bedingte Freisetzungen mehr oder weniger zu kompensieren. Allerdings ist eine langfristig zurückhaltende Lohnpolitik eine notwendige, wenngleich nicht hinreichende Bedingung für mehr Beschäftigung.[60]

2. Die Sozialleistungs- und die Abgabenquote. Um die Sozialleistungs- und die Abgabenquote verringern zu können, ist es einerseits erforderlich, das Volumen der Sozialleistungen geringer wachsen zu lassen als das Bruttosozialprodukt sowie die Erhaltungssubventionen abzubauen und andererseits die gesamtwirtschaftliche Wachstumsrate der Arbeitseinkommen unter der Wachstumsrate der gesamtwirtschaftlichen Produktivität zu halten,[61] solange keine erkennbaren Fortschritte in der Bekämpfung der Arbeitslosigkeit festzustellen sind. Eine Veränderung des tarifvertraglichen Verteilungsprozesses durch den Übergang zu einem zweistufigen Verteilungsverfahren, d.h. zu einer Kombination von Konsumlohn und ertragsabhängigem Lohn, sollte erwogen werden.[62]

3. Als Maßstäbe für die Höhe und Dauer von Geldleistungen sollten gelten:
   a) eine Gesellschaft kann es sich nicht leisten, Arbeitsunfähigen und Arbeitsunwilligen dauerhaft Sozialleistungen zu gewähren, die über dem für die Sicherung des (menschenwürdigen) Existenzminimums notwendigen Niveau liegen;
   b) Einkommensleistungen im Rahmen des Sozialversicherungssystems widersprechen den an einen Sozialstaat zu stellenden Anforderungen nicht, wenn sie

---

[59] Hauser 1997a, S. 159. Vgl. zu den Strategien und Prinzipien einer Sozialstaatsreform auch Hauser 1995b.

[60] Vgl. dazu auch W. Klauder, P. Schnur, G. Zika, Wege zu mehr Beschäftigung. Simulationsrechnungen bis zum Jahre 2005 am Beispiel Westdeutschland, in: IAB-Werkstattbericht vom 10.Sept.1996.

[61] Eine zurückhaltende Lohnpolitik führt jedoch nur zu mehr Beschäftigung, wenn gleichzeitig mehr investiert wird.

[62] Vgl. zu Einzelheiten Lampert/ Englberger/ Schüle 1991, S. 167 ff.

weniger als 100 %, jedoch mehr als 66 % des entfallenden Erwerbseinkommens entsprechen.

4. In *der* gesetzlichen *Rentenversicherung* erscheint auf mittlere Frist eine Überprüfung der Zweckmäßigkeit und der Möglichkeit einer schrittweisen Ergänzung und partiellen Ersetzung der staatlichen obligatorischen Pflichtversicherung durch eine Kombination aus Pflichtversicherung und staatlich geförderter Privatversicherung gegen die wirtschaftlichen Folgen altersbedingter Arbeitsunfähigkeit sinnvoll.[63] Dabei sollte jedoch sichergestellt werden, dass erstens die durch die Pflichtversicherung erreichbare Rente auch für Bezieher unterer Einkommen einen deutlichen Abstand zum Sozialhilfesatz aufweist und dass zweitens der „private" Anteil an der Altersvorsorge inflationsgesichert ist (so auch Watrin 1977, S. 980). Langfristig dürfte die unter ordnungspolitischen, aber auch sozialpolitischen Gesichtspunkten beste Lösung darin liegen, eine generelle staatliche, dynamisierte, beitragsfinanzierte Grundversorgung für die Standardrisiken für alle Staatsbürger zu schaffen, die als Basis für ein System von im Prinzip obligatorischer, in der Ausgestaltung aber freier Selbstvorsorge dient.[64] Eine Kombination einheitlicher Grundversorgung mit obligatorischer Selbstvorsorge hätte erstens den Vorzug, für alle eine existenzsichernde Grundversorgung zu gewährleisten und zweitens den Vorzug, nicht mehr Zwang auszuüben als zur Erreichung des Zieles sozialer Sicherheit erforderlich erscheint, also mehr Freiheit einzuräumen.

5. Ferner erscheint einerseits ein Abbau der Überversorgung durch den Abbau von Leistungskumulationen geboten (vgl. dazu Transfer-Enquête-Kommission 1981, S. 152 ff. und Weyers 1997), insbes. durch stufenweisen Abbau der beitragsfreien Hinterbliebenenversorgung, andererseits die Vermeidung der Unterversorgung durch den Ausbau der eigenständigen Sicherung der Frauen.

6. In der gesetzlichen *Krankenversicherung* besteht folgender Reformbedarf:
   - die weitere Stärkung des Prinzips der Priorität ambulanter gegenüber stationärer ärztlicher Versorgung durch den Ausbau der ambulanten gesundheitlichen Dienstleistungen und der Sozialstationen (vgl. dazu Fink 1989);
   - die konsequente Förderung der Hilfe zur Selbsthilfe durch Förderung von Selbsthilfegruppen und durch die Förderung der Pflege in der Familie (vgl. Fink 1989, S. 275 ff. und G. Buttler 1985);
   - die Aktivierung der im Krankenhaussektor vorhandenen, erheblichen Rationalisierungsreserven.

7. Erforderlich erscheint auch eine bessere Abstimmung zwischen dem System der Sozial*versicherung* und der Sozial*hilfe*, die im letzten Jahrzehnt besonders belastet wurde durch Leistungen an Arbeitslose und an pflegebedürftige alte Menschen, d.h. durch die Abdeckung von Risiken, deren Vermeidung bzw. Abdeckung Aufgabe anderer Sicherungsträger ist. Da nicht davon ausgegangen werden kann, dass die Belastungen der Sozialhilfe durch Arbeitslose und Pflegebedürftige vorübergehender Natur sind, erscheint die Übernahme dieser Aufwendungen durch andere Träger geboten (vgl. dazu Hauser 1990).

8. Im Arbeitnehmerschutz (Arbeitszeitschutz, Gefahrenschutz, Kündigungsschutz) sollte die Finanzierungslast bestimmter Leistungen, z.B. des Arbeitgeberzuschus-

---

[63] Vgl. dazu Lampert 1980a, S. 494 und die dort angegebene Literatur.
[64] Gleicher Meinung waren bereits Mackenroth 1952, W. Schreiber 1968, S. 162 ff. und Liefmann-Keil 1967, S. 187 ff.

ses zum Mutterschaftsgeld, der Folgekosten des Jugendschutzes und des Schutzes Schwerbeschädigter sowie des Erziehungsurlaubs von den Unternehmen auf ordnungspolitisch zweckmäßige Träger (z.b. überbetriebliche Lohnfortzahlungsfonds) übertragen werden, um unternehmensgrößenspezifische, wettbewerbsverzerrende Belastungseffekte abzubauen (vgl. dazu Cassel 1989, S. 78 f.);

9. Ordnungspolitischer Reformbedarf besteht ferner in der *Arbeitsmarktordnungspolitik* (vgl. dazu Lampert/Englberger/Schüle 1991, S. 40 ff. und S. 105 ff.). Wenngleich die Verfasser nicht der Meinung sind, dass die Tarifautonomie durch Aufhebung der Möglichkeit der Allgemeinverbindlicherklärung von Tarifverträgen und durch die Zulassung von Außenseiterverträgen aufgelockert werden sollte, sehen sie doch folgende arbeitsmarktordnungspolitischen Reformnotwendigkeiten bzw. -möglichkeiten:

- die Beendigung der arbeitskampfrechtlichen Abstinenz des Gesetzgebers, um zu verhindern, dass das Arbeitskampfrecht weiterhin ausschließlich Richterrecht bleibt und dass die Arbeitskampfbedingungen weiterhin durch die normative Kraft des Faktischen und durch die Arbeitsrechtsprechung zu ungunsten der Arbeitgeberseite verschoben werden;
- die Verpflichtung der Arbeitsmarktparteien, in ihre Tarifverträge Schlichtungsvereinbarungen aufzunehmen, wobei selbstverständlich die Freiheit der Annahme bzw. Ablehnung von Schlichtungsvorschlägen gesichert bleiben soll;
- die Ablösung der bisher betriebenen einstufigen Tariflohnpolitik, bei der die Löhne ex ante endgültig vereinbart werden und die Löhne voll konsumierbare Löhne sind, durch einen zweistufigen Prozess der Verteilung der Einkommen. In der ersten Stufe soll eine zurückhaltende, aller Voraussicht nach vollbeschäftigungskonforme und mit geringen gesamtwirtschaftlichen Risiken belastete Festlegung der völlig frei verfügbaren Löhne erfolgen. In der zweiten Stufe soll nach Abschluss der Vertragsperiode je nach der Ertragslage durch eine Beteiligung der Arbeitnehmer an den Erträgen eine Ergänzung bzw. Korrektur des Verteilungsverfahrens der ersten Stufe erfolgen (vgl. Lampert/Englberger/Schüle 1991, S. 167 ff.). Diese zweite Stufe sollte auch im Sinne einer Politik breiterer Streuung des Produktivvermögens ausgebaut werden;
- die weitere Förderung einer sowohl aus Kosten-, Produktivitäts- und Wachstumsaspekten als auch aus familienpolitischen Gründen wünschenswerten Flexibilisierung der Arbeitszeit im Sinne einer Entkoppelung von individueller Arbeitszeit und Betriebszeit und im Sinne einer chronometrischen und chronologischen individuellen Arbeitszeitflexibilisierung;
- die verstärkte Nutzung der Möglichkeit der Tarifvertragsparteien, in ihren Verträgen für vorweg spezifizierte Vertragsinhalte im Sinne von Öffnungsklauseln Freiräume vorzusehen für konkrete Vereinbarungen auf betrieblicher Ebene (vgl. dazu Molitor 1986, S. 69).

10. In hohem Maße wünschenswert erscheint – wie bereits ausgeführt - eine konsequente Fortführung der Politik der Förderung der *Vermögensbildung* sowie der Wohnungs- und Familienpolitik.

Berücksichtigt man, dass in dem skizzierten Katalog von Reformnotwendigkeiten das Problem der Trägervielfalt des Systems sozialer Sicherung, seiner Orientierung am Kausal- statt am Finalprinzip, die Aufgabe der Harmonisierung der Alterssicherungssysteme[65] und die Problematik des verbreiteten Missbrauches sozialer Leistungen nicht noch einmal angesprochen worden sind, dann wird eine Vorstellung davon vermittelt, wie umfassend und vielfältig die Reformaufgaben sind. Es ist klar, dass diese Aufgabenfülle nur in einer Vielzahl von Reformschritten im Sinne eines piecemeal-engineering gelöst werden kann. Nichtsdestoweniger ist es notwendig, ein holistisches Reformkonzept im Sinne eines an klaren ordnungspolitischen Vorstellungen und an wirtschaftlichen wie sozialen Zielvorstellungen gleichermaßen orientierten Konzeptes als Leitbild einer Sozialreform zu erarbeiten.

Literatur

Albers 1977b - Barr 2002 - v. Bethusy-Huc 1976 - Döring/Hauser 1997 - Havemann 1988 - Heimann 1980 - Kaufmann 1997 - Lampert, 1992c, 1995b, 1997, 2001c, 2002b - Lampert/ Englberger/ Schüle 1991 - Reich 1997 — Thurow 1997 – Vaubel 1990

---

[65] Vgl. dazu Transfer-Enquête-Kommission 1981, S. 192 ff. sowie Sachverständigenkommission Alterssicherungssysteme, in: BMA 1983.

Literaturverzeichnis

1. Monographien und Aufsätze

Abbé, E., 1921, Sozialpolitische Schriften, 2. Aufl., Jena

Abel, W., 1967, Agrarpolitik, 3. Aufl., Göttingen

Achinger, H., 1958, Sozialpolitik als Gesellschaftspolitik, Frankfurt/M.

Ders., 1979, Sozialpolitik als Gesellschaftspolitik, 3. Aufl., Frankfurt/M.

Achinger, H., Höffner, J., Muthesius, H., Neundörfer, L., 1955, Neuordnung der sozialen Leistungen, Denkschrift auf Anregung des Herrn Bundeskanzlers erstattet, Köln

Adler, G., 1898, Arbeitslosigkeit, I: Die Arbeitslosigkeit in den weltgeschichtlichen Epochen und ihre Ursachen, in: HdStW, Bd. 1, 2. Aufl.

Albeck, H., 1982, Lohnsubventionen als Mittel der Arbeitsmarktpolitik, in: Ph. Herder-Dorneich (Hg.), Arbeitsmarkt und Arbeitsmarktpolitik, SVSP, Bd. 127 NF, Berlin, S. 9 ff.

Ders., 1983, Arbeitslose sozial sichern - aber wie? in: Zeitschrift für Wirtschaftspolitik, S. 151 ff.

Ders., 1995, Europäische Sozialpolitik: subsidiär, solidarisch, solide! In: G. Kleinhenz (Hg.), 1995, S.391ff.

Alber J., 1979, Die Entwicklung sozialer Sicherungssysteme im Licht empirischer Analysen, in: H. Zacher (Hg.), Bedingungen für die Entstehung und Entwicklung von Sozialversicherung, Berlin, S. 123 ff.

Ders., 1987, Vom Armenhaus zum Wohlfahrtsstaat: Analysen zur Entwicklung der Sozialversicherung in Westeuropa, 2. Aufl., Frankfurt/M./New York

Ders., 1989, Der Sozialstaat in der Bundesrepublik 1950 - 1983, Frankfurt/M./New York

Albers, W., 1977a, Sozialpolitik in der Bundesrepublik Deutschland, in: HdWW, Bd. 7, S. 110 ff.

Ders., 1977b, Grenzen des Wohlfahrtsstaates, in: B. Külp, H. D. Haas (Hg.) 1977, S. 935 ff.

Ders., 1982a, Soziale Sicherung. Konstruktionen für die Zukunft, Bonn

Ders., 1982b, Wohnungspolitik II: Wohnungsversorgung, in: HdWW, Bd. 9, S. 516 ff.

Ders., 1989, Der Lastenausgleich. Rückblick und Beurteilung, in: FA, S. 272 ff.

Albert, H., 1991, Traktat über kritische Vernunft, 5. Aufl., Tübingen

Albrecht, G., 1955, Sozialpolitik, Göttingen

Alföldy, G., 1984, Römische Sozialgeschichte, 3. Aufl., Wiesbaden

Althammer, J., 1994, Gewinnbeteiligung bei begrenzter Haftung der Arbeitnehmer. Eine Analyse des vermögenspolitischen Konzepts des Sachverständigenrates zur Begutachtung der gesamtwirtschaftlichen Entwicklung, Berlin

Ders., 1996, Reform der Vermögensbildung in Arbeitnehmerhand: Zentrale Konstruktionsmängel bleiben erhalten, in: Sozialer Fortschritt 1996, S. 141 ff.

Ders., 1997, Die Rolle der Vermögenspolitik im Rahmen einer Sozialstaatsreform, in: JbNöSt, Bd. 216, S. 595 ff.

Ders., 2000, Ökonomische Theorie der Familienpolitik, Heidelberg

Ders, 2003, Gibt es verfassungskonforme Möglichkeiten zur Einschränkung des Ehegattensplitting? In: Sozialer Fortschritt 2003, S. 159 ff.

Althammer, J., Wenzler, S., 1996, Wie familienfreundlich ist die Reform des Familienlastenausgleichs? In: FA Bd. 53 NF, S. 545 ff.

Althaus, H., 1935, Nationalsozialistische Volkswohlfahrt, Berlin

Altmann, J., 2000, Wirtschaftspolitik, 7. Aufl., Stuttgart

Andel, N., 1998, Finanzwissenschaft, 4. Aufl., Tübingen

Andersen, U., 1976, Einführung in die Vermögenspolitik, München

Arndt, E., 1957, Theoretische Grundlagen der Lohnpolitik, Tübingen

Arndt, H. (Hg.), 1969, Lohnpolitik und Einkommensverteilung, SVSP, Bd. 51 NF, Berlin

Auerbach, W. u.a., 1957, Sozialplan für Deutschland, auf Anregung des Vorstandes der SPD vorgelegt, Berlin/Hannover

Austin, M., Vidal-Naquet, P., 1984, Gesellschaft und Wirtschaft im alten Griechenland, München

Backhaus, J., 1987, Mitbestimmung im Unternehmen. Eine ökonomische Rechtsanalyse des Verfassungsgerichtsurteils vom 1. März 1979 als Beitrag zur Theorie der wirtschaftlichen Rechtspolitik, Göttingen

Badelt, Chr. (Hg.), 1994, Familien zwischen Gerechtigkeitsidealen und Benachteiligungen, Wien u.a.

Badelt, Chr., Österle, A., 2001, Grundzüge der Sozialpolitik, Allgemeiner Teil, 2. Aufl., Wien

Dies., 2001, Grundzüge der Sozialpolitik, Sozialpolitik in Österreich, 2. Aufl., Wien

Bach, S., Bartholmai, B., 2001, Vermögenswert der Unternehmen – Besitz und Beteiligungen privater Haushalte, in: DIW-Wochenbericht Nr. 48

Bäcker, G., 1995, Der Sozialstaat - ein Auslaufmodell? in: WSI-Mitteilungen 1995, S. 345 ff.

Bäcker, G., Bispinck, R., Hofemann, K., Naegele G., 2000, Sozialpolitik und soziale Lage in Deutschland
Bd. 1: Ökonomische Grundlagen, Einkommen, Arbeit und Arbeitsmarkt, Arbeit und Gesundheitsschutz,
Bd. 2: Gesundheit und Gesundheitssystem, Familie, Alter, Soziale Dienste, Wiesbaden

Barr, N., 1992, Economic Theory and the Welfare State: A Survey and Interpretation, in: Journal of Economic Literature Vol. XXX, S. 741 ff.

Ders., 2002, The Welfare State as Piggy Bank. Information, Risk, Uncertaianty, and the Role of the State, Oxford 2000

Bartmann, H., 1981, Verteilungstheorie, München

Bechtel, H., 1956, Wirtschaftsgeschichte Deutschlands im 19. und 20. Jahrhundert, München

Beckel, A., 1965, Der Anteil der Katholiken an der Entwicklung der deutschen Sozialgesetzgebung, in: J. Seiters (Hg.), Porträts christlich-sozialer Persönlichkeiten, Teil I, Osnabrück

Becker, G. S., 1981, A Treatise on the Family, Cambridge, Mass.

Becker, I., 1995, Das Bürgergeld als alternatives Grundsicherungssystem. Darstellung und kritische Würdigung einiger empirischer Kostenschätzungen, in: FA NF, 1995, 306-338

Dies., 1998, Zur personellen Einkommensverteilung in Deutschland 1993: Fortsetzung des Trends zunehmender Ungleichheit, Arbeitspapier Nr. 13 des EVS-Projekts des Instituts für Konjunktur, Wachstum und Verteilung der Universität Frankfurt am Main

Dies., 2002, Personelle Einkommensverteilung 1993 und 1998: Ergebnisse der EVS zur Ungleichheit innerhalb und zwischen sozioökonomischen Gruppen. Arbeitspapier Nr. 26 des Instituts für Volkswirtschaftslehre an der Universität Frankfurt/Main, Frankfurt

Dies., 2003, Anatomie der Einkommensverteilung. Ergebnisse der Einkommens- und Verbrauchsstichproben 1969 – 1998, Berlin

Becker, H., Keim, K. D., 1977, Gropiusstadt: Soziale Verhältnisse am Stadtrand, Stuttgart u.a.

Behnken, R., 1982, Soziale Gerechtigkeit und Wohnungspolitik. Eine empirische Verteilungsanalyse für die Bundesrepublik Deutschland, Berlin

Behring, K., Kirchner, J., Ulbrich, R., 1998, Förderpraxis des sozialen Wohnungbaus. Untersuchung der praktizierten Förderung und Analyse ihrer Effizienz, Berlin

Bellebaum, A., Braun, H. (Hg.), 1974, Reader soziale Probleme, 2 Bde., Frankfurt/M.

Beratergruppe beim BMA, 1983, Gutachten zur Neuordnung der Krankenhausfinanzierung, o.O.

Bergier, J. F., 1985, Das Industriebürgertum und die Entstehung der Arbeiterklasse 1700 - 1914, in: L. M. Cipolla, K. Borchardt (Hg.), Europäische Wirtschaftsgeschichte, Bd. 3, Die industrielle Revolution, Stuttgart/New York, S. 261 ff.

Berié, H., 1993, Europäische Sozialpolitik. Von Messina bis Maastricht, in: G. Kleinhenz (Hg.), Soziale Integration in Europa I, SVSP, Bd. 222/I NF, Berlin 1993, S. 32 ff.

Ders., 1995, Quo vadis Europäische Sozialpolitik? In: G. Kleinhenz (Hg.), 1995, S. 409 ff.

Berringer, Chr., 1999, Sozialpolitik in der Weltwirtschaftskrise. Die Arbeitslosenversicherungspolitik in Deutschland und Großbritannien im Vergleich 1928-1934, Berlin

Bertelsmann Stiftung, Hans-Böckler-Stiftung (Hg.), 1998, Mitbestimmung und neue Unternehmenskulturen – Bilanz und Perspektiven: Bericht der Mitbestimmungskommission, Gütersloh

Berthold, N., 1988, Marktversagen, staatliche Intervention und Organisationsformen sozialer Sicherung, in: G. Rolf, P. B. Spahn, G. Wagner (Hg.), Sozialvertrag und Sicherung. Zur ökonomischen Theorie staatlicher Versicherungs- und Umverteilungssysteme, Frankfurt/M./New York, S. 339 ff.

Ders., 1993, Sozialunion in Europa, Tübingen

Berthold, N., Külp, B., 1987, Rückwirkungen ausgewählter Systeme der sozialen Sicherung auf die Funktionsfähigkeit der Marktwirtschaft, Berlin

Bethusy-Huc, V. v., 1976, Das Sozialleistungssystem der Bundesrepublik Deutschland, 2. Aufl., Tübingen

Dies., 1987, Familienpolitik. Aktuelle Bestandsaufnahme der familienpolitischen Leistungen und Reformvorschläge, Tübingen

Bertram, H., u.a. (Hg.), 1996, Ungleichheit und Sozialpolitik, Berichte der Kommission für die Erforschung des sozialen und politischen Wandels in den neuen Bundesländern e.V., Opladen

Blume, O., 1977, Altenhilfe, in: HdWW, Bd. 1, S. 217 ff.

Blumenroth, U., 1973, 100 Jahre deutsche Wohnungspolitik. Aufgaben und Maßnahmen, in: Deutsche Bau- und Bodenbank Aktiengesellschaft 1923-1973, o.O., S. 211 ff.

Böckel, Th. R., 1986, Selbstregelung und Entpolitisierung der gesetzlichen Rentenversicherung, Frankfurt/M. u.a.

Börsch-Supan, A., 2000, Was lehrt uns die Empirie in Sachen Rentenreform?, in: Perspektiven der Wirtschaftspolitik, Bd. 1, H. 4, S. 431 – 452

Ders., 2001, Population Ageing, Savings Behaviour and Capital Markets, Berlin u.a

Ders., 2003a, Nach der Reform ist vor der Reform: Weitere Schritte für eine nachhaltige Reform der Altersvorsorge in Deutschland, in: K. Rose (Hg.), Integriertes Steuer- und Sozialsystem, Heidelberg, S. 397 ff.

Ders., 2003b, Der Nachhaltigkeitsfaktor und andere Formelmodifikationen zur langfristigen Stabilisierung des Beitragssatzes zur GRV, in: Sozialer Fortschritt, 52. Jg., Heft 11-12, S. 275-248

Boal, W., Ransom, M., 1997, Monopsony in the Labor Market, in: Journal of Economic Literature, Vol. 35, S. 86 - 112

Boese, F., 1939, Geschichte des Vereins für Sozialpolitik 1872-1932, SVSP, Bd. 188, Berlin

Boettcher, E. (Hg.), 1985, Vermögenspolitik im sozialen Rechtsstaat, Tübingen

Bogs, W., Achinger H., Meinhold, H., Neundörfer, L., Schreiber, W., 1966, Soziale Sicherung in der Bundesrepublik Deutschland, Bericht der Sozialenquête-Kommission, Stuttgart u.a.

Bohnet, A., 1994, Finanzwissenschaft: Staatliche Verteilungspolitik, 2. Aufl., München/Wien

Bolle, M. (Hg.), 1976, Arbeitsmarkttheorie und Arbeitsmarktpolitik, Opladen

Bombach, G., 1969, Möglichkeiten und Grenzen einer Verteilungspolitik, in: H. Arndt (Hg.), Lohnpolitik und Einkommensverteilung, SVSP, Bd. 51 NF, Berlin, S. 809 ff.

Bombach, G. u.a., 1976, Der Keynesianismus II. Die beschäftigungspolitische Diskussion vor Keynes in Deutschland. Dokumente und Kommentare, Berlin u.a.

Bombach, G. u.a., 1981, Der Keynesianismus I. Theorie und Praxis keynesianischer Wirtschaftspolitik, Berlin u.a.

Bombach, G. u.a., 1984, Der Keynesianismus V. Makroökonomik nach Keynes, Berlin u.a.

Borchardt, K., 1972, Die industrielle Revolution in Deutschland, München

Ders., 1976, Wirtschaftliches Wachstum und Wechsellagen 1800-1914, in: W. Zorn (Hg.), Handbuch der deutschen Wirtschafts- und Sozialgeschichte, Bd. 2, Stuttgart, S. 198 ff.

Borght, R. van der, 1904, Grundzüge der Sozialpolitik, Leipzig

Born, K. E., 1966, Der soziale und wirtschaftliche Strukturwandel Deutschlands am Ende des 19. Jahrhunderts, in: H. U. Wehler (Hg.), Moderne deutsche Sozialgeschichte, Köln/Berlin, S. 271 ff.

Born, K.E., Henning, H., Tennstedt, F. (Hg.), Quellensammlung zur Geschichte der Deutschen Sozialpolitik 1867 - 1914, Stuttgart u.a., 1966 ff.

Borsdorf, U. (Hg.), 1987, Geschichte der deutschen Gewerkschaften von den Anfängen bis 1945, Köln

Bosl, K., 1972, Die Grundlagen der modernen Gesellschaft im Mittelalter, Teil I und II, Stuttgart

Boss, A., 2002, Sozialhilfe, Lohnabstand und Leistungsanreize, Kiel

Bossert, A., 1992, Freiheit, Selbstverantwortung und die Grenzen sozialstaatlichen Handelns, in: H. Lampert (Hg.), Freiheit als zentraler Grundwert demokratischer Gesellschaften, St. Ottilien, S. 49 ff.

Bracher, K. D., 1978, Die Auflösung der Weimarer Republik, Königstein/Ts.

Bracher, K. D., Funke, M., Jacobsen, H. A. (Hg.), 1983, Nationalsozialistische Diktatur 1933-1945. Eine Bilanz, Düsseldorf

Brakelmann, G., 1971, Die soziale Frage des 19. Jahrhunderts, 4. Aufl., Witten

Bredendiek, W., 1953, Christliche Sozialreformer des 19. Jahrhunderts, Leipzig

Breuer, W., Engels, D., ISG Sozialforschung und Gesellschaftspolitik, 1999, Grundinformationen und Daten zur Sozialhilfe, Berlin

Breyer, F., 1984, Die Nachfrage nach medizinischen Leistungen. Eine empirische Analyse von Daten aus der gesetzlichen Krankenversicherung, Berlin u.a.

Ders., 1989, On the Intergenerational Pareto Efficiency of Pay-as-you-go Financed Pension Systems, in: Journal of Institutional and Theoretical Economics, Vol. 145, S. 643 - 658

Ders., 1990, Ökonomische Theorie der Alterssicherung, München

Ders., 2000a, Zukunftsperspektiven der Gesundheitssicherung, in: R. Hauser (Hg.), Die Zukunft des Sozialstaats, SVSP Bd. 271, Berlin, S. 167ff.

501

Ders., 2000b, Kapitaldeckungs- versus Umlageverfahren, in: Perspektiven der Wirtschaftspolitik. Bd 1, S. 383 ff.

Breyer, F., Zweifel, P., Kifmann, M., 2003, Gesundheitsökonomik, 4. Aufl., Berlin

Briefs, G., 1926, Das gewerbliche Proletariat, in: Grundriß der Sozialökonomik, IX. Abteilung, 1. Teil, Tübingen

Ders., 1927, Gewerkschaftswesen und Gewerkschaftspolitik, in: HdStW, Bd. IV, 4. Aufl., S. 1108 ff.

Ders., 1934, Betriebsführung und Betriebsleben in der Industrie, Stuttgart

Ders., 1968, Gewerkschaftsprobleme in unserer Zeit, Frankfurt/M.

Brinkmann, C., 1981, Ökonomik der Arbeit, Bd. 1 und 2, Stuttgart

Brockmeyer, N., 1974, Sozialgeschichte der Antike, 2. Aufl., Stuttgart u.a.

Brooks, R., 2000, What will happen to the Financial Markets when the baby boomers retire?, working paper No. 00/18 International Monetary Fund, Washington

Brück, G. W., 1981, Allgemeine Sozialpolitik. Grundlagen - Zusammenhänge - Leistungen, 2. Aufl., Köln

Bruns, W., 1993, Sozialkriminalität in Deutschland, Frankfurt/Main

Brunt, P. A., 1971, Social Conflicts in the Roman Republic, London

Bry, G., 1960, Wages in Germany 1871-1945, Princeton

Büchtemann, Chr. F., 1990, Kündigungsschutz als Beschäftigungshemmnis? in: Mitteilungen aus der Arbeitsmarkt- und Berufsforschung, S. 394 ff.

Ders., Neumann, H. (Hg.), 1990, Chancen und Risiken der Arbeitsmarktflexibilisierung, Berlin

Bundesministerium für Arbeit und Sozialordnung, 1979, Vorschläge zur sozialen Sicherung der Frau und der Hinterbliebenen, Gutachten der Sachverständigenkommission vom 21. Mai 1979, Bonn

Dass., 1982, Einkommens- und Vermögensverteilung, Ausgabe 1981, Bonn

Dass., 1983, Gutachten der Sachverständigenkommission Alterssicherungssysteme, Bd. 1, Bonn

Dass., 1997, Vorschläge der Kommission "Fortentwicklung der Rentenversicherung", Bonn

Dass., 2000, Übersicht über das Arbeitsrecht, 8. Aufl., Bonn

Dass., 2001, Lebenslagen in Deutschland. Der erste Armuts- und Reichtumsbericht der Bundesregierung, Bericht und Materialband, o.O.

Bundesministerium für Familie und Jugend (Hg.), 1968, Erster Familienbericht, BT Drs. V/2532

Bundesministerium für Familie und Senioren (Hg.), 1992, Pflegebedürftige in Heimen. Statistische Erhebungen und Ergebnisse, Stuttgart u.a.

Dass. (Hg.), 1993, Erster Altenbericht. Die Lebenssituation älterer Menschen in Deutschland. BT Drs. 12/5897, Bonn

Dass. (Hg.), 1994, Fünfter Familienbericht, BT Drs. 12/7560, Bonn

Bundesministerium für Familie, Senioren, Frauen und Jugend (Hg.), 1998a, Zweiter Altenbericht. Wohnen im Alter, BT Drs. 13/9750, Bonn

Dass. (Hg.), 1998b, Kinder und ihre Kindheit in Deutschland. Eine Politik für Kinder im Kontext von Familienpolitik, Gutachten des Wissenschaftlichen Beirats für Familienfragen, Bonn

Dass. (Hg.), 2001, Zur Weiterentwicklung des Familienlasten- und –leistungsausgleichs. Gerechtigkeit für Familien, Gutachten des Wissenschaftlichen Beirats für Familienfragen, Stuttgart u.a.

Bundesministerium für Gesundheit und soziale Sicherung (Hg.), 2003, Übersicht über das Sozialrecht

Bundesministerium für innerdeutsche Beziehungen (Hg.), 1974, Materialien zum Bericht zur Lage der Nation 1974, Bonn, Kap. IV: Sozialpolitik

Dass., 1987, Materialien zum Bericht zur Lage der Nation im geteilten Deutschland 1987, Bonn, Teil B: Vergleichende Darstellung der wirtschaftlichen und sozialen Entwicklung der Bundesrepublik und der DDR seit 1970

Bundesministerium für Jugend, Familie, und Gesundheit, 1971, Zur Reform des Familienlastenausgleichs. Gutachten des Wissenschaftlichen Beirats für Familienfragen, Bonn

Dass., 1975, Zweiter Familienbericht, BT Drs. 7/3502

Dass., 1976, Familie und Wohnen. Gutachten des Wissenschaftlichen Beirats für Familienfragen, Stuttgart u.a.

Dass., 1979a, Dritter Familienbericht, BT Drs. 8/3121

Dass., 1979b, Leistungen für die nachwachsende Generation in der Bundesrepublik Deutschland. Gutachten des Wissenschaftlichen Beirats für Familienfragen, Bonn

Dass., 1979c, Ursachen des Geburtenrückgangs - Aussagen, Theorien und Forschungsansätze zum generativen Verhalten, Bonn

Dass., 1980, Familien mit Kleinkindern. Gutachten des Wissenschaftlichen Beirats für Familienfragen, Stuttgart u.a.

Dass., 1984, Familie und Arbeitswelt. Gutachten des Wissenschaftlichen Beirats für Familienfragen, Stuttgart u.a.

Bundesministerium für Jugend, Familie, Frauen und Gesundheit (Hg.), 1986, Vierter Familienbericht, BT Drs. 10/6145

Dass., 1988, Familienpolitik nach der Steuerreform. Gutachten des Wissenschaftlichen Beirats für Familienfragen, Stuttgart u.a.

Dass., 1989, Erziehungsgeld, Erziehungsurlaub und Anrechnung von Erziehungszeiten in der Rentenversicherung. Gutachten des Wissenschaftlichen Beirates für Familienfragen, Stuttgart u.a.

Butterwegge, Chr. (Hg.), 2000, Kinderarmut in Deutschland. Ursachen, Erscheinungsformen und Gegenmaßnahmen, Frankfurt/ New York

Ders., 2001, Wohlfahrtsstaat im Wandel. Probleme und Perspektiven der Sozialpolitik, 3. Aufl., Leverkusen

Butterwegge, Chr., Klundt, M. (Hg.), 2003, Kinderarmut und Generationengerechtigkeit. Familienpolitik und Sozialpolitik im demografischen Wandel, Leverkusen

Buttler, F., 1986, Regulierung und Deregulierung der Arbeitsbeziehungen, in: H. Winterstein (Hg.), Sozialpolitik in der Beschäftigungskrise II, SVSP, Bd. 152/II NF, Berlin, S. 9 ff.

Buttler, F., Walwei, U., 1990, Effizienzwirkungen des Kündigungsschutzes, in: Mitteilungen aus der Arbeitsmarkt- und Berufsforschung, S. 386 ff.

Buttler, G. u.a., 1985, Wege aus dem Pflegenotstand, Baden-Baden

Card, D., Krueger, A., 1995, Myth and Measurement: the New Economics of the Minimum Wage, Princeton

Cassel, D., 1989, Schattenwirtschaft und Deregulierung, in: W. Seidenfus (Hg.), Deregulierung - eine Herausforderung an die Wirtschafts- und Sozialpolitik in der Marktwirtschaft, SVSP, Bd. 184 NF, Berlin, S. 75 ff.

Clapham, R., 1997, Über die zukünftige Bedeutung der nationalen Wirtschaftsordnung. Soziale Marktwirtschaft in der Europäischen Gemeinschaft, in: S. Behrends (Hg.), Ordnungkonforme Wirtschaftspolitik in der Marktwirtschaft. Festschrift für Rudolf Peters zum 65. Geburtstag, Berlin, S. 65 ff.

Classen, M., 1962, Die staatliche Sozialpolitik von 1839 bis 1918, Diss., Köln

Cutright, P., 1965, Political Structure, Economic Development and National Security Programs, in: American Journal of Sociology, S. 537 ff.

Däubler, W., 2003, Kommentar zum Tarifvertragsgesetz, Baden-Baden

Degner, J., 1982, Wohnungspolitik I: Wohnungsbau, in HdWW, Bd. 9, S. 502 ff.

Deregulierungskommission, 1991, Marktöffnung und Wettbewerb, Stuttgart

Deutscher Bundestag (Hg.), 1994, Zwischenbericht der Enquête-Kommission Demographischer Wandel. Herausforderungen unserer älter werdenden Gesellschaft an den einzelnen und die Politik, Bonn

Ders. (Hg.), 1998, Zweiter Zwischenbericht der Enquête-Kommission ‚Demographischer Wandel' – Herausforderungen unserer älter werdenden Gesellschaft an den einzelnen und die Politik, Bonn

Ders. (Hg.), 2002, Enquête-Kommission Demographischer Wandel. Herausforderungen unserer älter werdenden Gesellschaft an den einzelnen und die Politik,Berlin

Deutsches Institut für Wirtschaftsforschung, 1997, Auswertung von Statistiken über die Vermögensverteilung in Deutschland. Gutachten im Auftrag der Friedrich-Ebert-Stiftung, Berlin

Deutsches Jugendinstitut (Hg.), 1987, Materialien zum Vierten Familienbericht, Bd. 1, Lebensbedingungen alter Menschen, Bd. 3, Alte Menschen in Pflegeverhältnissen, München

Dass., 1988, Wie geht's der Familie? Ein Handbuch zur Situation der Familien heute, München

Deutsches Zentrum für Altersfragen (Hg.), 1982, Altwerden in der Bundesrepublik Deutschland: Geschichte - Situationen - Perspektiven, Beiträge zur Gerontologie und Altenarbeit, Bd. 40, Berlin

Dickens, R. u.a., 1999, The Effect of Minimum Wages on Employment: Theory and Evidence from Britain, in: Journal of Labor Economics, Vol. 17, S. 1 - 22

Dienel, Chr., 2000, Familienpolitik. Eine praxisorientierte Gesamtdarstellung der Handlungsfelder und Probleme, Weinheim und München

Dinkel, R., 1984, Die Auswirkungen eines Geburten- und Bevölkerungsrückgangs auf Entwicklung und Ausgestaltung von gesetzlicher Alterssicherung und Familienlastenausgleich, Berlin

Dönhoff, M. u.a., 1992, Weil das Land sich ändern muß. Ein Manifest, Reinbek bei Hamburg

Döring, D., 2002, Die Zukunft der Alterssicherung, Frankfurt am Main

Döring, D., Hanesch, W., Huster, E.-U. (Hg.), 1992, Armut im Wohlstand, 3. Aufl., Frankfurt/M.

Döring, D., Hauser, R., 1989, Politische Kultur und Sozialpolitik. Ein Vergleich der Vereinigten Staaten und der Bundesrepublik Deutschland unter besonderer Berücksichtigung des Armutsproblems, Frankfurt/M./New York

Dies. (Hg.), 1995, Soziale Sicherheit in Gefahr. Zur Zukunft der Sozialpolitik, Frankfurt/M.

Downs, A., 1968, Inside Bureaucracy, Boston

Dragendorf, R., Heering, U., John, G., 1988, Beschäftigungsförderung durch Flexibilisierung, Frankfurt/M./New York

Dütz, W., 2003, Arbeitsrecht, 8. Aufl., München

Duvernell, H. (Hg.), 1968, Koalitionsfreiheit und Tarifautonomie als Probleme der modernen Demokratie, Berlin

Eckardt, Th., 1997, Arm in Deutschland. Eine sozialpolitische Bestandsaufnahme. München und Landsberg am Lech

Eekhof, J., 2002, Wohnungspolitik, 2. Aufl., Tübingen

Ders., 2002, Beschäftigung und soziale Sicherung, 3. Aufl., Tübingen

Eisen, R., 1988, "Versicherungsprinzip" und Umverteilung - Einige theoretische Überlegungen zu den Grenzen des Versicherbaren, in: G. Rolf, P. B. Spahn, G. Wagner (Hg.), 1988, S. 117 ff.

Ders., Alternative Sicherungsmöglichkeiten bei Pflegebedürftigkeit, in: Sozialer Fortschritt 1992, S. 236 ff.

Eisold, H., 1989, Tarifpolitik bei Arbeitslosigkeit, Frankfurt/M. u.a.

Ellgering, J., 1965, Sozialversicherung und Wirtschaftswachstum, Diss., Köln

Engelen-Kefer, U., u.a., 1995, Beschäftigungspolitik, 3. Aufl., Köln

Engels, D., 2002, Nichtinanspruchnahme zustehender Sozialleistungen, in: S. Sell (Hg.), Armut als Herausforderung, Berlin, S. 263 ff.

Engels, W., 1985, Über Freiheit, Gleichheit, Brüderlichkeit. Kritik des Wohlfahrtsstaates, Theorie der Sozialordnung und Utopie der Sozialen Marktwirtschaft, Bad Homburg

Engels, W., Sablotny, H., Zickler, D., 1974, Das Volksvermögen. Seine verteilungs- und wohlstandspolitische Bedeutung, Frankfurt/M./New York

Erbe, R., 1958, Die nationalsozialistische Wirtschaftspolitik 1933-1939 im Lichte der modernen Theorie, Zürich

Erbe, R., Erbe, S., 1993, Sozialhilfe auf dem Prüfstand, in: Sozialer Fortschritt 1993, S. 588 ff.

Erdmann, G., 1957, Die Entwicklung der deutschen Sozialgesetzgebung, 2. Aufl., Göttingen u.a.

Fabricius, Kraft, Thiele, Wiese, Kreutz, 1994 (Bd. 1) und 1995 (Bd. 2), Betriebsverfassungsgesetz, 5. Aufl., Neuwied-Berlin

Farny, D., 1977, Sozialversicherung, in: HdWW, Bd. 7, S. 160 ff.

Farny, D. u.a., (Hg.), 1996, Lebenssituationen älterer Menschen. Beschreibung und Prognose aus interdisziplinärer Sicht, Berlin

Feist, H., 2000, Arbeit statt Sozialhilfe. Zur Reform der Grundsicherung in Deutschland, Tübingen

Felderer, B., 1987, Kapitaldeckungsverfahren versus Umlageverfahren, SVSP, Bd. 163 NF, Berlin

Felkner, Chr., Stein, P., Stutzmüller, U., 1990, Die Entwicklung der Beitragssatzstruktur und ihrer Bestimmungsgründe in der GKV, Gerlingen

Fenge, R., 1997, Effizienz der Alterssicherung, Heidelberg

Ferber, Chr. v. u.a. (Hg.), 1985, Kosten und Effizienz im Gesundheitswesen, München

Fink, U., 1989, Neue Perspektiven für den Umbau des Sozialstaates, in: K. Weigelt (Hg.), Soziale Marktwirtschaft im Aufwind, Herford, S. 167 ff.

Finley, M. J., 1993, Die antike Wirtschaft, 3. Aufl., München

Fischer, W., 1972, Soziale Unterschichten im Zeitalter der Frühindustrialisierung, in: W. Fischer (Hg.), Wirtschaft und Gesellschaft im Zeitalter der Industrialisierung, Göttingen, S. 242 ff.

Ders., 1979, Wirtschaftliche Bedingungen und Faktoren bei der Entstehung und Entwicklung von Sozialversicherung, in: H. F. Zacher (Hg.), Bedingungen für die Entstehung und Entwicklung von Sozialversicherung, Berlin, S. 91 ff.

Ders., 1982, Armut in der Geschichte, Göttingen

Fischer, W., Bajor, G., 1967, Die soziale Frage. Neuere Studien zur Lage der Fabrikarbeiter in den Frühphasen der Industrialisierung, Stuttgart

Fischer, W. u.a. (Hg.), 1986, Handbuch der europäischen Wirtschafts- und Sozialgeschichte, Bd. 3, Europäische Wirtschafts- und Sozialgeschichte vom ausgehenden Mittelalter bis zur Mitte des 17. Jahrhunderts, Stuttgart

Fitting, K., Wlotzke, O., Wißmann, H., 1995, Mitbestimmungsgesetz. Kommentar, 3. Aufl., München

Fitting, Kaiser, Heither, Engels, 2002, Betriebsverfassungsgesetz. Handkommentar, 21. Aufl., München

Flamm, F., 1980, Sozialwesen und Sozialarbeit in der Bundesrepublik Deutschland, 3. Aufl., Frankfurt/M.

Flora, P., Alber, J., 1984, Modernization, Democratization and the Development of Welfare States in Western Europe, in: P. Flora, A. J. Heidenheimer (Hg.), 1984, S. 37 ff.

Flora, P., Heidenheimer, A. J., 1984, The Development of Welfare States in Europe and America, New Brunswick/London

Föhl, C., 1964, Kreislaufanalytische Untersuchung der Vermögensbildung in der Bundesrepublik und der Beeinflußbarkeit ihrer Verteilung, Tübingen

Franz, W., 2003, Arbeitsmarktökonomik, 5. Aufl., Berlin u.a.

Ders., Smolny, W., 1994, Sectoral Wage and Price Formation and Working Time in Germany: An Econometric Analysis, in: Zeitschrift für Wirtschafts- und Sozialwissenschaften, Vol. 114, S. 507 - 529

Frerich, J., 1996, Sozialpolitik. Das Sozialleistungssystem der Bundesrepublik Deutschland. Darstellung, Probleme und Perspektiven der Sozialen Sicherung, 3. Aufl., München/Wien

Frerich, J., Frey, M., 1996, Handbuch der Geschichte der Sozialpolitik in Deutschland, 3 Bde., 2. Aufl., München/Wien

Furtwängler, F. J., 1956, Die Gewerkschaften. Ihre Geschichte und internationale Auswirkung, Hamburg

Gäfgen, G., 1981, Zur volkswirtschaftlichen Beurteilung der Entscheidungsteilnahme in Unternehmen: Die deutsche Mitbestimmungsregelung als Beispiel, in: H. Steinmann, G. Gäfgen, W. Blomeyer (Hg.), Die Kosten der Mitbestimmung, Zürich, S. 9 ff.

Ders. (Hg.), 1986, Ökonomie des Gesundheitswesens, SVSP, Bd. 159 NF, Berlin

Ders., 1990, Gesundheitsökonomie, Baden-Baden

Galbraith, K. J., 1992, Die Herrschaft der Bankrotteure. Der wirtschaftliche Niedergang Amerikas, Hamburg

Galler, H.-P., 1991, Opportunitätskosten der Entscheidung für Familie und Haushalt, in: S. Gräbe (Hg.), Der private Haushalt als Wirtschaftsfaktor, Frankfurt/M./New York, S. 118 ff.

Gallon, Th. P., Bank, H. P., Kreikebohm, R., 1994, Flexibles System eigenständiger und leistungsbezogener Alterssicherung - Konzeption einer Weiterentwicklung der gesetzlichen Rentenversicherung, in: Neue Zeitschrift für Sozialrecht, S. 385 ff., S. 444 ff. und S. 489 ff.

Gaugler, E., 1980, Mitbestimmung im Betrieb, in: HdWW, Bd. 5, S. 251 ff.

Geck, A., 1931, Die sozialen Arbeitsverhältnisse im Wandel der Zeit, Berlin

Gehlen, A., 1957, Die Seele im technischen Zeitalter, Hamburg

Gelting, J., 1980, Einkommenspolitik, in: HdWW, Bd. 2, S. 247 ff.

Gerlach, I., 1996, Familie und staatliches Handeln. Ideologie und praktisches Handeln in Deutschland, Opladen

Gernert, W., 2001, Handwörterbuch der Jugendhilfe und Sozialarbeit, Stuttgart u.a

Giersch, H., 1960, Allgemeine Wirtschaftspolitik - Grundlagen, Wiesbaden

Ders., 1977, Konjunktur- und Wachstumspolitik in der offenen Wirtschaft, Wiesbaden

Girardi, H., 1990, Die Berufsunfähigkeit - ein Mißgriff des Gesetzgebers? in: Zeitschrift für Sozialreform, S. 611 ff.

Gitschmann, P., 1987, Alterssozialpolitik auf kommunaler Ebene - Rahmenbedingungen und Strukturen, Berlin

Gitter, W., Schmitt, J., 2001, Sozialrecht, 5. Aufl., München

Gladen, A., 1974, Geschichte der Sozialpolitik in Deutschland, Wiesbaden

Glastetter, W., Högemann, G., Marquardt, R. , 1991, Die wirtschaftliche Entwicklung in der Bundesrepublik Deutschland 1950-1989., Frankfurt/M.

Görgens, E., 1981, Beschäftigungspolitik, München

Goldschmidt, N., Beestermöller, G., Steger, G. (Hg.), 2002, Die Zukunft der Familie und deren Gefährdungen, Münster u.a.

Graf, G., 1977, Beschäftigungstheorie, in: HdWW, Bd. 1, S. 513 ff.

Gray, J., 1999, Die falsche Verheißung. Der globale Kapitalismus und seine Folgen, Berlin

Grebing, H., 1981, Geschichte der deutschen Arbeiterbewegung, 11. Aufl., München

Gress, K., 1983, Transfers zur Förderung der Vermögensbildung aus verteilungs- und sozialpolitischer Sicht, Frankfurt/M./New York

Greß, S. u.a., 2003, Kopfprämien der GKV – Keine Perspektive für die Zukunft, in: Gesundheits- und Sozialpolitik, Heft 9/10, S. 18-25

Grieswelle, D., 1996, Sozialpolitik der Zukunft. Grundsätze sozialpolitischer Gestaltung, München

Ders., 2002, Gerechtigkeit zwischen den Generationen. Solidarität, Langfristdenken, Nachhaltigkeit in der Wirtschafts- und Sozialpolitik, Paderborn u.a.

Grimm, D., 1983, Die sozialgeschichtliche und verfassungsrechtliche Entwicklung zum Sozialstaat, in: P. Koslowski u.a. (Hg.), Chancen und Grenzen des Sozialstaates, Tübingen, S. 41 ff.

Grohmann, H., 1981, Die gesetzliche Rentenversicherung im demographischen Wandel, in: BMA (Hg.), Langfristige Probleme der Alterssicherung in der Bundesrepublik Deutschland, Bd. 2, Bonn

Guski, H. G., Schneider, H. J., 1986, Betriebliche Vermögensbeteiligung. Bestandsaufnahme 1986, Köln

Gutmann, G., 1986, Ordnungskonformität von Wirtschaftspolitik in Marktwirtschaften und Zentralverwaltungswirtschaften, in: HJbWGP, S. 49 ff.

505

Ders., 1989, Ethische Grundlagen und Implikationen der ordnungspolitischen Konzeption "Soziale Markt-wirtschaft", in: G. Gutmann u.a. (Hg.), Ethik und Ordnungsfragen der Wirtschaft, Monographien der List-Gesellschaft, Baden-Baden

Guttmann, E., 1995, Geldvermögen und Schulden privater Haushalte Ende 1993, in: Stat. BA (Hg.), Wirt-schaftsrechnungen. Einkommens- und Verbrauchsstichprobe 1993, Fachserie 15, Heft 2, Wiesbaden, S. 19* ff.

Hagen, T., Steiner, V., 2000, Von der Finanzierung der Arbeitslosigkeit zur Förderung von Arbeit. Analy-sen und Handlungsempfehlungen zur Arbeitsmarktpolitik, Baden-Baden

Hamm, W., 1980a, Irrwege der Gesundheitspolitik. Ordnungspolitische Kritik an Vorschriften des Kran-kenversicherungs-Kostendämpfungsgesetzes, Tübingen

Ders., 1980b, Mitbestimmung II: im Unternehmen, in: HdWW, Bd. 5, S. 263 ff.

Ders., 1981a, Erfahrungen mit der Mitbestimmung in der Bundesrepublik Deutschland, Zürich

Ders., 1981b, An den Grenzen des Wohlfahrtsstaates, in: Ordo, S. 117 ff.

Ders., 1989, Wirtschaftsordnungspolitik als Sozialpolitik, in: Ordo 1989, S. 363 ff.

Hanau, Ulmer, 1981, Mitbestimmungsgesetz. Kommentar, München

Hanusch, H., 1976, Verteilung öffentlicher Leistungen, Göttingen

Hardach, K., 1993, Wirtschaftsgeschichte Deutschlands im 20. Jahrhundert, 3. Aufl., Göttingen

Hardes, H. D., 1974, Einkommenspolitik in der Bundesrepublik Deutschland, Frankfurt/M.

Ders., 1979, Problemgruppen der Arbeitsmarktpolitik, in: H. Lampert (Hg.), 1979a, S. 69 ff.

Hauser, R., 1988, Zum Problem der staatlichen Produktion von Verläßlichkeit bei langen Zeiträumen - Möglichkeiten und Grenzen der Gewährleistung sozialer Sicherheit bei schwankendem Wirtschafts- und Bevölkerungswachstum, in: G. Rolf, P. B. Spahn, G. Wagner (Hg.), 1988, S. 147 ff.

Ders., 1989, Entwicklungstendenzen der Armut in der Bundesrepublik Deutschland, in: D. Döring, R. Hauser (Hg.), 1989, S. 117 ff.

Ders., 1990, Sozioökonomische Aspekte der Sozialhilfe, in: W. Kitterer (Hg.), 1989, S. 23 ff.

Ders., 1995a, Die Entwicklung der Einkommenslage von Familien über zwei Dekaden - einige empirische Grundlagen zur Würdigung der deutschen Familienpolitik, in. G. Kleinhenz (Hg.), 1995, S. 133 ff.

Ders., 1995b, Reformperspektiven des Systems sozialer Sicherung bei veränderten Rahmenbedingungen, in: D. Döring, R. Hauser (Hg.), 1995, S. 51 ff.

Ders., 1997a, Beratung ohne Auftrag zum Abbau des Sozialstaats - zu den sozialpolitischen Reformvor-stellungen des Sachverständigenrats, in: HJbWGP 1997, S. 159 ff.

Ders. (Hg.), 1997b, Reform des Sozialstaates I, SVSP, Bd. 251/I NF, Berlin

Ders., 1997c, Armut, Armutsgefährdung und Armutsbekämpfung in der Bundesrepublik Deutschland, in: JbNöSt, Bd. 216, S. 524 ff.

Ders. (Hg.), 1999, Alternative Konzeptionen der sozialen Sicherung, SVSP Bd. 265, Berlin

Ders., 1999, Alternative Konzeptionen der Mindestsicherung für Alte in zwölf Mitgliedsländern der Euro-päischen Union – eine institutionelle und empirische Analyse für den Beginn der 90er Jahre, in: Hau-ser, R. (Hg.), 1999, S. 173 - 210

Ders. (Hg.), 2000, Die Zukunft des Sozialstaats, SVSP Bd. 271, Berlin

Hauser, R., Becker, I., 2000, Einkommensverteilung im Querschnitt und im Zeitverlauf 1973 – 1998. Stu-die im Auftrag des Bundesministeriums für Arbeit und Sozialordnung, Frankfurt am Main

Hauser, R., Engel, B. (Hg.), 1985, Soziale Sicherung und Einkommensverteilung. Empirische Analysen für die Bundesrepublik Deutschland, Frankfurt/M.

Hauser, R., Hübinger, W., 1993, Arme unter uns, Teil 1: Ergebnisse und Konsequenzen der Caritas-Armutsuntersuchung, Freiburg i. Br.

Hauser, R., Stein, H., 2001, Die Vermögensverteilung im vereinigten Deutschland, Frankfurt/ New York

Havemann, R., 1988, Soziale Sicherungssysteme und ihre Wohlfahrtseffekte - Ein Versuch ihrer Bilan-zierung, in: G. Rolf, P. B. Spahn, G. Wagner (Hg.), 1988, S. 257 ff.

Hayek, F. A. v., 1971, Die Verfassung der Freiheit, Tübingen

Heidhues, 1977, Agrarpolitik I: Preis- und Einkommenspolitik, in: HdWW, Bd. 1, S. 107 ff.

Heimann, E., 1963, Soziale Theorie der Wirtschaftssysteme, Tübingen

Ders., 1980, Soziale Theorie des Kapitalismus, Frankfurt/M.

Heinrichs, W., Lampert, H., 1990, Soziale Flankierung der Reformprozesse in der DDR, in: Zeitschrift für Wirtschaftspolitik, S. 365 ff.

Heinze, R. G., Hombach, B., Scherf, H. (Hg.), 1987, Sozialstaat 2000. Auf dem Weg zu neuen Grundlagen der sozialen Sicherung, Bonn

Heitzer, H., 1991, Deutscher Katholizismus und Sozialpolitik bis zum Beginn der Weimarer Republik, Pa-derborn u.a.

Helberger, Chr., 1982, Ziele von Alterssicherungssystemen - Bewertungskriterien für die Rentenreform 84, in: Chr. Helberger, G. Rolf (Hg.), Die Gleichstellung von Mann und Frau in der Alterssicherung, Frankfurt/M., S. 93 ff.

Held, M., Kubon-Gilke, G., Sturn, R. (Hg.), 2002, Gerechtigkeit als Voraussetzung für effizientes Wachstum, Marburg

Heldmann, E., 1986, Kinderlastenausgleich in der Bundesrepublik Deutschland, Frankfurt/M./New York

Hellwig, F., 1976, Carl Frhr. von Stumm-Halberg, Heidelberg/Saarbrücken

Hemmer, E., 1984, Die betriebliche Altersversorgung. Strukturen und Diskussionsschwerpunkte, Köln

Hemmer, H., Schmitz, K. (Hg.), 1990, Geschichte der Gewerkschaften in der Bundesrepublik, Köln

Henke, K. D., 1991, Alternativen zur Weiterentwicklung der Sicherung im Krankheitsfall, in: K. H. Hansmeyer (Hg.), Finanzierungsprobleme der sozialen Sicherung II, SVSP, Bd. 194/II NF, Berlin, S. 117 ff.

Henke, K. D., Adam, H., 1983, Die Finanzlage der sozialen Krankenversicherung 1960 bis 1978, Köln

Henke, K. D., Behrens, C., 1989, Umverteilungswirkungen der gesetzlichen Krankenversicherung, Bayreuth

Henke, K. D., Zimmermann, H., 1994, Finanzwissenschaft, 7. Aufl., München

Henning, F. W., 1995, Wirtschafts- und Sozialgeschichte, Bd. 2: Die Industrialisierung in Deutschland 1800-1914, 9. Aufl., Paderborn

Ders., 1994, Wirtschafts- und Sozialgeschichte, Bd. 1: Das vorindustrielle Deutschland 800-1800, 5. Aufl., Paderborn

Ders., 1997, Wirtschafts- und Sozialgeschichte, Bd. 3: Das industrialisierte Deutschland 1914-1992, 9. Aufl., Paderborn

Henning, H., 1976, Sozialpolitik III: Geschichte, in: HdWW, Bd. 7, S. 85 ff.

Hensen, H., 1955, Die Finanzen der sozialen Sicherung im Kreislauf der Wirtschaft, Kiel

Hentschel, V., 1983, Geschichte der deutschen Sozialpolitik 1880-1980, Frankfurt/M.

Herder-Dorneich, Ph., 1976, Wachstum und Gleichgewicht im Gesundheitswesen. Die Kostenexplosion in der gesetzlichen Krankenversicherung und ihre Steuerung, Opladen

Herder-Dorneich, Ph., Klages, H., Schlotter, H. G. (Hg.), 1984, Überwindung der Sozialstaatskrise, Baden-Baden

Herkner, H., 1922, Die Arbeiterfrage, Bd. 1: Arbeiterfrage und Sozialreform, 8. Aufl., Berlin/Leipzig; Bd. 2: Soziale Theorien und Parteien, 8. Aufl., Berlin/Leipzig

Herschel, W., 1956, Arbeiterschutz in Deutschland, in: HdSW, Bd. 1, S. 256 ff.

Herz, E., 1956, Arbeiterschutz. Gesamtüberblick über den gegenwärtigen Stand, in: HdSW, Bd. 1, S. 249 ff.

Herzig, A., 1988, Unterschichtenprotest in Deutschland 1790 - 1870, Göttingen

Hessische Staatskanzlei (Hg.), 2003, Die Familienpolitik muss neue Wege gehen. Der „Wiesbadener Entwurf" zur Familienpolitik. Referate und Diskussionsbeiträge, Wiesbaden

Hettlage, R., 1998, Familienreport. Eine Lebensform im Umbruch, 2. Aufl., München

Heuer, J., 1965, Wohnungswirtschaft, in: HdSW, Bd. 12, S. 810 ff.

Heuer, J. u.a., 1985, Lehrbuch der Wohnungswirtschaft, 2. Aufl., Frankfurt/M.

Heyde, L., 1966, Abriß der Sozialpolitik, 12. Aufl., Heidelberg

Higgins, J., 1981, States of Welfare, Comparative Analyses in Social Policy, Oxford

Hippel, E. v., 1982, Der Schutz des Schwächeren, Tübingen

Hirschberg, E., 1897, Die soziale Lage der arbeitenden Klassen in Berlin, Berlin

Hitze, F., 1905, Die Arbeiterfrage und die Bestrebungen zu ihrer Lösung, 4. Aufl., München/Gladbach

Hochmuth, N., Klee, G., Volkert, J., 1995, Armut in der Sozialen Marktwirtschaft. Möglichkeiten und Probleme ihrer Überwindung aus ordnungspolitischer Sicht, Tübingen und Basel

Hockerts, H. G., 1980, Sozialpolitische Entscheidungen im Nachkriegsdeutschland. Alliierte und deutsche Sozialversicherungspolitik 1945 bis 1957, Stuttgart

Ders., 1983, Die Entwicklung der Sozialen Sicherheit vom Zweiten Weltkrieg bis zur Gegenwart, in: P. H. Köhler, H. F. Zacher (Hg.), 1983, S. 141 ff.

Ders. (Hg.), 1998, Drei Wege deutscher Sozialstaatlichkeit. NS-Diktatur, Bundesrepublik und DDR im Vergleich. Schriftenreihe der Vierteljahreshefte für Zeitgeschichte, Bd. 76, München

Hoffmann, W. G., 1965, Das Wachstum der deutschen Wirtschaft seit der Mitte des 19. Jahrhunderts, Berlin u.a.

Hofmann, W., 1979, Ideengeschichte der sozialen Bewegung des 19. und 20. Jahrhunderts, 6. Aufl., Berlin

Hohorst, H., Kocka, J., Ritter, G. A., 1978, Sozialgeschichtliches Arbeitsbuch. Materialien zur Statistik des Kaiserreichs 1870-1914, 2. Aufl., München

Holzheu, F., 1980, Bodenpolitik, in: HdWW, Bd. 2, S. 47 ff.

Homburg, S., 1988, Theorie der Alterssicherung, Berlin u.a.

Hoppmann, E. (Hg.), 1971, Konzertierte Aktion. Kritische Beiträge zu einem Experiment, Frankfurt/M.

Hornung-Draus, R., 1989, Das Vermögen der privaten Haushalte in der Bundesrepublik Deutschland: Bestand, Entwicklung und Verteilung, in: JbNöSt, S. 18 ff.

Huber, W., 1988, Nachahmerwettbewerb bei Arzneimitteln, Diss., Bayreuth

Hueck, A., Nipperdey, H. C., 1967, Lehrbuch des Arbeitsrechts, Bd. 2, 7. Aufl., Berlin/Frankfurt/M.

Hürten, H., 1991, Katholizismus, staatliche Neuordnung und Demokratie 1945-1962, Paderborn u.a.

Hüther, M., 1990, Integrierte Steuer-Transfer-Systeme für die Bundesrepublik Deutschland. Normative Konzeption und empirische Analyse, Berlin

Hujer, R., Lob, M., 1992, Sektorale und gesamtwirtschaftliche Wirkungen einer wertschöpfungsbezogenen Vermögensbeteiligung der Arbeitnehmer, in: B. Köbele, B. Schütt (Hg.), Erfolgsbeteiligung. Ein neuer Weg zur Vermögensbildung in Arbeitnehmerhand, Köln, S. 208 ff.

Husmann, J., 1996, Anmerkungen zur aktuellen Diskussion über die Zukunft der Rentenversicherung, in: Verband Deutscher Rentenversicherungsträger (Hg.), Aktuelles Presseseminar des VdR am 18./19. Nov. 1996 in Würzburg, S. 21 ff.

Huster, E.-U., 1996, Armut in Europa, Opladen

Ifo-Institut für Wirtschaftsforschung (Hg.), 1988, Umverteilung in der Bundesrepublik Deutschland, 3 Bde., München

Ilbertz, W., Widmaier, U., 1999, Personalvertretungsgesetz, 9. Aufl., Stuttgart

Institut für Städtebau, Wohnungswirtschaft und Bausparwesen (Hg.), 1965 bis 1973, Materialien zur Vermögensbildung in Arbeitnehmerhand. Thesen, Pläne, Gesetze, 3 Bde., Bonn

Issing, O. (Hg.), 1981, Zukunftsprobleme der Sozialen Marktwirtschaft, SVSP, Bd. 116 NF, Berlin

Issing, O., Leisner, W., 1976, Kleines Eigentum. Grundlage unserer Staats- und Wirtschaftsordnung, Göttingen

Jackson, P. M., 1982, The Political Economy of Bureaucracy, Oxford

Jaeger, H., 1967, Unternehmer in der deutschen Politik (1890-1918), Bonn

Jahrbücher für Nationalökonomie und Statistik, 1997, Themenheft Sozialstaat Deutschland, Stuttgart

Jantke, C., 1955, Der vierte Stand. Die gestaltenden Kräfte der deutschen Arbeiterbewegung im 19. Jahrhundert, Freiburg i. Br.

Jenkis, H. W., 1996, Kompendium der Wohnungswirtschaft, 3. Aufl., München

Johnson, Ch., 2000, Ein Imperium verfällt. Wann endet das amerikanische Jahrhundert? München

Jordan, E., Sengling, D., 2000, Jugendhilfe. Einführung in Geschichte und Handlungsfelder, Organisationsformen und gesellschaftliche Problemlagen, 3. Aufl., Weinheim und München

Kaim-Caudle, P. R., 1973, Comparative Social Policy and Social Security. A Ten-Country Study, London

Kapp, K. W., 1958, Volkswirtschaftliche Kosten der Privatwirtschaft, Tübingen/Zürich

Karl-Bräuer-Institut des Bundes der Steuerzahler (Hg.), 1989, Kinderfreibetrag und Grundgesetz, Wiesbaden

Kath, D., 1996, Sozialpolitik, in: D. Bender u.a. (Hg.), Vahlens Kompendium der Wirtschafts- und Sozialpolitik, Bd. 2, 6. Aufl., München, S. 405 ff.

Kaufmann, F. X. (Hg.), 1995, Zukunft der Familie im vereinten Deutschland. Gesellschaftliche und politische Bedingungen, München

Ders., 1997, Herausforderungen des Sozialstaates, Frankfurt/M.

Kellenbenz, H. (Hg.), 1980, Handbuch der europäischen Wirtschafts- und Sozialgeschichte, Bd. 2, Europäische Wirtschafts- und Sozialgeschichte im Mittelalter, Stuttgart

Kersting, W., 2003, Freiheit, Selbstverantwortung und soziale Gerechtigkeit, in: K. Rose (Hg.), Integriertes Steuer- und Sozialsystem, Heidelberg, S. 50 ff.

Kirchenamt der Evangelischen Kirche Deutschlands/Sekretariat der Deutschen Bischofskonferenz (Hg.), 1993, Beteiligung am Produktiveigentum, Hannover/Bonn

Dies. (Hg.), 1997, Für eine Zukunft in Solidarität und Gerechtigkeit. Wort des Rates der Evangelischen Kirche in Deutschland und der Deutschen Bischofskonferenz zur wirtschaftlichen und sozialen Lage in Deutschland, Hannover und Bonn,

Kirner, E., 1999, Entscheidung des Bundesverfassungsgerichts erfordert Reform der staatlichen Förderung von Ehe und Familie, in: DIW-Wochenbericht 8/99

Kitterer, W., 1989, Sozialhilfe und Finanzausgleich, Heidelberg

Klanberg, F., Prinz, A., 1984, Sozialhilfe im Spannungsfeld gesellschafts- und haushaltspolitischer Interessen, in: Wirtschaftsdienst, S. 237 ff.

Dies., 1988, Perspektiven sozialer Mindestsicherung, Berlin

Klaus, J., 1969, Lohnpolitik und gesamtwirtschaftliche Zielsetzungen, in: H. Arndt (Hg.), Lohnpolitik und Einkommensverteilung, SVSP, Bd. 51 NF, Berlin, S. 99 ff.

Kleinhenz, G., 1970, Probleme wissenschaftlicher Beschäftigung mit der Sozialpolitik. Dogmengeschichtlicher Überblick und Entwurf eines Wissenschaftsprogramms für die Theorie der Sozialpolitik, Berlin

Ders., 1971, Die Ausrichtung der Sozialpolitik auf das Arbeits- und Wirtschaftsleben als Problem einer Sozialreform, in: Zeitschrift für Sozialreform, S. 321 ff.

Ders., 1973, Leitbilder und Zielsysteme der Sozialpolitik der Europäischen Gemeinschaften, in: H. Sanmann (Hg.), 1973, S. 185 ff.

Ders., 1979a, Verfassung und Struktur der Arbeitsmärkte in marktwirtschaftlichen Systemen, in: H. Lampert (Hg.), 1979a, S. 8 ff.

Ders., 1979b, Die Forderung nach einem "Recht auf Arbeit", in: Ph. Herder-Dorneich (Hg.), Die Sicherung des Arbeitsplatzes, SVSP, Bd. 104 NF, Berlin, S. 73 ff.

Ders., 1981a, Soziale Sicherung bei Mutterschaft, in: HdWW, Bd. 6, S. 629 ff.

Ders., 1981b, Soziale Sicherung bei Unfall und Invalidität, in: HdWW, Bd. 6, S. 635 ff.

Ders., 1982, Sozialpolitik, internationale, in: HdWW, Bd. 9, S. 858 ff.

Ders., 1989, Das Elend der Nationalökonomie mit der Sozialpolitik, in: G. Vobruba (Hg.), Der wirtschaftliche Wert der Sozialpolitik, Berlin

Ders., 1990, Die sozialpolitische Bedeutung der Verwirklichung des Binnenmarktes, in: R. Birk (Hg.), Die soziale Dimension des Europäischen Binnenmarktes, Baden-Baden, S. 9 ff.

Ders., 1992, Die Zukunft des Sozialstaats. Spielraum für sozialen Fortschritt unter veränderten Rahmenbedingungen, in: HJbWGP 1992, S. 43 ff.

Ders., 1997, Sozialstaatlichkeit in der Konzeption der Sozialen Marktwirtschaft, in: JbNöSt, Bd. 216, S. 392 ff.

Ders. (Hg.), 1995, Soziale Ausgestaltung der Marktwirtschaft. Die Vervollkommnung einer "Sozialen Marktwirtschaft" als Daueraufgabe des Ordnungs- und Sozialpolitik. Festschrift zum 65. Geburtstag für Heinz Lampert, Berlin

Ders., 2000, Welche arbeits- und ergänzenden sozialrechtlichen Regelungen empfehlen sich zur Bekämpfung der Arbeitslosigkeit? Gutachten B zum 63. Deutschen Juristentag, München

Kleinhenz, G., Lampert, H., 1972, Zwei Jahrzehnte Sozialpolitik in der Bundesrepublik Deutschland, in: Ordo, S. 103 ff.

Kleps, K., 1982, Lohnpolitische Konzeptionen und Vermögensbildung, Baden-Baden

Klös, H.-P., 2003, Zur Konvergenz von Arbeitslosen- und Sozialhilfe, in: K. Rose (Hg.), Integriertes Steuer- und Sozialsystem, Heidelberg, S. 480 ff.

Knappe, E., 1981, Ausgabenexplosion im Gesundheitssektor: Folge einer ordnungspolitischen Fehlsteuerung, in: O. Issing (Hg.), 1981, S. 499 ff.

Ders., 1995, Umbau des Sozialstaats, Trier

Ders., u.a., 1989, Steuerungswirkungen des Honorarverhandlungssystems im Gesundheitssektor, Gerlingen

Ders., Winkler, A. (Hg.), 1997, Sozialstaat im Umbruch. Herausforderungen an die deutsche Sozialpolitik, Frankfurt/M.

Knauss, I., 1990, Privatisierung in der Bundesrepublik Deutschland 1983 - 1990. Bilanz und Perspektiven, Köln

Kocka, J., 1983, Lohnarbeit und Klassenbildung. Arbeiter und Arbeiterbewegung in Deutschland 1800 - 1875, Göttingen

Köhler, P. A., Zacher, H. F. (Hg.), 1981, Ein Jahrhundert Sozialversicherung, Berlin

Dies. (Hg.), 1983, Beiträge zu Geschichte und aktueller Situation der Sozialversicherung, Berlin

Köllermann, H. W., 1971, Sozialpolitik in Deutschland - Eine geschichtliche und systematische Einführung, 5. Aufl., Stuttgart

Körner, H. J., 1865, Lebenskämpfe in der alten und neuen Welt, Bd. 1, Leipzig

Kolb, R., 1989, Rentenreformgesetz 1992: Konzeptionen und Probleme, in: Deutsche Rentenversicherung, S. 344 ff.

Kolping, A., 1849, Der Gesellenverein. Zur Beherzigung für alle, die es mit dem wahren Volkswohl gut meinen, Köln/Neuß

Kommission der Europäischen Gemeinschaften, 1983, Die Sozialpolitik der Europäischen Gemeinschaften

Dies., 1989, Vergleichende Darstellung der Systeme der Sozialen Sicherheit in den Mitgliedsstaaten der Europäischen Gemeinschaft, 15. Aufl., Luxemburg

Kommission für Zukunftsfragen der Freistaaten Bayern und Sachsen (Hg.), 1998, Erwerbstätigkeit und Arbeitslosigkeit in Deutschland, München

Kommission Krankenhausfinanzierung der Robert-Bosch-Stiftung, 1987, Krankenhausfinanzierung in Selbstverwaltung - Kommissionsbericht, Gerlingen

Konle-Seidl, R., 2002, Steigerung von Effizienz und Reputation in der Arbeitsvermittlung, IAB Werkstattbericht Nr. 15

Konrad-Adenauer-Stiftung (Hg.), 1981, Selbstverantwortung in der Solidargemeinschaft, Baden-Baden

Dies. (Hg.), 1985, Familie und Familienpolitik. Zur Situation in der Bundesrepublik, Melle

Korsch, A., 1981, Der Stand der beschäftigungspolitischen Diskussion zur Zeit der Weltwirtschaftskrise in Deutschland, in: G. Bombach u.a. (Hg.), 1981., S. 11 ff.

Koslowski, P., Kreuzer, Ph., Löw, R., 1983, Chancen und Grenzen des Sozialstaats, Tübingen

Kraus, F., 1984, The Historical Development of Income Equality in Western Europe and the United States, in: P. Flora, J. Heidenheimer (Hg.), The Development of Welfare States in Europe and America, London, S. 187 ff.

Krause, P., 1986, Die Familie in der Rentenversicherung, in: Deutsche Rentenversicherung, S. 280 ff.

Krause-Junk, G., 1997, Bürgergeld, in: JbNöSt, Bd. 216, S. 549 ff.

Krelle, W., Schunck, J., Siebke, J., 1968, Überbetriebliche Ertragsbeteiligung der Arbeitnehmer, Tübingen

Kretschmar, G., 1972, Der evangelisch-soziale Kongreß. Der deutsche Protestantismus und die soziale Frage, Stuttgart

Kreutz, P., 1977, Tarifverträge I: Tarifvertragsrecht, in: HdWW, Bd. 7, S. 534 ff.

Kroll, G., 1958, Von der Weltwirtschaftskrise zur Staatskonjunktur, Berlin

Krüsselberg, H. G., 1981, Soziale Sicherung bei Arbeitslosigkeit, in: HdWW, Bd. 6, S. 603 ff.

Ders., 1988, Vermögenspolitik im Sozialen Rechtsstaat, in: Ordo, S. 301 ff.

Ders., Reichmann, H. (Hg.), 2002, Zukunftsperspektive Familie und Wirtschaft. Vom Wert von Familie für Wirtschaft, Staat und Gesellschaft, Grafschaft

Krugmann, P., 1999, Der Mythos vom globalen Wirtschaftskrieg. Eine Abrechnung mit den Pop-Ökonomen, Frankfurt/ New York

Krupp, H. J., 1974, Perspektiven der Sozialpolitik, in: A. Christmann u.a. (Hg.), Sozialpolitik. Ziele und Wege, Köln, S. 525 ff.

Ders., 1982, Das Modell der voll eigenständigen Sicherung der Frau - Probleme und Ergebnisse, in: Chr. Helberger, G. Rolf (Hg.), Die Gleichstellung von Mann und Frau in der Alterssicherung, Frankfurt/M., S. 173 ff.

Ders., 1997, Die Zukunft des Sozialstaates vor dem Hintergrund der zunehmenden Globalisierung, in: Sozialer Fortschritt 1997, S. 245 ff.

Krupp, H. J., Rohwer, B., Rothschild, K. W. (Hg.), 1987, Wege zur Vollbeschäftigung, 2. Aufl., Freiburg i. Br.

Krupp, H. J., Weber, J., 1997, Pro und Kontra Grundrente - Eine Analyse aus volkswirtschaftlicher Sicht, in: Deutsche Rentenversicherung 3-4/1997

Kuczynski, J., 1962, Die Geschichte der Lage der Arbeiter unter dem Kapitalismus, Bd. 3, Berlin

Külp, B., 1972, Zur Problematik der Tarifautonomie, in: HJbWGP, S. 199 ff.

Ders., 1980, Theoretische Grundlagen der Konzertierten Aktion, in: E. Boettcher, Ph. Herder-Dorneich, K. E. Schenk (Hg.), Neue Politische Ökonomie als Ordnungstheorie, Tübingen, S. 105 ff.

Ders., 1981a, Soziale Sicherung bei Krankheit, in: HdWW, Bd. 6, S. 617 ff.

Ders., 1981b, Soziale Sicherung bei Ausfall und Tod des Ernährers, in: HdWW, Bd. 6, S. 611 ff.

Ders., 1981c, Verteilungstheorie, 2. Aufl., Stuttgart/New York

Külp, B., Haas, H.-D. (Hg.), 1977, Soziale Probleme der modernen Industriegesellschaft, SVSP, Bd. 92 NF, Berlin

Küng, E., 1964, Eigentum und Eigentumspolitik, Tübingen

Küng, H., 1997, Weltethos für Weltpolitik und Weltwirtschaft, 1997, München/Zürich

Kunze, O., Christmann, A., 1964, Wirtschaftliche Mitbestimmung im Meinungsstreit, 2 Bde., Köln

Kusch, F., 1987, Der Ausverkauf der Neuen Heimat, Stuttgart

Lampert, H., 1963, Probleme der Konjunkturstabilisierung durch die Arbeitslosenversicherung - Ein Beitrag zur Reform der Arbeitslosenversicherung, in: FA, Bd. 22 NF, S. 247 ff.

Ders., 1973, Leitbild und Zielsystem der Sozialpolitik im "entwickelten gesellschaftlichen System des Sozialismus" in der DDR, in: H. Sanmann (Hg.), 1973, S. 101 ff.

Ders. (Hg.), 1979a, Arbeitsmarktpolitik, Stuttgart/New York

Ders., 1979b, Das System sozialer Sicherung und die Vollbeschäftigung, in: G. Bombach, B. Gahlen, A. E. Ott (Hg.), Neuere Entwicklungen in der Beschäftigungstheorie und -politik, Tübingen, S. 281 ff.

Ders., 1980a, Sozialpolitik, Berlin u.a.

Ders., 1980b, Staatliche Sozialpolitik im Dritten Reich, in: HJbWGP, S. 149 ff.

Ders., 1981a, Arbeitsmarktpolitik in der Sozialen Marktwirtschaft, in: O. Issing (Hg.), 1981, S. 753 ff.

Ders., 1981b, Leitbild und Maßnahmen der Familienpolitik in der DDR, in: R. v. Schweitzer (Hg.), Leitbilder für Familie und Familienpolitik, Berlin, S. 63 ff.

510

Ders., 1982a, Verfassung und Struktur der Märkte für Gesundheitsgüter als Problem und Aufgabenbereich der Gesundheitspolitik, in: G. Gäfgen, H. Lampert (Hg.), Betrieb, Markt und Kontrolle im Gesundheitswesen, Gerlingen, S. 267 ff.

Ders., 1982b, Beschäftigungspolitische Leistungsfähigkeit und Grenzen der Arbeitsmarktpolitik in der Bundesrepublik Deutschland, in: Ph. Herder-Dorneich (Hg.), Arbeitsmarkt und Arbeitsmarktpolitik, SVSP, Bd. 127 NF, Berlin, S. 113 ff.

Ders., 1984a, Sozialpolitik in der Sozialen Marktwirtschaft bei reduziertem Wirtschaftswachstum und Unterbeschäftigung, in: R. Blum, M. Steiner (Hg.), Aktuelle Probleme der Marktwirtschaft in gesamt- und einzelwirtschaftlicher Sicht, Berlin, S. 51 ff.

Ders., 1984b, Konsolidierung und strukturelle Anpassung der Alterssicherung, in: G. Fels u.a. (Hg.), Soziale Sicherung. Von der Finanzkrise zur Stukturreform, Köln S. 75 ff.

Ders., 1984c, Soziale Selbstverwaltung als ordnungspolitisches Prinzip staatlicher Sozialpolitik, in: H. Winterstein (Hg.), Selbstverwaltung als ordnungspolitisches Problem des Sozialstaates II, SVSP, Bd. 133 NF, Berlin, S. 37 ff.

Ders., 1985, Die Wirtschafts- und Sozialpolitik im Dritten Reich, in: JbNöSt, S. 101 ff.

Ders., 1986, Möglichkeiten und Grenzen einer Flexibilisierung der Beschäftigungsverhältnisse, in: Wirtschaftsdienst, S. 179 ff.

Ders., 1988, Die Soziale Marktwirtschaft in der Bundesrepublik Deutschland - Ursprung, Konzeption, Entwicklung und Probleme, in: Aus Politik und Zeitgeschichte, Beilage zur Wochenzeitung Das Parlament, Nr. B 17/88 v. 22.4.1988

Ders., 1989a, Französische Revolution und sozialer Rechtsstaat. Über Ursachen und Wirkungen staatlicher Sozialpolitik, in: H. Krauß (Hg.), Folgen der Französischen Revolution, Frankfurt/M., S. 105 ff.

Ders., 1989b, Theorie und Praxis der Sozialpolitik in der DDR, in: Forschungsstelle zum Vergleich wirtschaftlicher Lenkungssysteme, Arbeitsberichte zum Systemvergleich Nr. 13, Marburg

Ders., 1989c, 20 Jahre Arbeitsförderungsgesetz, in: Mitteilungen aus der Arbeitsmarkt- und Berufsforschung, S. 173 ff.

Ders., 1989d, "Denken in Ordnungen" als ungelöste Aufgabe, in: JbNöSt, S. 446 ff.

Ders., 1989e, Familie heute - sozialökonomische Analyse ihrer Lebenslage, in: M. Wingen (Hg.), Familie im Wandel - Situation, Bewertung, Schlußfolgerungen, Bad Honnef, S. 92 ff.

Ders., 1990a, Gerechtigkeit im Konzept der Sozialen Marktwirtschaft, in: HJbWGP 1990, S. 75 ff.

Ders., 1990b, Notwendigkeit, Aufgaben und Grundzüge einer Theorie der Sozialpolitik, in: Th. Thiemeyer (Hg.), Theoretische Grundlagen der Sozialpolitik, SVSP, Bd. 193 NF, Berlin, S. 9 ff.

Ders., 1990c, Sozialpolitische Probleme der Umgestaltung in der DDR. Konsequenzen für die Deutschlandpolitik. Jakob-Kaiser-Stiftung (Hg.), Königswinter

Ders., 1990d, Sozialpolitische Aufgaben der Umgestaltung der Wirtschafts- und Sozialordnung der DDR, in: Aus Politik und Zeitgeschichte, Beilage zur Wochenzeitung Das Parlament vom 10.08.1990, S. 27 ff.

Ders., 1991a, Familienpolitk in Deutschland. Ein Beitrag zu einer familienpolitischen Konzeption im vereinten Deutschland, in: G. Kleinhenz (Hg.), Sozialpolitik im vereinten Deutschland I, SVSP, Bd. 208/I NF, Berlin, S. 115 ff.

Ders., 1991b, Die Bedeutung der Gemeinschaftscharta der sozialen Grundrechte der Arbeitnehmer aus deutscher Perspektive, in: R. Birk u.a., Europäischer Binnenmarkt und Harmonisierung des Arbeitsrechts, Mannheim u.a., S. 27 ff.

Ders., 1992a, Freiheit als Ziel der Gesellschafts- und Wirtschaftpolitik in der Bundesrepublik Deutschland, in: H. Lampert (Hg.), Freiheit als zentraler Grundwert demokratischer Gesellschaften, St. Ottilien, S. 19 ff.

Ders., 1992b, Der Beitrag von Familien mit Kindern zur Humanvermögensbildung, in: T. Bock (Hg.), Sozialpolitik und Wissenschaft. Positionen zur Theorie und Praxis der sozialen Hilfen, Frankfurt/M., S. 130 ff.

Ders., 1992c, Die soziale Dimension gesellschaftlichen Wirtschaftens, in: A. Rauscher (Hg.), Die gesellschaftliche Verantwortung der Kirche, Donauwörth, S. 123 ff.

Ders., 1992d, Leistungen und Grenzen der "Ökonomischen Theorie der Sozialpolitik", in: Ph. Herder-Dorneich u.a. (Hg.), Sozialpolitiklehre als Prozeß, Baden-Baden, S. 115 ff.

Ders., 1993a, Aufgaben der Arbeitsmarktpolitik aus familienpolitischer Perspektive, in: F. Buttler (Hg.), Europa und Deutschland. Zusammenwachsende Arbeitsmärkte und Sozialräume, Stuttgart u.a., S. 53 ff.

Ders., 1993b, Probleme, ungelöste und neue Aufgaben der Familienpolitik, in: A. Iwersen, E. Tuchtfeldt (Hg.), Sozialpolitik vor neuen Aufgaben, Bern u.a., S. 347 ff.

Ders., 1993c, Wer "produziert" das Humanvermögen einer Gesellschaft, in: N. Glatzel, E. Kleindienst (Hg.), Die personale Struktur des gesellschaftlichen Lebens, Berlin, S. 121 ff.

Ders., 1994, Die Rechtsprechung des Bundesverfassungsgerichts zur Familienpolitik aus familienpolitischer Sicht, in: W. Bottke (Hg.), Die Familie als zentraler Grundwert, St. Ottilien

Ders., 1995a, Voraussetzungen einer Sozialstaatsreform - Kritische Anmerkungen zur aktuellen Diskussion über den Umbau des Sozialstaats, in: JbNöSt 1995, S. 513 ff.

Ders., 1995b, Die Sozialstaatskritik auf dem Prüfstand, in: Wirtschaftsdienst 1995, S. 504 ff.

Ders., 1995c, Familienlastenausgleich und Sozialversicherung, in: Zeitschrift für Sozialrecht, Heft 2/1995, S. 75 ff.

Ders., 1996a, Die Wirtschafts- und Sozialordnung der Bundesrepublik Deutschland, 13. Aufl., München

Ders., 1996b, Priorität für die Familie. Plädoyer für eine rationale Familienpolitik, Berlin u.a.

Ders., 1997, Krise und Reform des Sozialstaates, Frankfurt am Main

Ders., 1998, Ordnungstheoretische und ordnungspolitische Defizite in der Diskussion um die Reform des Sozialstaates, in: W. Schönig, I. Schmale (Hg.), Gestaltungsoptionen in modernen Gesellschaften. Festschrift für Jürgen Zerche, Regensburg, S. 37 ff.

Ders., 1999, Der Sozialstaat – seine Entwicklung und seine Zukunft, in: S. Lamnek, J. Luedtke (Hg.), Der Sozialstaat zwischen Markt und Hedonismus? Opladen, S. 51 ff.

Ders., 2000, Reformschädliche Schieflagen der Sozialstaatskritik, in: Sozialer Fortschritt, S. 7 ff.

Ders., 2001a, Walter Eucken als Sozialpolitiker. Zur sozialpolitischen Konzeption in Walter Euckens „Grundsätze der Wirtschaftspolitik", in: Frank Schulz-Nieswandt (Hg.), Einzelwirtschaften und Sozialpolitik zwischen Markt und Staat in Industrie- und Entwicklungsländer. Festschrift für Werner Wilhelm Engelhardt zum 75. Geburtstag, Marburg, S. 181 - 192

Ders., 2001b, Generationengerechtigkeit in der politischen Debatte: Anspruch – Wirklichkeit – Vision, in: G. Freese, C. Olejniczak, P. Steinberg-Peter (Hg.), Die Zukunft der Zusammenarbeit zwischen den Generationen, Loccumer Protokolle 60/00, Loccum, S. 135 – 166

Ders, 2001c, Die europäische Sozialstaatskultur am Scheideweg. In: Irene Becker, Notburga Ott, Gabriele Rolf (Hg), Soziale Sicherung in einer dynamischen Gesellschaft, Festschrift für Richard Hauser zum 65. Geburtstag, Frankfurt/ New York, S. 102 – 129

Ders., 2002a, Überlegungen zum Verhältnis zwischen Wirtschaftspolitik und Sozialpolitik, in: U. Fachinger, H. Rothgang, H. Viebrock (Hg.), Die Konzeption sozialer Sicherung, Baden-Baden, S. 45 – 53

Ders., 2002b, Zur Suche nach neuen sozialen Ordnungen im europäisch-nordamerikanischen Kulturkreis – Problemaufriss und Zukunftsvision, in: Jahrbücher für Nationalökonomie und Statistik, Bd. 222, S. 346 – 365

Ders., 2002c, Die Bedeutung der Familien und der Familienpolitik für die Entwicklung von Wirtschaft und Gesellschaft, Beitrag Nr. 219 der Volkswirtschaftlichen Diskussionsreihe des Instituts für Volkswirtschaftslehre an der Universität Augsburg

Lampert, H., Bossert, A., 1987, Die Soziale Marktwirtschaft - eine theoretisch unzulänglich fundierte ordnungspolitische Konzeption? in: HJbWGP, S. 109 ff.

Dies., 1992, Sozialstaat Deutschland. Entwicklung - Gestalt - Probleme, München

Lampert, H., Englberger, J., Schüle, U., 1991, Ordnungs- und prozeßpolitische Probleme der Arbeitsmarktpolitik in der Bundesrepublik Deutschland, Berlin

Lampert, H., Schönwitz, D., 1987, Lohnpolitik, in: EStL, 3. Aufl., Sp. 2026 ff.

Lampert, H., Schubert, F., 1977, Sozialpolitik in der Deutschen Demokratischen Republik, in: HdWW, Bd. 7, S. 130 ff.

Laue, E., 1995, Grundvermögen privater Haushalte Ende 1993, in: Stat. BA (Hg.), Wirtschaftsrechnungen. Einkommens- und Verbrauchsstichprobe 1993, Fachserie 15, Heft 2, Wiesbaden, S. 10*ff.

Lecheler, H., 1989, Schutz von Ehe und Familie, in: Isensee, Kirchhof (Hg.), Handbuch des Staatsrechts, Bd. 6, Freiheitsrechte, Heidelberg, S. 211 ff.

Leibfried, S., Voges, W. (Hg.), 1992, Armut im modernen Wohlfahrtsstaat, Sonderheft 32 der Kölner Zeitschrift für Soziologie und Sozialpsychologie

Leipert, Chr. (Hg.), 2003, Demographie und Wohlstand. Neuer Stellenwert für Familie in Wirtschaft und Gesellschaft, Leverkusen

Leipold, H., 1988, Wirtschafts- und Gesellschaftssysteme im Vergleich, 5. Aufl., Stuttgart

Leuenberg, T., Ruffmann, K. H. (Hg.), 1977, Bürokratie - Motor oder Bremse der Entwicklung, Bern u.a.

Liefmann-Keil, E., 1961, Ökonomische Theorie der Sozialpolitik, Berlin u.a.

Dies., 1967, Gegenwart und Zukunft der sozialen Altersvorsorge, Göttingen

Limmer, H., 1996, Die deutsche Gewerkschaftsbewegung, 13. Aufl., München/Wien

Lübeck, E., 1983, Die demografische Komponente bei der Finanzierung der Rentenversicherung, in: Deutsche Rentenversicherung, S. 134 ff.

Lüdeke, R., 1995, Kinderkosten, umlagefinanzierte Rentenversicherung, Staatsverschuldung und inter-generative Einkommensverteilung. Kinderbezogene Alternativen zum heutigen gesetzlichen Alters-sicherungssystem, in: G. Kleinhenz (Hg.), 1995, S. 151 ff.

Lüscher, K. (Hg.), 1979, Sozialpolitik für das Kind, Stuttgart

Lüscher, K., Schultheis, F., Wehrspaun, M. (Hg.), 1987, Die "postmoderne" Familie, Konstanz

Lütge, F., 1956, Bauernbefreiung, in: HdSW, Bd. 1, S. 658 ff.

Ders., 1966, Deutsche Sozial- und Wirtschaftsgeschichte, 3. Aufl., Berlin u.a.

Luig, R., 1980, Vermögenspolitik in der Wettbewerbswirtschaft, Tübingen

Mackenroth, G., 1952, Die Reform der Sozialpolitik durch einen deutschen Sozialplan, in: SVSP, Bd. 4 NF, Berlin

Magvas, E., 2001, Gesamtwirtschaftliches Stellenangebot in West- und Ostdeutschland 1998, 1999 und 2000, IAB Werkstattbericht Nr. 12

Maier-Rigaud, F.P., Maier-Rigaud, G., 2001, Das Versagen des Wirtschaftsliberalismus, 3. Aufl. Marburg

Maneval, H., 1977, Arbeitslosigkeit, in: HdWW, Bd. 1, S. 267 ff.

Manz, G. (Hg.), 1989, Geschichte der Sozialpolitik der DDR 1945 - 1985, Berlin

Manz, G., Winkler, G. (Hg.), 1988, Sozialpolitik, 2. Aufl., Berlin (Ost)

Markmann, H., 1977, Tarifverträge II: Tarifvertragspolitik, in: HdWW, Bd. 7, S. 540 ff.

Martin, H.-P., Schumann, H., 1996, Die Globalisierungsfalle. Der Angriff auf Demokratie und Wohlstand, 3. Aufl., Reinbek bei Hamburg

Martino, F. de, 1991, Wirtschaftsgeschichte des alten Rom, 2. Aufl., München

Mason, T. W., 1978, Sozialpolitik im Dritten Reich. Arbeiterklasse und Volksgemeinschaft, 2. Aufl., Opla-den

Mayer, A., 1998, Theorie und Politik des Wohnungsmarktes. Eine Analyse der Wohnungspolitik in Deutschland unter besonderer Berücksichtigung der ökonomischen Theorie der Politik, Berlin

Mayer, S., 2002, Deutschland armes Kinderland. Plädoyer für eine neue Familienkultur, Frankfurt am Main

Mehrtens, G., Valentin, H., Schönberger, A., 1993, Arbeitsunfall und Berufskrankheit, 5. Aufl., Berlin

Meinhold, H., 1980, Mitbestimmung III: überbetriebliche, in: HdWW, Bd. 5, S. 271 ff.

Meissner, W., Fassing, W., 1989, Wirtschaftsstruktur und Strukturpolitik, München

Merten, D., 1987, Sozialhilfe, in: EStL, 3. Aufl., Bd. 2, Sp. 3214 ff.

Mertens, D., Kühl, J., 1977, Arbeitsmarkt I: Arbeitsmarktpolitik, in: HdWW, Bd. 1, S. 279 ff.

Metzler, G., 2003, Der deutsche Sozialstaat. Vom Bismarckschen Erfolgsmodell zum Pflegefall, Stuttgart

Michaelis, W. (Hg.), 2001, Der Preis der Gesundheit. Wissenschaftliche Analysen. Analytische Konzepte. Perspektiven zur Gesundheitspolitik, Landsberg/ Lech

Michel, E., 1953, Sozialgeschichte der industriellen Arbeitswelt, 3. Aufl., Frankfurt/M.

Miegel, M., 1983, Die verkannte Revolution (I), Einkommen und Vermögen der privaten Haushalte, Stutt-gart

Miegel, M., Wahl, St., 1985, Gesetzliche Grundsicherung. Private Vorsorge - Der Weg aus der Krise, Stuttgart

Mitschke, J., 1985, Steuer- und Transferordnung aus einem Guß. Entwurf einer Neugestaltung der direkten Steuern und Sozialtransfers in der Bundesrepublik Deutschland, Baden-Baden

Möller, H., 1967, Der Boden in der politischen Ökonomie, Wiesbaden

Molitor, B., 1965a, Sozialpolitik und Wirtschaftsintegration, in: HJbWGP, S. 92 ff.

Ders., 1965b, Vermögensverteilung als wirtschaftspolitisches Problem, Tübingen

Ders., 1980, Vermögen II: Vermögenspolitik, in: HdWW, Bd. 8, S. 282 ff.

Ders., 1984, Der Sozialstaat auf dem Prüfstand, Baden-Baden

Ders., 1986, Sozialpolitik in der Marktwirtschaft, in: Ordo, Bd. 37, S. 59 ff.

Ders., 1987, Soziale Sicherung, München

Ders., 1988, Lohn- und Arbeitsmarktpolitik, München

Ders., 1990, Sozialpolitikgeschichte in theoretischer Sicht, in: HJbWGP, S. 149 ff.

Mückl, W., 1973, Ziele, Mittel und Wirkungen der vermögenspolitischen Konzepte der Bundesregierung, CDU, FDP, SPD, DAG, des DGB und der Bundesvereinigung der Deutschen Arbeitgeberverbände, Tübingen

Mühlfeld, C., Schönweiss, F., 1989, Nationalsozialistische Familienpolitik, Stuttgart

Mühlhäuser, K., 1990, Versäumte Chancen - Boden- und Steuerrecht, in: Chr. Ude (Hg.), Wege aus der Wohnungsnot, München, S. 168 ff.

Münnich, F. E., Oettle, K. (Hg.), 1984, Ökonomie des technischen Fortschritts in der Medizin, Gerlingen

Müssiggang, A., 1968, Die soziale Frage in der historischen Schule der deutschen Nationalökonomie, Tü-bingen

Napp-Zinn, A. F., 1964, Wirtschaftsräte und überbetriebliche Mitbestimmung in Deutschland, in: W. Weddigen (Hg.), Zur Theorie und Praxis der Mitbestimmung, SVSP, Bd. 24/II NF, Berlin, S. 61 ff.

Naschold, F., 1967, Kassenärzte und Krankenversicherungsreform, Freiburg i. Br.

Nave-Herz, R. (Hg.), 1988, Wandel und Kontinuität der Familie in der Bundesrepublik Deutschland, Stuttgart

Nave-Herz, R., Markefka, M. (Hg.), 1989, Handbuch der Familien- und Jugendforschung, Bd. 1: Familienforschung, Neuwied

Nell-Breuning, O. v., 1955a, Eigentumsbildung in Arbeitnehmerhand, 2. Aufl., Paderborn

Ders., 1955b, Kommerzialisierte Gesellschaft, in: Stimmen der Zeit, Bd. 158, S. 32 ff.

Ders., 1968a, Baugesetze der Gesellschaft, Freiburg i. Br.

Ders., 1968b, Mitbestimmung, Frankfurt/M.

Ders., 1970, Aktuelle Fragen der Gesellschaftspolitik, Köln

Ders., 1980, Soziale Rentenversicherung aus familien- und bevölkerungspolitischer Sicht, in: W. Schmähl, K. Schenke (Hg.), Alterssicherung als Aufgabe für Wissenschaft und Politik, Stuttgart u.a., S. 369 ff.

Ders., 1985, Gerechtigkeit und Freiheit. Grundzüge katholischer Soziallehre, 2. Aufl., München

Neubäumer, R., 1991, Die Verteilungswirkungen des Aufbaus in den neuen Bundesländern, in: Wirtschaftsdienst, S. 315 ff.

Neubauer, E., 1989, Alleinerziehende Mütter und Väter - Eine Analyse der Gesamtsituation, 2. Aufl., Bonn

Neubauer, G. (Hg.), 1984, Alternativen der Steuerung des Gesundheitswesens, Gerlingen

Neumann, M., 1986, Möglichkeiten zur Entlastung der gesetzlichen Rentenversicherung durch kapitalbildende Vorsorgemaßnahmen, Tübingen

Niedenhoff, H. U., Pege, W., 1997, Gewerkschaftshandbuch, 3. Aufl., Köln

Nitzsche, M., 1986, Die Geschichte des Leistungs- und Beitragsrechts der gesetzlichen Rentenversicherung von 1889 bis zum Beginn der Rentenreform, Frankfurt/M.

Nürnberger, Chr., 1999, Die Machtwirtschaft. Ist die Demokratie noch zu retten? München

Oberender, P., 1983, Wettbewerb auf dem Arzneimittelmarkt der Bundesrepublik Deutschland - eine markttheoretische Analyse, in: K. D. Henke, U. Reinhardt (Hg.), Steuerung im Gesundheitswesen, Gerlingen, S. 187 ff.

Ders., 1989, Das Gesundheitsreformgesetz: Ein erster Schritt in die richtige Richtung, in: List-Forum, Bd. 15, S. 305 ff.

Oberender, P., Fricke, F.-U., 1995, Vom Wohlfahrtsstaat zum Sozialstaat, Bonn

Oberhauser, A., 1959, Die wirtschaftlichen Auswirkungen und Grenzen des Investivlohnes, Paderborn

Ders., 1963, Finanzpolitik und private Vermögensbildung, Köln/Opladen

Ders., 1974, Erbschafts- und Vermögensbesteuerung als Mittel zur gleichmäßigeren Verteilung des Vermögensbestandes, in: W. Albers (Hg.), Öffentliche Finanzwirtschaft und Verteilung I, SVSP, Bd. 75/I NF, Berlin, S. 147 ff.

Ders., 1980, Familienlastenausgleich, in: HdWW, Bd. 2, S. 583 ff.

Ders., 1985, Lohnsteigerungen und Beschäftigung, in: J. Langkau, C. Köhler (Hg.), Wirtschaftspolitik und wirtschaftliche Entwicklung, Festschrift für Walter Hesselbach, Bonn, S. 201 ff.

Ders., 1989, Familie und Haushalt als Transferempfänger. Situation, Mängel und Reformansätze, Frankfurt/M./New York

Oberhauser, A., Rüsch, Chr., 1994, Wohnungspolitik für Familien, 2. Aufl., Grafschaft

Obinger, H., Kittel, B., 2003, Parteien, Institutionen und Wohlfahrtsstaat. Politisch-institutionelle Determinanten der Sozialpolitik in OECD-Ländern, in: H. Obinger u.a. (Hg.), Politische Ökonomie, Opladen

Oertel, F., 1975, Kleine Schriften zur Wirtschafts- und Sozialgeschichte des Altertums, Bonn

Ost, W., Mohr, G., Estelmann, M., 1998, Grundzüge des Sozialrechts, 2. Aufl., München

Otto, B. Siedler, Th., 2003, Armut in West- und Ostdeutschland – Ein differenzierter Vergleich, in: DIW-Wochenbericht 4/ 03

Ott, N., 1992, Intrafamily Bargaining and Household Decisions, Berlin

Dies., 1997, Beruf, Kinder, Familie – ein Spannungsfeld aus ökonomischer Sicht, in: Behning, Ute (Hg.), Das Private ist ökonomisch – Widersprüche der Ökonomisierung von Familien- und Haushaltsdienstleistungen, Edition Sigma: Berlin, S. 41ff.

Dies., 2000, Ökonomische Effizienz und Familienlastenausgleich – eine konzeptionelle Klärung, in: B. Jans, A. Habisch, und E. Stutzer (Hg.), Familienwissenschaftliche und familienpolitische Signale, Vektor-Verlag: Grafschaft, S. 185ff.

Dies. 2003, Sozialpolitik, in: Vahlens Kompendium der Wirtschaftstheorie und Wirtschaftspolitik, 2. Bd., 8. Aufl., München, S. 487 ff.

Partsch, M., 1983, Prinzipien und Formen sozialer Sicherung in nichtindustriellen Gesellschaften, Berlin

514

Pelzer, H., 1994, Bürgergeld. Rechenmodell zur aufkommensneutralen Finanzierung eines allgemeinen Grundeinkommens, Stuttgart

Peters, H., 1978, Die Geschichte der sozialen Versicherung, 3. Aufl., Bonn/Bad Godesberg

Peters, K. H., 1984, Wohnungspolitik am Scheideweg. Wohnungswesen, Wohnungswirtschaft, Wohnungspolitik, Berlin

Pfaff, A., 1985, Finanzlage der Familie, in: Konrad-Adenauer-Stiftung (Hg.), Familie und Familienpolitik. Zur Situation in der Bundesrepublik Deutschland, Melle, S. 57 ff.

Dies., 1997, Soziale Sicherung der Frau im zukünftigen Sozialstaat: Veränderte Rahmenbedingungen und Gestaltungsperspektiven, in: JbNöSt, Bd. 216, S. 454 ff.

Pfister, B., 1936, Sozialpolitik als Krisenpolitik, Stuttgart/Berlin

Pöhlmann, R. v., 1925, Geschichte der sozialen Frage und des Sozialismus in der antiken Welt, 3. Aufl., München, Bd. 1: Hellas, Bd. 2: Rom und das römische Reich

Pöls, W., 1988, Deutsche Sozialgeschichte. Dokumente und Skizzen, Bd. 1: 1815 bis 1870, 4. Aufl., München

Pohl, H. (Hg.), 1991, Staatliche, städtische, betriebliche und kirchliche Sozialpolitik vom Mittelalter bis zur Gegenwart, Beiheft 95 der Vierteljahrschrift für Wirtschafts- und Sozialgeschichte, Stuttgart

Popper, K., 1989, Logik der Forschung, 9. Aufl., Tübingen

Ders., 1992, Die offene Gesellschaft und ihre Feinde, 2 Bde., 7. Aufl., Bern/München

Poterba, J. M., 2001, Demographic structure and Asset Returns, in: The Review of Economics and Statistics, Vol. 83 (4), S. 565 - 584

Potthoff, E., 1957, Der Kampf um die Montan-Mitbestimmung, Köln

Preiser, E., 1957, Besitz und Macht in der Distributionstheorie, in: E. Preiser (Hg.), Bildung und Verteilung des Volkseinkommens, Göttingen, S. 173 ff.

Ders., 1959, Distribution I: Theorie, in: HdSW, Bd. 2, S. 620 ff.

Ders., 1967a, Die ökonomische Problematik der Eigentumsverteilung, in: E. Preiser (Hg.), Wirtschaftspolitik heute. Grundprobleme der Marktwirtschaft, München, S. 161 ff.

Ders., 1967b, Theoretische Grundlagen der Vermögenspolitik, in: E. Preiser (Hg.), Wirtschaftspolitik heute. Grundprobleme der Marktwirtschaft, München, S. 188 ff.

Preller, L., 1962, Sozialpolitik. Theoretische Ortung, Tübingen/Zürich

Ders., 1970, Praxis und Probleme der Sozialpolitik, 2 Halbbde., Tübingen/Zürich

Ders., 1978, Sozialpolitik in der Weimarer Republik, Düsseldorf

Pryor, F. L., 1968, Public Expenditures in Communist and Capitalistic Nations, Homewood/Illinois

Puppke, L., 1966, Sozialpolitik und soziale Anschauungen frühindustrieller Unternehmer in Rheinland-Westfalen, in: Schriften zur Rheinisch-westfälischen Wirtschaftsgeschichte, Bd. 13, Köln

Raffelhüschen, B., Walliser, J., 1997, Was hinterlassen wir künftigen Generationen? Ergebnisse der Generationenbilanzierung, Diskussionsbeiträge des Instituts für Finanzwissenschaft der Universität Freiburg im Breisgau, Nr. 59/97

Rahmeyer, F., 1975, Ökonomische und politische Hemmnisse einer Erhöhung der Staatsquote, Köln

Raiser, Th., 1973, Marktwirtschaft und paritätische Mitbestimmung. Zur Kritik des Berichts der Mitbestimmungskommission, Heidelberg

Rall, W., 1975, Zur Wirksamkeit der Einkommenspolitik, Tübingen

Rasmussen, Th., 1983, Sektorale Strukturpolitik in der Bundesrepublik Deutschland, Göttingen

Rath, M., 1974, Die Garantie des Rechts auf Arbeit, Göttingen

Rauscher, A. (Hg.), 1977, Krise des Sozialstaats?, Köln

Ders. (Hg.), 1981, Der soziale und politische Katholizismus, Bd. 1, München/Wien

Ders., 1983, Die Entwicklung der katholischen Soziallehre von "Rerum novarum" bis "Laborem exercens" aus katholischer Sicht, in: Konrad-Adenauer-Stiftung (Hg.), Kirche und Wirtschaft, Melle, S. 19 ff.

Ders., 1988a, Zur Entwicklungsgeschichte der katholischen Soziallehre, in: A. Rauscher (Hg.), Kirche in der Welt. Beiträge zur christlichen Gesellschaftsverantwortung, 1. Bd., Würzburg, S. 111 ff.

Ders., 1988b, Solidarität, in: StL, 7. Aufl., Freiburg i. Br. u.a., Sp. 1191 ff.

Ders., 1989, Subsidiarität, in: StL, 7. Aufl., Freiburg i. Br. u.a., Sp. 386 ff.

Ders. (Hg.), 1995, Steuergerechtigkeit, Köln

Rauscher, A., Roos, L., 1977, Die soziale Verantwortung der Kirche. Wege und Erfahrungen von Ketteler bis heute, Köln

Recker, M. L., 1985, Nationalsozialistische Sozialpolitik im Zweiten Weltkrieg, München

Reich, R. B., 1997, Die neue Weltwirtschaft. Das Ende der nationalen Ökonomie, Frankfurt/M.

Reimann, Helga, Reimann, Horst (Hg.), 1994, Das Alter. Einführung in die Gerontologie, 3. Aufl., Stuttgart

Ribhegge, H., 1997, Institutionenökonomische Überlegungen zur Familie, Diskussionspapier 78 der Europa-Universität Viadrina, Frankfurt (Oder)

Riege, F., 1993, Gesundheitspolitik in Deutschland, Berlin

Rieger, E., Leibfried, St., 2001, Grundlagen der Globalisierung. Perspektiven des Wohlfahrtsstaates, Frankfurt am Main

Rimlinger, G. V., 1971, Welfare Policy and Industrialization in Europe, America and Russia, New York

Ders., 1983, The Emergence of Social Insurance: European Experience before 1914, in: P. A. Köhler, H. F. Zacher (Hg.), 1983, S. 111 ff.

Ringler, J., 1997, Die Europäische Sozialunion, Berlin

Riphahn, R., 2001, Die Bedeutung des Arbeitsmarktes für die Sozialhilfedichte, in: W. Schmähl (Hg.), Wechselwirkungen zwischen Arbeitsmarkt und sozialer Sicherung I, Berlin, S. 9-42

Ritscher, W., 1917, Koalitionen und Koalitionsrecht in Deutschland bis zur Reichsgewerbeordnung, Stuttgart/Berlin

Ritter, E., 1954, Die katholisch-soziale Bewegung Deutschlands im 19. Jahrhundert und der Volksverein, Köln

Ritter, G. A., 1991, Der Sozialstaat. Entstehung und Entwicklung im internationalen Vergleich, 2. Aufl., München

Ritter, G. A., Kocka, J. (Hg.), 1974, Deutsche Sozialgeschichte. Dokumente und Skizzen, Bd. 2: 1870 bis 1914, München

Rössler, H., 1961, Deutsche Geschichte, Gütersloh

Rolf, G., Spahn, P. B., Wagner, G. (Hg.), 1988, Sozialvertrag und Sicherung. Zur ökonomischen Theorie staatlicher Versicherungs- und Umverteilungssysteme, Frankfurt/M./New York

Roppel, U., 1979, Ökonomische Theorie der Bürokratie, Freiburg i. Br.

Rose, M. (Hg.), 2003, Integriertes Steuer- und Sozialsystem, Heidelberg

Rosenberg, P., 1995, Enge Rahmenbedingungen für die Entwicklung des Sozialstaats, in: WSI-Mitteilungen 1995, S. 358 ff.,

Rothkegel, R., 2000, Die Strukturprinzipien des Sozialhilferechts, Baden-Baden

Rothschild, K. W., 1963, Lohntheorie, Berlin/Frankfurt/M.

Ders., 1994, Theorien der Arbeitslosigkeit, 2. Aufl., München/Wien

Ders., 1997, Basiseinkommen und alternative Motivierungen, in: JbNöSt, Bd. 216, S. 361 ff.

Rückert, W., 1989, Die demographische Entwicklung und deren Auswirkungen auf Pflege-, Hilfs- und Versorgungsbedürftigkeit, in: Chr. v. Ferber u.a. (Hg.), Die demographische Herausforderung, Gerlingen, S. 111 ff.

Rüsch, Chr., 1994, Wohnungsbau- und Wohneigentumspolitik im Rahmen der Einkommensteuer, Frankfurt/M.

Rüstow, A., 1959, Sozialpolitik diesseits und jenseits des Klassenkampfes, in: Aktionsgemeinschaft Soziale Marktwirtschaft (Hg.), Sinnvolle und sinnwidrige Sozialpolitik, Ludwigsburg, S. 11 ff.

Ruland, F., 1989a, Das Rentenrecht - Neuregelungen durch das Rentenreformgesetz 1992, in: Deutsche Rentenversicherung, S. 741 ff.

Ders., 1989b, Der Europäische Binnenmarkt und die sozialen Alterssicherungssysteme, in: Die Rentenversicherung, S. 605 ff.

Ders., 1993, Soziale Sicherung der Frauen - Bedarf, Ziele und Elemente einer Reform, in: Landesversicherungsanstalt Rheinland-Pfalz (Hg.), Drittes Speyerer Sozialrechtsgespräch "Soziale Sicherung der Frauen in Deutschland", Speyer, S. 35 ff.

Ruppe, H. G., 1983, Sozialpolitik und Umverteilung, Wien

Sachverständigenkommission zur Auswertung der bisherigen Ergebnisse bei der Mitbestimmung, 1970, Mitbestimmung im Unternehmen, Stuttgart u.a.

Sachverständigenrat zur Begutachtung der gesamtwirtschaftlichen Entwicklung, 1970/71, Gutachten 1970/71 ff.

Sachverständigenrat für die Konzertierte Aktion im Gesundheitswesen, 1987, Gutachten 1987 ff.

Sanmann H. (Hg.), 1973, Leitbilder und Zielsysteme der Sozialpolitik, SVSP, Bd. 72 NF, Berlin, S. 188 ff.

Ders., 1975, Sozialpolitik in: W. Ehrlicher u.a. (Hg.), Kompendium der Volkswirtschaftslehre, Bd. 2, 4. Aufl., Göttingen, S. 188 ff.

Ders., 1977, Die Gewerkschaften in Wirtschaft und Gesellschaft. Überlegungen zur Problematik des Gewerkschaftsstaates, in: HJbWGP, S. 130 ff.

Savelsberg, G., 1956, Sozialversicherung II: Entwicklung und heutiger Stand, in: HdSW, Bd. 9, S. 604 ff.

Schäfer, D., 1966, Die Rolle der Fürsorge im System sozialer Sicherung, Frankfurt/M.

Ders., 1972, Soziale Schäden, soziale Kosten und soziale Sicherung. Argumente für ein Modell zur Integration aller Ausgleichsleistungen für Personenschäden in das soziale Sicherungssystem, Berlin

Ders., 1979, Einkommenssicherung bei Invalidität, Berlin

Ders., 1983, Anpassung des Systems der sozialen Sicherung an Rezession und Unterbeschäftigung, in: Sozialer Fortschritt, S. 121 ff.

Ders., 1988, Frauenerwerbstätigkeit, Familienformen und Sozialpolitik, in: Archiv für Wissenschaft und Praxis der sozialen Arbeit, S. 217 ff.

Schellhaaß, H. M., 1989, Sozialpläne aus ökonomischer Sicht, in: Zeitschrift für Arbeitsrecht, S. 167 ff.

Schellhorn, W., Jirasek, H., Seipp, P., 1997, Das Bundessozialhilfegesetz. Kommentar, 15. Aufl., Darmstadt

Scherf, H. (Hg.), 1989, Beschäftigungsprobleme hochentwickelter Volkswirtschaften, SVSP, Bd. 178 NF, Berlin

Scherf, W., 1999, Das Ehegatten-Splitting ist keine Steuervergünstigung, in: Wirtschaftsdienst

Scheule, M., 1990, Die politische Ökonomie landwirtschaftlicher Einkommenspolitik im Rahmen der Agrarsozialpolitik in der Bundesrepublik Deutschland, Kiel

Scheur, W., 1967, Einrichtungen und Maßnahmen der sozialen Sicherheit in der Zeit des Nationalsozialismus, Köln

Schimanski, W., 1988, Anerkennung und Entschädigung von Berufskrankheiten, in: Die Sozialversicherung, S. 238 ff.

Schlesinger, H., 1977, Beschäftigungs- und Konjunkturpolitik in der Bundesrepublik Deutschland, in: HdWW, Bd. 1, S. 499 ff.

Schlomann, H., 1992, Vermögensverteilung und private Altersvorsorge, Frankfurt/M./New York

Schlomann, H., Hauser, R., 1992, Die Entwicklung der makroökonomischen Einkommensverteilung und der Verteilung der Geldvermögen in der Bundesrepublik Deutschland, in: B. Köbele, B. Schütt (Hg.), Erfolgsbeteiligung. Ein neuer Weg zur Vermögensbildung in Arbeitnehmerhand, Köln, S. 42 ff.

Schlotter, H. G., 1984, Die Grenzen des Sozialstaats als normatives Problem, in: Ph. Herder-Dorneich, H. Klages, H. G. Schlotter (Hg.), Überwindung der Sozialstaatskrise, Baden-Baden, S. 69 ff.

Schmähl, W., 1974, Systemänderung in der Altersvorsorge, Opladen

Ders., 1977a, Einkommensumverteilung im Rahmen von Einrichtungen der sozialen Sicherung, in: B. Külp, H. D. Haas (Hg.), 1977, S. 519 ff.

Ders., 1977b, Alterssicherung und Einkommensverteilung, Tübingen

Ders., 1981, Soziale Sicherung im Alter, in: HdWW, Bd. 6, S. 645 ff.

Ders. (Hg.), 1985, Versicherungsprinzip und soziale Sicherung, Tübingen

Ders., 1988a, Beiträge zur Reform der Rentenversicherung, Tübingen

Ders., 1988b, Verkürzung oder Verlängerung der Erwerbsphase? Zur Gestaltung des Übergangs vom Erwerbsleben in den Ruhestand in der Bundesrepublik Deutschland, Tübingen

Ders., 1988c, Ökonomische Grundlagen sozialer Sicherung, in: v. Maydell, Ruland (Hg.), Sozialrechtshandbuch, Neuwied, S. 151. ff

Ders., 1988d, Übergang zu Staatsbürger-Grundrenten, in: Th. Thiemeyer (Hg.), Regulierung und Deregulierung im Bereich der Sozialpolitik, SVSP, Bd. 177 NF, Berlin, S. 83 ff.

Ders., 1990, Reformen der Rentenversicherung: Gründe, Strategien und Wirkungen - Das Beispiel der Rentenreform, in: B. Gahlen, H. Hesse, H.-J. Ramser (Hg.), Theorie und Politik der Sozialversicherung, Tübingen, S. 203 ff.

Ders., 1993, Kinder, Frauen, Familien und Alterssicherung, in: Landesversicherungsanstalt Rheinland-Pfalz (Hg.), Drittes Speyerer Sozialrechtsgespräch "Soziale Sicherung der Frauen in Deutschland", Speyer, S. 61 ff.

Ders., 1995, Familienorientierte Weiterentwicklung der staatlichen Alterssicherung in Deutschland, in: G. Kleinhenz (Hg.), 1995, S. 225 ff.

Ders., 1997, Alterssicherung - Quo vadis? in: JbNöSt, Bd. 216, S. 413 ff.

Ders., 1998, Thesen zur Sozialpolitik in Deutschland, Arbeitspapier Nr. 5/98 des Zentrums für Sozialpolitik der Universität Bremen

Ders., 2000, Perspektiven der Alterssicherung in Deutschland - Über Konzeptionen, Vorschläge und angestrebte Paradigmenwechsel, in: Perspektiven der Wirtschaftspolitik, Bd. 1, H. 4, S. 407 – 430

Ders. (Hg.), 2001, Möglichkeiten und Grenzen einer nationalen Sozialpolitik in der Europäischen Union, Berlin

Schmähl, W., Henke, K. D., Schellhaaß, H. M., 1984, Änderung der Beitragsfinanzierung in der Rentenversicherung? Ökonomische Wirkungen des "Maschinenbeitrags", Baden-Baden

Schmähl, W., Rische, H. (Hg.), 1997, Europäische Sozialpolitik - Stand und Perspektiven, Baden-Baden

Schmähl, W., Volker, U. (Hg.), 2001, Soziale Sicherungssysteme und demographische Herausforderungen, Tübingen

Schmoller, G., 1918, Die soziale Frage - Klassenbildung, Arbeiterfrage, Klassenkampf, München/Leipzig

Schnabel, F., 1964/65, Deutsche Geschichte im 19. Jahrhundert, Freiburg i. Br./Basel/Wien

517

Schnabel, Th., 1987, Familienlastenausgleich - Anspruch und Wirklichkeit seit 100 Jahren, Neuwied

Schneider, D., 1969, Lohnänderungen und unternehmerische Anpassungsprozesse, in: H. Arndt (Hg.), Lohnpolitik und Einkommensverteilung, SVSP, Bd. 51 NF, Berlin, S. 232 ff.

Schneider, F., 1999, Ist Schwarzarbeit ein Volkssport geworden? Ein internationaler Vergleich des Ausmaßes der Schwarzarbeit von 1970 und 1997, in: S. Lamnek, J. Luedtke (Hg.), Der Sozialstaat zwischen Markt und Hedonismus? Opladen, S. 293 ff.

Schneider, K. H., 1977, Beschäftigungs- und Konjunkturpolitik, in: HdWW, Bd. 1, S. 478 ff.

Schneider, M., 1979, Einkommenssicherung und Umverteilung durch das System der sozialen Sicherheit, Diss., Augsburg

Schönbäck, W., 1988, Subjektive Unsicherheit als Gegenstand staatlicher Intervention, in: G. Rolf, P. B. Spahn, G. Wagner (Hg.), 1988, S. 45 ff.

Schöner, M. A., 1989, Überbetriebliche Vermögensbeteiligung, Heidelberg

Schönig, W., L'Hoest, R. (Hg.), 1996, Sozialstaat wohin? Umbau, Abbau oder Ausbau der Sozialen Sicherung, Darmstadt

Schraepler, E., 1964, Quellen zur Geschichte der sozialen Frage in Deutschland, Bd. 1: 1800 bis 1870, 3. Aufl., Göttingen

Ders., 1996, Quellen zur Geschichte der sozialen Frage in Deutschland Bd. 2: 1871 bis zur Gegenwart, 3. Aufl., Göttingen

Schreiber, W., 1961, Sozialpolitik in der sozialen Marktwirtschaft, in: F. Greiß, F. W. Meyer (Hg.), Wirtschaft, Gesellschaft und Kultur, Berlin

Ders., 1968, Soziale Ordnungspolitik heute und morgen, Stuttgart

Schulenburg, J. M. v. d., 1981, Kostenexplosion im Gesundheitswesen - Folge eines fehlerhaften Steuerungsmechanismus, Köln

Ders., Greiner, W., 2000, Gesundheitsökonomik, Tübingen

Schulin, B., Igl, G., 2002, Sozialrecht. Ein Studienbuch, 7. Aufl., Düsseldorf

Schulte, B., Trenk-Hinterberger, P., 1999, Sozialhilfegesetz, München

Schultz, S., 1969, Makroökonomische Wirkungen der Sozialen Sicherung. Einfluß des Sozialleistungssystems auf Preise, Konjunktur und Wachstum, Berlin

Schultz, U., 1971, Umwelt aus Beton oder Unsere unmenschlichen Städte, Hamburg

Schulz, J., 1989, Armut und Sozialhilfe, Diss., Regensburg

Schulz-Nieswandt, F., 1990, Stationäre Altenpflege und "Pflegenotstand" in der Bundesrepublik Deutschland, Frankfurt/M.

Schumpeter, J. A., 1950, Kapitalismus, Sozialismus, Demokratie, 2. Aufl., München

Ders., 1964, Theorie der wirtschaftlichen Entwicklung, 6. Aufl., Berlin

Schwarze, J., 1999, Der Einfluß alternativer Konzeptionen von Alterssicherungssystemen auf Sicherungsniveau, Altersarmut und Einkommensverteilung: Ein Vergleich zwischen Deutschland und den USA, in: R. Hauser (Hg.), 1999, S. 127 - 168

Seidel, B., 1954, Industrialismus und Demokratie. Die Verfassungsidee der Demokratie und die Tendenzen des Industrialismus, Berlin

Ders., 1956, Sozialpolitik I: Geschichte, in: HdSW, Bd. 9, S. 132 ff.

Seidel, B., Teichmann T., Thiede, S., 1999, Ehegattensplitting nicht mehr zeitgemäß, in: DIW-Wochenbericht 40/99

Seiters, J. (Hg.), 1965, Portraits christlich-sozialer Persönlichkeiten, Osnabrück

Sell, St. (Hg.), 2002, Armut als Herausforderung. Bestandsaufnahme und Perspektiven der Armutsforschung und Armutsberichterstattung, Berlin

Seldte, F., 1939, Sozialpolitik im Dritten Reich 1933 bis 1938, München/Berlin

Sen, A., 1999, Ökonomie für den Menschen. Wege zu Gerechtigkeit und Solidarität in der Marktwirtschaft, München und Wien

Seraphim, H. J., 1955, Theorie der allgemeinen Volkswirtschaftspolitik, Göttingen

Shorrocks, A. F., 1980, The Class of Additively Decomposable Inequality Measures, in: Econometrica, Vol. 48, S. 613 - 625

Siebke, J., 1971, Die Vermögensbildung privater Haushalte in der Bundesrepublik Deutschland, Bonn

Sieder, R., 1995, Sozialgeschichte der Familie, 4. Aufl., Frankfurt/M.

Siebert, H. (Hg.), 1996, Sozialpolitik auf dem Prüfstand. Leitlinien für Reformen, Tübingen

Sievert, O., 1992, Für Investivlöhne. Plädoyer für ein vernachlässigtes Konzept, Bad Homburg

Sinn, H.-W., 2000, Sozialstaat im Wandel, in: R. Hauser (Hg.), Die Zukunft des Sozialstaats, SVSP Bd. 271, Berlin S. 15 ff.

Sinn, G., Sinn, H.-W., 1992, Kaltstart. Volkswirtschaftliche Aspekte der Wiedervereinigung, 2. Aufl., Tübingen

Soltwedel, R., 1981, Unerwünschte Marktergebnisse durch sozialpolitische Eingriffe, in: O. Issing (Hg.), 1981, S. 79 ff.

Spieker, M., 1986, Legitimitätsprobleme des Sozialstaats, Bern und Stuttgart

Statistisches Bundesamt, 2003, Zeit für Kinder – Betreuung und Ausbildung von Kindern und Jugendlichen, Wiesbaden

Stern, K., 1987, Sozialstaat, in: EStL, 3. Aufl., Sp. 3269 ff.

Stern, Münch, Hansmeyer, 1972, Gesetz zur Förderung der Stabilität und des Wachstums der Wirtschaft. Kommentar, 2. Aufl., Stuttgart u.a.

Stiglitz, J., 2002, Die Schatten der Globalisierung, Berlin

Stiller, E. (Hg.), 1964, Lohnpolitik und Vermögensverteilung, Basel/Tübingen

Stolper, G., Häuser, K., Borchardt, K., 1966, Deutsche Wirtschaft seit 1870, 2. Aufl., Tübingen

Strasser, J., 2001, Leben oder überleben. Wider die Zurichtung des Menschen zu einem Element des Marktes, Zürich

Streit, M. E., 2000, Theorie der Wirtschaftspolitik, 5. Aufl., Düsseldorf

Struwe, J., 1989, Wachstum durch Sozialpolitik. Wie Sozialpolitik Wachstum und Wohlfahrt fördert, Köln

Stützel, W., 1978, Sicherung der Sozialen Marktwirtschaft durch eine konsequente Ordnungspolitik, in: Ludwig-Erhard-Stiftung (Hg.), Fundamentalkorrektur statt Symptomtherapie, Stuttgart, S. 19 ff.

Syrup, F., Neuloh, O., 1957, Hundert Jahre staatliche Sozialpolitik 1839 bis 1939, Stuttgart

Teichmann, U., 1974, Lohnpolitik, Stuttgart

Ders., 1997, Grundriß der Konjunkturpolitik, 5. Aufl., München

Tennstedt, F., 1981, Sozialgeschichte der Sozialpolitik in Deutschland, Göttingen

Teppe, K., 1977, Sozialpolitik des Dritten Reiches am Beispiel der Sozialversicherung, in: Archiv für Sozialgeschichte, S. 195 ff.

Teuteberg, H. J., 1961, Geschichte der industriellen Mitbestimmung in Deutschland, Tübingen

Theurl, E. (Hg.), 2000, Der Sozialstaat an der Jahrtausendwende – Analysen und Perspektiven, Heidelberg

Thiede, R. F., 1990, Die gestaffelte Pflegeversicherung. Sozialpolitische und ökonomische Aspekte eines neuen Modells, Frankfurt/M./New York

Thiemeyer, Th., 1975a, Krankenhausfinanzierung, in: H. Lampert (Hg.), Aktuelle Probleme der Gesundheitspolitik in der Bundesrepublik Deutschland, SVSP, Bd. 82 NF, Berlin, S. 95 ff.

Ders., 1975b, Soziale Selbstverwaltung unter ökonomischem Aspekt, in: Zeitschrift für Sozialreform, S. 540 ff.

Ders., 1975c, Wirtschaftslehre öffentlicher Betriebe, Hamburg

Ders., 1984, Selbstverwaltung im Gesundheitsbereich, in: H. Winterstein (Hg.), Selbstverwaltung als ordnungspolitisches Problem des Sozialstaates II, SVSP, Bd. 133/II NF, Berlin, S. 63 ff.

Thurow, L. C., 1996, Die Zukunft des Kapitalismus. Leben im 21. Jahrhundert, Düsseldorf, München

Tönnies, F., 1907, Die Entwicklung der sozialen Frage, Leipzig

Transfer-Enquête-Kommission, 1979, Zur Einkommenslage der Rentner, Zwischenbericht der Kommission, Bonn

Dies., 1981, Das Transfersystem in der Bundesrepublik Deutschland, Bonn

Ude, Chr. (Hg.), 1990, Wege aus der Wohnungsnot, München/Zürich

Ulbricht, H., 1965, Aufgaben der sozialistischen Sozialpolitik bei der Gestaltung der sozialen Sicherheit in der Deutschen Demokratischen Republik, Leipzig

Ulrich, P., 2001, Integrative Wirtschaftsethik. Grundlagen einer lebensdienlichen Ökonomie, 3. Aufl., Bern, Stuttgart, Wien

Vaubel, R., 1990, Sozialpolitik für mündige Bürger: Option für eine Reform, Baden-Baden

Vobruba, G., 1990, Strukturwandel der Sozialpolitik. Lohnarbeitszentrierte Sozialpolitik und soziale Grundsicherung, Frankfurt/M.

Vogel, B., Nohlen, D., Schultze, R. O., 1971, Wahlen in Deutschland. Theorie - Geschichte - Dokumente 1848-1970, Berlin/New York

Volkert, J., 1999, Soziale Dienste und Umverteilung in Deutschland, Berlin

Volkmann, H., 1968, Die Arbeiterfrage im preußischen Abgeordnetenhaus 1848 bis 1869, Berlin

Votteler, M., 1984, Die prinzipielle Eignung von Allgemeinen Maßnahmen zur Arbeitsbeschaffung als Instrument der Arbeitsmarktpolitik, Frankfurt/M.

Wachtel, H. W., 1984, Determinanten der Ausgabenentwicklung im Krankenhauswesen, Berlin

Wagner, G., 2000, Perspektiven der Alterssicherung, in: R. Hauser (Hg.), Die Zukunft des Sozialstaats, SVSP Bd. 271, Berlin 113 ff.

Wagner, G., Ott, N., Hoffmann-Nowotny, H.-J. (Hg.), 1989, Familienbildung und Erwerbstätigkeit im demographischen Wandel, Bad Homburg

Walter-Raymond-Stiftung (Hg.), 1983, Sozialstaat. Die Krise seiner Ethik, Köln

Walwei, U., 1988, Arbeitsvermittlung nach der Liberalisierung, in: B. Keller, H. Seifert (Hg.), Deregulierung am Arbeitsmarkt, Hamburg 71 ff.

Watrin, C., 1977, Ordnungspolitische Aspekte des Sozialstaates, in: B. Külp, H. D. Haas (Hg.), 1977, S. 963 ff.

Webber, D., 1988/89, Zur Geschichte der Gesundheitsreformen in Deutschland, in: Leviathan 1988, S. 156 ff. und Leviathan 1989, S. 262 ff.

Weber, A., 1930, Der Kampf zwischen Kapital und Arbeit, 5. Aufl., Tübingen

Weber, A., Leienbach, V., Dohle, A., 1991, Soziale Sicherung in Europa. Die Sozialversicherung in den Mitgliedstaaten der Europäischen Gemeinschaft, 2. Aufl., Baden-Baden

Weber, M., 1958, Wirtschaftsgeschichte. Abriß der universalen Sozial- und Wirtschaftsgeschichte, 3. Aufl., Berlin

Ders., 1968, Gesammelte Aufsätze zur Wissenschaftslehre, 3. Aufl., Tübingen

Weck, H., Pommerehne, W., Frey, B., S., 1984, Schattenwirtschaft, München

Weddigen, W., 1957, Grundzüge der Sozialpolitik und Wohlfahrtspflege, Stuttgart

Wehler, H. U., 1993, Bibliographie zur neueren deutschen Sozialgeschichte ,München

Ders., 1987, Deutsche Gesellschaftsgeschichte, Bd. 1, 1700 - 1815, Bd. 2, 1815 -1845/49, München

Ders., 1995, Deutsche Gesellschaftsgeschichte, Bd. 3, 1849 – 1914, München

Ders., 2003, Deutsche Gesellschaftsgeschichte, Bd. 4, 1914 - 1949

Werding, M., 1998, Zur Rekonstruktion des Generationenvertrages. Ökonomische Zusammenhänge zwischen Kindererziehung, sozialer Alterssicherung und Familienleistungsausgleich, Tübingen

Weisser, G., 1956, Soziale Sicherheit, in: HdSW, Bd. 9, S. 396 ff.

Ders., 1961, Vermögen und Vermögenspolitik, in: HdSW, Bd. 11, S. 163 ff.

Ders., 1969, Sozialpolitik, in: Wörterbuch der Soziologie, 2. Aufl., Stuttgart

Wernet, W., 1952, Handwerkspolitik, Göttingen

Weyers, G., 1997, Mehr Effizienz im sozialen Sicherungssystem durch den Abbau von Leistungskumulationen, in: JbNöSt, Bd. 216, S. 436 ff.

Widmaier, H. P., 1976, Sozialpolitik im Wohlfahrtsstaat, Hamburg

Ders., 1990, Bürokratie im Wohlfahrtsstaat. Zur Theorie sozialpolitischer Institutionen, in: Th. Thiemeyer (Hg.), Theoretische Grundlagen der Sozialpolitik, SVSP, Bd. 193 NF, Berlin, S. 119 ff.

Wiemeyer, J., 1984, Krankenhausfinanzierung und Krankenhausplanung in der Bundesrepublik Deutschland, Berlin

Wiesenthal, H., 1981, Die konzertierte Aktion im Gesundheitswesen, Frankfurt/M./New York

Wilensky, H. L., 1975, The Welfare State and Equality, Berkeley u.a.

Ders., 1981, Democratic Corporation, Consensus and Social Policy, in: OECD (Hg.), The Welfare State in Crisis, Paris, S. 185 ff.

Willeke, F. U., Onken, R., 1990, Allgemeiner Familienlastenausgleich in der Bundesrepublik Deutschland. Eine empirische Analyse zu drei Jahrzehnten monetärer Familienpolitik, Frankfurt/M./New York

Willgerodt, H., 1980, Eigentumsordnung, in: HdWW, Bd. 2, S. 175 ff.

Willgerodt, H., Bartel, K., Schillert, U., 1971, Vermögen für alle. Probleme der Bildung, Verteilung und Werterhaltung des Vermögens in der Marktwirtschaft, Düsseldorf/Wien

Wingen, M., 1986, Familienpolitik, in: StL, 7. Aufl., 2. Bd., S. 533 ff.

Ders., 1987, Stand und Perspektiven der Familienförderung im Sozialleistungssystem - ein Problemaufriß, in: FA Bd. 45 NF, S. 70 ff.

Ders., 1997, Familienpolitik. Grundlagen und aktuelle Probleme, Stuttgart

Winkler, G. (Hg.), 1989, Geschichte der Sozialpolitik der DDR 1945 - 1985, Berlin (Ost)

Winterstein, H., 1961, Der Investivlohn in der Bundesrepublik Deutschland, Berlin

Ders., 1969, Sozialpolitik mit anderen Vorzeichen, Berlin

Ders., 1977, Arbeitsschutz I: Arbeitsschutzpolitik, in: HdWW, Bd. 1, S. 300 ff.

Wissenschaftliche Arbeitsgruppe Krankenversicherung, 1988, Vorschläge zur Strukturreform der gesetzlichen Krankenversicherung, Gerlingen

Woelk, W., Vögele, J. (Hg.), 2002, Geschichte der Gesundheitspolitik in Deutschland. Von der Weimarer Republik bis in die Frühgeschichte der „doppelten Staatsgründung", Berlin

Zacher, H. F., 1977, Sozialstaatsprinzip, in: HdWW, Bd. 7, S. 152 ff.

Ders. (Hg.), 1983, Beiträge zu Geschichte und aktueller Situation der Sozialversicherung, Berlin

520

Ders., 1989a, Vierzig Jahre Sozialstaat - Schwerpunkte der rechtlichen Ordnung, in: N. Blüm, H. F. Zacher (Hg.), 40 Jahre Sozialstaat Bundesrepublik Deutschland, Baden-Baden, S. 19 ff.

Ders., 1989b, Ehe und Familie in der Sozialrechtsordnung, in: W. Fiedler, G. Ress (Hg.), Verfassungsrecht und Völkerrecht. Gedächtnisschrift für Wilhelm Karl Geck, Köln

Zeidler, W., 1983, Ehe und Familie, in: E. Benda, W. Maihofer, H. J. Vogel (Hg.), Handbuch des Verfassungsrechts, Berlin u.a., S. 555 ff.

Zerche, J., 1988a, Einkommen und Vermögen in der Bundesrepublik Deutschland, Köln

Ders., 1988b, Das Gesundheitssicherungssystem der Bundesrepublik Deutschland, Regensburg

Zerche, J., Gründger, F., 1996, Sozialpolitik. Eine Einführung in die ökonomische Theorie der Sozialpolitik, 2. Aufl., Düsseldorf

Zerche, J., Schönig, W., Klingenberger, D., 2000, Arbeitsmarkttheorie und –politik. Lehrbuch zu empirischen, institutionellen und theoretischen Grundlagen der Arbeitsökonomik, München, Wien

Ziercke, M., 1982, Entwicklungen auf den Wohnungsmärkten der Bundesrepublik Deutschland, Hamburg

Zimmermann, H., Henke K.-D., 1994, Finanzwissenschaft, 7. Aufl., München

Zimmermann, K. F., 1985, Familienökonomie. Theoretische und empirische Untersuchungen zur Frauenerwerbstätigkeit und Geburtenentwicklung, Berlin u.a.

Ders., 2002, Arbeitskräftebedarf bei hoher Arbeitslosigkeit, Berlin u.a.

Zöllner, D., 1963, Öffentliche Sozialleistungen und wirtschaftliche Entwicklung. Ein zeitlicher und internationaler Vergleich, Berlin

Zöllner, W., Loritz, R. G., 1998, Arbeitsrecht, 5. Aufl., München

Zollitsch, W., 1990, Arbeiter zwischen Weltwirtschaftskrise und Nationalsozialismus, Göttingen

Zweifel, P., 1982, Ein ökonomisches Modell des Arztverhaltens, Berlin u.a.

Ders., Eisen, R., 2003, Versicherungsökonomie, 2. Aufl., Berlin u.a.

Zwiedineck-Südenhorst, O. v., 1911, Sozialpolitik, Leipzig/Berlin

2. Ausgewählte Nachschlagewerke

Evangelisches Soziallexikon, Hg. Th. Schober, M. Honecker, H. Dahlhaus, 7. Aufl., Stuttgart 1980

EStL, Hg. H. Kunst, R. Herzog, W. Schneemelcher, 3. Aufl., Stuttgart 1987

HdSW, Hg. E. v. Beckerath, u.a., Stuttgart/Tübingen/Göttingen 1956 ff.

HdStW, 2. Aufl., Hg. J. Conrad u.a., Jena 1890, 3. Aufl. Jena 1909, 4. Aufl., Hg. L. Elster u.a., Jena 1923 ff.

HdWW, Hg. W. Albers, u.a., Stuttgart/Tübingen/Göttingen 1977 ff.

StL, Hg. Görres-Gesellschaft, 7. Aufl., Freiburg/Br. 1985 ff.

3. Laufende Materialquellen und Periodika[1]

Amtliche Nachrichten der Bundesanstalt für Arbeit

Der Arbeitgeber, Köln 1949 ff.

Gesundheit und Sozialpolitik (früher unter dem Titel: Arbeit und Sozialpolitik), Baden-Baden 1947 ff.

Arbeit und Sozialstatistik (früher unter dem Titel: Arbeits- und Sozialstatistische Mitteilungen), Bonn 1950 ff., erscheint seit 1979 im Bundesarbeitsblatt

Bundesministerium für Arbeit und Sozialordnung, Sozialberichte, Stuttgart 1970 ff.

Gewerkschaftliche Monatshefte, Zeitschrift für soziale Theorie und Praxis, Köln 1950 ff.

Internationale Revue für Soziale Sicherheit, Genf 1950 ff.

International Labour Office, Year Book of Labour Statistics, Genf 1940 ff.

Mitteilungen aus der Arbeitsmarkt- und Berufsforschung, Stuttgart u.a. 1968 ff.

Kommission der Europäischen Gemeinschaften, Gesamtbericht über die Tätigkeit der Gemeinschaften, Brüssel und Luxemburg 1967 ff.

Sozialer Fortschritt, Bonn 1952 ff.

Soziale Welt, Göttingen 1949 ff.

Statistisches Amt der Europäischen Gemeinschaften, Sozialstatistik, Luxemburg und Brüssel 1965 ff.

Vierteljahresschrift für Sozialrecht, Köln u.a. 1973 ff.

Zeitschrift für die gesamte Versicherungswissenschaft, Berlin 1901 ff.

---

[1] Vgl. auch die Materialquellen und Periodika, die in den Literaturübersichten am Ende der Kapitel des Dritten Teils enthalten sind.

Stat. BA, Fachserie 1: Bevölkerung und Erwerbstätigkeit, Reihe 3: Haushalte und Familien
       Fachserie 14: Finanzen und Steuern, Reihe 3: Rechnungsergebnisse der öffentlichen Haushalte
Stat. Jb. für die Bundesrepublik Deutschland, Wiesbaden 1952 ff.
Wirtschaft und Statistik, Stuttgart 1949 ff.
Theorie und Praxis der Sozialen Arbeit (bis Jg. 1972 unter dem Titel: Neues Beginnen), Bonn 1949 ff.
United Nations, Department of Economic and Social Affairs, Statistical Office, Statistical Year Book, New
    York 1947 ff.
Zeitschrift für Sozialreform, Wiesbaden 1955 ff.

Personenverzeichnis

Sachverzeichnis

527

528

Druck: betz-druck GmbH, D-64291 Darmstadt
Verarbeitung: Buchbinderei Schäffer, D-67269 Grünstadt